여러분의 합격을 응원하는
해커스공무원의 특별 혜택

FREE 공무원 헌법 **특강**

해커스공무원(gosi.Hackers.com) 접속 후 로그인 ▶ 상단의 [무료강좌] 클릭하여 이용

📄 **회독용 답안지**(PDF)

해커스공무원(gosi.Hackers.com) 접속 후 로그인 ▶ 상단이 [교재·서점 → 무료 학습 자료] 클릭 ▶
본 교재의 [자료받기] 클릭

▲ 바로 가기

🎫 해커스공무원 온라인 단과강의 **20% 할인쿠폰**

7FE5B56ECFE6542L

해커스공무원(gosi.Hackers.com) 접속 후 로그인 ▶ 상단의 [나의 강의실] 클릭 ▶
좌측의 [쿠폰등록] 클릭 ▶ 위 쿠폰번호 입력 후 이용

* 등록 후 7일간 사용 가능(ID당 1회에 한해 등록 가능)

✉ 합격예측 **온라인 모의고사 응시권 + 해설강의 수강권**

84CD5D2EEA3FFS3C

해커스공무원(gosi.Hackers.com) 접속 후 로그인 ▶ 상단의 [나의 강의실] 클릭 ▶
좌측의 [쿠폰등록] 클릭 ▶ 위 쿠폰번호 입력 후 이용

* ID당 1회에 한해 등록 가능

쿠폰 이용 관련 문의 **1588-4055**

단기 합격을 위한
해커스공무원 커리큘럼

입문

탄탄한 기본기와 핵심 개념 완성!

누구나 이해하기 쉬운 개념 설명과 풍부한 예시로 부담없이 쌩기초 다지기

TIP 베이스가 있다면 **기본 단계**부터!

기본+심화

필수 개념 학습으로 이론 완성!

반드시 알아야 할 기본 개념과 문제풀이 전략을 학습하고
심화 개념 학습으로 고득점을 위한 응용력 다지기

기출+예상 문제풀이

문제풀이로 집중 학습하고 실력 업그레이드!

기출문제의 유형과 출제 의도를 이해하고 최신 출제 경향을 반영한
예상문제를 풀어보며 본인의 취약영역을 파악 및 보완하기

동형문제풀이

동형모의고사로 실전력 강화!

실제 시험과 같은 형태의 실전모의고사를 풀어보며 실전감각 극대화

최종 마무리

시험 직전 실전 시뮬레이션!

각 과목별 시험에 출제되는 내용들을 최종 점검하며 실전 완성

PASS

**단계별 교재 확인 및
수강신청은 여기서!**

gosi.Hackers.com

* 커리큘럼 및 세부 일정은 상이할 수 있으며,
자세한 사항은 해커스공무원 사이트에서 확인하세요.

해커스공무원

신동욱
헌법

핵심 기출 OX

해커스

신동욱

약력

현 | 해커스공무원 헌법, 행정법 강의
전 | 서울시 교육청 헌법 특강
전 | 2017 EBS 특강
전 | 2013, 2014 경찰청 헌법 특강
전 | 교육부 평생교육진흥원 학점은행 교수
전 | 금강대 초빙교수
전 | 강남 박문각행정고시학원 헌법 강의

저서

해커스공무원 처음 헌법 만화판례집
해커스공무원 신동욱 헌법 기본서
해커스공무원 신동욱 헌법 조문해설집
해커스공무원 신동욱 헌법 핵심요약집
해커스공무원 신동욱 헌법 단원별 기출문제집
해커스공무원 신동욱 헌법 핵심 기출 OX
해커스공무원 神헌법 실전동형모의고사
해커스공무원 처음 행정법 만화판례집
해커스공무원 신동욱 행정법총론 기본서
해커스공무원 신동욱 행정법총론 조문해설집
해커스공무원 신동욱 행정법총론 핵심요약집
해커스공무원 신동욱 행정법총론 단원별 기출문제집
해커스공무원 신동욱 행정법총론 핵심 기출 OX
해커스공무원 신동욱 행정법총론 사례형 기출 + 실전문제집
해커스공무원 신동욱 행정법총론 실전동형모의고사 1 · 2

OX로 공무원 헌법을 완벽 대비하라!

공무원 시험은 기출문제를 변형하여 출제되는 객관식 문제를 푸는 시험이므로, 주요 기출 논점들을 간단하게 확인하고 단원별 핵심 논점을 정리하는 것은 매우 중요합니다. 이때 기출문제집을 통해 문제 전체를 확인하는 것도 중요하지만 핵심 논점만을 정리한 『해커스공무원 신동욱 헌법 핵심 기출 OX』로 빠르게 지문만 확인하여 자신의 이해도를 파악하여야 합니다.

『해커스공무원 신동욱 헌법 핵심 기출 OX』는 공무원 헌법 시험의 핵심 논점을 빠르게 파악하고, 보다 효율적인 학습을 할 수 있도록 다음과 같은 특징을 가지고 있습니다.

첫째, 헌법 기출문제의 지문들을 단원별로 수록하였습니다.
공무원 7급 헌법 기출문제뿐만 아니라 다양한 시험에서 출제된 헌법 문제의 지문들도 함께 수록하였으며, 다양한 지문을 단원별로 정리할 수 있도록 구성하였습니다. 이를 통해 반복 출제되는 논점들을 학습하면서 자연스럽게 단원별 핵심내용을 파악할 수 있습니다.

둘째, 효과적인 학습을 위해 다양한 학습장치를 수록하였습니다.
상세한 해설과 함께 수록된 '개념정리', '관련 판례', '참고' 코너를 통해 핵심 논점들을 보다 더 간단하고 명확하게 정리할 수 있습니다.

더불어, 공무원 시험 전문 사이트 해커스공무원(gosi.Hackers.com)에서 교재 학습 중 궁금한 점을 나누고 다양한 무료 학습 자료를 함께 이용하여 학습 효과를 극대화할 수 있습니다.

부디 『해커스공무원 신동욱 헌법 핵심 기출 OX』와 함께 공무원 헌법 시험 고득점을 달성하고 합격을 향해 한걸음 더 나아가시기를 바라며, 공무원 합격을 꿈꾸는 모든 수험생 여러분에게 훌륭한 길잡이가 되기를 바랍니다.

신동욱

목차

회독을 통한 취약 부분 완벽 정복
다회독에 최적화된 **회독용 답안지** (PDF)
해커스공무원(gosi.Hackers.com) ▶
사이트 상단의 '교재 · 서점' ▶ 무료 학습 자료

이 책의 구성 및 학습 플랜

 이 책의 구성

『해커스공무원 신동욱 헌법 핵심 기출 OX』는 수험생 여러분들이 헌법 과목을 효율적으로 학습할 수 있도록 다양한 지문과 상세한 해설을 수록·구성하였습니다. 아래 내용을 참고하여 본인의 학습 과정에 맞게 체계적으로 학습 전략을 세워 학습하시기 바랍니다.

1 기출지문으로 이론 완성 + 문제해결 능력 키우기

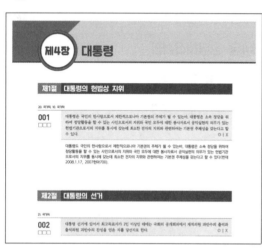

단원별 주요 기출지문 수록

공무원을 비롯한 주요 시험의 헌법 기출지문을 단원별로 수록하였습니다. 이러한 기출지문은 이론 복습 및 요약·문제풀이 능력 향상 등으로 다양하게 활용할 수 있습니다. 또한, 학습한 이론이 그동안 어떻게 출제되었는지 확인하면서 방대한 헌법 과목 중 핵심 내용만을 효과적으로 학습할 수 있습니다.

2 다양한 학습장치를 활용하여 이론 완성하기

한 단계 실력 향상을 위한 다양한 학습장치

1. 관련 판례
학습한 이론과 관련된 판례, 중요 기출 판례 및 최신 판례까지 모두 수록하여 출제가능성이 있는 판례들을 빠짐없이 학습할 수 있습니다.

2. 개념정리 및 참고
유사하거나 대비되는 핵심 개념들을 비교하며 학습할 수 있도록 표로 정리하여 수록하였습니다. 또한 자주 헷갈리거나 더 알아두면 학습에 도움이 되는 내용들을 참고로 수록하여 중요한 부분을 놓치지 않고 학습할 수 있습니다.

📝 학습 플랜

* 1, 2회독 때에는 30일 플랜을, 3회독 때에는 15일 플랜을 활용하시면 좋습니다.

30일 플랜	15일 플랜	학습 단원		1회독	2회독	3회독
DAY 1	DAY 1	제1편	제1장 제1절 ~ 제3절	DAY 1	DAY 1	DAY 1
DAY 2			제2장 제1절 ~ 제2절	DAY 2	DAY 2	
DAY 3	DAY 2		제2장 제3절 ~ 제4절	DAY 3	DAY 3	DAY 2
DAY 4			제1편 복습	DAY 4	DAY 4	
DAY 5	DAY 3	제2편	제1장 제1절 ~ 제3절	DAY 5	DAY 5	DAY 3
DAY 6			제1장 제4절 ~ 제6절	DAY 6	DAY 6	
DAY 7	DAY 4		제2장 제1절 ~ 제2절	DAY 7	DAY 7	DAY 4
DAY 8			제2장 제3절	DAY 8	DAY 8	
DAY 9	DAY 5		제3장 제1절	DAY 9	DAY 9	DAY 5
DAY 10			제3장 제2절 ~ 제3절	DAY 10	DAY 10	
DAY 11	DAY 6		제4장	DAY 11	DAY 11	DAY 6
DAY 12			제5장 ~ 제6장	DAY 12	DAY 12	
DAY 13	DAY 7		제7장 ~ 제8장	DAY 13	DAY 13	DAY 7
DAY 14			제2편 복습	DAY 14	DAY 14	
DAY 15	DAY 8	제3편	제1장 제1절 ~ 제5절	DAY 15	DAY 15	DAY 8
DAY 16			제1장 제6절 ~ 제2장	DAY 16	DAY 16	
DAY 17	DAY 9		제3장 제1절 ~ 제2절	DAY 17	DAY 17	DAY 9
DAY 18			제3장 제3절 ~ 제4절	DAY 18	DAY 18	
DAY 19	DAY 10		제4장	DAY 19	DAY 19	DAY 10
DAY 20			제5장 ~ 제6장	DAY 20	DAY 20	
DAY 21	DAY 11		제7장	DAY 21	DAY 21	DAY 11
DAY 22			제3편 복습	DAY 22	DAY 22	
DAY 23	DAY 12	제4편	제1장	DAY 23	DAY 23	DAY 12
DAY 24			제2장	DAY 24	DAY 24	
DAY 25	DAY 13		제3장 ~ 제4장	DAY 25	DAY 25	DAY 13
DAY 26			제5장	DAY 26	DAY 26	
DAY 27	DAY 14		제6장	DAY 27	DAY 27	DAY 14
DAY 28			제4편 복습	DAY 28	DAY 28	
DAY 29	DAY 15		총 복습	DAY 29	DAY 29	DAY 15
DAY 30			총 복습	DAY 30	DAY 30	

제1편

헌법총론

제1장 헌법과 헌법학

제2장 대한민국헌법총설

22. 경정승진

001
☐☐☐

관습헌법도 성문헌법과 마찬가지로 주권자인 국민의 헌법적 결단의 의사 표현이나, 성문헌법과 동등한 효력을 가진다고 볼 수는 없고, 보충적으로 효력을 가진다고 보아야 한다.　　O | X

관습헌법도 성문헌법과 마찬가지로 주권자인 국민의 헌법적 결단의 의사의 표현이며 성문헌법과 동등한 효력을 가진다고 보아야 한다. 국민주권주의는 성문이든 관습이든 실정법 전체의 정립에의 국민의 참여를 요구한다고 할 것이며, 국민에 의하여 정립된 관습헌법은 입법권자를 구속하며 헌법으로서의 효력을 가진다(헌재 2004.10.21. 2004헌마554).

22. 경정승진

002
☐☐☐

헌법 제1조 제2항에 따라 국민이 대한민국의 주권자이며, 국민은 최고의 헌법제정권력이기 때문에 성문헌법의 제·개정에 참여할 뿐만 아니라 헌법전에 포함되지 아니한 헌법사항을 필요에 따라 관습의 형태로 직접 형성할 수 있다.　　O | X

헌법 제1조 제2항은 "대한민국의 주권은 국민에게 있고, 모든 권력은 국민으로부터 나온다."고 규정한다. 이와 같이 국민이 대한민국의 주권자이며, 국민은 최고의 헌법제정권력이기 때문에 성문헌법의 제·개정에 참여할 뿐만 아니라 헌법전에 포함되지 아니한 헌법사항을 필요에 따라 관습의 형태로 직접 형성할 수 있다(헌재 2004.10.21. 2004헌마554).

22. 경찰간부

003
☐☐☐

관습헌법규범은 헌법전에 그에 상반하는 법규범을 첨가함에 의하여 폐지하게 된다.　　O | X

어느 법규범이 관습헌법으로 인정된다면 그 개정가능성을 가지게 된다. 관습헌법도 헌법의 일부로서 성문헌법의 경우와 동일한 효력을 가지기 때문에 그 법규범은 최소한 헌법 제130조에 의거한 헌법개정의 방법에 의하여만 개정될 수 있다. … 다만 이 경우 관습헌법규범은 헌법전에 그에 상반하는 법규범을 첨가함에 의하여 폐지하게 되는 점에서, 헌법전으로부터 관계되는 헌법조항을 삭제함으로써 폐지되는 성문헌법규범과는 구분된다(헌재 2004.10.21. 2004헌마554 등).

정답 001 X　002 O　003 O

004
☐☐☐

국민은 성문헌법의 제·개정에는 직접 참여하지만, 헌법전에 포함되지 아니한 헌법사항을 필요에 따라 관습의 형태로 직접 형성할 수 없다. O | X

헌법 제1조 제2항은 "대한민국의 주권은 국민에게 있고, 모든 권력은 국민으로부터 나온다."고 규정한다. 이와 같이 국민이 대한민국의 주권자이며, 국민은 최고의 헌법제정권력이기 때문에 성문헌법의 제·개정에 참여할 뿐만 아니라 헌법전에 포함되지 아니한 헌법사항을 필요에 따라 관습의 형태로 직접 형성할 수 있다(헌재 2004.10.21. 2004헌마554 등).

005
☐☐☐

헌법은 국가의 기본법으로서 간결성과 함축성을 추구하기 때문에 형식적 헌법전에는 기재되지 아니한 사항이라도 이를 관습헌법으로 인정할 소지가 있다. O | X

성문헌법이라고 하여도 그 속에 모든 헌법사항을 빠짐없이 완전히 규율하는 것은 불가능하고 또한 헌법은 국가의 기본법으로서 간결성과 함축성을 추구하기 때문에 형식적 헌법전에는 기재되지 아니한 사항이라도 이를 불문헌법(不文憲法) 내지 관습헌법으로 인정할 소지가 있다(헌재 2004.10.21. 2004헌마554 등).

006
☐☐☐

관습헌법이 성립하기 위하여서는 관습이 성립하는 사항이 단지 법률로 정할 사항이 아니라 반드시 헌법에 의하여 규율되어 법률에 대하여 효력상 우위를 가져야 할 만큼 헌법적으로 중요한 기본적 사항이 되어야 한다. O | X

관습헌법이 성립하기 위하여서는 관습이 성립하는 사항이 단지 법률로 정할 사항이 아니라 반드시 헌법에 의하여 규율되어 법률에 대하여 효력상 우위를 가져야 할 만큼 헌법적으로 중요한 기본적 사항이 되어야 한다(헌재 2004.10.21. 2004헌마554 등).

007
☐☐☐

관습헌법도 성문헌법과 마찬가지로 주권자인 국민의 헌법적 결단의 의사의 표현이지만, 관습헌법이 성문헌법과 동일한 효력을 가지는 것은 아니다. O | X

관습헌법도 성문헌법과 마찬가지로 주권자인 국민의 헌법적 결단의 의사의 표현이며 성문헌법과 동등한 효력을 가진다고 보아야 한다(헌재 2004.10.21. 2004헌마554 등).

008
☐☐☐

국민주권주의는 성문이든 관습이든 실정법 전체의 정립에의 국민의 참여를 요구한다고 할 것이며, 국민에 의하여 정립된 관습헌법은 입법권자를 구속하며 헌법으로서 효력을 가진다. O | X

국민주권주의는 성문이든 관습이든 실정법 전체의 정립에의 국민의 참여를 요구한다고 할 것이며, 국민에 의하여 정립된 관습헌법은 입법권자를 구속하며 헌법으로서 효력을 가진다(헌재 2004.10.21. 2004헌마554).

정답 004 X 005 ○ 006 ○ 007 X 008 ○

해커스공무원 신동욱 헌법 핵심 기출 OX

009
□□□

불문헌법 내지 관습헌법도 성문헌법과 동일한 법적 효력을 가진다. O | X

헌법사항에 관하여 형성되는 관행 내지 관례가 전부 관습헌법이 되는 것은 아니고 강제력이 있는 헌법규범으로서 인정되려면 엄격한 요건들이 충족되어야만 하며, 이러한 요건이 충족된 관습만이 관습헌법으로서 성문의 헌법과 동일한 법적 효력을 가진다. … 관습헌법도 성문헌법과 마찬가지로 주권자인 국민의 헌법적 결단의 의사의 표현이며 성문헌법과 동등한 효력을 가진다고 보아야 한다(헌재 2004.10.21. 2004헌마554 등).

010
□□□

실질적 의미의 헌법과 형식적 의미의 헌법은 입법기술적으로나 헌법정책적 이유로 인하여 일치할 수 없다. O | X

'실질적 의미의 헌법'이란 국가적 공동생활에 관한 기본적인 사항(헌법사항)을 규정하는 법규범 전체를 말한다. 헌법전을 비롯하여 법률(국적법, 국회법, 정당법, 정부조직법, 법원조직법 등), 명령, 규칙은 물론 관습법까지도 헌법사항을 규정한 것이면 실질적 의미의 헌법에 포함된다. '형식적 의미의 헌법'이란 헌법전의 형식으로 존재하거나 최고의 형식적 효력을 가진 법규범을 헌법이라 할 경우의 헌법을 의미한다. "영국에는 헌법이 없다."라고 할 때에는 형식적 의미의 헌법이 없다는 것을 뜻한다. 형식적 의미의 헌법과 실질적 의미의 헌법은 그 내용이 일치하는 것이 보통이며 바람직하다고 할 수 있다. 그러나 입법기술상의 이유(실질적 의미의 헌법을 모두 성문화할 수는 없다는 점) 또는 헌법정책상의 이유(실질적 의미의 헌법이 아니더라도 헌법에 편입시키는 경우가 있다는 점)로 인하여 양자가 항상 일치하는 것은 아니며, 그 사이에는 간격이 생기게 된다. 헌법수호의 대상으로서 헌법은 두 가지 의미의 헌법을 모두 포함한다.

011
□□□

헌법은 국민적 합의에 의해 제정된 국민생활의 최고 도덕규범이며 정치생활의 가치규범으로서 정치와 사회질서의 지침을 제공하고 있기 때문에 민주사회에서는 헌법의 규범을 준수하고 그 권위를 보존하는 것을 기본으로 한다. O | X

헌법은 국민적 합의에 의해 제정된 국민생활의 최고 도덕규범이며 정치생활의 가치규범으로서 정치와 사회질서의 지침을 제공하고 있기 때문에 민주사회에서는 헌법의 규범을 준수하고 그 권위를 보존하는 것을 기본으로 한다(헌재 1989.9.8. 88헌가6).

012
□□□

우리 헌법은 헌법의 개정이 통상의 법률개정보다 까다로운 절차와 방법을 요구하는 연성헌법에 속한다. O | X

우리 헌법은 헌법의 개정이 국민투표를 통하여만 가능하도록 규정하고 있어 강한 경성헌법에 속한다.

정답 009 ○ 010 ○ 011 ○ 012 X

013
□□□

헌법 제1조 제2항에 따라 국민이 대한민국의 주권자이며, 국민은 최고의 헌법제정권력이기 때문에 성문헌법의 제·개정에 참여할 뿐만 아니라 헌법전에 포함되지 아니한 헌법사항을 필요에 따라 관습의 형태로 직접 형성할 수 있다. O | X

헌법 제1조 제2항은 "대한민국의 주권은 국민에게 있고, 모든 권력은 국민으로부터 나온다."고 규정한다. 이와 같이 국민이 대한민국의 주권자이며, 국민은 최고의 헌법제정권력이기 때문에 성문헌법의 제·개정에 참여할 뿐만 아니라 헌법전에 포함되지 아니한 헌법사항을 필요에 따라 관습의 형태로 직접 형성할 수 있다(헌재 2004.10.21. 2004헌마554 등).

014
□□□

국가를 대표하는 대통령과 민주주의적 통치원리에 핵심적 역할을 하는 의회의 소재지 및 대법원의 소재지를 정하는 문제는 국가의 정체성을 표현하는 형식적 헌법사항이다. O | X

헌법기관의 소재지, 특히 국가를 대표하는 대통령과 민주주의적 통치원리에 핵심적 역할을 하는 의회의 소재지를 정하는 문제는 국가의 정체성(正體性)을 표현하는 실질적 헌법사항의 하나이다. 여기서 국가의 정체성이란 국가의 정서적 통일의 원천으로서 그 국민의 역사와 경험, 문화와 정치 및 경제, 그 권력구조나 정신적 상징 등이 종합적으로 표출됨으로써 형성되는 국가적 특성이라 할 수 있다(헌재 2004.10.21. 2004헌마554 등).

015
□□□

관습헌법은 일반적인 헌법사항에 해당하는 내용 중에서도 특히 국가의 기본적이고 핵심적인 사항으로서 법률에 의하여 규율하는 것이 적합하지 아니한 사항을 대상으로 한다. O | X

관습헌법이 성립하기 위하여서는 관습이 성립하는 사항이 단지 법률로 정할 사항이 아니라 반드시 헌법에 의하여 규율되어 법률에 대하여 효력상 우위를 가져야 할 만큼 헌법적으로 중요한 기본적 사항이 되어야 한다. 일반적으로 실질적인 헌법사항이라고 함은 널리 국가의 조직에 관한 사항이나 국가기관의 권한 구성에 관한 사항 혹은 개인의 국가권력에 대한 지위를 포함하여 말하는 것이지만, 관습헌법은 이와 같은 일반적인 헌법사항에 해당하는 내용 중에서도 특히 국가의 기본적이고 핵심적인 사항으로서 법률에 의하여 규율하는 것이 적합하지 아니한 사항을 대상으로 한다(헌재 2004.10.21. 2004헌마554 등).

22. 경찰간부

016
☐☐☐

헌법정신에 맞도록 법률의 내용을 해석 보충하거나 정정하는 '헌법합치적 법률해석'은 '유효한' 법률조항의 의미나 문구를 대상으로 하는 것이므로 입법의 공백을 방지하기 위하여 실효된 법률 조항을 유효한 것으로 해석하는 결과에 이르는 것은 '헌법합치적 법률해석'을 이유로도 정당화될 수 없다. O | X

헌법정신에 맞도록 법률의 내용을 해석·보충하거나 정정하는 '헌법합치적 법률해석' 역시 '유효한' 법률조항의 의미나 문구를 대상으로 하는 것이지, 이를 넘어 이미 실효된 법률조항을 대상으로 하여 헌법합치적인 법률해석을 할 수는 없는 것이어서, 유효하지 않은 법률조항을 유효한 것으로 해석하는 결과에 이르는 것은 '헌법합치적 법률해석'을 이유로도 정당화될 수 없다 할 것이다(헌재 2012.5.31. 2009헌바123).

22. 경찰간부

017
☐☐☐

헌법재판소의 헌법해석은 헌법이 내포하고 있는 특정한 가치를 탐색 확인하고 이를 규범적으로 관철하는 작업인 점에 비추어, 헌법재판소가 행하는 구체적 규범통제의 심사기준은 원칙적으로 법률제정 당시에 규범적 효력을 가지는 헌법이다. O | X

유신헌법 일부 조항과 긴급조치 등이 기본권을 지나치게 침해하고 자유민주적 기본질서를 훼손하였다는 반성에 따른 헌법 개정사, 국민의 기본권의 강화·확대라는 헌법의 역사성, 헌법재판소의 헌법해석은 헌법이 내포하고 있는 특정한 가치를 탐색·확인하고 이를 규범적으로 관철하는 작업인 점에 비추어, 헌법재판소가 행하는 구체적 규범통제의 심사기준은 원칙적으로 헌법재판을 할 당시에 규범적 효력을 가지는 현행헌법이다(헌재 2013.3.21. 2010헌바70).

23. 법원직

018
☐☐☐

헌법의 기본원리는 헌법의 이념적 기초인 동시에 헌법을 지배하는 지도원리로서 입법이나 정책결정의 방향을 제시하며 공무원을 비롯한 모든 국민과 국가기관이 헌법을 존중하고 수호하도록 하는 지침이 되며, 구체적 기본권을 도출하는 근거로 될 수 있다. O | X

헌법의 기본원리는 헌법의 이념적 기초인 동시에 헌법을 지배하는 지도원리로서 입법이나 정책결정의 방향을 제시하며 공무원을 비롯한 모든 국민·국가기관이 헌법을 존중하고 수호하도록 하는 지침이 되며, 구체적 기본권을 도출하는 근거로 될 수는 없으나 기본권의 해석 및 기본권제한입법의 합헌성 심사에 있어 해석기준의 하나로서 작용한다(헌재 1996.4.25. 92헌바47).

정답 016 ○ 017 X 018 X

019
☐☐☐

헌법은 전문과 각 개별조항이 서로 밀접한 관련을 맺으면서 하나의 통일된 가치체계를 이루고 있는 것으로서, 이념적·논리적으로 규범 상호간의 우열을 인정할 수 있다 하더라도, 그것이 헌법의 어느 특정규정이 다른 규정의 효력을 전면적으로 부인할 수 있을 정도의 개별적 헌법규정 상호간에 효력상의 차등을 의미하는 것이라고는 볼 수 없다. O | X

헌법은 전문과 각 개별조항이 서로 밀접한 관련을 맺으면서 하나의 통일된 가치체계를 이루고 있는 것으로서, 헌법의 제규정 가운데는 헌법의 근본가치를 보다 추상적으로 선언한 것도 있고, 이를 보다 구체적으로 표현한 것도 있으므로 이념적·논리적으로는 헌법규범상호간의 우열을 인정할 수 있는 것이 사실이다. 그러나 이때 인정되는 헌법규범상호간의 우열은 추상적 가치규범의 구체화에 따른 것으로서 헌법의 통일적 해석에 있어서는 유용할 것이지만, 그것이 헌법의 어느 특정규정이 다른 규정의 효력을 전면적으로 부인할 수 있을 정도의 개별적 헌법규정 상호간에 효력상의 차등을 의미하는 것이라고는 볼 수 없다(헌재 1996.6.13. 94헌바20).

020
☐☐☐

헌법해석은 헌법이 담고 추구하는 이상과 이념에 따른 역사적, 사회적 요구를 올바르게 수용하여 헌법적 방향을 제시하는 헌법의 창조적 기능을 수행하여 국민의 욕구와 의식에 알맞은 실질적 국민주권의 실현을 보장하는 것이어야 한다. O | X

헌법의 해석은 헌법이 담고 추구하는 이상과 이념에 따른 역사적, 사회적 요구를 올바르게 수용하여 헌법적 방향을 제시하는 헌법의 창조적 기능을 수행하여 국민적 욕구와 의식에 알맞은 실질적 국민주권의 실현을 보장하는 것이어야 한다(헌재 1989.9.8. 88헌가6).

021
☐☐☐

헌법재판소가 행하는 구체적 규범통제의 심사기준은 원칙적으로 규범이 제정될 당시의 헌법이 아니라 헌법재판을 할 당시에 규범적 효력을 가지는 헌법이다. O | X

헌법재판소의 헌법해석은 헌법이 내포하고 있는 특정한 가치를 탐색·확인하고 이를 규범적으로 관철하는 작업인 점에 비추어, 헌법재판소가 행하는 구체적 규범통제의 심사기준은 원칙적으로 헌법재판을 할 당시에 규범적 효력을 가지는 현행헌법이다(헌재 2013.3.21. 2010헌바132).

022
☐☐☐

법률에 대한 헌법합치적 해석이란 어떠한 법률이 다의적으로 해석될 가능성이 있을 경우, 위헌적 해석가능성은 배제하고, 합헌적 해석가능성을 택하여 법률의 효력을 유지시키는 해석방법이다. O | X

법률에 대한 헌법합치적 해석(합헌적 법률해석)에 대한 개념이다.

023
☐☐☐

헌법재판소는 법률에 대한 헌법합치적 해석의 근거로 권력분립원리, 민주주의 원리의 관점에서 입법자의 존중, 법질서의 통일성 및 법적 안정성을 들고 있다. O | X

법률의 합헌적 해석은 헌법의 최고규범성에서 나오는 법질서의 통일성에 바탕을 두고, 법률이 헌법에 조화되어 해석될 수 있는 경우에는 위헌으로 판단하여서는 아니 된다는 것을 뜻하는 것으로서 권력분립과 입법권을 존중하는 정신에 그 뿌리를 두고 있다(헌재 1989.7.14. 88헌가5 등).

정답 019 ○ 020 ○ 021 ○ 022 ○ 023 ○

024

법률 또는 법률의 조항은 원칙적으로 가능한 범위 안에서 합헌적으로 해석함이 마땅하나 그 해석은 법의 문구와 목적에 따른 한계가 있다. 즉, 법률의 조항의 문구가 간직하고 있는 말의 뜻을 넘어서 말의 뜻이 완전히 다른 의미로 변질되지 아니하는 범위 내이어야 한다는 문의적 한계와 입법권자가 그 법률의 제정으로써 추구하고자 하는 입법자의 명백한 의지와 입법의 목적을 헛되게 하는 내용으로 해석할 수 없다고 하는 법목적에 따른 한계가 바로 그것이다. O | X

법률 또는 법률의 위 조항은 원칙적으로 가능한 범위 안에서 합헌적으로 해석함이 마땅하나 그 해석은 법의 문구와 목적에 따른 한계가 있다. 즉, 법률의 조항의 문구가 간직하고 있는 말의 뜻을 넘어서 말의 뜻이 완전히 다른 의미로 변질되지 아니하는 범위 내이어야 한다는 문의적 한계와 입법권자가 그 법률의 제정으로써 추구하고자 하는 입법자의 명백한 의지와 입법의 목적을 헛되게 하는 내용으로 해석할 수 없다는 법목적에 따른 한계가 바로 그것이다. 왜냐하면, 그러한 범위를 벗어난 합헌적 해석은 그것이 바로 실질적 의미에서의 입법작용을 뜻하게 되어 결과적으로 입법권자의 입법권을 침해하는 것이 되기 때문이다(헌재 1989.7.14. 88헌가5 등).

025

헌법재판소에 의하면 민법 제764조 '명예회복에 적당한 처분'에 사죄광고를 포함시키는 것은 헌법에 위반된다. O | X

민법 제764조 '명예회복에 적당한 처분'에 사죄광고를 포함시키는 것은 헌법에 위반된다는 것의 의미는, 동조 소정의 처분에 사죄광고가 포함되지 않는다고 하여야 헌법에 위반되지 아니한다는 것으로서, 이는 동조와 같이 불확정개념으로 되어 있거나 다의적인 해석가능성이 있는 조문에 대하여 한정축소해석을 통하여 얻어진 일정한 합의적 의미를 천명한 것이며, 그 의미를 넘어선 확대는 바로 헌법에 위반되어 채택할 수 없다는 뜻이다(헌재 1991.4.1. 89헌마160).

026

헌법재판소에 의하면 구 상속세법 제18조 제1항 본문 중 '상속인'의 범위에 '상속개시 전에 피상속인으로부터 상속재산가액에 가산되는 재산을 증여받고 상속을 포기한 자'를 포함하지 않은 것은 상속을 승인한 자의 헌법상 재산권을 침해하는 것은 아니다. O | X

응능부담의 원칙을 상속세의 부과에서 실현하고자 하는 입법목적이 공공복리에 기여하므로 목적정당성을 인정할 수 있으나, 상속포기자를 제외하는 것은 응능부담 원칙의 실현이라는 입법목적 달성에 적절한 수단이 될 수 없어서 방법의 적절성 원칙에 위배되며, '상속개시 전에 피상속인으로부터 상속재산가액에 가산되는 재산을 증여받고 상속을 포기한 자'를 '상속인'의 범위에 포함시키는 별도의 수단이 존재하는데도 이를 외면하는 것이므로 침해의 최소성 원칙에 위배되고, 상속을 승인한 자가 상속을 포기한 자가 본래 부담하여야 할 상속세액을 부담하게 되는 재산상의 불이익을 받게 되는 반면에 달성되는 공익은 상대적으로 작다고 할 것이어서 법익 균형성 원칙에도 위배되기 때문에, 구 상속세법 제18조 제1항 본문 중 '상속인'의 범위에 '상속개시 전에 피상속인으로부터 상속재산가액에 가산되는 재산을 증여받고 상속을 포기한 자'를 포함하지 않는 것은 상속을 승인한 자의 헌법상 보장되는 재산권을 침해한다(헌재 2008.10.30. 2003헌바10).

027
☐☐☐

법률 또는 법률조항은 원칙적으로 가능한 범위 안에서 합헌적으로 해석하여야 하나 그 해석은 법의 문구와 목적에 따른 한계가 있다. 이러한 한계를 벗어난 합헌적 해석은 실질적 의미에서의 입법작용을 뜻하게 되어 결과적으로 입법권자의 입법권을 침해하는 것이 된다. O | X

법률 또는 법률조항은 원칙적으로 가능한 범위 안에서 합헌적으로 해석함이 마땅하나 그 해석은 법의 문구와 목적에 따른 한계가 있다. 즉, 법률의 조항의 문구가 간직하고 있는 말의 뜻을 넘어서 말의 뜻이 완전히 다른 의미로 변질되지 아니하는 범위 내이어야 한다는 문의적 한계와 입법권자가 그 법률의 제정으로써 추구하고자 하는 입법자의 명백한 의지와 입법의 목적을 헛되게 하는 내용으로 해석할 수 없다는 법목적에 따른 한계가 바로 그것이다. 왜냐하면, 그러한 범위를 벗어난 합헌적 해석은 그것이 바로 실질적 의미에서의 입법작용을 뜻하게 되어 결과적으로 입법권자의 입법권을 침해하는 것이 되기 때문이다(헌재 1989.7.14. 88헌가5 등).

028
☐☐☐

조세법률주의가 지배하는 조세법 영역에서 경과규정의 미비라는 명백한 입법의 공백을 방지하고 형평성의 왜곡을 시정하기 위해 실효된 법률조항을 유효한 것으로 해석하는 것은 헌법정신에 맞도록 법률의 내용을 해석·보충하거나 정정하는 헌법합치적 법률해석이다. O | X

과세요건법정주의 및 과세요건명확주의를 포함하는 조세법률주의가 지배하는 조세법의 영역에서는 경과규정의 미비라는 명백한 입법의 공백을 방지하고 형평성의 왜곡을 시정하는 것은 원칙적으로 입법자의 권한이고 책임이지 법무의 한계 아래서 법률을 해석·적용하는 법원이나 과세관청의 몫은 아니다. 뿐만 아니라 구체적 타당성을 이유로 법률에 대한 유추해석 내지 보충적 해석을 하는 것도 어디까지나 '유효한' 법률조항을 대상으로 할 수 있는 것이지 이미 '실효된' 법률조항은 그러한 해석의 대상이 될 수 없다. 따라서 관련 당사자가 공평에 반하는 이익을 얻을 가능성이 있다 하여 이미 실효된 법률조항을 유효한 것으로 해석하여 과세의 근거로 삼는 것은 과세근거의 창설을 국회가 제정하는 법률에 맡기고 있는 헌법상 권력분립원칙과 조세법률주의의 원칙에 반한다(헌재 2012.5.31. 2009헌바123 등).

029
☐☐☐

어떤 법률의 개념이 다의적이고 그 어의의 테두리 안에서 여러 가지 해석이 가능할 때 헌법을 최고법규로 하는 통일적인 법질서의 형성을 위하여 헌법에 합치되는 해석 즉 합헌적인 해석을 택하여야 하며, 이에 의하여 위헌적인 결과가 될 해석을 배제하면서 합헌적이고 긍정적인 면은 살려야 한다는 것이 헌법의 일반법리이다. O | X

어떤 법률의 개념이 다의적이고 그 어의의 테두리 안에서 여러 가지 해석이 가능할 때, 헌법을 최고법규로 하는 통일적인 법질서의 형성을 위하여 헌법에 합치되는 해석 즉 합헌적인 해석을 택하여야 하며, 이에 의하여 위헌적인 결과가 될 해석은 배제하면서 합헌적이고 긍정적인 면은 살려야 한다는 것이 헌법의 일반법리이다(헌재 1990.4.2. 89헌가113).

030
☐☐☐

어떤 법률의 개념이 다의적이고 그 어의의 테두리 안에서 여러가지 해석이 가능한 경우에는 헌법을 최고법규로 하는 통일적인 법질서의 형성을 위하여 헌법에 합치되는 해석을 택해야 한다. O | X

어떤 법률의 개념이 다의적이고 그 어의의 테두리 안에서 여러 가지 해석이 가능할 때, 헌법을 최고법규로 하는 통일적인 법질서의 형성을 위하여 헌법에 합치되는 해석 즉 합헌적인 해석을 택하여야 하며, 이에 의하여 위헌적인 결과가 될 해석은 배제하면서 합헌적이고 긍정적인 면은 살려야 한다는 것이 헌법의 일반법리이다(헌재 1990.4.2. 89헌가113).

정답 027 ○ 028 X 029 ○ 030 ○

031
☐☐☐

구 사회보호법 제5조 제1항("보호대상자가 다음 각 호의 1에 해당하는 때에는 10년의 보호감호에 처한다. 다만, 보호대상자가 50세 이상인 때에는 7년의 보호감호에 처한다.")은 그 요건에 해당하는 경우에는 법원으로 하여금 감호청구의 이유 유무 즉, 재범의 위험성의 유무를 불문하고 반드시 감호의 선고를 하도록 강제한 것임이 위 법률의 조항의 문의임은 물론 입법권자의 의지임을 알 수 있으므로 위 조항에 대한 합헌적 해석은 문의의 한계를 벗어난 것이다.   O | X

법 제5조 제1항의 요건에 해당되는 경우에는 법원으로 하여금 감호청구의 이유 유무 즉, 재범의 위험성의 유무를 불문하고 반드시 감호의 선고를 하도록 강제한 것임이 위 법률의 조항의 문의임은 물론 입법권자의 의지임을 알 수 있으므로 위 조항에 대한 합헌적 해석은 문의의 한계를 벗어난 것이라 할 것이다(헌재 1989.7.14. 88헌가5 등).

032
☐☐☐

헌법 제12조 제4항 본문에 규정된 '구속'을 형사절차상 구속뿐 아니라 행정절차상 구속까지 의미하는 것이라고 해석하는 것은 문언해석의 한계를 넘는다.   O | X

'국민의 신체와 생명에 대한 보호를 강화'하는 것이 현행 헌법의 주요 개정이유임을 고려하면, 현행 헌법이 종래의 '구금'을 '구속'으로 바꾼 것은 헌법 제12조에 규정된 신체의 자유의 보장 범위를 구금된 사람뿐 아니라 구인된 사람에게까지 넓히기 위한 것으로 해석하는 것이 타당하다. 위와 같은 점을 종합해 보면, 헌법 제12조 제4항 본문에 규정된 '구속'을 형사절차상 구속뿐 아니라 행정절차상 구속까지 의미하는 것으로 보아도 문언해석의 한계를 넘지 않는다(헌재 2018.5.31. 2014헌마346).

033
☐☐☐

합헌적 법률해석은 어디까지나 법률조항의 문언과 목적에 비추어 가능한 범위 안에서의 해석을 전제로 하는 것이고, 법률조항의 문구 및 그로부터 추단되는 입법자의 명백한 의사에도 불구하고 문언상 가능한 해석의 범위를 넘어 다른 의미로 해석할 수는 없다.   O | X

합헌적 법률해석은 어디까지나 법률조항의 문언과 목적에 비추어 가능한 범위 안에서의 해석을 전제로 하는 것이고, 법률조항의 문구 및 그로부터 추단되는 입법자의 명백한 의사에도 불구하고 문언상 가능한 해석의 범위를 넘어 다른 의미로 해석할 수는 없다(헌재 2007.11.29. 2005헌가10).

정답 031 O 032 X 033 O

21. 국가직

034
□□□

국회는 헌법개정안이 공고된 날로부터 30일 이내에 의결하여야 하며, 국회의 의결은 출석의원 3분의 2 이상의 찬성을 얻어야 한다.　　O | X

공고된 날부터 30일이 아니라 '60일 이내'에 의결하여야 하며, 출석의원 3분의 2 이상의 찬성이 아니라 '재적의원' 3분의 2 이상의 찬성을 얻어야 한다.

> **헌법 제130조** ① 국회는 헌법개정안이 공고된 날로부터 60일 이내에 의결하여야 하며, 국회의 의결은 재적의원 3분의 2 이상의 찬성을 얻어야 한다.

21. 국가직

035
□□□

헌법개정안은 국회에서 기명투표로 표결한다.　　O | X

> **국회법 제112조 【표결방법】** ④ 헌법개정안은 기명투표로 표결한다.

21. 국가직

036
□□□

헌법개정안은 국회가 의결한 후 60일 이내에 국민투표에 붙여 국회의원선거권자 과반수의 투표와 투표자 과반수의 찬성을 얻어야 한다.　　O | X

헌법개정안은 국회가 의결한 후 60일 이내가 아니라 '30일 이내'에 국민투표에 붙여야 한다.

> **헌법 제130조** ② 헌법개정안은 국회가 의결한 후 30일 이내에 국민투표에 붙여 국회의원선거권자 과반수의 투표와 투표자 과반수의 찬성을 얻어야 한다.

23. 법원직

037
□□□

헌법개정안은 국회가 의결한 후 30일 이내에 국민투표에 붙여 국회의원선거권자 과반수의 찬성을 얻어야 한다.　　O | X

국회의원선거권자 과반수의 찬성이 아닌 국회의원선거권자 과반수의 투표와 투표자 과반수의 찬성을 얻어야 한다.

> **헌법 제130조** ② 헌법개정안은 국회가 의결한 후 30일 이내에 국민투표에 붙여 국회의원선거권자 과반수의 투표와 투표자 과반수의 찬성을 얻어야 한다.

038

□□□

우리 헌법은 헌법개정절차의 대상을 단지 '헌법'이라고만 하고 있으므로, 관습헌법도 헌법에 해당하는 이상 헌법개정의 대상인 헌법에 포함된다고 보아야 한다. O | X

우리 헌법의 경우 헌법 제10장 제128조 내지 제130조는 일반법률의 개정절차와는 다른 엄격한 헌법개정절차를 정하고 있으며, 동 헌법개정절차의 대상을 단지 '헌법'이라고만 하고 있다. 따라서 관습헌법도 헌법에 해당하는 이상 여기서 말하는 헌법개정의 대상인 헌법에 포함된다고 보아야 한다(헌재 2004.10.21. 2004헌마 554 등).

039

□□□

한미무역협정은 우호통상항해조약의 하나로서 성문헌법을 개정하는 효력이 없으므로 한미무역협정의 체결로 헌법개정절차에서의 국민투표권 침해의 가능성은 인정될 수 없다. O | X

한미무역협정의 경우, 헌법 제60조 제1항에 의하여 국회의 동의를 필요로 하는 우호통상항해조약의 하나로서 법률적 효력이 인정되므로, 규범통제의 대상이 됨은 별론으로 하고, 그에 의하여 성문헌법이 개정될 수는 없다. 이같이 한미무역협정이 성문헌법을 개정하는 효력이 없는 이상, 한미무역협정의 체결로 헌법 개정 절차에서의 국민투표권이 행사될 수 있을 정도로 헌법이 개정된 것이라고 할 수 없으므로 그 침해의 가능성은 인정되지 않는다(헌재 2013.11.28. 2012헌마166).

040

□□□

대통령의 임기연장 또는 중임변경을 위한 헌법개정은 그 헌법개정 공고 당시의 대통령에 대하여는 효력이 없다. O | X

공고 당시가 아닌 제안 당시의 대통령에 대하여 효력이 없다.

> 헌법 제128조 ② 대통령의 임기연장 또는 중임변경을 위한 헌법개정은 그 헌법개정 제안 당시의 대통령에 대하여는 효력이 없다.

041

□□□

헌법개정의 한계에 관한 규정을 직접 두고 있지 않은 우리 헌법체계에서는 어떤 규정이 헌법핵 내지는 헌법제정규범으로서 상위규범이고 어떤 규정이 단순한 헌법개정규범으로서 하위규범인지를 구별하는 것이 가능하지 아니하며, 달리 헌법의 각 개별규정 사이에 그 효력상의 차이를 인정하여야 할 아무런 근거도 찾을 수 없다. O | X

헌법개정의 한계에 관한 규정을 두지 아니하고 헌법의 개정을 법률의 개정과는 달리 국민투표에 의하여 이를 확정하도록 규정하고 있는(헌법 제130조 제2항) 현행의 우리헌법상으로는 과연 어떤 규정이 헌법핵 내지는 헌법제정규범으로서 상위규범이고 어떤 규정이 단순한 헌법개정규범으로서 하위규범인지를 구별하는 것이 가능하지 아니하며, 달리 헌법의 각 개별규정 사이에 그 효력상의 차이를 인정하여야 할 아무런 근거도 찾을 수 없다(헌재 1996.6.13. 94헌마118 등).

정답 038 ○ 039 ○ 040 X 041 ○

042

□□□

국회는 헌법개정안의 공고기간이 만료된 날로부터 60일 이내에 헌법개정안을 의결하여야 하며, 국회의 의결은 재적의원 3분의 2 이상의 찬성을 얻어야 한다.　　　　　　　　　　　　　　　　O | X

'공고된 날로부터' 60일 이내에 의결하여야 한다.

> **헌법 제130조** ① 국회는 헌법개정안이 공고된 날로부터 60일 이내에 의결하여야 하며, 국회의 의결은 재적의원 3분의 2 이상의 찬성을 얻어야 한다.

043

□□□

헌법개정안은 국회가 의결한 후 30일 이내에 국민투표에 붙여 국회의원 선거권자 과반수의 투표와 투표자 과반수의 찬성을 얻어야 한다.　　　　　　　　　　　　　　　　O | X

> **헌법 제130조** ② 헌법개정안은 국회가 의결한 후 30일 이내에 국민투표에 붙여 국회의원선거권자 과반수의 투표와 투표자 과반수의 찬성을 얻어야 한다.

044

□□□

대통령이 헌법개정안을 발의하기 위해서는 국무회의의 심의를 거쳐야 한다.　　　　　　O | X

> **헌법 제89조** 다음 사항은 국무회의의 심의를 거쳐야 한다.
> 3. 헌법개정안·국민투표안·조약안·법률안 및 대통령령안

045

□□□

국회는 헌법개정안을 20일 이상 공고하여야 한다.　　　　　　　　　　　　　　　　O | X

국회가 아닌 대통령이 공고한다.

046

□□□

국회는 헌법개정안이 공고된 날로부터 90일 이내에 의결하여야 한다.　　　　　　　　O | X

공고된 날로부터 60일 이내에 의결하여야 한다.

정답 042 X　043 ○　044 ○　045 X　046 X

047

☐☐☐

대통령의 임기연장 또는 중임변경을 위한 헌법개정은 그 헌법개정제안 당시의 대통령에 대해서는 효력이 없다는 헌법조항은 제9차 개정헌법에 처음 규정되었다. O | X

1980년 제8차 개정헌법에 처음 규정되었다.

048

☐☐☐

헌법의 각 개별규정 가운데 무엇이 헌법제정규정이고 무엇이 헌법개정규정인지를 구분하는 것이 가능할 뿐만 아니라, 그 효력상의 차이도 인정할 수 있다. O | X

독일기본법 제79조 제3항과 같은 헌법개정의 한계에 관한 규정을 두고 있지 아니하고, 독일기본법 제79조 제1항 제1문과 같이 헌법의 개정을 법률의 형식으로 하도록 규정하고 있지도 아니한 점 등을 감안할 때, 우리 헌법의 각 개별규정 가운데 무엇이 헌법제정규정이고 무엇이 헌법개정규정인지를 구분하는 것이 가능하지 아니할 뿐 아니라, 각 개별규정에 그 효력상의 차이를 인정하여야 할 형식적인 이유를 찾을 수 없다(헌재 1995.12.28. 95헌바3).

049

☐☐☐

헌법개정은 국회재적의원 과반수 또는 대통령을 수반으로 하는 정부의 발의로 제안된다. O | X

'대통령을 수반으로 하는 정부의 발의'가 아닌 '대통령의 발의'이다.

050

☐☐☐

제안된 헌법개정안은 국회가 20일 이상의 기간 이를 공고하여야 한다. O | X

국회가 아닌 대통령이 공고한다.

051

☐☐☐

국회는 헌법개정안이 공고된 날로부터 60일 이내에 의결하여야 하며, 국회의 의결은 재적의원 3분의 2 이상의 찬성을 얻어야 하는데, 표결은 무기명투표로 한다. O | X

표결은 무기명투표가 아닌 '기명투표'로 한다.

> 헌법 제130조 ① 국회는 헌법개정안이 공고된 날로부터 60일 이내에 의결하여야 하며, 국회의 의결은 재적의원 3분의 2 이상의 찬성을 얻어야 한다.
> 국회법 제112조 【표결방법】 ④ 헌법개정안은 기명투표로 표결한다.

정답 047 X 048 X 049 X 050 X 051 X

052

우리 헌법의 각 개별규정 가운데 무엇이 헌법제정규정이고 무엇이 헌법개정규정인지를 구분하는 것이 가능하지 아니할 뿐 아니라, 각 개별규정에 그 효력상의 차이를 인정하여야 할 형식적인 이유를 찾을 수 없다.   O | X

우리 헌법의 각 개별규정 가운데 무엇이 헌법제정규정이고 무엇이 헌법개정규정인지를 구분하는 것이 가능하지 아니할 뿐 아니라, 각 개별규정에 그 효력상의 차이를 인정하여야 할 형식적인 이유를 찾을 수 없다. 헌법제정권과 헌법개정권의 구별론이나 헌법개정한계론은 그 자체로서의 이론적 타당성 여부와 상관없이 우리 헌법재판소가 헌법의 개별규정에 대하여 위헌심사를 할 수 있다는 논거로 원용될 수 있는 것이 아니다(헌재 1995.12.28. 95헌바3).

053

성문헌법의 개정은 헌법의 조문이나 문구의 명시적이고 직접적인 변경을 내용으로 하는 헌법개정안의 제출에 의하여야 하고, 하위규범인 법률의 형식으로 일반적인 입법절차에 의하여 개정될 수는 없다.   O | X

성문헌법의 개정은 헌법의 조문이나 문구의 명시적이고 직접적인 변경을 내용으로 하는 헌법개정안의 제출에 의하여야 하고, 하위규범인 법률의 형식으로, 일반적인 입법절차에 의하여 개정될 수는 없다(헌재 2013.11.28. 2012헌마166).

054

대법원은 헌법개정에 관한 국민투표에 관하여 국민투표법 또는 국민투표법에 의하여 발하는 명령에 위반하는 사실이 있는 경우라도 국민투표의 결과에 영향이 미쳤다고 인정하는 때에 한하여 국민투표 무효의 판결을 하여야 하며, 국민투표의 일부의 무효를 판결할 수는 없다.   O | X

국민투표에 대한 일부의 무효를 판결할 수도 있다.

> **국민투표법 제93조【국민투표무효의 판결】** 대법원은 제92조의 규정에 의한 소송에 있어서 국민투표에 관하여 이 법 또는 이 법에 의하여 발하는 명령에 위반하는 사실이 있는 경우라도 국민투표의 결과에 영향이 미쳤다고 인정하는 때에 한하여 국민투표의 전부 또는 일부의 무효를 판결한다.

055

헌법개정에 관한 국민투표의 효력에 관하여 이의가 있는 투표인은 투표인 10만인 이상의 찬성을 얻어 중앙선거관리위원회위원장을 피고로 하여 투표일로부터 20일 이내에 대법원에 제소할 수 있다.   O | X

> **국민투표법 제92조【국민투표무효의 소송】** 국민투표의 효력에 관하여 이의가 있는 투표인은 투표인 10만인 이상의 찬성을 얻어 중앙선거관리위원회위원장을 피고로 하여 투표일로부터 20일 이내에 대법원에 제소할 수 있다.

정답 052 ○ 053 ○ 054 X 055 ○

제1절 대한민국헌정사

20. 국가직

001
☐☐☐

1차 헌법개정은 정부안과 야당안을 발췌·절충한 개헌안을 대상으로 하여 헌법개정절차인 공고절차를 그대로 따랐다. O | X

1952년 제1차 헌법개정은 정부안인 대통령직선제 개헌안과 국회(야당)안인 의원내각제 개헌안이 모두 부결되고, 절충된 소위 '발췌개헌안'이 공고절차를 거치지 않고 통과되었다. 헌법에 명시된 헌법개정절차에 위배되는 위헌적인 헌법개정이라고 할 수 있다.

20. 입시

002
☐☐☐

1948년 제헌헌법에서는 정부의 법률안 제출권을 헌법에 규정하지 않았다. O | X

제헌헌법(1948년) 제39조 국회의원과 정부는 법률안을 제출할 수 있다.

20. 입시

003
☐☐☐

1960년 제3차 개정헌법에서는 대법원장과 대법관을 선거로 선출하도록 규정하였다. O | X

제3차 개정헌법(1960년) 제78조 대법원장과 대법관은 법관의 자격이 있는 자로써 조직되는 선거인단이 이를 선거하고 대통령이 확인한다.

20. 입시

004
☐☐☐

1980년 제8차 개정헌법에서는 적정임금 보장에 대해 규정하였다. O | X

제8차 개정헌법(1980년) 제30조 ① 모든 국민은 근로의 권리를 가진다. 국가는 사회적·경제적 방법으로 근로자의 고용의 증진과 적정임금의 보장에 노력하여야 한다.

정답 001 X 002 X 003 O 004 O

005
□□□

1987년 제9차 개정헌법에서는 국정감사와 국정조사를 모두 규정하였다. O | X

제9차 개정헌법(1987년)은 제8차 개정헌법(1980년)의 국정조사제도를 그대로 유지하면서, 제7차 개정헌법(1972년)에서 폐지했던 국정감사제도를 부활시켰다. 따라서 국정감사와 국정조사를 모두 규정하고 있다.

✅ 참고 **제9차 개정헌법(1987년)의 주요내용**: 기본권 강화(적법절차, 형사피해자의 재판절차 진술권, 범죄피해자 구조청구권, 구속이유 고지제도, 최저임금제, 대학의 자율성), 대통령(5년 단임 직선제), 헌법재판소 부활, 국정감사권 부활, 긴급명령권 부활, 비상조치권 삭제, 국회해산권 삭제

006
□□□

제헌헌법(1948년)에서는 영리를 목적으로 하는 사기업 근로자의 이익분배균점권, 생활무능력자의 보호를 명시하였다. O | X

> **제헌헌법(1948년) 제18조** 근로자의 단결, 단체교섭과 단체행동의 자유는 법률의 범위 내에서 보장된다. 영리를 목적으로 하는 사기업에 있어서는 근로자는 법률의 정하는 바에 의하여 이익의 분배에 균점할 권리가 있다.
> **제19조** 노령, 질병 기타 근로능력의 상실로 인하여 생활유지의 능력이 없는 자는 법률의 정하는 바에 의하여 국가의 보호를 받는다.

007
□□□

제3차 헌법개정(1960년 헌법)에서는 위헌법률심판 및 헌법소원심판을 위한 헌법재판소를 설치하였다. O | X

헌법소원심판은 제9차 개정헌법(1987년)에서 도입되었다.

008
□□□

제5차 헌법개정(1962년 헌법)에서는 헌법전문(前文)을 최초로 개정하여 4·19 이념을 명문화하였다. O | X

제5차 개정헌법(1962년)은 최초로 헌법전문을 개정하여 '4·19의거와 5·16혁명의 이념에 입각'한다고 선언하였다.

009
□□□

1960년 제3차 개정헌법은 대법원장과 대법관의 선거제를 처음 채택하였다. O | X

1960년 제3차 개정헌법은 대법원장과 대법관의 선거제(법관자격이 있는 자로 조직된 선거인단에 의한 선거제)를 처음으로 채택하였다.

정답 005 ○ 006 ○ 007 X 008 ○ 009 ○

010

☐☐☐

1948년 제헌헌법에서 대한민국의 경제질서는 모든 국민에게 생활의 기본적 수요를 충족할 수 있게 하는 사회정의의 실현과 균형있는 국민경제의 발전을 기함을 기본으로 하며, 각인의 경제상 자유는 이 한계 내에서 보장된다고 규정하였다. O | X

> **제헌헌법 제84조** 대한민국의 경제 질서는 모든 국민에게 생활의 기본적 수요를 충족할 수 있게 하는 사회정의의 실현과 균형 있는 국민 경제의 발전을 기함을 기본으로 삼는다. 각인의 경제상 자유는 이 한계 내에서 보장된다.

011

☐☐☐

제3차 헌법개정(1960년 6월 헌법)에서는 대한민국의 주권의 제약 또는 영토의 변경을 가져올 국가안위에 관한 중대사항은 국회의 가결을 거친 후에 국민투표에 부하여 민의원의원선거권자 3분지 2 이상의 투표와 유효투표 3분지 2 이상의 찬성을 얻어야 한다고 처음으로 규정하였다. O | X

제3차 개정헌법이 아닌 제2차 개정헌법(1954년)에 대한 설명이다.

> **제2차 개정헌법 제7조의2** 대한민국의 주권의 제약 또는 영토의 변경을 가져올 국가안위에 관한 중대사항은 국회의 가결을 거친 후에 국민투표에 부하여 민의원의원선거권자 3분지 2 이상의 투표와 유효투표 3분지 2 이상의 찬성을 얻어야 한다.

012

☐☐☐

제5차 헌법개정(1962년 헌법)에서 국회의원은 임기중 당적을 이탈하거나 변경한 때 또는 소속 정당이 해산된 때에는 그 자격을 상실하나, 합당 또는 제명으로 소속이 달라지는 경우에는 예외로 하도록 규정하였다. O | X

> **제5차 개정헌법 제38조** 국회의원은 임기중 당적을 이탈하거나 변경한 때 또는 소속 정당이 해산된 때에는 그 자격이 상실된다. 다만, 합당 또는 제명으로 소속이 달라지는 경우에는 예외로 한다.

013

☐☐☐

제7차 헌법개정(1972년 헌법)에서는 조국의 평화적 통일을 추진하기 위한 온 국민의 총의에 의한 국민적 조직체로서 조국통일의 신성한 사명을 가진 국민의 주권적 수임기관으로서 통일주체국민회의를 설치하였다. O | X

> **제7차 개정헌법 제35조** 통일주체국민회의는 조국의 평화적 통일을 추진하기 위한 온 국민의 총의에 의한 국민적 조직체로서 조국통일의 신성한 사명을 가진 국민의 주권적 수임기관이다.

정답 010 ○ 011 X 012 ○ 013 ○

014

□□□

헌법에서 재외국민에 대한 국가의 보호를 처음으로 명시한 것은 제5공화국 헌법(제8차 개헌)이다.

O | X

재외국민 보호조항은 제5공화국 헌법(제8차 개헌)에서 최초로 규정하였고, '의무'를 추가한 것은 현행헌법(제9차 개헌)이다.

015

□□□

대한민국 국적을 갖고 있는 영유아 중에서 재외국민인 영유아를 보육료·양육수당의 지원대상에서 제외하는 것은 국내에 거주하면서 재외국민인 영유아를 양육하는 부모들의 평등권을 침해한다.

O | X

심판대상조항은 영유아에 대한 보육료·양육수당 지급에 있어 국내거주 재외국민을 대한민국 국적을 보유하고 국내에 주민등록을 두고 있는 국민에 비해 차별하고 있으며, 그와 같은 차별에 아무런 합리적 근거도 인정될 수 없으므로 청구인들의 헌법상 기본권인 평등권을 침해한다(헌재 2018.1.25. 2015헌마1047).

016

□□□

'이민'은 우리 국민이 생업에 종사하기 위하여 외국에 이주하거나 외국인과 혼인 및 연고관계로 인하여 이주하는 자를 의미하는데, 국적법 제12조 소정의 사유에 의하여 국적을 상실하지 않는 한 대한민국 재외국민으로서 기본권을 향유한다.

O | X

이민은 한 나라의 국민이 다른 나라에서 영주할 목적으로 이주하는 것을 말하는데 국적을 상실하지 않는 한 의연 대한민국 국민으로서의 기본권을 향유한다(헌재 1993.12.23. 89헌마189).

☑ 참고 해당 사건은 1980년 해직공무원의 보상 등에 관한 특별조치법의 적용대상자에서 외국으로 이민간 해직공무원을 제외한 것이 평등권, 거주이전의 자유를 침해한 것이 아니며 재외국민 보호의무를 행하지 않은 경우라고 볼 수 없다는 사건이었다.

017

□□□

정부수립 이전 이주동포를 재외동포의 출입국과 법적 지위에 관한 법률의 적용대상에서 제외함으로써 정부수립 이후 이주동포와 차별하는 것은 평등원칙에 위배되지 않는다.

O | X

재외동포법은 외국국적동포등에게 광범한 혜택을 부여하고 있는바, 이 사건 심판대상규정은 대한민국 정부수립 이전에 국외로 이주한 동포와 그 이후 국외로 이주한 동포를 구분하여 후자에게는 위와 같은 혜택을 부여하고 있고, 전자는 그 적용대상에서 제외하고 있다. … 이 사건 심판대상규정이 청구인들과 같은 정부수립 이전이주동포를 재외동포법의 적용대상에서 제외한 것은 합리적 이유 없이 정부수립 이전 이주동포를 차별하는 자의적인 입법이어서 헌법 제11조의 평등원칙에 위배된다(헌재 2001.11.29. 99헌마494).

018

□□□

1952년 제1차 개정헌법에서는 국무총리와 국무위원은 국회에 대하여 국무원의 권한에 속하는 일반 국무에 관하여는 연대책임을 지고 각자의 행위에 관하여는 개별책임을 진다고 규정하였다.

O | X

> 1952년 제1차 개정헌법 제70조 ③ 국무총리와 국무위원은 국회에 대하여 국무원의 권한에 속하는 일반국무에 관하여는 연대책임을 지고 각자의 행위에 관하여는 개별책임을 진다.

정답 014 ○ 015 ○ 016 ○ 017 X 018 ○

019
☐☐☐

1962년 제5차 개정헌법에서는 국회의원 후보가 되려 하는 자는 소속 정당의 추천을 받아야 하며, 국회의원이 임기 중 당적을 이탈하거나 변경한 때 또는 소속 정당이 해산된 때에는 그 자격이 상실되지만 합당 또는 제명으로 소속이 달라지는 경우에는 예외로 한다고 규정하였다. **O | X**

> **1962년 제5차 개정헌법 제38조** 국회의원은 임기중 당적을 이탈하거나 변경한 때 또는 소속 정당이 해산된 때에는 그 자격이 상실된다. 다만, 합당 또는 제명으로 소속이 달라지는 경우에는 예외로 한다.

020
☐☐☐

1972년 제7차 개정헌법에서는 대통령은 통일주체국민회의에서 토론 없이 무기명투표로 선거하고, 국회의원 정수의 3분의 1에 해당하는 수의 국회의원도 통일주체국민회의에서 선거하도록 규정하였다. **O | X**

> **1972년 제7차 개정헌법 제39조** ① 대통령은 통일주체국민회의에서 토론 없이 무기명투표로 선거한다.
> **제40조** ① 통일주체국민회의는 국회의원 정수의 3분의 1에 해당하는 수의 국회의원을 선거한다.

021
☐☐☐

1980년 제8차 개정헌법에서는 국회가 상호원조 또는 안전보장에 관한 조약, 국제조직에 관한 조약, 통상조약, 주권의 제약에 관한 조약, 강화조약, 국가나 국민에게 중대한 재정적 부담을 지우는 조약 또는 입법사항에 관한 조약의 체결비준에 대한 동의권을 가진다고 규정하였다. **O | X**

1980년 제8차 개정헌법 제96조에서는 국제조직에 관한 조약이 아닌 '중요한' 국제조직에 관한 조약, 통상조약이 아닌 '우호통상항해조약'이라고 규정하고 있다.

> **1980년 제8차 개정헌법 제96조** ① 국회는 상호원조 또는 안전보장에 관한 조약, 중요한 국제조직에 관한 조약, 우호통상항해조약, 주권의 제약에 관한 조약, 강화조약, 국가나 국민에게 중대한 재정적 부담을 지우는 조약 또는 입법사항에 관한 조약의 체결·비준에 대한 동의권을 가진다.
> ☑ **참고 1972년 제7차 개정헌법 제95조** ① 국회는 상호원조 또는 안전보장에 관한 조약, 국제조직에 관한 조약, 통상조약, 어업조약, 강화조약, 국가나 국민에게 재정적 부담을 지우는 조약, 외국군대의 지위에 관한 조약 또는 입법사항에 관한 조약의 체결·비준에 대한 동의권을 가진다.

022
☐☐☐

제헌헌법에서 모든 국민은 국가 각기관에 대하여 문서로써 청원을 할 권리가 있으며, 청원에 대하여 국가는 심사할 의무를 진다고 규정하였다. **O | X**

> **제헌헌법 제21조** 모든 국민은 국가 각기관에 대하여 문서로써 청원을 할 권리가 있다. 청원에 대하여 국가는 심사할 의무를 진다.

정답 019 ○ 020 ○ 021 X 022 ○

023

1952년 제1차 헌법개정에서 단원제 국회가 규정되었고, 국무위원은 국무총리의 제청에 의하여 대통령이 임면한다고 규정하였다. O | X

제1차 개정헌법은 단원제에서 양원제 국회로 규정하였다.

> **제1차 개정헌법 제69조** 국무위원은 국무총리의 제청에 의하여 대통령이 임면한다.

024

1962년 제5차 헌법개정에서 중앙선거관리위원회는 대통령이 임명하는 2인, 국회에서 선출하는 2인과 대법원 판사회의에서 선출하는 5인의 위원으로 구성하고, 위원장은 위원 중에서 호선한다고 규정하였다. O | X

> **제5차 개정헌법 제107조** ② 중앙선거관리위원회는 대통령이 임명하는 2인, 국회에서 선출하는 2인과 대법원 판사회의에서 선출하는 5인의 위원으로 구성한다. 위원장은 위원 중에서 호선한다.

025

1980년 제8차 헌법개정에서 모든 국민은 깨끗한 환경에서 생활할 권리를 가지며, 국가와 국민은 환경보전을 위하여 노력하여야 한다고 규정하였다. O | X

> **제8차 개정헌법 제33조** 모든 국민은 깨끗한 환경에서 생활할 권리를 가지며, 국가와 국민은 환경보전을 위하여 노력하여야 한다.

026

우리 헌법은 제헌헌법 이래 신체의 자유를 보장하는 규정을 두었는데, 원래 '구금'이라는 용어를 사용해 오다가 현행 헌법개정시에 이를 '구속'이라는 용어로 바꾸었다. O | X

우리 헌법은 제헌 헌법 이래 신체의 자유를 보장하는 규정을 두었는데, 원래 '구금'이라는 용어를 사용해 오다가 현행 헌법개정시에 이를 '구속'이라는 용어로 바꾸었다. 현행헌법 개정시에 종전의 '구금'을 '구속'으로 바꾼 이유를 정확히 확인할 수 있는 자료를 찾기는 어렵다. 다만, '국민의 신체와 생명에 대한 보호를 강화'하는 것이 현행 헌법의 주요 개정이유임을 고려하면, 현행 헌법이 종래의 '구금'을 '구속'으로 바꾼 것은 헌법 제12조에 규정된 신체의 자유의 보장 범위를 구금된 사람뿐 아니라 구인된 사람에게까지 넓히기 위한 것으로 해석하는 것이 타당하다(헌재 2018.5.31. 2014헌마346).

정답 023 X 024 ○ 025 ○ 026 ○

027
☐☐☐

1980년 개정헌법에서는 주권적 수임기관인 통일주체국민회의가 토론 없이 무기명투표로 대통령을 선거하며, 국회의원 정수의 3분의 1에 해당하는 수의 국회의원을 선거한다고 규정하였다. O | X

1980년 개정헌법이 아닌 1972년 개정헌법이다.

> **제7차 개정헌법(1972년) 제39조** ① 대통령은 통일주체국민회의에서 토론 없이 무기명투표로 선거한다.
>
> **제7차 개정헌법(1972년) 제40조** ① 통일주체국민회의는 국회의원 정수의 3분의 1에 해당하는 수의 국회의원을 선거한다.

028
☐☐☐

1972년 개정헌법에서는 인간의 존엄과 가치에 관한 규정을 처음 도입하였다. O | X

1972년 개정헌법이 아닌 1962년 개정헌법이다.

> **제5차 개정헌법(1962년) 제8조** 모든 국민은 인간으로서의 존엄과 가치를 가지며, 이를 위하여 국가는 국민의 기본적 인권을 최대한으로 보장할 의무를 진다.

029
☐☐☐

1960년 개정헌법에서는 국회가 단원제였으며, 재적국회의원 3분지 2 이상의 투표로 대통령을 선출하고, 대통령이 지명한 국무총리에 대한 동의권을 가진다고 규정하였다. O | X

단원제가 아닌 양원제였으며, 민의원이 국무총리에 대한 동의권을 갖는다고 규정하였다.

> **제3차 개정헌법(1960년) 제31조** 입법권은 국회가 행한다. 국회는 민의원과 참의원으로써 구성한다.
>
> **제3차 개정헌법(1960년) 제53조** 대통령은 양원합동회의에서 선거하고 재적국회의원 3분지 2 이상의 투표를 얻어 당선된다.
>
> **제3차 개정헌법(1960년) 제69조** 국무총리는 대통령이 지명하여 민의원의 동의를 얻어야 한다.

030
☐☐☐

제1차 개정헌법(1952년 개헌)에서는 국무위원과 행정각부장관은 국무총리의 제청으로 대통령이 임면하도록 하고 국무원 불신임결의권을 국회(민의원)에 부여하였다. O | X

제1차 개정헌법의 내용이다.

031
□□□

제4차 개정헌법(1960년 개헌)에서는 부칙에 대통령, 부통령 선거에 관련하여 부정행위를 한 자를 처벌하기 위한 특별법 또는 특정지위에 있음을 이용하여 현저한 반민주행위를 한 자의 공민권을 제한하기 위한 특별법을 제정할 수 있는 소급입법의 근거를 두었다.　　　　　　　　　　　　　O | X

제4차 개정헌법은 본문의 개정 없이 부칙만 개정하였다.

032
□□□

제5차 개정헌법(1962년 개헌)에서는 국민이 4년 임기의 대통령을 선거하고, 대통령은 1차에 한하여 중임할 수 있도록 하였으며, 위헌법률심사권을 대법원의 권한으로 하였다.　　　　　　　　O | X

제5차 개정헌법의 주요 내용이다.

033
□□□

제7차 개정헌법(1972년 개헌)에서는 5년 임기의 통일주체국민회의 대의원을 국민의 직접선거에 의하여 선출하고, 통일주체국민회의는 국회의원 정수 2분의 1에 해당하는 수의 국회의원을 선거하였다.　　O | X

통일주체국민회의 대의원의 임기는 6년이며, 통일주체국민회의는 국회의원 정수 3분의 1에 해당하는 수의 국회의원을 선거하였다.

034
□□□

제8차 개정헌법(1980년 개헌)에서는 행복추구권, 연좌제 금지, 사생활의 비밀과 자유의 불가침, 환경권 등을 신설하였다.　　　　　　　　　　　　　　　　　　　　　　　　　　　　　O | X

제8차 개정헌법의 내용이다.

035
□□□

1960년 제3차 개정헌법은 중앙선거위원회를 처음으로 규정하였다.　　　　　　　　　O | X

제헌헌법은 선거관리를 행정부의 권한으로 하고 별도로 독립된 선거관리기구를 두지 않았다. 이후 제3차 개정헌법(1960년)에서는 3·15 부정선거에 대한 반성으로 중앙선거관리위원회를 별도로 처음 규정하였다.

036
□□□

1962년 제5차 개정헌법은 기본권의 본질적 내용의 침해금지조항을 처음으로 규정하였다.　　O | X

제3차 개정헌법(1960년)은 기본권의 본질적 내용의 침해금지조항을 처음으로 규정하였다.

정답 031 ○　032 ○　033 X　034 ○　035 ○　036 X

037

☐☐☐ 1980년 제8차 개정헌법은 형사피고인의 무죄추정원칙을 처음으로 명문화하였다. O | X

제8차 개정헌법(1980년)은 형사피고인의 무죄추정원칙을 처음으로 명문화하였다.

038

☐☐☐ 1987년 제9차 개정헌법은 적법절차원칙을 처음으로 명문화하였다. O | X

현행헌법인 제9차 개정헌법(1987년)은 적법절차원칙을 처음으로 명문화하였다.

039

☐☐☐ 1954년 제2차 개헌에서는 헌법개정의 한계 사항을 규정하였다. O | X

> **1954년 제2차 개정헌법 제98조** ⑥ 제1조, 제2조와 제7조의2의 규정은 개폐할 수 없다.

040

☐☐☐ 1960년 제3차 개헌에서는 양원제 국회를 처음으로 규정하며 의원내각제 정부형태를 채택하였다. O | X

양원제 국회를 처음으로 규정한 것은 제1차 개헌이다.

041

☐☐☐ 1969년 제6차 개헌에서는 "그 헌법 개정 제안 당시의 대통령에 한해서 계속 재임은 3기로 한다."라고 규정
하였다. O | X

'제안 당시의 대통령에 한해서'라는 규정은 없었다.

> **1969년 제6차 개정헌법 제69조** ③ 대통령의 계속 재임은 3기에 한한다.

042

☐☐☐ 1972년 제7차 개헌에서는 정당운영자금의 국고보조조항을 신설하였다. O | X

정당운영자금의 국고보조조항을 신설한 것은 제8차 개정헌법이다.

정답 037 O 038 O 039 O 040 X 041 X 042 X

043

☐☐☐

제5차 헌법개정(1962년 헌법)에서는 정부형태가 의원내각제에서 대통령제로 환원되었으며, 인간존엄성 규정이 신설되었다. O | X

> **제5차 개정헌법(1962년) 제8조** 모든 국민은 인간으로서의 존엄과 가치를 가지며, 이를 위하여 국가는 국민의 기본적 인권을 최대한으로 보장할 의무를 진다.
>
> **제5차 개정헌법(1962년) 제64조** ① 대통령은 국민의 보통·평등·직접·비밀선거에 의하여 선출한다. 다만, 대통령이 궐위된 경우에 잔임 기간이 2년 미만인 때에는 국회에서 선거한다.

044

☐☐☐

제1차 헌법개정(1952년 헌법)에서는 대통령과 부통령의 직선제, 양원제 국회 등이 도입되었다. O | X

> **제1차 개정헌법(1952년) 제31조** 국회는 민의원과 참의원으로써 구성한다.
>
> **제1차 개정헌법(1952년) 제53조** 대통령과 부통령은 국민의 보통, 평등, 직접, 비밀투표에 의하여 각각 선거한다.

045

☐☐☐

현행헌법(1987년 헌법)에서는 헌법재판소제도가 부활하고, 1972년에 폐지된 표현의 자유에 대한 허가와 검열금지 규정이 부활하였다. O | X

- 현행헌법(1987년)은 6월 민주화운동의 결과 대통령직선제를 주요내용으로 하는 헌법개정안이 국회에서 의결되어 국민투표로 확정되었으며, 헌법재판소가 부활하였다.
- 제3차 개정헌법(1960년)에서 언론·출판·집회·결사의 자유에 대한 사전허가 내지 검열의 금지를 처음으로 명문화하였다. 제7차 개정헌법(1972년)에서 언론·출판에 대한 허가나 검열을 금지하는 규정을 삭제하였으며 현행헌법인 제9차 개정헌법(1987년)에서 제7차 개정헌법에서 삭제되었던 언론·출판에 대한 허가와 검열금지규정이 부활했다.

046

☐☐☐

제8차 헌법개정(1980년 헌법)에서는 행복추구권과 무죄추정의 원리 그리고 적법절차조항이 도입되었다. O | X

1980년 제5공화국헌법은 통일주체국민회의를 폐지하였으며, 행복추구권, 사생활의 비밀과 자유, 무죄추정의 원칙, 환경권, 적정임금의 보장 등을 헌법상의 기본권으로 새로이 규정하였다. 적법절차 조항은 현행헌법인 제9차 개정헌법(1987년)에서 도입되었다.

정답 043 ○ 044 ○ 045 ○ 046 X

047
☐☐☐

제7차 헌법개정(1972년 헌법)에서는 대통령 직선제가 폐지되고, 기본권의 본질적 내용침해금지 규정이 삭제되었다.　　　　　　　　　　　　　　　　　　　　　　　　　　　　　　　　　　　O | X

제3차 개정헌법(1960년)에서 기본권의 본질적 내용침해금지를 처음 명문화하였고, 제7차 개정헌법(1972년)에서 폐지되었다가 제8차 개정헌법(1980년)에서 다시 규정되었다.

> **제7차 개정헌법(1972년) 제39조** ① 대통령은 통일주체국민회의에서 토론없이 무기명투표로 선거한다.
> ② 통일주체국민회의에서 재적대의원 과반수의 찬성을 얻은 자를 대통령당선자로 한다.

048
☐☐☐

1948년 제헌헌법은 국민투표를 거치지 않고 국회에서 의결하였으며, 대통령제를 채택하였으나 부통령을 두지 않고 의원내각제적 요소인 국무원제와 국무총리제를 가미하였다.　　　　　　　O | X

1948년 제헌헌법은 국민투표를 거치지 않고 국회에서 의결하였으며, 대통령제를 채택하고 부통령을 두었으며, 의원내각제적 요소인 국무원제와 국무총리제를 가미하였다.

> **제헌헌법(1948년) 제53조** 대통령과 부통령은 국회에서 무기명투표로써 각각 선거한다.

049
☐☐☐

1960년 제3차 개정헌법은 대법원장과 대법관의 선거제를 채택하였으며, 중앙선거관리위원회의 헌법기관화 등을 규정하였다.　　　　　　　　　　　　　　　　　　　　　　　　　　　　　　　　　O | X

1960년 제3차 개정헌법은 대법원장과 대법관의 선거제를 채택하였으며, 중앙선거관리위원회의 헌법기관화 등을 규정하였다.

050
☐☐☐

1962년 제5차 개정헌법은 대법원장과 대법관을 법관추천회의의 제청에 따라 대통령이 임명하도록 하였다.　　O | X

1962년 제5차 개정헌법은 대법원장인 법관은 법관추천회의 제청에 따라 대통령이 임명하고, 대법원판사인 법관은 대법원장의 제청으로 대통령이 임명하도록 하였다.

> **제5차 개정헌법(1962년) 제99조** ① 대법원장인 법관은 법관추천회의의 제청에 의하여 대통령이 국회의 동의를 얻어 임명한다. 대통령은 법관추천회의의 제청이 있으면 국회에 동의를 요청하고, 국회의 동의를 얻으면 임명하여야 한다.
> ② 대법원판사인 법관은 대법원장이 법관추천회의의 동의를 얻어 제청하고 대통령이 임명한다. 이 경우에 제청이 있으면 대통령은 이를 임명하여야 한다.

정답 047 ○　048 X　049 ○　050 X

051
□□□

1972년 제7차 개정헌법은 국민투표에 의한 최초의 개헌으로 대통령의 긴급조치권, 국회의 회기 단축과 국정감사제 폐지 등을 규정하였다. O | X

제5차 개정헌법(1962년)은 1962년 12월 6일 국가재건최고회의의 의결을 거쳐 12월 17일 국민투표를 통해 확정되었고, 헌정사상 처음으로 국민투표를 통해 확정된 헌법이다. 1972년 제7차 개정헌법도 국민투표에 의한 개헌으로 대통령의 긴급조치권, 국회의 회기 단축과 국정감사제 폐지 등을 규정하였다.

052
□□□

국군의 정치적 중립성에 관한 사항은 1960년 제3차 헌법개정을 통해 처음으로 헌법에 규정되었다. O | X

국군의 정치적 중립성 준수에 관한 규정은 군의 정치개입 폐단을 방지하려는 의지를 천명한 것으로서 1987년 제9차 개정헌법에서 국군의 정치적 중립성 준수를 명문화하였다.

053
□□□

1980년 제8차 개정헌법은 행복추구권, 형사피고인의 무죄추정, 사생활의 비밀과 자유의 불가침을 신설하였으며, 헌법에 국회의 국정조사권을 규정하였다. O | X

1980년 제8차 개정헌법은 행복추구권, 형사피고인의 무죄추정, 사생활의 비밀과 자유의 불가침을 신설하였으며, 국회의 국정조사권을 규정하였다.

054
□□□

1987.10.29. 개정 헌법(현행 헌법)은 헌법에 마련된 개정절차에 따라 여야 합의에 의하여 개정된 헌법이나, 군(軍)의 정치적 중립을 규정하지는 못하였다. O | X

헌법에 마련된 개정절차에 따라 여야 합의에 의하여 개정된 헌법이며, 군(軍)의 정치적 중립을 명문화하였다.

> **헌법 제5조** ② 국군은 국가의 안전보장과 국토방위의 신성한 의무를 수행함을 사명으로 하며, 그 정치적 중립성은 준수된다.

055
□□□

1948년 제헌헌법은 국무원을 대통령과 국무총리 기타의 국무위원으로 조직되는 합의체로서 대통령의 권한에 속한 중요 국책을 의결하는 기구로 규정하였다. O | X

> **제헌헌법(1948년) 제68조** 국무원은 대통령과 국무총리 기타의 국무위원으로 조직되는 합의체로서 대통령의 권한에 속한 중요 국책을 의결한다.

정답 051 X 052 X 053 ○ 054 X 055 ○

056
□□□

1960년 헌법(제3차 개정헌법)은 대통령의 임기를 5년으로 하고 재선에 의하여 1차에 한해 중임할 수 있도록 규정하였다. O | X

> **제3차 개정헌법(1960년) 제55조** 대통령의 임기는 5년으로 하고, 재선에 의하여 1차에 한하여 중임할 수 있다.

057
□□□

1962년 헌법(제5차 개정헌법)은 대통령이 국회의 동의를 얻어 국무총리를 임명하도록 하였다. O | X

제5차 개정헌법에서 국무총리는 국회의 동의를 거치지 않았다.

058
□□□

1972년 헌법(제7차 개정헌법)은 국회 외에 통일주체국민회의를 두고, 여기에 대통령 선출권 및 국회의원 3분의 1 선출권을 부여하였다. O | X

> **제7차 개정헌법(1972년) 제39조** ① 대통령은 통일주체국민회의에서 토론 없이 무기명투표로 선거한다.
> **제40조** ① 통일주체국민회의는 국회의원 정수의 3분의 1에 해당하는 수의 국회의원을 선거한다.

059
□□□

1980년 헌법(제8차 개정헌법)은 국회가 국무총리 또는 국무위원에 대하여 개별적으로 그 해임을 의결할 수 있도록 하되, 국무총리에 대한 해임의결은 국회가 임명동의를 한 후 1년 이내에는 할 수 없도록 하였다. O | X

> **제8차 개정헌법(1980년) 제99조** ① 국회는 국무총리 또는 국무위원에 대하여 개별적으로 그 해임을 의결할 수 있다. 다만, 국무총리에 대한 해임의결은 국회가 임명동의를 한 후 1년 이내에는 할 수 없다.

060
□□□

1960년 제3차 개정헌법은 공무원의 신분보장 및 정치적 중립성에 관한 조항을 신설하였다. O | X

1960년 3·15 부정선거 이후 제3차 개정헌법에서 "공무원의 정치적 중립성과 신분은 법률의 정하는 바에 의하여 보장된다."라는 규정이 신설되어 직업공무원제도의 핵심 내용이 규정되었다.

정답 056 ○ 057 X 058 ○ 059 ○ 060 ○

061

1962년 제5차 개정헌법은 인간의 존엄과 가치에 관한 조항을 신설하였다. O | X

> **제5차 개정헌법(1962년)** 제8조 모든 국민은 인간으로서의 존엄과 가치를 가지며, 이를 위하여 국가는 국민의 기본적 인권을 최대한으로 보장할 의무를 진다.

062

1972년 제7차 개정헌법은 범죄피해자구조청구권에 관한 조항을 신설하였다. O | X

범죄피해자구조청구권에 관한 조항은 현행 헌법(1987년 제9차 개정헌법)에서 신설하였다.

063

1987년 제9차 개정헌법은 신체의 자유와 관련하여 적법절차조항을 신설하였다. O | X

적법절차의 원칙(due process of law)은 공권력에 의한 국민의 생명·자유·재산의 침해는 반드시 합리적이고 정당한 법률에 의거해서 정당한 절차를 밟은 경우에만 유효하다는 원리로서, 1987.10.29. 공포된 9차 개정헌법에서 처음으로 인신보호를 위한 헌법상의 기속원리로 채택되었다(헌재 2001.11.29. 2001헌바41).

064

1948년 제헌헌법은 대통령과 부통령을 국회에서 선출하도록 하였으며, 국회는 단원제로 구성하였다. O | X

> **제헌헌법(1948년)** 제32조 국회는 보통, 직접, 평등, 비밀선거에 의하여 공선된 의원으로써 조직한다.
> **제53조** 대통령과 부통령은 국회에서 무기명투표로써 각각 선거한다.

065

1954년 제2차 개정헌법에서 초대 대통령에 대한 3선 제한을 철폐하였다. O | X

1954년 제2차 개정헌법은 초대 대통령에 대한 재선에 의하여 1차 중임할 수 있다는 3선 제한(중임 제한)을 철폐하였다.

정답 061 ○ 062 X 063 ○ 064 ○ 065 ○

066

□□□

1960년 제3차 개정헌법은 의원내각제를 채택하였으며, 헌법재판소를 신설하였다. O | X

제3차 개정헌법(1960년)은 정부형태를 의원내각제로 규정하였고, 우리나라 헌정사상 최초로 헌법재판소를 도입하여 법률의 위헌여부 심사, 헌법에 관한 최종적 해석, 국가기관간의 권한쟁의, 정당의 해산, 탄핵재판, 대통령·대법원장과 대법관의 선거에 관한 소송을 관장하도록 규정하였지만 구성되지는 못하였다.

067

□□□

1972년 제7차 개정헌법은 대통령을 통일주체국민회의에서 선출하였으며, 국회의 국정감사권을 폐지하였다. O | X

제7차 개정헌법(1972년)은 대통령을 통일주체국민회의에서 간선으로 선출하였고, 제헌헌법(1972년)부터 규정하였던 국회의 국정감사권을 폐지하여 국회의 권한이 약화되었다.

> **제7차 개정헌법(1972년) 제39조** ① 대통령은 통일주체국민회의에서 토론없이 무기명투표로 선거한다.

068

□□□

1980년 제8차 개정헌법은 대통령을 대통령 선거인단에서 선출하였으며, 대통령에게 긴급조치권을 부여하였다. O | X

제7차 개정헌법(1972년)은 대통령에게 긴급조치권을 부여하였고, 제8차 개정헌법(1980년)은 대통령에게 비상조치권을 부여하였다.

069

□□□

1948년 제헌헌법은 대통령과 부통령을 국회에서 선출하도록 하였으며, 국회는 단원제로 구성하였다. O | X

> **제헌헌법(1948년) 제32조** 국회는 보통, 직접, 평등, 비밀선거에 의하여 공선된 의원으로써 조직한다.
> **제53조** 대통령과 부통령은 국회에서 무기명투표로써 각각 선거한다.

070

□□□

1954년 제2차 개정헌법에서 초대 대통령에 대한 3선 제한을 철폐하였다. O | X

1954년 제2차 개정헌법은 초대 대통령에 대해서는 3선 제한(중임 제한)을 철폐하였다.

정답 066 ○ 067 ○ 068 X 069 ○ 070 ○

21. 경정승진

071
☐☐☐

대한민국의 국민만이 누릴 수 있는 권리 중 대한민국의 국민이었을 때 취득한 것으로서 양도할 수 있는 것은 그 권리와 관련된 법령에서 따로 정한 바가 없으면 2년 내에 대한민국의 국민에게 양도하여야 한다.

O | X

2년이 아니라 '3년' 내에 대한민국의 국민에게 양도하여야 한다.

> **국적법 제18조【국적상실자의 권리 변동】** ② 제1항에 해당하는 권리 중 대한민국의 국민이었을 때 취득한 것으로서 양도(讓渡)할 수 있는 것은 그 권리와 관련된 법령에서 따로 정한 바가 없으면 3년 내에 대한민국의 국민에게 양도하여야 한다.

22. 경찰간부

072
☐☐☐

공무원이 그 직무상 대한민국 국적을 상실한 자를 발견하면 3개월 이내에 법무부장관에게 그 사실을 통보하여야 한다.

O | X

공무원이 그 직무상 대한민국 국적을 상실한 자를 발견하면 지체 없이 법무부장관에게 그 사실을 통보하여야 한다.

> **국적법 제16조【국적상실자의 처리】** ② 공무원이 그 직무상 대한민국 국적을 상실한 자를 발견하면 지체 없이 법무부장관에게 그 사실을 통보하여야 한다.

22. 경찰간부

073
☐☐☐

복수국적자로서 외국 국적을 선택하려는 자는 외국에 주소가 있는 경우에만 주소지 관할 재외공관의 장을 거쳐 법무부장관에게 대한민국 국적을 이탈한다는 뜻을 신고할 수 있다.

O | X

> **국적법 제14조【대한민국 국적의 이탈 요건 및 절차】** ① 복수국적자로서 외국 국적을 선택하려는 자는 외국에 주소가 있는 경우에만 주소지 관할 재외공관의 장을 거쳐 법무부장관에게 대한민국 국적을 이탈한다는 뜻을 신고할 수 있다. 다만, 제12조 제2항 본문 또는 같은 조 제3항에 해당하는 자는 그 기간 이내에 또는 해당 사유가 발생한 때부터만 신고할 수 있다.

23. 경찰 2차

074
☐☐☐

출생이나 그 밖에 국적법에 따라 대한민국 국적과 외국 국적을 함께 가지게 된 사람으로서 대통령령으로 정하는 사람은 대한민국의 법령 적용에서 대한민국 국민으로만 처우한다.

O | X

> **국적법 제11조의2【복수국적자의 법적 지위 등】** ① 출생이나 그 밖에 이 법에 따라 대한민국 국적과 외국 국적을 함께 가지게 된 사람으로서 대통령령으로 정하는 사람[이하 "복수국적자"(複數國籍者)라 한다]은 대한민국의 법령 적용에서 대한민국 국민으로만 처우한다.

정답 071 X 072 X 073 O 074 O

075

□□□

대한민국의 국민이 아닌 자로서 대한민국의 국민인 부 또는 모에 의하여 인지된 자가 대한민국의 민법상 미성년자이면서 출생 당시에 부 또는 모가 대한민국의 국민이었을 경우에는 법무부장관에게 신고함으로써 대한민국 국적을 취득할 수 있다. O | X

> **국적법 제3조 【인지에 의한 국적 취득】** ① 대한민국의 국민이 아닌 자(이하 "외국인"이라 한다)로서 대한민국의 국민인 부 또는 모에 의하여 인지(認知)된 자가 다음 각 호의 요건을 모두 갖추면 법무부장관에게 신고함으로써 대한민국 국적을 취득할 수 있다.
> 1. 대한민국의 민법상 미성년일 것
> 2. 출생 당시에 부 또는 모가 대한민국의 국민이었을 것

076

□□□

직계존속이 외국에서 영주할 목적 없이 체류한 상태에서 출생한 자는 병역의무를 해소한 경우에만 국적이탈을 신고할 수 있도록 하는 구 국적법 제12조 제3항은 혈통주의에 따라 출생과 동시에 대한민국 국적을 취득하게 되므로 병역의무를 해소해야만 국적이탈을 허용하게 되는 결과를 가져오지만, 과잉금지원칙에 위배되지 아니하므로 국적이탈의 자유를 침해하지 않는다. O | X

심판대상조항은 직계존속이 외국에서 영주할 목적 없이 체류한 상태에서 출생한 복수국적자로 하여금 병역의무 해소 후에만 대한민국 국적을 이탈할 수 있도록 제도적으로 제한함으로써, 병역의무의 공평한 분담과 그에 대한 국민적 신뢰를 확보하여 충실한 병역의무 이행을 위한 여건을 마련하고자 하는 것이므로 목적의 정당성과 수단의 적합성이 인정된다. 심판대상조항은 국적이탈을 이용한 편법적 병역기피를 방지하면서도, 출생할 무렵 직계존속에게 외국에 영주할 목적이 인정되어 장차 성장과정에서 대한민국과의 유대관계가 인정되기 어려울 것으로 예상되는 사람에게는 국적이탈에 과도한 부담을 지우지 않도록 필요한 최소한의 범위에서 조화롭게 국적이탈을 규제하려는 것이므로, 침해의 최소성도 충족한다. 심판대상조항은 법익의 균형성도 충족한다. 심판대상조항은 과잉금지원칙에 위배되지 아니하므로 국적이탈의 자유를 침해하지 아니한다(헌재 2023.2.23. 2019헌바462).

077

□□□

외국인이 귀화허가를 받기 위해서는 '품행이 단정할 것'의 요건을 갖추도록 한 구 국적법 제5조 제3호는 귀화신청자의 성별, 연령, 직업, 가족, 경력, 전과관계 등 여러 사정을 종합적으로 고려하여 판단하는 것이 자의적일 수 있어 명확성원칙에 위배된다. O | X

심판대상조항은 외국인에게 대한민국 국적을 부여하는 '귀화'의 요건을 정한 것인데, '품행', '단정' 등 용어의 사전적 의미가 명백하고, 심판대상조항의 입법취지와 용어의 사전적 의미 및 법원의 일반적인 해석 등을 종합해 보면, '품행이 단정할 것'은 '귀화신청자를 대한민국의 새로운 구성원으로서 받아들이는 데 지장이 없을 만한 품성과 행실을 갖춘 것'을 의미하고, 구체적으로 이는 귀화신청자의 성별, 연령, 직업, 가족, 경력, 전과관계 등 여러 사정을 종합적으로 고려하여 판단될 것임을 예측할 수 있다. 따라서 심판대상조항은 명확성원칙에 위배되지 아니한다(헌재 2016.7.28. 2014헌바421).

정답 075 ○   076 ○   077 X

078

□□□

국적법 조항 중 거짓이나 그 밖의 부정한 방법으로 국적회복허가를 받은 사람에 대하여 그 허가를 취소할 수 있도록 규정한 부분은 과잉금지원칙에 위배하여 거주·이전의 자유 및 행복추구권을 침해하지 아니한다.　　　　　　O | X

심판대상조항은 국적취득 과정에서 발생한 위법상태를 해소하여 국적 취득에 있어 진실성을 담보하고 사회구성원 사이의 신뢰를 확보하며 나아가 국가질서를 유지하고자 하는 것으로, 입법목적의 정당성이 인정된다. 국적 관련 행정의 주무관청인 법무부장관으로 하여금 거짓이나 그 밖의 부정한 방법에 의한 하자 있는 국적회복허가를 소급적으로 취소하게 하여 위법상태를 제거하는 것은 위와 같은 입법목적을 달성하기 위한 적합한 방법이라고 할 것이므로, 수단의 적합성도 인정된다. 심판대상조항은 침해의 최소성에 반하지 아니한다. 심판대상조항에 의하여 국적회복허가가 취소되면, 국적을 상실하게 되어 국내 체류의 곤란이나 종전의 생활관계 단절 등의 불이익을 받는 것은 사실이다. 그러나 국적은 국가의 근본요소 중 하나인 국민을 결정하는 기준이며 헌법 및 법률상 권리의 근거가 되는 것으로, 국적취득에 있어서 적법성의 확보는 사회구성원들 사이의 신뢰를 확보하고 국가질서를 유지하는 근간이 된다. 따라서 심판대상조항을 통해서 달성하고자 하는 공익이 위와 같이 제한되는 사익에 비해 훨씬 크다고 할 것이므로, 심판대상조항은 법익의 균형성도 갖추었다. 심판대상조항은 과잉금지원칙에 위배하여 거주·이전의 자유 및 행복추구권을 침해하지 아니한다(헌재 2020.2.27. 2017헌바434).

079

□□□

1978.6.14.부터 1998.6.13. 사이에 태어난 모계출생자(모가 대한민국 국민이거나 무가 사망할 당시에 모가 대한민국 국민이었던 자)가 대한민국 국적을 취득할 수 있는 특례를 두면서 2004.12.31.까지 국적취득신고를 한 경우에만 대한민국 국적을 취득하도록 한 국적법 조항은, 모계출생자가 권리를 남용할 가능성을 억제하기 위하여 특례기간을 2004.12.31.까지로 한정하고 있는바, 이를 불합리하다고 볼 수 없고 평등원칙에 위배되지 않는다.　　　　　　O | X

심판대상조항은 특례의 적용을 받는 모계출생자가 그 권리를 조속히 행사하도록 하여 위 모계출생자의 국적·법률관계를 조속히 확정하고, 국가기관의 행정상 부담을 줄일 수 있도록 하며, 위 모계출생자가 권리를 남용할 가능성을 억제하기 위하여 특례기간을 2004.12.31.까지로 한정하고 있는바, 이를 불합리하다고 볼 수 없다. 또한 특례의 적용을 받는 모계출생자가 특례기간 내에 국적취득신고를 하지 못한 경우에도 그 사유가 천재지변 기타 불가항력적 사유에 의한 것이면 그 사유가 소멸한 때부터 3개월 내에 국적취득신고를 할 수 있고, 그 외에 다른 사정으로 국적취득신고를 하지 못한 경우에도 간이귀화 또는 특별귀화를 통하여 어렵지 않게 대한민국 국적을 취득할 수 있으므로, 심판대상조항은 특례의 적용을 받는 모계출생자와 출생으로 대한민국 국적을 취득하는 모계출생자를 합리적 사유 없이 차별하고 있다고 볼 수 없고, 따라서 평등원칙에 위배되지 않는다(헌재 2015.11.26. 2014헌바211).

080

□□□

국적법 조항 중 '외국에 주소가 있는 경우'는 입법취지 및 사전적 의미 등을 고려할 때 다른 나라에 생활근거가 있는 경우를 뜻함이 명확하므로 명확성원칙에 위배되지 아니한다.　　　　　　O | X

국적법 제14조 제1항 본문의 '외국에 주소가 있는 경우'라는 표현은 입법취지 및 그에 사용된 단어의 사전적 의미 등을 고려할 때 다른 나라에 생활근거가 있는 경우를 뜻함이 명확하므로 명확성원칙에 위배되지 아니한다(헌재 2023.2.23. 2020헌바603).

081
☐☐☐

복수국적자가 외국에 주소가 있는 경우에만 국적이탈을 신고할 수 있도록 정한 국적법 조항은 복수국적자에게 과도한 불이익을 발생시켜 과잉금지원칙에 위배되어 국적이탈의 자유를 침해한다. O | X

심판대상조항은 국가 공동체의 운영원리를 보호하고자 복수국적자의 기회주의적 국적이탈을 방지하기 위한 것으로, 더 완화된 대안을 찾아보기 어려운 점, 외국에 생활근거 없이 주로 국내에서 생활하며 대한민국과 유대관계를 형성한 자가 단지 법률상 외국 국적을 지니고 있다는 사정을 빌미로 국적을 이탈하려는 행위를 제한한다고 하여 과도한 불이익이 발생한다고 보기도 어려운 점 등을 고려할 때 심판대상조항은 과잉금지원칙에 위배되어 국적이탈의 자유를 침해하지 아니한다(헌재 2023.2.23. 2020헌바603).

082
☐☐☐

만 20세가 되기 전에 복수국적자가 된 자는 만 22세가 되기 전까지, 만 20세가 된 후에 복수국적자가 된 자는 그 때부터 2년 내에 국적법이 정한 절차에 따라 하나의 국적을 선택하여야 한다. 다만, 동법에 따라 법무부장관에게 대한민국에서 외국 국적을 행사하지 아니하겠다는 뜻을 서약한 복수국적자는 제외한다. O | X

> **국적법 제12조【복수국적자의 국적선택의무】** ① 만 20세가 되기 전에 복수국적자가 된 자는 만 22세가 되기 전까지, 만 20세가 된 후에 복수국적자가 된 자는 그 때부터 2년 내에 제13조와 제14조에 따라 하나의 국적을 선택하여야 한다. 다만, 제10조 제2항에 따라 법무부장관에게 대한민국에서 외국 국적을 행사하지 아니하겠다는 뜻을 서약한 복수국적자는 제외한다.

083
☐☐☐

외국인과의 혼인으로 그 배우자의 국적을 취득하게 된 대한민국의 국민은 그 외국 국적을 취득한 때부터 6개월 내에 대한민국 국적을 보유할 의사가 없다는 뜻을 법무부장관에게 신고하고 이를 법무부장관이 인정하면 신고시부터 대한민국 국적을 상실한다. O | X

외국인과의 혼인으로 그 배우자의 국적을 취득하게 된 대한민국의 국민은 그 외국 국적을 취득한 때부터 6개월 내에 대한민국 국적을 보유할 의사가 있다는 뜻을 법무부장관에게 신고하지 아니하면 그 외국 국적을 취득한 때로 소급(遡及)하여 대한민국 국적을 상실한 것으로 본다.

> **국적법 제15조【외국 국적 취득에 따른 국적 상실】** ② 대한민국의 국민으로서 다음 각 호의 어느 하나에 해당하는 자는 그 외국 국적을 취득한 때부터 6개월 내에 법무부장관에게 대한민국 국적을 보유할 의사가 있다는 뜻을 신고하지 아니하면 그 외국 국적을 취득한 때로 소급(遡及)하여 대한민국 국적을 상실한 것으로 본다.
> 1. 외국인과의 혼인으로 그 배우자의 국적을 취득하게 된 자

정답 081 X 082 ○ 083 X

084
□□□

"법무부장관은 거짓이나 그 밖의 부정한 방법으로 귀화허가, 국적회복허가, 국적의 이탈 허가 또는 국적보 유판정을 받은 자에 대하여 그 허가 또는 판정을 취소할 수 있다."라는 국적법 조항 중 국적회복허가취소 에 관한 부분은 거주·이전의 자유 및 행복추구권을 침해하지 아니한다.   O | X

국적취득에 있어서 적법성 확보가 사회구성원들 사이의 신뢰를 확보하고 국가질서를 유지하는 근간이 됨을 고려할 때 심판대상조항을 통하여 달성하고자 하는 공익이 제한되는 사익에 비해 훨씬 크다고 할 것이므로 심판 대상조항은 법익의 균형성도 갖추었다. 따라서 심판대상조항은 과잉금지원칙에 위배하여 거주·이전의 자유 및 행복추구권을 침해하지 아니한다(헌재 2020.2.27. 2017헌바434).

085
□□□

복수국적자가 병역법 제8조에 따라 병역준비역에 편입된 때부터 3개월 이내에 하나의 국적을 선택하여야 하고, 이 기간이 지나면 병역의무가 해소되기 전에는 국적이탈 신고를 할 수 없도록 한 국적법 조항은 국 적이탈의 자유를 침해한다.   O | X

병역준비역에 편입된 복수국적자의 국적선택 기간이 지났다고 하더라도, 그 기간 내에 국적이탈 신고를 하지 못한 데 대하여 사회통념상 그에게 책임을 묻기 어려운 사정 즉, 정당한 사유가 존재하고, 병역의무 이행의 공 평성 확보라는 입법목적을 훼손하지 않음이 객관적으로 인정되는 경우라면, 병역준비역에 편입된 복수국적자에게 국적선택 기간이 경과하였다고 하여 일률적으로 국적이탈을 할 수 없다고 할 것이 아니라, 예외적으로 국적이탈을 허가하는 방안을 마련할 여지가 있다. 심판대상 법률조항의 존재로 인하여 복수국적을 유지하게 됨으로써 대상자가 겪어야 하는 실질적 불이익은 구체적 사정에 따라 상당히 클 수 있다. 국가에 따라서는 복수국적자가 공직 또는 국가안보와 직결되는 업무나 다른 국적국과 이익충돌 여지가 있는 업무를 담당하는 것이 제한될 가능성이 있다. 현실적으로 이러한 제한이 존재하는 경우, 특정 직업의 선택이나 업무 담당이 제한되는 데 따르는 사익 침해를 가볍게 볼 수 없다. 심판대상 법률조항은 과잉금지원칙에 위배되어 청구인의 국적이탈의 자유를 침해한다(헌재 2020.9.24. 2016헌마889).

086
□□□

국적법 조항에서의 '품행이 단정할 것'은 귀화신청자를 대한민국의 새로운 구성원으로서 받아들이는 데 지장이 없을 만한 품성과 행실을 갖춘 것을 의미하므로 명확성원칙에 위배되지 아니한다.   O | X

심판대상조항은 외국인에게 대한민국 국적을 부여하는 '귀화'의 요건을 정한 것인데, '품행', '단정' 등 용어의 사전적 의미가 명백하고, 심판대상조항의 입법취지와 용어의 사전적 의미 및 법원의 일반적인 해석 등을 종합해 보면, '품행이 단정할 것'은 '귀화신청자를 대한민국의 새로운 구성원으로서 받아들이는 데 지장이 없을 만한 품성과 행실을 갖춘 것'을 의미하고, 구체적으로 이는 귀화신청자의 성별, 연령, 직업, 가족, 경력, 전과관계 등 여러 사정을 종합적으로 고려하여 판단될 것임을 예측할 수 있다. 따라서 심판대상조항은 명확성원칙에 위배되지 아니한다(헌재 2016.7.28. 2014헌바421).

087
□□□

국적은 성문의 법령을 통해서가 아니라 국가의 생성과 더불어 존재하며, 국적법의 내용은 국민의 범위를 구체화, 현실화하는 헌법사항을 규율하고 있다.   O | X

국적은 국가와 그의 구성원 간의 법적유대(法的紐帶)이고 보호와 복종관계를 뜻하므로 이를 분리하여 생각할 수 없다. 즉 국적은 국가의 생성과 더불어 발생하고 국가의 소멸은 바로 국적의 상실 사유인 것이다. 국적은 성문의 법령을 통해서가 아니라 국가의 생성과 더불어 존재하는 것이므로, 헌법의 위임에 따라 국적법이 제정되나 그 내용은 국가의 구성요소인 국민의 범위를 구체화, 현실화하는 헌법사항을 규율하고 있는 것이다(헌재 2000.8.31. 97헌가12).

정답 084 ○ 085 ○ 086 ○ 087 ○

088

국적법상 부모가 모두 국적이 없는 경우라도 대한민국에서 출생한 사람은 대한민국 국적을 취득한다.

O | X

> **국적법 제2조【출생에 의한 국적 취득】** ① 다음 각 호의 어느 하나에 해당하는 자는 출생과 동시에 대한민국 국적(國籍)을 취득한다.
> 3. 부모가 모두 분명하지 아니한 경우나 국적이 없는 경우에는 대한민국에서 출생한 자

089

대한민국 국민으로서 자진하여 외국 국적을 취득한 사람은 그 외국 국적을 취득한 때에 대한민국 국적을 상실한다.

O | X

> **국적법 제15조【외국 국적 취득에 따른 국적 상실】** ① 대한민국의 국민으로서 자진하여 외국 국적을 취득한 자는 그 외국 국적을 취득한 때에 대한민국 국적을 상실한다.

090

복수국적자로서 외국 국적을 선택하려는 자는 외국에 주소가 있는 경우에만 국적이탈을 신고할 수 있도록 정한 국적법 조항은 과잉금지원칙에 위배되어 국적이탈의 자유를 침해한다.

O | X

심판대상조항은 국가 공동체의 운영원리를 보호하고자 복수국적자의 기회주의적 국적이탈을 방지하기 위한 것으로, 더 완화된 대안을 찾아보기 어려운 점, 외국에 생활근거 없이 주로 국내에서 생활하며 대한민국과 유대관계를 형성한 자가 단지 법률상 외국 국적을 지니고 있다는 사정을 빌미로 국적을 이탈하려는 행위를 제한한다고 하여 과도한 불이익이 발생한다고 보기도 어려운 점 등을 고려할 때 심판대상조항은 과잉금지원칙에 위배되어 국적이탈의 자유를 침해하지 아니한다(헌재 2023.2.23. 2020헌바603).

091

대한민국의 민법상 미성년인 대한민국의 국민이 아닌 자는 대한민국 국민인 부 또는 모에 의하여 인지되고, 출생 당시에 그 부 또는 모가 대한민국의 국민이라는 요건을 모두 갖춘 때에 대한민국 국적을 취득한다.

O | X

> **국적법 제3조【인지에 의한 국적 취득】** ① 대한민국의 국민이 아닌 자(이하 "외국인"이라 한다)로서 대한민국의 국민인 부 또는 모에 의하여 인지(認知)된 자가 다음 각 호의 요건을 모두 갖추면 법무부장관에게 신고함으로써 대한민국 국적을 취득할 수 있다.
> 1. 대한민국의 민법상 미성년일 것
> 2. 출생 당시에 부 또는 모가 대한민국의 국민이었을 것

정답 088 ○ 089 ○ 090 X 091 X

092
☐☐☐

대한민국 국적을 취득한 사실이 없는 외국인은 법무부장관의 귀화허가를 받아 대한민국 국적을 취득할 수 있으며, 법무부장관 앞에서 국민선서를 하고 귀화증서를 수여받은 때에 대한민국 국적을 취득한다.　　　　O | X

> **국적법 제4조【귀화에 의한 국적 취득】**① 대한민국 국적을 취득한 사실이 없는 외국인은 법무부장관의 귀화허가(歸化許可)를 받아 대한민국 국적을 취득할 수 있다.
> ③ 제1항에 따라 귀화허가를 받은 사람은 법무부장관 앞에서 국민선서를 하고 귀화증서를 수여받은 때에 대한민국 국적을 취득한다. 다만, 법무부장관은 연령, 신체적·정신적 장애 등으로 국민선서의 의미를 이해할 수 없거나 이해한 것을 표현할 수 없다고 인정되는 사람에게는 국민선서를 면제할 수 있다.

093
☐☐☐

대한민국 국민의 양자로서 입양 당시 대한민국의 민법상 성년이었던 외국인으로서 대한민국에 2년간 계속하여 주소가 있는 자는 5년 이상 계속하여 대한민국에 주소가 없고 대한민국에 영주할 수 있는 체류자격이 없더라도 귀화허가를 받을 수 있다.　　　　O | X

> **국적법 제5조【일반귀화 요건】**외국인이 귀화허가를 받기 위해서는 제6조나 제7조에 해당하는 경우 외에는 다음 각 호의 요건을 갖추어야 한다.
> 1. 5년 이상 계속하여 대한민국에 주소가 있을 것
> 1의2. 대한민국에서 영주할 수 있는 체류자격을 가지고 있을 것
>
> **제6조【간이귀화 요건】**① 다음 각 호의 어느 하나에 해당하는 외국인으로서 대한민국에 3년 이상 계속하여 주소가 있는 사람은 제5조 제1호 및 제1호의2의 요건을 갖추지 아니하여도 귀화허가를 받을 수 있다.
> 3. 대한민국 국민의 양자(養子)로서 입양 당시 대한민국의 민법상 성년이었던 사람

094
☐☐☐

대한민국 국적을 취득한 외국인으로서 외국 국적을 가지고 있는 자가 대한민국 국적을 취득한 날로부터 1년 내에 그 외국 국적을 포기하지 않아 국적을 상실한 경우 상실한 이후 2년 내에 그 외국 국적을 포기하면 대한민국 국적을 재취득할 수 있다.　　　　O | X

> **국적법 제10조【국적 취득자의 외국 국적 포기 의무】**① 대한민국 국적을 취득한 외국인으로서 외국 국적을 가지고 있는 자는 대한민국 국적을 취득한 날부터 1년 내에 그 외국 국적을 포기하여야 한다.
> ③ 제1항 또는 제2항을 이행하지 아니한 자는 그 기간이 지난 때에 대한민국 국적을 상실(喪失)한다.
>
> **제11조【국적의 재취득】**① 제10조 제3항에 따라 대한민국 국적을 상실한 자가 그 후 1년 내에 그 외국 국적을 포기하면 법무부장관에게 신고함으로써 대한민국 국적을 재취득할 수 있다.

정답 092 ○　093 X　094 X

095
□□□

국적이탈 신고자에게 신고서에 '가족관계기록사항에 관한 증명서'를 첨부하여 제출하도록 규정한 국적법 시행규칙 제12조 제2항 제1호는 명확성원칙에 위배되고, 과잉금지원칙에 위배되어 국적이탈의 자유를 침해한다. O | X

심판대상 시행규칙조항이 규정하는 '가족관계기록사항에 관한 증명서'가 어떠한 서류를 의미하는지 다른 법령에도 명시되어 있지는 않으나, … 이 과정에서 청구인은 이 서류가 무엇을 지칭하는지 알 수 있다. 이러한 사정을 종합하면 심판대상 시행규칙조항은 명확성원칙에 위배되지 않는다. … 심판대상 시행규칙조항은 과잉금지원칙에 위배되어 청구인의 국적이탈의 자유를 침해하지 않는다(헌재 2020.9.24. 2016헌마889).

096
□□□

국가의 재외국민 보호의무는 재외국민이 조약 기타 일반적으로 승인된 국제법규와 거류국의 법령에 의하여 누릴 수 있는 모든 분야에서 정당한 대우를 받도록 거류국과의 관계에서 국가가 외교적 보호를 행하는 것과 국외 거주 국민에 대하여 정치적인 고려에서 특별히 법률로써 정하여 베푸는 법률·문화·교육 기타 제반영역에서의 지원을 의미한다. O | X

헌법 제2조 제2항에서 정한 국가의 재외국민 보호의무에 의하여 재외국민이 거류국에 있는 동안 받게 되는 보호는, 조약 기타 일반적으로 승인된 국제법규와 당해 거류국의 법령에 의하여 누릴 수 있는 모든 분야에서 정당한 대우를 받도록 거류국과의 관계에서 국가가 하는 외교적 보호와 국외 거주 국민에 대하여 정치적인 고려에서 특별히 법률로써 정하여 베푸는 법률·문화·교육 기타 제반영역에서의 지원을 뜻하는 것이므로, 국내에 주소를 두지 아니한 피상속인의 국내 소재 재산에 대하여 상속세를 부과함에 있어서 그 과세표준 산정시 인적공제를 적용하지 않도록 규정한 구 상속세법 제11조 제1항 부분에 대한 관계에서 위 헌법규정의 보호법익은 그대로 적용된다고 보기 어려운 것이고, 따라서, 위 법률조항이 비거주자에 대하여 상속세 인적공제 적용을 배제하였다 하더라도 국가가 헌법 제2조 제2항에 규정한 재외국민을 보호할 의무를 행하지 않은 경우라고는 볼 수 없다(헌재 2001.12.20. 2001헌바25).

097
□□□

여행금지국가로 고시된 사정을 알면서도 외교부장관으로부터 예외적 여권사용 등의 허가를 받지 않고 여행금지국가를 방문하는 등의 행위를 형사처벌하는 여권법 규정은 국가의 재외국민 보호의무를 이행하기 위하여 법률에 구체화된 것으로서 그 목적의 정당성은 인정되나, 과도한 처벌 규정으로 인하여 거주·이전의 자유를 침해한다. O | X

외교부장관으로부터 허가를 받은 경우에는 이 사건 처벌조항으로 형사처벌되지 않도록 가벌성이 제한되어 있고, 이를 위반한 경우에도 1년 이하의 징역 또는 1천만원 이하의 벌금으로 처벌수준이 비교적 경미하다. 따라서 이 사건 처벌조항으로 인하여 거주·이전의 자유가 제한되는 것을 최소화하고 있다. 국외 위난상황이 우리나라의 국민 개인이나 국가·사회에 미칠 수 있는 피해는 매우 중대한 반면, 이 사건 처벌조항으로 인한 불이익은 완화되어 있으므로, 이 사건 처벌조항이 법익의 균형성원칙에 반하지 않는다. 그러므로 이 사건 처벌조항은 과잉금지원칙에 반하여 청구인의 거주·이전의 자유를 침해하지 않는다(헌재 2020.2.27. 2016헌마945).

정답 095 X 096 ○ 097 X

098
□□□

법무부장관은 거짓이나 그 밖의 부정한 방법으로 귀화허가, 국적회복허가, 국적의 이탈 허가 또는 국적보유판정을 받은 자에 대하여 그 허가 또는 판정을 취소할 수 있다.　　　　　　　　　　O | X

> **국적법 제21조 【허가 등의 취소】** ① 법무부장관은 거짓이나 그 밖의 부정한 방법으로 귀화허가, 국적회복허가, 국적의 이탈 허가 또는 국적보유판정을 받은 자에 대하여 그 허가 또는 판정을 취소할 수 있다.

099
□□□

복수국적자가 외국에 주소가 있는 경우에만 국적이탈을 신고할 수 있도록 하는 국적법 제14조 제1항 본문은 복수국적자의 기회주의적 국적이탈을 방지하여 국민으로서 마땅히 부담해야 할 의무에 대한 악의적 면탈을 방지하고 국가공동체 운영의 기본원리를 지키고자 적어도 외국에 주소가 있는 자에게만 국적이탈을 허용하려는 것이므로 목적이 정당하고 그 수단도 적합하다.　　　　　　　　　　O | X

심판대상조항은 복수국적자의 기회주의적 국적이탈을 방지하여 국민으로서 마땅히 부담해야 할 의무에 대한 악의적 면탈을 방지하고 국가공동체 운영의 기본원리를 지키고자 적어도 외국에 주소가 있는 자에게만 국적이탈을 허용하려는 것이므로 목적이 정당하고 그 수단도 적합하다. … 심판대상조항은 과잉금지원칙에 위배되지 아니하므로 국적이탈의 자유를 침해하지 아니한다(헌재 2023.2.23. 2020헌바603).

100
□□□

직계존속이 외국에서 영주할 목적 없이 체류한 상태에서 출생한 자는 병역의무를 해소한 경우에만 국적이탈을 신고할 수 있도록 하는 구 국적법 제12조 제3항은 출입국 등 거주·이전 그 자체에 제한을 가하고 있으므로, 출입국에 관련하여 그 출생자의 거주·이전의 자유가 침해되는지 여부가 문제된다.　　　　　　　　　　O | X

심판대상조항은 '직계존속이 외국에서 영주할 목적 없이 체류한 상태에서 출생한 자'에 대해서는 병역의무를 해소한 경우에만 대한민국 국적이탈을 신고할 수 있도록 하므로, 위와 같이 출생한 사람의 국적이탈의 자유를 제한한다. 다만 거주·이전의 자유를 규정한 헌법 제14조는 국적이탈의 자유의 근거조항이고 심판대상조항은 출입국 등 거주·이전 그 자체에 어떠한 제한을 가한다고 보기 어려운바, 출입국에 관련하여 거주·이전의 자유가 침해된다는 청구인의 주장에 대해서는 판단하지 아니한다. … 심판대상조항은 과잉금지원칙에 위배되어 국적이탈의 자유를 침해하지 아니한다(헌재 2023.2.23. 2019헌바462).

101
☐☐☐

복수국적자가 제1국민역에 편입된 날부터 3개월 이내에 하나의 국적을 선택하여야 하고 그때까지 대한민국 국적을 이탈하지 않으면 병역의무가 해소된 후에야 이탈할 수 있도록 한 국적법 조항은 '병역의무의 공평성 확보'라는 입법목적을 훼손하지 않으면서도 기본권을 덜 침해하는 방법이 있는데도 그러한 예외를 전혀 두지 않고 일률적으로 병역의무 해소 전에는 국적이탈을 할 수 없도록 하는바, 이는 피해의 최소성 원칙에 위배된다. O | X

병역준비역에 편입된 복수국적자의 국적선택 기간이 지났다고 하더라도, 그 기간 내에 국적이탈 신고를 하지 못한 데 대하여 사회통념상 그에게 책임을 묻기 어려운 사정 즉, 정당한 사유가 존재하고, 또한 병역의무 이행의 공평성 확보라는 입법목적을 훼손하지 않음이 객관적으로 인정되는 경우라면, 병역준비역에 편입된 복수국적자에게 국적선택 기간이 경과하였다고 하여 일률적으로 국적이탈을 할 수 없다고 할 것이 아니라, 예외적으로 국적이탈을 허가하는 방안을 마련할 여지가 있다. 이처럼 '병역의무의 공평성확보'라는 입법목적을 훼손하지 않으면서도 기본권을 덜 침해하는 방법이 있는데도 심판대상 법률조항은 그러한 예외를 전혀 두지 않고 일률적으로 병역의무 해소 전에는 국적이탈을 할 수 없도록 하는바, 이는 피해의 최소성 원칙에 위배된다. … 심판대상 법률조항은 과잉금지원칙에 위배되어 청구인의 국적이탈의 자유를 침해한다(헌재 2020.9.24. 2016헌마889).

102
☐☐☐

대한민국의 국민으로서 외국인과의 혼인으로 그 배우자의 국적을 취득하게 된 자는 그 외국국적을 취득한 때부터 6개월 내에 법무부장관에게 대한민국의 국적을 보유할 의사가 있다는 뜻을 신고하지 아니하면 그 외국 국적을 취득한 때로부터 소급하여 대한민국 국적을 상실한 것으로 본다. O | X

> **국적법 제15조 【외국 국적 취득에 따른 국적 상실】** ② 대한민국의 국민으로서 다음 각 호의 어느 하나에 해당하는 자는 그 외국 국적을 취득한 때부터 6개월 내에 법무부장관에게 대한민국 국적을 보유할 의사가 있다는 뜻을 신고하지 아니하면 그 외국 국적을 취득한 때로 소급(遡及)하여 대한민국 국적을 상실한 것으로 본다.
> 1. 외국인과의 혼인으로 그 배우자의 국적을 취득하게 된 자
> 2. 외국인에게 입양되어 그 양부 또는 양모의 국적을 취득하게 된 자
> 3. 외국인인 부 또는 모에게 인지되어 그 부 또는 모의 국적을 취득하게 된 자
> 4. 외국 국적을 취득하여 대한민국 국적을 상실하게 된 자의 배우자나 미성년의 자(子)로서 그 외국의 법률에 따라 함께 그 외국 국적을 취득하게 된 자

103
☐☐☐

'품행이 단정할 것'이라는 외국인의 귀화허가요건은 '귀화신청자를 대한민국의 새로운 구성원으로 받아들이는 데 지장이 없을 만한 품성과 행실을 갖춘 것'을 의미하므로 명확성원칙에 위배되지 않는다. O | X

심판대상조항은 외국인에게 대한민국 국적을 부여하는 '귀화'의 요건을 정한 것인데, '품행', '단정' 등 용어의 사전적 의미가 명백하고, 심판대상조항의 입법취지와 용어의 사전적 의미 및 법원의 일반적인 해석 등을 종합해 보면, '품행이 단정할 것'은 '귀화신청자를 대한민국의 새로운 구성원으로서 받아들이는 데 지장이 없을 만한 품성과 행실을 갖춘 것'을 의미하고, 구체적으로 이는 귀화신청자의 성별, 연령, 직업, 가족, 경력, 전과관계 등 여러 사정을 종합적으로 고려하여 판단될 것임을 예측할 수 있다. 따라서 심판대상조항은 명확성원칙에 위배되지 아니한다(헌재 2016.7.28. 2014헌바421).

104
☐☐☐

출생 당시에 모가 자녀에게 외국 국적을 취득하게 할 목적으로 외국에서 체류 중이었던 사실이 인정되는 자는 대한민국에서 외국 국적을 행사하지 않겠다는 서약을 한 후 대한민국 국적을 선택한다는 뜻을 신고할 수 있다. O | X

출생 당시에 모가 자녀에게 외국 국적을 취득하게 할 목적으로 외국에서 체류 중이었던 사실이 인정되는 자는 외국 국적을 포기한 경우에만 대한민국 국적을 선택한다는 뜻을 신고할 수 있다.

> 국적법 제13조【대한민국 국적의 선택 절차】③ 제1항 및 제2항 단서에도 불구하고 출생 당시에 모가 자녀에게 외국 국적을 취득하게 할 목적으로 외국에서 체류 중이었던 사실이 인정되는 자는 외국 국적을 포기한 경우에만 대한민국 국적을 선택한다는 뜻을 신고할 수 있다.

105
☐☐☐

국적회복허가에 애초 허가가 불가능한 불법적 요소가 개입되어 있었다면 어느 순간에 불법적 요소가 발견되었든 상관없이 그 허가를 취소함으로써 국법질서를 회복할 필요성이 있다. O | X

심판대상조항은 국적 취득에 있어 진실성을 담보하고 사회구성원 사이의 신뢰를 확보하며 나아가 국가질서를 유지하기 위한 것으로 입법목적의 정당성이 인정되며, 하자 있는 국적회복허가를 취소하도록 하는 것은 위와 같은 입법목적을 달성하기 위한 적합한 방법이다. … 따라서 국적회복허가에 애초 허가가 불가능한 불법적 요소가 개입되어 있었다면 어느 순간에 불법적 요소가 발견되었든 상관없이 그 허가를 취소함으로써 국법질서를 회복할 필요성이 있다. … 따라서 심판대상조항은 과잉금지원칙에 위배하여 거주·이전의 자유 및 행복추구권을 침해하지 아니한다(헌재 2020.2.27. 2017헌바434).

106
☐☐☐

복수국적자가 외국에 주소가 있는 경우에만 국적이탈을 신고할 수 있도록 하는 국적법 조항은 기회주의적 국적이탈을 방지하기 위한 것으로, 복수국적자의 국적이탈의 자유를 침해하지 아니한다. O | X

심판대상조항은 복수국적자의 기회주의적 국적이탈을 방지하여 국민으로서 마땅히 부담해야 할 의무에 대한 악의적 면탈을 방지하고 국가공동체 운영의 기본원리를 지키고자 적어도 외국에 주소가 있는 자에게만 국적이탈을 허용하려는 것이므로 목적이 정당하고 그 수단도 적합하다. … 심판대상조항은 과잉금지원칙에 위배되지 아니하므로 국적이탈의 자유를 침해하지 아니한다(헌재 2023.2.23. 2020헌바603).

107
☐☐☐

국민은 그 자체로 주권자이자 헌법개정의 주체로서 헌법에 의하여 설치되고 헌법과 법률에 의하여 독자적인 권한을 부여받은 기관이라고 할 수 있으므로 권한쟁의심판의 당사자가 될 수 있다. O | X

헌법재판소가 권한쟁의심판을 청구할 수 있는 국가기관의 종류와 범위에 관해 확립한 기준에 비추어 볼 때, '국민'인 청구인은 그 자체로는 헌법에 의하여 설치되고 헌법과 법률에 의하여 독자적인 권한을 부여받은 기관이라고 할 수 없으므로, '국민'인 청구인은 권한쟁의심판의 당사자가 되는 '국가기관'이 아니다(헌재 2017.5.25. 2016헌라2).

정답 104 X 105 ○ 106 ○ 107 X

108
☐☐☐

헌법 제2조 제1항에서 "대한민국의 국민이 되는 요건은 법률로 정한다."라고 규정한 것은 대한민국 국적의 취득뿐만 아니라 국적의 유지, 상실을 둘러싼 전반적인 법률관계를 법률로 형성하도록 입법자에게 위임한 것이다. O | X

헌법 제2조 제1항은 "대한민국의 국민이 되는 요건은 법률로 정한다."라고 하여 기본권의 주체인 국민에 관한 내용을 입법자가 형성하도록 하고 있다. 이는 대한민국 국적의 '취득'뿐만 아니라 국적의 유지, 상실을 둘러싼 전반적인 법률관계를 법률에 규정하도록 위임하고 있는 것으로 풀이할 수 있다(헌재 2014.6.26. 2011헌마502).

109
☐☐☐

'2021학년도 대학입학전형기본사항' 중 재외국민 특별전형 지원자격 가운데 학생의 부모의 해외체류 요건 부분으로 인해 지원예정자의 학부모인 청구인은 직접적인 법률상의 불이익을 입게 되므로 기본권침해의 자기관련성이 인정된다. O | X

이 사건 전형사항으로 인해 재외국민 특별전형 지원을 제한받는 사람은 각 대학의 2021학년도 재외국민 특별전형 지원(예정)자이다. 학부모인 청구인의 부담은 간접적인 사실상의 불이익에 해당하므로, 이 사건 전형사항으로 인한 기본권침해의 자기관련성이 인정되지 않는다(헌재 2020.3.26. 2019헌마212).

110
☐☐☐

재외국민을 보호할 국가의 의무에 의하여 재외국민이 거류국에 있는 동안 받는 보호는 조약 기타 일반적으로 승인된 국제법규와 당해 거류국의 법령에 의하여 누릴 수 있는 모든 분야에서의 정당한 대우를 받도록 거류국과의 관계에서 국가가 하는 외교적 보호와 국외거주 국민에 대하여 정치적인 고려에서 특별히 법률로써 정하여 베푸는 법률·문화·교육 기타 제반영역에서의 지원을 뜻하는 것이다. O | X

헌법 제2조 제2항에서 정한 국가의 재외국민 보호의무에 의하여 재외국민이 거류국에 있는 동안 받게 되는 보호는, 조약 기타 일반적으로 승인된 국제법규와 당해 거류국의 법령에 의하여 누릴 수 있는 모든 분야에서 정당한 대우를 받도록 거류국과의 관계에서 국가가 하는 외교적 보호와 국외 거주 국민에 대하여 정치적인 고려에서 특별히 법률로써 정하여 베푸는 법률·문화·교육 기타 제반영역에서의 지원을 뜻하는 것이다(헌재 2010.7.29. 2009헌가13).

111
☐☐☐

1993년 12월 31일 이전에 출생한 사람들에 대한 예외를 두지 않고 재외국민 2세의 지위를 상실할 수 있도록 규정한 병역법 시행령 조항은, 출생년도를 기준으로 한 특례가 앞으로도 지속될 것이라는 신뢰에 대하여 보호가치가 인정된다고 볼 수 없고 병역의무의 평등한 이행을 확보하기 위하여 출생년도와 상관없이 모든 재외국민 2세를 동일하게 취급하는 것은 합리적인 이유가 있으므로, 청구인들의 평등권을 침해하지 아니한다. O | X

1993.12.31. 이전에 출생한 재외국민 2세와 1994.1.1. 이후 출생한 재외국민 2세는 병역의무의 이행을 연기하고 있다는 점에서 차이가 없고, 3년을 초과하여 국내에 체재한 경우 실질적인 생활의 근거지가 대한민국에 있다고 볼 수 있어 더 이상 특례를 인정해야 할 필요가 없다는 점에서도 동일하다. 1993.12.31. 이전에 출생한 재외국민 2세 중에는 기존 제도가 유지될 것으로 믿고 국내에 생활의 기반을 형성한 경우가 있을 수 있으나, 출생년도를 기준으로 한 특례가 앞으로도 지속될 것이라는 신뢰에 대하여 보호가치가 인정된다고 볼 수 없고, 병역의무의 평등한 이행을 확보하기 위하여 출생년도와 상관없이 모든 재외국민 2세를 동일하게 취급하는 것은 합리적인 이유가 있으므로, 심판대상조항은 청구인들의 평등권을 침해하지 아니한다(헌재 2021.5.27. 2019헌마177 등).

정답 108 ○ 109 X 110 ○ 111 ○

112
□□□

주민등록이 되어 있지 않고 국내거소신고도 하지 않은 재외국민이라도 추상적 위험이나 선거기술상의 이유로 국민투표권을 박탈할 수 없다.　　　　　　　　　　　　　　　　　　　　　　　　　　　　　　O | X

재외선거인은 대의기관을 선출할 권리가 있는 국민으로서 대의기관의 의사결정에 대해 승인할 권리가 있으므로, 국민투표권자에는 재외선거인이 포함된다고 보아야 한다. 또한, 국민투표는 선거와 달리 국민이 직접 국가의 정치에 참여하는 절차이므로, 국민투표권은 대한민국 국민의 자격이 있는 사람에게 반드시 인정되어야 하는 권리이다. 이처럼 국민의 본질적 지위에서 도출되는 국민투표권을 추상적 위험 내지 선거기술상의 사유로 배제하는 것은 헌법이 부여한 참정권을 사실상 박탈한 것과 다름없다. 따라서 국민투표법조항은 재외선거인의 국민투표권을 침해한다(헌재 2014.7.24. 2009헌마256 등).

113
□□□

헌법상의 여러 통일관련 조항들은 국가의 통일의무를 선언한 것이므로, 그로부터 국민 개개인의 통일에 대한 기본권, 특히 국가기관에 대하여 통일과 관련된 구체적인 행위를 요구하거나 일정한 행동을 할 수 있는 권리도 도출된다.　　　　　　　　　　　　　　　　　　　　　　　　　　　　　　O | X

헌법상의 여러 통일관련 조항들은 국가의 통일의무를 선언한 것이기는 하지만, 그로부터 국민 개개인의 통일에 대한 기본권, 특히 국가기관에 대하여 통일과 관련된 구체적인 행위를 요구하거나 일정한 행동을 할 수 있는 권리가 도출된다고 볼 수는 없다(헌재 2000.7.20. 98헌바63).

114
□□□

국민의 기본권 침해에 대한 권리구제를 위한 전제조건으로서 영토에 관한 권리를 영토권이라 구성하여 기본권의 하나로 간주하는 것은 불가능하다.　　　　　　　　　　　　　　　　　　　　　　　　　　　O | X

국민의 개별적 기본권이 아니라 할지라도 기본권보장의 실질화를 위하여서는, 영토조항만을 근거로 하여 독자적으로는 헌법소원을 청구할 수 없다 할지라도, 모든 국가권능의 정당성의 근원인 국민의 기본권 침해에 대한 권리구제를 위하여 그 전제조건으로서 영토에 관한 권리를, 이를테면 영토권이라 구성하여, 이를 헌법소원의 대상인 기본권의 하나로 간주하는 것은 가능한 것으로 판단된다(헌재 2001.3.21. 99헌마139).

115
□□□

독도 등을 중간수역으로 정한 '대한민국과 일본국 간의 어업에 관한 협정'의 해당 조항은 배타적 경제수역을 직접 규정한 것이고, 영해문제와 직접적인 관련을 가지므로 헌법상 영토조항을 위반한 것이다.　　　　　　　　　　　　　　　　　　　　　　　　　　O | X

이 사건 협정은 배타적경제수역을 직접 규정한 것이 아닐 뿐만 아니라 배타적경제수역이 설정된다 하더라도 영해를 제외한 수역을 의미하며, 이러한 점들은 이 사건 협정에서의 이른바 중간수역에 대해서도 동일하다고 할 것이므로 독도가 중간수역에 속해 있다 할지라도 독도의 영유권문제나 영해문제와는 직접적인 관련을 가지지 아니한 것임은 명백하다 할 것이다(헌재 2001.3.21. 99헌마139).

정답 112 O　113 X　114 X　115 X

116

□□□

북한이 국제사회에서 하나의 주권국가로 존속하고 있고, 우리정부가 북한 당국자의 명칭을 쓰면서 정상회담 등을 제의하였다 하여 북한이 대한민국의 영토고권을 침해하는 반국가단체가 아니라고 단정할 수 없다.

O | X

북한이 국제사회에서 하나의 주권국가로 존속하고 있고, 우리정부가 북한 당국자의 명칭을 쓰면서 정상회담 등을 제의하였다 하여 북한이 대한민국의 영토고권을 침해하는 반국가단체가 아니라고 단정할 수 없다(대판 1990.9.25. 90도1451).

117

□□□

저작권법의 효력은 헌법 제3조에도 불구하고 대한민국의 주권 범위 밖에 있는 북한지역에 미치지 않는다.

O | X

헌법 제3조는 북한지역도 대한민국의 영토임을 선언하고 있으므로, 우리나라 저작권법의 효력은 대한민국의 주권범위 내에 있는 북한지역에도 미친다(서울고법 2006.3.29. 2004나14033). 저작재산권은 특별한 경우를 제외하고는 저작자가 생존하는 동안과 사망 후 50년간 존속한다고 규정하고 있다. 그리고 이 법규정의 효력은 대한민국 헌법 제3조에 의하여 여전히 대한민국의 주권범위 내에 있는 북한지역에도 미치는 것이다(대판 1990.9.28. 89누6396).

118

□□□

모든 국가권능의 정당성의 근원인 국민의 기본권 침해에 대한 권리구제를 위하여 그 전제조건으로서 영토에 관한 권리를, 이를테면 영토권이라 구성하여, 이를 헌법소원의 대상인 기본권의 하나로 간주하는 것은 가능하다.

O | X

국민의 개별적 기본권이 아니라 할지라도 기본권보장의 실질화를 위하여서는, 영토조항만을 근거로 하여 독자적으로는 헌법소원을 청구할 수 없다 할지라도, 모든 국가권능의 정당성의 근원인 국민의 기본권 침해에 대한 권리구제를 위하여 그 전제조건으로서 영토에 관한 권리를, 이를테면 영토권이라 구성하여, 이를 헌법소원의 대상인 기본권의 하나로 간주하는 것은 가능한 것으로 판단된다(헌재 2001.3.21. 99헌마139 등).

119

□□□

대한민국의 영토에 관한 조항은 1948년 헌법 당시부터 존재하였다.

O | X

영토에 관한 조항은 1948년 헌법 당시부터 현재까지 동일한 내용으로 계속 유지되고 있다.

정답 116 ○ 117 X 118 ○ 119 ○

120

☐☐☐ '남북사이의 화해와 불가침 및 교류·협력에 관한 합의서'는 남북관계를 '나라와 나라 사이의 관계가 아닌 통일을 지향하는 과정에서 잠정적으로 형성되는 특수관계'임을 전제로 하여 이루어진 합의문서인바, 이는 한민족공동체 내부의 특수관계를 바탕으로 한 당국간의 합의로서 남북당국의 성의있는 이행을 상호 약속하는 일종의 공동성명 또는 신사협정에 준하는 성격을 가짐에 불과하다. O | X

소위 남북합의서는 남북관계를 '나라와 나라 사이의 관계가 아닌 통일을 지향하는 과정에서 잠정적으로 형성되는 특수관계' 임을 전제로 하여 이루어진 합의문서인바, 이는 한민족공동체 내부의 특수관계를 바탕으로 한 당국간의 합의로서 남북당국의 성의있는 이행을 상호 약속하는 일종의 공동성명 또는 신사협정에 준하는 성격을 가짐에 불과하다(헌재 1997.1.16. 92헌바6 등).

121

☐☐☐ 대한민국의 영해는 기선으로부터 측정하여 그 바깥쪽 12해리의 선까지에 이르는 수역으로 하나, 대통령령으로 정하는 바에 따라 일정수역의 경우에는 12해리 이내에서 영해의 범위를 따로 정할 수 있다. O | X

> 영해 및 접속수역법 제1조【영해의 범위】대한민국의 영해는 기선(基線)으로부터 측정하여 그 바깥쪽 12해리의 선까지에 이르는 수역(水域)으로 한다. 다만, 대통령령으로 정하는 바에 따라 일정수역의 경우에는 12해리 이내에서 영해의 범위를 따로 정할 수 있다.

122

☐☐☐ 조선인을 부친으로 하여 출생한 자는 북한법의 규정에 따라 북한국적을 취득하여 중국 주재 북한대사관으로부터 북한의 해외공민증을 발급받은 경우라도, 대한민국 국적을 취득하기 위해서는 일정한 요건을 갖추어 국적회복절차를 거쳐야 한다. O | X

조선인을 부친으로 하여 출생한 자는 남조선과도정부법률 제11호 국적에 관한 임시조례의 규정에 따라 조선국적을 취득하였다가 제헌헌법의 공포와 동시에 대한민국 국적을 취득하였다 할 것이고, 설사 그가 북한법의 규정에 따라 북한국적을 취득하여 중국 주재 북한대사관으로부터 북한의 해외공민증을 발급받은 자라 하더라도 북한지역 역시 대한민국의 영토에 속하는 한반도의 일부를 이루는·것이어서 대한민국의 주권이 미칠 뿐이고, 대한민국의 주권과 부딪치는 어떠한 국가단체나 주권을 법리상 인정할 수 없는 점에 비추어 볼 때, 그러한 사정은 그가 대한민국 국적을 취득하고 이를 유지함에 있어 아무런 영향을 끼칠 수 없다(대판 1996.11.12. 96누1221).

123

☐☐☐ 독도 등을 중간수역으로 정한 대한민국과 본국 간의 어업에 관한 협정은 배타적 경제수역을 직접 규정한 것이 아닐 뿐만 아니라 배타적 경제수역이 설정된다 하더라도 영해를 제외한 수역을 의미하며, 이러한 점들은 이 협정에서의 이른바 중간수역에 대해서도 동일하다고 할 것이므로 독도의 영유권 문제나 영해 문제와는 직접적인 관련을 가지지 않는다. O | X

이 사건 협정조항은 어업에 관한 협정으로서 배타적경제수역을 직접 규정한 것이 아니고, 이러한 점들은 이 사건 협정에서의 이른바 중간수역에 대해서도 동일하다고 할 것이어서 독도가 중간수역에 속해 있다 할지라도 독도의 영유권문제나 영해문제와는 직접적인 관련을 가지지 아니하므로, 이 사건 협정조항이 헌법상 영토조항을 위반하였다고 할 수 없다(헌재 2009.2.26. 2007헌바35).

정답 120 ○ 121 ○ 122 X 123 ○

124
□□□

헌법상 영토조항에도 불구하고 북한의 의과대학이 곧 의료면허 취득요건상 국내대학으로 인정되는 것은 아니다.　　　　　　　　　　　　　　　　　　　　　　　　　　　　　　　　　　　　　　O | X

의료법 제5조는 의사면허 등 의료면허의 취득에 관하여 규정하면서 국내대학 졸업자와 외국대학 졸업자를 구별하여 그 요건을 달리 정하고 있는데, 북한의 의과대학이 헌법 제3조의 영토조항에도 불구하고 국내대학으로 인정될 수 없고 또한 보건복지부장관이 인정하는 외국의 대학에도 해당하지 아니하므로, 북한의 의과대학 등을 졸업한 탈북의료인의 경우 국내 의료면허취득은 북한이탈주민의 보호 및 정착지원에 관한 법률 제14조에 의할 수밖에 없다(헌재 2006.11.30. 2006헌마679).

125
□□□

헌법 해석상 대한민국 정부가 현재 중국의 영토인 간도 지역을 회복하여야 할 작위의무가 도출된다고 보기 어렵다.　　　　　　　　　　　　　　　　　　　　　　　　　　　　　　　　　　　　　　O | X

우리 헌법에 피청구인 또는 대한민국 정부가 현재 중국의 영토인 간도 지역을 회복하여야 할 작위의무가 특별히 규정되어 있다거나 헌법 해석상 그러한 작위의무가 도출된다고 보기 어려울 뿐만 아니라, 중국에 대해 간도협약이 무효임을 주장하여야 하는 어떠한 법적인 의무가 있다고도 볼 수 없다(헌재 2009.9.22. 2009헌마516).

제3절　한국헌법의 기본원리

126
□□□

우리 헌법은 전문에서 모든 사회적 폐습과 불의를 타파한다고 규정하고 있다.　　　　　　　　　　O | X

헌법전문 유구한 역사와 전통에 빛나는 우리 대한국민은 3·1운동으로 건립된 대한민국임시정부의 법통과 불의에 항거한 4·19민주이념을 계승하고, 조국의 민주개혁과 평화적 통일의 사명에 입각하여 정의·인도와 동포애로써 민족의 단결을 공고히 하고, 모든 사회적 폐습과 불의를 타파하며, 자율과 조화를 바탕으로 자유민주적 기본질서를 더욱 확고히 하여 정치·경제·사회·문화의 모든 영역에 있어서 각인의 기회를 균등히 하고, 능력을 최고도로 발휘하게 하며, 자유와 권리에 따르는 책임과 의무를 완수하게 하여, 안으로는 국민생활의 균등한 향상을 기하고 밖으로는 항구적인 세계평화와 인류공영에 이바지함으로써 우리들과 우리들의 자손의 안전과 자유와 행복을 영원히 확보할 것을 다짐하면서 1948년 7월 12일에 제정되고 8차에 걸쳐 개정된 헌법을 이제 국회의 의결을 거쳐 국민투표에 의하여 개정한다.

정답 124 ○　125 ○　126 ○

127
☐☐☐

현행 헌법 전문에는 '조국의 민주개혁', '국민생활의 균등한 향상', '세계평화와 인류공영에 이바지함' 등이 규정되어 있다.　　　　　　　　　　　　　　　　　　　　　　　　　　　　　O | X

> **헌법전문** 유구한 역사와 전통에 빛나는 우리 대한국민은 3·1운동으로 건립된 대한민국임시정부의 법통과 불의에 항거한 4·19민주이념을 계승하고, 조국의 민주개혁과 평화적 통일의 사명에 입각하여 정의·인도와 동포애로써 민족의 단결을 공고히 하고, 모든 사회적 폐습과 불의를 타파하며, 자율과 조화를 바탕으로 자유민주적 기본질서를 더욱 확고히 하여 정치·경제·사회·문화의 모든 영역에 있어서 각인의 기회를 균등히 하고, 능력을 최고도로 발휘하게 하며, 자유와 권리에 따르는 책임과 의무를 완수하게 하여, 안으로는 국민생활의 균등한 향상을 기하고 밖으로는 항구적인 세계평화와 인류공영에 이바지함으로써 우리들과 우리들의 자손의 안전과 자유와 행복을 영원히 확보할 것을 다짐하면서 1948년 7월 12일에 제정되고 8차에 걸쳐 개정된 헌법을 이제 국회의 의결을 거쳐 국민투표에 의하여 개정한다.

128
☐☐☐

헌법 전문은 1962년 제5차 개정 헌법에서 최초로 개정되었다.　　　　　　　　　　　　　O | X

제5차 개정헌법(1962년)은 최초로 헌법전문을 개정하여 '4·19의거와 5·16혁명의 이념에 입각'한다고 선언하였다.

129
☐☐☐

헌법 전문에 기재된 3·1정신은 우리나라 헌법의 연혁적·이념적 기초이지만 헌법이나 법률해석에서의 해석기준은 될 수 없다.　　　　　　　　　　　　　　　　　　　　　　　　　　　　　　O | X

'헌법전문에 기재된 3·1정신'은 우리나라 헌법의 연혁적·이념적 기초로서 헌법이나 법률해석에서의 해석기준으로 작용한다고 할 수 있지만, 그에 기하여 곧바로 국민의 개별적 기본권성을 도출해낼 수는 없다고 할 것이므로, 헌법소원의 대상인 '헌법상 보장된 기본권'에 해당하지 아니한다(헌재 2001.3.21. 99헌마139 등).

130
☐☐☐

현행헌법 전문은 조국의 민주개혁과 경제의 민주화를 명시적으로 규정하고 있다.　　　　　O | X

'조국의 민주개혁'은 전문에 명시되어 있고, '경제의 민주화'는 헌법전문이 아닌 헌법 제119조 제2항에 규정되어 있다.

정답 127 ○　128 ○　129 X　130 X

131

☐☐☐

헌법 전문에서 지금의 대한민국은 3·1운동으로 건립된 대한민국 임시정부의 법통을 계승한다고 선언하고 있더라도 이로부터 독립 유공자와 그 유족에 대하여는 응분의 예우를 하여야 할 국가의 헌법적 의무가 도출되는 것은 아니다.   O | X

헌법은 전문(前文)에서 '3·1운동으로 건립된 대한민국임시정부의 법통을 계승'한다고 선언하고 있다. 이는 대한민국이 일제에 항거한 독립운동가의 공헌과 희생을 바탕으로 이룩된 것임을 선언한 것이고, 그렇다면 국가는 일제로부터 조국의 자주독립을 위하여 공헌한 독립유공자와 그 유족에 대하여는 응분의 예우를 하여야 할 헌법적 의무를 지닌다고 보아야 할 것이다(헌재 2005.6.30. 2004헌마859).

132

☐☐☐

현행헌법은 전문에서 헌법의 동일성과 연속성을 선언하고 있으므로 유신헌법에 근거를 둔 긴급조치의 위헌여부를 심사하는 기준은 유신헌법 및 현행헌법이 될 수 있다.   O | X

긴급조치의 위헌여부이 사건 긴급조치들이 유신헌법을 근거로 하여 발령된 것이긴 하나 그렇다고 하여 이미 폐기된 유신헌법에 따라 이 사건 긴급조치들의 위헌 여부를 판단하는 것은, 유신헌법 일부 조항과 긴급조치 등이 기본권을 지나치게 침해하고 자유민주적 기본질서를 훼손하는 데에 대한 반성에 기초하여 헌법 개정을 결단한 주권자인 국민의 의사나 기본권 강화와 확대라는 헌법의 역사성에 반하는 것으로 허용할 수 없다. 한편 헌법재판소의 헌법 해석은 헌법이 내포하고 있는 특정한 가치를 탐색·확인하고 이를 규범적으로 관철하는 작업이므로, 헌법재판소가 행하는 구체적 규범통제의 심사기준은 원칙적으로 헌법재판을 할 당시에 규범적 효력을 가지는 헌법이라 할 것이다. 그러므로 이 사건 긴급조치들의 위헌성을 심사하는 준거규범은 유신헌법이 아니라 현행헌법이라고 봄이 타당하다(헌재 2013.3.21. 2010헌바132 등).

133

☐☐☐

사회국가란 사회정의의 이념을 헌법에 수용한 국가로 경제·사회·문화의 모든 영역에서 정의로운 사회질서의 형성을 위하여 사회현상에 관여하고 간섭하고 분배하고 조정하는 국가를 말하지만, 국가에게 국민 각자가 실제로 자유를 행사할 수 있는 그 실질적 조건을 마련해 줄 의무까지 부여하는 것은 아니다.   O | X

사회국가란 사회정의의 이념을 헌법에 수용한 국가, 사회현상에 대하여 방관적인 국가가 아니라 경제·사회·문화의 모든 영역에서 정의로운 사회질서의 형성을 위하여 사회현상에 관여하고 간섭하고 분배하고 조정하는 국가이며, 궁극적으로는 국민 각자가 실제로 자유를 행사할 수 있는 그 실질적 조건을 마련해 줄 의무가 있는 국가를 의미한다(헌재 2004.10.28. 2002헌마328).

134

☐☐☐

우리 헌법은 '사회국가원리'를 헌법전문과 경제질서 부분에서 명문으로 직접 규정하고 있다.   O | X

우리 헌법은 사회국가원리를 명문으로 규정하고 있지는 않지만, 헌법의 전문, 사회적 기본권의 보장(헌법 제31조 내지 제36조), 경제 영역에서 적극적으로 계획하고 유도하고 재분배하여야 할 국가의 의무를 규정하는 경제에 관한 조항(헌법 제119조 제2항 이하) 등과 같이 사회국가원리의 구체화된 여러 표현을 통하여 사회국가원리를 수용하였다. 사회국가란 한마디로, 사회정의의 이념을 헌법에 수용한 국가, 사회현상에 대하여 방관적인 국가가 아니라 경제·사회·문화의 모든 영역에서 정의로운 사회질서의 형성을 위하여 사회현상에 관여하고 간섭하고 분배하고 조정하는 국가이며, 궁극적으로는 국민 각자가 실제로 자유를 행사할 수 있는 그 실질적 조건을 마련해 줄 의무가 있는 국가이다(헌재 2002.12.18. 2002헌마52).

정답 131 X 132 X 133 X 134 X

135
□□□

사회적 기본권은 입법과정이나 정책결정과정에서 사회적 기본권에 규정된 국가목표의 무조건적인 최우선적 배려를 요청하는 것이며, 이러한 의미에서 사회적 기본권은 국가의 모든 의사결정과정에서 사회적 기본권이 담고 있는 국가목표를 최우선적으로 고려하여야 할 국가의 의무를 의미한다.　　　O | X

국가는 사회적 기본권에 의하여 제시된 국가의 의무와 과제를 언제나 국가의 현실적인 재정·경제능력의 범위 내에서 다른 국가과제와의 조화와 우선순위결정을 통하여 이행할 수밖에 없다. 그러므로 사회적 기본권은 입법과정이나 정책결정과정에서 사회적 기본권에 규정된 국가목표의 무조건적인 최우선적 배려가 아니라 단지 적절한 고려를 요청하는 것이다(헌재 2002.12.18. 2002헌마52).

136
□□□

헌법은 사회보장·사회복지의 증진과 관련한 국가의 의무를 명문으로 규정한 바 없으므로, 이에 관한 국가의 의무는 해석상으로만 인정될 뿐이다.　　　O | X

> 헌법 제34조 ② 국가는 사회보장·사회복지의 증진에 노력할 의무를 진다.

137
□□□

사회국가원리를 구현하기 위해서는 국민의 자유와 권리를 일정 부분 제한할 수밖에 없으므로, 국민의 자유와 권리의 본질적 내용까지도 침해할 수 있다.　　　O | X

사회국가원리를 구현하기 위해서는 국민의 자유와 권리를 일정 부분 제한할 수밖에 없다고 하더라도, 국민의 자유와 권리의 본질적 내용까지도 침해하는 제한은 허용되지 않는다.

138
□□□

사회국가란 사회정의의 이념을 헌법에 수용한 국가, 즉 사회현상에 대하여 방관적인 국가가 아니라 경제·사회·문화의 모든 영역에서 정의로운 사회질서의 형성을 위하여 사회현상에 관여하고 간섭하고 분배하고 조정하는 국가이다.　　　O | X

사회국가란 사회정의의 이념을 헌법에 수용한 국가, 사회현상에 대하여 방관적인 국가가 아니라 경제·사회·문화의 모든 영역에서 정의로운 사회질서의 형성을 위하여 사회현상에 관여하고 간섭하고 분배하고 조정하는 국가이며, 궁극적으로는 국민 각자가 실제로 자유를 행사할 수 있는 그 실질적 조건을 마련해 줄 의무가 있는 국가를 의미한다(헌재 2004.10.28. 2002헌마328).

139
□□□

국가는 사회적·경제적 방법으로 근로자의 고용의 증진과 적정임금의 보장에 노력하여야 하나, 최저임금제를 시행할 헌법상 의무는 없다.　　　O | X

> 헌법 제32조 ① 모든 국민은 근로의 권리를 가진다. 국가는 사회적·경제적 방법으로 근로자의 고용의 증진과 적정임금의 보장에 노력하여야 하며, 법률이 정하는 바에 의하여 최저임금제를 시행하여야 한다.

정답 135 X　136 X　137 X　138 O　139 X

140

□□□

사회적 법치국가이념을 추구하는 자유민주국가에서는 공직제도를 사회국가의 실현수단으로 인정하지 않으므로, 현대민주주의 국가에 있어 사회국가원리에 입각한 공직제도는 상정하기 어렵다. O | X

현대민주주의 국가에 이르러서는 사회국가원리에 입각한 공직제도의 중요성이 특히 강조되고 있는바, 이는 사회적 법치국가이념을 추구하는 자유민주국가에서 공직제도란 사회국가의 실현수단일 뿐 아니라, 그 자체가 사회국가의 대상이며 과제라는 점을 이념적인 기초로 한다(헌재 2003.10.30. 2002헌마684). 모든 공무원들에게 보호가치 있는 이익과 권리를 인정해 주고, 자유의 영역이 확대될 수 있도록 공직자로서의 직무의무를 가능한 선까지 완화하며, 직무환경을 최대한으로 개선해 주고, 공직수행에 상응하는 생활부양을 해 주며, 퇴직 후나 재난·질병에 대처한 사회보장의 혜택을 마련하는 것 등을 그 내용으로 한다(헌재 2007.6.28. 2007헌가3).

141

□□□

사회국가의 원리는 자유민주적 기본질서의 범위 내에서 이루어져야 하고, 국민 개인의 자유와 창의를 보완하는 범위 내에서 이루어지는 내재적 한계를 지니고 있다. O | X

사회국가의 원리는 자유민주적 기본질서의 범위 내에서 이루어져야 하고, 국민 개인의 자유와 창의를 보완하는 범위 내에서 이루어지는 내재적 한계를 지니고 있다 할 것이다. 우리 재판소도 "우리 헌법은 자유민주적 기본질서 및 시장경제질서를 기본으로 하면서 위 질서들에 수반되는 모순을 제거하기 위하여 사회국가원리를 수용하여 실질적인 자유와 평등을 아울러 달성하려는 근본이념을 가지고 있다."라고 판시한 것은 이러한 맥락에서 이루어진 것이다(헌재 2001.9.27. 2000헌마238 등).

142

□□□

헌법의 기본원리는 헌법의 이념적 기초인 동시에 헌법을 지배하는 지도원리로서 입법이나 정책결정의 방향을 제시하며, 구체적 기본권을 도출하는 근거가 되고 기본권의 해석 및 기본권제한 입법의 합헌성 심사에 있어 해석기준의 하나로 작용한다. O | X

헌법의 기본원리는 헌법의 이념적 기초인 동시에 헌법을 지배하는 지도원리로서 입법이나 정책결정의 방향을 제시하며 공무원을 비롯한 모든 국민·국가기관이 헌법을 존중하고 수호하도록 하는 지침이 되며, 구체적 기본권을 도출하는 근거로 될 수는 없으나 기본권의 해석 및 기본권제한입법의 합헌성 심사에 있어 해석기준의 하나로서 작용한다(헌재 1996.4.25. 92헌바47).

143

□□□

개인의 정치적 견해를 기준으로 청구인들을 문화예술계 정부지원사업에서 배제되도록 차별취급한 것은 헌법상 문화국가원리에 반하는 자의적인 것으로 정당화될 수 없다. O | X

특히 아직까지 국가지원에의 의존도가 높은 우리나라 문화예술계 환경을 고려할 때, 정부는 문화국가실현에 관한 과제를 수행함에 있어 과거 문화간섭정책에서 벗어나 문화의 다양성, 자율성, 창조성이 조화롭게 실현될 수 있도록 중립성을 지키면서 문화에 대한 지원 및 육성을 하도록 유의하여야 한다. 그럼에도 불구하고 피청구인들이 이러한 중립성을 보장하기 위하여 법률에서 정하고 있는 제도적 장치를 무시하고 정치적 견해를 기준으로 청구인들을 문화예술계 정부지원사업에서 배제되도록 차별취급한 것은 헌법상 문화국가원리와 법률유보원칙에 반하는 자의적인 것으로 정당화될 수 없다(헌재 2020.12.23. 2017헌마416).

정답 140 X 141 O 142 X 143 O

144
□□□

우리나라는 제9차 개정 헌법에서 문화국가원리를 헌법의 기본원리로 처음 채택하였으며, 문화국가원리는 국가의 문화국가실현에 관한 과제 또는 책임을 통하여 실현된다.　　　　　　　　O | X

우리나라는 제헌헌법 이래 문화국가의 원리를 헌법의 기본원리로 채택하고 있다. 문화국가원리는 국가의 문화국가실현에 관한 과제 또는 책임을 통하여 실현되는바, 국가의 문화정책과 밀접 불가분의 관계를 맺고 있다 (헌재 2020.12.23. 2017헌마416).

145
□□□

국가의 문화육성의 대상에는 원칙적으로 다수의 사람에게 문화창조의 기회를 부여한다는 의미에서 엘리트문화를 제외한 서민문화, 대중문화를 정책적인 배려의 대상으로 하여야 한다.　　　　O | X

문화국가원리의 이러한 특성은 문화의 개방성 내지 다원성의 표지와 연결되는데, 국가의 문화육성의 대상에는 원칙적으로 모든 사람에게 문화창조의 기회를 부여한다는 의미에서 모든 문화가 포함된다. 따라서 엘리트문화뿐만 아니라 서민문화, 대중문화도 그 가치를 인정하고 정책적인 배려의 대상으로 하여야 한다(헌재 2004.5. 27. 2003헌가1 등).

146
□□□

우리 헌법상 문화국가원리는 견해와 사상의 다양성을 그 본질로 하지만, 이를 실현하는 국가의 문화정책이 국가가 어떤 문화현상에 대하여도 이를 선호하거나 우대하는 경향을 보이지 않는 불편부당의 원칙을 따라야 하는 것은 아니다.　　　　　　　　O | X

우리 헌법상 문화국가원리는 견해와 사상의 다양성을 그 본질로 하며, 이를 실현하는 국가의 문화정책은 불편부당의 원칙에 따라야 하는바, 모든 국민은 정치적 견해 등에 관계없이 문화 표현과 활동에서 차별을 받지 않아야 한다(헌재 2020.12.23. 2017헌마416).

147
□□□

문화국가의 원리는 문화의 개방성 내지 다원성의 표지와 연결되는데, 국가의 문화 육성의 대상에는 원칙적으로 모든 사람에게 문화창조의 기회를 부여한다는 의미에서 모든 문화가 포함되므로 엘리트문화뿐만 아니라 서민문화, 대중문화도 그 가치를 인정하고 정책적인 배려의 대상으로 한다.　　　　O | X

문화국가원리의 이러한 특성은 문화의 개방성 내지 다원성의 표지와 연결되는데, 국가의 문화육성의 대상에는 원칙적으로 모든 사람에게 문화창조의 기회를 부여한다는 의미에서 모든 문화가 포함된다. 따라서 엘리트문화뿐만 아니라 서민문화, 대중문화도 그 가치를 인정하고 정책적인 배려의 대상으로 하여야 한다(헌재 2004.5. 27. 2003헌가1).

정답 144 X　145 X　146 X　147 ○

제1편

해커스공무원 신동욱 헌법 핵심 기출 OX

148
□□□

헌법은 문화국가를 실현하기 위하여 보장되어야 할 정신적기본권으로 양심과 사상의 자유, 종교의 자유, 언론·출판의 자유, 학문과 예술의 자유 등을 규정하고 있는바, 이들 기본권은 문화국가원리의 불가결의 조건이다.　　　　　　　　　　　　　　　　　　　　　　　　　　　　　　　　　　　　　　　O | X

헌법은 문화국가를 실현하기 위하여 보장되어야 할 정신적 기본권으로 양심과 사상의 자유, 종교의 자유, 언론·출판의 자유, 학문과 예술의 자유 등을 규정하고 있는바, 개별성·고유성·다양성으로 표현되는 문화는 사회의 자율영역을 바탕으로 한다고 할 것이고, 이들 기본권은 견해와 사상의 다양성을 그 본질로 하는 문화국가원리의 불가결의 조건이라고 할 것이다(헌재 2004.5.27. 2003헌가1).

149
□□□

국가의 문화육성의 대상에는 원칙적으로 모든 사람에게 문화창조의 기회를 부여한다는 의미에서 엘리트문화뿐만 아니라 서민문화, 대중문화도 포함하여야 한다.　　　　　　　　　　　　　　　　　　　　　O | X

국가의 문화육성의 대상에는 원칙적으로 모든 사람에게 문화창조의 기회를 부여한다는 의미에서 모든 문화가 포함된다. 따라서 엘리트문화뿐만 아니라 서민문화, 대중문화도 그 가치를 인정하고 정책적인 배려의 대상으로 하여야 한다(헌재 2004.5.27. 2003헌가1).

150
□□□

문화는 사회의 자율영역을 바탕으로 하지만, 이를 근거로 혼인과 가족의 보호가 헌법이 지향하는 자유민주적 문화국가의 필수적인 전제조건이라 하기는 어렵다.　　　　　　　　　　　　　　　　　　　　　　　O | X

혼인과 가족의 보호는 헌법이 지향하는 자유민주적 문화국가의 필수적인 전제조건이다. 개별성·고유성·다양성으로 표현되는 문화는 사회의 자율영역을 바탕으로 하고, 사회의 자율영역은 무엇보다도 바로 가정으로부터 출발하기 때문이다(헌재 2000.4.27. 98헌가16).

151
□□□

우리나라는 건국헌법 이래 문화국가의 원리를 헌법의 기본원리로 채택하고 있다.　　　　　　　　　　　O | X

우리나라는 건국헌법 이래 문화국가의 원리를 헌법의 기본원리로 채택하고 있다(헌재 2004.5.27. 2003헌가1).

152
□□□

오늘날 문화국가에서의 문화정책은 그 초점이 문화 그 자체에 있는 것이 아니라 문화가 생겨날 수 있는 문화풍토를 조성하는 데 두어야 한다.　　　　　　　　　　　　　　　　　　　　　　　　　　　　　　O | X

오늘날 문화국가에서의 문화정책은 그 초점이 문화 그 자체에 있는 것이 아니라 문화가 생겨날 수 있는 문화풍토를 조성하는 데 두어야 한다. 문화국가원리의 이러한 특성은 문화의 개방성 내지 다원성의 표지와 연결되는데, 국가의 문화육성의 대상에는 원칙적으로 모든 사람에게 문화창조의 기회를 부여한다는 의미에서 모든 문화가 포함된다. 따라서 엘리트문화뿐만 아니라 서민문화, 대중문화도 그 가치를 인정하고 정책적인 배려의 대상으로 하여야 한다(헌재 2004.5.27. 2003헌가1 등).

정답 148 ○　149 ○　150 X　151 ○　152 ○

153
☐☐☐

헌법은 제9조에서 '문화의 영역에 있어서 각인의 기회를 균등히' 할 것을 선언하고 있을 뿐 아니라, 국가에게 전통문화의 계승 발전과 민족문화의 창달을 위하여 노력할 의무를 지우고 있다. O | X

문화의 영역에 있어서 각인의 기회를 균등히 할 것은 헌법 제9조가 아닌 헌법전문에 규정되어 있다.

> **헌법전문** 유구한 역사와 전통에 빛나는 우리 대한국민은 3·1운동으로 건립된 대한민국임시정부의 법통과 불의에 항거한 4·19민주이념을 계승하고, 조국의 민주개혁과 평화적 통일의 사명에 입각하여 정의·인도와 동포애로써 민족의 단결을 공고히 하고, 모든 사회적 폐습과 불의를 타파하며, 자율과 조화를 바탕으로 자유민주적 기본질서를 더욱 확고히 하여 정치·경제·사회·문화의 모든 영역에 있어서 각인의 기회를 균등히 하고, 능력을 최고도로 발휘하게 하며, 자유와 권리에 따르는 책임과 의무를 완수하게 하여, 안으로는 국민생활의 균등한 향상을 기하고 밖으로는 항구적인 세계평화와 인류공영에 이바지함으로써 우리들과 우리들의 자손의 안전과 자유와 행복을 영원히 확보할 것을 다짐하면서 1948년 7월 12일에 제정되고 8차에 걸쳐 개정된 헌법을 이제 국회의 의결을 거쳐 국민투표에 의하여 개정한다. 1987년 10월 29일
> **헌법 제9조** 국가는 전통문화의 계승·발전과 민족문화의 창달에 노력하여야 한다.

154
☐☐☐

헌법 제9조의 규정취지와 민족문화유산의 본질에 비추어 볼 때, 국가가 민족문화유산을 보호하고자 하는 경우 이에 관한 헌법적 보호법익은 '민족문화유산의 존속' 그 자체를 보장하는 것이고, 원칙적으로 민족문화유산의 훼손 등에 관한 가치보상이 있는지 여부는 이러한 헌법적 보호법익과 직접적인 관련이 없다. O | X

법은 "국가는 전통문화의 계승·발전과 민족문화의 창달에 노력하여야 한다."라고 규정한 우리 헌법 제9조에 근거하여 제정된 것으로서, 국가의 문화재에 관한 사무를 관장하던 관할 행정관청이 어떤 사찰을 전통사찰로 지정하는 행위는 해당 사찰을 국가의 '보존공물(保存公物)'로 지정하는 처분에 해당한다고 보아야 한다. 또한, 헌법 제9조의 규정취지와 민족문화유산의 본질에 비추어 볼 때, 국가가 민족문화유산을 보호하고자 하는 경우 이에 관한 헌법적 보호법익은 '민족문화유산의 존속' 그 자체를 보장하는 것이고, 원칙적으로 민족문화유산의 훼손 등에 관한 가치보상(價値補償)이 있는지 여부는 이러한 헌법적 보호법익과 직접적인 관련이 없다(헌재 2003.1.30. 2001헌바64).

155
☐☐☐

국가는 학교교육에 관한 한, 교육제도의 형성에 관한 폭넓은 권한을 가지고 있지만, 학교교육 밖의 사적인 교육영역에서는 원칙적으로 부모의 자녀교육권이 우위를 차지하고, 국가 또한 헌법이 지향하는 문화국가이념에 비추어, 학교교육과 같은 제도교육 외에 사적인 교육의 영역에서도 사인의 교육을 지원하고 장려해야 할 의무가 있으므로 사적인 교육영역에 대한 국가의 규율권한에는 한계가 있다. O | X

사교육의 영역은 앞서 본 바와 같이 사회의 자율영역으로서, 자녀의 인격발현권·부모의 자녀교육권이 국가의 규율권한에 대하여 원칙적으로 우위를 차지한다. 사적으로 가르치고 배우는 행위 그 자체는 타인의 법익이나 공익을 침해하는 사회적으로 유해한 행위가 아니라 오히려 기본권적으로 보장된 행위이자 문화국가가 장려해야 할 행위이다. … 학교교육에 관한 한, 국가는 교육제도의 형성에 관한 폭넓은 권한을 가지고 있지만, 학교교육 밖의 사적인 교육영역에서는 국가의 규율권한에는 한계가 있다(헌재 2000.4.27. 98헌가16).

156
☐☐☐

문화국가원리는 견해와 사상의 다양성을 그 본질로 하며, 이를 실현하는 국가의 문화정책은 불편부당의 원칙에 따라야 하는바, 모든 국민은 정치적 견해 등에 관계없이 문화 표현과 활동에서 차별을 받지 않아야 한다. O | X

우리 헌법상 문화국가원리는 견해와 사상의 다양성을 그 본질로 하며, 이를 실현하는 국가의 문화정책은 불편부당의 원칙에 따라야 하는바, 모든 국민은 정치적 견해 등에 관계없이 문화 표현과 활동에서 차별을 받지 않아야 한다(헌재 2020.12.23. 2017헌마416).

157
☐☐☐

국가의 문화육성은 국민에게 문화창조의 기회를 부여한다는 의미에서 서민문화, 대중문화는 그 가치를 인정하고 정책적인 배려의 대상으로 하여야 하지만, 엘리트문화는 이에 포함되지 않는다. O | X

문화국가원리의 이러한 특성은 문화의 개방성 내지 다원성의 표지와 연결되는데, 국가의 문화육성의 대상에는 원칙적으로 모든 사람에게 문화창조의 기회를 부여한다는 의미에서 모든 문화가 포함된다. 따라서 엘리트문화뿐만 아니라 서민문화, 대중문화도 그 가치를 인정하고 정책적인 배려의 대상으로 하여야 한다(헌재 2004.5.27. 2003헌가1).

158
☐☐☐

문화국가원리는 국가의 문화정책과 밀접 불가분의 관계를 맺고 있는바, 오늘날 문화국가에서의 문화정책은 문화풍토의 조성이 아니라 문화 그 자체에 초점을 두어야 한다. O | X

문화국가원리는 국가의 문화국가실현에 관한 과제 또는 책임을 통하여 실현되는바, 국가의 문화정책과 밀접 불가분의 관계를 맺고 있다. 과거 국가절대주의사상의 국가관이 지배하던 시대에는 국가의 적극적인 문화간섭 정책이 당연한 것으로 여겨졌다. 그러나 오늘날에 와서는 국가가 어떤 문화현상에 대하여도 이를 선호하거나, 우대하는 경향을 보이지 않는 불편부당의 원칙이 가장 바람직한 정책으로 평가받고 있다. 오늘날 문화국가에서의 문화정책은 그 초점이 문화 그 자체에 있는 것이 아니라 문화가 생겨날 수 있는 문화풍토를 조성하는 데 두어야 한다(헌재 2004.5.27. 2003헌가1).

159
☐☐☐

헌법 제9조의 규정취지와 민족문화유산의 본질에 비추어 볼 때, 국가가 민족문화유산을 보호하고자 하는 경우 이에 관한 헌법적 보호법익은 '민족문화유산의 존속' 그 자체를 보장하는 것에 그치지 않고, 민족문화유산의 훼손 등에 관한 가치보상이 있는지 여부도 이러한 헌법적 보호법익과 직접적인 관련이 있다. O | X

헌법 제9조의 규정취지와 민족문화유산의 본질에 비추어 볼 때, 국가가 민족문화유산을 보호하고자 하는 경우 이에 관한 헌법적 보호법익은 '민족문화유산의 존속' 그 자체를 보장하는 것이고, 원칙적으로 민족문화유산의 훼손 등에 관한 가치보상이 있는지 여부는 이러한 헌법적 보호법익과 직접적인 관련이 없다(헌재 2003.1.30. 2001헌바64).

정답 156 ○ 157 X 158 X 159 X

160
□□□
대학 부근 학교환경위생정화구역 내에서의 극장 시설 및 영업을 금지하는 것은 유해환경을 방지하고 학생들에게 평온하고 건강한 환경을 마련해 주기 위한 것으로서 대학생의 자유로운 문화향유에 관한 권리 등 행복추구권을 침해한다고 볼 수 없다. O I X

오늘날 영화 및 공연을 중심으로 하는 문화산업은 높은 부가가치를 실현하는 첨단산업으로서의 의미를 가지고 있다. 따라서 직업교육이 날로 강조되는 대학교육에 있어서 문화에의 손쉬운 접근가능성은 중요한 기본권으로서의 의미를 갖게 된다. 이 사건 법률조항은 대학생의 자유로운 문화향유에 관한 권리 등 행복추구권을 침해하고 있다(헌재 2004.5.27. 2003헌가1 등).

161
□□□
국가가 민족문화유산을 보호하고자 하는 경우 이에 관한 헌법적 보호법익은 민족문화유산의 훼손 등에 관한 가치보상에 있는 것이지 '민족문화유산의 존속' 그 자체를 보장하는 것은 아니다. O I X

전통사찰보존법의 입법목적은 '민족문화의 유산으로서 역사적 의의를 가진 전통사찰을 보존함으로써 민족문화의 향상에 이바지하게 하는 것'으로서, '국가는 전통문화의 계승·발전과 민족문화의 창달에 노력하여야 한다.'라고 규정한 헌법 제9조에 근거하여 제정된 것이다. 관할 행정관청의 전통사찰 지정은 국가의 '보존공물(保存公物)'을 지정하는 것으로서, 헌법적 보호법익은 '민족문화유산의 존속'이다(헌재 2003.1.30. 2001헌바64).

162
□□□
헌법 제9조의 정신에 따라 우리가 진정으로 계승·발전시켜야 할 전통문화는 이 시대의 제반 사회·경제적 환경에 맞고 또 오늘날에 있어서도 보편타당한 전통윤리 내지 도덕관념이라 할 것이다. O I X

계승·발전시켜야 할 전통문화는 이 시대의 제반 사회·경제적 환경에 맞고 또 오늘날에 있어서도 보편타당한 전통윤리 내지 도덕관념이다(헌재 1997.7.16. 95헌가6).

163
□□□
신뢰보호원칙의 위반 여부는 한편으로는 침해되는 이익의 보호가치, 침해의 정도, 신뢰의 손상 정도, 신뢰침해의 방법 등과 또 다른 한편으로는 새로운 입법을 통하여 실현하고자 하는 공익적 목적 등을 종합적으로 형량하여야 한다. O I X

신뢰보호의 원칙의 위배 여부는 한편으로는 침해받은 이익의 보호가치, 침해의 중한 정도, 신뢰가 손상된 정도, 신뢰침해의 방법 등과 다른 한편으로는 새 입법을 통해 실현하고자 하는 공익적 목적을 종합적으로 비교·형량하여 판단하여야 한다(헌재 1995.10.26. 94헌바12).

164
□□□
조세에 관한 법규·제도는 신축적으로 변할 수밖에 없다는 점에서 납세의무자로서는 구법 질서에 의거한 신뢰를 바탕으로 적극적으로 새로운 법률관계를 형성하였다든지 하는 특별한 사정이 없는 한 원칙적으로 현재의 세법이 변함없이 유지되리라고 기대하거나 신뢰할 수는 없다. O I X

조세법의 영역에 있어서는 국가가 조세·재정정책을 탄력적·합리적으로 운용할 필요성이 매우 큰 만큼, 조세에 관한 법규·제도는 신축적으로 변할 수밖에 없다는 점에서 납세의무자로서는 구법질서에 의거한 신뢰를 바탕으로 적극적으로 새로운 법률관계를 형성하였다든지 하는 특별한 사정이 없는 한 원칙적으로 세율 등 현재의 세법이 변함없이 유지되리라고 기대하거나 신뢰할 수는 없다(헌재 2002.2.28. 99헌바4).

정답 160 X 161 X 162 ○ 163 ○ 164 ○

165
☐☐☐

법률의 제정이나 개정 시 구법 질서에 대한 당사자의 신뢰가 합리적이고도 정당하며, 법률의 제정이나 개정으로 야기되는 당사자의 손해가 극심하여 새로운 입법으로 달성하고자 하는 공익적 목적이 그러한 당사자의 신뢰의 파괴를 정당화할 수 없다면, 그러한 새로운 입법은 신뢰보호의 원칙상 허용될 수 없다.

O | X

신뢰보호의 원칙은 헌법상 법치국가의 원칙으로부터 도출되는데, 그 내용은 법률의 제정이나 개정시 구법질서에 대한 당사자의 신뢰가 합리적이고도 정당하며 법률의 제정이나 개정으로 야기되는 당사자의 손해가 극심하여 새로운 입법으로 달성하고자 하는 공익적 목적이 그러한 당사자의 신뢰의 파괴를 정당화할 수 없다면, 그러한 새로운 입법은 신뢰보호의 원칙상 허용될 수 없다는 것이다(헌재 2002.11.28. 2002헌바45).

166
☐☐☐

사회 환경이나 경제여건의 변화에 따른 필요성에 의하여 법률은 신축적으로 변할 수밖에 없고 변경된 새로운 법질서와 기존의 법질서 사이에는 이해관계의 상충이 불가피하므로, 국민이 가지는 모든 기대 내지 신뢰가 헌법상 권리로서 보호될 것은 아니다.

O | X

사회환경이나 경제여건의 변화에 따른 필요성에 의하여 법률은 신축적으로 변할 수밖에 없고, 변경된 새로운 법질서와 기존의 법질서 사이에는 이해관계의 상충이 불가피하므로, 국민이 가지는 모든 기대 내지 신뢰가 헌법상 권리로서 보호될 것은 아니고, 신뢰의 근거 및 종류, 상실된 이익의 중요성, 침해의 방법 등에 의하여 개정된 법규·제도의 존속에 대한 개인의 신뢰가 합리적이어서 권리로서 보호할 필요성이 인정되어야 한다(헌재 2019.8.29. 2017헌바496).

167
☐☐☐

법률에 따른 개인의 행위가 단지 법률이 반사적으로 부여하는 기회의 활용을 넘어서 국가에 의하여 일정 방향으로 유인된 것이라 하더라도 개인의 신뢰보호가 국가의 법률개정이익에 우선된다고 볼 여지는 없다.

O | X

개인의 신뢰이익에 대한 보호가치는 ① 법령에 따른 개인의 행위가 국가에 의하여 일정방향으로 유인된 신뢰의 행사인지, ② 아니면 단지 법률이 부여한 기회를 활용한 것으로서 원칙적으로 사적 위험부담의 범위에 속하는 것인지 여부에 따라 달라진다. 만일 법률에 따른 개인의 행위가 단지 법률이 반사적으로 부여하는 기회의 활용을 넘어서 국가에 의하여 일정 방향으로 유인된 것이라면 특별히 보호가치가 있는 신뢰이익이 인정될 수 있고, 원칙적으로 개인의 신뢰보호가 국가의 법률개정이익에 우선된다고 볼 여지가 있다(헌재 2002.11.28. 2002헌바45).

168
☐☐☐

일반적으로 일정한 공권력작용이 체계정당성에 위반한다고 해서 곧 위헌이 되는 것은 아니고, 그것이 위헌이 되기 위해서는 결과적으로 비례의 원칙이나 평등의 원칙 등 일정한 헌법의 규정이나 원칙을 위반하여야 한다.

O | X

일반적으로 일정한 공권력작용이 체계정당성에 위반한다고 해서 곧 위헌이 되는 것은 아니고, 그것이 위헌이 되기 위해서는 결과적으로 비례의 원칙이나 평등의 원칙 등 일정한 헌법의 규정이나 원칙을 위반하여야 한다(헌재 2010.6.24. 2007헌바101 등).

정답 165 ○ 166 ○ 167 X 168 ○

169
☐☐☐

체계정당성의 원리는 규범 상호간의 구조와 내용 등이 모순됨이 없이 체계와 균형을 유지하여야 한다는 헌법적 원리이지만 곧바로 입법자를 기속하는 것이라고는 볼 수 없다.　　　　O | X

체계정당성의 원리라는 것은 동일 규범 내에서 또는 상이한 규범 간에 그 규범의 구조나 내용 또는 규범의 근거가 되는 원칙면에서 상호 배치되거나 모순되어서는 아니된다는 하나의 헌법적 요청이다. 즉 이는 규범 상호간의 구조와 내용 등이 모순됨이 없이 체계와 균형을 유지하도록 입법자를 기속하는 헌법적 원리라고 볼 수 있다(헌재 2010.6.24. 2007헌바101 등).

170
☐☐☐

규범 상호간의 체계정당성을 요구하는 이유는 입법자의 자의를 금지하여 규범의 명확성, 예측가능성 및 규범에 대한 신뢰와 법적 안정성을 확보하기 위한 것이고 이는 국가공권력에 대한 통제와 이를 통한 국민의 자유와 권리의 보장을 이념으로 하는 법치주의원리로부터 도출되는 것이다.　　　　O | X

규범 상호간의 체계정당성을 요구하는 이유는 입법자의 자의를 금지하여 규범의 명확성, 예측가능성 및 규범에 대한 신뢰와 법적 안정성을 확보하기 위한 것이고 이는 국가공권력에 대한 통제와 이를 통한 국민의 자유와 권리의 보장을 이념으로 하는 법치주의원리로부터 도출되는 것이라고 할 수 있다(헌재 2010.6.24. 2007헌바101 등).

171
☐☐☐

외국에서 치과대학을 졸업한 대한민국 국민이 국내 치과의사 면허시험에 응시하기 위해서는 기존의 응시요건에 추가하여 새로이 예비시험에 합격할 것을 요건으로 규정한 의료법의 '예비시험' 조항은 외국에서 치과대학을 졸업한 국민들이 가지는 합리적 기대를 저버리는 것으로서 신뢰보호의 원칙상 허용되지 아니한다.　　　　O | X

청구인들이 장차 치과의사 면허시험을 볼 수 있는 자격 요건에 관하여 가진 구법에 대한 신뢰는 합법적이고 정당한 것이므로 보호가치 있는 신뢰에 해당하는 것이지만, 한편 청구인들에게 기존의 면허시험 요건에 추가하여 예비시험을 보게 하는 것은 이미 존재하는 여러 가지 면허제도상의 법적 규제에 추가하여 새로운 규제를 하나 더 부가하는 것에 그치고, 이러한 규제가 지나치게 가혹한 것이라고 하기 어려운 반면, 이러한 제도를 통한 공익적 목적은 위에서 본 바와 같이 그 정당성이 인정된다. 따라서 경과규정은 신뢰보호의 원칙에 위배한 것이라 보기 어렵다(헌재 2003.4.24. 2002헌마611).

172
☐☐☐

사법연수원의 소정 과정을 마치더라도 바로 판사임용자격을 취득할 수 없고 일정 기간 이상의 법조경력을 갖추어야 판사로 임용될 수 있도록 한 법원조직법 개정조항의 시행일 및 그 경과조치에 관한 부칙은, 동법 개정 시점에 이미 사법연수원에 입소하여 사법연수생의 신분을 가지고 있었던 자가 사법연수원을 수료하는 해의 판사 임용에 지원하는 경우에 적용되는 한 신뢰보호의 원칙에 위반된다.　　　　O | X

종전 규정의 적용을 받게 된 이 사건 법원조직법 개정 당시 사법연수원 2년차들과 개정 규정의 적용을 받게 된 이 사건 법원조직법 개정 당시 사법연수원 1년차들인 청구인들 사이에 '판사의 임용자격을 강화하여 충분한 사회적 경험과 연륜을 갖춘 판사가 재판할 수 있도록 하려는 공익'의 실현 관점에서 이들을 달리 볼 만한 합리적인 이유를 찾기도 어렵다. 따라서 이 사건 심판대상 조항이 개정법 제42조 제2항의 시행일을 2013.1.1.로 하여 법 개정 당시 이미 사법연수원에 입소한 사람들에게 적용되도록 하면서 이들에 대한 경과조치로 부칙 제2조만을 규정한 것은 청구인들의 신뢰보호에 미흡한 것으로 신뢰보호원칙에 반한다고 할 것이다(헌재 2012.11.29. 2011헌마786).

정답　169 X　170 ○　171 X　172 ○

173

□□□

전부개정된 성폭력범죄의 처벌에 관한 특례법 시행 전에 행하여졌으나 아직 공소시효가 완성되지 아니한 성폭력범죄에 대해서도 공소시효의 정지·배제조항을 적용하는 성폭력범죄의 처벌에 관한 특례법 조항은 신뢰보호원칙에 위반되지 않는다.　　　　　　　　　　　　　　　　　　　　　　　　　　　　　　　　O | X

형사소송법의 공소시효에 관한 조항이 적용된다는 신뢰는, 제2심판대상조항을 통해 전부개정 법률 시행 전에 행하여졌으나 아직 공소시효가 완성되지 아니한 성폭력범죄에 대해서도 공소시효의 정지·배제 조항을 적용하여 범죄자를 처벌할 수 있도록 함으로써 훼손된 법질서를 회복하고 실체적 정의를 구현하고자 하는 공익에 우선하여 특별히 헌법적으로 보호할 만한 필요성이 있다고 보기 어려우므로, 제2심판대상조항은 신뢰보호원칙에 반한다고 할 수 없다(헌재 2021.6.24. 2018헌바457).

174

□□□

실제 평균임금이 노동부장관이 고시하는 한도금액 이상일 경우 그 한도금액을 실제임금으로 의제하는 최고보상제도가 시행되기 전에 이미 재해를 입고 산재보상수급권이 확정적으로 발생한 경우에도 적용하는 산업재해보상보험법 부칙조항은 신뢰보호원칙에 위반된다.　　　　　　　　　　　　　　　　　　　　　　O | X

심판대상조항은 실제 평균임금이 노동부장관이 고시하는 한도금액 이상일 경우 그 한도금액을 실제임금으로 의제하는 최고보상제도를 2003.1.1.부터 기존 피재근로자인 청구인들에게도 적용함으로써, 평균임금에 대한 청구인들의 정당한 법적 신뢰를 심각하고 예상하지 못한 방법으로 제약하여 청구인들에게 불이익을 초래하였다. … 심판대상조항이 달성하려는 공익은 한정된 재원으로 보다 많은 재해근로자와 그 유족들에게 적정한 사회보장적 급여를 실시하고 재해근로자 사이에 보험급여의 형평성을 제고하여 소득재분배의 기능을 수행하는 데 있는 것으로 보인다. 장해급여제도는 본질적으로 소득재분배를 위한 제도가 아니고, 손해배상 내지 손실보상적 급부인 점에 그 본질이 있는 것으로, 산업재해보상보험이 갖는 두 가지 성격 중 사회보장적 급부로서의 성격은 상대적으로 약하고 재산권적인 보호의 필요성은 보다 강하다고 볼 수 있어 다른 사회보험수급권에 비하여 보다 엄격한 보호가 필요하다. 장해급여제도에 사회보장 수급권으로서의 성격도 있는 이상 소득재분배의 도모나 새로운 산재보상사업의 확대를 위한 자금마련의 목적으로 최고보상제를 도입하는 것 자체는 입법자의 결단으로서 형성적 재량권의 범위 내에 있다고 보더라도, 그러한 입법자의 결단은 최고보상제도 시행 이후에 산재를 입는 근로자부터 적용될 수 있을 뿐, 제도 시행 이전에 이미 재해를 입고 산재보상수급권이 확정적으로 발생한 청구인들에 대하여 그 수급권의 내용을 일시에 급격히 변경하여 가면서까지 적용할 수 있는 것은 아니라고 보아야 할 것이다. 따라서, 심판대상조항은 신뢰보호의 원칙에 위배하여 청구인들의 재산권을 침해하는 것으로서 헌법에 위반된다(헌재 2009.5.28. 2005헌바20).

175
□□□

상가건물 임차인의 계약갱신요구권 행사기간을 10년으로 연장한 개정법 조항의 시행 이전에 체결되었더라도 개정법 시행 이후 갱신되는 임대차의 경우에 개정법 조항의 연장된 기간을 적용하는 상가건물임대차 보호법 부칙조항은 신뢰보호원칙에 위반된다. O | X

이 사건 부칙조항(= 임차인의 계약갱신요구권 행사 기간을 10년으로 규정한 '상가건물 임대차보호법' 제10조 제2항을 개정법 시행 후 갱신되는 임대차에 대하여도 적용하도록 규정한 '상가건물 임대차보호법' 부칙 제2조 중 '갱신되는 임대차'에 관한 부분)은 개정법조항을 개정법 시행 당시 존속 중인 임대차 전반이 아니라, 개정법 시행 후 갱신되는 임대차에 한하여 적용하도록 한정되어 있고, 임차인이 계약갱신요구권을 행사하더라도 임대인은 '상가건물 임대차보호법'에 따라 정당한 사유가 있거나 임차인에게 귀책사유가 있는 경우 갱신거절이 가능하며, 합의하여 임대인이 임차인에게 상당한 보상을 제공한 경우 등에도 마찬가지로 임대인이 임대차계약의 구속에서 벗어날 수 있는 길을 열어두고 있다. 따라서 이 사건 부칙조항이 임차인의 안정적인 영업을 지나치게 보호한 나머지 임대인에게만 일방적으로 가혹한 부담을 준다고 보기는 어렵다. 개정법조항은 상가건물 임차인의 계약갱신요구권 행사 기간을 연장함으로써 상가건물에 대한 임차인의 시설투자비, 권리금 등 비용을 회수할 수 있는 기간을 충실히 보장하기 위한 것인데, 개정법조항을 개정법 시행 후 새로이 체결되는 임대차에만 적용할 경우 임대인들이 새로운 임대차계약에 이를 미리 반영하여 임대료가 한꺼번에 급등할 수 있고 이는 결과적으로 개정법조항의 입법취지에도 반하는 것이다. 이에 이 사건 부칙조항은 이러한 부작용을 막고 개정법조항의 실효성을 확보하기 위해서 개정법조항 시행 이전에 체결되었더라도 개정법 시행 이후 갱신되는 임대차인 경우 개정법조항의 연장된 기간을 적용하도록 정한 것이므로, 이와 같은 공익은 긴급하고도 중대하다. 따라서 이 사건 부칙조항은 신뢰보호원칙에 위배되어 임대인의 재산권을 침해한다고 볼 수 없다(헌재 2021.10.28. 2019헌마106).

176
□□□

위법건축물에 대해 이행강제금을 부과하도록 하면서 이행강제금제도 도입 전의 건축물에 대해 이행강제금제도 적용의 예외를 두지 않는 건축법 부칙조항은 신뢰보호원칙에 위반되지 않는다. O | X

위법건축물에 대하여 종전처럼 과태료만이 부과될 것이라고 기대한 신뢰는 제도상의 공백에 따른 반사적인 이익에 불과하여 그 보호가치가 그리 크지 않은데다가, 이미 이행강제금 도입으로 인한 국민의 혼란이나 부담도 많이 줄어든 상태인 반면, 이행강제금제도 도입 전의 위법건축물이라 하더라도 이행강제금을 부과함으로써 위법상태를 치유하여 건축물의 안전, 기능, 미관을 증진하여야 한다는 공익적 필요는 중대하다 할 것이다. 따라서 이 사건 부칙조항은 신뢰보호원칙에 위배된다고 볼 수 없다(헌재 2015.10.21. 2013헌바248).

177
□□□

부당환급 받은 세액을 징수하는 근거 규정인 개정조항을 개정된 법 시행 후 최초로 환급세액을 징수하는 분부터 적용하도록 규정한 법인세법 부칙조항은 헌법 제13조 제2항에 따라 원칙적으로 금지되는 이미 완성된 사실·법률관계를 규율하는 진정소급입법에 해당한다. O | X

심판대상조항은 개정조항이 시행되기 전 환급세액을 수령한 부분까지 사후적으로 소급하여 개정된 징수조항을 적용하는 것으로서 헌법 제13조 제2항에 따라 원칙적으로 금지되는 이미 완성된 사실·법률관계를 규율하는 진정소급입법에 해당한다(헌재 2014.7.24. 2012헌바10).

178
□□□

친일재산을 그 취득·증여 등 원인행위시에 국가의 소유로 하도록 규정한 친일반민족행위자 재산의 국가 귀속에 관한 특별법 조항은 현재 진행 중인 사실관계 또는 법률관계에 작용하는 부진정소급입법에 해당한다.　　　　　　　　　　　　　　　　　　　　　　　　　　　　　　　　　　　O | X

이 사건 귀속조항은 진정소급입법에 해당하나 헌법 제13조 제2항에 반하지 않는다(헌재 2011.3.31. 2008헌바141).

179
□□□

헌법 제13조 제2항에 의하면 모든 국민은 소급입법에 의하여 재산권의 제한을 받거나 참정권을 박탈당하지 아니한다.　　　　　　　　　　　　　　　　　　　　　　　　　　　　　　　　　　　O | X

헌법 제13조 제2항의 내용은 소급입법에 의한 '재산권의 제한'과 '참정권의 박탈'의 금지이다.

> **헌법 제13조** ② 모든 국민은 소급입법에 의하여 참정권의 제한을 받거나 재산권을 박탈당하지 아니한다.

180
□□□

형벌불소급의 원칙은 형사소추가 '언제부터 어떠한 조건하에서' 가능한가의 문제에 관한 것이고, '얼마동안' 가능한가의 문제에 관한 것이 아니다.　　　　　　　　　　　　　　　　　　　　O | X

우리 헌법이 규정한 형벌불소급의 원칙은 형사소추가 '언제부터 어떠한 조건하에서' 가능한가의 문제이고, '얼마 동안' 가능한가의 문제는 아니다(헌재 1996.2.16. 96헌가2).

181
□□□

규율대상이 기본권적 중요성을 가질수록 그리고 그에 관한 공개적 토론의 필요성 내지 상충하는 이익 간 조정의 필요성이 클수록, 그것이 국회의 법률에 의해 직접 규율될 필요성 및 그 규율밀도의 요구 정도는 그만큼 더 증대되는 것으로 보아야 한다.　　　　　　　　　　　　　　　　　　　　　　O | X

규율대상이 기본권적 중요성을 가질수록 그리고 그에 관한 공개적 토론의 필요성 내지 상충하는 이익간 조정의 필요성이 클수록, 그것이 국회의 법률에 의해 직접 규율될 필요성 및 그 규율밀도의 요구 정도는 그만큼 더 증대되는 것으로 보아야 한다(헌재 2004.3.25. 2001헌마882).

182
□□□

국가가 인간다운 생활을 보장하기 위한 헌법적 의무를 다하였는지의 여부가 사법심사의 대상이 된 경우, 국가가 최저생활보장에 관한 입법을 전혀 하지 아니한 경우에만 한하여 헌법에 위반된다고 할 수 있다.　　　　　　　　　　　　　　　　　　　　　　　　　　　　　　　　　O | X

국가가 인간다운 생활을 보장하기 위한 헌법적인 의무를 다하였는지의 여부가 사법적 심사의 대상이 된 경우에는, 국가가 생계보호에 관한 입법을 전혀 하지 아니하였다든가 그 내용이 현저히 불합리하여 헌법상 용인될 수 있는 재량의 범위를 명백히 일탈한 경우에 한하여 헌법에 위반된다고 할 수 있다(헌재 2004.10.28. 2002헌마328).

정답 178 X　179 X　180 O　181 O　182 X

183
□□□

헌법 제37조 제2항은 기본권제한에 관한 일반적 법률유보 조항이고, 법률유보의 원칙은 '법률에 의한 규율'을 요청하고 있으므로, 기본권 제한에는 법률의 근거가 필요하고 반드시 법률의 형식으로 하여야 한다. O | X

헌법 제37조 제2항은 "국민의 모든 자유와 권리는 … 법률로써 제한할 수 있으며"라고 하여 법률유보원칙을 규정하고 있다. 여기서 '법률'이란 국회가 제정한 형식적 의미의 법률을 말한다. 입법자는 행정부로 하여금 규율하도록 입법권을 위임할 수 있으므로, 법률에 근거한 행정입법에 의해서도 기본권 제한이 가능하다. 즉 기본권 제한에 관한 법률유보원칙은 '법률에 의한 규율'을 요청하는 것이 아니라 '법률에 근거한 규율'을 요청하는 것이므로, 기본권 제한에는 법률의 근거가 필요할 뿐이고 기본권 제한의 형식이 반드시 법률의 형식일 필요는 없으므로 법규명령, 규칙, 조례 등 실질적 의미의 법률을 통해서도 기본권 제한이 가능하다(헌재 2013.7.25. 2012헌마167).

184
□□□

법률유보원칙은 단순히 행정작용이 법률에 근거를 두기만 하면 충분한 것이 아니라, 국가공동체와 그 구성원에게 기본적이고도 중요한 의미를 갖는 영역, 특히 국민의 기본권실현에 관련된 영역에 있어서는 행정에 맡길 것이 아니라 국민의 대표자인 입법자 스스로 그 본질적 사항에 대해 결정하여야 한다는 요구까지 내포한다. O | X

오늘날 법률유보원칙은 단순히 행정작용이 법률에 근거를 두기만 하면 충분한 것이 아니리, 국가공동체와 그 구성원에게 기본적이고도 중요한 의미를 갖는 영역, 특히 국민의 기본권실현에 관련된 영역에 있어서는 행정에 맡길 것이 아니라 국민의 대표자인 입법자 스스로 그 본질적 사항에 대하여 결정하여야 한다는 요구까지 내포하는 것으로 이해하여야 한다(이른바 의회유보원칙)(헌재 1999.5.27. 98헌바70).

185
□□□

체계정당성의 원리는 동일 규범 내에서 또는 상이한 규범간에 그 규범의 구조나 내용 또는 규범의 근거가 되는 원칙면에서 상호 배치되거나 모순되어서는 안 된다는 하나의 헌법적 요청이고, 이러한 체계정당성 위반은 비례의 원칙이나 평등의 원칙 등 일정한 헌법의 규정이나 원칙을 위반하여야만 비로소 위헌이 된다. O | X

체계정당성의 원리는 동일 규범 내에서 또는 상이한 규범간에 그 규범의 구조나 내용 또는 규범의 근거가 되는 원칙면에서 상호 배치되거나 모순되어서는 안된다는 하나의 헌법적 요청이며, 국가공권력에 대한 통제와 이를 통한 국민의 자유와 권리의 보장을 이념으로 하는 법치주의원리로부터 도출되는데, 이러한 체계정당성 위반은 비례의 원칙이나 평등의 원칙 등 일정한 헌법의 규정이나 원칙을 위반하여야만 비로소 위헌이 되며, 체계정당성의 위반을 정당화할 합리적인 사유의 존재에 대하여는 입법 재량이 인정된다(헌재 2004.11.25. 2002헌바66).

186
☐☐☐

소급입법은 신법이 이미 종료된 사실관계에 작용하는지 아니면 현재 진행중인 사실관계에 작용하는지에 따라 '진정소급입법'과 '부진정소급입법'으로 구분되고, 전자는 헌법적으로 허용되지 않는 것이 원칙이며 특단의 사정이 있는 경우에만 예외적으로 허용될 수 있는 반면, 후자는 원칙적으로 허용되지만 소급효를 요구하는 공익상의 사유와 신뢰보호의 요청 사이의 교량과정에서 신뢰보호의 관점이 입법자의 형성권에 제한을 가하게 된다. **O | X**

소급입법은, 신법이 이미 종료된 사실관계에 작용하는지, 아니면 현재 진행 중인 사실관계에 작용하는지에 따라 '진정소급입법'과 '부진정소급입법'으로 구분되고, 전자는 헌법적으로 허용되지 않는 것이 원칙이며, 특단의 사정이 있는 경우에만 예외적으로 허용될 수 있는 반면, 후자는 원칙적으로 허용되지만 소급효를 요구하는 공익상의 사유와 신뢰보호의 요청 사이의 교량과정에서 신뢰보호의 관점이 입법자의 형성권에 제한을 가하게 된다(헌재 2001.4.26. 99헌바55).

187
☐☐☐

일반적으로 과거에 시작된 구성요건사항에 대한 신뢰는 더 보호될 가치가 있는 것이므로 부진정 소급입법의 신뢰보호의 원칙에 대한 심사는 장래 입법의 경우보다 일반적으로 더 강화되어야 한다. **O | X**

부진정 소급입법의 경우, 일반적으로 과거에 시작된 구성요건사항에 대한 신뢰는 더 보호될 가치가 있는 것이므로, 신뢰보호의 원칙에 대한 심사는 장래 입법의 경우보다 일반적으로 더 강화되어야 한다(헌재 1995.10.26. 94헌바12).

188
☐☐☐

친일재산의 취득 경위에 내포된 민족배반적 성격, 대한민국임시정부의 법통 계승을 선언한 헌법 전문 등에 비추어 친일반민족행위자측으로서는 친일재산의 소급적 박탈을 충분히 예상할 수 있었고, 친일재산 환수 문제는 그 시대적 배경에 비추어 역사적으로 매우 이례적인 공동체적 과업이므로 이러한 소급입법의 합헌성을 인정한다고 하더라도 이를 계기로 진정소급입법이 빈번하게 발생할 것이라는 우려는 충분히 불식될 수 있다. **O | X**

이 사건 귀속조항은 진정소급입법에 해당하지만, 진정소급입법이라 할지라도 예외적으로 국민이 소급입법을 예상할 수 있었던 경우와 같이 소급입법이 정당화되는 경우에는 허용될 수 있다. 친일재산의 취득 경위에 내포된 민족배반적 성격, 대한민국임시정부의 법통 계승을 선언한 헌법 전문 등에 비추어 친일반민족행위자측으로서는 친일재산의 소급적 박탈을 충분히 예상할 수 있었고, 친일재산 환수 문제는 그 시대적 배경에 비추어 역사적으로 매우 이례적인 공동체적 과업이므로 이러한 소급입법의 합헌성을 인정한다고 하더라도 이를 계기로 진정소급입법이 빈번하게 발생할 것이라는 우려는 충분히 불식될 수 있다. 따라서 이 사건 귀속조항은 진정소급입법에 해당하나 헌법 제13조 제2항에 반하지 않는다(헌재 2011.3.31. 2008헌바141 등).

정답 186 ○ 187 ○ 188 ○

189
☐☐☐

식품접객업소에서의 합성수지 도시락 용기의 사용을 2003.7.1.부터 금지하는 자원의 절약과 재활용촉진에 관한 법률 시행령의 직접적인 수범자는 식품접객업주이지만 제3자인 합성수지 도시락 용기의 생산업자도 자기관련성이 인정된다. O | X

이 사건 심판대상 규정은 식품접객업소에서의 2003.7.1.부터 합성수지 도시락 용기의 사용을 금지하는 것으로서 그 직접적인 수범자는 식품접객업주이므로 청구인들 중 합성수지 도시락 용기의 생산업자들은 원칙적으로 제3자에 불과하며, 또한 합성수지 도시락 용기의 사용제한으로 인하여 입게 되는 영업매출의 감소 위험은 직접적, 법률적인 이해관계로 보기는 어렵고 간접적, 사실적 혹은 경제적인 이해관계라고 볼 것이므로 자기관련성을 인정하기 어렵다(헌재 2007.2.22. 2003헌마428).

190
☐☐☐

국세관련 경력공무원 중 구법 규정상의 자격부여요건을 충족한 자들에게만 세무사 자격이 부여되도록 규정한 개정된 세무사법 규정은 관련자들의 신뢰이익을 침해한 것이다. O | X

청구인들의 세무사자격 부여에 대한 신뢰는 보호할 필요성이 있는 합리적이고도 정당한 신뢰라 할 것이고, 개정법 제3조 등의 개정으로 말미암아 청구인들이 입게 된 불이익의 정도, 즉 신뢰이익의 침해정도는 중대하다고 아니할 수 없는 반면, 청구인들의 신뢰이익을 침해함으로써 일반응시자와의 형평을 제고한다는 공익은 위와 같은 신뢰이익 제한을 헌법적으로 정당화할 만한 사유라고 보기 어렵다. 그러므로 기존 국세관련 경력공무원 중 일부에게만 구법 규정을 적용하여 세무사자격이 부여되도록 규정한 위 세무사법 부칙 제3조은 충분한 공익적 목적이 인정되지 아니함에도 청구인들의 기대가치 내지 신뢰이익을 과도하게 침해한 것으로서 헌법에 위반된다(헌재 2001.9.27. 2000헌마152).

191
☐☐☐

사법연수원의 소정 과정을 마치더라도 바로 판사임용자격을 취득할 수 없고 일정 기간 이상의 법조경력을 갖추어야 판사로 임용될 수 있도록 한 법원조직법 개정조항은, 동법 개정 시점에 이미 사법연수원에 입소하여 사법연수원생의 신분을 갖고 있었던 자에게 사법연수원을 수료하는 해의 판사임용에 지원하는 경우에 적용되는 한 신뢰보호의 원칙에 위반된다. O | X

이 사건에서 청구인들의 신뢰이익에 대비되는 공익이 중대하고 장기적 관점에서 필요한 것이라 하더라도, 이 사건 심판대상조항을 이 사건 법원조직법 개정 당시 이미 사법연수원에 입소한 사람들에게도 반드시 시급히 적용해야 할 정도로 긴요하다고는 보기 어렵고, 종전 규정의 적용을 받게 된 사법연수원 2년차들과 개정 규정의 적용을 받게 된 사법연수원 1년차들인 청구인들 사이에 위 공익의 실현 관점에서 이들을 달리 볼 만한 합리적인 이유를 찾기도 어려우므로, 이 사건 심판대상 조항이 개정법 제42조 제2항을 법 개정 당시 이미 사법연수원에 입소한 사람들에게 적용되도록 한 것은 신뢰보호원칙에 반한다고 할 것이다(헌재 2012.11.29. 2011헌마786 등).

192
□□□
진정소급입법은 원칙적으로 허용되지만 소급효를 요구하는 공익상의 사유와 신뢰보호의 요청 사이의 교량과정에서 신뢰보호의 관점이 입법자의 형성권에 제한을 가하게 된다. O | X

소급입법은 새로운 입법으로 이미 종료된 사실관계 또는 법률관계에 작용하도록 하는 진정소급입법과 현재 진행중인 사실관계 또는 법률관계에 작용하도록 하는 부진정소급입법으로 나눌 수 있는바, 부진정소급입법은 원칙적으로 허용되지만 소급효를 요구하는 공익상의 사유와 신뢰보호의 요청 사이의 교량과정에서 신뢰보호의 관점이 입법자의 형성권에 제한을 가하게 되는 데 반하여, 진정소급입법은 개인의 신뢰보호와 법적 안정성을 내용으로 하는 법치국가원리에 의하여 특단의 사정이 없는 한 헌법적으로 허용되지 아니하는 것이 원칙이나 예외적으로 국민이 소급입법을 예상할 수 있었거나, 법적 상태가 불확실하고 혼란스러웠거나 하여 보호할 만한 신뢰의 이익이 적은 경우와 소급입법에 의한 당사자의 손실이 없거나 아주 경미한 경우, 그리고 신뢰보호의 요청에 우선하는 심히 중대한 공익상의 사유가 소급입법을 정당화하는 경우에는 허용될 수 있다(헌재 2011.3.31. 2008헌바141 등).

193
□□□
구 수도권 대기환경개선에 관한 특별법 조항은, 특정경유자동차에 배출가스저감장치를 부착하여 운행하고 있는 소유자에 대하여 위 조항의 개정 이후 '폐차나 수출 등을 위한 자동차등록의 말소'라는 별도의 요건사실이 충족되는 경우에 배출가스저감장치를 반납하도록 하고 있는데, 이는 부진정소급입법에 해당한다. O | X

심판대상조항은 이미 종료된 사실·법률관계가 아니라, 현재 진행 중인 사실관계, 즉 특정경유자동차에 배출가스저감장치를 부착하여 운행하고 있는 소유자에 대하여 심판대상조항의 신설 또는 개정 이후에 '폐차나 수출 등을 위한 자동차등록의 말소'라는 별도의 요건사실이 충족되는 경우에 배출가스저감장치를 반납하도록 한 것으로서 부진정소급입법에 해당하며, 이 조항이 신설되기 전에 이미 배출가스저감장치를 부착하였던 소유자들이 자동차 등록 말소 후 경제적 잔존가치가 있는 장치의 사용 및 처분에 관한 신뢰를 가졌다고 하더라도, 위와 같은 공익의 중요성이 더 크다고 할 것이므로, 이 조항이 신뢰보호원칙을 위반하여 재산권을 침해한다고 보기도 어렵다(헌재 2019.12.27. 2015헌바45).

194
□□□
상가건물 임차인의 계약갱신요구권 행사 기간을 5년에서 10년으로 연장한 상가건물 임대차보호법 조항을 개정법 시행 이전에 체결되었더라도 개정법 시행 이후 갱신되는 임대차에 적용하도록 한 동법 부칙조항은 진정소급입법에 해당하여 소급입법금지원칙에 위배된다. O | X

개정법조항은 구법조항에서 5년으로 정하고 있던 임차인의 계약갱신요구권 행사 기간을 10년으로 연장하였고, 이 사건 부칙조항은 개정법조항을 개정법 시행 후 갱신되는 임대차에도 적용한다고 규정하고 있으며, '개정법 시행 후 갱신되는 임대차'에는 구법조항에 따른 의무임대차기간이 경과하여 임대차가 갱신되지 않고 기간만료 등으로 종료되는 경우는 제외되고 구법조항에 따르더라도 여전히 갱신될 수 있는 경우만 포함되므로, 이 사건 부칙조항은 아직 진행과정에 있는 사안을 규율대상으로 하는 부진정소급입법에 해당한다. 이 사건 부칙조항은 신뢰보호원칙에 위배되어 임대인인 청구인들의 재산권을 침해한다고 볼 수 없다(헌재 2021.10.28. 2019헌마106).

정답 192 X 193 ○ 194 X

195
☐☐☐

공무원이 '직무와 관련 없는 과실로 인한 경우' 및 '소속상관의 정당한 직무상의 명령에 따르다가 과실로 인한 경우'를 제외하고 재직 중의 사유로 금고 이상의 형을 받은 경우, 퇴직급여 등을 감액하도록 규정한 구 공무원연금법 조항을 다음 해부터 적용하도록 규정한 동법 부칙조항은 진정소급입법에 해당하지 않는다.

O | X

2009.12.31. 개정된 이 사건 감액조항(공무원이 '직무와 관련 없는 과실로 인한 경우' 및 '소속상관의 정당한 직무상의 명령에 따르다가 과실로 인한 경우'를 제외하고 재직 중의 사유로 금고 이상의 형을 받은 경우, 퇴직급여 등을 감액하도록 규정)을 2010.1.1.부터 적용하도록 규정한 구 공무원연금법 부칙조항은 이미 발생하여 이행기에 도달한 퇴직연금수급권의 내용을 변경함이 없이 이 사건 부칙조항의 시행 이후의 법률관계, 다시 말해 장래에 이행기가 도래하는 퇴직연금수급권의 내용을 변경함에 불과하므로, 진정소급입법에는 해당하지 아니한다. 따라서 소급입법에 의한 재산권 침해는 문제될 여지가 없다(헌재 2016.6.30. 2014헌바365).

196
☐☐☐

1945.9.25. 및 1945.12.6. 각각 공포된 재조선미국육군사령부군정청 법령 중, 1945.8.9. 이후 일본인 소유의 재산에 대하여 성립된 거래를 전부 무효로 한 조항과 그 대상이 되는 재산을 1945.9.25.로 소급하여 전부 미군정청의 소유가 되도록 한 조항은 모두 소급입법금지원칙에 대한 예외에 해당하므로 헌법에 위반되지 않는다.

O | X

일본인들이 불법적인 한일병합조약을 통하여 조선 내에서 축적한 재산을 1945.8.9. 상태 그대로 일괄 동결시키고 그 산일과 훼손을 방지하여 향후 수립될 대한민국에 이양한다는 공익은, 한반도 내의 사유재산을 자유롭게 처분하고 일본 본토로 철수하고자 하였던 일본인이나, 일본의 패망 직후 일본인으로부터 재산을 매수한 한국인들에 대한 신뢰보호의 요청보다 훨씬 더 중대하다. 심판대상조항은 소급입법금지원칙에 대한 예외로서 헌법 제13조 제2항에 위반되지 아니한다(헌재 2021.1.28. 2018헌바88).

197
☐☐☐

1억 원 이상의 벌금형을 선고받는 자에 대하여 노역장유치기간의 하한을 중하게 변경한 형법 조항을 시행일 이후 최초로 공소제기되는 경우부터 적용하여 범죄행위 당시보다 불이익하게 소급 적용한 동법 부칙조항은 형벌불소급원칙에 위배된다.

O | X

형벌불소급원칙에서 의미하는 '처벌'은 형법에 규정되어 있는 형식적 의미의 형벌 유형에 국한되지 않으며, 범죄행위에 따른 제재의 내용이나 실제적 효과가 형벌적 성격이 강하여 신체의 자유를 박탈하거나 이에 준하는 정도로 신체의 자유를 제한하는 경우에는 형벌불소급원칙이 적용되어야 한다. 노역장유치는 그 실질이 신체의 자유를 박탈하는 것으로서 징역형과 유사한 형벌적 성격을 가지고 있으므로 형벌불소급원칙의 적용대상이 된다. 노역장유치조항은 1억 원 이상의 벌금형을 선고받는 자에 대하여 유치기간의 하한을 중하게 변경시킨 것이므로, 이 조항 시행 전에 행한 범죄행위에 대해서는 범죄행위 당시에 존재하였던 법률을 적용하여야 한다. 그런데 부칙조항은 노역장유치조항의 시행 전에 행해진 범죄행위에 대해서도 공소제기의 시기가 노역장유치조항의 시행 이후이면 이를 적용하도록 하고 있으므로, 이는 범죄행위 당시 보다 불이익한 법률을 소급 적용하도록 하는 것으로서 헌법상 형벌불소급원칙에 위반된다(헌재 2017.10.26. 2015헌바239).

198
☐☐☐

국민주권주의를 구현하기 위하여 헌법은 국가의 의사결정 방식으로 대의제를 채택하고, 이를 가능하게 하는 선거 제도를 규정함과 아울러 선거권, 피선거권을 기본권으로 보장하며, 대의제를 보완하기 위한 방법으로 직접민주제 방식의 하나인 국민투표제도를 두고 있다. O | X

국민주권주의를 구현하기 위하여 헌법은 국가의 의사결정 방식으로 대의제를 채택하고, 이를 가능하게 하는 선거 제도를 규정함과 아울러 선거권, 피선거권을 기본권으로 보장하며, 대의제를 보완하기 위한 방법으로 직접민주제 방식의 하나인 국민투표제도를 두고 있다(헌재 2009.3.26. 2007헌마843).

199
☐☐☐

규범 상호간의 체계정당성 원리는 입법자의 자의를 금지하여 규범의 명확성, 예측가능성 및 규범에 대한 신뢰와 법적 안정성을 확보하기 위한 것으로, 이는 국가공권력에 대한 통제와 이를 통한 국민의 자유와 권리의 보장을 이념으로 하는 법치주의원리로부터 도출된다. O | X

체계정당성의 원리는 동일 규범 내에서 또는 상이한 규범 간에 그 규범의 구조나 내용 또는 규범의 근거가 되는 원칙 면에서 상호 배치되거나 모순되어서는 아니 된다는 하나의 헌법적 요청이다. 이처럼 규범 상호간의 체계정당성을 요구하는 이유는 입법자의 자의를 금지하여 규범의 명확성, 예측가능성 및 규범에 대한 신뢰와 법적 안정성을 확보하기 위한 것이고, 이는 국가공권력에 대한 통제와 이를 통한 국민의 자유와 권리의 보장을 이념으로 하는 법치주의원리로부터 도출되는 것이라고 할 수 있다(헌재 2015.7.30. 2013헌바120).

200
☐☐☐

구 법령에 따라 폐자동차재활용업 등록을 한 자에게도 3년 이내에 등록기준을 갖추도록 한 전기·전자제품 및 자동차의 자원순환에 관한 법률 시행령 부칙 제3조 제1항 및 제2항 중 '3년' 부분은 신뢰보호원칙에 위배되어 그 등록을 한 자의 직업의 자유를 침해한다. O | X

이 사건 부칙조항이 정한 3년의 유예기간은 법령의 개정으로 인한 상황변화에 적절히 대처하기에 상당한 기간으로 지나치게 짧은 것이라 할 수 없으므로, 이 사건 부칙조항은 신뢰보호원칙에 위배되어 청구인의 직업의 자유를 침해하지 아니한다(헌재 2022.9.29. 2019헌마1352).

201
☐☐☐

헌법재판소가 성인대상 성범죄자에 대하여 10년 동안 일률적으로 의료기관에의 취업제한 등을 하는 규정에 대하여 위헌결정을 한 뒤, 개정법 시행일 전까지 성인대상 성범죄로 형을 선고받아 그 형이 확정된 사람에 대해서 형의 종류 또는 형량에 따라 기간에 차등을 두어 의료기관에의 취업 등을 제한하는 아동·청소년의 성보호에 관한 법률부칙 제5조 제1호는 신뢰보호원칙에 위배되지 아니한다. O | X

성인대상 성범죄자에게 일률적으로 10년 동안 의료기관에의 취업제한을 하도록 한 조항에 대한 헌법재판소의 2016.3.31. 2013헌마585등 위헌결정에 따르더라도 재범의 위험성 및 필요성에 상응하는 취업제한 기간을 정하여 부과하는 의료기관 취업제한이 가능함은 예상할 수 있었다고 보아야 하고, 취업제한은 장래의 위험을 방지하기 위한 것으로서, 향후 성인대상 성범죄자에게 의료기관 취업제한이 없을 것이라는 기대는 정당한 신뢰 또는 헌법상 보호가치 있는 신뢰로 보기 어렵다. … 이 사건 부칙조항은 신뢰보호원칙에 위배되지 아니한다(헌재 2023.5.25. 2020헌바45).

정답 198 ○ 199 ○ 200 X 201 ○

202
☐☐☐

공익법인이 유예기한이 지난 후에도 보유기준을 초과하여 주식을 보유하는 경우 10년을 초과하지 않는 범위에서 매년 가산세를 부과하도록 정한 구 상속세 및 증여세법 제78조 제4항 중 제49조 제1항 제2호에 관한 부분은 신뢰보호원칙에 반하지 아니한다.　　　　　　　　　　　　　　　　　　　O | X

출연재산을 변칙적인 탈세나 부의 증식 내지 세습수단으로 악용하는 것을 방지하기 위하여 입법자는 공익법인에 출연한 내국법인 주식 중 증여세과세가액에 산입하지 않는 한도기준을 낮추고, 더 나아가 유예기한 경과 후까지 기준을 초과하여 보유하는 경우에는 가산세를 부과하는 것으로 법을 개정하여 왔으며, 심판대상조항은 기존 입법들의 연장선상에서 그 문제점을 보완한 것이다. 관련 규정의 개정 경과에 비추어 청구인과 같은 공익사업 영위자는 제도의 시행과정에서 발생하는 문제점을 제거하기 위하여 추가적인 법률개정이 필요할 수 있음을 충분히 예상할 수 있었으므로 법률의 존속에 대한 신뢰이익의 보호가치는 크다고 할 수 없는 반면 조세회피나 부의 세습을 방지함으로써 얻게 되는 공익은 막중하므로 심판대상조항은 신뢰보호원칙에 반하지 아니한다(헌재 2023.7.20. 2019헌바223).

203
☐☐☐

무기징역의 집행 중에 있는 자의 가석방 요건을 종전의 '10년 이상'에서 '20년 이상' 형 집행 경과로 강화한 개정 형법 제72조 제1항을 형법 개정 당시에 이미 수용 중인 사람에게도 적용하는 형법 부칙 조항이 신뢰보호원칙에 위배되어 신체의 자유를 침해한다고 볼 수 없다.　　　　　　　　　　　　　O | X

수형자가 형법에 규정된 형 집행경과기간 요건을 갖춘 것만으로 가석방을 요구할 권리를 취득하는 것은 아니므로, 10년간 수용되어 있으면 가석방 적격심사 대상자로 선정될 수 있었던 구 형법 제72조 제1항에 대한 청구인의 신뢰를 헌법상 권리로 보호할 필요성이 있다고 할 수 없다. … 그렇다면 죄질이 더 무거운 무기징역형을 선고받은 수형자를 가석방할 수 있는 형 집행 경과기간이 개정 형법 시행 후에 유기징역형을 선고받은 수형자의 경우와 같거나 오히려 더 짧게 되는 불합리한 결과를 방지하고, 사회를 방위하기 위한 이 사건 부칙조항이 신뢰보호원칙에 위배되어 청구인의 신체의 자유를 침해한다고 볼 수 없다(헌재 2013.8.29. 2011헌마408).

204
☐☐☐

사법연수원의 소정 과정을 마치더라도 바로 판사임용자격을 취득할 수 없고 일정 기간 이상의 법조경력을 갖추어야 판사로 임용될 수 있도록 법원조직법을 개정하면서, 이를 동법 개정 시점에 사법시험에 합격하였으나 아직 사법연수원에 입소하지 않은 자에게 적용하는 것은 신뢰보호원칙에 위반되지 않는다.　　　　　　　　　　　　　　　　　　　　　　　　　　　　　　　O | X

청구인들이 신뢰한 개정 이전의 구 법원조직법 제42조 제2항에 의하더라도 판사임용자격을 가지는 자는 '사법시험에 합격하여 사법연수원의 소정 과정을 마친 자'로 되어 있었고, 청구인들이 사법시험에 합격하여 사법연수원에 입소하기 이전인 2011.7.18. 이미 법원조직법이 개정되어 판사임용자격에 일정기간의 법조경력을 요구함에 따라 구 법원조직법이 제공한 신뢰가 변경 또는 소멸되었다. 그렇다면, 청구인들의 신뢰에 대한 보호가치가 크다고 볼 수 없고, 반면 충분한 사회적 경험과 연륜을 갖춘 판사로부터 재판을 받도록 하여 국민의 기본권을 보장하고 사법에 대한 국민의 신뢰를 보호하려는 공익은 매우 중대하다. 따라서 이 사건 심판대상조항이 신뢰보호원칙에 위반하여 청구인들의 공무담임권을 침해한다고 볼 수 없다(헌재 2014.5.29. 2013헌마127 등).

205
□□□

위헌인 법률일지라도 해당 법률에 대한 헌법재판소의 위헌 결정이 있기 전까지는 합헌성이 추정되므로 합헌적인 법률에 기초한 신뢰이익과 동일한 정도의 보호, 즉 '헌법에서 유래하는 국가의 보호의무'까지 요청된다.　　　　O | X

비록 우리 재판소의 결정에 의하여 구 교육공무원법 제11조 제1항이 위헌으로 선언되었으나, 우리 헌법재판소법 제47조 제2항은 장래효의 원칙을 규정함으로써 위헌법률이 당연히 무효인 것이 아니라 위헌결정으로 장래 효력을 상실하도록 되어 있어 헌법재판소에 의한 위헌확인 시까지는 유효한 신뢰의 근거로 작용할 수 있다. 그러나, 이러한 신뢰이익은 위헌적 법률의 존속에 관한 것에 불과하여 위헌적인 상태를 제거해야 할 법치국가적 공익과 비교형량해 보면 공익이 신뢰이익에 대하여 원칙적인 우위를 차지하기 때문에 합헌적인 법률에 기초한 신뢰이익과 동일한 정도의 보호, 즉 '헌법에서 유래하는 국가의 보호의무'까지는 요청할 수 없다(헌재 2006.3.30. 2005헌마598).

206
□□□

취업지원 실시기관 채용시험의 가점 적용대상에서 보국수훈자의 자녀를 제외하는 내용으로 법을 개정하면서, 가까운 장래에 보국수훈자의 자녀가 되어 채용시험의 가점을 받게 될 것이라는 신뢰를 장기간 형성해 온 사람에 대하여 경과조치를 두지 않은 국가유공자 등 예우 및 지원에 관한 법률 부칙조항은 신뢰보호원칙에 위배된다.　　　　O | X

채용시험의 가점에 관한 국가유공자법 개정이 예측가능하고, 채용시험의 가점은 단지 법률이 부여한 기회를 활용한 것으로서 원칙적으로 사적 위험부담의 범위에 속하는 점, … 등을 종합하면, 개정 국가유공자법 시행 직후에 국가유공자로 등록된 사람의 가족에 대하여 경과규정을 두지 않았다는 이유만으로 심판대상조항이 헌법상의 신뢰보호원칙에 위배되어 직업선택의 자유, 공무담임권을 침해하였다고 볼 수 없다(헌재 2015.2.26. 2012헌마400).

207
□□□

구 법령에 따라 폐자동차재활용업 등록을 한 자에게도 3년 이내에 등록기준을 갖추도록 한 전기·전자제품 및 자동차의 자원순환에 관한 법률 시행령 부칙조항에서 정한 3년의 유예기간은 법령의 개정으로 인한 상황변화에 적절히 대처하기에는 지나치게 짧다고 할 수 있으므로 신뢰보호원칙에 위배된다.　　　　O | X

이 사건 부칙조항이 정한 3년의 유예기간은 법령의 개정으로 인한 상황변화에 적절히 대처하기에 상당한 기간으로 지나치게 짧은 것이라 할 수 없으므로, 이 사건 부칙조항은 신뢰보호원칙에 위배되어 청구인의 직업의 자유를 침해하지 아니한다(헌재 2022.9.29. 2019헌마1352).

208
□□□

댐사용권의 취소·변경 처분을 할 경우 국가는 댐사용권자가 납부한 부담금이나 납부금의 일부를 반환하도록 하고, 반환할 금액은 대통령령에서 정하는 상각액을 뺀 금액을 초과하지 못하도록 규정한 구 댐건설 및 주변지역지원 등에 관한 법률 조항을 이미 댐사용권을 취득하여 행사하고 있던 댐사용권자에 적용하더라도, 댐사용권의 존속에 대한 댐사용권자의 신뢰이익보다 다목적댐을 통한 수자원의 합리적 개발·이용이라는 공익적 가치가 매우 크다고 볼 수 있어 신뢰보호원칙에 위배되지 않는다.　　　　O | X

댐사용권은 공공재인 수자원의 효율적인 이용과 관련되고, 존속기한의 정함이 없으며 취소 또는 변경의 가능성이 내재되어 있는 점, 수자원의 중요성과 대체 불가능성 등을 고려하면 댐사용권의 존속에 대한 청구인의 신뢰이익보다는 다목적댐을 통한 수자원의 합리적 개발·이용이라는 공익적 가치가 매우 크다고 볼 수 있다. 따라서 부담금반환조항이 헌법상 신뢰보호원칙에 반한다고 볼 수 없다(헌재 2022.10.27. 2019헌바44).

정답 205 X　206 X　207 X　208 ○

209
□□□

여러 개의 의료기관을 운영할 수 있을 것이라는 의료인의 구법 질서에 대한 신뢰는 헌법상 보호가치가 있는 신뢰이므로, 이후 해당 의료법 조항이 의료인은 어떠한 명목으로도 둘 이상의 의료기관을 운영할 수 없다는 내용으로 개정되었다면 신뢰보호원칙에 위배된다. O | X

이 사건 법률조항으로 인하여 침해되는 의료인의 신뢰이익이, 건전한 의료질서를 확립하고 나아가 국민건강상의 위해를 방지한다는 공익에 우선하여 특별히 헌법적으로 보호해야 할 가치나 필요성이 있다고 보기 어렵다. 따라서 이 사건 법률조항은 신뢰보호원칙에 반하지 않는다(헌재 2019.8.29. 2014헌바212 등).

210
□□□

수신료 징수업무를 지정받은 자가 수신료를 징수하는 때 그 고유업무와 관련된 고지행위와 결합하여 이를 행해서는 안 된다고 규정한 방송법 시행령으로 인하여, 한국방송공사가 징수할 수 있는 수신료의 금액이나 범위의 변경은 없고 오로지 그 징수방법이 기존 전기요금과 통합하여 납부통지하던 것에서 이를 분리하여 납부통지하는 것으로 변경될 뿐, 위 조항이 신뢰보호원칙에 위배된다고 볼 수 없다. O | X

개정 전 법령이 전기요금과 수신료를 통합하여 징수하는 방식만을 전제로 하였다거나 그러한 수신료 징수방식에 대한 신뢰를 유도하였다고 볼 수 없으며, 청구인과 한국전력공사 간 TV 방송수신료 징수업무 위·수탁 계약서도 관련 법률의 개정 등 사유를 예정하고 있는 점, 심판대상조항으로 인하여 청구인이 징수할 수 있는 수신료의 금액이나 범위의 변경은 없고 수신료 납부통지 방법만이 변경되는 점 등을 고려할 때 심판대상조항이 신뢰보호원칙에 위배된다고 볼 수 없다(헌재 2024.5.30. 2023헌마820 등).

211
□□□

주택 임대차와 관련한 임차인의 보호 및 주택의 이용에 관한 정책은 입법자가 정책적으로 결정하여야 할 사항으로 원칙적으로 광범위한 입법형성의 자유가 인정되므로, 특단의 사정이 없는 한 구법상의 기대이익을 존중하여야 할 입법자의 의무가 있는 것은 아니라고 할 것이어서 신뢰보호원칙에 위배되는지 여부는 문제되지 않는다. O | X

주택 임대차와 관련한 임차인의 보호 및 주택의 이용에 관한 정책은 임차인에 대한 사회적 보호의 필요성, 임대차 시장의 여건, 사회경제적 사정 등을 종합적으로 고려하여 입법자가 정책적으로 결정하여야 할 사항으로 원칙적으로 광범위한 입법형성의 자유가 인정된다. 따라서 특단의 사정이 없는 한 구법상의 기대이익을 존중하여야 할 입법자의 의무가 있는 것은 아니나, 이 경우에도 신뢰보호원칙에 위배되는지 여부는 여전히 문제된다. … 부칙조항은 신뢰보호원칙에 반하여 청구인들의 계약의 자유와 재산권을 침해하지 아니한다(헌재 2024.2.28. 2020헌마1343 등).

212
□□□

조세법의 영역에 있어서는 국가가 조세·재정정책을 탄력적·합리적으로 운용할 필요성이 매우 큰 만큼, 조세에 관한 법규·제도는 신축적으로 변할 수밖에 없다는 점에서 납세의무자로서는 구법질서에 의거한 신뢰를 바탕으로 적극적으로 새로운 법률관계를 형성하였다든지 하는 특별한 사정이 없는 한 원칙적으로 현재의 세법이 변함없이 유지되리라고 기대하거나 신뢰할 수는 없다. O | X

조세법의 영역에 있어서는 국가가 조세·재정정책을 탄력적·합리적으로 운용할 필요성이 매우 큰 만큼, 조세에 관한 법규·제도는 신축적으로 변할 수밖에 없다는 점에서 납세의무자로서는 구법질서에 의거한 신뢰를 바탕으로 적극적으로 새로운 법률관계를 형성하였다든지 하는 특별한 사정이 없는 한 원칙적으로 세율 등 현재의 세법이 변함없이 유지되리라고 기대하거나 신뢰할 수는 없다(헌재 2002.2.28. 99헌바4).

정답 209 X   210 ○   211 X   212 ○

213
☐☐☐

신법이 피적용자에게 유리한 경우에는 이른바 시혜적 소급입법이 가능하지만, 그러한 소급입법을 할 것인 가의 여부는 그 일차적인 판단이 입법기관에 맡겨져 있다. O | X

신법이 피적용자에게 유리한 경우에는 이른바 시혜적인 소급입법이 가능하지만 이를 입법자의 의무라고는 할 수 없고, 그러한 소급입법을 할 것인지의 여부는 입법재량의 문제로서 그 판단은 일차적으로 입법기관에 맡겨 져 있으며, 이와 같은 시혜적조치를 할 것인가 하는 문제는 국민의 권리를 제한하거나 새로운 의무를 부과하 는 경우와는 달리 입법자에게 보다 광범위한 입법형성의 자유가 인정된다고 할 것이다(헌재 1995.12.28. 95 헌마196).

214
☐☐☐

부당환급받은 세액을 징수하는 근거규정인 개정조항을 개정된 법 시행 후 최초로 환급세액을 징수하는 분부터 적용하도록 규정한 법인세법 부칙 제9조는, 개정 후 법인세법의 시행 이전에 결손금 소급공제 대 상 중소기업이 아닌 법인이 결손금 소급공제로 법인세를 환급받은 경우에도 개정조항을 적용할 수 있도 록 규정하고 있다고 하더라도 이미 종결한 과세요건사실에 소급하여 적용할 수 있도록 하는 것은 아니므 로, 진정소급입법에 해당하지 않는다. O | X

심판대상조항은 개정 후 법인세법의 시행 이전에 결손금 소급공제 대상 중소기업이 아닌 법인이 결손금 소급 공제로 법인세를 환급받은 경우에도 이 사건 개정조항을 적용할 수 있도록 규정하고 있으므로, 이는 이미 종 결한 과세요건사실에 소급하여 적용할 수 있도록 하는 것이다. 따라서 심판대상조항은 청구인이 이 사건 개정 조항이 시행되기 전 환급세액을 수령한 부분까지 사후적으로 소급하여 적용되는 것으로서 헌법 제13조 제2항 에 따라 원칙적으로 금지되는 이미 완성된 사실·법률관계를 규율하는 진정소급입법에 해당한다(헌재 2014.7.24. 2012헌바105).

215
☐☐☐

민사법규는 행위규범의 측면이 강조되는 형벌법규와는 달리 기본적으로는 재판법규의 측면이 훨씬 강조 되므로, 사회현실에 나타나는 여러 가지 현상에 관하여 일반적으로 흠결 없이 적용될 수 있도록 보다 추 상적인 표현을 사용하는 것이 상대적으로 더 가능하다. O | X

법치국가원리의 한 표현인 명확성의 원칙은 기본적으로 모든 기본권제한 입법에 대하여 요구되지만 … 민사법 규는 행위규범의 측면이 강조되는 형벌법규와는 달리 기본적으로는 재판법규의 측면이 훨씬 강조되므로, 사회 현실에 나타나는 여러 가지 현상에 관하여 일반적으로 흠결 없이 적용될 수 있도록 보다 추상적인 표현을 사 용하는 것이 상대적으로 더 가능하다고 본다(헌재 2007.10.25. 2005헌바96).

216
☐☐☐

새로운 법령에 의한 신뢰이익의 침해는 새로운 법령이 과거의 사실 또는 법률관계에 소급적용되는 경우 에 한하여 문제되는 것은 아니고, 과거에 발생하였지만 완성되지 않고 진행 중인 사실 또는 법률관계 등 을 새로운 법령이 규율함으로써 종전에 시행되던 법령의 존속에 대한 신뢰이익을 침해하게 되는 경우에 도 신뢰보호의 원칙이 적용될 수 있다. O | X

새로운 법령에 의한 신뢰이익의 침해는 새로운 법령이 과거의 사실 또는 법률관계에 소급적용되는 경우에 한 하여 문제되는 것은 아니고, 과거에 발생하였지만 완성되지 않고 진행중인 사실 또는 법률관계 등을 새로운 법령이 규율함으로써 종전에 시행되던 법령의 존속에 대한 신뢰이익을 침해하게 되는 경우에도 신뢰보호의 원 칙이 적용될 수 있다(대판 2006.11.16. 2003두12899).

정답 213 ○ 214 X 215 ○ 216 ○

217
☐☐☐

공소시효제도가 헌법 제12조 제1항 및 제13조 제1항에 정한 죄형법정주의의 보호범위에 바로 속하지 않는다면, 소급입법의 헌법적 한계는 법적 안정성과 신뢰보호원칙을 포함하는 법치주의의 원칙에 따른 기준으로 판단하여야 한다.　　O | X

공소시효제도가 헌법 제12조 제1항 및 제13조 제1항에 정한 죄형법정주의의 보호범위에 바로 속하지 않는다면, 소급입법의 헌법적 한계는 법적 안정성과 신뢰보호원칙을 포함하는 법치주의의 원칙에 따른 기준으로 판단하여야 한다(헌재 1996.2.16. 96헌가2 등).

218
☐☐☐

선불식 할부거래업자에게 개정 법률이 시행되기 전에 체결된 선불식 할부계약에 대하여도 소비자피해보상보험계약 등을 체결할 의무를 부과한 할부거래에 관한 법률 조항은 소급입법금지원칙에 위반되지 아니한다.　　　　　　　　　　　　　　　　　　　　　　　　　　　　　　　　　　　　　O | X

선불식 할부계약이 체결되고 선수금이 지급되었다고 하더라도 그 계약에 따른 선불식 할부거래업자의 재화 또는 용역 제공 의무는 여전히 남아 있게 된다. 따라서 선수금보전의무조항은 현재 진행 중인 사실관계에 적용되는 것이어서 진정소급입법에 해당된다고 볼 수 없으므로 소급입법금지원칙에 위배되지 아니한다(헌재 2017.7.27. 2015헌바240).

219
☐☐☐

시혜적 소급입법에 있어서는 국민의 권리를 제한하거나 새로운 의무를 부과하는 경우와는 달리 입법자에게 보다 광범위한 입법형성의 자유가 인정된다.　　　　　　　　　　　　　　　　　　　　　　　　　　　　O | X

신법이 피적용자에게 유리한 경우에는 이른바 시혜적인 소급입법이 가능하지만 이를 입법자의 의무라고는 할 수 없고, 그러한 소급입법을 할 것인지의 여부는 입법재량의 문제로서 그 판단은 일차적으로 입법기관에 맡겨져 있으며, 이와 같은 시혜적 조치를 할 것인가 하는 문제는 국민의 권리를 제한하거나 새로운 의무를 부과하는 경우와는 달리 형성의 자유가 인정된다고 할 것이다(헌재 1995.12.28. 95헌마196).

220
☐☐☐

소방공무원이 재난·재해현장에서 화재진압이나 인명구조작업 중 입은 위해뿐만 아니라 그 업무수행을 위한 긴급한 출동·복귀 및 부수활동 중 위해에 의하여 사망한 경우까지 그 유족에게 순직공무원보상을 하여 주는 제도를 도입하면서 부칙조항이 신법을 소급하는 경과규정을 두지 않았다고 하더라도 이를 입법재량을 벗어난 불합리한 차별이라고 할 수 없다.　　　　　　　　　　　　　　　　　　　　　　　O | X

소방공무원이 재난·재해현장에서 화재진압이나 인명구조작업 중 입은 위해뿐만 아니라 그 업무수행을 위한 긴급한 출동·복귀 및 부수활동 중 위해에 의하여 사망한 경우까지 그 유족에게 순직공무원보상을 하여 주는 제도를 도입하면서 이 사건 부칙조항이 신법을 소급하는 경과규정을 두지 않았다고 하더라도 소급적용에 따른 국가의 재정부담, 법적 안정성 측면 등을 종합적으로 고려하여 입법정책적으로 정한 것이므로 입법재량의 범위를 벗어나 불합리한 차별이라고 할 수 없다(헌재 2012.8.23. 2011헌바169).

정답 217 ○　218 ○　219 ○　220 ○

221
☐☐☐

헌법적 신뢰보호는 개개의 국민이 어떠한 경우에도 '실망'을 하지 않도록 하여 주는 데까지 미칠 수는 없는 것이며, 입법자는 구법질서가 더 이상 그 법률관계에 적절하지 못하며 합목적적이지도 아니함에도 불구하고 그 수혜자군을 위하여 이를 계속 유지하여 줄 의무는 없다. O | X

헌법적 신뢰보호는 개개의 국민이 어떠한 경우에도 '실망'을 하지 않도록 하여 주는 데까지 미칠 수는 없는 것이며, 입법자는 구법질서가 더 이상 그 법률관계에 적절하지 못하며 합목적적이지도 아니함에도 불구하고 그 수혜자군을 위하여 이를 계속 유지하여 줄 의무는 없다(헌재 2008.11.27. 2007헌마389).

제4절 한국헌법의 기본질서

222
☐☐☐

'중대사고'에 대한 평가를 제외하는 '원자력이용시설 방사선환경영향평가서 작성 등에 관한 규정' 조항은 국민들이 원전과 관련하여 정확하고 공정한 여론을 형성하는 것을 방해하므로 민주주의 원리에 위반된다. O | X

민주주의 원리의 한 내용인 국민주권주의는 모든 국가권력이 국민의 의사에 기초해야 한다는 의미일 뿐 국민이 정치적 의사결정에 관한 모든 정보를 제공받고 직접 참여하여야 한다는 의미는 아니므로, 청구인들의 이 부분 주장 역시 이유 없다(헌재 2016.10.27. 2012헌마121). 청구인들의 주장이었으나, 판례는 받아들이지 않았다.

223
☐☐☐

국방상 또는 국민경제상 긴절한 필요로 인하여 법률이 정하는 경우를 제외하고는, 사영기업을 국유 또는 공유로 이전하거나 그 경영을 통제 또는 관리할 수 없다. O | X

> **헌법 제126조** 국방상 또는 국민경제상 긴절한 필요로 인하여 법률이 정하는 경우를 제외하고는, 사영기업을 국유 또는 공유로 이전하거나 그 경영을 통제 또는 관리할 수 없다.

224
☐☐☐

농지소유자가 농지를 농업경영에 이용하지 아니하여 농지처분명령을 받았음에도 불구하고 정당한 사유 없이 이를 이행하지 아니하는 경우, 당해 농지가액의 100분의 20에 상당하는 이행강제금을 그 처분명령이 이행될 때까지 매년 1회 부과할 수 있도록 한 것은 합헌이다. O | X

농지를 취득한 이후에도 계속 농지를 농업경영에 이용할 의무를 부과하고, 이에 위반하여 농지소유자격이 없는 자에 대하여 농지를 처분할 의무를 부과하고 이행강제금을 부과하는 것은 입법목적을 달성하기 위한 적절한 수단이다. … 그렇다면 이 사건 법률조항들은 과잉금지원칙에 위반되거나 기본권의 본질적 내용을 침해하지 아니하므로, 청구인의 재산권을 침해하지 아니한다(헌재 2010.2.25. 2010헌바39 등).

정답 221 O **222** X **223** O **224** O

225
□□□

의약품 도매상 허가를 받기 위해 필요한 창고면적의 최소기준을 규정하고 있는 약사법 조항들은 국가의 중소기업 보호·육성의무를 위반하였다.　　　　　　　　　　　　　　　　　　　　　　　O | X

이 사건 면적조항이 규정한 264제곱미터라는 창고면적 기준은 과거 의약품 도매상 창고면적에 대한 기준이 있었던 때에 시행되었던 것과 같은 것으로, 이러한 시설기준이 지나치게 과도하다는 사정을 찾을 수 없으므로 이에 대한 입법자의 정책적 판단은 존중되어야 한다. … 이 사건 법률조항들의 입법취지는 중소기업을 대상으로 하여 그 영업을 규제하려는 것이 아니며, 그 내용도 중소기업에 대해 제한을 가하는 것이 아니므로, 헌법 제123조 제3항에 규정된 국가의 중소기업 보호·육성의무를 위반하였다고 볼 수 없다(헌재 2014.4.24. 2012헌마811).

226
□□□

국가는 농수산물의 수급균형과 유통구조의 개선에 노력하여 가격안정을 도모함으로써 농어민의 이익을 보호한다.　　　　　　　　　　　　　　　　　　　　　　　　　　　　　　　　　　O | X

> **헌법 제123조** ④ 국가는 농수산물의 수급균형과 유통구조의 개선에 노력하여 가격안정을 도모함으로써 농·어민의 이익을 보호한다.

227
□□□

국가는 균형있는 국민경제의 성장 및 안정과 적정한 소득의 분배를 유지하고, 시장의 지배와 경제력의 남용을 방지하며, 경제주체간의 조화를 통한 경제의 민주화를 위하여 경제에 관한 규제와 조정을 할 수 있다.　　　　　　　　　　　　　　　　　　　　　　　　　　　　　　　　　　　　　　O | X

> **헌법 제119조** ② 국가는 균형있는 국민경제의 성장 및 안정과 적정한 소득의 분배를 유지하고, 시장의 지배와 경제력의 남용을 방지하며, 경제주체간의 조화를 통한 경제의 민주화를 위하여 경제에 관한 규제와 조정을 할 수 있다.

228
□□□

국민의 보건에 관한 권리는 국민이 자신의 건강을 유지하는 데 필요한 국가적 급부와 배려까지 요구할 수 있는 권리를 포함하는 것은 아니다.　　　　　　　　　　　　　　　　　　　　　　　　　O | X

헌법 제36조 제3항이 규정하고 있는 국민의 보건에 관한 권리는 국민이 자신의 건강을 유지하는 데 필요한 국가적 급부와 배려를 요구할 수 있는 권리를 말하는 것으로서, 국가는 국민의 건강을 소극적으로 침해하여서는 아니 될 의무를 부담하는 것에서 한걸음 더 나아가 적극적으로 국민의 보건을 위한 정책을 수립하고 시행하여야 할 의무를 부담한다는 것을 의미한다(헌재 2012.2.23. 2011헌마123).

정답 225 X　226 ○　227 ○　228 X

229
□□□

국가는 건전한 소비행위를 계도하고 생산품의 품질향상을 촉구하기 위한 소비자보호운동을 법률이 정하는 바에 의하여 보장한다. O | X

> **헌법 제124조** 국가는 건전한 소비행위를 계도하고 생산품의 품질향상을 촉구하기 위한 소비자보호운동을 법률이 정하는 바에 의하여 보장한다.

230
□□□

자유민주적 기본질서 및 시장경제원리는 헌법의 지배원리로서 모든 법령의 해석기준이 된다. O | X

우리 국민들의 정치적 결단인 자유민주적 기본질서 및 시장경제원리에 대한 깊은 신념과 준엄한 원칙은 현재뿐 아니라 과거와 미래를 통틀어 일관되게 우리 헌법을 관류하는 지배원리로서 모든 법령의 해석기준이 되므로 이 법의 해석 및 적용도 이러한 틀 안에서 이루어져야 할 것이다(헌재 2001.9.27. 2000헌마238 등).

231
□□□

헌법 제119조는 헌법상 경제질서에 관한 일반조항으로서 국가의 경제정책에 대한 하나의 헌법적 지침일 뿐, 그 자체가 기본권의 성질을 가진다거나 독자적인 위헌심사의 기준이 된다고 할 수 없다. O | X

청구인들은 심판대상조항들이 헌법 제119조 등에 위반된다고 주장한다. 그러나 헌법 제119조는 헌법상 경제질서에 관한 일반조항으로서 국가의 경제정책에 대한 하나의 헌법적 지침일 뿐(헌재 2002.10.31. 99헌바76 등 참조) 그 자체가 기본권의 성질을 가진다거나 독자적인 위헌심사의 기준이 된다고 할 수 없으므로, 청구인들의 이러한 주장에 대하여는 더 나아가 살펴보지 않는다(헌재 2017.7.27. 2015헌바278).

232
□□□

헌법 제119조 제2항은 독과점규제라는 경제정책적 목표를 개인의 경제적 자유를 제한할 수 있는 정당한 공익의 하나로 명문화하고 있는데, 독과점규제의 목적이 경쟁의 회복에 있다면 이 목적을 실현하는 수단 또한 자유롭고 공정한 경쟁을 가능하게 하는 방법이어야 한다. O | X

헌법 제119조 제2항은 독과점규제라는 경제정책적 목표를 개인의 경제적 자유를 제한할 수 있는 정당한 공익의 하나로 명문화하고 있다. 독과점규제의 목적이 경쟁의 회복에 있다면 이 목적을 실현하는 수단 또한 자유롭고 공정한 경쟁을 가능하게 하는 방법이어야 한다(헌재 1996.12.26. 96헌가18).

정답 229 ○ 230 ○ 231 ○ 232 ○

233
☐☐☐

'사영기업의 국유 또는 공유로의 이전'은 일반적으로 공법적 수단에 의하여 사기업에 대한 소유권을 국가나 기타 공법인에 귀속시키고 사회정책적·국민경제적 목표를 실현할 수 있도록 그 재산권의 내용을 변형하는 것을 말하며, 또 사기업의 '경영에 대한 통제 또는 관리'라 함은 비록 기업에 대한 소유권의 보유주체에 대한 변경은 이루어지지 않지만 사기업 경영에 대한 국가의 광범위하고 강력한 감독과 통제 또는 관리의 체계를 의미한다고 할 것이다. ○ | X

헌법 제126조는 국방상 또는 국민경제상 긴절한 필요로 인하여 법률이 정하는 경우를 제외하고는 사영기업을 국유 또는 공유로 이전하거나 그 경영을 통제 또는 관리할 수 없다고 규정하고 있다. 여기서 '사영기업의 국유 또는 공유로의 이전'은 일반적으로 공법적 수단에 의하여 사기업에 대한 소유권을 국가나 기타 공법인에 귀속시키고 사회정책적·국민경제적 목표를 실현할 수 있도록 그 재산권의 내용을 변형하는 것을 말하며, 또 사기업의 '경영에 대한 통제 또는 관리'라 함은 비록 기업에 대한 소유권의 보유주체에 대한 변경은 이루어지지 않지만 사기업 경영에 대한 국가의 광범위하고 강력한 감독과 통제 또는 관리의 체계를 의미한다(헌재 1998. 10.29. 97헌마345).

234
☐☐☐

구 상속세 및 증여세법 제45조의3 제1항은 이른바 일감 몰아주기로 수혜법인의 지배주주 등에게 발생한 이익에 대하여 증여세를 부과함으로써 적정한 소득의 재분배를 촉진하고, 시장의 지배와 경제력의 남용 우려가 있는 일감 몰아주기를 억제하려는 것이지만, 거래의 필요성, 영업외손실의 비중, 손익변동 등 구체적인 사정을 고려하지 않은 채, 특수관계법인과 수혜법인의 거래가 있으면 획일적 기준에 의하여 산정된 미실현 이익을 수혜법인의 지배주주가 증여받은 것으로 보아 수혜법인의 지배주주의 재산권을 침해한다. ○ | X

앞서 본 바와 같이 현행 소득세법 하에서는 일감 몰아주기로 수혜법인의 지배주주 등에게 발생한 이익에 대하여 적정한 과세가 이루어지기 어렵다. 독점규제 및 공정거래에 관한 법률, 상법, 형법 등에 일감 몰아주기를 규제할 수 있는 수단이 존재하고 이들 수단이 중첩적으로 활용되지만, 위 법률들은 조세법과는 입법목적·규제대상·규제수단을 달리한다. 뿐만 아니라 위 법률들은 구 상증세법 제45조의3 제1항 제정 당시 일감 몰아주기로 인한 이익의 귀속주체인 수혜법인의 지배주주 등에 대한 직접적이고 실효적인 규제수단을 갖추고 있지 않았다. 결국, 특수관계법인과 수혜법인 사이에 일정한 비율을 초과하는 거래에 관하여 수혜법인의 지배주주 등에게 증여세를 과세하더라도 그 경제적 불이익이 앞서 본 공익에 비하여 더 크다고 할 수 없다. 구 상증세법 제45조의3 제1항은 재산권을 침해하지 아니한다(헌재 2018.6.28. 2016헌바347).

235
☐☐☐

우리 헌법은 사회국가원리를 명문으로 규정하면서 이를 구체화하고 있는데, 이 중 헌법 제119조 제2항에 규정된 '경제주체간의 조화를 통한 경제민주화'의 이념은 경제영역에서 정의로운 사회질서를 형성하기 위하여 추구할 수 있는 국가목표일 뿐, 개인의 기본권을 제한하는 국가행위를 정당화하는 헌법규범은 아니다. ○ | X

• 우리 헌법은 사회국가원리를 명문으로 규정하고 있지는 않지만, 헌법의 전문, 사회적 기본권의 보장(헌법 제31조 내지 제36조), 경제 영역에서 적극적으로 계획하고 유도하고 재분배하여야 할 국가의 의무를 규정하는 경제에 관한 조항(헌법 제119조 제2항 이하) 등과 같이 사회국가원리의 구체화된 여러 표현을 통하여 사회국가원리를 수용하였다(헌재 2002.12.18. 2002헌마52).
• 헌법 제119조 제2항에 규정된 '경제주체간의 조화를 통한 경제민주화'의 이념은 경제영역에서 정의로운 사회질서를 형성하기 위하여 추구할 수 있는 국가목표로서 개인의 기본권을 제한하는 국가행위를 정당화하는 헌법규범이다(헌재 2003.11.27. 2001헌바35).

정답 233 ○ 234 X 235 X

236
☐☐☐

헌법 제119조 제2항은 국가가 경제영역에서 실현하여야 할 목표의 하나로서 '적정한 소득의 분배'를 들고 있으므로, 이로부터 소득에 대하여 누진세율에 따른 종합과세를 시행하여야 할 구체적인 헌법적 의무가 입법자에게 부과된다. O | X

헌법 제119조 제2항은 국가가 경제영역에서 실현하여야 할 목표의 하나로서 '적정한 소득의 분배'를 들고 있지만, 이로부터 반드시 소득에 대하여 누진세율에 따른 종합과세를 시행하여야 할 구체적인 헌법적 의무가 조세입법자에게 부과되는 것이라고 할 수 없다. 오히려 입법자는 사회·경제정책을 시행함에 있어서 소득의 재분배라는 관점만이 아니라 서로 경쟁하고 충돌하는 여러 목표, 예컨대 '균형있는 국민경제의 성장 및 안정', '고용의 안정' 등을 함께 고려하여 서로 조화시키려고 시도하여야 하고, 끊임없이 변화하는 사회·경제상황에 적응하기 위하여 정책의 우선순위를 정할 수도 있다(헌재 1999.11.25. 98헌마55).

237
☐☐☐

헌법 제119조 제1항에 비추어볼 때 개인의 사적 거래에 대한 공법적 규제는 사후적·구체적 규제보다는 사전적·일반적 규제방식을 택하여 국민의 거래자유를 최대한 보장하여야 한다. O | X

"대한민국의 경제질서는 개인과 기업의 경제상의 자유와 창의를 존중함을 기본으로 한다."고 규정한 헌법 제119조 제1항에 비추어 보더라도, 개인의 사적 거래에 대한 공법적 규제는 되도록 사전적·일반적 규제보다는, 사후적·구체적 규제방식을 택하여 국민의 거래자유를 최대한 보장하여야 할 것이다(헌재 2012.8.23. 2010헌가65).

238
☐☐☐

국민연금제도는 상호부조의 원리에 입각한 사회연대성에 기초하여 소득재분배의 기능을 함으로써 사회적 시장경제질서에 부합하는 제도이므로, 국민연금에 가입을 강제하는 법률조항은 헌법의 시장경제질서에 위배되지 않는다. O | X

우리 헌법의 경제질서 원칙에 비추어 보면, 사회보험방식에 의하여 재원을 조성하여 반대급부로 노후생활을 보장하는 강제저축 프로그램으로서의 국민연금제도는 상호부조의 원리에 입각한 사회연대성에 기초하여 고소득계층에서 저소득층으로, 근로세대에서 노년세대로, 현재세대에서 다음세대로 국민간에 소득재분배의 기능을 함으로써 오히려 위 사회적 시장경제질서에 부합하는 제도라 할 것이므로, 국민연금제도는 헌법상의 시장경제질서에 위배되지 않는다(헌재 2001.2.22. 99헌마365).

239
☐☐☐

헌법 제119조 이하의 경제에 관한 장은 경제영역에서의 국가목표를 명시적으로 규정함으로써 국가가 경제정책을 통하여 달성하여야 할 '공익'을 구체화하는 동시에 헌법 제37조 제2항에 규정된 '공공복리'를 구체화하고 있다. O | X

우리 헌법은 헌법 제119조 이하의 경제에 관한 장에서 '균형있는 국민경제의 성장과 안정, 적정한 소득의 분배, 시장의 지배와 경제력남용의 방지, 경제주체간의 조화를 통한 경제의 민주화, 균형있는 지역경제의 육성, 중소기업의 보호육성, 소비자보호 등'의 경제영역에서의 국가목표를 명시적으로 규정함으로써 국가가 경제정책을 통하여 달성하여야 할 '공익'을 구체화하고, 동시에 헌법 제37조 제2항의 기본권제한을 위한 일반법률유보에서의 '공공복리'를 구체화하고 있다(헌재 1996.12.26. 96헌가18).

정답 236 X 237 X 238 ○ 239 ○

240
☐☐☐

헌법이 보장하는 소비자보호운동은 소비자의 제반 권익을 증진할 목적으로 이루어지는 구체적 활동을 의미하는 것으로, 단체를 통한 활동뿐만 아니라 하나 또는 그 이상의 소비자가 동일한 목표로 함께 의사를 합치하여 벌이는 운동도 포함한다.　　　　　　　　　　　　　　　　　　　O | X

현행 헌법이 보장하는 소비자보호운동이란 '공정한 가격으로 양질의 상품 또는 용역을 적절한 유통구조를 통해 적절한 시기에 안전하게 구입하거나 사용할 소비자의 제반 권익을 증진할 목적으로 이루어지는 구체적 활동'을 의미하고, 단체를 조직하고 이를 통하여 활동하는 형태, 즉 근로자의 단결권이나 단체행동권에 유사한 활동뿐만 아니라, 하나 또는 그 이상의 소비자가 동일한 목표로 함께 의사를 합치하여 벌이는 운동이면 모두 이에 포함된다 할 것이다(헌재 2011.12.29. 2010헌바54).

241
☐☐☐

발행부수만을 기준으로 특정 신문사업자를 정부가 기금지원에서 배제하고 다른 사업자에게만 기금을 지원하는 차별적 규제를 행하는 것은 헌법상의 시장경제질서에 위반된다.　　　　　　　　O | X

신문의 자유는 개별 신문의 존재와 내용에 영향을 주는 것뿐만 아니라 신문의 경쟁을 왜곡하지 말 것까지 요구한다. 발행부수만을 기준으로 특정 신문사업자를 정부가 기금지원에서 배제하고 다른 사업자에게만 기금을 지원하는 차별적 규제를 행하는 것은 자유롭고 공정한 경쟁을 통해 형성될 신문시장의 구도를 국가가 개입하여 인위적으로 변경시키는 것이고 이것은 헌법이 보장하려는 자유로운 신문제도에 역행하며 자유와 창의를 존중함을 기본으로 삼는 헌법상이 시장경제질서에 어긋난다. 따라서 이 조항은 합리적인 이유 없이 발행부수가 많은 신문사업자를 차별하는 것이므로 평등의 원칙에 위배된다(헌재 2006.6.29. 2005헌마165 등).

242
☐☐☐

불매운동의 목표로서의 '소비자의 권익'이란 원칙적으로 사업자가 제공하는 물품이나 용역의 소비생활과 관련된 것으로서 상품의 질이나 가격, 유통구조, 안정성 등 시장적 이익에 국한된다.　　　O | X

불매운동의 목표로서의 '소비자의 권익'이란 원칙적으로 사업자가 제공하는 물품이나 용역의 소비생활과 관련된 것으로서 상품의 질이나 가격, 유통구조, 안전성 등 시장적 이익에 국한된다(헌재 2011.12.29. 2010헌바54 등).

243
☐☐☐

자경농지의 양도소득세 면제대상자를 '농지소재지에 거주하는 거주자'로 제한하는 것은 외지인의 농지투기를 방지하고 조세부담을 덜어주어 농업과 농촌을 활성화하기 위한 것이므로 경자유전의 원칙에 위배되지 않는다.　　　　　　　　　　　　　　　　　　　　　　　　　　　　　　　O | X

위 규정의 입법목적이 외지인의 농지투기를 방지하고 조세부담을 덜어주어 농업·농촌을 활성화하는 데 있음을 고려하면 위 규정은 경자유전의 원칙을 실현하기 위한 것으로 볼 것이지 경자유전의 원칙에 위배된다고 볼 것은 아니라 할 것이다(헌재 2003.11.27. 2003헌바2).

정답 240 ○　241 ○　242 ○　243 ○

244
□□□

법령에 의한 인·허가없이 장래의 경제적 손실을 금전 또는 유가증권으로 보전해 줄 것을 약정하고 회비 등의 명목으로 금전을 수입하는 행위(유사수신행위)를 금지하고 이에 위반시 형사처벌하는 법률조항은 우리 헌법의 경제질서에 위배되는 것이라 할 수 없다. O | X

어떤 분야의 경제활동을 사인간의 사적 자치에 완전히 맡길 경우 심각한 사회적 폐해가 예상되는데도 국가가 아무런 관여를 하지 않는다면 오히려 공정한 경쟁질서가 깨어지고 경제주체간의 부조화가 일어나게 되어 헌법 상의 경제질서에 반하는 결과가 초래될 것이다. 이와 같은 관점에서 볼 때, 경제주체간의 부조화를 방지하고 금융시장의 공정성을 확보하기 위하여 마련된 이 사건 법률조항은 그 정당성이 헌법 제119조 제2항에 의하여 뒷받침될 수 있으며, 따라서 우리 헌법의 경제질서에 반하는 것이라 할 수 없다(헌재 2003.2.27. 2002헌바4).

245
□□□

농업생산성의 제고와 농지의 합리적인 이용을 위하거나 불가피한 사정으로 발생하는 농지의 소작제도는 법률이 정하는 바에 의하여 예외적으로 인정될 수 있다. O | X

> **헌법 제121조** ① 국가는 농지에 관하여 경자유전의 원칙이 달성될 수 있도록 노력하여야 하며, 농지의 소작제도는 금지된다.
> ② 농업생산성의 제고와 농지의 합리적인 이용을 위하거나 불가피한 사정으로 발생하는 농지의 임대차와 위탁경영은 법률이 정하는 바에 의하여 인정된다.

246
□□□

법령에 의한 인·허가 없이 장래의 경제적 손실을 금전 또는 유가증권으로 보전해 줄 것을 약정하고 회비 등의 명목으로 금전을 수입하는 유사수신행위를 처벌하는 것은 금융시장의 공정성을 확보하기 위한 것이므로 헌법상 경제질서에 위배되지 않는다. O | X

어떤 분야의 경제활동을 사인간의 사적 자치에 완전히 맡길 경우 심각한 사회적 폐해가 예상되는데도 국가가 아무런 관여를 하지 않는다면 오히려 공정한 경쟁질서가 깨어지고 경제주체간의 부조화가 일어나게 되어 헌법 상의 경제질서에 반하는 결과가 초래될 것이다. 이와 같은 관점에서 볼 때, 경제주체간의 부조화를 방지하고 금융시장의 공정성을 확보하기 위하여 마련된 이 사건 법률조항은 그 정당성이 헌법 제119조 제2항에 의하여 뒷받침될 수 있으며, 따라서 우리 헌법의 경제질서에 반하는 것이라 할 수 없다(헌재 2003.2.27. 2002헌바4).

247
□□□

민법상 일반불법행위에 관한 기본원리인 과실책임의 원칙이 헌법 제119조 제1항의 자유시장 경제질서에서 파생된 것이라면, 위험원을 지배하는 자에게 책임을 지우는 위험책임의 원리는 헌법상 사회국가원리의 실현을 위한 것이다. O | X

우리 민법은 헌법 제119조 제1항의 자유시장 경제질서에서 파생된 과실책임의 원칙을 일반불법행위에 관한 기본원리로 삼고 있다. 그런데, 현대산업사회에서는 고속교통수단, 광업 및 원자력산업 등의 위험원(危險源)이 발달하고 산업재해 및 환경오염으로 인한 피해가 증가함에 따라, 헌법이념의 하나인 사회국가원리의 실현을 위하여 과실책임의 원리를 수정하여 위험원을 지배하는 자로 하여금 그 위험이 현실화된 경우의 손해를 부담하게 하는 위험책임의 원리가 필요하게 되었다. … 이 사건 법률조항이 위험책임의 원리에 기하여 무과실책임을 지운 것만으로 자유시장 경제질서에 위반된다고 할 수 없다(헌재 1998.5.28. 96헌가4).

정답 244 O 245 X 246 O 247 O

248
☐☐☐

헌법상 경제질서에 관한 일반조항인 헌법 제119조는 그 자체로 기본권의 성질을 가지고 독자적인 위헌심사의 기준이 되는 것이며 단순히 국가의 경제정책에 대한 하나의 헌법적 지침으로 볼 수 없다. O | X

헌법 제119조는 헌법상 경제질서에 관한 일반조항으로서 국가의 경제정책에 대한 하나의 헌법적 지침일 뿐 그 자체가 기본권의 성질을 가진다거나 독자적인 위헌심사의 기준이 된다고 할 수 없으므로, 청구인들의 이러한 주장에 대하여는 더 나아가 살펴보지 않는다(헌재 2017.7.27. 2015헌바278 등).

249
☐☐☐

헌법 제119조는 헌법상 경제질서에 관한 일반조항으로서 국가의 경제정책에 대한 헌법적 지침을 제시하며 독자적인 위헌심사의 기준이 될 수 있다. O | X

헌법 제119조는 헌법상 경제질서에 관한 일반조항으로서 국가의 경제정책에 대한 하나의 헌법적 지침일 뿐 그 자체가 기본권의 성질을 가진다거나 독자적인 위헌심사의 기준이 된다고 할 수 없으므로, 청구인들의 이러한 주장에 대하여는 더 나아가 살펴보지 않는다(헌재 2017.7.27. 2015헌바278 등).

250
☐☐☐

국제법적으로, 조약은 국제법 주체들이 일정한 법률효과를 발생시키기 위하여 체결한 국제법의 규율을 받는 국제적 합의를 말하며 서면에 의한 경우가 대부분이지만 예외적으로 구두합의도 조약의 성격을 가질 수 있다. O | X

국제법적으로, 조약은 국제법 주체들이 일정한 법률효과를 발생시키기 위하여 체결한 국제법의 규율을 받는 국제적 합의를 말하며 서면에 의한 경우가 대부분이지만 예외적으로 구두합의도 조약의 성격을 가질 수 있다(헌재 2019.12.27. 2016헌마253).

251
☐☐☐

우루과이라운드의 협상 결과 체결된 마라케쉬 협정은 적법하게 체결되어 공포된 조약이다. O | X

마라케쉬협정도 적법하게 체결되어 공포된 조약이므로 국내법과 같은 효력을 갖는 것이어서 그로 인하여 새로운 범죄를 구성하거나 범죄자에 대한 처벌이 가중된다고 하더라도 이것은 국내법에 의하여 형사처벌을 가중한 것과 같은 효력을 갖게 되는 것이다(헌재 1998.11.26. 97헌바65).

252
☐☐☐

대한민국과 아메리카합중국 간의 상호방위조약 제4조에 의한 시설과 구역 및 대한민국에서의 합중국군대의 지위에 관한 협정은 국회의 관여없이 체결되는 행정협정이므로 국회의 동의를 요하지 않는다. O | X

이 사건 조약은 그 명칭이 '협정'으로 되어 있어 국회의 관여없이 체결되는 행정협정처럼 보이기도 하나 우리나라의 입장에서 볼 때에는 외국군대의 지위에 관한 것이고, 국가에게 재정적 부담을 지우는 내용과 입법사항을 포함하고 있으므로 국회의 동의를 요하는 조약으로 취급되어야 한다(헌재 1999.4.29. 97헌가14).

정답 248 X 249 X 250 ○ 251 ○ 252 X

253
☐☐☐

국제법적으로 조약은 국제법 주체들이 일정한 법률효과를 발생시키기 위하여 체결한 국제법의 규율을 받는 국제적 합의를 말하며 서면에 의한 경우가 대부분이지만 예외적으로 구두합의도 조약의 성격을 가질 수 있다. O | X

국제법적으로, 조약은 국제법 주체들이 일정한 법률효과를 발생시키기 위하여 체결한 국제법의 규율을 받는 국제적 합의를 말하며 서면에 의한 경우가 대부분이지만 예외적으로 구두합의도 조약의 성격을 가질 수 있다. 국가는 경우에 따라 조약과는 달리 법적 효력 내지 구속력이 없는 합의도 하는데, 이러한 합의는 많은 경우 일정한 공동 목표의 확인이나 원칙의 선언과 같이 구속력을 부여하기에는 너무 추상적이거나 구체성이 없는 내용을 담고 있으며, 대체로 조약체결의 형식적 절차를 거치지 않는다. 이러한 합의도 합의 내용이 상호 준수되리라는 기대 하에 체결되므로 합의를 이행하지 않는 국가에 대해 항의나 비판의 근거가 될 수는 있으나, 이는 법적 구속력과는 구분된다(헌재 2019.12.27. 2016헌마253).

254
☐☐☐

국제법존중주의는 국제법과 국내법의 동등한 효력을 인정한다는 취지인바, '유엔 시민적·정치적 권리규약 위원회'가 국가보안법의 폐지나 개정을 권고하였으므로 국가보안법 제7조 제1항 중 '찬양·고무·선전 또는 이에 동조한 자'에 관한 부분은 국제법존중주의에 위배된다. O | X

청구인은 이적행위조항과 이적표현물 소지조항이 국제법존중주의에 위배된다고 주장한다. 그러나 헌법 제6조 제1항에서 선언하고 있는 국제법존중주의는 국제법과 국내법의 동등한 효력을 인정한다는 취지일 뿐이므로 유엔 자유권위원회가 국가보안법의 폐지나 개정을 권고하였다는 이유만으로 이적행위조항과 이적표현물 소지조항이 국제법존중주의에 위배되는 것은 아니다(헌재 2024.2.28. 2023헌바381).

255
☐☐☐

국제노동기구협약 제135호 기업의 근로자 대표에게 제공되는 보호 및 편의에 관한 협약 제2조 제1항은 근로자대표가 직무를 신속·능률적으로 수행할 수 있도록 기업으로부터 적절한 편의가 제공되어야 한다고 규정하고 있는바, 노조전임자 급여 금지, '근로시간 면제 제도' 및 노동조합이 이를 위반하여 급여 지급을 요구하고 이를 관철할 목적의 쟁의행위를 하는 것을 금지하는 노동조합 및 노동관계조정법 해당 조항들은 위 협약에 배치되므로 국제법존중주의 원칙에 위배된다. O | X

국제노동기구협약 제135호 '기업의 근로자 대표에게 제공되는 보호 및 편의에 관한 협약' 제2조 제1항은 "근로자대표에 대하여 그 지위나 활동을 이유로 불리한 조치를 할 수 없고, 근로자대표가 직무를 신속·능률적으로 수행할 수 있도록 기업으로부터 적절할 편의가 제공되어야 한다."고 정하고 있는데, 노조전임자에 대한 급여 지급 금지에 대한 절충안으로 근로시간 면제 제도가 도입된 이상, 이 사건 노조법 조항들이 위 협약에 배치된다고 보기 어렵다. 따라서 이 사건 노조법 조항들은 국제법 존중주의 원칙에 위배되지 않는다(헌재 2014.5.29. 2010헌마606).

256
☐☐☐

'유엔 시민적·정치적 권리 규약 위원회'가 국가보안법의 폐지나 개정을 권고하였다는 이유만으로 이적행위조항과 이적표현물 소지조항이 국제법존중주의에 위배되는 것은 아니다. O | X

헌법 제6조 제1항에서 선언하고 있는 국제법존중주의는 국제법과 국내법의 동등한 효력을 인정한다는 취지일 뿐이므로 유엔 자유권위원회가 국가보안법의 폐지나 개정을 권고하였다는 이유만으로 이적행위조항과 이적표현물 소지조항이 국제법존중주의에 위배되는 것은 아니다(헌재 2024.2.28. 2023헌바381).

정답 253 ○ 254 X 255 X 256 ○

257
☐☐☐

우리 헌법에서 명시적으로 입법위임을 하고 있거나 우리 헌법의 해석상 입법의무가 발생하는 경우가 아니더라도, 국제인권규범이 명시적으로 입법을 요구하고 있거나 국제인권규범의 해석상 국가의 기본권보장의무가 인정되는 경우에는 곧바로 국가의 입법의무가 도출된다.　　　　　O | X

자유권규약위원회의 견해가 규약 당사국의 국내법 질서와 충돌할 수 있고, 그 이행을 위해서는 각당사국의 역사적, 사회적, 정치적 상황 등이 충분히 고려될 필요가 있으므로, 우리 입법자가 자유권규약위원회의 견해(Views)의 구체적인 내용에 구속되어 그 모든 내용을 그대로 따라야만 하는 의무를 부담한다고 볼 수는 없다. 나아가 기존에 유죄판결을 받은 양심적 병역거부자에 대해 전과기록 말소 등의 구제조치를 할 것인지에 대하여는 입법자에게 광범위한 입법재량이 부여되어 있다고 보아야 한다. 따라서 우리나라가 자유권규약의 당사국으로서 자유권규약위원회의 견해를 존중하고 고려하여야 한다는 점을 감안하더라도, 피청구인에게 이 사건 견해에 언급된 구제조치를 그대로 이행하는 법률을 제정할 구체적인 입법의무가 발생하였다고 보기는 어려우므로, 이 사건 심판청구는 헌법소원심판의 대상이 될 수 없는 입법부작위를 대상으로 한 것으로서 부적법하다(헌재 2018.7.26. 2011헌마306).

258
☐☐☐

국제법존중주의는 우리나라가 가입한 조약과 일반적으로 승인된 국제법규가 국내법과 같은 효력을 가진다는 것으로서 조약이나 국제법규가 국내법에 우선한다는 것은 아니다.　　　　　O | X

헌법 제6조 제1항의 국제법 존중주의는 우리나라가 가입한 조약과 일반적으로 승인된 국제법규가 국내법과 같은 효력을 가진다는 것으로서 조약이나 국제법규가 국내법에 우선한다는 것은 아니다(헌재 2001.4.26. 99헌가13).

259
☐☐☐

외교관계에 관한 비엔나협약상 외교관 등을 파견한 국가는 판결의 집행으로부터의 면제의 특권을 포기할 수 있는 것인 바, 동 협약에 가입하여 외국의 대사관저에 대하여 강제집행을 할 수 없다는 이유로 국가가 손실을 보상하는 법률을 제정하여야 할 헌법상의 명시적인 입법위임이 인정되는 것은 아니다.　　　O | X

외교관계에 관한 비엔나협약 제32조 제1항과 제4항에 의하여 외교관 등을 파견한 국가는 판결의 집행으로부터의 면제의 특권을 포기할 수도 있는 것이므로 위 협약에 가입하는 것이 바로 헌법 제23조 제3항 소정의 '공공필요에 의한 재산권의 제한'에 해당하는 것은 아니다. 외국의 대사관저에 대하여 강제집행을 할 수 없다는 이유로 집달관이 청구인들의 강제집행의 신청의 접수를 거부하여 강제집행이 불가능하게 된 경우 국가가 청구인들에게 손실을 보상하는 법률을 제정하여야 할 헌법상의 명시적인 입법위임은 인정되지 아니하고, 헌법의 해석으로도 그러한 법률을 제정함으로써 청구인들의 기본권을 보호하여야 할 입법자의 행위의무 내지 보호의무가 발생하였다고 볼 수 없다(헌재 1998.5.28. 96헌마44).

260
☐☐☐

국제노동기구(ILO) 산하 '결사의 자유위원회'의 권고는 국내법과 같은 효력이 있거나 일반적으로 승인된 국제법규라고 볼 수 없다.　　　　　O | X

국제노동기구 산하 '결사의 자유위원회'의 권고는 국내법과 같은 효력이 있거나 일반적으로 승인된 국제법규라고 볼 수 없고, 앞서 검토한 바와 같이 이 사건 노조법 조항들이 국제노동기구의 관련 협약 및 권고와 충돌하지 않는 이유와 마찬가지로 개정 노조법에서 노조전임자가 사용자로부터 급여를 지급받는 것을 금지함과 동시에 그 절충안으로 근로시간 면제 제도를 도입한 이상 이 사건 노조법 조항들이 결사의 자유위원회의 권고 내용과 배치된다고 보기도 어렵다. 그러므로 이 사건 노조법 조항들은 헌법상 국제법 존중주의원칙에 위배되지 않는다(헌재 2014.5.29. 2010헌마606).

정답 257 X　258 ○　259 ○　260 ○

261
□□□

헌법에 따라 적법하게 체결되어 공포된 조약은 국내법과 같은 효력을 갖지만, 조약으로 새로운 범죄를 구성하거나 범죄자에 대한 처벌이 가중되는 것은 법률에 의하지 아니한 형사처벌이고 행위시의 법률에 의하지 아니한 형사처벌에 해당하여 죄형법정주의의 원칙에 위배된다. O | X

마라케쉬협정도 적법하게 체결되어 공포된 조약이므로 국내법과 같은 효력을 갖는 것이어서 그로 인하여 새로운 범죄를 구성하거나 범죄자에 대한 처벌이 가중된다고 하더라도 이것은 국내법에 의하여 형사처벌을 가중한 것과 같은 효력을 갖게 되는 것이다. 따라서 마라케쉬협정에 의하여 관세법위반자의 처벌이 가중된다고 하더라도 이를 들어 법률에 의하지 아니한 형사처벌이라거나 행위시의 법률에 의하지 아니한 형사처벌이라고 할 수 없으므로, 마라케쉬협정에 의하여 가중된 처벌을 하게 된 구 특가법 제6조 제2항 제1호나 농안법 제10조의3이 죄형법정주의에 어긋나거나 청구인의 기본적 인권과 신체의 자유를 침해하는 것이라고 할 수 없다(헌재 1998.11.26. 97헌바65).

262
□□□

전 세계적으로 양심적 병역거부권의 보장에 관한 일반적으로 승인된 국제법규가 존재한다거나 국제관습법이 형성되었다고 할 수 없다. O | X

유럽 등의 일부국가에서 양심적 병역거부권이 보장된다고 하더라도 전 세계적으로 양심적 병역거부권의 보장에 관한 국제관습법이 형성되었다고 할 수 없어 양심적 병역거부가 일반적으로 승인된 국제법규로서 우리나라에 수용될 수는 없으므로, 이 사건 법률조항에 의하여 양심적 병역거부자를 형사처벌한다고 하더라도 국제법 존중의 원칙을 선언하고 있는 헌법 제6조 제1항에 위반된다고 할 수 없다(헌재 2011.8.30. 2007헌가12 등).

263
□□□

미국산 쇠고기 및 쇠고기 제품 수입위생조건(구 농림수산식품부 고시)은 국회의 동의를 받아야 하는 조약에 해당하지 않는다. O | X

이 사건 고시가 헌법 제60조 제1항에서 말하는 조약에 해당하지 아니함이 분명하므로 국회의 동의를 받아야 하는 것은 아니고, 한편 이 사건 고시에서 '미국 연방 육류검사법에 기술된 대로' 미국산 쇠고기를 정의한다거나[제1조(1)], 미국정부가 제1조(9)(나)의 적용과 관련하여 '미국 규정[9CFR310. 22(a)]에 정의된' 것을 제거한다(부칙 제5항)고 규정함으로써 미국의 법률 또는 규정을 원용하고 있으나, 이는 미국과의 이 사건 쇠고기 협상 내용을 반영할 수밖에 없는 이 사건 고시의 국제통상적인 성격과 전문적이고 기술적인 규율 내용 등을 고려한 표기방식에 불과한 만큼 이러한 표기에 의하여 미국의 법령이 국내법과 같은 효력을 가질 수는 없는 것이므로, 이와 다른 전제에 선 청구인들의 이 부분 주장은 위 헌법규정 위반이 기본권 보호의무 위반으로 귀결되는 것인지 여부에 대하여 더 나아가 살펴볼 필요 없이 이유 없다(헌재 2008.12.26. 2008헌마419).

gosi.Hackers.com

제2편

기본권론

제1절 기본권의 의의

07. 국회직 8급

001
☐☐☐

1948년 헌법에서는 구금된 형사피의자가 법률이 정하는 불기소처분을 받은 경우 형사보상청구권이 인정되었다. O | X

피고인에 대한 형사보상청구권은 1948년 헌법(건국헌법)부터 인정되었으나 피의자에게도 인정된 것은 현행헌법(제9차 개정헌법)부터이다.

제2절 기본권의 성격

11. 사시

002
☐☐☐

직업의 선택 혹은 수행의 자유는 주관적 공권의 성격이 두드러진 것이므로 사회적 시장경제질서라고 하는 객관적 법질서의 구성요소가 될 수는 없다. O | X

직업의 선택 혹은 수행의 자유는 각자의 생활의 수요를 충족시키는 방편이 되고 또한 개성신장의 바탕이 된다는 점에서 주관적 공권의 성격이 두드러진 것이기는 하나, 다른 한편 국가의 사회질서와 경제질서가 형성된다는 점에서 사회적 시장경제질서라고 하는 객관적 법질서의 구성요소이기도 하다(헌재 1997.4.24. 95헌마273).

제3절 기본권의 주체

20. 지방직

003
☐☐☐

참정권은 '인간의 자유'라기보다는 '국민의 자유'이므로 공직선거법은 외국인의 선거권을 인정하지 않고 있다. O | X

공직선거법은 18세 이상으로서 영주의 체류자격 취득일 후 3년이 경과하고 해당 지방자치단체의 외국인등록대장에 올라 있는 외국인에게 해당 지방자치단체에서 선거하는 지방자치단체의 의회의원 및 장의 선거권을 인정하고 있다.

> **공직선거법 제15조【선거권】** ② 18세 이상으로서 제37조 제1항에 따른 선거인명부작성기준일 현재 다음 각 호의 어느 하나에 해당하는 사람은 그 구역에서 선거하는 지방자치단체의 의회의원 및 장의 선거권이 있다.
> 3. 출입국관리법 제10조에 따른 영주의 체류자격 취득일 후 3년이 경과한 외국인으로서 같은 법 제34조에 따라 해당 지방자치단체의 외국인등록대장에 올라 있는 사람

정답 001 X 002 X 003 X

004
☐☐☐

국가 정책에 따라 정부의 허가를 받은 외국인은 정부가 허가한 범위 내에서 소득활동을 할 수 있는 것이 므로 외국인이 국내에서 누리는 직업의 자유는 법률 이전에 헌법에 의해서 부여된 기본권이라고 할 수는 없고, 법률에 따른 정부의 허가에 의해 비로소 발생하는 권리이다. O | X

헌법에서 인정하는 직업의 자유는 원칙적으로 대한민국 국민에게 인정되는 기본권이지, 외국인에게 인정되는 기본권은 아니다. 국가 정책에 따라 정부의 허가를 받은 외국인은 정부가 허가한 범위 내에서 소득활동을 할 수 있는 것이므로, 외국인이 국내에서 누리는 직업의 자유는 법률 이전에 헌법에 의해서 부여된 기본권이라고 할 수는 없고, 법률에 따른 정부의 허가에 의해 비로소 발생하는 권리이다(헌재 2014.8.28. 2013헌마359).

005
☐☐☐

정당은 권리능력 없는 사단으로서 기본권 주체성이 인정되므로 '미국산 쇠고기 수입의 위생조건에 관한 고시'와 관련하여 생명신체의 안전에 관한 기본권 침해를 이유로 헌법소원을 청구할 수 있다. O | X

이 사건에서 침해된다고 하여 주장되는 기본권은 생명·신체의 안전에 관한 것으로서 성질상 자연인에게만 인정되는 것이므로, 이와 관련하여 청구인 진보신당과 같은 권리능력 없는 단체는 위와 같은 기본권의 행사에 있어 그 주체가 될 수 없다(헌재 2008.12.26. 2008헌마419).

006
☐☐☐

무소속 국회의원으로서 교섭단체소속 국회의원과 동등하게 대우받을 권리는 입법권을 행사하는 국가기관인 국회를 구성하는 국회의원의 지위에서 향유할 수 있는 권한인 동시에 헌법이 일반국민에게 보장하고 있는 기본권이라고 할 수 있다. O | X

무소속 국회의원으로서 교섭단체소속 국회의원과 동등하게 대우받을 권리라는 것으로서 이는 입법권을 행사하는 국가기관인 국회를 구성하는 국회의원의 지위에서 주장하는 권리일지언정 헌법이 일반국민에게 보장하고 있는 기본권이라고 할 수는 없다(헌재 2000.8.31. 2000헌마156).

007
☐☐☐

법률이 교섭단체를 구성한 정당에 정책연구위원을 두도록 하여 그렇지 못한 정당을 차별하는 경우 교섭단체를 구성하지 못한 정당은 기본권을 침해받을 가능성이 있다. O | X

교섭단체에 정책연구위원을 둔다는 국회법 제34조 제1항 규정은 교섭단체를 구성한 정당에게 정책연구위원을 배정한다는 것과 실질적으로 다를 바 없다고 할 것인바, 이 규정은 교섭단체 소속의원과 그렇지 못한 의원을 차별하는 것인 동시에, 교섭단체를 구성한 정당과 그렇지 못한 정당도 차별하고 있다고 할 것이다. 그렇다면 국회의원 20인 이상을 확보하지 못하여 교섭단체를 구성하지 못한 청구인은 이 사건 규정으로 인하여 자신의 기본권을 침해받을 가능성이 있다. … 이 사건 규정이 입법재량을 넘어 비교섭단체인 정당을 불합리하게 차별한다고 볼 수 없다(헌재 2008.3.27. 2004헌마654).

✓ **참고** 헌재는 교섭단체 소속의원의 입법활동을 보좌하기 위하여 교섭단체에 정책연구위원을 두도록 하는 국회법 제34조 제1항이 교섭단체를 구성한 정당과 그렇지 못한 정당을 차별하는 규정이라고 보았지만 정책연구위원을 교섭단체 구성 여부만을 기준으로 배정하는 것이 소수정당의 평등권을 침해하지는 않는다고 보았다.

정답 004 ○ 005 X 006 X 007 ○

008
□□□

법인 등 결사체도 그 조직과 의사형성, 업무수행에 있어서 자기결정권을 가지고 있어 결사의 자유의 주체가 된다. O | X

법인 등 결사체도 그 조직과 의사형성에 있어서, 그리고 업무수행에 있어서 자기결정권을 가지고 있어 결사의 자유의 주체가 된다고 봄이 상당하므로, 축협중앙회는 그 회원조합들과 별도로 결사의 자유의 주체가 된다(헌재 2000.6.1. 99헌마553).

009
□□□

헌법상 기본권의 주체가 될 수 있는 법인은 원칙적으로 사법인에 한하는 것이고, 공법인은 헌법의 수범자이지 기본권의 주체가 될 수 없다. O | X

헌법상 기본권의 주체가 될 수 있는 법인은 원칙적으로 사법인(私法人)에 한하는 것이고 공법인(公法人)은 헌법의 수범자이지 기본권의 주체가 될 수 없다(헌재 2001.6.1. 99헌마553).

010
□□□

축산업협동조합중앙회(이하 '축협중앙회'라 한다)는 공법인성과 사법인성을 겸유한 특수한 법인으로서 기본권의 주체가 될 수 있으며, 이 경우 축협중앙회의 공법인적 특성이 축협중앙회의 기본권 행사에 제약요소로 작용하지 않는다. O | X

축협중앙회는 공법인성과 사법인성을 겸유한 특수한 법인으로서 이 사건에서 기본권의 주체가 될 수 있다고는 할 것이지만, 위와 같이 두드러진 공법인적 특성이 축협중앙회가 가지는 기본권의 제약요소로 작용하는 것만은 이를 피할 수 없다고 할 것이다(헌재 2000.6.1. 99헌마553).

011
□□□

아동과 청소년은 인격의 발전을 위하여 어느 정도 부모와 학교의 교사 등 타인에 의한 결정을 필요로 하는 아직 성숙하지 못한 인격체이지만, 부모와 국가에 의한 단순한 보호의 대상이 아닌 독자적인 인격체이며, 그의 인격권은 성인과 마찬가지로 인간의 존엄성 및 행복추구권을 보장하는 헌법 제10조에 의하여 보호된다. O | X

아동과 청소년은 인격의 발전을 위하여 어느 정도 부모와 학교의 교사 등 타인에 의한 결정을 필요로 하는 아직 성숙하지 못한 인격체이지만, 부모와 국가에 의한 교육의 단순한 대상이 아닌 독자적인 인격체이며, 그의 인격권은 성인과 마찬가지로 인간의 존엄성 및 행복추구권을 보장하는 헌법 제10조에 의하여 보호된다(헌재 2000.4.27. 98헌가16).

정답 008 ○ 009 ○ 010 X 011 ○

012
□□□

불법체류 중인 외국인은 성질상 인간의 권리에 해당되는 신체의 자유, 주거의 자유, 변호인의 조력을 받을 권리, 재판청구권 등에 대해 주체성이 인정되므로 국가인권위원회의 공정한 조사를 받을 권리도 불법체류 중인 외국인에게 헌법상 인정되는 기본권이다.　　　　　　　　　　　　　　　　O | X

청구인들(불법체류 외국인)이 침해받았다고 주장하고 있는 신체의 자유, 주거의 자유, 변호인의 조력을 받을 권리, 재판청구권 등은 성질상 인간의 권리에 해당한다고 볼 수 있으므로, 위 기본권들에 관하여는 청구인들의 기본권 주체성이 인정된다. 그러나 '국가인권위원회의 공정한 조사를 받을 권리'는 헌법상 인정되는 기본권이 라고 하기 어렵고, 이 사건 보호 및 강제퇴거가 청구인들의 노동3권을 직접 제한하거나 침해한 바 없음이 명 백하므로, 위 기본권들에 대하여는 본안판단에 나아가지 아니한다(헌재 2012.8.23. 2008헌마430). 국가인권 위원회의 공정한 조사를 받을 권리는 외국인에게 헌법상 인정되는 기본권이 아니다.

013
□□□

정당은 국민의 정치적 의사형성에 참여하기 위한 조직이지만, 구성원과는 독립하여 그 자체로서 기본권의 주체가 될 수 있다.　　　　　　　　　　　　　　　　　　　　　　　　　　　O | X

청구인 진보신당은 국민의 정치적 의사형성에 참여하기 위한 조직으로 성격상 권리능력 없는 단체에 속하지 만, 구성원과는 독립하여 그 자체로서 기본권의 주체가 될 수 있고, 그 조직 자체의 기본권이 직접 침해당한 경우 자신의 이름으로 헌법소원심판을 청구할 수 있다(헌재 2008.12.26. 2008헌마419).

014
□□□

주택재개발정비사업조합은 노후·불량한 건축물이 밀집한 지역에서 주거환경을 개선하여 도시의 기능을 정비하고 주거생활의 질을 높여야 할 국가의 의무를 대신하여 실현하는 기능을 수행하고 있으므로 구 도시 및 주거환경정비법상 주택재개발정비사업조합이 공법인의 지위에서 기본권의 수범자로 기능하면서 행 정심판의 피청구인이 된 경우에는 기본권의 주체가 될 수 없다.　　　　　　　　　O | X

재개발조합의 공공성과 도시정비법에서 위 조합에 행정처분을 할 수 있는 권한을 부여한 취지 등을 종합하여 볼 때, 재개발조합이 공법인의 지위에서 행정처분의 주체가 되는 경우에 있어서는, 위 조합은 재개발사업에 관 한 국가의 기능을 대신하여 수행하는 공권력 행사자 내지 기본권 수범자의 지위에 있다고 할 것이다. 이 사건 에서도 재개발조합은 사법상의 당사자로서 상대방에게 계약상 권리 등을 행사한 것이 아니라 도시정비법 제 89조 제1항에 따라 기본권의 수범자인 행정청의 지위에서 국민에게 이 사건 청산금부과처분을 하였기 때문 에, 행정심판의 피청구인이 되어 심판대상조항의 규율을 받게 된 것이다. 이상의 사정을 종합하여 볼 때, 재개 발조합이 기본권의 수범자로 기능하면서 행정심판의 피청구인이 된 경우에 적용되는 심판대상조항의 위헌성 을 다투는 이 사건에 있어, 재개발조합인 청구인은 기본권의 주체가 된다고 볼 수 없다(헌재 2022.7.21. 2019헌바543).

015
□□□

인간의 존엄과 가치 및 행복추구권 등과 같이 단순히 '국민의 권리'가 아닌 '인간의 권리'로 볼 수 있는 기 본권에 대해서는 외국인도 기본권 주체가 될 수 있다.　　　　　　　　　　　　　　O | X

인간의 존엄과 가치 및 행복추구권 등과 같이 단순히 '국민의 권리'가 아닌 '인간의 권리'로 볼 수 있는 기본권 에 대해서는 외국인도 기본권 주체가 될 수 있다고 하여 인간의 권리에 대하여는 원칙적으로 외국인의 기본권 주체성을 인정하였다(헌재 2011.9.29. 2007헌마1083 등).

정답 012 X　013 ○　014 ○　015 ○

016

☐☐☐

최소한의 근로조건을 요구할 수 있는 권리는 자유권적 기본권의 성격도 아울러 가지므로 이러한 경우 외국인 근로자에게도 그 기본권 주체성을 인정함이 타당하다. O | X

근로의 권리의 구체적인 내용에 따라, 국가에 대하여 고용증진을 위한 사회적·경제적 정책을 요구할 수 있는 권리는 사회권적 기본권으로서 국민에 대하여만 인정해야 하지만, 자본주의 경제질서하에서 근로자가 기본적 생활수단을 확보하고 인간의 존엄성을 보장받기 위하여 최소한의 근로조건을 요구할 수 있는 권리는 자유권적 기본권의 성격도 아울러 가지므로 이러한 경우 외국인 근로자에게도 그 기본권 주체성을 인정함이 타당하다 (헌재 2007.8.30. 2004헌마670).

017

☐☐☐

외국국적동포가 국내에서 누리는 직업의 자유는 법률 이전에 헌법에 의해서 부여된 기본권이다. O | X

헌법에서 인정하는 직업의 자유는 원칙적으로 대한민국 국민에게 인정되는 기본권이지, 외국인에게 인정되는 기본권은 아니다. 국가 정책에 따라 정부의 허가를 받은 외국인은 정부가 허가한 범위 내에서 소득활동을 할 수 있는 것이므로, 외국인이 국내에서 누리는 직업의 자유는 법률 이전에 헌법에 의해서 부여된 기본권이라고 할 수는 없고, 법률에 따른 정부의 허가에 의해 비로소 발생하는 권리이다. … 외국국적동포라는 사유만으로 헌법상 기본권주체성의 범위가 확장되는 것은 아니며, 청구인이 외국국적동포라고 하여 다른 외국인과 달리 취급되지 아니한다(헌재 2014.8.28. 2013헌마359).

018

☐☐☐

인천공항출입국·외국인청장이 행한 인천국제공항 송환대기실에 수용된 난민에 대한 변호인 접견거부는 현행법상 아무런 법률상 근거가 없이 송환대기실에 수용된 난민의 변호인의 조력을 받을 권리를 제한한 것이므로, 송환대기실에 수용된 난민의 변호인의 조력을 받을 권리를 침해한 것이다. O | X

이 사건 변호인 접견신청 거부는 현행법상 아무런 법률상 근거가 없이 청구인의 변호인의 조력을 받을 권리를 제한한 것이므로, 청구인의 변호인의 조력을 받을 권리를 침해한 것이다. 또한 청구인에게 변호인 접견신청을 허용한다고 하여 국가안전보장, 질서유지, 공공복리에 어떠한 장애가 생긴다고 보기는 어렵고, 필요한 최소한의 범위 내에서 접견 장소 등을 제한하는 방법을 취한다면 국가안전보장이나 환승구역의 질서유지 등에 별다른 지장을 주지 않으면서도 청구인의 변호인 접견권을 제대로 보장할 수 있다. 따라서 이 사건 변호인 접견신청 거부는 국가안전보장이나 질서유지, 공공복리를 위해 필요한 기본권 제한 조치로 볼 수도 없다(헌재 2018. 5.31. 2014헌마346).

019

☐☐☐

헌법 제31조 제4항이 규정하는 교육의 자주성 및 대학의 자율성은 헌법 제22조 제1항이 보장하는 학문의 자유의 확실한 보장을 위해 꼭 필요한 것으로서 대학에 부여된 헌법상 기본권인 대학의 자율권이므로, 국립대학도 대학의 자율권의 주체가 될 수 있다. O | X

헌법 제31조 제4항이 규정하는 교육의 자주성 및 대학의 자율성은 헌법 제22조 제1항이 보장하는 학문의 자유의 확실한 보장을 위해 꼭 필요한 것으로서 대학에 부여된 헌법상 기본권인 대학의 자율권이므로, 국립대학인 청구인도 이러한 대학의 자율권의 주체로서 헌법소원심판의 청구인능력이 인정된다(헌재 2015.12.23. 2014헌마1149).

정답 016 ○ 017 X 018 ○ 019 ○

020
☐☐☐

모든 인간은 헌법상 생명권의 주체가 되며 형성 중의 생명인 태아에게 생명권 주체성이 인정되므로, 수정 후 모체에 착상되기 전인 초기배아에 대해서도 기본권 주체성을 인정할 수 있다. O | X

초기배아는 수정이 된 배아라는 점에서 형성 중인 생명의 첫걸음을 떼었다고 볼 여지가 있기는 하나 아직 모체에 착상되거나 원시선이 나타나지 않은 이상 현재의 자연과학적 인식 수준에서 독립된 인간과 배아 간의 개체적 연속성을 확정하기 어렵다고 봄이 일반적이라는 점, 배아의 경우 현재의 과학기술 수준에서 모태 속에서 수용될 때 비로소 독립적인 인간으로의 성장가능성을 기대할 수 있다는 점, 수정 후 착상 전의 배아가 인간으로 인식된다거나 그와 같이 취급하여야 할 필요성이 있다는 사회적 승인이 존재한다고 보기 어려운 점 등을 종합적으로 고려할 때, 기본권 주체성을 인정하기 어렵다(헌재 2010.5.27. 2005헌마346).

021
☐☐☐

변호인의 조력을 받을 권리는 성질상 국민의 권리에 해당하므로 외국인은 그 주체가 될 수 없다. O | X

헌법재판소법 제68조 제1항의 헌법소원은 기본권의 주체만 청구할 수 있는데, 단순히 '국민의 권리'가 아니라 '인간의 권리'로 볼 수 있는 기본권에 대해서는 외국인도 기본권의 주체이다. 청구인이 침해받았다고 주장하는 변호인의 조력을 받을 권리는 성질상 인간의 권리에 해당되므로 외국인도 주체이다(헌재 2018.5.31. 2014헌마346).

022
☐☐☐

국가 조직영역 내에서 공적 과제를 수행하는 대통령은 소속 정당을 위하여 정당활동을 할 수 있는 사인으로서의 지위를 가지는 경우에도 기본권 주체성을 갖는다고 할 수 없다. O | X

심판대상조항이나 공권력 작용이 넓은 의미의 국가 조직영역 내에서 공적 과제를 수행하는 주체의 권한 내지 직무영역을 제약하는 성격이 강한 경우에는 그 기본권 주체성이 부정될 것이지만, 그것이 일반 국민으로서 국가에 대하여 가지는 헌법상의 기본권을 제약하는 성격이 강한 경우에는 기본권 주체성을 인정할 수 있다. … 대통령도 국민의 한사람으로서 제한적으로나마 기본권의 주체가 될 수 있는바, 대통령은 소속 정당을 위하여 정당활동을 할 수 있는 사인으로서의 지위와 국민 모두에 대한 봉사자로서 공익실현의 의무가 있는 헌법기관으로서의 지위를 동시에 갖는데 최소한 전자의 지위와 관련하여는 기본권 주체성을 갖는다고 할 수 있다(헌재 2008.1.17. 2007헌마700).

023
☐☐☐

자본주의 경제질서하에서 근로자가 기본적 생활수단을 확보하고 인간의 존엄성을 보장받기 위하여 최소한의 근로조건을 요구할 수 있는 권리는 사회권적 기본권으로서의 성질을 가지므로 외국인에 대해서는 기본권 주체성을 인정할 수 없다. O | X

근로의 권리의 구체적인 내용에 따라, 국가에 대하여 고용증진을 위한 사회적·경제적 정책을 요구할 수 있는 권리는 사회권적 기본권으로서 국민에 대하여만 인정해야 하지만, 자본주의 경제질서하에서 근로자가 기본적 생활수단을 확보하고 인간의 존엄성을 보장받기 위하여 최소한의 근로조건을 요구할 수 있는 권리는 자유권적 기본권의 성격도 아울러 가지므로 이러한 경우 외국인 근로자에게도 그 기본권 주체성을 인정함이 타당하다(헌재 2007.8.30. 2004헌마670).

정답 020 X 021 X 022 X 023 X

024
□□□

공법상 재단법인인 방송문화진흥회가 최다출자자인 주식회사 형태의 공영방송사는 방송법 등 관련 규정에 의하여 공법상의 의무를 부담하고 있지만, 그 운영을 광고수익에 전적으로 의존하고 있다면 이를 위해 사경제 주체로서 활동하는 경우에는 기본권 주체가 될 수 있다.　　O | X

청구인의 경우 공법상 재단법인인 방송문화진흥회가 최다출자자인 방송사업자로서 방송법 등 관련 규정에 의하여 공법상의 의무를 부담하고 있지만, 상법에 의하여 설립된 주식회사로 설립목적은 언론의 자유의 핵심 영역인 방송사업이므로 이러한 업무 수행과 관련하여 당연히 기본권 주체가 될 수 있고, 그 운영을 광고수익에 전적으로 의존하고 있는 만큼 이를 위해 사경제 주체로서 활동하는 경우에도 기본권 주체가 될 수 있는바, 이 사건 심판청구는 청구인이 그 운영을 위한 영업활동의 일환으로 방송광고를 판매하는 지위에서 그 제한과 관련하여 이루어진 것이므로 그 기본권 주체성을 인정할 수 있다(헌재 2013.9.26. 2012헌마271).

025
□□□

행복을 추구할 권리는 그 성질상 자연인에게 인정되는 기본권이기 때문에 법인에게는 적용되지 않는다.　　O | X

청구인들은 학교법인이다. 법인격이 있는 사법상의 사단이나 재단은 성질상 기본권주체가 될 수 있는 범위에서 청구인능력을 가진다. 그런데 헌법 제10조의 인간으로서의 존엄과 가치, 행복을 추구할 권리는 그 성질상 자연인에게 인정되는 기본권이라고 할 것이어서, 법인인 청구인들에게는 적용되지 않는다고 할 것이다(헌재 2006.12.28. 2004헌바67).

026
□□□

지방자치법은 지방자치단체를 법인으로 하도록 하고 있으므로, 지방자치단체도 기본권의 주체가 된다.　　O | X

지방자치단체는 기본권의 주체가 될 수 없다는 것이 헌법재판소의 입장이며, 이를 변경해야 할 만한 사정이나 필요성이 없으므로 지방자치단체인 춘천시의 헌법소원 청구는 부적법하다(헌재 2006.12.28. 2006헌마312).

027
□□□

헌법은 법인의 기본권 주체성에 관한 명문의 규정을 두고 있지 않다.　　O | X

우리 헌법은 법인의 기본권향유능력을 인정하는 명문의 규정을 두고 있지 않지만, 본래 자연인에게 적용되는 기본권규정이라도 언론·출판의 자유, 재산권의 보장 등과 같이 성질상 법인이 누릴 수 있는 기본권에 관한 규정은 당연히 법인에게도 적용하여야 할 것이므로 법인도 사단법인·재단법인 또는 영리법인·비영리법인을 가리지 아니하고 위 한계 내에서는 헌법상 보장된 기본권이 침해되었음을 이유로 헌법소원심판을 청구할 수 있다(헌재 2006.1.26. 2005헌마424).

정답 024 ○　025 ○　026 X　027 ○

028

☐☐☐

불법체류 중인 외국인의 경우에도 원칙적으로 기본권의 주체가 된다. O | X

헌법재판소법 제68조 제1항 소정의 헌법소원은 기본권의 주체이어야만 청구할 수 있는데, 단순히 '국민의 권리'가 아니라 '인간의 권리'로 볼 수 있는 기본권에 대해서는 외국인도 기본권의 주체가 될 수 있다. 나아가 청구인들이 불법체류 중인 외국인들이라 하더라도, 불법체류라는 것은 관련 법령에 의하여 체류자격이 인정되지 않는다는 것일 뿐이므로, '인간의 권리'로서 외국인에게도 주체성이 인정되는 일정한 기본권에 관하여 불법체류 여부에 따라 그 인정 여부가 달라지는 것은 아니다(헌재 2012.8.23. 2008헌마430).

029

☐☐☐

의료인의 면허된 의료행위 이외의 의료행위를 금지하고 처벌하는 의료법 규정에 대하여 외국인의 직업의 자유 및 평등권에 관한 기본권 주체성은 인정되지 않는다. O | X

심판대상조항이 제한하고 있는 직업의 자유는 국가자격제도정책과 국가의 경제상황에 따라 법률에 의하여 제한할 수 있는 국민의 권리에 해당한다. 국가정책에 따라 정부의 허가를 받은 외국인은 정부가 허가한 범위 내에서 소득활동을 할 수 있는 것이므로, 외국인이 국내에서 누리는 직업의 자유는 법률에 따른 정부의 허가에 의해 비로소 발생하는 권리이다. 따라서 외국인인 청구인에게는 그 기본권주체성이 인정되지 아니하며, 자격제도 자체를 다툴 수 있는 기본권주체성이 인정되지 아니하는 이상 국가자격제도에 관련된 평등권에 관하여 따로 기본권주체성을 인정할 수 없다(헌재 2014.8.28. 2013헌마359).

030

☐☐☐

국회의 일부조직인 국회노동위원회는 기본권의 주체가 될 수 없다. O | X

기본권의 보장에 관한 각 헌법규정의 해석상 국민(또는 국민과 유사한 지위에 있는 외국인과 사법인)만이 기본권의 주체라 할 것이고, 국가나 국가기관 또는 국가조직의 일부나 공법인은 기본권의 '수범자(Adressat)'이지 기본권의 주체로서 그 '소지자(Träger)'가 아니고 오히려 국민의 기본권을 보호 내지 실현해야 할 '책임'과 '의무'를 지니고 있는 지위에 있을 뿐이므로, 국가기관인 국회의 일부조직인 국회의 노동위원회는 기본권의 주체가 될 수 없고 따라서 헌법소원을 제기할 수 있는 적격이 없다(헌재 1994.12.29. 93헌마120).

031

☐☐☐

직장의료보험조합은 공법인으로서 기본권의 주체가 될 수 없다. O | X

국민건강보험법 부칙 제6조 및 제7조의 직접적인 수규자는 법인이나, 직장의료보험조합은 공법인으로서 기본권의 주체가 될 수 없을 뿐만 아니라, 법규정의 실질적인 규율대상이 수규자인 법인의 지위와 아울러 제3자인 청구인들(직장의료보험조합의 조합원들)의 법적 지위라고 볼 수 있으며, 법규정이 내포하는 불이익이 수규자의 범위를 넘어 제3자인 청구인들에게도 유사한 정도의 불이익을 가져온다는 의미에서 거의 동일한 효과를 가지고 있으므로, 법의 목적 및 실질적인 규율대상, 법규정에서의 제한이나 금지가 제3자에게 미치는 효과나 진지성의 정도, 규범의 수규자에 의한 헌법소원의 제기가능성 등을 종합적으로 고려하여 판단할 때, 청구인들의 자기관련성을 인정할 수 있다(헌재 2000.6.29. 99헌마289).

032
□□□

국가균형발전특별법에 의한 도지사의 혁신도시 입지선정과 관련하여 그 입지선정에서 제외된 지방자치단체로서는 입지선정 기준이 합리성과 타당성을 결여하였다고 다투는 등 평등권의 주체가 될 수 있다. O | X

지방자치단체는 기본권의 주체가 될 수 없다는 것이 헌법재판소의 입장이며, 이를 변경해야 할만한 사정이나 필요성이 없으므로 지방자치단체인 춘천시의 헌법소원 청구는 부적법하다(헌재 2006.12.28. 2006헌마312).

033
□□□

외국인근로자의 고용 등에 관한 법률에서 외국인근로자를 고용한 사업 또는 사업장의 사용자는 외국인근로자의 출국 등에 따른 퇴직금 지급을 위하여 외국인근로자를 피보험자로 하는 보험 또는 신탁에 가입하도록 규정하고 있는데, 이 출국만기보험금은 퇴직금의 성질을 가지고 있어서 그 지급시기에 관한 것은 근로조건의 문제이므로 외국인근로자에게도 기본권 주체성이 인정된다. O | X

헌법상 근로의 권리는 '일할 자리에 관한 권리'만이 아니라 '일할 환경에 관한 권리'도 의미하는데, '일할 환경에 관한 권리'는 인간의 존엄성에 대한 침해를 방어하기 위한 권리로서 외국인에게도 인정되며, 건강한 작업환경, 일에 대한 정당한 보수, 합리적인 근로조건의 보장 등을 요구할 수 있는 권리 등을 포함한다. 여기서의 근로조건은 임금과 그 지불방법, 취업시간과 휴식시간 등 근로계약에 의하여 근로자가 근로를 제공하고 임금을 수령하는 데 관한 조건들이고, 이 사건 출국만기보험금은 퇴직금의 성질을 가지고 있어서 그 지급시기에 관한 것은 근로조건의 문제이므로 외국인 청구인들에게도 기본권 주체성이 인정된다. … 심판대상조항이 청구인들의 근로의 권리를 침해한다고 보기 어렵다(헌재 2016.3.31. 2014헌마367).

034
□□□

사자(死者)에 대한 사회적 명예와 평가의 훼손은 사자와의 관계를 통하여 스스로의 인격상을 형성하고 명예를 지켜온 그들의 후손의 인격권을 제한하는 것은 아니다. O | X

이 사건 법률조항에 근거하여 친일반민족행위반민규명위원회(이하 '반민규명위원회'라 한다)의 조사대상자 선정 및 친일반민족행위결정이 이루어지면, 조사대상자의 사회적 평가에 영향을 미치므로 헌법 제10조에서 유래하는 일반적 인격권이 제한받는다. 다만 이러한 결정에 있어서 대부분의 조사대상자는 이미 사망하였을 것이 분명하나, 조사대상자가 사자(死者)의 경우에도 인격적 가치에 대한 중대한 왜곡으로부터 보호되어야 한다. 사자(死者)에 대한 사회적 명예와 평가의 훼손은 사자(死者)와의 관계를 통하여 스스로의 인격상을 형성하고 명예를 지켜온 그들의 후손의 인격권, 즉 유족의 명예 또는 유족의 사자(死者)에 대한 경애추모의 정을 제한하는 것이다(헌재 2010.10.28. 2007헌가23).

035
□□□

사자(死者)에 대한 사회적 명예와 평가의 훼손은 사자와의 관계를 통하여 스스로의 인격상을 형성하고 명예를 지켜온 그들 후손의 인격권, 즉 유족의 명예 또는 유족의 사자에 대한 경애추모의 정을 침해한다. O | X

이 사건 결정의 조사대상자를 비롯하여 대부분의 조사대상자는 이미 사망하였을 것이 분명하나, 조사대상자가 사자(死者)인 경우에도 인격적 가치에 대한 중대한 왜곡으로부터 보호되어야 하고, 사자(死者)에 대한 사회적 명예와 평가의 훼손은 사자와의 관계를 통하여 스스로의 인격상을 형성하고 명예를 지켜온 그들 후손의 인격권, 즉 유족의 명예 또는 유족의 사자(死者)에 대한 경애추모의 정을 침해한다고 할 것이다. 따라서 심판대상 조항은 조사대상자의 사회적 평가와 아울러 이를 토대로 인격상을 형성하여 온 그 유족들의 인격권을 제한한다(헌재 2013.5.30. 2012헌바19).

036
□□□

공법인은 기본권의 수범자로서 국민의 기본권을 보호 내지 실현하여야 할 책임과 의무를 지닐 뿐이므로 기본권의 주체가 될 여지가 없다. O | X

국가, 지방자치단체나 그 기관 또는 국가조직의 일부나 공법인은 국민의 기본권을 보호 내지 실현해야 할 '책임'과 '의무'를 지는 주체로서 헌법소원을 청구할 수 없다. 다만 공법인이나 이에 준하는 지위를 가진 자라 하더라도 공무를 수행하거나 고권적 행위를 하는 경우가 아닌 사경제 주체로서 활동하는 경우나 조직법상 국가로부터 독립한 고유 업무를 수행하는 경우, 그리고 다른 공권력 주체와의 관계에서 지배복종관계가 성립되어 일반 사인처럼 그 지배하에 있는 경우 등에는 기본권 주체가 될 수 있다(헌재 2013.9.26. 2012헌마271).

037
□□□

기본권 주체성의 인정 문제와 기본권 제한의 정도는 별개의 문제이므로 외국인에게 근로의 권리에 대한 기본권 주체성을 인정한다는 것이 곧바로 우리 국민과 동일한 수준의 보장을 한다는 것을 의미하는 것은 아니다. O | X

기본권 주체성의 인정 문제와 기본권 제한의 정도는 별개의 문제이므로 외국인에게 근로의 권리에 대한 기본권 주체성을 인정한다는 것이 곧바로 우리 국민과 동일한 수준의 보장을 한다는 것을 의미하는 것은 아니다 (헌재 2016.3.31. 2014헌마367).

038
□□□

법인은 사단법인·재단법인 또는 영리법인·비영리법인을 가리지 아니하고 일정한 한계 내에서는 헌법상 보장된 기본권이 침해되었음을 이유로 헌법소원심판을 청구할 수 있으며, 법인 아닌 사단·재단이라고 하더라도 대표자의 정함이 있고 독립된 사회적 조직체로서 활동하는 때에는 성질상 법인이 누릴 수 있는 기본권을 침해당하게 되면 그의 이름으로 헌법소원심판을 청구할 수 있다. O | X

법인도 사단법인·재단법인 또는 영리법인·비영리법인을 가리지 아니하고 위 한계 내에서는 헌법상 보장된 기본권이 침해되었음을 이유로 헌법소원심판을 청구할 수 있다. 또한, 법인 아닌 사단·재단이라고 하더라도 대표자의 정함이 있고 독립된 사회적 조직체로서 활동하는 때에는 성질상 법인이 누릴 수 있는 기본권을 침해당하게 되면 그의 이름으로 헌법소원심판을 청구할 수 있다(헌재 1991.6.3. 90헌마56).

정답 035 ○ 036 X 037 ○ 038 ○

039
□□□

헌법재판소법 제68조 제1항의 헌법소원은 기본권의 주체만 청구할 수 있는데, 단순히 '국민의 권리'가 아니라 '인간의 권리'로 볼 수 있는 기본권에 대해서는 외국인도 기본권의 주체이지만, 청구인이 침해받았다고 주장하는 변호인의 조력을 받을 권리는 성질상 국민의 권리에 해당되므로 청구인인 외국인은 그 주체가 될 수 없다. O | X

헌법재판소법 제68조 제1항의 헌법소원은 기본권의 주체만 청구할 수 있는데, 단순히 '국민의 권리'가 아니라 '인간의 권리'로 볼 수 있는 기본권에 대해서는 외국인도 기본권의 주체이다. 청구인이 침해받았다고 주장하는 변호인의 조력을 받을 권리는 성질상 인간의 권리에 해당되므로 외국인도 주체이다(헌재 2018.5.31. 2014헌마346).

040
□□□

상공회의소는 사업범위, 조직, 회계 등에 있어서 상공회의소법에 따른 규율을 받고 있는 특수성을 가지고 있으나, 기본적으로는 관할구역의 상공업계를 대표하여 그 권익을 대변하고 회원에게 기술 및 정보 등을 제공하여 회원의 경제적·사회적 지위를 높임으로써 상공업의 발전을 꾀함을 목적으로 하는 조직으로 목적이나 설립, 관리 면에서 자주적인 단체로 사법인이라고 할 것이므로 상공회의소와 관련해서도 결사의 자유는 보장된다. O | X

기본적으로는 관할구역의 상공업계를 대표하여 그 권익을 대변하고 회원에게 기술 및 정보 등을 제공하여 회원의 경제적·사회적 지위를 높임으로써 상공업의 발전을 꾀함을 목적으로 하는 조직으로 목적이나 설립, 관리 면에서 자주적인 단체로 사법인이라고 할 것이므로 상공회의소와 관련해서도 결사의 자유는 보장된다고 할 것이다(헌재 2006.5.25. 2004헌가1).

041
□□□

학교가 보유·관리하는 정보는 국가기관이나 지방자치단체 등이 보유·관리하는 정보와 마찬가지로 국민의 알 권리의 대상이 되는 공적 정보에 해당하므로, 국립대학법인 서울대학교가 정보공개의무를 부담하는 경우에 있어서는 국민의 알권리를 보호해야 할 의무를 부담하는 기본권 수범자의 지위에 있다. O | X

학교는 국민의 '교육을 받을 권리'를 보장하는 핵심적인 역할과 기능을 담당하는 등 그 수행하는 업무가 뚜렷한 공공성을 갖고 있는바, 학교가 보유·관리하는 정보는 국가기관이나 지방자치단체 등이 보유·관리하는 정보와 마찬가지로 국민의 알 권리의 대상이 되는 공적 정보에 해당한다. 따라서 국립대학법인 서울대학교(이하 '서울대학교'라고 한다)가 정보공개의무를 부담하는 경우에 있어서는 국민의 알 권리를 보호해야 할 의무를 부담하는 기본권 수범자의 지위에 있다고 할 것이다(헌재 2023.3.23. 2018헌바385).

042
□□□

외국인은 자격제도 자체를 다툴 수 있는 기본권주체성이 인정되지 않지만, 국가자격제도와 관련된 평등권에 관하여는 따로 기본권주체성을 인정할 수 있다. O | X

국가정책에 따라 정부의 허가를 받은 외국인은 정부가 허가한 범위 내에서 소득활동을 할 수 있는 것이므로, 외국인이 국내에서 누리는 직업의 자유는 법률에 따른 정부의 허가에 의해 비로소 발생하는 권리이다. 따라서 외국인인 청구인에게는 그 기본권주체성이 인정되지 아니하며, 자격제도 자체를 다툴 수 있는 기본권주체성이 인정되지 아니하는 이상 국가자격제도에 관련된 평등권에 관하여 따로 기본권주체성을 인정할 수 없다(헌재 2014.8.28. 2013헌마359).

정답 039 X 040 ○ 041 ○ 042 X

22. 경찰간부

043
☐☐☐

민법상 채권자취소권이 헌법에 부합하는 이유는 채권자의 재산권과 채무자의 일반적 행동자유권 중에서 이익형량의 원칙에 비추어 채권자의 재산권이 상위의 기본권이기 때문이다. O | X

채권자취소권제도는 채권자 보호라는 법의 정적 안정성과 관념적 권리인 채권의 실효성을 확보하려는 것으로서 그 목적의 정당성을 인정할 수 있고, 이 사건 법률조항에서는 채권자취소의 대상이 되는 법률행위를 사해행위로 한정하고 있을 뿐만 아니라 채권자취소의 범위도 책임재산의 보전을 위하여 필요한 범위 내로 제한된다. 또한 사해행위취소의 상대방인 수익자는 채무자에 대한 부당이득반환청구 또는 담보책임의 추궁에 의하여 손해의 전보를 받을 수 있고, 채권자취소권의 행사기간도 일반 법률행위의 취소권 행사기간보다 훨씬 단기간으로 정함으로써(민법 제406조 제2항) 법률관계의 조속한 확정을 도모하고 있다. 한편 입증책임규범은 사실의 존부불명의 경우에 법관으로 하여금 재판을 할 수 있게 하는 보조수단으로서 구체적으로 누구에게 입증책임을 분배할 것인가는 입법자가 입증책임 분배의 기본원칙에 따라 정할 수 있는 입법형성의 영역이라고 보아야 할 것이고, 입법자가 이 사건 법률조항에서 수익자의 악의를 채권자취소권의 장애사유로 정한 것은 채무자보다는 직접적인 거래당사자인 수익자가 스스로의 선의를 입증하는 것이 훨씬 용이한 위치에 있다는 점을 고려한 것으로서 그 합리성을 인정할 수 있다. 따라서 이 사건 법률조항이 채무자와 수익자의 일반적 행동의 자유권이나 수익자의 재산권을 침해하는 것으로 볼 수 없다(헌재 2007.10.25. 2005헌바96).

22. 경찰간부

044
☐☐☐

형제·자매에게 가족관계등록부 등의 기록사항에 관한 증명서 교부청구권을 부여하는 것은 본인의 개인정보자기결정권을 제한하는 것으로 개인정보자기결정권 침해 여부를 판단한 이상 인간의 존엄과 가치 및 행복추구권, 사생활의 비밀과 자유는 판단하지 않는다. O | X

청구인은 형제·자매에게 가족관계등록부 등의 기록사항에 관한 증명서 교부청구권을 부여하는 이 사건 법률조항에 의하여 인간의 존엄과 가치 및 행복추구권, 사생활의 비밀과 자유가 침해된다고 주장하나, 위 기본권들은 모두 개인정보자기결정권의 헌법적 근거로 거론되는 것으로서 청구인의 개인정보에 대한 공개와 이용이 문제되는 이 사건에서 개인정보자기결정권 침해 여부를 판단하는 이상 별도로 판단하지 않는다. 개인정보가 수록된 가족관계등록부상 각종 증명서를 본인의 동의 없이도 형제자매가 발급받을 수 있도록 하는 것은 과잉금지원칙을 위반하여 개인정보자기결정권을 침해한다. … 청구인은 이 사건 법률조항에 의하여 인간의 존엄과 가치 및 행복추구권, 사생활의 비밀과 자유가 침해된다고 주장하나, 위 기본권들은 모두 개인정보자기결정권의 헌법적 근거로 거론되는 것으로서 청구인의 개인정보에 대한 공개와 이용이 문제되는 이 사건에서 개인정보자기결정권 침해 여부를 판단하는 이상 별도로 판단하지 않는다(헌재 2016.6.30. 2015헌마924).

22. 경찰간부

045
☐☐☐

어떤 법령이 직업의 자유와 행복추구권 양자를 제한하는 외관을 띠는 경우 두 기본권의 경합문제가 발생하고, 보호영역으로서 '직업'이 문제될 때 행복추구권과 직업의 자유는 특별관계에 있다. O | X

어떠한 법령이 수범자의 직업의 자유와 행복추구권 양자를 제한하는 외관을 띠는 경우 두 기본권의 경합 문제가 발생하는데, 보호영역으로서 '직업'이 문제되는 경우 행복추구권과 직업의 자유는 서로 일반특별관계에 있어 기본권의 내용상 특별성을 갖는 직업의 자유의 침해 여부가 우선하므로 행복추구권 관련 위헌 여부의 심사는 배제되어야 한다(헌재 2008.11.27. 2005헌마161).

· 정답 043 X 044 ○ 045 ○

046
☐☐☐

노동조합 및 노동관계조정법상 유니온 샵(Union Shop) 조항은 특정한 노동조합의 가입을 강제하는 단체협약의 체결을 용인하고 있으므로 근로자의 개인적 단결권과 노동조합의 집단적 단결권이 서로 충돌하는 경우에 해당하며 이를 기본권의 서열이론이나 법익형량의 원리에 입각하여 어느 기본권이 더 상위기본권이라고 단정할 수는 없다. O | X

이 사건 법률조항은 특정한 노동조합의 가입을 강제하는 단체협약의 체결을 용인하고 있으므로 근로자의 개인적 단결권(단결선택권)과 노동조합의 집단적 단결권(조직강제권)이 동일한 장에서 서로 충돌한다. 이와 같이 개인적 단결권과 집단적 단결권이 충돌하는 경우 기본권의 서열이론이나 법익형량의 원리에 입각하여 어느 기본권이 더 상위기본권이라고 단정할 수는 없다. 이러한 경우 헌법의 통일성을 유지하기 위하여 상충하는 기본권 모두가 최대한으로 그 기능과 효력을 발휘할 수 있도록 조화로운 방법을 모색하되(규범조화적 해석), 법익형량의 원리, 입법에 의한 선택적 재량 등을 종합적으로 참작하여 심사하여야 한다(헌재 2005.11.24. 2002헌바95).

047
☐☐☐

기본권의 대국가적 효력은 국가권력에 대한 개인의 방어적 권리라는 기본권의 성격에서 비롯된다. O | X

기본권의 대국가적 효력은 국가와 국민의 관계에서 국민의 기본권은 주관적 공권으로서 직접적으로 모든 국가작용을 구속하는 것을 의미한다. 역사적으로 기본권은 국가권력에 대한 개인의 방어적 권리라는 성격으로 정립되어 왔으며, 국민이 개개인이 누리는 주관적 공권이기 때문에 기본권의 대국가적 효력은 당연히 인정된다.

048
☐☐☐

기본권의 제3자적 효력(대사인적 효력)은 기본권의 객관적 가치질서로서의 성격과 밀접한 관련이 있다. O | X

기본권의 대사인적 효력이란 기본권이 국가와 국민의 관계를 넘어서 사인간에도 효력이 인정되어 사인의 법률행위나 사인 상호간의 법률관계에도 적용되는 것을 의미한다. 기본권을 사회구성원이 지키고 존중할 책임과 의무를 지는 객관적 가치질서로서의 성격으로 보면 기본권의 대사인적 효력이 인정될 수 있다.

049
☐☐☐

기본권 규정은 그 성질상 사법관계에 직접 적용될 수 있는 예외적인 것을 제외하고는 사법상의 일반원칙을 규정한 민법 제2조, 제103조, 제750조, 제751조 등의 내용을 형성하고 그 해석의 기준이 되어 간접적으로 사법관계에 효력을 미치게 된다. O | X

기본권 규정은 그 성질상 사법관계에 직접 적용될 수 있는 예외적인 것을 제외하고는 사법상의 일반원칙을 규정한 민법 제2조, 제103조, 제750조, 제751조 등의 내용을 형성하고 그 해석의 기준이 되어 간접적으로 사법관계에 효력을 미치게 된다(대판 2010.4.22. 2008다38288).

정답 046 ○ 047 ○ 048 ○ 049 ○

050
□□□

평등권이라는 기본권의 침해도 민법 제750조의 일반규정을 통하여 사법상 보호되는 인격적 법익침해의 형태로 구체화되어 논하여질 수 있지만, 그 위법성 인정을 위하여는 반드시 사인간의 평등권 보호에 관한 별개의 입법이 있어야 한다.　　　　　　　　　　　　　　　　　　　　　　　　　　　　　　O | X

헌법 제11조는 "모든 국민은 법 앞에 평등하다. 누구든지 성별·종교 또는 사회적 신분에 의하여 정치적·경제적·사회적·문화적 생활의 모든 영역에 있어서 차별을 받지 아니한다."라고 규정하여 평등의 원칙을 선언함과 동시에 모든 국민에게 평등권을 보장하고 있다. 따라서 사적 단체를 포함하여 사회공동체 내에서 개인이 성별에 따른 불합리한 차별을 받지 아니하고 자신의 희망과 소양에 따라 다양한 사회적·경제적 활동을 영위하는 것은 그 인격권 실현의 본질적 부분에 해당하므로 평등권이라는 기본권의 침해도 민법 제750조의 일반규정을 통하여 사법상 보호되는 인격적 법익침해의 형태로 구체화되어 논하여질 수 있고, 그 위법성 인정을 위하여 반드시 사인간의 평등권 보호에 관한 별개의 입법이 있어야만 하는 것은 아니다(대판 2011.1.27. 2009다19864).

051
□□□

기본권 경합의 경우에는 기본권 침해를 주장하는 청구인의 의도 및 기본권을 제한하는 입법자의 객관적 동기 등을 참작하여 사안과 가장 밀접한 관계에 있고 또 침해의 정도가 큰 주된 기본권을 중심으로 그 제한의 한계를 살핀다.　　　　　　　　　　　　　　　　　　　　　　　　　　　　　O | X

하나의 규제로 인하여 여러 기본권이 동시에 제약을 받는 기본권 경합의 경우에는 기본권 침해를 주장하는 청구인의 의도 및 기본권을 제한하는 입법자의 객관적 동기 등을 참작하여 사안과 가장 밀접한 관계가 있고 또 침해의 정도가 큰 주된 기본권을 중심으로 해서 그 제한의 한계를 따져 보아야 한다(헌재 2020.7.16. 2018헌마566).

052
□□□

청구인은 의료인이 아니라도 문신시술업을 합법적인 직업으로 영위할 수 있어야 함을 주장하고 있고, 의료법 조항의 1차적 의도도 보건위생상 위해 가능성이 있는 행위를 규율하고자 하는 경우에는 직업선택의 자유를 중심으로 위헌 여부를 살피는 이상 예술의 자유 침해 여부는 판단하지 아니한다.　　　　　　O | X

청구인들은 의료인이 아니더라도 문신시술업을 합법적인 직업으로 영위할 수 있어야 함을 주장하고 있고, 심판대상조항의 일차적 의도도 보건위생상 위해 가능성이 있는 행위를 규율하고자 하는 데 있으며, 심판대상조항에 의한 예술의 자유 또는 표현의 자유의 제한은 문신시술업이라는 직업의 자유에 대한 제한을 매개로 하여 간접적으로 제약되는 것이라 할 것인바, 사안과 가장 밀접하고 침해의 정도가 큰 직업선택의 자유를 중심으로 심판대상조항의 위헌 여부를 살피는 이상 예술의 자유와 표현의 자유 침해 여부에 대하여는 판단하지 아니한다(헌재 2022.3.31. 2017헌마1343).

053
□□□

선거기간 중 모임을 처벌하는 공직선거법 조항에 대한 입법자의 1차적 의도는 선거기간 중 집회를 금지하는 데 있으며, 헌법상 결사의 자유보다 집회의 자유가 두텁게 보호되고, 위 조항에 의하여 직접 제약되는 자유 역시 집회의 자유이므로 집회의 자유를 침해하는지를 살핀다. O | X

심판대상조항은 국민운동단체인 바르게살기운동협의회에 대하여 선거기간 중 일체의 모임을 금지시킴으로써 집회의 자유와 결사의 자유(단체활동의 자유)를 동시에 제한하고 있다. 이와 같이 하나의 규제로 인하여 여러 기본권이 동시에 제약을 받는 기본권경합의 경우에는 기본권침해를 주장하는 제청법원의 의도 및 기본권을 제한하는 입법자의 객관적 동기 등을 참작하여 사안과 가장 밀접한 관계가 있고 또 침해의 정도가 큰 주된 기본권을 중심으로 하여 그 제한의 한계를 따져 보아야 한다.

심판대상조항에 대한 입법자의 일차적 의도는 선거기간 중 모임, 즉 집회를 금지하고자 하는 데 있으며, 단체의 모임은 단체의 다양한 활동 중의 하나에 불과하고, 헌법상 결사의 자유보다는 집회의 자유가 두텁게 보호되며, 위 조항에 의하여 직접 제약되는 자유 역시 집회의 자유라고 할 것이다. 따라서 아래에서는 심판대상조항이 과잉금지원칙에 위반하여 집회의 자유를 침해하는지를 살핀다(헌재 2013.12.26. 2010헌가90).

054
□□□

국립대학교 총장임용후보자 선거 시 투표에서 일정 수 이상을 득표한 경우에만 기탁금 전액이나 일부를 후보자에게 반환하고, 반환되지 않은 기탁금은 국립대학교 발전기금에 귀속시키는 기탁금귀속조항에 대해서는 재산권보다 공무담임권을 중심으로 살핀다. O | X

이 사건 기탁금귀속조항은 후보자가 사망하거나 제1차 투표에서 유효투표수의 100분의 15 이상을 득표한 경우에는 기탁금 전액을, 제1차 투표에서 유효투표수의 100분의 10 이상 100분의 15 미만을 득표한 경우에는 기탁금 반액을 후보자에게 반환하고, 반환되지 않은 기탁금은 경북대학교 발전기금에 귀속되도록 하고 있다. 이하에서는 이 사건 기탁금귀속조항이 후보자의 재산권을 침해하는지 여부에 대하여 살핀다(헌재 2022.5.26. 2020헌마1219).

✓ 참고 기탁금 귀속조항과 달리 기탁금 납부조항은 공무담임권의 침해여부 위주로 판단하였다.

> 🔎 **관련 판례** 기탁금납부조항에 관한 판단
>
> 헌법 제25조의 공무담임권은 모든 국민이 누구나 그 능력과 적성에 따라 공직에 취임할 수 있는 균등한 기회를 보장한다. 이 사건 기탁금납부조항은 국립대학인 경북대학교에서 총장임용후보자선거의 후보자가 되려는 사람에게 기탁금 납부를 요구하므로, 이들의 공무담임권을 제한한다. 한편 청구인은 이 사건 기탁금납부조항이 경제적 능력이 없는 사람의 후보자 지원을 어렵게 하므로 평등권을 침해한다고 주장하나, 이는 공무담임권 침해 여부를 판단할 때 함께 판단할 수 있으므로 별도로 살피지 아니한다. 또한 청구인은 이 사건 기탁금납부조항이 기탁금을 납부하지 않을 자유를 제한함으로써 일반적 행동자유권을 침해한다고 주장하나, 이는 기탁금 납부를 요구함으로써 후보자 등록을 제한하는 것이 공무담임권을 침해한다는 주장과 다를 바 없으므로 이에 대해서 별도로 판단하지 않는다. 따라서 이하에서는 이 사건 기탁금납부조항이 공무담임권을 침해하는지 여부에 대하여 살핀다(헌재 2022.5.26. 2020헌마1219).

정답 053 ○ 054 X

055
☐☐☐

단체협약을 매개로 한 조직강제[이른바 유니언 샵(Union Shop) 협정 체결]를 용인하는 경우 근로자 개인의 단결하지 않을 자유는 노동조합의 적극적 단결권보다 중시된다.　　　　　　　　　　　　　O | X

이 사건 법률조항은 노동조합의 조직유지·강화를 위하여 당해 사업장에 종사하는 근로자의 3분의 2 이상을 대표하는 노동조합(이하 '지배적 노동조합'이라 한다)의 경우 단체협약을 매개로 한 조직강제[이른바 유니언 샵(Union Shop) 협정의 체결]를 용인하고 있다. 이 경우 근로자의 단결하지 아니할 자유와 노동조합의 적극적 단결권(조직강제권)이 충돌하게 되나, 근로자에게 보장되는 적극적 단결권이 단결하지 아니할 자유보다 특별한 의미를 갖고 있고, 노동조합의 조직강제권도 이른바 자유권을 수정하는 의미의 생존권(사회권)적 성격을 함께 가지는 만큼 근로자 개인의 자유권에 비하여 보다 특별한 가치로 보장되는 점 등을 고려하면, <u>노동조합의 적극적 단결권은 근로자 개인의 단결하지 않을 자유보다 중시된다고 할 것이고</u>, 또 노동조합에게 위와 같은 조직강제권을 부여한다고 하여 이를 근로자의 단결하지 아니할 자유의 본질적인 내용을 침해하는 것으로 단정할 수는 없다(헌재 2005.11.24. 2002헌바95). 헌법재판소는 근로자 개인의 단결하지 않을 자유(= 소극적 단결권)보다 적극적 단결권이 중시된다고 보았다.

056
☐☐☐

국민의 수학권과 교사의 수업의 자유는 다 같이 보호되어야 하겠지만 양자가 충돌하는 경우 국민의 수학권이 더 우선적으로 보호되어야 한다.　　　　　　　　　　　　　　　　　O | X

국민이 수학권과 교사의 수업의 자유는 다 같이 보호되어야 하겠지만 그 중에서도 <u>국민의 수학권이 더 우선적으로 보호되어야 한다</u>. 그것은 국민의 수학권 보장은 우리 헌법이 지향하고 있는 문화국가, 민주복지국가의 이념구현을 위한 기본적 토대이고, 국민이 인간으로서 존엄과 가치를 가지며 행복을 추구하고(헌법 제10조 전문) 인간다운 생활을 영위하는데(헌법 제34조) 필수적인 조건이고 대전제이며, 국민의 수학권이 교육제도를 통하여 충분히 실현될 때 비로소 모든 국민은 모든 영역에 있어서 각인의 기회를 균등히 하고 능력을 최고도로 발휘할 수 있게 될 것이기 때문이다(헌재 1992.11.12. 89헌마88).

057
☐☐☐

흡연권은 사생활의 자유를 실질적 핵으로 하는 것이고 혐연권은 사생활의 자유뿐만 아니라 생명권에까지 연결되는 것이므로 혐연권이 흡연권보다 상위의 기본권이다.　　　　　　　　　　　　　O | X

흡연권은 사생활의 자유를 실질적 핵으로 하는 것이고 혐연권은 사생활의 자유뿐만 아니라 생명권에까지 연결되는 것이므로 혐연권이 흡연권보다 상위의 기본권이다(헌재 2004.8.26. 2003헌마457).

058
☐☐☐

피해자의 반론게재청구권으로 해석되는 정정보도청구권제도는 언론의 자유와는 서로 충돌되는 면이 있으나 전체적으로는 상충되는 기본권 사이에 합리적인 조화를 이루고 있다.　　　　　　　　O | X

정정보도청구권제도는 그 명칭에 불구하고 피해자의 반론게재청구권으로 해석되고 이는 언론의 자유와는 비록 서로 충돌되는 면이 없지 아니하나 전체적으로는 상충되는 기본권 사이에 합리적인 조화를 이루고 있는 것으로 판단된다(헌재 1991.9.16. 89헌마165).

해커스공무원 신동욱 헌법 핵심 기출 OX

059
□□□

기본권의 충돌이란 상이한 복수의 기본권주체가 서로의 권익을 실현하기 위해 하나의 동일한 사건에서 국가에 대하여 서로 대립되는 기본권의 적용을 주장하는 경우를 말하는데, 한 기본권 주체의 기본권행사가 다른 기본권주체의 기본권행사를 제한 또는 희생시킨다는 데 그 특징이 있다.　　　　O | X

기본권의 충돌이란 상이한 복수의 기본권주체가 서로의 권익을 실현하기 위해 하나의 동일한 사건에서 국가에 대하여 서로 대립되는 기본권의 적용을 주장하는 경우를 말하는데, 한 기본권주체의 기본권행사가 다른 기본권주체의 기본권행사를 제한 또는 희생시킨다는 데 그 특징이 있다(헌재 2005.11.24. 2002헌바95 등).

060
□□□

흡연자와 비흡연자가 함께 생활하는 공간에서의 흡연행위는 필연적으로 흡연자의 기본권과 비흡연자의 기본권이 충돌하는 상황이 초래된다. 이 경우 혐연권은 흡연권을 침해하지 않는 한에서 인정되어야 한다.　　　　O | X

흡연자가 비흡연자에게 아무런 영향을 미치지 않는 방법으로 흡연을 하는 경우에는 기본권의 충돌이 일어나지 않는다. 그러나 흡연자와 비흡연자가 함께 생활하는 공간에서의 흡연행위는 필연적으로 흡연자의 기본권과 비흡연자의 기본권이 충돌하는 상황이 초래된다. 그런데 흡연권은 위와 같이 사생활의 자유를 실질적 핵으로 하는 것이고 혐연권은 사생활의 자유뿐만 아니라 생명권에까지 연결되는 것이므로 혐연권이 흡연권보다 상위의 기본권이라 할 수 있다. 이처럼 상하의 위계질서가 있는 기본권끼리 충돌하는 경우에는 상위기본권우선의 원칙에 따라 하위기본권이 제한될 수 있으므로, 결국 흡연권은 혐연권을 침해하지 않는 한에서 인정되어야 한다(헌재 2004.8.26. 2003헌마457).

061
□□□

근로자의 단결하지 아니할 자유와 노동조합의 적극적 단결권이 충돌하는 경우 단결권 상호간의 충돌은 아니라고 하더라도 여전히 헌법상 보장된 일반적 행동의 자유 또는 결사의 자유와 적극적 단결권 사이의 기본권 충돌의 문제가 제기될 수 있다.　　　　O | X

근로자가 노동조합을 결성하지 아니할 자유나 노동조합에 가입을 강제당하지 아니할 자유, 그리고 가입한 노동조합을 탈퇴할 자유는 근로자에게 보장된 단결권의 내용에 포섭되는 권리로서가 아니라 헌법 제10조의 행복추구권에서 파생되는 일반적 행동의 자유 또는 제21조 제1항의 결사의 자유에서 그 근거를 찾을 수 있다. 이와 같이 근로자의 단결하지 아니할 자유와 노동조합의 적극적 단결권이 충돌하는 경우 단결권 상호간의 충돌은 아니라고 하더라도 여전히 헌법상 보장된 일반적 행동의 자유 또는 결사의 자유와 적극적 단결권 사이의 기본권 충돌의 문제가 제기될 수 있다(헌재 2005.11.24. 2002헌바95 등).

062
□□□

국가가 태아의 생명 보호를 위해 확정적으로 만들어 놓은 자기낙태죄 조항의 위헌성을 심사함에 있어 동 조항의 존재와 역할을 간과한 채, 임신한 여성의 자기결정권과 태아의 생명권의 직접적인 충돌을 해결해야 하는 사안으로 보는 것은 적절하지 않다.　　　　O | X

이 사안은 국가가 태아의 생명 보호를 위해 확정적으로 만들어 놓은 자기낙태죄 조항이 임신한 여성의 자기결정권을 제한하고 있는 것이 과잉금지원칙에 위배되어 위헌인지 여부에 대한 것이다. 자기낙태죄 조항의 존재와 역할을 간과한 채 임신한 여성의 자기결정권과 태아의 생명권의 직접적인 충돌을 해결해야 하는 사안으로 보는 것은 적절하지 않다(헌재 2019.4.11. 2017헌바127).

정답 059 O　060 X　061 O　062 O

063
☐☐☐

사인에 의한 평등권 침해도 민법 제750조의 일반규정을 통하여 사법상 보호되는 인격적 법익침해의 형태
로 구체화되어 논해질 수 있으며, 그 위법성 인정을 위해서는 반드시 사인간의 평등권 보호에 관한 별개
의 입법이 있어야만 한다. O | X

사적 단체를 포함하여 사회공동체 내에서 개인이 성별에 따른 불합리한 차별을 받지 아니하고 자신의 희망과
소양에 따라 다양한 사회적 · 경제적 활동을 영위하는 것은 그 인격권실현의 본질적 부분에 해당하므로 평등권
이라는 기본권의 침해도 민법 제750조의 일반규정을 통하여 사법상 보호되는 인격적 법익침해의 형태로 구체
화되어 논하여질 수 있고, 그 위법성 인정을 위하여 반드시 사인간의 평등권 보호에 관한 별개의 입법이 있어
야만 하는 것은 아니다(대판 2011.1.27. 2009다19864).

064
☐☐☐

항공운송업을 영위하는 회사가 취업규칙에서 소속 직원들이 수염을 기르지 못하도록 일률적 · 전면적으로
강제하는 것은 항공기의 조종을 책임지는 기장의 일반적 행동자유권을 침해한다. O | X

원고는 항공운항의 안전을 위하여 항공기 기장의 턱수염을 전면적으로 금지할 필요가 있다는 취지로 주장하
나, 이러한 주장을 뒷받침할 만한 별다른 합리적 이유와 근거도 찾아보기 어렵다. 오히려 원고는 항공기 기장
을 포함한 원고 소속 외국인 직원들에게는 수염을 기르는 것을 부분적으로 허용하여 왔고, 다른 항공사들도
운항승무원이 수염을 기르는 것을 전면적으로 금지하고 있지 않다. 아울러 원고가 취업규칙을 개정하여 개별
적인 업무의 특성과 필요성을 고려하여, 구체적 · 개별적으로 수염의 형태를 포함하여 용모와 복장 등을 합리
적으로 제한하는 것이 불가능하거나 어려워 보이지 않는다. 그러므로 이 사건 조항은 원고가 보유하는 영업의
자유의 한계를 넘어서 참가인의 일반적 행동자유권을 과도하게 제한하는 것으로서, 참가인 등 근로자의 일반
적 행동자유권을 침해한다(대판 2018.9.13. 2017두38560).

065
☐☐☐

종립학교가 고등학교 평준화정책에 따라 강제배정된 학생들을 상대로 학교와 다른 신앙을 가진 학생의
기본권을 고려하지 않은 것은 학생의 종교에 관한 인격적 법익을 침해하는 위법한 행위이다. O | X

종립학교가 특정 종교의 교리를 전파하는 종파적인 종교행사와 종교과목 수업을 실시하면서 참가 거부가 사실
상 불가능한 분위기를 조성하는 등 신앙을 갖지 않거나 학교와 다른 신앙을 가진 학생들의 기본권을 고려하지
않은 것은, 학생의 종교에 관한 인격적 법익을 침해하는 위법한 행위이고, 그로 인하여 인격적 법익을 침해받
는 학생이 있을 것임이 충분히 예견가능하고 그 침해가 회피가능하므로 과실 역시 인정된다(대판 2010.4.22.
2008다38288).

066
☐☐☐

헌법상의 기본권은 제1차적으로 개인의 자유로운 영역을 공권력의 침해로부터 보호하기 위한 방어적 권리
이지만 다른 한편으로 헌법의 기본적인 결단인 객관적인 가치질서를 구체화한 것으로서, 사법을 포함한
모든 법 영역에 그 영향을 미치는 것이므로 사인간의 사적인 법률관계도 헌법상의 기본권 규정에 적합하
게 규율되어야 한다. O | X

헌법상의 기본권은 제1차적으로 개인의 자유로운 영역을 공권력의 침해로부터 보호하기 위한 방어적 권리이
지만 다른 한편으로 헌법의 기본적인 결단인 객관적인 가치질서를 구체화한 것으로서, 사법(私法)을 포함한
모든 법 영역에 그 영향을 미치는 것이므로 사인간의 사적인 법률관계도 헌법상의 기본권 규정에 적합하게 규
율되어야 한다(대판 2010.4.22. 2008다38288).

정답 063 X   064 ○   065 ○   066 ○

067
□□□

사적 단체를 포함하여 사회공동체 내에서 개인이 성별에 따른 불합리한 차별을 받지 아니하고 자신의 희망과 소양에 따라 다양한 사회적·경제적 활동을 영위하는 것은 그 인격권 실현의 본질적 부분에 해당하므로 평등권이라는 기본권의 침해도 민법 제750조(불법행위의 내용)의 일반규정을 통하여 사법상 보호되는 인격적 법익침해의 형태로 구체화되어 논하여질 수 있지만, 그 위법성 인정을 위하여는 사인간의 평등권 보호에 관한 별개의 입법이 있어야 한다.　　　　　　　　　　　　　　　　　　　　　　　　　　　O | X

헌법 제11조는 "모든 국민은 법 앞에 평등하다. 누구든지 성별·종교 또는 사회적 신분에 의하여 정치적·경제적·사회적·문화적 생활의 모든 영역에 있어서 차별을 받지 아니한다."라고 규정하여 평등의 원칙을 선언함과 동시에 모든 국민에게 평등권을 보장하고 있다. 따라서 사적 단체를 포함하여 사회공동체 내에서 개인이 성별에 따른 불합리한 차별을 받지 아니하고 자신의 희망과 소양에 따라 다양한 사회적·경제적 활동을 영위하는 것은 그 인격권 실현의 본질적 부분에 해당하므로 평등권이라는 기본권의 침해도 민법 제750조의 일반규정을 통하여 사법상 보호되는 인격적 법익침해의 형태로 구체화되어 논하여질 수 있고, 그 위법성 인정을 위하여 반드시 사인간의 평등권 보호에 관한 별개의 입법이 있어야만 하는 것은 아니다(대판 2011.1.27. 2009다19864).

068
□□□

사적 단체는 사적 자치의 원칙 내지 결사의 자유에 따라 그 단체의 형성과 조직, 운영을 자유롭게 할 수 있으므로, 사적 단체가 그 성격이나 목적에 비추어 그 구성원을 성별에 따라 달리 취급하는 것이 일반적으로 금지된다고 할 수는 없다.　　　　　　　　　　　　　　　　　　　　　　　　　　　　　　　　　O | X

사적 단체는 사적 자치의 원칙 내지 결사의 자유에 따라 그 단체의 형성과 조직, 운영을 자유롭게 할 수 있으므로, 사적 단체가 그 성격이나 목적에 비추어 그 구성원을 성별에 따라 달리 취급하는 것이 일반적으로 금지된다고 할 수는 없다. 그러나 사적 단체의 구성원에 대한 성별에 따른 차별처우가 사회공동체의 건전한 상식과 법감정에 비추어 볼 때 도저히 용인될 수 있는 한계를 벗어난 경우에는 사회질서에 위반되는 행위로서 위법한 것으로 평가할 수 있고, 위와 같은 한계를 벗어났는지 여부는 사적 단체의 성격이나 목적, 차별처우의 필요성, 차별처우에 의한 법익 침해의 양상 및 정도 등을 종합적으로 고려하여 판단하여야 한다(대판 2011.1.27. 2009다19864).

제5절　기본권의 한계와 제한

069
□□□

의료사고 피해구제 및 의료분쟁 조정 등에 관한 법률 규정상 보상의 전제가 되는 의료사고에 관한 사항들은 의학의 발전 수준 등에 따라 변할 수 있으므로, 분담금 납부의무자의 범위와 보상재원의 분담비율을 반드시 법률에서 정해야 한다고 보기는 어렵다.　　　　　　　　　　　　　　　　　　　　　　　　　　O | X

보상의 전제가 되는 의료사고에 관한 사항들은 의학의 발전 수준이나 의료 환경 등에 따라 변할 수 있으므로, 보상이 필요한 의료사고인지, 보상의 범위를 어느 수준으로 할지, 그 재원을 누가 부담할지 등은 당시의 의료사고 현황이나 관련자들의 비용부담 능력 등을 종합적으로 고려하여 결정해야 할 것이다. 따라서 분담금 납부의무자의 범위와 보상재원의 분담비율을 반드시 법률에서 직접 정해야 한다고 보기는 어렵고, 이를 대통령령에 위임하였다고 하여 그 자체로 법률유보원칙에 위배된다고 할 수는 없다(헌재 2018.4.26. 2015헌가13).

정답　067 X　068 ○　069 ○

070
☐☐☐

취소소송 등의 제기 시 행정소송법 조항의 집행정지의 요건으로 규정한 '회복하기 어려운 손해'는 건전한 상식과 통상적인 법감정을 가진 사람이 심판대상조항의 의미내용을 파악하기 어려우므로 명확성원칙에 위배된다.　　　　O | X

집행정지 요건으로 규정한 '회복하기 어려운 손해'는 대법원 판례에 의하여 '특별한 사정이 없는 한 금전으로 보상할 수 없는 손해로서 이는 금전보상이 불능인 경우 내지는 금전보상으로는 사회관념상 행정처분을 받은 당사자가 참고 견딜 수 없거나 또는 참고 견디기가 현저히 곤란한 경우의 유형, 무형의 손해'를 의미한 것으로 해석할 수 있고, … 이와 같이 심판대상조항은 법관의 법 보충작용을 통한 판례에 의하여 합리적으로 해석할 수 있고, 자의적인 법해석의 위험이 있다고 보기 어려우므로 <u>명확성 원칙에 위배되지 않는다</u>(헌재 2018.1. 25. 2016헌바208).

071
☐☐☐

정당한 이유 없이 이 법에 규정된 범죄에 공용(供用)될 우려가 있는 흉기나 그 밖의 위험한 물건을 휴대한 사람을 처벌하도록 규정한 폭력행위 등 처벌에 관한 법률 조항에서 '공용(供用)될 우려가 있는'은 흉기나 그 밖의 위험한 물건이 '사용될 위험성이 있는'의 뜻으로 해석할 수 있으므로 죄형법정주의의 명확성원칙에 위배되지 않는다.　　　　O | X

'정당한 이유 없이 이 법에 규정된 범죄에 공용(供用)될 우려가 있는' 부분은 '흉기나 위험한 물건을 휴대할 만한 충분한 시유기 없이 폭력행위처벌법에 규정된 범죄에 사용될 위험성이 있는'의 의미로 구체화할 수 있으므로 죄형법정주의의 명확성원칙에 위배되지 않는다(헌재 2018.5.31. 2016헌바250).

072
☐☐☐

어린이집이 시·도지사가 정한 수납한도액을 초과하여 보호자로부터 필요경비를 수납한 것에 대해 해당 시·도지사가 영유아보육법에 근거하여 발할 수 있도록 한 '시정 또는 변경' 명령은 명확성원칙에 위배되지 않는다.　　　　O | X

'심판대상조항이 규정하고 있는 '시정 또는 변경' 명령은 '영유아보육법 제38조 위반행위에 대하여 그 위법사실을 시정하도록 함으로써 정상적인 법질서를 회복하는 것을 목적으로 행해지는 행정작용'으로, 여기에는 과거의 위반행위로 인하여 취득한 필요경비 한도 초과액에 대한 환불명령도 포함됨을 어렵지 않게 예측할 수 있다. 그렇다면 심판대상조항 자체에 시정 또는 변경 명령의 내용으로 환불명령을 명시적으로 규정하지 않았다고 하여 명확성원칙에 위배된다고 볼 수 없다(헌재 2017.12.28. 2016헌바249).

073
☐☐☐

구 소방시설공사업법 제39조 중 "제36조 제3호에 해당하는 위반 행위를 하면 그 행위자를 벌한다."에 관한 부분이 '처벌대상으로 규정하고 있는 행위자'에는 감리업자 이외에 실제 감리업무를 수행한 감리원도 포함되는지 여부가 불명확하므로 죄형법정주의의 명확성원칙에 위배된다.　　　　O | X

이 사건 양벌규정의 문언과 관련 규정의 내용, 입법목적 및 확립된 판례를 통한 해석방법 등을 종합하여 보면, 위 조항이 처벌대상으로 규정하고 있는 '행위자'에는 감리업자 이외에 실제 감리업무를 수행한 감리원도 포함된다는 점을 충분히 알 수 있으므로, 이 사건 양벌규정은 죄형법정주의의 명확성원칙에 위배된다고 볼 수 없다(헌재 2023.2.23. 2020헌바314).

정답 070 X　071 O　072 O　073 X

074
☐☐☐

형벌불소급원칙에서 의미하는 '처벌'은 형법에 규정되어 있는 형식적 의미의 형벌 유형에 국한되지 않으며, 범죄행위에 따른 제재의 내용이나 실제적 효과가 형법적 성격이 강하여 신체의 자유를 박탈하거나 이에 준하는 정도로 신체의 자유를 제한하는 경우에는 형벌불소급원칙이 적용되어야 한다. O I X

형벌불소급원칙에서 의미하는 '처벌'은 형법에 규정되어 있는 형식적 의미의 형벌 유형에 국한되지 않으며, 범죄행위에 따른 제재의 내용이나 실제적 효과가 형법적 성격이 강하여 신체의 자유를 박탈하거나 이에 준하는 정도로 신체의 자유를 제한하는 경우에는 형벌불소급원칙이 적용되어야 한다. 노역장유치는 그 실질이 신체의 자유를 박탈하는 것으로서 징역형과 유사한 형벌적 성격을 가지고 있으므로 형벌불소급원칙의 적용대상이 된다(헌재 2017.10.26. 2015헌바239 등).

075
☐☐☐

납세의무자가 체납처분의 집행을 면탈할 목적으로 그 재산을 은닉·탈루하거나 거짓 계약을 하였을 때 형사처벌하는 조세범 처벌법 제7조 제1항 중 '납세의무자가 체납처분의 집행을 면탈할 목적으로' 부분은 죄형법정주의의 명확성원칙에 위배되지 않는다. O I X

국세기본법에서 규정하고 있는 납세의무자의 정의 및 납세의무의 성립시기 등에 의하면, 심판대상조항의 '납세의무자'란 면탈하고자 하는 체납처분과 관련된 국세를 납부할 의무가 있는 자를 의미하는 것이고, 그 지위는 과세요건이 충족되어 해당 납세의무가 성립된 때 취득하게 되므로, 심판대상조항은 '납세의무가 성립된 이후'의 시기에 행해진 행위만을 처벌하는 것임이 명백하다. 또한 심판대상조항은 정부의 국세징수권을 보호법익으로 하는 점, 심판대상조항이 명시적으로 요구하고 있는 '체납처분의 집행을 면탈할 목적'은 적어도 체납처분의 집행을 받을 우려가 있는 시점에서야 인정될 수 있는 점 등을 고려한다면, 심판대상조항은 '체납처분의 집행을 받을 우려가 있는 객관적인 상태가 발생한 이후'의 시기에 행해진 행위만을 처벌하는 것임이 명백하다. 심판대상조항은 죄형법정주의의 명확성원칙에 위배되지 않는다(헌재 2023.8.31. 2020헌바498).

076
☐☐☐

종합문화재수리업을 하려는 자에게 요구되는 기술능력의 등록 요건을 대통령령에 위임하고 있는 문화재수리 등에 관한 법률 제14조 제1항 문화재수리업 중 '종합문화재수리업'을 하려는 자의 '기술능력'에 관한 부분은 죄형법정주의에 위배되지 않는다. O I X

종합문화재수리업의 기술능력에 관한 구체적인 사항은 문화재수리업의 시장 현실, 문화재수리 기술 및 관련 정책의 변화 등을 고려하여 그때그때의 상황에 맞게 규율하여야 할 필요가 있으므로 위임의 필요성이 인정된다. 또한, 관련조항 등을 종합하여 보면, 대통령령에 규정될 내용은 종합문화재수리업에 필요한 일정한 기술 및 자격을 갖춘 문화재수리기술자·문화재수리기능자 등의 인원수 내지 수준 등에 관한 사항이 될 것임을 충분히 예측할 수 있다. 따라서 심판대상조항은 죄형법정주의 및 포괄위임금지원칙에 위배되지 아니한다(헌재 2023.6.29. 2020헌바109).

정답 074 ○ 075 ○ 076 ○

077
☐☐☐

자산유동화계획에 의하지 아니하고 여유자금을 투자한 자를 처벌하는 자산유동화에 관한 법률 제40조 제2호 중 '제22조의 규정에 위반하여 자산유동화계획에 의하지 아니하고 여유자금을 투자한 자' 부분은 죄형법정주의의 명확성원칙에 위배되지 않는다. O | X

심판대상조항의 수범자는 유동화전문회사의 임직원이거나 자산유동화거래 업무와 관련된 전문 지식과 경험을 가진 자로 한정될 것인데, 이들은 자산유동화계획의 내용 중 여유자금의 투자에 관한 사항이 무엇인지, 그리고 어떠한 행위가 '자산유동화계획에 의하지 않은 여유자금 투자'인지를 충분히 파악하고 예측할 수 있는 지위에 있다. 따라서 심판대상조항이 수범자의 입장에서 예측가능성 내지 명확성을 결여한 조항이라고 보기 어렵다. 또한 '여유자금'의 사전적 정의와 심판대상조항의 입법목적, 관련 판례 등을 종합적으로 고려하면, 어떠한 행위가 자산유동화계획에 의하지 않은 여유자금 투자로서 처벌되는지에 관한 합리적이고 객관적인 해석기준이 법관의 보충적 해석을 통하여 충분히 마련되어 있다고 판단되므로, 심판대상조항이 죄형법정주의의 명확성원칙에 반한다고 볼 수 없다(헌재 2023.10.26. 2023헌가1).

078
☐☐☐

위계공무집행방해를 처벌하는 형법 조항의 '위계', '직무집행', '방해'는 모두 불확실성을 지닌 용어이고, 특히 '위계'는 의미가 모호하여 일관된 해석기준이 확립되어 있지 않으므로 죄형법정주의에서 파생되는 명확성원칙에 위반된다. O | X

심판대상조항의 '위계'는 그 사전적 의미와 법원의 일관된 해석을 종합하면 '행위자의 행위목적을 이루기 위하여 상대방에게 오인, 착각, 부지를 일으키게 하여 그 오인, 착각, 부지를 이용하는 것'을 의미한다고 볼 수 있고, '직무집행'과 '방해'에 관하여도 해석의 기준이 되는 판례가 확립되어 있다. 따라서 심판대상조항으로 인하여 금지되는 행위가 무엇인지 충분히 예측할 수 있으므로, 심판대상조항은 죄형법정주의의 명확성원칙에 위반되지 아니한다(헌재 2024.4.25. 2020헌바600).

079
☐☐☐

허위재무제표작성죄와 허위감사보고서작성죄에 대하여 배수벌금을 규정하면서도, '그 위반행위로 얻은 이익 또는 회피한 손실액이 없거나 산정하기 곤란한 경우'에 관한 벌금 상한액을 규정하지 아니한 주식회사 등의 외부감사에 관한 법률 제39조 제1항 중 '그 위반행위로 얻은 이익 또는 회피한 손실액의 2배 이상 5배 이하의 벌금'에 관한 부분은 죄형법정주의의 명확성원칙에 위배된다. O | X

'그 위반행위로 얻은 이익 또는 회피한 손실액의 2배 이상 5배 이하의 벌금형'을 규정한 심판대상조항은 애매모호하거나 추상적이어서 법관의 자의적인 해석이 가능하다고 볼 수 없어 죄형법정주의의 명확성원칙에 위배되지 않는다(헌재 2024.7.18. 2022헌가6).

080
☐☐☐

예시적 입법형식이 명확성원칙에 위반되지 않기 위해서는 예시한 구체적인 사례들이 그 자체로 일반조항의 해석을 위한 판단지침을 내포하고 있으면 족하고, 그 일반조항 자체가 그러한 구체적인 예시들을 포괄할 수 있는 의미를 담고 있는 개념이어야 하는 것은 아니다. O | X

예시적 입법형식에 있어서 일반조항 규정이 지나치게 포괄적이어서 법관의 자의적인 해석이 개입되어 그 적용범위가 확장될 가능성이 있다면 이는 명확성의 원칙에 어긋난다. 따라서 예시적 입법형식이 법률 명확성의 원칙에 위배되지 않으려면 예시한 구체적인 사례들이 그 자체로 일반조항의 해석을 위한 판단지침을 내포하고 있어야 할 뿐 아니라, 그 일반조항 자체가 그러한 구체적인 예시들을 포괄할 수 있는 의미를 담고 있는 개념이어야 한다(헌재 2014.7.24. 2013헌바169).

정답 077 ○ 078 X 079 X 080 X

081
□□□

인터넷언론사가 선거운동기간 중 당해 홈페이지 게시판 등에 정당·후보자에 대한 지지·반대 등의 정보를 게시하는 경우 실명을 확인받는 기술적 조치를 하도록 정한 공직선거법 조항 중 '인터넷언론사' 및 '지지·반대' 부분은 명확성원칙에 반하지 않는다. O | X

공직선거법 및 관련 법령이 구체적으로 '인터넷언론사'의 범위를 정하고 있고, 중앙선거관리위원회가 설치·운영하는 인터넷선거보도심의위원회가 심의대상인 인터넷언론사를 결정하여 공개하는 점 등을 종합하면 '인터넷언론사'는 불명확하다고 볼 수 없으며, '지지·반대'의 사전적 의미와 심판대상조항의 입법목적, 공직선거법 관련 조항의 규율내용을 종합하면, 건전한 상식과 통상적인 법 감정을 가진 사람이면 자신의 글이 정당·후보자에 대한 '지지·반대'의 정보를 게시하는 행위인지 충분히 알 수 있으므로, 실명확인 조항 중 '인터넷언론사' 및 '지지·반대' 부분은 명확성 원칙에 반하지 않는다(헌재 2021.1.28. 2018헌마456 등).

082
□□□

법률사건의 수임에 관하여 알선의 대가로 금품을 제공하거나 이를 약속한 변호사를 형사처벌하는 구 변호사법 조항 중 '법률사건'과 '알선'의 의미가 불분명하다고 할 수 없으므로 위 조항은 죄형법정주의의 명확성원칙에 위배되지 않는다. O | X

이 사건 법률조항이 규정하는 '법률사건'이란 '법률상의 권리·의무의 발생·변경·소멸에 관한 다툼 또는 의문에 관한 사건'을 의미하고, '알선'이란 법률사건의 당사자와 그 사건에 관하여 대리 등의 법률사무를 취급하는 상대방(변호사 포함) 사이에서 양자 간에 법률사건이나 법률사무에 관한 위임계약 등의 체결을 중개하거나 그 편의를 도모하는 행위를 말하는바, 이 사건 법률조항에 의하여 금지되고, 처벌되는 행위의 의미가 문언상 불분명하다고 할 수 없으므로 이 사건 법률조항은 죄형법정주의의 명확성원칙에 위배되지 않는다(헌재 2013.2.28. 2012헌바62).

083
□□□

청원경찰법상 품위손상행위란 '청원경찰이 경찰관에 준하여 경비 및 공안업무를 하는 주체로서 직책을 맡아 수행해 나가기에 손색이 없는 인품에 어울리지 않는 행위를 함으로써 국민이 가지는 청원경찰에 대한 정직성, 공정성, 도덕성에 대한 믿음을 떨어뜨릴 우려가 있는 행위'라고 해석할 수 있으므로 명확성원칙에 위배되지 않는다. O | X

이 사건 품위손상조항에서 규정하고 있는 품위손상행위란, 청원경찰직에 대한 국민의 신뢰를 제고하고 성실하고 공정한 직무수행을 담보하고자 하는 입법취지, 용어의 사전적 의미 등을 종합하면, '청원경찰이 경찰관에 준하여 경비 및 공안업무를 하는 주체로서 직책을 맡아 수행해 나가기에 손색이 없는 인품에 어울리지 않는 행위를 함으로써 국민이 가지는 청원경찰에 대한 정직성, 공정성, 도덕성에 대한 믿음을 떨어뜨릴 우려가 있는 행위'라고 해석할 수 있으므로 명확성원칙에 위배되지 않는다(헌재 2022.5.26. 2019헌바530).

정답 081 ○　082 ○　083 ○

084
☐☐☐

건설업자가 부정한 방법으로 건설업의 등록을 한 경우, 건설업 등록을 필요적으로 말소하도록 규정한 건설산업기본법 조항 중 '부정한 방법'의 개념은 모호하여 법률해석을 통하여 구체화될 수 없으므로 명확성원칙에 위배된다. O | X

건설산업기본법 조항 중 '부정한 방법'이란, 실제로는 기술능력·자본금·시설·장비 등에 관하여 법령이 정한 건설업 등록요건을 갖추지 못하였음에도 자본금의 납입을 가장하거나 허위신고를 통하여 기술능력이나 시설, 장비 등의 보유를 가장하는 수단을 사용함으로써 등록요건을 충족시킨 것처럼 위장하여 등록하는 방법을 말하는 것으로 그 내용이 충분히 구체화되고 제한된다고 판단된다. 따라서 이 사건 법률조항에 규정된 '부정한 방법'의 개념이 약간의 모호함에도 불구하고 법률해석을 통하여 충분히 구체화될 수 있고, 이로써 행정청과 법원의 자의적인 법적용을 배제하는 객관적인 기준을 제공하고 있으므로 이 사건 조항은 법률의 명확성원칙에 위반되지 않는다(헌재 2004.7.15. 2003헌바35 등).

085
☐☐☐

'공공의 안녕질서' 또는 '미풍양속'은 '모든 국민이 준수하고 지킬 것이 요구되는 최소한도의 질서 또는 도덕률'을 의미한다고 보아야 할 것이므로, 공공의 안녕질서 또는 미풍양속을 해하는 통신을 금지하는 구 전기통신사업법 해당 조항은 명확성원칙에 위배되지 아니한다. O | X

표현의 자유를 규제하는 입법에 있어서 명확성의 원칙은 특별히 중요한 의미를 지닌다. '공공의 안녕질서', '미풍양속'은 매우 추상적인 개념이어서 어떠한 표현행위가 과연 '공공의 안녕질서'나 '미풍양속'을 해하는 것인지, 아닌지에 관한 판단은 사람마다의 가치관, 윤리관에 따라 크게 달라질 수밖에 없고, 법집행자의 통상적 해석을 통하여 그 의미내용을 객관적으로 확정하기도 어렵다. … 전기통신사업법 제53조 제1항은 규제되는 표현의 내용이 명확하지 아니하여 명확성의 원칙에 위배된다(헌재 2002.6.27. 99헌마480).

> **⚖ 비교판례**
> 학교보건법 제6조 제1항 제15호 중 '미풍양속을 해하는 행위 및 시설' 부분은 명확성 원칙에 위반되지 않는다(헌재 2008.4.24. 2006헌바60).

086
☐☐☐

명확성원칙은 헌법상 내재하는 법치국가원리로부터 파생될 뿐만 아니라, 국민의 자유와 권리를 보호하는 기본권 보장으로부터도 나온다. O | X

명확성원칙은 헌법상 내재하는 법치국가원리로부터 파생될 뿐만 아니라, 국민의 자유와 권리를 보호하는 기본권보장으로부터도 나온다. 헌법 제37조 제2항에 의거하여 국민의 자유와 권리를 제한하는 법률은 명확하게 규정되어야 한다(헌재 2006.3.30. 2005헌바78).

087
□□□

임대인이 실제 거주를 이유로 임대차 계약의 갱신을 거절한 후 '정당한 사유 없이' 제3자에게 임대한 경우의 손해배상책임을 규정한 주택임대차보호법 해당 조항은, 임대인이 손해배상책임을 면할 수 있는 '정당한 사유'가 임대인이 갱신거절 당시에는 예측할 수 없었던 것으로서 제3자에게 목적 주택을 임대할 수밖에 없었던 불가피한 사정을 의미하는 것으로 해석되는 점 등에 비추어 명확성원칙에 반하지 아니한다.   O | X

증액청구의 산정 기준이 되는 '약정한' 차임이나 보증금의 구체적 액수는 임대차계약을 통해 확인 가능하고, 차임과 보증금이 모두 존재할 경우 차임을 보증금으로 환산한 총 보증금을 산정 기준으로 삼는 것이 타당한 점, 임대인이 손해배상책임을 면할 수 있는 '정당한 사유'란, 임대인이 갱신거절 당시에는 예측할 수 없었던 것으로서 제3자에게 목적 주택을 임대할 수밖에 없었던 불가피한 사정을 의미하는 것으로 해석되는 점 등에 비추어 명확성원칙에 반하지 아니한다(헌재 2024.2.28. 2020헌마1343 등).

088
□□□

명확성원칙의 엄격한 적용이 요구되는 경우에는 그 적용대상자와 금지 행위를 구체적으로 알 수 있도록 구체적이고 서술적인 개념에 의하여 규정하여야 하고, 다소 광범위하여 법관의 보충적인 해석을 필요로 하는 개념을 사용해서는 아니 된다.   O | X

명확성원칙의 엄격한 적용이 요구되는 경우라 하더라도 입법자가 모든 구성요건을 단순한 의미의 서술적인 개념에 의하여 규정하여야 하는 것은 아니다. 구성요건이 다소 광범위하여 어떤 범위에서는 법관의 보충적인 해석을 필요로 하는 개념을 사용하였다고 하더라도, 건전한 상식과 통상적인 법감정을 가진 사람으로 하여금 그 적용대상자가 누구이며 구체적으로 어떠한 행위가 금지되고 있는지 여부를 충분히 알 수 있도록 규정되어 있다면 명확성원칙에 위반되지 않는다고 보아야 한다(헌재 2014.9.25. 2012헌바325).

089
□□□

의약외품이 아닌 것을 용기·포장 또는 첨부 문서에 의학적 효능·효과 등이 있는 것으로 오인될 우려가 있는 표시를 하거나, 이와 같은 의약외품과 유사하게 표시된 것을 판매하는 것을 금지하는 구 약사법조항 가운데 '표시' 및 '표시된 것의 판매'에 관한 부분을 준용하는 부분의 '의학적 효능·효과 등'이라는 표현은 명확성원칙에 위배된다.   O | X

의약외품이 아닌 것을 용기·포장 또는 첨부 문서에 의학적 효능·효과 등이 있는 것으로 오인될 우려가 있는 표시를 하거나, 이와 같은 의약외품과 유사하게 표시된 것을 판매하는 것을 금지하는 구 약사법 제66조 중 제61조 제2항 가운데 '표시' 및 '표시된 것의 판매'에 관한 부분을 준용하는 부분의 '의학적 효능·효과 등'이라는 표현은 해당 물품이 약사법 제2조 제7호에서 정한 바대로 사용됨으로써 발생할 것으로 기대되는 일정한 효능·효과를 의미하는바, 약사법의 다른 규정들과의 체계 조화적 해석 등을 통해 법률의 적용단계에서 다의적 해석의 우려 없이 그 의미가 구체화될 수 있으므로, 죄형법정주의의 명확성원칙에 위반되지 않는다(헌재 2024.4.25. 2022헌바204).

정답 087 ○ 088 X 089 X

090
☐☐☐

회계관계직원 등의 책임에 관한 법률 제2조 제1호 카목의 '그 밖에 국가의 회계사무를 처리하는 사람'은 그 의미가 불명확하므로 명확성원칙에 위배된다. O | X

'그 밖에 국가의 회계사무를 처리하는 사람'이란 회계직원책임법 제2조 제1호 가목부터 차목까지에 열거된 직명을 갖지 않는 사람이라도 실질적으로 그와 유사한 회계관계업무를 처리하는 사람으로, 그 업무를 전담하는지 여부나 직위의 높고 낮음은 불문함을 예측할 수 있다. 따라서 회계직원책임법 제2조 제1호 카목 및 이를 구성요건으로 하고 있는 이 사건 특정범죄가중법 조항은 죄형법정주의의 명확성원칙에 위배되지 아니한다(헌재 2024.4.25. 2021헌바21 등).

091
☐☐☐

허위재무제표작성 및 허위감사보고서작성을 처벌하는 주식회사 등의 외부감사에 관한 법률 조항 중 '그 위반행위로 얻은 이익 또는 회피한 손실액의 2배 이상 5배 이하의 벌금'은 명확성원칙에 위배되지 않는다. O | X

'그 위반행위로 얻은 이익 또는 회피한 손실액의 2배 이상 5배 이하의 벌금형'을 규정한 심판대상조항은 애매모호하거나 추상적이어서 법관의 자의적인 해석이 가능하다고 볼 수 없어 죄형법정주의의 명확성원칙에 위배되지 않는다(헌재 2024.7.18. 2022헌가6).
※ 해당 판례에서 "배수벌금형을 규정하면서도 허위재무제표작성 행위 또는 허위감사보고서작성 행위로 얻은 이익이나 회피한 손실액이 없거나 산정하기 곤란한 경우에 관한 벌금 상한액을 규정하지 아니한 심판대상조항은, 허위재무제표작성죄나 허위감사보고서작성죄에서 그와 같이 이익 또는 회피한 손실액이 없거나 산정이 곤란한 경우에 법원으로 하여금 그 죄질과 책임에 비례하는 벌금형을 선고할 수 없도록 하여 책임과 형벌 간의 비례원칙에 위배된다."고 해서 헌법불합치 결정을 하였다.

092
☐☐☐

누구든지 선박의 감항성의 결함을 발견한 때에는 해양수산부령이 정하는 바에 따라 그 내용을 해양수산부장관에게 신고하여야 한다고 규정한 구 선박안전법 조항 중 '선박의 감항성의 결함'에 관한 부분은 명확성원칙에 위배된다. O | X

신고의무조항의 '선박의 감항성의 결함'이란 '선박안전법에서 규정하고 있는 각종 검사 기준에 부합하지 아니하는 상태로서, 선박이 안전하게 항해할 수 있는 성능인 감항성과 직접적인 관련이 있는 흠결'이라는 의미로 명확하게 해석할 수 있으므로, 신고의무조항은 죄형법정주의의 명확성원칙에 위배되지 않는다(헌재 2024.5.30. 2020헌바234).

093
☐☐☐

누구든지 이 법의 규정에 의한 공개장소에서의 연설·대담장소에서 기타 어떠한 방법으로도 연설·대담장소 등의 질서를 문란하게 하는 행위를 금지하고 있는 공직선거법 조항 중 '기타 어떠한 방법으로도' 부분은 죄형법정주의의 명확성원칙에 위배된다. O | X

심판대상조항의 입법취지와 목적, 다른 공직선거법 규정과의 관계, 문언적 의미 등을 종합하면, '기타 어떠한 방법으로도'가 연설·대담을 방해할 정도에 이르지 않더라도 자유롭고 평온한 분위기를 깨뜨려 후보자 등과 선거인 사이에 원활한 소통을 저해하거나 사고가 발생할 우려가 있는 모든 행위태양을 의미한다는 것을 알 수 있다. 따라서 심판대상조항은 죄형법정주의의 명확성원칙에 위배되지 않는다(헌재 2023.5.25. 2019헌가13).

정답 090 X 091 ○ 092 X 093 X

094
□□□

복수국적자로서 외국 국적을 선택하려는 자는 외국에 주소가 있는 경우에만 국적이탈을 허용하고 있는 국적법 조항에서 '외국에 주소가 있는 경우'는 명확성원칙에 위배되지 않는다. O | X

국적법 제14조 제1항 본문의 '외국에 주소가 있는 경우'라는 표현은 입법취지 및 그에 사용된 단어의 사전적 의미 등을 고려할 때 다른 나라에 생활근거가 있는 경우를 뜻함이 명확하므로 명확성원칙에 위배되지 아니한 다(헌재 2023.2.23. 2020헌바603).

095
□□□

정당방위와 같은 위법성 조각사유 규정은 구성요건 조항에 대한 소극적 한계를 정하고 있는 규정이므로 명확성원칙이 적용되기는 하나, 적극적으로 범죄 성립을 정하는 구성요건 규정은 아니므로 죄형법정주의가 요구하는 정도의 명확성원칙이 적용된다고는 할 수 없다. O | X

정당방위 규정은 법 각칙 전체의 구성요건 조항에 대한 소극적 한계를 정하고 있는 규정으로서, 한편으로는 위법성을 조각시켜 범죄의 성립을 부정하는 기능을 하지만, 다른 한편으로는 정당방위가 인정되지 않는 경우 위법한 행위로서 범죄의 성립을 인정하게 하는 기능을 하므로 적극적으로 범죄 성립을 정하는 구성요건 규정 은 아니라 하더라도 죄형법정주의가 요구하는 명확성 원칙이 적용된다(헌재 2001.6.28. 99헌바31).

096
□□□

규율대상인 대전제(일반조항)를 규정함과 동시에 거기에 해당하는 구체적 개별 사례들을 예시적으로 규정하는 예시적 입법형식이 명확성원칙에 위배되지 않으려면, 일반조항 자체가 구체적인 예시들을 포괄할 수 있는 의미를 담고 있는 개념이어야 하지만, 예시한 구체적인 사례들이 그 자체로 일반조항의 해석을 위한 판단지침까지 내포하고 있어야 하는 것은 아니다. O | X

예시적 입법형식의 경우, 구성요건의 대전제인 일반조항의 내용이 지나치게 포괄적이어서 법관의 자의적인 해석을 통하여 그 적용범위를 확장할 가능성이 있다면 죄형법정주의의 원칙에 위배될 수 있다. 따라서 예시적 입법형식이 법률 명확성의 원칙에 위배되지 않으려면, 예시한 개별적인 구성요건이 그 자체로 일반조항의 해석을 위한 판단지침을 내포하고 있어야 할 뿐만 아니라, 그 일반조항 자체가 그러한 구체적인 예시를 포괄할 수 있는 의미를 담고 있는 개념이 되어야 한다(헌재 2009.7.30. 2007헌마718).

097
□□□

사용자가 근로자에 대하여 '정당한 이유' 없이 해고 등을 한 경우 처벌하도록 한 근로기준법 조항은 일반인이 법률전문가의 도움을 받지 않고서는 '정당한 이유'에 무엇이 해당하는지 예측하기 어려우므로 명확성원칙에 위배된다. O | X

이 사건 법률조항은 비록 법문상으로는 '정당한 이유'라는 일반추상적 용어를 사용하고 있으나 일반인이라도 법률전문가의 도움을 받아 무엇이 금지되는 것인지 여부에 관하여 예측하는 것이 가능한 정도라고 할 것이어서 수범자인 사용자가 해고에 관하여 자신의 행위를 결정해 나가기에 충분한 기준이 될 정도의 의미내용을 가지고 있다. 그렇다면 이 사건 법률조항이 형사처벌의 대상이 되는 해고의 기준을 일반추상적 개념인 '정당한 이유'의 유무에 두고 있기는 하지만, 그 의미에 대하여 법적 자문을 고려한 예견가능성이 있고, 집행자의 자의가 배제될 정도로 의미가 확립되어 있으며, 입법 기술적으로도 개선가능성이 있다는 특별한 사정이 보이지 아니하므로 헌법상 명확성의 원칙에 반하지 아니한다(헌재 2005.3.31. 2003헌바12).

정답 094 ○ 095 X 096 X 097 X

098
□□□

법률유보의 원칙은 '법률에 의한' 규율만을 뜻하는 것이 아니라 '법률에 근거한' 규율을 요청하는 것이므로 기본권 제한의 형식이 반드시 법률의 형식일 필요는 없고 법률에 근거를 두면서 헌법 제75조가 요구하는 위임의 구체성과 명확성을 구비하기만 하면 위임입법에 의하여도 기본권 제한을 할 수 있다.   O | X

국민의 기본권은 헌법 제37조 제2항에 의하여 국가안전보장, 질서유지 또는 공공복리를 위하여 필요한 경우에 한하여 이를 제한할 수 있으나 그 제한은 원칙적으로 법률로써만 가능하며, 제한하는 경우에도 기본권의 본질적 내용을 침해할 수 없고 필요한 최소한도에 그쳐야 한다. 이러한 법률유보의 원칙은 '법률에 의한' 규율만을 뜻하는 것이 아니라 '법률에 근거한' 규율을 요청하는 것이므로 기본권 제한의 형식이 반드시 법률의 형식일 필요는 없고 법률에 근거를 두면서 헌법 제75조가 요구하는 위임의 구체성과 명확성을 구비하기만 하면 위임입법에 의하여도 기본권 제한을 할 수 있다 할 것이다(헌재 2005.2.24. 2003헌마289).

099
□□□

정부에 대한 반대 견해나 비판에 대하여 합리적인 홍보와 설득으로 대처하는 것이 아니라 비판적 견해를 가졌다는 이유만으로 국가의 지원에서 일방적으로 배제함으로써 정치적 표현의 자유를 제재하는 공권력의 행사는 헌법의 근본원리인 국민주권주의와 자유민주적 기본질서에 반하는 것으로 그 목적의 정당성을 인정할 수 없다.   O | X

이 사건 지원배제 지시는 특정한 정치적 견해를 표현한 자에 대하여 문화예술 지원 공모사업에서의 공정한 심사 기회를 박탈하여 사후적으로 제재를 가한 것으로, 개인 및 단체의 정치적 표현의 자유에 대한 제한조치에 해당하는바, 그 법적 근거가 없으므로 법률유보원칙을 위반하여 표현의 자유를 침해한다(헌재 2020.12.23. 2017헌마416).

100
□□□

출정 시 청구인이 교도관과 동행하면서 교도관이 청구인에게 재판시작 전까지 행정법정 방청석에서 보호장비를 착용하도록 한 것은 과잉금지원칙에 위배된다.   O | X

과잉금지원칙에 위배되지 않는다.

> **🔖 관련 판례**
> 민사법정 내 보호장비 사용행위는 출정 기회를 이용한 도주 등 교정사고를 예방하고 법정질서 유지에 협력하기 위한 적합한 수단이다. … 출정 시 수용자 의류를 입고 교도관과 동행하였으며 재판 시작 전까지 보호장비를 사용하였던 청구인이 민사법정 내에서 보호장비를 사용하게 되어 영향을 받는 인격권, 신체의 자유 정도는 제한적인 반면, 민사법정 내 교정사고를 예방하고 법정질서 유지에 협력하고자 하는 공익은 매우 중요하다. 따라서 민사법정 내 보호장비 사용행위는 과잉금지원칙에 위반되어 청구인의 <u>인격권과 신체의 자유를 침해하지 아니한다</u>(헌재 2018.6.28. 2017헌마181).

정답 098 ○   099 ○   100 X

101

영상물에 수록된 미성년 피해자 진술에 있어서 원진술자인 미성년 피해자에 대한 피고인의 반대신문권을 실질적으로 배제하여 피고인의 방어권을 과도하게 제한하는 구 성폭력범죄의 처벌 및 피해자보호 등에 관한 법률 조항은 피해의 최소성요건을 갖추지 못하였다. O | X

미성년 피해자의 2차 피해를 방지하는 것은, 성폭력범죄에 관한 형사절차를 형성함에 있어 포기할 수 없는 중요한 가치이나 그 과정에서 피고인의 공정한 재판을 받을 권리도 보장되어야 한다. 성폭력범죄의 특성상 영상물에 수록된 미성년 피해자 진술이 사건의 핵심 증거인 경우가 적지 않음에도 심판대상조항은 진술증거의 오류를 탄핵할 수 있는 효과적인 방법인 피고인의 반대신문권을 보장하지 않고 있다. … 그러나 심판대상조항으로 인한 피고인의 방어권 제한의 중대성과 미성년 피해자의 2차 피해를 방지할 수 있는 여러 조화적인 대안들이 존재함을 고려할 때, 심판대상조항이 달성하려는 공익이 제한되는 피고인의 사익보다 우월하다고 쉽게 단정하기는 어렵다. 따라서 심판대상조항은 과잉금지원칙을 위반하여 공정한 재판을 받을 권리를 침해한다(헌재 2021.12.23. 2018헌바524).

102

'변호인의 피의자신문 참여 운영 지침'상 피의자신문에 참여한 변호인이 피의자 옆에 앉는 경우 피의자 뒤에 앉는 경우보다 수사를 방해할 가능성이나 수사기밀을 유출할 가능성이 높아진다고 볼 수 있으므로, 후방착석요구행위의 목적의 정당성과 수단의 적절성이 인정된다. O | X

피의자신문에 참여한 변호인이 피의자 옆에 앉는다고 하여 피의자 뒤에 앉는 경우보다 수사를 방해할 가능성이 높아진다거나 수사기밀을 유출할 가능성이 높아진다고 볼 수 없으므로, 이 사건 후방착석요구행위의 목적의 정당성과 수단의 적절성을 인정할 수 없다. 그런데 이 사건에서 변호인의 수사방해나 수사기밀의 유출에 대한 우려가 없고, 조사실의 장소적 제약 등과 같이 이 사건 후방착석요구행위를 정당화할 그 외의 특별한 사정도 없으므로, 이 사건 후방착석요구행위는 침해의 최소성 요건을 충족하지 못한다. 이 사건 후방착석요구행위로 얻어질 공익보다는 변호인의 피의자신문참여권 제한에 따른 불이익의 정도가 크므로, 법익의 균형성 요건도 충족하지 못한다. 따라서 이 사건 후방착석요구행위는 변호인인 청구인의 변호권을 침해한다(헌재 2017.11.30. 2016헌마503).

103

마약류 관리에 관한 법률을 위반하여 금고 이상의 실형을 선고받고 그 집행이 끝나거나 면제된 날부터 20년이 지나지 아니한 것을 택시운송사업의 운전업무 종사자격의 결격사유 및 취소사유로 정한 구 여객자동차 운수사업법 조항은 침해의 최소성 원칙에 위배된다. O | X

심판대상조항은 구체적 사안의 개별성과 특수성을 고려할 수 있는 여지를 일체 배제하고 그 위법의 정도나 비난 가능성의 정도가 미약한 경우까지도 획일적으로 20년이라는 장기간 동안 택시운송사업의 운전업무 종사자격을 제한하는 것이므로 침해의 최소성 원칙에 위배되며, 법익의 균형성 원칙에도 반한다(헌재 2015.12.23. 2014헌바446).

정답 101 ○ 102 X 103 ○

104
☐☐☐

임차주택의 양수인이 임대인의 지위를 승계하도록 규정한 구 주택임대차보호법 조항은 임차인의 주거생활의 안정을 도모함과 동시에 주민등록이라는 공시기능을 통하여 주택 양수인의 불측의 손해를 예방할 수 있도록 하고 있으므로, 기본권 침해의 최소성원칙에 반하지 않는다.　O | X

심판대상조항에 따른 임대인 지위의 승계는 주택임대차보호법 제3조 제1항 소정의 대항력 요건을 갖춘 임차인이 있을 경우에만 이루어지는 것인데, 이 경우 주택임대차보호법은 대항력의 요건으로서 주택의 인도와 주민등록을 요구하고 있으므로 적어도 임차인의 이름과 전입일 만큼은 공부인 주민등록표에 의하여 공시되어 거래의 안전이 보장된다. 따라서 임차주택을 대상으로 하여 법률관계를 맺으려는 자는 대항력 있는 임차인이 존재함으로 인하여 발생할 수 있는 위험을 예상하여 그에 대한 적절한 예방조치를 취할 수 있다. 그런데 이는 임대차보증금반환채무에 대한 지연손해금 승계의 경우에도 마찬가지이다. 임차주택을 양도한 임대인에게 이미 발생한 지연손해금도 임차인 보호의 측면 및 주민등록의 공시기능으로 인한 양수인의 예측가능성의 측면에서 임대차보증금반환채무의 승계와 달리 볼 이유가 없기 때문이다. 결국 심판대상조항은 임차인의 주거생활의 안정을 도모함과 동시에 주민등록이라는 공시기능을 통하여 주택 양수인의 불측의 손해를 예방할 수 있도록 하고 있으므로, 과잉금지원칙에 위반된다고 볼 수 없다(헌재 2017.8.31. 2016헌바146).

105
☐☐☐

과잉금지원칙은 기본권 제한의 방법상 한계로서 헌법 제37조 제2항의 '필요한 경우에 한하여' 부분에서 그 근거를 찾을 수 있다.　O | X

헌법은 제37조 제2항에서 국민의 모든 자유와 권리는 국가안전보장·질서유지·공공이익을 위하여 필요한 경우에 한하여 법률로써 제한할 수 있지만, 제한하는 경우에도 자유와 권리의 본질적인 내용은 침해할 수 없다고 한다. 여기에는 네 가지의 법률유보의 한계가 내포되어 있는데, ① 목적상의 한계는 '국가안전보장·질서유지·공공복리를 위하여'라는 규정에 있으며, ② 형식상의 한계는 '법률로써 제한할 수 있다'는 규정, ③ 내용상의 한계는 '본질적인 내용은 침해할 수 없다'라는 규정, ④ 방법상의 한계는 '필요한 경우에 한하여'라는 규정이 바로 그것이다.

106
☐☐☐

국민의 기본권을 제한하는 입법은 그 목적이 헌법 및 법률의 체제상 정당성이 인정되어야 하고, 그 목적의 달성을 위하여 방법이 효과적이고 적절하여야 하며, 입법권자가 선택한 방법이 설사 적절하다고 하더라도 보다 완화된 형태나 방법을 모색함으로써 기본권의 제한은 필요한 최소한도에 그치도록 하여야 하며, 입법에 의하여 보호하려는 공익과 침해되는 사익을 비교형량할 때 보호되는 공익이 더 커야 한다.　O | X

과잉금지의 원칙이라는 것은 국가가 국민의 기본권을 제한하는 내용의 입법활동을 함에 있어서, 준수하여야 할 기본원칙 내지 입법활동의 한계를 의미하는 것으로서 국민의 기본권을 제한하려는 입법의 목적이 헌법 및 법률의 체제상 그 정당성이 인정되어야 하고(목적의 정당성), 그 목적의 달성을 위하여 그 방법(조세의 소급우선)이 효과적이고 적절하여야 하며(방법의 적절성), 입법권자가 선택한 기본권 제한(담보물권의 기능상실과 그것에서 비롯되는 사유재산권 침해)의 조치가 입법목적달성을 위하여 설사 적절하다 할지라도 보다 완화된 형태나 방법을 모색함으로써 기본권의 제한은 필요한 최소한도에 그치도록 하여야 하며(피해의 최소성), 그 입법에 의하여 보호하려는 공익과 침해되는 사익을 비교형량할 때 보호되는 공익이 더 커야 한다(법익의 균형성)는 헌법상의 원칙이다(헌재 1990.9.3. 89헌가95).

정답 104 ○　105 ○　106 ○

107

☐☐☐

입법목적을 달성하기 위한 수단으로서 반드시 가장 합리적이며 효율적인 수단을 선택하여야 하는 것은 아니라고 할지라도 적어도 현저하게 불합리하고 불공정한 수단의 선택은 피하여야 한다. O | X

입법목적을 달성하기 위한 수단으로서 반드시 가장 합리적이며 효율적인 수단을 선택하여야 하는 것은 아니라고 할지라도 적어도 현저하게 불합리하고 불공정한 수단의 선택은 피하여야 할 것인바 복수조합설립금지라는 수단을 선택한 것은 현저하게 불합리하고 불공정한 것이므로 이는 위헌임이 명백하다(헌재 1996.4.25. 92헌바47).

108

☐☐☐

입법자가 임의적 규정으로도 법의 목적을 실현할 수 있는 경우, 구체적 사안의 개별성과 특수성을 고려할 수 있는 가능성을 일체 배제하는 필요적 규정을 둔다면 이는 비례원칙의 한 요소인 '수단의 적합성(적절성) 원칙'에 위배된다. O | X

입법자가 임의적 규정으로도 법의 목적을 실현할 수 있는 경우에 구체적 사안의 개별성과 특수성을 고려할 수 있는 가능성을 일체 배제하는 필요적 규정을 둔다면, 이는 비례의 원칙의 한 요소인 '최소침해성의 원칙'에 위배된다(헌재 1998.5.28. 96헌가12).

109

☐☐☐

침해의 최소성의 관점에서, 입법자는 그가 의도하는 공익을 달성하기 위하여 우선 기본권을 보다 적게 제한하는 단계인 기본권행사의 '방법'에 관한 규제로써 공익을 실현할 수 있는가를 시도하고 이러한 방법으로는 공익달성이 어렵다고 판단되는 경우에 비로소 그 다음 단계인 기본권행사의 '여부'에 관한 규제를 선택해야 한다. O | X

입법자는 공익실현을 위하여 기본권을 제한하는 경우에도 입법목적을 실현하기에 적합한 여러 수단 중에서 되도록 국민의 기본권을 가장 존중하고 기본권을 최소로 침해하는 수단을 선택해야 한다. 기본권을 제한하는 규정은 기본권행사의 '방법'에 관한 규정과 기본권행사의 '여부'에 관한 규정으로 구분할 수 있다. 침해의 최소성의 관점에서, 입법자는 그가 의도하는 공익을 달성하기 위하여 우선 기본권을 보다 적게 제한하는 단계인 기본권행사의 '방법'에 관한 규제로써 공익을 실현할 수 있는가를 시도하고 이러한 방법으로는 공익달성이 어렵다고 판단되는 경우에 비로소 그 다음 단계인 기본권행사의 '여부'에 관한 규제를 선택해야 한다(헌재 1998.5.28. 96헌가5).

110

☐☐☐

방송사업자가 구 방송법상 심의규정을 위반한 경우 방송통신위원회로 하여금 전문성과 독립성을 갖춘 방송통신심의위원회의 심의를 거쳐 '시청자에 대한 사과'를 명할 수 있도록 규정한 것은 침해의 최소성원칙에 위배되지 않는다. O | X

심의규정을 위반한 방송사업자에게 '주의 또는 경고'만으로도 반성을 촉구하고 언론사로서의 공적 책무에 대한 인식을 제고시킬 수 있고, 위 조치만으로도 심의규정에 위반하여 '주의 또는 경고'의 제재조치를 받은 사실을 공표하게 되어 이를 다른 방송사업자나 일반 국민에게 알리게 됨으로써 여론의 왜곡 형성 등을 방지하는 한편, 해당 방송사업자에게는 해당 프로그램의 신뢰도 하락에 따른 시청률 하락 등의 불이익을 줄 수 있다. 또한, '시청자에 대한 사과'에 대하여는 '명령'이 아닌 '권고'의 형태를 취할 수도 있다. 이와 같이 기본권을 보다 덜 제한하는 다른 수단에 의하더라도 이 사건 심판대상조항이 추구하는 목적을 달성할 수 있으므로 이 사건 심판대상조항은 침해의 최소성원칙에 위배된다. … 따라서 이 사건 심판대상조항은 과잉금지원칙에 위배되어 방송사업자의 인격권을 침해한다(헌재 2012.8.23. 2009헌가27).

정답 107 ○ 108 X 109 ○ 110 X

111
☐☐☐

변호사법에서 변호사는 계쟁권리(係爭權利)를 양수할 수 없다고 규정하고 이를 위반시 형사처벌을 부과하도록 규정한 것은 변호사가 당해 업무를 처리하며 정당한 보수를 받는 방법을 일률적으로 금지하고 있으므로 과잉금지원칙에 위배된다.　　　　　　　　　　　　　　　　　　　　　　O | X

심판대상조항은 변호사에게 요구되는 윤리성을 담보하고, 의뢰인과의 신뢰관계 균열을 방지하며, 법률사무 취급의 전문성과 공정성 등을 확보하고자 마련된 것이다. 계쟁권리 양수는 변호사의 직무수행 과정에서 의뢰인과의 사이에 신뢰성과 업무수행의 공정성을 훼손할 우려가 크기에 양수의 대가를 지불하였는지를 불문하고 금지할 필요가 있다. 양수가 금지되는 권리에는 계쟁목적물은 포함되지 않으며 '계쟁 중'에만 양수가 금지된다는 점을 고려하면 변호사로 하여금 계쟁권리를 양수하지 못하도록 하는 것을 과도한 제한이라고 볼 수 없다. 따라서 이 조항은 변호사의 직업수행의 자유를 침해하지 않는다(헌재 2021.10.28. 2020헌바488).

112
☐☐☐

구 식품위생법에서 식품의약품안전처장이 식품의 사용기준을 정하여 고시하고, 고시된 사용기준에 맞지 아니하는 식품을 판매하는 행위를 금지·처벌하는 규정들은 생녹용의 사용조건을 엄격하게 제한한 후 이 기준에 따라서만 생녹용을 판매할 수 있도록 하므로 과잉금지원칙에 위배된다.　　　　　　　O | X

불특정 다수를 상대로 유통되는 식품으로 인하여 생기는 위생상의 위해를 방지하고 식품의 안전성에 대한 신뢰를 확보하여 국민들이 안심하고 식품을 구입·섭취할 수 있도록 함으로써 국민보건을 증진하려는 공익은 중대하다. 식품의 섭취로 부작용이 발생하거나 건강이 훼손되면 원상회복이 매우 어렵거나 치명적인 손상이 발생할 수 있어 예방적이고 선제적인 조치가 요구된다. 심판대상조항들이 식품의약품안전처장이 정하여 고시하는 식품의 범위를 판매를 목적으로 하는 식품으로 한정하고 있으며, 그 사유 역시 국민보건을 위하여 필요한 경우로 제한하고 있고, 심판대상조항들이 정하고 있는 법정형 또한 과도하다고 보기 어렵다. 따라서 심판대상조항들은 과잉금지원칙에 위배되어 직업수행의 자유를 침해하지 아니한다(헌재 2021.2.25. 2017헌바222).

113
☐☐☐

육군3사관학교 사관생도는 군 장교를 배출하기 위하여 국가가 모든 재정을 부담하는 특수교육기관인 육군3사관학교의 구성원이므로 그 존립 목적을 달성하기 위하여 필요한 한도 내에서 일반 국민보다 상대적으로 기본권이 더 제한될 수 있으나, 그러한 경우에도 법률유보원칙, 과잉금지원칙 등 기본권 제한의 헌법상 원칙들을 지켜야 한다.　　　　　　　　　　　　　　　　　　　　　O | X

사관생도는 군 장교를 배출하기 위하여 국가가 모든 재정을 부담하는 특수교육기관인 육군3사관학교의 구성원으로서, 학교에 입학한 날에 육군 사관생도의 병적에 편입하고 준사관에 준하는 대우를 받는 특수한 신분관계에 있다(육군3사관학교 설치법 시행령 제3조). 따라서 그 존립 목적을 달성하기 위하여 필요한 한도 내에서 일반 국민보다 상대적으로 기본권이 더 제한될 수 있으나, 그러한 경우에도 법률유보원칙, 과잉금지원칙 등 기본권 제한의 헌법상 원칙들을 지켜야 한다(대판 2018.8.30. 2016두60591).

정답 111 X　112 X　113 ○

114

☐☐☐

선박소유자가 고용한 선장이 선박소유자의 업무에 관하여 범죄행위를 하면 그 선박소유자에게도 동일한 벌금형을 과하도록 한 것은 책임주의에 위배되지 않는다. ○ | X

이 사건 법률조항은 선장의 범죄행위에 관하여 비난할 근거가 되는 선박소유자의 의사결정 및 행위구조, 즉 선장이 저지른 행위의 결과에 대한 선박소유자의 독자적인 책임에 관하여 전혀 규정하지 않은 채, 단순히 선박소유자가 고용한 선장이 업무에 관하여 범죄행위를 하였다는 이유만으로 선박소유자에 대하여 형사처벌을 과하고 있는바, 이는 다른 사람의 범죄에 대하여 그 책임 유무를 묻지 않고 형벌을 부과하는 것으로서, 헌법상 법치국가의 원리 및 죄형법정주의로부터 도출되는 책임주의원칙에 반하여 헌법에 위반된다(헌재 2011.11.24. 2011헌가15).

115

☐☐☐

법인의 대표자 등이 법인의 재산을 국외로 도피한 경우 행위자를 벌하는 외에 그 법인에도 도피액의 2배 이상 10배 이하에 상당하는 벌금형을 과하는 특정경제범죄 가중처벌 등에 관한 법률 제4조 제4항 본문 중 '법인에 대한 처벌'에 관한 부분은 책임주의에 위반되지 않는다. ○ | X

[1] 법인 대표자의 법규위반행위에 대한 법인의 책임은 법인 자신의 법규위반행위로 평가될 수 있는 행위에 대한 법인의 직접 책임이므로, 대표자의 고의에 의한 위반행위에 대하여는 법인이 고의 책임을, 대표자의 과실에 의한 위반행위에 대하여는 법인이 과실 책임을 부담한다. 따라서 청구인이 대표자가 범한 횡령행위의 피해자로서 손해만을 입고 아무런 이익을 얻지 못한 경우라도, 법인이 대표자를 통하여 재산국외도피를 하였다면 그 자체로 법인 자신의 법규위반행위로 평가할 수 있다. 심판대상조항 중 법인의 대표자 관련 부분은 법인의 직접책임을 근거로 하여 법인을 처벌하므로 책임주의원칙에 반하지 아니한다.

[2] 종업원등이 재산국외도피행위를 함에 있어 법인이 그 위반행위를 방지하기 위하여 해당 업무에 관하여 상당한 주의와 감독을 게을리 한 경우라면, 법인이 설령 종업원등이 범한 횡령행위의 피해자의 지위에 있다 하더라도, 종업원등의 범죄행위에 대한 관리감독 책임을 물어 법인에도 형벌을 부과할 수 있다. 따라서 심판대상조항 중 법인의 종업원등 관련 부분은 법인의 과실책임에 기초하여 법인을 처벌하므로 책임주의원칙에 반하지 아니한다(헌재 2019.4.11. 2015헌바443).

116

☐☐☐

기본권 제한에 관한 법률유보의 원칙은 '법률에 의한 규율'을 요청하는 것이므로, 기본권 제한의 형식은 반드시 법률이어야 한다. ○ | X

법률에 의한 규율이 아니라 법률에 근거한 규율을 요청하는 것이다.

> **🔥 관련 판례**
> 기본권은 헌법 제37조 제2항에 의하여 국가안전보장 · 질서유지 또는 공공복리를 위하여 필요한 경우에 한하여 이를 제한할 수 있으나, 그 제한의 방법은 원칙적으로 법률로써만 가능하고 제한의 정도도 기본권의 본질적 내용을 침해할 수 없고 필요한 최소한도에 그쳐야 한다. 그런데 위 조항에서 규정하고 있는 기본권제한에 관한 법률유보의 원칙은 '법률에 의한 규율'을 요청하는 것이 아니라 '법률에 근거한 규율'을 요청하는 것이므로, 기본권의 제한에는 법률의 근거가 필요할 뿐이고 기본권 제한의 형식이 반드시 법률의 형식일 필요는 없다(헌재 2005.5.26. 99헌마513 등).

정답 114 X 115 ○ 116 X

117
☐☐☐

경찰서장이 동시에 접수한 두 개의 옥외집회 신고서를 상호충돌을 피한다는 이유로 모두 반려한 행위는 법률의 근거없이 집회의 자유를 침해한 것으로서 헌법에 위반된다.　　　　O | X

이 사건 집회신고에 관한 사무를 처리하는데 있어서도 적법한 절차에 따라 접수순위를 확정하려는 최선의 노력을 한 후, 집시법 제8조 제2항에 따라 후순위로 접수된 집회의 금지 또는 제한을 통고하였어야 한다. 만일 접수순위를 정하기 어렵다는 현실적인 이유로 중복신고된 모든 옥외집회의 개최가 법률적 근거 없이 불허되는 것이 용인된다면, 집회의 자유를 보장하고 집회의 사전허가를 금지한 헌법 제21조 제1항 및 제2항은 무의미한 규정으로 전락할 위험성이 있다. 결국 이 사건 반려행위는 법률의 근거 없이 청구인들의 집회의 자유를 침해한 것으로서 헌법상 법률유보원칙에 위반된다고 할 것이다(헌재 2008.5.29. 2007헌마712).

118
☐☐☐

수형자와 소송대리인인 변호사의 접견을 일반접견에 포함시켜 시간은 30분 이내로, 횟수는 월 4회로 제한한 것은 수형자의 재판청구권을 침해한다.　　　　O | X

수형자와 소송대리인인 변호사의 접견을 일반 접견에 포함시켜 시간은 30분 이내로, 횟수는 월 4회로 제한한 것은 청구인의 재판청구권을 침해한다(헌재 2015.11.26. 2012헌마858).

119
☐☐☐

금치처분을 받은 수형자에게 금치기간 중 실외운동을 원칙적으로 제한하는 것은 수형자의 신체의 자유를 침해한다.　　　　O | X

위 조항은 금치처분을 받은 사람에 대하여 실외운동을 원칙적으로 금지하고, 다만 소장의 재량에 의하여 이를 예외적으로 허용하고 있다. 그러나 소란, 난동을 피우거나 다른 사람을 해할 위험이 있어 실외운동을 허용할 경우 금치처분의 목적 달성이 어려운 예외적인 경우에 한하여 실외운동을 제한하는 덜 침해적인 수단이 있음에도 불구하고, 위 조항은 금치처분을 받은 사람에게 원칙적으로 실외운동을 금지한다. 나아가 위 조항은 예외적으로 실외운동을 허용하는 경우에도, 실외운동의 기회가 부여되어야 하는 최저기준을 법령에서 명시하고 있지 않으므로, 침해의 최소성 원칙에 위배된다. 위 조항은 수용자의 정신적·신체적 건강에 필요 이상의 불이익을 가하고 있고, 이는 공익에 비하여 큰 것이므로 위 조항은 법익의 균형성 요건도 갖추지 못하였다. 따라서 위 조항은 청구인의 신체의 자유를 침해한다(헌재 2016.5.26. 2014헌마45).

120
☐☐☐

금치처분을 받은 수형자에게 금치기간 중 신문·도서·잡지 외 자비구매물품의 사용을 제한하는 것은 수형자의 일반적 행동의 자유를 침해하지 아니한다.　　　　O | X

형집행법 제112조 제3항 본문 중 제108조 제7호의 신문·도서·잡지 외 자비구매물품에 관한 부분은 금치의 징벌을 받은 사람에 대해 금치기간 동안 자비로 구매한 음식물, 의약품 및 의료용품 등 자비구매물품을 사용할 수 없는 불이익을 가함으로써, 규율의 준수를 강제하여 수용시설 내의 안전과 질서를 유지하기 위한 것으로서 목적의 정당성 및 수단의 적합성이 인정된다. 금치처분을 받은 사람은 소장이 지급하는 음식물, 의류·침구, 그 밖의 생활용품을 통하여 건강을 유지하기 위한 필요최소한의 생활을 영위할 수 있고, 의사가 치료를 위하여 처방한 의약품은 여전히 사용할 수 있다. 또한, 위와 같은 불이익은 규율 준수를 통하여 수용질서를 유지한다는 공익에 비하여 크다고 할 수 없다. 따라서 위 조항은 청구인의 일반적 행동의 자유를 침해하지 아니한다(헌재 2016.5.26. 2014헌마45).

121
☐☐☐

구치소에 종교행사 공간이 1개뿐이고, 종교행사는 종교, 수형자와 미결수용자, 성별, 수용동 별로 진행되며, 미결수용자는 공범이나 동일사건 관련자가 있는 경우 분리하여 참석하게 해야 하는 점을 고려하더라도, 구치소장이 종교행사를 4주에 1회 실시한 것은 미결수용자의 종교의 자유를 침해한다.　　O | X

○○구치소에 종교행사 공간이 1개뿐이고, 종교행사는 종교, 수형자와 미결수용자, 성별, 수용동 별로 진행되며, 미결수용자는 공범이나 동일사건 관련자가 있는 경우 이를 분리하여 참석하게 해야 하는 점을 고려하면 피청구인이 미결수용자 대상 종교행사를 4주에 1회 실시했더라도 종교의 자유를 과도하게 제한하였다고 보기 어렵고, 구치소의 인적·물적 여건상 하루에 여러 종교행사를 동시에 하기 어려우며, 개신교의 경우에만 그 교리에 따라 일요일에 종교행사를 허용할 경우 다른 종교와의 형평에 맞지 않고, 공휴일인 일요일에 종교행사를 할 행정적 여건도 마련되어 있지 않다는 점을 고려하면, 이 사건 종교행사 처우는 청구인의 종교의 자유를 침해하지 않는다(헌재 2015.4.30. 2013헌마190). 미결수용자를 대상으로 한 개신교 종교행사를 4주에 1회, 일요일이 아닌 요일에 실시한 행위가 문제가 된 사건이다. 즉, 종교집회 참석은 허용한다.

> **⚖ 관련 판례 종교집회 참석을 금지하여 위헌인 사건**
>
> 1. 피청구인인 부산구치소장이 미결수용자의 신분으로 부산구치소에 수용되었던 기간 중 청구인의 조사수용 내지 징벌(금치)집행 중이었던 기간을 제외한 기간 및 미지정 수형자(추가 사건이 진행 중인 자 등)의 신분으로 수용되어 있던 기간 동안, 교정시설 안에서 매주 화요일에 실시하는 종교집회 참석을 제한한 행위(이하 '이 사건 종교집회 참석 제한 처우'라 한다)가 청구인의 종교의 자유를 침해하였는지 여부(적극) (헌재 2014.6.26. 2012헌마782)
> 2. 대구구치소장이 2009.6.1.부터 2009.10.8.까지 대구구치소 내에서 실시하는 종교의식 또는 행사에 미결수용자인 청구인의 참석을 금지한 행위(이하 '이 사건 종교행사 등 참석불허 처우'라 한다)가 청구인의 종교의 자유를 침해하였는지 여부(적극) (헌재 2011.12.29. 2009헌마527)

122
☐☐☐

긴급재정경제명령은 평상시의 헌법질서에 따른 권력행사 방법으로서는 대처할 수 없는 재정·경제상의 국가위기 상황에 처하여 이를 극복하기 위하여 발동되는 비상입법조치라는 속성상 기본권제한의 한계로서의 과잉금지원칙의 준수가 요구되지 않는다.　　O | X

대통령의 긴급재정경제명령은 평상시의 헌법 질서에 따른 권력행사방법으로서는 대처할 수 없는 재정·경제상의 국가위기 상황에 처하여 이를 극복하기 위하여 발동되는 비상입법조치라는 속성으로부터 일시적이긴 하나 다소간 권력분립의 원칙과 개인의 기본권에 대한 침해를 가져오는 것은 어쩔 수 없는 것이다. 그렇기 때문에 헌법은 긴급재정경제명령의 발동에 따른 기본권침해를 위기상황의 극복을 위하여 필요한 최소한에 그치도록 그 발동요건과 내용, 한계를 엄격히 규정함으로써 그 남용 또는 악용의 소지를 줄임과 동시에 긴급재정경제명령이 헌법에 합치하는 경우라면 이에 따라 기본권을 침해받는 국민으로서도 특별한 사정이 없는 한 이를 수인할 것을 요구하고 있는 것이다. 즉, 긴급재정경제명령이 아래에서 보는 바와 같은 헌법 제76조 소정의 요건과 한계에 부합하는 것이라면 그 자체로 목적의 정당성, 수단의 적정성, 피해의 최소성, 법익의 균형성이라는 기본권제한의 한계로서의 과잉금지원칙을 준수하는 것이 되는 것이다(헌재 1996.2.29. 93헌마186). 긴급재정경제명령이라도 과잉금지원칙의 준수가 요구된다.

123
□□□

교도소의 안전 및 질서유지를 위하여 행해지는 규율과 징계로 인한 수용자의 기본권의 제한도 다른 방법으로는 그 목적을 달성할 수 없는 경우에만 예외적으로 허용되어야 한다.　　　　O | X

수용시설 내의 질서 및 안전 유지를 위하여 행해지는 규율과 징계를 통한 기본권의 제한은 단지 공동생활의 유지를 위하여 수용자에게 구금과는 별도로 부가적으로 가해지는 고통으로서 다른 방법으로는 그 목적을 달성할 수 없는 경우에만 예외적으로 허용되어야 할 것이다(헌재 2005.2.24. 2003헌마289).

124
□□□

사회복무요원의 정치적 행위를 금지하는 병역법 제33조 제2항 본문 제2호 중 '그 밖의 정치단체에 가입하는 등 정치적 목적을 지닌 행위'에 관한 부분은 과잉금지원칙에 위배되어 사회복무요원인 청구인의 정치적 표현의 자유 및 결사의 자유를 침해한다.　　　　O | X

이 사건 법률조항 중 '그 밖의 정치단체에 가입하는 등 정치적 목적을 지닌 행위'에 관한 부분은 명확성의 원칙 및 과잉금지원칙에 위배되어 청구인의 정치적 표현의 자유 및 결사의 자유를 침해한다(헌재 2021.11.25. 2019헌마534).

125
□□□

전기통신사업법 제83조 제3항에 규정된 '국가안전보장에 대한 위해를 방지하기 위한 정보수집'은 국가의 존립이나 헌법의 기본질서에 대한 위험을 방지하기 위한 목적을 달성함에 있어 요구되는 최소한의 범위 내에서의 정보수집을 의미하는 것으로 명확성원칙에 위배되지 않는다.　　　　O | X

청구인들은 이 사건 법률조항 중 '국가안전보장에 대한 위해'의 의미가 불분명하다고 주장하나, '국가안전보장에 대한 위해를 방지하기 위한 정보수집'은 국가의 존립이나 헌법의 기본질서에 대한 위험을 방지하기 위한 목적을 달성함에 있어 요구되는 최소한의 범위 내에서의 정보수집을 의미하는 것으로 해석되므로, 명확성원칙에 위배되지 않는다(헌재 2022.7.21. 2016헌마388 등).

126
□□□

선거운동기간 중 당해 홈페이지 게시판 등에 정당·후보자에 대한 지지·반대 등의 정보를 게시하는 경우 실명을 확인받는 기술적 조치를 하도록 정한 공직선거법 조항 중 '인터넷언론사'는 공직선거법 및 관련 법령이 구체적으로 '인터넷언론사'의 범위를 정하고 있고, 중앙선거관리위원회가 설치·운영하는 인터넷선거보도심의위원회가 심의대상인 인터넷언론사를 결정하여 공개하는 점 등을 종합하면 명확성원칙에 반하지 않는다.　　　　O | X

공직선거법 및 관련 법령이 구체적으로 '인터넷언론사'의 범위를 정하고 있고, 중앙선거관리위원회가 설치·운영하는 인터넷선거보도심의위원회가 심의대상인 인터넷언론사를 결정하여 공개하는 점 등을 종합하면 '인터넷언론사'는 불명확하다고 볼 수 없으며, '지지·반대'의 사전적 의미와 심판대상조항의 입법목적, 공직선거법 관련 조항의 규율내용을 종합하면, 건전한 상식과 통상적인 법 감정을 가진 사람이면 자신의 글이 정당·후보자에 대한 '지지·반대'의 정보를 게시하는 행위인지 충분히 알 수 있으므로, 실명확인 조항 중 '인터넷언론사' 및 '지지·반대' 부분은 명확성 원칙에 반하지 않는다(헌재 2021.1.28. 2018헌마456 등).

정답 123 ○　124 ○　125 ○　126 ○

제2편

해커스공무원 신동욱 헌법 핵심 기출 OX

127
□□□

국가공무원법 조항 중 초·중등교원인 교육공무원의 가입 등이 금지되는 '그 밖의 정치단체'에 관한 부분은 '특정 정당이나 특정 정치인을 지지·반대하는 단체로서 그 결성에 관여하거나 가입하는 경우 공무원의 정치적 중립성 및 교육의 정치적 중립성을 훼손할 가능성이 높은 단체'로 한정할 수 있어 명확성원칙에 반하지 않는다. O I X

국가공무원법 조항 중 '그 밖의 정치단체'에 관한 부분은 가입 등이 금지되는 '정치단체'가 무엇인지 그 규범내용이 확정될 수 없을 정도로 불명확하여, 헌법상 그 가입 등이 마땅히 보호받아야 할 단체까지도 수범자인 나머지 청구인들이 가입 등의 행위를 하지 못하게 위축시키고 있고, 법 집행 공무원이 지나치게 넓은 재량을 행사하여 금지되는 '정치단체'와 금지되지 않는 단체를 자의적으로 판단할 위험이 있다. 따라서 국가공무원법 조항 중 '그 밖의 정치단체'에 관한 부분은 명확성원칙에 위배되어 나머지 청구인들의 정치적 표현의 자유, 결사의 자유를 침해한다(헌재 2020.4.23. 2018헌마551).

128
□□□

의료인이 아닌 자의 문신시술업을 금지하고 처벌하는 의료법 조항 중 '의료행위'는, 의학적 전문지식을 기초로 하는 경험과 기능으로 진찰, 검안, 처방, 투약 또는 외과적 시술을 시행하여 하는 질병의 예방 또는 치료행위 이외에도 의료인이 행하지 아니하면 보건위생상 위해가 생길 우려가 있는 행위로 분명하게 해석되어 명확성원칙에 위배된다고 할 수 없다. O I X

의료법의 입법목적, 의료인의 사명에 관한 의료법상의 여러 규정 및 의료행위의 개념에 관한 대법원 판례 등을 종합적으로 고려해 보면, 심판대상조항 중 '의료행위'는, 의학적 전문지식을 기초로 하는 경험과 기능으로 진찰, 검안, 처방, 투약 또는 외과적 시술을 시행하여 하는 질병의 예방 또는 치료행위 이외에도 의료인이 행하지 아니하면 보건위생상 위해가 생길 우려가 있는 행위로 분명하게 해석된다. 따라서 심판대상조항 중 '의료행위' 부분은 명확성원칙에 위반되지 않는다(헌재 2022.7.21. 2022헌바3).

129
□□□

입법자는 기본권행사의 '방법'에 관한 규제로써 공익을 실현할 수 있는가를 시도하고 이러한 방법으로는 공익달성이 어렵다고 판단되는 경우에 비로소 그 다음 단계인 기본권행사의 '여부'에 관한 규제를 선택해야 한다. O I X

입법자는 공익실현을 위하여 기본권을 제한하는 경우에도 입법목적을 실현하기에 적합한 여러 수단 중에서 되도록 국민의 기본권을 가장 존중하고 기본권을 최소로 침해하는 수단을 선택해야 한다. 기본권을 제한하는 규정은 기본권행사의 '방법'에 관한 규정과 기본권행사의 '여부'에 관한 규정으로 구분할 수 있다. 침해의 최소성의 관점에서, 입법자는 그가 의도하는 공익을 달성하기 위하여 우선 기본권을 보다 적게 제한하는 단계인 기본권행사의 '방법'에 관한 규제로써 공익을 실현할 수 있는가를 시도하고 이러한 방법으로는 공익달성이 어렵다고 판단되는 경우에 비로소 그 다음 단계인 기본권행사의 '여부'에 관한 규제를 선택해야 한다(헌재 1998. 5.28. 96헌가5).

정답 127 X 128 ○ 129 ○

130
☐☐☐

운전면허를 받은 사람이 자동차 등을 이용하여 범죄행위를 한 경우 범죄행위의 심각성 및 범죄행위의 기여정도와는 관계없이 필수적으로 운전면허를 취소하도록 하는 것은 기본권 제한에 있어서 최소침해성의 원칙에 위반된다.   O | X

이 사건 규정은 자동차 등을 이용하여 범죄행위를 하기만 하면 그 범죄행위가 얼마나 중한 것인지, 그러한 범죄행위를 행함에 있어 자동차 등이 당해 범죄 행위에 어느 정도로 기여했는지 등에 대한 아무런 고려 없이 무조건 운전면허를 취소하도록 하고 있으므로 이는 구체적 사안의 개별성과 특수성을 고려할 수 있는 여지를 일체 배제하고 그 위법의 정도나 비난의 정도가 극히 미약한 경우까지도 운전면허를 취소할 수밖에 없도록 하는 것으로 최소침해성의 원칙에 위반된다 할 것이다. 한편, 이 사건 규정에 의해 운전면허가 취소되면 2년 동안은 운전면허를 다시 발급 받을 수 없게 되는바, 이는 지나치게 기본권을 제한하는 것으로서 법익균형성원칙에도 위반된다. 그러므로 이 사건 규정은 직업의 자유 내지 일반적 행동자유권을 침해하여 헌법에 위반된다(헌재 2005.11.24. 2004헌가28).

131
☐☐☐

입법자가 선택한 수단보다 국민의 기본권을 덜 침해하는 수단이 존재하더라도 그 다른 수단이 효과 측면에서 입법자가 선택한 수단과 동등하거나 유사하다고 단정할 만한 명백한 근거가 없는 이상 과잉금지원칙에 위반된다고는 할 수 없다.   O | X

과잉금지원칙의 한 내용이 '최소침해의 원칙'이라는 것은 어디까지나 입법목적의 달성에 있어 동일한 효과를 나타내는 수단 중에서 되도록 당사자의 기본권을 덜 침해하는 수단을 채택하라는 헌법적 요구인바, 입법자가 택한 수단보다 국민의 기본권을 덜 침해하는 수단이 존재하더라도 그 다른 수단이 효과 측면에서 입법자가 선택한 수단과 동등하거나 유사하다고 단정할 만한 명백한 근거가 없는 이상, 그것이 과잉금지원칙에 반한다고 할 수는 없다(헌재 2012.8.23. 2010헌가65).

132
☐☐☐

형사재판과 같이 피고인의 방어권 보장이 절실한 경우조차 피고인으로 출석하는 수형자에 대하여 예외 없이 사복착용을 금지한 것은 과잉금지원칙에 위배된다.   O | X

형집행법 제82조 단서와 같이 도주우려가 크거나 특히 부적당한 사유가 있는 경우에는 사복착용을 제한함으로써 도주 및 교정사고의 위험을 줄일 수 있으므로 형사재판과 같이 피고인의 방어권 보장이 절실한 경우조차 아무런 예외 없이 일률적으로 사복착용을 금지하는 것은 침해의 최소성 원칙에 위배된다. … 따라서 심판대상조항이 형사재판의 피고인으로 출석하는 수형자에 대하여 형집행법 제82조를 준용하지 아니한 것은 과잉금지원칙에 위반되어 청구인의 공정한 재판을 받을 권리, 인격권, 행복추구권을 침해한다(헌재 2015.12.23. 2013헌마712).

133
☐☐☐

공기총의 소지허가를 받은 자로 하여금 그 공기총을 일률적으로 허가관청이 지정하는 곳에 보관하도록 하고 있는 총포·도검·화약류 등의 안전관리에 관한 법률 조항은 보관방법에 대한 제한일 뿐이므로 과잉금지원칙에 위배되지 않는다.   O | X

심판대상조항들은 공기총을 안전하게 관리하고 공기총으로 인한 위험과 재해를 미리 방지하여 공공의 안전을 유지하기 위한 것으로서, 공기총을 지정된 장소에 보관하도록 한 것은 위와 같은 목적을 달성하는 데에 적합한 수단이다. 따라서 심판대상조항들은 목적의 정당성 및 수단의 적합성이 인정된다. … 따라서 심판대상조항들은 과잉금지원칙에 반하지 않는다(헌재 2019.6.28. 2018헌바400).

정답 130 ○   131 ○   132 ○   133 ○

134
☐☐☐

보호의무자 2인의 동의 및 정신건강의학과 전문의 1인의 진단을 요건으로 정신질환자를 정신의료기관에 보호입원시켜 치료를 받도록 하는 정신보건법 조항은 과잉금지원칙에 위배되지 않는다.　　　O | X

심판대상조항이 정신질환자를 신속·적정하게 치료하고, 정신질환자 본인과 사회의 안전을 도모한다는 공익을 위한 것임은 인정되나, 정신질환자의 신체의 자유 침해를 최소화할 수 있는 적절한 방안을 마련하지 아니함으로써 지나치게 기본권을 제한하고 있다. 따라서 심판대상조항은 법익의 균형성 요건도 충족하지 못한다. 그렇다면 심판대상조항은 과잉금지원칙을 위반하여 신체의 자유를 침해한다(헌재 2016.9.29. 2014헌가9).

135
☐☐☐

여러 사람의 눈에 뜨이는 곳에서 공공연하게 알몸을 '지나치게 내놓거나 가려야 할 곳'을 내놓아 다른 사람에게 부끄러운 느낌이나 불쾌감을 준 사람을 처벌하는 경범죄처벌법 조항은 죄형법정주의의 명확성원칙에 위배된다.　　　O | X

심판대상조항은 알몸을 '지나치게 내놓는' 것이 무엇인지 그 판단 기준을 제시하지 않아 무엇이 지나친 알몸노출행위인지 판단하기 쉽지 않고, '가려야 할 곳'의 의미도 알기 어렵다. 심판대상조항 중 '부끄러운 느낌이나 불쾌감'은 사람마다 달리 평가될 수밖에 없고, 노출되었을 때 부끄러운 느낌이나 불쾌감을 주는 신체부위도 사람마다 달라 '부끄러운 느낌이나 불쾌감'을 통하여 '지나치게'와 '가려야 할 곳' 의미를 확정하기도 곤란하다. … 따라서 심판대상조항은 죄형법정주의의 명확성원칙에 위배된다(헌재 2016.11.24. 2016헌가3).

136
☐☐☐

개발제한구역의 지정 및 관리에 관한 특별조치법 위반으로 인해 시정명령을 받고도 이를 이행하지 아니한 위반행위자 등에 대해, 이를 상당한 기간까지 이행하지 않으면 이행강제금을 부과·징수한다는 뜻을 토지소유자에게 미리 문서로 계고하도록 하는 규정에서 '상당한 기간' 부분은 명확성원칙에 위배되지 않는다.　　　O | X

이 경우 상당한 기간이 어느 정도의 기간을 의미하는지를 수범자가 예측할 수 있는가에 관한 문제는 여전히 남아있는데, 토지소유자로서는 이행강제금의 사전계고를 받기 전에 시정명령을 이미 받은 상태에 있었을 것이며, 그와 더불어 이행강제금은 1년에 2회를 초과하여 부과하지는 못한다는 제한이 있으므로 이를 감안하면 이행강제금 부과의 사전계고 시에 부여될 이행기간이 어느 정도일지를 대략 예측할 수 있다. 이러한 점들을 종합하면, 사전계고조항은 불명확한 규정이라고 할 수 없다(헌재 2023.2.23. 2019헌바550).

137
☐☐☐

자동차의 운전자는 고속도로 등에서 자동차의 고장 등 '부득이한 사정'이 있는 경우를 제외하고는 갓길 통행을 금지하고 있는 도로교통법 조항은 죄형법정주의의 명확성원칙에 위배되지 않는다.　　　O | X

금지조항이 규정한 '부득이한 사정'이란 사회통념상 차로의 통행을 기대하기 어려운 특별한 사정을 의미한다고 해석된다. 건전한 상식과 통상적인 법감정을 가진 수범자는 금지조항이 규정한 부득이한 사정이 어떠한 것인지 충분히 알 수 있고, 법관의 보충적인 해석을 통하여 그 의미가 확정될 수 있다. 그러므로 금지조항 중 '부득이한 사정' 부분은 죄형법정주의의 명확성원칙에 위배되지 않는다(헌재 2021.8.31. 2020헌바100).

정답　134 X　135 ○　136 ○　137 ○

138
☐☐☐

게임물 관련사업자에 대하여 '경품 등의 제공을 통한 사행성 조장'을 원칙적으로 금지시키고 있는 게임산업진흥에 관한 법률 조항에서, '경품' 및 '조장'과는 달리 '사행성'은 다른 법률에서도 정의규정을 두고 있지 않아 지나치게 불명확하여 법집행기관의 자의적인 해석을 가능하게 하므로 죄형법정주의의 명확성원칙에 위배된다. O | X

건전한 상식과 통상적인 법감정을 가진 사람들은 어떠한 행위가 이 사건 의무조항이 정하는 구성요건에 해당되는지 여부를 충분히 파악할 수 있다고 판단되고, 그것이 지나치게 불명확하여 법 집행기관의 자의적인 해석을 가능하게 한다고 보기는 어려우므로, 이 사건 의무조항은 죄형법정주의의 명확성원칙에 위배되지 아니한다 (헌재 2020.12.23. 2017헌바463 등).

139
☐☐☐

음주운항 전력이 있는 사람이 다시 음주운항을 한 경우 2년 이상 5년 이하의 징역이나 2천만 원 이상 3천만 원 이하의 벌금에 처하도록 규정한 해사안전법상 조항은 책임과 형벌의 비례원칙에 위배되지 않는다. O | X

음주운항 전력이 있는 사람이 다시 음주운항을 한 경우 2년 이상 5년 이하의 징역이나 2천만 원 이상 3천만 원 이하의 벌금에 처하도록 규정한 해사안전법 제104조의2 제2항 중 '제41조 제1항을 위반하여 2회 이상 술에 취한 상태에서 선박의 조타기를 조작한 운항자'에 관한 부분은 책임과 형벌 간의 비례원칙에 위반된다(헌재 2022.8.31. 2022헌가10).

140
☐☐☐

예비군대원의 부재시 예비군훈련 소집통지서를 수령한 같은 세대 내의 가족 중 성년자가 정당한 사유 없이 소집통지서를 본인에게 전달하지 아니한 경우 6개월 이하의 징역 또는 500만 원 이하의 벌금에 처하도록 규정한 예비군법상 조항은 책임과 형벌의 비례원칙에 위배되지 않는다. O | X

예비군대원 본인과 세대를 같이 하는 가족 중 성년자라면 특별한 사정이 없는 한 소집통지서를 본인에게 전달함으로써 훈련불참으로 인한 불이익을 받지 않도록 각별히 신경을 쓸 것임이 충분히 예상되고, 설령 그들이 소집통지서를 전달하지 아니하여 행정절차적 협력의무를 위반한다고 하여도 과태료 등의 행정적 제재를 부과하는 것만으로도 그 목적의 달성이 충분히 가능하다고 할 것임에도 불구하고, 심판대상조항은 훨씬 더 중한 형사처벌을 하고 있어 그 자체만으로도 형벌의 보충성에 반하고, 책임에 비하여 처벌이 지나치게 과도하여 비례원칙에도 위반된다고 할 것이다(헌재 2022.5.26. 2019헌가12).

141
☐☐☐

주거침입강제추행죄 및 주거침입준강제추행죄에 대하여 무기징역 또는 7년 이상의 징역에 처하도록 한 성폭력범죄의 처벌 등에 관한 특례법상 조항은 책임과 형벌의 비례원칙에 위배되지 않는다. O | X

주거침입강제추행죄 및 주거침입준강제추행죄에 대하여 무기징역 또는 7년 이상의 징역에 처하도록 한 심판대상조항은 그 법정형이 형벌 본래의 목적과 기능을 달성함에 있어 필요한 정도를 일탈하였고, 각 행위의 개별성에 맞추어 그 책임에 알맞은 형을 선고할 수 없을 정도로 과중하므로, 책임과 형벌 간의 비례원칙에 위배된다(헌재 2023.2.23. 2021헌가9).

정답 138 X 139 X 140 X 141 X

142
☐☐☐

금융회사 등의 임직원이 그 직무에 관하여 금품이나 그 밖의 이익을 수수, 요구 또는 약속한 경우 5년 이하의 징역 또는 10년 이하의 자격정지에 처하도록 규정한 특정경제범죄 가중처벌 등에 관한 법률상 조항은 책임과 형벌의 비례원칙에 위배되지 않는다.　　　　　　　　　　　　　　　　　　　　　　O | X

금융회사 등의 업무는 국가경제와 국민생활에 중대한 영향을 미치므로 금융회사 등 임직원의 직무 집행의 투명성과 공정성을 확보하는 것은 매우 중요하고, 이러한 필요성에 있어서는 임원과 직원 사이에 차이가 없다. 그리고 금융회사 등 임직원이 금품 등을 수수, 요구, 약속하였다는 사실만으로 직무의 불가매수성은 심각하게 손상되고, 비록 그 시점에는 부정행위가 없었다고 할지라도 장차 실제 부정행위로 이어질 가능성도 배제할 수 없다. 따라서 부정한 청탁이 있었는지 또는 실제 배임행위로 나아갔는지를 묻지 않고 금품 등을 수수·요구 또는 약속하는 행위를 처벌하고 있는 수재행위처벌조항은 책임과 형벌 간의 비례원칙에 위배되지 아니한다(헌재 2020.3.26. 2017헌바129).

143
☐☐☐

종교단체가 일정규모 이상의 양로시설을 설치하고자 하는 경우 신고하도록 의무를 부담시키는 것은 종교단체의 종교의 자유와 인간다운 생활을 할 권리를 제한한다.　　　　　　　　　　　　　　　　　　　O | X

심판대상조항에 의하여 신고의 대상이 되는 양로시설에 종교단체가 운영하는 양로시설을 제외하지 않는 것은 자유로운 양로시설 운영을 통한 선교의 자유, 즉 종교의 자유 제한의 문제를 불러온다. 심판대상조항이 노인들의 거주·이전의 자유 및 인간다운 생활을 할 권리를 침해한다고 주장한다. 그러나 심판대상조항은 종교단체에서 운영하는 양로시설도 일정규모 이상의 경우 신고하도록 한 규정일 뿐, 거주이전의 자유나 인간다운 생활을 할 권리의 제한을 불러온다고 볼 수 없으므로 이에 대해서는 별도로 판단하지 아니한다(헌재 2016.6.30. 2015헌바46).

144
☐☐☐

친양자 입양을 성립시키기 위해 친생부모의 동의를 요하도록 하는 경우 가족생활에 관한 친생부모의 기본권과 친양자가 될 자의 기본권이 충돌하게 된다.　　　　　　　　　　　　　　　　　　　　　O | X

친양자 입양은 친생부모의 기본권과 친양자가 될 자의 기본권이 서로 대립·충돌하는 관계라고 볼 수 있다. 그리고 이들 기본권은 공히 가족생활에 대한 기본권으로서 그 서열이나 법익의 형량을 통하여 어느 한쪽의 기본권을 일방적으로 우선시키고 다른 쪽을 후퇴시키는 것은 부적절하다(헌재 2012.5.31. 2010헌바87).

145
☐☐☐

행복추구권은 다른 기본권에 대한 보충적 기본권으로서의 성격을 지니므로, 공무담임권이라는 우선적으로 적용되는 기본권이 존재하여 그 침해여부를 판단하는 이상, 행복추구권 침해 여부를 독자적으로 판단할 필요가 없다.　　　　　　　　　　　　　　　　　　　　　　　　　　　　　　　　　　　O | X

행복추구권은 다른 기본권에 대한 보충적 기본권으로서의 성격을 지니므로, 공무담임권이라는 우선적으로 적용되는 기본권이 존재하여(청구인들이 주장하는 불행이란 결국 교원직 상실에서 연유하는 것에 불과하다) 그 침해여부를 판단하는 이상, 행복추구권 침해 여부를 독자적으로 판단할 필요가 없다(헌재 2000.12.14. 99헌마112 등).

정답 142 O　143 X　144 O　145 O

146
☐☐☐

종립학교의 종교교육의 자유와 학생의 소극적 종교행위의 자유가 충돌하는 경우 종립학교는 원칙적으로 학생의 종교의 자유를 고려한 대책을 마련하는 등의 조치를 취하는 속에서 종교교육의 자유를 누린다.　　　　　　O | X

비록 종립학교의 학교법인이 국·공립학교의 경우와는 달리 종교교육을 할 자유와 운영의 자유를 가진다고 하더라도, 그 종립학교가 공교육체계에 편입되어 있는 이상 원칙적으로 학생의 종교의 자유, 교육을 받을 권리를 고려한 대책을 마련하는 등의 조치를 취하는 속에서 그러한 자유를 누린다고 해석하여야 한다(대판 2010.4.22. 2008다38288).

147
☐☐☐

근로자의 단결하지 아니할 자유와 노동조합의 적극적 단결권이 충돌하는 경우 노동조합의 적극적 단결권이 근로자의 단결하지 아니할 자유보다 중시된다.　　　　　　O | X

이 사건 법률조항은 노동조합의 조직유지·강화를 위하여 당해 사업장에 종사하는 근로자의 3분의 2 이상을 대표하는 노동조합의 경우 단체협약을 매개로 한 조직강제[이른바 유니언 샵(Union Shop) 협정의 체결]를 용인하고 있다. 이 경우 근로자의 단결하지 아니할 자유와 노동조합의 적극적 단결권(조직강제권)이 충돌하게 되나, 근로자에게 보장되는 적극적 단결권이 단결하지 아니할 자유보다 특별한 의미를 갖고 있고, 노동조합의 조직강제권도 이른바 자유권을 수정하는 의미의 생존권(사회권)적 성격을 함께 가지는 만큼 근로자 개인의 자유권에 비하여 보다 특별한 가치로 보장되는 점 등을 고려하면, 노동조합의 적극적 단결권은 근로자 개인의 단결하지 않을 자유보다 중시된다고 할 것이고, 또 노동조합에게 위와 같은 조직강제권을 부여한다고 하여 이를 근로자의 단결하지 아니할 자유의 본질적인 내용을 침해하는 것으로 단정할 수는 없다(헌재 2005.11.24. 2002헌바95 등).

148
☐☐☐

교사의 수업권과 학생의 수학권이 충돌하는 경우 두 기본권 모두 효력을 나타내는 규범조화적 해석에 따라 기본권충돌은 해결되어야 한다.　　　　　　O | X

교사의 수업권은 전술과 같이 교사의 지위에서 생겨나는 직권인데, 그것이 헌법상 보장되는 기본권이라고 할 수 있느냐에 대하여서는 이를 부정적으로 보는 견해가 많으며, 설사 헌법상 보장되고 있는 학문의 자유 또는 교육을 받을 권리의 규정에서 교사의 수업권이 파생되는 것으로 해석하여 기본권에 준하는 것으로 간주하더라도 수업권을 내세워 수학권을 침해할 수는 없으며 국민의 수학권의 보장을 위하여 교사의 수업권은 일정범위 내에서 제약을 받을 수밖에 없는 것이다(헌재 1992.11.12. 89헌마88).

149
☐☐☐

명예의 보호는 인격의 자유로운 발전과 인간의 존엄성 보호뿐만 아니라 민주주의의 실현에 기여하므로, 표현의 자유와 인격권의 충돌 시에는 인격권이 우선된다.　　　　　　O | X

표현의 자유와 인격권의 우열은 쉽게 단정할 성질의 것이 아니다(헌재 2021.7.15. 2021헌마88). '사인의 사생활의 비밀과 자유 또는 인격권'과 '사인의 표현의 자유'라는 서로 다른 주체의 기본권이 충돌하는 경우에는 헌법의 통일성을 유지하기 위하여 상충하는 기본권 모두가 최대한 그 기능과 효력을 나타낼 수 있도록 하는 조화로운 방법이 모색되어야 하므로, 과잉금지의 원칙에 따라 이 사건 법률조항의 입법 목적을 달성하기 위하여 마련된 수단이 표현의 자유를 제한하는 정도와 사생활의 비밀과 자유 또는 인격권을 보호하는 정도 사이에 적정한 비례를 유지하여야 한다(헌재 2020.11.26. 2016헌마275·606).

정답 146 ○　147 ○　148 X　149 X

해커스공무원 신동욱 헌법 핵심 기출 OX

150
□□□

개인적 단결권과 집단적 단결권이 충돌하는 경우 기본권의 서열이론이나 법익형량의 원리에 입각하여 어느 기본권이 더 상위기본권이라고 단정할 수는 없다. O | X

개인적 단결권과 집단적 단결권이 충돌하는 경우 기본권의 서열이론이나 법익형량의 원리에 입각하여 어느 기본권이 더 상위기본권이라고 단정할 수는 없다. … 따라서 이러한 경우 헌법의 통일성을 유지하기 위하여 상충하는 기본권 모두가 최대한으로 그 기능과 효력을 발휘할 수 있도록 조화로운 방법을 모색하되, 법익형량의 원리, 입법에 의한 선택적 재량 등을 종합적으로 참작하여 심사하여야 한다(헌재 2005.11.24. 2002헌바95 등).

151
□□□

노동조합의 적극적 단결권은 근로자 개인의 단결하지 않을 자유보다 중시된다고 할 것이어서 노동조합에 적극적 단결권을 부여한다고 하여 이를 두고 곧바로 근로자의 단결하지 아니할 자유의 본질적인 내용을 침해한다고 단정할 수는 없다. O | X

이 경우 근로자의 단결하지 아니할 자유와 노동조합의 적극적 단결권(조직강제권)이 충돌하게 되나, 근로자에게 보장되는 적극적 단결권이 단결하지 아니할 자유보다 특별한 의미를 갖고 있고, 노동조합의 조직강제권도 이른바 자유권을 수정하는 의미의 생존권(사회권)적 성격을 함께 가지는 만큼 근로자 개인의 자유권에 비하여 보다 특별한 가치로 보장되는 점 등을 고려하면, 노동조합의 적극적 단결권은 근로자 개인의 단결하지 않을 자유보다 중시된다고 할 것이고, 또 노동조합에게 위와 같은 조직강제권을 부여한다고 하여 이를 근로자의 단결하지 아니할 자유의 본질적인 내용을 침해하는 것으로 단정할 수는 없다(헌재 2005.11.24. 2002헌바95 등).

152
□□□

오늘날 법률유보원칙은 단순히 행정작용이 법률에 근거를 두기만 하면 충분한 것이 아니라, 국가공동체와 그 구성원에게 기본적이고도 중요한 의미를 갖는 영역, 특히 국민의 기본권실현에 관련된 영역에 있어서는 행정에 맡길 것이 아니라 국민의 대표자인 입법자 스스로 그 본질적 사항에 대하여 결정하여야 한다는 요구까지 내포하는 것으로 이해하여야 한다. O | X

오늘날 법률유보원칙은 단순히 행정작용이 법률에 근거를 두기만 하면 충분한 것이 아니라, 국가공동체와 그 구성원에게 기본적이고도 중요한 의미를 갖는 영역, 특히 국민의 기본권실현에 관련된 영역에 있어서는 행정에 맡길 것이 아니라 국민의 대표자인 입법자 스스로 그 본질적 사항에 대하여 결정하여야 한다는 요구까지 내포하는 것으로 이해하여야 한다(이른바 의회유보원칙)(헌재 1999.5.27. 98헌바70).

153
□□□

개별사건법률은 개별사건에만 적용되는 것이므로 원칙적으로 평등원칙에 위배되는 자의적인 규정이라는 강한 의심을 불러일으키지만, 위헌 여부는 그 형식만으로 가려지는 것이 아니라, 나아가 평등의 원칙이 추구하는 실질적 내용이 정당한지 아닌지를 따져야 비로소 가려진다. O | X

개별사건법률은 개별사건에만 적용되는 것이므로 원칙적으로 평등원칙에 위배되는 자의적인 규정이라는 강한 의심을 불러일으킨다. 그러나 개별사건법률금지의 원칙이 법률제정에 있어서 입법자가 평등원칙을 준수할 것을 요구하는 것이기 때문에, 특정규범이 개별사건법률에 해당한다 하여 곧바로 위헌을 뜻하는 것은 아니다. 비록 특정법률 또는 법률조항이 단지 하나의 사건만을 규율하려고 한다 하더라도 이러한 차별적 규율이 합리적인 이유로 정당화될 수 있는 경우에는 합헌일 수 있다. 따라서 개별사건법률의 위헌 여부는, 그 형식만으로 가려지는 것이 아니라 나아가 평등의 원칙이 추구하는 실질적 내용이 정당한지 아닌지를 따져야 비로소 가려진다(헌재 1996.2.16. 96헌가2 등).

정답 150 ○ 151 ○ 152 ○ 153 ○

154
□□□

기본권제한에 관한 법률유보의 원칙은 '법률에 근거한 규율'을 요청하는 것이 아니라 '법률에 의한 규율'을 요청하는 것이므로, 기본권 제한의 형식은 반드시 법률의 형식이어야 한다.　　　　O | X

헌법 제37조 제2항은 기본권제한에 관한 일반적 법률유보조항이라고 할 수 있는데 법률유보의 원칙은 '법률에 의한 규율'을 요청하는 것이 아니라 '법률에 근거한 규율'을 요청하는 것이기 때문에 기본권의 제한에는 법률의 근거가 필요할 뿐이고 기본권 제한의 형식이 반드시 법률의 형식일 필요는 없는 것이다(헌재 2003.11.27. 2002헌마193).

155
□□□

법문언이 해석을 통해서, 즉 법관의 보충적인 가치판단을 통해서 그 의미내용을 확인해 낼 수 있고, 그러한 보충적 해석이 해석자의 개인적인 취향에 따라 좌우될 가능성이 없다면 명확성의 원칙에 반한다고 할 수 없다.　　　　O | X

법규범의 문언은 어느 정도 가치개념을 포함한 일반적, 규범적 개념을 사용하지 않을 수 없는 것이기 때문에 명확성의 원칙이란 기본적으로 최대한이 아닌 최소한의 명확성을 요구하는 것으로서, 법문언이 법관의 보충적인 가치판단을 통해서 그 의미내용을 확인할 수 있고, 그러한 보충적 해석이 해석자의 개인적인 취향에 따라 좌우될 가능성이 없다면 명확성의 원칙에 반한다고 할 수 없다(헌재 2005.12.22. 2004헌바45).

156
□□□

수신료 징수업무를 지정받은 자가 수신료를 징수하는 때, 그 고유업무와 관련된 고지행위와 결합하여 이를 행해서는 안 된다고 규정한 방송법 시행령 조항은 수신료의 구체적인 고지방법에 관한 규정인바, 이를 법률에서 직접 정하지 않았다고 하여 의회유보원칙에 위반된다고 볼 수 없다.　　　　O | X

집행명령의 경우 법률의 구체적·개별적 위임 여부 등이 문제되지 않고, 다만 상위법의 집행과 무관한 독자적인 내용을 정할 수 없다는 한계가 있다. 심판대상조항은 청구인이 방송법 제67조 제2항에 따라 수신료 징수업무를 위탁하는 경우, 수탁자가 수신료를 징수할 때 고유업무와 관련된 고지행위와 결합하여 이를 행하지 않도록 하는 수신료 징수업무의 구체적인 시행방법을 규정하고 있을 뿐이라는 점에서, 방송법 제65조 및 제67조 제2항의 집행과 무관한 새로운 법률사항을 정한 것이라고 보기 어렵고, 집행명령의 한계를 일탈하였다고 볼 수도 없다. 따라서 심판대상조항은 법률유보원칙에 위배된다고 볼 수 없다(헌재 2024.5.30. 2023헌마820 등).

157
□□□

기본권 제한에 관한 법률유보원칙은 기본권 제한에 법률의 근거를 요청하나, 기본권 제한의 형식이 반드시 형식적 의미의 법률일 필요는 없다.　　　　O | X

헌법 제37조 제2항에서 규정하는 기본권제한에 관한 법률유보원칙은 법률에 근거한 규율을 요청하는 것이므로, 그 형식이 반드시 법률일 필요는 없다 하더라도 법률상의 근거는 있어야 한다(헌재 2021.5.27. 2019헌바332).

158
□□□

개별사건법률금지의 원칙은 "법률은 일반적으로 적용되어야지 어떤 개별사건에만 적용되어서는 아니 된다."는 법원칙으로서 헌법상의 평등원칙에 근거하고 있는 것으로 풀이된다. O | X

개별사건법률금지의 원칙은 "법률은 일반적으로 적용되어야지 어떤 개별사건에만 적용되어서는 아니 된다."는 법원칙으로서 헌법상의 평등원칙에 근거하고 있는 것으로 풀이되고, 그 기본정신은 입법자에 대하여 기본권을 침해하는 법률은 일반적 성격을 가져야 한다는 형식을 요구함으로써 평등원칙위반의 위험성을 입법과정에서 미리 제거하려는데 있다 할 것이다(헌재 1996.2.16. 96헌가2 등).

159
□□□

폐지대상인 세무대학설치법 자체가 이미 처분법률에 해당하는 것이라고 하더라도, 이를 폐지하는 법률도 당연히 그에 상응하여 처분법률의 형식을 띨 수밖에 없는 것은 아니다. O | X

이 사건 폐지법은 세무대학설치의 법적 근거로 제정된 기존의 세무대학설치법을 폐지함으로써 세무대학을 폐교하는 법적 효과를 발생하는 것이므로, 동법은 세무대학과 그 폐지만을 규율목적으로 삼는 처분법률의 형식을 띤다. 그러나 이와 같은 처분법률의 형식은 폐지대상인 세무대학설치법 자체가 이미 처분법률에 해당하는 것이므로, 이를 폐지하는 법률도 당연히 그에 상응하여 처분법률의 형식을 띨 수밖에 없는 필연적 현상이다(헌재 2001.2.22. 99헌마613).

160
□□□

주식회사 연합뉴스를 국가기간뉴스통신사로 지정하고 이에 대한 재정지원 등을 규정한 뉴스통신 진흥에 관한 법률 제10조 등은 연합뉴스사를 바로 법률로써 국가기간뉴스통신사로 지정하는 처분적 법률에 해당한다. O | X

심판대상조항은 상법상의 주식회사에 불과한 연합뉴스사를 주무관청인 문화관광부장관의 지정절차도 거치지 아니하고 바로 법률로써 국가기간뉴스통신사로 지정하고, 법이 정하는 계약조건으로 정부와 뉴스정보 구독계약을 체결하게 하며, 정부가 위탁하는 공익업무와 관련하여 정부의 예산으로 재정지원을 할 수 있는 법적 근거를 법률로써 창설하고 있는바, 이는 특정인에 대해서만 적용되는 '개인대상법률'로서 처분적 법률에 해당한다(헌재 2005.6.30. 2003헌마841).

161
□□□

개별사건법률의 위헌 여부는, 그 형식만으로 가려지는 것이 아니라, 나아가 평등의 원칙이 추구하는 실질적 내용이 정당한지 아닌지를 따져야 비로소 가려진다. O | X

개별사건법률금지의 원칙이 법률제정에 있어서 입법자가 평등원칙을 준수할 것을 요구하는 것이기 때문에, 특정규범이 개별사건법률에 해당한다 하여 곧바로 위헌을 뜻하는 것은 아니다. 비록 특정법률 또는 법률조항이 단지 하나의 사건만을 규율하려고 한다 하더라도 이러한 차별적 규율이 합리적인 이유로 정당화될 수 있는 경우에는 합헌적일 수 있다. 따라서 개별사건법률의 위헌여부는, 그 형식만으로 가려지는 것이 아니라, 나아가 평등의 원칙이 추구하는 실질적 내용이 정당한지 아닌지를 따져야 비로소 가려진다(헌재 1996.2.16. 96헌가2 등).

정답 158 ○ 159 X 160 ○ 161 ○

162
☐☐☐

국가공무원법 제66조 제1항 본문 중 '그 밖에 공무 외의 일을 위한 집단행위'는 '공익에 반하는 목적을 위하여 직무전념의무를 해태하는 등의 영향을 가져오거나, 공무에 대한 국민의 신뢰에 손상을 가져올 수 있는 공무원 다수의 결집된 행위'를 말하는 것으로 한정 해석되므로 명확성원칙에 위반되지 않는다.

O | X

이 사건 국가공무원법 규정의 '공무 외의 일을 위한 집단 행위'는 언론·출판·집회·결사의 자유를 보장하고 있는 헌법 제21조 제1항과 국가공무원법의 입법취지, 국가공무원법상 공무원의 성실의무와 직무전념의무 등을 종합적으로 고려할 때, '공익에 반하는 목적을 위하여 직무전념의무를 해태하는 등의 영향을 가져오거나, 공무에 대한 국민의 신뢰에 손상을 가져올 수 있는 공무원 다수의 결집된 행위'를 말하는 것으로 한정 해석되므로 명확성원칙에 위반된다고 볼 수 없다(헌재 2014.8.28. 2011헌바32 등).

163
☐☐☐

비상계엄이 선포된 경우, 영장제도와 언론·출판·집회·결사의 자유에 대한 특별한 조치를 통하여 기본권 제한을 할 수 있는 명시적인 헌법상 근거가 존재한다.

O | X

> 헌법 제77조 ③ 비상계엄이 선포된 때에는 법률이 정하는 바에 의하여 영장제도, 언론·출판·집회·결사의 자유, 정부나 법원의 권한에 관하여 특별한 조치를 할 수 있다.

164
☐☐☐

보험사기를 이유로 체포된 공인이 아닌 피의자를 수사기관이 기자들에게 경찰서 내에서 수갑을 차고 얼굴을 드러낸 상태에서 조사받는 모습을 촬영할 수 있도록 허용한 행위는 피의자의 재범방지 및 범죄예방을 위한 것으로 목적의 정당성이 인정된다.

O | X

피청구인은 기자들에게 청구인이 경찰서 내에서 수갑을 차고 얼굴을 드러낸 상태에서 조사받는 모습을 촬영할 수 있도록 허용하였는데, 청구인에 대한 이러한 수사 장면을 공개 및 촬영하게 할 어떠한 공익 목적도 인정하기 어려우므로 촬영허용행위는 목적의 정당성이 인정되지 아니한다. … 촬영허용행위는 과잉금지원칙에 위반되어 청구인의 인격권을 침해하였다(헌재 2014.3.27. 2012헌마652).

165
☐☐☐

오늘날 법률 외에 다른 지역적 제한사유를 규정하기만 하면 충분한 것이 아니라, 국가공동체와 그 구성원에게 기본적이고도 중요한 의미를 갖는 영역, 특히 국민의 기본권실현과 관련된 영역에 있어서는 국민의 대표자인 입법자가 그 본질적 사항에 대해서 스스로 결정하여야 한다는 요구까지 내포하고 있다. O | X

오늘날 법률유보원칙은 단순히 행정작용이 법률에 근거를 두기만 하면 충분한 것이 아니라, 국가공동체와 그 구성원에게 기본적이고도 중요한 의미를 갖는 영역, 특히 국민의 기본권실현에 관련된 영역에 있어서는 행정에 맡길 것이 아니라 국민의 대표자인 입법자 스스로 그 본질적 사항에 대하여 결정하여야 한다는 요구까지 내포하는 것으로 이해하여야 한다(이른바 의회유보원칙) (헌재 1999.5.27. 98헌바70).

166
☐☐☐

오늘날 사회현상의 복잡화에 따라 국민의 권리·의무에 관한 사항이라 하여 모두 입법부에서 제정한 법률만으로 다 정할 수는 없으므로 반드시 구체적이고 개별적으로 한정된 사항이 아니더라도 하위법령에 위임하는 것이 허용된다.

O | X

아무리 권력분립이나 법치주의가 민주정치의 원리라 하더라도 현대국가의 사회적 기능증대와 사회현상의 복잡화에 따라 국민의 권리·의무에 관한 사항이라 하여 모두 입법부에서 제정한 법률만으로 다 정할 수는 없는 것이기 때문에 합리적인 이유가 있으면 예외적으로 행정부에서 제정한 명령에 위임하는 것을 허용하지 않을 수 없다. 법률의 위임은 반드시 구체적이고 개별적으로 한정된 사항에 대하여 행해져야 한다. 그러나 그렇지 아니하고 일반적이고 포괄적인 위임을 한다면 이는 사실상 입법권을 백지위임하는 것이나 다름없어 의회입법의 원칙이나 법치주의를 부인하는 것이 되고 행정권의 부당한 자의와 기본권행사에 대한 무제한적 침해를 초래할 위험이 있기 때문이다(헌재 1994.7.29. 93헌가12).

167
☐☐☐

형법상 자기낙태죄 조항은 태아의 생명을 보호하기 위한 것으로서 그 입법목적이 정당하고, 낙태를 방지하기 위하여 임신한 여성의 낙태를 형사처벌하는 것은 이러한 입법목적을 달성하는데 적합한 수단이다.

O | X

자기낙태죄 조항은 태아의 생명을 보호하기 위한 것으로서 그 입법목적이 정당하고, 낙태를 방지하기 위하여 임신한 여성의 낙태를 형사처벌하는 것은 이러한 입법목적을 달성하는데 적합한 수단이다. … 자기낙태죄 조항은 입법목적을 달성하기 위하여 필요한 최소한의 정도를 넘어 임신한 여성의 자기결정권을 제한하고 있어 침해의 최소성을 갖추지 못하고 있으며, 법익균형성의 원칙도 위반하였다고 할 것이므로, 과잉금지원칙을 위반하여 임신한 여성의 자기결정권을 침해하는 위헌적인 규정이다(헌재 2019.4.11. 2017헌바127).

168
☐☐☐

긴급재정경제명령은 평상시의 헌법 질서에 따른 권력행사 방법으로서는 대처할 수 없는 재정·경제상의 국가위기 상황에 처하여 이를 극복하기 위하여 발동되는 비상입법조치라는 속성상 기본권제한의 한계로서의 과잉금지원칙의 준수가 요구되지 않는다.

O | X

대통령의 긴급재정경제명령은 평상시의 헌법 질서에 따른 권력행사방법으로서는 대처할 수 없는 재정·경제상의 국가위기 상황에 처하여 이를 극복하기 위하여 발동되는 비상입법조치라는 속성으로부터 일시적이긴 하나 다소간 권력분립의 원칙과 개인의 기본권에 대한 침해를 가져오는 것은 어쩔 수 없는 것이다. … 즉 긴급재정경제명령이 아래에서 보는 바와 같은 헌법 제76조 소정의 요건과 한계에 부합하는 것이라면 그 자체로 목적의 정당성, 수단의 적정성, 피해의 최소성, 법익의 균형성이라는 기본권제한의 한계로서의 과잉금지원칙을 준수하는 것이 되는 것이다. 그러므로 이 사건 긴급명령이 헌법 제76조가 정하고 있는 요건과 한계에 부합하는 것인지 살펴본다(헌재 1996.2.29. 93헌마186).

정답 166 X 167 ○ 168 X

169
☐☐☐

형사재판과 같이 피고인의 방어권 보장이 절실한 경우조차 피고인으로 출석하는 수형자에 대하여 예외 없이 사복착용을 금지한 것은 과잉금지원칙에 위배된다.　　　　　　　　　　　　　　　O | X

형집행법 제82조 단서와 같이 도주우려가 크거나 특히 부적당한 사유가 있는 경우에는 사복착용을 제한함으로써 도주 및 교정사고의 위험을 줄일 수 있으므로 형사재판과 같이 피고인의 방어권 보장이 절실한 경우조차 아무런 예외 없이 일률적으로 사복착용을 금지하는 것은 침해의 최소성 원칙에 위배된다. … 따라서 심판대상 조항이 형사재판의 피고인으로 출석하는 수형자에 대하여 형집행법 제82조를 준용하지 아니한 것은 과잉금지원칙에 위반되어 청구인의 공정한 재판을 받을 권리, 인격권, 행복추구권을 침해한다(헌재 2015.12.23. 2013헌마712).

170
☐☐☐

헌법 제37조 제2항은 국민의 자유와 권리를 제한하는 근거와 그 제한의 한계를 설정하여 국민의 자유와 권리의 제한은 '법률'로써만 할 수 있다고 규정하고 있는바, 이는 기본권의 제한이 원칙적으로 국회에서 제정한 형식적 의미의 법률에 의해서만 가능하다는 것을 의미하고, 직접 법률에 의하지 아니하는 예외적인 경우라 하더라도 엄격히 법률에 근거하여야 한다는 것을 또한 의미한다.　　　　　O | X

헌법 제37조 제2항은 국민의 자유와 권리를 제한하는 근거와 그 제한의 한계를 설정하여 국민의 자유와 권리의 제한은 '법률'로써만 할 수 있다고 규정하고 있는바, 이는 기본권의 제한이 원칙적으로 국회에서 제정한 형식적 의미의 법률에 의해서만 가능하다는 것을 의미하고, 직접 법률에 의하지 아니하는 예외적인 경우라 하더라도 엄격히 법률에 근거하여야 한다는 것을 또한 의미하는데, 기본권을 제한하는 공권력의 행사가 법률에 근거하지 아니하고 있다면, 이는 헌법 제37조 제2항에 위반하여 국민의 기본권을 침해하는 것이다(헌재 2000.12.14. 2000헌마659).

171
☐☐☐

육군3사관학교 사관생도는 군장교를 배출하기 위하여 국가가 모든 재정을 부담하는 특수교육기관인 육군3사관학교의 구성원으로서, 학교에 입학한 날에 육군 사관생도의 병적에 편입하고 준사관에 준하는 대우를 받는 특수한 신분관계에 있다고 하더라도 그 존립목적을 달성하기 위하여 일반 국민보다 상대적으로 기본권이 더 제한될 수는 없다.　　　　　　　　　　　　　　　O | X

사관생도는 군 장교를 배출하기 위하여 국가가 모든 재정을 부담하는 특수교육기관인 육군3사관학교의 구성원으로서, 학교에 입학한 날에 육군 사관생도의 병적에 편입하고 준사관에 준하는 대우를 받는 특수한 신분관계에 있다. 따라서 그 존립 목적을 달성하기 위하여 필요한 한도 내에서 일반 국민보다 상대적으로 기본권이 더 제한될 수 있으나, 그러한 경우에도 법률유보원칙, 과잉금지원칙 등 기본권 제한의 헌법상 원칙들을 지켜야 한다(대판 2018.8.30. 2016두60591).

정답 169 ○ **170** ○ **171** X

172
□□□

대상법률이 형성법률인 경우 위헌성판단은 기본권 제한의 한계규정인 헌법 제37조 제2항에 따른 과잉금지 내지 비례의 원칙의 적용을 받는 것이 아니라, 그러한 형성법률이 그 재량의 한계인 자유민주주의 등 헌법상의 기본원리를 지키면서 관련 기본권이나 객관적가치질서의 보장에 기여하는지 여부에 따라 판단된다. O | X

대상법률이 형성법률인 경우 위헌성 판단은 기본권 제한의 한계 규정인 헌법 제37조 제2항에 따른 과잉금지 내지 비례의 원칙의 적용을 받는 것이 아니라, 그러한 형성법률이 그 재량의 한계인 자유민주주의 등 헌법상의 기본원리를 지키면서 관련 기본권이나 객관적 가치질서의 보장에 기여하는지 여부에 따라 판단된다(헌재 2006.4.27. 2005헌마1047 등).

173
□□□

법치국가원리의 한 표현인 명확성의 원칙은 기본적으로 모든 기본권제한 입법에 대하여 요구되지만 민사법규는 행위규범의 측면이 강조되는 형벌법규와는 달리 기본적으로는 재판법규의 측면이 훨씬 강조되므로, 사회현실에 나타나는 여러 가지 현상에 관하여 일반적으로 흠결 없이 적용될 수 있도록 보다 추상적인 표현을 사용하는 것이 상대적으로 더 가능하다고 본다. O | X

법치국가원리의 한 표현인 명확성의 원칙은 기본적으로 모든 기본권제한 입법에 대하여 요구되지만 … 민사법규는 행위규범의 측면이 강조되는 형벌법규와는 달리 기본적으로는 재판법규의 측면이 훨씬 강조되므로, 사회현실에 나타나는 여러 가지 현상에 관하여 일반적으로 흠결 없이 적용될 수 있도록 보다 추상적인 표현을 사용하는 것이 상대적으로 더 가능하다고 본다(헌재 2007.10.25. 2005헌바96).

174
□□□

생명권의 제한은 어떠한 상황에서든 곧바로 개인의 생명권의 본질적인 내용을 침해하는 것으로서 기본권 제한의 한계를 넘는 것으로 본다면, 이는 생명권을 제한이 불가능한 절대적 기본권으로 인정하는 것과 동일한 결과를 가져오게 된다. O | X

생명권의 제한은 어떠한 상황에서든 곧바로 개인의 생명권의 본질적인 내용을 침해하는 것으로서 기본권 제한의 한계를 넘는 것으로 본다면, 이는 생명권을 제한이 불가능한 절대적 기본권으로 인정하는 것과 동일한 결과를 가져오게 된다. 그러나 앞서 본 바와 같이 생명권 역시 그 제한을 정당화할 수 있는 예외적 상황 하에서는 헌법상 그 제한이 허용되는 기본권인 점 및 생명권 제한구조의 특수성을 고려한다면, 생명권 제한이 정당화될 수 있는 예외적인 경우에는 생명권의 박탈이 초래된다 하더라도 곧바로 기본권의 본질적인 내용을 침해하는 것이라 볼 수는 없다(헌재 2010.2.25. 2008헌가23).

22. 경정승진

175
☐☐☐

사산된 태아에게 불법적인 생명침해로 인한 손해배상청구권을 인정하지 않는 것은 입법형성권의 한계를 명백히 일탈한 것으로서 국가의 기본권보호의무를 위반한 것이다. O | X

입법자는 형법과 모자보건법 등 관련규정들을 통하여 태아의 생명에 대한 직접적 침해위험을 규범적으로 충분히 방지하고 있으므로, 이 사건 법률조항들이 태아가 사산한 경우에 한해서 태아 자신에게 불법적인 생명침해로 인한 손해배상청구권을 인정하지 않고 있다고 하여 단지 그 이유만으로 입법자가 태아의 생명보호를 위해 국가에게 요구되는 최소한의 보호조치마저 취하지 않은 것이라 비난할 수 없다(헌재 2008.7.31. 2004헌바81).

24. 해경간부, 22. 국회직 8급

176
☐☐☐

검사만 치료감호를 청구할 수 있고 법원은 검사에게 치료감호청구를 요구할 수 있다고만 정하여 치료감호대상자의 치료감호 청구권이나 법원의 직권에 의한 치료감호를 인정하지 않은 것은 국민의 보건에 관한 국가의 보호의무에 반한다. O | X

'정신건강증진 및 정신질환자 복지서비스 지원에 관한 법률', '형의 집행 및 수용자의 처우에 관한 법률'에 있는 다른 제도들을 통하여 국민의 정신건강을 유지하는 데에 필요한 국가적 급부와 배려가 이루어지고 있으므로, 이 사건 법률조항들에서 치료감호대상자의 치료감호 청구권이나 법원의 직권에 의한 치료감호를 인정하지 않는다 하더라도 국민의 보건에 관한 국가의 보호의무에 반한다고 보기 어렵다(헌재 2021.1.28. 2019헌가24 등).

25. 경정승진, 22. 국회직 8급

177
☐☐☐

주거지역에서 출근 또는 등교 이전 및 퇴근 또는 하교 이후 시간대에 확성장치의 최고출력 내지 소음을 제한하는 등 사용시간과 사용지역에 따른 수인한도 내에서 확성장치의 최고출력 내지 소음 규제기준에 관한 구체적인 규정을 두어야 함에도 이러한 규정을 두지 아니한 것은 적절하고 효율적인 최소한의 보호조치를 취하지 아니하여 국가의 기본권 보호의무를 과소하게 이행한 것이다. O | X

심판대상조항은 선거운동의 자유를 감안하여 선거운동을 위하여 확성장치를 허용하여야 할 공익적 필요성이 인정된다고 하더라도, 정온한 생활환경이 보장되어야 할 주거지역에서 출근 또는 등교 이전 및 퇴근 또는 하교 이후 시간까지 지속 시간 및 최고출력 또는 소음 규제 없이 확성장치를 사용하여 선거운동을 할 수 있도록 허용한 것은 수인한도를 초과하는 소음이 발생하도록 방치하는 것이다. … 출근 또는 등교 이전 및 퇴근 또는 하교 이후 시간대의 주거지역에서 확성장치의 최고출력 또는 소음을 제한하는 등 사용시간과 사용지역에 따른 수인한도 내에서 확성장치의 최고출력 내지 소음 규제기준에 관한 구체적인 규정을 두어야 할 것이다. 그러므로 심판대상조항이 이러한 규정을 두고 있지 아니한 것은 관련 법익을 형량하여 보더라도 적절하고 효율적인 최소한의 보호조치를 취하지 아니함으로써 국가의 기본권 보호의무를 과소하게 이행하였다고 평가되고, 이는 청구인의 건강하고 쾌적한 환경에서 생활할 권리의 침해를 가져온다(헌재 2019.12.27. 2018헌마730).

178
□□□

종래 산업단지의 지정을 위한 개발계획 단계와 산업단지 개발을 위한 실시계획 단계에서 각각 개별적으로 진행하던 주민의견청취절차 또는 주민의견수렴절차를 한 번의 절차에서 동시에 진행하도록 하는 것은 국가가 산업단지계획의 승인 및 그에 따른 산업단지의 조성·운영으로 인하여 초래될 수 있는 환경상 위해로부터 지역주민을 포함한 국민의 생명·신체의 안전을 보호하기 위하여 필요한 최소한의 보호조치를 취하지 아니함으로써 국가의 기본권 보호의무를 과소하게 이행한 것이다. O | X

의견청취동시진행조항은 종래 산업단지의 지정을 위한 개발계획 단계와 산업단지 개발을 위한 실시계획 단계에서 각각 개별적으로 진행하던 산업단지개발계획안과 환경영향평가서 초안에 대한 주민의견청취절차 또는 주민의견수렴절차를 산업단지 인·허가 절차의 간소화를 위하여 한 번의 절차에서 동시에 진행하도록 하고 있을 뿐, 환경영향평가서 초안에 대한 주민의견수렴절차 자체를 생략하거나 주민이 환경영향평가서 초안을 열람하고 그에 대한 의견을 제출함에 있어 어떠한 방법상·내용상 제한을 가하고 있지도 않다. 또한 입법자는 산단절차간소화법 및 환경영향평가법 등에 환경영향평가서 초안에 대한 지역주민의 의견수렴이 부실해지는 것을 방지하기 위한 여러 보완장치를 마련해 두고 있다. 따라서 국가가 산업단지계획의 승인 및 그에 따른 산업단지의 조성·운영으로 인하여 초래될 수 있는 환경상 위해로부터 지역주민을 포함한 국민의 생명·신체의 안전을 보호하기 위하여 필요한 최소한의 보호조치를 취하지 아니한 것이라고 보기는 어려우므로, 의견청취동시진행조항이 국가의 기본권 보호의무에 위배되었다고 할 수 없다(헌재 2016.12.29. 2015헌바280).

179
□□□

가축사육시설의 환경이 지나치게 열악할 경우 그러한 시설에서 사육되고 생산된 축산물을 섭취하는 인간의 건강도 악화될 우려가 있으므로, 국가로서는 건강하고 위생적이며 쾌적한 시설에서 가축을 사육할 수 있도록 필요한 적절하고도 효율적인 조치를 취함으로써 소비자인 국민의 생명·신체의 안전에 관한 기본권을 보호할 구체적인 헌법적 의무가 있다. O | X

가축사육시설의 환경이 지나치게 열악할 경우 그러한 시설에서 사육되고 생산된 축산물을 섭취하는 인간의 건강도 악화될 우려가 있으므로, 국가로서는 건강하고 위생적이며 쾌적한 시설에서 가축을 사육할 수 있도록 필요한 적절하고도 효율적인 조치를 취함으로써 소비자인 국민의 생명·신체의 안전에 관한 기본권을 보호할 구체적인 헌법적 의무가 있다. … 따라서 심판대상조항이 국민의 생명·신체의 안전에 대한 국가의 보호의무에 관한 과소보호금지원칙에 위배되었다고 볼 수는 없다(헌재 2015.9.24. 2013헌마384).

180
□□□

국가인권위원회는 피해자의 명시한 의사에 반하여 피해자를 위한 법률구조 요청을 할 수 없다. O | X

국가인권위원회법 제47조【피해자를 위한 법률구조 요청】② 제1항에 따른 법률구조 요청은 피해자의 명시한 의사에 반하여 할 수 없다.

정답 178 X   179 ○   180 ○

181

☐☐☐

입법자가 불충분하게 규율한 이른바 부진정입법부작위에 대하여 헌법소원을 제기하려면 그것이 평등의 원칙에 위배된다는 등 헌법위반을 내세워 적극적인 헌법소원을 제기하여야 하며, 이 경우에는 기본권 침해 상태가 계속되고 있으므로 헌법재판소법 소정의 청구기간을 준수할 필요는 없다.　　　　　　　　　O | X

행정입법의 경우에도 '부진정 입법부작위'를 대상으로 헌법소원을 제기하려면 그 입법부작위를 헌법소원의 대상으로 삼을 수는 없고, 결함이 있는 당해 입법규정 그 자체를 대상으로 하여 그것이 평등의 원칙에 위배된다는 등 헌법위반을 내세워 적극적인 헌법소원을 제기하여야 하며, 이 경우에는 법령에 의하여 직접 기본권이 침해되는 경우라고 볼 수 있으므로 헌법재판소법 제69조 제1항 소정의 청구기간을 준수하여야 한다(헌재 2009.7.14. 2009헌마349).

182

☐☐☐

하위 행정입법의 제정 없이 상위 법령의 규정만으로도 법률의 집행이 이루어질 수 있는 경우라 하더라도 상위 법령이 행정입법에 위임하고 있다면 하위 행정입법을 하여야 할 헌법적 작위의무가 인정된다.　　　　　　　　　　　　　　　　　　　　　　　　　　　　　　　　　O | X

삼권분립의 원칙, 법치행정의 원칙을 당연한 전제로 하고 있는 우리 헌법 하에서 행정권의 행정입법 등 법집행의무는 헌법적 의무라고 보아야 할 것이다. 그런데 이는 행정입법의 제정이 법률의 집행에 필수불가결한 경우로서 행정입법을 제정하지 아니하는 것이 곧 행정권에 의한 입법권 침해의 결과를 초래하는 경우를 말하는 것이므로, 만일 하위 행정입법의 제정 없이 상위 법령의 규정만으로도 집행이 이루어질 수 있는 경우라면 하위 행정입법을 하여야 할 헌법적 작위의무는 인정되지 아니한다(헌재 2005.12.22. 2004헌마66).

183

☐☐☐

법률에서 군법무관의 봉급과 그 밖의 보수를 법관 및 검사의 예에 준하여 지급하도록 하는 대통령령을 제정할 것을 규정하였다 하더라도, 군복무를 하고 있는 군장교들은 전투력의 확보를 위한 특수집단의 한 구성요소이므로 군조직 밖의 기준으로 군조직의 다른 요소와 분리시켜 기본적인 보수에 있어 우대적 차별을 하는 것은 불합리하므로, 대통령이 지금까지 해당 대통령령을 제정하지 않는다 하더라도 이는 군법무관의 재산권을 침해하지 아니한다.　　　　　　　　　　　　　　　　　　　　　O | X

한편 법률이 군법무관의 보수를 판사, 검사의 예에 의하도록 규정하면서 그 구체적 내용을 시행령에 위임하고 있다면, 이는 군법무관의 보수의 내용을 법률로써 일차적으로 형성한 것이고, 따라서 상당한 수준의 보수청구권이 인정되는 것이라 해석함이 상당하다. 그러므로 이 사건에서 대통령이 법률의 명시적 위임에도 불구하고 지금까지 해당 시행령을 제정하지 않아 그러한 보수청구권이 보장되지 않고 있다면 그러한 입법부작위는 정당한 이유 없이 청구인들의 재산권을 침해하는 것으로써 헌법에 위반된다(헌재 2004.2.26. 2001헌마718).

184

☐☐☐

진정입법부작위에 대한 헌법소원은, 헌법에서 기본권보장을 위하여 법령에 명시적인 입법위임을 하였음에도 입법자가 이를 이행하지 아니한 경우이거나, 헌법해석상 특정인에게 구체적인 기본권이 생겨 이를 보장하기 위한 국가의 행위의무 내지 보호의무가 발생하였음이 명백함에도 불구하고 입법자가 아무런 입법조치를 취하지 아니한 경우에 한하여 허용된다.　　　　　　　　　　　　O | X

진정입법부작위에 대한 헌법소원심판청구는 헌법에서 기본권 보장을 위해 법률에 명시적으로 입법위임을 하였음에도 불구하고 입법자가 이를 이행하지 않고 있는 경우이거나, 헌법 해석상 특정인의 기본권을 보호하기 위한 국가의 입법의무가 발생하였음이 명백함에도 불구하고 입법자가 아무런 입법조치를 취하지 않고 있는 경우에 한하여 허용된다(헌재 2003.5.15. 2000헌마192 등).

정답 181 X　182 X　183 X　184 ○

185
□□□

국가는 개인이 가지는 불가침의 기본적 인권을 확인하고 이를 보장할 의무를 지기에, 적어도 생명·신체의 보호와 같은 중요한 기본권적 법익 침해에 대해서는 그것이 국가가 아닌 제3자로서의 사인에 의해서 유발된 것이라고 하더라도 국가가 적극적인 보호의 의무를 진다. O | X

헌법 제10조의 규정에 의하면, 국가는 개인이 가지는 불가침의 기본적 인권을 확인하고 이를 보장할 의무를 지고 기본권은 공동체의 객관적 가치질서로서의 성격을 가지므로, 적어도 생명·신체의 보호와 같은 중요한 기본권적 법익 침해에 대해서는 그것이 국가가 아닌 제3자로서의 사인에 의해서 유발된 것이라고 하더라도 국가가 적극적인 보호의 의무를 진다(헌재 2019.12.27. 2018헌마730).

186
□□□

국가의 기본권보호의무로부터 태아의 출생 전에, 또한 태아가 살아서 출생할 것인가와는 무관하게, 태아를 위하여 민법상 일반적 권리능력을 인정하여야 한다는 헌법적 요청이 도출된다. O | X

태아는 형성 중의 인간으로서 생명을 보유하고 있으므로 국가는 태아를 위하여 각종 보호조치들을 마련해야할 의무가 있다. 하지만 그와 같은 국가의 기본권 보호의무로부터 태아의 출생 전에, 또한 태아가 살아서 출생할 것인가와는 무관하게, 태아를 위하여 민법상 일반적 권리능력까지도 인정하여야 한다는 헌법적 요청이 도출되지는 않는다(헌재 2008.7.31. 2004헌바81).

187
□□□

국가가 국민의 건강하고 쾌적한 환경에서 생활할 권리에 대한 보호의무를 다하지 않았는지의 여부를 헌법재판소가 심사할 때에는 국가가 이를 보호하기 위하여 적어도 적절하고 효율적인 최소한의 보호조치를 취하였는가 하는, 이른바 과소보호금지원칙의 위반 여부를 기준으로 삼아야 한다. O | X

국가가 국민의 건강하고 쾌적한 환경에서 생활할 권리에 대한 보호의무를 다하지 않았는지 여부를 헌법재판소가 심사할 때에는 국가가 이를 보호하기 위하여 적어도 적절하고 효율적인 최소한의 보호조치를 취하였는가 하는 이른바 '과소보호금지원칙'의 위반 여부를 기준으로 삼아야 한다(헌재 2019.12.27. 2018헌마730).

188
□□□

국가의 보호의무를 어떻게 실현하여야 할 것인가 하는 문제는 원칙적으로 권력분립과 민주주의의 원칙에 따라 국민에 의하여 직접 민주적 정당성을 부여받고 자신의 결정에 대하여 정치적 책임을 지는 입법자의 책임범위에 속하므로, 헌법재판소는 단지 제한적으로만 보호의무의 이행을 심사할 수 있다. O | X

국가가 국민의 건강하고 쾌적한 환경에서 생활할 권리를 보호할 의무를 진다고 하더라도, 국가의 기본권 보호의무를 입법자가 어떻게 실현하여야 할 것인가 하는 문제는 원칙적으로 권력분립과 민주주의의 원칙에 따라 국민에 의하여 직접 민주적 정당성을 부여받고 자신의 결정에 대하여 정치적 책임을 지는 입법자의 책임범위에 속한다. 헌법재판소는 단지 제한적으로만 입법자에 의한 보호의무의 이행을 심사할 수 있다(헌재 2020.3. 26. 2017헌마1281).

정답 185 ○ 186 X 187 ○ 188 ○

189
☐☐☐

공직선거법이 정온한 생활환경이 보장되어야 할 주거지역에서 출근 또는 등교 이전 및 퇴근 또는 하교 이후 시간대에 확성장치의 최고출력 내지 소음을 제한하는 등 사용시간과 사용지역에 따른 수인한도 내에서 확성장치의 최고출력 내지 소음 규제기준에 관한 규정을 두지 아니한 것은 헌법에 위반된다. O I X

심판대상조항이 선거운동의 자유를 감안하여 선거운동을 위한 확성장치를 허용할 공익적 필요성이 인정된다고 하더라도 정온한 생활환경이 보장되어야 할 주거지역에서 출근 또는 등교 이전 및 퇴근 또는 하교 이후 시간대에 확성장치의 최고출력 내지 소음을 제한하는 등 사용시간과 사용지역에 따른 수인한도 내에서 확성장치의 최고출력 내지 소음 규제기준에 관한 규정을 두지 아니한 것은, 국민이 건강하고 쾌적하게 생활할 수 있는 양호한 주거환경을 위하여 노력하여야 할 국가의 의무를 부과한 헌법 제35조 제3항에 비추어 보면, 적절하고 효율적인 최소한의 보호조치를 취하지 아니하여 국가의 기본권 보호의무를 과소하게 이행한 것으로서, 청구인의 건강하고 쾌적한 환경에서 생활할 권리를 침해하므로 헌법에 위반된다(헌재 2019.12.27. 2018헌마730).

190
☐☐☐

국가인권위원회는 위원장 1명과 상임위원 4명을 포함한 11명의 인권위원으로 구성한다. O I X

> **국가인권위원회법 제5조【위원회의 구성】** ① 위원회는 위원장 1명과 상임위원 3명을 포함한 11명의 인권위원(이하 "위원"이라 한다)으로 구성한다.

191
☐☐☐

국가인권위원회는 재적위원 과반수의 찬성으로 의결하고, 의사는 공개한다. O I X

> **국가인권위원회법 제13조【회의 의사 및 의결정족수】** ① 위원회의 회의는 위원장이 주재하며, 이 법에 특별한 규정이 없으면 재적위원 과반수의 찬성으로 의결한다.
> **제14조【의사의 공개】** 위원회의 의사는 공개한다. 다만, 위원회, 상임위원회 또는 소위원회가 필요하다고 인정하면 공개하지 아니할 수 있다.

192
☐☐☐

사인(私人)으로부터 차별행위를 당한 경우에도 국가인권위원회에 그 내용을 진정할 수 있다. O I X

> **국가인권위원회법 제30조【위원회의 조사대상】** ① 다음 각 호의 어느 하나에 해당하는 경우에 인권침해나 차별행위를 당한 사람(이하 "피해자"라 한다) 또는 그 사실을 알고 있는 사람이나 단체는 위원회에 그 내용을 진정할 수 있다.
> 1. 국가기관, 지방자치단체, 초·중등교육법 제2조, 고등교육법 제2조와 그 밖의 다른 법률에 따라 설치된 각급 학교, 공직자윤리법 제3조의2 제1항에 따른 공직유관단체 또는 구금·보호시설의 업무 수행(국회의 입법 및 법원·헌법재판소의 재판은 제외한다)과 관련하여 대한민국헌법 제10조부터 제22조까지의 규정에서 보장된 인권을 침해당하거나 차별행위를 당한 경우
> 2. 법인, 단체 또는 사인(私人)으로부터 차별행위를 당한 경우

193
☐☐☐

국가인권위원회는 진정에 관한 위원회의 조사, 증거의 확보 또는 피해자의 권리 구제를 위하여 필요하다고 인정하면 피해자를 위하여 대한법률구조공단 등에게 법률구조를 요청할 수 있으나, 피해자의 명시한 의사에 반하여 법률구조를 요청할 수는 없다. O | X

> **국가인권위원회법 제47조【피해자를 위한 법률구조 요청】**① 위원회는 진정에 관한 위원회의 조사, 증거의 확보 또는 피해자의 권리 구제를 위하여 필요하다고 인정하면 피해자를 위하여 대한법률구조공단 또는 그 밖의 기관에 법률구조를 요청할 수 있다.
> ② 제1항에 따른 법률구조 요청은 피해자의 명시한 의사에 반하여 할 수 없다.

194
☐☐☐

국가의 기본권 보호의무를 입법자 또는 그로부터 위임받은 집행자가 어떻게 실현하여야 할 것인가 하는 문제는 원칙적으로 권력분립과 민주주의 원칙에 따라 국민에 의하여 직접 민주적 정당성을 부여받고 자신의 결정에 대하여 정치적 책임을 지는 입법자의 책임범위에 속한다. O | X

국가가 국민의 생명·신체의 안전을 보호할 의무를 진다 하더라도, 국가의 보호의무를 입법자 또는 그로부터 위임받은 집행자가 어떻게 실현할 것인가 하는 문제는 원칙적으로 권력분립과 민주주의 원칙에 따라 국민에 의하여 직접 민주적 정당성을 부여받고 자신의 결정에 대하여 정치적 책임을 지는 입법자의 책임범위에 속하므로, 헌법재판소는 단지 제한적으로만 입법자 또는 그로부터 위임받은 집행자에 의한 보호의무의 이행을 심사할 수 있다(헌재 2016.10.27. 2012헌마121).

195
☐☐☐

국민의 민주적 의사를 최대한 표출하도록 해야 할 시·도지사 선거에서 확성장치를 사용하는 선거운동으로부터 발생하는 불편은 어느 정도 감수해야 하므로, 국가가 공직선거법상 확성장치의 최고 출력 내지 소음에 관한 규제기준을 마련하지 않았더라도 이것이 국가의 기본권 보호의무를 불이행한 것이라고 보기는 어렵다. O | X

심판대상조항이 선거운동의 자유를 감안하여 선거운동을 위한 확성장치를 허용할 공익적 필요성이 인정된다고 하더라도 정온한 생활환경이 보장되어야 할 주거지역에서 출근 또는 등교 이전 및 퇴근 또는 하교 이후 시간대에 확성장치의 최고출력 내지 소음을 제한하는 등 사용시간과 사용지역에 따른 수인한도 내에서 확성장치의 최고출력 내지 소음 규제기준에 관한 규정을 두지 아니한 것은, 국민이 건강하고 쾌적하게 생활할 수 있는 양호한 주거환경을 위하여 노력하여야 할 국가의 의무를 부과한 헌법 제35조 제3항에 비추어 보면, 적절하고 효율적인 최소한의 보호조치를 취하지 아니하여 국가의 기본권 보호의무를 과소하게 이행한 것으로서, 청구인의 건강하고 쾌적한 환경에서 생활할 권리를 침해하므로 헌법에 위반된다(헌재 2019.12.27. 2018헌마730).

정답 193 ○ 194 ○ 195 X

196
□□□

담배사업법은 담배성분의 표시나 경고문구의 표시, 담배광고의 제한 등 여러 규제들을 통하여 직접흡연으로부터 국민의 생명·신체의 안전을 보호하려고 노력하고 있으므로 담배사업법이 국가의 보호 의무에 관한 과소보호금지원칙을 위반하여 청구인의 생명·신체의 안전에 관한 권리를 침해하였다고 볼 수 없다.
O | X

담배사업법은 담배성분의 표시나 경고문구의 표시, 담배광고의 제한 등 여러 규제들을 통하여 직접흡연으로부터 국민의 생명·신체의 안전을 보호하려고 노력하고 있다. 따라서 담배사업법이 국가의 보호의무에 관한 과소보호금지 원칙을 위반하여 청구인의 생명·신체의 안전에 관한 권리를 침해하였다고 볼 수 없다(헌재 2015.4.30. 2012헌마38).

197
□□□

원전 건설을 내용으로 하는 전원개발사업 실시계획에 대한 승인권한을 다른 전원개발과 마찬가지로 산업통상자원부장관에게 부여하는 법률조항은 국민의 생명·신체에 관한 국가의 보호의무를 위반한 것이 아니다.
O | X

전원개발사업을 실시할 때에는 우리나라 전체의 전력수급상황이나 장기적인 에너지 정책에 부합하는지 여부 등을 고려하여 그 필요성을 따져보아야 하므로, 이를 종합적으로 검토하기 위하여 전원개발사업 실시 단계에서 일률적으로 산업통상자원부장관의 승인을 받도록 한 것은 그 타당성이 있다. … 따라서 이 사건 승인조항에서 원전건설을 내용으로 하는 전원개발사업 실시계획에 대한 승인권한을 다른 전원개발과 마찬가지로 산업통상자원부장관에게 부여하고 있다 하더라도, 국가가 국민의 생명·신체의 안전을 보호하기 위하여 필요한 최소한의 보호조치를 취하지 아니한 것이라고 보기는 어렵다(헌재 2016.10.27. 2015헌바358).

198
□□□

개인의 생명·신체의 안전에 관한 기본권보호의무 위배 여부를 과소보호금지원칙을 기준으로 심사한 결과, 과소보호금지원칙 위반이 아닌 경우에도 다른 기본권에 대한 과잉금지원칙 위반을 이유로 기본권 침해를 인정하는 것은 가능하다.
O | X

헌법재판소는 교통사고처리특례법 사건에서 "이 사건 법률조항은 국가의 기본권보호의무의 위반 여부에 관한 심사기준인 과소보호금지의 원칙에 위반한 것이라고 볼 수 없다. … 이 사건 법률조항은 과잉금지원칙에 위반하여 업무상 과실 또는 중대한 과실에 의한 교통사고로 중상해를 입은 피해자의 재판절차진술권을 침해한 것이라 할 것이다."(헌재 2009.2.26. 2005헌마764 등). 기본권보호의무 위배 여부를 과소보호금지원칙을 기준으로 심사한 결과, 과소보호금지원칙 위반이 아닌 경우에도 다른 기본권에 대한 과잉금지원칙 위반을 이유로 기본권 침해를 인정하는 것은 가능하다.

199
□□□

구 산업단지 인·허가 절차 간소화를 위한 특례법에서 산업단지의 지정권자로 하여금 산업단지계획안에 대한 주민의견청취와 동시에 환경영향평가서 초안에 대한 주민의견청취를 진행하도록 한 의견청취 동시진행조항은 환경상 위해로부터 지역주민을 포함한 국민의 생명·신체의 안전을 보호하기 위하여 필요한 최소한의 보호조치를 취한 것으로 보기는 어려우므로 국가의 기본권 보호의무에 위배된다.
O | X

국가가 산업단지계획의 승인 및 그에 따른 산업단지의 조성·운영으로 인하여 초래될 수 있는 환경상 위해로부터 지역주민을 포함한 국민의 생명·신체의 안전을 보호하기 위하여 필요한 최소한의 보호조치를 취하지 아니한 것이라고 보기는 어려우므로, 의견청취동시진행조항이 국가의 기본권 보호의무에 위배되었다고 할 수 없다(헌재 2016.12.29. 2015헌바280).

정답 196 ○ 197 ○ 198 ○ 199 X

200
□□□

태평양전쟁 전후 강제동원된 자중국외 강제동원자에 대해서만 의료지원금을 지급하도록 규정하고 있는 구 태평양전쟁 전후 국외 강제동원희생자 등 지원에 관한 법률 조항은 국내 강제동원자들에 대한 국가의 지원이 매우 불충분하므로 국민에 대한 국가의 기본권보호의무에 위배된다. O | X

비록 태평양전쟁 관련 강제동원자들에 대한 국가의 지원이 충분하지 못한 점이 있다하더라도, 이 사건은 국가가 국내 강제동원자들을 위하여 아무런 보호조치를 취하지 아니하였다거나 아니면 국가가 취한 조치가 전적으로 부적합하거나 매우 불충분한 것임이 명백한 경우라고 단정하기 어려우므로, 태평양전쟁 전후 강제동원된 자 중 국외 강제동원자에 대해서만 의료지원금을 지급하도록 규정하고 있는 것이 국민에 대한 국가의 기본권 보호의무에 위배된다고 볼 수 없다(헌재 2011.2.24. 2009헌마94).

201
□□□

원자력발전소건설을 내용으로 하는 전원개발사업 실시계획에 대한 승인권한을 산업통상자원부장관에게 부여하고 있는 전원개발촉진법 조항은 비록 원자력안전법에서 건설허가 및 운영허가 등의 절차를 거치도록 하여 원전으로 인한 피해가 발생하지 않도록 조치들을 강구하고 있다고 하더라도 국가가 국민의 생명·신체의 안전을 보호하기 위하여 필요한 최소한의 보호조치를 취하지 아니한 것으로 국가의 기본권 보호의무에 위배된다. O | X

전원개발사업을 실시할 때에는 우리나라 전체의 전력수급상황이나 장기적인 에너지 정책에 부합하는지 여부 등을 고려하여 그 필요성을 따져보아야 하므로, 이를 종합적으로 검토하기 위하여 전원개발사업 실시 단계에서 일률적으로 산업통상자원부장관의 승인을 받도록 한 것은 그 타당성이 있다. … 따라서 이 사건 승인조항에서 원전 건설을 내용으로 하는 전원개발사업 실시계획에 대한 승인권한을 다른 전원개발과 마찬가지로 산업통상자원부장관에게 부여하고 있다 하더라도, 국가가 국민의 생명·신체의 안전을 보호하기 위하여 필요한 최소한의 보호조치를 취하지 아니한 것이라고 보기는 어렵다(헌재 2016.10.27. 2015헌바358).

202
□□□

국가가 기본권보호의무를 다하지 못하였다는 이유로 입법부작위 내지 불완전한 입법이 헌법에 위반된다고 판단할 때에는, 국가권력에 의해 국민의 기본권이 침해당하는 경우와는 다른 판단기준이 적용되어서는 아니 된다. O | X

국민의 기본권에 대한 국가의 적극적 보호의무는 궁극적으로 입법자의 입법행위를 통하여 비로소 실현될 수 있는 것이기 때문에, 입법자의 입법행위를 매개로 하지 아니하고 단순히 기본권이 존재한다는 것만으로 헌법상 광범위한 방어적 기능을 갖게되는 기본권의 소극적 방어권으로서의 측면과 근본적인 차이가 있다. 즉 기본권에 대한 보호의무자로서의 국가는 국민의 기본권에 대한 침해자로서의 지위에 서는 것이 아니라 국민과 동반자로서의 지위에 서는 점에서 서로 다르다. 따라서 국가가 국민의 기본권을 보호하기 위한 충분한 입법조치를 취하지 아니함으로써 기본권보호의무를 다하지 못하였다는 이유로 입법부작위 내지 불완전한 입법이 헌법에 위반된다고 판단하기 위하여는, 국가권력에 의해 국민의 기본권이 침해당하는 경우와는 다른 판단기준이 적용되어야 마땅하다(헌재 1997.1.16. 90헌마110).

제2장 인간의 존엄과 가치, 행복추구권, 법 앞의 평등

20. 국회직 8급

001
☐☐☐

대학수학능력시험의 문항 수 기준 70%를 EBS 교재와 연계하여 출제한다는 대학수학능력시험 시행기본계획은 대학수학능력시험을 준비하는 자의 자유로운 인격발현권을 제한한다. O | X

청구인 권○환, 허○민은 수능시험을 준비하는 사람들로서 심판대상계획에서 정한 출제 방향과 원칙에 영향을 받을 수밖에 없다. 따라서 수능시험을 준비하면서 무엇을 어떻게 공부하여야 할지에 관하여 스스로 결정할 자유가 심판대상계획에 따라 제한된다. 이는 자신의 교육에 관하여 스스로 결정할 권리, 즉 교육을 통한 자유로운 인격발현권을 제한받는 것으로 볼 수 있다. 한편, 청구인들은 심판대상계획으로 인해 교육을 받을 권리가 침해된다고 주장하지만, 심판대상계획이 헌법 제31조 제1항의 능력에 따라 균등하게 교육을 받을 권리를 직접 제한한다고 보기는 어렵다. 청구인들은 행복추구권도 침해된다고 주장하지만, 행복추구권에서 도출되는 자유로운 인격발현권 침해 여부에 대하여 판단하는 이상 행복추구권 침해 여부에 대해서는 다시 별도로 판단하지 않는다(헌재 2018.2.22. 2017헌마691).

21. 경정승진

002
☐☐☐

상체승의 포승과 수갑을 채우고 별도의 포승으로 다른 수용자와 연승한 행위는 인격권을 침해하지 않는다. O | X

수형자를 다른 교도소로 이송하는 경우에는 도주 등 교정사고의 우려가 높아지기 때문에 교정시설 안에서의 계호보다 높은 수준의 계호가 요구된다. 이에 피청구인이 도주 등의 교정사고를 예방하기 위하여 이 사건 보호장비 사용행위를 한 것은 그 목적이 정당하고, 상체승의 포승과 앞으로 사용한 수갑은 이송하는 경우의 보호장비로서 적절하다. … 따라서 이 사건 보호장비 사용행위는 그 기본권제한의 범위 내에서 이루어진 것이므로 청구인의 인격권과 신체의 자유를 침해하지 않는다(헌재 2012.7.26. 2011헌마426).

21. 경정승진

003
☐☐☐

성명(姓名)은 개인의 정체성과 개별성을 나타내는 인격의 상징으로서 개인이 사회 속에서 자신의 생활영역을 형성하고 발현하는 기초가 되는 것이므로 자유로운 성(姓)의 사용은 헌법상 인격권으로부터 보호된다. O | X

헌법은 제10조에서 "모든 국민은 인간으로서의 존엄과 가치를 가지며 행복을 추구할 권리가 있다."고 규정하여 모든 국민이 자신의 존엄한 인격권을 바탕으로 자율적으로 자신의 생활영역을 형성해 나갈 수 있는 권리를 보장하고 있는데 성명은 개인의 정체성과 개별성을 나타내는 인격의 상징으로서 개인이 사회 속에서 자신의 생활영역을 형성하고 발현하는 기초가 되는 것이라 할 것이므로 자유로운 성의 사용 역시 헌법상 인격권으로부터 보호된다고 할 수 있다(헌재 2005.12.22. 2003헌가5 등).

정답 001 ○ 002 ○ 003 ○

004
☐☐☐

비어업인이 잠수용 스쿠버장비를 사용하여 수산자원을 포획 채취하는 것을 금지하는 수산자원관리법 시행규칙의 규정 중 '잠수용 스쿠버장비 사용'에 관한 부분은 일반적 행동의 자유를 침해하지 않는다. O | X

여가생활 또는 오락으로 잠수용 스쿠버다이빙을 즐기면서 수산자원을 포획하거나 채취하지 못함으로 인하여 청구인이 입는 불이익에 비해 수산자원을 보호해야 할 공익은 현저히 크다고 할 것이므로, 이 사건 규칙조항은 침해의 최소성과 법익의 균형성도 갖추었다. 따라서 이 사건 규칙조항은 청구인의 일반적 행동의 자유를 침해하지 아니한다(헌재 2016.10.27. 2013헌마450).

005
☐☐☐

이미 출국 수속 과정에서 일반적인 보안검색을 마친 승객을 상대로 촉수검색(patdown)과 같은 추가적인 보안 검색 실시를 예정하고 있는 국가항공보안계획은 달성하고자 하는 공익에 비해 추가 보안검색으로 인해 대상자가 느낄 모욕감이나 수치심의 정도가 크다고 할 수 있으므로 과잉금지원칙에 위반되어 해당 승객의 인격권을 침해한다. O | X

항공기 이용이 보편화됨에 따라 국내외적으로 항공기 안전사고나 항공기에 대한 또는 항공기를 이용한 테러 위협이 계속 커지고 있는바, 항공기 사고는 한번 발생하면 그로 인한 인명 피해가 심각하므로 항공기 내에서의 불법행위 방지 및 민간항공의 보안확보라는 공익은 매우 중대하다. 이에 반해 체약국의 요구가 있는 경우 승객을 상대로 실시되는 추가 보안검색은 그 방법 및 절차를 고려할 때 그로 인해 대상자가 느낄 모욕감이나 수치심, 신체의 자유의 제한 정도가 그리 크다고 보기 어렵다. 따라서 이 사건국가항공보안계획은 법익의 균형성도 인정된다. 그러므로 이 사건 국가항공보안계획은 과잉금지원칙에 위반하여 청구인의 인격권등 기본권을 침해하지 아니한다(헌재 2018.2.22. 2016헌마780).

006
☐☐☐

변호사 정보 제공 웹사이트 운영자가 변호사들의 개인신상정보를 기반으로 한 인맥지수를 공개하는 서비스를 제공하는 행위는 변호사들의 개인정보에 관한 인격권을 침해한다. O | X

변호사 정보 제공 웹사이트 운영자가 변호사들의 개인신상정보를 기반으로 변호사들의 인맥지수를 산출하여 공개하는 서비스를 제공한 사안에서, 인맥지수의 사적·인격적 성격, 산출과정에서 왜곡 가능성, 인맥지수 이용으로 인한 변호사들의 이익 침해와 공적 폐해의 우려, 그에 반하여 이용으로 달성될 공적인 가치의 보호 필요성 정도 등을 종합적으로 고려하면, 운영자가 변호사들의 개인신상정보를 기반으로 한 인맥지수를 공개하는 표현행위에 의하여 얻을 수 있는 법적 이익이 이를 공개하지 않음으로써 보호받을 수 있는 변호사들의 인격적 법익에 비하여 우월하다고 볼 수 없어, 결국 운영자의 인맥지수 서비스 제공행위는 변호사들의 개인정보에 관한 인격권을 침해하는 위법한 것이다(대판 2011.9.2. 2008다42430).

007
☐☐☐

교정시설의 1인당 수용면적이 수형자의 인간으로서의 기본 욕구에 따른 생활조차 어렵게 할 만큼 지나치게 협소하다면, 이는 그 자체로 국가형벌권 행사의 한계를 넘어 수형자의 인간의 존엄과 가치를 침해하는 것이다. O | X

교정시설의 1인당 수용면적이 수형자의 인간으로서의 기본 욕구에 따른 생활조차 어렵게 할 만큼 지나치게 협소하다면, 이는 그 자체로 국가형벌권 행사의 한계를 넘어 수형자의 인간의 존엄과 가치를 침해하는 것이다 (헌재 2016.12.29. 2013헌마142).

정답 004 ○ 005 X 006 ○ 007 ○

008
☐☐☐

헌법은 절대적 기본권을 명문으로 인정하고 있지 아니하며, 헌법 제37조 제2항에서는 국민의 모든 자유와 권리는 국가안전보장·질서유지 또는 공공복리를 위하여 필요한 경우에 한하여 법률로써 제한할 수 있도록 규정하고 있어, 비록 생명이 이념적으로 절대적 가치를 지닌 것이라 하더라도 생명에 대한 법적 평가가 예외적으로 허용될 수 있다. O | X

헌법은 절대적 기본권을 명문으로 인정하고 있지 아니하며, 헌법 제37조 제2항에서는 국민의 모든 자유와 권리는 국가안전보장·질서유지 또는 공공복리를 위하여 필요한 경우에 한하여 법률로써 제한할 수 있도록 규정하고 있어, 비록 생명이 이념적으로 절대적 가치를 지닌 것이라 하더라도 생명에 대한 법적 평가가 예외적으로 허용될 수 있다고 할 것이므로, 생명권 역시 헌법 제37조 제2항에 의한 일반적 법률유보의 대상이 될 수밖에 없다(헌재 2010.2.25. 2008헌가23).

009
☐☐☐

생명권의 경우, 다른 일반적인 기본권 제한의 구조와는 달리, 생명의 일부 박탈이라는 것을 상정할 수 없고 생명권에 대한 제한은 필연적으로 생명권의 완전한 박탈을 의미하게 되기 때문에 생명권의 제한이 정당화될 수 있는 예외적인 경우라 하더라도 생명권의 박탈이 초래된다면 곧바로 기본권의 본질적인 내용을 침해하는 것이라 볼 수 있다. O | X

생명권의 경우, 다른 일반적인 기본권 제한의 구조와는 달리, 생명의 일부 박탈이라는 것을 상정할 수 없기 때문에 생명권에 대한 제한은 필연적으로 생명권의 완전한 박탈을 의미하게 되는바, 위와 같이 생명권의 제한이 정당화될 수 있는 예외적인 경우에는 생명권의 박탈이 초래된다 하더라도 곧바로 기본권의 본질적인 내용을 침해하는 것이라 볼 수는 없다(헌재 2010.2.25. 2008헌가23).

010
☐☐☐

인간의 존엄과 가치는 모든 기본권의 이념적 출발점이며, 헌법의 근본규범이므로 헌법개정의 한계이다. O | X

인간의 존엄과 가치는 헌법상 최고의 근본규범으로 국가의 근본질서이며 법해석의 최고기준이 되고, 모든 기본권의 이념적 출발점이다. 따라서 헌법 개정의 한계이자 기본권제한의 한계로서의 성격도 가진다.

011
☐☐☐

인간의 존엄과 가치는 국민뿐 아니라 외국인과 무국적자에게도 인정된다. O | X

인간의 존엄과 가치는 모든 자연인에게 인정되므로 국민뿐 아니라 외국인과 무국적자에게도 인정된다.

정답 008 ○ 009 X 010 ○ 011 ○

012

☐☐☐

미결수용자가 수감되어 있는 동안 구치소 등 수용시설에서 사복을 입지 못하게 하고 재소자용 의류를 입게 하는 것은 무죄추정의 원칙에 반하고, 인간의 존엄과 가치에서 유래하는 인격권의 침해이다. O | X

구치소 등 수용시설 안에서는 재소자용 의류를 입더라도 무죄추정원칙 위반 및 인격권 침해가 아니다.

> **🏃 관련 판례**
>
> 구치소 등 수용시설 안에서는 재소자용 의류를 입더라도 일반인의 눈에 띄지 않고, 수사 또는 재판에서 변해(辯解)·방어권을 행사하는데 지장을 주는 것도 아닌 반면에, 미결수용자에게 사복을 입도록 하면 의복의 수선이나 세탁 및 계절에 따라 의복을 바꾸는 과정에서 증거인멸 또는 도주를 기도하거나 흉기, 담배, 약품 등 소지금지품이 반입될 염려 등이 있으므로 미결수용자에게 시설 안에서 재소자용 의류를 입게 하는 것은 구금 목적의 달성, 시설의 규율과 안전유지를 위한 필요최소한의 제한으로서 정당성·합리성을 갖춘 재량의 범위 내의 조치이다(헌재 1999.5.27. 97헌마137 등).

013

☐☐☐

교정시설의 1인당 수용면적이 인간으로서의 최소한의 품위를 유지할 수 없을 정도로 과밀하다면 인간으로서의 존엄과 가치를 침해한다. O | X

수형자가 인간 생존의 기본조건이 박탈된 교정시설에 수용되어 인간의 존엄과 가치를 침해당하였는지 여부를 판단함에 있어서는 1인당 수용면적뿐만 아니라 수형자 수와 수용거실 현황 등 수용시설 전반의 운영 실태와 수용기간, 국가 예산의 문제 등 제반사정을 종합적으로 고려할 필요가 있다. 그러나 교정시설의 1인당 수용면적이 수형자의 인간으로서의 기본 욕구에 따른 생활조차 어렵게 할 만큼 지나치게 협소하다면, 이는 그 자체로 국가형벌권 행사의 한계를 넘어 수형자의 인간의 존엄과 가치를 침해하는 것이다. … 따라서 청구인이 인간으로서 최소한의 품위를 유지할 수 없을 정도로 과밀한 공간에서 이루어진 이 사건 수용행위는 청구인의 인간으로서의 존엄과 가치를 침해한다(헌재 2016.12.29. 2013헌마142).

014

☐☐☐

수용자를 교정시설에 수용할 때마다 전자영상 검사기를 이용하여 수용자의 항문 부위를 검사하는 행위는 인격권의 침해가 아니다. O | X

이 사건 신체검사는 교정시설의 안전과 질서를 유지하기 위한 것으로 그 목적이 정당하고, 항문 부위에 대한 금지물품의 은닉여부를 효과적으로 확인할 수 있는 적합한 검사방법으로 그 수단이 적절하다. … 법익의 균형성 요건 또한 충족된다. 이 사건 신체검사는 필요한 최소한도를 벗어나 과잉금지원칙에 위배되어 청구인의 인격권 내지 신체의 자유를 침해한다고 볼 수 없다(헌재 2011.5.26. 2010헌마775).

015

☐☐☐

태어난 즉시 '출생등록될 권리'는 '출생 후 아동이 보호를 받을 수 있을 최대한 빠른 시점'에 아동의 출생과 관련된 기본적인 정보를 국가가 관리할 수 있도록 등록할 권리이다. O | X

태어난 즉시 '출생등록될 권리'는 '출생 후 아동이 보호를 받을 수 있을 최대한 빠른 시점'에 아동의 출생과 관련된 기본적인 정보를 국가가 관리할 수 있도록 등록할 권리로서, 아동이 사람으로서 인격을 자유로이 발현하고, 부모와 가족 등의 보호하에 건강한 성장과 발달을 할 수 있도록 최소한의 보호장치를 마련하도록 요구할 수 있는 권리이다(헌재 2023.3.23. 2021헌마975).

정답 012 X 013 O 014 O 015 O

016
☐☐☐

'출생등록될 권리'는 헌법에 명시되지 아니한 독자적 기본권으로서, 자유로운 인격실현을 보장하는 자유권적 성격과 아동의 건강한 성장과 발달을 보장하는 사회적 기본권의 성격을 함께 지닌다. O | X

태어난 즉시 '출생등록될 권리'는 '출생 후 아동이 보호를 받을 수 있을 최대한 빠른 시점'에 아동의 출생과 관련된 기본적인 정보를 국가가 관리할 수 있도록 등록할 권리로서, 아동이 사람으로서 인격을 자유로이 발현하고, 부모와 가족 등의 보호하에 건강한 성장과 발달을 할 수 있도록 최소한의 보호장치를 마련하도록 요구할 수 있는 권리이다. 이는 헌법에 명시되지 아니한 독자적 기본권으로서, 자유로운 인격실현을 보장하는 자유권적 성격과 아동의 건강한 성장과 발달을 보장하는 사회적 기본권의 성격을 함께 지닌다(헌재 2023.3.23. 2021헌마975).

017
☐☐☐

태어난 즉시 '출생등록될 권리'는 입법자가 출생등록제도를 통하여 형성하고 구체화하여야 할 권리이다. 입법자는 출생등록제도를 형성함에 있어 단지 출생등록의 이론적 가능성을 허용하는 것에 그쳐서는 아니되며, 실효적으로 출생등록될 권리가 보장되도록 하여야 한다. O | X

태어난 즉시 '출생등록될 권리'는 입법자가 출생등록제도를 통하여 형성하고 구체화하여야 할 권리이다. 그러나 태어난 즉시 '출생등록될 권리'의 실현은 일반적인 사회적 기본권과 달리 국가 자원 배분의 문제와는 직접적인 관련이 없고, 이를 제한하여야할 다른 공익을 상정하기 어려우며, 출생등록이 개인의 인격 발현에 미치는 중요한 의미를 고려할 때, 입법자는 출생등록제도를 형성함에 있어 단지 출생등록의 이론적 가능성을 허용하는 것에 그쳐서는 아니되며, 실효적으로 출생등록될 권리가 보장되도록 하여야 한다(헌재 2023.3.23. 2021헌마975).

018
☐☐☐

선박소유자가 고용한 선장이 선박소유자의 업무에 관하여 범죄행위를 하면 그 선박소유자에게도 동일한 벌금형을 과하도록 규정하고 있는 구 선박안전법 조항은 선장이 저지른 행위의 결과에 대해 선박소유자의 독자적인 책임에 관하여 전혀 규정하지 않은 채, 단순히 선박소유자가 고용한 선장이 업무에 관하여 범죄행위를 하였다는 이유만으로 선박소유자에 대하여 형사처벌을 과하고 있으므로 책임주의원칙에 위배된다. O | X

이 사건 법률조항은 선장의 범죄행위에 관하여 비난할 근거가 되는 선박소유자의 의사결정 및 행위구조, 즉 선장이 저지른 행위의 결과에 대한 선박소유자의 독자적인 책임에 관하여 전혀 규정하지 않은 채, 단순히 선박소유자가 고용한 선장이 업무에 관하여 범죄행위를 하였다는 이유만으로 선박소유자에 대하여 형사처벌을 과하고 있는바, 이는 다른 사람의 범죄에 대하여 그 책임 유무를 묻지 않고 형벌을 부과하는 것으로서, 법치국가의 원리 및 죄형법정주의로부터 도출되는 책임주의원칙에 반한다(헌재 2013.9.26. 2013헌가15).

정답 016 ○ 017 ○ 018 ○

019

건설업 등록을 하지 않은 건설공사 하수급인이 근로자에게 임금을 지급하지 못한 경우에, 하수급인의 직상 수급인에 대하여 하수급인과 연대하여 임금을 지급할 의무를 부과하고 직상 수급인이 그 의무를 이행하지 않으면 처벌하도록 한 근로기준법 조항은 자기책임원칙에 위배된다고 볼 수 없다.　O | X

이 사건 법률조항이 직상 수급인의 임금지급의무 불이행을 처벌하도록 한 것은 직상 수급인 자신의 의무 불이행에 대한 책임을 묻는 것이고, 직상 수급인이 건설업 등록이 되어 있지 않아 건설공사를 위한 자금력 등이 확인되지 않는 자에게 건설공사를 하도급하는 위법행위를 함으로써 하수급인의 임금지급의무 불이행에 관한 추상적 위험을 야기한 잘못에 대하여, 실제로 하수급인이 임금지급의무를 이행하지 아니하여 그러한 위험이 현실화되었을 때 그 책임을 묻는 것이다. 따라서 이 사건 법률조항은 자기책임원칙에 위배된다고 볼 수 없다(헌재 2014.4.24. 2013헌가12).

020

각 중앙관서의 장이 경쟁의 공정한 집행 또는 계약의 적정한 이행을 해칠 염려가 있는 자 등에 대하여 2년 이내의 범위에서 대통령령이 정하는 바에 따라 입찰참가자격을 제한하도록 한 구 국가를 당사자로 하는 계약에 관한 법률 조항은, 부정당업자가 제재처분의 사유가 되는 행위의 책임을 자신에게 돌릴 수 없다는 점 등을 증명하여 제재처분에서 벗어날 수 있게 하므로 자기책임원칙에 위배되지 아니한다.

O | X

각 중앙관서의 장이 경쟁의 공정한 집행 또는 계약의 적정한 이행을 해칠 염려가 있는 자 등에 대하여 2년 이내의 범위에서 대통령령이 정하는 바에 따라 입찰참가자격을 제한하도록 한 구 '국가를 당사자로 하는 계약에 관한 법률' 제27조 제1항은 부정당업자는 제재처분의 사유가 되는 행위의 책임을 자신에게 돌릴 수 없다는 점 등을 증명하여 제재처분에서 벗어날 수 있으므로, 심판대상조항은 자기책임원칙에 위배되지 아니한다(헌재 2016.6.30. 2015헌바125).

021

국민건강보험공단이 사위 기타 부당한 방법으로 보험급여비용을 받은 요양기관에 대하여 급여비용에 상당하는 금액의 전부 또는 일부를 징수할 수 있도록 한 국민건강보험법 조항은, 요양기관이 그 피용자를 관리·감독할 주의의무를 다하였다고 하더라도 보험급여비용이 요양기관에 일단 귀속되었고 그 요양기관이 사위 기타 부당한 방법으로 보험급여비용을 지급받은 이상 부당이득반환의무가 있다는 것이므로 책임주의원칙에 어긋난다고 볼 수 없다.　O | X

국민건강보험법 제52조 제1항은, 요양기관이 사위 기타 부당한 방법으로 보험급여비용을 받은 경우에만 징수책임을 지며, 또 요양기관과 아무런 관련 없이 피용자 개인의 잘못으로 보험급여비용을 받아 그 전액을 환수하는 것이 가혹한 경우라면 금액의 전부 혹은 일부가 '사위 기타 부당한 방법'에 해당하지 않는다고 하여 징수를 면할 수 있는 여지를 남겨 놓고 있고, 요양기관이 그 피용자를 관리·감독할 주의의무를 다하였다고 하더라도, 보험급여비용이 요양기관에게 일단 귀속되었고 그 요양기관이 사위 기타 부당한 방법으로 보험급여비용을 지급받은 이상 부당이득반환의무가 있다는 것이므로 책임주의원칙에 어긋난다고 볼 수 없다(헌재 2011.6.30. 2010헌바375).

022
☐☐☐

법인이 고용한 종업원 등의 일정한 범죄행위에 대하여 곧바로 법인을 종업원 등과 같이 처벌하도록 하고 있는 산지관리법 조항은 법인 자신의 지휘·감독의무를 다하지 못한 과실을 처벌하는 것이므로 책임주의 원칙에 위배된다고 보기 어렵다. O | X

형벌은 범죄에 대한 제재로서 그 본질은 법질서에 의해 부정적으로 평가된 행위에 대한 비난이다. 만약 법질서가 부정적으로 평가한 결과가 발생하였다고 하더라도 그러한 결과의 발생이 어느 누구의 잘못에 의한 것도 아니라면, 부정적인 결과가 발생하였다는 이유만으로 누군가에게 형벌을 가할 수는 없다. 이와 같이 '책임없는 자에게 형벌을 부과할 수 없다.'는 형벌에 관한 책임주의는 형사법의 기본원리로서, 헌법상 법치국가의 원리에 내재하는 원리인 동시에, 헌법 제10조의 취지로부터 도출되는 원리이다. 그런데 이 사건 심판대상조항은 법인이 고용한 종업원 등의 범죄행위에 관하여 비난할 근거가 되는 법인의 의사결정 및 행위구조, 즉 종업원 등이 저지른 행위의 결과에 대한 법인의 독자적인 책임에 관하여 전혀 규정하지 않은 채, 단순히 법인이 고용한 종업원 등이 업무에 관하여 범죄행위를 하였다는 이유만으로 법인에 대하여 형사처벌을 과하고 있는바, 이는 다른 사람의 범죄에 대하여 그 책임 유무를 묻지 않고 형벌을 부과함으로써 법치국가의 원리 및 죄형법정주의로부터 도출되는 책임주의원칙에 반하여 헌법에 위반된다(헌재 2010.9.30. 2010헌가19).

023
☐☐☐

예비군대원 본인의 부재시 예비군훈련 소집통지서를 수령한 같은 세대 내의 가족 중 성년자가 정당한 사유 없이 소집통지서를 본인에게 전달하지 아니한 경우 형사처벌을 하는 예비군법 조항은 책임과 형벌 사이의 비례원칙에 위배되지 않는다. O | X

예비군대원 본인과 세대를 같이 하는 가족 중 성년자라면 특별한 사정이 없는 한 소집통지서를 본인에게 전달함으로써 훈련불참으로 인한 불이익을 받지 않도록 각별히 신경을 쓸 것임이 충분히 예상되고, 설령 그들이 소집통지서를 전달하지 아니하여 행정절차적 협력의무를 위반한다고 하여도 과태료 등의 행정적 제재를 부과하는 것만으로도 그 목적의 달성이 충분히 가능하다고 할 것임에도 불구하고, 심판대상조항은 훨씬 더 중한 형사처벌을 하고 있어 그 자체만으로도 형벌의 보충성에 반하고, 책임에 비하여 처벌이 지나치게 과도하여 비례원칙에도 위반된다고 할 것이다(헌재 2022.5.26. 2019헌가12).

024
☐☐☐

초·중등학교 교원이 자신이 보호하는 아동에 대하여 아동학대범죄를 범한 때에는 그 죄에 정한 형의 2분의 1까지 가중하여 처벌하도록 한 아동학대범죄의 처벌 등에 관한 특례법 조항은 책임과 형벌 사이의 비례원칙에 위배되지 않는다. O | X

심판대상조항이 각 죄의 정한 형의 2분의 1을 가중하도록 하고 있다고 하더라도 이는 법정형의 범위를 넓히는 것일 뿐 일률적으로 2분의 1을 가중하는 것이 아니고 그것을 상한으로 하여 형을 정할 수 있다는 뜻이다. … 심판대상조항이 청구인의 주장과 같이 아동학대범죄의 종류와 행위 태양, 행위의 의도 등을 고려하지 않고 일률적으로 형을 가중한다고 볼 수 없다. … 초·중등학교 교원이 자신이 보호하는 아동에 대하여 아동학대범죄를 범한 때에는 그 죄에 정한 형의 2분의 1까지 가중하여 처벌하도록 한 심판대상조항은 입법재량의 범위를 벗어났다거나 책임과 형벌 간의 비례원칙에 어긋나는 과잉형벌을 규정하였다고 보기 어렵다(헌재 2021.3.25. 2018헌바388).

정답 022 X 023 X 024 ○

025

☐☐☐

형법상의 범죄와 똑같은 구성요건을 규정하면서 법정형만 상향 조정한 특정범죄 가중처벌 등에 관한 법률 조항은 형사특별법으로서 갖추어야 할 형벌체계상의 정당성과 균형을 잃고 있다. O | X

심판대상조항은 별도의 가중적 구성요건표지를 규정하지 않은 채 형법 조항과 똑같은 구성요건을 규정하면서 법정형만 상향 조정하여 어느 조항으로 기소하는지에 따라 벌금형의 선고 여부가 결정되고, 선고형에 있어서도 심각한 형의 불균형을 초래하게 함으로써 형사특별법으로서 갖추어야 할 형벌체계상의 정당성과 균형을 잃어 인간의 존엄성과 가치를 보장하는 헌법의 기본원리에 위배될 뿐만 아니라 그 내용에 있어서도 평등원칙에 위반되어 위헌이다(헌재 2015.2.26. 2014헌가16 등).

026

☐☐☐

상관을 살해한 경우 사형만을 유일한 법정형으로 규정한 군형법 조항은 형벌과 책임 간의 비례원칙에 위배된다. O | X

법정형의 종류와 범위를 정하는 것이 기본적으로 입법자의 권한에 속하는 것이라고 하더라도, 형벌은 죄질과 책임에 상응하도록 적절한 비례성이 지켜져야 하는바, 군대 내 명령체계유지 및 국가방위라는 이유만으로 가해자와 상관 사이에 명령복종관계가 있는지 여부를 불문하고 전시와 평시를 구분하지 아니한 채 다양한 동기와 행위태양의 범죄를 동일하게 평가하여 사형만을 유일한 법정형으로 규정하고 있는 이 사건 법률조항은, 범죄의 중대성 정도에 비하여 심각하게 불균형적인 과중한 형벌을 규정함으로써 죄질과 그에 따른 행위자의 책임 사이에 비례관계가 준수되지 않아 인간의 존엄과 가치를 존중하고 보호하려는 실질적 법치국가의 이념에 어긋나고, 형벌체계상 정당성을 상실한 것이다(헌재 2007.11.29. 2006헌가13).

027

☐☐☐

공연한 방법으로 상관을 모욕한 사람을 처벌하는 군형법 조항은 법관이 징역형이나 금고형 외에 벌금형을 선택할 수 없도록 하여 형벌의 개별화원칙에 부응하지 못하고 있으므로 형벌과 책임 간의 비례원칙에 위배된다. O | X

군조직의 특성상 상관을 모욕하는 행위는 개인의 인격적 법익에 대한 침해를 넘어 군기를 문란하게 하는 행위로서 군조직의 위계질서를 파괴할 위험성이 크므로, 죄질과 책임이 가볍지 않다. 심판대상조항은 징역이나 금고형의 하한을 두고 있지 않아 1개월부터 3년까지 다양한 기간의 형을 선고할 수 있고, 정상참작감경을 하지 않더라도 징역이나 금고형의 집행유예를 선고하거나 형의 선고를 유예할 수 있다. 심판대상조항은 책임과 형벌 간의 비례원칙에 위반된다고 볼 수 없다(헌재 2024.8.29. 2022헌가7 등).

028

☐☐☐

관세법상의 몰수·추징은 재산상 이익을 환수하는 데 그치는 것이 아니라 징벌적인 성격도 가지고 있고 행위자의 책임과 형벌의 비례관계는 주형과 부가형을 통산하여 인정되는 것이므로 주형의 구체적 양형과정에서 필요적 몰수·추징의 부가형을 참작하여 구체적 형평성을 기할 수도 있다. O | X

관세법상의 몰수·추징은 재산상 이익을 환수하는 데 그치는 것이 아니라 징벌적인 성격도 가지고 있고, 행위자의 책임과 형벌의 비례관계는 주형과 부가형을 통산하여 인정되는 것이어서 주형의 구체적인 양형과정에서 필요적 몰수·추징의 부가형을 참작하여 구체적 형평성을 기할 수 있다. 또한, 법관은 주형에 대하여 선고를 유예하지 아니하면서 그에 부가할 추징에 대하여서만 선고를 유예할 수는 없으나, 필요적 몰수의 경우라 하더라도 주형에 대하여 선고를 유예하는 경우에는 부가형인 필요적 몰수나 추징에 대하여 선고를 유예할 수 있으므로, 단순히 몰수·추징의 경우만을 따로 떼어내어 책임과 형벌의 비례원칙에 반한다고 단정하기는 어렵다(헌재 2010.5.27. 2009헌가28).

정답 025 ○ 026 ○ 027 X 028 ○

029
☐☐☐

초·중등교육법상 교원으로서 자신이 보호하는 아동에 대하여 아동학대범죄를 범한 때에 그 죄에 정한 형의 2분의 1까지 가중처벌하도록 한 아동학대범죄의 처벌 등에 관한 특례법 규정은 형벌과 책임 간의 비례원칙에 위배되지 않는다.   O | X

아동학대범죄를 발견하고 신고하여야 할 법적 의무를 지고 있는 초·중등교육법상 교원이 오히려 자신이 보호하는 아동에 대하여 아동학대범죄를 저지르는 행위에 대해서는 높은 비난가능성과 불법성이 인정되는 점, 심판대상조항이 각 죄에 정한 형의 2분의 1을 가중하도록 하고 있다고 하더라도 이는 법정형의 범위를 넓히는 것일 뿐이어서, 법관은 구체적인 행위의 태양, 죄질의 정도와 수법 등을 고려하여 법정형의 범위 내에서 행위자의 책임에 따른 적절한 형벌을 과하는 것이 가능한 점 등을 종합하여 보면, 심판대상조항이 책임과 형벌 간의 비례원칙에 어긋나는 과잉형벌을 규정하였다고 볼 수 없다(헌재 2021.3.25. 2018헌바388).

030
☐☐☐

형법 제129조 제1항의 수뢰죄를 범한 사람에게 수뢰액의 2배 이상 5배 이하의 벌금을 필요적으로 병과하도록 한 특정범죄 가중처벌 등에 관한 법률 조항은 형벌과 책임 간의 비례원칙에 위배되지 않는다.   O | X

종래의 징역형 위주의 처벌규정은 수뢰죄의 예방 및 척결에 미흡하여 큰 실효를 거두지 못하여 왔고, 범죄 수익을 소비 또는 은닉한 경우 몰수·추징형의 집행이 불가능할 수 있고, 범죄수익의 박탈만으로는 범죄의 근절에 충분하지 않을 수 있다는 점까지 고려하여 징역형 뿐 아니라 벌금형을 필요적으로 병과하는 심판대상조항을 도입한 입법자의 결단은 입법재량의 한계를 벗어난 것이라고 단정할 수 없다. … 결국, 심판대상조항이 그 범죄의 죄질 및 이에 따른 행위자의 책임에 비하여 지나치게 가혹한 것이어서 형벌과 책임 간의 비례원칙에 위배되었다고 볼 수 없다(헌재 2017.7.27. 2016헌바42).

031
☐☐☐

어떤 범죄를 어떻게 처벌할 것인가 하는 문제, 즉 법정형의 종류와 범위의 선택은 입법자가 결정할 사항으로서 광범위한 입법재량 내지 형성의 자유가 인정되어야 할 분야이다.   O | X

어떤 범죄를 어떻게 처벌할 것인가 하는 문제, 즉 법정형의 종류와 범위의 선택은 그 범죄의 죄질과 보호법익에 대한 고려뿐만이 아니라 우리의 역사와 문화, 입법 당시의 시대적 상황, 국민 일반의 가치관 내지 법감정 그리고 범죄예방을 위한 형사정책적 측면 등 여러 가지 요소를 종합적으로 고려하여 입법자가 결정할 사항으로서 광범위한 입법재량 내지 형성의 자유가 인정되어야 할 분야이다(헌재 2006.4.27. 2005헌가2).

032
☐☐☐

국회에서 허위의 진술을 한 증인을 위증죄로 처벌하는 구 국회에서의 증언·감정 등에 관한 법률 조항은 형법상 위증죄보다 무거운 법정형을 정하고 있어 형벌체계상의 정당성이나 균형성을 상실하고 있으므로 평등원칙에 위배된다.   O | X

심판대상조항은 형법상 위증죄보다 무거운 법정형을 정하고 있으나, 국회에서의 위증죄가 지니는 불법의 중대성, 별도의 엄격한 고발 절차를 거쳐야 처벌될 수 있는 점 등을 고려할 때 형벌체계상의 정당성이나 균형성을 상실하고 있지 아니하므로 평등원칙에 위배된다고 할 수 없다(헌재 2015.9.24. 2012헌바410).

정답 029 ○ 030 ○ 031 ○ 032 X

033
☐☐☐

주거침입강제추행죄의 법정형을 주거침입강간죄와 동일하게 규정한 구 성폭력범죄의 처벌 등에 관한 특례법 조항은 책임과 형벌간의 비례원칙에 위반되지 아니한다. O | X

강제추행죄의 피해자들은 심각한 정신적·정서적 장애를 경험할 수 있고, 그 후유증으로 장기간 사회생활에 큰 지장을 받을 수 있는데, 사생활의 중심으로 개인의 인격과 불가분적으로 연결되어 있어 개인의 생명, 신체, 재산의 안전은 물론 인간 행복의 최소한의 조건이자 개인의 사적 영역으로서 보장되어야 하는 주거에서 강제추행을 당한다면 그로 인한 피해는 보다 심각할 수 있다. 더구나 이러한 범행이 배우자 또는 가족이 목격하는 가운데 행해진 경우에는 단순히 피해자의 성적 자기결정권의 침해를 넘어 생활의 기초단위인 한 가정을 철저하게 파괴하는 결과를 초래할 수도 있다. 따라서 입법자가 이러한 중대한 법익 침해자에 대해 특별형법인 성폭력처벌법에 '주거침입강제추행죄'라는 구성요건을 별도로 신설한 것은 필요하고도 바람직한 입법조치라 할 것이다. 이 사건 법률조항의 법정형은 무기징역 또는 5년 이상의 징역이므로 행위자에게 정상을 참작할 만한 특별한 사정이 있는 때에는 법관은 작량감경을 통하여 얼마든지 집행유예를 선고할 수 있고, 그 불법의 중대성에 비추어 볼 때 법정형에 벌금을 규정하지 않은 것이 불합리하다고 할 수도 없다. 그러므로 이 사건 법률조항은 책임과 형벌 간의 비례원칙에 위반되지 아니한다(헌재 2013.7.25. 2012헌바320).

034
☐☐☐

형법상 모욕죄와 사자명예훼손죄를 친고죄로 정하고 있음에 반하여, 정보통신망 이용촉진 및 정보보호 등에 관한 법률상 명예훼손죄를 반의사불벌죄로 정하고 있는 것은 형벌체계상 균형을 상실하지 않아 평등원칙에 위반되지 아니한다. O | X

법상 모욕죄는 피해자에 대한 구체적 사실이 아닌 추상적 판단과 감정을 표현하고, 형법상 사자명예훼손죄는 생존한 사람이 아닌 사망한 사람에 대한 허위사실 적시라는 점에서 불법성이 감경된다. 반면, 정보통신망법의 명예훼손죄는 비방할 목적으로 정보통신망을 이용하여 거짓사실을 적시한다는 점에서 불법성이 가중된다는 차이가 있다. … 심판대상조문은 형벌체계상 균형을 상실하지 않아 평등원칙에 위반되지 아니한다(헌재 2021.4.29. 2018헌바113).

035
☐☐☐

배아생성자의 배아에 대한 결정권은 헌법상 명문으로 규정되어 있지는 않지만 일반적 인격권의 한 유형으로서의 헌법상 권리이다. O | X

배아생성자는 배아에 대해 자신의 유전자정보가 담긴 신체의 일부를 제공하고, 또 배아가 모체에 성공적으로 착상하여 인간으로 출생할 경우 생물학적 부모로서의 지위를 갖게 되므로, 배아의 관리 또는 처분에 대한 결정권을 가진다. 이러한 배아생성자의 배아에 대한 결정권은 헌법상 명문으로 규정되어 있지는 아니하지만, 헌법 제10조로부터 도출되는 일반적 인격권의 한 유형으로서의 헌법상 권리라 할 것이다(헌재 2010.5.27. 2005헌마346).

036

☐☐☐

이미 출국 수속 과정에서 일반적인 보안검색을 마친 승객들을 대상으로, 체약국의 요구가 있는 경우 촉수검색과 같은 추가적인 보안검색을 실시할 수 있도록 정한 국가항공보안계획은 과잉금지원칙에 위반되지 않으므로 해당 승객의 인격권을 침해하지 않는다.   O | X

이 사건 국가항공보안계획은, 이미 출국 수속 과정에서 일반적인 보안검색을 마친 승객을 상대로, 촉수검색(patdown)과 같은 추가적인 보안 검색 실시를 예정하고 있으므로 이로 인한 인격권 및 신체의 자유 침해 여부가 문제된다. 이 사건 국가항공보안계획은 민간항공 보안에 관한 국제협약의 준수 및 항공기 안전과 보안을 위한 것으로 입법목적의 정당성 및 수단의 적합성이 인정되고, 항공운송사업자가 다른 체약국의 추가 보안검색 요구에 응하지 않을 경우 항공기의 취항 자체가 거부될 수 있으므로 이 사건 국가항공보안계획에 따른 추가 보안검색 실시는 불가피하며, 관련 법령에서 보안검색의 구체적 기준 및 방법 등을 마련하여 기본권 침해를 최소화하고 있으므로 침해의 최소성도 인정된다. … 따라서 이 사건 국제항공보안계획은 헌법상 과잉금지원칙에 위반되지 않으므로, 청구인의 기본권을 침해하지 아니한다(헌재 2018.2.22. 2016헌마780).

037

☐☐☐

학교폭력 가해학생에 대한 조치로 피해학생에 대한 서면사과를 규정한 구 학교폭력예방 및 대책에 관한 법률상 조항은 가해학생의 인격권을 침해한다.   O | X

서면사과 조치는 내용에 대한 강제 없이 자신의 행동에 대한 반성과 사과의 기회를 제공하는 교육적 조치로 마련된 것이고, 가해학생에게 이견진술 등 적정한 절차적 기회를 제공한 뒤에 학교폭력 사실이 인정되는 것을 전제로 내려지는 조치이며, 이를 불이행하더라도 추가적인 조치나 불이익이 없다. 또한 이러한 서면사과의 교육적 효과는 가해학생에 대한 주의나 경고 또는 권고적인 조치만으로는 달성하기 어렵다. 따라서 이 사건 서면사과조항이 가해학생의 양심의 자유와 인격권을 과도하게 침해한다고 보기 어렵다(헌재 2023.2.23. 2019헌바93).

038

☐☐☐

지역아동센터 시설별 신고정원의 80% 이상을 돌봄취약아동으로 구성하도록 정한 '2019년 지역아동센터 지원 사업안내' 규정은 돌봄취약아동이 일반아동과 교류할 기회를 제한하므로 청구인 아동들의 인격권을 침해한다.   O | X

돌봄취약아동이 일반아동과 함께 초·중등학교를 다니고 방과 후에도 다른 돌봄기관을 이용할 선택권이 보장되고 있는 이상, 설령 이 사건 이용아동규정에 따라 돌봄취약아동이 일반아동과 교류할 기회가 다소 제한된다고 하더라도 그것만으로 청구인 아동들의 인격 형성에 중대한 영향을 미친다고 보기는 어렵다. 이 사건 이용아동규정은 과잉금지원칙에 위반하여 청구인 운영자들의 직업수행의 자유 및 청구인 아동들의 인격권을 침해하지 않는다(헌재 2022.1.27. 2019헌마583).

039
□□□

경찰이 보도자료 배포 직후 기자들의 취재요청에 응하여 경찰서조사실에서 얼굴과 수갑이 드러난 채 조사받는 보험사기피의자의 모습을 촬영할 수 있도록 허용한 행위는 보도를 실감나게 제공하려는 공익적 목적이 크므로 피의자의 인격권을 침해하지 않는다.　　　　　　　　　　　　　　　　　　　　O | X

피청구인은 기자들에게 청구인이 경찰서 내에서 수갑을 차고 얼굴을 드러낸 상태에서 조사받는 모습을 촬영할 수 있도록 허용하였는데, 청구인에 대한 이러한 수사 장면을 공개 및 촬영하게 할 어떠한 공익 목적도 인정하기 어려우므로 촬영허용행위는 목적의 정당성이 인정되지 아니한다. 피의자의 얼굴을 공개하더라도 그로 인한 피해의 심각성을 고려하여 모자, 마스크 등으로 피의자의 얼굴을 가리는 등 피의자의 신원이 노출되지 않도록 침해를 최소화하기 위한 조치를 취하여야 하는데, 피청구인은 그러한 조치를 전혀 취하지 아니하였으므로 침해의 최소성 원칙도 충족하였다고 볼 수 없다. 또한 촬영허용행위는 언론 보도를 보다 실감나게 하기 위한 목적 외에 어떠한 공익도 인정할 수 없는 반면, 청구인은 피의자로서 얼굴이 공개되어 초상권을 비롯한 인격권에 대한 중대한 제한을 받았고, 촬영한 것이 언론에 보도될 경우 범인으로서의 낙인 효과와 그 파급효는 매우 가혹하여 법익균형성도 인정되지 아니하므로, 촬영허용행위는 과잉금지원칙에 위반되어 청구인의 인격권을 침해하였다(헌재 2014.3.27. 2012헌마652).

040
□□□

출국 수속 과정에서 일반적인 보안검색을 마친 승객을 상대로, 촉수검색(patdown)과 같은 추가적인 보안검색 실시를 예정하고 있는 '국가항공보안계획'은 청구인의 인격권을 침해하지 않는다.　　　O | X

이 사건 국가항공보안계획은 민간항공 보안에 관한 국제협약의 준수 및 항공기 안전과 보안을 위한 것으로 입법목적의 정당성 및 수단의 적합성이 인정되고, 항공운송사업자가 다른 체약국의 추가 보안검색 요구에 응하지 않을 경우 항공기의 취항 자체가 거부될 수 있으므로 이 사건 국가항공보안계획에 따른 추가 보안검색 실시는 불가피하며, 관련 법령에서 보안검색의 구체적 기준 및 방법 등을 마련하여 기본권 침해를 최소화하고 있으므로 침해의 최소성도 인정된다. 또한 국내외적으로 항공기 안전사고와 테러 위협이 커지는 상황에서, 민간항공의 보안 확보라는 공익은 매우 중대한 반면, 추가 보안검색 실시로 인해 승객의 기본권이 제한되는 정도는 그리 크지 아니하므로 법익의 균형성도 인정된다. 따라서 이 사건 국제항공보안계획은 헌법상 과잉금지원칙에 위반되지 않으므로, 청구인의 기본권을 침해하지 아니한다(헌재 2018.2.22. 2016헌마780).

041
□□□

선거기사심의위원회가 불공정한 선거기사를 보도하였다고 인정한 언론사에 대하여 언론중재위원회를 통하여 사과문을 게재할 것을 명하도록 하는 공직선거법 조항과 해당 언론사가 사과문 게재 명령을 지체 없이 이행하지 않을 경우 형사처벌하는 구공직선거법 조항은 언론사의 인격권을 침해한다.　　　　　O | X

이 사건 사과문 게재 조항은 정기간행물 등을 발행하는 언론사가 보도한 선거기사의 내용이 공정하지 아니하다고 인정되는 경우 선거기사심의위원회의 사과문 게재 결정을 통하여 해당 언론사로 하여금 그 잘못을 인정하고 용서를 구하게 하고 있다. 이는 언론사 스스로 인정하거나 형성하지 아니한 윤리적·도의적 판단의 표시를 강제하는 것으로서 언론사가 가지는 인격권을 제한하는 정도가 매우 크다. … 결국 이 사건 법률조항들은 언론사의 인격권을 침해하여 헌법에 위반된다(헌재 2015.7.30. 2013헌가8).

정답 039 X　040 O　041 O

042
☐☐☐

일본제국주의의 국권침탈이 시작된 러·일전쟁 개전 시부터 1945년 8월 15일까지 조선총독부 중추원 참의로 활동한 행위를 친일반민족행위로 규정한 일제강점하 반민족행위 진상규명에 관한 특별법조항은 조사대상자 또는 그 유족의 인격권을 제한한다. ○ | X

헌법 제10조로부터 도출되는 일반적 인격권에는 개인의 명예에 관한 권리도 포함되는바, 이 사건 법률조항에 근거하여 반민규명위원회의 조사대상자 선정 및 친일반민족행위결정이 이루어지면(이에 관하여 작성된 조사보고서 및 편찬된 사료는 일반에 공개된다), 조사대상자의 사회적 평가가 침해되어 헌법 제10조에서 유래하는 일반적 인격권이 제한받는다고 할 수 있다. 다만 이 사건 결정의 조사대상자를 비롯하여 대부분의 조사대상자는 이미 사망하였을 것이 분명하나, 조사대상자가 사자(死者)의 경우에도 인격적 가치에 대한 중대한 왜곡으로부터 보호되어야 하고, 사자(死者)에 대한 사회적 명예와 평가의 훼손은 사자(死者)와의 관계를 통하여 스스로의 인격상을 형성하고 명예를 지켜온 그들의 후손의 인격권, 즉 유족의 명예 또는 유족의 사자(死者)에 대한 경애추모의 정을 제한하는 것이다(헌재 2010.10.28. 2007헌가23).

043
☐☐☐

민사법정 내 보호장비 사용행위는 형의 집행 및 수용자의 처우에 관한 법률 조항 등에 근거를 두고 있으므로 법률유보원칙에 위배되어 민사법정에 출정하는 수형자의 인격권을 침해하지 않는다. ○ | X

민사법정 내 보호장비 사용행위는 법정에서 계호업무를 수행하는 교도관으로 하여금 수용자가 도주 등 돌발행동으로 교정사고를 일으키고 법정질서를 문란하게 힐 우려가 있는 때에 교칭사고를 예방하고 협성실서 뉴시에 협력하기 위하여 수용자에게 수갑, 포승을 사용할 수 있도록 한 것으로, '형의 집행 및 수용자의 처우에 관한 법률' 제97조 제1항, 제98조, 같은 법 시행령 제120조 제2항, 같은 법 시행규칙 제172조 제1항, 제179조 제1항, 제180조 등에 근거를 두고 있으므로, 법률유보원칙에 위반되어 청구인의 인격권과 신체의 자유를 침해하지 아니한다(헌재 2018.6.28. 2017헌마181).

044
☐☐☐

이미 출국 수속 과정에서 일반적인 보안검색을 마친 승객을 상대로, 촉수검색(patdown)과 같은 추가적인 보안검색실시를 예정하고 있는 '국가항공보안계획'은 촉수검색 대상자의 인격권을 침해한다. ○ | X

이 사건 국가항공보안계획은, 이미 출국 수속 과정에서 일반적인 보안검색을 마친 승객을 상대로, 촉수검색(patdown)과 같은 추가적인 보안 검색 실시를 예정하고 있으므로 이로 인한 인격권 및 신체의 자유 침해 여부가 문제된다. 이 사건 국가항공보안계획은 민간항공 보안에 관한 국제협약의 준수 및 항공기 안전과 보안을 위한 것으로 입법목적의 정당성 및 수단의 적합성이 인정되고, 항공운송사업자가 다른 체약국의 추가 보안검색 요구에 응하지 않을 경우 항공기의 취항 자체가 거부될 수 있으므로 이 사건 국가항공보안계획에 따른 추가 보안검색 실시는 불가피하며, 관련 법령에서 보안검색의 구체적 기준 및 방법 등을 마련하여 기본권 침해를 최소화하고 있으므로 침해의 최소성도 인정된다. … 따라서 이 사건 국제항공보안계획은 헌법상 과잉금지원칙에 위반되지 않으므로, 청구인의 기본권을 침해하지 아니한다(헌재 2018.2.22. 2016헌마780).

045
☐☐☐

헌법 제10조로부터 도출되는 일반적 인격권 중 개인의 명예에 관한 권리에서 말하는 명예는 사람이나 그 인격에 대한 사회적 평가, 즉 객관적·외부적 가치평가를 말하는 것이지 단순히 주관적·내면적인 명예감정은 포함되지 않는다. O | X

헌법 제10조로부터 도출되는 일반적 인격권에는 개인의 명예에 관한 권리도 포함되는바, 이 때 '명예'는 사람이나 그 인격에 대한 '사회적 평가', 즉 객관적·외부적 가치평가를 말하는 것이지 단순히 주관적·내면적인 명예감정은 법적으로 보호받는 명예에 포함된다고 할 수 없다. 왜냐하면, 헌법이 인격권으로 보호하는 명예의 개념을 사회적·외부적 징표에 국한하지 않는다면 주관적이고 개별적인 내심의 명예감정까지 명예에 포함되어 모든 주관적 명예감정의 손상이 법적 분쟁화될 수 있기 때문이다(헌재 2010.11.25. 2009헌마147).

046
☐☐☐

장래 가족의 구성원이 될 태아의 성별 정보에 대한 접근을 국가로부터 방해받지 않을 부모의 권리는 헌법 제10조로부터 도출되는 일반적 인격권에 의하여 보호된다. O | X

헌법 제10조로부터 도출되는 일반적 인격권에는 각 개인이 그 삶을 사적으로 형성할 수 있는 자율영역에 대한 보장이 포함되어 있음을 감안할 때, 장래 가족의 구성원이 될 태아의 성별 정보에 대한 접근을 국가로부터 방해받지 않을 부모의 권리는 이와 같은 일반적 인격권에 의하여 보호된다고 보아야 할 것인바, 이 사건 규정은 일반적 인격권으로부터 나오는 부모의 태아 성별 정보에 대한 접근을 방해받지 않을 권리를 제한하고 있다고 할 것이다(헌재 2008.7.31. 2004헌마1010 등).

047
☐☐☐

'책임 없는 자에게 형벌을 부과할 수 없다'는 형벌에 관한 책임주의는 형사법의 기본원리로서, 헌법상 법치국가의 원리에 내재하는 원리인 동시에 헌법 제10조의 취지로부터 도출되는 원리이다. O | X

'책임 없는 자에게 형벌을 부과할 수 없다'는 형벌에 관한 책임주의는 형사법의 기본원리로서, 헌법상 법치국가의 원리에 내재하는 원리인 동시에 헌법 제10조의 취지로부터 도출되는 원리이고, 법인의 경우도 자연인과 마찬가지로 책임주의원칙이 적용된다(헌재 2012.10.25. 2012헌가18).

048
☐☐☐

법인의 대표자가 법인의 업무에 관하여 일정한 범죄행위를 할 경우 그 법인도 함께 처벌하는 구 외국환거래법상 양벌규정은 법인의 독자적인 책임에 관하여 전혀 규정하지 않은 채, 단순히 법인의 대표자가 업무에 관하여 범죄행위를 하였다는 이유만으로 법인에 대하여 형사처벌을 과하고 있어 책임주의원칙에 반한다. O | X

법인 대표자의 법규위반행위에 대한 법인의 책임은, 법인 자신의 법규위반행위로 평가될 수 있는 행위에 대한 법인의 직접책임으로서, 대표자의 고의에 의한 위반행위에 대하여는 법인 자신의 고의에 의한 책임을, 대표자의 과실에 의한 위반행위에 대하여는 법인 자신의 과실에 의한 책임을 부담하는 것이므로, 법인의 대표자가 법인의 업무에 관하여 일정한 범죄행위를 할 경우 그 법인도 함께 처벌하는 이 사건 구 외국환거래법상 양벌규정은 책임주의원칙에 위배되지 아니한다(헌재 2011.12.29. 2010헌바11).

정답 045 ○ 046 ○ 047 ○ 048 X

049

□□□

범죄사실에 관한 보도 과정에서 대상자의 실명 공개에 대한 공공의 이익이 대상자의 명예나 사생활의 비밀에 관한 이익보다 우월하다고 인정되어 실명에 의한 보도가 허용되는 경우에는, 비록 대상자의 의사에 반하여 그의 실명이 공개되었다고 하더라도 그의 성명권이 위법하게 침해되었다고 할 수 없다. O | X

개인은 자신의 성명의 표시 여부에 관하여 스스로 결정할 권리를 가지나, 성명의 표시행위가 공공의 이해에 관한 사실과 밀접불가분한 관계에 있고 그 목적 달성에 필요한 한도에 있으며 그 표현내용 · 방법이 부당한 것이 아닌 경우에는 그 성명의 표시는 위법하다고 볼 수 없다. 따라서 범죄사실에 관한 보도 과정에서 대상자의 실명 공개에 대한 공공의 이익이 대상자의 명예나 사생활의 비밀에 관한 이익보다 우월하다고 인정되어 실명에 의한 보도가 허용되는 경우에는, 비록 대상자의 의사에 반하여 그의 실명이 공개되었다고 하더라도 그의 성명권이 위법하게 침해되었다고 할 수 없다(대판 2009.9.10. 2007다71).

050

□□□

국가에게 태아의 생명을 보호할 의무가 있다고 하더라도 생명의 연속적 발전과정에 대하여 생명이라는 공통요소만을 이유로 하여 언제나 동일한 법적 효과를 부여하여야 하므로, 국가가 생명을 보호하는 입법적 조치를 취함에 있어 인간생명의 발달단계에 따라 그 보호정도나 보호수단을 달리하는 것은 불가능하다. O | X

모든 인간은 헌법상 생명권의 주체가 되며, 형성 중의 생명인 태아에게도 생명에 대한 권리가 인정되어야 한다. 태아가 비록 그 생명의 유지를 위하여 모(母)에게 의존해야 하지만, 그 자체로 모(母)와 별개의 생명체이고, 특별한 사정이 없는 한, 인간으로 성장할 가능성이 크기 때문이다. 따라서 태아도 헌법상 생명권의 주체가 되며, 국가는 헌법 제10조 제2문에 따라 태아의 생명을 보호할 의무가 있다. … 생명의 전체적 과정에 대해 법질서가 언제나 동일한 법적 보호 내지 효과를 부여하고 있는 것은 아니다. 따라서 국가가 생명을 보호하는 입법적 조치를 취함에 있어 인간생명의 발달단계에 따라 그 보호정도나 보호수단을 달리하는 것은 불가능하지 않다(헌재 2019.4.11. 2017헌바127).

051

□□□

민사재판에 당사자로 출석하는 수형자에 대하여 사복착용을 불허하는 것은 수형자의 인격권을 침해하지 아니한다. O | X

수형자가 민사법정에 출석하기까지 교도관이 반드시 동행하여야 하므로 수용자의 신분이 드러나게 되어 있어 재소자용 의류를 입었다는 이유로 인격권과 행복추구권이 제한되는 정도는 제한적이고, 형사법정 이외의 법정 출입 방식은 미결수용자와 교도관 전용 통로 및 시설이 존재하는 형사재판과 다르며, 계호의 방식과 정도도 확연히 다르다. 따라서 심판대상조항이 민사재판에 출석하는 수형자에 대하여 사복착용을 허용하지 아니한 것은 청구인의 인격권과 행복추구권을 침해하지 아니한다(헌재 2015.12.23. 2013헌마712).

052

□□□

임신 32주 이전에 태아의 성별을 고지하는 것을 금지하는 의료법 해당 조항은 낙태로 나아갈 의도가 없는 부모까지 규제하여 기본권을 제한하는 과도한 입법으로 부모가 태아의 성별 정보에 대한 접근을 방해받지 않을 권리를 침해한다. O | X

태아의 생명 보호를 위해 국가가 개입하여 규제해야 할 단계는 성별고지가 아니라 낙태행위인데, 심판대상조항은 낙태로 나아갈 의도가 없는 부모까지 규제하여 기본권을 제한하는 과도한 입법으로 침해의 최소성에 반하고, 법익의 균형성도 상실하였다. 따라서 심판대상조항은 과잉금지원칙을 위반하여 부모가 태아의 성별 정보에 대한 접근을 방해받지 않을 권리를 침해한다(헌재 2024.2.28. 2022헌마356 등).

정답 049 ○ 050 X 051 ○ 052 ○

053
☐☐☐

임신 32주 이전에 태아의 성별 고지를 금지하는 의료법 조항은 낙태로 나아갈 의도가 없는 부모까지 규제하여 기본권을 제한하는 과도한 입법으로 과잉금지원칙을 위반하여 헌법 제10조 일반적 인격권에서 나오는 부모가 태아의 성별 정보에 대한 접근을 방해받지 않을 권리를 침해한다. O | X

태아의 생명 보호를 위해 국가가 개입하여 규제해야 할 단계는 성별고지가 아니라 낙태행위인데, 심판대상조항은 낙태로 나아갈 의도가 없는 부모까지 규제하여 기본권을 제한하는 과도한 입법으로 침해의 최소성에 반하고, 법익의 균형성도 상실하였다. 따라서 심판대상조항은 과잉금지원칙을 위반하여 부모가 태아의 성별 정보에 대한 접근을 방해받지 않을 권리를 침해한다(헌재 2024.2.28. 2022헌마356 등).

054
☐☐☐

헌법이 보호하는 명예권은 그 기본권주체가 가지고 있는 인격과 명예가 부당하게 훼손되는 것의 배제를 청구할 권리이지, 국가가 기본권 주체에게 최대한의 사회적 평가를 부여하도록 국가에게 요청할 권리라고 볼 수는 없다. O | X

헌법이 보호하는 명예권은 그 기본권 주체가 가지고 있는 인격과 명예가 부당하게 훼손되는 것의 배제를 청구할 권리이지, 국가가 기본권 주체에게 최대한의 사회적 평가를 부여하도록 국가에게 요청할 권리라고 볼 수는 없다(헌재 2014.6.26. 2012헌마757).

055
☐☐☐

태어난 즉시 '출생등록될 권리'는 아동이 사람으로서 인격을 자유로이 발현하고, 부모와 가족 등의 보호하에 건강한 성장과 발달을 할 수 있도록 최소한의 보호장치를 마련하도록 요구할 수 있는 권리로서 이는 헌법에 명시되지 아니한 독자적 기본권이다. O | X

태어난 즉시 '출생등록될 권리'는 '출생 후 아동이 보호를 받을 수 있을 최대한 빠른 시점'에 아동의 출생과 관련된 기본적인 정보를 국가가 관리할 수 있도록 등록될 권리로서, 아동이 사람으로서 인격을 자유로이 발현하고, 부모와 가족 등의 보호하에 건강한 성장과 발달을 할 수 있도록 최소한의 보호장치를 마련하도록 요구할 수 있는 권리이다. 이는 헌법에 명시되지 아니한 독자적기본권으로서, 자유로운 인격실현을 보장하는 자유권적 성격과 아동의 건강한 성장과 발달을 보장하는 사회적 기본권의 성격을 함께 지닌다(헌재 2023.3.23. 2021헌마975).

056
☐☐☐

부 또는 모가 사망한 때에는 인지청구의 소의 제소기간을 부 또는 모의 사망을 안 날로부터 1년 내로 규정한 것은 과잉금지원칙에 위배하여 인지청구를 하고자 하는 국민의 인간으로서의 존엄과 가치 그리고 행복을 추구하는 기본권을 침해하는 것이다. O | X

부 또는 모가 사망한 경우 인지청구의 제소기간을 너무 장기간으로 설정하는 것은 법률관계를 불안정하게 하여 다른 상속인들의 이익이나 공익을 위하여 바람직하지 않으므로 인지청구의 제소기간을 부 또는 모의 사망을 알게 된 때로부터 1년으로 제한하여 법률관계를 조속히 안정시키는 것은 혼인외 출생자의 이익과 공동상속인 등 이해관계인의 이익을 조화시킨 것이다. 따라서 이 사건 법률조항이 인지청구의 소의 제소기간을 부 또는 모의 사망을 안 날로부터 1년 내로 규정한 것은 과잉금지원칙에 위배되지 아니하므로 인지청구를 하고자 하는 국민의 인간으로서의 존엄과 가치 그리고 행복을 추구하는 기본권을 침해하는 것은 아니다(헌재 2001.5.31. 98헌바9).

정답 053 ○ 054 ○ 055 ○ 056 X

20. 국회직 8급

057
☐☐☐

주방용오물분쇄기의 판매와 사용을 금지하는 것은 주방용오물분쇄기를 사용하려는 자의 일반적 행동자유권을 제한한다.　　O | X

주방용오물분쇄기를 사용하고자 하는 청구인들은 심판대상조항이 주방용오물분쇄기의 사용을 금지하고 있어 이를 이용하여 자유롭게 음식물 찌꺼기 등을 처리할 수 없으므로, 행복추구권으로부터 도출되는 일반적 행동자유권을 제한받는다(헌재 2018.6.28. 2016헌마1151).

22. 경찰간부

058
☐☐☐

주방용오물분쇄기의 사용을 금지하는 환경부고시는 공공수역의 수질오염을 방지함으로써 달성되는 공익이 인정되나, 분쇄기를 이용하여 음식물 찌꺼기 등을 처리할 수 없으므로 행복추구권으로부터 도출되는 일반적 행동자유권을 침해한다.　　O | X

청구인들은 국가가 주방용오물분쇄기의 사용을 금지하여 국민들은 음식물 찌꺼기 등을 음식물류 폐기물로 분리 배출할 때까지 집안에 보관하여야 하고 이 과정에서 음식물 찌꺼기 등의 부패, 해충 발생 등으로 각종 질병에 노출되거나 쾌적하지 못한 환경에서 살게 되므로, 국가가 국민의 기본권에 대한 보호의무를 다하지 못함으로써 국민의 생명·신체의 안전에 관한 기본권, 환경권을 침해한다고 주장한다. 그러나 주방용오물분쇄기를 사용하지 못하면 음식물 찌꺼기 등을 음식물류 폐기물로 분리 배출하여야 하므로 그 처리에 다소 불편을 겪을 수는 있으나, 심판대상조항이 음식물 찌꺼기 등의 배출 또는 처리 자체를 금지하는 것은 아니다. 뿐만 아니라 국가의 기본권 보호의무란 사인인 제3자에 의한 생명이나 신체에 대한 침해로부터 이를 보호하여야 할 국가의 의무를 말하는 것으로, 이 사건처럼 국가가 직접 주방용오물분쇄기의 사용을 금지하여 개인의 기본권을 제한하는 경우에는 국가의 기본권 보호의무 위반 여부가 문제되지 않는다. 따라서 청구인들의 위 주장에 대해서는 판단하지 않는다(헌재 2018.6.28. 2016헌마1151).

22. 5급 공채

059
☐☐☐

전동킥보드의 최고속도를 25km/h 이내로 제한하는 것은 소비자가 그보다 빠른 제품을 구매하지 못하여 겪는 자기결정권 및 일반적 행동자유권의 제약에 비하여, 소비자의 생명·신체에 대한 위해 및 도로교통상의 위험을 방지하고 향후 자전거도로 통행이 가능해질 경우를 대비하여 소비자의 편의를 도모한다는 공익이 중대하므로 과잉금지원칙에 위반되지 않는다.　　O | X

심판대상조항은 청구인의 신체의 자유를 제한하는 것은 아니다. 심판대상조항은 위험성을 가진 재화의 제조·판매조건을 제약함으로써 최고속도 제한이 없는 전동킥보드를 구입하여 사용하고자 하는 소비자의 자기결정권 및 일반적 행동자유권을 제한할 뿐이다(헌재 2020.2.27. 2017헌마1339).

정답 057 ○　058 X　059 ○

060
☐☐☐
최저임금의 적용을 위해 주(週) 단위로 정해진 근로자의 임금을 시간에 대한 임금으로 환산할 때, 해당 임금을 1주 동안의 소정근로시간 수와 법정 주휴시간 수를 합산한 시간 수로 나누도록 한 규정은 임금의 수준에 관한 사용자의 계약의 자유를 침해하지 않는다. O | X

최저임금 적용을 위한 임금의 시간급 환산 시 법정 주휴시간 수를 포함한 시간 수로 나누어야 하는지에 관하여 종전에 대법원 판례와 고용노동부의 해석이 서로 일치하지 아니하여 근로 현장에서 혼란이 초래되었다. 이 사건 시행령 조항은 그와 같은 불일치와 혼란을 해소하기 위한 것으로서, 그 취지와 필요성을 인정할 수 있다. 비교대상 임금에는 주휴수당이 포함되어 있고, 주휴수당은 근로기준법에 따라 주휴시간에 대하여 당연히 지급해야 하는 임금이라는 점을 감안하면, 비교대상 임금을 시간급으로 환산할 때 소정근로시간 수 외에 법정 주휴시간 수까지 포함하여 나누도록 하는 것은 그 합리성을 수긍할 수 있다. 근로기준법이 근로자에게 유급주휴일을 보장하도록 하고 있다는 점을 고려할 때, 소정근로시간 수와 법정 주휴시간 수 모두에 대하여 시간급 최저임금액 이상을 지급하도록 하는 것이 그 자체로 사용자에게 지나치게 가혹하다고 보기는 어렵다. 따라서 이 사건 시행령 조항은 과잉금지원칙에 위배되어 사용자의 계약의 자유 및 직업의 자유를 침해한다고 볼 수 없다 (헌재 2020.6.25. 2019헌마15).

061
☐☐☐
증여계약의 합의해제에 따라 신고기한 이내에 증여받은 재산을 반환하는 경우 처음부터 증여가 없었던 것으로 보는 대상에서 '금전'을 제외한 규정은 수증자의 계약의 자유를 침해한다. O | X

금전증여의 경우에는 증여와 동시에 본래 수증자가 보유하고 있던 자산에 혼입되어 수증자의 자산에서 증여받은 금전만을 분리하여 특정할 수 없게 되므로 설령 사후에 증여자가 수증자로부터 같은 액수의 금전을 돌려받더라도 그 동일성을 인정할 수 없어 증여받은 금전 자체의 반환이라고 하기 어려운 점 등에 비추어 보면, 합의해제에 의하여 같은 액수의 금전 반환이 이루어졌다 하더라도 법률적인 측면은 물론 경제적인 측면에서도 수증자의 재산이 실질적으로 증가되었다고 볼 수밖에 없다. 나아가 금전증여의 경우 합의해제가 행해지는 통상의 동기가 조세회피 내지 편법적 절세에 있는 이상, 보호하여야 할 사적 자치의 이익이 크다고 할 수 없어 법익의 균형성도 충족되므로 심판대상조항은 과잉금지원칙에 위배되어 수증자의 계약의 자유 및 재산권을 침해한다고 할 수 없다(헌재 2015.12.23. 2013헌바117).

062
☐☐☐
석조, 석회조, 연와조 또는 이와 유사한 견고한 건물 기타 공작물의 소유를 목적으로 하는 토지임대차나 식목, 채염을 목적으로 하는 토지임대차를 제외한 임대차의 존속기간을 예외 없이 20년으로 제한한 조항은 사적 자치에 의한 자율적 거래관계 형성을 왜곡하므로 계약의 자유를 침해한다. O | X

임대차계약을 통하여 합리적이고 효과적인 임차물 관리 및 개량방식의 설정이 가능함에도 불구하고, 임대인 또는 소유자가 임차물의 가장 적절한 관리자라는 전제하에 임대차의 존속기간을 제한함으로써 임차물 관리 및 개량의 목적을 이루고자 하는 것은 임차물의 관리소홀 및 개량미비로 인한 가치하락 방지라는 목적 달성을 위한 필요한 최소한의 수단이라고 볼 수 없다. 이 사건 법률조항은 제정 당시에 비해 현저히 변화된 현재의 사회경제적 현상을 제대로 반영하지 못하는 데 그치는 것이 아니라, 당사자가 20년이 넘는 임대차를 원할 경우 우회적인 방법을 취할 수밖에 없게 함으로써 사적 자치에 의한 자율적 거래관계 형성을 왜곡하고 있다. 토지임대차의 경우, 견고한 건물 소유 목적인지 여부에 따라 이 사건 법률조항의 적용 여부에 차이를 두는 것은, 소유건물이 견고한 건물에 해당하는지 여부가 불분명한 경우도 있어 이에 대한 분쟁이 유발될 수 있을 뿐 아니라, 건축기술이 발달된 오늘날 견고한 건물에 해당하는지 여부가 임대차존속기간 제한의 적용 여부를 결정하는 기준이 되기에는 부적절하다. 또한 지하매설물 설치를 위한 토지임대차나 목조건물과 같은 소위 비견고건물의 소유를 위한 토지임대차의 경우 이 사건 법률조항으로 인해 임대차기간이 갱신되지 않는 한 20년이 경과한 후에는 이를 제거 또는 철거해야 하는데, 이는 사회경제적으로도 손실이 아닐 수 없다. 이 사건 법률조항은 입법취지가 불명확하고, 사회경제적 효율성 측면에서 일정한 목적의 정당성이 인정된다 하더라도 과잉금지원칙을 위반하여 계약의 자유를 침해한다(헌재 2013.12.26. 2011헌바234).

정답 060 ○ 061 X 062 ○

063
□□□

공문서의 한글전용을 규정한 국어기본법 및 국어기본법 시행령의 해당 조항은 '공공기관 등이 작성하는 공문서'에 대하여만 적용되고, 일반 국민이 공공기관 등에 접수·제출하기 위하여 작성하는 문서나 일상생활에서 사적 의사소통을 위해 작성되는 문서에는 적용되지 않으므로 청구인들의 행복추구권을 침해하지 않는다. O | X

이 사건 공문서 조항은 공문서를 읽고 쓰기 쉬운 한글로 작성하도록 함으로써 공적 영역에서 원활한 의사소통을 확보하고 효율적·경제적으로 공적 업무를 수행하기 위한 것으로, 공문서를 한글로 작성하면 학력이나 한자 독해력 등에 관계없이 모든 국민들이 공문서의 내용을 쉽게 이해할 수 있고, 다른 글자와 혼용하여 공문서를 작성하는 것에 비해 시간과 노력이 적게 소요되므로 행정의 효율성 및 경제성을 증진시킬 수 있다. … 결국 이 사건 공문서 조항은 '공공기관 등이 작성하는 공문서'에 대하여만 적용되고, 일반 국민이 공공기관 등에 접수·제출하기 위하여 작성하는 문서나 일상생활에서 사적 의사소통을 위해 작성되는 문서에는 적용되지 않는다. 그러므로 이 사건 공문서 조항은 청구인들의 행복추구권을 침해하지 아니한다(헌재 2016.11.24. 2012헌마854).

064
□□□

성폭력범죄의 처벌 등에 관한 특례법상 정신적인 장애로 항거불능 또는 항거곤란 상태에 있음을 이용하여 사람을 간음한 사람을 무기징역 또는 7년 이상의 징역에 처하도록 규정한 것은 정신적 장애인의 성적 자기결정권을 침해한다. O | X

심판대상조항은 정신적 장애인과 성관계를 한 모든 사람을 처벌하는 것이 아니라, 정신적 장애를 원인으로 한 항거불능 혹은 항거곤란 상태를 이용하여, 즉 성적 자기결정권을 행사할 수 없는 장애인을 간음한 사람을 처벌하는 조항이다. 성적 자기결정권을 행사할 능력이 있는 19세 이상의 정신적 장애인과 정상적인 합의 하에 성관계를 한 사람은 심판대상조항에 의하여 처벌되지 아니하므로, 심판대상조항이 정신적 장애인의 성적 자기결정권을 침해하거나 장애인과 비장애인을 차별하지 아니한다(헌재 2016.11.24. 2015헌바136).

065
□□□

본인이 해부용 시체로 제공되는 것에 대해 반대하는 의사표시를 명시적으로 표시할 수 있는 절차도 마련하지 않고 본인의 의사와는 무관하게 인수자가 없는 시체를 해부용으로 제공될 수 있도록 규정하고 있는 시체 해부 및 보존에 관한 법률 조항은 사실상 연고가 없는 청구인의 시체 처분에 대한 자기결정권을 침해한다. O | X

시신 자체의 제공과는 구별되는 장기나 인체조직에 있어서는 본인이 명시적으로 반대하는 경우 이식·채취될 수 없도록 규정하고 있음에도 불구하고, 이 사건 법률조항은 본인이 해부용 시체로 제공되는 것에 대해 반대하는 의사표시를 명시적으로 표시할 수 있는 절차도 마련하지 않고 본인의 의사와는 무관하게 해부용 시체로 제공될 수 있도록 규정하고 있다는 점에서 침해의 최소성 원칙을 충족했다고 보기 어렵고, 실제로 해부용 시체로 제공된 사례가 거의 없는 상황에서 이 사건 법률조항이 추구하는 공익이 사후 자신의 시체가 자신의 의사와는 무관하게 해부용 시체로 제공됨으로써 침해되는 사익보다 크다고 할 수 없으므로 이 사건 법률조항은 청구인의 시체 처분에 대한 자기결정권을 침해한다(헌재 2015.11.26. 2012헌마940).

066

□□□

수상레저안전법상 조종면허를 받은 사람이 동력수상레저기구를 이용하여 범죄행위를 하는 경우에 조종면 허를 필요적으로 취소하도록 하는 구 수상레저안전법상 규정은 직업의 자유 내지 일반적 행동의 자유를 침해한다. O | X

범죄행위의 유형, 경중이나 위법성의 정도, 동력수상레저기구의 당해 범죄행위에 대한 기여도 등 제반사정을 전혀 고려하지 않고 필요적으로 조종면허를 취소하도록 규정하였으므로 심판대상조항은 침해의 최소성 원칙 에 위배되고, 심판대상조항에 따라 조종면허가 취소되면 면허가 취소된 날부터 1년 동안은 조종면허를 다시 받을 수 없게 되어 법익의 균형성 원칙에도 위배된다. 따라서 심판대상조항은 직업의 자유 및 일반적 행동의 자유를 침해한다(헌재 2015.7.30. 2014헌가13).

067

□□□

청구인이 공적인 인물의 부당한 행위를 비판하는 과정에서 모욕적인 표현을 사용한 행위가 사회상규에 위배되지 아니하는 행위로서 정당행위에 해당될 여지가 있음에도, 이에 대한 판단 없이 청구인에게 모욕 혐의를 인정한 피청구인의 기소유예처분은 청구인의 행복추구권을 침해한다. O | X

청구인이 공적인 인물의 부적절한 언행을 비판하면서 모욕적인 표현을 1회 사용한 행위는 청구인이 글을 게 시한 동기, 청구인이 게시한 글의 전체적인 맥락 등을 고려할 때 비판의 범위 내에 있는 것으로 평가될 수 있 어 사회상규에 위배되지 아니하는 행위로서 정당행위에 해당한다고 볼 여지가 있다. 그럼에도 불구하고 정당 행위 여부를 판단하지 않고 청구인에 대한 모욕 혐의를 인정한 이 사건 기소유예처분은 자의적인 검찰권의 행 사로서 청구인의 평등권과 행복추구권을 침해하였다(헌재 2020.9.24. 2019헌마1285).

068

□□□

사관생도의 모든 사적 생활에서까지 예외 없이 금주의무를 이행할 것을 요구하는 것은 사관생도의 일반 적 행동자유권은 물론 사생활의 비밀과 자유를 지나치게 제한하는 것이다. O | X

사관학교의 설치 목적과 교육 목표를 달성하기 위하여 사관학교는 사관생도에게 교내 음주 행위, 교육·훈련 및 공무 수행 중의 음주 행위, 사적 활동이라 하더라도 신분을 나타내는 생도 복장을 착용한 상태에서 음주하 는 행위, 생도 복장을 착용하지 않은 상태에서 사적 활동을 하는 때에도 이로 인하여 사회적 물의를 일으킴으 로써 품위를 손상한 경우 등에는 이러한 행위들을 금지하거나 제한할 필요가 있음은 물론이다. 그러나 여기에 그치지 않고 나아가 사관생도의 모든 사적 생활에서까지 예외 없이 금주의무를 이행할 것을 요구하는 것은 사 관생도의 일반적 행동자유권은 물론 사생활의 비밀과 자유를 지나치게 제한하는 것이다(대판 2018.8.30. 2016두60591).

069

□□□

육군장교가 민간법원 약식명령을 받아 확정된 사실에 대해 자진신고 의무를 부과한 2020년도 육군지시 자진신고조항 및 2021년도 육군지시 자진신고조항은 과잉금지원칙을 위반하여 일반적 행동의 자유를 침 해하지 않는다. O | X

육군 장교가 민간법원에서 약식명령을 받아 확정되면 자진신고할 의무를 규정한, '2020년도 장교 진급 지시' Ⅳ. 제4장 5. 가. 2) 나) 중 '민간법원에서 약식명령을 받아 확정된 사실이 있는 자'에 관한 부분(이하 '20년도 육군지시 자진신고조항'이라 한다) 및 '2021년도 장교 진급 지시' 제20조 제1항 제2호 나목 중 '민간법원에 서 약식명령을 받아 확정된 사실이 있는 자'에 관한 부분(이하 '21년도 육군지시 자진신고조항'이라 한다)은 과잉금지원칙을 위배하여 청구인의 일반적 행동의 자유를 침해하지 아니한다(헌재 2021.8.31. 2020헌마12).

정답 066 ○ 067 ○ 068 ○ 069 ○

070
□□□

행복추구권에서 도출되는 일반적 행동의 자유는 적극적으로 자유롭게 행동하는 것은 물론 소극적으로 행동을 하지 않을 자유도 포함하므로, 교통사고 발생 시 사상자 구호 등 필요한 조치를 하지 않은 자에 대한 형사처벌을 규정한 구 도로교통법 조항은 과잉금지원칙에 위반되어 운전자인 청구인의 일반적 행동자유권을 침해한다. O | X

심판대상조항은 교통사고가 발생한 경우 운전자등에게 조치의무를 부과한 구 도로교통법 제54조 제1항의 준수를 형사처벌로써 강제하는 조항으로, 교통사고로 인한 사상자의 신속한 구호 및 교통상의 위험과 장해의 방지·제거를 통하여 안전하고 원활한 교통을 확보하는 것을 목적으로 한다. 이러한 입법목적은 정당하고 조치의무를 이행하지 않을 경우 형사처벌하는 것은 해당 의무 준수 강제에 효과적이고 적합한 수단이 된다. 심판대상조항은 최소침해성의 원칙에 위배되지 않는다. 심판대상조항이 운전자등의 시간적, 경제적 손해를 유발할 가능성이 있는 것은 사실이나 이미 발생한 피해자의 생명·신체에 대한 피해 구호와 안전한 교통의 회복이라는 공익은 운전자등이 제한당하는 사익보다 크므로, 심판대상조항이 법익균형성을 갖추었다고 볼 수 있다. 이상에서 본 바와 같이 심판대상조항은 과잉금지원칙에 위반된다고 보기 어렵다(헌재 2019.4.11. 2017헌가28).

071
□□□

자기책임원리는 자기결정권의 한계논리로서 책임부담의 근거로 기능하는 동시에, 자기가 결정하지 않은 것이나 결정할 수 없는 것에 대하여는 책임을 지지 않고 책임부담의 범위도 스스로 결정한 결과 내지 그와 상관관계가 있는 부분에 국한됨을 의미하는 책임의 한정원리로 기능한다. O | X

자기책임원리는 이와 같이 자기결정권의 한계논리로서 책임부담의 근거로 기능하는 동시에 자기가 결정하지 않은 것이나 결정할 수 없는 것에 대하여는 책임을 지지 않고 책임부담의 범위도 스스로 결정한 결과 내지 그와 상관관계가 있는 부분에 국한됨을 의미하는 책임의 한정원리로 기능한다(헌재 2017.5.25. 2014헌바360).

072
□□□

자기책임의 원리는 민사법이나 형사법에 국한된 원리라기보다는 근대법의 기본이념으로서 법치주의에 당연히 내재하는 원리로 볼 것이고 자기책임의 원리에 반하는 제재는 그 자체로서 헌법에 위반된다. O | X

자기책임의 원리는 인간의 자유와 유책성, 그리고 인간의 존엄성을 진지하게 반영한 원리로서 그것이 비단 민사법이나 형사법에 국한된 원리라기보다는 근대법의 기본이념으로서 법치주의에 당연히 내재하는 원리로 볼 것이고 헌법 제13조 제3항은 그 한 표현에 해당하는 것으로서 자기책임의 원리에 반하는 제재는 그 자체로서 헌법위반을 구성한다고 할 것이다(헌재 2004.6.24. 2002헌가27).

073
□□□

선박소유자가 고용한 선장이 선박소유자의 업무에 관하여 범죄행위를 하면 그 선박소유자에게도 동일한 벌금형을 과하도록 규정한 구 선박안전법 조항은, 다른 사람의 범죄에 대하여 그 책임 유무를 묻지 않고 형벌을 부과하는 것으로서 책임주의원칙에 반한다. O | X

이 사건 법률조항은 선장의 범죄행위에 관하여 비난할 근거가 되는 선박소유자의 의사결정 및 행위구조, 즉 선장이 저지른 행위의 결과에 대한 선박소유자의 독자적인 책임에 관하여 전혀 규정하지 않은 채, 단순히 선박소유자가 고용한 선장이 업무에 관하여 범죄행위를 하였다는 이유만으로 선박소유자에 대하여 형사처벌을 과하고 있는바, 이는 다른 사람의 범죄에 대하여 그 책임 유무를 묻지 않고 형벌을 부과하는 것으로서, 법치국가의 원리 및 죄형법정주의로부터 도출되는 책임주의원칙에 반한다(헌재 2013.9.26. 2013헌가15).

정답 070 X 071 ○ 072 ○ 073 ○

074
☐☐☐

공직선거 후보자의 배우자가 공직선거 및 선거부정방지법상 중대 선거범죄를 범함으로 인하여 징역형 또는 300만 원 이상의 벌금형의 선고를 받은 때에 그 후보자의 당선을 무효로 하는 조항은 연좌제에 해당하지 아니한다.　　　　　　　　　　　　　　　　　　　　　　　　　　　　　　　　　　O | X

배우자는 후보자와 일상을 공유하는 자로서 선거에서는 후보자의 분신과도 같은 역할을 하게 되는바, 배우자의 중대 선거범죄를 이유로 후보자의 당선을 무효로 하는 이 사건 법률조항은 배우자가 죄를 저질렀다는 이유만으로 후보자에게 불이익을 주는 것이 아니라, 후보자와 불가분의 선거운명공동체를 형성하여 활동하게 마련인 배우자의 실질적 지위와 역할을 근거로 후보자에게 연대책임을 부여한 것이므로 헌법 제13조 제3항에서 금지하고 있는 연좌제에 해당하지 아니한다(헌재 2005.12.22. 2005헌마19).

075
☐☐☐

구 공직자윤리법상 매각 또는 백지신탁의 대상이 되는 주식의 보유한도액을 결정함에 있어 국회의원 본인뿐만 아니라 본인과 일정한 친족관계가 있는 자들의 보유주식 역시 포함하도록 하고 있는 것은 연좌제에 해당하여 헌법에 위배된다.　　　　　　　　　　　　　　　　　　　　　　　　　　　　　　　　O | X

이 사건 법률조항이 매각 또는 백지신탁의 대상이 되는 주식의 보유한도액을 결정함에 있어 국회의원 본인뿐만 아니라 본인과 일정한 친족관계가 있는 자들의 보유주식 역시 포함하도록 하고 있는 것은 본인과 친족 사이의 실질적·경제적 관련성에 근거한 것이지, 실질적으로 의미 있는 관련성이 없음에도 오로지 친족관계 그 자체만으로 불이익한 처우를 가하는 것이 아니므로 헌법 제13조 제3항에 위배되지 아니한다(헌재 2012.8.23. 2010헌가65).

076
☐☐☐

일반적 행동자유권은 가치있는 행동만 보호영역으로 하는 것은 아니므로, 개인이 대마를 자유롭게 수수하고 흡연할 자유도 헌법 제10조의 행복추구권에서 나오는 일반적 행동자유권의 보호영역에 속한다.　　O | X

일반적 행동자유권은 적극적으로 자유롭게 행동을 하는 것은 물론 소극적으로 행동을 하지 않을 자유도 포함되고, 가치있는 행동만 보호영역으로 하는 것은 아닌 것인바, 개인이 대마를 자유롭게 수수하고 흡연할 자유도 헌법 제10조의 행복추구권에서 나오는 일반적 행동자유권의 보호영역에 속한다(헌재 2005.11.24. 2005헌바46).

077
☐☐☐

행복추구권에는 일반적 행동의 자유권, 개성의 자유로운 발현권, 자기결정권, 계약의 자유 등이 포함된다.　　O | X

헌법 제10조에 의거한 행복추구권은 헌법에 열거된 기본권으로서 행복추구의 수단이 될 수 있는 개별적 기본권들을 제외한 헌법에 열거되지 아니한 권리들에 대한 포괄적인 기본권의 성격을 가지며, '일반적 행동자유권', '개성의 자유로운 발현권', '자기결정권', '계약의 자유' 등이 그 보호영역 내에 포함된다(헌재 2003.6.26. 2002헌마677).

정답 074 ○　075 X　076 ○　077 ○

078

☐☐☐

행복을 추구할 권리는 성질상 자연인에게 인정되는 기본권이므로 법인에게는 적용되지 않는다. O | X

사립학교법인인 청구인의 행복추구권 주장에 대하여 살펴보면, 행복추구권의 성질상 자연인이 아닌 법인에게 행복추구권이 있다고 보기 어려워, 법인인 청구인의 행복추구권은 인정되지 아니한다고 할 것이다(헌재 2010.7.29. 2009헌바40).

079

☐☐☐

일반적 행동의 자유권에는 적극적으로 자유롭게 행동할 권리는 물론 소극적으로, 행동하지 않을 부작위의 자유도 포함된다. O | X

일반적 행동자유권은 개인이 행위를 할 것인가의 여부에 대하여 자유롭게 결단하는 것을 전제로 하여 이성적이고 책임감 있는 사람이라면 자기에 관한 사항은 스스로 처리할 수 있을 것이라는 생각에서 인정되는 것이다. 일반적 행동자유권에는 적극적으로 자유롭게 행동을 하는 것은 물론 소극적으로 행동을 하지 않을 자유 즉, 부작위의 자유도 포함되며, 포괄적인 의미의 자유권으로서 일반조항적인 성격을 가진다(헌재 2007.3.29. 2005헌마1144).

080

☐☐☐

행복추구권으로부터 죽음에 임박한 환자의 연명치료 중단에 대한 자기결정권이 도출될 수 있다. O | X

환자가 장차 죽음에 임박한 상태에 이를 경우에 대비하여 미리 의료인 등에게 연명치료 거부 또는 중단에 관한 의사를 밝히는 등의 방법으로 죽음에 임박한 상태에서 인간으로서의 존엄과 가치를 지키기 위하여 연명치료의 거부 또는 중단을 결정할 수 있다 할 것이고, 위 결정은 헌법상 기본권인 자기결정권의 한 내용으로서 보장된다 할 것이다(헌재 2009.11.26. 2008헌마385).

081

☐☐☐

행복추구권에서 파생되는 개성의 자유로운 발현권의 내용에는 지역 방언의 선택 및 사용도 포함되므로 공문서 및 교과용 도서에 표준어만을 사용하는 것은 이에 대한 침해이다. O | X

이와 같은 지역 방언을 자신의 언어로 선택하여 공적 또는 사적인 의사소통과 교육의 수단으로 사용하는 것은 행복추구권에서 파생되는 일반적 행동의 자유 내지 개성의 자유로운 발현의 한 내용이 된다 할 것이다. … 이 사건 법률조항들은 이 사건 표준어 규정에 따른 표준어의 범위를 그 규율 내용으로 하고 있다. 서울의 역사성, 문화적 선도성, 사용인구의 최다성 및 지리적 중앙성 등 다양한 요인에 비추어 볼 때, 서울말을 표준어의 원칙으로 삼는 것이 기본권을 침해하는 것이라 하기 어렵고, 또한 서울말에도 다양한 형태가 존재하므로 교양 있는 사람들이 사용하는 말을 기준으로 삼는 것은 합리적인 기준이라 할 수 있다. 결국, 이 사건 심판대상인 이 사건 법률조항들이 과잉금지원칙에 위배하여 행복추구권을 침해하는 것으로 보기 어렵다(헌재 2009.5.28. 2006헌마618).

정답 078 ○   079 ○   080 ○   081 X

082
☐☐☐

가해학생에 대한 조치로 피해학생 및 신고·고발한 학생에 대한 접촉, 협박 및 보복행위의 금지를 규정한 조항은 가해학생의 일반적 행동자유권을 침해한다고 보기 어렵다. O | X

가해학생의 접촉, 협박이나 보복행위를 금지하는 것은 피해학생과 신고·고발한 학생의 안전한 학교생활을 위한 불가결한 조치이다. 이 사건 접촉 등 금지조항은 가해학생의 의도적인 접촉 등만을 금지하고 통상적인 학교 교육활동 과정에서 의도하지 않은 접촉까지 모두 금지하는 것은 아니며, 학교폭력의 지속성과 은닉성, 가해학생의 접촉, 협박 및 보복행위 가능성, 피해학생의 피해정도 등을 종합적으로 고려하여 이루어지는 것이므로, 가해학생의 일반적 행동자유권을 침해한다고 보기 어렵다(헌재 2023.2.23. 2019헌바93 등).

083
☐☐☐

피해학생이 가해학생과 동일한 학급 내에 있으면서 지속적으로 학교폭력의 위험에 노출된다면 심대한 정신적, 신체적 피해를 입을 수 있으므로, 가해학생에 대한 조치로 학급교체를 규정한 조항은 가해학생의 일반적 행동자유권을 과도하게 침해한다고 보기 어렵다. O | X

이 사건 학급교체조항은 학교폭력의 심각성, 가해학생의 반성 정도, 피해학생의 피해 정도 등을 고려하여 가해학생과 피해학생의 격리가 필요한 경우에 행해지는 조치로서 가해학생은 학급만 교체될 뿐 기존에 받았던 교육 내용이 변경되는 것은 아니다. 피해학생이 가해학생과 동일한 학급 내에 있으면서 지속적으로 학교폭력의 위험에 노출된다면 심대한 정신적, 신체적 피해를 입을 수 있으므로, 이 사건 학급교체조항이 가해학생의 일반적 행동자유권을 과도하게 침해한다고 보기 어렵다(헌재 2023.2.23. 2019헌바93 등).

084
☐☐☐

무연고 시신을 생전 본인의 의사와 무관하게 해부용 시체로 제공될 수 있도록 한 법률 규정은 자기결정권을 침해한다고 보기 어렵다. O | X

이 사건 법률조항은 본인이 해부용 시체로 제공되는 것에 대해 반대하는 의사표시를 명시적으로 표시할 수 있는 절차도 마련하지 않고 본인의 의사와는 무관하게 해부용 시체로 제공될 수 있도록 규정하고 있다는 점에서 침해의 최소성원칙을 충족했다고 보기 어렵고, 실제로 해부용 시체로 제공된 사례가 거의 없는 상황에서 이 사건 법률조항이 추구하는 공익이 사후 자신의 시체가 자신의 의사와는 무관하게 해부용 시체로 제공됨으로써 침해되는 사익보다 크다고 할 수 없으므로 이 사건 법률조항은 청구인의 시체 처분에 대한 자기결정권을 침해한다(헌재 2015.11.26. 2012헌마940).

085
☐☐☐

교원의 교원단체 및 노동조합 가입정보는 사생활의 비밀과 자유 및 이를 구체화한 개인정보자기결정권에 의하여 보장된다. O | X

정보의 주체는 자신에 관한 정보가 언제 누구에게 어느 범위까지 알려지고 또 이용되도록 할 것인지를 그 정보주체가 스스로 결정할 수 있는 권리, 즉 개인정보 자기결정권을 가지는바, 교원의 교원단체 및 노동조합 가입 정보에 대한 공개는 당해 교원의 개인정보자기결정권에 대해서도 제한을 가하는 것이라 할 수 있다. 결국, 이 사건은 교원의 교원단체 및 노동조합 가입에 관한 정보의 공개를 요구하는 청구인들의 알 권리 및 그것을 통한 교육권과 그 정보의 비공개를 요청하는 정보주체인 교원의 사생활의 비밀과 자유 및 이를 구체화한 개인정보 자기결정권이 충돌하는 문제상황이다(헌재 2011.12.29. 2010헌마293).

정답 082 O 083 O 084 X 085 O

086
☐☐☐

혼인빙자간음죄는 과잉금지원칙을 위반하여 남성의 성적자기결정권 및 사생활의 비밀과 자유를 과잉제한하는 것으로 헌법에 위반된다. O | X

이 사건 법률조항의 경우 형벌규정을 통하여 추구하고자 하는 목적 자체가 헌법에 의하여 허용되지 않는 것으로서 그 정당성이 인정되지 않는다고 할 것이다. … 이 사건 법률조항은 목적의 정당성, 수단의 적절성 및 피해최소성을 갖추지 못하였고 법익의 균형성도 이루지 못하였으므로, 헌법 제37조 제2항의 과잉금지원칙을 위반하여 남성의 성적자기결정권 및 사생활의 비밀과 자유를 과잉제한하는 것으로 헌법에 위반된다(헌재 2009. 11.26. 2008헌바58 등).

087
☐☐☐

환자가 장차 죽음에 임박한 상태에 이를 경우를 대비하여 미리 의료인 등에게 연명치료 거부 또는 중단에 관한 의사를 밝히는 등의 방법으로 죽음에 임박한 상태에서 인간으로서의 존엄과 가치를 지키기 위하여 연명치료의 거부 또는 중단을 결정할 수 있다 할 것이고, 위 결정은 헌법상 기본권인 자기결정권의 한 내용으로서 보장된다. O | X

비록 연명치료 중단에 관한 결정 및 그 실행이 환자의 생명단축을 초래한다 하더라도 이를 생명에 대한 임의적 처분으로서 자살이라고 평가할 수 없고, 오히려 인위적인 신체침해 행위에서 벗어나서 자신의 생명을 자연적인 상태에 맡기고자 하는 것으로서 인간의 존엄과 가치에 부합한다 할 것이다. 그렇다면 환자가 장차 죽음에 임박한 상태에 이를 경우에 대비하여 미리 의료인 등에게 연명치료 거부 또는 중단에 관한 의사를 밝히는 등의 방법으로 죽음에 임박한 상태에서 인간으로서의 존엄과 가치를 지키기 위하여 연명치료의 거부 또는 중단을 결정할 수 있다 할 것이고, 위 결정은 헌법상 기본권인 자기결정권의 한 내용으로서 보장된다 할 것이다(헌재 2009.11.26. 2008헌마385).

088
☐☐☐

이동통신사사업자가 제공하는 전기통신역무를 타인의 통신용으로 제공하는 것을 원칙적으로 금지하고 위반 시에는 형사처벌하는 전기통신사업법 조항은 이동통신서비스 이용자의 일반적 행동자유권을 침해한다. O | X

이동통신서비스를 타인의 통신용으로 제공한 사람들은 이동통신시장에 대포폰이 다량 공급되는 원인으로 작용하고 있으므로, 대포폰을 이용한 보이스피싱 등 신종범죄로부터 통신의 수신자 등을 보호하기 위해서는 이동통신서비스를 타인의 통신용으로 제공하는 것을 금지하고 위반 시 처벌할 필요성이 크다. … 따라서 심판대상조항은 이동통신서비스 이용자의 일반적 행동자유권을 침해하지 아니한다(헌재 2022.6.30. 2019헌가14).

089
☐☐☐

명의신탁이 증여로 의제되는 경우 명의신탁의 당사자에게 증여세의 과세가액 및 과세표준을 납세지 관할 세무서장에게 신고할 의무를 부과하는 상속세 및 증여세법 조항은 해당 명의신탁 당사자의 일반적 행동자유권을 침해하지 않는다. O | X

심판대상조항은 명의신탁이 증여로 의제되는 경우 명의신탁의 당사자에게도 다른 여타의 증여세 납세의무자와 동일하게 증여세 신고의무를 부과함으로써, 효과적인 조세 부과 및 징수를 담보하고, 궁극적으로는 명의신탁을 내세워 조세를 회피하는 것을 방지하여 조세정의와 조세평등을 실현하려는 것이다. … 따라서 심판대상조항이 일반적 행동의 자유를 침해한다고 볼 수 없다(헌재 2022.2.24. 2019헌바225 등).

정답 086 ○ 087 ○ 088 X 089 ○

해커스공무원 신동욱 헌법 핵심 기출 OX

090
☐☐☐

환자는 장차 죽음에 임박한 상태에 이를 경우에 대비하여 미리 의료인 등에게 연명치료 거부 또는 중단에 관한 의사를 밝히는 등의 방법으로 죽음에 임박한 상태에서 인간으로서의 존엄과 가치를 지키기 위하여 연명치료의 거부 또는 중단을 결정할 수 있고, 이 결정은 헌법상 기본권인 자기결정권의 한 내용으로서 보장된다. O | X

환자가 장차 죽음에 임박한 상태에 이를 경우에 대비하여 미리 의료인 등에게 연명치료 거부 또는 중단에 관한 의사를 밝히는 등의 방법으로 죽음에 임박한 상태에서 인간으로서의 존엄과 가치를 지키기 위하여 연명치료의 거부 또는 중단을 결정할 수 있다 할 것이고, 위 결정은 헌법상 기본권인 자기결정권의 한 내용으로서 보장된다 할 것이다(헌재 2009.11.26. 2008헌마385).

091
☐☐☐

언어와 그 언어를 표기하는 방식인 글자는 정신생활의 필수적인 도구이며 타인과의 소통을 위한 가장 기본적인 수단인바, 한자를 의사소통의 수단으로 사용하는 것은 행복추구권에서 파생되는 일반적 행동의 자유 내지 개성의 자유로운 발현의 한 내용이다. O | X

헌법 제10조 전문은 "모든 국민은 인간으로서의 존엄과 가치를 가지며, 행복을 추구할 권리를 가진다."고 규정하여 행복추구권을 보장하고, 이러한 행복추구권은 일반적인 행동자유권과 개성의 자유로운 발현권을 포함한다. 언어와 그 언어를 표기하는 방식인 글자는 정신생활의 필수적인 도구이며 타인과의 소통을 위한 가장 기본적인 수단인바, 한자를 의사소통의 수단으로 사용하는 것은 행복추구권에서 파생되는 일반적 행동의 자유 내지 개성의 자유로운 발현의 한 내용이다(헌재 2016.11.24. 2012헌마854).

092
☐☐☐

일반적 행동자유권에는 위험한 생활방식으로 살아갈 권리도 포함되므로, 좌석안전띠를 매지 않을 자유는 헌법 제10조의 행복추구권에서 나오는 일반적 행동자유권의 보호영역에 속한다. O | X

일반적 행동자유권은 모든 행위를 할 자유와 행위를 하지 않을 자유로 가치있는 행동만 그 보호영역으로 하는 것은 아닌 것으로, 그 보호영역에는 개인의 생활방식과 취미에 관한 사항도 포함되며, 여기에는 위험한 스포츠를 즐길 권리와 같은 위험한 생활방식으로 살아갈 권리도 포함된다. 따라서 좌석안전띠를 매지 않을 자유는 헌법 제10조의 행복추구권에서 나오는 일반적 행동자유권의 보호영역에 속한다(헌재 2003.10.30. 2002헌마518).

093
☐☐☐

전동킥보드에 대하여 최대속도는 시속 25km 이내로 제한하여야 한다는 안전기준을 둔 것은 헌법 제10조의 행복추구권에서 파생되는 소비자의 자기결정권을 제한할 뿐, 일반적 행동자유권까지 제한하는 것은 아니다. O | X

심판대상조항은 소비자가 자신의 의사에 따라 자유롭게 제품을 선택하는 것을 제약함으로써 헌법 제10조의 행복추구권에서 파생되는 소비자의 자기결정권을 제한하고, 나아가 헌법 제10조의 행복추구권에서 파생되는 일반적 행동자유권도 함께 제한한다. … 심판대상조항은 과잉금지원칙을 위반하여 소비자의 자기결정권 및 일반적 행동자유권을 침해하지 아니한다(헌재 2020.2.27. 2017헌마1339).

정답 090 ○ 091 ○ 092 ○ 093 X

094
☐☐☐

자기결정권에는 여성이 그의 존엄한 인격권을 바탕으로 하여 자율적으로 자신의 생활영역을 형성해 나갈 수 있는 권리가 포함되고, 여기에는 임신한 여성이 자신의 신체를 임신상태로 유지하여 출산할 것인지 여부에 대하여 결정할 수 있는 권리가 포함되어 있다.　　　　O | X

자기결정권은 인간의 존엄성을 실현하기 위한 수단으로서 인간이 자신의 생활영역에서 인격의 발현과 삶의 방식에 관한 근본적인 결정을 자율적으로 내릴 수 있는 권리다. … 따라서 자기결정권에는 여성이 그의 존엄한 인격권을 바탕으로 하여 자율적으로 자신의 생활영역을 형성해 나갈 수 있는 권리가 포함되고, 여기에는 임신한 여성이 자신의 신체를 임신상태로 유지하여 출산할 것인지 여부에 대하여 결정할 수 있는 권리가 포함되어 있다(헌재 2019.4.11. 2017헌바127).

095
☐☐☐

정당한 사유 없는 예비군 훈련 불참을 형사처벌하는 예비군법 제15조 제9항 제1호 중 '제6조 제1항에 따른 훈련을 정당한 사유 없이 받지 아니한 사람'에 관한 부분은 청구인의 일반적 행동자유권을 침해하지 않는다.　　　　O | X

심판대상조항은 국가의 안전보장이라는 정당한 입법목적을 달성하기 위하여 예비군 훈련의무를 형사처벌로써 강제한다. 예비군대원은 훈련에 불참할 경제적, 사회적, 개인적 유인이 많은 만큼 그 참여를 보장하기 위한 법적 강제가 필요하고, 행정적 제재와 같이 경제적 부담을 감수하는 정도의 제재만으로는 예비군 훈련 참석이 심판대상조항과 같은 수준으로 보장될 것으로 판단하기 어렵다. 심판대상조항은 법정형에 하한을 두지 않아 양형조건을 고려하여 선고형을 조절할 수 있고, 정당한 사유가 있는 경우는 처벌하지 않는다. 따라서 심판대상조항은 과잉금지원칙에 반하여 청구인의 일반적 행동자유권을 침해하지 아니한다(헌재 2021.2.25. 2016헌마757).

096
☐☐☐

임신한 여성의 자기낙태를 처벌하는 형법 조항은 모자보건법이 정한 일정한 예외를 제외하고는 임신기간 전체를 통틀어 모든 낙태를 전면적·일률적으로 금지하고, 이를 위반할 경우 형벌을 부과하도록 정함으로써 임신한 여성에게 임신의 유지·출산을 강제하고 있으므로, 과잉금지원칙을 위반하여 임신한 여성의 자기결정권을 침해한다.　　　　O | X

자기낙태죄 조항은 입법목적을 달성하기 위하여 필요한 최소한의 정도를 넘어 임신한 여성의 자기결정권을 제한하고 있어 침해의 최소성을 갖추지 못하고 있으며, 법익균형성의 원칙도 위반하였다고 할 것이므로, 과잉금지원칙을 위반하여 임신한 여성의 자기결정권을 침해하는 위헌적인 규정이다(헌재 2019.4.11. 2017헌바127).

097
☐☐☐

운전 중 휴대용 전화를 사용하지 아니할 의무를 지우고 이에 위반했을 때 형벌을 부과하는 것은 운전자의 일반적 행동자유권을 제한한다고 볼 수 없다.　　　　O | X

운전 중 휴대용 전화를 사용할 자유는 헌법 제10조의 행복추구권에서 나오는 일반적 행동자유권의 보호영역에 속한다. 이 사건 법률조항은 운전 중 휴대용 전화를 사용하지 아니할 의무를 지우고 이에 위반했을 때 형벌을 부과하고 있으므로 청구인의 일반적 행동자유권을 제한한다(헌재 2021.6.24. 2019헌바5).

정답 094 ○ 095 ○ 096 ○ 097 X

098
□□□

전동킥보드의 최고속도는 25km/h를 넘지 않도록 규정한 것은 자전거도로에서 통행하는 다른 자전거보다 속도가 더 높아질수록 사고위험이 증가할 수 있는 측면을 고려한 기준 설정으로서, 전동킥보드 소비자의 자기결정권 및 일반적 행동자유권을 침해하지 아니한다. O | X

제조·수입 가능한 전동킥보드의 최고속도를 시속 25km 이내로 제한함으로써 그보다 빠른 제품을 구매하지 못하여 소비자가 겪는 자기결정권 및 일반적 행동자유권의 제약에 비하여 소비자의 생명·신체에 대한 위해 및 도로교통상의 위험을 방지하고 향후 자전거도로 통행이 가능해질 경우를 대비하여 소비자의 편의를 도모한 다는 공익은 중대하므로, 심판대상조항은 법익의 균형성도 충족한다. 심판대상조항은 과잉금지원칙을 위반하 여 소비자의 자기결정권 및 일반적 행동자유권을 침해하지 아니한다(헌재 2020.2.27. 2017헌마1339).

099
□□□

누구든지 금융회사 등에 종사하는 자에게 타인의 금융거래 관련 정보를 요구하는 것을 금지하고 이를 처벌조항으로 강제하는 것은 과잉금지원칙에 위배되어 일반적 행동자유권을 침해한 것이다. O | X

심판대상조항은 금융거래정보의 제공요구행위 자체만으로 형사처벌의 대상으로 삼고 있으나, 제공요구행위에 사회적으로 비난받을 행위가 수반되지 않거나, 금융거래의 비밀 보장에 실질적인 위협이 되지 않는 행위도 충분히 있을 수 있고, 명의인의 동의를 받을 수 없는 상황에서 타인의 금융거래정보가 필요하여 금융기관 종사자에게 그 제공을 요구하는 경우가 있을 수 있는 등 금융거래정보 제공요구행위는 구체적인 사안에 따라 죄질과 책임을 달리한다고 할 것임에도, 심판대상조항은 정보제공요구의 사유나 경위, 행위 태양, 요구한 거래정보의 내용 등을 전혀 고려하지 아니하고 일률적으로 금지하고, 그 위반 시 형사처벌을 하도록 하고 있다. … 따라서 심판대상조항은 과잉금지원칙에 반하여 일반적 행동자유권을 침해한다(헌재 2022.2.24. 2020헌가5).

100
□□□

공직선거법이 선거운동을 위한 확성장치 사용에 따른 소음제한기준을 규정하지 않은 것은 적절하고 효율적인 최소한의 보호조치를 취하지 아니함으로써 국가의 기본권 보호의무를 과소하게 이행한 것이다. O | X

심판대상조항이 선거운동의 자유를 감안하여 선거운동을 위한 확성장치를 허용할 공익적 필요성이 인정된다고 하더라도 정온한 생활환경이 보장되어야 할 주거지역에서 출근 또는 등교 이전 및 퇴근 또는 하교 이후 시간대에 확성장치의 최고출력 내지 소음을 제한하는 등 사용시간과 사용지역에 따른 수인한도 내에서 확성장치의 최고출력 내지 소음 규제기준에 관한 규정을 두지 아니한 것은, 국민이 건강하고 쾌적하게 생활할 수 있는 양호한 주거환경을 위하여 노력하여야 할 국가의 의무를 부과한 헌법 제35조 제3항에 비추어 보면, 적절하고 효율적인 최소한의 보호조치를 취하지 아니하여 국가의 기본권 보호의무를 과소하게 이행한 것으로서, 청구인의 건강하고 쾌적한 환경에서 생활할 권리를 침해하므로 헌법에 위반된다(헌재 2019.12.27. 2018헌마730).

101
□□□

이륜자동차로 하여금 고속도로 통행을 금지하고 있는 도로교통법 제63조는 통행의 자유(일반적 행동의 자유)를 침해한다. O | X

이 사건 법률조항은 이륜차의 구조적 특성에서 비롯되는 사고위험성과 사고결과의 중대성에 비추어 이륜차 운전자의 안전 및 고속도로 등 교통의 신속과 안전을 위하여 이륜차의 고속도로 등 통행을 금지하기 위한 것이므로 입법목적은 정당하고, 이 사건 법률조항이 이륜차의 고속도로 등 통행을 전면적으로 금지한 것도 입법목적을 달성하기 위하여 필요하고 적절한 수단이라고 생각된다. … 따라서 이 사건 법률조항은 청구인의 고속도로 등 통행의 자유(일반적 행동의 자유)를 헌법 제37조 제2항에 반하여 과도하게 제한한다고 볼 수 없다(헌재 2007.1.17. 2005헌마1111 등).

정답 098 ○ 099 ○ 100 ○ 101 X

102
□□□

본인의 생전 의사에 관계없이 인수자가 없는 시체를 해부용으로 제공하도록 규정한 것은 과잉금지원칙에 위배되어 시체처분에 대한 자기결정권을 침해한 것이다.　　　　　　　　　　　　　O | X

이 사건 법률조항은 본인이 해부용 시체로 제공되는 것에 대해 반대하는 의사표시를 명시적으로 표시할 수 있는 절차도 마련하지 않고 본인의 의사와는 무관하게 해부용 시체로 제공될 수 있도록 규정하고 있다는 점에서 침해의 최소성 원칙을 충족했다고 보기 어렵고, 실제로 해부용 시체로 제공된 사례가 거의 없는 상황에서 이 사건 법률조항이 추구하는 공익이 사후 자신의 시체가 자신의 의사와는 무관하게 해부용 시체로 제공됨으로써 침해되는 사익보다 크다고 할 수 없으므로 이 사건 법률조항은 청구인의 시체 처분에 대한 자기결정권을 침해한다(헌재 2015.11.26. 2012헌마940).

103
□□□

집회의 조건부 허용이나 개별적 집회의 금지나 해산으로는 방지할 수 없는 급박하고 명백하며 중대한 위험이 있는 경우가 아님에도 일반 공중에게 개방된 장소인 서울광장의 통행을 금지한 것은 과잉금지원칙에 위배되어 일반적 행동자유권을 침해한 것이다.　　　　　　　　　　　　　O | X

대규모의 불법·폭력 집회나 시위를 막아 시민들의 생명·신체와 재산을 보호한다는 공익은 중요한 것이지만, 당시의 상황에 비추어 볼 때 이러한 공익의 존재 여부나 그 실현 효과는 다소 가상적이고 추상적인 것이라고 볼 여지도 있고, 비교적 덜 제한적인 수단에 의하여도 상당 부분 달성될 수 있었던 것으로 보여 일반 시민들이 입은 실질적이고 현존하는 불이익에 비하여 결코 크다고 단정하기 어려우므로 법익의 균형성 요건도 충족하였다고 할 수 없다. 따라서 이 사건 통행제지행위는 과잉금지원칙을 위반하여 청구인들의 일반적 행동자유권을 침해한 것이다(헌재 2011.6.30. 2009헌마406).

104
□□□

협의상 이혼을 하고자 하는 경우 부부가 함께 관할 가정법원에 출석하여 협의이혼의사확인신청서를 제출하도록 하는 가족관계의 등록 등에 관한 규칙 상 조항은 청구인의 일반적 행동자유권을 침해하지 않는다.　　　　　　　　　　　　　O | X

이 사건 규칙조항에서 협의이혼의사확인신청을 할 때 부부 쌍방으로 하여금 직접 법원에 출석하여 신청서를 제출하도록 한 것은, 일시적 감정이나 강압에 의한 이혼을 방지하고 협의상 이혼이 그 절차가 시작될 때부터 당사자 본인의 의사로 진지하고 신중하게 이루어지도록 하기 위한 것이므로, 목적의 정당성 및 수단의 적합성이 인정된다. 당사자의 진정한 이혼의사를 확인하기 위하여는 양 당사자로 하여금 이혼의사확인신청서를 직접 제출하도록 하는 것이 보다 확실한 방법이고, 일정한 경우에는 부부 한 쪽만 출석할 수 있도록 예외가 인정되고 있으며, 법원 출석이 곤란하거나 불편한 경우 재판상 이혼 절차를 이용할 수도 있으므로, 침해의 최소성도 인정된다. 한편, 이 사건 규칙조항은 협의상 이혼의 사유 자체를 제한하거나 당사자에게 과도한 부담이 되는 절차를 요구하는 것이 아닌 반면에, 이 사건 규칙조항을 통해 협의상 이혼이 당사자의 자유롭고 진지한 의사에 기하도록 함으로써 달성될 수 있는 공익은 결코 작지 않으므로, 법익의 균형성도 인정된다. 따라서 이 사건 규칙조항은 과잉금지원칙에 반하여 청구인 노○태의 일반적 행동자유권을 침해하지 않는다(헌재 2016.6.30. 2015헌마894).

105

□□□

누구든지 금융회사 등에 종사하는 자에게 타인의 금융거래의 내용에 관한 정보 또는 자료를 요구하는 것을 금지하고, 이를 위반시 형사처벌하는 금융실명거래 및 비밀보장에 관한 법률 조항은 과잉금지원칙에 반하여 일반적 행동자유권을 침해하지 아니한다. O | X

심판대상조항이 정보제공요구를 하게 된 사유나 행위의 태양, 요구한 거래정보의 내용을 고려하지 아니하고 일률적으로 일반 국민들이 거래정보의 제공을 요구하는 것을 금지하고 그 위반 시 형사처벌을 하는 것은 그 공익에 비하여 지나치게 일반 국민의 일반적 행동자유권을 제한하는 것이다. 따라서 심판대상조항은 과잉금지원칙에 반하여 일반적 행동자유권을 침해한다(헌재 2022.2.24. 2020헌가5).

106

□□□

어린이보호구역에서 제한속도 준수의무 또는 안전운전의무를 위반하여 어린이를 상해에 이르게 한 경우 가중처벌하는 특정범죄 가중처벌 등에 관한 법률상 조항은 과잉금지원칙에 위반되어 청구인들의 일반적 행동자유권을 침해한다. O | X

어린이 보호구역에서 제한속도 준수의무 또는 안전운전의무를 위반하여 어린이를 상해에 이르게 한 경우 1년 이상 15년 이하의 징역 또는 500만 원 이상 3천만 원 이하의 벌금에, 사망에 이르게 한 경우 무기 또는 3년 이상의 징역에 처하도록 규정한 '특정범죄 가중처벌 등에 관한 법률' 제5조의13은 과잉금지원칙에 위반되어 청구인들의 일반적 행동자유권을 침해하지 않는다(헌재 2023.2.23. 2020헌마460).

☑ **참고** 헌법재판소는 해당조항이 명확성원칙에도 위반되지 않는다고 했다.

107

□□□

만성신부전증환자에 대한 외래 혈액투석 의료급여수가의 기준을 정액수가로 규정한 '의료급여수가의 기준 및 일반기준'상 조항은 과잉금지원칙에 반하여 수급권자인 청구인의 의료행위선택권을 침해한다. O | X

심판대상조항에 의한 정액수가제는 혈액투석에 소요되는 과도한 비용을 효율적으로 관리함으로써 의료급여재정을 안정화하여 더 많은 환자들에게 의료급여의 혜택이 돌아가게 하려는 것으로서 입법목적의 정당성과 수단의 적합성이 인정된다. … 그렇다면 한정된 의료재정의 범위 내에서 적정하고 지속적인 의료서비스를 제공하기 위해서는 환자의 의료행위선택권 역시 제한될 수밖에 없으며, 의료재정의 범위 내에서 의료급여 수급권자에 대한 의료의 질을 유지하기 위하여 현행 정액수가제와 같은 정도로 입법목적을 달성하면서 기본권을 덜 제한하는 수단이 명백히 존재한다고 보기 어려우므로, 심판대상조항은 침해의 최소성과 법익의 균형성을 갖추었다. 따라서 심판대상조항은 수급권자인 청구인의 의료행위선택권을 침해하지 아니한다(헌재 2020.4.23. 2017헌마103).

108

□□□

누구든지 금융회사 등에 종사하는 자에게 타인의 금융거래의 내용에 관한 정보 또는 자료를 요구하는 것을 금지하고, 이를 위반 시 형사처벌하는 금융실명거래 및 비밀보장에 관한 법률 해당 조항은 공익에 비하여 지나치게 국민의 일반적 행동자유권을 제한한다. O | X

금융거래의 비밀보장이 중요한 공익이라는 점은 인정할 수 있으나, 심판대상조항이 정보제공요구를 하게 된 사유나 행위의 태양, 요구한 거래정보의 내용을 고려하지 아니하고 일률적으로 일반 국민들이 거래정보의 제공을 요구하는 것을 금지하고 그 위반 시 형사처벌을 하는 것은 그 공익에 비하여 지나치게 일반 국민의 일반적 행동자유권을 제한하는 것이다. 따라서 심판대상조항은 과잉금지원칙에 반하여 일반적 행동자유권을 침해한다(헌재 2022.2.24. 2020헌가5).

정답 105 X 106 X 107 X 108 ○

109
☐☐☐

의료분쟁 조정신청의 대상인 의료사고가 사망에 해당하는 경우 구체적 사안의 개별성과 특수성을 고려하지 않고 자동적으로 조정절차가 개시되도록 한 법률조항은 보건의료인의 일반적 행동의 자유를 침해한다.　　　O | X

심판대상조항은 사망의 결과가 발생한 경우 조정절차가 자동적으로 개시되도록 함으로써 의료분쟁 조정제도를 활성화하고 제도의 실효성을 제고하며, 사망이라는 중한 결과로 인한 피해를 신속·공정하게 구제하고, 환자와 보건의료인 양 당사자가 소송 외의 분쟁해결수단을 적극 활용할 수 있도록 하여 의료분쟁에 따른 부담을 완화하고 이를 신속·공정하게 해결하기 위한 것으로서 그 목적이 정당하고, 수단의 적합성 또한 인정된다. … 따라서 심판대상조항은 청구인의 일반적 행동의 자유를 침해하지 아니한다(헌재 2021.5.27. 2019헌마321).

110
☐☐☐

자신이 속한 부분사회의 자치적 운영에 참여하는 것은 사회공동체의 유지, 발전을 위하여 필요한 행위로서 특정한 기본권의 보호범위에 들어가지 않는 경우에는 일반적 행동자유권의 대상이 된다.　　　O | X

자신이 속한 부분사회의 자치적 운영에 참여하는 것은 사회공동체의 유지, 발전을 위하여 필요한 행위로서 특정한 기본권의 보호범위에 들어가지 않는 경우에는 일반적 행동자유권의 대상이 되므로, 사적 자치의 영역에 국가가 개입하여 법령으로 자치활동의 목적이나 절차, 그 방식 또는 내용을 규율함으로써 일부 구성원들의 자치활동에 대한 참여를 제한한다면 해당 구성원들의 일반적 행동자유권이 침해될 가능성이 있다(헌재 2015.7.30. 2012헌마957).

111
☐☐☐

병역의무 이행으로서의 현역병 복무는 국가가 간섭하지 않으면 자유롭게 할 수 있는 행위에 속하지 않으므로, 현역병으로 복무할 권리가 일반적 행동자유권에 포함된다고 할 수 없다.　　　O | X

헌법 제10조의 행복추구권에서 파생하는 일반적 행동자유권은 모든 행위를 하거나 하지 않을 자유를 내용으로 하나, 그 보호대상으로서의 행동이란 국가가 간섭하지 않으면 자유롭게 할 수 있는 행위 내지 활동을 의미하고, 이를 국가권력이 가로막거나 강제하는 경우 자유권의 침해로서 논의될 수 있다 할 것인데, 병역의무 이행으로서의 현역병 복무는 국가가 간섭하지 않으면 자유롭게 할 수 있는 행위에 속하지 않으므로, 현역병으로 복무할 권리가 일반적 행동자유권에 포함된다고 할 수도 없다(헌재 2010.12.28. 2008헌마527).

112
☐☐☐

행복추구권을 통해 국민은 행복을 추구하기 위하여 필요한 급부를 국가에게 적극적으로 요구할 수 있다.　　　O | X

헌법 제10조의 행복추구권은 국민이 행복을 추구하기 위하여 필요한 급부를 국가에게 적극적으로 요구할 수 있는 것을 내용으로 하는 것이 아니라, 국민이 행복을 추구하기 위한 활동을 국가권력의 간섭 없이 자유롭게 할 수 있다는 포괄적인 의미의 자유권으로서의 성격을 가진다(헌재 2008.10.30. 2006헌바35).

제2편

해커스공무원 신동욱 헌법 핵심 기출 OX

113
☐☐☐

부모의 자녀교육권은 기본권의 주체인 부모의 자기결정권이라는 의미에서 보장되는 자유가 아니라, 자녀의 보호와 인격발현을 위하여 부여되는 기본권이다. O I X

부모의 자녀교육권은 다른 기본권과는 달리, 기본권의 주체인 부모의 자기결정권이라는 의미에서 보장되는 자유가 아니라, 자녀의 보호와 인격발현을 위하여 부여되는 기본권이다. 다시 말하면, 부모의 자녀교육권은 자녀의 행복이란 관점에서 보장되는 것이며, 자녀의 행복이 부모의 교육에 있어서 그 방향을 결정하는 지침이 된다(헌재 2009.10.29. 2008헌마635).

114
☐☐☐

일반적 행동자유권은 가치있는 행동만을 그 보호영역으로 하지만, 예외적인 경우에는 위험한 스포츠를 즐길 권리와 같은 위험한 생활방식으로 살아갈 권리도 그 보호영역에 포함된다. O I X

일반적 행동자유권은 모든 행위를 할 자유와 행위를 하지 않을 자유로 가치있는 행동만 그 보호영역으로 하는 것은 아닌 것으로, 그 보호영역에는 개인의 생활방식과 취미에 관한 사항도 포함되며, 여기에는 위험한 스포츠를 즐길 권리와 같은 위험한 생활방식으로 살아갈 권리도 포함된다(헌재 2003.10.30. 2002헌마518).

115
☐☐☐

임대차존속기간을 20년으로 제한한 민법 조항은 과잉금지원칙을 위반하여 계약의 자유를 침해하지 않는다. O I X

이 사건 법률조항은 입법취지가 불명확하고, 사회경제적 효율성 측면에서 일정한 목적의 정당성이 인정된다 하더라도 과잉금지원칙을 위반하여 계약의 자유를 침해한다(헌재 2013.12.26. 2011헌바234).

116
☐☐☐

헌법 제10조에 의하여 보장되는 행복추구권 속에는 일반적 행동자유권이 포함되고, 이 일반적 행동자유권으로부터 계약 체결의 여부, 계약의 상대방, 계약의 방식과 내용 등을 당사자의 자유로운 의사로 결정할 수 있는 계약의 자유가 파생된다. O I X

헌법 제10조에 의하여 보장되는 행복추구권 속에는 일반적 행동자유권이 포함되고, 이 일반적 행동자유권으로부터 계약 체결의 여부, 계약의 상대방, 계약의 방식과 내용 등을 당사자의 자유로운 의사로 결정할 수 있는 계약의 자유가 파생된다(헌재 2013.10.24. 2010헌마219 등).

117
☐☐☐

임대인이 실제 거주를 이유로 갱신을 거절한 후 정당한 사유 없이 제3자에게 임대한 경우의 손해배상책임 및 손해액을 규정한 주택임대차보호법 조항은 과잉금지원칙에 반하여 임대인의 계약의 자유와 재산권을 침해한다고 볼 수 없다. O I X

계약갱신요구 조항, 차임증액한도 조항, 손해배상 조항은 임차인 주거안정 보장을 위한 것으로 임차인의 주거 이동률을 낮추고 차임 상승을 제한해 임차인의 주거안정을 도모할 수 있으므로 입법목적의 정당성 및 수단의 적합성이 인정된다. … 따라서 이들 조항은 과잉금지원칙에 반하여 청구인들의 계약의 자유와 재산권을 침해한다고 볼 수 없다(헌재 2024.2.28. 2020헌마1343 등).

정답 113 ○ 114 X 115 X 116 ○ 117 ○

118
☐☐☐

주 52시간 상한제조항을 두어 1주간 최대 근로시간을 52시간으로 한정한 근로기준법 조항이 과잉금지원칙에 반하여 상시 5명 이상 근로자를 사용하는 사업주의 계약의 자유와 직업의 자유, 근로자의 계약의 자유를 침해하지 않는다. O | X

입법자는 사용자와 근로자가 일정 부분 장시간 노동을 선호하는 경향, 포괄임금제의 관행 및 사용자와 근로자 사이의 협상력의 차이 등으로 인해 장시간 노동 문제가 구조화되었다고 보고, 사용자와 근로자 사이의 합의로 주 52시간 상한을 초과할 수 없다고 판단했는데, 이러한 입법자의 판단이 현저히 합리성을 결여했다고 볼 수 없다. … 입법자는 주 52시간 상한제로 인해 근로자에게도 임금 감소 등의 피해가 발생할 수 있지만, 근로자의 휴식을 보장하는 것이 무엇보다 중요하다는 인식을 정착시켜 장시간 노동이 이루어졌던 왜곡된 노동 관행을 개선해야 한다고 판단했다. 따라서 이러한 입법자의 판단이 합리성을 결여했다고 볼 수 없으므로 주 52시간 상한제조항은 과잉금지원칙에 반하여 상시 5명 이상 근로자를 사용하는 사업주인 청구인의 계약의 자유와 직업의 자유, 근로자인 청구인들의 계약의 자유를 침해하지 않는다(헌재 2024.2.28. 2019헌마500).

119
☐☐☐

금융위원회위원장이 2019.12.16. 시중 은행을 상대로 투기지역·투기과열지구 내 초고가 아파트(시가 15억 원 초과)에 대한 주택구입용 주택담보대출을 2019.12.17.부터 금지한 조치는 과잉금지원칙에 반하여 해당 주택담보대출을 받고자 하는 사람의 재산권 및 계약의 자유를 침해하지 아니한다. O | X

이 사건 조치는 전반적인 주택시장 안정화를 도모함과 동시에 금융기관의 대출 건전성 관리 차원에서 부동산 부문으로의 과도한 자금흐름을 개선하기 위한 것으로 목적이 정당하다. 또한 초고가 주택에 대한 주택담보대출 금지는 수요 억제를 통해 주택 가격 상승 완화에 기여할 것이므로 수단도 적합하다. … 따라서 이 사건 조치는 과잉금지원칙에 반하여 청구인의 재산권 및 계약의 자유를 침해하지 아니한다(헌재 2023.3.23. 2019헌마1399).

120
☐☐☐

단순변심을 포함하여 학습자가 수강을 계속할 수 없는 사유가 발생한 경우 학원설립·운영자로 하여금 학습자로부터 받은 교습비 등을 반환하도록 하면서, 그 반환 사유 및 반환 금액 등을 대통령령으로 정하도록 한 학원의 설립·운영 및 과외 교습에 관한 법률 조항은 과잉금지원칙에 위배되어 학원설립·운영자의 계약의 자유를 침해한다. O | X

교습계약의 특성상 장기간의 교습비등을 일시불로 선불하도록 하는 경우가 많아 분쟁발생의 소지가 크므로 국가가 이에 일부 개입할 필요가 있는 점, 교습계약 당사자들이 교습비등의 반환여부 및 반환금액 등을 자유롭게 정하도록 한다면 상대적으로 불리한 지위에 놓이는 학습자에게 계약해지로 인한 위험이 전가될 수 있는 점, 구체적인 반환사유 및 반환금액 등을 대통령령으로 정하도록 하고 있는 점 등을 고려할 때, 교습비등반환조항은 과잉금지원칙에 반하여 학원설립·운영자의 계약의 자유를 침해한다고 볼 수 없다(헌재 2024.8.29. 2021헌바74).

121
☐☐☐

계약자유의 원칙 내지 경제상의 자유는 절대적인 것이 아니라 약자·보호·독점방지·실질적 평등·경제정의 등의 관점에서 법률상 제한될 수 있음은 물론이고, 국가의 과세작용과 관련하여서도 적지 않은 제약을 받지 않을 수 없다. O | X

계약의 자유 내지 경제상의 자유는 절대적인 것이 아니라 약자 보호, 독점 방지, 실질적 평등, 경제정의 등의 관점에서 법률상 제한될 수 있을 뿐 아니라 국가의 과세작용과 관련하여서도 적지 않은 제약을 받지 않을 수 없다 할 것이므로, 국가는 조세법률주의 기타 헌법적 한계를 준수하는 한, 재정수입, 사회적·경제적 규제와 조정을 위하여 위와 같은 사적 자치에 개입하거나 사법상 법률행위의 내용 및 효력에 간섭할 수 있는 것이고, 그러한 개입과 간섭의 수단 및 정도의 선택은 일차적으로 과세입법자의 정책 판단·형성에 맡겨져 있다고 할 수 있으며, 다만 이와 같이 계약의 자유를 제한하더라도 헌법 제37조 제2항에 규정된 기본권 제한 입법의 한계를 준수하여야 함은 물론이므로, 그 본질적인 내용이 침해되거나 비례의 원칙 내지 과잉금지의 원칙에 위배되는 입법은 할 수 없는 것이다(헌재 2002.1.31. 2000헌바35).

122
☐☐☐

사적자치의 원칙이란 자신의 일을 자신의 의사로 결정하고 행하는 자유뿐만 아니라 원치 않으면 하지 않을 자유로, 헌법 제10조의 행복추구권에서 파생되는 일반적 행동자유권의 하나이다. O | X

사적자치의 원칙이란 자신의 일을 자신의 의사로 결정하고 행하는 자유뿐만 아니라 원치 않으면 하지 않을 자유로서, 우리 헌법 제10조의 행복추구권에서 파생되는 일반적 행동자유권의 하나이며, 법률행위의 영역에서는 계약자유의 원칙으로 나타나는데, 계약자유의 원칙은 계약의 체결에서부터 종결에 이르기까지 모든 단계에서 자신의 자유의사에 따라 계약관계를 형성하는 것으로서, 계약의 내용, 이행의 상대방 및 방법의 변경뿐만 아니라 계약 자체의 이전이나 폐기도 당사자 자신의 의사로 결정하는 자유를 의미한다(헌재 2014.3.27. 2011헌바126).

123
☐☐☐

계약의 자유는 헌법 제119조 제1항의 '개인의 경제상의 자유'의 일종이 아니라, 헌법 제10조의 행복추구권에 내포된 일반적 행동자유권으로부터 파생되는 기본권이다. O | X

일반적 행동자유권에는 적극적으로 자유롭게 행동을 하는 것은 물론 소극적으로 행동을 하지 않을 자유 즉 부작위의 자유도 포함되는 것으로, 법률행위의 영역에 있어서는 계약을 체결할 것인가의 여부, 체결한다면 어떠한 내용의, 어떠한 상대방과의 관계에서, 어떠한 방식으로 계약을 체결하느냐 하는 것도 당사자 자신이 자기의 의사로 결정하는 자유 뿐만 아니라 원치 않으면 계약을 체결하지 않을 자유 즉 원치 않는 계약의 체결은 법이나 국가에 의하여 강제받지 않을 자유인 이른바 계약자유의 원칙도, 여기의 일반적 행동자유권으로부터 파생되는 것이라 할 것이다. 이는 곧 헌법 제119조 제1항의 개인의 경제상의 자유의 일종이기도 하다(헌재 1991.6.3. 89헌마204).

정답 121 ○ 122 ○ 123 X

124
☐☐☐

학교폭력예방 및 대책에 관한 법률에서 가해학생과 함께 그 보호자도 특별교육을 이수하도록 의무화한 것은 가해학생 보호자의 일반적 행동자유권을 침해하지 않는다. O | X

학교폭력예방법에서 가해학생과 함께 그 보호자도 특별교육을 이수하도록 의무화한 것은 교육의 주체인 보호자의 참여를 통해 학교폭력 문제를 보다 근본적으로 해결하기 위한 것이다. 가해학생이 학교폭력에 이르게 된 원인을 발견하여 이를 근본적으로 치유하기 위해서는 가족 공동체의 일원으로서 가해학생과 밀접 불가분의 유기적 관계를 형성하고 있는 보호자의 교육 참여가 요구된다. 따라서 특별교육이수규정이 가해학생 보호자의 일반적 행동자유권을 침해한다고 볼 수 없다(헌재 2013.10.24. 2012헌마832).

125
☐☐☐

한자를 의사소통의 수단으로 사용하는 것은 행복추구권에서 파생되는 일반적 행동의 자유 내지 개성의 자유로운 발현의 한 내용이다. O | X

헌법 제10조 전문은 "모든 국민은 인간으로서의 존엄과 가치를 가지며, 행복을 추구할 권리를 가진다."고 규정하여 행복추구권을 보장하고, 이러한 행복추구권은 일반적인 행동자유권과 개성의 자유로운 발현권을 포함한다. 언어와 그 언어를 표기하는 방식인 글자는 정신생활의 필수적인 도구이며 타인과의 소통을 위한 가장 기본적인 수단인바, 한자를 의사소통의 수단으로 사용하는 것은 행복추구권에서 파생되는 일반적 행동의 자유 내지 개성의 자유로운 발현의 한 내용이다(헌재 2016.11.24. 2012헌마854).

126
☐☐☐

가사소송에서 본인출석주의를 규정한 가사소송법 조항은 가사소송 당사자의 일반적 행동의 자유를 침해한다. O | X

가사소송에서는 당사자 본인의 진술을 청취하고 그 진의를 파악하는 것이 중요하므로, 이 사건 법률조항은 입법목적의 정당성이 인정되며, 당사자 본인의 출석을 법적인 의무로 강제하는 것은 입법목적의 달성에 적합한 수단이다. 당사자 본인에게 출석의무를 부과하고 과태료 등 별도의 제재를 통하여 출석을 강제하는 것 외에 그 출석을 확보하기에 적절한 다른 수단을 찾기 어려우며, 특별한 사정이 있는 경우 재판장의 허가를 통하여 소송대리인이 대리 출석할 수 있는 길도 열려 있으므로, 피해의 최소성도 인정된다. 가사소송의 특성상 당사자 본인의 진술을 직접 들어 적정한 재판을 하여야 하는 공익은, 청구인이 변론기일에 출석하지 아니하고 대리인을 출석시킴으로써 생업 등의 시간을 확보하고자 하는 사익에 비하여 결코 작다고 할 수 없어 법익의 균형성도 인정되므로, 이 사건 법률조항은 가사소송 당사자의 일반적 행동의 자유를 침해하지 아니한다(헌재 2012.10.25. 2011헌마598).

127
☐☐☐

'사회복지법인의 운영의 자유'는 헌법 제10조에서 보장되는 행복추구권의 구체적인 한 표현인 일반적인 행동자유권 내지 사적자치권으로 보장되는 것이다. O | X

모든 국민에게 사회복지법인을 설립할 자유가 인정되고 사회복지법인은 복지사업의 주체로서 이용자들에 대한 자율적인 복지사업을 행하기 위한 포괄적인 법인운영권을 보장받아야 한다. 이러한 '사회복지법인의 운영의 자유'는 헌법 제10조에서 보장되는 행복추구권의 구체적인 한 표현인 일반적인 행동자유권 내지 사적자치권으로 보장되는 것이다(헌재 2005.2.3. 2004헌바10).

정답 124 ○　125 ○　126 X　127 ○

20. 입시

128
☐☐☐

대통령선거 및 지역구국회의원선거의 예비후보자들과 달리 광역자치단체장선거의 예비후보자를 후원회지정권자에서 제외하고 있는 것은 광역자치단체장선거 예비후보자의 평등권을 침해하지 않는다.　　O | X

그동안 정치자금법이 여러 차례 개정되어 후원회지정권자의 범위가 지속적으로 확대되어 왔음에도 불구하고, 국회의원선거의 예비후보자 및 그 예비후보자에게 후원금을 기부하고자 하는 자와 광역자치단체장선거의 예비후보자 및 이들 예비후보자에게 후원금을 기부하고자 하는 자를 계속하여 달리 취급하는 것은, 불합리한 차별에 해당하고 입법재량을 현저히 남용하거나 한계를 일탈한 것이다. 따라서 심판대상조항 중 광역자치단체장선거의 예비후보자에 관한 부분은 청구인들 중 광역자치단체장선거의 예비후보자 및 이들 예비후보자에게 후원금을 기부하고자 하는 자의 평등권을 침해한다(헌재 2019.12.27. 2018헌마301).

20. 입시

129
☐☐☐

자율형 사립고등학교를 후기학교로 정하여 신입생을 일반고와 동시에 선발하도록 한 것은 자율형 사립고등학교 법인의 평등권을 침해한다.　　O | X

과학고는 '과학분야의 인재 양성'이라는 설립 취지나 전문적인 교육과정의 측면에서 과학 분야에 재능이나 소질을 가진 학생을 후기학교보다 먼저 선발할 필요성을 인정할 수 있으나, 자사고의 경우 교육과정 등을 고려할 때 후기학교보다 먼저 특정한 재능이나 소질을 가진 학생을 선발할 필요성은 적다. 따라서 이 사건 동시선발 조항이 자사고를 후기학교로 규정함으로써 과학고와 달리 취급하고, 일반고와 같이 취급하는 데에는 합리적인 이유가 있으므로 청구인 학교법인의 평등권을 침해하지 아니한다(헌재 2019.4.11. 2018헌마221).

20. 국가직

130
☐☐☐

자율형 사립고등학교를 지원한 학생에게 평준화지역 후기학교 주간부에 중복 지원하는 것을 금지한 것이 자율형 사립고등학교에 진학하고자 하는 학생의 평등권을 침해하는지 여부는 기본권 침해 여부의 심사에서 과잉금지원칙(비례원칙)이 적용된 경우이다.　　O | X

비록 고등학교 교육이 의무교육은 아니지만 매우 보편화된 일반교육임을 알 수 있다. 따라서 고등학교 진학기회의 제한은 대학 등 고등교육기관에 비하여 당사자에게 미치는 제한의 효과가 더욱 크므로 보다 더 엄격히 심사하여야 한다. 따라서 이 사건 중복지원금지 조항의 차별 목적과 차별의 정도가 비례원칙을 준수하는지 살펴본다(헌재 2019.4.11. 2018헌마221).

정답 128 X　129 X　130 ○

131
□□□

대학의 교원은 헌법과 법률로써 신분이 보장되고 정당가입과 선거운동 등이 가능하여 노조형태의 단결체가 꼭 필요한 것은 아니므로, 초·중등학교의 교원과 달리 법률로써 단결권을 인정하지 않는다고 하여 평등권을 침해하는 것은 아니다. O | X

심판대상조항으로 인하여 교육공무원 아닌 대학 교원들이 향유하지 못하는 단결권은 헌법이 보장하고 있는 근로3권의 핵심적이고 본질적인 권리이다. 심판대상조항의 입법목적이 재직 중인 초·중등교원에 대하여 교원노조를 인정해 줌으로써 교원노조의 자주성과 주체성을 확보한다는 측면에서는 그 정당성을 인정할 수 있을 것이나, 교원노조를 설립하거나 가입하여 활동할 수 있는 자격을 초·중등교원으로 한정함으로써 교육공무원이 아닌 대학 교원에 대해서는 근로기본권의 핵심인 단결권조차 전면적으로 부정한 측면에 대해서는 그 입법목적의 정당성을 인정하기 어렵고, 수단의 적합성 역시 인정할 수 없다. … 최근 들어 대학 사회가 다층적으로 변화하면서 대학 교원의 사회·경제적 지위의 향상을 위한 요구가 높아지고 있는 상황에서 단결권을 행사하지 못한 채 개별적으로만 근로조건의 향상을 도모해야 하는 불이익은 중대한 것이므로, 심판대상조항은 과잉금지원칙에 위배된다(헌재 2018.8.30. 2015헌가38).

132
□□□

국민참여재판 배심원의 자격을 만 20세 이상으로 정한 것은 민법상 성년연령이 만 19세로 개정된 점이나 선거권 연령이 만 18세로 개정된 점을 고려해 볼 때, 만 19세 및 만 18세의 국민을 합리적인 이유 없이 차별취급 하는 것이다. O | X

배심원으로서의 권한을 수행하고 의무를 부담할 능력과 민법상 행위능력, 선거권 행사능력, 군 복무능력, 연소자 보호와 연계된 취업능력 등이 동일한 연령기준에 따라 판단될 수 없고, 각 법률들의 입법취지와 해당 영역에서 고려하여야 할 제반사정, 대립되는 관련 이익들을 교량하여 입법자가 각 영역마다 그에 상응하는 연령기준을 달리 정할 수 있다. 심판대상조항이 우리나라 국민참여재판제도의 취지와 배심원의 권한 및 의무 등 여러 사정을 종합적으로 고려하여 만 20세에 이르기까지 교육 및 경험을 쌓은 자로 하여금 배심원의 책무를 담당하도록 정한 것은 입법형성권의 한계 내의 것으로 자의적인 차별이라고 볼 수 없다(헌재 2021.5.27. 2019헌가19).

133
□□□

근로자의 날을 법정유급휴일로 할 것인지에 있어서 공무원과 일반근로자를 다르게 취급할 이유가 없으므로 근로자의 날을 공무원의 법정유급휴일로 정하지 않은 것은 공무원과 일반근로자를 자의적으로 차별하는 것에 해당하여 평등권을 침해한다. O | X

공무원의 유급휴일을 정할 때에는 공무원의 근로자로서의 지위뿐만 아니라 국민전체의 봉사자로서 국가 재정으로 봉급을 지급받는 특수한 지위도 함께 고려하여야 하고, 공무원의 경우 유급휴가를 포함한 근로조건이 법령에 의해 정해진다는 사정도 함께 감안하여야 하므로, 단지 근로자의 날과 같은 특정일을 일반근로자에게는 유급휴일로 인정하면서 공무원에게는 유급휴일로 인정하지 않는다고 하여 이를 곧 자의적인 차별이라고 할 수는 없다. … 따라서 심판대상조항이 근로자의 날을 공무원의 법정유급휴일에 해당하는 관공서 공휴일로 규정하지 않은 데에는 합리적인 이유가 있다 할 것이므로, 심판대상조항이 청구인들의 평등권을 침해한다고 볼 수 없다(헌재 2015.11.26. 2015헌마756).

정답 131 X 132 X 133 X

134
□□□

친일반민족행위자의 후손이라는 점이 헌법 제11조 제1항 후문의 사회적 신분에 해당한다면 헌법에서 특별히 평등을 요구하고 있는 경우에 해당하여 친일반민족행위자의 후손에 대한 차별은 평등권 침해 여부의 심사에서 엄격한 기준을 적용해야 한다. O | X

친일반민족행위자의 후손이라는 점이 헌법 제11조 제1항 후문의 사회적 신분에 해당한다 할지라도 이것만으로는 헌법에서 특별히 평등을 요구하고 있는 경우라고 할 수 없고, 아래와 같이 친일재산의 국가귀속은 연좌제금지원칙이 적용되는 경우라고 볼 수도 없으며 그 외 달리 친일반민족행위자의 후손을 특별히 평등하게 취급하도록 규정한 헌법 규정이 없는 이상, 친일반민족행위자의 후손에 대한 차별은 평등권 침해 여부의 심사에서 엄격한 기준을 적용해야 하는 경우라 볼 수 없다(헌재 2011.3.31. 2008헌바141).

135
□□□

국민연금법이 형제자매를 사망일시금 수급권자로 규정하고 있는 것과는 달리 공무원연금법이 형제자매를 연금수급권자에서 제외하고 있다 하여도 합리적인 이유에 의한 차별로서 국민연금법상의 수급권의 범위와 비교하여 헌법상 평등권을 침해하였다고 볼 수 없다. O | X

공무원연금과 국민연금은 사회보장적 성격을 가진다는 점에서 동일하기는 하나, 양자는 제도의 도입 목적과 배경, 재원의 조성 등에 차이가 있고, 특히 공무원연금은 국민연금에 비해 재정건전성 확보를 통하여 국가의 재정 부담을 낮출 필요가 절실하다는 점 등에 비추어 볼 때, 공무원연금의 수급권자에서 형제자매를 제외한 것은 합리적인 이유가 있다. 따라서 이 사건 법률조항이 산재보험법이나 국민연금법상의 수급권자의 범위와 비교하여 청구인들의 평등권을 침해하였다고 볼 수 없다(헌재 2014.5.29. 2012헌마555).

136
□□□

혼인한 등록의무자는 배우자가 아닌 본인의 직계·존비속의 재산을 등록하도록 법이 개정되었으나, 개정 전 이미 배우자의 직계·존비속의 재산을 등록한 혼인한 여성 등록의무자는 종전과 동일하게 계속해서 배우자의 직계·존비속의 재산을 등록하도록 한 부칙 조항은 그 목적의 정당성을 발견할 수 없다. O | X

이 사건 부칙조항은 개정 전 공직자윤리법 조항이 혼인관계에서 남성과 여성에 대한 차별적 인식에 기인한 것이라는 반성적 고려에 따라 개정 공직자윤리법 조항이 시행되었음에도 불구하고, 일부 혼인한 여성 등록의무자에게 이미 개정 전 공직자윤리법 조항에 따라 재산등록을 하였다는 이유만으로 남녀차별적인 인식에 기인하였던 종전의 규정을 따를 것을 요구하고 있다. 그런데 혼인한 남성 등록의무자와 달리 혼인한 여성 등록의무자의 경우에만 본인이 아닌 배우자의 직계존·비속의 재산을 등록하도록 하는 것은 여성의 사회적 지위에 대한 그릇된 인식을 양산하고, 가족관계에 있어 시가와 친정이라는 이분법적 차별구조를 정착시킬 수 있으며, 이것이 사회적 관계로 확장될 경우에는 남성우위·여성비하의 사회적 풍토를 조성하게 될 우려가 있다. 이는 성별에 의한 차별금지 및 혼인과 가족생활에서의 양성의 평등을 천명하고 있는 헌법에 정면으로 위배되는 것으로 그 목적의 정당성을 인정할 수 없다. 따라서 이 사건 부칙조항은 평등원칙에 위배된다(헌재 2021.9.30. 2019헌가3).

정답 134 X 135 ○ 136 ○

137
☐☐☐

우체국보험금 및 환급금 청구채권 전액에 대하여 압류를 금지하여 우체국보험 가입자의 채권자와 일반 인보험 가입자의 채권자를 차별취급하는 것은 합리적인 사유가 존재하므로 헌법상 평등원칙에 위배되지 아니한다.   O | X

이 사건 법률조항은 국가가 운영하는 우체국보험에 가입한다는 사정만으로 일반 보험회사의 인보험에 가입한 경우와는 달리 그 수급권이 사망·장해나 입원 등으로 인하여 발생한 것인지, 만기나 해약으로 발생한 것인지 등에 대한 구별조차 없이 그 전액에 대하여 무조건 압류를 금지하여 우체국보험 가입자를 보호함으로써 우체 국보험 가입자의 채권자를 일반 인보험 가입자의 채권자에 비하여 불합리하게 차별취급하는 것이므로, 헌법 제11조 제1항의 평등원칙에 위반된다(헌재 2008.5.29. 2006헌바5).

138
☐☐☐

고소인이나 고발인만을 항고권자로 규정한 검찰청법 조항은 동법상 항고를 통하여 불복할 수 없게 된 기 소유예 처분을 받은 피의자를 고소인이나 고발인에 비하여 합리적 이유 없이 차별하는 것이라 할 수 없다.   O | X

검찰청법상 항고제도의 인정 여부는 기본적으로 입법정책에 속하는 문제로서 그 주체, 대상의 범위 등의 제한 도 그것이 현저히 불합리하지 아니한 이상 헌법에 위반되는 것이라 할 수 없고, 고소인·고발인과 피의자는 기 본적으로 대립적 이해관계에서 기소유예처분에 불복할 이익을 지니며, 검찰청법상 항고제도의 성격과 취지 및 한정된 인적·물적 사법자원의 측면, 그리고 이 사건 법률조항이 헌법소원심판청구 등 피의자의 다른 불복수 단까지 원천적으로 봉쇄하는 것은 아닌 점 등을 종합하면, 이 사건 법률조항이 피의자를 고소인·고발인에 비 하여 합리적 이유 없이 차별하는 것이라 할 수 없다(헌재 2012.7.26. 2010헌마642).

139
☐☐☐

경찰공무원은 교육훈련 또는 직무수행 중 사망한 경우 국가 유공자 등 예우 및 지원에 관한 법률상 순직 군경으로 예우 받을 수 있는 것과는 달리, 소방공무원은 화재진압, 구조·구급 업무 수행 또는 이와 관련 된 교육훈련 중 사망한 경우에 한하여 순직 군경으로서 예우를 받을 수 있도록 하는 소방공무원법 규정은 소방공무원에 대한 합리적인 이유없는 차별에 해당한다.   O | X

소방공무원과 경찰공무원은 업무의 내용이 서로 다르고, 그로 인해 업무수행 중에 노출되는 위험상황의 성격 과 정도에 있어서도 서로 동일하다고 볼 수 없다. 더욱이 경찰공무원의 경우에는 전쟁이 발생하거나 이에 준 하는 상황이 발생하는 경우 군인과 마찬가지로 고도의 위험을 무릅쓰고 부여된 업무를 수행할 것이 기대되므 로 정책적인 배려에서 예우법은 군인이나 경찰공무원이 직무수행 중 사망한 경우에는 순직군경으로 예우하도 록 하고 있다. 그리고 그동안 국가는 소방공무원이 국가유공자로 예우를 받게 되는 대상자의 범위 등을 국가 의 재정능력, 전체적인 사회보장의 수준과 국가에 대한 공헌과 희생의 정도 등을 감안하여 합리적인 범위 내 에서 단계적으로 확대해왔다. 그렇다면 국가에 대한 공헌과 희생, 업무의 위험성의 정도, 국가의 재정상태 등 을 고려하여 화재진압, 구조·구급 업무수행 또는 이와 관련된 교육훈련 이외의 사유로 직무수행 중 사망한 소 방공무원에 대하여 순직군경으로서의 보훈혜택을 부여하지 않는다고 해서 이를 합리적인 이유없는 차별에 해 당한다고 볼 수 없다(헌재 2005.9.29. 2004헌바53).

정답 137 X 138 ○ 139 X

140

□□□

초·중등교육법 시행령 중 자율형사립고(자사고) 지원자의 평준화지역 후기학교 중복지원금지 조항은 고등학교 진학기회에 있어서 자사고 지원자들에 대한 차별을 정당화할 수 있을 정도로 차별 목적과 차별 정도 간에 비례성을 갖춘 것이다.   O | X

자사고와 평준화지역 후기학교의 입학전형 실시권자가 달라 자사고 불합격자에 대한 평준화지역 후기학교 배정에 어려움이 있다면 이를 해결할 다른 제도를 마련하였어야 함에도, 이 사건 중복지원금지 조항은 중복지원금지 원칙만을 규정하고 자사고 불합격자에 대하여 아무런 고등학교 진학 대책을 마련하지 않았다. 결국 이 사건 중복지원금지 조항은 고등학교 진학 기회에 있어서 자사고 지원자들에 대한 차별을 정당화할 수 있을 정도로 차별 목적과 차별 정도 간에 비례성을 갖춘 것이라고 볼 수 없다. … 따라서 이 사건 중복지원금지 조항은 청구인 학생 및 학부모의 평등권을 침해하여 헌법에 위반된다(헌재 2019.4.11. 2018헌마221).

📖 개념정리 평등권 위반에 대한 심사기준

자의금지원칙 적용 판례	비례의 원칙 적용 판례
공익근무요원의 경우와 달리 산업기능요원의 군 복무기간을 공무원 재직기간으로 산입하지 않은 경우	시험에서 정보관리기술사, 정보처리기사 자격 대해서는 가산점을 부여하고 정보처리기능사 자격 소지자는 가산점을 부여하지 않은 경우
연합뉴스사만을 국가기간뉴스통신사로 지정하여 각종 지원을 하는 경우	제대군인 가산점 사건[위헌]
불법체류가 많이 발생하는 중국 등 국가의 국민에 대하여 사증발급 신청시 일정한 첨부서류를 제출하도록 한 경우	국가유공자의 가족에게 5% 가산점부여하는 것[헌법불합치]
중혼취소권자에서 직계비속만 제외한 것[위헌]	후기학교 중복지원 금지[위헌]
남자들만 병역의무 부과하는 것	혼인한 여성 등록의무자의 경우에만, 예외적으로 종전과 동일하게 계속해서 배우자의 직계존·비속의 재산을 등록하도록 규정한 것[위헌]
약사들로 구성된 법인의 약국개설금지[위헌]	동점자처리에서 국가유공자와 가족에게 우선권부여
지방자치단체장의 계속재임을 3기로 제한한 것	직업상담사 자격증 보유자 가산점
장애인가구 비장애인가구 같은 최저생계비	중등교사 임용시험에서 복수전공자 가산점

141

□□□

개정 전 공직자윤리법 조항에 따라 이미 재산등록을 한 혼인한 여성 등록의무자에게만 배우자의 직계존·비속의 재산을 등록하도록 예외를 규정한 공직자윤리법 부칙조항은 평등원칙에 위배되지 않는다.   O | X

이 사건 부칙조항은 개정 전 공직자윤리법 조항이 혼인관계에서 남성과 여성에 대한 차별적 인식에 기인한 것이라는 반성적고려에 따라 개정 공직자윤리법 조항이 시행되었음에도 불구하고, 일부 혼인한 여성 등록의무자에게 이미 개정 전 공직자윤리법 조항에 따라 재산등록을 하였다는 이유만으로 남녀차별적인 인식에 기인하였던 종전의 규정을 따를 것을 요구하고 있다. … 이는 성별에 의한 차별금지 및 혼인과 가족생활에서의 양성의 평등을 천명하고 있는 헌법에 정면으로 위배되는 것으로 그 목적의 정당성을 인정할 수 없다. 따라서 이 사건 부칙조항은 평등원칙에 위배된다(헌재 2021.9.30. 2019헌가3).

142
☐☐☐

임대의무기간이 10년인 공공건설임대주택의 분양전환가격을 임대의무기간이 5년인 공공건설임대주택의 분양전환가격과 서로 다른 기준으로 산정하는 구 임대주택법 시행규칙 조항은 10년 임대주택에 거주하는 임차인의 평등권을 침해한다. O | X

소형임대주택은 정부 지원이 있으면 자가를 마련할 수 있는 소득 5·6분위의 임차인을 대상으로, 중·대형임대주택은 자력으로 자가를 마련할 수 있는 소득 7분위 이상의 임차인을 대상으로 각각 도입된 임대주택이다. 이에 중·대형임대주택은 임대보증금과 임대료가 자율화되어 있고, 분양전환시 임차인이 무주택자일 것을 요구하지 않으며, 분양전환가격도 자율적으로 정해지게 되어있다. 소형임대주택과 중·대형임대주택은 다른 소득계층의 주거수요를 만족시키기 위하여 도입되었다. 위 차이는 임대사업자의 수익성과 연결된다. 소형임대주택을 공급하는 임대사업자는 공공택지 공급, 국민주택기금 지원에 있어 중·대형임대주택을 공급하는 임대사업자에 비하여 많은 공적 지원을 받는다. 심판대상조항이 중·대형임대주택의 분양전환가격을 자율화한 것은 중·대형임대주택의 임대사업자에게 사적 영역을 통하여 일정한 수익성을 확보할 수 있도록 하기 위함이다. … 심판대상조항이 중·대형임대주택을 분양전환가격 산정기준 적용 대상에서 제외한 데에는 합리적 이유가 있으므로, 심판대상조항으로 인하여 중·대형임대주택에 거주하는 임차인의 평등권은 침해되지 아니한다(헌재 2021.4.29. 2020헌마923).

143
☐☐☐

혼인 중인 여자와 남편 아닌 남자 사이에서 출생한 자녀의 경우에 모와 생부를 차별하여 혼인 외 출생자의 신고의무를 모에게만 부과하고, 남편 아닌 남자인 생부에게 자신의 혼인 외 자녀에 대해서 출생신고를 하도록 규정하지 아니한 것은 합리적인 이유가 없어 생부의 평등권을 침해한다. O | X

심판대상조항들이 혼인 중인 여자와 남편 아닌 남자 사이에서 출생한 자녀의 경우에 혼인 외 출생자의 신고의무를 모에게만 부과하고, 남편 아닌 남자인 생부에게 자신의 혼인 외 자녀에 대해서 출생신고를 할 수 있도록 규정하지 아니한 것은 모는 출산으로 인하여 그 출생자와 혈연관계가 형성되는 반면에, 생부는 그 출생자와의 혈연관계에 대한 확인이 필요할 수도 있고, 그 출생자의 출생사실을 모를 수도 있다는 점에 있으며, 이에 따라 가족관계등록법은 모를 중심으로 출생신고를 규정하고, 모가 혼인 중일 경우에 그 출생자는 모의 남편의 자녀로 추정하도록 한 민법의 체계에 따르도록 규정하고 있는 점에 비추어 합리적인 이유가 있다. 그렇다면, 심판대상조항들은 생부인 청구인들의 평등권을 침해하지 않는다(헌재 2023.3.23. 2021헌마975).

144
☐☐☐

법 앞에서의 평등의 원칙은 법을 적용함에 있어서뿐만 아니라, 입법을 함에 있어서도 불합리한 차별대우를 하여서는 아니 된다는 것을 의미하는 것이다. O | X

헌법 제11조 제1항에 정한 법 앞에서의 평등의 원칙은 일체의 차별적 대우를 부정하는 절대적 평등을 의미하는 것은 아니며, 법을 적용함에 있어서뿐만 아니라 입법을 함에 있어서도 불합리한 차별대우를 하여서는 아니 된다는 것을 뜻한다(헌재 2003.6.26. 2002헌마484).

145

□□□

헌법에서 규정하고 있는 평등의 원칙은 절대적 평등을 의미하는 것이 아니라 상대적 평등을 뜻한다.

O | X

헌법 제11조 제1항은 "모든 국민은 법 앞에 평등하다. 누구든지 성별·종교 또는 사회적 신분에 의하여 정치적·경제적·사회적·문화적 생활의 모든 영역에 있어서 차별을 받지 아니한다."라고 규정하고 있는바, 이러한 평등원칙은 일체의 차별적 대우를 부정하는 절대적 평등을 의미하는 것이 아니라 입법과 법의 적용에 있어서 합리적인 근거가 없는 차별을 하여서는 안 된다는 상대적 평등을 뜻하므로 합리적 근거가 있는 차별 또는 불평등은 평등원칙에 반하는 것이 아니다(헌재 2013.3.21. 2012헌바21).

146

□□□

헌법 제11조 제1항의 사회적 신분이란 사회에서 장기간 점하는 지위로서 일정한 사회적 평가를 수반하는 것을 의미한다 할 것이므로 전과자도 사회적 신분에 해당된다.

O | X

사회적 신분이란 사회에서 장기간 점하는 지위로서 일정한 사회적 평가를 수반하는 것을 의미한다 할 것이므로 전과자도 사회적 신분에 해당된다고 할 것이며 누범을 가중처벌하는 것이 전과자라는 사회적 신분을 이유로 차별대우를 하는 것이 되어 헌법상의 평등의 원칙에 위배되는 것이 아닌가 하는 의문이 생길 수 있으므로 이에 대하여 살펴본다(헌재 1995.2.23. 93헌바43).

147

□□□

존속살해죄에 대한 가중처벌은 형벌체계상 균형을 잃은 자의적 입법으로서 평등의 원칙에 위반된다.

O | X

조선시대 이래 현재에 이르기까지 존속살해죄에 대한 가중처벌은 계속되어 왔고, 그러한 입법의 배경에는 우리 사회의 효를 강조하는 유교적 관념 내지 전통사상이 자리 잡고 있는 점, 존속살해는 그 패륜성에 비추어 일반살인죄에 비하여 고도의 사회적 비난을 받아야 할 이유가 충분한 점, … 고려할 때 이 사건 법률조항이 형벌체계상 균형을 잃은 자의적 입법으로서 평등원칙에 위반된다고 볼 수 없다(헌재 2013.7.25. 2011헌바267).

148

□□□

구 건설근로자의 고용개선 등에 관한 법률 제14조 제2항 중 구 산업재해보상보험법 제63조 제1항 가운데 "그 근로자가 사망할 당시 대한민국 국민이 아닌 자로서 외국에서 거주하고 있던 유족은 제외한다."를 준용하는 부분은 합리적 이유없이 외국거주 외국인 유족을 대한민국 국민인 유족 및 국내거주 외국인 유족과 차별하는 것으로 평등원칙에 위반된다.

O | X

심판대상조항이 '일시금'의 형식으로 지급되는 퇴직공제금과는 지급 방식이 다른 산재보험법의 유족보상연금에 관한 규정을 준용하도록 하여 '외국거주 외국인유족'을 퇴직공제금을 지급받을 유족의 범위에서 제외한 것은 현저히 자의적인 것이라 할 것이다. 한편, 퇴직공제금은 '일시금'으로 지급되므로 '피공제자(건설근로자)의 사망 당시 유족인지 여부'만 확인하면 된다는 점은 앞서 본 바와 같으므로, 퇴직공제금 수급 자격에 있어 '외국거주 외국인유족'이 '외국인'이라는 사정 또는 '외국에 거주'한다는 사정이 '대한민국 국민인 유족' 혹은 '국내거주 외국인유족'과 달리 취급받을 합리적인 이유가 될 수 없다. 따라서 심판대상조항은 합리적 이유 없이 '외국거주 외국인유족'을 '대한민국 국민인 유족' 및 '국내거주 외국인유족'과 차별하는 것이므로 평등원칙에 위반된다(헌재 2023.3.23. 2020헌바471).

정답 145 O 146 O 147 X 148 O

149

□□□

국회의원을 후원회 지정권자로 정하면서 지방자치법의 '도'의회의원, '시'의회의원을 후원회지정권자에서 제외하고 있는 정치자금법 제6조 제2호는 국회의원과 지방의회의원의 업무의 특성을 고려한 합리적 차별로 평등권을 침해하지 않는다. O | X

현재 지방의회의원에게 지급되는 의정활동비 등은 의정활동에 전념하기에 충분하지 않고, 지방의회는 유능한 신인정치인의 유입 통로가 되므로, 지방의회의원에게 후원회를 지정할 수 없도록 하는 것은 경제력을 갖추지 못한 사람의 정치입문을 저해할 수도 있다. 따라서 심판대상조항이 국회의원과 달리 지방의회의원을 후원회지정권자에서 제외하고 있는 것은 불합리한 차별로서 청구인들의 평등권을 침해한다(헌재 2022.11.24. 2019헌마528).

150

□□□

국군포로로서 억류기간동안의 보수를 지급받을 권리를 국내로 귀환하여 등록절차를 거친 자에게만 인정하는 국군포로의 송환 및 대우등에 관한 법률 제9조 제1항은 귀환하지 않은 국군포로를 합리적 이유 없이 차별한 것이라 볼 수 없어 평등원칙에 위배되지 않는다. O | X

국군포로의 신원, 귀환동기, 억류기간 중의 행적을 확인하여 등록 및 등급을 부여하는 것은 국군포로가 국가를 위하여 겪은 희생을 위로하고 국민의 애국정신을 함양한다는 국군포로송환법의 취지에 비추어 볼 때 보수를 지급하기 위해 선행되어야 할 필수적인 절차이다. 귀환하지 못한 국군포로의 경우 등록을 할 수가 없고, 대우와 지원을 받을 내상사가 현새 대한민국에 손재하지 않아 보수를 지급하는 제도의 실효성이 인정되기 어렵다. 따라서 심판대상조항은 평등원칙에 위배되지 않는다(헌재 2022.12.22. 2020헌바39).

151

□□□

사회복무요원에게 현역병의 봉급에 해당하는 보수를 지급하도록 정한 구 병역법 시행령 제62조 제1항 본문, 사회복무요원에게 교통비, 중식비의 실비를 지급하도록 정한 구 병역법 시행령 제62조 제2항 전단, 구 사회복무요원 복무관리 규정 제41조 제3항 본문 전단은 사회복무요원을 현역병에 비하여 합리적 이유없이 자의적으로 차별한 것이라 볼 수 없어 사회복무요원인 청구인의 평등권을 침해하지 않는다. O | X

현역병은 엄격한 규율이 적용되는 내무생활을 하면서 총기·폭발물 사고 등 위험에 노출되어 있는데, 병역의무 이행에 대한 보상의 정도를 결정할 때 위와 같은 현역병 복무의 특수성을 반영할 수 있으며, 사회복무요원은 생계유지를 위하여 필요한 경우 복무기관의 장의 허가를 얻어 겸직할 수 있는 점 등을 고려하면, 심판대상조항이 사회복무요원에게 현역병의 봉급과 동일한 보수를 지급하면서 중식비, 교통비, 제복 등을 제외한 다른 의식주 비용을 추가로 지급하지 않는다 하더라도, 사회복무요원을 현역병에 비하여 합리적 이유 없이 자의적으로 차별한 것이라고 볼 수 없다. 따라서 심판대상조항은 청구인들의 평등권을 침해하지 아니한다(헌재 2019.2.28. 2017헌마374).

152

□□□

현역병 및 사회복무요원과 달리 공무원의 초임호봉 획정에 인정되는 경력에 산업기능요원의 경력을 제외하도록 한 공무원보수규정은 산업기능요원의 평등권을 침해하지 않는다. O | X

심판대상조항은 병역의무로 인하여 본인의 의사와 관계없이 징집·소집되어 적정한 보수를 받지 못하고 공무수행으로 복무한 기간을 공무원 초임호봉에 반영함으로써, 상대적으로 열악한 환경에서 병역의무를 이행한 공로를 금전적으로 보상하고자 함에 그 취지가 있다. 그런데 사회복무요원은 공익 수행을 목적으로 한 제도로, 그 직무가 공무수행으로 인정되고, 본인의사에 관계없이 소집되며, 현역병에 준하는 최소한의 보수만 지급됨에 반하여, 산업기능요원은 국가산업 육성을 목적으로 한 제도로, 그 직무가 공무수행으로 인정되지 아니하고, 본인의사에 따라 편입 가능하며, 근로기준법 및 최저임금법의 적용을 받는다. 심판대상조항은 이와 같은 실질적 차이를 고려하여 상대적으로 열악한 환경에서 병역의무를 이행한 것으로 평가되는 현역병 및 사회복무요원의 공로를 보상하도록 한 것으로 산업기능요원과의 차별취급에 합리적 이유가 있으므로, 청구인의 평등권을 침해하지 아니한다(헌재 2016.6.30. 2014헌마192).

153

□□□

근로자가 사업주의 지배관리 아래 출퇴근하던 중 발생한 사고로 부상 등이 발생한 경우만 업무상 재해로 인정하는 산업재해보상보험법(2007.12.14. 법률 제8694호로 전부개정된 것) 제37조 제1항 제1호 다목은 평등원칙에 위반된다. O | X

심판대상조항이 신법 조항의 소급적용을 위한 경과규정을 두지 않음으로써 개정법 시행일 전에 통상의 출퇴근 사고를 당한 비혜택근로자를 보호하기 위한 최소한의 조치도 취하지 않은 것은, 산재보험의 재정상황 등 실무적 여건이나 경제상황 등을 고려한 것이라고 하더라도, 그 차별을 정당화할 만한 합리적인 이유가 있는 것으로 보기 어렵고, 이 사건 헌법불합치결정의 취지에도 어긋난다. 따라서 심판대상조항은 헌법상 평등원칙에 위반된다(헌재 2019.9.26. 2018헌바218).

154

□□□

실업급여에 관한 고용보험법의 적용에 있어 '65세 이후에 새로이 고용된 자'를 그 적용대상에서 배제한 고용보험법(2013.6.4. 법률 제11864호로 개정된 것)은 65세 이후 고용된 사람의 평등권을 침해하지 않는다. O | X

'65세 이후 고용된 자'의 경우 고용보험법상 고용안정·직업능력개발사업의 지원대상에는 포함되지만, 실업급여의 지급목적, 경제활동인구의 연령별 비율, 보험재정상태 등을 고려하여 '65세 이전에 고용된 자'와 달리 이직 시 실업급여를 지급하지 않는다고 해서 이를 합리적인 이유 없는 차별이라고 단정할 수 없다. '65세 이후 고용된 자'도 실업이라는 사회적 위험으로부터 보호되어야 할 필요성, 고령층의 경제활동인구 비율 증가 등을 고려하여 실업급여 지급대상을 확대하는 것이 바람직할 수 있으나, 보험재정이나 우리의 사회보장을 위한 전반적인 법률체계 등을 고려할 때 이를 한꺼번에 모두 해결하기는 어려우며, 단계적인 개선을 통하여 해결해 나가는 수밖에 없을 것이다. 이상에서 본 바와 같이, 심판대상조항이 '65세 이후 고용' 여부를 기준으로 실업급여 적용 여부를 달리한 것은 합리적 이유가 있다고 할 것이므로, 이로 인해 청구인의 평등권이 침해되었다고 보기 어렵다(헌재 2018.6.28. 2017헌마238).

155
☐☐☐

공무원의 시간외·야간·휴일근무수당의 산정방법을 정하고 있는 구 '공무원수당 등에 관한 규정'은 공무원에 대한 수당 지급을 근로기준법보다 불리하게 규정하고 있는바, 공무원과 일반근로자를 합리적 이유 없이 차별하는 것으로서 평등권을 침해한다. O | X

공무원에 대한 수당 지급이 근로기준법보다 불리하다 하더라도 이는 불가피한 측면이 있다. 또한 근로기준법에서 예외 없이 통상임금의 50% 이상을 가산하여 초과근무수당을 지급하도록 한 것은 사용자로 하여금 초과근무에 대하여 더 많은 금전적 보상을 하도록 함으로써 될 수 있는 한 초과근무를 억제하기 위한 것인데, 공무원의 경우 이와 같은 목적에서 수당을 산정하고 있지 않으므로, 근로기준법보다 적은 액수의 수당을 지급한다 하여 이를 불합리한 차별이라고 보기 어렵다. 따라서 심판대상조항들이 청구인의 평등권을 침해한다고 할 수 없다(헌재 2017.8.31. 2016헌마404).

156
☐☐☐

공무원연금법에서 유족급여수급권의 대상을 19세 미만의 자녀로 한정한 것은 19세 이상 자녀들의 재산권과 평등권을 침해하지 않는다. O | X

유족급여수급권은 공무원의 사망이라는 위험에 대비하여 그 유족의 생활안정과 복지향상을 도모하기 위한 사회보장적 급여의 성격을 가지므로 입법자는 구체적인 내용을 형성함에 있어서 국가의 재정능력과 전반적인 사회보장수준, 국민 전체의 소득 및 생활수준, 그 밖의 여러 가지 사회적·경제적 여건 등을 종합하여 합리적인 수준에서 결정할 수 있는 광범위한 형성의 자유를 가진다. 따라서 입법자가 연령과 장애 상태를 녹사석 생계유지가능성의 판단기준으로 삼아 대통령령이 정하는 정도의 장애 상태에 있지 아니한 19세 이상의 자녀를 유족의 범위에서 제외하였음을 들어 유족급여수급권의 본질적 내용을 침해하였다거나 입법형성권의 범위를 벗어났다고 보기 어렵다(헌재 2019.11.28. 2018헌바335).

157
☐☐☐

공직자윤리법에서 혼인한 재산등록의무자 모두 배우자가 아닌 본인의 직계존·비속의 재산을 등록하도록 개정되었음에도 불구하고, 개정전 조항에 따라 이미 배우자의 직계존·비속의 재산을 등록한 혼인한 여성 등록의무자의 경우에만, 예외적으로 종전과 동일하게 계속해서 배우자의 직계존·비속의 재산을 등록하도록 규정한 것은 평등원칙에 위배된다. O | X

이 사건 부칙조항은 개정 전 공직자윤리법 조항이 혼인관계에서 남성과 여성에 대한 차별적 인식에 기인한 것이라는 반성적 고려에 따라 개정 공직자윤리법 조항이 시행되었음에도 불구하고, 일부 혼인한 여성 등록의무자에게 이미 개정 전 공직자윤리법 조항에 따라 재산등록을 하였다는 이유만으로 남녀차별적인 인식에 기인하였던 종전의 규정을 따를 것을 요구하고 있다. … 이는 성별에 의한 차별금지 및 혼인과 가족생활에서의 양성의 평등을 천명하고 있는 헌법에 정면으로 위배되는 것으로 그 목적의 정당성을 인정할 수 없다. 따라서 이 사건 부칙조항은 평등원칙에 위배된다(헌재 2021.9.30. 2019헌가3).

정답 155 X 156 ○ 157 ○

158
☐☐☐

산업재해보상보험법에서 업무상 재해에 통상의 출퇴근 재해를 포함시키는 개정 법률조항을 개정법 시행 후 최초로 발생하는 재해부터 적용하도록 한 것은, 산재보험의 재정상황 등 실무적 여건이나 경제상황 등을 고려한 것으로 헌법상 평등원칙에 위반되지 않는다.　　　　O | X

심판대상조항이 신법 조항의 소급적용을 위한 경과규정을 두지 않음으로써 개정법 시행일 전에 통상의 출퇴근 사고를 당한 비혜택근로자를 보호하기 위한 최소한의 조치도 취하지 않은 것은, 산재보험의 재정상황 등 실무적 여건이나 경제상황 등을 고려한 것이라고 하더라도, 그 차별을 정당화할 만한 합리적인 이유가 있는 것으로 보기 어렵고, 이 사건 헌법불합치결정의 취지에도 어긋난다. 따라서 심판대상조항은 헌법상 평등원칙에 위반된다(헌재 2019.9.26. 2018헌바218 등).

159
☐☐☐

보훈보상대상자의 부모에 대한 유족보상금 지급 시 수급권자를 부모 중 1인에 한정하고 나이가 많은 자를 우선하도록 한 보훈보상대상자 지원에 관한 법률은 합리적인 이유 없이 보상금 수급권자의 수를 일률적으로 제한하고, 부모 중 나이가 많은 자와 그렇지 않은 자를 합리적인 이유 없이 차별하고 있으므로 나이가 적은 부모 일방의 평등권을 침해한다.　　　　O | X

심판대상조항이 국가의 재정부담능력의 한계를 이유로 하여 부모 1명에 한정하여 보상금을 지급하도록 하면서 어떠한 예외도 두지 않은 것에는 합리적 이유가 있다고 보기 어렵다. 심판대상조항 중 나이가 많은 자를 우선하도록 한 것 역시 문제된다. 나이에 따른 차별은 연장자를 연소자에 비해 우대하는 전통적인 유교사상에 기초한 것으로 보이나, 부모 중 나이가 많은 자가 나이가 적은 자를 부양한다고 일반화할 합리적인 이유가 없고, 부모 상호간에 노동능력 감소 및 부양능력에 현저히 차이가 있을 정도의 나이 차이를 인정하기 어려운 경우도 많다. 오히려 직업이나 보유재산에 따라 연장자가 경제적으로 형편이 더 나은 경우에도 그 보다 생활이 어려운 유족을 배제하면서까지 연장자라는 이유로 보상금을 지급하는 것은 보상금 수급권이 갖는 사회보장적 성격에 부합하지 아니한다(헌재 2018.6.28. 2016헌가14).

160
☐☐☐

평등의 원칙은 국민의 기본권 보장에 관한 우리 헌법의 최고원리로서 국가가 입법을 하거나 법을 해석 및 집행함에 있어 따라야 할 기준인 동시에, 국가에 대하여 합리적 이유 없이 불평등한 대우를 하지 말 것과, 평등한 대우를 요구할 수 있는 모든 국민의 권리로서, 국민의 기본권중의 기본권인 것이다.　　　　O | X

헌법은 그 전문에 "정치, 경제, 사회, 문화의 모든 영역에 있어서 각인의 기회를 균등히 하고"라고 규정하고, 제11조 제1항에 "모든 국민은 법 앞에 평등하다."고 규정하여 기회균등 또는 평등의 원칙을 선언하고 있는바, 평등의 원칙은 국민의 기본권 보장에 관한 우리 헌법의 최고원리로서 국가가 입법을 하거나 법을 해석 및 집행함에 있어 따라야 할 기준인 동시에, 국가에 대하여 합리적 이유없이 불평등한 대우를 하지 말 것과, 평등한 대우를 요구할 수 있는 모든 국민의 권리로서, 국민의 기본권중의 기본권인 것이다(헌재 1989.1.25. 88헌가7).

161
☐☐☐

평등의 원칙은 일체의 차별적 대우를 부정하는 절대적 평등을 의미하는 것이 아니라 상대적 평등을 뜻하므로 합리적 근거 있는 차별 내지 불평등은 평등의 원칙에 반하는 것이 아니다.　　　　O | X

헌법 제11조 제1항의 평등의 원칙은 일체의 차별적 대우를 부정하는 절대적 평등을 의미하는 것이 아니라 입법과 법의 적용에 있어서 합리적 근거 없는 차별을 하여서는 아니된다는 상대적 평등을 뜻하고 따라서 합리적 근거 있는 차별 내지 불평등은 평등의 원칙에 반하는 것이 아니다(헌재 1994.2.24. 92헌바43).

정답 158 X　159 O　160 O　161 O

162
□□□

일반적으로 차별이 정당한지 여부에 대해서는 자의성 여부를 심사하지만, 헌법에서 특별히 평등을 요구하고 있는 경우나 차별적 취급으로 인하여 관련 기본권에 대한 중대한 제한을 초래하게 된다면 입법형성권은 축소되어 보다 엄격한 심사척도가 적용된다.　　　　　　　　　　　　　　　　　　　　　　　O | X

일반적으로 차별이 정당한지 여부에 대해서는 자의성 여부를 심사하지만, 헌법에서 특별히 평등을 요구하고 있는 경우나 차별적 취급으로 인하여 관련 기본권에 대한 중대한 제한을 초래하게 된다면 입법형성권은 축소되어 보다 엄격한 심사척도가 적용된다(헌재 2011.2.24. 2008헌바56).

163
□□□

대한민국 국민인 남자에 한하여 병역의무를 부과한 병역법 규정은 국방의 의무 이행에 수반된 기본권 제약이 관련 기본권에 대한 중대한 제한을 초래하는 차별취급을 그 내용으로 하므로, 이 규정이 평등권을 침해하는지 여부는 엄격한 심사기준에 따라 판단하여야 한다.　　　　　　　　　　　　　　O | X

이 사건 법률조항은 헌법이 특별히 양성평등을 요구하는 경우나 관련 기본권에 중대한 제한을 초래하는 경우의 차별취급을 그 내용으로 하고 있다고 보기 어려우며, 징집대상자의 범위 결정에 관하여는 입법자의 광범위한 입법형성권이 인정된다는 점에 비추어 이 사건 법률조항이 평등권을 침해하는지 여부는 완화된 심사기준에 따라 판단하여야 한다(헌재 2010.11.25. 2006헌마328).

164
□□□

국가라 할지라도 국고작용으로 인한 민사관계에 있어서는 일반인과 같이 원칙적으로 대등하게 다루어져야 하며 국가라고 하여 우대하여야 할 헌법상의 근거가 없다.　　　　　　　　　　　　　　　O | X

헌법전문 및 헌법상의 평등의 원칙과 사유재산권의 보장은 그가 누구냐에 따라 차별대우가 있어서는 아니 되고 비록 국가라 할지라도 국고작용으로 인한 민사(民事)관계에 있어서는 일반인과 같이 원칙적으로 대등하게 다루어져야 하며 국가라고 하여 우대하여야 할 헌법상의 근거가 없으며 이는 입법을 함에 있어서도 따라야 할 우리 헌법의 기본원리이다(헌재 1991.5.13. 89헌가97).

165
□□□

치과전문의 자격 인정 요건으로 '외국의 의료기관에서 치과의사 전문의 과정을 이수한 사람'을 포함하지 아니한 치과의사전문의의 수련 및 자격 인정 등에 관한 규정 제18조 제1항은 청구인들의 평등권을 침해한다.　　　　　　　　　　　　　　　　　　　　　　　　　　　　　O | X

1976년부터 2003년까지 의사전문의와 치과전문의를 함께 규율하던 구 '전문의의 수련 및 자격 인정 등에 관한 규정'(2003.6.30. 대통령령 제18040호로 치과전문의 규정이 제정되기 전의 것)이 의사전문의 자격 인정 요건과 치과전문의 자격 인정 요건에 대하여 동일하게 규정하였던 점이나, 의사전문의와 치과전문의 모두 환자의 치료를 위한 전문성을 필요로 한다는 점을 감안하면, 치과전문의 자격 인정 요건을 의사전문의의 경우와 다르게 규정할 특별한 사정이 있다고 보기도 어렵다. 따라서 심판대상조항은 청구인들의 평등권을 침해한다(헌재 2015.9.24. 2013헌마197).

정답　162 ○　163 X　164 ○　165 ○

166
☐☐☐

공직선거 후보자의 배우자가 그와 함께 다니는 사람 중에서 지정한 1명도 명함을 교부할 수 있도록 한 공직선거법 제93조 제1항 제1호 중 제60조의3 제2항 제3호 관련 부분이 배우자 없는 후보자에게 결과적으로 다소 불리한 상황이 발생하더라도, 이는 입법자가 선거운동의 자유를 확대하는 입법을 함으로써 해결되어야 할 문제이므로 배우자 없는 청구인의 평등권을 침해하지 않는다. O | X

3호 관련 조항은, 1호 관련 조항에 더하여 배우자가 그와 함께 다니는 사람 중에서 지정한 1명까지 명함을 교부할 수 있도록 하여 배우자 유무에 따른 차별효과를 더욱 커지게 하고 있다. 또한, 배우자가 아무런 제한 없이 함께 다닐 수 있는 사람을 지정할 수 있도록 함으로써, 결과적으로 배우자 있는 후보자는 배우자 없는 후보자에 비하여 선거운동원 1명을 추가로 지정하는 효과를 누릴 수 있게 되는바, 이는 헌법 제116조 제1항의 선거운동의 기회균등 원칙에도 반한다. 그러므로 3호 관련 조항은 배우자의 유무라는 우연한 사정에 근거하여 합리적 이유 없이 배우자 없는 후보자와 배우자 있는 후보자를 차별 취급하므로 평등권을 침해한다(헌재 2016.9.29. 2016헌마287).

167
☐☐☐

대한민국 국적을 가지고 있는 영유아 중에서 재외국민인 영유아를 보육료·양육수당의 지원대상에서 제외함으로써, 청구인들과 같이 국내에 거주하면서 재외국민인 영유아를 양육하는 부모를 차별하는 보건복지부지침은 청구인들의 평등권을 침해한다. O | X

단순한 단기체류가 아니라 국내에 거주하는 재외국민, 특히 외국의 영주권을 보유하고 있으나 상당한 기간 국내에서 계속 거주하고 있는 자들은 주민등록법상 재외국민으로 등록·관리될 뿐 '국민인 주민'이라는 점에서는 다른 일반 국민과 실질적으로 동일하므로, 단지 외국의 영주권을 취득한 재외국민이라는 이유로 달리 취급할 아무런 이유가 없어 위와 같은 차별은 청구인들의 평등권을 침해한다(헌재 2018.1.25. 2015헌마1047).

168
☐☐☐

자율형 사립고등학교를 지원한 학생에게 평준화지역 후기학교에 중복지원하는 것을 금지한 초·중등교육법 시행령 제81조 제5항 중 "제91조의3에 따른 자율형 사립고등학교는 제외한다." 부분은 고교별 특성을 고려한 것으로 청구인 학생의 평등권을 침해하지 않는다. O | X

결국 이 사건 중복지원금지 조항은 고등학교 진학 기회에 있어서 자사고 지원자들에 대한 차별을 정당화할 수 있을 정도로 차별 목적과 차별의 정도 간에 비례성을 갖춘 것이라고 볼 수 없다. 따라서 이 사건 중복지원금지 조항은 청구인 학생 및 학부모의 평등권을 침해하여 헌법에 위반된다. 이 사건 중복지원금지 조항이 평등권을 침해하여 위헌임을 확인한 이상 이 사건 중복지원금지 조항에 대한 청구인들의 그 밖의 주장에 대해서는 판단하지 아니한다(헌재 2019.4.11. 2018헌마221).

169
☐☐☐

평등위반 여부를 심사함에 있어 엄격한 심사척도에 의할 것인지, 완화된 심사척도에 의할 것인지는 입법자에게 인정되는 입법형성권의 정도에 따라 달라지게 될 것이다. O | X

평등위반 여부를 심사함에 있어 엄격한 심사척도에 의할 것인지, 완화된 심사척도에 의할 것인지는 입법자에게 인정되는 입법형성권의 정도에 따라 달라지게 될 것이다(헌재 1999.12.23. 98헌마363).

정답 166 X 167 O 168 X 169 O

170
□□□

헌법이 스스로 차별의 근거로 삼아서는 아니되는 기준을 제시하거나 차별을 특히 금지하고 있는 영역을 제시하고 있다면 그러한 기준을 근거로 한 차별이나 그러한 영역에서의 차별에 대하여 엄격하게 심사하는 것이 정당화된다. O | X

헌법에서 특별히 평등을 요구하고 있는 경우 엄격한 심사척도가 적용될 수 있다. 헌법이 스스로 차별의 근거로 삼아서는 아니되는 기준을 제시하거나 차별을 특히 금지하고 있는 영역을 제시하고 있다면, 그러한 기준을 근거로 한 차별이나 그러한 영역에서의 차별에 대하여 엄격하게 심사하는 것이 정당화된다(헌재 2013.10.24. 2012헌바278).

171
□□□

차별적 취급으로 인하여 관련 기본권에 대한 중대한 제한을 초래하게 된다면 입법형성권은 축소되어 보다 엄격한 심사척도가 적용되어야 할 것이다. O | X

차별적 취급으로 인하여 관련 기본권에 대한 중대한 제한을 초래하게 된다면 입법형성권은 축소되어 보다 엄격한 심사척도가 적용되어야 할 것이다(헌재 2013.10.24. 2012헌바278).

172
□□□

평등권의 침해 여부에 대한 심사는 그 심사기준에 따라 자의금지원칙에 의한 심사와 비례의 원칙에 의한 심사로 크게 나누어 볼 수 있다. 자의심사의 경우에는 차별을 정당화하는 합리적인 이유가 있는지만을 심사하기 때문에 그에 해당하는 비교대상 간의 사실상의 차이나 입법목적(차별목적)의 발견, 확인에 그칠 수 있다. O | X

자의심사의 경우에는 차별을 정당화하는 합리적인 이유가 있는지만을 심사하기 때문에 그에 해당하는 비교대상 간의 사실상의 차이나 입법목적(차별목적)의 발견·확인에 그치는 반면에, 비례심사의 경우에는 단순히 합리적인 이유의 존부문제가 아니라 차별을 정당화하는 이유와 차별 간의 상관관계에 대한 심사, 즉 비교대상 간의 사실상의 차이의 성질과 비중 또는 입법목적(차별목적)의 비중과 차별의 정도에 적정한 균형관계가 이루어져 있는가를 심사한다(헌재 2008.11.27. 2006헌가1).

173
□□□

국가유공자와 그 유족 등 취업보호대상자가 국가기관이 실시하는 채용시험에 응시하는 경우에 10%의 가산점을 주도록 한 가산점제도는 평등권을 침해하지 않는다고 하는 것이 헌법재판소의 입장이다. O | X

이 사건 조항은 일반 응시자들의 공직취임의 기회를 차별하는 것이며, 이러한 기본권 행사에 있어서의 차별은 차별목적과 수단 간에 비례성을 갖추어야만 헌법적으로 정당화될 수 있다. … 이 사건 조항의 차별로 인한 불평등 효과는 입법목적과 그 달성수단 간의 비례성을 현저히 초과하는 것이므로, 이 사건 조항은 청구인들과 같은 일반 공직시험 응시자들의 평등권을 침해한다. … 이 사건 조항의 위헌성은 국가유공자 등과 그 가족에 대한 가산점제도 자체가 입법정책상 전혀 허용될 수 없다는 것이 아니고, 그 차별의 효과가 지나치다는 것에 기인한다(헌재 2006.2.23. 2004헌마675 등).

174
☐☐☐

국공립어린이집, 사회복지법인어린이집, 법인·단체등 어린이집등과 달리 민간어린이집에는 보육교직원 인건비를 지원하지 않는 '2020년도 보육사업안내(2020.1.10. 보건복지부지침)'상 조항은 합리적 근거 없이 민간어린이집을 운영하는 청구인을 차별하여 청구인의 평등권을 침해한다. O | X

민간어린이집, 가정어린이집은 인건비 지원을 받지 않지만 만 3세 미만의 영유아를 보육하는 등 일정한 요건을 충족하면 보육교직원 인건비 등에 대한 조사를 바탕으로 산정된 기관보육료를 지원받는다. 보건복지부장관이 민간어린이집, 가정어린이집에 대하여 국공립어린이집 등과 같은 기준으로 인건비 지원을 하는 대신 기관보육료를 지원하는 것은 전체 어린이집 수, 어린이집 이용 아동수를 기준으로 할 때 민간어린이집, 가정어린이집의 비율이 여전히 높고 보육예산이 한정되어 있는 상황에서 이들에 대한 지원을 국공립어린이집 등과 같은 수준으로 당장 확대하기 어렵기 때문이다. 이와 같은 어린이집에 대한 이원적 지원 체계는 기존의 민간어린이집을 공적 보육체계에 포섭하면서도 나머지 민간어린이집은 기관보육료를 지원하여 보육의 공공성을 확대하는 방향으로 단계적 개선을 이루어나가고 있다. 이상을 종합하여 보면, 심판대상조항이 합리적 근거 없이 민간어린이집을 운영하는 청구인을 차별하여 청구인의 평등권을 침해하였다고 볼 수 없다(헌재 2022.2.24. 2020헌마177).

175
☐☐☐

사관생도의 사관학교 교육기간을 현역병 등의 복무기간과 달리 연금 산정의 기초가 되는 군 복무기간으로 산입할 수 있도록 규정하지 아니한 구 군인연금법상 조항은 현저히 자의적인 차별이라고 볼 수 없다. O | X

군인연금법상 군 복무기간 산입제도의 목적과 취지, 현역병 등과 사관생도의 신분, 역할, 근무환경 등을 종합적으로 고려하면, 심판대상조항이 사관학교에서의 교육기간을 현역병 등의 복무기간과 달리 연금 산정의 기초가 되는 복무기간으로 산입하도록 규정하지 않은 것이 현저히 자의적인 차별이라고 볼 수 없다(헌재 2022.6.30. 2019헌마150).

176
☐☐☐

1991년 개정 농어촌의료법이 적용되기 전에 공중보건의사로 복무한 사람이 사립학교 교직원으로 임용된 경우 공중보건의사로 복무한 기간을 사립학교 교직원 재직기간에 산입하도록 규정하지 않은 사립학교교직원 연금법상 조항은 공중보건의사가 출·퇴근을 하며 병역을 이행한다는 점에서 그 복무기간을 재직기간에 산입하지 않는 것에 합리적 이유가 있다. O | X

구 병역법 등의 규정에 의하면 의사·치과의사 등의 자격이 있는 사람이 병적에 편입되어 공중보건의사와 군의관 중 어떠한 형태로 복무할 것인지는 본인의 의사가 아니라 국방부장관에 의하여 결정되는 점, 군의관과 공중보건의사는 모두 병역의무 이행의 일환으로 의료분야의 역무를 수행한 점, 공중보건의사는 접적지역, 도서, 벽지 등 의료취약지역에서 복무하면서 그 지역 안에서 거주하여야 하고 그 복무에 관하여 국가의 강력한 통제를 받았던 점 등을 종합하면, 1991년 개정 농어촌의료법 시행 전에 공중보건의사로 복무하였던 사람이 사립학교 교직원으로 임용되었을 경우 현역병 등과 달리 공중보건의사 복무기간을 재직기간에 반영하도록 규정하지 아니한 것은 차별취급에 합리적인 이유가 없다. 따라서 심판대상조항은 평등원칙에 위배된다(헌재 2016.2.25. 2015헌가15).

177

☐☐☐

업무상 재해에 통상의 출퇴근 재해를 포함시키는 개정 법률조항을 개정법 시행 후 최초로 발생하는 재해부터 적용하도록 하는 산업재해보상보험법 부칙 조항은 헌법상 평등원칙에 위반된다.　　　O | X

심판대상조항이 신법 조항의 소급적용을 위한 경과규정을 두지 않음으로써 개정법 시행일 전에 통상의 출퇴근 사고를 당한 비혜택근로자를 보호하기 위한 최소한의 조치도 취하지 않은 것은, 산재보험의 재정상황 등 실무적 여건이나 경제상황 등을 고려한 것이라고 하더라도, 그 차별을 정당화할 만한 합리적인 이유가 있는 것으로 보기 어렵고, 이 사건 헌법불합치결정의 취지에도 어긋난다. 따라서 심판대상조항은 헌법상 평등원칙에 위반된다(헌재 2019.9.26. 2018헌바218 등).

178

☐☐☐

헌법재판소는 평등권의 침해 여부를 심사할 때, 원칙적으로 완화된 심사의 경우 자의금지원칙에 의한 심사를 하고 엄격심사의 경우 과소보호금지원칙에 의한 심사를 한다.　　　O | X

헌법재판소에서 평등위반 여부를 심사함에 있어서는 헌법에서 특별히 평등을 요구하고 있는 경우나 차별적 취급으로 인하여 관련 기본권에 중대한 제한을 초래하는 경우에는 엄격한 심사척도가 적용되어야 하지만, 그렇지 않은 경우에는 완화된 심사척도인 자의금지원칙에 의하여 심사하면 족하다(헌재 2007.6.28. 2005헌마1179).

179

☐☐☐

평등원칙은 일체의 차별적 대우를 부정하는 절대적 평등을 의미하는 것으로, 입법과 법의 적용에 있어서 합리적 이유 없는 차별을 하여서는 아니 된다는 상대적 평등을 의미하는 것은 아니다.　　　O | X

일반적으로 평등원칙은 입법자에게 본질적으로 같은 것을 자의적으로 다르게, 본질적으로 다른 것을 자의적으로 같게 취급하는 것을 금하고 있다. 하지만 이러한 평등원칙은 일체의 차별적 대우를 부정하는 절대적 평등을 의미하는 것이 아니라 입법과 법의 적용에 있어서 합리적인 근거가 없는 차별을 하여서는 아니 된다는 상대적 평등을 뜻하고, 따라서 합리적 근거가 있는 차별 또는 불평등은 평등원칙에 반하는 것이 아니다(헌재 2015.5.28. 2013헌바82 등).

180

☐☐☐

훈장은 이를 받은 자와 그 자손에게 효력이 있으나, 이에 대한 특권은 훈장을 받은 자에게만 인정된다.　　　O | X

> 헌법 제11조 ③ 훈장 등의 영전은 이를 받은 자에게만 효력이 있고, 어떠한 특권도 이에 따르지 아니한다.

181
☐☐☐

평등원칙 위반의 특수성은 대상 법률이 정하는 '법률효과' 자체가 위헌이 아니라 그 법률효과가 수범자의 한 집단에만 귀속되어 '다른 집단과 사이에 차별'이 발생한다는 점에 있기 때문에, 평등원칙의 위반을 인 정하기 위해서는 우선 법적용과 관련하여 상호 배타적인 '두 개의 비교집단'을 일정한 기준에 따라서 구분 할 수 있어야 한다.   O | X

평등원칙 위반의 특수성은 대상 법률이 정하는 '법률효과' 자체가 위헌이 아니라, 그 법률효과가 수범자의 한 집단에만 귀속하여 '다른 집단과 사이에 차별'이 발생한다는 점에 있기 때문에, 평등원칙의 위반을 인정하기 위해서는 우선 법적용에 관련하여 상호 배타적인 '두 개의 비교집단'을 일정한 기준에 따라서 구분할 수 있어 야 한다(헌재 2003.12.18. 2002헌마593).

182
☐☐☐

특별시장·광역시장·특별자치시장·도지사·특별자치도지사 선거의 예비후보자를 후원회지정권자에서 제 외하고 있는 정치자금법 조항은 예비후보자 및 후원회를 통해 이들을 후원하고자 하는 자의 평등권을 침 해한다.   O | X

그동안 정치자금법이 여러 차례 개정되어 후원회지정권자의 범위가 지속적으로 확대되어 왔음에도 불구하고, 국회의원선거의 예비후보자 및 그 예비후보자에게 후원금을 기부하고자 하는 자와 광역자치단체장선거의 예 비후보자 및 이들 예비후보자에게 후원금을 기부하고자 하는 자를 계속하여 달리 취급하는 것은, 불합리한 차 별에 해당하고 입법재량을 현저히 남용하거나 한계를 일탈한 것이다. 따라서 심판대상조항 중 광역자치단체장 선거의 예비후보자에 관한 부분은 청구인들 중 광역자치단체장선거의 예비후보자 및 이들 예비후보자에게 후 원금을 기부하고자 하는 자의 평등권을 침해한다(헌재 2019.12.27. 2018헌마301 등).

183
☐☐☐

국민참여재판 배심원의 자격을 만 20세 이상으로 정한 것은 국민참여재판제도의 취지와 배심원의 권한 및 의무 등 여러 사정을 종합적으로 고려하여 만 20세에 이르기까지 교육 및 경험을 쌓은 자로 하여금 배 심원의 책무를 담당하도록 정한 것이므로 자의적인 차별이라고 볼 수 없다.   O | X

배심원으로서의 권한을 수행하고 의무를 부담할 능력과 민법상 행위능력, 선거권 행사능력, 군 복무능력, 연소 자 보호와 연계된 취업능력 등이 동일한 연령기준에 따라 판단될 수 없고, 각 법률들의 입법취지와 해당 영역 에서 고려하여야 할 제반사정, 대립되는 관련 이익들을 교량하여 입법자가 각 영역마다 그에 상응하는 연령기 준을 달리 정할 수 있다. 따라서 심판대상조항이 우리나라 국민참여재판제도의 취지와 배심원의 권한 및 의무 등 여러 사정을 종합적으로 고려하여 만 20세에 이르기까지 교육 및 경험을 쌓은 자로 하여금 배심원의 책무 를 담당하도록 정한 것은 입법형성권의 한계 내의 것으로 자의적인 차별이라고 볼 수 없다(헌재 2021.5.27. 2019헌가19).

184
☐☐☐

공유재산 및 물품 관리법 제6조 제1항을 위반하여 행정재산을 사용하거나 수익한 자를 형사처벌하는 공유 재산 및 물품 관리법 제99조는 사유재산을 점유한 자의 경우와 달리 형사적 제재를 가하는 것으로서 합리 적 이유가 없으므로 평등원칙에 위배된다.   O | X

사유재산의 적절한 관리, 활용은 기본적으로 소유자인 사인의 이익에 기여할 뿐이지만, 행정재산의 적절한 관 리, 활용은 지방자치단체와 주민 전체의 이익에 귀속되고 특히 지방자치단체를 위한 재원 확보의 수단이라는 점에서, 행정재산을 정당한 권원 없이 사용·수익하는 경우 사유재산과 달리 형사적 제재를 가하는 것은 합리 적인 이유가 있으므로 평등원칙에 위배되지 않는다(헌재 2024.8.29. 2022헌바170).

정답 181 ○   182 ○   183 ○   184 X

185

☐☐☐

2000년 7월 1일 이전에 결정·고시된 도시계획시설결정의 실효에 관한 기산일을 2000년 7월 1일로 정한 국토의 계획 및 이용에 관한 법률 부칙 해당 부분은 2000년 7월 1일 이후에 고시된 도시계획시설결정의 실효기간은 고시일로부터 20년인 데 비하여, 그 전에 고시된 도시계획시설결정의 실효기간은 고시일로부터 20년이 초과되는 결과를 가져오는데 이러한 차별에는 합리적인 이유가 없으므로 평등원칙에 반한다. O | X

2000.7.1. 이전과 이후에 고시된 도시계획시설결정들 사이에 다른 실효기간이 적용되는 것이나 2000.7.1. 이전에 결정·고시된 도시계획시설결정들 사이에 이미 경과된 기간의 장단에 따라 차등을 두지 않고 일률적으로 실효기산일을 적용하는 것에는 모두 합리적인 이유가 있으므로, 이 사건 부칙조항은 평등원칙에 위반되지 아니한다(헌재 2024.8.29. 2020헌바602 등).

186

☐☐☐

성폭력범죄를 저질러 벌금형이 확정된 체육지도자의 자격을 필요적으로 취소하도록 개정된 국민체육진흥법 조항을 개정법 시행 후 발생하는 자격취소사유부터 적용하도록 한 같은 법 부칙 제4조 중 해당 부분은 개정법 시행일을 기준으로 하여 성폭력범죄로 이미 벌금형이 확정된 체육지도자와 그렇지 않은 체육지도자를 합리적인 이유 없이 달리 취급하는 것이므로 평등원칙에 위반된다. O | X

이 사건 부칙조항이 개정법 시행일을 기준으로 하여 성폭력범죄로 이미 벌금형이 확정된 체육지도자와 그렇지 않은 체육시노사를 달리 취급하시반, 이는 자격취소조항의 입법목적을 효과적으로 달성하기 위한 것이다. 개정 전 국민체육진흥법 시행 당시 이미 성폭력범죄로 벌금형이 확정된 체육지도자의 경우 개정 전 국민체육진흥법에 근거한 제재처분의 요건이 충족된 상태이므로, 이들과 유죄판결 등의 확정 여부가 아직 결정되지도 아니한 체육지도자 사이에는 본질적인 차이가 있다. 따라서 이 사건 부칙조항은 평등원칙에 위반되지 아니한다(헌재 2024.8.29. 2023헌바73).

187

☐☐☐

공익신고자 보호법상 보상금의 의의와 목적을 고려하면 공익신고 유도 필요성에 차이가 있는 내부 공익신고자와 외부 공익신고자를 달리 취급하는 것은 합리성을 인정할 수 있다. O | X

공익침해행위의 효율적인 발각과 규명을 위해서는 내부 공익신고가 필수적인데, 내부 공익신고자는 조직 내에서 배신자라는 오명을 쓰기 쉬우며, 공익신고로 인하여 신분상, 경제상 불이익을 받을 개연성이 높다. 이 때문에 보상금이라는 경제적 지원조치를 통해 내부 공익신고를 적극적으로 유도할 필요성이 인정된다. 반면, '내부 공익신고자가 아닌 공익신고자'는 공익신고로 인해 불이익을 입을 개연성이 높지 않기 때문에 공익신고 유도를 위한 보상금 지급이 필수적이라 보기 어렵다. '공익신고자 보호법'상 보상금의 의의와 목적을 고려하면, 이와 같이 공익신고 유도 필요성에 있어 차이가 있는 내부 공익신고자와 외부 공익신고자를 달리 취급하는 것에 합리성을 인정할 수 있다. … 이 사건 법률조항이 평등원칙에 위배된다고 볼 수 없다(헌재 2021.5.27. 2018 헌바127).

정답 185 X 186 X 187 ○

188
□□□

초·중등학교 교원에 대하여는 정당가입을 금지하면서 대학교원에게는 허용하는 것은 기초적인 지식전달, 연구기능 등 직무의 본질이 서로 다른 점을 고려한 합리적 차별이므로 평등원칙에 반하지 아니한다.

O | X

현행 교육법령은, 초·중등학교의 교원 즉 교사는 법령이 정하는 바에 따라 학생을 교육하는 자이고, 반면에 대학의 교원은 학생을 교육·지도하고 학문을 연구하되 학문연구만을 전담할 수 있다고 하여 양자의 직무를 달리 규정하고 있다. … 그렇다면 초·중등학교 교원에 대해서는 정당가입과 선거운동의 자유를 금지하면서 대학교원에게는 이를 허용한다 하더라도, 이는 양자간 직무의 본질이나 내용 그리고 근무태양이 다른 점을 고려할 때 합리적인 차별이라고 할 것이므로 청구인이 주장하듯 헌법상의 평등권을 침해한 것이라고 할 수 없다(헌재 2004.3.25. 2001헌마710).

189
□□□

내국인 및 영주(F-5)·결혼이민(F-6)의 체류자격을 가진 외국인과 달리 외국인 지역가입자에 대하여 납부할 월별보험료의 하한을 전년도 전체 가입자의 평균을 고려하여 정하는 장기체류 재외국민 및 외국인에 대한 건강보험적용기준 제6조 제1항에 의한 별표2 제1호 단서는 합리적인 이유 없이 외국인을 내국인 등과 달리 취급한 것으로서 평등권을 침해한다.

O | X

보험료 하한 조항이 보험급여와 보험료 납부의 상관관계를 고려하고, 외국인의 보험료 납부의무 회피를 위한 출국 등의 제도적 남용 행태를 막기 위하여 외국인 지역가입자가 납부해야 할 월별 보험료의 하한을 내국인등 지역가입자가 부담하는 보험료 하한(보험료가 부과되는 연도의 전전년도 평균 보수월액보험료의 1천분의 60 이상 1천분의 65 미만의 범위에서 보건복지부장관이 정하여 고시하는 금액)보다 높게 정한 것은 합리적인 이유가 있는 차별이다(헌재 2023.9.26. 2019헌마1165).

190
□□□

보건복지부장관이 최저생계비를 고시함에 있어서 장애인가구와 비장애인가구를 구분하지 않고 일률적으로 동일한 최저생계비를 적용한 것은 생활능력 없는 장애인가구 구성원의 평등권을 침해하였다. O | X

보건복지부장관이 2002년도 최저생계비를 고시함에 있어 장애로 인한 추가지출비용을 반영한 별도의 최저생계비를 결정하지 않은 채 가구별 인원수만을 기준으로 최저생계비를 결정한 것은 생활능력 없는 장애인가구 구성원의 인간의 존엄과 가치 및 행복추구권, 인간다운 생활을 할 권리, 평등권을 침해하였다고 할 수 없다(헌재 2004.10.28. 2002헌마328).

191
□□□

헌법재판소는 동물약국 개설자가 수의사 또는 수산질병관리사의 처방전 없이 판매할 수 없는 동물용의약품을 규정한 처방대상 동물용 의약품 지정에 관한 규정 제3조가 의약분업이 이루어지지 않은 동물 분야에서 수의사가 동물용의약품에 대한 처방과 판매를 사실상 독점할 수 있도록 하여 동물약국 개설자의 직업수행의 자유를 침해하는지 여부를 판단하는 이상 평등권 침해 여부에 관하여는 따로 판단하지 아니하였다.

O | X

심판대상조항에 따라 동물약국에서 수의사 등의 처방전 없이는 판매할 수 없는 동물용의약품이 더욱 늘어나게 되었으므로, 심판대상조항이 동물약국 개설인 청구인들의 직업수행의 자유를 침해하는지 여부를 살펴본다. … 심판대상조항이 동물약국 개설인 청구인들의 직업수행의 자유를 침해하는지 여부를 판단하는 이상 평등권 침해 여부에 관하여는 따로 판단하지 아니한다. … 심판대상조항이 동물약국 개설자에 대한 과도한 제약이라고 보기 어려워, 동물약국 개설인 청구인들의 직업수행의 자유를 침해하지 아니한다(헌재 2023.6.29. 2021헌마199).

정답 188 ○ 189 X 190 X 191 ○

192
☐☐☐

국회의원을 후원회지정권자로 정하면서 지방의회의원을 후원회지정권자에서 제외하는 구 정치자금법 해당 조항은, 지방의회의원에게 소요되는 정치자금이 국회의원에 비해 적고 후원회의 설치 및 운영을 허용할 필요도 크지 않으므로, 평등권을 침해한다고 보기 어렵다.　　　　　　　　　　　O | X

지방의회의원은 주민의 대표자이자 지방의회의 구성원으로서 주민들의 다양한 의사와 이해관계를 통합하여 지방자치단체의 의사를 형성하는 역할을 하므로, 지방의회의원의 전문성을 확보하고 원활한 의정활동을 지원하기 위해서는 지방의회의원들에게도 후원회를 허용하여 정치자금을 합법적으로 확보할 수 있는 방안을 마련해 줄 필요가 있다. … 따라서 심판대상조항이 국회의원과 달리 지방의회의원을 후원회지정권자에서 제외하고 있는 것은 불합리한 차별로서 청구인들의 평등권을 침해한다(헌재 2022.11.24. 2019헌마528 등).

193
☐☐☐

확정판결의 기초가 된 민사나 형사의 판결, 그 밖의 재판 또는 행정 처분이 다른 재판이나 행정처분에 따라 바뀌어 당사자가 행정소송의 확정판결에 대하여 재심을 제기하는 경우, 재심제기기간을 30일로 정한 민사소송법을 준용하는 행정소송법 제8조 제2항 중 민사소송법 제456조 제1항 가운데 제451조 제1항 제8호에 관한 부분을 준용하는 부분은 행정소송 당사자의 평등권을 침해한다.　　　　　　O | X

대립 당사자 간에 발생한 법률적 분쟁에 관하여 사실관계를 확정한 후 법을 해석·적용함으로써 분쟁을 해결한다는 절차적 측면에서 민사소송과 행정소송은 유사하다. 재심기간제한조항이 민사소송과 동일하게 재심제기기간을 30일로 정한 것이 행정소송 당사자의 평등권을 침해하지 않는다(헌재 2023.9.26. 2020헌바258).

194
☐☐☐

구 감염병의 예방 및 관리에 관한 법률 제70조 제1항에 감염병환자가 방문한 영업장의 폐쇄 등과 달리, 감염병의 예방을 위하여 집합제한 조치를 받은 영업장의 손실을 보상하는 규정을 두고 있지 않은 것은 평등권을 침해한다.　　　　　　　　　　　　　　　　O | X

정부는 집합제한 조치로 인한 부담을 완화하기 위하여 다양한 지원을 하였고, '소상공인 보호 및 지원에 관한 법률'이 2021년 개정되어 집합제한 조치로 인한 손실을 보상하는 규정이 신설되었다. … 따라서 심판대상조항의 개정 배경과 보상 대상인 조치의 특성에 비추어 영업상 손실이 발생할 것으로 쉽게 예측할 수 있는 감염병환자 방문 시설의 폐쇄 등과 달리, 집합제한 또는 금지 조치로 인한 영업상 손실을 보상하는 규정을 입법자가 미리 마련하지 않았다고 하여 곧바로 평등권을 침해하는 것이라고 할 수 없다(헌재 2023.6.29. 2020헌마1669).

정답 192 X　193 X　194 X

195
☐☐☐

예비역 복무의무자의 범위에서 일반적으로 여성을 제외하는 구병역법 제3조 제1항 중 '예비역 복무'에 관한 부분 및 지원에 의하여 현역복무를 마친 여성을 일반적인 여성의 경우와 동일하게 예비역 복무의무자의 범위에서 제외하는 군인사법 제41조 제4호 및 단서, 제42조는 상근예비역으로 복무 중이던 자의 평등권을 침해한다. O | X

예비역은 국가비상사태에 병력동원의 대상이 되므로, 일정한 신체적 능력과 군전력으로서의 소양이 필요한 점을 고려할 때, 현시점에서 일반적으로 여성을 예비역 복무의무자에서 제외한 입법자의 판단이 현저히 자의적이라고 단정하기 어렵다. 다만, 지원에 의하여 현역복무를 마친 여성의 경우 예비전력의 자질을 갖춘 것으로 추정할 수 있으나, 전시 요구되는 장교와 병의 비율, 예비역 인력운영의 효율성 등을 고려할 때, 현역복무를 마친 여성에 대한 예비역 복무의무 부과는 합리적 병력충원제도의 설계, 여군의 역할 확대 및 복무 형태의 다양성 요구 충족 등을 복합적으로 고려하여 결정할 사항으로, 현시점에서 이에 대한 입법자의 판단이 현저히 자의적이라고 단정하기 어렵다. 따라서 이 사건 예비역 조항은 청구인의 평등권을 침해하지 아니한다(헌재 2023.10.26. 2018헌마357).

196
☐☐☐

보훈보상대상자의 부모에 대한 유족보상금 지급 시 수급권자를 1인에 한정하고 나이가 많은 자를 우선하도록 규정한 보훈보상대상자 지원에 관한 법률의 규정은 나이가 적은 부모 일방을 합리적 이유 없이 차별하는 것에 해당하므로 헌법에 위반된다. O | X

심판대상조항이 국가의 재정부담능력의 한계를 이유로 하여 부모 1명에 한정하여 보상금을 지급하도록 하면서 어떠한 예외도 두지 않은 것에는 합리적 이유가 있다고 보기 어렵다. 심판대상조항 중 나이가 많은 자를 우선하도록 한 것 역시 문제된다. … 직업이나 보유재산에 따라 연장자가 경제적으로 형편이 더 나은 경우에도 그 보다 생활이 어려운 유족을 배제하면서까지 연장자라는 이유로 보상금을 지급하는 것은 보상금 수급권이 갖는 사회보장적 성격에 부합하지 아니한다. … 심판대상조항은 국가가 보훈보상대상자의 유족인 부모에게 보상금을 지급함에 있어 합리적인 이유 없이 보상금 수급권자의 수를 일률적으로 제한하고, 부모 중 나이가 많은 자와 그렇지 않은 자를 합리적인 이유 없이 차별하고 있으므로 나이가 적은 부모의 평등권을 침해하여 헌법에 위반된다(헌재 2018.6.28. 2016헌가14).

197
☐☐☐

교사의 신규채용에 있어 국·공립대학교졸업생을 우선시키는 교육공무원법은 사립사범대학 졸업자가 교육공무원으로 채용될 수 있는 기회를 제한 또는 박탈하게 되므로 평등의 원칙에 위반된다. O | X

국·공립사범대학 등 출신자를 교육공무원인 국·공립학교 교사로 우선하여 채용하도록 규정한 교육공무원법 제11조 제1항은 사립사범대학졸업자와 일반대학의 교직과정이수자가 교육공무원으로 채용될 수 있는 기회를 제한 또는 박탈하게 되어 결국 교육공무원이 되고자 하는 자를 그 출신학교의 설립주체나 학과에 따라 차별하는 결과가 되는 바, 이러한 차별은 이를 정당화할 합리적 근거가 없으므로 헌법상 평등의 원칙에 어긋난다(헌재 1990.10.8. 89헌마89).

198
☐☐☐

공익근무요원의 경우와 달리 산업기능요원의 군 복무기간을 공무원 재직기간으로 산입하지 않도록 규정한 제대군인지원에 관한 법률의 규정은 헌법에 위반된다.　O | X

산업기능요원과 공익근무요원은 그 제도의 취지, 직무의 성격과 내용 등에 있어 상당한 차이가 있는바, 산업기능요원은 공익근무요원과 달리 자신의 자율적 의사에 따라 그 복무를 선택하고, 그 복무관계는 공무수행관계로 보지 아니하며, 사기업체에서 자유로운 근무환경에서 근무하면서 자신의 전공과 기술을 활용할 수 있고 상당한 보수를 지급받는다. 이 사건 법령 조항들이 군 복무기간의 유형과 내용에 따라 공무원 재직기간 산입 여부를 달리 보아 산업기능요원의 복무기간을 공무원 재직기간에 산입하지 않는 것은 합리적 차별이라고 할 것이므로, 산업기능요원의 평등권을 침해하지 않는다(헌재 2012.8.23. 2010헌마328).

199
☐☐☐

형법 제159조 '시체 등의 오욕죄'의 법정형에 벌금형이 있는데 반하여, 형법 제160조 '분묘의 발굴죄'의 법정형에 벌금형을 선택적으로 규정함이 없이 5년 이하의 징역으로 규정하고 있더라도 평등의 원칙에 위배되지 않는다.　O | X

사체 등의 오욕죄는 '사자에 대한 추도 및 존경의 감정'을 주된 보호법익으로 하고 행위태양도 손괴에 이르지 않는 정도의 유형력 행사에 불과한 반면, 분묘의 발굴죄는 '사자에 대한 추도 및 존경의 감정'과 함께 '분묘의 평온의 유지'도 그 주된 보호법익으로 하고, 행위태양도 복토의 전부 또는 일부를 제거하거나 묘석 등을 파괴하여 분묘를 손괴하는 것으로, 분묘의 발굴죄는 사체 등의 오욕죄보다 보호법익의 침해 정도가 크고 피해의 정도 또한 중하며 일반적으로 행위자의 책임에 대한 비난가능성도 크다고 할 수 있다. … 위와 같은 보호법익과 죄질의 차이를 고려하여 법정형에 차이를 둔 것에는 합리적인 이유가 있으므로 형벌체계의 균형성을 상실하여 평등원칙에 위배된다고 볼 수 없다(헌재 2019.2.28. 2017헌가33).

200
☐☐☐

보상금의 지급을 신청할 수 있는 자의 범위를 '내부 공익신고자'로 한정함으로써 '외부 공익신고자'를 보상금 지급대상에서 배제하도록 정한 공익신고자 보호법의 규정은 평등의 원칙에 위배되지 않는다. O | X

공익침해행위의 효율적인 발각과 규명을 위해서는 내부 공익신고가 필수적인데, 내부 공익신고자는 조직 내에서 배신자라는 오명을 쓰기 쉬우며, 공익신고로 인하여 신분상, 경제상 불이익을 받을 개연성이 높다. 이 때문에 보상금이라는 경제적 지원조치를 통해 내부 공익신고를 적극적으로 유도할 필요성이 인정된다. 반면, '내부 공익신고자가 아닌 공익신고자'(이하 '외부 공익신고자'라 한다)는 공익신고로 인해 불이익을 입을 개연성이 높지 않기 때문에 공익신고 유도를 위한 보상금 지급이 필수적이라 보기 어렵다. '공익신고자 보호법'상 보상금의 의의와 목적을 고려하면, 이와 같이 공익신고 유도 필요성에 있어 차이가 있는 내부 공익신고자와 외부 공익신고자를 달리 취급하는 것에 합리성을 인정할 수 있다. … 이 사건 법률조항이 평등원칙에 위배된다고 볼 수 없다(헌재 2021.5.27. 2018헌바127).

201
☐☐☐

일반직 공무원은 기술·연구 또는 행정 일반에 대한 업무를 담당하는 공무원으로서 경찰공무원과는 담당 직무가 다르고, 공무원 재산등록제도의 취지에 비추어 본 재산등록의 필요성 정도도 서로 다르므로, 일반직 공무원과 달리 경찰업무의 특수성을 고려하여 경사 계급까지 공직자 재산등록의무를 부과한 것은 합리적인 이유가 있으므로 경사의 평등권을 침해한다고 볼 수 없다. O | X

일반직 공무원은 기술·연구 또는 행정 일반에 대한 업무를 담당하는 공무원으로서 경찰공무원과는 담당 직무가 다르고, 공무원 재산등록제도의 취지에 비추어 본 재산등록의 필요성 정도도 서로 다르다. 일반직 공무원과 달리 경찰업무의 특수성을 고려하여 경사 계급까지 등록의무를 부과한 것은 합리적인 이유가 있으므로 심판대상조항이 청구인 권○○의 평등권을 침해한다고 볼 수 없다(헌재 2024.2.28. 2021헌마845).

202
☐☐☐

국립묘지 안장 대상자의 사망 당시의 배우자가 재혼한 경우에는 국립묘지에 안장된 안장 대상자와 합장할 수 없도록 규정한 국립묘지의 설치 및 운영에 관한 법률 조항은 안장 대상자의 사망 후 배우자가 재혼하였다는 이유만으로 그 기여를 전혀 고려하지 않고 일률적으로 국립묘지 합장 대상에서 제외하여 재혼한 배우자를 불합리하게 차별한 것으로서 평등원칙에 위배된다. O | X

안장 대상자의 사망 후 재혼하지 않은 배우자나 배우자 사망 후 안장 대상자가 재혼한 경우의 종전 배우자는 자신이 사망할 때까지 안장 대상자의 배우자로서의 실체를 유지하였다는 점에서 합장을 허용하는 것이 국가와 사회를 위하여 헌신하고 희생한 안장 대상자의 충의와 위훈의 정신을 기리고자 하는 국립묘지 안장의 취지에 부합하고, 안장 대상자의 사망 후 그 배우자가 재혼을 통하여 새로운 가족관계를 형성한 경우에 그를 안장 대상자와의 합장 대상에서 제외하는 것은 합리적인 이유가 있다. 따라서 심판대상조항은 평등원칙에 위배되지 않는다(헌재 2022.11.24. 2020헌바463).

203
☐☐☐

변호사선임서 등을 공공기관에 제출할 때 소속 지방변호사회를 경유하도록 하는 변호사법 조항은 다른 전문직과 비교하여 차별취급의 합리적 이유가 있다고 할 것이므로 변호사의 평등권을 침해하지 아니한다. O | X

다른 전문직에 비하여 변호사는 포괄적인 직무영역과 그에 따른 더 엄격한 직무의무를 부담하고 있는바, 이는 변호사 직무의 공공성 및 그 포괄적 직무범위에 따른 사회적 책임성을 고려한 것으로서, 다른 전문직과 비교하여 차별취급의 합리적 이유가 있다고 할 것이므로, 변호사법 제29조는 변호사의 평등권을 침해하지 아니한다(헌재 2013.5.30. 2011헌마131).

204
□□□

지원에 의하여 현역복무를 마친 여성의 경우 현역복무 과정에서의 훈련과 경험을 통해 예비전력으로서의 자질을 갖추고 있을 것으로 추정할 수 있으므로 지원에 의하여 현역복무를 마친 여성을 예비역 복무의무자의 범위에서 제외한 군인사법 제41조 제4호 및 단서, 제42조는 예비역 복무의무자인 남성인 청구인의 평등권을 침해한다.　　　　　　　　　　　　　　　　　　　　　　　　　　　　　　　　O | X

지원에 의하여 현역복무를 마친 여성의 경우, 현역복무에 필요한 신체적 능력을 갖추었다고 볼 수 있고, 현역 복무 과정에서의 훈련과 경험을 통해 예비전력으로서 갖추어야 할 자질을 갖추고 있을 것으로 추정할 수 있으므로, 이러한 집단에 대하여 예비역 복무의무를 부과하지 않으면서 현역복무를 마친 남자에게만 예비역 복무의무를 부과하는 것이 합리적인지 여부에 의문이 제기될 수 있다. 그러나 국가 비상시 요청되는 예비전력의 성격이나 전시 요구되는 장교와 병의 비율, 예비역 인력 운영의 효율성 등을 고려하면, 현역복무를 마친 여성에 대한 예비역 복무 의무 부과는 국방력의 유지 및 병역동원의 소요(所要)를 충족할 수 있는 합리적 병력충원제도의 설계와 국방의 의무의 공평한 분담, 건전한 국가 재정, 여군의 역할 확대 및 복무 형태의 다양성 요구 충족 등을 복합적으로 고려하여 결정할 사항으로, 현재의 시점에서 제반 상황을 종합적으로 고려한 입법자의 판단이 현저히 자의적이라고 단정하기 어렵다. 이 사건 예비역 조항으로 인한 차별취급을 정당화할 합리적 이유가 인정되므로, 이 사건 예비역 조항은 청구인의 평등권을 침해하지 아니한다(헌재 2023.10.26. 2018헌마357).

205
□□□

조례에 의한 규제가 지역 여건이나 환경 등 그 특성에 따라 다르게 나타나는 것은 헌법이 지방자치단체의 자치입법권을 인정한 이상 당연히 예상되는 결과이다. 자신들이 거주하는 지역의 학원조례조항으로 인하여 다른 지역 주민들에 비하여 더한 규제를 받게 되었다하여 평등권이 침해되었다고 볼 수는 없다.　　　　　　　　　　　　　　　　　　　　　　　　　　　　　　　　　　　　　O | X

조례에 의한 규제가 지역 여건이나 환경 등 그 특성에 따라 다르게 나타나는 것은 헌법이 지방자치단체의 자치입법권을 인정한 이상 당연히 예상되는 결과이다. 청구인들이 자신들이 거주하는 지역의 학원조례조항으로 인하여 다른 지역 주민들에 비하여 더한 규제를 받게 되었다 하여 평등권이 침해되었다고 볼 수는 없다(헌재 2016.5.26. 2014헌마374).

206
□□□

별도의 가중적 구성요건표지를 규정하지 않은 채 형법 조항과 똑같은 구성요건을 규정하면서 법정형만 상향 조정한 특별법 조항이라 하더라도 헌법의 기본원리에 위배된다거나 평등원칙에 위반된다고 볼 수 없다.　　　O | X

심판대상조항은 별도의 가중적 구성요건표지를 규정하지 않은 채 형법 조항과 똑같은 구성요건을 규정하면서 법정형만 상향 조정하여 어느 조항으로 기소하는지에 따라 벌금형의 선고 여부가 결정되고, 선고형에 있어서도 심각한 형의 불균형을 초래하게 함으로써 형사특별법으로서 갖추어야 할 형벌체계상의 정당성과 균형을 잃어 인간의 존엄성과 가치를 보장하는 헌법의 기본원리에 위배될 뿐만 아니라 그 내용에 있어서도 평등원칙에 위반되어 위헌이다(헌재 2015.2.26. 2014헌가16 등).

207

☐☐☐

평등의 원칙은 입법자에게 본질적으로 같은 것을 자의적으로 다르게, 본질적으로 다른 것을 자의적으로 같게 취급하는 것을 금하고 있다. 그러므로 비교의 대상을 이루는 두 개의 사실관계 사이에 서로 상이한 취급을 정당화할 수 있을 정도의 차이가 없음에도 불구하고 두 사실관계를 서로 다르게 취급한다면, 입법자는 이로써 평등권을 침해하게 된다.　　　　　　　　　　　　　　　　　　　　　　　　　　　　　　O | X

평등의 원칙은 입법자에게 본질적으로 같은 것을 자의적으로 다르게, 본질적으로 다른 것을 자의적으로 같게 취급하는 것을 금하고 있다. 그러므로 비교의 대상을 이루는 두 개의 사실관계 사이에 서로 상이한 취급을 정당화할 수 있을 정도의 차이가 없음에도 불구하고 두 사실관계를 서로 다르게 취급한다면, 입법자는 이로써 평등권을 침해하게 된다(헌재 1996.12.26. 96헌가18).

208

☐☐☐

헌법상 평등의 원칙은 국가가 언제 어디에서 어떤 계층을 대상으로 하여 기본권에 관한 사항이나 제도의 개선을 시작할 것인지를 선택하는 것을 방해하지는 않는다. 따라서 국가가 종전의 상황을 개선함에 있어서 그 개선의 효과가 일부의 사람에게만 미치고 동일한 상황하에 있는 다른 사람에게는 미치지 않아 그들 사이에 일견 차별이 생기게 된다고 하더라도 그것만으로는 평등의 원칙을 위반한 것이라고는 할 수 없다.　　　　　　　　　　　　　　　　　　　　　　　　　　　　　　O | X

헌법상 평등의 원칙은 국가가 언제 어디에서 어떤 계층을 대상으로 하여 기본권에 관한 사항이나 제도의 개선을 시작할 것인지를 선택하는 것을 방해하지는 않는다. 즉, 국가는 합리적인 기준에 따라 능력이 허용하는 범위 내에서 법적 가치의 상향적 구현을 위한 제도의 단계적 개선을 추진할 수 있는 길을 선택할 수 있어야 한다. … 따라서 국가가 종전의 상황을 개선함에 있어서 그 개선의 효과가 일부의 사람에게만 미치고 동일한 상황 하에 있는 다른 사람에게는 미치지 않아 그들 사이에 일견 차별이 생기게 된다고 하더라도 그것만으로는 평등의 원칙을 위반한 것이라고는 할 수 없다(헌재 2005.10.27. 2003헌바50 등).

209

☐☐☐

전기판매사업자에게 약관의 명시·교부의무를 면제한 약관의 규제에 관한 법률 해당 조항 중 '전기사업'에 관한 부분은 일반 사업자와 달리 전기판매사업자에 대하여 약관의 명시·교부의무를 면제하고 있더라도 평등원칙에 위반되지 아니한다.　　　　　　　　　　　　　　　　　　　　　　　　　　　　　　O | X

전기판매사업자는 전기사용자의 이익을 보호하기 위해 마련된 전기사업법과 그 시행령에서 정한 기준에 따라 공급약관을 마련하고, 주무관청의 인가를 받아야 하므로 전기판매사업자가 관련 규정을 준수하여 공급약관을 작성 또는 변경하고 인가받았다면, 그 내용의 공정성이 어느 정도 확보되어 소비자 보호라는 목적을 일응 달성할 수 있다. … 전기사용자는 전기판매사업자인 한국전력공사의 사업소와 인터넷 홈페이지를 통해 공급약관을 확인할 수 있다. 따라서 심판대상조항이 일반 사업자와 달리 전기판매사업자에 대하여 약관의 명시·교부의무를 면제하더라도, 그러한 차별을 정당화할 합리적인 이유가 존재한다고 볼 수 있으므로, 심판대상조항은 평등원칙에 위반되지 않는다(헌재 2024.4.25. 2022헌바65).

정답 207 O　208 O　209 O

210
□□□

'국가, 지방자치단체, 공공기관의 운영에 관한 법률에 따른 공공기관'이 시행하는 개발사업과 달리, 학교법인이 시행하는 개발사업은 그 일체를 개발부담금의 제외 또는 경감 대상으로 규정하지 않은 개발이익 환수에 관한 법률 해당 조항 중 '공공기관의 운영에 관한 법률에 따른 공공기관'에 관한 부분은 평등원칙에 위반된다. O I X

'국가'는 개발이익의 환수 주체이고, '지방자치단체'는 개발이익의 배분 대상이므로, 이들이 시행하는 개발사업의 경우 그 개발이익을 환수할 필요성이 없거나 낮다. '공공기관'이 시행하는 개발사업의 경우, 그 개발이익을 공공기관이 일단 보유하고 있다가 추후 국가사업을 대행하거나 위임받아 수행할 때 다시 사용하도록 할 수 있다는 점에서, 개발이익을 전부 환수할 필요성이 낮다. 따라서 국가 등이 시행하는 개발사업은, 개발부담금 제외 또는 경감 대상으로 규정할 이유가 있다. 반면 '학교법인'이 시행하는 개발사업의 경우, 그 개발이익이 곧바로 국가 또는 지방자치단체에 귀속된다거나 추후 국가사업에 다시 사용될 것이 예정되어 있지 않다. 또한 해당 개발이익은 학교법인과 사립학교의 학생 및 교직원 등만이 독점적으로 향유할 뿐 공동체 전체가 공평하게 향유할 수도 없으므로, 개발부담금 제외 또는 경감 대상으로 규정할 특별한 이유를 찾을 수 없다. 결국 심판대상조항은 국가 등과 학교법인을 합리적인 이유 없이 차별취급한다고 볼 수 없으므로, 평등원칙에 위반되지 않는다(헌재 2024.5.30. 2020헌바179).

211
□□□

헌법불합치결정에 따라 실질적인 혼인관계가 존재하지 아니한 기간을 제외하고 분할연금을 산정하도록 개정된 국민연금법 조항을 개정법 시행 후 최초로 분할연금 지급사유가 발생한 경우부터 적용하도록 하는 국민연금법 부칙 제2조가 분할연금 지급 사유 발생시점이 신법 조항 시행일 전·후인지와 같은 우연한 사정을 기준으로 달리 취급하는 것은 합리적인 이유를 찾기 어렵다. O I X

심판대상조항은 국민연금법 제64조 제1항 및 제4항의 개정규정을 신법 조항 시행 후 최초로 분할연금 지급 사유가 발생한 경우부터 적용하도록 규정하고 있는바, 실질적인 혼인관계가 해소되어 분할연금의 기초가 되는 노령연금 수급권 형성에 아무런 기여가 없는 경우에는 노령연금 분할을 청구할 전제를 갖추지 못한 것으로 볼 수 있다는 점에서 분할연금 지급 사유 발생 시점이 신법 조항 시행일 전인 경우와 후인 경우 사이에 아무런 차이가 없으므로, 분할연금 지급 사유 발생시점이 신법 조항 시행일 전·후인지와 같은 우연한 사정을 기준으로 달리 취급하는 것은 합리적인 이유를 찾기 어렵다. … 따라서 심판대상조항은 평등원칙에 위반된다(헌재 2024.5.30. 2019헌가29).

212
□□□

'직계혈족, 배우자, 동거친족, 동거가족 또는 그 배우자' 이외의 친족사이의 재산범죄를 친고죄로 규정한 형법 제328조 제2항은 일정한 친족 사이에서 발생한 재산범죄의 경우 피해자의 고소를 소추조건으로 정하여 피해자의 의사에 따라 국가형벌권 행사가 가능하도록 한 것으로서 합리적 이유가 있다. O I X

친족 사이에 발생한 재산범죄의 경우 친족관계의 특성상 친족 사회 내부에서 피해의 회복 등 자율적으로 문제를 해결할 가능성이 크고 재산범죄는 피해의 회복이나 손해의 전보가 비교적 용이한 경우가 많은 점, 형사소송법은 고소권자인 피해자의 고소의 의사표시가 어려운 경우의 보완규정을 두고 있는 점을 종합하면, 피해자의 고소를 소추조건으로 하여 피해자의 의사에 따라 국가형벌권 행사가 가능하도록 한 심판대상조항은 합리적 이유가 있으므로 평등원칙에 위배된다고 보기 어렵다(헌재 2024.6.27. 2023헌바449).

213
□□□

헌법이 군사법원을 특별법원으로 설치하도록 허용하면서 대법원을 군사재판의 최종심으로 하고 있으므로 군사법원법에 의한 군사재판을 국민참여재판 대상사건의 범위에서 제외하고 있는 국민의 형사재판 참여에 관한 법률 조항은 평등원칙에 위배된다. O | X

입법자는 헌법 제110조 제1항에 따라 법률로 군사법원을 설치함에 있어 군사재판의 특수성을 고려하여 그 조직·권한 및 재판관의 자격 등을 일반법원과 달리 정하는 것이 허용되는바, 입법자가 광범위한 입법재량 내에서 외부의 침략으로부터 국가를 보존한다는 목적을 위해 존재하는 집단인 군의 특수성을 고려하여 군사법원법에 의한 군사재판을 국민참여재판 대상사건에서 제외한 이상 … 따라서 심판대상조항은 평등원칙에 위배되지 아니한다(헌재 2021.6.24. 2020헌바499).

214
□□□

여러 체육시설 가운데 회원제로 운영되는 골프장의 이용자만을 국민체육진흥법상 국민체육진흥계정 조성에 관한 조세 외적 부담을 져야 할 책임이 있는 집단으로 선정한 것은 평등원칙에 위배되지 않는다.
O | X

수많은 체육시설 중 유독 골프장 부가금 징수 대상 시설의 이용자만을 국민체육진흥계정 조성에 관한 조세 외적 부담을 져야 할 책임이 있는 집단으로 선정한 것에는 합리성이 결여되어 있다. 골프장 부가금 등을 재원으로 하여 조성된 국민체육진흥계정의 설치 목적이 국민체육의 진흥에 관한 사항 전반을 아우르고 있다는 점에 비추어 볼 때, 국민 모두를 대상으로 하는 광범위하고 포괄적인 수준의 효용성을 놓고 부담금의 정당화 요건인 집단적 효용성을 갖추었다고 단정하기도 어렵다. 심판대상조항이 규정하고 있는 골프장 부가금은 일반 국민에 비해 특별히 객관적으로 밀접한 관련성을 가진다고 볼 수 없는 골프장 부가금 징수 대상 시설 이용자들을 대상으로 하는 것으로서 합리적 이유가 없는 차별을 초래하므로, 헌법상 평등원칙에 위배된다(헌재 2019.12.27. 2017헌가21).

215
□□□

초·중등학교 교원이 공직선거 등에 입후보하고자 하는 경우 선거일 전 90일까지 그 직을 그만두도록 하는 공직선거법 조항은 평등권을 침해한다. O | X

선거직의 특수성, 직업정치인과 교원의 업무 내용상 차이, 직무내용이나 직급에 따른 구별 가능성 등에 비추어, 국회의원, 지방자치단체 의회의원이나 장, 정부투자기관의 직원 등과 비교하여 교원이 불합리하게 차별받는다고 볼 수 없으며, 수업 내용 및 학생에 미치는 영향력 등을 고려할 때 대학 교원과의 사이에서도 불합리한 차별이 발생한다고 보기 어렵다. 현직 교육감의 경우 교육감선거 입후보 시 그 직을 그만두도록 하면 임기가 사실상 줄어들게 되어, 업무의 연속성과 효율성이 저해될 우려가 크다는 점 등을 고려할 때, 현직 교육감과 비교하더라도 교원인 청구인들의 평등권이 침해된다고 볼 수 없다(헌재 2019.11.28. 2018헌마222).

216
□□□

국가유공자 등 예우 및 지원에 관한 법률에서 6·25전몰군경자녀에게 6·25전몰군경자녀수당을 지급하면서 수급권자를 1명에 한정하고 나이가 많은 자를 우선하도록 정한 것은 나이가 적은 6·25전몰군경자녀의 평등권을 침해하지 않는다. O | X

이 사건 법률조항은 6·25전몰군경자녀에게 이 사건 수당을 지급함에 있어 수급권자의 수를 확대할 수 있는 어떠한 예외도 두지 않고 1명에게만 한정하여 지급하도록 하고, 그 1명도 나이가 많은 자를 우선하도록 정하고 있는바, 다음과 같은 이유에서 그 합리성을 인정하기 어렵다. … 따라서 이 사건 법률조항은 나이가 적은 6·25전몰군경자녀의 평등권을 침해한다(헌재 2021.3.25. 2018헌가6).

정답 213 X 214 X 215 X 216 X

217
☐☐☐ 특별교통수단에 있어 표준휠체어만을 기준으로 휠체어 고정설비의 안전기준을 정하고 있는 교통약자의 이동편의 증진법 시행규칙 조항은 표준휠체어를 이용할 수 없는 장애인의 평등권을 침해한다.　O | X

심판대상조항은 교통약자의 이동편의를 위한 특별교통수단에 표준휠체어만을 기준으로 휠체어 고정설비의 안전기준을 정하고 있어 표준휠체어를 사용할 수 없는 장애인은 안전기준에 따른 특별교통수단을 이용할 수 없게 된다. 그런데 표준휠체어를 이용할 수 없는 장애인은 장애의 정도가 심하여 특수한 설비가 갖춰진 차량이 아니고서는 사실상 이동이 불가능하다. 그럼에도 불구하고 표준휠체어를 이용할 수 없는 장애인에 대한 고려 없이 표준휠체어만을 기준으로 고정설비의 안전기준을 정하는 것은 불합리하고, 특별교통수단에 장착되는 휠체어 탑승설비 연구·개발사업 등을 추진할 국가의 의무를 제대로 이행한 것이라 보기도 어렵다. … 따라서 심판대상조항은 합리적 이유 없이 표준휠체어를 이용할 수 있는 장애인과 표준휠체어를 이용할 수 없는 장애인을 달리 취급하여 청구인의 평등권을 침해한다(헌재 2023.5.25. 2019헌마1234).

218
☐☐☐ 국민건강보험법상 지역가입자인 국내체류 외국인이 보험료를 체납한 경우에는 그 체납기간이나 체납횟수 등과 관계없이 국민건강보험공단이 1회 체납만으로도 다음달부터 곧바로 체납한 보험료를 완납할 때까지 보험급여를 하지 않도록 내국인등과 달리 규정한 것은 평등권을 침해한다.　O | X

보험급여제한 조항은 외국인의 경우 보험료의 1회 체납만으로도 별도의 공단 처분 없이 곧바로 그 다음 달부터 보험급여를 제한하도록 규정하고 있으므로, 보험료기 체납되었다는 통지도 실시되지 않는다. … 보험료 세납에도 불구하고 보험급여를 실시할 수 있는 예외를 전혀 인정하지 않는 것은 합리적인 이유 없이 외국인을 내국인 등과 달리 취급한 것이다. 따라서 보험급여제한 조항은 청구인들의 평등권을 침해한다(헌재 2023.9.26. 2019헌마1165).

219
☐☐☐ 코로나19 확산으로 경제적 타격을 입은 국민들을 지원하기 위한 긴급재난지원금 가구구성 및 이의신청 처리기준(2차)이 긴급재난지원금 지급 대상인 '외국인만으로 구성된 가구'에 '영주권자 및 결혼이민자'는 포함시키면서 '난민인정자'를 제외한 것은 합리적 이유 없는 차별이므로 난민인정자의 평등권을 침해한다.　O | X

'영주권자 및 결혼이민자'는 한국에서 영주하거나 장기 거주할 목적으로 합법적으로 체류하고 있고, '난민인정자' 역시 우리나라에 합법적으로 체류하면서 취업활동에 제한을 받지 않는다는 점에서 영주권자 및 결혼이민자와 차이가 있다고 보기 어렵다. … 이 사건 처리기준이 긴급재난지원금 지급 대상인 외국인만으로 구성된 가구에 '영주권자 및 결혼이민자'를 포함시키면서 '난민인정자'를 제외한 것은 합리적 이유 없는 차별이라 할 것이므로, 이 사건 처리기준은 난민인정자인 청구인의 평등권을 침해한다(헌재 2024.3.28. 2020헌마1079).

220
☐☐☐

공직자윤리법 부칙조항으로 인해 혼인한 남성 등록의무자와 일부 혼인한 여성 등록의무자 간에 등록대상 재산의 범위에 차이가 발생하게 된 것이 평등원칙에 위배되는지에 대해서는 엄격한 심사척도를 적용하여 비례성 원칙에 따른 심사를 행하여야 한다. ＯｌＸ

이 사건 부칙조항으로 인해 혼인한 남성 등록의무자와 일부 혼인한 여성 등록의무자 간에 등록대상재산의 범위에 차이가 발생하게 되었으므로, 이에 대해서는 엄격한 심사척도를 적용하여 비례성 원칙에 따른 심사를 행하여야 할 것이다. … 이는 성별에 의한 차별금지 및 혼인과 가족생활에서의 양성의 평등을 천명하고 있는 헌법에 정면으로 위배되는 것으로 그 목적의 정당성을 인정할 수 없다. 따라서 이 사건 부칙조항은 평등원칙에 위배된다(헌재 2021.9.30. 2019헌가3).

221
☐☐☐

법정형의 종류와 범위를 정함에 있어서 고려해야 할 사항 중 가장 중요한 것은 당해 범죄의 보호법익과 죄질로서, 보호법익이 다르면 법정형의 내용이 다를 수 있고 보호법익이 같지만 죄질이 다를 경우 법정형의 내용이 달라질 수는 없다. ＯｌＸ

법정형의 종류와 범위를 정함에 있어서 고려해야 할 사항 중 가장 중요한 것은 당해 범죄의 보호법익과 죄질로서, 보호법익이 다르면 법정형의 내용이 다를 수 있고, 보호법익이 같다고 하더라도 죄질이 다르면 또 그에 따라 법정형의 내용이 달라질 수밖에 없다. 그러므로 보호법익과 죄질이 서로 다른 둘 또는 그 이상의 범죄를 동일 선상에 놓고 그 중 어느 한 범죄의 법정형을 기준으로 하여 단순한 평면적인 비교로써 다른 범죄의 법정형의 과중 여부를 판정하여서는 아니 된다(헌재 2010.2.25. 2008헌가20).

222
☐☐☐

과거 전통적으로 남녀의 생활관계가 일정한 형태로 형성되어 왔다는 사실이나 관념에 기인하는 차별, 즉 성역할에 관한 고정관념에 기초한 차별은 허용되지 않는다. ＯｌＸ

헌법 제36조 제1항은 혼인과 가족생활에서 양성의 평등대우를 명하고 있으므로 남녀의 성을 근거로 하여 차별하는 것은 원칙적으로 금지되고, 성질상 오로지 남성 또는 여성에게만 특유하게 나타나는 문제의 해결을 위하여 필요한 예외적 경우에만 성차별적 규율이 정당화된다. 과거 전통적으로 남녀의 생활관계가 일정한 형태로 형성되어 왔다는 사실이나 관념에 기인하는 차별, 즉 성역할에 관한 고정관념에 기초한 차별은 허용되지 않는다(헌재 2005.2.3. 2001헌가9 등).

223
☐☐☐

내국인등 지역가입자와 달리 외국인 지역가입자가 보험료를 체납한 경우에는 다음 달부터 곧바로 보험급여를 제한하는 국민건강보험법 조항은, 외국인 지역가입자에 대하여 체납횟수와 경제적 사정 등을 전혀 고려하지 않고 예외 없이 1회의 보험료 체납사실만으로도 보험급여를 제한하고 있어 외국인 지역가입자의 평등권을 합리적 이유 없이 침해한다. ＯｌＸ

외국인 지역가입자에 대한 보험급여 제한을 내국인등과 달리 실시하는 것 자체는 합리적인 이유가 있는 차별이나, 보험급여제한 조항은 다음과 같은 점에서 합리적인 수준을 현저히 벗어난다. 보험급여제한 조항은 외국인의 경우 보험료의 1회 체납만으로도 별도의 공단 처분 없이 곧바로 그 다음 달부터 보험급여를 제한하도록 규정하고 있으므로, 보험료가 체납되었다는 통지도 실시되지 않는다. … 보험료 체납에도 불구하고 보험급여를 실시할 수 있는 예외를 전혀 인정하지 않는 것은 합리적인 이유 없이 외국인을 내국인등과 달리 취급한 것이다. 따라서 보험급여제한 조항은 청구인들의 평등권을 침해한다(헌재 2023.9.26. 2019헌마1165).

정답 220 ○ 221 X 222 ○ 223 ○

224
☐☐☐

초·중등학교 교원에 대하여는 정당가입을 금지하면서 대학 교원에게는 정당가입을 허용하는 것은 직무의 본질이 서로 다른 점을 고려한 합리적 차별이므로 평등원칙에 위배되지 않는다.　　　O | X

현행 교육법령은, 초·중등학교의 교원 즉 교사는 법령이 정하는 바에 따라 학생을 교육하는 자이고, 반면에 대학의 교원은 학생을 교육·지도하고 학문을 연구하되 학문연구만을 전담할 수 있다고 하여 양자의 직무를 달리 규정하고 있다. … 그렇다면 초·중등학교 교원에 대해서는 정당가입과 선거운동의 자유를 금지하면서 대학교원에게는 이를 허용한다 하더라도, 이는 양자간 직무의 본질이나 내용 그리고 근무태양이 다른 점을 고려할 때 합리적인 차별이라고 할 것이므로 청구인이 주장하듯 헌법상의 평등권을 침해한 것이라고 할 수 없다 (헌재 2004.3.25. 2001헌마710).

225
☐☐☐

외국인만으로 구성된 가구 중 영주권자 및 결혼이민자만을 긴급재난지원금 지급대상에 포함시키고 난민인정자를 제외한 것은, 영주권자 및 결혼이민자는 한국에서 영주하거나 장기 거주할 목적으로 합법적으로 체류한다는 점에서 합리적인 차이가 있으므로 난민인정자의 평등권을 침해하지 않는다.　　　O | X

코로나19로 인하여 경제적 타격을 입었다는 점에 있어서는 영주권자, 결혼이민자, 난민인정자 간에 차이가 있을 수 없으므로 그 회복을 위한 지원금 수급 대상이 될 자격에 있어서 역시 이들 사이에 차이가 발생한다고 볼 수 없다. 또한, '영주권자 및 결혼이민자'는 한국에서 영주하거나 장기 거주할 목적으로 합법적으로 체류하고 있고, '난민인정자' 역시 우리나라에 합법적으로 체류하면서 취업활동에 제한을 받지 않는다는 점에서 영주권자 및 결혼이민자와 차이가 있다고 보기 어렵다. … 그렇다면 이 사건 처리기준이 긴급재난지원금 지급 대상인 외국인만으로 구성된 가구에 '영주권자 및 결혼이민자'를 포함시키면서 '난민인정자'를 제외한 것은 합리적 이유 없는 차별이라 할 것이므로, 이 사건 처리기준은 난민인정자인 청구인의 평등권을 침해한다(헌재 2024.3.28. 2020헌마1079).

226
☐☐☐

근로자의 날을 관공서의 공휴일에 포함시키지 않은 관공서의 공휴일에 관한 규정 조항은 공무원의 평등권을 침해하지 않는다.　　　O | X

공무원의 유급휴일을 정할 때에는 공무원의 근로자로서의 지위뿐만 아니라 국민전체의 봉사자로서 국가 재정으로 봉급을 지급받는 특수한 지위도 함께 고려하여야 하고, 공무원의 경우 유급휴가를 포함한 근로조건이 법령에 의해 정해진다는 사정도 함께 감안하여야 하므로, 단지 근로자의 날과 같은 특정일을 일반근로자에게는 유급휴일로 인정하면서 공무원에게는 유급휴일로 인정하지 않는다고 하여 이를 곧 자의적인 차별이라고 할 수는 없다. … 따라서 심판대상조항이 근로자의 날을 공무원의 법정유급휴일에 해당하는 관공서 공휴일로 규정하지 않은 데에는 합리적인 이유가 있다 할 것이므로, 심판대상조항이 청구인들의 평등권을 침해한다고 볼 수 없다(헌재 2015.11.26. 2015헌마756).

정답 224 O　225 X　226 O

227
□□□

특정한 조세 법률조항이 혼인이나 가족생활을 근거로 부부 등 가족이 있는 자를 혼인하지 아니한 자 등에 비하여 차별 취급하는 것이 과세단위를 설정하는데 있어 입법자의 입법형성의 재량에 속하는 정책적 문제라면 헌법 제36조 제1항에 위반되는지 여부는 단지 차별의 합리적인 이유의 유무만을 확인하는 정도로 심사하여야 한다.   O | X

특정한 조세 법률조항이 혼인이나 가족생활을 근거로 부부 등 가족이 있는 자를 혼인하지 아니한 자 등에 비하여 차별 취급하는 것이라면 비례의 원칙에 의한 심사에 의하여 정당화되지 않는 한 헌법 제36조 제1항에 위반된다 할 것이다. 이는 단지 차별의 합리적인 이유의 유무만을 확인하는 정도를 넘어, 차별의 이유와 차별의 내용 사이에 적정한 비례적 균형관계가 이루어져 있는지에 대해서도 심사하여야 한다는 것을 의미하고, 위와 같은 헌법원리는 조세 관련 법령에서 과세단위를 정하는 것이 입법자의 입법형성의 재량에 속하는 정책적 문제라고 하더라도 그 한계로서 적용되는 것이다(헌재 2008.11.13. 2006헌바112 등).

228
□□□

중혼의 취소청구권자로 직계존속과 4촌 이내의 방계혈족을 규정하면서도 직계비속을 제외한 민법 조항에 대해, 평등원칙을 위반했는지 여부를 판단함에 있어서 중혼의 취소청구권자를 어느 범위까지 포함할 것인지 여부에 관하여는 입법자의 입법재량의 폭이 넓은 영역이라 할 것이므로 자의금지원칙 위반 여부를 심사하는 것으로 족하다.   O | X

중혼의 취소청구권자를 규정하면서 직계비속을 취소청구권자에 포함시키지 아니한 법률조항에서, 중혼의 취소청구권자를 어느 범위까지 포함할 것인지 여부에 관하여는 입법자의 입법재량의 폭이 넓은 영역이라 할 것이어서, 이 사건 법률조항이 평등원칙을 위반했는지 여부를 판단함에 있어서는 자의금지원칙 위반 여부를 심사하는 것으로 족하다고 할 것이다. … 합리적인 이유 없이 직계비속을 차별하고 있어, 평등원칙에 위반된다(헌재 2010.7.29. 2009헌가8).

229
□□□

제1종 운전면허를 받은 사람이 정기적성검사 기간 내에 적성검사를 받지 아니한 경우에 행정형벌을 과하도록 규정한 구 도로교통법 조항은 제1종 운전면허를 받은 사람이 정기적성검사를 받지 아니한 경우를 제2종 운전면허를 받은 사람과 달리 취급하는 것에는 합리적인 이유가 있다고 할 수 있으므로 평등원칙에 위반되지 아니한다.   O | X

도로교통법 등 행정법규 위반자에 대한 행정제재의 종류와 범위를 선택하는 문제는 기본적으로 당해 행정목적과 위반행위의 태양 등 여러 사정을 고려하여 입법자가 결정할 사항으로 원칙적으로 폭 넓은 입법재량 내지 입법형성권의 범위 내에 있는 것이므로 이 사건 벌칙조항에 관련한 평등권 심사의 경우 자의금지원칙에 위배되는지 여부를 판단하면 될 것이다. … 제1종 운전면허를 받은 사람이 정기적성검사를 받지 아니한 경우를 제2종 운전면허를 받은 사람과 달리 취급하는 것에는 합리적인 이유가 있다고 할 수 있으므로, 심판대상조항은 평등원칙에 위반되지 아니한다(헌재 2015.2.26. 2012헌바268).

제3장 자유권적 기본권

제1절 인신의 자유권

제1항 생명권

20. 국회직 9급

001
☐☐☐

헌법은 사형제도의 허용을 직접적으로 규정하고 있다. O | X

헌법 제110조 제4항 단서에서 간접적이나마 법률에 의하여 사형이 형벌로서 정해지고 또 적용될 수 있음을 인정하고 있다(헌재 2010.2.25. 2008헌가23).

20. 경정승진

002
☐☐☐

자기낙태죄 조항은 모자보건법에서 정한 사유에 해당하지 않는다면 결정가능기간 중에 다양하고 광범위한 사회적 경제적 사유를 이유로 낙태갈등 상황을 겪고 있는 경우까지도 예외 없이 전면적 일률적으로 임신의 유지 및 출산을 강제하고 이를 위반한 경우 형사처벌하고 있으므로 임신한 여성의 자기결정권을 제한하고 있어 침해의 최소성을 갖추지 못하였다. O | X

자기낙태죄 조항은 모자보건법에서 정한 사유에 해당하지 않는다면 결정가능기간 중에 다양하고 광범위한 사회적·경제적 사유를 이유로 낙태갈등 상황을 겪고 있는 경우까지도 예외 없이 전면적·일률적으로 임신의 유지 및 출산을 강제하고, 이를 위반한 경우 형사처벌하고 있다. 따라서, 자기낙태죄 조항은 입법목적을 달성하기 위하여 필요한 최소한의 정도를 넘어 임신한 여성의 자기결정권을 제한하고 있어 침해의 최소성을 갖추지 못하였고, 태아의 생명 보호라는 공익에 대하여만 일방적이고 절대적인 우위를 부여함으로써 법익균형성의 원칙도 위반하였으므로, 과잉금지원칙을 위반하여 임신한 여성의 자기결정권을 침해한다(헌재 2019.4.11. 2017헌바127).
✅ 참고 사회적·경제적 사유는 모자보건법상의 낙태 정당화 사유에 포함되지 않는다.

20. 국회직 9급

003
☐☐☐

자기낙태죄는 임신한 여성의 자기결정권에 대한 과도한 제한이라고 보기 어려워 헌법에 위반되지 않는다. O | X

입법자는 자기낙태죄 조항을 형성함에 있어 태아의 생명 보호와 임신한 여성의 자기결정권의 실제적 조화와 균형을 이루려는 노력을 충분히 하지 아니하여 태아의 생명 보호라는 공익에 대하여만 일방적이고 절대적인 우위를 부여함으로써 공익과 사익간의 적정한 균형관계를 달성하지 못하였다. 자기낙태죄 조항은 입법목적을 달성하기 위하여 필요한 최소한의 정도를 넘어 임신한 여성의 자기결정권을 제한하고 있어 침해의 최소성을 갖추지 못하고 있으며, 법익균형성의 원칙도 위반하였다고 할 것이므로, 과잉금지원칙을 위반하여 임신한 여성의 자기결정권을 침해하는 위헌적인 규정이다(헌재 2019.4.11. 2017헌바127).

정답 001 X 002 O 003 X

004

태아는 생명의 유지를 모(母)에게 의존하는 형성 중의 생명이라는 점에서 국가가 헌법 제10조 제2문에 따라 태아의 생명을 보호할 의무를 부담한다고 볼 수는 없다.　　　　　　　　　　　　　　O | X

모든 인간은 헌법상 생명권의 주체가 되며, 형성 중의 생명인 태아에게도 생명에 대한 권리가 인정되어야 한다. 태아가 비록 그 생명의 유지를 위하여 모(母)에게 의존해야 하지만, 그 자체로 모(母)와 별개의 생명체이고, 특별한 사정이 없는 한, 인간으로 성장할 가능성이 크기 때문이다. 따라서 태아도 헌법상 생명권의 주체가 되며, 국가는 헌법 제10조 제2문에 따라 태아의 생명을 보호할 의무가 있다(헌재 2019.4.11. 2017헌바127).

005

국가가 생명을 보호하는 입법적 조치를 취함에 있어 인간생명의 발달단계에 따라 그 보호정도나 보호수단을 달리하는 것은 불가능하지 않다.　　　　　　　　　　　　　　　　　　　　　　　　　O | X

생명의 전체적 과정에 대해 법질서가 언제나 동일한 법적 보호 내지 효과를 부여하고 있는 것은 아니다. 따라서 국가가 생명을 보호하는 입법적 조치를 취함에 있어 인간생명의 발달단계에 따라 그 보호정도나 보호수단을 달리하는 것은 불가능하지 않다(헌재 2019.4.11. 2017헌바127).

006

헌법재판소는 임신 제1삼분기(임신 14주 무렵까지)에는 사유를 불문하고 낙태가 허용되어야 하므로 자기낙태죄 규정에 대하여 단순위헌 결정을 하였다.　　　　　　　　　　　　　　　　　　　O | X

자기낙태죄 조항과 의사낙태죄 조항에 대하여 각각 단순위헌결정을 할 경우, 임신 기간 전체에 걸쳐 행해진 모든 낙태를 처벌할 수 없게 됨으로써 용인하기 어려운 법적 공백이 생기게 된다. 더욱이 입법자는 결정가능기간을 어떻게 정하고 결정가능기간의 종기를 언제까지로 할 것인지, 결정가능기간 중 일정한 시기까지는 사회적·경제적 사유에 대한 확인을 요구하지 않을 것인지 여부까지를 포함하여 결정가능기간과 사회적·경제적 사유를 구체적으로 어떻게 조합할 것인지, 상담요건이나 숙려기간 등과 같은 일정한 절차적 요건을 추가할 것인지 여부 등에 관하여 앞서 헌법재판소가 설시한 한계 내에서 입법재량을 가진다. 따라서 자기낙태죄 조항과 의사낙태죄 조항에 대하여 단순위헌 결정을 하는 대신 각각 헌법불합치 결정을 선고하되, 다만 입법자의 개선입법이 이루어질 때까지 계속적용을 명함이 타당하다(헌재 2019.4.11. 2017헌바127).

✓ 참고 낙태죄 사건에서 단순위헌의견 3인, 헌법불합치의견이 4인이었으며, 헌법재판소의 법정의견은 헌법불합치결정이다. 해당지문은 단순위헌의견에 해당하는 지문이다.

> 🔥 **관련 판례** 4인의 단순위헌의견
>
> 여기에서 더 나아가 이른바 '임신 제1삼분기(first trimester, 대략 마지막 생리기간의 첫날부터 14주 무렵까지)'에는 어떠한 사유를 요구함이 없이 임신한 여성이 자신의 숙고와 판단 아래 낙태할 수 있도록 하여야 한다는 점, 자기낙태죄 조항 및 의사낙태죄 조항(이하 '심판대상조항들'이라 한다)에 대하여 단순위헌결정을 하여야 한다(헌재 2019.4.11. 2017헌바127).

정답 004 X　005 O　006 X

007
☐☐☐

연명치료의 거부 또는 중단 결정은 헌법상 기본권인 자기결정권의 한 내용으로 보장되므로, 연명치료 중단에 관한 법률을 제정할 국가의 입법의무가 존재한다. O | X

환자가 장차 죽음에 임박한 상태에 이를 경우에 대비하여 미리 의료인 등에게 연명치료 거부 또는 중단에 관한 의사를 밝히는 등의 방법으로 죽음에 임박한 상태에서 인간으로서의 존엄과 가치를 지키기 위하여 연명치료의 거부 또는 중단을 결정할 수 있다 할 것이고, 위 결정은 헌법상 기본권인 자기결정권의 한 내용으로서 보장된다 할 것이다. … '연명치료 중단에 관한 자기결정권'을 보장하는 방법으로서 '법원의 재판을 통한 규범의 제시'와 '입법' 중 어느 것이 바람직한가는 입법정책의 문제로서 국회의 재량에 속한다 할 것이다. 그렇다면 헌법해석상 '연명치료 중단 등에 관한 법률'을 제정할 국가의 입법의무가 명백하다고 볼 수 없다(헌재 2009. 11.26. 2008헌마385).

008
☐☐☐

상관을 살해한 경우 사형만을 유일한 법정형으로 규정한 군형법은 군대 내 명령·지휘체계를 유지하고 유사시 군의 전투력을 확보할 필요성에 비추어 볼 때 헌법에 위반되지 않는다. O | X

군대 내 명령체계유지 및 국가방위라는 이유만으로 가해자와 상관 사이에 명령복종관계가 있는지 여부를 불문하고 전시와 평시를 구분하지 아니한 채 다양한 동기와 행위태양의 범죄를 동일하게 평가하여 사형만을 유일한 법정형으로 규정하고 있는 이 사건 법률조항은, 범죄의 중대성 정도에 비하여 심각하게 불균형적인 과중한 형벌을 규정함으로써 죄질과 그에 따른 행위자의 책임 사이에 비례관계가 준수되지 않아 인간이 존엄과 가치를 존중하고 보호하려는 실질적 법치국가의 이념에 어긋나고, 형벌체계상 정당성을 상실한 것이다(헌재 2007.11.29. 2006헌가13).

제2항 신체의 자유

009
☐☐☐

'여러 사람의 눈에 뜨이는 곳에서 공공연하게 알몸을 지나치게 내놓거나 가려야 할 곳을 내놓아 다른 사람에게 부끄러운 느낌이나 불쾌감을 준 사람'을 처벌하는 경범죄 처벌법 조항은 그 의미를 알기 어렵고 확정하기도 곤란하므로 명확성원칙에 위배된다. O | X

알몸을 '지나치게 내놓는' 것이 무엇인지 그 판단 기준을 제시하지 않아 무엇이 지나친 알몸노출행위인지 판단하기 쉽지 않고, '가려야 할 곳'의 의미도 알기 어렵다. 심판대상조항 중 '부끄러운 느낌이나 불쾌감'은 사람마다 달리 평가될 수밖에 없고, 노출되었을 때 부끄러운 느낌이나 불쾌감을 주는 신체부위도 사람마다 달라 '부끄러운 느낌이나 불쾌감'을 통하여 '지나치게'와 '가려야 할 곳' 의미를 확정하기도 곤란하다. … 심판대상조항은 죄형법정주의의 명확성원칙에 위배된다(헌재 2016.11.24. 2016헌가3).

정답 007 X 008 X 009 ○

010
☐☐☐

모양이 총포와 아주 비슷하여 '범죄에 악용될 소지가 현저한 것'을 모의총포의 기준으로 정한 총포·도검·화약류 등의 안전 관리에 관한 법률 시행령 조항은 건전한 상식과 통상적인 법감정을 가진 사람이 어떠한 물건이 모의총포에 해당하는지 알 수 없기 때문에 명확성원칙에 위배된다.　　　　　　O | X

이 사건 시행령 조항에서 '범죄에 악용될 소지가 현저한 것'은 진정한 총포로 오인·혼동되어 위협 수단으로 사용될 정도로 총포와 모양이 유사한 것을 의미하고, '인명·신체상 위해를 가할 우려가 있는 것'은 사람에게 상해나 사망의 결과를 가할 우려가 있을 정도로 진정한 총포의 기능과 유사한 것을 의미한다. 따라서 이 사건 시행령 조항은 문언상 그 의미가 명확하므로, 죄형법정주의의 명확성원칙에 위반되지 않는다(헌재 2018.5.31. 2017헌마167).

011
☐☐☐

구 군형법 조항에서 금지하는 연설, 문서 또는 그 밖의 방법으로 '정치적 의견을 공표'하는 행위는 법집행 당국의 자의적인 해석과 집행을 가능하게 한다고 보기 어려우므로 명확성원칙에 위배되지 않는다.　　　　　　O | X

심판대상조항에서 금지하는 '정치적 의견을 공표'하는 행위는 '군무원이 그 지위를 이용하여 특정 정당이나 특정 정치인 또는 그들의 정책이나 활동 등에 대한 지지나 반대 의견 등을 공표하는 행위로서 군조직의 질서와 규율을 무너뜨리거나 민주헌정체제에 대한 국민의 신뢰를 훼손할 수 있는 의견을 공표하는 행위'로 한정할 수 있다. … 따라서 심판대상조항은 수범자의 예측가능성을 해한다거나 법집행 당국의 자의적인 해석과 집행을 가능하게 한다고 보기는 어렵다. 이상을 종합하여 보면, 심판대상조항이 죄형법정주의의 명확성원칙에 위반된다고 할 수 없다(헌재 2018.7.26. 2016헌바139).

012
☐☐☐

군사기밀 보호법 조항 중 "외국인을 위하여 제12조 제1항에 규정된 죄를 범한 경우에는 그 죄에 해당하는 형의 2분의 1까지 가중처벌한다."는 부분(이하, '외국인 가중처벌 조항'이라 한다) 중 '외국인을 위하여'라는 의미는 '외국인 가중처벌 조항'에 의하여 금지된 행위가 무엇인지 명확하다고 볼 수 없기 때문에 명확성원칙에 위배된다.　　　　　　O | X

건전한 상식과 통상적인 법 감정을 가진 사람이라면 외국인 가중처벌 조항 중 '외국인을 위하여'의 의미는 '외국인에게 군사적이거나 경제적이거나를 불문하고 일체의 유·무형의 이익 내지는 도움이 될 수 있다는, 즉 외국인을 이롭게 할 수 있다는 인식 내지는 의사'를 의미한다고 충분히 알 수 있으므로, 외국인 가중처벌 조항에 의하여 금지된 행위가 무엇인지 불명확하다고 볼 수 없다. 따라서 외국인 가중처벌 조항은 죄형법정주의의 명확성원칙에 위반되지 아니한다(헌재 2018.1.25. 2015헌바367).

013
☐☐☐

독립행위가 경합하여 상해의 결과를 발생하게 한 경우 원인된 행위가 판명되지 아니한 때에는 공동정범의 예에 의하도록 규정한 형법 제263조는 책임주의원칙에 위반된다. O | X

신체에 대한 가해행위는 그 자체로 상해의 결과를 발생시킬 위험을 내포하고 있으므로, 독립한 가해행위가 경합하여 상해가 발생한 경우 상해의 발생 또는 악화에 전혀 기여하지 않은 가해행위의 존재라는 것은 상정하기 어렵고, 각 가해행위가 상해의 발생 또는 악화에 어느 정도 기여하였는지를 계량화할 수 있는 것도 아니다. 이에 입법자는 피해자의 법익 보호와 일반예방적 효과를 높일 필요성을 고려하여 다른 독립행위가 경합하는 경우와 구분하여 심판대상조항을 마련한 것이다. … 또한 법관은 피고인이 가해행위에 이르게 된 동기, 가해행위의 태양과 폭력성의 정도, 피해 회복을 위한 피고인의 노력 정도 등을 모두 참작하여 피고인의 행위에 상응하는 형을 선고하므로, 가해행위자는 자신의 행위를 기준으로 형사책임을 부담한다. 이러한 점을 종합하여 보면, 심판대상조항은 책임주의원칙에 반한다고 볼 수 없다(헌재 2018.3.29. 2017헌가10).

014
☐☐☐

경찰서장이 최루액을 물에 혼합한 용액을 살수차를 이용하여 살수한 행위는 신체의 자유를 침해하는 것이다. O | X

집회나 시위 해산을 위한 살수차 사용은 집회의 자유 및 신체의 자유에 대한 중대한 제한을 초래하므로 살수차 사용요건이나 기준은 법률에 근거를 두어야 하고, 살수차와 같은 위해성 경찰장비는 본래의 사용방법에 따라 지정된 용도로 사용되어야 하며 다른 용도나 방법으로 사용하기 위해서는 반드시 법령에 근거가 있어야 한다. 혼합살수방법은 법령에 열거되지 않은 새로운 위해성 경찰장비에 해당하고 이 사건 지침에 혼합살수의 근거 규정을 둘 수 있도록 위임하고 있는 법령이 없으므로, 이 사건 지침은 법률유보원칙에 위배되고 이 사건 지침만을 근거로 한 이 사건 혼합살수행위 역시 법률유보원칙에 위배된다. 따라서 이 사건 혼합살수행위는 청구인들의 신체의 자유와 집회의 자유를 침해한다(헌재 2018.5.31. 2015헌마476).

015
☐☐☐

병(兵)에 대한 징계처분으로 일정기간 부대나 함정 내의 영창, 그 밖의 구금장소에 감금하는 영창처분은, 인신의 자유를 덜 제한하면서도 병의 비위행위를 효율적으로 억지할 수 있는 징계수단을 강구하는 것이 얼마든지 가능함에도, 병의 신체의 자유를 필요 이상으로 과도하게 제한하므로 침해의 최소성 원칙에 어긋난다. O | X

심판대상조항에 의한 영창처분은 징계처분임에도 불구하고 신분상 불이익 외에 신체의 자유를 박탈하는 것까지 그 내용으로 삼고 있어 징계의 한계를 초과한 점, … 영창제도가 갖고 있는 위하력이 인신구금보다는 병역법상 복무기간의 불산입에서 기인하는 바가 더 크다는 지적에 비추어 볼 때, 인신의 자유를 덜 제한하면서도 병의 비위행위를 효율적으로 억지할 수 있는 징계수단을 강구하는 것은 얼마든지 가능하다고 볼 수 있다. … 심판대상조항은 병의 신체의 자유를 필요 이상으로 과도하게 제한하므로, 침해의 최소성 원칙에 어긋난다(헌재 2020.9.24. 2017헌바157 등).

016

☐☐☐ 관광진흥개발기금 관리·운용업무에 종사하도록 하기 위하여 문화체육관광부 장관에 의해 채용된 민간 전문가에 대해 형법상 뇌물죄의 적용에 있어서 공무원으로 의제하는 관광진흥개발기금법의 규정은 신체의 자유를 과도하게 제한하는 것은 아니다. O | X

민간 전문가가 기금 운용 정책 전반에 관하여 문화체육관광부 장관을 보좌하는 직무를 수행함에 있어서 청렴성이나 공정성이 필요하다. 위 조항은 민간 전문가를 모든 영역에서 공무원으로 의제하는 것이 아니라 직무의 불가매수성을 담보한다는 요청에 의해 금품수수행위 등 직무 관련 비리행위를 엄격히 처벌하기 위해 형법 제129조 등의 적용에 대하여만 공무원으로 의제하고 있으므로 입법목적 달성에 필요한 정도를 넘어선 과잉형벌이라고 할 수 없고, 신체의 자유 등 헌법상 기본권 제한의 정도가 달성하려는 공익에 비하여 중하다고 할 수 없다. … 결론적으로 이 사건 공무원 의제조항이 과잉금지원칙에 위배되어 청구인의 신체의 자유 등 헌법상 기본권을 침해한다고 볼 수 없다(헌재 2014.7.24. 2012헌바188).

017

☐☐☐ 구 미성년자보호법의 해당 조항 중 '잔인성'과 '범죄의 충동을 일으킬 수 있게'라는 부분은 그 적용 범위를 법집행기관의 자의적인 판단에 맡기고 있으므로 죄형법정주의에서 파생된 명확성의 원칙에 위배된다. O | X

'잔인성'에 대하여는 아직 판례상 그 개념규정이 확립되지 않은 상태이고 그 사전적 의미는 '인정이 없고 모짊'이라고 할 수 있는바, 이에 의하면 미성년자의 감정이나 의지, 행동 등 그 정신생활의 모든 영역을 망라하는 것으로서 … 법집행자의 자의적인 판단을 허용할 여지가 높다고 할 것이다. … '범죄의 충동을 일으킬 수 있게'한다는 것이 과연 확정적이든 미필적이든 고의를 품도록 하는 것에만 한정되는 것인지, 인식의 유무를 가리지 않고 실제로 구성요건에 해당하는 행위로 나아가게 하는 일체의 것을 의미하는지, 더 나아가 단순히 그 행위에 착수하는 단계만으로도 충분한 것인지, 그 결과까지 의욕하거나 실현하도록 하여야만 하는 것인지를 전혀 알 수 없다. … 이 사건 미성년자보호법 조항은 법관의 보충적인 해석을 통하여도 그 규범내용이 확정될 수 없는 모호하고 막연한 개념을 사용함으로써 그 적용범위를 법집행기관의 자의적인 판단에 맡기고 있으므로, 죄형법정주의에서 파생된 명확성의 원칙에 위배된다(헌재 2002.2.28. 99헌가8).

018

☐☐☐ 음주운전 금지규정을 2회 이상 위반한 사람을 2년 이상 5년 이하의 징역이나 1천만원 이상 2천만원 이하의 벌금에 처하도록 한 구 도로교통법 조항은 보호법익에 미치는 위험 정도가 비교적 낮은 유형의 재범 음주운전행위도 일률적으로 그 법정형의 하한인 2년 이상의 징역 또는 1천만원 이상의 벌금을 기준으로 처벌하도록 하고 있어 책임과 형벌 간의 비례원칙에 위반된다. O | X

심판대상조항은 과거 위반 전력, 혈중알코올농도 수준 등에 비추어, 보호법익에 미치는 위험 정도가 비교적 낮은 유형의 재범 음주운전행위도 일률적으로 그 법정형의 하한인 2년 이상의 징역 또는 1천만원 이상의 벌금을 기준으로 처벌하도록 하고 있어 책임과 형벌 사이의 비례성을 인정하기 어렵다. 따라서 심판대상조항은 책임과 형벌 간의 비례원칙에 위반된다(헌재 2021.11.25. 2019헌바446).

정답 016 ○ 017 ○ 018 ○

019
□□□

술에 취한 상태에서의 운전을 금지하는 도로교통법 조항을 2회 이상 위반한 음주운전자를 가중처벌하는 조항은 죄형법정주의 명확성 원칙에 위배되지 않는다.　　　　　　　　　　　　　　　　O I X

심판대상조항의 문언, 입법목적과 연혁, 관련 규정과의 관계 및 법원의 해석 등을 종합하여 볼 때, 심판대상조항에서 '제44조 제1항을 2회 이상 위반한 사람'이란 '2006.6.1. 이후 도로교통법 제44조 제1항을 위반하여 술에 취한 상태에서 운전을 하였던 사실이 인정되는 사람으로서, 다시 같은 조 제1항을 위반하여 술에 취한 상태에서 운전한 사람'을 의미함을 충분히 알 수 있으므로, 심판대상조항은 죄형법정주의의 명확성원칙에 위반되지 아니한다(헌재 2021.11.25. 2019헌바446).

020
□□□

인터넷언론사는 선거운동기간 중 당해 홈페이지 게시판 등에 정당·후보자에 대한 지지·반대 등의 정보를 게시하는 경우 실명을 확인받는 기술적 조치를 하도록 하는 조항에서 '인터넷언론사' 부분 및 정당 후보자에 대한 '지지·반대' 부분은 명확성 원칙에 위배되지 않는다.　　　　　　　　　　　　O I X

공직선거법 및 관련 법령이 구체적으로 '인터넷언론사'의 범위를 정하고 있고, 중앙선거관리위원회가 설치·운영하는 인터넷선거보도심의위원회가 심의대상인 인터넷언론사를 결정하여 공개하는 점 등을 종합하면 '인터넷언론사'는 불명확하다고 볼 수 없으며, '지지·반대'의 사전적 의미와 심판대상조항의 입법목적, 공직선거법 관련 조항의 규율내용을 종합하면, 건전한 상식과 통상적인 법 감정을 가진 사람이면 자신의 글이 정당·후보자에 대한 '지지·반대'의 정보를 게시하는 행위인지 충분히 알 수 있으므로, 실명확인 조항 중 '인터넷언론사' 및 '지지·반대' 부분은 명확성 원칙에 반하지 않는다(헌재 2021.1.28. 2018헌마456).

021
□□□

병(兵)에 대한 징계처분으로 일정기간 부대나 함정(艦艇) 내의 영창, 그 밖의 구금장소에 감금하는 영창처분이 가능하도록 규정한 조항은 병(兵)의 신체의 자유를 침해하지 않는다.　　　　　　　　　　O I X

병의 복무규율준수를 강화하고, 복무기강을 엄정히 하여 지휘명령체계를 확립하고 전투력을 제고하는 것은 징계를 중하게 하는 것으로 달성되는 데는 한계가 있고, 병의 비위행위를 개선하고 행동을 교정할 수 있도록 적절한 교육과 훈련을 제공하고, 비합리적인 병영 내 문화를 개선할 때 가능할 것이다. 또한, 영창제도가 갖고 있는 위하력이 인신구금보다는 병역법상 복무기간의 불산입에서 기인하는 바가 더 크다는 지적에 비추어 볼 때, 인신의 자유를 덜 제한하면서도 병의 비위행위를 효율적으로 억지할 수 있는 징계수단을 강구하는 것은 얼마든지 가능하다고 볼 수 있다. … 심판대상조항은 병의 신체의 자유를 필요 이상으로 과도하게 제한하므로, 침해의 최소성 원칙에 어긋난다(헌재 2020.9.24. 2017헌바157).

022

☐☐☐

헌법 제12조 제1항의 신체의 자유는, 신체의 안정성이 외부로부터의 물리적인 힘이나 정신적인 위험으로부터 침해당하지 아니할 자유와 신체활동을 임의적이고 자율적으로 할 수 있는 자유를 말한다. 디엔에이감식시료 채취의 구체적인 방법은 구강점막 또는 모근을 포함한 모발을 채취하는 방법으로 하고, 위 방법들에 의한 채취가 불가능하거나 현저히 곤란한 경우에는 분비물, 체액을 채취하는 방법으로 한다. 그렇다면 디엔에이감식시료의 채취행위는 신체의 안정성을 해한다고 볼 수 있으므로 신체의 자유를 제한한다.

O | X

헌법 제12조 제1항의 신체의 자유는, 신체의 안정성이 외부로부터의 물리적인 힘이나 정신적인 위험으로부터 침해당하지 아니할 자유와 신체활동을 임의적이고 자율적으로 할 수 있는 자유를 말한다. 디엔에이감식시료 채취의 구체적인 방법은 구강점막 또는 모근을 포함한 모발을 채취하는 방법으로 하고, 위 방법들에 의한 채취가 불가능하거나 현저히 곤란한 경우에는 분비물, 체액을 채취하는 방법으로 한다. 그러므로 디엔에이감식시료의 채취행위는 신체의 안정성을 해한다고 볼 수 있으므로 이 사건 채취 조항은 신체의 자유를 제한한다(헌재 2014.8.28. 2011헌마28 등).

023

☐☐☐

절대적 종신형제도는 사형제도와는 또 다른 위헌성 문제를 야기할 수 있고, 현행 형사법령하에서도 가석방제도의 운영 여하에 따라 사회로부터의 영구적 격리가 가능한 절대적 종신형과 상대적 종신형의 각 취지를 살릴 수 있다는 점 등을 고려하면, 현행 무기징역형제도가 상대적 종신형 외에 절대적 종신형을 따로 두고 있지 않은 것이 형벌체계상 정당성과 균형을 상실하여 헌법 제11조의 평등원칙에 반한다거나 형벌이 죄질과 책임에 상응하도록 비례성을 갖추어야 한다는 책임원칙에 반한다고 단정하기 어렵다.

O | X

절대적 종신형제도는 사형제도와는 또 다른 위헌성 문제를 야기할 수 있고, 현행 형사법령하에서도 가석방제도의 운영 여하에 따라 사회로부터의 영구적 격리가 가능한 절대적 종신형과 상대적 종신형의 각 취지를 살릴 수 있다는 점 등을 고려하면, 현행 무기징역형제도가 상대적 종신형 외에 절대적 종신형을 따로 두고 있지 않은 것이 형벌체계상 정당성과 균형을 상실하여 헌법 제11조의 평등원칙에 반한다거나 형벌이 죄질과 책임에 상응하도록 비례성을 갖추어야 한다는 책임원칙에 반한다고 단정하기 어렵다(헌재 2010.2.25. 2008헌가23).

024

☐☐☐

입법자가 법정형 책정에 관한 여러 가지 요소를 종합적으로 고려하여 법률 그 자체로 법관에 의한 양형재량의 범위를 좁혀 놓았다고 하더라도, 그것이 당해 범죄의 보호법익과 죄질에 비추어 범죄와 형벌 간의 비례의 원칙상 수긍할 수 있는 합리성이 있다면 이러한 법률을 위헌이라고 할 수 없다.

O | X

입법자가 법정형 책정에 관한 여러 가지 요소의 종합적 고려에 따라 법률 그 자체로 법관에 의한 양형재량의 범위를 좁혀 놓았다 하더라도 그것이 당해 범죄의 보호법익과 죄질에 비추어 범죄와 형벌간의 비례의 원칙상 수긍할 수 있는 정도의 합리성이 있다면 이러한 법률을 위헌이라고 할 수 없을 것인데, 입법자가 이 사건 규정에서 벌금형을 필요적으로 병과하도록 하고 있는 것은 일정액 이상의 조세포탈범에 대하여 그 위법성과 비난가능성의 정도를 높게 평가하여 징벌의 강도를 높이고자 한 결단에서 비롯된 것이므로 법관의 양형재량권을 침해하고 있다고 볼 수 없다(헌재 2005.7.21. 2003헌바98).

025

□□□

위험한 물건을 휴대한 경우를 가중적 구성요건으로 하여 상해죄보다 가중처벌하고 있는 형법상 특수상해죄 조항은 책임과 형벌 사이의 비례원칙에 위배되지 않는다.　O | X

상해죄의 경우에는 위험한 물건을 휴대하여 범행을 하였을 경우를 가중하여 처벌하는 조항이 형법에 규정되어 있지 않으므로, 폭처법에 위험한 물건을 휴대하여 형법상의 상해죄를 범한 경우를 가중 처벌하는 규정을 둘 필요성이 없다고 할 수 없다. 폭처법상 상해죄 조항의 법정형은 징역 3년 이상으로서 법관이 작량감경을 하지 않더라도 집행유예의 선고가 가능하며, 작량감경에 의하여 피고인의 책임에 상응하는 형을 선고할 수 있다. 따라서 위 선례와 달리 판단할 사정의 변경이나 필요성이 있다고 인정되지 아니하므로, 폭처법상 상해죄 조항은 책임과 형벌간의 비례원칙에 위배되지 아니한다(헌재 2015.9.24. 2015헌가17).

026

□□□

밀수입 등의 예비행위를 본죄에 준하여 처벌하도록 규정한 특정범죄 가중처벌 등에 관한 법률 조항은 구체적 행위의 개별성과 고유성을 고려한 양형판단의 가능성을 배제하는 가혹한 형벌로서 책임과 형벌 사이의 비례원칙에 위배된다.　O | X

예비행위를 본죄에 준하여 처벌하도록 하고 있는 심판대상조항은 그 불법성과 책임의 정도에 비추어 지나치게 과중한 형벌을 규정하고 있는 것이다. 또한 예비행위의 위험성은 구체적인 사건에 따라 다름에도 심판대상조항에 의하면 위험성이 미약한 예비행위까지도 본죄에 준하여 처벌하도록 하고 있어 행위자의 책임을 넘어서는 형벌이 부과되는 결과가 발생한다. … 따라서 심판대상조항은 구체적 행위의 개별성과 고유성을 고려한 양형판단의 가능성을 배제하는 가혹한 형벌로서 책임과 형벌 사이의 비례성의 원칙에 위배된다(헌재 2019.2.28. 2016헌가13).

027

□□□

사람을 공갈하여 재물의 교부를 받거나 재산상의 이익을 취득하여 그 이득액이 5억 원 이상인 경우 이득액을 기준으로 가중처벌하는 구 특정경제범죄 가중처벌 등에 관한 법률 조항은 책임과 형벌 사이의 비례원칙에 위배된다.　O | X

구체적 사안에 따라 작량감경하여 집행유예도 선고될 수 있는 점, 재산범죄에서 이득액이 불법성의 핵심적인 부분을 이루는 점, 이득액에 따른 단계적 가중처벌의 명시를 통해 일반예방 및 법적 안정성에 기여할 수 있고, 법원의 양형편차를 줄여 사법에 대한 신뢰를 제고할 수 있는 점 등을 고려할 때, 이득액을 기준으로 한 가중처벌이 책임과 형벌 간 비례원칙에 위배된다고 볼 수 없다(헌재 2021.2.25. 2019헌바128 등).

028

□□□

"이 법 시행 전의 행위에 대한 벌칙의 적용에 있어서는 종전의 규정에 따른다."는 도로교통법 부칙(2010.7.23. 법률 제10382호) 조항은 헌법 제13조 제1항의 형벌불소급원칙 보호영역에 포섭된다.　O | X

청구인은, 이 사건 부칙조항이 죄형법정주의 파생원칙인 형벌불소급원칙에 위반된다고 주장하나, 형벌불소급원칙이란 형벌법규는 시행된 이후의 행위에 대해서만 적용되고 시행 이전의 행위에 대해서는 소급하여 불리하게 적용되어서는 안 된다는 원칙인바, 이 사건 부칙조항은 개정된 법률 이전의 행위를 소급하여 형사처벌하도록 규정하고 있는 것이 아니라 형사처벌을 규정하고 있던 행위시법이 사후 폐지되었음에도 신법이 아닌 행위시법에 의하여 형사처벌하도록 규정한 것으로서, 헌법 제13조 제1항의 형벌불소급원칙 보호영역에 포섭되지 아니한다(헌재 2015.2.26. 2012헌바268).

정답 025 ○　026 ○　027 X　028 X

029
☐☐☐

노역장유치조항의 시행 전에 행해진 범죄행위에 대해서 공소제기의 시기가 노역장유치조항의 시행 이후 이면 노역장유치조항을 적용하도록 하는 것은 헌법상 형벌불소급원칙에 위반된다. O | X

부칙조항은 노역장유치조항의 시행 전에 행해진 범죄행위에 대해서도 공소제기의 시기가 노역장유치조항의 시행 이후이면 이를 적용하도록 하고 있으므로, 이는 범죄행위 당시보다 불이익한 법률을 소급 적용하도록 하 는 것으로서 헌법상 형벌불소급원칙에 위반된다(헌재 2017.10.26. 2015헌바239).

030
☐☐☐

디엔에이신원확인정보의 수집·이용이 범죄의 예방효과를 가지는 보안처분으로서의 성격을 일부 지닌다 고 하더라도 이는 비형벌적 보안처분으로서 소급입법금지원칙이 적용되지 않는다. O | X

디엔에이신원확인정보의 수집·이용은 수형인등에게 심리적 압박으로 인한 범죄예방효과를 가진다는 점에서 보안처분의 성격을 지니지만, 처벌적인 효과가 없는 비형벌적 보안처분으로서 소급입법금지원칙이 적용되지 않는다(헌재 2014.8.28. 2011헌마28).

031
☐☐☐

아동·청소년의 성보호에 관한 법률이 정하고 있는 아동·청소년대상 성범죄자의 아동·청소년 관련 교육 기관 등에의 취업제한제도는 형법이 규정하고 있는 형벌에 해당되지 않으므로 헌법 제13조 제1항 전단의 형벌불소급원칙이 적용되지 않는다. O | X

헌법 제13조 제1항 전단은 소급적인 범죄구성요건의 제정과 소급적인 형벌의 가중을 엄격히 금하고 있다. 헌 법재판소는 이 형벌불소급 원칙을 엄격히 해석하여, 비형벌적 보안처분에는 이 원칙이 적용되지 않는다고 판 단해 왔다. 청소년성보호법이 정하고 있는 취업제한제도로 인해 성범죄자에게 일정한 직종에 종사하지 못하는 제재가 부과되기는 하지만, 위 취업제한제도는 형법이 규정하고 있는 형벌에 해당하지 않으므로, 헌법 제13조 제1항 전단의 형벌불소급 원칙이 적용되지 않는다(헌재 2016.3.31. 2013헌마585).

032
☐☐☐

죄형법정주의에서 파생되는 명확성의 원칙은, 누구나 법률이 처벌하고자 하는 행위가 무엇이며 그에 대한 형벌이 어떠한 것인지를 예견할 수 있고 그에 따라 자신의 행위를 결정 지을 수 있도록 구성요건이 명확 할 것을 의미한다. O | X

죄형법정주의에서 파생되는 명확성의 원칙은 누구나 법률이 처벌하고자 하는 행위가 무엇이며 그에 대한 형벌 이 어떠한 것인지를 예견할 수 있고 그에 따라 자신의 행위를 결정할 수 있도록 구성요건이 명확할 것을 의미 하는 것이다(헌재 2002.2.28. 99헌가8).

정답 029 ○ 030 ○ 031 ○ 032 ○

033
☐☐☐

처벌법규의 구성요건을 일일이 세분하여 명확성의 요건을 모든 경우에 요구하는 것은 입법기술상 불가능하거나 현저히 곤란하므로, 처벌법규의 구성요건이 어느 정도 명확하여야 하는가는 일률적으로 정할 수 없고, 각 구성요건의 특수성과 그러한 법적 규제의 원인이 된 여건이나 처벌의 정도 등을 고려하여 종합적으로 판단하여야 하며, 다소 광범위하고 어느 정도의 범위에서는 법관의 보충적인 해석을 필요로 하는 개념을 사용하여 규정하였다고 하더라도 그 적용단계에서 다의적으로 해석될 우려가 없는 이상 그 점만으로 헌법이 요구하는 명확성의 요구에 배치된다고는 보기 어렵다. O | X

처벌법규의 구성요건이 명확하여야 한다고 하여 입법권자가 모든 구성요건을 단순한 의미의 서술적인 개념에 의하여 규정하여야 한다는 것은 아니다. 처벌법규의 구성요건이 다소 광범위하여 어떤 범위에서는 법관의 보충적인 해석을 필요로 하는 개념을 사용하였다고 하더라도, 그 점만으로 헌법이 요구하는 처벌법규의 명확성에 반드시 배치되는 것이라고는 볼 수 없다. 그렇지 않으면, 처벌법규의 구성요건이 지나치게 구체적이고 정형적이 되어 부단히 변화하는 다양한 생활관계를 제대로 규율할 수 없게 될 것이기 때문이다. 다만, 자의를 허용하지 않는 통상의 해석방법에 의하더라도 당해 처벌법규의 보호법익과 그에 의하여 금지된 행위 및 처벌의 종류와 정도를 누구나 알 수 있도록 규정되어 있어야 하는 것이다. 따라서 처벌법규의 구성요건이 어느 정도 명확하여야 하는가는 일률적으로 정할 수 없고, 각 구성요건의 특수성과 그러한 법적규제의 원인이 된 여건이나 처벌의 정도 등을 고려하여 종합적으로 판단하여야 한다(헌재 1993.3.11. 92헌바33) 다소 광범위하고 어느 정도의 범위에서는 법관의 보충적인 해석을 필요로 하는 개념을 사용하여 규정하였다고 하더라도 그 적용단계에서 다의적(多義的)으로 해석될 우려가 없는 이상 그 점만으로 헌법이 요구하는 명확성의 요구에 배치된다고는 보기 어렵다 할 것이다(헌재 1989.12.22. 88헌가13).

034
☐☐☐

범죄의 처벌에 관한 문제, 즉 법정형의 종류와 범위의 선택은 입법자가 결정할 사항이지만, 광범위한 입법재량 내지 형성의 자유가 인정된다고 볼 수 없다. O | X

어떤 범죄를 어떻게 처벌할 것인가 하는 문제 즉 법정형의 종류와 범위의 선택은 그 범죄의 죄질과 보호법익에 대한 고려뿐만 아니라 우리의 역사와 문화, 입법당시의 시대적 상황, 국민일반의 가치관 내지 법감정 그리고 범죄예방을 위한 형사정책적 측면 등 여러가지 요소를 종합적으로 고려하여 입법자가 결정할 사항으로서 광범위한 입법재량 내지 형성의 자유가 인정되어야 할 분야이다(헌재 1999.5.27. 98헌바26).

035
☐☐☐

국회의 입법재량 내지 입법정책적 고려에 있어서도 국민의 자유와 권리의 제한은 필요한 최소한에 그쳐야 하며, 기본권의 본질적인 내용을 침해하는 입법은 할 수 없으므로, 헌법이나 법률에 의하여 명시된 죄형법정주의와 소급효의 금지 및 이에 유래하는 유추해석금지의 원칙 외에 지켜져야 할 입법원칙이 있다. O | X

국회의 입법재량 내지 입법정책적 고려에 있어서도 국민의 자유와 권리의 제한은 필요한 최소한에 그쳐야 하며, 기본권의 본질적인 내용을 침해하는 입법은 할 수 없으므로, 헌법이나 법률에 의하여 명시된 죄형법정주의와 소급효의 금지 및 이에 유래하는 유추해석금지의 원칙 외에 지켜져야 할 입법원칙이 있다(헌재 2002.4.25. 2001헌가27).

036
☐☐☐

외국에서 형의 전부 또는 일부의 집행을 받은 자에 대하여 형을 감경 또는 면제할 수 있도록 한 구 형법 해당 조항은 신체의 자유를 침해하지 않는다. O | X

외국에서 실제로 형의 집행을 받았음에도 불구하고 우리 형법에 의한 처벌 시 이를 전혀 고려하지 않는다면 신체의 자유에 대한 과도한 제한이 될 수 있으므로 그와 같은 사정은 어느 범위에서든 반드시 반영되어야 하고, 이러한 점에서 입법형성권의 범위는 다소 축소될 수 있다. 입법자는 국가형벌권의 실현과 국민의 기본권 보장의 요구를 조화시키기 위하여 형을 필요적으로 감면하거나 외국에서 집행된 형의 전부 또는 일부를 필요적으로 산입하는 등의 방법을 선택하여 청구인의 신체의 자유를 덜 침해할 수 있음에도, 이 사건 법률조항과 같이 우리 형법에 의한 처벌 시 외국에서 받은 형의 집행을 전혀 반영하지 아니할 수도 있도록 한 것은 과잉 금지원칙에 위배되어 신체의 자유를 침해한다(헌재 2015.5.28. 2013헌바129).

037
☐☐☐

보안처분은 형벌과는 달리 행위자의 장래 재범위험성에 근거하는 것으로서 행위시가 아닌 재판시의 재범 위험성 여부에 대한 판단에 따라 보안처분의 선고 여부가 결정되므로, 어떤 보안처분이 형벌적 성격이 강하여 신체의 자유 박탈에 준하는 정도로 신체의 자유를 제한한다 하더라도 형벌불소급원칙이 적용되지 않는다. O | X

보안처분은 형벌과 달리 행위자의 장래 위험성에 근거하는 것으로 행위시가 아닌 재판시의 재범 위험성 여부에 대한 판단에 따라 결정되므로, 원칙적으로 재판 당시 현행법을 소급적용할 수 있다. 그러나 보안처분의 범주가 넓고 그 모습이 다양한 이상, 보안처분에 속한다는 이유만으로 일률적으로 소급처벌금지원칙이 적용된다거나 그렇지 않다고 단정해서는 안 되고, 보안처분으로 형벌불소급의 원칙이 유명무실하게 되는 것도 허용될 수 없다. 따라서 보안처분이라 하더라도 형벌적 성격이 강하여 신체의 자유를 박탈하거나 박탈에 준하는 정도로 신체의 자유를 제한하는 경우에는 소급처벌금지원칙이 적용된다(헌재 2015.9.24. 2015헌바35).

038
☐☐☐

인신보호법상 구제청구를 할 수 있는 피수용자의 범위에서 출입국관리법에 따라 보호된 외국인을 제외하는 것은 인신보호법에 따른 보호의 적부를 다툴 기회를 배제하고 있어 신체의 자유를 침해한다. O | X

심판대상조항이 출입국관리법에 따라 보호된 사람을 인신보호법에 따라 구제청구를 할 수 있는 피수용자의 범위에서 제외한 것은, 출입국관리법상 보호가 외국인의 강제퇴거사유의 존부 심사 및 강제퇴거명령의 집행확보라는 행정목적을 담보하고 이를 효율적으로 집행하기 위해 행해지는 것으로 신체의 자유 제한 자체를 목적으로 하는 형사절차상의 인신구속 또는 여타의 행정상의 인신구속과는 그 목적이나 성질이 다르다는 점, 출입국관리법이 보호라는 인신구속의 적법성을 담보하기 위한 엄격한 사전절차와 사후적 구제수단을 충분히 마련하고 있는 이상, 인신보호법의 보호범위에 출입국관리법에 따라 보호된 자를 포함시킬 실익이 크지 아니한 점을 고려한 것이며, 여기에는 합리적 이유가 있다. 따라서 심판대상조항은 청구인들의 평등권을 침해하지 아니한다(헌재 2014.8.28. 2012헌마686).

정답 036 X 037 X 038 X

039
□□□

수형자가 민사재판에 출정하여 법정 대기실 내 쇠창살 격리시설 안에 유치되어 있는 동안 교도소장이 출정계호교도관을 통해 수형자에게 양손수갑 1개를 앞으로 사용한 행위는 신체의 자유를 침해한 것이다.

O | X

이 사건 보호장비 사용행위는 수형자가 도주나 자해, 다른 사람에 대한 위해와 같은 교정사고를 저지르는 것을 예방하고, 법원 내 질서 유지에 협력하기 위한 것으로, 그 목적의 정당성 및 수단의 적합성이 인정된다. … 따라서 이 사건 보호장비 사용행위는 과잉금지원칙을 위반하여 청구인의 신체의 자유 및 인격권을 침해하지 않는다(헌재 2023.6.29. 2018헌마1215).

040
□□□

민사집행법상 재산명시의무를 위반한 채무자에 대하여 법원의 결정으로 20일 이내의 감치에 처하도록 규정한 것은 신체의 자유를 침해하지 않는다.

O | X

심판대상조항은 민사집행법상 재산명시의무를 위반한 채무자에 대하여 법원이 결정으로 20일 이내의 감치에 처하도록 규정한 것으로서, 구 민사소송법에서 형사처벌하던 것을 재산명시의무를 간접강제하기 위한 민사적 제재로 전환하였고, 금전지급을 목적으로 하는 집행권원에 기초한 경우에만 인정되며, 채무자로서는 재산명시기일에 출석하여 재산목록을 제출하고 선서를 하기만 하면 감치의 제재를 받지 않으며, 감치를 명하더라도 최대 20일을 초과할 수 없고, 감치의 집행 중이라도 채무자가 재산명시의무를 이행하거나 채무를 변제하면 즉시 석방되는 점에 비추어, 과잉금지원칙에 빈하여 청구인의 신체의 자유를 침해하지 아니한다(헌재 2014.9.25. 2013헌마11).

041
□□□

지방의회에서의 사무감사·조사를 위한 증인의 동행명령장제도는 증인의 신체의 자유를 억압하여 일정 장소로 인치하는 것으로서 헌법 제12조 제3항의 체포 또는 구속에 준하는 사안이므로 동행명령장을 집행하기 위해서는 법관이 발부한 영장제시가 필요하다.

O | X

지방의회에서의 사무감사·조사를 위한 증인의 동행명령장제도도 증인의 신체의 자유를 억압하여 일정 장소로 인치하는 것으로서 헌법 제12조 제3항의 '체포 또는 구속'에 준하는 사태로 보아야 하고, 거기에 현행범 체포와 같이 사후에 영장을 발부받지 아니하면 목적을 달성할 수 없는 긴박성이 있다고 인정할 수는 없으므로, 헌법 제12조 제3항에 의하여 법관이 발부한 영장의 제시가 있어야 함에도 불구하고 동행명령장을 법관이 아닌 지방의회 의장이 발부하고 이에 기하여 증인의 신체의 자유를 침해하여 증인을 일정 장소에 인치하도록 규정된 조례안은 영장주의원칙을 규정한 헌법 제12조 제3항에 위반된 것이다(대판 1995.6.30. 93추83).

042
□□□

약식명령에 대한 정식재판청구권 회복청구시 필요적 집행정지가 아닌 임의적 집행정지로 규정한 형사소송법 조항은 약식명령에 의한 벌금형을 납부하지 않아 노역장에 유치된 자의 신체의 자유를 침해한 것이다.

O | X

이 사건 법률조항은 약식명령에 대한 정식재판청구권 회복청구가 인용되는 경우 정식재판절차가 개시되어 약식명령이 확정되지 않은 상태로 되돌아간다는 점을 고려하여, 정식재판 청구기간 경과에 귀책사유가 없는 피고인을 재판의 부당한 집행으로부터 보호하면서, 필요적 집행정지로 인한 벌금형의 실효성 저하를 방지하고자 법원으로 하여금 구체적 사정을 고려하여 재판의 집행정지 여부를 결정하도록 하는 규정이다. … 따라서 이 사건 법률조항이 신체의 자유를 침해한다고 볼 수 없다(헌재 2014.5.29. 2012헌마104).

정답 039 X 040 ○ 041 ○ 042 X

043

□□□

정신적인 장애로 항거불능·항거곤란 상태에 있음을 이용하여 사람을 간음한 사람을 무기 또는 7년 이상의 징역에 처한다고 규정하여 집행유예를 선고할 수 없도록 한 성폭력범죄의 처벌 등에 관한 특례법 조항은 책임과 형벌의 비례원칙에 위배되지 아니한다.　　　　　　　　　　　　　O | X

장애인준강간죄의 보호법익의 중요성, 죄질, 행위자 책임의 정도 및 일반예방이라는 형사정책의 측면 등 여러 요소를 고려하여 본다면, 입법자가 형법상 준강간죄나 장애인위계등간음죄(성폭력처벌법 제6조 제5항)의 법정형보다 무거운 '무기 또는 7년 이상의 징역'이라는 비교적 중한 법정형을 정하여, 법관의 작량감경만으로는 집행유예를 선고하지 못하도록 입법적 결단을 내린 것에는 나름대로 수긍할 만한 합리적인 이유가 있는 것이고, 그것이 범죄의 죄질 및 행위자의 책임에 비하여 지나치게 가혹하다고 할 수 없다. 따라서 심판대상조항은 책임과 형벌의 비례원칙에 위배되지 아니한다(헌재 2016.11.24. 2015헌바136).

044

□□□

법인의 대리인·사용인 기타의 종업원이 그 법인의 업무에 관하여 근로자가 노동조합을 조직 또는 운영하는 것을 지배하거나 이에 개입하는 행위를 한 때에는 그 법인에 대하여도 벌금형을 과하도록 한 노동조합 및 노동관계조정법 조항은 종업원 등이 저지른 행위의 결과에 대한 법인의 독자적인 책임에 관하여 전혀 규정하지 않은 채, 단순히 법인이 고용한 종업원 등이 업무에 관하여 범죄행위를 하였다는 이유만으로 법인에 대하여 형벌을 부과하도록 정하고 있는바, 헌법상 법치국가원리로부터 도출되는 책임주의원칙에 위배된다.　　　　　　　　　　　　　O | X

심판대상조항은 종업원 등의 범죄행위에 관하여 비난할 근거가 되는 법인의 의사결정 및 행위구조, 즉 종업원 등이 저지른 행위의 결과에 대한 법인의 독자적인 책임에 관하여 전혀 규정하지 않은 채, 단순히 법인이 고용한 종업원 등이 업무에 관하여 범죄행위를 하였다는 이유만으로 법인에 대하여 형벌을 부과하도록 정하고 있는바, 이는 다른 사람의 범죄에 대하여 그 책임 유무를 묻지 않고 형사처벌하는 것이므로 헌법상 법치국가원리로부터 도출되는 책임주의원칙에 위배된다(헌재 2019.4.11. 2017헌가30).

045

□□□

자동차의 운전자는 고속도로 등에서 자동차의 고장 등 부득이한 사정이 있는 경우를 제외하고는 갓길(도로법에 따른 길어깨를 말한다)로 통행하여서는 아니 된다고 규정하고 이를 위반한 사람은 20만 원 이하의 벌금이나 구류 또는 과료에 처한다고 규정한 구 도로교통법 조항은 책임과 형벌 사이의 비례원칙에 위배된다.　　　　　　　　　　　　　O | X

고속도로 등은 자동차들이 일반도로에 비하여 고속으로 주행하여 중대한 위험이 발생할 가능성이 높고, 긴급자동차 등이 위험 발생 지역에 접근하기 어려운 특성이 있어 비상시에 이용하기 위하여 갓길이 설치된 것이므로, 갓길이 그 본래의 설치목적에 따라 이용될 수 있도록 갓길 통행 금지의무의 준수를 담보할 필요성이 높다. 행정질서벌의 부과만으로는 갓길 통행을 충분히 억제할 수 없다고 판단하고 형벌이라는 수단을 선택한 입법자의 판단이 명백하게 잘못되었다고 볼 수 없다. … 그러므로 처벌조항은 책임과 형벌 사이의 비례원칙에 위배되지 않는다(헌재 2021.8.31. 2020헌바100).

046
□□□

무신고 수출입의 경우 법인을 범인으로 보고 필요적으로 몰수·추징하도록 규정한 구 관세법 조항은, 법인이 그 위반행위를 방지하기 위하여 주의와 감독을 게을리하지 아니한 경우에는 몰수·추징 대상에서 제외되므로, 책임과 형벌 간의 비례원칙에 위반된다고 할 수 없다. O | X

법인의 업무와 관련된 무신고 수출입행위는 법인의 관리·감독 형태 등 구조적인 문제로 인하여도 발생할 수 있으므로, 무신고 수출입 업무의 귀속 주체인 법인을 행위자와 동일하게 몰수·추징 대상으로 하여 위반행위의 발생을 방지하고 관련 조항의 규범력을 확보할 필요가 있으며, 법인이 그 위반행위를 방지하기 위하여 주의와 감독을 게을리하지 아니한 경우에는 몰수·추징 대상에서 제외되므로, 이 사건 법인적용조항은 책임과 형벌 간의 비례원칙에 위반된다고 할 수 없다(헌재 2021.7.15. 2020헌바201).

047
□□□

밀수입 예비행위를 본죄에 준하여 처벌하도록 규정한 특정범죄 가중처벌 등에 관한 법률 조항은 구체적 행위의 개별성과 고유성을 고려한 양형판단의 가능성을 배제하는 가혹한 형벌로서 책임과 형벌 사이의 비례의 원칙에 위배된다. O | X

예비행위란 아직 실행의 착수조차 이르지 아니한 준비단계로서, 실질적인 법익에 대한 침해 또는 위험한 상태의 초래라는 결과가 발생한 기수와는 그 행위태양이 다르고, 법익침해가능성과 위험성도 다르므로, 이에 따른 불법성과 책임의 정도 역시 다르게 평가되어야 한다. 그럼에도 예비행위를 본죄에 준하여 처벌하도록 하고 있는 심판대상조항은 그 불법성과 책임의 정도에 비추어 지나치게 과중한 형벌을 규정하고 있는 것이다. … 따라서 심판대상조항은 구체적 행위의 개별성과 고유성을 고려한 양형판단의 가능성을 배제하는 가혹한 형벌로서 책임과 형벌 사이의 비례성의 원칙에 위배된다(헌재 2019.2.28. 2016헌가13).

048
□□□

헌법재판소의 법정의견에 따르면 병(兵)에 대한 징계처분으로 법관의 판단 없이 인신구금이 이루어질 수 있도록 한 영창처분은 영장주의에 위배된다. O | X

심판대상조항에 의한 영창처분은 그 실질이 구류형의 집행과 유사하게 운영되므로 극히 제한된 범위에서 형사상 절차에 준하는 방식으로 이루어져야 하는데, 영창처분이 가능한 징계사유는 지나치게 포괄적이고 기준이 불명확하여 영창처분의 보충성이 담보되고 있지 아니한 점, 심판대상조항은 징계위원회의 심의·의결과 인권담당 군법무관의 적법성 심사를 거치지만, 모두 징계권자의 부대 또는 기관에 설치되거나 소속된 것으로 형사절차에 견줄 만한 중립적이고 객관적인 절차라고 보기 어려운 점, 심판대상조항으로 달성하고자 하는 목적은 인신구금과 같이 징계를 중하게 하는 것으로 달성되는 데 한계가 있고, 병의 비위행위를 개선하고 행동을 교정할 수 있도록 적절한 교육과 훈련을 제공하는 것 등으로 가능한 점, 이와 같은 점은 일본, 독일, 미국 등 외국의 입법례를 살펴보더라도 그러한 점 등에 비추어 심판대상조항은 침해의 최소성 원칙에 어긋난다(헌재 2020.9.24. 2017헌바157).

049
☐☐☐

디엔에이신원확인정보의 수집·이용은 수형인 등에게 심리적 압박으로 인한 범죄예방효과를 가진다는 점에서 보안처분의 성격을 지니지만, 처벌적인 효과가 없는 비형벌적 보안처분으로서 소급입법금지원칙이 적용되지 않는다. O | X

디엔에이신원확인정보의 수집·이용은 수형인 등에게 심리적 압박으로 인한 범죄예방효과를 가진다는 점에서 보안처분의 성격을 지니지만, 처벌적인 효과가 없는 비형벌적 보안처분으로서 소급입법금지원칙이 적용되지 않는다. 이 사건 법률의 소급적용으로 인한 공익적 목적이 당사자의 손실보다 더 크므로, 이 사건 부칙조항이 법률 시행 당시 디엔에이감식시료 채취 대상범죄로 실형이 확정되어 수용 중인 사람들까지 이 사건 법률을 적용한다고 하여 소급입법금지원칙에 위배되는 것은 아니다(헌재 2014.8.28. 2011헌마28 등).

050
☐☐☐

교도소·구치소의 수용자가 교정시설 외부로 나갈 경우 도주방지를 위하여 해당 수용자의 발목에 전자장치를 부착하도록 한 수용자 도주방지를 위한 위치추적전자장치 운영방안에 따른 전자장치 부착행위는 적법절차원칙에 위반된다. O | X

수용자에 대해서는 교정시설의 안전과 구금생활의 질서유지를 위하여 신체의 자유 등 기본권 제한이 어느 정도 불가피한 점, 행형 관계 법령에 따라 행하는 사항에 대하여는 의견청취·의견제출 등에 관한 행정절차법 조항이 적용되지 않는 점(행정절차법 제3조 제2항 제6호), 전자장치 부착은 도주 우려 등의 사유가 있어 관심대상수용자로 지정된 수용자를 대상으로 하는 점, 형집행법상 소장에 대한 면담 신청이나 법무부장관 등에 대한 청원 절차가 마련되어 있는 점(제116조, 제117조)을 종합해 보면, 이 사건 부착행위는 적법절차원칙에 위반되어 수용자인 청구인들의 인격권과 신체의 자유를 침해하지 아니한다(헌재 2018.5.31. 2016헌마191 등).

051
☐☐☐

연락운송 운임수입의 배분에 관한 협의가 성립하지 아니한 때에는 당사자의 신청을 받아 국토교통부장관이 결정하도록 한 도시철도법 조항 중 "제1항에 따른 운임수입의 배분에 관한 협의가 성립되지 아니한 때에는 당사자의 신청을 받아 국토교통부장관이 결정한다." 부분은 국토교통부장관의 결정에 의해 이루어지므로 적법절차원칙에 위배된다. O | X

심판대상조항이 국토교통부장관이 운임수입 배분에 관한 결정을 하기 전에 거쳐야 하는 일반적인 절차에 대해 따로 규정하고 있지는 않지만, 행정절차법은 처분의 사전통지, 의견제출의 기회, 처분의 이유 제시 등을 규정하고 있고, 이는 국토교통부장관의 결정에도 적용되어 절차적 보장이 이루어지므로, 심판대상조항은 적법절차원칙에 위배되지 아니한다(헌재 2019.6.28. 2017헌바135).

052
□□□

구 친일반민족행위자 재산의 국가귀속에 관한 특별법(이하 '친일재산귀속법'이라 한다) 제2조 제1호에 따라 친일반민족행위자로 결정한 경우에는 현행 친일재산귀속법 제2조 제1호에 따라 결정한 것으로 보는, 현행 친일재산귀속법 부칙 조항은 친일재산귀속법의 입법목적을 관철하기 위하여 불가피한 입법적 결단을 한 것으로 보이므로 적법절차원칙에 위반된다고 볼 수 없다. O | X

이 사건 경과조치조항이 적용되는 경우 친일반민족행위자재산조사위원회(이하 '재산조사위원회'라 한다)가 구 친일재산귀속법 제2조 제1호에 따라 행한 국가귀속결정 또는 친일재산확인결정(이하 이들을 합하여 '종전 결정'이라 한다)이 존속하나, 이 사건 경과조치조항에 따라 종전 결정이 현행 친일재산귀속법 제2조 제1호에 의하여 이루어진 것으로 의제된다. … 친일재산귀속법 자체가 태생적으로 과거의 행위를 역사적·법적으로 재평가하기 위한 진정소급입법에 해당하는 점과 현행 친일재산귀속법 제2조 제1호의 개정 경위를 아울러 종합하여 보면, 입법자는 친일재산귀속법의 입법목적을 관철하기 위하여 과거의 행위를 법적으로 재평가하는 매우 특수하고 이례적인 공동체적 과업을 계속해서 수행해 나가는 과정에서 불가피한 입법적 결단을 한 것으로 보인다. 따라서 이 사건 경과조치조항이 적법절차원칙 등에 위반된다고 볼 수 없다(헌재 2018.4.26. 2016헌바454).

053
□□□

구 도시 및 주거환경정비법 조항이 정비예정구역 내 토지등소유자의 100분의 30 이상의 해제 요청이라는 비교적 완화된 요건만으로 정비예정구역 해제 절차에 나아갈 수 있도록 하였다고 하여 적법절차원칙에 위반된다고 보기는 어렵다. O | X

심판대상조항은 정비예정구역으로 지정되어 있는 상태에서 정비사업이 장기간 방치됨으로써 발생하는 법적 불안정성을 해소하고, 정비예정구역 내 토지등소유자의 재산권 행사를 보장하기 위한 것이다. 아직 정비계획의 수립 및 정비구역 지정이 이루어지지 않고 있는 정비예정구역을 대상으로 하는 점, 경기, 사업성 또는 주민 갈등 등 다양한 사유로 인하여 정비예정구역에 대한 정비계획 수립 등이 이루어지지 않을 가능성도 있는 점, 정비예정구역으로 지정되어 있을 뿐인 단계에서부터 토지등소유자의 100분의 30 이상이 정비예정구역 해제를 요구하고 있는 상황이라면 추후 정비사업의 시행이 지연되거나 좌초될 가능성이 큰 점, 토지등소유자에게는 정비계획의 입안을 제안할 수 있는 방법이 있는 점, 정비예정구역 해제를 위해서는 지방도시계획위원회의 심의를 거쳐야 하고, 정비예정구역의 해제는 해제권자의 재량적 행위인 점, 정비예정구역 해제에 관한 위법이 있는 경우 항고소송을 통하여 이를 다툴 수 있는 점 등을 종합적으로 고려하면, 심판대상조항이 적법절차원칙에 위반된다고 볼 수 없다(헌재 2023.6.29. 2020헌바63).

054
□□□

강제퇴거명령을 받은 사람을 보호할 수 있도록 하면서 보호기간의 상한을 마련하지 아니한 출입국관리법 제63조 제1항은 적법절차원칙에 위배된다. O | X

출입국관리법상 보호의 개시 또는 연장 단계에서 집행기관으로부터 독립된 중립적 기관에 의한 통제절차가 마련되어 있지 아니하다. … 심판대상조항에 따른 보호명령을 발령하기 전에 당사자에게 의견을 제출할 수 있는 절차적 기회가 마련되어 있지 아니하다. 따라서 심판대상조항은 적법절차원칙에 위배되어 피보호자의 신체의 자유를 침해한다(헌재 2023.3.23. 2020헌가1).

정답 052 ○ 053 ○ 054 ○

055
□□□

농림수산식품부장관 등 관련 국가기관이 국민의 생명·신체의 안전에 영향을 미치는 고시 등의 내용을 결정함에 있어서 이해관계인의 의견을 사전에 충분히 수렴하는 것이 바람직하기는 하지만, 그것이 헌법의 적법절차 원칙상 필수적으로 요구되는 것이라고 할 수는 없다. O | X

농림수산식품부장관 등 관련 국가기관이 국민의 생명·신체의 안전에 영향을 미치는 고시 등의 내용을 결정함에 있어서 이해관계인의 의견을 사전에 충분히 수렴하는 것이 바람직하기는 하지만, 그것이 헌법의 적법절차 원칙상 필수적으로 요구되는 것이라고 할 수는 없다(헌재 2008.12.26. 2008헌마419).

056
□□□

강제퇴거명령을 받은 사람을 보호할 수 있도록 하면서 보호기간의 상한을 마련하지 아니한 출입국관리법 조항에 의한 보호는 형사절차상 '체포 또는 구속'에 준하는 것으로 볼 수 있는 점을 고려하면, 보호의 개시 또는 연장 단계에서 그 집행기관인 출입국관리공무원으로부터 독립되고 중립적인 지위에 있는 기관이 보호의 타당성을 심사하여 이를 통제할 수 있어야 한다. O | X

심판대상조항에 의한 보호는 신체의 자유를 제한하는 정도가 박탈에 이르러 형사절차상 '체포 또는 구속'에 준하는 것으로 볼 수 있는 점을 고려하면, 보호의 개시 또는 연장 단계에서 그 집행기관인 출입국관리공무원으로부터 독립되고 중립적인 지위에 있는 기관이 보호의 타당성을 심사하여 이를 통제할 수 있어야 한다. 그러나 현재 출입국관리법상 보호의 개시 또는 연장 단계에서 집행기관으로부터 독립된 중립적 기관에 의한 통제절차가 마련되어 있지 아니하다. … 따라서 심판대상조항은 적법절차원칙에 위배되어 피보호자의 신체의 자유를 침해한다(헌재 2023.3.23. 2020헌가1).

057
□□□

형사재판에 계속 중인 사람에 대하여 출국을 금지할 수 있다고 규정한 출입국관리법에 따른 법무부장관의 출국금지결정은 성질상 신속성과 밀행성을 요하므로, 출국금지 대상자에게 사전통지를 하거나 청문을 실시하도록 한다면 국가 형벌권 확보라는 출국금지제도의 목적을 달성하는 데 지장을 초래할 우려가 있으며, 출국금지 후 즉시 서면으로 통지하도록 하고 있고, 이의신청이나 행정소송을 통하여 출국금지결정에 대해 사후적으로 다툴 수 있는 기회를 제공하여 절차적 참여를 보장해 주고 있으므로 적법절차원칙에 위배된다고 보기 어렵다. O | X

심판대상조항에 따른 출국금지결정은 성질상 신속성과 밀행성을 요하므로, 출국금지 대상자에게 사전통지를 하거나 청문을 실시하도록 한다면 국가 형벌권 확보라는 출국금지제도의 목적을 달성하는 데 지장을 초래할 우려가 있다. 나아가 출국금지 후 즉시 서면으로 통지하도록 하고 있고, 이의신청이나 행정소송을 통하여 출국금지결정에 대해 사후적으로 다툴 수 있는 기회를 제공하여 절차적 참여를 보장해 주고 있으므로 적법절차원칙에 위배된다고 보기 어렵다(헌재 2015.9.24. 2012헌바302).

058
□□□

심급제도에 대한 입법재량의 범위와 범죄인인도심사의 법적 성격, 그리고 범죄인인도법에서의 심사절차에 관한 규정 등을 종합할 때, 범죄인인도심사를 서울고등법원의 단심제로 정하고 있는 것은 적법절차원칙에서 요구되는 합리성과 정당성을 결여한 것이라고 볼 수 없다. O | X

심급제도에 대한 입법재량의 범위와 범죄인인도심사의 법적 성격, 그리고 범죄인인도법에서의 심사절차에 관한 규정 등을 종합할 때, 이 사건 법률조항이 범죄인인도심사를 서울고등법원의 단심제로 하고 있다고 해서 적법절차원칙에서 요구되는 합리성과 정당성을 결여한 것이라 볼 수 없다(헌재 2003.1.30. 2001헌바95).

정답 055 ○ 056 ○ 057 ○ 058 ○

059

23. 법원직

□□□

헌법 제12조 제1항 후문과 제3항에 규정된 적법절차의 원칙은 형사절차상의 제한된 범위뿐만 아니라 국가 작용으로서 모든 입법 및 행정작용에도 광범위하게 적용된다. O | X

헌법 제12조 제1항 후문과 제3항에 규정된 적법절차의 원칙은 형사절차상의 제한된 범위뿐만 아니라 국가작용으로서 모든 입법 및 행정작용에도 광범위하게 적용된다(헌재 1992.12.24. 92헌가8).

060

23. 법원직

□□□

검사만 치료감호를 청구할 수 있고, 법원은 검사에게 치료감호청구를 요구할 수 있다고만 규정한 '치료감호 등에 관한 법률' 조항은 자의적 행정처분의 가능성을 초래하므로 적법절차원칙에 위반된다. O | X

'피고인 스스로 치료감호를 청구할 수 있는 권리'가 헌법상 재판청구권의 보호범위에 포함된다고 보기는 어렵고, 검사뿐만 아니라 피고인에게까지 치료감호 청구권을 주어야만 절차의 적법성이 담보되는 것도 아니므로, 이 사건 법률조항이 청구인의 재판청구권을 침해하거나 적법절차의 원칙에 반한다고 볼 수 없다(헌재 2010. 4.29. 2008헌마622).

061

23. 국회직 9급

□□□

출입국관리법에 따라 강제퇴거대상자를 대한민국 밖으로 송환할 수 있을 때까지 보호시설에 인치·수용하여 강제퇴거명령을 효율적으로 집행할 수 있도록 함으로써 외국인의 출입국과 체류를 적절하게 통제하고 조정하여 국가의 안전과 질서를 도모하는 것은, 입법목적의 정당성과 수단의 적합성이 인정된다. O | X

심판대상조항은 강제퇴거대상자를 대한민국 밖으로 송환할 수 있을 때까지 보호시설에 인치·수용하여 강제퇴거명령을 효율적으로 집행할 수 있도록 함으로써 외국인의 출입국과 체류를 적절하게 통제하고 조정하여 국가의 안전과 질서를 도모하고자 하는 것으로, 입법목적의 정당성과 수단의 적합성은 인정된다(헌재 2023.3.23. 2020헌가1).

062

23. 국회직 9급

□□□

출입국관리법에 따른 보호시설 인치·수용의 경우 보호기간의 상한을 두지 아니함으로써 강제퇴거대상자를 무기한 보호하는 것을 가능하게 하는 것은 보호의 일시적·잠정적 강제조치로서의 한계를 벗어나는 것이라는 점 등을 고려할 때 침해의 최소성과 법익균형성을 충족하지 못한다. O | X

보호기간의 상한을 두지 아니함으로써 강제퇴거대상자를 무기한 보호하는 것을 가능하게 하는 것은 보호의 일시적·잠정적 강제조치로서의 한계를 벗어나는 것이라는 점, 보호기간의 상한을 법에 명시함으로써 보호기간의 비합리적인 장기화 내지 불확실성에서 야기되는 피해를 방지할 수 있어야 하는데, 단지 강제퇴거명령의 효율적 집행이라는 행정목적 때문에 기간의 제한이 없는 보호를 가능하게 하는 것은 행정의 편의성과 획일성만을 강조한 것으로 피보호자의 신체의 자유를 과도하게 제한하는 것인 점 등을 고려하면, 심판대상조항은 침해의 최소성과 법익균형성을 충족하지 못한다. 따라서 심판대상조항은 과잉금지원칙을 위반하여 피보호자의 신체의 자유를 침해한다(헌재 2023.3.23. 2020헌가1).

063
☐☐☐

적법절차의 원칙은 형사절차상의 제한된 범위 내에서만 적용되는 것이 아니라 국가작용으로서 기본권 제한과 관련되는 경우에 한해 모든 입법작용 및 행정작용에도 광범위하게 적용된다고 해석하여야 한다.

O | X

적법절차의 원칙은 공권력에 의한 국민의 생명·자유·재산의 침해는 반드시 합리적이고 정당한 법률에 의거해서 정당한 절차를 밟은 경우에만 유효하다는 원리로서 형사절차상의 제한된 범위 내에서만 적용되는 것이 아니라 국가작용으로서 <u>기본권 제한과 관련되든 아니든 모든 입법작용 및 행정작용에도 광범위하게 적용된다</u>(헌재 2013.7.25. 2012헌가1).

064
☐☐☐

평시에 일어난 군대 내 상관살해를 그 동기와 행위태양을 묻지 아니하고 무조건 사형으로 다스리는 것은 형벌체계상의 정당성을 잃은 것이다.

O | X

우리 형법은 사람의 생명을 박탈한 고의적인 살인범을 고살과 모살의 구분없이 사형, 무기 또는 5년 이상의 징역형으로 규정하여 구체적 사건을 재판하는 법관에게 범행의 정상과 범죄인의 죄질을 참작한 후 탄력적으로 형을 선택하여 선고하고 작량감경할 사유가 있는 경우에는 집행유예의 선고가 가능하도록 폭넓은 법정형을 정하고 있고, 존속살인의 경우에도 사형, 무기 또는 7년 이상의 징역형에 처하도록 하고 있으며, 군형법상 초병살해의 경우에도 사형 또는 무기징역에 처하도록 하고 있는 점을 비교 교량해 보면 평시에 일어난 군대 내 상관살해를 그 동기와 행위태양을 묻지 아니하고 무조건 사형으로 다스리는 것은 형벌체계상의 정당성을 잃은 것으로서 범죄의 중대성 정도에 비하여 심각하게 불균형적인 과중한 형벌이고, 형사정책적인 관점에서 보거나 작금의 세계적인 입법추세에 비추어 보더라도 적정한 형벌의 제정이라고 보기 어렵다(헌재 2007.11.29. 2006헌가13).

065
☐☐☐

일정기간 수사관서에 출석하지 않았다는 사유로 관세법 위반 압수물품을 별도의 재판이나 처분없이 국고에 귀속시키도록 한 구 관세법 조항은 적법절차원칙에 위배된다.

O | X

관세법상 몰수할 것으로 인정되는 물품을 압수한 경우에 있어서 범인이 당해관서에 출두하지 아니하거나 또는 범인이 도주하여 그 물품을 압수한 날로부터 4월을 경과한 때에는 당해 물품은 별도의 재판이나 처분없이 국고에 귀속한다고 규정하고 있는 이 사건 법률조항은 재판이나 청문의 절차도 밟지 아니하고 압수한 물건에 대한 피의자의 재산권을 박탈하여 국고귀속시킴으로써 그 실질은 몰수형을 집행한 것과 같은 효과를 발생하게 하는 것이므로 헌법상의 적법절차의 원칙과 무죄추정의 원칙에 위배된다(헌재 1997.5.29. 96헌가17).

066
☐☐☐

원전개발에 있어서 인근 주민 및 관계전문가 등으로부터 의견을 듣는 청취절차의 주체가 반드시 행정기관이나 독립된 제3의 기관이 아니더라도 공정성과 객관성이 담보되는 절차가 마련되어 있는 경우, 전원개발사업자가 그 주체가 되어도 적법절차원칙에 위배되지 않는다.

O | X

객관성과 공정성 담보에 특별한 문제가 없다면, 이해관계인의 의견을 수렴함에 있어 그 주체를 반드시 행정기관이나 독립된 제3의 기관으로 하는 것이 헌법의 적법절차 원칙상 필수적으로 요구되는 것이라고는 할 수 없다. 이 사건 의견청취조항은 주민등으로부터의 의견청취절차를 시행하는 주체를 전원개발사업자로 정하고 있으나, 전원개발촉진법 시행령은 의견청취 방법 및 절차를 규정함에 있어 시장·군수·구청장 등 지방자치단체의 장을 통하여 진행하도록 하는 일련의 규정을 두고 있는바, 이는 의견청취절차의 주체를 전원개발사업자로 하면서도 그 객관성과 공정성을 담보하고자 마련한 보완장치라 할 수 있다. … 따라서 이 사건 의견청취조항은 적법절차원칙에 위배되지 아니한다(헌재 2016.10.27. 2015헌바358).

정답 063 X   064 ○   065 ○   066 ○

067
☐☐☐

법원에 의한 범죄인인도심사는 형사절차와 같은 전형적인 사법절차의 대상에 해당되지 않으며 법률에 의하여 인정된 특별한 절차이므로, 범죄인인도법이 범죄인인도심사를 서울고등법원의 전속관할인 단심제로 정하고 있더라도, 적법절차원칙에서 요구되는 합리성과 정당성을 결여한 것은 아니다. O | X

법원에 의한 범죄인인도심사는 국가형벌권의 확정을 목적으로 하는 형사절차와 같은 전형적인 사법절차의 대상에 해당되는 것은 아니며, 법률(범죄인인도법)에 의하여 인정된 특별한 절차라 볼 것이다. 그렇다면 심급제도에 대한 입법재량의 범위와 범죄인인도심사의 법적 성격, 그리고 범죄인인도법에서의 심사절차에 관한 규정 등을 종합할 때, 이 사건 법률조항이 범죄인인도심사를 서울고등법원의 단심제로 하고 있다고 해서 적법절차원칙에서 요구되는 합리성과 정당성을 결여한 것이라 볼 수 없다(헌재 2003.1.30. 2001헌바95).

068
☐☐☐

헌법에서 채택하고 있는 적법절차원칙은 모든 국가작용이 아닌 신체의 자유와 관련되는 형사처벌에만 적용되며, 행정상의 불이익으로 전투경찰순경에 대한 징계처분 중 하나인 인신구금을 내용으로 하는 영창처분에는 적용되지 않는다. O | X

헌법 제12조 제1항의 적법절차원칙은 형사소송절차에 국한되지 않고 모든 국가작용 전반에 대하여 적용되므로, 전투경찰순경의 인신구금을 내용으로 하는 영창처분에 있어서도 적법절차원칙이 준수되어야 한다. … 이 사건 영창조항이 헌법에서 요구하는 수준의 절차적 보장 기준을 충족하지 못했다고 볼 수 없으므로 헌법 제12조 제1항의 적법절차원칙에 위배되지 아니한다(헌재 2016.3.31. 2013헌바190). 영창처분에도 적법절차원칙은 적용되지만 적법절차원칙에 위배되지는 않는다고 했다.

069
☐☐☐

헌법 제12조 제1항의 적법절차원칙은 형사소송절차에 국한되지 않고 모든 국가작용 전반에 대하여 적용되므로, 전투경찰순경의 인신구금을 내용으로 하는 영창처분에 있어서도 적법절차원칙이 준수되어야 한다. O | X

헌법 제12조 제1항의 적법절차원칙은 형사소송절차에 국한되지 않고 모든 국가작용 전반에 대하여 적용되므로, 전투경찰순경의 인신구금을 내용으로 하는 영창처분에 있어서도 적법절차원칙이 준수되어야 한다(헌재 2016.3.31. 2013헌바190).

070
☐☐☐

동일한 범죄행위에 대하여 형벌과 보안처분이 병과된다고 하여 헌법 제13조 제1항 후단 소정의 이중처벌금지원칙에 위반된다고 할 수 없다. O | X

보안처분은 그 본질, 추구하는 목적 및 기능에 있어 형벌과는 다른 독자적 의의를 가진 사회보호적인 처분이므로 형벌과 보안처분은 서로 병과하여 선고한다고 해서 그것이 헌법 제13조 제1항 후단 소정의 이중처벌금지원칙에 해당되지 아니한다는 것이 헌법재판소의 확립된 견해이고, 보안관찰법상 보안관찰처분 역시 그 본질이 위에서 살펴본 바와 같이 헌법 제12조 제1항에 근거한 보안처분인 이상, 형의 집행종료 후 별도로 보안관찰처분을 명할 수 있다고 규정한 보안관찰처분 근거조항이 헌법 제13조 제1항이 규정한 이중처벌금지원칙에 위반되었다고 할 수 없다(헌재 2015.11.26. 2014헌바475).

정답 067 ○ 068 X 069 ○ 070 ○

해커스공무원 신동욱 헌법 핵심 기출 OX

제2편

071

□□□

보안처분이라 하더라도 형벌적 성격이 강하여 신체의 자유를 박탈하거나 박탈에 준하는 정도로 신체의 자유를 제한하는 경우에는 형벌불소급의 원칙이 적용된다. O | X

헌법재판소는 '보안처분이라 하더라도 형벌적 성격이 강하여 신체의 자유를 박탈하거나 박탈에 준하는 정도로 신체의 자유를 제한하는 경우에는 형벌불소급원칙이 적용된다.'고 판시하고 있다(헌재 2017.10.26. 2015헌바239 등).

072

□□□

무죄추정의 원칙상 금지되는 '불이익'은 비단 형사절차 내에서의 불이익뿐만 아니라 기타 일반 법생활 영역에서의 기본권 제한과 같은 경우에도 적용된다. O | X

무죄추정의 원칙상 금지되는 '불이익'이란 '범죄사실의 인정 또는 유죄를 전제로 그에 대하여 법률적·사실적 측면에서 유형·무형의 차별취급을 가하는 유죄인정의 효과로서의 불이익'을 뜻하고, 이는 비단 형사절차 내에서의 불이익뿐만 아니라 기타 일반 법생활 영역에서의 기본권 제한과 같은 경우에도 적용된다(헌재 2010.9.2. 2010헌마418).

073

□□□

헌법 제12조 제4항 본문에 규정된 '구속'은 형사절차에서 이루어진 구속을 의미하므로, 변호인의 조력을 받을 권리를 보장한 헌법 제12조 제4항 본문은 행정절차상 구속에는 적용된다고 볼 수 없다. O | X

헌법 제12조 제4항 본문의 문언 및 헌법 제12조의 조문 체계, 변호인 조력권의 속성, 헌법이 신체의 자유를 보장하는 취지를 종합하여 보면 헌법 제12조 제4항 본문에 규정된 '구속'은 사법절차에서 이루어진 구속뿐 아니라, 행정절차에서 이루어진 구속까지 포함하는 개념이다. 따라서 헌법 제12조 제4항 본문에 규정된 변호인의 조력을 받을 권리는 행정절차에서 구속을 당한 사람에게도 즉시 보장된다(헌재 2018.5.31. 2014헌마346).

074

□□□

체포·구속·압수 또는 수색을 할 때에는 적법한 절차에 따라 검사의 신청에 의하여 법관이 발부한 영장을 제시하여야 한다. 다만, 현행범인인 경우와 장기 3년 이상의 형에 해당하는 죄를 범하고 도피 또는 증거인멸의 염려가 없을 때에는 사후에 영장을 청구할 수 있다. O | X

> **헌법 제12조** ③ 체포·구속·압수 또는 수색을 할 때에는 적법한 절차에 따라 검사의 신청에 의하여 법관이 발부한 영장을 제시하여야 한다. 다만, 현행범인인 경우와 장기 3년 이상의 형에 해당하는 죄를 범하고 도피 또는 증거인멸의 염려가 있을 때에는 사후에 영장을 청구할 수 있다.

정답 071 ○ 072 ○ 073 X 074 X

075
☐☐☐

각급 선거관리위원회 위원·직원의 선거범죄조사에 있어서 자료제출요구에 응할 의무를 부과하고 허위자료를 제출하는 경우 형사처벌을 규정한 구 공직선거법 조항은 자료제출요구가 대상자의 자발적 협조를 전제하고 물리적 강제력을 수반하지 않으므로 영장주의의 적용대상이 아니다.　　　　　　O | X

심판대상조항은 피조사자로 하여금 자료제출요구에 응할 의무를 부과하고, 허위 자료를 제출한 경우 형사처벌하고 있으나, 이는 형벌에 의한 불이익이라는 심리적, 간접적 강제수단을 통하여 진실한 자료를 제출하도록 함으로써 조사권 행사의 실효성을 확보하기 위한 것이다. 이와 같이 심판대상조항에 의한 자료제출요구는 행정조사의 성격을 가지는 것으로 수사기관의 수사와 근본적으로 그 성격을 달리하며, 청구인에 대하여 직접적으로 어떠한 물리적 강제력을 행사하는 강제처분을 수반하는 것이 아니므로 영장주의의 적용대상이 아니다(헌재 2019.9.26. 2016헌바381).

076
☐☐☐

체포영장을 발부받아 피의자를 체포하는 경우 필요한 때에는 영장 없이 타인의 주거 등 내에서 피의자 수사를 할 수 있다고 규정한 형사소송법 조항은 피의자가 존재할 개연성만 소명되면 타인의 주거 등에 대한 영장 없는 수색을 허용하므로 영장주의에 위반된다.　　　　　　O | X

심판대상조항은 체포영장을 발부받아 피의자를 체포하는 경우에 필요한 때에는 영장 없이 타인의 주거 등 내에서 피의자 수사를 할 수 있다고 규정함으로써, 앞서 본 바와 같이 별도로 영장을 발부받기 어려운 긴급한 사정이 있는지 어부를 구별하지 아니하고 피의자가 소재할 개연싱만 소명되면 영장 없이 타인의 주거 등을 수색할 수 있도록 허용하고 있다. 이는 체포영장이 발부된 피의자가 타인의 주거 등에 소재할 개연성은 소명되나, 수색에 앞서 영장을 발부받기 어려운 긴급한 사정이 인정되지 않는 경우에도영장 없이 피의자 수색을 할 수 있다는 것이므로, 헌법 제16조의 영장주의 예외 요건을 벗어나는 것으로서 영장주의에 위반된다(헌재 2018.4.26. 2015헌바370 등).

077
☐☐☐

헌법에 규정된 영장신청권자로서의 검사는 검찰권을 행사하는 국가기관인 검사로서 공익의 대표자이자 수사단계에서의 인권옹호기관으로서의 지위에서 그에 부합하는 직무를 수행하는 자를 의미하는 것이지, 검찰청법상 검사만을 지칭하는 것으로 보기 어렵다.　　　　　　O | X

헌법에서 수사단계에서의 영장신청권자를 검사로 한정한 것은 다른 수사기관에 대한 수사지휘권을 확립시켜 인권유린의 폐해를 방지하고, 법률전문가인 검사를 거치도록 함으로써 기본권침해가능성을 줄이고자 한 것이다. 헌법에 규정된 영장신청권자로서의 검사는 검찰권을 행사하는 국가기관인 검사로서 공익의 대표자이자 수사단계에서의 인권옹호기관으로서의 지위에서 그에 부합하는 직무를 수행하는 자를 의미하는 것이지, 검찰청법상 검사만을 지칭하는 것으로 보기 어렵다(헌재 2021.1.28. 2020헌마264 등).

정답 075 ○　076 ○　077 ○

078

☐☐☐

출입국관리법상의 외국인 강제퇴거명령 및 보호는 형사절차상 '체포 또는 구속'에 준하는 것으로서 외국인의 신체의 자유를 박탈하는 것이므로 검사의 신청, 판사의 발부를 거치지 않은 외국인 보호는 영장주의에 위배된다.   O | X

강제퇴거명령 및 보호에 관한 단속, 조사, 심사, 집행 업무를 동일한 행정기관에서 하게 할 것인지, 또는 서로 다른 행정기관에서 하게 하거나 사법기관을 개입시킬 것인지는 입법정책의 문제이므로, 보호의 개시나 연장 단계에서 사법부의 판단을 받도록 하는 절차가 규정되어 있지 않다고 하여 곧바로 적법절차원칙에 위반된다고 볼 수는 없다. 강제퇴거대상자는 행정소송 등을 통해 사법부로부터 보호의 적법 여부를 판단받을 수 있고, 강제퇴거 심사 전 조사, 이의신청이나 행정소송 과정에서 자신의 의견을 진술하거나 자료를 제출할 수 있다. 따라서 심판대상조항은 헌법상 적법절차원칙에 위반된다고 볼 수 없다(헌재 2018.2.22. 2017헌가29).

079

☐☐☐

체포영장을 발부받아 피의자를 체포하는 경우에 필요한 때에는 영장 없이 타인의 주거 등 내에서 피의자 수사를 할 수 있다고 규정한 것은 수색에 앞서 영장을 발부 받기 어려운 긴급한 사정이 인정되지 않는 경우에도 영장 없이 피의자 수색을 할 수 있다는 것이므로, 영장주의에 위배된다.   O | X

심판대상조항은 체포영장을 발부받아 피의자를 체포하는 경우에 '필요한 때'에는 영장 없이 타인의 주거 등 내에서 피의자 수사를 할 수 있다고 규정함으로써, 별도로 영장을 발부받기 어려운 긴급한 사정이 있는지 여부를 구별하지 아니하고 피의자가 소재할 개연성이 있으면 영장 없이 타인의 주거 등을 수색할 수 있도록 허용하고 있다. 이는 체포영장이 발부된 피의자가 타인의 주거 등에 소재할 개연성은 인정되나, 수색에 앞서 영장을 발부받기 어려운 긴급한 사정이 인정되지 않는 경우에도 영장 없이 피의자 수색을 할 수 있다는 것이므로, 위에서 본 헌법 제16조의 영장주의 예외요건을 벗어난다(헌재 2018.4.26. 2015헌바370).

080

☐☐☐

수사기관의 위치정보추적자료 제공요청은 통신비밀보호법이 정한 강제처분에 해당되므로, 법관이 발부하는 영장에 의하지 않고 관할 지방법원 또는 지원의 허가만 받으면 이를 가능하게 한 것은 영장주의에 위배된다.   O | X

기지국수사는 통신비밀보호법이 정한 강제처분에 해당되므로 헌법상 영장주의가 적용된다. 헌법상 영장주의의 본질은 강제처분을 함에 있어 중립적인 법관이 구체적 판단을 거쳐야 한다는 점에 있는바, 이 사건 허가조항은 수사기관이 전기통신사업자에게 통신사실 확인자료 제공을 요청함에 있어 관할 지방법원 또는 지원의 허가를 받도록 규정하고 있으므로 헌법상 영장주의에 위배되지 아니한다(헌재 2018.6.28. 2012헌마538).

081

☐☐☐

헌법 제12조 제3항이 정한 영장주의는 수사기관이 강제처분을 함에 있어 중립적 기관인 법원의 허가를 얻는 것뿐만 아니라 법원에 의한 사후 통제까지 마련되어야 함을 의미한다.   O | X

헌법 제12조 제3항이 정한 영장주의가 수사기관이 강제처분을 함에 있어 중립적 기관인 법원의 허가를 얻어야 함을 의미하는 것 외에 법원에 의한 사후 통제까지 마련되어야 함을 의미한다고 보기 어렵다(헌재 2018. 8.30. 2016헌마263).

정답 078 X 079 ○ 080 X 081 X

082
□□□

경찰서장이 국민건강보험공단에게 청구인들의 요양급여내역 제공을 요청한 행위는 강제력이 개입되지 않은 임의수사에 해당하므로 이에 응하여 이루어진 정보제공행위에는 영장주의가 적용되지 않는다.

O | X

이 사건 사실조회조항은 수사기관에 사실조회의 권한을 부여하고 있을 뿐이고, 이에 근거한 이 사건 사실조회행위에 대하여 국민건강보험공단이 응하거나 협조하여야 할 의무를 부담하는 것이 아니다. 따라서 이 사건 사실조회행위는 강제력이 개입되지 아니한 임의수사에 해당하므로, 이에 응하여 이루어진 이 사건 정보제공행위에도 영장주의가 적용되지 않는다. 그러므로 이 사건 정보제공행위는 영장주의원칙에 위배되지 않는다(헌재 2018.8.30. 2014헌마368).

083
□□□

형식적으로 영장주의를 준수하였다면 실질적인 측면에서 입법자가 합리적인 선택범위를 일탈하는 등 그 입법형성권을 남용하였더라도 그러한 법률이 자의금지원칙에 위배되어 위헌이라고 볼 수는 없다.

O | X

우리 헌법제정권자가 제헌 헌법(제9조) 이래 현행 헌법(제12조 제3항)에 이르기까지 채택하여 온 영장주의의 본질은 신체의 자유를 침해하는 강제처분을 함에 있어서는 인적·물적 독립을 보장받는 제3자인 법관이 구체적 판단을 거쳐 발부한 영장에 의하여야만 한다는 데에 있으므로, 우선 형식적으로 영장주의에 위배되는 법률은 곧바로 헌법에 위반되고, 나아가 형식적으로는 영장주의를 준수하였더라도 실질적인 측면에서 입법자가 합리적인 선택범위를 일탈하는 등 그 입법형성권을 남용하였다면 그러한 법률은 자의금지원칙에 위배되어 헌법에 위반된다고 보아야 한다(헌재 2012.12.27. 2011헌가5).

084
□□□

기지국 수사를 허용하는 통신사실 확인자료 제공요청의 경우 관할 지방법원 또는 지원의 허가를 받도록 규정한 통신비밀보호법상 조항은 헌법상 영장주의에 위배되지 않는다.

O | X

이 사건 허가조항은 기지국 수사의 필요성, 실체진실의 발견 및 신속한 범죄수사의 요청, 통신사실 확인자료의 특성, 수사현실 등을 종합적으로 고려하여, 수사기관으로 하여금 법원의 허가를 받아 특정 시간대 특정 기지국에서 발신된 모든 전화번호 등 통신사실 확인자료의 제공을 요청할 수 있도록 하고 있다. 영장주의의 본질이 강제처분을 함에 있어서는 인적·물적 독립을 보장받는 중립적인 법관이 구체적 판단을 거쳐야만 한다는 데에 있음을 고려할 때, 통신비밀보호법이 정하는 방식에 따라 관할 지방법원 또는 지원의 허가를 받도록 하고 있는 이 사건 허가조항은 실질적으로 영장주의를 충족하고 있다 할 것이다. 따라서 이 사건 허가조항은 헌법상 영장주의에 위배되지 아니한다(헌재 2018.6.28. 2012헌마538).

085
□□□

서울용산경찰서장이 국민건강보험공단에 청구인들의 요양급여내역의 제공을 요청한 사실조회행위는 임의수사에 해당하나 이에 응해 이루어진 정보제공행위에 대해서는 헌법상 영장주의가 적용된다.

O | X

이 사건 사실조회행위는 강제력이 개입되지 아니한 임의수사에 해당하므로, 이에 응하여 이루어진 이 사건 정보제공행위에도 영장주의가 적용되지 않는다. 그러므로 이 사건 정보제공행위가 영장주의에 위배되어 청구인들의 개인정보자기결정권을 침해한다고 볼 수 없다(헌재 2018.8.30. 2014헌마368).

정답 082 ○ 083 X 084 ○ 085 X

086
☐☐☐

헌법상 영장주의는 체포·구속·압수·수색 등 기본권을 제한하는 강제처분에 적용되므로, 강제력이 개입되지 않은 임의수사에 해당하는 수사기관 등의 통신자료 취득에는 영장주의가 적용되지 않는다. O | X

이 사건 법률조항에 따른 통신자료 제공요청은 강제력이 개입되지 아니한 임의수사에 해당하고 이를 통한 수사기관 등의 통신자료 취득에는 영장주의가 적용되지 아니한다(헌재 2022.7.21. 2016헌마388).

087
☐☐☐

기지국 수사를 허용하는 통신사실 확인자료 제공요청은 법원의 허가에 의해 해당 가입자의 동의나 승낙을 얻지 아니하고도 제3자인 전기통신사업자에게 해당 가입자에 관한 통신사실 확인자료의 제공을 요청할 수 있도록 하는 수사방법이므로 헌법상 영장주의가 적용되지 않는다. O | X

기지국 수사를 허용하는 통신사실 확인자료 제공요청은 법원의 허가를 받으면, 해당 가입자의 동의나 승낙을 얻지 아니하고도 제3자인 전기통신사업자에게 해당 가입자에 관한 통신사실 확인자료의 제공을 요청할 수 있도록 하는 수사방법으로, 통신비밀보호법이 규정하는 강제처분에 해당하므로 헌법상 영장주의가 적용된다. … 이 사건 허가조항은 기지국 수사의 필요성, 실체진실의 발견 및 신속한 범죄수사의 요청, 통신사실 확인자료의 특성, 수사현실 등을 종합적으로 고려하여, 수사기관으로 하여금 법원의 허가를 받아 특정 시간대 특정 기지국에서 발신된 모든 전화번호 등 통신사실 확인자료의 제공을 요청할 수 있도록 하고 있다. 영장주의의 본질이 강제처분을 함에 있어서는 인적·물적 독립을 보장받는 중립적인 법관이 구체적 판단을 거쳐야만 한다는 데에 있음을 고려할 때, 통신비밀보호법이 정하는 방식에 따라 관할 지방법원 또는 지원의 허가를 받도록 하고 있는 이 사건 허가조항은 실질적으로 영장주의를 충족하고 있다 할 것이다. 따라서 이 사건 허가조항은 헌법상 영장주의에 위배되지 아니한다(헌재 2018.6.28. 2012헌마538).

088
☐☐☐

체포영장을 발부받아 피의자를 체포하는 경우에 필요한 때에는 영장 없이 타인의 주거 등 내에서 피의자 수사를 할 수 있도록 한 형사소송법 조항은 별도로 영장을 발부받기 어려운 긴급한 사정이 있는지 여부를 구별하지 않고 피의자가 소재할 개연성만 소명되면 영장 없이 타인의 주거 등을 수색할 수 있도록 허용하고 있어 헌법 제16조의 영장주의에 위반된다. O | X

심판대상조항은 체포영장을 발부받아 피의자를 체포하는 경우에 필요한 때에는 영장 없이 타인의 주거 등 내에서 피의자 수사를 할 수 있다고 규정함으로써, 앞서 본 바와 같이 별도로 영장을 발부받기 어려운 긴급한 사정이 있는지 여부를 구별하지 아니하고 피의자가 소재할 개연성만 소명되면 영장 없이 타인의 주거 등을 수색할 수 있도록 허용하고 있다. 이는 체포영장이 발부된 피의자가 타인의 주거 등에 소재할 개연성은 소명되나, 수색에 앞서 영장을 발부받기 어려운 긴급한 사정이 인정되지 않는 경우에도 영장 없이 피의자 수색을 할 수 있다는 것이므로, 헌법 제16조의 영장주의 예외 요건을 벗어나는 것으로서 영장주의에 위반된다(헌재 2018.4.26. 2015헌바370).

정답 086 ○ 087 X 088 ○

089
□□□

형사재판에 계속 중인 사람에 대하여 출국을 금지할 수 있다고 규정한 출입국관리법 조항에 따른 법무부 장관의 출국금지결정은 형사재판에 계속 중인 국민의 출국의 자유를 제한하는 행정처분일 뿐이고, 영장 주의가 적용되는 신체에 대하여 직접적으로 물리적 강제력을 수반하는 강제처분이라고 할 수 없다.

O | X

형사재판에 계속 중인 사람에 대하여 출국을 금지할 수 있다고 규정한 출입국관리법 조항에 따른 법무부장관 의 출국금지결정은 형사재판에 계속 중인 국민의 출국의 자유를 제한하는 행정처분일 뿐이고, 영장주의가 적 용되는 신체에 대하여 직접적으로 물리적 강제력을 수반하는 강제처분이라고 할 수는 없다. 따라서 심판대상 조항이 헌법 제12조 제3항의 영장주의에 위배된다고 볼 수 없다(헌재 2015.9.24. 2012헌바302).

090
□□□

행정상 즉시강제는 그 본질상 급박성을 요건으로 하고 있어 법관의 영장을 기다려서는 그 목적을 달성할 수 없어 원칙적으로 영장주의가 적용되지 않는다.

O | X

행정상 즉시강제는 상대방의 임의이행을 기다릴 시간적 여유가 없을 때 하명 없이 바로 실력을 행사하는 것으 로서, 그 본질상 급박성을 요건으로 하고 있어 법관의 영장을 기다려서는 그 목적을 달성할 수 없다고 할 것 이므로, 원칙적으로 영장주의가 적용되지 않는다고 보아야 할 것이다(헌재 2002.10.31. 2000헌가12).

091
□□□

법원이 직권으로 발부하는 영장은 허가장으로서의 성질을 갖지만, 수사기관의 청구에 의하여 발부하는 구 속영장은 명령장으로서의 성질을 갖는다.

O | X

법원이 직권으로 발부하는 영장과 수사기관의 청구에 의하여 발부하는 구속영장의 법적 성격은 같지 않다. 즉, 전자는 명령장으로서의 성질을 갖지만 후자는 허가장으로서의 성질을 갖는 것으로 이해되고 있다(헌재 1997. 3.27. 96헌바28).

092
□□□

관계행정청이 등급분류를 받지 아니하거나 등급분류를 받은 게임물과 다른 내용의 게임물을 발견한 경우 관계공무원으로 하여금 이를 수거·폐기하게 할 수 있도록 한 법률조항은 급박한 상황에 대처하기 위한 것으로서 그 불가피성과 정당성이 충분히 인정되는 경우이므로, 영장 없는 수거를 인정하더라도 영장주의 에 위배되는 것으로 볼 수 없다.

O | X

이 사건 법률조항은 앞에서 본바와 같이 급박한 상황에 대처하기 위한 것으로서 그 불가피성과 정당성이 충분 히 인정되는 경우이므로, 이 사건 법률조항이 영장 없는 수거를 인정한다고 하더라도 이를 두고 헌법상 영장 주의에 위배되는 것으로는 볼 수 없고, 위 구 음반·비디오물 및 게임물에 관한 법률 제24조 제4항에서 관계 공무원이 당해 게임물 등을 수거한 때에는 그 소유자 또는 점유자에게 수거증을 교부하도록 하고 있고, 동조 제6항에서 수거 등 처분을 하는 관계공무원이나 협회 또는 단체의 임·직원은 그 권한을 표시하는 증표를 지 니고 관계인에게 이를 제시하도록 하는 등의 절차적 요건을 규정하고 있으므로, 이 사건 법률조항이 적법절차 의 원칙에 위배되는 것으로 보기도 어렵다(헌재 2002.10.31. 2000헌가12).

정답 089 ○ 090 ○ 091 X 092 ○

093
☐☐☐

형사재판이 계속 중인 국민의 출국을 금지하는 법무부장관의 출국금지결정은 영장주의가 적용되는 신체에 대하여 직접적으로 물리적 강제력을 수반하는 강제처분에 해당한다.　　　　　O | X

법무부장관의 출국금지결정은 형사재판에 계속 중인 국민의 출국의 자유를 제한하는 행정처분일 뿐이고, 영장주의가 적용되는 신체에 대하여 직접적으로 물리적 강제력을 수반하는 강제처분이라고 할 수는 없다. 따라서 심판대상조항이 헌법 제12조 제3항의 영장주의에 위배된다고 볼 수 없다(헌재 2015.9.24. 2012헌바302).

094
☐☐☐

교도소장이 마약류사범인 수형자에게 마약류반응검사를 위하여 소변을 받아 제출하게 한 행위는 신체에 대한 강제처분에 해당하므로 영장주의에 위배된다.　　　　　O | X

헌법 제12조 제3항의 영장주의는 법관이 발부한 영장에 의하지 아니하고는 수사에 필요한 강제처분을 하지 못한다는 원칙으로 소변을 받아 제출하도록 한 것은 교도소의 안전과 질서유지를 위한 것으로 수사에 필요한 처분이 아닐 뿐만 아니라 검사대상자들의 협력이 필수적이어서 강제처분이라고 할 수도 없어 영장주의의 원칙이 적용되지 않는다(헌재 2006.7.27. 2005헌마277).

095
☐☐☐

확정된 구제명령을 따르지 않은 사용자에게 형벌을 부과하고 있음에도, 구제명령을 받은 후 이행기까지 구제명령을 이행하지 아니한 사용자에게 별도의 이행강제금을 부과하는 것은 이중처벌금지원칙에 위배되지 아니한다.　　　　　O | X

이행강제금은 행정상 간접적인 강제집행 수단의 하나로서, 과거의 일정한 법률위반 행위에 대한 제재인 형벌이 아니라 장래의 의무이행 확보를 위한 강제수단일 뿐이어서, 범죄에 대하여 국가가 형벌권을 실행하는 과벌에 해당하지 아니한다. 따라서 심판대상조항은 이중처벌금지원칙에 위배되지 아니한다(헌재 2014.5.29. 2013헌바171).

096
☐☐☐

추징은 몰수에 갈음하여 그 가액의 납부를 명령하는 사법처분이나 부가형의 성질을 갖는 일종의 형벌이고, 출국금지처분 역시 거주·이전의 자유를 제한하는 형벌적 성격을 갖기 때문에, 일정 금액 이상의 추징금을 미납한 자에게 내리는 출국금지처분은 이중처벌금지원칙에 위배된다.　　　　　O | X

추징은 몰수에 갈음하여 그 가액의 납부를 명령하는 사법처분이나 부가형의 성질을 가지므로, 주형은 아니지만 부가형으로서의 추징도 일종의 형벌임을 부인할 수는 없다. 그러나 일정액수의 추징금을 납부하지 않은 자에게 내리는 출국금지의 행정처분은 형법 제41조상의 형벌이 아니라 형벌의 이행확보를 위하여 출국의 자유를 제한하는 행정조치의 성격을 지니고 있다. 그렇다면 심판대상 법조항에 의한 출국금지처분은 헌법 제13조 제1항 상의 이중처벌금지원칙에 위배된다고 할 수 없다(헌재 2004.10.28. 2003헌가18).

정답 093 X　094 X　095 ○　096 X

097
□□□

보호관찰이나 사회봉사 또는 수강을 조건으로 집행유예를 선고받은 자의 집행유예가 취소되는 경우 사회봉사 등 의무를 이행하였는지 여부와 관계없이 유예되었던 본형 전부를 집행하는 것은 이중처벌금지원칙에 위반되지 아니한다.　　　　　　　　　　　　　　　　　　　　　　　　　　　　　　　　O | X

집행유예가 취소되는 경우에 부활되는 본형은 이미 판결이 확정된 동일한 사건에 대하여 다시 심판한 결과 부과되는 것이 아니라 동일한 심판작용을 거쳐 집행유예의 선고와 함께 선고되었던 것으로 일사부재리의 원칙과는 무관하다고 할 것이다. 가사 의무의 이행 부분이 부활되는 형기에 반영되지 아니함으로써 사실상 중첩적인 제재의 효과를 지닌다고 보더라도, … 이를 이중처벌금지원칙에서 말하는 '처벌'로 보기 어렵다. 따라서 이 사건 법률조항은 이중처벌금지원칙에 위반되지 아니한다(헌재 2013.6.27. 2012헌바345 등).

098
□□□

이미 3회 이상의 음주운전으로 운전면허취소처분을 받은 사람이 신규면허를 취득한 후에 음주운전으로 1회만 적발되더라도 이미 처벌받은 3회의 음주운전 전력에 근거해 운전면허를 재차 취소하도록 하는 것은 이중처벌금지원칙에 위배된다.　　　　　　　　　　　　　　　　　　　　　　　　　　　　O | X

운전면허 취소처분은 형법상에 규정된 형(刑)이 아니고, 그 절차도 일반 형사소송절차와는 다를 뿐만 아니라, 주취 중 운전금지라는 행정상 의무의 존재를 전제하면서 그 이행을 확보하기 위해 마련된 수단이라는 점에서 형벌과는 다른 목적과 기능을 가지고 있다고 할 것이므로, 운전면허 취소처분을 이중처벌금지원칙에서 말하는 '처벌'로 보기 어렵다. 따라서 이 사건 법률조상은 이중처벌금시원칙에 위반되지 아니한다(헌재 2010.3.25. 2009헌바83).

099
□□□

공금 횡령 비위로 징계부가금 부과를 의결받은 자에 대한 법원의 유죄판결 확정 전 징계부가금 집행은 무죄추정원칙에 위배된다.　　　　　　　　　　　　　　　　　　　　　　　　　　　　　　　　　　　　O | X

행정소송에 관한 판결이 확정되기 전에 행정청의 처분에 대하여 공정력과 집행력을 인정하는 것은 징계부가금에 국한되는 것이 아니라 우리 행정법체계에서 일반적으로 채택되고 있는 것이므로, 징계부가금 부과처분에 대하여 공정력과 집행력을 인정한다고 하여 이를 확정판결 전의 형벌집행과 같은 것으로 보아 곧바로 무죄추정원칙에 위배된다고 할 수 없다(헌재 2015.2.26. 2012헌바435).

100
□□□

변호사에 대한 징계 절차가 개시되어 그 재판이나 징계 결정의 결과 등록취소, 영구제명 또는 제명에 이르게 될 가능성이 매우 크고, 그대로 두면 장차 의뢰인이나 공공의 이익을 해칠 구체적인 위험성이 있는 경우 법무부징계위원회의의결을 거쳐 법무부장관이 업무정지를 명하더라도 무죄추정원칙에 위배된다.　　　O | X

이 사건 법률조항은 공소제기된 변호사에 대하여 유죄의 개연성을 전제로 업무정지라는 불이익을 부과할 수 있도록 하고 있으나, 이 사건 법률조항에 의한 업무정지명령은 의뢰인의 이익과 법적 절차의 공정성·신속성 및 그에 대한 국민의 신뢰라는 중대한 공익을 보호하기 위한 잠정적이고 가처분적 성격을 가지는 것으로, 법무부장관의 청구에 따라 법무부징계위원회라는 합의제 기관의 의결을 거쳐 업무정지명령을 발할 수 있도록 하는 한편, 해당 변호사에게 청문의 기회를 부여하고, 그 기간 또한 원칙적으로 6개월로 정하도록 함으로써, 그러한 불이익이 필요최소한에 그치도록 엄격한 요건 및 절차를 규정하고 있다. 따라서 이 사건 법률조항은 무죄추정의 원칙에 위반되지 아니한다(헌재 2014.4.24. 2012헌바45).

정답 097 ○ 098 X 099 X 100 X

해커스공무원 신동욱 헌법 핵심 기출 OX

101
☐☐☐

소년보호사건에서 1심 결정 집행에 의한 소년원 수용기간을 항고심 결정에 의한 보호기간에 산입하지 않는 것은 무죄추정원칙에 위배된다. O | X

소년보호사건은 소년의 개선과 교화를 목적으로 하는 것으로서 통상의 형사사건과는 구별되어야 하고, 법원이 소년의 비행사실이 인정되고 보호의 필요성이 있다고 판단하여 소년원 송치처분을 함과 동시에 이를 집행하는 것은 무죄추정원칙과는 무관하다. … 또한 항고심에서는 1심 결정과 그에 따른 집행을 감안하여 항고심 판단 시를 기준으로 소년에 대한 보호의 필요성과 그 정도를 판단하여 새로운 처분을 하는 것이다. 따라서 1심 결정에 의한 소년원 수용기간을 항고심 결정에 의한 보호기간에 산입하지 않더라도 이는 무죄추정원칙과는 관련이 없으므로 이 사건 법률조항은 무죄추정원칙에 위배되지 않는다(헌재 2015.12.23. 2014헌마768).

102
☐☐☐

무죄추정의 원칙상 금지되는 '불이익'이란 '범죄사실의 인정 또는 유죄를 전제로 그에 대하여 법률적·사실적 측면에서 유형·무형의 차별 취급을 가하는 유죄인정의 효과로서의 불이익'을 말한다. O | X

무죄추정의 원칙상 금지되는 '불이익'이란 '범죄사실의 인정 또는 유죄를 전제로 그에 대하여 법률적·사실적 측면에서 유형·무형의 차별취급을 가하는 유죄인정의 효과로서의 불이익'을 뜻하고, 이는 비단 형사절차 내에서의 불이익뿐만 아니라 기타 일반 법생활 영역에서의 기본권 제한과 같은 경우에도 적용된다(헌재 2010.9.2. 2010헌마418).

103
☐☐☐

지방자치단체의 장이 공소 제기된 후 구금상태에 있음을 이유로 부단체장이 그 권한을 대행하도록 한 지방자치법 조항은 무죄추정원칙에 위배되지 않는다. O | X

이 사건 법률조항은 공소 제기된 자로서 구금되었다는 사실 자체에 사회적 비난의 의미를 부여한다거나 그 유죄의 개연성에 근거하여 직무를 정지시키는 것이 아니라, 구금의 효과, 즉 구속되어 있는 자치단체장의 물리적 부재상태로 말미암아 자치단체행정의 원활하고 계속적인 운영에 위험이 발생할 것이 명백하여 이를 미연에 방지하기 위하여 직무를 정지시키는 것이므로, '범죄사실의 인정 또는 유죄의 인정에서 비롯되는 불이익'이라거나 '유죄를 근거로 하는 사회윤리적 비난'이라고 볼 수 없다. 따라서 무죄추정의 원칙에 위반되지 않는다(헌재 2011.4.28. 2010헌마474).

104
☐☐☐

독점규제 및 공정거래에 관한 법률상 사업자단체의 법위반행위가 있을 때 공정거래위원회가 당해 사업자단체에 대하여 법위반사실의 공표를 명할 수 있도록 규정한 것은 무죄추정원칙에 위배된다. O | X

공정거래위원회의 고발조치 등으로 장차 형사절차 내에서 진술을 해야 할 행위자에게 사전에 이와 같은 법위반사실의 공표를 하게 하는 것은 형사절차 내에서 법위반사실을 부인하고자 하는 행위자의 입장을 모순에 빠뜨려 소송수행을 심리적으로 위축시키거나, 법원으로 하여금 공정거래위원회 조사결과의 신뢰성 여부에 대한 불합리한 예단을 촉발할 소지가 있고 이는 장차 진행될 형사절차에도 영향을 미칠 수 있다. 결국 법위반사실의 공표명령은 공소제기조차 되지 아니하고 단지 고발만 이루어진 수사의 초기단계에서 아직 법원의 유무죄에 대한 판단이 가려지지 아니하였는데도 관련 행위자를 유죄로 추정하는 불이익한 처분이 된다(헌재 2002.1.31. 2001헌바43).

정답 101 X 102 ○ 103 ○ 104 ○

105
☐☐☐

구 아동·청소년의 성보호에 관한 법률상 성폭력범죄 피해 아동의 진술이 수록된 영상녹화물에 대하여 피해아동의 법정진술 없이도 조사과정에 동석하였던 신뢰관계에 있는 자의 진술에 의하여 그 성립의 진정함이 인정된 때 그 증거능력을 인정하는 조항은 무죄추정원칙에 위배된다. O I X

청구인은 증거능력 특례조항이 헌법 제27조 제4항에서 정한 무죄추정의 원칙에 반한다고 주장한다. 그러나 증거능력 특례조항은 피고인이 유죄라는 전제에서 전문증거의 증거능력을 인정하는 것이 아니라, 피해아동이 법정에서 피해경험을 진술함으로 인하여 입을 수 있는 2차 피해를 방지하는 데 목적이 있을 뿐이다. 또 아동 진술의 특수성에 비추어, 사건이 발생한 초기에 이루어진 피해아동의 진술을 영상녹화하여 전문적이고 과학적인 방법을 통해 그 신빙성을 검증하는 것이 피고인의 무고함을 밝히는 데 보다 적합한 수단이 될 수도 있으므로, 증거능력 특례조항이 피고인이 유죄임을 전제로 한 규정이라고 볼 수 없다. 따라서 청구인의 이 부분 주장도 받아들일 수 없다(헌재 2013.12.26. 2011헌바108).

✓ 참고 이 사건에서는 '증거능력 특례조항'이 공정한 재판을 받을 권리를 침해하지 않는다고 했으나, '성폭력범죄의 처벌 등에 관한 특례법' 사건에서는 공정한 재판을 받을 권리를 침해한다고 했다(헌재 2021.12.23. 2018헌바524).

> ⚖ **관련 판례**
>
> 성폭력범죄의 처벌 등에 관한 특례법 제30조 제6항 중 "제1항에 따라 촬영한 영상물에 수록된 피해자의 진술은 공판준비기일 또는 공판기일에 조사 과정에 동석하였던 신뢰관계에 있는 사람 또는 진술조력인의 진술에 의하여 그 성립의 진정함이 인정된 경우에 증거로 할 수 있다."는 부분 가운데 19세 미만 성폭력범죄 피해자에 관한 부분은 헌법에 위반된다(헌재 2021.12.23. 2018헌바524).

106
☐☐☐

육군 장교가 민간법원에서 약식명령을 받아 확정되면 자진 신고할 의무를 규정한 '2020년도 장교 진급 지시' 중 '민간법원에서 약식명령을 받아 확정된 사실이 있는 자'에 관한 부분은 육군 장교인 청구인의 진술거부권을 침해한다. O I X

자진신고로 인해 확정된 약식명령에 대하여, 군사법원법 제2조 제1항 제1호에서 규정한 신분적 재판권 위반을 이유로 형사소송법 제441조에 따른 비상상고 절차가 개시될 수 있다고 하더라도, 원판결이 피고인에게 불이익한 때에만 다시 판결을 하게 되므로(형사소송법 제446조 제1호 참조), 비상상고 절차가 청구인 김○○에게 형사상 불이익하게 작용할 여지는 없다. 따라서 20년도 육군지시 자진신고조항은 어느 모로 보나 형사상 불이익한 진술을 강요한다고 볼 수 없으므로, 진술거부권을 제한하지 아니한다(헌재 2021.8.31. 2020헌마12).

107
☐☐☐

피의자가 수사기관에서 신문을 받음에 있어서 진술거부권을 제대로 행사하기 위해서뿐만 아니라 진술거부권을 행사하지 않고 적극적으로 진술하기 위해서는 변호인이 피의자의 후방에 착석하는 것으로도 충분하다. O I X

피의자신문과정이 위압적으로 진행되는 과정에서 발생할 수 있는 인권 침해의 요소를 방지하기 위하여 진술거부권의 고지, 증거능력의 배제와 같은 규정들이 마련되어 있다(형사소송법 제244조의3, 제309조). 그러나 진술거부권이 규정되어 있다고 하더라도, 피의자가 수사기관에서 신문을 받음에 있어서 진술거부권을 제대로 행사하기 위해서뿐만 아니라 진술거부권을 행사하지 않고 적극적으로 진술하기 위해서는 변호인이 피의자의 후방에 착석할 것이 아니라 피의자의 옆에 앉아 조력할 필요가 있다(헌재 2017.11.30. 2016헌마503).

108
☐☐☐

'대체유류'를 제조하였다고 신고하는 것이 곧 석유사업법위반죄를 시인하는 것이나 마찬가지라고 할 수 없고, 신고의무 이행 시 과세절차가 곧바로 석유사업법위반죄의 처벌을 위한 자료의 수집·획득 절차로 이행되는 것도 아니므로 유사석유제품을 제조하여 조세를 포탈한 자를 처벌하도록 규정한 구 조세범처벌법 조항이 형사상 불리한 진술을 강요하는 것이라고 볼 수 없다. O | X

'대체유류'를 제조하였다고 신고하는 것이 곧 석유사업법위반죄를 시인하는 것이나 마찬가지라고 할 수 없고, 신고의무 이행 시 과세절차가 곧바로 석유사업법위반죄의 처벌을 위한 자료의 수집·획득 절차로 이행되는 것도 아니므로, 교통·에너지·환경세 등의 납부 의무가 발생하고 그 세금을 신고·납부기한 내에 납부하지 아니하는 등의 사유로 심판대상조항에 따라 처벌된다고 하더라도 이를 두고 심판대상조항이 형사상 불리한 진술을 강요하는 것이라고 볼 수 없다. 따라서 심판대상조항은 진술거부권을 제한하지 아니한다(헌재 2017.7.27. 2012헌바323).

109
☐☐☐

성매매를 한 자를 형사처벌 하도록 규정한 성매매알선 등 행위의 처벌에 관한 법률상 자발적 성매매와 성매매피해자를 구분하는 차별적 범죄화는 성판매자로 하여금 성매매피해자로 구제받기 위하여 성매매 사실을 스스로 진술하게 하므로 성판매자의 진술거부권을 침해한다. O | X

제청법원은 심판대상조항이 진술거부권을 침해하고 국제협약에 위반된다고 주장하나, 심판대상조항은 성판매자에게 형사상 불이익한 진술의무를 부과하는 조항이라 볼 수 없으므로 진술거부권을 제한하지 아니하며, 국내법과 동일한 효력을 가지는 국제협약은 위헌심사의 기준이 되지 못한다는 점에서 위 주장은 모두 이유 없다(헌재 2016.3.31. 2013헌가2).

110
☐☐☐

'2020년도 장교 진급지시' Ⅳ. 제4장 5. 가. 2) 나) 중 '민간법원에서 약식명령을 받아 확정된 사실이 있는 자'에 관한 부분은 육군 장교가 민간법원에서 약식명령을 받아 확정된 사실만을 자진신고 하도록 하고 있는바, 위 사실 자체는 형사처벌의 대상이 아니고 약식명령의 내용이 된 범죄사실의 진위 여부를 밝힐 것을 요구하는 것도 아니므로, 범죄의 성립과 양형에서의 불리한 사실 등을 말하게 하는 것이라 볼 수 없다. O | X

청구인 김OO은 20년도 육군지시 자진신고조항이 진술거부권도 제한한다고 주장한다. 헌법 제12조 제2항에서 규정하는 진술거부권에 있어서의 진술이란, 형사상 자신에게 불이익이 될 수 있는 진술로서 범죄의 성립과 양형에서의 불리한 사실 등을 말하는 것을 의미한다(헌재 2014.9.25. 2013헌마11 참조). 20년도 육군지시 자진신고조항은 민간법원에서 약식명령을 받아 확정된 사실만을 자진신고 하도록 하고 있는바, 위 사실 자체는 형사처벌의 대상이 아니고 약식명령의 내용이 된 범죄사실의 진위 여부를 밝힐 것을 요구하는 것도 아니므로, 범죄의 성립과 양형에서의 불리한 사실 등을 말하게 하는 것이라 볼 수 없다(헌재 2021.8.31. 2020헌마12 등).

정답 108 ○ 109 X 110 ○

111
□□□

교통·에너지·환경세의 과세물품 및 수량을 신고하도록 한 교통·에너지·환경세법 제7조 제1항은 진술거부권을 제한하는 것이다. O | X

대체유류에는 적법하게 제조되어 석유사업법상 처벌대상이 되지 않는 석유대체연료를 포함하는 것이므로 '대체유류'를 제조하였다고 신고하는 것이 곧 석유사업법을 위반하였음을 시인하는 것과 마찬가지라고 할 수 없고, 신고의무 이행시 진행되는 과세절차가 곧바로 석유사업법위반죄 처벌을 위한 자료의 수집·획득 절차로 이행되는 것도 아니다. 따라서 교통·에너지·환경세법 제7조 제1항은 형사상 불이익한 사실의 진술을 강요한 것으로 볼 수 없으므로 진술거부권을 제한하지 아니한다(헌재 2014.7.24. 2013헌바177).

112
□□□

민사집행법상 재산명시의무를 위반한 채무자에 대하여 법원이 결정으로 20일 이내의 감치에 처하도록 규정하는 것은 감치의 제재를 통해 이를 강제하는 것이 형사상 불이익한 진술을 강요하는 것이라고 할 수 없으므로, 위 채무자의 양심의 자유 및 진술거부권을 침해하지 아니한다. O | X

재산목록을 제출하고 그 진실함을 법관 앞에서 선서하는 것은 개인의 인격형성에 관계되는 내심의 가치적·윤리적 판단에 해당하지 않아 양심의 자유의 보호대상이 아니고, 감치의 제재를 통해 이를 강제하는 것이 형사상 불이익한 진술을 강요하는 것이라고 할 수 없으므로, 심판대상조항은 청구인의 양심의 자유 및 진술거부권을 침해하지 아니한다(헌재 2014.9.25. 2013헌마11).

113
□□□

헌법 제12조 제2항은 "모든 국민은 형사상 자기에게 불리한 진술을 강요당하지 아니한다."라고 하여 진술거부권을 보장하였는바, 이러한 진술거부권은 형사절차뿐만 아니라 행정절차나 국회에서의 조사절차에서도 보장된다. O | X

헌법 제12조 제2항은 "모든 국민은 형사상 자기에 불리한 진술을 강요당하지 아니한다."라고 하여 진술거부권을 보장하였는바, 이는 피고인이나 피의자가 수사절차 또는 공판절차에서 수사기관 또는 법원의 신문에 대하여 진술을 거부할 수 있는 권리를 말한다. 이러한 진술거부권은 형사절차뿐만 아니라 행정절차나 국회에서의 조사절차에서도 보장된다. 진술거부권은 고문 등 폭행에 의한 강요는 물론 법률로서도 진술을 강요당하지 아니함을 의미한다(헌재 1997.3.27. 96헌가11).

114
□□□

피의자가 가지는 '변호인이 되려는 자'의 조력을 받을 권리뿐 아니라 '변호인이 되려는 자'의 접견교통권 역시 헌법상 기본권으로서 보장되어야 한다. O | X

변호인 선임을 위하여 피의자·피고인이 가지는 '변호인이 되려는 자'와의 접견교통권은 헌법상 기본권으로 보호되어야 하고, '변호인이 되려는 자'의 접견교통권은 피의자 등이 변호인을 선임하여 그로부터 조력을 받을 권리를 공고히 하기 위한 것으로서, 그것이 보장되지 않으면 피의자 등이 변호인 선임을 통하여 변호인으로부터 충분한 조력을 받는다는 것이 유명무실하게 될 수밖에 없다. 이와 같이 '변호인이 되려는 자'의 접견교통권은 피의자 등을 조력하기 위한 핵심적인 부분으로서, 피의자 등이 가지는 헌법상의 기본권인 '변호인이 되려는 자'와의 접견교통권과 표리의 관계에 있다. 따라서 피의자 등이 가지는 '변호인이 되려는 자'의 조력을 받을 권리가 실질적으로 확보되기 위해서는 '변호인이 되려는 자'의 접견교통권 역시 헌법상 기본권으로서 보장되어야 한다(헌재 2019.2.28. 2015헌마1204).

☑ 참고 변호인 선임을 위하여 피의자 등이 가지는 '변호인이 되려는 자'와의 접견교통권 역시 헌법상 기본권으로 보호되어야 한다(헌재 2019.2.28. 2015헌마1204).

정답 111 X 112 ○ 113 ○ 114 ○

115 □□□

변호인의 수사서류 열람·등사권은 피고인의 신속·공정한 재판을 받을 권리 및 변호인의 조력을 받을 권리라는 헌법상 기본권의 중요한 내용이자 구성요소이며 이를 실현하는 구체적인 수단이 된다. O | X

피고인의 신속·공정한 재판을 받을 권리 및 변호인의 조력을 받을 권리는 헌법이 보장하고 있는 기본권이고, 변호인의 수사서류 열람·등사권은 피고인의 신속·공정한 재판을 받을 권리 및 변호인의 조력을 받을 권리라는 헌법상 기본권의 중요한 내용이자 구성요소이며 이를 실현하는 구체적인 수단이 된다. 따라서 변호인의 수사서류 열람·등사를 제한함으로 인하여 결과적으로 피고인의 신속·공정한 재판을 받을 권리 또는 변호인의 충분한 조력을 받을 권리가 침해된다면 이는 헌법에 위반되는 것이다(헌재 2010.6.24. 2009헌마257).

116 □□□

헌법 제12조 제4항 본문에 규정된 변호인의 조력을 받을 권리는 형사절차에서 피의자 또는 피고인의 방어권을 보장하기 위한 것으로서 출입국관리법상 보호 또는 강제퇴거의 절차에는 적용되지 않는다. O | X

헌법 제12조 제4항 본문에 규정된 변호인의 조력을 받을 권리는 행정절차에서 구속을 당한 사람에게도 즉시 보장된다. 종래 이와 견해를 달리하여 헌법 제12조 제4항 본문에 규정된 변호인의 조력을 받을 권리는 형사절차에서 피의자 또는 피고인의 방어권을 보장하기 위한 것으로서 출입국관리법상 보호 또는 강제퇴거의 절차에도 적용된다고 보기 어렵다고 판시한 우리 재판소 결정(헌재 2012.8.23. 2008헌마430)은, 이 결정 취지와 저촉되는 범위 안에서 변경한다(헌재 2018.5.31. 2014헌마346).

117 □□□

변호인이 피의자신문에 자유롭게 참여할 수 있는 권리는 피의자가 가지는 변호인의 조력을 받을 권리를 실현하는 수단이라고 할 수 있어 헌법상 기본권인 변호인의 변호권으로서 보호되어야 하므로, 검찰수사관인 피청구인이 피의자신문에 참여한 변호인인 청구인에게 피의자 후방에 앉으라고 요구한 행위는 변호인인 청구인의 변호권을 침해한다. O | X

변호인이 피의자신문에 자유롭게 참여할 수 있는 권리는 피의자가 가지는 변호인의 조력을 받을 권리를 실현하는 수단이라고 할 수 있으므로 헌법상 기본권인 변호인의 변호권으로서 보호되어야 한다. 피의자신문에 참여한 변호인이 피의자 옆에 앉는다고 하여 피의자 뒤에 앉는 경우보다 수사를 방해할 가능성이 높아진다거나 수사기밀을 유출할 가능성이 높아진다고 볼 수 없으므로, 이 사건 후방착석요구행위의 목적의 정당성과 수단의 적절성을 인정할 수 없다. … 따라서 이 사건 후방착석요구행위는 변호인인 청구인의 변호권을 침해한다(헌재 2017.11.30. 2016헌마503).

118 □□□

형사소송법은 차폐시설을 설치하고 증인신문절차를 진행할 경우 피고인으로부터 의견을 듣도록 하는 등 피고인이 받을 수 있는 불이익을 최소화하기 위한 장치를 마련하고 있으므로, '피고인 등'에 대하여 차폐시설을 설치하고 신문할 수 있도록 한 것이 변호인의 조력을 받을 권리를 침해한다고 할 수는 없다. O | X

강력범죄 또는 조직폭력범죄의 수사와 재판에서 범죄입증을 위해 증언한 자의 안전을 효과적으로 보장해 줄 수 있는 조치가 마련되어야 할 필요성은 매우 크고, 경우에 따라서는 증인이 피고인의 변호인과 대면하여 진술하는 것으로부터 보호할 필요성이 있을 수 있다. … 형사소송법은 차폐시설을 설치하고 증인신문절차를 진행할 경우 피고인으로부터 의견을 듣도록 하는 등 피고인이 받을 수 있는 불이익을 최소화하기 위한 장치를 마련하고 있다. 따라서 심판대상조항은 과잉금지원칙에 위배되어 청구인의 공정한 재판을 받을 권리 및 변호인의 조력을 받을 권리를 침해한다고 할 수 없다(헌재 2016.12.29. 2015헌바221).

정답 115 ○ 116 X 117 ○ 118 ○

119
□□□

체포 또는 구속된 자와 변호인 등 간의 접견이 실제로 이루어지는 경우에 있어서의 '자유로운 접견'은 어떠한 명분으로도 제한될 수 없는 성질의 것이므로 변호인 등과의 접견 자체에 대하여 아무런 제한도 가할 수 없다는 것을 의미한다. O | X

미결수용자와 변호인과의 접견에 대해 어떠한 명분으로도 제한할 수 없다고 한 것은 구속된 자와 변호인 간의 접견이 실제로 이루어지는 경우에 있어서의 '자유로운 접견', 즉 '대화내용에 대하여 비밀이 완전히 보장되고 어떠한 제한, 영향, 압력 또는 부당한 간섭 없이 자유롭게 대화할 수 있는 접견'을 제한할 수 없다는 것이지, 변호인과의 접견 자체에 대해 아무런 제한도 가할 수 없다는 것을 의미하는 것이 아니므로 미결수용자의 변호인 접견권 역시 국가안전보장·질서유지 또는 공공복리를 위해 필요한 경우에는 법률로써 제한될 수 있음은 당연하다(헌재 2011.5.26. 2009헌마341).

120
□□□

'변호인이 되려는 자'의 접견교통권은 피체포자 등의 '변호인의 조력을 받을 권리'를 기본권으로 인정한 결과 발생하는 간접적이고 부수적인 효과로서 형사소송법 등 개별 법률을 통하여 구체적으로 형성된 법률상의 권리에 불과하다. O | X

변호인 선임을 위하여 피의자·피고인(이하 '피의자 등'이라 한다)이 가지는 '변호인이 되려는 자'와의 접견교통권은 헌법상 기본권으로 보호되어야 하고, '변호인이 되려는 자'의 접견교통권은 피의자 등이 변호인을 선임하여 그로부터 조력을 받을 권리를 공고히 하기 위한 것으로서, 그것이 보장되지 않으면 피의자 등이 변호인 선임을 통하여 변호인으로부터 충분한 조력을 받는다는 것이 유명무실하게 될 수밖에 없다. 이와 같이 '변호인이 되려는 자'의 접견교통권은 피의자 등을 조력하기 위한 핵심적인 부분으로서, 피의자 등이 가지는 헌법상의 기본권인 '변호인이 되려는 자'와의 접견교통권과 표리의 관계에 있다. 따라서 피의자 등이 가지는 '변호인이 되려는 자'의 조력을 받을 권리가 실질적으로 확보되기 위해서는 '변호인이 되려는 자'의 접견교통권 역시 헌법상 기본권으로서 보장되어야 한다(헌재 2019.2.28. 2015헌마1204).

121
□□□

변호인과의 접견교통권은 헌법 규정에 비추어 체포 또는 구속당한 피의자·피고인 자신에게만 한정되는 신체의 자유에 관한 기본권이지, 그 규정으로부터 변호인의 구속피의자·피고인에 대한 접견교통권까지 파생된다고 할 수는 없다. O | X

변호인 선임을 위하여 피의자·피고인이 가지는 '변호인이 되려는 자'와의 접견교통권은 헌법상 기본권으로 보호되어야 하고, '변호인이 되려는 자'의 접견교통권은 피의자 등이 변호인을 선임하여 그로부터 조력을 받을 권리를 공고히 하기 위한 것으로서, 그것이 보장되지 않으면 피의자 등이 변호인 선임을 통하여 변호인으로부터 충분한 조력을 받는다는 것이 유명무실하게 될 수밖에 없다. 이와 같이 '변호인이 되려는 자'의 접견교통권은 피의자 등을 조력하기 위한 핵심적인 부분으로서, 피의자 등이 가지는 헌법상의 기본권인 '변호인이 되려는 자'와의 접견교통권과 표리의 관계에 있다. 따라서 피의자 등이 가지는 '변호인이 되려는 자'의 조력을 받을 권리가 실질적으로 확보되기 위해서는 '변호인이 되려는 자'의 접견교통권 역시 헌법상 기본권으로서 보장되어야 한다(헌재 2019.2.28. 2015헌마1204).

122

접촉차단시설이 설치되지 않은 장소에서의 수용자 접견 대상을 소송사건의 대리인인 변호사로 한정한 구형의 집행 및 수용자의 처우에 관한 법률 시행령 조항은, 그로 인해 접견의 상대방인 수용자의 재판청구권이 제한되는 효과도 함께 고려하면 수용자의 대리인이 되려는 변호사의 직업수행의 자유와 수용자의 변호인의 조력을 받을 권리를 침해한다. O | X

접견 제한에 따른 변호사의 직업수행의 자유 제한에 대한 심사에서는 변호사 자신의 직업 활동에 가해진 제한의 정도를 살펴보아야 할 뿐 아니라 그로 인해 접견의 상대방인 수용자의 재판청구권이 제한되는 효과도 함께 고려되어야 하나, 소송대리인이 되려는 변호사의 수용자 접견의 주된 목적은 소송대리인 선임 여부를 확정하는 것이고 소송준비와 소송대리 등 소송에 관한 직무활동은 소송대리인 선임 이후에 이루어지는 것이 일반적이므로 소송대리인 선임 여부를 확정하기 위한 단계에서는 접촉차단시설이 설치된 장소에서 접견하더라도 그 접견의 목적을 수행하는데 필요한 의사소통이 심각하게 저해될 것이라고 보기 어렵다. 심판대상조항은 변호사인 청구인의 업무를 원하는 방식으로 자유롭게 수행할 수 있는 자유를 침해한다고 할 수 없다(헌재 2022.2.24. 2018헌마1010).

123

'변호인이 되려는 자'의 접견교통권은 피의자 등을 조력하기 위한 핵심적인 부분으로서, 피의자 등이 가지는 헌법상의 기본권인 '변호인이 되려는 자'와의 접견교통권과 표리의 관계에 있어, 피의자 등이 가지는 '변호인이 되려는 자'의 조력을 받을 권리가 실질적으로 확보되기 위해서는 '변호인이 되려는 자'의 접견교통권 역시 헌법상 기본권으로서 보장되어야 한다. O | X

'변호인이 되려는 자'의 접견교통권은 피의자 등을 조력하기 위한 핵심적인 부분으로서, 피의자 등이 가지는 헌법상의 기본권인 '변호인이 되려는 자'와의 접견교통권과 표리의 관계에 있다. 따라서 피의자 등이 가지는 '변호인이 되려는 자'의 조력을 받을 권리가 실질적으로 확보되기 위해서는 '변호인이 되려는 자'의 접견교통권 역시 헌법상 기본권으로서 보장되어야 한다(헌재 2019.2.28. 2015헌마1204).

124

수사서류에 대한 법원의 열람·등사 허용 결정이 있음에도 검사가 열람·등사를 거부하는 경우 수사서류 각각에 대하여 검사가 열람·등사를 거부할 정당한 사유가 있는지를 심사할 필요 없이 그 거부행위 자체로써 청구인의 변호인의 조력을 받을 권리를 침해하는 것이 되고, 이는 법원의 수사서류에 대한 열람·등사 허용 결정이 있음에도 검사가 해당 서류에 대한 열람만을 허용하고 등사를 거부하는 경우에도 마찬가지이다. O | X

이 사건과 같이 수사서류에 대한 법원의 열람·등사 허용 결정이 있음에도 검사가 열람·등사를 거부하는 경우 수사서류 각각에 대하여 검사가 열람·등사를 거부할 정당한 사유가 있는지를 심사할 필요 없이 그 거부행위 자체로써 청구인들의 기본권을 침해한다(헌재 2010.6.24. 2009헌마257).

정답 122 X 123 ○ 124 ○

125
☐☐☐
교도소장이 금지물품 동봉 여부를 확인하기 위하여 미결수용자와 같은 지위에 있는 수형자의 변호인이 위 수형자에게 보낸 서신을 개봉한 후 교부한 행위는 교정사고를 미연에 방지하고 교정시설의 안전과 질서 유지를 위한 것으로, 금지물품이 들어 있는지를 확인하기 위하여 서신을 개봉하는 것만으로는 미결수용자와 같은 지위에 있는 수형자의 변호인의 조력을 받을 권리를 침해하지 않는다. O | X

이 사건 서신개봉행위를 통하여 교정시설의 안전과 질서유지를 도모하고, 수용자의 교화 및 원활한 사회복귀를 추구하는 공익은 중요하다. 이 사건 서신개봉행위로 인하여 미결수용자가 변호인과 자유롭게 소송관련 서신을 수수함으로써 누릴 수 있는 편익이 일부 제한되었다고 하더라도, 변호인과의 서신 수수 이외에도 형집행법상 변호인과의 접견, 전화통화 등을 통해 변호인의 충분한 조력이 가능한 이상 위와 같은 정도의 사익의 제한이 달성되는 공익에 비하여 중대하다고 보기 어렵다. … 이 사건 서신개봉행위는 과잉금지원칙에 위반되지 아니하므로 청구인의 변호인의 조력을 받을 권리를 침해하지 아니한다(헌재 2021.10.28. 2019헌마973).

126
☐☐☐
수형자가 형사사건의 변호인이 아닌 민사사건, 행정사건, 헌법소원사건 등에서 변호사와 접견할 경우에는 원칙적으로 헌법상 변호인의 조력을 받을 권리의 주체가 될 수 없다. O | X

변호인의 조력을 받을 권리는 '형사사건'에서의 변호인의 조력을 받을 권리를 의미한다. 따라서 수형자가 형사사건의 변호인이 아닌 민사사건, 행정사건, 헌법소원사건 등에서 변호사와 접견할 경우에는 원칙적으로 헌법상 변호인의 조력을 받을 권리의 주체가 될 수 없다 할 것이다(헌재 2013.9.26. 2011헌마398).

127
☐☐☐
살인미수 등 사건의 수형자이면서 공무집행방해 등 사건의 미결수용자와 같은 지위에 있는 수형자의 변호인이 위 수형자에게 보낸 서신을 교도소장이 금지물품 동봉 여부를 확인하기 위하여 개봉한 후 교부한 행위는 위 수형자가 갖는 변호인의 조력을 받을 권리를 침해하지 않는다. O | X

이 사건 서신개봉행위로 인하여 미결수용자가 변호인과 자유롭게 소송관련 서신을 수수함으로써 누릴 수 있는 편익이 일부 제한되었다고 하더라도, 변호인과의 서신 수수 이외에도 형집행법상 변호인과의 접견, 전화통화 등을 통해 변호인의 충분한 조력이 가능한 이상 위와 같은 정도의 사익의 제한이 달성되는 공익에 비하여 중대하다고 보기 어렵다. … 이 사건 서신개봉행위는 과잉금지원칙에 위반되지 아니하므로 청구인의 변호인의 조력을 받을 권리를 침해하지 아니한다(헌재 2021.10.28. 2019헌마973).

128
☐☐☐
난민인정신청을 하였으나 난민인정심사불회부 결정을 받고 인천공항 송환대기실에 계속 수용된 외국인의 경우 형사절차에서 구속된 자로는 볼 수는 없으므로 변호인의 조력을 받을 권리는 보장되지 않는다. O | X

헌법 제12조 제4항 본문에 규정된 '구속'은 사전적 의미의 구속 중에서도 특히 사람을 강제로 붙잡아 끌고 가는 구인과 사람을 강제로 일정한 장소에 가두는 구금을 가리키는데, 이는 형사절차뿐 아니라 행정절차에서도 가능하다. 위와 같은 점을 종합해 보면, 헌법 제12조 제4항 본문에 규정된 '구속'을 형사절차상 구속뿐 아니라 행정절차상 구속까지 의미하는 것으로 보아도 문언해석의 한계를 넘지 않는다. 헌법 제12조 제4항 본문의 문언 및 헌법 제12조의 조문 체계, 변호인 조력권의 속성, 헌법이 신체의 자유를 보장하는 취지를 종합하여 보면 헌법 제12조 제4항 본문에 규정된 '구속'은 사법절차에서 이루어진 구속뿐 아니라, 행정절차에서 이루어진 구속까지 포함하는 개념이다. 따라서 헌법 제12조 제4항 본문에 규정된 변호인의 조력을 받을 권리는 행정절차에서 구속을 당한 사람에게도 즉시 보장된다(헌재 2018.5.31. 2014헌마346).

정답 125 ○ 126 ○ 127 ○ 128 X

129
□□□

정신성적 장애인을 치료감호시설에 수용하는 기간은 15년을 초과할 수 없다고 규정한 구 치료감호 등에 관한 법률 제16조 제2항 제1호 중 제2조 제1항 제3호에 해당하는 자에 관한 부분은 과잉금지원칙을 위반하여 정신성적 장애인의 신체의 자유를 침해한다.　　　　　　　　　　　　　　　　　　O | X

치료감호기간 조항은 정신성적 장애인이 치료감호시설에 수용될 수 있는 기간의 상한을 정함으로써 치료의 필요성 및 재범의 위험성에 따라 탄력적으로 치료감호를 집행하는 동시에, 정신성적 장애인의 기본권이 과도하게 제한되는 것을 방지하기 위한 것이다. 정신성적 장애는 그 증상이나 정도, 치료의 방법 등에 따라 치료의 종료 시기가 달라질 수 있으므로 이를 일률적으로 예측하기 어렵고, 그에 따른 재범의 위험성 소멸시기를 예측하는 것도 어려우므로 정신성적 장애인에 대한 치료감호는 그 본질상 집행단계에서 기간을 확정할 수밖에 없다. … 따라서 치료감호기간 조항은 과잉금지원칙을 위반하여 청구인의 신체의 자유를 침해하지 않는다(헌재 2017.4.27. 2016헌바452).

130
□□□

진술거부권은 형사절차에서만 보장되는 것은 아니고, 행정절차에서도 그 진술이 자기에게 형사상 불리한 경우에는 묵비권을 가지고 이를 강요받지 아니할 국민의 기본권으로 보장된다.　　　　　　O | X

진술거부권은 형사절차에서만 보장되는 것은 아니고 행정절차이거나 국회에서의 질문 등 어디에서나 그 진술이 자기에게 형사상 불리한 경우에는 묵비권을 가지고 이를 강요받지 아니할 국민의 기본권으로 보장된다(헌재 1990.8.27. 89헌가118).

131
□□□

강제퇴거명령을 받은 사람을 즉시 대한민국 밖으로 송환할 수 없는 경우에 송환할 수 있을 때까지 보호시설에 보호할 수 있도록 하여 보호기간 상한을 마련하지 아니한 출입국관리법 규정은 퇴거 명령을 받은 사람의 신체의 자유를 침해한다.　　　　　　　　　　　　　　　　　　O | X

심판대상조항은 강제퇴거대상자를 대한민국 밖으로 송환할 수 있을 때까지 보호시설에 인치·수용하여 강제퇴거명령을 효율적으로 집행할 수 있도록 함으로써 외국인의 출입국과 체류를 적절하게 통제하고 조정하여 국가의 안전과 질서를 도모하고자 하는 것으로, 입법목적의 정당성과 수단의 적합성은 인정된다. 그러나 보호기간의 상한을 두지 아니함으로써 강제퇴거대상자를 무기한 보호하는 것을 가능하게 하는 것은 보호의 일시적·잠정적 강제조치로서의 한계를 벗어나는 것이라는 점, 보호기간의 상한을 법에 명시함으로써 보호기간의 비합리적인 장기화 내지 불확실성에서 야기되는 피해를 방지할 수 있어야 하는데, 단지 강제퇴거명령의 효율적 집행이라는 행정목적 때문에 기간의 제한이 없는 보호를 가능하게 하는 것은 행정의 편의성과 획일성만을 강조한 것으로 피보호자의 신체의 자유를 과도하게 제한하는 것인 점, … 등을 고려하면, 심판대상조항은 침해의 최소성과 법익균형성을 충족하지 못한다. 따라서 심판대상조항은 과잉금지원칙을 위반하여 피보호자의 신체의 자유를 침해한다(헌재 2023.3.23. 2020헌가1 등).

132
☐☐☐

강제퇴거명령을 받은 사람을 보호할 수 있도록 하면서 보호기간의 상한을 마련하지 않은 출입국관리법 해당 조항은 침해의 최소성과 법익의 균형성을 충족하지 못하여 피보호자의 신체의 자유를 침해한다.

O | X

보호기간의 상한을 두지 아니함으로써 강제퇴거대상자를 무기한 보호하는 것을 가능하게 하는 것은 보호의 일시적·잠정적 강제조치로서의 한계를 벗어나는 것이라는 점, 보호기간의 상한을 법에 명시함으로써 보호기간의 비합리적인 장기화 내지 불확실성에서 야기되는 피해를 방지할 수 있어야 하는데, 단지 강제퇴거명령의 효율적 집행이라는 행정목적 때문에 기간의 제한이 없는 보호를 가능하게 하는 것은 행정의 편의성과 획일성만을 강조한 것으로 피보호자의 신체의 자유를 과도하게 제한하는 것인 점, … 등을 고려하면, 심판대상조항은 침해의 최소성과 법익균형성을 충족하지 못한다. 따라서 심판대상조항은 과잉금지원칙을 위반하여 피보호자의 신체의 자유를 침해한다(헌재 2023.3.23. 2020헌가1 등).

133
☐☐☐

금치의 징벌을 받은 수용자에 대해 금치기간 중 실외운동을 원칙적으로 제한하고, 예외적으로 실외운동을 허용하는 경우에도 실외운동의 기회가 부여되어야 하는 최저기준을 명시하지 않고 있는 구 형의 집행 및 수용자의 처우에 관한 법률 해당 규정은 침해의 최소성 원칙에 위배되어 신체의 자유를 침해한다.

O | X

실외운동은 구금되어 있는 수용자의 신체적·정신적 건강을 유지하기 위한 최소한의 기본적 요청이고, 수용자의 건강 유지는 교정교화와 건전한 사회복귀라는 형 집행의 근본적 목표를 달성하는 데 필수적이다. 위 조항은 예외적으로 실외운동을 허용하는 경우에도, 실외운동의 기회가 부여되어야 하는 최저기준을 법령에서 명시하고 있지 않으므로, 침해의 최소성 원칙에 위배된다. 위 조항은 수용자의 정신적·신체적 건강에 필요 이상의 불이익을 가하고 있고, 이는 공익에 비하여 큰 것이므로 위 조항은 법익의 균형성 요건도 갖추지 못하였다. 따라서 위 조항은 청구인의 신체의 자유를 침해한다(헌재 2016.5.26. 2014헌마45).

134
☐☐☐

약식명령에 대한 정식재판청구권 회복청구 시 필요적 집행 정지가 아닌 임의적 집행정지로 규정된 형사소송법 해당 조항이 신체의 자유를 침해한다고 볼 수는 없다.

O | X

이 사건 법률조항은 약식명령에 대한 정식재판청구권 회복청구가 인용되는 경우 정식재판절차가 개시되어 약식명령이 확정되지 않은 상태로 되돌아간다는 점을 고려하여, 정식재판 청구기간 경과에 귀책사유가 없는 피고인을 재판의 부당한 집행으로부터 보호하면서, 필요적 집행정지로 인한 벌금형의 실효성 저하를 방지하고자 법원으로 하여금 구체적 사정을 고려하여 재판의 집행정지 여부를 결정하도록 하는 규정이다. … 따라서 이 사건 법률조항이 신체의 자유를 침해한다고 볼 수 없다(헌재 2014.5.29. 2012헌마104).

135
☐☐☐

과태료 등의 행정질서벌은 죄형법정주의의 규율대상에 해당하지 않는다.

O | X

죄형법정주의는 무엇이 범죄이며 그에 대한 형벌이 어떠한 것인가는 국민의 대표로 구성된 입법부가 제정한 법률로써 정하여야 한다는 원칙인데, 과태료는 행정상의 질서 유지를 위한 행정질서벌에 해당할 뿐 형벌이라고 할 수 없어 죄형법정주의의 규율대상에 해당하지 아니한다(헌재 2003.12.18. 2002헌바49).

136

□□□

각급선거관리위원회 위원·직원의 선거범죄 조사에 있어서 피조사자에게 자료제출의무를 부과한 공직선거법의 규정에 의한 자료제출요구는 영장주의의 적용대상이 아니다. O | X

심판대상조항에 의한 자료제출요구는 행정조사의 성격을 가지는 것으로 수사기관의 수사와 근본적으로 그 성격을 달리하며, 청구인에 대하여 직접적으로 어떠한 물리적 강제력을 행사하는 강제처분을 수반하는 것이 아니므로 영장주의의 적용대상이 아니다(헌재 2019.9.26. 2016헌바381).

137

□□□

선거관리위원회에 허위보고한 정당의 회계책임자를 형사처벌함으로써 '보고'의무를 부과하는 것은 진술거부권이 금지하는 진술강요에 해당한다. O | X

선거관리위원회에 허위보고한 자를 처벌함으로써 '보고'의무를 부과하는 것이 진술거부권이 금지하는 진술강요에 해당한다는 것은 별 의문의 여지가 없으나, 개인에게 정치자금의 수입과 지출에 관한 내역을 '기재'하게 하는 것이 진술을 강요하는 것인지는 논란이 있을 수 있다. 살피건대, 헌법상 진술거부권의 보호대상이 되는 '진술'이라 함은 언어적 표출, 즉 개인의 생각이나 지식, 경험사실을 정신작용의 일환인 언어를 통하여 표출하는 것을 의미하는바, 정치자금을 받고 지출하는 행위는 당사자가 직접 경험한 사실로서 이를 문자로 기재하도록 하는 것은 당사자가 자신의 경험을 말로 표출한 것의 등가물(等價物)로 평가할 수 있으므로, 위 조항들이 정하고 있는 기재행위 역시 '진술'의 범위에 포함된다고 할 것이다. … 정당의 회계책임자가 불법 정치자금이라도 그 수수 내역을 회계장부에 기재하고 이를 신고할 의무가 있다고 규정하고 있는 위 조항들은 헌법 제12조 제2항이 보장하는 진술거부권을 침해한다고 할 수 없다(헌재 2005.12.22. 2004헌바25).

138

□□□

헌법상의 변호인과의 접견교통권은 체포 또는 구속당한 피의자·피고인에게 인정되는 신체적 자유에 관한 기본권인데, '변호인이 되려는 자'의 접견교통권은 헌법상 기본권에 해당하지 않는다. O | X

변호인 선임을 위하여 피의자·피고인이 가지는 '변호인이 되려는 자'와의 접견교통권은 헌법상 기본권으로 보호되어야 하고, '변호인이 되려는 자'의 접견교통권은 피의자 등이 변호인을 선임하여 그로부터 조력을 받을 권리를 공고히 하기 위한 것으로서, 그것이 보장되지 않으면 피의자 등이 변호인 선임을 통하여 변호인으로부터 충분한 조력을 받는다는 것이 유명무실하게 될 수밖에 없다. 이와 같이 '변호인이 되려는 자'의 접견교통권은 피의자 등을 조력하기 위한 핵심적인 부분으로서, 피의자 등이 가지는 헌법상의 기본권인 '변호인이 되려는 자'와의 접견교통권과 표리의 관계에 있다. 따라서 피의자 등이 가지는 '변호인이 되려는 자'의 조력을 받을 권리가 실질적으로 확보되기 위해서는 '변호인이 되려는 자'의 접견교통권 역시 헌법상 기본권으로서 보장되어야 한다(헌재 2019.2.28. 2015헌마1204).

139

□□□

강제퇴거명령을 받은 외국인을 대한민국 밖으로 송환할 수 있을 때까지 보호시설에 인치·수용할 수 있도록 하면서 그 보호기간의 상한을 마련하지 아니한 출입국관리법 조항은 피보호자의 신체의 자유를 침해한다. O | X

보호기간의 상한을 두지 아니함으로써 강제퇴거대상자를 무기한 보호하는 것을 가능하게 하는 것은 보호의 일시적·잠정적 강제조치로서의 한계를 벗어나는 것이라는 점, … 심판대상조항은 침해의 최소성과 법익균형성을 충족하지 못한다. 따라서 심판대상조항은 과잉금지원칙을 위반하여 피보호자의 신체의 자유를 침해한다(헌재 2023.3.23. 2020헌가1 등).

정답 136 ○ 137 ○ 138 X 139 ○

140
☐☐☐

무죄추정의 원칙상 금지되는 '불이익'은 유죄를 근거로 그에 대하여 사회적 비난 내지 기타 응보적 의미의 차별 취급을 가하는 유죄 인정의 효과로서의 불이익을 의미한다. O | X

무죄추정의 원칙상 금지되는 '불이익'이란 '범죄사실의 인정 또는 유죄를 전제로 그에 대하여 법률적·사실적 측면에서 유형·무형의 차별취급을 가하는 유죄인정의 효과로서의 불이익'을 뜻하고, 이는 비단 형사절차 내에서의 불이익뿐만 아니라 기타 일반 법생활 영역에서의 기본권 제한과 같은 경우에도 적용된다(헌재 2010.9.2. 2010헌마418).

141
☐☐☐

헌법 제13조 제1항이 규정한 '이중처벌금지원칙'에서 '처벌'은 범죄에 대한 국가의 형벌권 실행으로서의 과벌뿐만 아니라 국가가 행하는 일체의 제재나 불이익처분을 모두 포함하는 것으로 보아야 한다. O | X

헌법 제13조 제1항이 정한 '이중처벌금지의 원칙'은 동일한 범죄행위에 대하여 국가가 형벌권을 거듭 행사할 수 없도록 함으로써 국민의 기본권 특히 신체의 자유를 보장하기 위한 것이므로, 그 '처벌'은 원칙으로 범죄에 대한 국가의 형벌권 실행으로서의 과벌을 의미하는 것이고, 국가가 행하는 일체의 제재(制裁)나 불이익처분을 모두 그에 포함된다고 할 수는 없다(헌재 1994.6.30. 92헌바38).

142
☐☐☐

헌법 제13조 제3항의 연좌제금지는 친족의 행위와 본인 간에 실질적으로 의미 있는 아무런 관련성을 인정할 수 없음에도 불구하고 오로지 친족이라는 사유 그 자체만으로 불이익한 처우를 가하는 경우에만 적용된다. O | X

"모든 국민은 자기의 행위가 아닌 친족의 행위로 인하여 불이익한 처우를 받지 아니한다."고 규정하고 있는 헌법 제13조 제3항은 '친족의 행위와 본인 간에 실질적으로 의미 있는 아무런 관련성을 인정할 수 없음에도 불구하고 오로지 친족이라는 사유 그 자체만으로' 불이익한 처우를 가하는 경우에만 적용된다(헌재 2005.12.22. 2005헌마19).

143
☐☐☐

디엔에이감식시료 채취 대상범죄에 대하여 형의 선고를 받아 확정된 사람으로부터 디엔에이감식시료를 채취할 수 있도록 규정한 디엔에이신원확인정보의 이용 및 보호에 관한 법률조항은 과도하게 신체의 자유를 침해한다고 볼 수 없다. O | X

이 사건 채취조항들은 범죄 수사 및 예방을 위하여 특정범죄의 수형자로부터 디엔에이감식시료를 채취할 수 있도록 하는 것이다. 디엔에이감식시료 채취 대상범죄는 재범의 위험성이 높아 디엔에이신원확인정보를 수록·관리할 필요성이 높으며, 이 사건 법률은 시료를 서면 동의 또는 영장에 의하여 채취하되, 채취 이유, 채취할 시료의 종류 및 방법을 고지하도록 하고 있고, … 제한되는 신체의 자유의 정도는 일상생활에서 경험할 수 있는 정도의 미약한 것으로서 범죄 수사 및 예방의 공익에 비하여 크다고 할 수 없어 법익의 균형성도 인정된다. 따라서 이 사건 채취조항들이 과도하게 신체의 자유를 침해한다고 볼 수 없다(헌재 2014.8.28. 2011헌마28 등).

정답 140 O 141 X 142 O 143 O

144
☐☐☐
누구든지 체포 또는 구속을 당한 때에는 즉시 변호인의 조력을 받을 권리를 가지는데, 헌법은 형사피의자와 형사피고인이 스스로 변호인을 구할 수 없을 때에는 법률이 정하는 바에 의하여 국가가 변호인을 붙인다고 규정하고 있다.　　　　　　　　　　　　　　　　　　　　　　　　　　　O | X

> **헌법 제12조** ④ 누구든지 체포 또는 구속을 당한 때에는 즉시 변호인의 조력을 받을 권리를 가진다. 다만, 형사피고인이 스스로 변호인을 구할 수 없을 때에는 법률이 정하는 바에 의하여 국가가 변호인을 붙인다.

145
☐☐☐
주민등록증 발급대상자에 대하여 열 손가락의 지문을 날인할 의무를 부과하는 것은 신체의 안정성을 저해하고 신체활동의 자유를 제약한다고 볼 수 있으므로 신체의 자유를 침해한다.　　　　O | X

우리 헌법 제12조 제1항 전문에서 보장하는 신체의 자유는 신체의 안정성이 외부로부터의 물리적인 힘이나 정신적인 위험으로부터 침해당하지 아니할 자유와 신체활동을 임의적이고 자율적으로 할 수 있는 자유를 말하는 것이다. 그렇다면 이 사건 시행령 조항이 주민등록증 발급대상자에 대하여 열 손가락의 지문을 날인할 의무를 부과하는 것만으로는 신체의 안정성을 저해한다거나 신체활동의 자유를 제약한다고 볼 수 없으므로, 이 사건 시행령 조항에 의한 신체의 자유의 침해가능성은 없다고 할 것이다(헌재 2005.5.26. 99헌마513 등).

146
☐☐☐
보호의무자 2인의 동의와 정신건강의학과 전문의 1인의 진단으로 정신질환자에 대한 보호입원이 가능하도록 한 정신보건법조항은 과잉금지원칙을 위반하여 신체의 자유를 침해한다.　　　　O | X

보호의무자 2인이 정신과전문의와 공모하거나, 그로부터 방조·용인을 받는 경우 보호입원 제도가 남용될 위험성은 더욱 커지는 점, … 등을 종합하면, 심판대상조항은 침해의 최소성 원칙에 위배된다. … 그렇다면 심판대상조항은 과잉금지원칙을 위반하여 신체의 자유를 침해한다(헌재 2016.9.29. 2014헌가9).

147
☐☐☐
수뢰죄를 범하여 금고 이상의 형의 선고유예를 받은 국가공무원은 별도의 징계절차를 거치지 아니하고 당연퇴직되도록 한 국가공무원법 조항은 적법절차원칙에 위반되지 않는다.　　　　O | X

범죄행위로 인하여 형사처벌을 받은 공무원에 대하여 신분상 불이익처분을 하는 법률을 제정함에 있어 어느 방법을 선택할 것인가는 원칙적으로 입법자의 재량에 속한다. 일정한 사항이 법정 당연퇴직사유에 해당하는지 여부만이 문제되는 당연퇴직의 성질상 그 절차에서 당사자의 진술권이 반드시 보장되어야 하는 것은 아니고, 심판대상조항이 청구인의 공무담임권 등을 침해하지 아니하는 이상 적법절차원칙에 위반되지 아니한다(헌재 2013.7.25. 2012헌바409).

정답 144 X　145 X　146 O　147 O

148
□□□

효율적인 수사와 정보수집의 신속성, 밀행성 등의 필요성을 고려하여 사전에 정보주체인 이용자에게 그 내역을 통지하도록 하는 것이 적절하지 않다면 수사기관 등이 통신자료를 취득한 이후에 수사 등 정보수집의 목적에 방해가 되지 않는 범위 내에서 통신자료의 취득사실을 이용자에게 통지하는 것이 얼마든지 가능함에도, 전기통신사업법 조항이 통신자료 취득에 대한 사후통지절차를 두지 않은 것은 적법절차원칙에 위배된다. O | X

효율적인 수사와 정보수집의 신속성, 밀행성 등의 필요성을 고려하여 사전에 정보주체인 이용자에게 그 내역을 통지하도록 하는 것이 적절하지 않다면 수사기관 등이 통신자료를 취득한 이후에 수사 등 정보수집의 목적에 방해가 되지 않는 범위 내에서 통신자료의 취득사실을 이용자에게 통지하는 것이 얼마든지 가능하다. 그럼에도 이 사건 법률조항은 통신자료 취득에 대한 사후통지절차를 두지 않아 적법절차원칙에 위배된다. … 이 사건 법률조항이 통신자료 취득에 대한 사후통지절차를 규정하고 있지 않은 것은 적법절차원칙에 위배하여 청구인들의 개인정보자기결정권을 침해한다(헌재 2022.7.21. 2016헌마388 등).

149
□□□

범칙금 통고처분을 받고도 납부기간 이내에 범칙금을 납부하지 아니한 사람에 대하여 행정청에 대한 이의제기나 의견진술 등의 기회를 주지 않고 경찰서장이 곧바로 즉결심판을 청구하도록 한 것은 적법절차원칙에 위배된다. O | X

도로교통법상 범칙금 납부통고는 위반행위에 대한 제재를 신속·간편하게 종결할 수 있게 하는 제도로서, 이에 불복하여 범칙금을 납부하지 아니한 자에게는 재판절차라는 완비된 절차적 보장이 주어진다. 도로교통법 위반사례가 격증하고 있는 현실에서 통고처분에 대한 이의제기 등 행정청 내부 절차를 추가로 둔다면 절차의 중복과 비효율을 초래하고 신속한 사건처리에 저해가 될 우려도 있다. 따라서 이 사건 즉결심판청구 조항에서 의견진술 등의 별도의 절차를 두지 않은 것이 현저히 불합리하여 적법절차원칙에 위배된다고 보기 어렵다(헌재 2014.8.28. 2012헌바433).

150
□□□

토지 등 소유자의 100분의 30 이상이 정비예정구역의 해제를 요청하는 경우 특별시장 등 해제권자로 하여금 지방도시계획위원회의 심의를 거쳐 정비예정구역의 지정을 해제할 수 있도록 한 구 도시 및 주거환경정비법 조항 중 '정비예정구역'에 관한 부분은 토지등소유자에게는 정비계획의 입안을 제안할 수 있는 방법이 없는 점 등을 종합적으로 고려하면 적법절차원칙에 위반된다. O | X

심판대상조항은 정비예정구역으로 지정되어 있는 상태에서 정비사업이 장기간 방치됨으로써 발생하는 법적 불안정성을 해소하고, 정비예정구역 내 토지등소유자의 재산권 행사를 보장하기 위한 것이다. 아직 정비계획의 수립 및 정비구역 지정이 이루어지지 않고 있는 정비예정구역을 대상으로 하는 점, 경기, 사업성 또는 주민 갈등 등 다양한 사유로 인하여 정비예정구역에 대한 정비계획 수립 등이 이루어지지 않을 가능성도 있는 점, 정비예정구역으로 지정되어 있을 뿐인 단계에서부터 토지등소유자의 100분의 30 이상이 정비예정구역 해제를 요구하고 있는 상황이라면 추후 정비사업의 시행이 지연되거나 좌초될 가능성이 큰 점, 토지등소유자에게는 정비계획의 입안을 제안할 수 있는 방법이 있는 점, 정비예정구역 해제를 위해서는 지방도시계획위원회의 심의를 거쳐야 하고, 정비예정구역의 해제는 해제권자의 재량적 행위인 점, 정비예정구역 해제에 관한 위법이 있는 경우 항고소송을 통하여 이를 다툴 수 있는 점 등을 종합적으로 고려하면, 심판대상조항이 적법절차원칙에 위반된다고 볼 수 없다(헌재 2023.6.29. 2020헌바63).

정답 148 ○ 149 X 150 X

151
☐☐☐

치료감호 가종료 시 3년의 보호관찰이 시작되도록 한 치료감호 등에 관한 법률 조항은 3년의 보호관찰기간 종료 전이라도 6개월마다 치료감호의 종료 여부 심사를 치료감호심의위원회에 신청할 수 있고, 그 신청에 관한 치료감호심의위원회의 기각결정에 불복하는 경우 행정소송을 제기하여 법관에 의한 재판을 받을 수 있다는 점 등을 고려하면 적법절차원칙에 반하지 않는다. O | X

치료감호와 보호관찰은 모두 적법절차원칙의 적용대상인 보안처분이지만 보호관찰은 '시설 외 처분'으로서 '시설 내 처분'인 치료감호보다 경한 처분이고, 독립성과 전문성을 갖춘 치료감호심의위원회로 하여금 치료의 필요성과 재범의 위험성을 판단하도록 한 것은 합리성이 인정된다. 또한 3년의 보호관찰기간 종료 전이라도 6개월마다 치료감호의 종료 여부 심사를 치료감호심의위원회에 신청할 수 있고, 그 신청에 관한 치료감호심의위원회의 기각 결정에 불복하는 경우 행정소송을 제기하여 법관에 의한 재판을 받을 수 있다. 따라서 심판대상조항은 적법절차원칙에 반하여 청구인의 재판청구권을 침해하지 아니한다(헌재 2023.10.26. 2021헌마839).

152
☐☐☐

수사기관 등이 전기통신사업자에게 이용자의 성명 등 통신자료의 열람이나 제출을 요청할 수 있도록 한 전기통신사업법 제83조 제3항 중 '검사 또는 수사관서의 장(군수사기관의 장을 포함한다), 정보수사기관의 장의 수사, 형의 집행 또는 국가안전보장에 대한 위해방지를 위한 정보수집을 위한 통신자료 제공요청'에 관한 부분은 통신자료 취득에 대한 사후통지절차를 두지 않아 적법절차원칙에 위배된다. O | X

이 사건 법률조항에 의한 통신자료 제공요청이 있는 경우 통신자료의 정보주체인 이용자에게는 통신자료 제공요청이 있었다는 점이 사전에 고지되지 아니하며, 전기통신사업자가 수사기관 등에게 통신자료를 제공한 경우에도 이러한 사실이 이용자에게 별도로 통지되지 않는다. 그런데 당사자에 대한 통지는 당사자가 기본권 제한 사실을 확인하고 그 정당성 여부를 다툴 수 있는 전제조건이 된다는 점에서 매우 중요하다. 효율적인 수사와 정보수집의 신속성, 밀행성 등의 필요성을 고려하여 사전에 정보주체인 이용자에게 그 내역을 통지하도록 하는 것이 적절하지 않다면 수사기관 등이 통신자료를 취득한 이후에 수사 등 정보수집의 목적에 방해가 되지 않는 범위 내에서 통신자료의 취득사실을 이용자에게 통지하는 것이 얼마든지 가능하다. 그럼에도 이 사건 법률조항은 통신자료 취득에 대한 사후통지절차를 두지 않아 적법절차원칙에 위배된다(헌재 2022.7.21. 2016헌마388 등).

153
☐☐☐

헌법 제12조 제1항은 적법절차원칙의 일반조항이고, 제12조 제3항의 적법절차원칙은 기본권 제한 정도가 가장 심한 형사상 강제처분의 영역에서 기본권을 더욱 강하게 보장하려는 의지를 담아 중복 규정된 것이다. O | X

헌법은 제12조 제1항에서 신체의 자유의 보장과 적법절차의 원칙을 선언하고 같은 조 제3항에서 체포·구속 등에 있어서 '적법한 절차에 따라' 법관이 발부한 영장에 의할 것을 천명하고 있다. 헌법상 적법절차의 원칙은 국가작용으로서 기본권 제한과 관련되든 아니든 모든 입법작용 및 행정작용에도 광범위하게 적용되는 것으로서, 법률이 정한 형식적 절차와 실체적 내용이 모두 합리성과 정당성을 갖춘 적정한 것이어야 한다는 실질적 의미를 지니고 있으며, 형사소송절차와 관련하여서는 형사소송절차의 전반을 기본권 보장의 측면에서 규율하여야 한다는 기본원리를 천명하고 있는 것으로 이해된다. 따라서 헌법 제12조 제1항은 적법절차원칙의 일반조항이고, 제12조 제3항의 적법절차원칙은 기본권 제한 정도가 가장 심한 형사상 강제처분의 영역에서 기본권을 더욱 강하게 보장하려는 의지를 담아 중복 규정된 것이라고 해석함이 상당하다(헌재 2012.6.27. 2011헌가36).

정답 151 ○ 152 ○ 153 ○

154

□□□

적법절차원칙은 형사소송절차에 국한되지 않고 모든 국가작용전반에 대하여 적용되는 것이므로 국민에게 부담을 주는 행정작용인 과징금 부과의 절차에 있어서도 적법절차원칙이 준수되어야 한다. O | X

헌법 제12조 제1항은 "… 법률과 적법한 절차에 의하지 아니하고는 처벌·보안처분 또는 강제노역을 받지 아니한다."라고 하여 적법절차원칙을 규정하고 있는데, 헌법재판소는 이 원칙이 형사소송절차에 국한되지 않고 모든 국가작용 전반에 대하여 적용된다고 밝힌 바 있으므로, 국민에게 부담을 주는 행정작용인 과징금 부과의 절차에 있어서도 적법절차원칙이 준수되어야 할 것이다(헌재 2003.7.24. 2001헌가25).

155

□□□

징벌혐의의 조사를 위하여 14일간 청구인을 조사실에 분리수용하고 공동행사참가 등 처우를 제한한 교도소장의 행위에 대해 법원에 의한 개별적인 통제절차를 두고 있지 않다는 점만으로 적법절차원칙에 위반된 것이라고 볼 수는 없다. O | X

분리수용과 처우제한은 징벌제도의 일부로서 징벌 혐의의 입증을 위한 과정이고, 그 과정을 거쳐 징벌처분을 내리기 위해서는 징벌위원회의 의결이라는 사전 통제절차를 거쳐야 하며, 내려진 징벌처분에 대해서는 행정소송을 통해 불복할 수 있다는 점, 조사단계에서의 분리수용이나 처우제한에까지 일일이 법원에 의한 사전 또는 사후통제를 요구한다면 징벌제도 시행에 있어서 비효율을 초래할 수 있다는 점, 조사단계에서 징벌혐의의 고지와 의견진술의 기회 부여가 이루어진다는 점 등을 종합하여 볼 때, 분리수용 및 처우제한에 대해 법원에 의한 개별적인 통제절차를 두고 있지 않다는 점만으로 이 사건 분리수용 및 이 사건 처우제한이 적법절차원칙에 위반된 것이라고 볼 수는 없다(헌재 2014.9.25. 2012헌마523).

156

□□□

전자우편에 대한 압수수색 집행의 경우에도 급속을 요하는 때에는 사전통지를 생략할 수 있도록 한 형사소송법 조항은 피의자 등이 압수수색 사실을 사전 통지받을 권리 및 이를 전제로 한 참여권을 제한받을 수밖에 없으므로 적법절차원칙에 위배된다. O | X

이 사건 법률조항에 의하여 피의자 등이 압수수색 사실을 사전 통지받을 권리 및 이를 전제로 한 참여권을 일정 정도 제한받게 되기는 하지만, 그 제한은 '사전통지에 의하여 압수수색의 목적을 달성할 수 없는 예외적인 경우'로 한정되어 있고, 전자우편의 경우에도 사용자가 그 계정에서 탈퇴하거나 메일 내용을 삭제·수정함으로써 증거를 은닉·멸실시킬 가능성을 배제할 수 없으며, 준항고 제도나 위법수집증거의 증거능력 배제 규정 등 조항 적용의 남용을 적절히 통제할 수 있는 방법이 마련되어 있는 점, 반면에 이와 같은 제한을 통해 압수수색 제도가 전자우편에 대하여도 실효적으로 기능하도록 함으로써 실체적 진실 발견 및 범죄수사의 목적을 달성할 수 있도록 하여야 할 공익은 매우 크다고 할 수 있는 점 등을 종합해 보면, 이 사건 법률조항에 의하여 형성된 절차의 내용이 적법절차원칙에서 도출되는 절차적 요청을 무시하였다거나 비례의 원칙이나 과잉금지원칙을 위반하여 합리성과 정당성을 상실하였다고 볼 수 없다(헌재 2012.12.27. 2011헌바225).

157

□□□

신상정보 공개·고지명령은 형벌과는 목적이나 심사대상 등을 달리하는 보안처분에 해당하므로 동일한 범죄행위에 대하여 형벌이 부과된 이후 다시 신상정보 공개·고지명령이 선고 및 집행된다고 하여 이중처벌금지원칙에 위반된다고 할 수 없다. O | X

이중처벌은 처벌 또는 제재가 동일한 행위를 대상으로 거듭 행해질 때 발생하는 문제이다. 그런데 신상정보 공개·고지명령은 형벌과는 목적이나 심사대상 등을 달리하는 보안처분에 해당하므로, 동일한 범죄행위에 대하여 처벌금지의 원칙에 위반된다고 할 수 없다(헌재 2016.5.26. 2015헌바212).

정답 154 ○ 155 ○ 156 X 157 ○

158
□□□

양도담보 채권자가 이전등기시 채권관계를 기재한 서면을 제출하지 않은 경우, 형사처벌 이외에 과징금을 부과하는 것은 범죄에 대하여 국가가 형벌권을 실행하는 '과벌'에 해당하지 않는다.　　　O | X

이 사건 과징금 부과조항에 따른 과징금은 양도담보를 명의신탁과 구별하여 명의신탁 규제의 실효성을 도모한 다는 목적에서, 양도담보 채권자로 하여금 채권관계 서면을 제출하도록 강제하기 위하여 위반자에게 부과·징 수하는 금전이라 할 수 있고, 이는 과거의 일정한 법률위반 행위에 대하여 제재를 과함을 목적으로 하는 행정 벌과 구별되는 것이다. 따라서 이 사건 과징금 부과조항에 따른 과징금의 부과는 범죄에 대하여 국가가 형벌 권을 실행하는 과벌에 해당하지 아니하므로, 헌법 제13조 제1항이 금지하는 이중처벌금지원칙에 위배되지 아 니한다(헌재 2012.4.24. 2011헌바62).

159
□□□

일정한 성폭력범죄를 범한 사람에게 유죄판결을 선고하는 경우 성폭력치료프로그램 이수명령을 병과하도록 한 것은 그 목적이 과거의 범죄행위에 대한 제재로서 대상자의 건전한 사회복귀 및 범죄예방과 사회보 호에 있어 형벌과 본질적 차이가 나지 않는 보안처분에 해당하므로, 동일한 범죄행위에 대하여 형벌과 병 과될 경우 이중처벌금지원칙에 위배된다.　　　O | X

이수명령은 그 목적이 과거의 범죄행위에 대한 제재가 아니라 대상자의 건전한 사회복귀의 촉진 및 범죄예방 과 사회보호에 있다는 점에서, 형벌과 본질적 차이가 있는 보안처분에 해당한다. 따라서 동일한 범죄행위에 대 하여 이수명령이 형벌과 병과된다고 하여 이중처벌금지원칙에 위반된다고 할 수 없다(헌재 2016.12.29. 2016헌바153).

160
□□□

형의 집행 및 수용자의 처우에 관한 법률 제41조 제2항 중 '미결수용자의 접견내용의 녹음·녹화'에 관한 부분에 따라 접견내용을 녹음·녹화하는 것은 직접적으로 물리적 강제력을 수반하는 강제처분에 해당되므 로 영장주의에 위배된다.　　　O | X

이 사건 녹음조항에 따라 접견내용을 녹음·녹화하는 것은 직접적으로 물리적 강제력을 수반하는 강제처분이 아니므로 영장주의가 적용되지 않아 영장주의에 위배된다고 할 수 없다. 또한, 미결수용자와 불구속 피의자·피 고인을 본질적으로 동일한 집단이라고 할 수 없고, 불구속 피의자·피고인과는 달리 미결수용자에 대하여 법 원의 허가 없이 접견내용을 녹음·녹화하도록 하는 것도 충분히 합리적 이유가 있으므로 이 사건 녹음조항은 평등원칙에 위배되지 않는다(헌재 2016.11.24. 2014헌바401).

161
□□□

긴급체포한 피의자를 구속하고자 할 때에는 48시간 이내에 구속영장을 청구하되, 그렇지 않은 경우 사후 영장청구 없이 피의자를 즉시 석방하도록 한 형사소송법 제200조의4제1항 및 제2항은 헌법상 영장주의에 위반되지 아니한다.　　　O | X

이 사건 영장청구조항은 수사기관이 긴급체포한 피의자를 사후 영장청구 없이 석방할 수 있도록 규정하고 있 다. 피의자를 긴급체포하여 조사한 결과 구금을 계속할 필요가 없다고 판단하여 48시간 이내에 석방하는 경우 까지도 수사기관이 반드시 체포영장발부절차를 밟게 한다면, 이는 피의자, 수사기관 및 법원 모두에게 비효율 을 초래할 가능성이 있고, 경우에 따라서는 오히려 인권침해적인 상황을 발생시킬 우려도 있다. … 이 사건 영 장청구조항은 체포한 때로부터 48시간 이내라 하더라도 피의자를 구속할 필요가 있는 때에는 지체 없이 구속 영장을 청구하도록 함으로써 사후영장청구의 시간적 요건을 강화하고 있다. 따라서 이 사건 영장청구조항은 헌법상 영장주의에 위반되지 아니한다(헌재 2021.3.25. 2018헌바212).

정답 158 ○ 159 X 160 X 161 ○

162
□□□

피청구인 김포시장이 2015년 7월 3일 피청구인 김포경찰서장에게 피의자인 청구인들의 이름, 생년월일, 전화번호, 주소를 제공한 행위는 영장주의가 적용되지 않는다.　　　　　　　　　O | X

이 사건 사실조회행위는 강제력이 개입되지 아니한 임의수사에 해당하므로, 이에 응하여 이루어진 이 사건 정보제공행위에도 영장주의가 적용되지 않는다. 그러므로 이 사건 정보제공행위가 영장주의에 위배되어 청구인들의 개인정보자기결정권을 침해한다고 볼 수 없다(헌재 2018.8.30. 2016헌마483).

163
□□□

체포영장을 집행하는 경우 필요한 때에는 타인의 주거 등에서 피의자 수사를 할 수 있도록 한 형사소송법 제216조 제1항 제1호 중 제200조의2에 관한 부분은 체포영장이 발부된 피의자가 타인의 주거 등에 소재할 개연성은 소명되나, 수색에 앞서 영장을 발부받기 어려운 긴급한 사정이 인정되지 않는 경우에도 영장 없이 피의자 수색을 할 수 있다는 것이므로 영장주의에 위반된다.　　　　　　　　　O | X

심판대상조항은 체포영장을 발부받아 피의자를 체포하는 경우에 필요한 때에는 영장 없이 타인의 주거 등 내에서 피의자 수사를 할 수 있다고 규정함으로써, 앞서 본 바와 같이 별도로 영장을 발부받기 어려운 긴급한 사정이 있는지 여부를 구별하지 아니하고 피의자가 소재할 개연성만 소명되면 영장 없이 타인의 주거 등을 수색할 수 있도록 허용하고 있다. 이는 체포영장이 발부된 피의자가 타인의 주거 등에 소재할 개연성은 소명되나, 수색에 앞서 영장을 발부받기 어려운 긴급한 사정이 인정되지 않는 경우에도 영장 없이 피의자 수색을 할 수 있다는 것이므로, 헌법 제16조의 영장주의 예외 요건을 벗어나는 것으로서 영장주의에 위반된다(헌재 2018.4.26. 2015헌바370 등).

164
□□□

범죄의 피의자로 입건된 사람들에게 경찰공무원이나 검사의 신문을 받으면서 자신의 신원을 밝히지 않고 지문채취에 불응하는 경우 형사처벌을 통하여 지문채취를 강제하는 법률조항은 영장주의에 위배되지 아니한다.　　　　　　　　　O | X

이 사건 법률조항은 수사기관이 직접 물리적 강제력을 행사하여 피의자에게 강제로 지문을 찍도록 하는 것을 허용하는 규정이 아니며 형벌에 의한 불이익을 부과함으로써 심리적·간접적으로 지문채취를 강요하고 있으므로 피의자가 본인의 판단에 따라 수용여부를 결정한다는 점에서 궁극적으로 당사자의 자발적 협조가 필수적임을 전제로 하므로 물리력을 동원하여 강제로 이루어지는 경우와는 질적으로 차이가 있다. 따라서 이 사건 법률조항에 의한 지문채취의 강요는 영장주의에 의하여야 할 강제처분이라 할 수 없다. … 따라서 이 사건 법률조항이 지문채취거부를 처벌할 수 있도록 하는 것이 비록 피의자에게 지문채취를 강요하는 측면이 있다 하더라도 수사의 편의성만을 위하여 영장주의의 본질을 훼손하고 형해화한다고 할 수는 없다(헌재 2004.9.23. 2002헌가17 등).

165
☐☐☐

기지국 수사를 허용하는 통신사실 확인자료 제공요청은 통신비밀보호법이 규정하는 강제처분에 해당하므로, 법관이 발부한 영장에 의하지 않고 관할 지방법원 또는 지원의 허가만 받으면 이를 가능하게 한 것은 영장주의에 위반된다. O | X

기지국 수사를 허용하는 통신사실 확인자료 제공요청은 법원의 허가를 받으면, 해당 가입자의 동의나 승낙을 얻지 아니하고도 제3자인 전기통신사업자에게 해당 가입자에 관한 통신사실 확인자료의 제공을 요청할 수 있도록 하는 수사방법으로, 기지국수사는 통신비밀보호법이 정한 강제처분에 해당되므로 헌법상 영장주의가 적용된다. 헌법상 영장주의의 본질은 강제처분을 함에 있어 중립적인 법관이 구체적 판단을 거쳐야 한다는 점에 있는바, 이 사건 허가조항은 수사기관이 전기통신사업자에게 통신사실 확인자료 제공을 요청함에 있어 관할 지방법원 또는 지원의 허가를 받도록 규정하고 있으므로 헌법상 영장주의에 위배되지 아니한다(헌재 2018.6.28. 2012헌마538 등).

166
☐☐☐

출입국관리법에 의한 법무부장관의 출국금지결정은 형사재판에 계속 중인 국민의 출국의 자유를 제한하는 행정처분일 뿐이고, 영장주의가 적용되는 신체에 대하여 직접적으로 물리적 강제력을 수반하는 강제처분은 아니다. O | X

심판대상조항에 따른 법무부장관의 출국금지결정은 형사재판에 계속 중인 국민의 출국의 자유를 제한하는 행정처분일 뿐이고 영장주의가 적용되는 신체에 대하여 직접적으로 물리적 강제력을 수반하는 강제처분이라고 할 수는 없다. 따라서 심판대상조항이 헌법 제12조 제3항의 영장주의에 위배된다고 볼 수 없다(헌재 2015.9.24. 2012헌바302).

167
☐☐☐

강제퇴거명령을 받은 사람을 보호할 수 있도록 하면서 보호기간의 상한을 마련하지 아니한 출입국관리법 제63조 제1항에 따른 보호는 형사절차상 '체포 또는 구속'에 준하는 것으로서 신체의 자유를 제한하므로 영장주의에 위배된다. O | X

출입국관리법상의 외국인보호는 형사절차상 '체포 또는 구속'에 준하는 것으로서 외국인의 신체의 자유를 박탈하는 것이므로, 검사의 신청, 판사의 발부라는 엄격한 영장주의는 아니더라도, 적어도 출입국관리공무원이 아닌 객관적·중립적 지위에 있는 자가 그 인신구속의 타당성을 심사할 수 있는 장치가 있어야 한다(헌재 2023.3.23. 2020헌가1 등). 영장주의 위배여부는 쟁점이 아니었고, 판단하지도 않았다.

168
☐☐☐

형의 집행 및 수용자의 처우에 관한 법률 조항 중 '미결수용자의 접견내용의 녹음·녹화'에 관한 부분은 청구인에 대하여 직접적으로 어떠한 물리적 강제력을 행사하는 강제처분을 수반하는 것이 아니므로 영장주의의 적용대상이 아니다. O | X

이 사건 녹음조항에 따라 접견내용을 녹음·녹화하는 것은 직접적으로 물리적 강제력을 수반하는 강제처분이 아니므로 영장주의가 적용되지 않아 영장주의에 위배된다고 할 수 없다(헌재 2016.11.24. 2014헌바401).

정답 165 X 166 ○ 167 X 168 ○

169
□□□

수사기관 등이 전기통신사업자에게 이용자의 성명 등 통신자료의 열람이나 제출을 요청할 수 있도록 한 전기통신사업법 조항 중 해당 부분은 영장주의에 위배된다. O | X

이 사건 법률조항은 수사기관 등이 전기통신사업자에 대하여 통신자료의 제공을 요청할 수 있는 권한을 부여하면서 전기통신사업자는 "그 요청에 따를 수 있다."고 규정하고 있을 뿐, 전기통신사업자에게 수사기관 등의 통신자료 제공요청에 응하거나 협조하여야 할 의무를 부과하지 않으며, 달리 전기통신사업자의 통신자료 제공을 강제할 수 있는 수단을 마련하고 있지 아니하다. 따라서 이 사건 법률조항에 따른 통신자료 제공요청은 강제력이 개입되지 아니한 임의수사에 해당하고 이를 통한 수사기관 등의 통신자료 취득에는 영장주의가 적용되지 아니하는바, 이 사건 법률조항은 헌법상 영장주의에 위배되지 아니한다(헌재 2022.7.21. 2016헌마388 등).

170
□□□

병(兵)에 대한 징계처분으로 일정기간 부대나 함정(艦艇) 내의 영창, 그 밖의 구금장소에 감금하는 영창처분이 가능하도록 규정한 구 군인사법 조항 중 '영창'에 관한 부분은 영장주의에 위반된다. O | X

심판대상조항에 의한 영창처분은 신체의 자유를 제한하는 구금에 해당하고, 이로 인해 헌법 제12조가 보호하려는 신체의 자유가 제한된다. … 심판대상조항은 법익의 균형성 요건도 충족하지 못한다. 이와 같은 점을 종합할 때, 심판대상조항은 과잉금지원칙에 위배된다(헌재 2020.9.24. 2017헌바157 등). 법정의견은 영장주의 적용여부에 대한 판단을 하지 않았다. 법정의견에 대한 보충의견(4인)은 심판대상조항이 과잉금지원칙에 위배될 뿐만 아니라, 영장주의에도 위배되어 위헌이라고 하였다.

171
□□□

행정상 즉시강제는 상대방의 임의이행을 기다릴 시간적 여유가 없을 때 하명 없이 바로 실력을 행사하는 것으로서, 그 본질상 급박성을 요건으로 하고 있어 법관의 영장을 기다려서는 그 목적을 달성할 수 없다고 할 것이므로, 원칙적으로 영장주의가 적용되지 않는다. O | X

영장주의가 행정상 즉시강제에도 적용되는지에 관하여는 논란이 있으나, 행정상 즉시강제는 상대방의 임의이행을 기다릴 시간적 여유가 없을 때 하명 없이 바로 실력을 행사하는 것으로서, 그 본질상 급박성을 요건으로 하고 있어 법관의 영장을 기다려서는 그 목적을 달성할 수 없다고 할 것이므로, 원칙적으로 영장주의가 적용되지 않는다고 보아야 할 것이다(헌재 2002.10.31. 2000헌가12).

172
□□□

형사재판에 계속 중인 사람에 대하여 법무부장관이 6개월 이내의 기간을 정하여 출국을 금지할 수 있는 출입국관리법 조항은 헌법 제12조 제3항의 영장주의에 위배된다고 볼 수 없다. O | X

심판대상조항에 따른 법무부장관의 출국금지결정은 형사재판에 계속 중인 국민의 출국의 자유를 제한하는 행정처분일 뿐이고 영장주의가 적용되는 신체에 대하여 직접적으로 물리적 강제력을 수반하는 강제처분이라고 할 수는 없다. 따라서 심판대상조항이 헌법 제12조 제3항의 영장주의에 위배된다고 볼 수 없다(헌재 2015.9.24. 2012헌바302).

정답 169 X 170 X 171 ○ 172 ○

173
□□□
각급선거관리위원회 위원·직원의 선거범죄 조사에 있어서 피조사자에게 자료제출의무를 부과하고, 허위 자료를 제출하는 경우 형사처벌하는 구 공직선거법 조항에 의한 자료제출요구는 그 성질상 물리적 강제력을 수반하는 강제처분이므로 영장주의가 적용된다. O | X

심판대상조항은 피조사자로 하여금 자료제출요구에 응할 의무를 부과하고, 허위 자료를 제출한 경우 형사처벌하고 있으나, 이는 형벌에 의한 불이익이라는 심리적, 간접적 강제수단을 통하여 진실한 자료를 제출하도록 함으로써 조사권 행사의 실효성을 확보하기 위한 것이다. 이와 같이 심판대상조항에 의한 자료제출요구는 행정조사의 성격을 가지는 것으로 수사기관의 수사와 근본적으로 그 성격을 달리하며, 청구인에 대하여 직접적으로 어떠한 물리적 강제력을 행사하는 강제처분을 수반하는 것이 아니므로 영장주의의 적용대상이 아니다(헌재 2019.9.26. 2016헌바381).

174
□□□
법원이 피고인의 구속 또는 그 유지 여부의 필요성에 관하여 한 재판의 효력이 검사나 다른 기관의 이견이나 불복이 있다하여 좌우되거나 제한받는다면 이는 영장주의에 위반된다. O | X

법원이 피고인의 구속 또는 그 유지 여부의 필요성에 관하여 한 재판의 효력이 검사나 다른 기관의 이견이나 불복이 있다 하여 좌우되거나 제한받는다면 이는 영장주의에 위반된다고 할 것인바, 구속집행정지결정에 대한 검사의 즉시항고를 인정하는 이 사건 법률조항은 검사의 불복을 그 피고인에 대한 구속집행을 정지할 필요가 있다는 법원의 판단보다 우선시킬 뿐만 아니라, 사실상 법원의 구속집행정지결정을 무의미하게 할 수 있는 권한을 검사에게 부여한 것이라는 점에서 헌법 제12조 제3항의 영장주의원칙에 위배된다(헌재 2012.6.27. 2011헌가36).

175
□□□
현행범을 체포한 때부터 '48시간 이내'를 사후영장의 청구기간으로 정한 형사소송법 조항은 입법재량을 현저히 일탈한 것으로 헌법상 영장주의에 위반된다. O | X

피의자를 구속하고자 할 때에는 '지체 없이' 구속영장을 청구하되, 체포한 때부터 48시간을 넘지 않도록 하여 48시간이라는 한도 내에서도 신속하게 사후영장을 청구하도록 사후영장청구의 시간적 요건을 강화하였다. 이 사건 영장청구조항이 사후 구속영장의 청구기간을 48시간 이내로 규정한 것이 헌법상 영장주의에 반한다고 할 수 없다(헌재 2021.3.25. 2018헌바212).

176
□□□
헌법 제16조 후문은 영장주의에 대한 예외를 명문화하고 있지 않지만, 헌법 제16조의 영장주의에 대해서도 그 예외를 인정하되, 그 장소에 범죄혐의 등을 입증할 자료나 피의자가 존재할 개연성이 소명되고, 사전에 영장을 발부받기 어려운 긴급한 사정이 있는 경우에만 제한적으로 허용될 수 있다고 보는 것이 타당하다. O | X

헌법 제16조가 주거의 자유와 관련하여 영장주의를 선언하고 있는 이상, 그 예외는 매우 엄격한 요건 하에서만 인정되어야 하는 점 등을 종합하면, 헌법 제16조의 영장주의에 대해서도 그 예외를 인정하되, 이는 그 장소에 범죄혐의 등을 입증할 자료나 피의자가 존재할 개연성이 소명되고, 사전에 영장을 발부받기 어려운 긴급한 사정이 있는 경우에만 제한적으로 허용될 수 있다고 보는 것이 타당하다(헌재 2018.4.26. 2015헌바370 등).

정답 173 X 174 O 175 X 176 O

177
☐☐☐

인천국제공항에서 난민인정신청을 하였으나 난민인정심사불회부결정을 받은 외국인을 인천국제공항 송환 대기실에 약 5개월째 수용하고 환승구역으로의 출입을 막은 상태에서 변호인의 접견신청을 거부한 것은 헌법 제12조 제4항 본문에 의한 변호인의 조력을 받을 권리를 침해한 것이다. O I X

이 사건 변호인 접견신청 거부는 현행법상 아무런 법률상 근거가 없이 청구인의 변호인의 조력을 받을 권리를 제한한 것이므로, 청구인의 변호인의 조력을 받을 권리를 침해한 것이다(헌재 2018.5.31. 2014헌마346).

178
☐☐☐

헌법 해석상 변호인의 조력을 받을 권리로부터 70세 이상인 불구속 피의자에 대하여 피의자신문을 할 때 법률구조 제도에 대한 안내 등을 통해 피의자가 변호인의 조력을 받을 권리를 행사하도록 조치할 법무부 장관의 작위의무가 곧바로 도출된다고 볼 수 없다. O I X

헌법은 명문으로 '70세 이상인 불구속 피의자에 대하여 피의자신문을 할 때 법률구조 제도에 대한 안내 등을 통해 피의자가 변호인의 조력을 받을 권리를 행사하도록 조치할 작위의무'를 규정하고 있지 아니하다. 헌법 해석상 변호인의 조력을 받을 권리로부터 위와 같은 법무부장관의 작위의무가 곧바로 도출된다고 볼 수도 없다. 법무부장관의 작위의무가 법률구조법, 형사소송법 등 관련 법령에 구체적으로 규정되어 있지도 아니하다. 따라서 이 사건 행정부작위에 대한 심판청구는 헌법소원의 대상이 될 수 없는 공권력의 불행사에 대한 것으로서 부적법하다(헌재 2023.2.23. 2020헌마1030).

179
☐☐☐

별건으로 공소제기 후 확정되어 검사가 보관하고 있는 서류에 대하여 법원의 열람·등사 허용 결정이 있었음에도 검사가 피고인에 대한 형사사건과의 관련성을 부정하면서 해당 서류의 열람·등사를 허용하지 아니한 행위는 피고인의 변호인의 조력을 받을 권리를 침해한다. O I X

법원이 검사의 열람·등사 거부처분에 정당한 사유가 없다고 판단하고 그러한 거부처분이 피고인의 헌법상 기본권을 침해한다는 취지에서 수사서류의 열람·등사를 허용하도록 명한 이상, 법치국가와 권력분립의 원칙상 검사로서는 당연히 법원의 그러한 결정에 지체 없이 따라야 하며, 이는 별건으로 공소제기되어 확정된 관련 형사사건 기록에 관한 경우에도 마찬가지이다. 그렇다면 피청구인의 이 사건 거부행위는 청구인의 신속·공정한 재판을 받을 권리 및 변호인의 조력을 받을 권리를 침해한다(헌재 2022.6.30. 2019헌마356).

180
☐☐☐

교도소장이 금지물품 동봉 여부를 확인하기 위하여 미결수용자와 같은 지위에 있는 수형자의 변호인이 위 수형자에게 보낸 서신을 개봉한 후 교부한 행위는 검열금지규정의 실효성을 담보할 수 없기 때문에 수형자의 변호인의 조력을 받을 권리를 침해한다. O I X

이 사건 서신개봉행위는 교정사고를 미연에 방지하고 교정시설의 안전과 질서 유지를 위한 것이다. 수용자에게 변호인이 보낸 형사소송관련 서신이라는 이유만으로 금지물품 확인 과정 없이 서신이 무분별하게 교정시설 내에 들어오게 된다면, 이를 악용하여 마약·담배 등 금지물품의 반입 등이 이루어질 가능성을 배제하기 어렵다. … 이 사건 서신개봉행위와 같이 금지물품이 들어 있는지를 확인하기 위하여 서신을 개봉하는 것만으로는 미결수용자와 같은 지위에 있는 수형자가 변호인의 조력을 받을 권리를 침해하지 아니한다(헌재 2021.10.28. 2019헌마973).

181
☐☐☐

검찰수사관이 피의자신문에 참여한 변호인에게 피의자 후방에 앉으라고 요구한 행위는 변호인의 변호권을 침해하는 것이다.　　　　　　　　　　　　　　　　　　　　　　　　　　O | X

이 사건 후방착석요구행위의 목적의 정당성과 수단의 적절성을 인정할 수 없다. … 후방착석요구행위는 변호인인 청구인의 변호권을 침해한다(헌재 2017.11.30. 2016헌마503).

182
☐☐☐

검찰수사관이 피의자신문에 참여한 변호인에게 피의자 후방에 앉으라고 요구한 행위는 변호인의 변호권을 침해한다.　　　　　　　　　　　　　　　　　　　　　　　　　　　　　　O | X

변호인이 피의자신문에 자유롭게 참여할 수 있는 권리는 피의자가 가지는 변호인의 조력을 받을 권리를 실현하는 수단이라고 할 수 있으므로 헌법상 기본권인 변호인의 변호권으로서 보호되어야 한다. 피의자신문에 참여한 변호인이 피의자 옆에 앉는다고 하여 피의자 뒤에 앉는 경우보다 수사를 방해할 가능성이 높아진다거나 수사기밀을 유출할 가능성이 높아진다고 볼 수 없으므로, 이 사건 후방착석요구행위의 목적의 정당성과 수단의 적절성을 인정할 수 없다. … 따라서 이 사건 후방착석요구행위는 변호인인 청구인의 변호권을 침해한다(헌재 2017.11.30. 2016헌마503).

183
☐☐☐

불구속 피의자나 피고인의 경우 형사소송법상 특별한 명문의 규정이 없더라도 스스로 선임한 변호인의 조력을 받기 위하여 변호인을 옆에 두고 조언과 상담을 구하는 것은 수사절차의 개시에서부터 재판절차의 종료에 이르기까지 언제나 가능하다.　　　　　　　　　　　　　　　　　　　O | X

불구속 피의자나 피고인의 경우 형사소송법상 특별한 명문의 규정이 없더라도 스스로 선임한 변호인의 조력을 받기 위하여 변호인을 옆에 두고 조언과 상담을 구하는 것은 수사절차의 개시에서부터 재판절차의 종료에 이르기까지 언제나 가능하다(헌재 2004.9.23. 2000헌마138).

184
☐☐☐

피고인의 피해자에 대한 공탁은 형사재판에서 피고인에게 유리한 양형사유로 기능할 수 있으며, 소송절차 밖에서 이루어지는 공탁 과정에서 변호인의 역할이 필수적으로 요구되므로, 피고인의 형사공탁에 관한 변호인의 조력은 피고인을 조력할 변호인의 권리 중 그것이 보장되지 않으면 피고인이 변호인의 조력을 받는다는 것이 유명무실하게 되는 핵심적인 부분이라고 보아야 한다.　　　　　　O | X

피고인의 피해자에 대한 공탁은 형사재판에서 피고인에게 유리한 양형사유로 기능할 수는 있으나, 소송절차 밖에서 이루어지는 공탁 과정에서 변호인의 역할이 필수적으로 요구되는 것은 아니다. 그러므로 피고인의 형사공탁에 관한 변호인의 조력이, 앞서 본 피의자 등과의 접견교통 내지 면접교섭, 변호인으로서의 법적 조언 및 상담, 피의자신문 참여, 수사기록 열람·등사 등과 같은 정도의 핵심적인 부분, 즉 피고인을 조력할 변호인의 권리 중 그것이 보장되지 않으면 피고인이 변호인의 조력을 받는다는 것이 유명무실하게 되는 핵심적인 부분이라고 보기는 어렵다(헌재 2021.8.31. 2019헌마516 등).

정답 181 ○　182 ○　183 ○　184 X

185
□□□

변호인의 조력을 받을 권리 역시 다른 모든 헌법상 기본권과 마찬가지로 국가안전보장·질서유지 또는 공공복리를 위하여 필요한 경우에는 법률로써 제한할 수 있지만, 변호인의 조력을 받을 권리의 내용 중 하나인 변호인과의 접견교통권은 법률로써도 제한할 수 없다. O | X

변호인의 조력을 받을 권리 역시 다른 모든 헌법상 기본권과 마찬가지로 국가안전보장·질서유지 또는 공공복리를 위하여 필요한 경우에는 법률로써 제한할 수 있는 것이며, 변호인의 조력을 받을 권리의 내용 중 하나인 변호인과의 접견교통권 역시 국가안전보장·질서유지 또는 공공복리를 위해 필요한 경우에는 법률로써 제한될 수 있다(헌재 2016.4.28. 2015헌마243).

186
□□□

임의동행의 형식으로 수사기관에 연행된 피의자에게도 변호인 또는 변호인이 되려는 자와의 접견교통권은 당연히 인정된다고 보아야 하고, 임의동행의 형식으로 연행된 피내사자의 경우에도 변호인과의 접견교통권이 보장된다. O | X

변호인의 조력을 받을 권리를 실질적으로 보장하기 위하여는 변호인과의 접견교통권의 인정이 당연한 전제가 되므로, 임의동행의 형식으로 수사기관에 연행된 피의자에게도 변호인 또는 변호인이 되려는 자와의 접견교통권은 당연히 인정된다고 보아야 하고, 임의동행의 형식으로 연행된 피내사자의 경우에도 이는 마찬가지이다(대판 1996.6.3. 96모18).

187
□□□

변호인과 상담하고 조언을 구할 권리는 변호인의 조력을 받을 권리의 내용 중 구체적인 입법형성이 필요한 다른 절차적 권리의 필수적인 전제요건으로서 변호인의 조력을 받을 권리 그 자체에서 막바로 도출된다. O | X

피의자·피고인의 구속 여부를 불문하고 조언과 상담을 통하여 이루어지는 변호인의 조력자로서의 역할은 변호인선임권과 마찬가지로 변호인의 조력을 받을 권리의 내용 중 가장 핵심적인 것이고, 변호인과 상담하고 조언을 구할 권리는 변호인의 조력을 받을 권리의 내용 중 구체적인 입법형성이 필요한 다른 절차적 권리의 필수적인 전제요건으로서 변호인의 조력을 받을 권리 그 자체에서 막바로 도출되는 것이다(헌재 2004.9.23. 2000헌마138).

188
□□□

변호인의 조력을 받을 권리는 신체구속을 당한 사람에게 변호인과 사이의 충분한 접견교통을 허용함은 물론 교통내용에 대하여 비밀이 보장되고 부당한 간섭이 없어야 하는 것이며, 이러한 취지는 접견의 경우뿐만 아니라 변호인과 미결수용자 사이의 서신에도 적용된다. O | X

헌법 제12조 제4항 본문은 신체구속을 당한 사람에 대하여 변호인의 조력을 받을 권리를 규정하고 있는바, 이를 위하여서는 신체구속을 당한 사람에게 변호인과 사이의 충분한 접견교통을 허용함은 물론 교통내용에 대하여 비밀이 보장되고 부당한 간섭이 없어야 하는 것이며, 이러한 취지는 접견의 경우뿐만 아니라 변호인과 미결수용자 사이의 서신에도 적용되어 그 비밀이 보장되어야 할 것이다(헌재 1995.7.21. 92헌마144).

정답 185 X 186 ○ 187 ○ 188 ○

제1항 사생활의 비밀과 자유

21. 국가직

189
☐☐☐

헌법 제17조의 사생활의 비밀과 자유 및 헌법 제18조의 통신의 자유에 의하여 보장되는 개인정보자기결정권의 보호대상이 되는 개인정보는 개인의 신체, 신념, 사회적 지위, 신분 등과 같이 개인의 사적 영역에 국한된 사항으로서 그 개인의 동일성을 식별할 수 있게 하는 일체의 정보라고 할 수 있다.　　O | X

개인정보자기결정권의 보호대상이 되는 개인정보는 개인의 신체, 신념, 사회적 지위, 신분 등과 같이 개인의 인격주체성을 특징짓는 사항으로서 그 개인의 동일성을 식별할 수 있게 하는 일체의 정보라고 할 수 있고, 반드시 개인의 내밀한 영역이나 사사(私事)의 영역에 속하는 정보에 국한되지 않고 공적 생활에서 형성되었거나 이미 공개된 개인정보까지 포함한다. 또한 그러한 개인정보를 대상으로 한 조사·수집·보관·처리·이용 등의 행위는 모두 원칙적으로 개인정보자기결정권에 대한 제한에 해당한다(헌재 2005.5.26. 99헌마513 등).

24. 해경, 21. 국가직

190
☐☐☐

지문은 그 정보주체를 타인으로부터 식별가능하게 하는 개인정보가 아니므로, 경찰청장이 이를 보관·전산화하여 범죄수사목적에 이용하는 것은 정보주체의 개인정보자기결정권을 제한하는 것이 아니다.
　　O | X

개인정보자기결정권은 자신에 관한 정보가 언제 누구에게 어느 범위까지 알려지고 또 이용되도록 할 것인지를 그 정보주체가 스스로 결정할 수 있는 권리, 즉 정보주체가 개인정보의 공개와 이용에 관하여 스스로 결정할 권리를 말하는바, 개인의 고유성, 동일성을 나타내는 지문은 그 정보주체를 타인으로부터 식별가능하게 하는 개인정보이므로, 시장·군수 또는 구청장이 개인의 지문정보를 수집하고, 경찰청장이 이를 보관·전산화하여 범죄수사목적에 이용하는 것은 모두 개인정보자기결정권을 제한하는 것이다(헌재 2005.5.26. 99헌마513 등).

21. 국가직

191
☐☐☐

자동차를 도로에서 운전하는 중에 좌석안전띠를 착용할 것인가 여부의 생활관계는 개인의 전체적 인격과 생존에 관계되는 '사생활의 기본조건'이라 할 수 있으므로, 운전할 때 운전자가 좌석안전띠를 착용할 의무는 청구인의 사생활의 비밀과 자유를 침해한다.　　O | X

자동차를 도로에서 운전하는 중에 좌석안전띠를 착용할 것인가 여부의 생활관계가 개인의 전체적 인격과 생존에 관계되는 '사생활의 기본조건'이라거나 자기결정의 핵심적 영역 또는 인격적 핵심과 관련된다고 보기 어려워 더 이상 사생활 영역의 문제가 아니므로, 운전할 때 운전자가 좌석안전띠를 착용할 의무는 청구인의 사생활의 비밀과 자유를 침해하는 것이라 할 수 없다(헌재 2003.10.30. 2002헌마518).

정답 189 X　190 X　191 X

192

☐☐☐

소년에 대한 수사경력자료의 삭제와 보존기간에 대하여 규정하면서 법원에서 불처분결정된 소년부송치 사건에 대하여 규정하지 않은 것은 과잉금지원칙을 위반하여 소년부송치 후 불처분결정을 받은 자의 개인정보자기결정권을 침해한다.   O I X

어떤 범죄가 행해진 후 시간이 흐를수록 수사의 단서로서나 상습성 판단자료, 양형자료로서의 가치는 감소하므로, 모든 소년부송치 사건의 수사경력자료를 해당 사건의 경중이나 결정 이후 경과한 시간 등에 대한 고려 없이 일률적으로 당사자가 사망할 때까지 보존할 필요가 있다고 보기는 어렵고, 불처분결정된 소년부송치 사건의 수사경력자료가 조회 및 회보되는 경우에도 이를 통해 추구하는 실체적 진실발견과 형사사법의 정의 구현이라는 공익에 비해, 당사자가 입을 수 있는 실질적 또는 심리적 불이익과 그로 인한 재사회화 및 사회복귀의 어려움이 더 크다. 따라서 심판대상조항은 과잉금지원칙을 위반하여 소년부송치 후 불처분결정을 받은 자의 개인정보자기결정권을 침해한다(헌재 2021.6.24. 2018헌가2).

193

☐☐☐

가정폭력 가해자에 대한 별도의 제한 없이 직계혈족이기만 하면 그 자녀의 가족관계증명서 및 기본증명서의 교부를 청구하여 발급받을 수 있도록 한 가족관계의 등록 등에 관한 법률 조항은 가정폭력 피해자인 청구인의 개인정보자기결정권을 침해한다.   O I X

이 사건 법률조항은 가정폭력 가해자에 대한 별도의 제한 없이 직계혈족이기만 하면 사실상 자유롭게 그 자녀의 가족관계증명서와 기본증명서의 교부를 청구하여 발급받을 수 있도록 함으로써, 그로 인하여 가정폭력 피해자인 청구인의 개인정보가 가정폭력가해자인 전 배우자에게 무단으로 유출될 수 있는 가능성을 열어놓고 있다. 따라서 과잉금지원칙에 위배되어 청구인의 개인정보자기결정권을 침해한다(헌재 2020.8.28. 2018헌마927).

194

☐☐☐

피고인이나 변호인에 의한 공판정에서의 녹취는 진술인의 인격권 또는 사생활의 비밀과 자유에 대한 침해를 수반하고, 실체적 진실발견 등 다른 법익과 충돌할 개연성이 있으므로, 녹취를 금지해야 할 필요성이 녹취를 허용함으로써 달성하고자 하는 이익보다 큰 경우에는 녹취를 금지 또는 제한함이 타당하다.   O I X

피고인이나 변호인에 의한 공판정에서의 녹취는 진술인의 인격권 또는 사생활의 비밀과 자유에 대한 침해를 수반하고, 실체적 진실발견 등 다른 법익과 충돌할 개연성이 있으므로, 녹취를 금지해야 할 필요성이 녹취를 허용함으로써 달성하고자 하는 이익보다 큰 경우에는 녹취를 금지 또는 제한함이 타당하다(헌재 1995.12.28. 91헌마114).

195

□□□

검사 또는 사법경찰관이 수사를 위하여 필요한 경우에 전기통신사업자에게 위치정보추적자료의 열람이나 제출을 요청할 수 있도록 하는 규정은 수사기관에 수사대상자의 민감한 개인정보인 위치정보추적자료 제공을 허용하여 수사대상자의 기본권을 과도하게 제한하면서도 절차적 통제가 제대로 이루어지고 있지 않으므로 개인정보자기결정권을 침해한다. ○ | X

수사기관은 위치정보 추적자료를 통해 특정 시간대 정보주체의 위치 및 이동상황에 대한 정보를 취득할 수 있으므로 위치정보추적자료는 충분한 보호가 필요한 민감한 정보에 해당되는 점, 그럼에도 이 사건 요청조항은 수사기관의 광범위한 위치정보 추적자료 제공요청을 허용하여 정보주체의 기본권을 과도하게 제한하는 점, … 수사기관의 위치정보 추적자료 제공요청에 대해 법원의 허가를 거치도록 규정하고 있으나 수사의 필요성만을 그 요건으로 하고 있어 절차적 통제마저도 제대로 이루어지기 어려운 현실인 점 등을 고려할 때, 이 사건 요청조항은 과잉금지원칙에 반하여 청구인들의 개인정보자기결정권과 통신의 자유를 침해한다(헌재 2018.6.28. 2012헌마191 등).

196

□□□

익명휴대전화를 이용하는 자들이 언제나 범죄의 목적을 가진다고 볼 수 없고 익명통신은 도덕적으로 중립적이므로, 익명휴대전화를 금지하기 위해 이동통신서비스 가입 시 본인 확인 절차를 거치도록 한다면 그 규정은 정당한 입법목적을 가지고 있다고 볼 수 없으므로 개인정보자기결정권을 침해한다. ○ | X

심판대상조항이 이동통신서비스 가입 시 본인확인절차를 거치도록 함으로써 타인 또는 허무인의 이름을 사용한 휴대전화인 이른바 대포폰이 보이스피싱 등 범죄의 범행도구로 이용되는 것을 막고, 개인정보를 도용하여 타인의 명의로 가입한 다음 휴대전화소액결제나 서비스요금을 그 명의인에게 전가하는 등 명의도용범죄의 피해를 막고자 하는 입법목적은 정당하고, 이를 위하여 본인확인절차를 거치게 한 것은 적합한 수단이다. … 개인정보자기결정권, 통신의 자유가 제한되는 불이익과 비교했을 때, 명의도용피해를 막고, 차명휴대전화의 생성을 억제하여 보이스피싱 등 범죄의 범행도구로 악용될 가능성을 방지함으로써 잠재적 범죄 피해 방지 및 통신망 질서 유지라는 더욱 중대한 공익의 달성효과가 인정된다. 따라서 심판대상조항은 청구인들의 개인정보자기결정권 및 통신의 자유를 침해하지 않는다(헌재 2019.9.26. 2017헌마1209).

197

□□□

아동·청소년에 대한 강제추행죄로 유죄판결이 확정된 자를 신상정보 등록대상자로 정하여 신상정보 관할 경찰관서의 장에게 신상정보를 제출하도록 하고 신상정보가 변경될 경우 그 사유와 변경내용을 제출하도록 하는 규정은 재범의 위험성에 대한 심사 없이 유죄판결을 받은 모든 자를 일률적으로 등록대상자로 정하므로 과잉금지원칙에 위반된다. ○ | X

제출조항은 범죄 수사 및 예방을 위하여 일정한 신상정보를 제출하도록 하는 것으로서, 목적의 정당성 및 수단의 적합성이 인정된다. … 제출조항으로 인하여 청구인은 일정한 신상정보를 제출해야 하는 불이익을 받게 되나, 이에 비하여 제출조항이 달성하려는 공익이 크다고 보이므로 법익의 균형성도 인정된다. 따라서 제출조항은 청구인의 개인정보자기결정권을 침해하지 않는다(헌재 2016.3.31. 2014헌마457).

198
□□□

'각급 학교 교원의 교원단체 및 교원노조 가입현황 실명 자료'는 개인정보자기결정권의 보호대상이 되나 이를 공개한 표현행위로 인하여 얻을 수 있는 법적 이익이 이를 공개하지 않음으로써 보호받을 수 있는 해당 교원 등의 법적 이익에 비하여 우월하다고 할 수 있으므로 해당 정보공개행위가 위법하다고 볼 수 없다.　　　　　　　　　　　　　　　　　　　　　　　　　　　　　　　　　　　　O | X

국회의원인 甲 등이 '각급학교 교원의 교원단체 및 교원노조 가입현황 실명 자료'를 인터넷을 통하여 공개한 사안에서, 위 정보는 개인정보자기결정권의 보호대상이 되는 개인정보에 해당하므로 이를 일반 대중에게 공개하는 행위는 해당 교원들의 개인정보자기결정권과 전국교직원노동조합의 존속, 유지, 발전에 관한 권리를 침해하는 것이고, 甲 등이 위 정보를 공개한 표현행위로 인하여 얻을 수 있는 법적 이익이 이를 공개하지 않음으로써 보호받을 수 있는 해당 교원 등의 법적 이익에 비하여 우월하다고 할 수 없으므로, 甲 등의 정보 공개행위가 위법하다(대판 2014.7.24. 2012다49933).

199
□□□

서울용산경찰서장이 전기통신사업자로부터 위치추적자료를 제공받아 청구인들의 위치를 확인하였거나 확인할 수 있었음에도 불구하고 청구인들의 검거를 위하여 국민건강보험공단으로부터 2년 내지 3년 동안의 요양급여정보를 제공받은 것은 청구인들의 개인정보자기결정권에 대한 중대한 침해에 해당한다.　O | X

서울용산경찰서장은 청구인들을 검거하기 위해서 국민건강보험공단에게 청구인들의 요양급여내역을 요청한 것인데, 서울용산경찰서장은 그와 같은 요청을 할 당시 전기통신사업자로부터 위치추적자료를 제공받는 등으로 청구인들의 위치를 확인하였거나 확인할 수 있는 상태였다. 따라서 서울용산경찰서장이 청구인들을 검거하기 위하여 청구인들의 약 2년 또는 3년이라는 장기간의 요양급여내역을 제공받는 것이 불가피하였다고 보기 어렵다. … 그렇다면 이 사건 정보제공행위는 이 사건 정보제공조항 등이 정한 요건을 충족한 것으로 볼 수 없고, 침해의 최소성 및 법익의 균형성에 위배되어 청구인들의 개인정보자기결정권을 침해하였다(헌재 2018. 8.30. 2014헌마368).

200
□□□

건강에 관한 정보는 민감정보에 해당하지만, 국민건강보험공단 이사장이 경찰서장의 요청에 따라 질병명이 기재되지 않은 수사대상자의 요양급여내역만을 제공한 행위 자체만으로는 수사대상자의 개인정보자기결정권이 침해되었다고 볼 수는 없다.　　　　　　　　　　　　　　　　　　　　　　　　　O | X

이 사건 정보제공행위에 의하여 제공된 청구인 김○환의 약 2년 동안의 총 44회 요양급여내역 및 청구인 박○만의 약 3년 동안의 총 38회 요양급여내역은 건강에 관한 정보로서 '개인정보 보호법' 제23조 제1항이 규정한 민감정보에 해당한다. … 이 사건 정보제공행위로 인한 청구인들의 개인정보자기결정권에 대한 침해는 매우 중대하다. 그렇다면 이 사건 정보제공행위는 이 사건 정보제공조항 등이 정한 요건을 충족한 것으로 볼 수 없고, 침해의 최소성 및 법익의 균형성에 위배되어 청구인들의 개인정보자기결정권을 침해하였다(헌재 2018.8.30. 2014헌마368).

정답 198 X　199 O　200 X

201
□□□

A시장이 B경찰서장의 사실조회 요청에 따라 B경찰서장에게 청구인들의 이름, 생년월일, 전화번호, 주소를 제공한 행위는 사생활의 비밀과 자유 또는 개인정보자기결정권을 침해한다.　　　　O | X

김포시장은 이 사건 정보제공조항에 따라 범죄의 수사를 위하여 필요한 경우 정보주체 또는 제3자의 이익을 부당하게 침해할 우려가 있을 때를 제외하고 개인정보를 수사기관에게 제공할 수 있다. … 이름, 생년월일, 주소는 수사의 초기 단계에서 범죄의 피의자를 특정하기 위하여 필요한 가장 기초적인 정보이고, 전화번호는 피의자 등에게 연락을 하기 위하여 필요한 정보이다. 또한 활동지원급여가 제공된 시간을 확인하기 위해서 수급자에 대하여도 조사를 할 필요성을 인정할 수 있다. … 이와 같은 점에 더하여, 활동보조인의 부정 수급 관련 범죄의 수사를 가능하게 함으로써 실체적 진실 발견과 국가형벌권의 적정한 행사에 기여하고자 하는 공익은 매우 중대한 것인 점을 고려하면, 이 사건 정보제공행위는 과잉금지원칙에 위배되어 청구인들의 개인정보자기결정권을 침해하였다고 볼 수 없다(헌재 2018.8.30. 2016헌마483).

202
□□□

개인정보자기결정권은 헌법에 명시된 기본권이다.　　　　O | X

개인정보자기결정권의 헌법상 근거로는 헌법 제17조의 사생활의 비밀과 자유, 헌법 제10조 제1문의 인간의 존엄과 가치 및 행복추구권에 근거를 둔 일반적 인격권 또는 위 조문들과 동시에 우리 헌법의 자유민주적 기본질서 규정 또는 국민주권원리와 민주주의원리 등을 고려할 수 있으나, 개인정보자기결정권으로 보호하려는 내용을 위 각 기본권들 및 헌법원리들 중 일부에 완전히 포섭시키는 것은 불가능하다고 할 것이므로, 그 헌법적 근거를 굳이 어느 한 두개에 국한시키는 것은 바람직하지 않은 것으로 보이고, 오히려 개인정보자기결정권은 이들을 이념적 기초로 하는 독자적 기본권으로서 헌법에 명시되지 아니한 기본권이라고 보아야 할 것이다 (헌재 2005.5.26. 99헌마513 등).

203
□□□

구 형의 실효 등에 관한 법률의 해당 조항이 법원에서 불처분결정된 소년부송치 사건에 대한 수사경력자료의 삭제 및 보존기간에 대하여 규정하지 아니하여 수사경력자료에 기록된 개인정보가 당사자의 사망 시까지 보존되면서 이용되는 것은 당사자의 개인정보자기결정권에 대한 제한에 해당한다.　　　　O | X

법원에서 불처분결정된 소년부송치 사건에 대한 수사경력자료의 보존기간과 삭제에 대한 규정을 두지 않은 이 사건 구법 조항은 과잉금지원칙을 위반하여 소년부송치 후 불처분결정을 받은 자의 개인정보자기결정권을 침해한다(헌재 2021.6.24. 2018헌가2).

204
□□□

선거운동기간 중 모든 익명표현을 사전적·포괄적으로 규율하는 것은 표현의 자유보다 행정편의와 단속편의를 우선함으로써 익명표현의 자유와 개인정보자기결정권 등을 지나치게 제한한다.　　　　O | X

선거운동기간 중 정치적 익명표현의 부정적 효과는 익명성 외에도 해당 익명표현의 내용과 함께 정치적 표현행위를 규제하는 관련 제도, 정치적·사회적 상황의 여러 조건들이 아울러 작용하여 발생하므로, 모든 익명표현을 사전적·포괄적으로 규율하는 것은 표현의 자유보다 행정편의와 단속편의를 우선함으로써 익명표현의 자유와 개인정보자기결정권 등을 지나치게 제한한다(헌재 2021.1.28. 2018헌마456 등).

정답 201 X　202 X　203 O　204 O

205
□□□

야당 소속 후보자 지지 혹은 정부 비판은 정치적 견해로서 개인의 인격주체성을 특징짓는 개인정보에 해당하지만, 그것이 지지 선언 등의 형식으로 공개적으로 이루어진 것이라면 개인정보자기결정권의 보호범위 내에 속하지 않는다.　　　　　　　　　　　　　　　　　　　O | X

이 사건 정보수집 등 행위는 청구인 윤○○, 정○○이 과거 야당 후보를 지지하거나 세월호 참사에 대한 정부의 대응을 비판한 의사표시에 관한 정보를 대상으로 한다. 이러한 야당 소속 후보자 지지 혹은 정부 비판은 정치적 견해로서 개인의 인격주체성을 특징짓는 개인정보에 해당하고, 그것이 지지 선언 등의 형식으로 공개적으로 이루어진 것이라고 하더라도 여전히 개인정보자기결정권의 보호범위 내에 속한다(헌재 2020.12.23. 2017헌마416).

206
□□□

보안관찰처분대상자가 교도소 등에서 출소한 후 7일 이내에 출소사실을 신고하도록 하고 이를 위반할 경우 처벌하도록 정한 법률조항은, 보다 완화된 방법으로도 입법목적을 충분히 달성할 수 있다는 점에서 과잉금지원칙에 반하여 그 대상자의 개인정보자기결정권을 침해하는 것이다.　　　　　O | X

출소 후 출소사실을 신고하여야 하는 신고의무 내용에 비추어 보안관찰처분대상자의 불편이 크다거나 7일의 신고기간이 지나치게 짧다고 할 수 없다. 보안관찰해당범죄는 민주주의체제의 수호와 사회질서의 유지, 국민의 생존 및 자유에 중대한 영향을 미치는 범죄인 점, 보안관찰법은 대상자를 파악하고 재범의 위험성 등 보안관찰처분의 필요성 유무의 판단 자료를 확보하기 위하여 위와 같은 신고의무를 규정하고 있다는 점 등에 비추어 출소 후 신고의무 위반에 대한 제재수단으로 형벌을 택한 것이 과도하다거나 법정형이 다른 법률들에 비하여 각별히 과중하다고 볼 수도 없다. 따라서 출소후신고조항 및 위반 시 처벌조항은 과잉금지원칙을 위반하여 청구인의 사생활의 비밀과 자유 및 개인정보자기결정권을 침해하지 아니한다(헌재 2021.6.24. 2017헌바479).

207
□□□

보안관찰처분대상자가 교도소 등에서 출소 후 신고한 거주예정지 등 정보에 변동이 생길 때마다 7일 이내이를 신고하도록 규정한 보안관찰법상 변동신고조항 및 위반 시 처벌조항은 청구인의 개인정보자기결정권을 침해하지 않는다.　　　　　　　　　　　　　　　　　　O | X

보안관찰해당범죄로 인한 형의 집행을 마치고 출소하여 이미 과거 범죄에 대한 대가를 치른 대상자에게 보안관찰처분의 개시여부를 결정하기 위함이라는 공익을 위하여 재범의 위험성과 무관하게 무기한으로 과도한 범위의 신고의무를 부과하고 위반 시 피보안관찰자와 동일한 형으로 형사처벌하는 것은, 달성하고자 하는 공익에 비하여 그들의 기본권을 과도하게 제한하여 법익의 균형성에도 위반된다. … 따라서 변동신고조항 및 위반시 처벌조항은 과잉금지원칙을 위반하여 청구인의 사생활의 비밀과 자유 및 개인정보자기결정권을 침해한다(헌재 2021.6.24. 2017헌바479).

해커스공무원 신동욱 헌법 해심 기출 OX

제2편

208
☐☐☐

경찰청예규인 채증활동규칙은 집회·시위 현장에서 불법행위의 증거자료를 확보하기 위해 행정조직의 내부에서 상급행정기관이 하급행정기관에 대하여 발령한 내부기준으로 행정규칙이지만 직접 집회참가자들의 기본권을 제한하므로 이에 대한 헌법소원심판청구는 기본권 침해의 직접성 요건을 충족하였다.

O | X

이 사건 채증규칙(경찰청 예규)은 법률로부터 구체적인 위임을 받아 제정한 것이 아니며, 집회·시위 현장에서 불법행위의 증거자료를 확보하기 위해 행정조직의 내부에서 상급행정기관이 하급행정기관에 대하여 발령한 내부기준으로 행정규칙이다. 청구인들을 포함한 이 사건 집회 참가자는 이 사건 채증규칙에 의해 직접 기본권을 제한받는 것이 아니라, 경찰의 이 사건 촬영행위에 의해 비로소 기본권을 제한받게 된다. 따라서 청구인들의 이 사건 채증규칙에 대한 심판청구는 헌법재판소법 제68조 제1항이 정한 기본권 침해의 직접성 요건을 충족하지 못하였으므로 부적법하다(헌재 2018.8.30. 2014헌마843).

209
☐☐☐

경찰의 촬영행위는 개인정보자기결정권의 보호대상이 되는 신체, 특정인의 집회·시위 참가 여부 및 그 일시·장소 등의 개인정보를 정보주체의 동의 없이 수집하였다는 점에서 개인정보자기결정권을 제한할 수 있다.

O | X

경찰의 촬영행위는 개인정보자기결정권의 보호대상이 되는 신체, 특정인의 집회·시위 참가 여부 및 그 일시·장소 등의 개인정보를 정보주체의 동의 없이 수집하였다는 점에서 개인정보자기결정권을 제한할 수 있다(헌재 2018.8.30. 2014헌마843).

210
☐☐☐

근접촬영과 달리 먼 거리에서 집회·시위 현장을 전체적으로 촬영하는 소위 조망촬영이 기본권을 덜 침해하는 방법이라는 주장도 있으나, 최근 기술의 발달로 조망촬영과 근접촬영 사이에 기본권 침해라는 결과에 있어서 차이가 있다고 보기 어려워, 경찰이 집회·시위에 대해 조망촬영이 아닌 근접촬영을 하였다는 이유만으로 헌법에 위반되는 것은 아니다.

O | X

근접촬영과 달리 먼 거리에서 집회·시위 현장을 전체적으로 촬영하는 소위 조망촬영이 기본권을 덜 침해하는 방법이라는 주장도 있으나, 최근 기술의 발달로 조망촬영과 근접촬영 사이에 기본권 침해라는 결과에 있어서 차이가 있다고 보기 어려우므로, 경찰이 이러한 집회·시위에 대해 조망촬영이 아닌 근접촬영을 하였다는 이유만으로 헌법에 위반되는 것은 아니다(헌재 2018.8.30. 2014헌마843).

211
☐☐☐

옥외집회·시위에 대한 경찰의 촬영행위에 의해 취득한 자료는 '개인정보'의 보호에 관한 일반법인 개인정보 보호법이 적용될 수 있다.

O | X

옥외집회·시위에 대한 경찰의 촬영행위는 증거보전의 필요성 및 긴급성, 방법의 상당성이 인정되는 때에는 헌법에 위반된다고 할 수 없으나, 경찰이 옥외집회 및 시위 현장을 촬영하여 수집한 자료의 보관·사용 등은 엄격하게 제한하여, 옥외집회·시위 참가자 등의 기본권 제한을 최소화해야 한다. 옥외집회·시위에 대한 경찰의 촬영행위에 의해 취득한 자료는 '개인정보'의 보호에 관한 일반법인 '개인정보 보호법'이 적용될 수 있다(헌재 2018.8.30. 2014헌마843).

정답 208 X 209 ○ 210 ○ 211 ○

212
☐☐☐

인터넷 언론사의 공개된 게시판·대화방에서 스스로의 의사에 의하여 정당·후보자에 대한 지지·반대의 글을 게시하는 행위가 사생활 비밀의 자유에 의하여 보호되는 영역이라고 할 수 없다. O | X

인터넷언론사의 공개된 게시판·대화방에서 스스로의 의사에 의하여 정당·후보자에 대한 지지·반대의 글을 게시하는 행위가 양심의 자유나 사생활 비밀의 자유에 의하여 보호되는 영역이라고 할 수 없다(헌재 2010.2. 25. 2008헌마324).

213
☐☐☐

공직자의 공무집행과 직접적인 관련이 없는 개인적인 사생활에 관한 사실은 어떠한 경우에도 공적인 관심사안에 해당될 수 없다. O | X

공직자의 공무집행과 직접적인 관련이 없는 개인적인 사생활에 관한 사실이라도 일정한 경우 공적인 관심 사안에 해당할 수 있다. 공직자의 자질·도덕성·청렴성에 관한 사실은 그 내용이 개인적인 사생활에 관한 것이라 할지라도 순수한 사생활의 영역에 있다고 보기 어렵다(헌재 2013.12.26. 2009헌마747).

214
☐☐☐

공직선거에 후보자로 등록하고자 하는 자에게 실효된 형을 포함한 금고 이상이 형이 범죄경력에 관한 증명서류를 제출하도록 한 구 공직선거법 조항은 청구인의 사생활의 비밀과 자유를 침해한다고 볼 수 없다. O | X

후보자의 실효된 형까지 포함한 금고 이상의 형의 범죄경력을 공개함으로써 국민의 알권리를 충족하고 공정하고 정당한 선거권 행사를 보장하고자 하는 이 사건 법률조항의 입법목적은 정당하며, 이러한 입법목적을 달성하기 위하여는 선거권자가 후보자의 모든 범죄경력을 인지한 후 그 공직적합성을 판단하는 것이 효과적이다. 또한 금고 이상의 범죄경력에 실효된 형을 포함시키는 이유는 선거권자가 공직후보자의 자질과 적격성을 판단할 수 있도록 하기 위한 점, 전과기록은 통상 공개재판에서 이루어진 국가의 사법작용의 결과라는 점, 전과기록의 범위와 공개시기 등이 한정되어 있는 점 등을 종합하면, 이 사건 법률조항은 피해최소성의 원칙에 반한다고 볼 수 없고, 공익적 목적을 위하여 공직선거 후보자의 사생활의 비밀과 자유를 한정적으로 제한하는 것이어서 법익균형성의 원칙도 충족한다. 따라서 이 사건 법률조항은 청구인들의 사생활의 비밀과 자유를 침해한다고 볼 수 없다(헌재 2008.4.24. 2006헌마402).

215
☐☐☐

금융감독원의 4급 이상 직원에 대하여 재산등록의무를 부과하는 구 공직자윤리법 제3조 제1항 제13호 중 구 공직자윤리법 시행령 제3조 제4항 제15호에 관한 부분이 금융감독원의 4급 직원인 청구인의 사생활의 비밀과 자유를 침해하는 것은 아니다. O | X

이 사건 재산등록 조항은 청구인들의 사생활의 비밀과 자유를 침해하지 아니한다. 한편, 한국은행과 예금보험공사의 직원에 비하여 금융감독원 직원의 금융기관에 대한 실질적인 영향력 및 그로 인한 비리 개연성은 훨씬 높다고 보여지므로 금융감독원의 재산등록 대상 직원을 한국은행 및 예금보험공사 직원보다 넓게 4급 이상으로 정한 데에도 합리적 이유가 있다. 따라서 이 사건 재산등록 조항은 청구인들의 평등권을 침해하지 아니한다(헌재 2014.6.26. 2012헌마331).

216

☐☐☐

개인정보자기결정권은 자신에 관한 정보가 언제 누구에게 어느 범위까지 알려지고 또 이용되도록 할 것인지를 그 정보주체가 스스로 결정할 수 있는 권리로서, 인간의 존엄과 가치, 행복추구권을 규정한 헌법 제10조 제1문에서 도출되는 일반적 인격권 및 헌법 제17조의 사생활의 비밀과 자유에 의하여 보장된다.　　　　　　　　　　O | X

개인정보자기결정권은 자신에 관한 정보가 언제 누구에게 어느 범위까지 알려지고 또 이용되도록 할 것인지를 그 정보주체가 스스로 결정할 수 있는 권리로서, 헌법 제10조 제1문에서 도출되는 일반적 인격권 및 헌법 제17조의 사생활의 비밀과 자유에 의하여 보장된다(헌재 2015.6.25. 2014헌마463).

217

☐☐☐

개인정보자기결정권의 보호대상이 되는 개인정보는 개인의 신체, 신념, 사회적 지위, 신분 등과 같이 개인의 인격주체성을 특징짓는 사항으로서 그 개인의 동일성을 식별할 수 있게 하는 일체의 정보라고 할 수 있다.　　　　　　　　　　O | X

개인정보자기결정권의 보호대상이 되는 개인정보는 개인의 신체, 신념, 사회적 지위, 신분 등과 같이 인격주체성을 특징짓는 사항으로서 개인의 동일성을 식별할 수 있게 하는 일체의 정보를 의미하며, 반드시 개인의 내밀한 영역에 속하는 정보에 국한되지 않고 공적 생활에서 형성되었거나 이미 공개된 개인정보까지도 포함한다(대판 2016.3.10. 2012다105482).

218

☐☐☐

보안관찰처분대상자가 교도소 등에서 출소한 후 7일 이내에 출소사실을 신고하도록 정한 구 보안관찰법 제6조 제1항 전문 중 출소 후 신고의무에 관한 부분 및 이를 위반할 경우 처벌하도록 정한 보안관찰법 제27조 제2항 중 구 보안관찰법 제6조 제1항 전문 가운데 출소 후 신고의무에 관한 부분은 과잉금지원칙을 위반하여 사생활의 비밀과 자유 및 개인정보자기결정권을 침해하지 않는다.　　　　　　　　　　O | X

출소 후 신고조항 및 위반 시 처벌조항은 과잉금지원칙을 위반하여 청구인의 사생활의 비밀과 자유 및 개인정보자기결정권을 침해하지 아니한다(헌재 2021.6.24. 2017헌바479).

219

☐☐☐

'가족관계의 등록 등에 관한 법률' 제14조 제1항 본문 중 '직계혈족이 제15조에 규정된 증명서 가운데 가족관계증명서 및 기본증명서의 교부를 청구'하는 부분이 가정폭력 피해자의 개인정보를 보호하기 위한 구체적 방안을 마련하지 아니하였다고 하더라도 가정폭력 피해자인 청구인의 개인정보자기결정권을 침해하는 것은 아니다.　　　　　　　　　　O | X

이 사건 법률조항은 가정폭력 가해자에 대한 별도의 제한 없이 직계혈족이기만 하면 사실상 자유롭게 그 자녀의 가족관계증명서와 기본증명서의 교부를 청구하여 발급받을 수 있도록 함으로써, 그로 인하여 가정폭력 피해자인 청구인의 개인정보가 가정폭력 가해자인 전 배우자에게 무단으로 유출될 수 있는 가능성을 열어놓고 있다. 따라서 과잉금지원칙에 위배되어 청구인의 개인정보자기결정권을 침해한다(헌재 2020.8.28. 2018헌마927).

정답 216 ○ 217 ○ 218 ○ 219 X

220
☐☐☐

소년에 대한 수사경력자료의 삭제와 보존기간에 대하여 규정하면서 법원에서 불처분결정된 소년부송치 사건에 대하여 규정하지 않은 구 '형의 실효 등에 관한 법률' 제8조의2 제1항 및 제3항과 '형의 실효 등에 관한 법률' 제8조의2 제1항 및 제3항은 과잉금지원칙에 반하여 개인정보자기결정권을 침해한다. O | X

법원에서 불처분결정된 소년부송치 사건에 대한 수사경력자료의 보존기간과 삭제에 대한 규정을 두지 않은 이 사건 구법 조항은 과잉금지원칙을 위반하여 소년부송치 후 불처분결정을 받은 자의 개인정보자기결정권을 침해한다(헌재 2021.6.24. 2018헌가2).

221
☐☐☐

공중밀집장소추행죄로 유죄판결이 확정된 자를 그 형사책임의 경중과 관계없이 신상정보 등록대상자로 규정한 법률조항은 개인정보자기결정권을 침해한다. O | X

헌법재판소는 2017.12.28. 2016헌마1124 결정에서 심판대상조항과 실질적으로 내용이 동일한 구 성폭력처벌법(2012.12.18. 법률 제11556호로 전부개정되고. 2016.12.20. 법률 제14412호로 개정되기 전의 것) 제42조 제1항 중 '제11조의 범죄로 유죄판결이 확정된 자는 신상정보 등록대상자가 된다.' 부분이 개인정보자기결정권을 침해하지 않는다고 보았다. 심판대상조항은 공중밀집장소추행죄로 유죄판결이 확정되면 모두 신상정보 등록대상자가 되도록 함으로써 그 관리의 기초를 마련하기 위한 것이므로, 등록대상 여부를 결정함에 있어 대상 성범죄로 인한 유죄판결 이외에 반드시 재범의 위험성을 고려해야 한다고 보기 어렵고, 현재 사용되는 재범의 위험성 평가 도구의 오류 가능성을 배제하기 어려워 일정한 성폭력범죄자를 일률적으로 등록대상자가 되도록 하는 것이 불가피한 점, 등록대상 성폭력범죄로 유죄판결을 선고할 경우 등록대상자에게 등록대상자라는 사실과 신상정보 제출의무가 있음을 알려주도록 하며, 등록대상자의 범위, 신상정보 제출의무의 내용 및 신상정보의 등록·보존·관리 또한 법률에서 규율하고 있는 점 등을 고려할 때, 헌법재판소의 2016헌마1124 결정은 이 사건에서도 타당하다. 따라서 심판대상조항은 청구인의 개인정보자기결정권을 침해하였다고 볼 수 없다(헌재 2020.6.25. 2019헌마699).

222
☐☐☐

게임물 관련사업자에게 게임물 이용자의 회원가입 시 본인 인증을 할 수 있는 절차를 마련하도록 규정한 법조항은 개인정보자기결정권을 침해하지 아니한다. O | X

본인인증 조항은 인터넷게임에 대한 연령 차별적 규제수단들을 실효적으로 보장하고, 인터넷게임 이용자들이 게임물 이용시간을 자발적으로 제한하도록 유도하여 인터넷게임 과몰입 내지 중독을 예방하고자 하는 것으로 그 입법목적에 정당성이 인정되며, 본인인증절차를 거치도록 하는 것은 이러한 목적 달성을 위한 적절한 수단이다. 게임물 관련사업자와 같은 정보통신서비스 제공자가 인터넷 상에서 본인인증 절차 없이 이용자의 실명이나 연령만을 정확하게 확인하는 것은 사실상 불가능하고, 게임산업법 시행령 제8조의3 제3항이 정하고 있는 방법은 신뢰할 수 있는 제3자를 통해서만 본인인증 절차를 거치도록 하고 정보수집의 범위를 최소화하고 있는 것으로 달리 실명과 연령을 정확하게 확인할 수 있으면서 덜 침익적인 수단을 발견하기 어렵다. 또한, 게임물 관련사업자가 본인인증 결과 이외의 정보를 수집하기 위해서는 인터넷게임을 이용하는 사람의 별도의 동의를 받아야 하고, '정보통신망 이용촉진 및 정보보호 등에 관한 법률'에서 동의를 얻어 수집된 정보를 보호하기 위한 장치들을 충분히 마련하고 있으며, 회원가입 시 1회 본인인증 절차를 거치도록 하는 것이 이용자들에게 게임의 이용 여부 자체를 진지하게 고려하게 할 정도로 중대한 장벽이나 제한으로 기능한다거나 게임시장의 성장을 방해한다고 보기도 어려우므로 침해의 최소성에도 위배되지 아니하고, 본인인증 조항을 통하여 달성하고자 하는 게임과몰입 및 중독 방지라는 공익은 매우 중대하므로 법익의 균형성도 갖추었다. 따라서 본인인증 조항은 청구인들의 일반적 행동의 자유 및 개인정보자기결정권을 침해하지 아니한다(헌재 2015.3.26. 2013헌마517).

정답 220 O 221 X 222 O

223

보안관찰처분대상자가 교도소 등에서 출소한 후 7일 이내에 출소사실을 신고하도록 하고 이를 위반하는 경우 처벌하는 법률조항은 보안관찰처분대상자의 불편이 크다거나 7일의 신고기간이 지나치게 짧다고 할 수 없으므로 개인정보자기결정권을 침해하지 아니한다. O | X

출소 후 출소사실을 신고하여야 하는 신고의무 내용에 비추어 보안관찰처분대상자(이하 '대상자'라 한다)의 불편이 크다거나 7일의 신고기간이 지나치게 짧다고 할 수 없다. 보안관찰해당범죄는 민주주의체제의 수호와 사회질서의 유지, 국민의 생존 및 자유에 중대한 영향을 미치는 범죄인 점, 보안관찰법은 대상자를 파악하고 재범의 위험성 등 보안관찰처분의 필요성 유무의 판단 자료를 확보하기 위하여 위와 같은 신고의무를 규정하고 있다는 점 등에 비추어 출소 후 신고의무 위반에 대한 제재수단으로 형벌을 택한 것이 과도하다거나 법정형이 다른 법률들에 비하여 각별히 과중하다고 볼 수도 없다. 따라서 출소후신고조항 및 위반 시 처벌조항은 과잉금지원칙을 위반하여 청구인의 사생활의 비밀과 자유 및 개인정보자기결정권을 침해하지 아니한다(헌재 2021. 6.24. 2017헌바479).

✓ **참고** 주의할 것은 변동신고조항 및 이를 위반할 경우 처벌하도록 정한 규정은 사생활의 비밀과 자유 및 개인정보자기결정권을 침해를 인정했다는 점이다.

224

채취대상자가 사망할 때까지 디엔에이신원확인정보를 데이터베이스에 수록·관리할 수 있도록 규정한 법률조항은 대상범죄들로 인한 유죄판결이 확정되기만 하면 그 범죄의 경중과 재범의 위험성 등에 관한 아무런 고려 없이 획일적으로 적용되므로 개인정보자기결정권을 침해한다. O | X

디엔에이법 제3조 제2항은 데이터베이스에 수록되는 디엔에이신원확인정보에 개인식별을 위하여 필요한 사항 외의 정보 또는 인적 사항이 포함되어서는 아니 된다고 규정하여, 개인식별을 위한 최소한의 필요정보만을 수록하도록 하고 있고, 그 외에도 디엔에이법 및 그 시행령에 디엔에이 관련 자료 및 정보의 삭제에 관한 규정과 데이터베이스의 운영에 있어서 개인정보보호에 관한 규정을 두고 있으므로, 이 사건 삭제조항이 디엔에이신원확인정보를 수형인등이 사망할 때까지 데이터베이스에 수록하도록 규정하더라도, 침해의 최소성 원칙에 반한다고 보기 어렵다. 이 사건 삭제조항에 의하여 청구인의 디엔에이신원확인정보를 평생토록 데이터베이스에 수록하더라도, 그로 인하여 청구인이 현실적으로 입게 되는 불이익은 크다고 보기 어려운 반면에, 디엔에이신원확인정보를 장래의 범죄수사 등에 신원확인을 위하여 이용함으로써 달성할 수 있게 되는 공익은 중요하고, 그로 인한 청구인의 불이익에 비하여 더 크다고 보아야 할 것이므로, 법익균형성 원칙에도 위반되지 않는다(헌재 2020.5.27. 2017헌마1326).

225

거짓이나 그 밖의 부정한 방법으로 보조금을 교부받거나 보조금을 유용하여 어린이집 운영정지, 폐쇄명령 또는 과징금 처분을 받은 어린이집에 대하여 그 위반사실을 공표하도록 규정한 법률조항은 어린이집 설치·운영자의 유사한 위반행위를 예방하고 영유아 보호자들의 보육기관 선택권을 보장하기 위한 것으로서 개인정보자기결정권을 침해하지 아니한다. O | X

영유아보육법에 따라 어린이집 설치·운영자에게 지급되는 보조금은 영유아를 건강하고 안전하게 보호·양육하고 영유아의 발달 특성에 맞는 교육을 제공할 수 있도록 그 비용을 국가나 지방자치단체가 지원하는 것이다. 이러한 보조금을 부정수급하거나 유용하는 부패행위는 영유아보육의 질과 직결되어 그로 인한 불이익이 고스란히 영유아들에게 전가되므로 이를 근절할 필요가 크다. 어린이집의 투명한 운영을 담보하고 영유아 보호자의 보육기관 선택권을 실질적으로 보장하기 위해서는 보조금을 부정수급하거나 유용한 어린이집의 명단 등을 공표하여야 할 필요성이 있으며, 심판대상조항은 공표대상이나 공표정보, 공표기간 등을 제한적으로 규정하고 공표 전에 의견진술의 기회를 부여하여 공표대상자의 절차적 권리도 보장하고 있다. 나아가 심판대상조항을 통하여 추구하는 영유아의 건강한 성장 도모 및 영유아 보호자들의 보육기관 선택권 보장이라는 공익이 공표대상자의 법 위반사실이 일정기간 외부에 공표되는 불이익보다 크다. 따라서 심판대상조항은 과잉금지원칙을 위반하여 인격권 및 개인정보자기결정권을 침해하지 아니한다(헌재 2022.3.31. 2019헌바520).

정답 223 ○ 224 X 225 ○

226
□□□

초상권, 사생활의 비밀과 자유에 대한 부당한 침해는 불법행위를 구성하고 위 침해는 그것이 공개된 장소에서 이루어졌다거나 민사소송의 증거를 수집할 목적으로 이루어졌다는 사유만으로는 정당화되지 않는다.
O | X

초상권 및 사생활의 비밀과 자유에 대한 부당한 침해는 불법행위를 구성하는데, 위 침해는 그것이 공개된 장소에서 이루어졌다거나 민사소송의 증거를 수집할 목적으로 이루어졌다는 사유만으로 정당화되지 아니한다(대판 2006.10.13. 2004다16280).

227
□□□

교도소 엄중격리대상자의 수용거실에 CCTV를 설치하여 24시간 감시하는 행위는 일반적인 계호활동의 범위를 넘어서는 것으로 사생활의 비밀과 자유를 침해한다.
O | X

이 사건 CCTV 설치행위는 행형법 및 교도관직무규칙 등에 규정된 교도관의 계호활동 중 육안에 의한 시선계호를 CCTV 장비에 의한 시선계호로 대체한 것에 불과하므로, 이 사건 CCTV 설치행위에 대한 특별한 법적 근거가 없더라도 일반적인 계호활동을 허용하는 법률규정에 의하여 허용된다고 보아야 한다. 한편 CCTV에 의하여 감시되는 엄중격리대상자에 대하여 지속적이고 부단한 감시가 필요하고 자살·자해나 흉기 제작 등의 위험성 등을 고려하면, 제반사정을 종합하여 볼 때 기본권 제한의 최소성 요건이나 법익균형성의 요건도 충족하고 있다. … 따라서 이 사건 CCTV 설치행위는 헌법 제17조 및 제37조 제2항을 위반하여 청구인들의 <u>사생활의 비밀 및 자유를 침해하였다고 볼 수 없다</u>(헌재 2008.5.29. 2005헌마137 등).

228
□□□

4급 이상 공무원들의 병역 면제사유인 질병명을 관보와 인터넷을 통해 공개하도록 하는 것은 사생활의 비밀과 자유를 침해한다.
O | X

이 사건 법률조항은 사생활 보호의 헌법적 요청을 거의 고려하지 않은 채 인격 또는 사생활의 핵심에 관련되는 질병명과 그렇지 않은 것을 가리지 않고 무차별적으로 공개토록 하고 있으며, 일정한 질병에 대한 비공개요구권도 인정하고 있지 않다. 그리하여 그 공개 시 인격이나 사생활의 심각한 침해를 초래할 수 있는 질병이나 심신장애내용까지도 예외 없이 공개함으로써 신고의무자인 공무원의 사생활의 비밀을 심각하게 침해하고 있다(헌재 2007.5.31. 2005헌마1139).

229
□□□

자동차를 도로에서 운전하는 중에 좌석안전띠를 착용할 것인가 여부는 더 이상 사생활영역의 문제가 아니므로, 운전할 때 운전자가 좌석안전띠를 착용할 의무는 청구인의 사생활의 비밀과 자유를 침해하는 것이라 할 수 없다.
O | X

일반 교통에 사용되고 있는 도로는 국가와 지방자치단체가 그 관리책임을 맡고 있는 영역이며, 수많은 다른 운전자 및 보행자 등의 법익 또는 공동체의 이익과 관련된 영역으로, 그 위에서 자동차를 운전하는 행위는 더 이상 개인적인 내밀한 영역에서의 행위가 아니며, 자동차를 도로에서 운전하는 중에 좌석안전띠를 착용할 것인가 여부의 생활관계가 개인의 전체적 인격과 생존에 관계되는 '사생활의 기본조건'이라거나 자기결정의 핵심적 영역 또는 인격적 핵심과 관련된다고 보기 어려워 더 이상 사생활영역의 문제가 아니므로, 운전할 때 운전자가 좌석안전띠를 착용할 의무는 청구인의 사생활의 비밀과 자유를 침해하는 것이라 할 수 없다(헌재 2003.10.30. 2002헌마518).

230
□□□

오늘날 이메일, 메신저 등 통신뿐 아니라 각종 구매, 금융서비스 이용 등 생활의 전 영역이 인터넷을 기반으로 이루어지기 때문에 인터넷 회선을 감청하는 것은 사생활의 비밀과 자유를 제한하게 된다. O | X

인터넷회선 감청은 해당 인터넷회선을 통하여 흐르는 모든 정보가 감청 대상이 되므로, 이를 통해 드러나게 되는 개인의 사생활 영역은 전화나 우편물 등을 통하여 교환되는 통신의 범위를 넘는다. 더욱이 오늘날 이메일, 메신저, 전화 등 통신뿐 아니라, 각종 구매, 게시물 등록, 금융서비스 이용 등 생활의 전 영역이 인터넷을 기반으로 이루어지기 때문에, 인터넷회선 감청은 타인과의 관계를 전제로 하는 개인의 사적 영역을 보호하려는 헌법 제18조의 통신의 비밀과 자유 외에 헌법 제17조의 사생활의 비밀과 자유도 제한하게 된다(헌재 2018.8.30. 2016헌마263).

231
□□□

사생활의 비밀과 자유를 보장하기 위해 동의 없는 위치정보수집은 원칙적으로 금지되지만, 특정 범죄의 재발을 막기 위해 전자장치를 부착해서 위치정보를 수집하는 것은 허용된다. O | X

개인위치정보는 오·남용 시 개인의 사생활의 비밀과 자유 또는 재산권에 중대한 위험을 초래할 수 있으므로, 위치정보보호법은 위치정보의 수집·이용 또는 제공 시에는 개인위치정보주체의 동의를 받도록 규정하고 있다. 다만, 통신비밀보호법에 따른 수사목적의 통신사실확인자료 제공, 전자장치 부착 등에 관한 법률에 따른 위치추적 전자장치 부착 등 '다른 법률에 특별한 규정이 있는 경우'에는 예외가 인정된다.

> 위치정보의 보호 및 이용 등에 관한 법률 제15조【위치정보의 수집 등의 금지】① 누구든지 개인위치정보주체의 동의를 받지 아니하고 해당 개인위치정보를 수집·이용 또는 제공하여서는 아니 된다. 다만, 다음 각 호의 어느 하나에 해당하는 경우에는 그러하지 아니하다.
> 1. 제29조 제1항에 따른 긴급구조기관의 긴급구조요청 또는 같은 조 제7항에 따른 경보발송요청이 있는 경우
> 2. 제29조 제2항에 따른 경찰관서의 요청이 있는 경우
> 3. 다른 법률에 특별한 규정이 있는 경우

232
□□□

법무부 훈령인 구 계호업무지침에 따라 교도소장이 수용자가 없는 상태에서 거실 및 작업장을 검사한 행위는 비록 교도소의 안전과 질서를 유지하고, 수형자의 교화·개선에 지장을 초래할 수 있는 물품을 차단하기 위한 것이라 하더라도, 보다 덜 제한적인 대체수단을 찾을 수 있으므로 수용자의 사생활의 비밀과 자유를 침해한다. O | X

이 사건 검사행위는 교도소의 안전과 질서를 유지하고, 수형자의 교화·개선에 지장을 초래할 수 있는 물품을 차단하기 위한 것으로서 그 목적이 정당하고, 수단도 적절하며, 검사의 실효성을 확보하기 위한 최소한의 조치로 보이고, 달리 덜 제한적인 대체수단을 찾기 어려운 점 등에 비추어 보면 이 사건 검사행위가 과잉금지원칙에 위배하여 사생활의 비밀 및 자유를 침해하였다고 할 수 없다(헌재 2011.10.25. 2009헌마691).

233
□□□

일반 교통에 사용되고 있는 도로는 국가와 지방자치단체가 그 관리책임을 맡고 있는 영역이며, 수많은 다른 운전자 및 보행자 등의 법익 또는 공동체의 이익과 관련된 영역으로, 그 위에서 자동차를 운전하는 행위는 더 이상 개인적인 내밀한 영역에서의 행위가 아니다.　　　　　　　　　　　　　O | X

일반교통에 사용되고 있는 도로는 국가와 지방자치단체가 그 관리책임을 맡고 있는 영역이며, 수많은 다른 운전자 및 보행자 등의 법익 또는 공동체의 이익과 관련된 영역으로, 그 위에서 자동차를 운전하는 행위는 더 이상 개인적인 내밀한 영역에서의 행위가 아니다(헌재 2003.10.30. 2002헌마518).

234
□□□

보호자 전원이 반대하지 않는 한 어린이집에 의무적으로 CCTV를 설치하도록 정한 영유아보육법 조항은 어린이집 보육교사의 사생활의 비밀과 자유를 침해하는 것은 아니다.　　　　　　　　　O | X

어린이집 CCTV 설치는 어린이집에서 발생하는 안전사고와 보육교사 등에 의한 아동학대를 방지하기 위한 것으로, 그 자체로 어린이집 운영자나 보육교사 등으로 하여금 사전에 영유아 안전사고 방지에 만전을 기하고 아동학대행위를 저지르지 못하도록 하는 효과가 있고, 어린이집 내 안전사고나 아동학대 발생 여부의 확인이 필요한 경우 도움이 될 수 있으므로, CCTV 설치 조항은 목적의 정당성과 수단의 적합성이 인정된다. … 그러므로 CCTV 설치 조항은 과잉금지원칙을 위반하여 청구인들의 기본권을 침해하지 않는다(헌재 2017.12.28. 2015헌마994).

235
□□□

변호사의 업무는 다른 어느 직업적 활동보다도 강한 공공성을 내포한다는 점 등을 감안하여 볼 때, 변호사의 업무와 관련된 수임사건의 건수 및 수임액이 변호사의 내밀한 개인적 영역에 속하는 것이라고 보기 어렵다.　　　　　　　　　　　　　O | X

일반적으로 경제적 내지 직업적 활동은 복합적인 사회적 관계를 전제로 하여 다수 주체 간의 상호작용을 통하여 이루어지는 것이고, 특히 변호사의 업무는 다른 어느 직업적 활동보다도 강한 공공성을 내포한다는 점 등을 감안하여 볼 때, 변호사의 업무와 관련된 수임사건의 건수 및 수임액이 변호사의 내밀한 개인적 영역에 속하는 것이라고 보기 어렵고, 따라서 이 사건 법률조항이 청구인들의 사생활의 비밀과 자유를 침해하는 것이라 할 수 없다(헌재 2009.10.29. 2007헌마667).

236
□□□

국회의원이 '각급학교 교원의 교원단체 및 교원노조 가입현황 실명자료'를 인터넷을 통하여 공개한 행위는 해당 교원들의 개인정보자기결정권을 침해한다.　　　　　　　　　　　　O | X

국회의원인 甲 등이 '각급학교 교원의 교원단체 및 교원노조 가입현황 실명자료'를 인터넷을 통하여 공개한 사안에서, 위 정보는 개인정보자기결정권의 보호대상이 되는 개인정보에 해당하므로 이를 일반 대중에게 공개하는 행위는 해당 교원들의 개인정보자기결정권과 전국교직원노동조합의 존속, 유지, 발전에 관한 권리를 침해하는 것이고, 甲 등이 위 정보를 공개한 표현행위로 인하여 얻을 수 있는 법적 이익이 이를 공개하지 않음으로써 보호받을 수 있는 해당 교원 등의 법적 이익에 비하여 우월하다고 할 수 없으므로, 甲 등의 정보 공개 행위가 위법하다(대판 2014.7.24. 2012다49933).

정답　233 ○　234 ○　235 ○　236 ○

해커스공무원 신동욱 헌법 핵심 기출 OX

제2편

237
☐☐☐
거짓이나 그 밖의 부정한 방법으로 보조금을 교부받거나 보조금을 유용하여 어린이집 운영정지, 폐쇄명령 또는 과징금 처분을 받은 어린이집에 대하여 그 위반사실을 공표하도록 한 구 영유아보육법 조항은 개인 정보자기결정권을 침해한다. O | X

어린이집의 투명한 운영을 담보하고 영유아 보호자의 보육기관 선택권을 실질적으로 보장하기 위해서는 보조 금을 부정수급하거나 유용한 어린이집의 명단 등을 공표하여야 할 필요성이 있으며, 심판대상조항은 공표대상 이나 공표정보, 공표기간 등을 제한적으로 규정하고 공표 전에 의견진술의 기회를 부여하여 공표대상자의 절 차적 권리도 보장하고 있다. 나아가 심판대상조항을 통하여 추구하는 영유아의 건강한 성장 도모 및 영유아 보호자들의 보육기관 선택권 보장이라는 공익이 공표대상자의 법 위반사실이 일정기간 외부에 공표되는 불이 익보다 크다. 따라서 심판대상조항은 과잉금지원칙을 위반하여 인격권 및 개인정보자기결정권을 침해하지 아 니한다(헌재 2022.3.31. 2019헌바520).

238
☐☐☐
아동·청소년에 대한 강제추행죄로 유죄판결이 확정된 자를 신상정보 등록대상자로 규정하고 그로 하여금 관할 경찰관서의 장에게 신상정보를 제출하도록 하며 신상정보가 변경될 경우 그 사유와 변경내용을 제 출하도록 하는 성폭력범죄의 처벌 등에 관한 특례법 조항은 개인정보자기결정권을 침해하지 않는다.
O | X

제출조항은 등록대상자로 하여금 다시 성범죄를 범할 경우 본인이 쉽게 검거될 수 있다는 인식을 한층 강화하 여 재범을 억제하고, 실제로 등록대상자가 재범한 경우에는 수사기관으로 하여금 위 정보를 활용하여 범죄자 를 신속하고 효율적으로 검거할 수 있게 하므로, 목적의 정당성과 수단의 적합성이 인정된다. … 따라서 제출 조항은 과잉금지원칙을 위반하여 청구인의 개인정보자기결정권을 침해하지 아니한다(헌재 2019.11.28. 2017헌마399).

239
☐☐☐
사생활의 자유는 사회공동체의 일반적인 생활규범의 범위 내에서 사생활을 자유롭게 형성해 나가고 그 설계 및 내용에 대해서 외부로부터 간섭을 받지 아니할 권리이다. O | X

헌법 제17조가 보장하는 '사생활의 비밀'은 사생활과 관련된 사사로운 자신만의 영역이 본인의 의사에 반해서 타인에게 알려지지 않도록 할 수 있는 권리로서 국가가 사생활영역을 들여다보는 것에 대한 보호를 제공하는 기본권이라 할 것이고, '사생활의 자유'란 사회공동체의 일반적인 생활규범의 범위 내에서 사생활을 자유롭게 형성해 나가고 그 설계 및 내용에 대해서 외부로부터의 간섭을 받지 아니할 권리로서 국가가 사생활의 자유로 운 형성을 방해하거나 금지하는 것에 대한 보호를 의미한다(헌재 2010.10.28. 2009헌마544).

240
☐☐☐
사생활의 비밀과 자유에 의해 보호되는 대상에서 공적인 영역의 활동이 배제되는 것은 아니다. O | X

헌법 제17조가 보호하고자 하는 기본권은 '사생활영역'의 자유로운 형성과 비밀유지라고 할 것이며, 공적인 영역의 활동은 다른 기본권에 의한 보호는 별론으로 하고 사생활의 비밀과 자유가 보호하는 것은 아니라고 할 것이다(헌재 2003.10.30. 2002헌마518).

정답 237 X 238 ○ 239 ○ 240 X

241
□□□

흡연권은 인간의 존엄과 행복추구권을 규정한 헌법 제10조와 사생활의 자유를 규정한 헌법 제17조에 의하여 뒷받침된다. O | X

흡연자들이 자유롭게 흡연할 권리를 흡연권이라고 한다면, 이러한 흡연권은 인간의 존엄과 행복추구권을 규정한 헌법 제10조와 사생활의 자유를 규정한 헌법 제17조에 의하여 뒷받침된다(헌재 2004.8.26. 2003헌마457).

242
□□□

개인정보자기결정권의 보호대상이 되는 개인정보는 개인의 신체, 신념, 사회적 지위, 신분 등과 같이 개인의 인격주체성을 특징짓는 사항으로서 그 개인의 동일성을 식별할 수 있게 하는 일체의 정보라고 할 수 있다. O | X

개인정보자기결정권은 자신에 관한 정보가 언제 누구에게 어느 범위까지 알려지고 또 이용되도록 할 것인지를 그 정보주체가 스스로 결정할 수 있는 권리이다. 개인정보자기결정권의 보호대상이 되는 개인정보는 개인의 신체, 신념, 사회적 지위, 신분 등과 같이 개인의 인격주체성을 특징짓는 사항으로서 그 개인을 식별할 수 있게 하는 일체의 정보라고 할 수 있다(헌재 2015.12.23. 2013헌바68 등).

243
□□□

개인정보의 종류와 성격, 정보처리의 방식과 내용 등에 따라 수권법률의 명확성 요구의 정도는 달라지고, 일반적으로 볼 때 개인의 인격에 밀접히 연관된 민감한 정보일수록 규범명확성의 요청은 더 강해진다고 할 수 있다. O | X

정보화사회로의 이러한 급속한 진전에 직면하여 개인정보 보호의 필요성은 날로 증대하고 있다고 볼 때, 국가권력에 의하여 개인정보자기결정권을 제한함에 있어서는 개인정보의 수집·보관·이용 등의 주체, 목적, 대상 및 범위 등을 법률에 구체적으로 규정함으로써 그 법률적 근거를 보다 명확히 하는 것이 바람직하다. 그러나 개인정보의 종류와 성격, 정보처리의 방식과 내용 등에 따라 수권법률의 명확성 요구의 정도는 달라진다 할 것이고, 일반적으로 볼 때 개인의 인격에 밀접히 연관된 민감한 정보일수록 규범명확성의 요청은 더 강해진다고 할 수 있다(헌재 2005.7.21. 2003헌마282 등).

244
□□□

정보주체의 배우자나 직계혈족이 정보주체의 위임 없이도 정보주체의 가족관계 상세증명서의 교부 청구를 할 수 있도록 한 것은 현재의 혼인 외에서 얻은 자녀 등에 관한 내밀한 개인정보를 정보주체의 의사에 반하여 배우자나 직계혈족에게 공개 당하게 되므로 개인정보자기결정권을 침해한다. O | X

심판대상조항은 정보주체의 배우자나 직계혈족이 스스로의 정당한 법적 이익을 지키기 위하여 정보주체 본인의 위임 없이도 가족관계 상세증명서를 간편하게 발급받을 수 있게 해 주는 것이므로, 상세증명서 추가 기재 자녀의 입장에서 보아도 자신의 개인정보가 공개되는 것을 중대한 불이익이라고 평가하기는 어렵다. … 심판대상조항은 과잉금지원칙에 위배되어 청구인의 개인정보자기결정권을 침해하지 아니한다(헌재 2022.11.24. 2021헌마130).

정답 241 ○ 242 ○ 243 ○ 244 X

해커스공무원 신동욱 헌법 핵심 기출 OX

245
☐☐☐

인간의 존엄과 가치, 행복추구권, 인격권, 사생활의 비밀과 자유는 그 보호영역이 개인정보자기결정권의 보호영역과 중첩되는 범위에서 관련되어 있고 특별한 사정이 없는 이상 개인정보자기결정권에 대한 침해 여부를 판단함으로써 이에 대한 판단이 함께 이루어진다. O | X

청구인들은 심판대상인 이 사건 시행령 조항 및 경찰청장의 보관 등 행위에 의하여 침해되는 기본권으로서 인간의 존엄과 가치, 행복추구권, 인격권, 사생활의 비밀과 자유 등을 들고 있으나, 위 기본권들은 모두 개인정보자기결정권의 헌법적 근거로 거론되는 것들로서 청구인들의 개인정보에 대한 수집·보관·전산화·이용이 문제되는 이 사건에서 그 보호영역이 개인정보자기결정권의 보호영역과 중첩되는 범위에서만 관련되어 있다고 할 수 있으므로, 특별한 사정이 없는 이상 개인정보자기결정권에 대한 침해 여부를 판단함으로써 위 기본권들의 침해 여부에 대한 판단이 함께 이루어지는 것으로 볼 수 있어 그 침해 여부를 별도로 다룰 필요는 없다고 보인다(헌재 2005.5.26. 99헌마513).

246
☐☐☐

전기통신역무제공에 관한 계약을 체결하는 경우 전기통신사업자로 하여금 가입자에게 본인임을 확인할 수 있는 증서 등을 제시하도록 요구하고 부정가입방지시스템 등을 이용하여 본인인지 여부를 확인하도록 하였더라도 잠재적 범죄 피해 방지 및 통신망 질서 유지라는 더욱 중대한 공익의 달성 효과가 있으므로 개인정보자기결정권을 침해하지 않는다. O | X

심판대상조항이 이동통신서비스 가입 시 본인확인절차를 거치도록 함으로써 타인 또는 허무인의 이름을 사용한 휴대전화인 이른바 대포폰이 보이스피싱 등 범죄의 범행도구로 이용되는 것을 막고, 개인정보를 도용하여 타인의 명의로 가입한 다음 휴대전화 소액결제나 서비스요금을 그 명의인에게 전가하는 등 명의도용범죄의 피해를 막고자 하는 입법목적은 정당하고, 이를 위하여 본인확인절차를 거치게 한 것은 적합한 수단이다. … 따라서 심판대상조항은 청구인들의 개인정보자기결정권 및 통신의 자유를 침해하지 않는다(헌재 2019.9.26. 2017헌마1209).

247
☐☐☐

효율적인 수사의 필요성을 고려하여 사전에 정보주체인 이용자에게 그 내역을 통지하지 않았는데 수사기관 등이 통신자료를 취득한 이후에도 수사 등 정보수집의 목적에 방해가 되지 않는 범위 내에서 통신자료의 취득사실을 이용자에게 통지하지 않았다면 적법절차원칙에 위배되어 개인정보자기결정권을 침해한다. O | X

효율적인 수사와 정보수집의 신속성, 밀행성 등의 필요성을 고려하여 사전에 정보주체인 이용자에게 그 내역을 통지하도록 하는 것이 적절하지 않다면 수사기관 등이 통신자료를 취득한 이후에 수사 등 정보수집의 목적에 방해가 되지 않는 범위 내에서 통신자료의 취득사실을 이용자에게 통지하는 것이 얼마든지 가능하다. … 따라서 이 사건 법률조항이 통신자료 취득에 대한 사후통지절차를 규정하고 있지 않은 것은 적법절차원칙에 위배하여 청구인들의 개인정보자기결정권을 침해한다(헌재 2022.7.21. 2016헌마388 등).

248
□□□

거짓이나 그 밖의 부정한 방법으로 보조금을 교부받거나 보조금을 유용한 어린이집에 대하여 그 어린이집 대표자 또는 원장의 의사와 관계없이 어린이집의 명칭, 종류, 주소, 대표자 또는 어린이집 원장의 성명 등을 불특정 다수인이 알 수 있도록 공표하는 것은 공표대상자의 개인정보자기결정권을 제한한다.

O | X

어린이집의 투명한 운영을 담보하고 영유아 보호자의 보육기관 선택권을 실질적으로 보장하기 위해서는 보조금을 부정수급하거나 유용한 어린이집의 명단 등을 공표하여야 할 필요성이 있으며, 심판대상조항은 공표대상이나 공표정보, 공표기간 등을 제한적으로 규정하고 공표 전에 의견진술의 기회를 부여하여 공표대상자의 절차적 권리도 보장하고 있다. 나아가 심판대상조항을 통하여 추구하는 영유아의 건강한 성장 도모 및 영유아 보호자들의 보육기관 선택권 보장이라는 공익이 공표대상자의 법 위반사실이 일정기간 외부에 공표되는 불이익보다 크다. 따라서 심판대상조항은 과잉금지원칙을 위반하여 인격권 및 개인정보자기결정권을 침해하지 아니한다(헌재 2022.3.31. 2019헌바520).

249
□□□

통신매체이용음란죄로 유죄판결이 확정된 자를 신상정보 등록대상자로 규정한 조항은 청구인의 개인정보자기결정권을 침해하지 않는다.

O | X

통신매체이용음란죄의 구성요건에 해당하는 행위 태양은 행위자의 범의·범행 동기·행위 상대방·행위 횟수 및 방법 등에 따라 매우 다양한 유형이 존재하고, 개별 행위유형에 따라 재범의 위험성 및 신상징보 등록 필요성은 현저히 다르다. 그런데 심판대상조항은 통신매체이용음란죄로 유죄판결이 확정된 사람은 누구나 법관의 판단 등 별도의 절차 없이 필요적으로 신상정보 등록대상자가 되도록 하고 있고, 등록된 이후에는 그 결과를 다툴 방법도 없다. 그렇다면 심판대상조항은 통신매체이용음란죄의 죄질 및 재범의 위험성에 따라 등록대상을 축소하거나, 유죄판결 확정과 별도로 신상정보 등록 여부에 관하여 법관의 판단을 받도록 하는 절차를 두는 등 기본권 침해를 줄일 수 있는 다른 수단을 채택하지 않았다는 점에서 침해의 최소성 원칙에 위배된다(헌재 2016.3.31. 2015헌마688).

250
□□□

공중밀집장소추행죄로 유죄판결이 확정된 자를 신상정보 등록대상자로 규정한 조항은 청구인의 개인정보자기결정권을 침해한다.

O | X

공중밀집장소추행죄로 유죄판결이 확정된 자를 신상정보 등록대상자로 규정한 조항은 청구인의 개인정보자기결정권을 침해하지 않는다(헌재 2020.6.25. 2019헌마699).

251

□□□

카메라등이용촬영죄로 유죄판결이 확정된 자의 신상등록정보를 최초 등록일부터 20년간 법무부장관이 보존·관리하여야 한다고 규정한 조항은 청구인들의 개인정보자기결정권을 침해한다. O | X

성범죄의 재범을 억제하고 수사의 효율성을 제고하기 위하여, 법무부장관이 등록대상자의 재범 위험성이 상존하는 20년 동안 그의 신상정보를 보존·관리하는 것은 정당한 목적을 위한 적합한 수단이다. 그런데 재범의 위험성은 등록대상 성범죄의 종류, 등록대상자의 특성에 따라 다르게 나타날 수 있고, 입법자는 이에 따라 등록기간을 차등화함으로써 등록대상자의 개인정보자기결정권에 대한 제한을 최소화하는 것이 바람직함에도, 이 사건 관리조항은 모든 등록대상 성범죄자에 대하여 일률적으로 20년의 등록기간을 적용하고 있으며, 이 사건 관리조항에 따라 등록기간이 정해지고 나면, 등록의무를 면하거나 등록기간을 단축하기 위해 심사를 받을 수 있는 여지도 없으므로 지나치게 가혹하다. 그리고 이 사건 관리조항이 추구하는 공익이 중요하더라도, 모든 등록대상자에게 20년 동안 신상정보를 등록하게 하고 위 기간 동안 각종 의무를 부과하는 것은 비교적 경미한 등록대상 성범죄를 저지르고 재범의 위험성도 많지 않은 자들에 대해서는 달성되는 공익과 침해되는 사익 사이의 불균형이 발생할 수 있으므로 이 사건 관리조항은 개인정보자기결정권을 침해한다(헌재 2015.7.30. 2014헌마340).

252

□□□

강제추행죄로 유죄판결이 확정된 자는 신상정보 등록대상자로서 성명, 주민등록번호 등을 제출하여야 하고, 이 정보가 변경된 경우 그 사유와 변경내용을 제출하여야 한다고 규정한 조항은 청구인의 개인정보자기결정권을 침해한다. O | X

제출조항은 등록대상자의 동일성 식별 및 동선 파악을 위하여 필요한 범위 내에서 정보 제출을 요청할 뿐이고, 성범죄 억제 및 수사 효율이라는 중대한 공익을 위하여 필요하다. 제출조항은 과잉금지원칙을 위반하여 청구인의 개인정보자기결정권을 침해하지 아니한다(헌재 2019.11.28. 2017헌마399).

253

□□□

인체면역결핍 바이러스에 감염된 사람이 혈액 또는 체액을 통하여 다른 사람에게 전파매개행위를 하는 것을 처벌하는 후천성면역결핍증예방법 조항은, 감염인 중에서도 의료인의 처방에 따른 치료법을 성실히 이행하는 감염인의 전파매개행위까지도 예외 없이 처벌함으로써 이들의 사생활의 자유를 침해한다. O | X

심판대상조항으로 인하여 감염인에게는 상대방에게 감염사실을 고지하거나 예방조치를 사용해야 하므로 자유로운 방식의 성행위가 제한되나, 그렇지 않으면 상대방은 감염인과의 성행위로 인하여 완치가 불가능한 바이러스에 감염되어 평생 매일 약을 복용하여야 하는 등 심각한 위험에 처하게 될 수 있다. 이러한 점을 감안하면, 감염인의 사생활의 자유 및 일반적 행동자유권이 제약되는 것에 비하여 국민의 건강 보호라는 공익을 달성하는 것은 더욱 중대하다. 따라서 심판대상조항은 과잉금지원칙을 위반하여 감염인의 사생활의 자유 및 일반적 행동자유권을 침해하지 아니한다(헌재 2023.10.26. 2019헌가30).

정답 251 ○ 252 X 253 X

254
□□□

13세 이상 16세 미만의 사람에 대하여 간음 또는 추행을 한 19세 이상의 자를 강간죄, 유사강간죄, 강제추행죄의 예에 따라 처벌하도록 한 형법 조항은 개인의 성생활이라는 내밀한 사적 생활영역에서의 행위를 제한하므로 사생활의 비밀과 자유를 제한한다. O | X

19세 이상인 자는 심판대상조항으로 인하여 13세 이상 16세 미만인 사람을 성행위의 상대방으로 선택할 수 없으므로, 심판대상조항은 19세 이상인 자의 성적 자기결정권을 제한한다. 또한 심판대상조항은 개인의 성생활이라는 내밀한 사적 생활영역에서의 행위를 제한하므로 헌법 제17조가 보장하는 사생활의 비밀과 자유 역시 제한한다. … 따라서 심판대상조항은 과잉금지원칙에 위반하여 성적 자기결정권 및 사생활의 비밀과 자유를 침해하지 아니한다(헌재 2024.6.27. 2022헌바106 등).

255
□□□

국가가 경찰공무원에 대해 사유재산에 관한 정보를 등록하게 하는 것은 사유재산에 관한 사적 영역의 자유로운 형성과 설계를 제한하는 것이므로, 사생활의 비밀과 자유를 제한한다. O | X

본인이나 배우자 등이 소유하고 있는 부동산이나 동산, 유가증권 등 재산의 종류와 그 가액 또는 그 재산의 변동사항 등에 관한 정보는 스스로의 뜻에 따라 삶을 영위해 나가면서 개성을 신장시키기 위한 전제가 되는 사유재산에 관한 정보로서 사적 영역에 관한 것이다. 따라서 국가가 사유재산에 관한 정보를 등록하게 하는 것은 사유재산에 관한 사적 영역의 자유로운 형성과 설계를 제한하는 것이므로, 헌법 제17조가 보장하는 사생활의 비밀과 자유를 제한하는 것이라고 할 것이다. … 이 사건 시행령 조항이 청구인의 사생활의 비밀과 자유를 침해한다고 할 수 없다(헌재 2010.10.28. 2009헌마544).

256
□□□

변호사의 업무는 다른 어느 직업적 활동보다도 강한 공공성을 내포한다는 점을 감안할 때, 변호사의 업무와 관련된 수임사건의 건수 및 수임액은 변호사의 내밀한 개인적 영역에 속하는 것이라고 보기 어렵다. O | X

일반적으로 경제적 내지 직업적 활동은 복합적인 사회적 관계를 전제로 하여 다수 주체 간의 상호작용을 통하여 이루어지는 것이고, 특히 변호사의 업무는 다른 어느 직업적 활동보다도 강한 공공성을 내포한다는 점 등을 감안하여 볼 때, 변호사의 업무와 관련된 수임사건의 건수 및 수임액이 변호사의 내밀한 개인적 영역에 속하는 것이라고 보기 어렵고, 따라서 이 사건 법률조항이 청구인들의 사생활의 비밀과 자유를 침해하는 것이라 할 수 없다(헌재 2009.10.29. 2007헌마667).

257
□□□

금융감독원의 4급 이상 직원에 대하여 사유재산에 관한 정보인 재산사항을 등록하도록 한 공직자윤리법의 재산등록 조항은, 그들의 비리유혹을 억제하고 업무집행의 투명성을 확보하여 국민의 신뢰를 제고하며 궁극적으로 금융기관의 검사 및 감독이라는 공적 업무에 종사하는 금융감독원 직원의 책임성을 확보하려는 것으로 그 공익이 중대하므로, 사생활의 비밀과 자유를 침해하지 않는다. O | X

이 사건 재산등록 조항에 의하여 제한되는 사생활 영역은 재산관계에 한정되고, 그 사항을 알게 되는 자도 등록사항을 심사하는 일부 관계자로 극히 일부이므로 청구인들의 재산사항에 관한 사생활 공개라는 불이익은 그리 크지 않은 반면, 이 사건 재산등록 조항이 달성하려는 공익은 금융감독원의 4급 이상 직원의 비리유혹을 억제하고 업무집행의 투명성을 확보하여 국민의 신뢰를 제고하며 궁극적으로 금융기관의 검사 및 감독이라는 공적 업무에 종사하는 금융감독원 직원의 책임성을 확보하려는 것으로 중대하므로, 이 사건 재산등록 조항으로 인하여 달성하려는 공익과 제한되는 사익 간에 법익균형성도 충족된다. … 따라서 이 사건 재산등록 조항은 청구인들의 사생활의 비밀과 자유를 침해하지 아니한다(헌재 2014.6.26. 2012헌마331).

정답 254 ○ 255 ○ 256 ○ 257 ○

258
☐☐☐

특정인의 사생활 등을 조사하는 일을 업으로 하는 행위를 금지한 것은 이를 업으로 하려는 자의 사생활의 자유를 제한하는 것이다. O | X

사생활 등 조사업 금지조항은 특정인의 소재·연락처 및 사생활 등 조사의 과정에서 자행되는 불법행위를 막고 개인정보 등의 오용·남용으로부터 개인의 사생활의 비밀과 평온을 보호하기 위하여 마련되었다. … 청구인은 '사생활 등 조사업 금지조항'에 의하여 특정인의 소재 및 연락처를 알아내거나 사생활 등을 조사하는 일을 업으로 할 수 없게 됨으로써 직업선택의 자유가 제한되고, '탐정 등 명칭사용 금지조항'에 의하여 탐정명칭을 사용할 수 없게 됨으로써 직업수행의 자유가 제한되므로, 이 사건 금지조항이 청구인의 직업의 자유를 침해하는지 여부가 문제된다(헌재 2018.6.28. 2016헌마473). 사생활의 자유 제한은 쟁점이 아니었다.

259
☐☐☐

성기구의 판매 행위를 제한할 경우 성기구를 사용하려는 소비자는 성기구를 구하는 것이 불가능하거나 매우 어려워 결국 성기구를 이용하여 성적 만족을 얻으려는 사람의 은밀한 내적 영역에 대한 기본권인 사생활의 비밀과 자유가 제한된다고 볼 수 있다. O | X

이 사건 법률조항으로 인하여 청구인과 같은 성기구 판매자의 직업수행의 자유가 제한받게 된다. 또한, 위헌소원 심판청구에 의하여 확정되는 것은 심판의 대상일 뿐 해당 법률조항이 가지는 규범의 위헌성은 심판대상규범의 법적 효과를 고려하여 모든 헌법적인 관점에서 심사할 수 있고, 성기구의 판매 행위를 제한할 경우 성기구를 사용하려는 소비자는 성기구를 구하는 것이 불가능하거나 매우 어려워 결국 성기구를 이용하여 성적 만족을 얻으려는 사람의 은밀한 내적 영역에 대한 기본권인 사생활의 비밀과 자유가 제한된다고 볼 수 있다. … 따라서 이 사건 법률조항은 과잉금지원칙에 위반하여 청구인의 직업수행의 자유 및 소비자들의 사생활의 비밀과 자유를 침해한다고 할 수 없다(헌재 2013.8.29. 2011헌바176).

260
☐☐☐

공판정에서 진술을 하는 피고인·증인 등도 인간으로서의 존엄과 가치를 가지며, 사생활의 비밀과 자유를 침해받지 아니할 권리를 가지고 있으므로, 본인이 비밀로 하고자 하는 사적인 사항이 일반에 공개되지 아니하고 자신의 인격적 징표가 타인에 의하여 일방적으로 이용당하지 아니할 권리가 있다. O | X

공판정에서 진술을 하는 피고인·증인 등도 인간으로서의 존엄과 가치를 가지며(헌법 제10조), 사생활의 비밀과 자유를 침해받지 아니할 권리를 가지고 있으므로(헌법 제17조), 본인이 비밀로 하고자 하는 사적인 사항이 일반에 공개되지 아니하고 자신의 인격적 징표가 타인에 의하여 일방적으로 이용당하지 아니할 권리가 있다(헌재 1995.12.28. 91헌마114).

261
☐☐☐

어린이집에 폐쇄회로 텔레비전(CCTV: Closed Circuit Television)을 원칙적으로 설치하도록 정한 영유아보육법 조항은 CCTV 설치로 보육교사 및 영유아의 신체나 행동이 그대로 CCTV에 촬영·녹화된다는 점에서 보육교사 및 영유아의 사생활의 비밀과 자유를 제한한다. O | X

CCTV 설치 조항으로 인해 보호자 전원이 반대하지 않는 한 어린이집 설치·운영자는 어린이집에 CCTV를 설치할 의무를 지게 되고 CCTV 설치 시 녹음기능 사용을 할 수 없으므로, 위 조항은 어린이집 설치·운영자인 청구인들의 직업수행의 자유를 제한한다. 그리고 어린이집에 CCTV 설치로 어린이집 원장을 포함하여 보육교사 및 영유아의 신체나 행동이 그대로 CCTV에 촬영·녹화되므로 CCTV 설치 조항은 이들의 사생활의 비밀과 자유를 제한하며, 어린이집에 CCTV 설치를 원하지 않는 부모의 자녀교육권도 제한한다. … 그러므로 CCTV 설치 조항은 과잉금지원칙을 위반하여 청구인들의 기본권을 침해하지 않는다(헌재 2017.12.28. 2015헌마994).

정답 258 X 259 ○ 260 ○ 261 ○

262
□□□

헌법 제17조가 보호하고자 하는 기본권은 '사생활영역'의 자유로운 형성과 비밀유지라고 할 것이며, 공적인 영역의 활동이라 하더라도 사생활의 비밀과 자유의 보호대상에 포함된다. ○ | X

헌법 제17조가 보호하고자 하는 기본권은 '사생활영역'의 자유로운 형성과 비밀유지라고 할 것이며, 공적인 영역의 활동은 다른 기본권에 의한 보호는 별론으로 하고 사생활의 비밀과 자유가 보호하는 것은 아니라고 할 것이다(헌재 2003.10.30. 2002헌마518).

263
□□□

공직자의 공무집행과 직접적인 관련이 없는 개인적인 사생활에 관한 사실이라면 공적인 관심 사안에 해당할 수 없고, 비록 공직자의 자질·도덕성·청렴성에 관한 사실이라도 그 내용이 개인적인 사생활에 관한 것이라면 사생활의 영역에 있는 것이므로, 이러한 사실은 공직자 등의 사회적 활동에 대한 비판 내지 평가의 한 자료가 될 수 없다. ○ | X

공직자의 공무집행과 직접적인 관련이 없는 개인적인 사생활에 관한 사실이라도 일정한 경우 공적인 관심 사안에 해당할 수 있다. 공직자의 자질·도덕성·청렴성에 관한 사실은 그 내용이 개인적인 사생활에 관한 것이라 할지라도 순수한 사생활의 영역에 있다고 보기 어렵다. 이러한 사실은 공직자 등의 사회적 활동에 대한 비판 내지 평가의 한 자료가 될 수 있고, 업무집행의 내용에 따라서는 업무와 관련이 있을 수도 있으므로, 이에 대한 문제제기 내지 비판은 허용되어야 한다(헌재 2013.12.26. 2009헌마747).

264
□□□

공직자의 자질·도덕성·청렴성에 관한 사실은 그 내용이 개인적인 사생활에 관한 것이라 할지라도 순수한 사생활의 영역에 있다고 보기 어려워, 이에 대한 문제 제기 내지 비판은 허용되어야 한다. ○ | X

공직자의 공무집행과 직접적인 관련이 없는 개인적인 사생활에 관한 사실이라도 일정한 경우 공적인 관심 사안에 해당할 수 있다. 공직자의 자질·도덕성·청렴성에 관한 사실은 그 내용이 개인적인 사생활에 관한 것이라 할지라도 순수한 사생활의 영역에 있다고 보기 어렵다. 이러한 사실은 공직자 등의 사회적 활동에 대한 비판 내지 평가의 한 자료가 될 수 있고, 업무집행의 내용에 따라서는 업무와 관련이 있을 수도 있으므로, 이에 대한 문제제기 내지 비판은 허용되어야 한다(헌재 2013.12.26. 2009헌마747).

265
□□□

변호사에게 전년도에 처리한 수임사건의 건수 및 수임액은 변호사의 영업에 있어서 매우 중요하고 은밀한 것으로 내밀한 개인적 영역에 속하는 것이므로 이를 소속 지방변호사회에 보고하도록 한 것은 변호사의 사생활의 비밀과 자유를 침해한다. ○ | X

일반적으로 경제적 내지 직업적 활동은 복합적인 사회적 관계를 전제로 하여 다수 주체 간의 상호작용을 통하여 이루어지는 것이고, 특히 변호사의 업무는 다른 어느 직업적 활동보다도 강한 공공성을 내포한다는 점 등을 감안하여 볼 때, 변호사의 업무와 관련된 수임사건의 건수 및 수임액이 변호사의 내밀한 개인적 영역에 속하는 것이라고 보기 어렵고, 따라서 이 사건 법률조항이 청구인들의 사생활의 비밀과 자유를 침해하는 것이라 할 수 없다(헌재 2009.10.29. 2007헌마667).

정답 262 X 263 X 264 ○ 265 X

266
☐☐☐

성폭력범죄를 2회 이상 범하여 그 습벽이 인정된 때에 해당하고 성폭력범죄를 다시 범할 위험성이 인정되는 자에 대해 검사의 청구와 법원의 판결로 3년 이상 20년 이하의 기간 동안 전자장치 부착을 명할 수 있도록 한 것은 사생활의 비밀과 자유를 침해하지 않는다. O | X

이 사건 전자장치부착조항은 성폭력범죄로부터 국민을 보호하고 성폭력범죄자의 재범을 방지하고자 하는 입법목적의 정당성 및 수단의 적절성이 인정되며, … 이 사건 전자장치부착조항이 보호하고자 하는 이익에 비해 재범의 위험성이 있는 성폭력범죄자가 입는 불이익이 결코 크다고 할 수 없어 법익의 균형성원칙에 반하지 아니하므로, 이 사건 전자장치부착조항이 과잉금지원칙에 위배하여 피부착자의 사생활의 비밀과 자유, 개인정보자기결정권, 인격권을 침해한다고 볼 수 없다(헌재 2012.12.27. 2011헌바89).

267
☐☐☐

자동차를 도로에서 운전하는 중에 좌석안전띠를 착용할 것인가 여부의 생활관계는 개인의 전체적 인격과 생존에 관계되는 '사생활의 기본조건'이라거나 자기결정의 핵심적 영역 또는 인격적 핵심과 관련된다고 보기 어려워 더 이상 사생활영역의 문제가 아니다. O | X

자동차를 도로에서 운전하는 중에 좌석안전띠를 착용할 것인가 여부의 생활관계가 개인의 전체적 인격과 생존에 관계되는 '사생활의 기본조건'이라거나 자기결정의 핵심적 영역 또는 인격적 핵심과 관련된다고 보기 어려워 더 이상 사생활영역의 문제가 아니므로, 운전할 때 운전자가 좌석안전띠를 착용할 의무는 청구인의 사생활의 비밀과 자유를 침해하는 것이라 할 수 없다(헌재 2003.10.30. 2002헌마518).

268
☐☐☐

전기통신사업자가 수사기관 등의 통신자료 제공요청에 따라 수사기관 등에 제공하는 이용자의 성명, 주민등록번호, 주소, 전화번호, 아이디, 가입일 또는 해지일은 청구인들의 동일성을 식별할 수 있게 해주는 개인정보에 해당한다. O | X

개인정보를 대상으로 한 조사·수집·보관·처리·이용 등의 행위는 모두 원칙적으로 개인정보자기결정권에 대한 제한에 해당한다. 전기통신사업자가 수사기관 등의 통신자료 제공요청에 따라 수사기관 등에 제공하는 이용자의 성명, 주민등록번호, 주소, 전화번호, 아이디, 가입일 또는 해지일은 청구인들의 동일성을 식별할 수 있게 해주는 개인정보에 해당하므로, 이 사건 법률조항은 개인정보자기결정권을 제한한다(헌재 2022.7.21. 2016헌마388 등).

269
☐☐☐

수사기관 등이 전기통신사업자에게 이용자의 성명 등 통신자료의 열람이나 제출을 요청할 수 있도록 한 전기통신사업법 조항은 통신자료를 요청할 수 있는 사유를 지나치게 광범위하고 포괄적으로 규정하고 있으므로 과잉금지원칙을 위반하여 개인정보자기결정권을 침해한다. O | X

이 사건 법률조항은 범죄수사나 정보수집의 초기단계에서 수사기관 등이 통신자료를 취득할 수 있도록 함으로써 수사나 형의 집행, 국가안전보장 활동의 신속성과 효율성을 도모하고, 이를 통하여 실체적 진실발견, 국가형벌권의 적정한 행사 및 국가안전보장에 기여한다. 이 사건 법률조항은 수사기관 등이 통신자료 제공요청을 할 수 있는 정보의 범위를 성명, 주민등록번호, 주소 등 피의자나 피해자를 특정하기 위한 불가피한 최소한의 기초정보로 한정하고, 민감정보를 포함하고 있지 않으며, 그 사유 또한 '수사, 형의 집행 또는 국가안전보장에 대한 위해를 방지하기 위한 정보수집'으로 한정하고 있다. 또한, 전기통신사업법은 통신자료 제공요청 방법이나 통신자료 제공현황 보고에 관한 규정 등을 두어 통신자료가 수사 등 정보수집의 목적달성에 필요한 최소한의 범위 내에서 이루어지도록 하고 있다. … 따라서 이 사건 법률조항은 과잉금지원칙을 위반하여 청구인들의 개인정보자기결정권을 침해한다고 볼 수 없다(헌재 2022.7.21. 2016헌마388 등).

정답 266 ○   267 ○   268 ○   269 X

270
□□□

수사기관 등이 전기통신사업자에게 이용자의 성명 등 통신자료의 열람이나 제출을 요청할 수 있도록 한 전기통신사업법조항은 통신자료 취득에 대한 사후통지 절차를 두지 않아 적법절차원칙에 위배하여 개인 정보자기결정권을 침해한다. O | X

이 사건 법률조항에 의한 통신자료 제공요청이 있는 경우 통신자료의 정보주체인 이용자에게는 통신자료 제공 요청이 있었다는 점이 사전에 고지되지 아니하며, 전기통신사업자가 수사기관 등에게 통신자료를 제공한 경우 에도 이러한 사실이 이용자에게 별도로 통지되지 않는다. 그런데 당사자에 대한 통지는 당사자가 기본권 제한 사실을 확인하고 그 정당성 여부를 다툴 수 있는 전제조건이 된다는 점에서 매우 중요하다. 효율적인 수사와 정보수집의 신속성, 밀행성 등의 필요성을 고려하여 사전에 정보주체인 이용자에게 그 내역을 통지하도록 하 는 것이 적절하지 않다면 수사기관 등이 통신자료를 취득한 이후에 수사 등 정보수집의 목적에 방해가 되지 않는 범위 내에서 통신자료의 취득사실을 이용자에게 통지하는 것이 얼마든지 가능하다. … 따라서 이 사건 법률조항이 통신자료 취득에 대한 사후통지절차를 규정하고 있지 않은 것은 적법절차원칙에 위배하여 청구인 들의 개인정보자기결정권을 침해한다(헌재 2022.7.21. 2016헌마388 등).

271
□□□

가명정보는 원래의 상태로 복원하기 위한 추가 정보의 사용·결합 없이 그 자체만으로는 특정 개인을 알 아볼 수 없고 극히 예외적인 경우에만 정보주체의 식별이 이루어지므로 개인정보자기결정권의 보호대상 이 되는 개인정보에 해당하지 아니한다. O | X

> **개인정보 보호법 제2조【정의】** 이 법에서 사용하는 용어의 뜻은 다음과 같다.
>   1. "개인정보"란 살아 있는 개인에 관한 정보로서 다음 각 목의 어느 하나에 해당하는 정보를 말한다.
>   다. 가목 또는 나목을 제1호의2에 따라 가명처리함으로써 원래의 상태로 복원하기 위한 추가 정보의 사용·결합 없이는 특정 개인을 알아볼 수 없는 정보(이하 "가명정보"라 한다)
>   1의2. "가명처리"란 개인정보의 일부를 삭제하거나 일부 또는 전부를 대체하는 등의 방법으로 추가 정보가 없이는 특정 개인을 알아볼 수 없도록 처리하는 것을 말한다.

272
□□□

법무부장관은 변호사시험 합격자가 결정되면 즉시 명단을 공고하여야 한다고 규정한 변호사시험법 제11조 중 '명단공고' 부분은 합격자 공고 후에 누구나 언제든지 이를 검색, 확인할 수 있고, 합격자 명단이 언론 기사나 인터넷 게시물 등에 인용되어 널리 전파될 수도 있어서 이러한 사익침해 상황은 시간이 흘러도 해 소되지 않으므로 과잉금지 원칙에 위배되어 청구인들의 개인정보자기결정권을 침해한다. O | X

심판대상조항의 입법목적은 공공성을 지닌 전문직인 변호사에 관한 정보를 널리 공개하여 법률서비스 수요자 가 필요한 정보를 얻는 데 도움을 주고, 변호사시험 관리 업무의 공정성과 투명성을 간접적으로 담보하는 데 있다. … 따라서 심판대상조항이 과잉금지원칙에 위배되어 청구인들의 개인정보자기결정권을 침해한다고 볼 수 없다(헌재 2020.3.26. 2018헌마77 등).

정답 270 ○ 271 X 272 X

273
☐☐☐

감염병 전파 차단을 위한 개인정보 수집의 수권조항인 구 감염병의 예방 및 관리에 관한 법률 해당 조항은 정보수집의 목적 및 대상이 제한되어 있으나, 관련 규정에서 절차적 통제장치를 마련하지 못하여 정보의 남용 가능성이 있어 정보주체의 개인정보자기결정권을 침해한다. O | X

심판대상조항은 보건당국이 전문성을 가지고 감염병의 성질과 전파정도, 유행상황이나 위험정도, 예방 백신이나 치료제의 개발 여부 등에 따라 정보 수집이 필요한 범위를 판단하여 정보를 요청할 수 있도록 하여 효과적인 방역을 달성할 수 있도록 한다. 또한 정보수집의 목적 및 대상이 제한되어 있고, 관련 규정에서 절차적 통제장치를 마련하여 정보의 남용 가능성을 통제하고 있다. 심판대상조항은 감염병이 유행하고 신속한 방역조치가 필요한 예외적인 상황에서 일시적이고 한시적으로 적용되는 반면, 인적사항에 관한 정보를 이용한 적시적이고 효과적인 방역대책은 국민의 생명과 건강을 보호하고 사회적·경제적인 손실 방지를 위하여 필요한 것인 점에서 그 공익의 혜택 범위와 효과가 광범위하고 중대하다. 따라서 심판대상조항은 과잉금지원칙에 반하여 청구인의 개인정보자기결정권을 침해하지 않는다(헌재 2024.4.25. 2020헌마1028).

274
☐☐☐

무효인 혼인의 기록사항 전체에 하나의 선을 긋고, 말소 내용과 사유를 각 해당 사항란에 기재하는 방식의 정정 표시는 청구인의 인격주체성을 식별할 수 있게 하는 개인정보에 해당하고, 이와 같은 정보를 보존하는 가족관계등록부의 재작성에 관한 사무처리지침 조항 중 해당 부분은 청구인의 개인정보자기결정권을 제한한다. O | X

심판대상조항에 따라 청구인과 같이 혼인의사의 합의가 없음을 원인으로 혼인무효판결을 받았으나 혼인무효사유가 한쪽 당사자나 제3자의 범죄행위로 인한 경우에 해당하지 않는 사람에 대해서는 등록부 재작성 신청권이 인정되지 않고, 정정된 등록부가 보존된다. 무효인 혼인의 기록사항 전체에 하나의 선을 긋고, 말소 내용과 사유를 각 해당 사항란에 기재하는 방식의 정정 표시는 청구인의 인격주체성을 식별할 수 있게 하는 개인정보에 해당하고, 이와 같은 정보를 보존하는 심판대상조항은 청구인의 개인정보자기결정권을 제한한다. … 심판대상조항은 과잉금지원칙을 위반하여 청구인의 개인정보자기결정권을 침해하지 않는다(헌재 2024.1.25. 2020헌마65).

275
☐☐☐

주민등록증에 지문을 수록하도록 한 구 주민등록법 제24조 제2항 본문 중 '지문(指紋)'에 관한 부분은, 주민등록증의 수록사항의 하나로 지문을 규정하고 있을 뿐 '오른손 엄지손가락 지문'이라고 특정한 바가 없으므로, 과잉금지원칙을 위반하여 개인정보자기결정권을 침해한다. O | X

주민등록법상 지문날인제도는 신원확인기능의 효율적인 수행을 도모하고, 신원확인의 정확성 내지 완벽성을 제고하기 위하여 17세 이상 모든 국민의 열 손가락 지문정보를 수집하고 이를 보관·전산화하여 이용하는 것이다. 경찰이 범죄수사나 사고피해자의 신원확인 등을 위하여 지문정보를 효율적으로 이용하기 위해서는 사전에 광범위한 지문정보를 보관하여야 할 필요가 있는 점, 한 손가락 지문정보로는 신원확인이 불가능하게 되는 경우가 흔히 발생할 수 있는 점, 다른 여러 신원확인수단 중에서 정확성·간편성·효율성 등의 종합적인 측면에서 지문정보와 비견할 만한 것은 현재에도 찾아보기 어려운 점을 종합하면, 이 사건 법률조항, 이 사건 시행령 조항 및 이 사건 보관 등 행위는 과잉금지원칙에 위반되지 않는다(헌재 2024.4.25. 2020헌마542).

276
□□□

시장·군수·구청장으로 하여금 주민등록증 발급신청서를 관할 경찰서 지구대장 등에게 보내도록 한 주민
등록법 시행규칙 조항은 주민등록법 및 같은 법 시행령 등에 아무런 근거가 없이 제정된 것이라고 볼 수
밖에 없으므로, 법률유보원칙에 위배되어 개인정보자기결정권을 침해한다.   O | X

주민등록법상 지문날인제도는 주민등록제도 일반에 관한 입법목적 외에도 치안유지나 국가안보가 보다 적극
적으로 고려된 것이고, 이러한 입법목적에는 날인된 지문의 범죄수사목적상 이용도 포함된다. '개인정보 보호
법' 제15조 제1항 제3호, 제18조 제2항 제7호의 규정내용과 '국가경찰과 자치경찰의 조직 및 운영에 관한 법
률' 및 '경찰관 직무집행법'이 국민의 생명·신체 및 재산의 보호, 범죄의 예방·진압 및 수사 등을 경찰의 임무
로 규정하고 있는 점 등을 고려하면, 시장·군수·구청장이 주민등록증 발급신청서를 관할 경찰서의 지구대장
또는 파출소장에게 보내도록 한 이 사건 규칙조항이 법률유보원칙에 위반된다고 볼 수 없다(헌재 2024.4.25.
2020헌마542).

277
□□□

연말정산 간소화를 위하여 의료기관에게 환자들의 의료비 내역에 관한 정보를 국세청에 제출하도록 한
소득세법 조항은 환자들의 개인정보자기결정권을 침해한다.   O | X

근로소득자인 청구인들의 진료정보가 본인들의 동의 없이 국세청 등으로 제출·전송·보관되는 것은 위 청구
인들의 개인정보자기결정권을 제한하는 것이지만, 이 사건 법령 조항은 의료비 특별공제를 받고자 하는 근로
소득자의 연말정산을 위한 소득공제증빙자료 제출의 불편을 해소하는 동시에 이에 따른 근로자와 사업자의 시
간석·경제석 비봉을 설감하고 무낭한 소득공세를 망시하려는데 그 목적이 있고, 위 목적을 닐성하기 위아어,
연말정산에 필요한 항목 등을 제출대상으로 삼고 있으므로, 그 방법의 적절성 또한 인정된다. … 이 사건 법령
조항이 헌법상 과잉금지 원칙에 위배하여 청구인들의 개인정보자기결정권을 침해하였다고 볼 수 없다(헌재
2008.10.30. 2006헌마1401 등).

278
□□□

가명정보의 재식별을 예외 없이 금지하는 개인정보 보호법의 재식별금지조항은 개인정보자기결정권을 침
해하지 않는다.   O | X

재식별금지조항은 가명정보를 통해서는 특정 개인을 알아볼 수 없도록 함으로써 정보주체의 개인정보자기결
정권을 충분히 보호하고자 하는 것으로서 그 입법목적이 정당하고, 재식별을 금지하여 특정 개인을 알아볼 가
능성을 최소화하는 것은 그와 같은 입법목적을 달성하기에 적합한 수단이다. … 따라서 재식별금지조항은 청
구인들의 개인정보자기결정권을 침해하지 않는다(헌재 2023.10.26. 2020헌마1477 등).

279
□□□

미결수용자인 청구인에게 징벌을 부과한 뒤 그 규율위반 내용 및 징벌처분 결과 등을 법원에 양형 참고자
료로 통보한 행위는 개인정보자기결정권을 침해한다.   O | X

이 사건 통보행위는 해당 미결수용자에 대한 적정한 양형을 실현하고 형사재판절차를 원활하게 진행하기 위한
것이다. 이로 인하여 제공되는 개인정보의 내용은 정보주체와 관련한 객관적이고 외형적인 사항들로서 엄격한
보호의 대상이 되지 아니하고, 개인정보가 제공되는 상대방이 체포·구속의 주체인 법원으로 한정되며, 양형
참고자료를 통보 받은 법원으로서는 관련 법령에 따라 이를 목적 외의 용도로 이용하거나 제3자에게 제공할
수 없다. 이 사건 통보행위로 인해 제공되는 정보의 성격이나 제공 상대방의 한정된 범위를 고려할 때 그로
인한 기본권 제한의 정도가 크지 않은 데 비해, 이로 인하여 달성하고자 하는 적정한 양형의 실현 및 형사재
판절차의 원활한 진행과 같은 공익은 훨씬 중대하다. 이 사건 통보행위는 과잉금지원칙에 위배되어 청구인의
개인정보자기결정권을 침해하였다고 볼 수 없다(헌재 2023.9.26. 2022헌마926).

정답 276 X 277 X 278 ○ 279 X

280
☐☐☐

개인정보자기결정권의 보호대상이 되는 개인정보는 개인의 내밀한 영역이나 사사(私事)의 영역에 속하는 정보에 국한되고 공적 생활에서 형성되었거나 이미 공개된 개인정보는 포함되지 않는다.　O | X

개인정보자기결정권은 자신에 관한 정보가 언제 누구에게 어느 범위까지 알려지고 또 이용되도록 할 것인지를 그 정보주체가 스스로 결정할 수 있는 권리이다. 즉 정보주체가 개인정보의 공개와 이용에 관하여 스스로 결정할 권리를 말한다. 개인정보자기결정권의 보호대상이 되는 개인정보는 개인의 신체, 신념, 사회적 지위, 신분 등과 같이 개인의 인격주체성을 특징짓는 사항으로서 그 개인의 동일성을 식별할 수 있게 하는 일체의 정보라고 할 수 있고, 반드시 개인의 내밀한 영역이나 사사(私事)의 영역에 속하는 정보에 국한되지 않고 공적 생활에서 형성되었거나 이미 공개된 개인정보까지 포함한다(헌재 2005.5.26. 99헌마513 등).

281
☐☐☐

개인별로 주민등록번호를 부여하면서 주민등록번호 변경에 관한 규정을 두고 있지 않은 주민등록법 조항은 주민등록번호 불법유출 등을 원인으로 자신의 주민등록번호를 변경하고자 하는 사람들의 개인정보자기결정권을 침해하는 것은 아니다.　O | X

주민등록번호는 모든 국민에게 일련의 숫자 형태로 부여되는 고유한 번호로서 당해 개인을 식별할 수 있는 정보에 해당하는 개인정보이다. 그런데 심판대상조항은 국가가 주민등록번호를 부여·관리·이용하면서 그 변경에 관한 규정을 두지 않음으로써 주민등록번호 불법 유출 등을 원인으로 자신의 주민등록번호를 변경하고자 하는 청구인들의 개인정보자기결정권을 제한하고 있다. … 주민등록번호 유출 또는 오·남용으로 인하여 발생할 수 있는 피해 등에 대한 아무런 고려 없이 주민등록번호 변경을 일체 허용하지 않는 것은 그 자체로 개인정보자기결정권에 대한 과도한 침해가 될 수 있다. … 따라서 주민등록번호 변경에 관한 규정을 두고 있지 않은 심판대상조항은 과잉금지원칙에 위배되어 개인정보자기결정권을 침해한다(헌재 2015.12.23. 2013헌바68 등).

282
☐☐☐

법무부장관은 변호사시험 합격자가 결정되면 즉시 명단을 공고하여야 한다고 규정한 변호사시험법 조항은 성명이 공개된 사람의 합격 사실뿐만 아니라 위 정보를 결합하여 특정인의 불합격 사실도 알 수 있으므로 응시자들의 개인정보자기결정권을 침해한다.　O | X

심판대상조항의 입법목적은 공공성을 지닌 전문직인 변호사에 관한 정보를 널리 공개하여 법률서비스 수요자가 필요한 정보를 얻는 데 도움을 주고, 변호사시험 관리 업무의 공정성과 투명성을 간접적으로 담보하는 데 있다. … 따라서 심판대상조항이 과잉금지원칙에 위배되어 청구인들의 개인정보자기결정권을 침해한다고 볼 수 없다(헌재 2020.3.26. 2018헌마77 등).

정답 280 X　281 X　282 X

21. 경정승진

283
☐☐☐

주거용 건축물의 사용·수익관계를 정하고 있는 도시 및 주거환경정비법 조항은 헌법 제16조에 의해 보호되는 주거의 자유를 제한하지 않는다. O | X

이 사건 수용조항은, 정비사업조합에 수용권한을 부여하여 주택재개발사업에 반대하는 청구인의 토지 등을 강제로 취득할 수 있도록 하고 있다. 따라서 이 사건 수용조항이 토지 등 소유자의 재산권을 침해하는지 여부가 문제된다. 청구인은 이 사건 수용조항으로 인하여 거주이전의 자유도 제한된다고 주장하고 있다. 주거로 사용하던 건물이 수용될 경우 그 효과로 거주지도 이전하여야 하는 것은 사실이나, 이는 토지 및 건물 등의 수용에 따른 부수적 효과로서 간접적, 사실적 제약에 해당하므로 거주이전의 자유 침해여부는 별도로 판단하지 않는다(헌재 2019.11.28. 2017헌바241).

21. 경정승진

284
☐☐☐

점유할 권리없는 자의 점유라고 하더라도 그 주거의 평온은 보호되어야 할 것이므로, 권리자가 그 권리를 실행함에 있어 법에 정하여진 절차에 의하지 아니하고 그 건조물 등에 침입한 경우에 주거침입죄가 성립한다. O | X

주거침입죄는 사실상의 주거의 평온을 보호법익으로 하는 것이므로 그 주거자 또는 간수자가 건조물 등에 서주 또는 간수할 권리를 가지고 있는가의 여부는 범죄의 성립을 좌우하는 것이 아니며, 점유할 권리없는 자의 점유라고 하더라도 그 주거의 평온은 보호되어야 할 것이므로, 권리자가 그 권리를 실행함에 있어 법에 정하여진 절차에 의하지 아니하고 그 건조물 등에 침입한 경우에는 주거침입죄가 성립한다(대판 1987.11.10. 87도1760).

25. 경정승진

285
☐☐☐

출입국관리법에 의한 보호에 있어서 용의자에 대한 긴급보호를 위해 그의 주거에 들어간 것이라면 그 긴급보호가 적법한 이상 주거의 자유를 침해한 것으로 볼 수 없으므로 청구인에 대한 긴급보호가 적법한 이상 그 긴급보호 과정에서 청구인의 주거에 들어갔다고 하더라도 주거의 자유를 침해하였다고 볼 수 없다. O | X

출입국관리법에 의한 보호에 있어서 용의자에 대한 긴급보호를 위해 그의 주거에 들어간 것이라면 그 긴급보호가 적법한 이상 주거의 자유를 침해한 것으로 볼 수 없으므로 청구인에 대한 긴급보호가 적법한 이상 그 긴급보호 과정에서 청구인의 주거에 들어갔다고 하더라도 주거의 자유를 침해하였다고 볼 수 없다(헌재 2012.8.23. 2008헌마430).

제3항 거주 · 이전의 자유

21. 경정승진

286
☐☐☐

복수국적자에 대하여 제1국민역에 편입된 날부터 3개월 이내에 대한민국 국적을 이탈하지 않으면 병역의무를 해소한 후에야 이를 가능하도록 한 국적법 조항은 복수국적자의 국적이탈의 자유를 침해한다.

O | X

복수국적자는 제1국민역에 편입된 날부터 3개월 이내에 대한민국 국적을 이탈하지 않으면 병역의무를 해소한 후에야 국적이탈이 가능하도록 한 것은 과잉금지원칙에 위반하여 복수국적자의 국적이탈의 자유를 침해한다 (헌재 2020.9.24. 2016헌마889).

24. 경정승진

287
☐☐☐

여행금지국가로 고시된 사정을 알면서도 외교부장관으로부터 예외적 여권사용 등의 허가를 받지 않고 여행금지국가를 방문하는 등의 행위를 형사처벌하는 여권법 조항은 여권사용 등 허가 신청인의 거주 · 이전의 자유를 침해한다.

O | X

이 사건 처벌조항의 입법목적은 국외 위난상황으로부터 국민의 생명 · 신체나 재산을 보호하고 국외 위난상황으로 인해 국가 · 사회에 미칠 수 있는 파급 효과를 사전에 예방하는 것이다. 이와 같은 이 사건 처벌조항의 입법목적은 정당하고, 이 사건 처벌조항은 이에 적합한 수단이다. … 그러므로 이 사건 처벌조항은 과잉금지원칙에 반하여 청구인의 거주 · 이전의 자유를 침해하지 않는다(헌재 2020.2.27. 2016헌마945).

24. 경정승진

288
☐☐☐

법무부장관으로 하여금 거짓이나 그 밖의 부정한 방법으로 귀화허가를 받은 자에 대하여 그 허가를 취소할 수 있도록 규정하면서도 그 취소권의 행사기간을 따로 정하고 있지 아니한 국적법 조항은 귀화허가가 취소되는 당사자의 거주 · 이전의 자유를 침해하지 아니한다.

O | X

이 사건 법률조항이 귀화허가 취소권의 행사기간을 제한하지 않았다고 하더라도 침해의 최소성원칙에 위배되지 아니한다. 한편, 귀화허가가 취소되는 경우 국적을 상실하게 됨에 따른 불이익을 받을 수 있으나, 국적 관련 행정의 적법성 확보라는 공익이 훨씬 더 크므로 법익균형성의 원칙에도 위배되지 아니한다. 따라서 이 사건 법률조항은 거주 · 이전의 자유 및 행복추구권을 침해하지 아니한다(헌재 2015.9.24. 2015헌바26).

24. 경정승진

289
☐☐☐

병역법령에 의할 때 예외적인 경우가 아니면 27세까지만 징집 연기가 가능하다는 점을 고려하여, 병역준비역에 대하여 27세를 초과하지 않는 범위에서만 단기 국외여행을 허가하도록 규정하는 것은 단기 국외여행허가를 받고자 하는 27세가 넘은 병역준비역의 거주 · 이전의 자유를 침해한다.

O | X

심판대상조항은 병역법령에 의할 때 예외적인 경우가 아니면 27세까지만 징집 연기가 가능하다는 점을 고려하여, 병역준비역에 대하여 27세를 초과하지 않는 범위에서만 단기 국외여행을 허가하도록 규정한다. … 이처럼 심판대상조항은 공정하고 효율적인 병역의무의 이행을 확보한다는 입법목적을 해치지 않으면서도 징집 연기가 가능한 범위에서 국외여행의 자유를 최대한 보장하고 있다. 따라서 심판대상조항은 청구인의 거주 · 이전의 자유를 침해하지 않는다(헌재 2023.2.23. 2019헌마1157).

정답 286 ○ 287 X 288 ○ 289 X

290
☐☐☐

이륜차의 고속도로 통행 제한은 거주·이전의 자유를 제한하는 것이고, 행복추구권에서 우러나오는 일반적 행동의 자유를 제한하는 것은 아니다. O | X

이 사건 법률조항에 의하여 고속도로 또는 자동차전용도로(이하 '고속도로 등'이라 한다)의 통행이 금지되므로, 이륜차를 이용하여 고속도로 등을 통행할 수 있는 자유를 제한당하고 있다. 이는 행복추구권에서 우러나오는 일반적 행동의 자유를 제한하는 것이다. 그러나 이 사건 법률조항이 청구인들의 거주이전의 자유를 제한한다고 보기는 어렵다(헌재 2007.1.17. 2005헌마1111 등).

291
☐☐☐

생활의 근거지에 이르지 못하는 일시적인 이동을 위한 장소의 선택과 변경은 거주·이전의 자유의 보호영역에 포함되지 않는다. O | X

거주·이전의 자유는 국가의 간섭 없이 자유롭게 거주지와 체류지를 정할 수 있는 자유인바, 자유로운 생활형성권을 보장함으로써 정치·경제·사회·문화 등 모든 생활영역에서 개성신장을 촉진하게 하는 기능을 한다(헌재 2004.10.28. 2003헌가18). 이러한 의미와 기능을 갖는 거주·이전의 자유는 국민이 원활하게 개성신장과 경제활동을 해 나가기 위하여는 자유로이 생활의 근거지를 선택하고 변경하는 것이 필수적이라는 고려에 기하여 생활형성의 중심지 즉, 거주지나 체류지라고 볼 만한 정도로 생활과 밀접한 연관을 갖는 장소를 선택하고 변경하는 행위를 보호하는 기본권으로서, 생활의 근거지에 이르지 못하는 일시적인 이동을 위한 장소의 선택과 변경까지 그 보호영역에 포함되는 것은 아니다(헌재 2011.6.30. 2009헌마406).

292
☐☐☐

대한민국 국민이 자진하여 외국 국적을 취득하는 경우 대한민국 국적을 상실하도록 하는 것은 대한민국 국민의 거주·이전의 자유를 침해한다고 볼 수 없다. O | X

국적에 관한 사항은 당해 국가가 역사적 전통과 정치·경제·사회·문화 등 제반사정을 고려하여 결정할 문제인바, 자발적으로 외국 국적을 취득한 자에게 대한민국 국적도 함께 보유할 수 있게 허용한다면, 출입국·체류관리가 어려워질 수 있고, 각 나라에서 권리만 행사하고 병역·납세와 같은 의무는 기피하는 등 복수국적을 악용할 우려가 있으며, 복수국적자로 인하여 외교적 보호권이 중첩되는 등의 문제가 발생할 여지도 있다. 한편, 국적법은 예외적으로 복수국적을 허용함과 동시에, 대한민국 국민이었던 외국인에 대해서는 국적회복허가라는 별도의 용이한 절차를 통해 국적을 회복시켜주는 조항들을 두고 있다. 따라서 국적법 제15조 제1항이 대한민국 국민인 청구인의 거주·이전의 자유 및 행복추구권을 침해한다고 볼 수 없다(헌재 2014.6.26. 2011헌마502).

293
☐☐☐

법인이 과밀억제권역 내에 본점의 사업용 부동산으로 건축물을 신축하여 이를 취득하는 경우 취득세를 중과세하는 구 지방세법 조항은 거주·이전의 자유를 침해하는 것이다. O | X

이 사건 법률조항은 수도권에 인구 및 경제·산업시설이 밀집되어 발생하는 문제를 해결하고 국토의 균형 있는 발전을 도모하기 위하여 법인이 과밀억제권역 내에 본점의 사업용 부동산으로 건축물을 신축·증축하여 이를 취득하는 경우 취득세를 중과세하는 조항으로서, 구법과 달리 인구유입과 경제력 집중의 효과가 뚜렷한 건물의 신축, 증축 그리고 부속토지의 취득만을 그 적용대상으로 한정하여 부당하게 중과세할 소지를 제거하였다. 최근 대법원 판결도 구체적인 사건에서 인구유입이나 경제력집중 효과에 관한 판단을 전적으로 배제한 것으로는 보기 어렵다. 따라서 이 사건 법률조항은 거주·이전의 자유와 영업의 자유를 침해하지 아니한다(헌재 2014.7.24. 2012헌바408).

정답 290 X 291 ○ 292 ○ 293 X

294
□□□

여권발급 신청인이 북한 고위직 출신의 탈북 인사로서 신변에 대한 위해 우려가 있다는 이유로 신청인의 미국 방문을 위한 여권발급을 거부한 것은 거주·이전의 자유를 과도하게 제한하는 것으로서 위법하다. O | X

여권발급 신청인이 북한 고위직 출신의 탈북 인사로서 신변에 대한 위해 우려가 있다는 이유로 신청인의 미국 방문을 위한 여권발급을 거부한 것은 여권법 제8조 제1항 제5호에 정한 사유에 해당한다고 볼 수 없고 거주·이전의 자유를 과도하게 제한하는 것으로서 위법하다(대판 2008.1.24. 2007두10846).

295
□□□

거주·이전의 자유에는 국외에서 체류지와 거주지를 자유롭게 정할 수 있는 '해외여행 및 해외이주의 자유'가 포함되고, 이는 필연적으로 외국에서 체류하거나 거주하기 위해서 대한민국을 떠날 수 있는 '출국의 자유'와 외국체류 또는 거주를 중단하고 다시 대한민국으로 돌아올 수 있는 '입국의 자유'를 포함한다. O | X

헌법 제14조의 거주·이전의 자유는 국가의 간섭 없이 자유롭게 거주와 체류지를 정할 수 있는 자유로서, 정치·경제·사회·문화 등 모든 생활영역에서 개성 신장을 촉진함으로써 헌법상 보장되고 있는 다른 기본권의 실효성을 증대시키는 기능을 한다. 거주·이전의 자유에는 국외에서 체류지와 거주지를 자유롭게 정할 수 있는 '해외여행 및 해외이주의 자유'가 포함되고, 이는 필연적으로 외국에서 체류하거나 거주하기 위해서 대한민국을 떠날 수 있는 '출국의 자유'와 외국체류 또는 거주를 중단하고 다시 대한민국으로 돌아올 수 있는 '입국의 자유'를 포함한다(헌재 2015.9.24. 2012헌바302).

296
□□□

법무부장관으로 하여금 형사재판에 계속 중인 사람에게 6개월 이내 기간을 정하여 출국을 금지할 수 있도록 한 출입국 관리법 해당 규정은 출국의 자유를 침해하지 아니한다. O | X

형사재판에 계속 중인 사람의 해외도피를 막아 국가 형벌권을 확보함으로써 실체적 진실발견과 사법정의를 실현하고자 하는 심판대상조항은 그 입법목적이 정당하고, 형사재판에 계속 중인 사람의 출국을 일정 기간 동안 금지할 수 있도록 하는 것은 이러한 입법목적을 달성하는 데 기여할 수 있으므로 수단의 적정성도 인정된다. … 따라서 심판대상조항은 과잉금지원칙에 위배되어 출국의 자유를 침해하지 아니한다(헌재 2015.9.24. 2012헌바302).

297
□□□

공익사업에 있어 수용개시일까지 토지 등의 인도의무를 정하는 규정은 토지소유자의 거주·이전의 자유를 침해하지 아니한다. O | X

심판대상조항들은 효율적인 공익사업의 수행을 담보하기 위하여 수용된 토지 등의 인도의무를 형사처벌로 강제하고 있으므로 그 목적의 정당성과 수단의 적합성이 인정된다. … 인도의무자의 권리가 절차적으로 보호되고 의견제출 및 불복수단이 마련되어 있는 점 등을 고려할 때, 인도의무의 강제로 인한 부담이 공익사업의 적시 수행이라는 공익의 중요성보다 크다고 볼 수 없어 법익균형성을 상실하였다고 볼 수 없다. … 심판대상조항은 과잉금지원칙에 반하여 재산권, 거주이전의 자유 및 직업의 자유를 침해한다고 볼 수 없다(헌재 2020.5.27. 2017헌바464 등).

정답 294 ○ 295 ○ 296 ○ 297 ○

298
☐☐☐

서울특별시 서울광장은 생활형성의 거주지나 체류지에 해당하고, 서울광장에 출입하고 통행하는 행위가 그 장소를 중심으로 생활을 형성해 나가는 행위에 속하므로, 경찰청장이 경찰버스들로 서울광장을 둘러싸 통행을 제지하는 행위는 거주·이전의 자유를 제한한다. O | X

거주·이전의 자유는 거주지나 체류지라고 볼 만한 정도로 생활과 밀접한 연관을 갖는 장소를 선택하고 변경하는 행위를 보호하는 기본권인바, 이 사건에서 서울광장이 청구인들의 생활형성의 중심지인 거주지나 체류지에 해당한다고 할 수 없고, 서울광장에 출입하고 통행하는 행위가 그 장소를 중심으로 생활을 형성해 나가는 행위에 속한다고 볼 수도 없으므로 청구인들의 거주·이전의 자유가 제한되었다고 할 수 없다. … 따라서 이 사건 통행제지행위는 과잉금지원칙을 위반하여 청구인들의 일반적 행동자유권을 침해한 것이다(헌재 2011.6.30. 2009헌마406).

299
☐☐☐

법인이 과밀억제권역 내에 본점의 사업용 부동산으로 건축물을 신축하여 이를 취득하는 경우 취득세를 중과세하는 구 지방세법 해당 조항 본문 중 '본점의 사업용 부동산을 취득하는 경우'에 관한 부분은 인구유입이나 경제력집중 효과에 관한 판단을 전적으로 배제한 것이므로 거주·이전의 자유를 침해한다. O | X

이 사건 법률조항은 수도권 내의 과밀억제권역 안에서 법인의 본점의 사업용 부동산, 특히 본점용 건축물을 신축 또는 증축하는 경우에 취득세를 중과세하는 조항이므로, 이 사건 법률조항에 의하여 청구인의 거주·이전의 자유와 영업의 자유가 침해되는지 여부가 문제된다. … 구법과 달리 인구유입과 경제력 집중의 효과가 뚜렷한 건물의 신축, 증축 그리고 부속토지의 취득만을 그 적용대상으로 한정하여 부당하게 중과세할 소지를 제거하였다. 최근 대법원 판결도 구체적인 사건에서 인구유입이나 경제력집중 효과에 관한 판단을 전적으로 배제한 것으로는 보기 어렵다. 따라서 이 사건 법률조항은 거주·이전의 자유와 영업의 자유를 침해하지 아니한다(헌재 2014.7.24. 2012헌바408).

300
☐☐☐

법무부령이 정하는 금액 이상의 추징금을 납부하지 아니한 자의 출국을 금지할 수 있도록 한 출입국관리법 조항은 거주·이전의 자유 중 출국의 자유를 제한하는 것은 아니다. O | X

심판대상 법조항은 일정금액 이상의 추징금을 납부하지 아니한 자에게 법무부장관이 출국을 금지할 수 있도록 함으로써 헌법 제14조상의 거주·이전의 자유 중 출국의 자유를 제한하고 있다(헌재 2004.10.28. 2003헌가18).

301
☐☐☐

지방병무청장으로 하여금 병역준비역에 대하여 27세를 초과하지 않는 범위에서 단기 국외여행을 허가하도록 한 구병역의무자 국외여행 업무처리 규정 해당 조항 중 '병역준비역의 단기 국외여행 허가기간을 27세까지로 정한 부분'은 27세가 넘은 병역준비역인 청구인의 거주·이전의 자유를 침해한다. O | X

심판대상조항은 병역법령에 의할 때 예외적인 경우가 아니면 27세까지만 징집 연기가 가능하다는 점을 고려하여, 병역준비역에 대하여 27세를 초과하지 않는 범위에서만 단기 국외여행을 허가하도록 규정한다. … 이처럼 심판대상조항은 공정하고 효율적인 병역의무의 이행을 확보한다는 입법목적을 해치지 않으면서도 징집 연기가 가능한 범위에서 국외여행의 자유를 최대한 보장하고 있다. 따라서 심판대상조항은 청구인의 거주·이전의 자유를 침해하지 않는다(헌재 2023.2.23. 2019헌마1157).

정답 298 X 299 X 300 X 301 X

302
□□□

구 도시 및 주거환경정비법 제40조 제1항 본문이 수용개시일까지 토지 등의 인도의무를 정하는 공익사업을 위한 토지 등의 취득 및 보상에 관한 법률 제43조를 주거용 건축물 소유자에 준용하는 부분은 청구인들의 거주·이전의 자유를 침해한다고 볼 수 없다. O | X

심판대상조항들은 효율적인 공익사업의 수행을 담보하기 위하여 수용된 토지 등의 인도의무를 형사처벌로 강제하고 있으므로 그 목적의 정당성과 수단의 적합성이 인정된다. … 인도의무자의 권리가 절차적으로 보호되고 의견제출 및 불복수단이 마련되어 있는 점 등을 고려할 때, 인도의무의 강제로 인한 부담이 공익사업의 적시 수행이라는 공익의 중요성보다 크다고 볼 수 없어 법익균형성을 상실하였다고 볼 수 없다. … 심판대상조항은 과잉금지원칙에 반하여 재산권, 거주이전의 자유 및 직업의 자유를 침해한다고 볼 수 없다(헌재 2020.5.27. 2017헌바464 등).

303
□□□

병역준비역에 대하여 27세를 초과하지 않는 범위에서 단기 국외여행을 허가하도록 한 구 '병역의무자 국외여행 업무처리 규정'은 27세가 넘은 병역준비역의 거주·이전의 자유를 침해하지 않는다. O | X

심판대상조항은 병역법령에 의할 때 예외적인 경우가 아니면 27세까지만 징집 연기가 가능하다는 점을 고려하여, 병역준비역에 대하여 27세를 초과하지 않는 범위에서만 단기 국외여행을 허가하도록 규정한다. … 이처럼 심판대상조항은 공정하고 효율적인 병역의무의 이행을 확보한다는 입법목적을 해치지 않으면서도 징집 연기가 가능한 범위에서 국외여행의 자유를 최대한 보장하고 있다. 따라서 심판대상조항은 청구인의 거주·이전의 자유를 침해하지 않는다(헌재 2023.2.23. 2019헌마1157).

304
□□□

거주·이전의 자유는 구체적으로는 국내에서 체류지와 거주지를 자유롭게 정할 수 있는 자유영역뿐 아니라 국외에서 체류지와 거주지를 자유롭게 정할 수 있는 '해외여행 및 해외 이주의 자유'를 포함하고 대한민국의 국적을 이탈할 수 있는 '국적변경의 자유' 등도 그 내용에 포섭된다. O | X

거주·이전의 자유는 국가의 간섭없이 자유롭게 거주와 체류지를 정할 수 있는 자유로서 정치·경제·사회·문화 등 모든 생활영역에서 개성신장을 촉진함으로써 헌법상 보장되고 있는 다른 기본권들의 실효성을 증대시켜 주는 기능을 한다. 구체적으로는 국내에서 체류지와 거주지를 자유롭게 정할 수 있는 자유영역뿐 아니라 나아가 국외에서 체류지와 거주지를 자유롭게 정할 수 있는 '해외여행 및 해외 이주의 자유'를 포함하고 덧붙여 대한민국의 국적을 이탈할 수 있는 '국적변경의 자유' 등도 그 내용에 포섭된다고 보아야 한다(헌재 2004.10.28. 2003헌가18).

정답 302 ○ 303 ○ 304 ○

305
□□□

법인이 과밀억제권역 내에 본점의 사업용 부동산으로 건축물을 신축하여 이를 취득하는 경우 취득세를 중과세하는 구지방세법조항은 인구유입과 경제력 집중의 효과가 뚜렷한 건물의 신축, 증축 그리고 부속토지의 취득만을 그 적용대상으로 한정하여 부당하게 중과세할 소지를 제거하였다 하더라도 여전히 인구유입 또는 경제력 집중을 유발하는 효과가 없는 경우까지 이 조항을 적용할 수 있으므로 법인의 거주·이전의 자유를 침해한다.   O I X

이 사건 법률조항은 수도권 내의 과밀억제권역 안에서 법인의 본점의 사업용 부동산, 특히 본점용 건축물을 신축 또는 증축하는 경우에 취득세를 중과세하는 조항이므로, 이 사건 법률조항에 의하여 청구인의 거주·이전의 자유와 영업의 자유가 침해되는지 여부가 문제된다. … 구법과 달리 인구유입과 경제력 집중의 효과가 뚜렷한 건물의 신축, 증축 그리고 부속토지의 취득만을 그 적용대상으로 한정하여 부당하게 중과세할 소지를 제거하였다. 최근 대법원 판결도 구체적인 사건에서 인구유입이나 경제력집중 효과에 관한 판단을 전적으로 배제한 것으로는 보기 어렵다. 따라서 이 사건 법률조항은 거주·이전의 자유와 영업의 자유를 침해하지 아니한다(헌재 2014.7.24. 2012헌바408).

제4항 통신의 자유

306
□□□

피청구인 구치소장이 구치소에 수용 중인 수형자에게 온 서신에 '허가 없이 수수되는 물품'인 녹취서와 사진이 동봉되어 있음을 확인하여 서신수수를 금지하고 발신인인 청구인에게 위 물품을 반송한 것은 과잉금지원칙에 위반되어 청구인의 통신의 자유를 침해한다.   O I X

피청구인 ○○구치소장이 ○○구치소에 수용중인 수형자에게 온 서신에 '허가 없이 수수되는 물품'인 녹취서와 사진이 동봉되어 있음을 확인하여 서신수수를 금지하고 발신인인 청구인에게 위 물품을 반송한 것은 교정사고를 미연에 방지하고 교정시설의 안전과 질서 유지를 위하여 불가피한 측면이 있다. 또한 청구인은 관심대상수용자로 지정된 자이고, 서신에 동봉된 녹취서는 청구인이 원고인 민사사건 증인의 증언을 녹취한 소송서류로서 타인의 실명과 개인정보가 기재되어 있다. 한편, 수용자 사이에 사진을 자유롭게 교환할 수 있도록 하는 경우 각종 교정사고가 발생할 가능성이 있다. 이와 같은 점을 종합적으로 고려하면, 이 사건 반송행위는 과잉금지원칙에 위반되어 청구인의 통신의 자유를 침해하지 않는다(헌재 2019.12.27. 2017헌마413).

307
□□□

통신의 자유란 통신수단을 자유로이 이용하여 의사소통할 권리이고, 이러한 '통신수단의 자유로운 이용'에는 자신의 인적사항을 누구에게도 밝히지 않는 상태로 통신수단을 이용할 자유, 즉 통신수단의 익명성 보장도 포함된다.   O I X

헌법 제18조로 보장되는 기본권인 통신의 자유란 통신수단을 자유로이 이용하여 의사소통할 권리이다. '통신수단의 자유로운 이용'에는 자신의 인적 사항을 누구에게도 밝히지 않는 상태로 통신수단을 이용할 자유, 즉 통신수단의 익명성 보장도 포함된다. 심판대상조항은 휴대전화를 통한 문자·전화·모바일 인터넷 등 통신기능을 사용하고자 하는 자에게 반드시 사전에 본인확인 절차를 거치는 데 동의해야만 이를 사용할 수 있도록 하므로, 익명으로 통신하고자 하는 청구인들의 통신의 자유를 제한한다(헌재 2019.9.26. 2017헌마1209).

정답 305 X 306 X 307 ○

308
☐☐☐

전기통신역무제공에 관한 계약을 체결하는 경우 전기통신 사업자로 하여금 가입자에게 본인임을 확인할 수 있는 증서 등을 제시하도록 요구하고 부정가입방지시스템 등을 이용하여 본인인지 여부를 확인하도록 한 전기통신사업법령 조항들은 휴대전화를 통한 문자 · 전화 · 모바일 인터넷 등 통신기능을 사용하고자 하는 자에게 반드시 사전에 본인확인 절차를 거치는 데 동의해야만 이를 사용할 수 있도록 하므로, 익명으로 통신하고자 하는 청구인들의 통신의 자유를 침해한다.　　　　O | X

심판대상조항이 이동통신서비스 가입 시 본인확인절차를 거치도록 함으로써 타인 또는 허무인의 이름을 사용한 휴대전화인 이른바 대포폰이 보이스피싱 등 범죄의 범행도구로 이용되는 것을 막고, 개인정보를 도용하여 타인의 명의로 가입한 다음 휴대전화 소액결제나 서비스요금을 그 명의인에게 전가하는 등 명의도용범죄의 피해를 막고자 하는 입법목적은 정당하고, 이를 위하여 본인확인절차를 거치게 한 것은 적합한 수단이다. … 개인정보자기결정권, 통신의 자유가 제한되는 불이익과 비교했을 때, 명의도용피해를 막고, 차명휴대전화의 생성을 억제하여 보이스피싱 등 범죄의 범행도구로 악용될 가능성을 방지함으로써 잠재적 범죄 피해 방지 및 통신망 질서 유지라는 더욱 중대한 공익의 달성효과가 인정된다. 따라서 심판대상조항은 청구인들의 개인정보자기결정권 및 통신의 자유를 침해하지 않는다(헌재 2019.9.26. 2017헌마1209).

✓ **참고** 통신의 자유를 제한하나, 침해하는 것은 아니다.

309
☐☐☐

전기통신역무제공에 관한 계약을 체결하는 경우 전기통신사업자로 하여금 가입자에게 본인임을 확인할 수 있는 증서 등을 제시하도록 하는 휴대전화 가입 본인확인제는 익명으로 통신하고자 하는 자의 통신의 자유를 제한하는 것은 물론, 통신의 비밀까지도 제한한다.　　　　O | X

'통신수단의 자유로운 이용'에는 자신의 인적 사항을 누구에게도 밝히지 않는 상태로 통신수단을 이용할 자유, 즉 통신수단의 익명성 보장도 포함된다. 심판대상조항은 휴대전화를 통한 문자 · 전화 · 모바일 인터넷 등 통신기능을 사용하고자 하는 자에게 반드시 사전에 본인확인 절차를 거치는 데 동의해야만 이를 사용할 수 있도록 하므로, 익명으로 통신하고자 하는 청구인들의 통신의 자유를 제한한다. 반면, 심판대상조항이 통신의 비밀을 제한하는 것은 아니다. 가입자의 인적사항이라는 정보는 통신의 내용 · 상황과 관계없는 '비 내용적 정보'이며 휴대전화 통신계약 체결 단계에서는 아직 통신수단을 통하여 어떠한 의사소통이 이루어지는 것이 아니므로 통신의 비밀에 대한 제한이 이루어진다고 보기는 어렵기 때문이다. … 개인정보자기결정권, 통신의 자유가 제한되는 불이익과 비교했을 때, 명의도용피해를 막고, 차명휴대전화의 생성을 억제하여 보이스피싱 등 범죄의 범행도구로 악용될 가능성을 방지함으로써 잠재적 범죄 피해 방지 및 통신망 질서 유지라는 더욱 중대한 공익의 달성효과가 인정된다. 따라서 심판대상조항은 청구인들의 개인정보자기결정권 및 통신의 자유를 침해하지 않는다(헌재 2019.9.26. 2017헌마1209).

310
☐☐☐

헌법 제18조로 보장되는 기본권인 통신의 자유란 통신수단을 자유로이 이용하여 의사소통할 권리이다. '통신수단의 자유로운 이용'이라 하더라도 자신의 인적 사항을 누구에게도 밝히지 않는 상태로 통신수단을 이용할 자유, 즉 통신수단의 익명성 보장은 포함된다고 볼 수 없다.　　　　O | X

헌법 제18조로 보장되는 기본권인 통신의 자유란 통신수단을 자유로이 이용하여 의사소통할 권리이다. '통신수단의 자유로운 이용'에는 자신의 인적 사항을 누구에게도 밝히지 않는 상태로 통신수단을 이용할 자유, 즉 통신수단의 익명성 보장도 포함된다. 심판대상조항은 휴대전화를 통한 문자 · 전화 · 모바일 인터넷 등 통신기능을 사용하고자 하는 자에게 반드시 사전에 본인확인 절차를 거치는 데 동의해야만 이를 사용할 수 있도록 하므로, 익명으로 통신하고자 하는 청구인들의 통신의 자유를 제한한다(헌재 2019.9.26. 2017헌마1209).

정답 308 X　309 X　310 X

311

☐☐☐

통신제한조치에 대한 법원의 허가는 통신비밀보호법에 근거한 소송절차 이외의 파생적 사항에 관한 법원의 공권적 법률판단으로 헌법재판소법 제68조 제1항에서 헌법소원의 대상에서 제외하고 있는 법원의 재판에 해당하므로, 이에 대한 헌법소원심판청구는 부적법하다. ㅇ ㅣ X

통신제한조치에 대한 법원의 허가는 통신비밀보호법에 근거한 소송절차 이외의 파생적 사항에 관한 법원의 공권적 법률판단으로 헌법재판소법 제68조 제1항에서 헌법소원의 대상에서 제외하고 있는 법원의 재판에 해당하므로, 이에 대한 심판청구는 부적법하다(헌재 2018.8.30. 2016헌마263).

312

☐☐☐

전기통신역무제공에 관한 계약을 체결하는 경우 전기통신사업자로 하여금 가입자에게 본인임을 확인할 수 있는 증서 등을 제시하도록 요구하고 부정가입방지시스템 등을 이용하여 본인인지 여부를 확인하도록 한 전기통신사업법 조항은 과잉금지원칙에 반하여 익명으로 이동통신서비스에 가입하여 통신하고자 하는 자들의 개인정보자기결정권 및 통신의 자유를 침해한다. ㅇ ㅣ X

개인정보자기결정권, 통신의 자유가 제한되는 불이익과 비교했을 때, 명의도용피해를 막고, 차명휴대전화의 생성을 억제하여 보이스피싱 등 범죄의 범행도구로 악용될 가능성을 방지함으로써 잠재적 범죄 피해 방지 및 통신망 질서 유지라는 더욱 중대한 공익의 달성효과가 인정된다. 따라서 심판대상조항은 청구인들의 개인정보자기결정권 및 통신의 자유를 침해하지 않는다(헌재 2019.9.26. 2017헌마1209).

313

☐☐☐

통신비밀보호법(2005.5.26. 법률 제7503호로 개정된 것) 제13조 제1항 중 "검사 또는 사법경찰관은 수사를 위하여 필요한 경우 전기통신사업법에 의한 전기통신사업자에게 제2조 제11호 가목 내지 라목의 통신사실확인자료의 열람이나 제출을 요청할 수 있다."는 부분은 과잉금지원칙에 위반되어 개인정보자기결정권과 통신의 자유를 침해한다. ㅇ ㅣ X

통신비밀보호법(2005.5.26. 법률 제7503호로 개정된 것) 제13조 제1항 중 "검사 또는 사법경찰관은 수사를 위하여 필요한 경우 전기통신사업법에 의한 전기통신사업자에게 제2조 제11호 가목 내지 라목의 통신사실 확인자료의 열람이나 제출을 요청할 수 있다." 부분은 과잉금지원칙에 반하여 청구인의 개인정보자기결정권 및 통신의 자유를 침해한다(헌재 2018.6.28. 2012헌마538).

314

☐☐☐

교도소장이 수용자에게 온 서신을 개봉한 행위 및 법원, 검찰청 등이 수용자에게 보낸 문서를 열람한 행위는 수용자의 통신의 자유를 침해하지 않는다. ㅇ ㅣ X

개봉하는 발신자나 수용자를 한정하거나 엑스레이 기기 등으로 확인하는 방법 등으로는 금지물품 동봉 여부를 정확하게 확인하기 어려워, 입법목적을 같은 정도로 달성하면서, 소장이 서신을 개봉하여 육안으로 확인하는 것보다 덜 침해적인 수단이 있다고 보기 어렵다. 또한 서신을 개봉하더라도 그 내용에 대한 검열은 원칙적으로 금지된다. 따라서 서신개봉행위는 청구인의 통신의 자유를 침해하지 아니한다. 수용자 스스로 고지하도록 하거나 특별히 엄중한 계호를 요하는 수용자에 한하여 열람하는 등의 방법으로는 목적 달성에 충분하지 않고, 다른 법령에 따라 열람이 금지된 문서는 열람할 수 없으며, 열람한 후에는 본인에게 신속히 전달하여야 하므로, 문서열람행위는 청구인의 통신의 자유를 침해하지 아니한다(헌재 2021.9.30. 2019헌마919).

정답 311 ㅇ 312 X 313 ㅇ 314 ㅇ

315
□□□

A구치소장이 당시 A구치소에 수용 중인 甲 앞으로 온 서신 속에 허가받지 않은 물품인 사진이 동봉되어 있음을 이유로 甲에게 해당 서신수수를 금지하고 해당 서신을 발신자로서 당시 B교도소에 수용 중인 乙에게 반송한 행위는 과잉금지원칙에 위반하여 乙의 통신의 자유를 침해하지 않는다.　　　O | X

이 사건 지침조항에 의하여 청구인이 직접 자유의 제한, 권리 또는 법적 지위의 박탈이라는 효과를 받게 된다고 볼 수 없고, 교도소장의 서신검열 행위라는 구체적인 집행행위에 의하여 비로소 기본권 침해의 문제가 발생할 수 있는 것이다. 따라서 이 사건 심판청구 중 이 사건 지침조항에 대한 부분은 기본권 침해의 직접성 요건이 인정되지 아니하여 부적법하다(헌재 2017.10.17. 2017헌마1090). 반송행위에 대해서는 심판청구가 각하되었다.

316
□□□

통신의 자유란 통신수단을 자유로이 이용하여 의사소통할 권리이다.　　　O | X

헌법 제18조로 보장되는 기본권인 통신의 자유란 통신수단을 자유로이 이용하여 의사소통할 권리이다. '통신수단의 자유로운 이용'에는 자신의 인적 사항을 누구에게도 밝히지 않는 상태로 통신수단을 이용할 자유, 즉 통신수단의 익명성 보장도 포함된다(헌재 2019.9.26. 2017헌마1209).

317
□□□

자유로운 의사소통은 통신내용의 비밀을 보장하는 것만으로 충분하다.　　　O | X

자유로운 의사소통은 통신내용의 비밀을 보장하는 것만으로는 충분하지 아니하고 구체적인 통신으로 발생하는 외형적인 사실관계, 특히 통신관여자의 인적 동일성·통신시간·통신장소·통신횟수 등 통신의 외형을 구성하는 통신이용의 전반적 상황의 비밀까지도 보장해야 한다(헌재 2018.6.28. 2012헌마191 등).

318
□□□

통신의 비밀이란 서신·우편·전신의 통신수단을 통하여 개인간에 의사나 정보의 전달과 교환(의사소통)이 이루어지는 경우, 통신의 내용과 통신이용의 상황이 개인의 의사에 반하여 공개되지 아니할 자유를 의미한다.　　　O | X

통신의 비밀이란 서신·우편·전신의 통신수단을 통하여 개인 간에 의사나 정보의 전달과 교환(의사소통)이 이루어지는 경우, 통신의 내용과 통신이용의 상황이 개인의 의사에 반하여 공개되지 아니할 자유를 의미한다. 그러나 가입자의 인적사항이라는 정보는 통신의 내용·상황과 관계없는 '비 내용적 정보'이며 휴대전화 통신계약 체결 단계에서는 아직 통신수단을 통하여 어떠한 의사소통이 이루어지는 것이 아니므로 통신의 비밀에 대한 제한이 이루어진다고 보기는 어렵다(헌재 2019.9.26. 2017헌마1209).

정답 315 ○　316 ○　317 X　318 ○

319
☐☐☐

법원 등 관계기관이 수용자에게 보낸 문서를 교도소장이 열람한 행위는, 다른 법령에 따라 열람이 금지된 문서는 열람할 수 없고, 열람한 후에는 본인에게 신속히 전달하여야 하므로, 해당 수용자의 통신의 자유를 침해하지 아니한다.　　　　　　　　　　　　　　　　　　　　　　　　　　　　　　　　　　　　O | X

피청구인의 문서열람행위는 형집행법 시행령 제67조에 근거하여 법원 등 관계기관이 수용자에게 보내온 문서를 열람한 행위로서, 문서 전달 업무에 정확성을 기하고 수용자의 편의를 도모하며 법령상의 기간준수 여부 확인을 위한 공적 자료를 마련하기 위한 것이다. 수용자 스스로 고지하도록 하거나 특별히 엄중한 계호를 요하는 수용자에 한하여 열람하는 등의 방법으로는 목적 달성에 충분하지 않고, 다른 법령에 따라 열람이 금지된 문서는 열람할 수 없으며, 열람한 후에는 본인에게 신속히 전달하여야 하므로, 문서열람행위는 청구인의 통신의 자유를 침해하지 아니한다(헌재 2021.9.30. 2019헌마919).

320
☐☐☐

통신비밀보호법이 "공개되지 아니한 타인간의 대화를 녹음 또는 청취하지 못한다."라고 정한 것은, 대화에 원래부터 참여하지 않는 제3자가 그 대화를 하는 타인들 간의 발언을 녹음해서는 아니 된다는 취지이다.　　　O | X

통신비밀보호법 제3조 제1항이 "공개되지 아니한 타인간의 대화를 녹음 또는 청취하지 못한다."라고 정한 것은, 대화에 원래부터 참여하지 않는 제3자가 그 대화를 하는 타인들 간의 발언을 녹음해서는 아니 된다는 취지이다. 3인 간의 대화에 있어서 그 중 한 사람이 그 대화를 녹음하는 경우에 다른 두 사람의 발언은 그 녹음자에 대한 관계에서 '타인 간의 대화'라고 할 수 없으므로, 이와 같은 녹음행위가 통신비밀보호법 제3조 제1항에 위배된다고 볼 수는 없다(대판 2006.10.12. 2006도4981).

321
☐☐☐

사생활의 비밀과 자유에 포섭될 수 있는 사적 영역에 속하는 통신의 자유를 헌법이 별개의 조항을 통해 기본권으로 보장하는 이유는 우편이나 전기통신의 운영이 전통적으로 국가독점에서 출발하였기 때문에 개인 간의 의사소통을 전제로 하는 통신은 국가에 의한 침해가능성이 여타의 사적 영역보다 크기 때문이다.　　　　　　　　　　　　　　O | X

헌법 제18조는 '모든 국민은 통신의 비밀을 침해받지 아니한다.'라고 규정하여 통신의 비밀보호를 그 핵심내용으로 하는 통신의 자유를 기본권으로 보장하고 있다. 사생활의 비밀과 자유에 포섭될 수 있는 사적 영역에 속하는 통신의 자유를 헌법이 별개의 조항을 통해 기본권으로 보장하는 이유는 우편이나 전기통신의 운영이 전통적으로 국가독점에서 출발하였기 때문에 개인 간의 의사소통을 전제로 하는 통신은 국가에 의한 침해가능성이 여타의 사적 영역보다 크기 때문이다(헌재 2018.6.28. 2012헌마538).

322
☐☐☐

전기통신역무제공에 관한 계약을 체결하는 경우 전기통신사업자로 하여금 가입자에게 본인임을 확인할 수 있는 증서 등을 제시하도록 요구하고 부정가입방지시스템 등을 이용하여 본인인지 여부를 확인하도록 한 전기통신사업법 조항은 익명으로 이동통신서비스에 가입하여 자신들의 인적 사항을 밝히지 않은 채 통신하고자 하는 사람들의 통신의 자유를 침해한다.　　　　　　　　　　　　　　　　　　　　　　O | X

심판대상조항이 이동통신서비스 가입 시 본인확인절차를 거치도록 함으로써 타인 또는 허무인의 이름을 사용한 휴대전화인 이른바 대포폰이 보이스피싱 등 범죄의 범행도구로 이용되는 것을 막고, 개인정보를 도용하여 타인의 명의로 가입한 다음 휴대전화 소액결제나 서비스요금을 그 명의인에게 전가하는 등 명의도용범죄의 피해를 막고자 하는 입법목적은 정당하고, 이를 위하여 본인확인절차를 거치게 한 것은 적합한 수단이다. … 따라서 심판대상조항은 청구인들의 개인정보자기결정권 및 통신의 자유를 침해하지 않는다(헌재 2019.9.26. 2017헌마1209).

정답 319 ○　320 ○　321 ○　322 X

323
☐☐☐

3인 간의 대화에 있어서 그 중 한 사람이 그 대화를 녹음하는 경우에 다른 두 사람의 발언은 그 녹음자에 대한 관계에서 '타인간의 대화'라고 볼 수 없어 이런 녹음은 통신비밀보호법 제3조 제1항에 위배되지 않는다.

O | X

통신비밀보호법 제3조 제1항이 "공개되지 아니한 타인간의 대화를 녹음 또는 청취하지 못한다."라고 정한 것은, 대화에 원래부터 참여하지 않는 제3자가 그 대화를 하는 타인들 간의 발언을 녹음해서는 아니 된다는 취지이다. 3인 간의 대화에 있어서 그 중 한 사람이 그 대화를 녹음하는 경우에 다른 두 사람의 발언은 그 녹음자에 대한 관계에서 '타인 간의 대화'라고 할 수 없으므로, 이와 같은 녹음행위가 통신비밀보호법 제3조 제1항에 위배된다고 볼 수는 없다(대판 2006.10.12. 2006도4981).

324
☐☐☐

자유로운 의사소통은 통신내용의 비밀을 보장하는 것만으로는 충분하지 아니하고 구체적인 통신관계의 발생으로 야기된 모든 사실관계, 특히 통신관여자의 인적 동일성·통신장소·통신횟수·통신시간 등 통신의 외형을 구성하는 통신이용의 전반적 상황의 비밀까지도 보장한다.

O | X

헌법 제18조는 '모든 국민은 통신의 비밀을 침해받지 아니한다.'라고 규정하여 통신의 비밀보호를 그 핵심내용으로 하는 통신의 자유를 기본권으로 보장하고 있다. 사생활의 비밀과 자유에 포섭될 수 있는 사적 영역에 속하는 통신의 자유를 헌법이 별개의 조항을 통해 기본권으로 보장하는 이유는 우편이나 전기통신의 운영이 전통적으로 국가독점에서 출발하였기 때문에 개인 간의 의사소통을 전제로 하는 통신은 국가에 의한 침해가능성이 여타의 사적 영역보다 크기 때문이다(헌재 2001.3.21. 2000헌바25 참조). 자유로운 의사소통은 통신내용의 비밀을 보장하는 것만으로는 충분하지 아니하고 구체적인 통신관계의 발생으로 야기된 모든 사실관계, 특히 통신관여자의 인적 동일성·통신장소·통신횟수·통신시간 등 통신의 외형을 구성하는 통신이용의 전반적 상황의 비밀까지도 보장한다(헌재 2018.6.28. 2012헌마538).

325
☐☐☐

전기통신사업자는 검사, 사법경찰관 또는 정보수사기관의 장에게 통신사실 확인자료를 제공한 때에는 자료제공현황 등을 연 2회 과학기술정보통신부장관에게 보고하고, 해당 통신사실 확인자료 제공사실등 필요한 사항을 기재한 대장과 통신사실확인자료제공요청서등 관련자료를 통신사실확인자료를 제공한 날부터 7년간 비치하여야 한다.

O | X

통신비밀보호법 제13조【범죄수사를 위한 통신사실 확인자료제공의 절차】⑦ 전기통신사업자는 검사, 사법경찰관 또는 정보수사기관의 장에게 통신사실 확인자료를 제공한 때에는 자료제공현황 등을 연 2회 과학기술정보통신부장관에게 보고하고, 해당 통신사실 확인자료 제공사실등 필요한 사항을 기재한 대장과 통신사실확인자료제공요청서등 관련자료를 통신사실확인자료를 제공한 날부터 7년간 비치하여야 한다.

정답 323 ○ 324 ○ 325 ○

326
□□□

통신비밀보호법상 국가안전보장을 위한 통신제한조치를 하는 경우에 대통령령이 정하는 정보수사기관의 장은 고등법원장의 허가를 받아야 감청할 수 있다.　　　　　　　　　　　　　　O | X

고등법원장은 없고, 고등법원 수석판사나 대통령의 승인을 얻어야 한다.

> **통신비밀보호법 제7조 【국가안보를 위한 통신제한조치】** ① 대통령령이 정하는 정보수사기관의 장(이하 "정보수사기관의 장"이라 한다)은 국가안전보장에 상당한 위험이 예상되는 경우 또는 국민보호와 공공안전을 위한 테러방지법 제2조 제6호의 대테러활동에 필요한 경우에 한하여 그 위해를 방지하기 위하여 이에 관한 정보수집이 특히 필요한 때에는 다음 각호의 구분에 따라 통신제한조치를 할 수 있다.
> 1. 통신의 일방 또는 쌍방당사자가 내국인인 때에는 고등법원 수석판사의 허가를 받아야 한다. 다만, 군용전기통신법 제2조의 규정에 의한 군용전기통신(작전수행을 위한 전기통신에 한한다)에 대하여는 그러하지 아니하다.
> 2. 대한민국에 적대하는 국가, 반국가활동의 혐의가 있는 외국의 기관·단체와 외국인, 대한민국의 통치권이 사실상 미치지 아니하는 한반도내의 집단이나 외국에 소재하는 그 산하단체의 구성원의 통신인 때 및 제1항 제1호 단서의 경우에는 서면으로 대통령의 승인을 얻어야 한다.

327
□□□

교도소장이 수용자에게 온 서신을 개봉한 행위는 구 형의 집행 및 수용자의 처우에 관한 법률 및 구 형의 집행 및 수용사의 처우에 관한 법률 시행령 조항에 근거하여 수용자에게 온 서신의 봉투를 개봉하여 내용물을 확인한 행위로서 수용자의 통신의 자유를 침해하지 아니한다.　　　　　　　　　　　O | X

피청구인의 서신개봉행위는 법령상 금지되는 물품을 서신에 동봉하여 반입하는 것을 방지하기 위하여 구 형의 집행 및 수용자의 처우에 관한 법률 제43조 제3항 및 구 형집행법 시행령 제65조 제2항에 근거하여 수용자에게 온 서신의 봉투를 개봉하여 내용물을 확인한 행위로서, 교정시설의 안전과 질서를 유지하고 수용자의 교화 및 사회복귀를 원활하게 하기 위한 것이다. … 개봉하는 발신자나 수용자를 한정하거나 엑스레이 기기 등으로 확인하는 방법 등으로는 금지물품 동봉 여부를 정확하게 확인하기 어려워, 입법목적을 같은 정도로 달성하면서, 소장이 서신을 개봉하여 육안으로 확인하는 것보다 덜 침해적인 수단이 있다고 보기 어렵다. 또한 서신을 개봉하더라도 그 내용에 대한 검열은 원칙적으로 금지된다. 따라서 서신개봉행위는 청구인의 통신의 자유를 침해하지 아니한다(헌재 2021.9.30. 2019헌마919).

328
□□□

통신제한조치기간의 연장을 허가함에 있어 총연장기간 또는 총연장횟수의 제한을 두지 아니한 통신비밀보호법 조항은 통신의 비밀을 침해하여 헌법에 위반된다 할 것이다.　　　　　　　　　　O | X

법원이 실제 통신제한조치의 기간연장절차의 남용을 통제하는데 한계가 있는 이상 통신제한조치 기간연장에 사법적 통제절차가 있다는 사정만으로는 그 남용으로 인하여 개인의 통신의 비밀이 과도하게 제한되는 것을 막을 수 없다. 그럼에도 통신제한조치기간을 연장함에 있어 법운용자의 남용을 막을 수 있는 최소한의 한계를 설정하지 않은 이 사건 법률조항은 침해의 최소성원칙에 위반한다. … 그러므로 이 사건 법률조항은 과잉금지원칙에 위반하여 청구인의 통신의 비밀을 침해하였다고 할 것이다(헌재 2010.12.28. 2009헌가30).

정답 326 X 327 O 328 O

329
☐☐☐

전기통신역무제공에 관한 계약을 체결하는 경우 전기통신사업자로 하여금 가입자에게 본인임을 확인할 수 있는 증서 등을 제시하도록 요구하고 부정가입방지시스템 등을 이용하여 본인인지 여부를 확인하도록 한 전기통신사업법 조항은, 가입자의 인적사항이라는 정보는 통신의 내용·상황과 관계없는 '비 내용적 정보'이며 휴대전화 통신계약 체결 단계에서는 아직 통신수단을 통하여 어떠한 의사소통이 이루어지는 것이 아니므로 통신의 비밀에 대한 제한이라 할 수는 없다.　　　　　　　　O | X

심판대상조항은 휴대전화를 통한 문자·전화·모바일 인터넷 등 통신기능을 사용하고자 하는 자에게 반드시 사전에 본인확인 절차를 거치는 데 동의해야만 이를 사용할 수 있도록 하므로, 익명으로 통신하고자 하는 청구인들의 통신의 자유를 제한한다. … 통신의 비밀이란 서신·우편·전신의 통신수단을 통하여 개인 간에 의사나 정보의 전달과 교환(의사소통)이 이루어지는 경우, 통신의 내용과 통신이용의 상황이 개인의 의사에 반하여 공개되지 아니할 자유를 의미한다. 그러나 가입자의 인적사항이라는 정보는 통신의 내용·상황과 관계없는 '비 내용적 정보'이며 휴대전화 통신계약 체결 단계에서는 아직 통신수단을 통하여 어떠한 의사소통이 이루어지는 것이 아니므로 통신의 비밀에 대한 제한이 이루어진다고 보기는 어렵다(헌재 2019.9.26. 2017헌마 1209).

330
☐☐☐

'육군 신병교육 지침서'(육군본부 2006.12.18. 교육참고 25-3) 중 전화사용의 통제에 관한 부분은 신병교육 훈련생들의 통신의 자유 등 기본권을 필요한 정도를 넘어 과도하게 제한하는 것이다.　　O | X

이 사건 지침은 신병교육훈련을 받고 있는 군인의 통신의 자유를 제한하고 있으나, 신병들을 군인으로 육성하고 교육훈련과 병영생활에 조속히 적응시키기 위하여 신병교육기간에 한하여 신병의 외부 전화통화를 통제한 것이다. … 이 사건 지침에서 신병교육훈련기간 동안 전화사용을 하지 못하도록 정하고 있는 규율이 청구인을 포함한 신병교육훈련생들의 통신의 자유 등 기본권을 필요한 정도를 넘어 과도하게 제한하는 것이라고 보기 어렵다(헌재 2010.10.28. 2007헌마890).

331
☐☐☐

국가기관의 감청설비 보유·사용에 대한 관리와 통제를 위한 법적, 제도적 장치가 마련되어 있으므로, 국가기관이 인가 없이 감청설비를 보유, 사용할 수 있다는 사실만 가지고 바로 국가기관에 의한 통신비밀침해행위를 용이하게 하는 결과를 초래함으로써 통신의 자유를 침해한다고 볼 수는 없다.　　O | X

이 사건 법률조항에서 사인이 감청설비를 제조·수입·판매 등을 하기 위해서는 정보통신부장관의 인가를 받도록 규정한 것은 사인에 의한 통신비밀 침해행위를 사전에 예방하기 위한 것이다. 국가기관의 경우에는 감청설비의 보유 및 사용이 당해기관 내·외부기관에 의하여 관리·감독되고, 사인에 대한 통신비밀침해행위를 통제하기 위한 여러 가지 법률적 장치들이 법에 마련되어 있다. … 이와 같이 국가기관의 감청설비 보유·사용에 대한 관리와 통제를 위한 법적, 제도적 장치가 마련되어 있으므로, 국가기관이 인가 없이 감청설비를 보유, 사용할 수 있다는 사실만 가지고 바로 국가기관에 의한 통신비밀침해행위를 용이하게 하는 결과를 초래함으로써 통신의 자유를 침해한다고 볼 수는 없다(헌재 2001.3.21. 2000헌바25).

332
☐☐☐

전기통신역무제공에 관한 계약을 체결하는 경우 전기통신사업자로 하여금 가입자에게 본인임을 확인할 수 있는 증서 등을 제시하도록 요구하고 부정가입방지시스템 등을 이용하여 본인인지 여부를 확인하도록 규정한 전기통신사업법상 조항은 자신들의 인적 사항을 밝히지 않은 채 통신하고자 하는 자들의 통신의 자유를 침해한다. ○ | X

심판대상조항이 이동통신서비스 가입 시 본인확인절차를 거치도록 함으로써 타인 또는 허무인의 이름을 사용한 휴대전화인 이른바 대포폰이 보이스피싱 등 범죄의 범행도구로 이용되는 것을 막고, 개인정보를 도용하여 타인의 명의로 가입한 다음 휴대전화 소액결제나 서비스요금을 그 명의인에게 전가하는 등 명의도용범죄의 피해를 막고자 하는 입법목적은 정당하고, 이를 위하여 본인확인절차를 거치게 한 것은 적합한 수단이다. 가입자는 자신의 주민등록번호를 제공해야 하지만 특히 뒷자리 중 성별을 지칭하는 숫자 외의 6자리는 일회적인 확인 후 폐기되므로 주민등록번호가 이동통신사에 보관되어 계속적으로 이용되는 것이 아니다. 가입자는 대면(오프라인)가입 대신 온라인 가입절차에서 공인인증서로 본인확인하는 방법을 택하여 주민등록번호의 직접 제공을 피할 수도 있다. … 개인정보자기결정권, 통신의 자유가 제한되는 불이익과 비교했을 때, 명의도용피해를 막고, 차명휴대전화의 생성을 억제하여 보이스피싱 등 범죄의 범행도구로 악용될 가능성을 방지함으로써 잠재적 범죄 피해 방지 및 통신망 질서 유지라는 더욱 중대한 공익의 달성효과가 인정된다. 따라서 심판대상조항은 청구인들의 개인정보자기결정권 및 통신의 자유를 침해하지 않는다(헌재 2019.9.26. 2017헌마1209).

333
☐☐☐

검사 또는 사법경찰관이 수사를 위하여 필요한 경우 전기통신사업법에 의한 전기통신사업자에게 위치정보 추적자료의 열람이나 제출을 요청할 수 있도록 하는 통신비밀보호법상 조항은 과잉금지원칙에 반하여 정보주체의 통신의 자유를 침해한다. ○ | X

이동전화의 이용과 관련하여 필연적으로 발생하는 통신사실 확인자료는 비록 비내용적 정보이지만 여러 정보의 결합과 분석을 통해 정보주체에 관한 정보를 유추해낼 수 있는 민감한 정보인 점, 수사기관의 통신사실 확인자료 제공요청에 대해 법원의 허가를 거치도록 규정하고 있으나 수사의 필요성만을 그 요건으로 하고 있어 제대로 된 통제가 이루어지기 어려운 점, 기지국수사의 허용과 관련하여서는 유괴·납치·성폭력범죄 등 강력범죄나 국가안보를 위협하는 각종 범죄와 같이 피의자나 피해자의 통신사실 확인자료가 반드시 필요한 범죄로 그 대상을 한정하는 방안 또는 다른 방법으로는 범죄수사가 어려운 경우(보충성)를 요건으로 추가하는 방안 등을 검토함으로써 수사에 지장을 초래하지 않으면서도 불특정 다수의 기본권을 덜 침해하는 수단이 존재하는 점을 고려할 때, 이 사건 요청조항은 과잉금지원칙에 반하여 청구인의 개인정보자기결정권과 통신의 자유를 침해한다(헌재 2018.6.28. 2012헌마538).

334
☐☐☐

범죄 수사 목적을 이유로 통신제한조치 허가 대상 중 하나로 정하는 인터넷회선 감청의 경우 그 집행단계나 집행 이후에 수사기관의 권한 남용을 통제하고 관련 기본권의 침해를 최소화하기 위한 제도적 조치가 제대로 마련되지 않은 상태에서는 침해의 최소성 요건을 충족하지 않는다. ○ | X

이 사건 법률조항은 인터넷회선 감청의 특성을 고려하여 그 집행 단계나 집행 이후에 수사기관의 권한 남용을 통제하고 관련 기본권의 침해를 최소화하기 위한 제도적 조치가 제대로 마련되어 있지 않은 상태에서, 범죄수사 목적을 이유로 인터넷회선 감청을 통신제한조치 허가 대상 중 하나로 정하고 있으므로 침해의 최소성 요건을 충족한다고 할 수 없다. 이러한 여건 하에서 인터넷회선의 감청을 허용하는 것은 개인의 통신 및 사생활의 비밀과 자유에 심각한 위협을 초래하게 되므로 이 사건 법률조항으로 인하여 달성하려는 공익과 제한되는 사익 사이의 법익 균형성도 인정되지 아니한다. 그러므로 이 사건 법률조항은 과잉금지원칙에 위반하는 것으로 청구인의 기본권을 침해한다(헌재 2018.8.30. 2016헌마263).

335
□□□

미결수용자와 변호인이 아닌 자와의 접견내용을 녹음·녹화함으로써 증거인멸이나 형사 법령 저촉 행위의 위험을 방지하고 교정시설 내의 안전과 질서유지에 기여하려는 공익은 미결수용자가 받게 되는 사익의 제한보다 훨씬 크고 중요한 것이므로 법익의 균형성이 인정된다.　　　　　　　　　　　　　　　　O | X

청구인의 접견내용을 녹음함으로써 증거인멸이나 형사법령 저촉행위의 위험을 방지하고, 교정시설 내의 안전과 질서유지에 기여하려는 공익은 청구인의 사익의 제한보다 훨씬 크고 중요한 것이라고 할 것이므로, 법익의 불균형을 인정하기도 어렵다(헌재 2012.12.27. 2010헌마153).

336
□□□

감청을 헌법 제18조에서 보장하고 있는 통신의 비밀에 대한 침해행위 중의 한 유형으로 이해해서는 안 되며, 감청의 대상으로서의 전기통신을 헌법상의 '통신' 개념을 전제로 하고 있다고 보아서도 안 된다.　　　　　　　　　　　　　　　　　　　　　　　　　　　　　　　　　O | X

감청이라는 것은 헌법 제18조에서 보장하고 있는 통신의 비밀에 대한 침해행위 중의 한 유형으로 이해하여야 할 것이며 감청의 대상으로서의 전기통신은 앞서 본 헌법상의 '통신' 개념을 전제로 하고 있다고 보아야 할 것이다. … 전기통신은 '비공개를 전제로 하는 쌍방향적인 의사소통'이라는 통신의 개념을 전제하고 있는 것이므로, 긴급조난신호와 같이 공개된 의사소통은 감청의 대상이 될 수 없다고 보아야 할 것이다(헌재 2001.3.21. 2000헌바25).

337
□□□

자유로운 의사소통은 통신내용의 비밀을 보장하는 것만으로는 충분하지 아니하고 구체적인 통신으로 발생하는 외형적인 사실관계, 특히 통신관여자의 인적 동일성·통신시간·통신장소·통신횟수 등 통신의 외형을 구성하는 통신이용의 전반적 상황의 비밀까지도 보장해야 한다.　　　　　　　　　　　O | X

자유로운 의사소통은 통신내용의 비밀을 보장하는 것만으로는 충분하지 아니하고 구체적인 통신관계의 발생으로 야기된 모든 사실관계, 특히 통신관여자의 인적 동일성·통신장소·통신횟수·통신시간 등 통신의 외형을 구성하는 통신이용의 전반적 상황의 비밀까지도 보장한다(헌재 2018.6.28. 2012헌마538).

338
□□□

헌법 제18조에서 그 비밀을 보호하는 '통신'의 일반적인 속성으로는 '당사자 간의 동의', '비공개성', '당사자의 특정성' 등을 들 수 있다.　　　　　　　　　　　　　　　　　　　　　　　　　　　　O | X

헌법 제18조에서 그 비밀을 보호하는 '통신'의 일반적인 속성으로는 '당사자간의 동의', '비공개성', '당사자의 특정성' 등을 들 수 있는바, 이를 염두에 둘 때 위 헌법조항이 규정하고 있는 '통신'의 의미는 '비공개를 전제로 하는 쌍방향적인 의사소통'이라고 할 수 있다(헌재 2001.3.21. 2000헌바25).

정답 335 ○　336 X　337 ○　338 ○

339
□□□

통신의 비밀이란 서신·우편·전신의 통신수단을 통하여 개인 간에 의사나 정보의 전달과 교환(의사소통)이 이루어지는 경우, 통신의 내용과 통신이용의 상황이 개인의 의사에 반하여 공개되지 아니할 자유를 의미하므로, 휴대전화 통신계약 체결 단계에서는 아직 통신의 비밀에 대한 제한이 이루어진다고 보기 어렵다. **O | X**

심판대상조항은 휴대전화를 통한 문자·전화·모바일 인터넷 등 통신기능을 사용하고자 하는 자에게 반드시 사전에 본인확인 절차를 거치는 데 동의해야만 이를 사용할 수 있도록 하므로, 익명으로 통신하고자 하는 청구인들의 통신의 자유를 제한한다. … 통신의 비밀이란 서신·우편·전신의 통신수단을 통하여 개인 간에 의사나 정보의 전달과 교환(의사소통)이 이루어지는 경우, 통신의 내용과 통신이용의 상황이 개인의 의사에 반하여 공개되지 아니할 자유를 의미한다. 그러나 가입자의 인적사항이라는 정보는 통신의 내용·상황과 관계없는 '비 내용적 정보'이며 휴대전화 통신계약 체결 단계에서는 아직 통신수단을 통하여 어떠한 의사소통이 이루어지는 것이 아니므로 통신의 비밀에 대한 제한이 이루어진다고 보기는 어렵다(헌재 2019.9.26. 2017헌마1209).

340
□□□

검사 또는 사법경찰관이 수사를 위하여 필요한 경우 전기통신사업자에게 정보통신망에 접속된 정보통신기기의 위치를 확인할 수 있는 발신기지국의 위치추적자료 및 컴퓨터통신 또는 인터넷의 사용자가 정보통신망에 접속하기 위하여 사용하는 정보통신기기의 위치를 확인할 수 있는 접속지의 추적자료의 열람이나 제출을 요청할 수 있도록 규정하고 있는 통신비밀보호법 조항은 해당 정보주체의 개인정보자기결정권과 통신의 자유를 침해한다. **O | X**

수사기관은 위치정보 추적자료를 통해 특정 시간대 정보주체의 위치 및 이동상황에 대한 정보를 취득할 수 있으므로 위치정보 추적자료는 충분한 보호가 필요한 민감한 정보에 해당되는 점, 그럼에도 이 사건 요청조항은 수사기관의 광범위한 위치정보 추적자료 제공요청을 허용하여 정보주체의 기본권을 과도하게 제한하는 점, … 수사기관의 위치정보 추적자료 제공요청에 대해 법원의 허가를 거치도록 규정하고 있으나 수사의 필요성만을 그 요건으로 하고 있어 절차적 통제마저도 제대로 이루어지기 어려운 현실인 점 등을 고려할 때, 이 사건 요청조항은 과잉금지원칙에 반하여 청구인들의 개인정보자기결정권과 통신의 자유를 침해한다(헌재 2018.6.28. 2012헌마191 등).

341
□□□

누구든지 단말기기 고유번호를 제공하거나 제공받아서는 아니되며, 이동전화단말기 제조업체 또는 이동통신사업자가 단말기의 개통처리 및 수리 등 정당한 업무의 이행을 위하여 제공하거나 제공받는 경우에도 그러하다. **O | X**

> **통신비밀보호법 제3조 【통신 및 대화비밀의 보호】** ③ 누구든지 단말기기 고유번호를 제공하거나 제공받아서는 아니 된다. 다만, 이동전화단말기 제조업체 또는 이동통신사업자가 단말기의 개통처리 및 수리 등 정당한 업무의 이행을 위하여 제공하거나 제공받는 경우에는 그러하지 아니하다.

정답 339 ○ 340 ○ 341 X

342
☐☐☐
수사를 위하여 필요한 경우, 수사기관이 전기통신사업자에게 특정 시간대 특정 기지국에서 발신된 모든 전화번호의 제공을 요청할 수 있도록 하는 것은 법원이 허가를 담당하고 있으므로 수사기관의 제공 요청 남용에 대한 통제가 충분히 이루어지고 있다고 볼 수 있다. O | X

이동전화의 이용과 관련하여 필연적으로 발생하는 통신사실 확인자료는 비록 비내용적 정보이지만 여러 정보의 결합과 분석을 통해 정보주체에 관한 정보를 유추해낼 수 있는 민감한 정보인 점, 수사기관의 통신사실 확인자료 제공요청에 대해 법원의 허가를 거치도록 규정하고 있으나 수사의 필요성만을 그 요건으로 하고 있어 제대로 된 통제가 이루어지기 어려운 점, … 이 사건 요청조항은 과잉금지원칙에 반하여 청구인의 개인정보자기결정권과 통신의 자유를 침해한다(헌재 2018.6.28. 2012헌마538 등).

343
☐☐☐
인터넷회선을 통하여 흐르는 전기신호 형태의 '패킷'을 중간에 확보한 다음 재조합 기술을 거쳐 그 내용을 파악하는 이른바 '패킷감청'의 방식으로 이루어지는 인터넷회선감청은 개인의 통신의 자유를 침해하지만, 사생활의 비밀과 자유와는 직접적인 관련성이 없다. O | X

인터넷회선 감청은 인터넷회선을 통하여 흐르는 전기신호 형태의 '패킷'을 중간에 확보한 다음 재조합 기술을 거쳐 그 내용을 파악하는 이른바 '패킷감청'의 방식으로 이루어진다. … 인터넷회선 감청은 해당 인터넷회선을 통하여 흐르는 모든 정보가 감청 대상이 되므로, 이를 통해 드러나게 되는 개인의 사생활 영역은 전화나 우편물 등을 통하여 교환되는 통신의 범위를 넘는다. 더욱이 오늘날 이메일, 메신저, 전화 등 통신뿐 아니라, 각종 구매, 게시물 등록, 금융서비스 이용 등 생활의 전 영역이 인터넷 기반으로 이루어지기 때문에, 인터넷회선 감청은 타인과의 관계를 전제로 하는 개인의 사적 영역을 보호하려는 헌법 제18조의 통신의 비밀과 자유 외에 헌법 제17조의 사생활의 비밀과 자유도 제한하게 된다. … 그렇다면 이 사건 법률조항은 과잉금지원칙에 반하여 청구인의 통신 및 사생활의 비밀과 자유를 침해한다(헌재 2018.8.30. 2016헌마263).

344
☐☐☐
미결수용자가 교정시설 내에서 규율위반행위 등을 이유로 금치처분을 받은 경우 금치기간 중 서신수수, 접견, 전화통화를 제한하는 형의 집행 및 수용자의 처우에 관한 법률 조항은 미결수용자의 통신의 자유를 침해한다. O | X

금치처분을 받은 미결수용자에 대하여 금치기간 중 서신수수, 접견, 전화통화를 제한하는 것은 대상자를 구속감과 외로움 속에 반성에 전념하게 함으로써 수용시설 내 안전과 질서를 유지하기 위한 것이다. … 이 사건 서신수수·접견·전화통화 제한조항은 청구인의 통신의 자유를 침해하지 아니한다(헌재 2016.4.28. 2012헌마549 등).

345
☐☐☐
통신비밀보호법 제13조 제1항 중 "검사 또는 사법경찰관은 수사를 위하여 필요한 경우 전기통신사업법에 의한 전기통신사업자에게 제2조 제11호 가목 내지 라목의 통신사실 확인자료의 열람이나 제출을 요청할 수 있다." 부분은 전기통신가입자의 통신의 자유를 침해하지 않는다. O | X

수사기관의 통신사실 확인자료 제공요청에 대해 법원의 허가를 거치도록 규정하고 있으나 수사의 필요성만을 그 요건으로 하고 있어 제대로 된 통제가 이루어지기 어려운 점, 기지국수사의 허용과 관련하여서는 유괴·납치·성폭력범죄 등 강력범죄나 국가안보를 위협하는 각종 범죄와 같이 피의자나 피해자의 통신사실 확인자료가 반드시 필요한 범죄로 그 대상을 한정하는 방안 또는 다른 방법으로는 범죄수사가 어려운 경우(보충성)를 요건으로 추가하는 방안 등을 검토함으로써 수사에 지장을 초래하지 않으면서도 불특정 다수의 기본권을 덜 침해하는 수단이 존재하는 점을 고려할 때, 이 사건 요청조항은 과잉금지원칙에 반하여 청구인의 개인정보자기결정권과 통신의 자유를 침해한다(헌재 2018.6.28. 2012헌마538).

정답 342 X 343 X 344 X 345 X

346
□□□

인터넷회선 감청은 서버에 저장된 정보가 아니라, 인터넷상에서 발신되어 수신되기까지의 과정 중에 수집되는 정보, 즉 전송 중인 정보의 수집을 위한 수사이므로, 압수·수색과 구별된다. O | X

인터넷회선 감청은 검사가 법원의 허가를 받으면, 피의자 및 피내사자에 해당하는 감청대상자나 해당 인터넷회선의 가입자의 동의나 승낙을 얻지 아니하고도, 전기통신사업자의 협조를 통해 해당 인터넷회선을 통해 송·수신되는 전기통신에 대해 감청을 집행함으로써 정보주체의 기본권을 제한할 수 있으므로, 법이 정한 강제처분에 해당한다. 또한 인터넷회선 감청은 서버에 저장된 정보가 아니라, 인터넷상에서 발신되어 수신되기까지의 과정 중에 수집되는 정보, 즉 전송 중인 정보의 수집을 위한 수사이므로, 압수·수색과 구별된다. … 이 사건 법률조항은 과잉금지원칙에 위반하는 것으로 청구인의 기본권을 침해한다(헌재 2018.8.30. 2016헌마263).

347
□□□

온라인서비스제공자가 자신이 관리하는 정보통신망에서 아동·청소년이용음란물을 발견하기 위하여 대통령령으로 정하는 조치를 취하지 아니하거나 발견된 아동·청소년이용음란물을 즉시 삭제하고, 전송을 방지 또는 중단하는 기술적인 조치를 취하지 아니한 경우 처벌하는 아동·청소년의 성보호에 관한 법률 제17조 제1항은 서비스이용자의 통신의 비밀을 침해하지 않는다. O | X

심판대상조항은 온라인서비스제공자의 직업의 자유, 구체적으로는 영업수행의 자유를 제한하며, 서비스이용자의 통신의 비밀과 표현의 자유를 제한한다. … 심판대상조항을 통하여 아동음란물의 광범위한 유통·확산을 사전적으로 차단하고 이를 통해 이동음란물이 초래하는 각종 폐해를 방지하며 특히 관련된 아동·청소년의 인권 침해 가능성을 사전적으로 차단할 수 있는바, 이러한 공익이 사적 불이익보다 더 크다. 따라서 심판대상조항은 온라인서비스제공자의 영업수행의 자유, 서비스이용자의 통신의 비밀과 표현의 자유를 침해하지 아니한다(헌재 2018.6.28. 2016헌가15).

348
□□□

방송통신심의위원회가 주식회사 ○○ 외 9개 정보통신서비스제공자 등에 대하여 895개 웹사이트에 대한 접속차단의 시정을 요구한 행위는 정보통신서비스이용자의 통신의 비밀을 침해하지 않는다. O | X

이 사건 시정요구는 불법정보 등의 유통을 차단함으로써 정보통신에서의 건전한 문화를 창달하고 정보통신의 올바른 이용환경을 조성하고자 하는 것으로서 그 목적이 정당하다. 보안접속 프로토콜(https)을 사용하는 경우에도 접근을 차단할 수 있도록 서버이름 표시(를 확인하여 불법정보 등을 담고 있는 특정 웹사이트에 대한 접속을 차단하는 것은 수단의 적합성이 인정된다. … 그렇다면 이 사건 시정요구는 청구인들의 통신의 비밀과 자유 및 알 권리를 침해하지 아니한다(헌재 2023.10.26. 2019헌마158 등).

349
□□□

인터넷개인방송의 방송자가 비밀번호를 설정하는 등으로 비공개 조치를 취한 후 방송을 송출하는 경우, 방송자로부터 허가를 받지 못한 제3자가 비공개 조치가 된 인터넷개인방송을 비정상적인 방법으로 시청·녹화한 것은 통신비밀보호법상의 감청에 해당하지 않는다. O | X

인터넷개인방송의 방송자가 비밀번호를 설정하는 등으로 비공개 조치를 취한 후 방송을 송출하는 경우에는, 방송자로부터 허가를 받지 못한 사람은 당해 인터넷개인방송의 당사자가 아닌 '제3자'에 해당하고, 이러한 제3자가 비공개 조치가 된 인터넷개인방송을 비정상적인 방법으로 시청·녹화하는 것은 통신비밀보호법상의 감청에 해당할 수 있다(대판 2022.10.27. 2022도9877).

정답 346 ○ 347 ○ 348 ○ 349 X

350

☐☐☐

방송통신심의위원회가 정보통신서비스제공자 등에 대하여 특정 웹사이트에 대한 접속차단의 시정을 요구한 것은, 불법정보 등의 유통을 차단함으로써 정보통신에서의 건전한 문화를 창달하고 정보통신의 올바른 이용환경을 조성하고자 하는 것으로서, 정보통신서비스제공자의 통신의 비밀과 자유를 침해하지 아니한다. O | X

이 사건 시정요구는 불법정보 등의 유통을 차단함으로써 정보통신에서의 건전한 문화를 창달하고 정보통신의 올바른 이용환경을 조성하고자 하는 것으로서 그 목적이 정당하다. 보안접속 프로토콜(https)을 사용하는 경우에도 접근을 차단할 수 있도록 서버 이름 표시(이하 'SNI'라 한다)를 확인하여 불법정보 등을 담고 있는 특정 웹사이트에 대한 접속을 차단하는 것은 수단의 적합성이 인정된다. … 그렇다면 이 사건 시정요구는 청구인들의 통신의 비밀과 자유 및 알 권리를 침해하지 아니한다(헌재 2023.10.26. 2019헌마158 등).

351

☐☐☐

헌법 제18조는 통신의 비밀보호를 그 핵심내용으로 하는 통신의 자유를 기본권으로 보장하고 있는데, 자유로운 의사소통은 통신내용의 비밀을 보장하는 것만으로 충분하고 구체적인 통신으로 발생하는 외형적인 사실관계, 특히 통신관여자의 인적 동일성·통신시간·통신장소·통신횟수 등 통신의 외형을 구성하는 통신이용의 전반적 상황의 비밀까지도 보장해야 하는 것은 아니다. O | X

헌법 제18조는 '모든 국민은 통신의 비밀을 침해받지 아니한다.'라고 규정하여 통신의 비밀보호를 그 핵심내용으로 하는 통신의 자유를 기본권으로 보장하고 있다. 사생활의 비밀과 자유에 포섭될 수 있는 사적 영역에 속하는 통신의 자유를 헌법이 별개의 조항을 통해 기본권으로 보장하는 이유는 우편이나 전기통신의 운영이 전통적으로 국가독점에서 출발하였기 때문에 개인 간의 의사소통을 전제로 하는 통신은 국가에 의한 침해가능성이 여타의 사적 영역보다 크기 때문이다. 자유로운 의사소통은 통신내용의 비밀을 보장하는 것만으로는 충분하지 아니하고 구체적인 통신으로 발생하는 외형적인 사실관계, 특히 통신관여자의 인적 동일성·통신시간·통신장소·통신횟수 등 통신의 외형을 구성하는 통신이용의 전반적 상황의 비밀까지도 보장해야 한다(헌재 2018.6.28. 2012헌마191 등).

352

☐☐☐

'통신수단의 자유로운 이용'에는 자신의 인적 사항을 누구에게도 밝히지 않는 상태로 통신수단을 이용할 자유까지 포함된다고 볼 수 없다. O | X

헌법 제18조로 보장되는 기본권인 통신의 자유란 통신수단을 자유로이 이용하여 의사소통할 권리이다. '통신수단의 자유로운 이용'에는 자신의 인적 사항을 누구에게도 밝히지 않는 상태로 통신수단을 이용할 자유, 즉 통신수단의 익명성 보장도 포함된다(헌재 2019.9.26. 2017헌마1209).

353

□□□

교도소장이 수용자에게 온 서신을 개봉한 행위는 수용자의 통신의 자유를 침해하는 것이지만 법원, 검찰청 등이 수용자에게 보낸 문서를 열람한 행위는 수용자의 통신의 자유를 침해한다고 볼 수 없다. O | X

피청구인의 서신개봉행위는 법령상 금지되는 물품을 서신에 동봉하여 반입하는 것을 방지하기 위하여 구 형의 집행 및 수용자의 처우에 관한 법률(이하 '형집행법'이라 한다) 제43조 제3항 및 구 형집행법 시행령 제65조 제2항에 근거하여 수용자에게 온 서신의 봉투를 개봉하여 내용물을 확인한 행위로서, 교정시설의 안전과 질서를 유지하고 수용자의 교화 및 사회복귀를 원활하게 하기 위한 것이다. 개봉하는 발신자나 수용자를 한정하거나 엑스레이 기기 등으로 확인하는 방법 등으로는 금지물품 동봉 여부를 정확하게 확인하기 어려워, 입법목적을 같은 정도로 달성하면서, 소장이 서신을 개봉하여 육안으로 확인하는 것보다 덜 침해적인 수단이 있다고 보기 어렵다. 또한 서신을 개봉하더라도 그 내용에 대한 검열은 원칙적으로 금지된다. 따라서 서신개봉행위는 청구인의 통신의 자유를 침해하지 아니한다.
피청구인의 문서열람행위는 형집행법 시행령 제67조에 근거하여 법원 등 관계기관이 수용자에게 보내온 문서를 열람한 행위로서, 문서 전달 업무에 정확성을 기하고 수용자의 편의를 도모하며 법령상의 기간준수 여부 확인을 위한 공적 자료를 마련하기 위한 것이다. 수용자 스스로 고지하도록 하거나 특별히 엄중한 계호를 요하는 수용자에 한하여 열람하는 등의 방법으로는 목적 달성에 충분하지 않고, 다른 법령에 따라 열람이 금지된 문서는 열람할 수 없으며, 열람한 후에는 본인에게 신속히 전달하여야 하므로, 문서열람행위는 청구인의 통신의 자유를 침해하지 아니한다(헌재 2021.9.30. 2019헌마919).

354

□□□

통신비밀보호법상 통신사실 확인자료 제공요청은 수사 또는 내사의 대상이 된 가입자 등의 동의나 승낙을 얻지 아니하고도 공공기관이 아닌 전기통신사업자를 상대로 이루어지는 것으로 수사기관의 강제처분에 해당되어 헌법상 영장주의가 적용된다. O | X

통신사실 확인자료 제공요청은 수사 또는 내사의 대상이 된 가입자 등의 동의나 승낙을 얻지 아니하고도 공공기관이 아닌 전기통신사업자를 상대로 이루어지는 것으로 통신비밀보호법이 정한 수사기관의 강제처분이다. 이러한 통신사실 확인자료 제공요청과 관련된 수사기관의 권한남용 및 그로 인한 정보주체의 기본권 침해를 방지하기 위해서는 법원의 통제를 받을 필요가 있으므로, 통신사실 확인자료 제공요청에는 헌법상 영장주의가 적용된다. … 허가조항은 수사기관이 전기통신사업자에게 위치정보 추적자료 제공을 요청함에 있어 관할 지방법원 또는 지원의 허가를 받도록 규정하고 있으므로 헌법상 영장주의에 위배되지 아니한다(헌재 2018.6.28. 2012헌마191 등).

355

□□□

자기 또는 다른 사람의 성적 욕망을 유발하거나 만족시킬 목적으로 통신매체를 통하여 성적 수치심이나 혐오감을 일으키는 말 등을 상대방에게 도달하게 한 사람을 처벌하는 성폭력범죄의 처벌 등에 관한 특례법 제13조는 통신의 상대방에 대하여 통신매체를 이용한 음란표현행위를 하는 것을 금지하는 것이므로 통신의 자유를 제한한다. O | X

개인 사이에 이루어지는 전화, 우편, 컴퓨터, 그 밖의 통신매체를 통하여 성적 수치심이나 혐오감을 일으키는 표현을 전달하는 행위를 처벌함으로써 일정한 내용의 표현 자체를 금지하고 있는 심판대상조항은 청구인과 같은 발신인의 표현의 자유를 제한한다고 볼 수 있다. … 이 사건에서 문제되는 것은 국가가 심판대상조항에 따라 청구인의 통신에 관한 정보를 수집하거나 처리하는 것이 아니라, 통신의 상대방에 대하여 통신매체를 이용한 음란표현행위를 하는 것을 금지하는 것이므로, 심판대상조항으로 인해 청구인의 통신의 자유가 제한되었다고 볼 수 없다(헌재 2019.5.30. 2018헌바489).

356
☐☐☐

전기통신사업법 제30조 본문 중 "누구든지 전기통신사업자 가운데 이동통신사업자가 제공하는 전기통신역무를 타인의 통신용으로 제공하여서는 아니 된다." 부분이 통신수단을 자유로이 이용하여 타인과 의사소통하려는 이동통신서비스 이용자의 권리나 통신수단에 의하여 이루어지는 이용자와 타인 간의 의사소통과정의 비밀을 제한한다거나 이용자의 발언내용을 제한한다고 보기 어렵다. O I X

심판대상조항은 이동통신서비스 이용자로 하여금 해당 서비스를 다른 사람의 통신용으로 제공하는 행위를 금지할 뿐 이동통신서비스 이용자의 의사소통이나 의사표현을 제한하는 내용이 아니다. 그러므로 심판대상조항이 통신수단을 자유로이 이용하여 타인과 의사소통하려는 이동통신서비스 이용자의 권리나 통신수단에 의하여 이루어지는 이용자와 타인 간의 의사소통과정의 비밀을 제한한다거나 이용자의 발언내용을 제한한다고 보기 어렵다(헌재 2022.6.30. 2019헌가14).

357
☐☐☐

'패킷감청'의 방식으로 이루어지는 인터넷회선 감청은 현대 사회에 가장 널리 이용되는 의사소통 수단인 인터넷 통신망을 통해 송·수신하는 전기통신에 대한 감청을 범죄수사를 위한 통신제한조치의 하나로 정하고 있으므로, 일차적으로 헌법 제18조가 보장하는 통신의 비밀과 자유를 제한한다. O I X

헌법 제18조는 '모든 국민은 통신의 비밀을 침해받지 아니한다.'라고 규정하여 통신의 비밀 보호를 그 핵심내용으로 하는 통신의 자유를 기본권으로 보장하고 있다. 이 사건 법률조항은 현대 사회에 가장 널리 이용되는 의사소통 수단인 인터넷 통신망을 통해 송·수신하는 전기통신에 대한 감청을 범죄수사를 위한 통신제한조치의 하나로 정하고 있으므로, 일차적으로 헌법 제18조가 보장하는 통신의 비밀과 자유를 제한한다(헌재 2018.8.30. 2016헌마263).

358
☐☐☐

온라인서비스제공자가 자신이 관리하는 정보통신망에서 아동·청소년이용음란물을 발견하기 위하여 대통령령으로 정하는 조치를 취하지 아니하거나 발견된 아동·청소년이용음란물을 즉시 삭제하고, 전송을 방지 또는 중단하는 기술적인 조치를 취하지 아니한 경우 처벌하는 아동·청소년의 성보호에 관한 법률 제17조 제항은 서비스이용자의 통신의 비밀을 침해한다. O I X

온라인서비스제공자가 정보통신망을 제공하는 등 직·간접적으로 아동음란물 유통을 돕거나 방치하는 행위를 처벌함으로써 정보통신망에서 아동음란물의 유통을 억제·차단하여 아동·청소년을 성범죄로부터 보호하려는 심판대상조항의 입법목적은 정당하다. 심판대상조항은 그 폐해가 특히 심각한 아동음란물만을 대상으로 하여 그 보관·유통에 관여한 온라인서비스제공자를 수범자로 하고 있으므로 영업의 자유를 과도하게 제한한다고 단정할 수 없다. … 따라서 심판대상조항은 온라인서비스제공자의 영업수행의 자유, 서비스이용자의 통신의 비밀과 표현의 자유를 침해하지 아니한다(헌재 2018.6.28. 2016헌가15).

정답 356 ○ 357 ○ 358 X

제1항 양심의 자유

22. 경정승진

359
☐☐☐

재산목록을 제출하고 그 진실함을 법관 앞에서 선서하는 것은 개인의 인격형성에 관계되는 내심의 가치적·윤리적 판단에 해당하지 않아 양심의 자유의 보호대상이 아니다. O | X

재산목록을 제출하고 그 진실함을 법관 앞에서 선서하는 것은 개인의 인격형성에 관계되는 내심의 가치적·윤리적 판단에 해당하지 않아 양심의 자유의 보호대상이 아니고, 감치의 제재를 통해 이를 강제하는 것이 형사상 불이익한 진술을 강요하는 것이라고 할 수 없으므로, 심판대상조항은 청구인의 양심의 자유 및 진술거부권을 침해하지 아니한다(헌재 2014.9.25. 2013헌마11).

21. 국가직

360
☐☐☐

공정거래위원회의 명령으로 독점규제 및 공정거래에 관한 법률 위반의 혐의자에게 스스로 법위반사실을 인정하여 공표하도록 강제하고 있는 '법위반사실공표명령' 부분은 헌법상 일반적 행동의 자유, 명예권, 무죄추정권 및 양심의 자유를 침해한다. O | X

이 사건의 경우와 같이 경제규제법적 성격을 가진 공정거래법에 위반하였는지 여부에 있어서도 각 개인의 소신에 따라 어느 정도의 가치판단이 개입될 수 있는 소지가 있고 그 한도에서 다소의 윤리적 도덕적 관련성을 가질 수도 있겠으나, 이러한 법률판단의 문제는 개인의 인격형성과는 무관하며, 대화와 토론을 통하여 가장 합리적인 것으로 그 내용이 동화되거나 수렴될 수 있는 포용성을 가지는 분야에 속한다고 할 것이므로 헌법 제19조에 의하여 보장되는 양심의 영역에 포함되지 아니한다(헌재 2002.1.31. 2001헌바43).

20. 지방직

361
☐☐☐

현역입영 또는 소집통지서를 받은 자가 정당한 사유 없이 입영하지 않거나 소집에 응하지 않은 경우를 처벌하는 구 병역법 처벌조항은 과잉금지원칙을 위배하여 양심적 병역거부자의 양심의 자유를 침해한다. O | X

양심적 병역거부자에 대한 처벌은 대체복무제를 규정하지 아니한 병역종류조항의 입법상 불비와 양심적 병역거부는 처벌조항의 '정당한 사유'에 해당하지 않는다는 법원의 해석이 결합되어 발생한 문제일 뿐, 처벌조항 자체에서 비롯된 문제가 아니므로 처벌조항이 과잉금지원칙을 위반하여 양심적 병역거부자의 양심의 자유를 침해한다고 볼 수는 없다(헌재 2018.6.28. 2011헌바379).

정답 359 ○ 360 X 361 X

362
□□□

특정한 내적인 확신 또는 신념이 양심으로 형성된 이상 그 내용 여하를 떠나 양심의 자유에 의해 보호되는 양심이 될 수 있으므로, 헌법상 양심의 자유에 의해 보호받는 양심으로 인정할 것인지의 판단은 그것이 깊고, 확고하며, 진실된 것인지 여부와 관계없다.　　　　　　　　　　　　　　　　　　　　　　　O | X

특정한 내적인 확신 또는 신념이 양심으로 형성된 이상 그 내용 여하를 떠나 양심의 자유에 의해 보호되는 양심이 될 수 있으므로, 헌법상 양심의 자유에 의해 보호받는 '양심'으로 인정할 것인지의 판단은 그것이 깊고, 확고하며, 진실된 것인지 여부에 따르게 된다. 그리하여 양심적 병역거부를 주장하는 사람은 자신의 '양심'을 외부로 표명하여 증명할 최소한의 의무를 진다(헌재 2018.6.28. 2011헌바379·383).

363
□□□

'양심적' 병역거부는 실상 당사자의 '양심에 따른' 혹은 '양심을 이유로 한' 병역거부를 가리키는 것일 뿐만 아니라 병역거부가 '도덕적이고 정당하다'는 의미를 내포한다.　　　　　　　　　　　　　　　　O | X

'양심적' 병역거부는 실상 당사자의 '양심에 따른' 혹은 '양심을 이유로 한' 병역거부를 가리키는 것일 뿐이지 병역거부가 '도덕적이고 정당하다'는 의미는 아닌 것이다. 따라서 '양심적' 병역거부라는 용어를 사용한다고 하여 병역의무이행은 '비양심적'이 된다거나, 병역을 이행하는 거의 대부분의 병역의무자들과 병역의무이행이 국민의 숭고한 의무라고 생각하는 대다수 국민들이 '비양심적'인 사람들이 되는 것은 결코 아니다(헌재 2018.6.28. 2011헌바379 등).

364
□□□

양심적 병역거부의 바탕이 되는 양심상의 결정은 종교적 동기뿐만 아니라 윤리적 철학적 또는 이와 유사한 동기로부터도 형성될 수 있는 것이므로 양심적 병역거부자의 기본권 침해여부는 양심의 자유를 중심으로 판단한다.　　　　　　　　　　　　　　　　　　　　　　　　　　　　O | X

종교적 신앙에 의한 행위라도 개인의 주관적·윤리적 판단을 동반하는 것인 한 양심의 자유에 포함시켜 고찰할 수 있고, 앞서 보았듯이 양심적 병역거부의 바탕이 되는 양심상의 결정은 종교적 동기뿐만 아니라 윤리적·철학적 또는 이와 유사한 동기로부터도 형성될 수 있는 것이므로, 이 사건에서는 양심의 자유를 중심으로 기본권 침해 여부를 판단하기로 한다(헌재 2018.6.28. 2011헌바379 등).

365
□□□

가해학생에 대한 조치로 피해학생에 대한 서면사과를 규정한 조항은 가해학생의 양심의 자유와 인격권을 과도하게 침해한다고 본다.　　　　　　　　　　　　　　　　　　　　　　　　　　　　O | X

서면사과 조치는 내용에 대한 강제 없이 자신의 행동에 대한 반성과 사과의 기회를 제공하는 교육적 조치로 마련된 것이고, 가해학생에게 의견진술 등 적정한 절차적 기회를 제공한 뒤에 학교폭력 사실이 인정되는 것을 전제로 내려지는 조치이며, 이를 불이행하더라도 추가적인 조치나 불이익이 없다. 또한 이러한 서면사과의 교육적 효과는 가해학생에 대한 주의나 경고 또는 권고적인 조치만으로는 달성하기 어렵다. … 따라서 이 사건 서면사과조항이 가해학생의 양심의 자유와 인격권을 과도하게 침해한다고 보기 어렵다(헌재 2023.2.23. 2019헌바93 등).

정답　362 X　363 X　364 ○　365 X

366
□□□

음주측정요구에 응하여야 할 것인지에 대한 고민은 선과 악의 범주에 관한 진지한 윤리적 결정을 위한 고민이라 할 수 없고, 그 고민 끝에 어쩔 수 없이 음주측정요구에 응하였다 하여 내면적으로 구축된 인간양심이 왜곡·굴절된다고 할 수 없으므로 음주측정요구가 양심의 자유를 침해하는 것이라고 할 수 없다.

O | X

음주측정요구에 처하여 이에 응하여야 할 것인지 거부해야 할 것인지 고민에 빠질 수는 있겠으나 그러한 고민은 선과 악의 범주에 관한 진지한 윤리적 결정을 위한 고민이라 할 수 없으므로 그 고민 끝에 어쩔 수 없이 음주측정에 응하였다 하여 내면적으로 구축된 인간양심이 왜곡·굴절된다고 할 수 없다. 따라서 이 사건 법률조항을 두고 헌법 제19조에서 보장하는 양심의 자유를 침해하는 것이라고 할 수 없다(헌재 1997.3.27. 96헌가11).

367
□□□

국가의 존립과 안전을 위한 불가결한 헌법적 가치를 담고 있는 국방의 의무와 개인의 인격과 존엄의 기초가 되는 양심의 자유가 서로 충돌하는 경우, 입법자는 두 가치를 양립시킬 수 있는 조화점을 최대한 모색해야 하고, 그것이 불가능해 부득이 어느 하나의 헌법적 가치를 후퇴시킬 수밖에 없는 경우에도 그 목적에 비례하는 범위 내에 그쳐야 한다.

O | X

이 사건 법률조항은 헌법상 기본의무인 국방의 의무를 구체적으로 형성하는 것이면서 또한 동시에 양심적 병역거부자들의 양심의 자유를 제한하는 것이기도 하다. 이 사건 법률조항으로 인해서 국가의 존립과 안전을 위한 불가결한 헌법적 가치를 담고 있는 국방의 의무와 개인의 인격과 존엄의 기초가 되는 양심의 자유가 상충하게 된다. 이처럼 헌법적 가치가 서로 충돌하는 경우, 입법자는 두 가치를 양립시킬 수 있는 조화점을 최대한 모색해야 하고, 그것이 불가능해 부득이 어느 하나의 헌법적 가치를 후퇴시킬 수밖에 없는 경우에도 그 목적에 비례하는 범위 내에 그쳐야 한다(헌재 2018.6.28. 2011헌바379 등).

368
□□□

자신의 인격권이나 명예권을 보호하기 위하여 자신의 태도나 입장을 외부에 설명하거나 해명하는 행위는 단순한 생각이나 의견, 사상이나 확신 등의 표현행위라고 볼 수 있어, 그 행위가 선거에 영향을 미치게 하기 위한 것이라는 이유로 이를 하지 못하게 된다 하더라도 양심의 자유의 보호영역에 포괄되지 아니한다.

O | X

자신의 인격권이나 명예권을 보호하기 위하여 대외적으로 해명을 하는 행위는 표현의 자유에 속하는 영역일 뿐 이미 사생활의 자유에 의하여 보호되는 범주를 벗어난 행위이고, 또한, 자신의 태도나 입장을 외부에 설명하거나 해명하는 행위는 진지한 윤리적 결정에 관계된 행위라기보다는 단순한 생각이나 의견, 사상이나 확신 등의 표현행위라고 볼 수 있어, 그 행위가 선거에 영향을 미치게 하기 위한 것이라는 이유로 이를 하지 못하게 된다 하더라도 내면적으로 구축된 인간의 양심이 왜곡 굴절된다고는 할 수 없다는 점에서 양심의 자유의 보호영역에 포괄되지 아니하므로, 위 제93조 제1항은 사생활의 자유나 양심의 자유를 침해하지 아니한다(헌재 2001.8.30. 99헌바92 등).

정답 366 ○ 367 ○ 368 ○

369
☐☐☐

취업규칙에서 사용자가 사고나 비위행위 등을 저지른 근로자에게 시말서를 제출하도록 명령할 수 있다고 규정하는 경우, 그 시말서가 단순히 사건의 경위를 보고하는 데 그치지 않고 '자신의 잘못을 반성하고 사죄한다는 내용'이 포함된 사죄문 또는 반성문의 의미를 가지고 있다 할지라도 이를 두고 양심의 자유를 침해하였다고 볼 수는 없다.   O | X

취업규칙에서 사용자가 사고나 비위행위 등을 저지른 근로자에게 시말서를 제출하도록 명령할 수 있다고 규정하는 경우, 그 시말서가 단순히 사건의 경위를 보고하는 데 그치지 않고 더 나아가 근로관계에서 발생한 사고 등에 관하여 '자신의 잘못을 반성하고 사죄한다는 내용'이 포함된 사죄문 또는 반성문을 의미하는 것이라면, 이는 헌법이 보장하는 내심의 윤리적 판단에 대한 강제로서 양심의 자유를 침해하는 것이므로, 그러한 취업규칙 규정은 헌법에 위배되어 근로기준법 제96조 제1항에 따라 효력이 없고, 그에 근거한 사용자의 시말서 제출명령은 업무상 정당한 명령으로 볼 수 없다(대판 2010.1.14. 2009두6605).

370
☐☐☐

헌법이 보호하려는 양심은 어떤 일의 옳고 그름을 판단함에 있어서 그렇게 행동하지 아니하고는 자신의 인격적인 존재가치가 허물어지고 말 것이라는 강력하고 진지한 마음의 소리이지, 막연하고 추상적인 개념으로서의 양심이 아니다.   O | X

헌법이 보호하려는 양심은 어떤 일의 옳고 그름을 판단함에 있어서 그렇게 행동하지 아니하고는 자신의 인격적인 존재가치가 허물어지고 말 것이라는 강력하고 진지한 마음의 소리이지, 막연하고 추상적인 개념으로서의 양심이 아니다(헌재 1997.3.27. 96헌가11).

371
☐☐☐

양심형성의 자유와 양심적 결정의 자유는 내심에 머무르는 한 절대적 자유라고 할 수 있지만, 양심실현의 자유는 타인의 기본권이나 다른 헌법적 질서와 저촉되는 경우 법률에 의하여 제한될 수 있는 상대적 자유라고 할 수 있다.   O | X

내심적 자유, 즉 양심형성의 자유와 양심적 결정의 자유는 내심에 머무르는 한 절대적 자유라고 할 수 있지만, 양심실현의 자유는 타인의 기본권이나 다른 헌법적 질서와 저촉되는 경우 헌법 제37조 제2항에 따라 국가안전보장 질서유지 또는 공공복리를 위하여 법률에 의하여 제한될 수 있는 상대적 자유라고 할 수 있다(헌재 1998.7.16. 96헌바35).

372
☐☐☐

양심의 자유에서 현실적으로 문제가 되는 것은 국가의 법질서나 사회의 도덕률에서 벗어나려는 소수의 양심이지만 양심상의 결정이 어떠한 종교관·세계관 또는 그 외의 가치체계에 기초하고 있는가와 관계없이, 모든 내용의 양심상의 결정이 양심의 자유에 의하여 보장된다고 할 수는 없다.   O | X

일반적으로 민주적 다수는 법질서와 사회질서를 그의 정치적 의사와 도덕적 기준에 따라 형성하기 때문에, 그들이 국가의 법질서나 사회의 도덕률과 양심상의 갈등을 일으키는 것은 예외에 속한다. 양심의 자유에서 현실적으로 문제가 되는 것은 국가의 법질서나 사회의 도덕률에서 벗어나려는 소수의 양심이다. 따라서 양심상의 결정이 어떠한 종교관·세계관 또는 그 외의 가치체계에 기초하고 있는가와 관계없이, 모든 내용의 양심상의 결정이 양심의 자유에 의하여 보장된다(헌재 2004.8.26. 2002헌가1).

정답 369 X 370 O 371 O 372 X

373
□□□

헌법상 보호되는 양심은 민주적 다수의 사고나 가치관과 일치하는 것이 아니라, 개인적 현상으로서 지극히 주관적인 것이다. O | X

'양심의 자유'가 보장하고자 하는 '양심'은 민주적 다수의 사고나 가치관과 일치하는 것이 아니라, 개인적 현상으로서 지극히 주관적인 것이다. 양심은 그 대상이나 내용 또는 동기에 의하여 판단될 수 없으며, 특히 양심상의 결정이 이성적·합리적인가, 타당한가 또는 법질서나 사회규범, 도덕률과 일치하는가 하는 관점은 양심의 존재를 판단하는 기준이 될 수 없다(헌재 2004.8.26. 2002헌가1).

374
□□□

병역종류조항에 대체복무제가 규정되지 않음으로 인하여 양심적 병역거부자가 감수하여야 하는 불이익은 심대하고, 이들에게 대체복무를 부과하는 것이 오히려 넓은 의미의 국가안보와 공익 실현에 더 도움이 된다는 점을 고려할 때, 병역종류조항은 기본권 제한의 한계를 초과하여 법익의 균형성 요건을 충족하지 못한다. O | X

병역종류조항이 추구하는 공익은 대단히 중요한 것이기는 하나, 병역종류조항에 대체복무제를 도입한다고 하더라도 위와 같은 공익은 충분히 달성할 수 있다고 판단되는 반면, 병역종류조항에 대체복무제가 규정되지 않음으로 인하여 양심적 병역거부자가 감수하여야 하는 불이익은 심대하고, 이들에게 대체복무를 부과하는 것이 오히려 넓은 의미의 국가안보와 공익 실현에 더 도움이 된다는 점을 고려할 때, 병역종류조항은 기본권 제한의 한계를 초과하여 법익의 균형성 요건을 충족하지 못한 것으로 판단된다(헌재 2018.6.28. 2011헌바379 등).

375
□□□

학교폭력의 가해학생에 대한 조치로 피해학생에 대한 서면사과를 규정한 것은 가해학생에게 반성과 성찰의 기회를 제공하고 피해학생의 피해 회복과 정상적인 학교생활로의 복귀를 돕기 위한 교육적 조치로 볼 수 있으므로 가해학생의 양심의 자유를 침해한다고 보기 어렵다. O | X

서면사과 조치는 내용에 대한 강제 없이 자신의 행동에 대한 반성과 사과의 기회를 제공하는 교육적 조치로 마련된 것이고, 가해학생에게 의견진술 등 적정한 절차적 기회를 제공한 뒤에 학교폭력 사실이 인정되는 것을 전제로 내려지는 조치이며, 이를 불이행하더라도 추가적인 조치나 불이익이 없다. 또한 이러한 서면사과의 교육적 효과는 가해학생에 대한 주의나 경고 또는 권고적인 조치만으로는 달성하기 어렵다. … 이 사건 서면사과조항이 가해학생의 양심의 자유와 인격권을 과도하게 침해한다고 보기 어렵다(헌재 2023.2.23. 2019헌바93 등).

376
□□□

양심의 자유에는 널리 사물의 시시비비나 선악과 같은 윤리적 판단에 국가가 개입해서는 안 되는 내심적 자유는 물론, 이와 같은 윤리적 판단을 국가권력에 의하여 외부에 표명하도록 강제받지 아니할 자유까지 포괄한다. O | X

침묵의 자유는 널리 사물의 시시비비나 선악과 같은 윤리적 판단을 국가권력에 의하여 외부에 표명하도록 강제받지 않을 자유를 말한다. 따라서 윤리적 판단사항이 아닌 사실에 관한 지식(재판절차에서의 단순한 사실에 관한 증인의 증언거부, 신문기자에 의한 취재원에 관한 증언거부 등) 또는 기술적 지식의 진술을 거부하는 자유는 포함되지 않는다.

377
□□□

육군참모총장이 상벌사항을 파악하는 일환으로 육군 장교에게 민간법원에서 약식명령을 받아 확정된 사실을 자진신고 하도록 명령하는 것은 개인의 인격형성에 관계되는 내심의 가치적·윤리적 판단이 개입될 여지가 없는 단순한 사실관계의 확인에 불과하다. O | X

민간법원에서 약식명령을 받아 확정된 사실을 자진신고 하는 것은, 개인의 인격형성에 관계되는 내심의 가치적·윤리적 판단이 개입될 여지가 없는 단순한 사실관계의 확인에 불과하므로, 헌법 제19조에 의하여 보호되는 양심에 포함되지 아니한다. 따라서 20년도 육군지시 자진신고조항은 양심의 자유도 제한하지 아니한다(헌재 2021.8.31. 2020헌마12 등). 일반적 행동의 자유가 제한되지만 침해는 아니라고 보았다.

378
□□□

보안관찰처분은 보안관찰처분 대상자가 보안관찰 해당 범죄를 다시 저지를 위험성이 내심의 영역을 벗어나 외부에 표출되는 경우에 재범의 방지를 위하여 내려지는 특별예방적 목적의 처분이므로 양심의 자유를 침해한다고 할 수 없다. O | X

헌법이 보장한 양심의 자유는 정신적인 자유로서 어떠한 사상·감정을 가지고 있다고 하더라도 그것이 내심에 머무르는 한 절대적인 자유이므로 제한할 수 없는 것이나, 보안관찰법상의 보안관찰처분은 보안관찰처분대상자의 내심의 작용을 문제삼는 것이 아니라, 보안관찰처분대상자가 보안관찰해당범죄를 다시 저지를 위험성이 내심의 영역을 벗어나 외부에 표출되는 경우에 재범의 방지를 위하여 내려지는 특별예방적 목적의 처분이므로, 양심의 자유를 보장한 헌법규정에 위반된다고 할 수 없다(헌재 1997.11.27. 92헌바28).

379
□□□

특정한 내적인 확신 또는 신념이 양심으로 형성된 이상 그 내용 여하를 떠나 양심의 자유에 의해 보호되는 양심이 될 수 있으므로, 헌법상 양심의 자유에 의해 보호받는 양심으로 인정할 것인지의 판단은 그것이 깊고, 확고하며, 진실된 것인지 여부에 따르면 된다. 따라서 양심적 병역거부를 주장하는 사람은 자신의 양심을 외부로 표명하여 증명할 의무를 지지 않는다. O | X

특정한 내적인 확신 또는 신념이 양심으로 형성된 이상 그 내용 여하를 떠나 양심의 자유에 의해 보호되는 양심이 될 수 있으므로, 헌법상 양심의 자유에 의해 보호받는 '양심'으로 인정할 것인지의 판단은 그것이 깊고, 확고하며, 진실된 것인지 여부에 따르게 된다. 그리하여 양심적 병역거부를 주장하는 사람은 자신의 '양심'을 외부로 표명하여 증명할 최소한의 의무를 진다(헌재 2018.6.28. 2011헌바379 등).

380
□□□

양심적 병역거부는 실상 당사자의 '양심에 따른' 혹은 '양심을 이유로 한' 병역거부를 가리키는 것이며 병역거부가 '도덕적이고 정당하다'는 의미도 갖는다. O | X

양심의 의미에 따를 때, '양심적' 병역거부는 실상 당사자의 '양심에 따른' 혹은 '양심을 이유로 한' 병역거부를 가리키는 것일 뿐이지 병역거부가 '도덕적이고 정당하다'는 의미는 아닌 것이다. 따라서 '양심적' 병역거부라는 용어를 사용한다고 하여 병역의무이행은 '비양심적'이 된다거나, 병역을 이행하는 거의 대부분의 병역의무자들과 병역의무이행이 국민의 숭고한 의무라고 생각하는 대다수 국민들이 '비양심적'인 사람들이 되는 것은 결코 아니다(헌재 2018.6.28. 2011헌바379 등).

정답 377 ○ 378 ○ 379 X 380 X

381
□□□

보호되어야 할 양심에는 세계관·인생관·주의·신조 등은 물론 널리 개인의 인격형성에 관계되는 내심에 있어서의 가치적·윤리적 판단이나 단순한 사실관계의 확인과 같이 가치적·윤리적 판단이 개입될 여지가 없는 경우까지도 포함될 수 있다. O | X

보호되어야 할 양심에는 세계관·인생관·주의·신조 등은 물론, 이에 이르지 아니하여도 보다 널리 개인의 인격형성에 관계되는 내심에 있어서의 가치적·윤리적 판단도 포함될 수 있다. 그러나 단순한 사실관계의 확인과 같이 가치적·윤리적 판단이 개입될 여지가 없는 경우는 물론, 법률해석에 관하여 여러 견해가 갈리는 경우처럼 다소의 가치관련성을 가진다고 하더라도 개인의 인격형성과는 관계가 없는 사사로운 사유나 의견 등은 그 보호대상이 아니라고 할 것이다(헌재 2002.1.31. 2001헌바43).

382
□□□

양심상의 결정이 이성적·합리적인가, 타당한가 또는 법질서나 사회규범, 도덕률과 일치하는가 하는 관점은 양심의 존재를 판단하는 기준이 될 수 있다. O | X

'양심의 자유'가 보장하고자 하는 '양심'은 민주적 다수의 사고나 가치관과 일치하는 것이 아니라, 개인적 현상으로서 지극히 주관적인 것이다. 양심은 그 대상이나 내용 또는 동기에 의하여 판단될 수 없으며, 특히 양심상의 결정이 이성적·합리적인가, 타당한가 또는 법질서나 사회규범, 도덕률과 일치하는가 하는 관점은 양심의 존재를 판단하는 기준이 될 수 없다(헌재 2004.8.26. 2002헌가1).

383
□□□

의사로 하여금 환자의 진료비 내역 정보를 국세청에 제출하도록 하는 소득세법 해당 조항으로 얻게 되는 납세자의 편의와 사회적 제비용의 절감을 위한 연말정산 간소화라는 공익이 이로 인하여 제한되는 의사들의 양심실현의 자유에 비하여 결코 적다고 할 수 없다. O | X

이 사건 법령 조항에 의하여 국세청장에게 제출되는 내용은, 환자의 민감한 정보가 아니고, 과세관청이 소득세 공제액을 산정하기 위한 필요최소한의 내용이며, 이 사건 법령 조항으로 얻게 되는 납세자의 편의와 사회적 제비용의 절감을 위한 연말정산 간소화라는 공익이 이로 인하여 제한되는 의사들의 양심실현의 자유에 비하여 결코 적다고 할 수 없으므로, 이 사건 법령 조항은 피해의 최소성 원칙과 법익의 균형성도 충족하고 있다. 따라서 이 사건 법령 조항은 헌법에 위반되지 아니한다(헌재 2008.10.30. 2006헌마1401).

384
□□□

병역의 종류를 현역, 예비역, 보충역, 병역준비역, 전시근로역의 다섯 가지로 한정하여 규정하는 병역종류조항은 대체복무제라는 대안이 있음에도 불구하고 군사훈련을 수반하는 병역의무만을 규정하고 있으므로 정당한 입법목적을 달성하기 위한 적합한 수단에 해당한다고 보기는 어렵다. O | X

병역종류조항은, 병역부담의 형평을 기하고 병역자원을 효과적으로 확보하여 효율적으로 배분함으로써 국가안보를 실현하고자 하는 것이므로 정당한 입법목적을 달성하기 위한 적합한 수단이다. 국가가 관리하는 객관적이고 공정한 사전심사절차와 엄격한 사후관리절차를 갖추고, 현역복무와 대체복무 사이에 복무의 난이도나 기간과 관련하여 형평성을 확보해 현역복무를 회피할 요인을 제거한다면, 심사의 곤란성과 양심을 빙자한 병역기피자의 증가 문제를 해결할 수 있으므로, 대체복무제를 도입하면서도 병역의무의 형평을 유지하는 것은 충분히 가능하다. 따라서 대체복무제라는 대안이 있음에도 불구하고 군사훈련을 수반하는 병역의무만을 규정한 병역종류조항은, 침해의 최소성 원칙에 어긋난다(헌재 2018.6.28. 2011헌바379).

✓ 참고 목적의 정당성과 수단의 적합성은 인정하였으나 최소침해성 원칙과 법익의 균형성을 위반하였다는 것을 주의해야 한다.

385
☐☐☐

수범자가 스스로 수혜를 포기하거나 권고를 거부함으로써 법질서와 충돌하지 아니한 채 자신의 양심을 유지, 보존할 수 있는 경우에는 양심의 자유에 대한 침해가 될 수 없다.　　　　　　　　O | X

양심의 자유는 내심에서 우러나오는 윤리적 확신과 이에 반하는 외부적 법질서의 요구가 서로 회피할 수 없는 상태로 충돌할 때에만 침해될 수 있다. 그러므로 당해 실정법이 특정의 행위를 금지하거나 명령하는 것이 아니라 단지 특별한 혜택을 부여하거나 권고 내지 허용하고 있는 데에 불과하다면, 수범자는 수혜를 스스로 포기하거나 권고를 거부함으로써 법질서와 충돌하지 아니한 채 자신의 양심을 유지, 보존할 수 있으므로 양심의 자유에 대한 침해가 된다 할 수 없다(헌재 2002.4.25. 98헌마425).

386
☐☐☐

입영기피자에 대한 형사처벌은 '양심에 따른 행동을 할 자유', 즉 '작위에 의한 양심실현의 자유'를 제한하는 것이다.　　　　　　　　O | X

양심상의 결정에 따라 입영을 거부하거나 소집에 불응하는 이 사건 청구인 등이 현재의 대법원 판례에 따라 처벌조항에 의하여 형벌을 부과받음으로써 양심에 반하는 행동을 강요받고 있으므로, 이 사건 법률조항은 '양심에 반하는 행동을 강요당하지 아니할 자유', 즉, '부작위에 의한 양심실현의 자유'를 제한하고 있다(헌재 2018.6.28. 2011헌바379 등).

387
☐☐☐

법위반사실의 공표명령은 양심의 자유의 보호영역에 해당한다.　　　　　　　　O | X

이 사건의 경우와 같이 경제규제법적 성격을 가진 공정거래법에 위반하였는지 여부에 있어서도 각 개인의 소신에 따라 어느 정도의 가치판단이 개입될 수 있는 소지가 있고 그 한도에서 다소의 윤리적 도덕적 관련성을 가질 수도 있겠으나, 이러한 법률판단의 문제는 개인의 인격형성과는 무관하며, 대화와 토론을 통하여 가장 합리적인 것으로 그 내용이 동화되거나 수렴될 수 있는 포용성을 가지는 분야에 속한다고 할 것이므로 헌법 제19조에 의하여 보장되는 양심의 영역에 포함되지 아니한다(헌재 2002.1.31. 2001헌바43).

388
☐☐☐

헌법상 양심의 자유에 의해 보호받는 '양심'으로 인정할 것인지의 판단은 그것이 깊고, 확고하며, 진실된 것인지 여부에 따르게 되므로, 양심적 병역거부를 주장하는 사람은 자신의 '양심'을 외부로 표명하여 증명할 최소한의 의무를 진다.　　　　　　　　O | X

특정한 내적인 확신 또는 신념이 양심으로 형성된 이상 그 내용 여하를 떠나 양심의 자유에 의해 보호되는 양심이 될 수 있으므로, 헌법상 양심의 자유에 의해 보호받는 '양심'으로 인정할 것인지의 판단은 그것이 깊고, 확고하며, 진실된 것인지 여부에 따르게 된다. 그리하여 양심적 병역거부를 주장하는 사람은 자신의 '양심'을 외부로 표명하여 증명할 최소한의 의무를 진다(헌재 2018.6.28. 2011헌바379 등).

정답 385 ○　386 X　387 X　388 ○

389
☐☐☐

양심은 그 대상이나 내용 또는 동기에 의하여 판단될 수 없으며, 특히 양심상의 결정이 이성적·합리적인가, 타당한가 또는 법질서나 사회규범, 도덕률과 일치하는가 하는 관점은 양심의 존재를 판단하는 기준이 될 수 없다. O | X

'양심'은 민주적 다수의 사고나 가치관과 일치하는 것이 아니라, 개인적 현상으로서 지극히 주관적인 것이다. 양심은 그 대상이나 내용 또는 동기에 의하여 판단될 수 없으며, 특히 양심상의 결정이 이성적·합리적인가, 타당한가 또는 법질서나 사회규범·도덕률과 일치하는가 하는 관점은 양심의 존재를 판단하는 기준이 될 수 없다(헌재 2018.6.28. 2011헌바379 등).

390
☐☐☐

사업자단체의 독점규제 및 공정거래에 관한 법률 위반행위가 있을 때 공정거래위원회가 해당 사업자단체에 대하여 '법위반사실의 공표'를 명할 수 있도록 한 것은 양심의 자유를 침해하지 아니한다. O | X

이 사건의 경우와 같이 경제규제법적 성격을 가진 공정거래법에 위반하였는지 여부에 있어서도 각 개인의 소신에 따라 어느 정도의 가치판단이 개입될 수 있는 소지가 있고 그 한도에서 다소의 윤리적 도덕적 관련성을 가질 수도 있겠으나, 이러한 법률판단의 문제는 개인의 인격형성과는 무관하며, 대화와 토론을 통하여 가장 합리적인 것으로 그 내용이 동화되거나 수렴될 수 있는 포용성을 가지는 분야에 속한다고 할 것이므로 헌법 제19조에 의하여 보장되는 양심의 영역에 포함되지 아니한다(헌재 2002.1.31. 2001헌바43).

391
☐☐☐

대체복무기관을 '교정시설'로 한정하고, 대체복무요원의 복무기간을 '36개월'로 정하는 한편 대체복무요원으로 하여금 '합숙'하여 복무하도록 정한 대체역의 편입 및 복무 등에 관한 법률 및 같은 법 시행령의 조항들은 양심적 병역거부자의 양심의 자유를 침해한다. O | X

법률에서 대체역의 복무형태로 규정한 대체복무요원의 복무 내용과 범위를 정함에 있어서 입법자는 폭넓은 입법형성권을 가진다. … 이와 같은 현역병 복무의 실질적 강도와 현역 등의 복무를 대신하여 병역을 이행한다는 대체복무제의 목적에 비추어 볼 때, 복무기관조항, 기간조항 및 합숙조항으로 인한 고역의 정도가 지나치게 과도하여 양심적 병역거부자가 도저히 대체복무를 선택하기 어렵게 만드는 것으로 볼 수는 없다. 따라서 위 조항들은 과잉금지원칙을 위반하여 청구인들의 양심의 자유를 침해한다고 볼 수 없다(헌재 2024.5.30. 2022헌마707 등).

392
☐☐☐

자신의 인격권이나 명예권을 보호하기 위하여 대외적으로 해명을 하는 행위는 단순한 생각이나 의견, 사상이나 확신 등의 표현행위라고 볼 수 있어, 그 행위가 선거에 영향을 미치게 하기 위한 것이라는 이유로 이를 하지 못하게 된다 하더라도 양심의 자유의 보호영역에 포함되지 아니한다. O | X

자신의 인격권이나 명예권을 보호하기 위하여 대외적으로 해명을 하는 행위는 표현의 자유에 속하는 영역일 뿐 이미 사생활의 자유에 의하여 보호되는 범주를 벗어난 행위이고, 또한, 자신의 태도나 입장을 외부에 설명하거나 해명하는 행위는 진지한 윤리적 결정에 관계된 행위라기보다는 단순한 생각이나 의견, 사상이나 확신 등의 표현행위라고 볼 수 있어, 그 행위가 선거에 영향을 미치게 하기 위한 것이라는 이유로 이를 하지 못하게 된다 하더라도 내면적으로 구축된 인간의 양심이 왜곡 굴절된다고는 할 수 없다는 점에서 양심의 자유의 보호영역에 포괄되지 아니하므로, 위 제93조 제1항은 사생활의 자유나 양심의 자유를 침해하지 아니한다(헌재 2001.8.30. 99헌바92 등).

정답 389 O   390 O   391 X   392 O

393
☐☐☐

인터넷언론사의 공개된 게시판·대화방에서 스스로의 의사에 의하여 정당·후보자에 대한 지지·반대의 글을 게시하는 행위가 양심의 자유나 사생활 비밀의 자유에 의하여 보호되는 영역이라고 할 수 없다.

O | X

인터넷언론사의 공개된 게시판·대화방에서 스스로의 의사에 의하여 정당·후보자에 대한 지지·반대의 글을 게시하는 행위는 정당·후보자에 대한 단순한 의견 등의 표현행위에 불과하여 양심의 자유나 사생활 비밀의 자유에 의하여 보호되는 영역이라고 할 수 없으므로, 그 과정에서 실명확인 절차의 부담을 진다고 하더라도 이를 두고 양심의 자유나 사생활 비밀의 자유를 제한받는 것이라고 볼 수 없어 그 침해 여부에 관하여 더 나아가 판단하지 아니한다(헌재 2010.2.25. 2008헌마324 등).

394
☐☐☐

현 상황에서 순수 민간단체가 주관하는 사회봉사를 수행하고자 하는 자를 위한 적절한 대체복무제도를 통해 병역자원을 효율적으로 관리하고 병역의무의 형평성을 유지하는 것이 가능하므로, 이러한 제도를 대체복무의 형태로 인정하지 아니한 입법자의 판단은 수긍할 수 없다.

O | X

우리나라의 병역제도하에서는 공평하고 공정한 징집이라는 병역상의 정의 실현이 강하게 요청된다. 이에 따라 대체복무제도 현역복무와 대체복무 사이의 형평성이 확보되도록 제도를 설계·시행하는 것이 필요하다. 위에서 본 우리나라의 병역의무 이행과 관련된 현실에 비추어 볼 때, 순수 민간단체가 주관하는 사회봉사를 대체복무로 허용하는 경우에는 관리의 어려움이나 복무 강도의 차이 등으로 인해 현역복무와 대체복무 사이의 형평성 확보에 어려움이 따를 것으로 예상된다. 나아가 양심적 병역거부자를 위한 대체복무제도가 시행된 지 채 5년이 되지 않았고, 순수 민간단체가 주관하는 사회봉사를 대체복무로 허용할지 여부에 대한 충분한 사회적 논의도 이루어진 바 없다. 위와 같은 사정을 종합하면, 현 상황에서 민간 사회봉사제도를 통해 병역자원을 효율적으로 관리하고 병역의무의 형평성을 유지하는 것을 기대하기는 어려우므로, 민간 사회봉사제도를 대체복무의 형태로 인정하지 아니한 입법자의 판단은 수긍할 만하다. … 심판대상조항은 과잉금지원칙을 위반하여 절대적 병역거부자의 양심의 자유를 침해하지 않는다(헌재 2024.8.29. 2021헌마1278).

395
☐☐☐

이적표현물의 소지·취득행위만으로도 그 표현물의 이적내용이 전파될 가능성을 배제하기 어려우며, 최근 늘어나고 있는 전자매체 형식의 표현물들은 실시간으로 다수에게 반포가 가능하고, 이적표현물이 소지·취득한 사람의 의사와 무관하게 전파, 유통될 가능성도 배제할 수 없으므로, 이적행위를 할 목적으로 문서, 도화 기타의 표현물을 제작·소지·반포·취득한 자를 처벌하는 국가보안법 조항은 과잉금지원칙에 위배되어 양심의 자유를 침해하지 않는다.

O | X

이적표현물의 소지·취득행위만으로도 그 표현물의 이적내용이 전파될 가능성을 배제하기 어렵고, 특히 최근 늘어나고 있는 전자매체 형식의 표현물들은 실시간으로 다수에게 반포가 가능하고 소지·취득한 사람의 의사와 무관하게 전파, 유통될 가능성도 배제할 수 없으므로, 이적표현물을 소지·취득하는 행위가 지니는 위험성이 이를 제작·반포하는 행위에 비해 결코 적다고 보기 어렵다. 따라서 이적표현물 조항은 표현의 자유 및 양심의 자유를 침해하지 아니한다(헌재 2015.4.30. 2012헌바95 등).

정답 393 O 394 X 395 O

22. 법원직

396
□□□

종교의 자유에는 자기가 신봉하는 종교를 선전하고 새로운 신자를 규합하기 위한 선교의 자유가 포함되나, 선교의 자유에는 다른 종교의 신자에 대하여 개종을 권고하는 자유를 넘어 타 종교를 비판하는 자유까지 포함되었다고 볼 수 없다.　　　　　　　　　　　　　　　　　　　　　　　　　　　　O | X

우리 헌법 제20조 제1항은 "모든 국민은 종교의 자유를 가진다."라고 규정하고 있는데, 종교의 자유에는 자기가 신봉하는 종교를 선전하고 새로운 신자를 규합하기 위한 선교의 자유가 포함되고 선교의 자유에는 다른 종교를 비판하거나 다른 종교의 신자에 대하여 개종을 권고하는 자유도 포함되는바, 종교적 선전, 타 종교에 대한 비판 등은 동시에 표현의 자유의 보호대상이 되는 것이나, 그 경우 종교의 자유에 관한 헌법 제20조 제1항은 표현의 자유에 관한 헌법 제21조 제1항에 대하여 특별규정의 성격을 갖는다 할 것이므로 종교적 목적을 위한 언론·출판의 경우에는 그 밖의 일반적인 언론·출판에 비하여 보다 고도의 보장을 받게 된다고 할 것이다(대판 2007.2.8. 2006도4486).

24. 변호사

397
□□□

육군훈련소장이 훈련병들로 하여금 육군훈련소 내 종교 시설에서 개최되는 개신교, 불교, 천주교, 원불교 종교행사 중 하나에 참석하도록 강제한 행위는 특정 종교를 우대하는 것으로 정교분리원칙에 위배된다.　　　　　　　　　　　　　　　　　　　　　　　　　　　　O | X

피청구인이 청구인들로 하여금 개신교, 천주교, 불교, 원불교 4개 종교의 종교행사 중 하나에 참석하도록 한 것은 그 자체로 종교적 행위의 외적 강제에 해당한다. 이는 피청구인이 위 4개 종교를 승인하고 장려한 것이자, 여타 종교 또는 무종교보다 이러한 4개 종교 중 하나를 가지는 것을 선호한다는 점을 표현한 것이라고 보여질 수 있으므로 국가의 종교에 대한 중립성을 위반하여 특정 종교를 우대하는 것이다. 또한, 이 사건 종교행사 참석조치는 국가가 종교를, 군사력 강화라는 목적을 달성하기 위한 수단으로 전락시키거나, 반대로 종교단체가 군대라는 국가권력에 개입하여 선교행위를 하는 등 영향력을 행사할 수 있는 기회를 제공하므로, 국가와 종교의 밀접한 결합을 초래한다는 점에서 정교분리원칙에 위배된다.

24. 변호사

398
□□□

양심적 병역거부는 인류의 평화적 공존에 대한 간절한 희망과 결단을 기반으로 하고 있다는 점에서, 특별히 병역을 면제받지 않은 양심적 병역거부자에게 병역이행을 강제하는 병역법 조항은 설령 종교적 신앙에 따라 병역을 거부하는 자에게 적용되는 경우에도 해당 종교인의 종교의 자유를 제한하지 않는다.　　　　　　　　　　　　　　　　　　　　　　　　　　　　O | X

헌법 제20조 제1항은 양심의 자유와 별개로 종교의 자유를 따로 보장하고 있고, 이 사건 청구인 등의 대부분은 여호와의 증인 또는 카톨릭 신도로서 자신들의 종교적 신앙에 따라 병역의무를 거부하고 있으므로, 이 사건 법률조항에 의하여 이들의 종교의 자유도 함께 제한된다. 그러나 종교적 신앙에 의한 행위라도 개인의 주관적·윤리적 판단을 동반하는 것인 한 양심의 자유에 포함시켜 고찰할 수 있고, 앞서 보았듯이 양심적 병역거부의 바탕이 되는 양심상의 결정은 종교적 동기뿐만 아니라 윤리적·철학적 또는 이와 유사한 동기로부터도 형성될 수 있는 것이므로, 이 사건에서는 양심의 자유를 중심으로 기본권 침해 여부를 판단하기로 한다(헌재 2018.6.28. 2011헌바379).

제2편

해커스공무원 신동욱 헌법 핵심 기출 OX

399

□□□

통계청장이 인구주택총조사의 방문 면접조사를 실시하면서 담당 조사원을 통해 응답자에게 '종교가 있는지 여부'와 '있다면 구체적인 종교명이 무엇인지'를 묻는 조사 항목들에 응답할 것을 요구한 행위는, 통계의 기초자료로 활용하기 위한 조사 사항 중 하나로서 특정 종교를 믿는다는 이유로 불이익을 주거나 종교적 확신에 반하는 행위를 강요하기 위한 것이 아니다.　　O | X

청구인은 심판대상행위가 종교의 자유를 침해한다고 주장한다. 심판대상행위는 '종교가 있는지 여부'와 '있다면 구체적인 종교명이 무엇인지'를 묻는 조사항목들에 응답할 것을 요구하고 있는바, 이는 통계의 기초자료로 활용하기 위한 조사사항 중 하나로서 특정 종교를 믿는다는 이유로 불이익을 주거나 종교적 확신에 반하는 행위를 강요하기 위한 것이 아니다. 결국 청구인의 위 주장은 종교를 포함한 개인정보의 수집·활용 등이 개인정보자기결정권을 침해하는가의 문제로 귀결되므로, 개인정보자기결정권에 대한 침해 여부에 포함시켜 판단하면 충분하다. … 심판대상행위에 의하여 제한되는 사익은 청구인의 개인정보를 피청구인에게 제공하여야 하는 불이익인 반면, 심판대상행위로 달성하려는 공익은 그 조사결과를 정부정책의 수립·평가 또는 경제·사회현상의 연구·분석 등에 활용하여 사회발전에 기여하고자 하는 것으로서 청구인의 사익 제한보다 훨씬 크고 중요하다. 따라서 법익의 균형성도 갖추었다. 심판대상행위가 과잉금지원칙을 위반하여 청구인의 개인정보자기결정권을 침해하였다고 볼 수 없다(헌재 2017.7.27. 2015헌마1094).

400

□□□

종교단체에서 구호활동의 일환으로 운영하는 양로시설에 대해서도 양로시설의 설치에 신고의무를 부과하고 그 위반행위를 처벌하는 법률조항은, 일정 규모 이상의 양로시설에서는 안전사고나 인권침해 피해 정도가 커질 수 있어 예외 없이 신고의무를 부과할 필요가 있다는 점에서 종교의 자유를 침해하지 않는다.　　O | X

양로시설을 설치하고자 하는 경우 일정한 시설기준과 인력기준 등을 갖추어야 하나, 이는 노인들의 안전한 주거공간 보장을 위한 최소한의 기준에 불과하므로 신고의무 부과가 지나치다고 할 수 없다. 종교단체에서 구호활동의 일환으로 운영하는 양로시설이라고 하더라도 신고대상에서 제외하면 관리·감독의 사각지대가 발생할 수 있으며, 일정 규모 이상의 양로시설의 경우 안전사고나 인권침해 피해정도가 커질 수 있으므로, 예외를 인정함이 없이 신고의무를 부과할 필요가 있다. 더욱이 일부 사회복지시설들의 탈법적인 운영을 방지하기 위하여는 강력한 제재를 가할 필요성이 인정되며, 사안의 경중에 따라 벌금형의 선고도 가능하므로 심판대상조항에 의한 처벌이 지나치게 과중하다고 볼 수 없다. 심판대상조항에 의하여 제한되는 사익에 비하여 심판대상조항이 달성하려는 공익은 양로시설에 입소한 노인들의 쾌적하고 안전한 주거환경을 보장하는 것으로 이는 매우 중대하다. 따라서 심판대상조항이 과잉금지원칙에 위배되어 종교의 자유를 침해한다고 볼 수 없다(헌재 2016.6.30. 2015헌바46).

401

□□□

금치처분을 받은 자에게 금치처분 기간 중 종교상담을 통한 종교활동을 제외하고, 종교의식 또는 종교행사 참석을 금지하는 법조항은 이러한 불이익이 규율 준수를 통하여 수용질서를 유지한다는 공익에 비하여 크다 할 수 없으므로 해당 수용자의 종교의 자유를 침해하지 않는다.　　O | X

금치처분을 받은 사람은 최장 30일 이내의 기간 동안 공동행사에 참가할 수 없으나, 서신수수, 접견을 통해 외부와 통신할 수 있고, 종교상담을 통해 종교활동을 할 수 있으므로, 이 사건 금치조항 중 제108조 제4호에 관한 부분은 침해의 최소성에도 위반되지 아니한다. 금치처분을 받은 사람은 금치기간 동안 공동행사에 참가하는 방식으로 교정시설 내 수용자들과 교류하거나 종교활동을 할 수 없는 불이익을 받게 되나, 이는 규율의 준수를 통해 수용질서를 유지한다는 공익에 비하여 크다고 할 수 없으므로, 위 조항은 법익의 균형성도 갖추었다(헌재 2016.5.26. 2014헌마45).

정답 399 ○　400 ○　401 ○

402

☐☐☐

대학 주변의 학교정화구역에서 종교단체에 의한 납골시설의 설치·운영을 절대적으로 금지하고 있는 구 학교보건법 조항은 종교의 자유 등을 과도하게 제한하여 헌법 제37조 제2항에 위반된다고 보기 어렵다.

O | X

납골시설을 기피하는 정서는 사회의 일반적인 풍토와 문화에서 비롯된 것이어서 대학생이 되면 완전히 벗어나게 된다고 단정하기 어렵다. 대학 부근의 정화구역에서도 납골시설의 설치를 금지하는 것이 불합리하거나 불필요하다고 보기 어렵다. 이 사건 법률조항에 의하여 금지되는 것은 학교 부근 200m 이내의 정화구역 내에 국한되는 것이므로, 그로 인하여 기본권이 침해되는 정도는 크지 않다고 할 수 있다. 결국, 이 사건 법률조항은 입법목적을 달성하기 위하여 필요한 한도를 넘어서 종교의 자유, 행복추구권 및 직업의 자유를 과도하게 제한하여 헌법 제37조 제2항에 위반된다고 보기 어렵다(헌재 2009.7.30. 2008헌가2).

403

☐☐☐

육군훈련소장이 훈련병들로 하여금 개신교, 천주교, 불교, 원불교 4개 종교의 종교행사 중 하나에 참석하도록 한 것이 그 자체로 종교적 행위의 외적 강제에 해당한다고 볼 수는 없다.

O | X

피청구인이 청구인들로 하여금 개신교, 천주교, 불교, 원불교 4개 종교의 종교행사 중 하나에 참석하도록 한 것은 그 자체로 종교적 행위의 외적 강제에 해당한다. 이는 피청구인이 위 4개 종교를 승인하고 장려한 것이자, 여타 종교 또는 무종교보다 이러한 4개 종교 중 하나를 가지는 것을 선호한다는 점을 표현한 것이라고 보여질 수 있으므로 국가의 종교에 대한 중립성을 위반하여 특정 종교를 우대하는 것이다. 또한, 이 사건 종교행사 참석조치는 국가가 종교를, 군사력 강화라는 목적을 달성하기 위한 수단으로 전락시키거나, 반대로 종교단체가 군대라는 국가권력에 개입하여 선교행위를 하는 등 영향력을 행사할 수 있는 기회를 제공하므로, 국가와 종교의 밀접한 결합을 초래한다는 점에서 정교분리원칙에 위배된다(헌재 2022.11.24. 2019헌마941).

404

☐☐☐

종교시설의 건축행위에 대하여 기반시설부담금 부과를 제외하거나 감경하지 아니하였더라도, 종교의 자유를 침해하는 것이 아니다.

O | X

종교의 자유에서 종교에 대한 적극적인 우대조치를 요구할 권리가 직접 도출되거나 우대할 국가의 의무가 발생하지 아니한다. 종교시설의 건축행위에만 기반시설부담금을 면제한다면 국가가 종교를 지원하여 종교를 승인하거나 우대하는 것으로 비칠 소지가 있어 헌법 제20조 제2항의 국교금지·정교분리에 위배될 수도 있다고 할 것이므로 종교시설의 건축행위에 대하여 기반시설부담금 부과를 제외하거나 감경하지 아니하였더라도, 종교의 자유를 침해하는 것이 아니다(헌재 2010.2.25. 2007헌바131 등).

405
□□□

구치소에 종교행사 공간이 1개뿐이고, 종교행사는 종교, 수형자와 미결수용자, 성별, 수용동 별로 진행되며, 미결수용자는 공범이나 동일사건 관련자가 있는 경우 이를 분리하여 참석하게 해야 하는 점을 고려하면 구치소장이 미결수용자 대상 종교행사를 4주에 1회 실시했더라도 종교의 자유를 과도하게 제한하였다고 보기 어렵다. O | X

○○구치소에 종교행사 공간이 1개뿐이고, 종교행사는 종교, 수형자와 미결수용자, 성별, 수용동 별로 진행되며, 미결수용자는 공범이나 동일사건 관련자가 있는 경우 이를 분리하여 참석하게 해야 하는 점을 고려하면 피청구인이 미결수용자 대상 종교행사를 4주에 1회 실시했더라도 종교의 자유를 과도하게 제한하였다고 보기 어렵고, 구치소의 인적·물적 여건상 하루에 여러 종교행사를 동시에 하기 어려우며, 개신교의 경우에만 그 교리에 따라 일요일에 종교행사를 허용할 경우 다른 종교와의 형평에 맞지 않고, 공휴일인 일요일에 종교행사를 할 행정적 여건도 마련되어 있지 않다는 점을 고려하면, 이 사건 종교행사 처우는 청구인의 종교의 자유를 침해하지 않는다(헌재 2015.4.30. 2013헌마190).

406
□□□

간호조무사 국가시험 실시 요일은 수험생들의 피해를 최소화할 수 있는 방안으로 결정하여야 하지만 연 2회 실시되는 간호조무사 국가시험을 모두 토요일에 실시한다고 하여 토요일에 종교적 의미를 부여하는 종교를 믿는 자의 종교의 자유를 침해하지 아니한다. O | X

시험일을 일요일로 정하는 경우 제칠일안식일예수재림교(이하 '재림교'라 한다)를 믿는 청구인의 종교의 자유에 대한 제한은 없을 것이나, 일요일에 종교적 의미를 부여하는 응시자의 종교의 자유를 제한하게 되므로, 종교의 자유 제한 문제는 기본권의 주체만을 달리하여 그대로 존속하게 된다. 또한 대부분의 지방자치단체에서 시험장소 임차 및 인력동원 등의 이유로 일요일 시험실시가 불가하거나 어려워, 현재로서는 일요일에 시험을 시행하는 것도 현실적으로 어려운 상황이다. 이러한 사정을 고려할 때, 연 2회 실시되는 간호조무사 국가시험을 모두 토요일에 실시한다고 하여 그로 인한 기본권 제한이 지나치다고 볼 수 없다. 따라서 이 사건 공고는 과잉금지원칙에 반하여 청구인의 종교의 자유를 침해하지 아니한다(헌재 2023.6.29. 2021헌마171).

407
□□□

신앙의 자유는 신과 피안 또는 내세에 대한 인간의 내적 확신에 대한 자유를 말하는 것으로서 이러한 신앙의 자유는 그 자체가 내심의 자유의 핵심이기 때문에 법률로써도 이를 침해할 수 없다. O | X

신앙의 자유는 신과 피안 또는 내세에 대한 인간의 내적 확신에 대한 자유를 말하는 것으로서 이러한 신앙의 자유는 그 자체가 내심의 자유의 핵심이기 때문에 법률로써도 이를 침해할 수 없다(헌재 2011.12.29. 2009헌마527).

408
□□□

연 2회 실시하는 간호조무사 국가시험의 시행일시를 모두 토요일 일몰 전으로 정하여 특정 종교의 교인들로 하여금 안식일에 관한 교리를 위반하도록 하거나 토요일 응시에 제한을 받도록 하는 것은, 두 번의 시험 중 적어도 한 번은 토요일이 아닌 날 시행할 수 있는 등 다른 방법을 고려할 수 있으므로, 과잉금지원칙에 반하여 종교의 자유를 침해한다. O | X

시험일을 일요일로 정하는 경우 제칠일안식일예수재림교(이하 '재림교'라 한다)를 믿는 청구인의 종교의 자유에 대한 제한은 없을 것이나, 일요일에 종교적 의미를 부여하는 응시자의 종교의 자유를 제한하게 되므로, 종교의 자유 제한 문제는 기본권의 주체만을 달리하여 그대로 존속하게 된다. 또한 대부분의 지방자치단체에서 시험장소 임차 및 인력동원 등의 이유로 일요일 시험실시가 불가하거나 어려워, 현재로서는 일요일에 시험을 시행하는 것도 현실적으로 어려운 상황이다. 이러한 사정을 고려할 때, 연 2회 실시되는 간호조무사 국가시험을 모두 토요일에 실시한다고 하여 그로 인한 기본권 제한이 지나치다고 볼 수 없다. 따라서 이 사건 공고는 과잉금지원칙에 반하여 청구인의 종교의 자유를 침해하지 아니한다(헌재 2023.6.29. 2021헌마171).

409
□□□

종교시설의 건축행위에 금전적인 부담을 가하는 기반시설부담금은 종교시설의 건축행위에 부담을 주므로 이로써 종교적 행위의 자유가 제한된다. O | X

기반시설부담금은 종교시설의 건축행위에 금전적인 부담을 가하여 종교적 행위의 자유를 제한하는데, 종교적 행위의 지유는 내심의 신앙의 자유와는 달리 절대적 자유가 아니라 질서유시와 공공목리를 위하여 법률로 제한할 수 있다. … 일반적으로 적용되고 종교에 중립적인 법률의 적용으로 종교시설의 건축행위에 부담이 발생한다는 것만으로는 종교의 자유를 과도하게 제한한다고 할 수 없다(헌재 2010.2.25. 2007헌바131 등).

410
□□□

종교의 자유로부터 종교를 이유로 일반적으로 적용되는 조세나 부담금을 부과하는 법률적용의 면제 등 적극적인 우대 조치를 요구할 권리가 직접 도출된다거나 적극적인 우대조치를 할 국가의 의무가 발생하는 것은 아니다. O | X

헌법 제20조 제1항이 보장하고 있는 종교의 자유는 국민을 종교와 관련된 공권력의 강제와 개입으로부터 보호하지만, 이로부터 종교를 이유로 국민이 일반적으로 적용되는 조세나 부담금을 부과하는 법률적용의 면제 등 적극적인 우대조치를 요구할 권리가 직접 도출된다거나 적극적인 우대조치를 할 국가의 의무가 발생하는 것은 아니다(헌재 2010.2.25. 2007헌바131 등).

411
□□□

신앙의 자유는 그 자체가 내심의 자유의 핵심이므로 법률로써도 이를 침해할 수 없는 반면, 종교적 행위의 자유와 종교적 집회·결사의 자유는 신앙의 자유와는 달리 절대적 자유가 아니므로 질서유지, 공공복리 등을 위하여 제한할 수 있다. O | X

헌법 제20조 제1항은 모든 국민은 종교의 자유를 가진다고 규정하여 종교의 자유를 선언하고 있다. 종교의 자유는 일반적으로 신앙의 자유, 종교적 행위의 자유 및 종교적 집회·결사의 자유로 구성된다. 신앙의 자유는 그 자체가 내심의 자유의 핵심이므로 법률로써도 이를 침해할 수 없는 반면, 종교적 행위의 자유와 종교적 집회·결사의 자유는 신앙의 자유와는 달리 절대적 자유가 아니므로 질서유지, 공공복리 등을 위하여 제한할 수 있다(헌재 2023.6.29. 2021헌마171).

정답 408 X 409 ○ 410 ○ 411 ○

412
□□□

육군훈련소장이 훈련병들로 하여금 육군훈련소 내 종교행사에 참석하도록 한 행위는 국가가 종교를 군사력 강화라는 목적을 달성하기 위한 수단으로 전락시키거나, 반대로 종교단체가 군대라는 국가권력에 개입하여 선교행위를 하는 등 영향력을 행사할 수 있는 기회를 제공하므로, 국가와 종교의 밀접한 결합을 초래한다는 점에서 정교분리 원칙에 위배된다.　　　　　O | X

피청구인이 청구인들로 하여금 개신교, 천주교, 불교, 원불교 4개 종교의 종교행사 중 하나에 참석하도록 한 것은 그 자체로 종교적 행위의 외적 강제에 해당한다. 이는 피청구인이 위 4개 종교를 승인하고 장려한 것이자, 여타 종교 또는 무종교보다 이러한 4개 종교 중 하나를 가지는 것을 선호한다는 점을 표현한 것이라고 보여질 수 있으므로 국가의 종교에 대한 중립성을 위반하여 특정 종교를 우대하는 것이다. 또한, 이 사건 종교행사 참석조치는 국가가 종교를 군사력 강화라는 목적을 달성하기 위한 수단으로 전락시키거나, 반대로 종교단체가 군대라는 국가권력에 개입하여 선교행위를 하는 등 영향력을 행사할 수 있는 기회를 제공하므로, 국가와 종교의 밀접한 결합을 초래한다는 점에서 정교분리원칙에 위배된다(헌재 2022.11.24. 2019헌마941).

413
□□□

국가 또는 지방자치단체 외의 자가 양로시설을 설치하고자 하는 경우 신고하도록 규정하고 이를 위반한 경우 처벌하는 노인복지법 제33조 제2항 중 제32조 제1항 제1호의 '양로시설'에 관한 부분 및 노인복지법 제57조 제1항 중 제33조 제2항의 '양로시설'에 관한 부분은 종교단체에서 구호활동의 일환으로 운영하는 양로시설도 예외를 인정함이 없이 신고의무를 부과하고 이를 위반할 경우 형사처벌을 하는 것으로서 과잉금지원칙에 위배되어 종교의 자유를 침해한다.　　　　　O | X

심판대상조항은 양로시설에 입소한 노인들에게 편안하고 쾌적한 주거환경을 제공하도록 국가나 지방자치단체가 관리·감독을 하기 위한 것으로, 이러한 입법목적은 정당하고 신고의무를 위반한 경우 형사제재를 가하는 것은 양로시설 현황을 파악하고 감독하기 위한 것으로 수단의 적절성도 인정된다. 양로시설을 설치하고자 하는 경우 일정한 시설기준과 인력기준 등을 갖추어야 하나, 이는 노인들의 안전한 주거공간 보장을 위한 최소한의 기준에 불과하므로 신고의무 부과가 지나치다고 할 수 없다. 종교단체에서 구호활동의 일환으로 운영하는 양로시설이라고 하더라도 신고대상에서 제외하면 관리·감독의 사각지대가 발생할 수 있으며, 일정 규모 이상의 양로시설의 경우 안전사고나 인권침해 피해정도가 커질 수 있으므로, 예외를 인정함이 없이 신고의무를 부과할 필요가 있다. … 따라서 심판대상조항이 과잉금지원칙에 위배되어 종교의 자유를 침해한다고 볼 수 없다(헌재 2016.6.30. 2015헌바46).

414
□□□

금치기간 중 공동행사 참가를 정지하는 형의 집행 및 수용자의 처우에 관한 법률 제112조 제3항 본문 중 제108조 제4호에 관한 부분은 금치기간 중인 자의 종교의 자유를 침해하지 않는다.　　　　　O | X

금치처분을 받은 사람은 최장 30일 이내의 기간 동안 공동행사에 참가할 수 없으나, 서신수수, 접견을 통해 외부와 통신할 수 있고, 종교상담을 통해 종교활동을 할 수 있다. 또한, 위와 같은 불이익은 규율 준수를 통하여 수용질서를 유지한다는 공익에 비하여 크다고 할 수 없다. 따라서 위 조항은 청구인의 통신의 자유, 종교의 자유를 침해하지 아니한다(헌재 2016.5.26. 2014헌마45).

415

□□□

구치소장이 구치소 내 미결수용자를 대상으로 한 개신교 종교행사를 4주에 1회, 일요일이 아닌 요일에 실시한 행위는 미결수용자의 종교의 자유를 침해하지 않는다.　　　　　　　　　　　O | X

구치소에 종교행사 공간이 1개뿐이고, 종교행사는 종교, 수형자와 미결수용자, 성별, 수용동 별로 진행되며, 미결수용자는 공범이나 동일사건 관련자가 있는 경우 이를 분리하여 참석하게 해야 하는 점을 고려하면 피청구인이 미결수용자 대상 종교행사를 4주에 1회 실시했더라도 종교의 자유를 과도하게 제한하였다고 보기 어렵고, 구치소의 인적·물적 여건상 하루에 여러 종교행사를 동시에 하기 어려우며, 개신교의 경우에만 그 교리에 따라 일요일에 종교행사를 허용할 경우 다른 종교와의 형평에 맞지 않고, 공휴일인 일요일에 종교행사를 할 행정적 여건도 마련되어 있지 않다는 점을 고려하면, 이 사건 종교행사 처우는 청구인의 종교의 자유를 침해하지 않는다(헌재 2015.4.30. 2013헌마190).

416

□□□

대부분의 지방자치단체에서 시험장소 임차 및 인력동원 등의 이유로 일요일 시험실시가 불가하거나 현실적으로 어려우므로, 연 2회 실시하는 간호조무사 국가시험의 시행일시를 모두 토요일 일몰 전으로 정한 '2021년도 간호조무사 국가시험 시행계획 공고'는 제칠일안식일예수재림교를 믿는 응시자의 종교의 자유를 침해하지 아니한다.　　　　　　　　　　　O | X

시험일을 일요일로 정하는 경우 제칠일안식일예수재림교(이하 '재림교'라 한다)를 믿는 청구인의 종교의 자유에 대한 제한은 없을 것이나, 일요일에 종교적 의미를 부여하는 응시자의 종교의 자유를 제한하게 되므로, 종교의 자유 제한 문제는 기본권의 주체만을 달리하여 그대로 존속하게 된다. 또한 대부분의 지방자치단체에서 시험장소 임차 및 인력동원 등의 이유로 일요일 시험실시가 불가하거나 어려워, 현재로서는 일요일에 시험을 시행하는 것도 현실적으로 어려운 상황이다. 이러한 사정을 고려할 때, 연 2회 실시되는 간호조무사 국가시험을 모두 토요일에 실시한다고 하여 그로 인한 기본권 제한이 지나치다고 볼 수 없다. 따라서 이 사건 공고는 과잉금지원칙에 반하여 청구인의 종교의 자유를 침해하지 아니한다(헌재 2023.6.29. 2021헌마171).

417

□□□

종교적인 기관·단체 등의 조직 내에서의 직무상 행위를 이용하여 그 구성원에 대하여 선거운동을 하거나 하게 할 수 없도록 한 공직선거법 조항은 종교적 신념 자체 또는 종교의식, 종교교육, 종교적 집회·결사의 자유 등을 제한하는 것이 아니므로 종교의 자유가 직접적으로 제한된다고 보기 어렵다.　　　　　　　　　　　O | X

청구인들은 직무이용 제한조항이 종교의 자유도 침해한다고 주장하나, 위 조항은 종교적 신념 자체 또는 종교의식, 종교교육, 종교적 집회·결사의 자유 등을 제한하는 것이 아니라, 단지 종교단체 내에서 직무상 지위를 이용한 선거운동을 제한하는 것이므로 그로 인해 종교의 자유가 직접적으로 제한된다고 보기 어렵다. 따라서 직무이용 제한조항이 종교의 자유를 침해하는지 여부에 대해서는 따로 살펴보지 않는다. … 그렇다면 직무이용 제한조항은 과잉금지원칙을 위반하여 선거운동 등 정치적 표현의 자유를 침해하지 않는다(헌재 2024.1.25. 2021헌바233 등).

418
□□□

육군훈련소장이 훈련병들로 하여금 개신교, 천주교, 불교, 원불교 4개 종교의 종교행사 중 하나에 참석하도록 한 것은 종교단체가 군대라는 국가권력에 개입하여 선교행위를 하는 등 영향력을 행사할 수 있는 기회를 제공하는 것은 아니므로 정교분리원칙에 위배되는 것은 아니다.   O I X

이 사건 종교행사 참석조치는 국가가 종교를 군사력 강화라는 목적을 달성하기 위한 수단으로 전락시키거나, 반대로 종교단체가 군대라는 국가권력에 개입하여 선교행위를 하는 등 영향력을 행사할 수 있는 기회를 제공하므로, 국가와 종교의 밀접한 결합을 초래한다는 점에서 정교분리원칙에 위배된다(헌재 2022.11.24. 2019헌마941).

419
□□□

연 2회 실시되는 간호조무사 국가시험을 모두 토요일에 실시하도록 한 '2021년도 간호조무사 국가시험 시행계획 공고'는 종교의 자유를 침해하지 않는다.   O I X

시험일을 일요일로 정하는 경우 제칠일안식일예수재림교(이하 '재림교'라 한다)를 믿는 청구인의 종교의 자유에 대한 제한은 없을 것이나, 일요일에 종교적 의미를 부여하는 응시자의 종교의 자유를 제한하게 되므로, 종교의 자유 제한 문제는 기본권의 주체만을 달리하여 그대로 존속하게 된다. 또한 대부분의 지방자치단체에서 시험장소 임차 및 인력동원 등의 이유로 일요일 시험실시가 불가하거나 어려워, 현재로서는 일요일에 시험을 시행하는 것도 현실적으로 어려운 상황이다. 이러한 사정을 고려할 때, 연 2회 실시되는 간호조무사 국가시험을 모두 토요일에 실시한다고 하여 그로 인한 기본권 제한이 지나치다고 볼 수 없다. 따라서 이 사건 공고는 과잉금지원칙에 반하여 청구인의 종교의 자유를 침해하지 아니한다(헌재 2023.6.29. 2021헌마171).

420
□□□

육군훈련소장이 훈련병에게 개신교, 천주교, 불교, 원불교 4개 종교의 종교행사 중 하나에 참석하도록 한 것은 그 자체로 종교적 행위의 외적 강제에 해당하고, 국가와 종교의 밀접한 결합을 초래한다는 점에서 정교분리원칙에 위배된다.   O I X

피청구인이 청구인들로 하여금 개신교, 천주교, 불교, 원불교 4개 종교의 종교행사 중 하나에 참석하도록 한 것은 그 자체로 종교적 행위의 외적 강제에 해당한다. 이는 피청구인이 위 4개 종교를 승인하고 장려한 것이자, 여타 종교 또는 무종교보다 이러한 4개 종교 중 하나를 가지는 것을 선호한다는 점을 표현한 것이라고 보여질 수 있으므로 국가의 종교에 대한 중립성을 위반하여 특정 종교를 우대하는 것이다. 또한, 이 사건 종교행사 참석조치는 국가가 종교를 군사력 강화라는 목적을 달성하기 위한 수단으로 전락시키거나, 반대로 종교단체가 군대라는 국가권력에 개입하여 선교행위를 하는 등 영향력을 행사할 수 있는 기회를 제공하므로, 국가와 종교의 밀접한 결합을 초래한다는 점에서 정교분리원칙에 위배된다(헌재 2022.11.24. 2019헌마941).

421
□□□

"누구든지 종교적인 기관·단체 등의 조직 내에서의 직무상 행위를 이용하여 그 구성원에 대하여 선거운동을 하거나 하게 할 수 없다."고 정하고 이를 위반한 경우 처벌하는 공직선거법상 직무이용 제한조항은 종교의 자유 및 표현의 자유를 침해한다.   O I X

청구인들은 직무이용 제한조항이 종교의 자유도 침해한다고 주장하나, 위 조항은 종교적 신념 자체 또는 종교의식, 종교교육, 종교적 집회·결사의 자유 등을 제한하는 것이 아니라, 단지 종교단체 내에서 직무상 지위를 이용한 선거운동을 제한하는 것이므로 그로 인해 종교의 자유가 직접적으로 제한된다고 보기 어렵다. 따라서 직무이용 제한조항이 종교의 자유를 침해하는지 여부에 대해서는 따로 살펴보지 않는다. … 그렇다면 직무이용 제한조항은 과잉금지원칙을 위반하여 선거운동 등 정치적 표현의 자유를 침해하지 않는다(헌재 2024.1.25. 2021헌바233 등).

정답 418 X 419 ○ 420 ○ 421 X

422
☐☐☐

학교환경위생정화구역 내에서 종교단체가 설치·운영하고자 하는 납골시설의 설치·운영이 금지되는 경우에는 종교의 자유에 대한 제한 문제가 발생한다.   O | X

종교 의식 내지 종교적 행위와 밀접한 관련이 있는 시설의 설치와 운영은 종교의 자유를 보장하기 위한 전제에 해당되므로 종교적 행위의 자유에 포함된다고 할 것이다. … 따라서 종교단체가 종교적 행사를 위하여 종교집회장 내에 납골시설을 설치하여 운영하는 것은 종교행사의 자유와 관련된 것이라고 할 것이고, 그러한 납골시설의 설치를 금지하는 것은 종교행사의 자유를 제한하는 결과로 된다(헌재 2009.7.30. 2008헌가2).

423
☐☐☐

종교의 자유의 구체적 내용에 관하여는 일반적으로 '신앙의 자유', '종교적 행위의 자유' 및 '종교적 집회·결사의 자유'의 3요소를 내용으로 한다고 설명된다.   O | X

종교의 자유의 구체적 내용에 관하여는 일반적으로 신앙의 자유, 종교적 행위의 자유 및 종교적 집회·결사의 자유의 3요소를 내용으로 한다고 설명되고 있다(헌재 2001.9.27. 2000헌마159).

424
☐☐☐

종교의 자유에는 종교전파의 자유로서 누구에게나 자신의 종교 또는 종교적 확신을 알리고 선전하는 자유가 포함되는데, 이러한 종교전파의 자유는 국민에게 그가 선택한 임의의 장소에서 자유롭게 행사할 수 있는 권리까지 보장한다고 할 수 없다.   O | X

이 사건에서 문제되는 종교의 자유는 종교전파의 자유로서 누구에게나 자신의 종교 또는 종교적 확신을 알리고 선전하는 자유를 말하며, 포교행위 또는 선교행위가 이에 해당한다. 그러나 이러한 종교전파의 자유는 국민에게 그가 선택한 임의의 장소에서 자유롭게 행사할 수 있는 권리까지 보장한다고 할 수 없으며, 그 임의의 장소가 대한민국의 주권이 미치지 아니하는 지역 나아가 국가에 의한 국민의 생명·신체 및 재산의 보호가 강력히 요구되는 해외 위난지역인 경우에는 더욱 그러하다(헌재 2008.6.26. 2007헌마1366).

425
☐☐☐

지방자치단체가 유서 깊은 천주교 성당 일대를 문화관광지로 조성하기 위하여 상급 단체로부터 문화관광지 조성계획을 승인받은 후 사업부지 내 토지 등을 수용재결한 사안에서, 문화관광지조성계획의 승인과 그에 따른 토지 등 수용재결은 헌법의 정교분리원칙이나 평등권에 위배된다.   O | X

지방자치단체가 유서 깊은 천주교 성당 일대를 문화관광지로 조성하기 위하여 상급 단체로부터 문화관광지 조성계획을 승인받은 후 사업부지 내 토지 등을 수용재결한 사안에서, 위 성당을 문화재로 보호할 가치가 충분하고 위 문화관광지 조성계획은 지방자치단체가 지역경제의 활성화를 도모하기 위하여 추진한 것으로 보이며 특정 종교를 우대·조장하거나 배타적 특권을 부여하는 것으로 볼 수 없어, 그 계획의 승인과 그에 따른 토지 등 수용재결이 헌법의 정교분리원칙이나 평등권에 위배되지 않는다(대판 2009.5.28. 2008두16933).

정답 422 ○ 423 ○ 424 ○ 425 X

426
☐☐☐

헌법상 종교의 자유는 국민을 종교와 관련된 공권력의 강제와 개입으로부터 보호하지만, 종교의 자유로부터 종교를 이유로 국민이 일반적으로 적용되는 조세나 부담금을 부과하는 법률적용의 면제 등 적극적인 우대조치를 요구할 권리까지 직접 도출되는 것은 아니다.　　　　　　　　　　　　　O | X

헌법 제20조 제1항이 보장하고 있는 종교의 자유는 국민을 종교와 관련된 공권력의 강제와 개입으로부터 보호하지만, 이로부터 종교를 이유로 국민이 일반적으로 적용되는 조세나 부담금을 부과하는 법률적용의 면제 등 적극적인 우대조치를 요구할 권리가 직접 도출된다거나 적극적인 우대조치를 할 국가의 의무가 발생하는 것은 아니다(헌재 2010.2.25. 2007헌바131 등).

427
☐☐☐

종교교육이라 하더라도 그것이 학교나 학원이라는 교육기관의 형태를 취할 경우에는 구교육법이나 구 학원의 설립 · 운영에 관한 법률상의 규정에 의한 규제를 받게 된다고 보아야 할 것이고, 종교교육이라고 해서 예외가 될 수 없다.　　　　　　　　　　　　　O | X

종교교육이라 하더라도 그것이 학교나 학원이라는 교육기관의 형태를 취할 경우에는 교육법이나 학원법상의 규정에 의한 규제를 받게 된다고 보아야 할 것이고, 종교교육이라고 해서 예외가 될 수 없다 할 것이다. … 위 조항들이 청구인의 종교의 자유 등을 침해하였다고 볼 수 없고, 위 조항들로 인하여 종교교단의 재정적 능력에 따라 학교 내지 학원의 설립상 차별을 초래한다고 해도 거기에는 위와 같은 합리적 이유가 있으므로 평등원칙에 위배된다고 할 수 없다(헌재 2000.3.30. 99헌바14).

제3항 언론 · 출판의 자유

428
☐☐☐

일반적으로 표현의 자유는 정보의 전달 또는 전파와 관련지어 생각되므로 구체적인 전달이나 전파의 상대방이 없는 집필의 단계를 표현의 자유의 보호영역에 포함시킬 것인지 의문이 있을 수 있으나, 집필은 문자를 통한 모든 의사표현의 기본 전제가 된다는 점에서 당연히 표현의 자유의 보호영역에 속해 있다고 보아야 한다.　　　　　　　　　　　　　O | X

집필행위는 사람의 내면에 있는 생각이 외부로 나타나는 첫 단계의 행위란 점에서 문자를 통한 표현행위의 가장 기초적이고도 전제가 되는 행위라 할 것이다. 일반적으로 표현의 자유는 정보의 전달 또는 전파와 관련지어 생각되므로 구체적인 전달이나 전파의 상대방이 없는 집필의 단계를 표현의 자유의 보호영역에 포함시킬 것인지 의문이 있을 수 있으나, 집필은 문자를 통한 모든 의사표현의 기본 전제가 된다는 점에서 당연히 표현의 자유의 보호영역에 속해 있다고 보아야 한다(헌재 2005.2.24. 2003헌마289).

429
☐☐☐

학교 구성원으로 하여금 성별 등의 사유를 이유로 차별적 언사나 행동, 혐오적 표현 등을 통해 다른 사람의 인권을 침해하지 못하도록 한 서울특별시 학생인권조례 규정은 학교 구성원들의 표현의 자유를 침해한 것이라고 볼 수 없다. O | X

이 사건 조례 제5조 제3항은 그 표현의 대상이 되는 학교 구성원의 존엄성을 보호하고, 학생이 민주시민으로서의 올바른 가치관을 형성하도록 하며 인권의식을 함양하게 하기 위한 것으로 그 정당성이 인정되고, 수단의 적합성 역시 인정된다. 차별적 언사나 행동, 혐오적 표현은 개인이나 집단에 대한 혐오·적대감을 담고 있는 것으로, 그 자체로 상대방인 개인이나 소수자의 인간으로서의 존엄성을 침해하고, 특정 집단의 가치를 부정하므로, 이러한 차별·혐오표현이 금지되는 것은 헌법상 인간의 존엄성 보장 측면에서 긴요하다. … 이 사건 조례 제5조 제3항은 과잉금지원칙에 위배되어 학교 구성원인 청구인들의 표현의 자유를 침해하지 아니한다(헌재 2019.11.28. 2017헌마1356).

430
☐☐☐

방송사 외부에 있는 자가 방송편성에 관계된 자에게 방송편성에 관해 특정한 요구를 하는 등의 방법으로, 방송편성에 관한 자유롭고 독립적인 의사결정에 영향을 미칠 수 있는 행위 일체를 금지하고 이를 위반한 자를 처벌하는 것은 시청자의 건전한 방송 비판 내지 의견제시까지 처벌대상으로 삼는 것으로 시청자들의 표현의 자유를 침해한다. O | X

방송의 자유는 민주주의의 원활한 작동을 위한 기초인바, 국가권력은 물론 정당, 노동조합, 광고주 등 사회의 여러 세력이 법률에 정해진 절차에 의하지 아니하고 방송편성에 개입한다면 국민 의사가 왜곡되고 민주주의에 중대한 위해가 발생하게 된다. 심판대상조항은 방송편성의 자유와 독립을 보장하기 위하여 방송에 개입하여 부당하게 영향력을 행사하는 '간섭'에 이르는 행위만을 금지하고 처벌할 뿐이고, 방송법과 다른 법률들은 방송보도에 대한 의견 개진 내지 비판의 통로를 충분히 마련하고 있다. 따라서 심판대상조항이 과잉금지원칙에 반하여 표현의 자유를 침해한다고 볼 수 없다(헌재 2021.8.31. 2019헌바439).

431
☐☐☐

시청자는 왜곡된 보도에 대해서 의견 개진 내지 비판을 할 수 있음에도, 방송편성에 관하여 간섭을 금지하는 방송법조항의 '간섭'에 관한 부분 및 그 위반 행위자를 처벌하는 구 방송법조항의 '간섭'에 관한 부분은 청구인의 표현의 자유를 침해한다. O | X

방송의 자유는 민주주의의 원활한 작동을 위한 기초인바, 국가권력은 물론 정당, 노동조합, 광고주 등 사회의 여러 세력이 법률에 정해진 절차에 의하지 아니하고 방송편성에 개입한다면 국민 의사가 왜곡되고 민주주의에 중대한 위해가 발생하게 된다. 심판대상조항은 방송편성의 자유와 독립을 보장하기 위하여 방송에 개입하여 부당하게 영향력을 행사하는 '간섭'에 이르는 행위만을 금지하고 처벌할 뿐이고, 방송법과 다른 법률들은 방송보도에 대한 의견 개진 내지 비판의 통로를 충분히 마련하고 있다. 따라서 심판대상조항이 과잉금지원칙에 반하여 표현의 자유를 침해한다고 볼 수 없다(헌재 2021.8.31. 2019헌바439).

정답 429 ○ 430 X 431 X

432

☐☐☐

헌법상 사전검열은 표현의 자유의 보호대상이더라도 예외 없이 금지되지는 않는다.　　　O | X

현행 헌법상 사전검열은 표현의 자유 보호대상이면 예외 없이 금지된다. 의료기기에 대한 광고는 의료기기의 성능이나 효능 및 효과 또는 그 원리 등에 관한 정보를 널리 알려 해당 의료기기의 소비를 촉진시키기 위한 상업광고로서 헌법 제21조 제1항의 표현의 자유의 보호대상이 됨과 동시에 같은 조 제2항의 사전검열금지원칙의 적용대상이 된다. 광고의 심의기관이 행정기관인지 여부는 기관의 형식에 의하기보다는 그 실질에 따라 판단되어야 하고, 행정기관의 자의로 민간심의기구의 심의업무에 개입할 가능성이 열려 있다면 개입 가능성의 존재 자체로 헌법이 금지하는 사전검열이라고 보아야 한다(헌재 2020.8.28. 2017헌가35 등).

<table>
<tr><td colspan="2">📖 개념정리 사전검열에 관한 헌법재판소 결정</td></tr>
<tr><td>사전검열에 해당 ○</td><td>사전검열에 해당 ✕</td></tr>
<tr><td>
• 공연윤리위원회의 영화·음반·비디오물 사전심의
• 공연윤리위원회의 비디오물복제 사전심의
• 한국공연예술진흥협의회의 비디오물 사전심의
• 영상물등급위원회의 영화상영 등급분류보류제도
• 영상물등급위원회의 비디오물 등급분류보류제도
• 영상물등급위원회의 외국비디오물 수입추천제도
• 영상물등급위원회의 외국음반 국내제작 추천제도
• 방송통신심의위원회의 방송광고 사전심의제
• 의사협회의 의료광고 사전심의제
• 건강기능식품 사전심의제
</td><td>
• 정기간행물 등록제도
• 영화제작업자 등록제도
• 영화 등급심사제도
• 비디오 등급분류
• 방송사업허가제
• 게임물판매업자 등록제도
• 정기간행물의 공보처장관에의 납본제도
• 교과서 국정제 및 검·인정제
• 법원에 의한 방영금지가처분
• 옥외광고물 사전허가·신고제
</td></tr>
</table>

433

☐☐☐

세종특별자치시 옥외광고물 관리 조례에서 특정구역 안에서 업소별로 표시할 수 있는 옥외광고물의 총수량을 원칙적으로 1개로 제한한 것은 표현의 자유를 침해한다.　　　O | X

특정구역 안에서의 옥외광고물의 표시방법을 제한하는 심판대상조항들은 옥외광고물의 난립을 막아 쾌적하고 조화로운 도시미관을 조성함과 동시에 도시의 정체성을 확립하고, 공중에 대한 위해를 방지하고자 하는 것으로서 그 목적의 정당성 및 수단의 적정성이 인정된다. … 심판대상조항들에 의하여 달성하려는 공익에 비하여 중대하다고 할 수 없어 법익균형성도 충족된다. 따라서 심판대상조항들이 비례의 원칙에 위배되어 청구인들의 표현의 자유 및 직업수행의 자유를 침해한다고 볼 수 없다(헌재 2016.3.31. 2014헌마79).

434

☐☐☐

건강기능식품 기능성 광고 사전심의가 헌법이 금지하는 사전검열에 해당하려면 심사절차를 관철할 수 있는 강제수단이 존재할 것을 필요로 하는데, 영업허가취소와 같은 행정제재나 벌금형과 같은 형벌의 부과는 사전심의절차를 관철하기 위한 강제수단에 해당한다.　　　O | X

심의받은 내용과 다른 내용의 광고를 한 경우, 이 사건 제재조항은 대통령령으로 정하는 바에 따라 영업허가를 취소·정지하거나, 영업소의 폐쇄를 명할 수 있도록 하고, 이 사건 처벌조항은 5년 이하의 징역 또는 5천만원 이하의 벌금에 처하도록 하고 있다. 이와 같은 행정제재나 형벌의 부과는 사전심의절차를 관철하기 위한 강제수단에 해당한다(헌재 2018.6.28. 2016헌가8 등).

정답 432 X　433 X　434 ○

435
□□□

인터넷 등 전자적 방법에 의한 판결서 열람 복사의 범위를 개정법 시행 이후 확정된 사건의 판결서로 한정하고 있는 군사법원법 부칙조항은 정보공개청구권을 침해한다. O | X

이 사건 부칙조항은 판결서 공개제도를 실현하는 과정에서 그 공개범위를 일정 부분 제한하여 판결서 공개에 필요한 국가의 재정이나 용역의 부담을 경감·조정하고자 하는 것이다. 어떤 새로운 제도를 도입할 때에는 그에 따른 사회적 비용도 함께 고려하여 부분적인 개선 방식을 취할 수도 있으므로, 입법자는 현실적인 조건들을 감안해서 위 부칙조항과 같이 판결서 열람·복사에 관한 개정법의 적용 범위를 일정 부분 제한할 수 있으며, 청구인은 비록 전자적 방법은 아니라 해도 군사법원법 제93조의2에 따라 개정법 시행 이전에 확정된 판결서를 열람·복사할 수 있다. 이 사건 부칙조항으로 인해 청구인이 전자적 방법을 통해 열람·복사할 수 있는 판결서의 범위가 제한된다 하더라도 이는 입법재량의 한계 내에 있으므로, 위 부칙조항이 청구인의 정보공개청구권을 침해한다고 할 수 없다(헌재 2015.12.23. 2014헌마185).

436
□□□

대한민국을 모욕할 목적으로 국기를 훼손하는 행위를 처벌하도록 한 것은 표현의 방법이 아닌 표현의 내용에 대한 규제이므로 표현의 자유를 침해한다. O | X

국기는 국가의 역사와 국민성, 이상 등을 응축하고 헌법이 보장하는 질서와 가치를 담아 국가의 정체성을 표현하는 국가의 대표적 상징물이다. 심판대상조항은 국기를 존중, 보호함으로써 국가의 권위와 체면을 지키고, 국민들이 국기에 대하여 가지는 존중의 감정을 보호하려는 목적에서 입법된 것이다. 심판대상조항은 국기가 가지는 고유의 상징성과 위상을 고려하여 일정한 표현방법을 규제하는 것에 불과하므로, 국기모독 행위를 처벌한다고 하여 이를 정부나 정권, 구체적 국가기관이나 제도에 대한 비판을 허용하지 않거나 이를 곤란하게 하는 것으로 볼 수 없다. … 그러므로 심판대상조항은 과잉금지원칙에 위배되어 청구인의 표현의 자유를 침해한다고 볼 수 없고, 표현의 자유의 본질적 내용을 침해한다고도 할 수 없다(헌재 2019.12.27. 2016헌바96).

437
□□□

인터넷언론사에 대하여 선거일 전 90일부터 선거일까지 후보자 명의의 칼럼이나 저술을 게재하는 보도를 제한하는 구 인터넷선거보도 심의기준 등에 관한 규정 제8조 제2항 본문과 인터넷선거보도 심의기준 등에 관한 규정 제8조 제2항은 인터넷언론사 홈페이지에 청구인 명의의 칼럼을 게재한 자의 표현의 자유를 침해한다. O | X

이 사건 시기제한조항은 선거일 전 90일부터 선거일까지 후보자 명의의 칼럼 등을 게재하는 인터넷 선거보도가 불공정하다고 볼 수 있는지에 대해 구체적으로 판단하지 않고 이를 불공정한 선거보도로 간주하여 선거의 공정성을 해치지 않는 보도까지 광범위하게 제한한다. … 이 사건 시기제한조항의 입법목적을 달성할 수 있는 덜 제약적인 다른 방법들이 이 사건 심의기준 규정과 공직선거법에 이미 충분히 존재한다. 따라서 이 사건 시기제한조항은 과잉금지원칙에 반하여 청구인의 표현의 자유를 침해한다(헌재 2019.11.28. 2016헌마90).

정답 435 X 436 X 437 ○

438
□□□

정치적 표현의 자유는 선거과정에서의 선거운동을 통하여 국민이 정치적 의견을 자유로이 발표·교환함으로써 비로소 그 기능을 다하게 된다고 할지라도, 선거운동의 자유는 헌법에 정한 언론·출판·집회·결사의 자유 보장규정에 의한 보호를 받는 것이 아니라 선거원칙을 규정하고 있는 헌법 제41조 제1항 및 제67조 제1항과 헌법 제10조 행복추구권으로부터 유래되는 일반적 행동자유권 등에 의해서 우선적으로 보호된다.

O | X

선거운동의 자유는 널리 선거과정에서 자유로이 의사를 표현할 자유의 일환이므로 표현의 자유의 한 태양이기도 하다. 표현의 자유, 특히 정치적 표현의 자유는 선거과정에서의 선거운동을 통하여 국민이 정치적 의견을 자유로이 발표·교환함으로써 비로소 그 기능을 다하게 된다 할 것이므로, 선거운동의 자유는 헌법에 정한 언론·출판·집회·결사의 자유 보장 규정에 의한 보호를 받는다(헌재 2001.8.30. 99헌바92 등).

439
□□□

초·중등학교의 교육공무원이 정치단체의 결성에 관여하거나 이에 가입하는 행위를 금지한 국가공무원법 조항 중 '그 밖의 정치단체'에 관한 부분은 정치적 표현의 자유를 침해하지 않는다.

O | X

국가공무원법조항 중 '그 밖의 정치단체'에 관한 부분은 어떤 단체에 가입하는가에 관한 집단적 형태의 '표현의 내용'에 근거한 규제이므로, 더욱 규제되는 표현의 개념을 명확하게 규정할 것이 요구된다. 그럼에도 위 조항은 '그 밖의 정치단체'라는 불명확한 개념을 사용하여, 수범자에 대한 위축효과와 법 집행 공무원의 자의적 판단 위험을 야기하고 있다. 위 조항이 명확성원칙에 위배되어 나머지 청구인들의 정치적 표현의 자유, 결사의 자유를 침해하여 헌법에 위반되는 점이 분명한 이상, 과잉금지원칙에 위배되는지 여부에 대하여는 더 나아가 판단하지 않는다(헌재 2020.4.23. 2018헌마551).

440
□□□

사실적 주장에 관한 언론보도 등으로 인하여 피해를 입은 자는 그 보도 내용에 관한 반론보도를 언론사 등에 청구할 수 있다.

O | X

> **언론중재 및 피해구제 등에 관한 법률 제16조 【반론보도청구권】** ① 사실적 주장에 관한 언론보도등으로 인하여 피해를 입은 자는 그 보도 내용에 관한 반론보도를 언론사등에 청구할 수 있다.

441
□□□

인터넷신문의 언론으로서의 신뢰성을 제고하기 위해 5인 이상의 취재 및 편집 인력을 정식으로 고용하도록 강제하고, 이에 대한 확인을 위하여 국민연금 등 가입사실을 확인하는 것은 언론의 자유를 침해한다고 할 수 없다.

O | X

고용조항 및 확인조항은 소규모 인터넷신문이 언론으로서 활동할 수 있는 기회 자체를 원천적으로 봉쇄할 수 있음에 비하여, 인터넷신문의 신뢰도 제고라는 입법목적의 효과는 불확실하다는 점에서 법익의 균형성도 잃고 있다. 따라서 고용조항 및 확인조항은 과잉금지원칙에 위배되어 청구인들의 언론의 자유를 침해한다(헌재 2016.10.27. 2015헌마1206 등).

정답 438 X 439 X 440 ○ 441 X

442

자유로운 의사의 형성은 정보에의 접근이 충분히 보장됨으로써 비로소 가능한 것이며, 그러한 의미에서 정보에의 접근·수집·처리의 자유, 즉 '알 권리'는 표현의 자유와 표리일체의 관계에 있으며 자유권적 성질과 청구권적 성질을 공유하는 것이다. O | X

자유로운 의사의 형성은 정보에의 접근이 충분히 보장됨으로써 비로소 가능한 것이며, 그러한 의미에서 정보에의 접근·수집·처리의 자유, 즉 '알 권리'는 표현의 자유와 표리일체의 관계에 있으며 자유권적 성질과 청구권적 성질을 공유하는 것이다(헌재 1991.5.13. 90헌마133).

443

'알 권리'의 자유권적 성질은 일반적으로 정보에 접근하고 수집·처리함에 있어서 국가권력의 방해를 받지 아니한다는 것을 말한다. O | X

자유권적 성질은 일반적으로 정보에 접근하고 수집·처리함에 있어서 국가권력의 방해를 받지 아니한다는 것을 말하며, 청구권적 성질은 의사형성이나 여론 형성에 필요한 정보를 적극적으로 수집하고 수집을 방해하는 방해제거를 청구할 수 있다는 것을 의미하는 바 이는 정보수집권 또는 정보공개청구권으로 나타난다(헌재 1991.5.13. 90헌마133).

444

'알 권리'의 청구권적 성질은 의사형성이나 여론 형성에 필요한 정보를 적극적으로 수집하고 수집을 방해하는 방해제거를 청구할 수 있다는 것을 의미하는 바, 이는 정보수집권 또는 정보공개청구권으로 나타난다. O | X

청구권적 성질은 의사형성이나 여론 형성에 필요한 정보를 적극적으로 수집하고 수집을 방해하는 방해제거를 청구할 수 있다는 것을 의미하는 바 이는 정보수집권 또는 정보공개청구권으로 나타난다(헌재 1991.5.13. 90헌마133).

445

'알 권리'는 표현의 자유에 당연히 포함되는 것으로 보아야 하지만 생활권적 성질까지도 획득해 나가고 있다고 보기는 어렵다. O | X

나아가 현대 사회가 고도의 정보화사회로 이행해감에 따라 '알 권리'는 한편으로 생활권적 성질까지도 획득해 나가고 있다. 이러한 '알 권리'는 표현의 자유에 당연히 포함되는 것으로 보아야 하며 인권에 관한 세계선언 제19조도 '알 권리'를 명시적으로 보장하고 있다(헌재 1991.5.13. 90헌마133).

446
☐☐☐

식품에 숙취해소 효과가 있음에도 불구하고, '숙취해소' 표시를 금지하고 있는 식품등의표시기준은 광고표현의 자유를 침해한다.　　　　　　　　　　　　　　　　　　　　　　　　　　　　　　　　O | X

위 규정은 음주로 인한 건강위해적 요소로부터 국민의 건강을 보호한다는 입법목적하에 음주전후, 숙취해소 등 음주를 조장하는 내용의 표시를 금지하고 있으나, '음주전후', '숙취해소'라는 표시는 이를 금지할 만큼 음주를 조장하는 내용이라 볼 수 없고, 식품에 숙취해소 작용이 있음에도 불구하고 이러한 표시를 금지하면 숙취해소용 식품에 관한 정확한 정보 및 제품의 제공을 차단함으로써 숙취해소의 기회를 국민으로부터 박탈하게 될 뿐만 아니라, 보다 나은 숙취해소용 식품을 개발하기 위한 연구와 시도를 차단하는 결과를 초래하므로, 위 규정은 숙취해소용 식품의 제조·판매에 관한 영업의 자유 및 광고표현의 자유를 과잉금지원칙에 위반하여 침해하는 것이다(헌재 2000.3.30. 99헌마143).

447
☐☐☐

비의료인의 의료에 관한 광고를 금지하고 처벌하는 의료법 조항은 국민의 생명권과 건강권을 보호하고 국민의 보건에 관한 국가의 보호의무를 이행하기 위하여 필요한 최소한도 내의 제한이라고 할 것이므로, 비의료인의 표현의 자유를 침해하지 않는다.　　　　　　　　　　　　　　　　　　　　　O | X

비의료인에게 의료에 관한 광고를 허용할 경우에는 비의료인에 의하여 의료에 관한 부정확한 광고가 양산되고, 그에 의하여 일반인들이 올바른 의료선택을 하지 못하게 되며, 무면허 의료행위가 조장·확산될 위험이 있다. 이 사건 법률조항은 이러한 결과를 방지하여 국민의 생명권과 건강권을 보호하고 국민의 보건에 관한 국가의 보호의무를 이행하기 위하여 필요한 최소한도 내의 제한이라고 할 것이므로, 비의료인인 청구인의 표현의 자유, 직업수행의 자유를 침해한다고 볼 수 없다(헌재 2016.9.29. 2015헌바325).

448
☐☐☐

사전허가금지의 대상은 언론·출판의 자유의 내재적 본질인 표현의 내용을 보장하는 것뿐만 아니라, 언론·출판을 위해 필요한 물적 시설이나 언론기업의 주체인 기업인으로서의 활동까지 포함된다.　　O | X

사전허가금지의 대상은 어디까지나 언론·출판 자유의 내재적 본질인 표현의 내용을 보장하는 것을 말하는 것이지, 언론·출판을 위해 필요한 물적 시설이나 언론기업의 주체인 기업인으로서의 활동까지 포함되는 것으로 볼 수는 없다. 즉, 언론·출판에 대한 허가·검열금지의 취지는 정부가 표현의 내용에 관한 가치판단에 입각해서 특정 표현의 자유로운 공개와 유통을 사전 봉쇄하는 것을 금지하는 데 있으므로, 내용 규제 그 자체가 아니거나 내용 규제 효과를 초래하는 것이 아니라면 헌법이 금지하는 '허가'에는 해당되지 않는다(헌재 2016.10.27. 2015헌마1206 등).

449
☐☐☐

인터넷신문사업자에게 취재 인력 3명 이상을 포함하여 취재 및 편집 인력 5명 이상을 상시적으로 고용할 것을 요구하는 것은 소규모 인터넷신문이 언론으로서 활동할 수 있는 기회 자체를 원천적으로 봉쇄할 수 있음에 비하여, 인터넷신문의 신뢰도 제고라는 입법목적의 효과는 불확실하다는 점에서 과잉금지원칙에 위배되어 언론의 자유를 침해한다.　　　　　　　　　　　　　　　　　　　　　　　　　　　　　　O | X

고용조항 및 확인조항은 소규모 인터넷신문이 언론으로서 활동할 수 있는 기회 자체를 원천적으로 봉쇄할 수 있음에 비하여, 인터넷신문의 신뢰도 제고라는 입법목적의 효과는 불확실하다는 점에서 법익의 균형성도 잃고 있다. 따라서 고용조항 및 확인조항은 과잉금지원칙에 위배되어 청구인들의 언론의 자유를 침해한다(헌재 2016.10.27. 2015헌마1206 등).

정답　446 ○　447 ○　448 X　449 ○

450
☐☐☐

표현의 자유는 사상 또는 의견을 자유롭게 표명할 자유와 그것을 전파할 자유를 의미하는 것으로서, 그러한 의사의 자유로운 표명과 전파의 자유에는 자신의 신원을 누구에게도 밝히지 아니한 채 익명 또는 가명으로 자신의 사상이나 견해를 표명하고 전파할 익명표현의 자유도 포함된다.　　　　O | X

헌법 제21조 제1항에서 보장하고 있는 표현의 자유는 사상 또는 의견의 자유로운 표명(발표의 자유)과 그것을 전파할 자유(전달의 자유)를 의미하는 것으로서, 그러한 의사의 '자유로운' 표명과 전파의 자유에는 자신의 신원을 누구에게도 밝히지 아니한 채 익명 또는 가명으로 자신의 사상이나 견해를 표명하고 전파할 익명표현의 자유도 포함된다(헌재 2012.8.23. 2010헌마47 등).

451
☐☐☐

교원의 개인정보 공개를 금지하고 있는 교육관련기관의 정보공개에 관한 특례법 조항은 학부모들의 알 권리를 침해한다.　　　　O | X

이 사건 법률조항은 교원의 개인정보 공개를 일률적으로 금지하는 듯이 보이지만, 위 법에 의해 준용되는 '공공기관의 정보공개에 관한 법률'은 개인정보라고 하더라도 그 공개의 여지를 두고 비공개결정에 대해서는 불복의 수단을 마련하고 있으므로, 이 사건 법률조항은 학부모들의 알 권리를 침해하지 않는다(헌재 2011.12.29. 2010헌마293).

452
☐☐☐

저속한 간행물의 출판을 전면 금지시키고 이를 위반하면 출판사의 등록을 취소시킬 수 있도록 한다고 해서 청소년보호를 위해 지나치게 과도한 수단을 선택했다거나 성인의 알 권리를 침해하는 것은 아니다.　　　　O | X

저속한 간행물의 출판을 전면 금지시키고 출판사의 등록을 취소시킬 수 있도록 하는 것은 청소년보호를 위해 지나치게 과도한 수단을 선택한 것이고, 또 청소년보호라는 명목으로 성인이 볼 수 있는 것까지 전면 금지시킨다면 이는 성인의 알권리의 수준을 청소년의 수준으로 맞출 것을 국가가 강요하는 것이어서 성인의 알 권리까지 침해하게 된다(헌재 1998.4.30. 95헌가16).

453
☐☐☐

정보공개청구의 대상이 되는 정보가 이미 다른 사람에게 공개하여 널리 알려져 있다거나 인터넷이나 관보 등을 통하여 공개하여 인터넷검색이나 도서관에서의 열람 등을 통하여 쉽게 알 수 있다는 사정만으로는 비공개결정이 정당화될 수는 없다.　　　　O | X

공개청구의 대상이 되는 정보가 이미 다른 사람에게 공개하여 널리 알려져 있다거나 인터넷이나 관보 등을 통하여 공개하여 인터넷검색이나 도서관에서의 열람 등을 통하여 쉽게 알 수 있다는 사정만으로는 소의 이익이 없다거나 비공개결정이 정당화될 수는 없다(대판 2008.11.27. 2005두15694).

정답　450 ○　451 X　452 X　453 ○

454
□□□

국군의 이념 및 사명을 해할 우려가 있는 도서로 인하여 군인들의 정신전력이 저해되는 것을 방지하기 위하여 불온도서의 소지·전파 등을 금지하는 군인복무규율 조항은 군인의 알 권리를 침해한다. O I X

군의 정신전력이 국가안전보장을 확보하는 군사력의 중요한 일부분이라는 점이 분명한 이상, 정신전력을 보전하기 위하여 불온도서의 소지·전파 등을 금지하는 규율조항은 목적의 정당성이 인정된다. 또한 군의 정신전력에 심각한 저해를 초래할 수 있는 범위의 도서로 한정함으로써 침해의 최소성 요건을 지키고 있고, 이 사건 복무규율조항으로 달성되는 군의 정신전력 보존과 이를 통한 군의 국가안전보장 및 국토방위의무의 효과적인 수행이라는 공익은 이 사건 복무규율조항으로 인하여 제한되는 군인의 알 권리라는 사익보다 결코 작다 할 수 없다. 이 사건 복무규율조항은 법익균형성 원칙에도 위배되지 아니한다(헌재 2010.10.28. 2008헌마638).

455
□□□

광고도 사상·지식·정보 등을 불특정다수인에게 전파하는 것으로서 언론·출판의 자유에 의한 보호를 받는 대상이 됨은 물론이고, 상업적 광고표현 또한 보호의 대상이 된다. O I X

광고도 사상·지식·정보 등을 불특정다수인에게 전파하는 것으로서 언론·출판의 자유에 의한 보호를 받는 대상이 됨은 물론이고, 상업적 광고표현 또한 보호 대상이 된다(헌재 2018.6.28. 2016헌가8 등).

456
□□□

집회의 자유는 집회를 통하여 형성된 의사를 집단적으로 표현하고 이를 통하여 불특정 다수인의 의사에 영향을 줄 자유를 포함한다. O I X

헌법 제21조 제1항은 "모든 국민은 언론·출판의 자유와 집회·결사의 자유를 가진다."고 규정하여 집회의 자유를 표현의 자유로서 언론·출판의 자유와 함께 국민의 기본권으로 보장하고 있다. 집회의 자유에는 집회를 통하여 형성된 의사를 집단적으로 표현하고 이를 통하여 불특정 다수인의 의사에 영향을 줄 자유를 포함한다(헌재 2016.9.29. 2014헌바492).

457
□□□

집회·시위장소는 집회·시위의 목적을 달성하는 데 있어서 매우 중요한 역할을 수행하는 경우가 많으므로 장소선택의 자유는 집회·시위의 자유의 한 실질을 형성한다. O I X

집회·시위장소는 집회·시위의 목적을 달성하는데 있어서 매우 중요한 역할을 수행하는 경우가 많기 때문에 집회·시위장소를 자유롭게 선택할 수 있어야만 집회·시위의 자유가 비로소 효과적으로 보장되므로 장소선택의 자유는 집회·시위의 자유의 한 실질을 형성한다(헌재 2005.11.24. 2004헌가17).

458
□□□

헌법 제21조 제2항의 '허가'는 '행정청이 주체가 되어 집회의 허용 여부를 사전에 결정하는 것'으로서 행정청에 의한 사전허가는 헌법상 금지되지만, 입법자가 법률로써 일반적으로 집회를 제한하는 것은 헌법상 '사전허가금지'에 해당하지 않는다. O I X

헌법 제21조 제2항의 '허가'는 '행정청이 주체가 되어 집회의 허용 여부를 사전에 결정하는 것'으로서 행정청에 의한 사전허가는 헌법상 금지되지만, 입법자가 법률로써 일반적으로 집회를 제한하는 것은 헌법상 '사전허가금지'에 해당하지 않는다(헌재 2014.4.24. 2011헌가29).

정답 454 X 455 ○ 456 ○ 457 ○ 458 ○

459
☐☐☐

재판이 확정되면 속기록 등을 폐기하도록 규정한 형사소송규칙 제39조가 청구인의 알 권리를 침해하였다고 볼 수 없다. O | X

형사소송법(2007.6.1. 법률 제8496호로 개정된 것) 제56조의2 제3항이 속기록 등을 보관하도록 하는 취지는 공판조서 기재의 정확 여부가 문제될 경우 그 확인을 위한 자료로 속기록 등을 활용하기 위함인바, 재판이 확정된 후에는 더 이상 공판조서의 정확성을 다툴 수 없고, 공판조서 기재의 잘못은 재심사유에 해당하지 아니하므로, 결국 위 법률조항은 속기록 등이 그 효용을 다하는 시기, 즉 재판의 확정시까지 이를 보관할 것을 전제로 하고 있는 것이다. 따라서 규칙 제39조 중 '속기록 등 폐기'에 관한 부분(이하 '이 사건 규칙조항'이라 한다)은 재판이 확정된 이후에는 속기록 등의 보관에 따른 사법자원의 낭비를 막기 위해 이를 폐기하도록 한 것으로 그 입법목적이 정당할 뿐만 아니라 수단의 적정성이 인정된다. 또한, 형사소송법은 공판조서 기재의 정확성을 담보하기 위해 작성주체, 방식, 기재요건 등에 관하여 엄격히 규정하고, 피고인 등으로 하여금 재판이 확정되기 전에는 속기록 등의 사본 청구나 공판조서의 열람 또는 등사를 통하여 공판조서의 기재 내용에 대한 이의를 진술할 수 있도록 함으로써 기본권 제한을 최소화하고 있고, 이 사건 규칙조항으로 인한 기본권 제한이 속기록 등의 무용한 보관으로 인한 자원낭비 방지라는 공익보다 결코 크다고 볼 수 없으므로, 피해의 최소성과 함께 법익균형성의 요건도 갖추었다 할 것이어서, 이 사건 규칙조항이 청구인의 알권리를 침해하였다고 볼 수 없다(헌재 2012.3.29. 2010헌마599).

460
☐☐☐

신문의 편집인 등으로 하여금 아동보호사건에 관련된 아동학대행위자를 특정하여 파악할 수 있는 인적사항 등을 신문 등 출판물에 싣거나 방송매체를 통하여 방송할 수 없도록 하는 아동학대범죄의 처벌 등에 관한 특례법 제35조 제2항 중 '아동학대행위자'에 관한 부분은 언론·출판의 자유와 국민의 알 권리를 침해하지 않는다. O | X

학대로부터 아동을 특별히 보호하여 건강한 성장을 도모하는 것은 중요한 법익이다. 이에는 아동학대 자체로부터의 보호뿐만 아니라 사건처리 과정에서 발생할 수 있는 사생활 노출 등 2차 피해로부터의 보호도 포함된다. 아동학대행위자 대부분은 피해아동과 평소 밀접한 관계에 있으므로, 행위자를 특정하여 파악할 수 있는 식별정보를 신문, 방송 등 매체를 통해 보도하는 것은 피해아동의 사생활 노출 등 2차 피해로 이어질 가능성이 매우 높다. 식별정보 보도 후에는 2차 피해를 차단하기 어려울 수 있고, 식별정보 보도를 허용할 경우 대중에 알려질 가능성을 두려워하는 피해아동이 신고를 자발적으로 포기하게 만들 우려도 있다. 따라서 아동학대행위자에 대한 식별정보의 보도를 금지하는 것이 과도하다고 보기 어렵다. 보도금지조항은 아동학대사건 보도를 전면금지하지 않으며 오직 식별정보에 대한 보도를 금지할 뿐으로, 익명화된 형태의 사건보도는 가능하다. 따라서 보도금지조항으로 제한되는 사익은 아동학대행위자의 식별정보 보도라는 자극적인 보도의 금지에 지나지 않는 반면 이를 통해 달성하려는 2차 피해로부터의 아동보호 및 아동의 건강한 성장이라는 공익은 매우 중요하다. 따라서 보도금지조항은 언론·출판의 자유와 국민의 알 권리를 침해하지 않는다(헌재 2022.10.27. 2021헌가4).

461
☐☐☐

정치자금의 수입과 지출명세서 등에 대한 사본교부 신청이 허용된다고 하더라도, 검증자료에 해당하는 영수증, 예금통장을 직접 열람함으로써 정치자금 수입·지출의 문제점을 발견할 수 있다는 점에서 이에 대한 접근이 보장되어야 한다. O | X

정치자금의 수입과 지출명세서 등에 대한 사본교부 신청이 허용된다고 하더라도, 검증자료에 해당하는 영수증, 예금통장을 직접 열람함으로써 정치자금 수입·지출의 문제점을 발견할 수 있다는 점에서 이에 대한 접근이 보장되어야 한다(헌재 2021.5.27. 2018헌마1168).

정답 459 ○ 460 ○ 461 ○

462

□□□

공시대상정보로서 교원의 교원단체 및 노동조합 가입현황(인원 수)만을 규정할 뿐 개별 교원의 명단은 규정하고 있지 아니한 구 교육관련기관의 정보공개에 관한 특례법 시행령 제3조 제1항 별표1 제15호 아목 중 '교원' 부분은 과잉금지원칙에 반하여 학부모들의 알 권리를 침해한다. O | X

이 사건 시행령 조항은 공시대상정보로서 교원의 교원단체 및 노동조합 '가입현황(인원 수)'만을 규정할 뿐 개별 교원의 명단은 규정하고 있지 아니한바, 교원의 교원단체 및 노동조합 가입에 관한 정보는 '개인정보 보호법'상의 민감정보로서 특별히 보호되어야 할 성질의 것이고, 인터넷 게시판에 공개되는 '공시'로 말미암아 발생할 교원의 개인정보 자기결정권에 대한 중대한 침해의 가능성을 고려할 때, 이 사건 시행령 조항은 학부모 등 국민의 알 권리와 교원의 개인정보 자기결정권이라는 두 기본권을 합리적으로 조화시킨 것이라 할 수 있으므로, 학부모들의 알 권리를 침해하지 않는다(헌재 2011.12.29. 2010헌마293).

463

□□□

법률에 의하지 않는 방송편성에 관한 간섭을 금지하고 그 위반행위를 처벌하는 방송법 규정은 과잉금지원칙에 위배되어 표현의 자유를 침해한다고 볼 수 없다. O | X

방송의 자유는 민주주의의 원활한 작동을 위한 기초인바, 국가권력은 물론 정당, 노동조합, 광고주 등 사회의 여러 세력이 법률에 정해진 절차에 의하지 아니하고 방송편성에 개입한다면 국민 의사가 왜곡되고 민주주의에 중대한 위해가 발생하게 된다. 심판대상조항은 방송편성의 자유와 독립을 보장하기 위하여 방송에 개입하여 부당하게 영향력을 행사하는 '간섭'에 이르는 행위만을 금지하고 처벌할 뿐이고, 방송법과 다른 법률들은 방송보도에 대한 의견 개진 내지 비판의 통로를 충분히 마련하고 있다. 따라서 심판대상조항이 과잉금지원칙에 반하여 표현의 자유를 침해한다고 볼 수 없다(헌재 2021.8.31. 2019헌바439).

464

□□□

공직선거법상 대통령선거 · 국회의원선거 · 지방선거가 순차적으로 맞물려 돌아가는 현실에서 선거일 전 180일부터 선거일까지 장기간 광고물을 설치 · 게시하는 행위를 금지 · 처벌하는 것은 후보자와 일반 유권자의 정치적 표현의 자유를 과도하게 제한하는 것은 아니다. O | X

공직선거법상 대통령선거, 국회의원선거, 지방선거가 순차적으로 맞물려 돌아가는 현실에 비추어 보면, 선거일 전 180일부터 선거일까지 장기간 동안 선거에 영향을 미치게 하기 위한 광고물의 설치 · 진열 · 게시 및 표시물의 착용을 금지 · 처벌하는 심판대상조항은 당초의 입법취지에서 벗어나 선거와 관련한 국민의 자유로운 목소리를 상시적으로 억압하는 결과를 초래할 수 있다. … 이는 입법목적 달성을 위하여 반드시 필요한 최소한의 범위를 넘어서 후보자 및 일반 유권자의 정치적 표현의 자유를 과도하게 제한하는 것으로서 침해의 최소성을 충족하지 못한다. … 심판대상조항은 과잉금지원칙에 반하여 정치적 표현의 자유를 침해하므로 헌법에 위반된다(헌재 2022.7.21. 2017헌가1 등).

정답 462 X 463 ○ 464 X

465
☐☐☐

선거일 전 90일부터 선거일까지 후보자 명의의 칼럼을 게재하는 인터넷 선거보도에 대해, 그것이 불공정하다고 볼 수 있는지 구체적으로 판단하지 않은 채 이를 일률적으로 금지하는 것은 과잉금지원칙에 위배되어 표현의 자유를 침해한다.　　　　O | X

이 사건 시기제한조항은 선거일 전 90일부터 선거일까지 후보자 명의의 칼럼 등을 게재하는 인터넷 선거보도가 불공정하다고 볼 수 있는지에 대해 구체적으로 판단하지 않고 이를 불공정한 선거보도로 간주하여 선거의 공정성을 해치지 않는 보도까지 광범위하게 제한한다. … 이 사건 시기제한조항의 입법목적을 달성할 수 있는 덜 제약적인 다른 방법들이 이 사건 심의기준 규정과 공직선거법에 이미 충분히 존재한다. 따라서 이 사건 시기제한조항은 과잉금지원칙에 반하여 청구인의 표현의 자유를 침해한다(헌재 2019.11.28. 2016헌마90).

466
☐☐☐

타인에게 경제적 대가를 지급하고 변호사를 광고·홍보·소개하는 행위를 금지하는 '변호사 광고에 관한 규정'은 과잉금지원칙에 위배되어 표현의 자유를 침해한다.　　　　O | X

변호사광고에 대한 합리적 규제는 필요하지만, 광고표현이 지닌 기본권적 성질을 고려할 때 광고의 내용이나 방법적 측면에서 꼭 필요한 한계 외에는 폭넓게 광고를 허용하는 것이 바람직하다. 각종 매체를 통한 변호사광고를 원칙적으로 허용하는 변호사법 제23조 제1항의 취지에 비추어 볼 때, 변호사등이 다양한 매체의 광고업자에게 광고비를 지급하고 광고하는 것은 허용된다고 할 것인데, 이러한 행위를 일률적으로 금지하는 위 규정은 수단의 적합성을 인정하기 이렵다. … 위 규정으로 입법목직이 달성될 수 있을지 불분명한 반면, 변호사들이 광고업자에게 유상으로 광고를 의뢰하는 것이 사실상 금지되어 청구인들의 표현의 자유, 직업의 자유에 중대한 제한을 받게 되므로, 위 규정은 침해의 최소성 및 법익의 균형성도 갖추지 못하였다. 따라서 대가수수 광고금지규정은 과잉금지원칙에 위반되어 청구인들의 표현의 자유와 직업의 자유를 침해한다(헌재 2022.5.26. 2021헌마619).

467
☐☐☐

대한민국을 모욕할 목적을 가지고 국기를 손상·제거·오욕하는 행위를 국기모독죄로 처벌하는 것은 표현내용을 규제하는 것이 아니라 일정한 표현방법을 규제하는 것으로서 과잉금지원칙에 위배되어 표현의 자유를 침해한다고 볼 수 없다.　　　　O | X

국기는 국가의 역사와 국민성, 이상 등을 응축하고 헌법이 보장하는 질서와 가치를 담아 국가의 정체성을 표현하는 국가의 대표적 상징물이다. 심판대상조항은 국기를 존중, 보호함으로써 국가의 권위와 체면을 지키고, 국민들이 국기에 대하여 가지는 존중의 감정을 보호하려는 목적에서 입법된 것이다. 심판대상조항은 국기가 가지는 고유의 상징성과 위상을 고려하여 일정한 표현방법을 규제하는 것에 불과하므로, 국기모독 행위를 처벌한다고 하여 이를 정부나 정권, 구체적 국가기관이나 제도에 대한 비판을 허용하지 않거나 이를 곤란하게 하는 것으로 볼 수 없다. … 그러므로 심판대상조항은 과잉금지원칙에 위배되어 청구인의 표현의 자유를 침해한다고 볼 수 없고, 표현의 자유의 본질적 내용을 침해한다고도 할 수 없다(헌재 2019.12.27. 2016헌바96).

해커스공무원 신동욱 헌법 핵심 기출 OX

468
☐☐☐

변호사 또는 소비자로부터 대가를 받고 법률상담 또는 사건들을 소개·알선·유인하기 위하여 변호사등을 광고·홍보·소개하는 행위를 금지하는 대한변호사협회의 '변호사광고에 관한 규정' 중 대가수수 광고금지 규정은 과잉금지원칙을 위반하여 청구인들의 표현의 자유를 침해한다.   O I X

이 사건 대가수수 광고금지규정으로 인하여 청구인 변호사들은 광고업자에게 유상으로 광고를 의뢰하는 것이 사실상 금지되어 표현의 자유, 직업의 자유에 중대한 제한을 받게 되고, 청구인 회사로서도 변호사들로부터 광고를 수주하지 못하게 되어 영업에 중대한 제한을 받게 된다. 따라서 위 규정은 법익의 균형성도 갖추지 못하였다. 그러므로 이 사건 대가수수 광고금지규정은 과잉금지원칙을 위반하여 청구인들의 표현의 자유, 직업의 자유를 침해한다(헌재 2022.5.26. 2021헌마619).

469
☐☐☐

공공기관 등이 설치·운영하는 모든 게시판에 본인확인조치를 한 경우에만 정보를 게시하도록 하는 것은 게시판에 자신의 사상이나 견해를 표현하고자 하는 사람에게 표현의 내용과 수위등에 대한 자기검열 가능성을 높이는 것이므로 익명표현의 자유를 침해한다.   O I X

공공기관등이 게시판을 설치·운영하려면 그 게시판 이용자의 본인 확인을 위한 방법 및 절차의 마련 등 대통령령으로 정하는 필요한 조치를 하도록 정한 심판대상조항으로 인한 기본권 제한의 정도가 크지 않다. 그에 반해 공공기관등이 설치·운영하는 게시판에 언어폭력, 명예훼손, 불법정보의 유통이 이루어지는 것을 방지함으로써 얻게 되는 건전한 인터넷 문화 조성이라는 공익은 중요하다. 따라서 심판대상조항은 청구인의 익명표현의 자유를 침해하지 않는다(헌재 2022.12.22. 2019헌마654).

470
☐☐☐

'인터넷선거보도 심의기준 등에 관한 규정' 중 선거일 전 90일부터 선거일까지 인터넷 언론에 후보자 명의의 칼럼 등의 게재를 금지하는 시기제한조항은 과잉금지원칙에 반하여 청구인의 표현의 자유를 침해하지 않는다.   O I X

공직선거법상 인터넷 선거보도 심의의 대상이 되는 인터넷언론사의 개념은 매우 광범위한데, 이 사건 시기제한조항이 정하고 있는 일률적인 규제와 결합될 경우 이로 인해 발생할 수 있는 표현의 자유 제한이 작다고 할 수 없다. 인터넷언론의 특성과 그에 따른 언론시장에서의 영향력 확대에 비추어 볼 때, 인터넷언론에 대하여는 자율성을 최대한 보장하고 언론의 자유에 대한 제한을 최소화하는 것이 바람직하고, 계속 변화하는 이 분야에서 규제 수단 또한 헌법의 틀 안에서 다채롭고 새롭게 강구되어야 한다. 이 사건 시기제한조항의 입법목적을 달성할 수 있는 덜 제약적인 다른 방법들이 이 사건 심의기준 규정과 공직선거법에 이미 충분히 존재한다. 따라서 이 사건 시기제한조항은 과잉금지원칙에 반하여 청구인의 표현의 자유를 침해한다(헌재 2019.11.28. 2016헌마90).

✓ 참고 한편 헌재는 이 사건 시기제한조항이 모법의 위임범위를 벗어났다고 볼 수 없으므로 법률유보원칙에 반하여 청구인의 표현의 자유를 침해하지 않는다고 했다.

471
☐☐☐

신문의 편집인 등으로 하여금 아동보호사건에 관련된 아동학대행위자를 특정하여 파악할 수 있는 인적사항 등을 신문 등 출판물에 싣거나 방송매체를 통하여 방송할 수 없도록 하는 아동학대범죄의 처벌 등에 관한 특례법상 보도금지조항은 국민의 알권리를 침해하지 않는다.　　　　　O | X

보도금지조항은 아동학대사건 보도를 전면금지하지 않으며 오직 식별정보에 대한 보도를 금지할 뿐으로, 익명화된 형태의 사건보도는 가능하다. 따라서 보도금지조항으로 제한되는 사익은 아동학대행위자의 식별정보 보도라는 자극적인 보도의 금지에 지나지 않는 반면 이를 통해 달성하려는 2차 피해로부터의 아동보호 및 아동의 건강한 성장이라는 공익은 매우 중요하다. 따라서 보도금지조항은 언론·출판의 자유와 국민의 알 권리를 침해하지 않는다(헌재 2022.10.27. 2021헌가4).

472
☐☐☐

정치자금법에 따라 회계보고된 자료의 열람기간을 3월간으로 제한한 동법상 열람기간제한 조항은 청구인의 알권리를 침해한다.　　　　　O | X

정치자금을 둘러싼 분쟁 등의 장기화 방지 및 행정부담의 경감을 위해 열람기간의 제한 자체는 둘 수 있다고 하더라도, 현행 기간이 지나치게 짧다는 점은 명확하다. 짧은 열람기간으로 인해 청구인 신○○는 회계보고된 자료를 충분히 살펴 분석하거나, 문제를 발견할 실질적 기회를 갖지 못하게 되는바, 달성되는 공익과 비교할 때 이러한 사익의 제한은 정치자금의 투명한 공개가 민주주의 발전에 가지는 의미에 비추어 중대하다. 그렇다면 이 사건 열람기간제한 조항은 과잉금지원칙에 위배되어 청구인 신○○의 알권리를 침해한다(헌재 2021.5.27. 2018헌마1168).

473
☐☐☐

인터넷 등 전자적 방법에 의한 판결서 열람·복사의 범위를 개정법 시행 이후 확정된 사건의 판결서로 한정하고 있는 군사법원법 부칙조항은 청구인의 정보공개청구권을 침해한다.　　　　　O | X

이 사건 부칙조항은 판결서 공개제도를 실현하는 과정에서 그 공개범위를 일정 부분 제한하여 판결서 공개에 필요한 국가의 재정이나 용역의 부담을 경감·조정하고자 하는 것이다. 어떤 새로운 제도를 도입할 때에는 그에 따른 사회적 비용도 함께 고려하여 부분적인 개선 방식을 취할 수도 있으므로, 입법자는 현실적인 조건들을 감안해서 위 부칙조항과 같이 판결서 열람·복사에 관한 개정법의 적용 범위를 일정 부분 제한할 수 있으며, 청구인은 비록 전자적 방법은 아니라 해도 군사법원법 제93조의2에 따라 개정법 시행 이전에 확정된 판결서를 열람·복사할 수 있다. 이 사건 부칙조항으로 인해 청구인이 전자적 방법을 통해 열람·복사할 수 있는 판결서의 범위가 제한된다 하더라도 이는 입법재량의 한계 내에 있으므로, 위 부칙조항이 청구인의 정보공개청구권을 침해한다고 할 수 없다(헌재 2015.12.23. 2014헌마185).

정답 471 ○　472 ○　473 X

474
☐☐☐

변호사시험성적 공개청구기간을 변호사시험법 시행일부터 6개월 내로 제한하는 동법 부칙조항은 청구인의 정보공개청구권을 침해한다. O | X

변호사시험 합격자는 성적 공개 청구기간 내에 열람한 성적 정보를 인쇄하는 등의 방법을 통해 개별적으로 자신의 성적 정보를 보관할 수 있으나, 성적 공개 청구기간이 지나치게 짧아 정보에 대한 접근을 과도하게 제한하는 이상, 이러한 점을 들어 기본권 제한이 충분히 완화되어 있다고 보기도 어렵다. 이상을 종합하면, 특례조항은 과잉금지원칙에 위배되어 청구인의 정보공개청구권을 침해한다(헌재 2019.7.25. 2017헌마1329).

475
☐☐☐

회계보고된 자료의 열람기간을 3월간으로 제한한 구 정치자금법 해당 조항은, 국민들의 회계자료에 대한 접근권을 본질적으로 침해한다고 보기 어려우므로 알 권리를 침해하지 않는다. O | X

열람기간이 공직선거법상의 단기 공소시효조차 완성되지 아니한, 공고일부터 3개월 후에 만료된다는 점에서도 지나치게 짧게 설정되어 있다. … 그렇다면 이 사건 열람기간제한 조항은 과잉금지원칙에 위배되어 알 권리를 침해한다(헌재 2021.5.27. 2018헌마1168).

476
☐☐☐

정보공개청구권은 정부나 공공기관이 보유하고 있는 정보에 대하여 정당한 이해관계가 있는 자가 그 공개를 요구할 수 있는 권리로, 헌법 제21조에 의해 직접 보장된다. O | X

정보공개청구권은 정부나 공공기관이 보유하고 있는 정보에 대하여 정당한 이해관계가 있는 자가 그 공개를 요구할 수 있는 권리로서, 알 권리의 청구권적 성질과 밀접하게 관련된다. 정보공개청구권은 알 권리의 당연한 내용으로서 헌법 제21조에 의하여 직접 보장된다(헌재 2019.7.25. 2017헌마1329).

477
☐☐☐

변호사시험 성적을 합격자에게 공개하지 않도록 규정한 구 변호사시험법 해당 조항은 알 권리(정보공개청구권)를 침해한다. O | X

변호사시험 성적 비공개를 통하여 법학전문대학원 간의 과다경쟁 및 서열화를 방지하고, 교육과정이 충실하게 이행될 수 있도록 하여 다양한 분야의 전문성을 갖춘 양질의 변호사를 양성하기 위한 심판대상조항의 입법목적은 정당하다. … 오히려 시험성적을 공개하는 경우 경쟁력 있는 법률가를 양성할 수 있고, 각종 법조직역에 채용과 선발의 객관적 기준을 제공할 수 있다. 따라서 변호사시험 성적의 비공개는 기존 대학의 서열화를 고착시키는 등의 부작용을 낳고 있으므로 수단의 적절성이 인정되지 않는다. … 따라서 심판대상조항은 과잉금지원칙에 위배하여 청구인들의 알 권리를 침해한다(헌재 2015.6.25. 2011헌마769 등).

정답 474 ○ 475 X 476 ○ 477 ○

478
□□□

표현의 자유는 알 권리와 표리일체의 관계에 있다. O | X

자유로운 의사의 형성은 정보에의 접근이 충분히 보장됨으로써 비로소 가능한 것이며, 그러한 의미에서 정보에의 접근·수집·처리의 자유, 즉 '알 권리'는 표현의 자유와 표리일체의 관계에 있으며 자유권적 성질과 청구권적 성질을 공유하는 것이다(헌재 1991.5.13. 90헌마133).

479
□□□

변호사시험 성적 공개청구기간을 변호사시험법 시행일로부터 6개월 내로 제한하는 동법 부칙 조항은 청구인의 정보공개청구권을 침해한다. O | X

변호사의 취업난이 가중되고 있다는 점, 이직을 위해서도 변호사시험 성적이 필요할 수 있다는 점 등을 고려하면, 변호사시험 합격자에게 취업 및 이직에 필요한 상당한 기간 동안 자신의 성적을 활용할 기회를 부여할 필요가 있다. 특례조항에서 정하고 있는 '이 법 시행일부터 6개월 내'라는 기간은 변호사시험 합격자가 취업시장에서 성적 정보에 접근하고 이를 활용하기에 지나치게 짧다. … 특례조항은 과잉금지원칙에 위배되어 청구인의 정보공개청구권을 침해한다(헌재 2019.7.25. 2017헌마1329).

480
□□□

회계보고된 자료의 열람기간을 3월간으로 제한한 정치자금법 조항은 청구인의 알 권리를 침해한다. O | X

정치자금의 수입과 지출명세서 등에 대한 사본교부 신청이 허용된다고 하더라도, 검증자료에 해당하는 영수증, 예금통장을 직접 열람함으로써 정치자금 수입·지출의 문제점을 발견할 수 있다는 점에서 이에 대한 접근이 보장되어야 한다. 영수증, 예금통장은 현행법령 하에서 사본교부가 되지 않아 열람을 통해 확인할 수밖에 없음에도 열람 중 필사가 허용되지 않고 열람기간마저 3월간으로 짧아 그 내용을 파악하고 분석하기 쉽지 않다. 또한 열람기간이 공직선거법상의 단기 공소시효조차 완성되지 아니한, 공고일부터 3개월 후에 만료된다는 점에서도 지나치게 짧게 설정되어 있다. … 이 사건 열람기간제한 조항은 과잉금지원칙에 위배되어 청구인의 알 권리를 침해한다(헌재 2021.5.27. 2018헌마1168).

481
□□□

'익명표현'은 표현의 자유를 행사하는 하나의 방법으로서 그 자체로 규제되어야 하는 것은 아니고, 부정적 효과가 발생하는 것이 예상되는 경우에 한하여 규제될 필요가 있다. O | X

익명표현은 표현의 자유를 행사하는 하나의 방법으로서 그 자체로 규제되어야 하는 것은 아니고, 부정적 효과가 발생하는 것이 예상되는 경우에 한하여 규제될 필요가 있다(헌재 2021.1.28. 2018헌마456 등).

482
☐☐☐

누구든지 공직선거법에 의한 공개장소에서의 연설·대담장소에서 '기타 어떠한 방법으로도' 연설·대담장소 등의 질서를 문란하게 하는 행위를 금지하는 공직선거법 조항은, 질서문란행위만을 금지하고 질서를 문란하게 하지 않는 범위 내에서는 다소 소음을 유발하거나 후보자나 정당에 대한 부정적인 견해나 비판적인 의사표현도 가능하므로, 정치적 표현의 자유를 침해한다고 보기 어렵다.　　　O | X

심판대상조항은 공개장소에서의 연설·대담의 원활한 진행과 연설·대담장소에서의 안전과 질서를 확보하여 자유로운 선거운동의 기회를 보장하고 선거의 공정성을 달성하기 위한 것이다. 공개장소에서의 연설·대담은 후보자 등이 직접 선거인들을 만나 자신의 식견이나 자질, 정견, 정책 등을 알릴 수 있는 기회이므로, 만약 연설 자체를 방해하는 정도에 이르지 않는다는 이유로 질서문란행위가 허용된다면, 원활한 연설이나 대담을 확보할 수 없을 뿐만 아니라 경우에 따라서는 선거운동을 방해하는 수단으로 악용될 우려가 있다. 심판대상조항은 질서문란행위만을 금지하고 질서를 문란하게 하지 않는 범위 내에서는 다소 소음을 유발하거나 후보자나 정당에 대한 부정적인 견해나 비판적인 의사표현도 가능하다. 따라서 심판대상조항이 과잉금지원칙에 위배되어 정치적 표현의 자유를 침해한다고 보기 어렵다(헌재 2023.5.25. 2019헌가13).

483
☐☐☐

전단 등을 살포하여 국민의 생명·신체에 위해를 끼치거나 심각한 위험을 발생시키는 것을 금지하고 이를 위반하는 경우 처벌하는 남북관계 발전에 관한 법률 조항은 북한 접경지역에서 발생할 수 있는 위험예방을 위한 것으로 북한 접경지역에서 북한으로 전단살포활동을 하는 사람들의 표현의 자유를 침해하지 아니한다.　　　O | X

전단등 살포 행위자가 전달하려는 내용을 북한이 문제 삼기 때문에 심판대상조항을 통해 전단등 살포 행위를 제한하려는 것이다. 이는 '전단등 살포'라는 행위를 제한하는 심판대상조항의 궁극적인 의도가 북한 주민을 상대로 한 북한 체제 비판 등의 내용을 담은 표현을 제한하는 데 있다는 것이고, 이는 결국 심판대상조항이 그 효과에 있어서 주로 특정 관점에 대하여 그 표현을 제한하는 결과를 가져온다고 할 것이다. 따라서 심판대상조항에 의한 표현의 자유 제한이 표현의 내용과 무관한 내용중립적 규제라고 보기는 어려운바, 심판대상조항은 표현의 내용을 규제하는 것으로 봄이 타당하다. … 그렇다면 심판대상조항은 과잉금지원칙에 위배되어 청구인들의 표현의 자유를 침해한다(헌재 2023.9.26. 2020헌마1724 등).

484
☐☐☐

'음란표현'은 헌법상 언론·출판의 자유의 보호영역 밖에 있다고 보아야 한다.　　　O | X

음란표현은 헌법 제21조가 규정하는 언론·출판의 자유의 보호영역 내에 있다고 볼 것인바, 종전에 이와 견해를 달리하여 음란표현은 헌법 제21조가 규정하는 언론·출판의 자유의 보호영역에 해당하지 아니한다는 취지로 판시한 우리 재판소의 의견을 변경한다(헌재 2009.5.28. 2006헌바109 등).

정답 482 O　483 X　484 X

485
□□□

남북합의서 위반행위로서 전단 등 살포를 하여 국민의 생명·신체에 위해를 끼치거나 심각한 위험을 발생시키는 것을 금지하고, 이를 위반한 경우 처벌하도록 하는 남북관계 발전에 관한 법률 해당 조항은 접경지역 주민의 생명과 신체의 안전을 확보하여야 할 공익이 침해되는 사익보다 더 작다고 볼 수 없으므로 표현의 자유를 침해한다고 볼 수 없다. O | X

심판대상조항으로 북한의 적대적 조치가 유의미하게 감소하고 이로써 접경지역 주민의 안전이 확보될 것인지, 나아가 남북 간 평화통일의 분위기가 조성되어 이를 지향하는 국가의 책무 달성에 도움이 될 것인지 단언하기 어려운 반면, 심판대상조항이 초래하는 정치적 표현의 자유에 대한 제한은 매우 중대하다. 그렇다면 심판대상조항은 과잉금지원칙에 위배되어 청구인들의 표현의 자유를 침해한다(헌재 2023.9.26. 2020헌마1724 등).

486
□□□

남북합의서 위반행위로서 전단 등 살포를 하여 국민의 생명·신체에 위해를 끼치거나 심각한 위험을 발생시키는 것을 금지하는 남북관계 발전에 관한 법률 제24조 제1항 제3호 및 이에 위반한 경우 처벌하는 같은 법 제25조 중 제24조 제1항 제3호에 관한 부분은 전단을 살포하려는 자의 표현의 자유를 침해한다고 볼 수 없다. O | X

국가형벌권의 행사는 중대한 법익에 대한 위험이 명백한 경우에 한하여 최후수단으로 선택되어 필요 최소한의 범위에 그쳐야 하는바, 심판대상조항은 전단등 살포를 금지하는 데서 더 나아가 이를 범죄로 규정하면서 징역형 등을 두고 있으며, 그 미수범도 처벌하도록 하고 있어 과도하다고 하지 않을 수 없다. 심판대상조항으로 북한의 적대적 조치가 유의미하게 감소하고 이로써 접경지역 주민의 안전이 확보될 것인지, 나아가 남북 간 평화통일의 분위기가 조성되어 이를 지향하는 국가의 책무 달성에 도움이 될 것인지 단언하기 어려운 반면, 심판대상조항이 초래하는 정치적 표현의 자유에 대한 제한은 매우 중대하다. 그렇다면 심판대상조항은 과잉금지원칙에 위배되어 청구인들의 표현의 자유를 침해한다(헌재 2023.9.26. 2020헌마1724 등).

487
□□□

사회복무요원이 정당 가입을 할 수 없도록 규정한 병역법 제33조 제2항 본문 제2호 중 '그 밖의 정치단체에 가입하는 등 정치적 목적을 지닌 행위'에 관한 부분은 사회복무요원의 정치적 표현의 자유를 침해한다. O | X

'그 밖의 정치단체'는 문언상 '정당'에 준하는 정치단체만을 의미하는 것이 아니고, 단체의 목적이나 활동에 관한 어떠한 제한도 규정하고 있지 않으며, '정치적 중립성'이라는 입법목적 자체가 매우 추상적인 개념이어서, 이로부터 '정치단체'와 '비정치단체'를 구별할 수 있는 기준을 도출할 수 없다. 이 사건 법률조항은 '정치적 목적을 지닌 행위'의 의미를 개별화·유형화 하지 않으며, '그 밖의 정치단체'의 의미가 불명확하므로 이를 예시로 규정하여도 '정치적 목적을 지닌 행위'의 불명확성은 해소되지 않는다. 따라서 위 부분은 명확성원칙에 위배된다. … '그 밖의 정치단체에 가입하는 등 정치적 목적을 지닌 행위'에 관한 부분은 과잉금지원칙에 위배되어 청구인의 정치적 표현의 자유 및 결사의 자유를 침해한다(헌재 2021.11.25. 2019헌마534).

488
□□□

누구든지 선거일 전 180일부터 선거일까지 선거에 영향을 미치게 하기 위하여 화환을 설치하는 것을 금지하는 공직선거법규정은 정치적 표현의 자유를 침해한다고 볼 수 없다.　　　　　　O | X

심판대상조항은 선거일 전 180일부터 선거일까지라는 장기간 동안 선거와 관련한 정치적 표현의 자유를 광범위하게 제한하고 있다. 화환의 설치는 경제적 차이로 인한 선거 기회 불균형을 야기할 수 있으나, 그러한 우려가 있다고 하더라도 공직선거법상 선거비용 규제 등을 통해서 해결할 수 있다. 또한 공직선거법상 후보자 비방 금지 규정 등을 통해 무분별한 흑색선전 등의 방지도 가능하다. 이러한 점들을 종합하면, 심판대상조항은 목적 달성에 필요한 범위를 넘어 장기간 동안 선거에 영향을 미치게 하기 위한 화환의 설치를 금지하는 것으로, 과잉금지원칙에 위반되어 정치적 표현의 자유를 침해한다(헌재 2023.6.29. 2023헌가12).

489
□□□

공공기관등이 게시판을 설치·운영하려면 그 게시판 이용자의 본인 확인을 위한 방법 및 절차의 마련 등 대통령령으로 정하는 필요한 조치를 하도록 정한 정보통신망 이용촉진 및 정보보호 등에 관한 법률 제44조의5제1항 제1호는 게시판이용자의 익명표현의 자유를 침해한다.　　　　　　O | X

심판대상조항에 따른 본인확인조치는 정보통신망의 익명성 등에 따라 발생하는 부작용을 최소화하여 공공기관등의 게시판 이용에 대한 책임성을 확보·강화하고, 게시판 이용자로 하여금 언어폭력, 명예훼손, 불법정보의 유통 등의 행위를 자제하도록 함으로써 건전한 인터넷 문화를 조성하기 위한 것이다. 심판대상조항이 규율하는 게시판은 그 성격상 대체로 공공성이 있는 사항이 논의되는 곳으로서 공공기관등이 아닌 주체가 설치·운영하는 게시판에 비하여 통상 누구나 이용할 수 있는 공간이므로, 공동체 구성원으로서의 책임이 더욱 강하게 요구되는 곳이라고 할 수 있다. … 따라서 심판대상조항은 청구인의 익명표현의 자유를 침해하지 않는다(헌재 2022.12.22. 2019헌마654).

490
□□□

사생활의 비밀의 보호 필요성을 고려할 때 공연히 사실을 적시하여 사람의 명예를 훼손한 자를 처벌하도록 규정한 형법 제307조 제1항 중 '진실한 것으로서 사생활의 비밀에 해당하지 아니한' 사실 적시에 관한 부분은 헌법상 표현의 자유에 위반된다.　　　　　　O | X

개인의 외적 명예에 관한 인격권 보호의 필요성, 일단 훼손되면 완전한 회복이 사실상 불가능하다는 보호법익의 특성, 사회적으로 명예가 중시되나 명예훼손으로 인한 피해는 더 커지고 있는 우리 사회의 특수성, 명예훼손죄의 비범죄화에 관한 국민적 공감대의 부족 등을 종합적으로 고려하면, 공연히 사실을 적시하여 다른 사람의 명예를 훼손하는 행위를 금지하고 위반 시 형사처벌하도록 정하고 있다고 하여 바로 과도한 제한이라 단언하기 어렵다. … 형법 제307조 제1항은 과잉금지원칙에 반하여 표현의 자유를 침해하지 아니한다(헌재 2021.2.25. 2017헌마1113 등).

491
□□□

입법자가 선거의 공정성을 보장하기 위해서 부득이하게 선거 국면에서의 정치적 표현의 자유를 제한하는 경우에는 선거운동 등에 대한 제한이 정치적 표현의 자유를 침해하는지 여부를 판단함에 있어서 완화된 심사기준을 적용하여야 한다.　　　　　　O | X

정치적 표현에 대하여는 '자유를 원칙으로, 금지를 예외로' 하여야 하고, '금지를 원칙으로, 허용을 예외로' 해서는 안 된다는 점은 자명하다. 따라서 선거운동 등에 대한 제한이 정치적 표현의 자유를 침해하는지 여부를 판단함에 있어서는 표현의 자유의 규제에 관한 판단기준으로서 엄격한 심사기준을 적용하여야 한다(헌재 2023.6.29. 2023헌가12).

정답 488 X　489 X　490 X　491 X

492
☐☐☐

명예훼손 관련 실정법을 해석·적용할 때에는 공적 인물과 사인, 공적 관심 사안과 사적인 영역에 속하는 사안 간에는 심사기준에 차이를 두어야 하고, 공적 인물의 공적 활동에 대한 명예훼손적 표현은 그 제한이 더 완화되어야 한다.   O | X

명예훼손적 표현의 피해자가 공적 인물인지 아니면 사인인지, 그 표현이 공적인 관심 사안에 관한 것인지 순수한 사적인 영역에 속하는 사안인지의 여부에 따라 헌법적 심사기준에는 차이가 있어야 하고, 공적 인물의 공적 활동에 대한 명예훼손적 표현은 그 제한이 더 완화되어야 한다(헌재 2013.12.26. 2009헌마747).

493
☐☐☐

헌법이 특정한 표현에 대해 예외적으로 검열을 허용하는 규정을 두지 않은 점, 사전검열금지원칙의 적용이 배제되는 영역을 따로 설정할 경우 그 기준에 대한 객관성을 담보할 수 없다는 점 등을 고려하면, 헌법상 사전검열은 예외 없이 금지되는 것으로 보아야 한다.   O | X

헌법이 특정한 표현에 대해 예외적으로 검열을 허용하는 규정을 두지 않은 점, 이러한 상황에서 표현의 특성이나 규제의 필요성에 따라 언론·출판의 자유의 보호를 받는 표현 중에서 사전검열금지원칙의 적용이 배제되는 영역을 따로 설정할 경우 그 기준에 대한 객관성을 담보할 수 없다는 점 등을 고려하면, 헌법상 사전검열은 예외 없이 금지되는 것으로 보아야 하므로 의료광고 역시 사전검열금지원칙의 적용대상이 된다(헌재 2015.12.23. 2015헌바75).

494
☐☐☐

의료에 관한 광고는 일반적인 상품이나 용역 광고와 달리, 고도의 전문적 지식과 기술을 요하면서 국민의 건강에 직결되는 의료행위를 그 내용으로 하므로 그 규제에 대한 과잉금지원칙 위배 여부를 심사함에 있어서는 엄격한 기준을 적용하는 것이 타당하다.   O | X

의료에 관한 광고는 표현의 자유의 보호영역에 속하지만 사상이나 지식에 관한 정치적, 시민적 표현 행위와는 차이가 있고, 한편 직업수행의 자유의 보호영역에도 속하지만 인격발현과 개성신장에 미치는 효과가 중대한 것은 아니므로 의료에 관한 광고의 규제에 대한 과잉금지원칙 위배 여부를 심사함에 있어, 그 기준을 완화하는 것이 타당하다(헌재 2016.9.29. 2015헌바325).

495
☐☐☐

"언론·출판은 타인의 명예나 권리 또는 공중도덕이나 사회윤리를 침해하여서는 아니 된다."라고 규정한 헌법 제21조 제4항 전문은 헌법상 표현의 자유의 보호영역에 대한 한계를 설정한 것이라고 볼 수 없다.   O | X

헌법 제21조 제4항은 "언론·출판은 타인의 명예나 권리 또는 공중도덕이나 사회윤리를 침해하여서는 아니 된다."고 규정하고 있는바, 이는 언론·출판의 자유에 따르는 책임과 의무를 강조하는 동시에 언론·출판의 자유에 대한 제한의 요건을 명시한 규정으로 볼 것이고, 헌법상 표현의 자유의 보호영역 한계를 설정한 것이라고는 볼 수 없다(헌재 2009.5.28. 2006헌바109 등).

496
☐☐☐

건강기능식품의 기능성 광고는 인체의 구조 및 기능에 대하여 보건용도에 유용한 효과를 준다는 기능성 등에 관한 정보를 널리 알려 해당 건강기능식품의 소비를 촉진시키기 위한 상업광고에 불과하므로 헌법 제21조 제2항의 사전검열 금지 대상이 아니다.　　　　　　　　　　　　　　　　　　　　　　O | X

현행 헌법상 사전검열은 표현의 자유 보호대상이면 예외 없이 금지된다. 건강기능식품의 기능성 광고는 인체의 구조 및 기능에 대하여 보건용도에 유용한 효과를 준다는 기능성 등에 관한 정보를 널리 알려 해당 건강기능식품의 소비를 촉진시키기 위한 상업광고이지만, 헌법 제21조 제1항의 표현의 자유의 보호 대상이 됨과 동시에 같은 조 제2항의 사전검열금지 대상도 된다(헌재 2018.6.28. 2016헌가8 등).

497
☐☐☐

의료기기와 관련하여 심의를 받지 아니하거나 심의받은 내용과 다른 내용의 광고를 하는 것을 금지하고, 이를 위반한 경우 행정제재와 형벌을 부과하도록 한 의료기기법 조항들의 해당 부분은 헌법 제21조 제2항의 사전검열금지원칙에 위반된다.　　　　　　　　　　　　　　　　　　　　　O | X

의료기기법상 의료기기 광고의 심의는 식약처장으로부터 위탁받은 한국의료기기산업협회가 수행하고 있지만, 법상 심의주체는 행정기관인 식약처장이고, 식약처장이 언제든지 그 위탁을 철회할 수 있으며, 심의위원회의 구성에 관하여도 식약처고시를 통해 행정권이 개입하고 지속적으로 영향을 미칠 가능성이 존재하는 이상 그 구성에 자율성이 보장되어 있다고 보기 어렵다. 식약처장이 심의기준 등의 개정을 통해 심의 내용 및 절차에 영향을 줄 수 있고, 심의기관의 장이 매 심의결과를 식약처장에게 보고하여야 하며, 식약처장이 재심의를 요청하면 심의기관은 특별한 사정이 없는 한 이에 따라야 한다는 점에서도 그 심의업무 처리에 있어 독립성 및 자율성이 보장되어 있다고 보기 어렵다. 따라서 이 사건 의료기기 광고 사전심의는 행정권이 주체가 된 사전심사로서 헌법이 금지하는 사전검열에 해당하고, 이러한 사전심의제도를 구성하는 심판대상조항은 헌법 제21조 제2항의 사전검열금지원칙에 위반된다(헌재 2020.8.28. 2017헌가35 등).

498
☐☐☐

국내 주재 외교기관 인근의 옥외집회 또는 시위를 예외적으로 허용하는 구 집회 및 시위에 관한 법률 제11조 제4호 중 '국내 주재 외국의 외교기관'에 관한 부분은 행정청이 주체가 되어 집회의 허용 여부를 사전에 결정하는 것이므로 헌법 제21조 제2항의 허가제금지에 위배된다.　　　　　　　　　　　O | X

심판대상조항은 입법자가 법률로써 직접 집회의 장소적 제한을 규정한 것으로, 행정청이 주체가 되어 집회의 허용 여부를 사전에 결정하는 것이 아니므로 헌법 제21조 제2항의 허가제 금지에 위배되지 않는다. … 심판대상조항은 과잉금지원칙에 위반하여 집회의 자유를 침해한다고 볼 수 없다(헌재 2023.7.20. 2020헌바131).

499
☐☐☐

구 신문 등의 진흥에 관한 법률 제9조 제1항 중 인터넷신문에 관한 부분이 인터넷신문의 명칭, 발행인과 편집인의 인적사항, 발행소 소재지, 발행목적과 발행내용, 발행 구분(무가 또는 유가) 등 인터넷신문의 외형적이고 객관적 사항을 제한적으로 등록하도록 하는 것은 인터넷신문의 내용을 심사·선별하여 사전에 통제하기 위한 규정이 명백하므로 헌법 제21조 제2항에 위배된다.　　　　　　　　　　　　O | X

등록조항은 인터넷신문의 명칭, 발행인과 편집인의 인적사항 등 인터넷신문의 외형적이고 객관적 사항을 제한적으로 등록하도록 하고 있고, 고용조항 및 확인조항은 5인 이상 취재 및 편집 인력을 고용하되, 그 확인을 위해 등록 시 서류를 제출하도록 하고 있다. 이런 조항들은 인터넷신문에 대한 인적 요건의 규제 및 확인에 관한 것으로, 인터넷신문의 내용을 심사·선별하여 사전에 통제하기 위한 규정이 아님이 명백하다. 따라서 등록조항은 사전허가금지원칙에도 위배되지 않는다(헌재 2016.10.27. 2015헌마1206 등).

정답 496 X　497 O　498 X　499 X

500

□□□

방송편성에 관하여 간섭을 금지하고 그 위반 행위자를 처벌하는 규정은 민주주의의 원활한 작동을 위한 기초인 방송의 자유를 보장하기 위한 것으로, 방송법과 다른 법률에 의해 방송 보도에 대한 의견 개진 내지 비판의 통로를 충분히 마련하고 있으므로, 과잉금지원칙에 반하여 표현의 자유를 침해한다고 볼 수 없다.　　　　　　　　　　　　　　　　　　　　　　　　　　　　　　　　　　　　　　O | X

방송의 자유는 민주주의의 원활한 작동을 위한 기초인바, 국가권력은 물론 정당, 노동조합, 광고주 등 사회의 여러 세력이 법률에 정해진 절차에 의하지 아니하고 방송편성에 개입한다면 국민 의사가 왜곡되고 민주주의에 중대한 위해가 발생하게 된다. 심판대상조항은 방송편성의 자유와 독립을 보장하기 위하여 방송에 개입하여 부당하게 영향력을 행사하는 '간섭'에 이르는 행위만을 금지하고 처벌할 뿐이고, 방송법과 다른 법률들은 방송 보도에 대한 의견 개진 내지 비판의 통로를 충분히 마련하고 있다. 따라서 심판대상조항이 과잉금지원칙에 반하여 표현의 자유를 침해한다고 볼 수 없다(헌재 2021.8.31. 2019헌바439).

501

□□□

의료기기에 대한 광고는 표현의 자유의 보호를 받는 대상이 되지만, 사상이나 지식에 관한 정치적, 시민적 표현행위와는 달리 인격발현과 개성신장에 미치는 효과가 중대하지 아니하므로, 사전검열금지원칙의 적용대상에서 제외된다.　　　　　　　　　　　　　　　　　　　　　　　　　　　　　　　　　　　　　O | X

현행 헌법상 사전검열은 표현의 자유 보호대상이면 예외 없이 금지된다. 의료기기에 대한 광고는 의료기기의 성능이나 효능 및 효과 또는 그 원리 등에 관한 정보를 널리 알려 해당 의료기기의 소비를 촉진시키기 위한 상업광고로서 헌법 제21조 제1항의 표현의 자유의 보호대상이 됨과 동시에 같은 조 제2항의 사전검열금지원칙의 적용대상이 된다(헌재 2020.8.28. 2017헌가35 등).

502

□□□

인터넷언론사는 선거운동기간 중 당해 홈페이지 게시판 등에 정당·후보자에 대한 지지·반대 등의 정보를 게시하는 경우 실명을 확인받는 기술적 조치를 하도록 정하고, 실명 확인을 위한 기술적 조치를 하지 아니하거나 실명인증의 표시가 없는 정보를 삭제하지 않는 경우 과태료를 부과하도록 한 규정은, 선거운동기간 중 무책임하게 선거의 공정성이 훼손되는 것을 방지하기 위한 필요최소한의 조치이므로, 과잉금지원칙에 반하여 인터넷언론사 홈페이지 게시판 등 이용자의 익명표현의 자유를 침해한다고 볼 수 없다.　　　　　　　　　　　　　　　　　　　　　　　　　　　　　　　　O | X

선거운동기간 중 정치적 익명표현의 부정적 효과는 익명성 외에도 해당 익명표현의 내용과 함께 정치적 표현행위를 규제하는 관련 제도, 정치적·사회적 상황의 여러 조건들이 아울러 작용하여 발생하므로, 모든 익명표현을 사전적·포괄적으로 규율하는 것은 표현의 자유보다 행정편의와 단속편의를 우선함으로써 익명표현의 자유와 개인정보자기결정권 등을 지나치게 제한한다. … 그러므로 심판대상조항은 과잉금지원칙에 반하여 인터넷언론사 홈페이지 게시판 등 이용자의 익명표현의 자유와 개인정보자기결정권, 인터넷언론사의 언론의 자유를 침해한다(헌재 2021.1.28. 2018헌마456 등).

정답 500 ○　501 X　502 X

503
☐☐☐

초·중등학교의 교육공무원이 정당을 제외한 '그 밖의 정치단체'의 결성에 관여하거나 이에 가입하는 행위를 금지하는 것은 명확성원칙에 위배되어 해당 교육공무원의 정치적 표현의 자유를 침해한다.　O | X

'정치단체'를 '특정 정당이나 특정 정치인을 지지·반대하는 단체로서 그 결성에 관여하거나 가입하는 경우 공무원 및 교육의 정치적 중립성을 훼손할 가능성이 높은 단체' 등으로 한정하여 해석할 근거도 없다. … 국가공무원법조항 중 '그 밖의 정치단체'에 관한 부분은 가입 등이 금지되는 '정치단체'가 무엇인지 그 규범 내용이 확정될 수 없을 정도로 불분명하여, 헌법상 그 가입 등이 마땅히 보호받아야 할 단체까지도 수범자인 나머지 청구인들이 가입 등의 행위를 하지 못하게 위축시키고 있고, 법 집행 공무원이 지나치게 넓은 재량을 행사하여 금지되는 '정치단체'와 금지되지 않는 단체를 자의적으로 판단할 위험이 있다. 따라서 국가공무원법조항 중 '그 밖의 정치단체'에 관한 부분은 명확성원칙에 위배되어 나머지 청구인들의 정치적 표현의 자유, 결사의 자유를 침해한다(헌재 2020.4.23. 2018헌마551).

504
☐☐☐

상업광고는 표현의 자유의 보호영역에 속하지만 사상이나 지식에 관한 정치적·시민적 표현행위와는 차이가 있으므로, 그 규제의 위헌여부는 비례성원칙이 아닌 자의금지원칙에 따라 심사한다.　O | X

상업광고는 표현의 자유의 보호영역에 속하지만 사상이나 지식에 관한 정치적, 시민적 표현행위와는 차이가 있고, 한편 직업수행의 자유의 보호영역에 속하지만 인격발현과 개성신장에 미치는 효과가 중대한 것은 아니다. 그러므로 상업광고 규제에 관한 비례의 원칙 심사에 있어서 침해의 최소성 원칙은 같은 목적을 달성하기 위하여 달리 덜 제약적인 수단이 없을 것인지 혹은 입법목적을 달성하기 위하여 필요한 최소한의 제한인지를 심사하기 보다는 입법목적을 달성하기 위하여 필요한 범위 내의 것인지를 심사하는 정도로 완화되는 것이 상당하다(헌재 2012.2.23. 2009헌마318).

505
☐☐☐

여론조사 실시행위에 대한 신고의무를 부과하는 공직선거법 조항은 여론조사 결과의 보도나 공표행위를 규제하는 것이 아니라 여론조사의 실시행위에 대한 신고의무를 부과하는 것이므로, 헌법 제21조 제2항에서 금지한 사전검열에 해당하지 않는다.　O | X

심판대상조항은 여론조사결과의 보도나 공표행위를 규제하는 것이 아니라 여론조사의 실시행위에 대한 신고의무를 부과하는 것이므로, 허가받지 아니한 것의 발표를 금지하는 헌법 제21조 제2항의 사전검열과 관련이 있다고 볼 수 없다. 따라서 심판대상조항은 헌법 제21조 제2항의 검열금지원칙에 위반되지 아니한다(헌재 2015.4.30. 2014헌마360).

506
☐☐☐

공익을 해할 목적으로 전기통신설비에 의하여 공연히 허위의 통신을 한 자를 처벌하는 전기통신기본법 조항은 명확성의 요건을 충족하지 못하여 표현의 자유를 침해한다.　O | X

이 사건 법률조항은 '공익을 해할 목적'의 허위의 통신을 금지하는바, 여기서의 '공익'은 형벌조항의 구성요건으로서 구체적인 표지를 정하고 있는 것이 아니라, 헌법상 기본권 제한에 필요한 최소한의 요건 또는 헌법상 언론·출판의 자유의 한계를 그대로 법률에 옮겨 놓은 것에 불과할 정도로 그 의미가 불명확하고 추상적이다. … 결국, 이 사건 법률조항은 수범자인 국민에 대하여 일반적으로 허용되는 '허위의 통신' 가운데 어떤 목적의 통신이 금지되는 것인지 고지하여 주지 못하고 있으므로 표현의 자유에서 요구하는 명확성의 요청 및 죄형법정주의의 명확성원칙에 위배하여 헌법에 위반된다(헌재 2010.12.28. 2008헌바157 등).

정답 503 ○　504 X　505 ○　506 ○

507
☐☐☐

광고가 단순히 상업적인 상품이나 서비스에 관한 사실을 알리는 경우에도 그 내용이 공익을 포함하는 때에는 헌법 제21조의 표현의 자유에 의하여 보호된다.   O | X

광고가 단순히 상업적인 상품이나 서비스에 관한 사실을 알리는 경우에도 그 내용이 공익을 포함하는 때에는 헌법 제21조의 표현의 자유에 의하여 보호된다(헌재 2002.12.18. 2000헌마764).

508
☐☐☐

구 국가공무원 복무규정 제8조의2 제2항은 "공무원이 직무를 수행할 때 정치적 주장을 표시 또는 상징하는 복장을 하거나 관련 물품을 착용해서는 아니 된다."라고 정하고 있는바, 공무원의 정치적 표현의 자유를 제한하는 규정이라고 볼 수 없다.   O | X

이 사건 국가공무원 복무규정 제8조의2 제2항 등은 "공무원이 직무를 수행할 때 정치적 주장을 표시 또는 상징하는 복장을 하거나 관련 물품을 착용해서는 아니 된다."라고 규정하고 있는바, 정치적 주장을 표시·상징하는 복장 등 관련 물품을 착용하는 행위는 복장 등 비언어적인 방법을 통해 정치적 의사표현을 행하는 것이라 할 수 있으므로, 이 사건 국가공무원 복무규정 제8조의2 제2항 등 역시 공무원의 정치적 표현의 자유를 제한하는 규정이라 할 것이다. … 위 규정들은 과잉금지원칙에 반하여 공무원의 정치적 표현의 자유를 침해한다고 할 수 없다(헌재 2012.5.31. 2009헌마705 등).

509
☐☐☐

사전검열은 절대적으로 금지되는데, 여기에서 절대적이라 함은 언론·출판의 자유의 보호를 받는 표현에 대해서는 사전검열금지원칙이 예외 없이 적용된다는 의미이다.   O | X

헌법재판소도 사전검열은 절대적으로 금지되고, 여기에서 절대적이라 함은 언론·출판의 자유의 보호를 받는 표현에 대해서는 사전검열금지원칙이 예외 없이 적용된다는 의미라고 하고 있다(헌재 2015.12.23. 2015헌바75).

510
☐☐☐

광고의 심의기관이 행정기관인지 여부는 기관의 형식에 의하기보다는 그 실질에 따라 판단되어야 하지만, 행정기관이 자의로 민간심의기구의 심의업무에 개입할 가능성이 열려 있다는 개입가능성의 존재 자체만으로 헌법이 금지하는 사전검열에 해당한다고 볼 수 없다.   O | X

광고의 심의기관이 행정기관인지 여부는 기관의 형식에 의하기보다는 그 실질에 따라 판단되어야 하고, 행정기관의 자의로 민간심의기구의 심의업무에 개입할 가능성이 열려 있다면 개입 가능성의 존재 자체로 헌법이 금지하는 사전검열이라고 보아야 한다(헌재 2020.8.28. 2017헌가35 등).

정답 507 ○   508 X   509 ○   510 X

20. 지방직·국회직 9급

511
☐☐☐

국무총리 공관 경계지점으로부터 100미터 이내의 장소에서 옥외집회 또는 시위를 예외 없이 절대적으로 금지하고 있는 법률조항은 집회의 자유를 침해한다.　　　　　　　　　　　　　　　　　 O | X

이 사건 금지장소 조항은 국무총리 공관의 기능과 안녕을 직접 저해할 가능성이 거의 없는 '소규모 옥외집회·시위의 경우', '국무총리를 대상으로 하는 옥외집회·시위가 아닌 경우'까지도 예외 없이 옥외집회·시위를 금지하고 있는바, 이는 입법목적 달성에 필요한 범위를 넘는 과도한 제한이다. … 이 사건 금지장소 조항은 그 입법목적을 달성하는 데 필요한 최소한도의 범위를 넘어, 규제가 불필요하거나 또는 예외적으로 허용하는 것이 가능한 집회까지도 이를 일률적·전면적으로 금지하고 있다고 할 것이므로 침해의 최소성 원칙에 위배된다. … 따라서 이 사건 금지장소 조항은 <u>과잉금지원칙을 위반하여 집회의 자유를 침해한다</u>(헌재 2018.6.28. 2015헌가28).

20. 5급 공채

512
☐☐☐

집회·시위 등 현장에서 집회·시위 참가자에 대한 사진이나 영상촬영 등의 행위는 집회·시위 참가자들에게 심리적 부담으로 작용하여 여론형성 및 민주적 토론절차에 영향을 주고 집회의 자유를 전체적으로 위축시키는 결과를 가져올 수 있으므로 집회의 자유를 제한한다.　　　　　　　　　 O | X

집회의 자유는 그 내용에 있어 집회참가자가 기본권행사를 이유로 혹은 기본권행사와 관련하여 국가의 감시를 받게 되거나, 경우에 따라서는 어떠한 불이익을 받을 수도 있다는 것을 걱정할 필요가 없는, 즉 자유로운 심리상태의 보장이 전제되어야 한다. 개인이 가능한 외부의 영향을 받지 않고 집회의 준비와 실행에 참여할 수 있고, 집회참가자 상호간 및 공중과의 의사소통이 가능한 방해받지 않아야 한다. 따라서 <u>집회·시위 등 현장에서 집회·시위 참가자에 대한 사진이나 영상촬영 등의 행위는 집회·시위 참가자들에게 심리적 부담으로 작용하여 여론형성 및 민주적 토론절차에 영향을 주고 집회의 자유를 전체적으로 위축시키는 결과를 가져올 수 있으므로 집회의 자유를 제한한다고 할 수 있다</u>(헌재 2018.8.30. 2014헌마843).

20. 법원직

513
☐☐☐

각급 법원 인근에 집회·시위금지장소를 설정하는 것은 입법목적 달성을 위한 적합한 수단으로 볼 수 없다.　　　　　　　　　　　　　　　　　　　　　　　　 O | X

법관의 독립은 공정한 재판을 위한 필수 요소로서 다른 국가기관이나 사법부 내부의 간섭으로부터의 독립뿐만 아니라 사회적 세력으로부터의 독립도 포함한다. 심판대상조항의 입법목적은 법원 앞에서 집회를 열어 법원의 재판에 영향을 미치려는 시도를 막으려는 것이다. 이런 입법목적은 법관의 독립과 재판의 공정성 확보라는 헌법의 요청에 따른 것이므로 정당하다. 각급 법원 인근에 집회·시위금지장소를 설정하는 것은 입법목적 달성을 위한 적합한 수단이다. … 심판대상조항은 입법목적을 달성하는 데 필요한 최소한도의 범위를 넘어 규제가 불필요하거나 또는 예외적으로 허용 가능한 옥외집회·시위까지도 일률적·전면적으로 금지하고 있으므로, <u>침해의 최소성 원칙에 위배된다</u>. 심판대상조항은 각급 법원 인근의 모든 옥외집회를 전면적으로 금지함으로써 상충하는 법익 사이의 조화를 이루려는 노력을 전혀 기울이지 않아, 법익의 균형성 원칙에도 어긋난다. 심판대상조항은 <u>과잉금지원칙을 위반하여 집회의 자유를 침해한다</u>(헌재 2018.7.26. 2018헌바137).

정답 511 ○ 512 ○ 513 X

514
□□□

야간옥외집회가 공공질서나 타인의 법익을 해칠 위험성이 있다고 하나, 모든 야간 옥외집회가 항상 타인의 법익을 침해할 것이라고 볼 수 있는 것은 아니므로 야간옥외집회의 법익침해가능성을 내세워 모든 야간옥외집회를 금지할 수는 없다.　　　　　　　　　　　　　　　　　　　　　　　　　　　　　　　　O | X

야간시위를 금지하는 집시법 제10조 본문에는 위헌적인 부분과 합헌적인 부분이 공존하고 있으며, 위 조항 전부의 적용이 중지될 경우 공공의 질서 내지 법적 평화에 대한 침해의 위험이 높아, 일반적인 옥외집회나 시위에 비하여 높은 수준의 규제가 불가피한 경우에도 대응하기 어려운 문제가 발생할 수 있으므로, 현행 집시법의 체계 내에서 시간을 기준으로 한 규율의 측면에서 볼 때 규제가 불가피하다고 보기 어려움에도 시위를 절대적으로 금지하여 위헌성이 명백한 부분에 한하여 위헌 결정을 한다. 심판대상조항들은, 이미 보편화된 야간의 일상적인 생활의 범주에 속하는 '해가 진 후부터 같은 날 24시까지의 시위'에 적용하는 한 헌법에 위반된다(헌재 2014.3.27. 2010헌가2 등).

515
□□□

옥외집회나 시위가 사전신고한 범위를 뚜렷이 벗어나 신고제도의 목적달성을 심히 곤란하게 하고, 그로 인하여 질서를 유지할 수 없게 된 경우에 공공의 안녕질서 유지 및 회복을 위해 해산명령을 할 수 있도록 하는 것은 헌법에 위반되지 않는다.　　　　　　　　　　　　　　　　　　　　　　　　　　　　　　O | X

집시법은 옥외집회나 시위가 사전신고한 범위를 뚜렷이 벗어나 신고제도의 목적달성을 심히 곤란하게 하고, 그로 인하여 질서를 유지할 수 없게 된 경우에 공공의 안녕질서 유지 및 회복을 위해 해산명령을 할 수 있도록 하고 있다. 심판대상조항은 이러한 해산명령 제도의 실효성 확보를 위해 해산명령에 불응하는 자를 형사처벌하도록 한 것으로서 입법목적의 정당성과 수단의 적절성이 인정된다. … 심판대상조항이 달성하려는 공공의 안녕질서 유지 및 회복이라는 공익과 심판대상조항으로 인하여 제한되는 청구인들의 집회의 자유 사이의 균형을 상실하였다고 보기 어려우므로, 심판대상조항은 과잉금지원칙을 위반하여 집회의 자유를 침해한다고 볼 수 없다(헌재 2016.9.29. 2015헌바309 등).

516
□□□

집회나 시위 해산을 위한 살수차 사용은 집회의 자유 및 신체의 자유에 대한 중대한 제한을 초래하므로 살수차 사용요건이나 기준은 법률에 근거를 두어야 하고, 살수차와 같은 위해성 경찰장비는 본래의 사용방법에 따라 지정된 용도로 사용되어야 하며 다른 용도나 방법으로 사용하기 위해서는 반드시 법령에 근거가 있어야 한다.　　　　　　　　　　　　　　　　　　　　　　　　　　　　　　　　　O | X

집회나 시위 해산을 위한 살수차 사용은 집회의 자유 및 신체의 자유에 대한 중대한 제한을 초래하므로 살수차 사용요건이나 기준은 법률에 근거를 두어야 하고, 살수차와 같은 위해성 경찰장비는 본래의 사용방법에 따라 지정된 용도로 사용되어야 하며 다른 용도나 방법으로 사용하기 위해서는 반드시 법령에 근거가 있어야 한다. 혼합살수방법은 법령에 열거되지 않은 새로운 위해성 경찰장비에 해당하고 이 사건 지침에 혼합살수의 근거 규정을 둘 수 있도록 위임하고 있는 법령이 없으므로, 이 사건 지침은 법률유보원칙에 위배되고 이 사건 지침만을 근거로 한 이 사건 혼합살수행위 역시 법률유보원칙에 위배된다. 따라서 이 사건 혼합살수행위는 청구인들의 신체의 자유와 집회의 자유를 침해한다(헌재 2018.5.31. 2015헌마476).

517
☐☐☐

대한민국을 방문하는 외국의 국가 원수를 경호하기 위하여 지정된 경호구역 안에서 서울종로경찰서장이 안전 활동의 일환으로 청구인들의 삼보일배행진을 제지한 행위 등은 과잉금지원칙을 위반하여 청구인들의 집회의 자유 등을 침해한다. O | X

이 사건 공권력 행사는 경호대상자의 안전 보호 및 국가 간 친선관계의 고양, 질서유지 등을 위한 것이다. 돌발적이고 경미한 변수의 발생도 대비하여야 하는 경호의 특수성을 고려할 때, 경호활동에는 다양한 취약 요소들에 사전적·예방적으로 대비할 수 있는 안전조치가 충분히 이루어질 필요가 있고, 이 사건 공권력 행사는 집회장소의 장소적 특성과 미합중국 대통령의 이동경로, 집회 참가자와의 거리, 질서유지에 필요한 시간 등을 고려하여 경호 목적 달성을 위한 최소한의 범위에서 행해진 것으로 침해의 최소성을 갖추었다. 또한, 이 사건 공권력행사로 인해 제한된 사익은 집회 또는 시위의 자유 일부에 대한 제한으로서 국가 간 신뢰를 공고히 하고 발전적인 외교관계를 맺으려는 공익이 위 제한되는 사익보다 덜 중요하다고 할 수 없다. 따라서 이 사건 공권력 행사는 과잉금지원칙을 위반하여 청구인들의 집회의 자유 등을 침해하였다고 할 수 없다(헌재 2021.10. 28. 2019헌마1091).

518
☐☐☐

집회의 자유는 민주국가에서 사회·정치현상에 대한 불만과 비판을 공개적으로 표출케 함으로써 정치적 불만이 있는 자를 사회에 통합하고 정치적 안정에 기여하는 기능을 하는 중요한 수단이기 때문에, 평화적 수단을 이용한 의견의 표명뿐만 아니라 폭력을 사용한 의견의 강요 역시 헌법적으로 보호된다. O | X

집회의 자유에 의하여 보호되는 것은 단지 '평화적' 또는 '비폭력적' 집회이다. 집회의 자유는 민주국가에서 정신적 대립과 논의의 수단으로서, 평화적 수단을 이용한 의견의 표명은 헌법적으로 보호되지만, 폭력을 사용한 의견의 강요는 헌법적으로 보호되지 않는다. 헌법은 집회의 자유를 국민의 기본권으로 보장함으로써, 평화적 집회 그 자체는 공공의 안녕질서에 대한 위험이나 침해로서 평가되어서는 아니 되며, 개인이 집회의 자유를 집단적으로 행사함으로써 불가피하게 발생하는 일반대중에 대한 불편함이나 법익에 대한 위험은 보호법익과 조화를 이루는 범위 내에서 국가와 제3자에 의하여 수인되어야 한다는 것을 헌법 스스로 규정하고 있는 것이다(헌재 2003.10.30. 2000헌바67·83).

519
☐☐☐

집회는 일정한 장소를 전제로 하여 특정 목적을 가진 다수인이 일시적으로 회합하는 것을 말하는 것으로, 여기서의 다수인이 가지는 공동의 목적은 '내적인 유대 관계'로 족하지 않고 공통의 의사형성과 의사표현이라는 공동의 목적이 포함되어야 한다. O | X

일반적으로 집회는, 일정한 장소를 전제로 하여 특정 목적을 가진 다수인이 일시적으로 회합하는 것을 말하는 것으로 일컬어지고 있고, 그 공동의 목적은 '내적인 유대 관계'로 족하다(헌재 2009.5.28. 2007헌바22).

정답 517 X 518 X 519 X

520
□□□

국회의장 공관의 경계지점으로부터 100미터 이내의 장소에서의 옥외집회 또는 시위를 일률적으로 금지하고, 이를 위반한 집회·시위의 참가자를 처벌하는 것은 해당 장소에서 옥외집회·시위가 개최되더라도 국회의장에게 물리적 위해를 가하거나 국회의장 공관으로의 출입 내지 안전에 위협을 가할 우려가 없는 장소까지 포함되어 있다는 점에서 입법목적 달성에 필요한 범위를 넘어 집회의 자유를 과도하게 제한하는 것으로 집회의 자유를 침해한다.　　O | X

'집회 및 시위에 관한 법률'은 국회의장 공관의 기능과 안녕을 보호할 다양한 규제 수단을 마련하고 있고, 집회·시위 과정에서의 폭력행위나 업무방해 행위 등은 형사법상의 범죄행위로 처벌되므로, 국회의장 공관 인근에서 예외적으로 옥외집회·시위를 허용한다고 하더라도 국회의장 공관의 기능과 안녕은 충분히 보장될 수 있다. 그럼에도 심판대상조항은 국회의장 공관 인근 일대를 광범위하게 전면적인 집회 금지 장소로 설정함으로써 입법목적 달성에 필요한 범위를 넘어 집회의 자유를 과도하게 제한하고 있는바, 과잉금지원칙에 반하여 집회의 자유를 침해한다(헌재 2023.3.23. 2021헌가1).

521
□□□

사회복무요원이 정당 가입을 할 수 없도록 규정한 병역법 조항은 사회복무요원의 정치적 중립성 보장과 아무런 관련이 없는 사회적 활동까지 금지한다는 점에서 사회복무요원의 결사의 자유를 침해한다.　　O | X

이 사건 법률조항 중 '정당'에 관한 부분은 사회복무요원의 정당가입을 금지함으로써 사회복무요원의 정치적 중립성을 유지하며 업무전념성을 보장하고자 하는 것으로 이러한 입법목적은 정당하다. 이 사건 법률조항 중 '정당'에 관한 부분은 앞서 본 입법목적을 달성하기 위한 효과적이고 적합한 수단이다. 이 사건 법률조항 중 '정당'에 관한 부분은 침해의 최소성에 위반되지 아니한다. 이 사건 법률조항 중 '정당'에 관한 부분이 보호하고자 하는 사회복무요원의 정치적 중립성 유지 및 업무전념성 보장이라는 공익은, 그 지위 및 직무의 성질상 정치적 중립성의 준수가 요청되는 사회복무요원이 정당가입을 금지당함에 따라 제한받는 사익보다 훨씬 중요하기 때문에, 법익의 균형성에 위배되지 않는다. 이 사건 법률조항 중 '정당'에 관한 부분은 과잉금지원칙에 위배되어 청구인의 정치적 표현의 자유 및 결사의 자유를 침해하지 아니한다(헌재 2021.11.25. 2019헌마534).

522
□□□

개인이 집회의 자유를 집단적으로 행사함으로써 불가피하게 발생하는 일반대중에 대한 불편함이나 법익에 대한 위험은 보호법익과 조화를 이루는 범위 내에서 국가와 제3자에 의하여 수인되어야 한다.　　O | X

헌법은 집회의 자유를 국민의 기본권으로 보장함으로써, 평화적 집회 그 자체는 공공의 안녕질서에 대한 위험이나 침해로서 평가되어서는 아니 되며, 개인이 집회의 자유를 집단적으로 행사함으로써 불가피하게 발생하는 일반대중에 대한 불편함이나 법익에 대한 위험은 보호법익과 조화를 이루는 범위 내에서 국가와 제3자에 의하여 수인되어야 한다는 것을 헌법 스스로 규정하고 있는 것이다(헌재 2003.10.30. 2000헌바67 등).

523
□□□

집회의 자유는 개인의 인격발현의 요소이자 민주주의를 구성하는 요소라는 이중적 헌법적 기능을 가지고
있다. O | X

집회의 자유는 개인의 인격발현의 요소이자 민주주의를 구성하는 요소라는 이중적 헌법적 기능을 가지고 있다. 인간의 존엄성과 자유로운 인격발현을 최고의 가치로 삼는 우리 헌법질서 내에서 집회의 자유도 다른 모든 기본권과 마찬가지로 일차적으로는 개인의 자기결정과 인격발현에 기여하는 기본권이다. 뿐만 아니라, 집회를 통하여 국민들이 자신의 의견과 주장을 집단적으로 표명함으로써 여론의 형성에 영향을 미친다는 점에서, 집회의 자유는 표현의 자유와 더불어 민주적 공동체가 기능하기 위하여 불가결한 근본요소에 속한다(헌재 2003.10.30. 2000헌바67 등).

524
□□□

집회의 자유에 의하여 구체적으로 보호되는 주요행위는 집회의 준비 및 조직, 지휘, 참가, 집회장소·시간의 선택이므로 집회를 방해할 의도로 집회에 참가하는 것도 보호된다. O | X

집회의 자유는 집회의 시간, 장소, 방법과 목적을 스스로 결정할 권리를 보장한다. 집회의 자유에 의하여 구체적으로 보호되는 주요행위는 집회의 준비 및 조직, 지휘, 참가, 집회장소·시간의 선택이다. 그러나 집회를 방해할 의도로 집회에 참가하는 것은 보호되지 않는다. 주최자는 집회의 대상, 목적, 장소 및 시간에 관하여, 참가자는 참가의 형태와 정도, 복장을 자유로이 결정할 수 있다(헌재 2003.10.30. 2000헌바67 등).

525
□□□

집회장소가 바로 집회의 목적과 효과에 대하여 중요한 의미를 가지기 때문에, 누구나 '어떤 장소에서' 자신이 계획한 집회를 할 것인가를 원칙적으로 자유롭게 결정할 수 있어야만 집회의 자유가 비로소 효과적으로 보장되는 것이다. 따라서 집회의 자유는 다른 법익의 보호를 위하여 정당화되지 않는 한, 집회장소를 항의의 대상으로부터 분리시키는 것을 금지한다. O | X

집회의 목적·내용과 집회의 장소는 일반적으로 밀접한 내적인 연관관계에 있기 때문에, 집회의 장소에 대한 선택이 집회의 성과를 결정짓는 경우가 적지 않다. 집회장소가 바로 집회의 목적과 효과에 대하여 중요한 의미를 가지기 때문에, 누구나 '어떤 장소에서' 자신이 계획한 집회를 할 것인가를 원칙적으로 자유롭게 결정할 수 있어야만 집회의 자유가 비로소 효과적으로 보장되는 것이다. 따라서 집회의 자유는 다른 법익의 보호를 위하여 정당화되지 않는 한, 집회장소를 항의의 대상으로부터 분리시키는 것을 금지한다(헌재 2003.10.30. 2000헌바67 등).

526
□□□

집회 및 시위에 관한 법률상의 시위는 반드시 '일반인이 자유로이 통행할 수 있는 장소'에서 이루어져야 한다거나 '행진' 등 장소 이동을 동반해야만 성립하는 것은 아니다. O | X

집시법상의 시위는, 다수인이 공동목적을 가지고 ① 도로·광장·공원 등 공중이 자유로이 통행할 수 있는 장소를 행진함으로써 불특정한 여러 사람의 의견에 영향을 주거나 제압을 가하는 행위와 ② 위력 또는 기세를 보여 불특정한 여러 사람의 의견에 영향을 주거나 제압을 가하는 행위를 말한다고 풀이해야 할 것이다. 따라서 집시법상의 시위는 반드시 '일반인이 자유로이 통행할 수 있는 장소'에서 이루어져야 한다거나 '행진' 등 장소 이동을 동반해야만 성립하는 것은 아니다(헌재 2014.3.27. 2010헌가2 등).

정답 523 ○ 524 X 525 ○ 526 ○

527
☐☐☐

국회의장 공관의 경계 지점으로부터 100미터 이내의 장소에서의 옥외집회 또는 시위를 일률적으로 금지하고, 이를 위반한 집회·시위의 참가자를 처벌하는 구 집회 및 시위에 관한 법률 조항은 국회의장의 원활한 직무 수행, 공관 거주자 등의 신변 안전, 주거의 평온, 공관으로의 자유로운 출입 등이 저해될 위험이 있음을 고려한 것으로 집회의 자유를 침해하지 않는다. O | X

심판대상조항이 집회 금지 장소로 설정한 '국회의장 공관의 경계 지점으로부터 100미터 이내에 있는 장소'에는, 해당 장소에서 옥외집회·시위가 개최되더라도 국회의장에게 물리적 위해를 가하거나 국회의장 공관으로의 출입 내지 안전에 위협을 가할 우려가 없는 장소까지 포함되어 있다. 또한 대규모로 확산될 우려가 없는 소규모 옥외집회·시위의 경우, 심판대상조항에 의하여 보호되는 법익에 직접적인 위험을 가할 가능성은 상대적으로 낮다. … 그럼에도 심판대상조항은 국회의장 공관 인근 일대를 광범위하게 전면적인 집회 금지 장소로 설정함으로써 입법목적 달성에 필요한 범위를 넘어 집회의 자유를 과도하게 제한하고 있는바, 과잉금지원칙에 반하여 집회의 자유를 침해한다(헌재 2023.3.23. 2021헌가1).

528
☐☐☐

집회의 금지와 해산은 원칙적으로 공공의 안녕질서에 대한 직접적인 위협이 명백하게 존재하는 경우에 한하여 허용될 수 있다. O | X

집회의 자유를 제한하는 대표적인 공권력의 행사는 집시법에서 규정하는 집회의 금지, 해산과 조건부 허용이다. 집회의 자유에 대한 제한은 다른 중요한 법익의 보호를 위하여 반드시 필요한 경우에 한하여 정당화되는 것이며, 특히 집회의 금지와 해산은 원칙적으로 공공의 안녕질서에 대한 직접적인 위협이 명백하게 존재하는 경우에 한하여 허용될 수 있다(헌재 2003.10.30. 2000헌바67 등).

529
☐☐☐

관할경찰관서장은 집회 또는 시위의 시간과 장소가 중복되는 2개 이상의 신고가 있는 경우 그 목적으로 보아 서로 상반되거나 방해가 된다고 인정되면 각 옥외집회 또는 시위 간에 시간을 나누거나 장소를 분할하여 개최하도록 권유하는 등 각 옥외집회 또는 시위가 서로 방해되지 아니하고 평화적으로 개최·진행될 수 있도록 노력하여야 한다. O | X

> 집회 및 시위에 관한 법률 제8조【집회 및 시위의 금지 또는 제한 통고】② 관할경찰관서장은 집회 또는 시위의 시간과 장소가 중복되는 2개 이상의 신고가 있는 경우 그 목적으로 보아 서로 상반되거나 방해가 된다고 인정되면 각 옥외집회 또는 시위 간에 시간을 나누거나 장소를 분할하여 개최하도록 권유하는 등 각 옥외집회 또는 시위가 서로 방해되지 아니하고 평화적으로 개최·진행될 수 있도록 노력하여야 한다.

530
☐☐☐

막연히 폭력·불법적이거나 돌발적인 상황이 발생할 위험이 있다는 가정만을 근거로 하여 대통령 관저 인근이라는 특정한 장소에서 열리는 모든 집회를 금지하는 것은 헌법적으로 정당화되기 어렵다. O | X

따라서 개별적인 경우에 구체적인 위험 상황이 발생하였는지를 고려하지 않고, 막연히 폭력·불법적이거나 돌발적인 상황이 발생할 위험이 있다는 가정만을 근거로 하여 대통령 관저 인근이라는 특정한 장소에서 열리는 모든 집회를 금지하는 것은 헌법적으로 정당화되기 어렵다(헌재 2022.12.22. 2018헌바48).

531
☐☐☐

미신고 시위로 인하여 타인의 법익이나 공공의 안녕질서에 대한 직접적이고 명백한 위험이 발생한 경우에 해산명령을 발할 수 있도록 하고 이에 응하지 아니하는 행위에 대해 처벌하는 집회 및 시위에 관한 법률상 조항은 달성하려는 공익과 이로 인해 제한되는 청구인의 기본권 사이의 균형을 상실하였다고 보기 어렵다.   O | X

심판대상조항은 미신고 시위를 처음부터 금지하거나 참가 자체를 처벌하는 것이 아니고, 다만 그 시위로 인하여 타인의 법익이나 공공의 안녕질서에 직접적이고 명백한 위험이 발생한 경우에 해산명령을 발할 수 있도록 하고, 이에 응하지 아니하는 행위에 대하여 처벌하는 조항이다. 그렇다면 심판대상조항이 달성하려는 공공의 안녕질서 유지 및 회복이라는 공익과 심판대상조항으로 인하여 제한되는 청구인의 기본권 사이의 균형을 상실하였다고 보기 어렵다(헌재 2016.9.29. 2014헌바492).

532
☐☐☐

신고 범위를 뚜렷이 벗어난 집회·시위로 인하여 질서를 유지할 수 없어 해산을 명령하였음에도 불구하고 이에 불응한 경우에 처벌하는 집회 및 시위에 관한 법률상 조항은 과잉금지원칙을 위반하여 집회의 자유를 침해한다고 볼 수 없다.   O | X

심판대상조항은 신고 범위를 뚜렷이 벗어난 집회·시위로 인하여 질서를 유지할 수 없어 해산을 명령하였음에도 불구하고 불응한 경우에만 처벌하도록 하고 있고, 먼저 자진 해산을 요청한 후 참가자들이 자진 해산 요청에 따르지 아니하는 경우라야 해산명령을 하는 점을 고려하면 심판대상조항은 집회의 자유에 대한 제한을 최소화하고 있다. 해산명령에 불응하는 행위는 단순히 행정질서에 장해를 줄 위험성이 있는 정도의 의무태만 내지 의무위반이 아니고 직접적으로 행정목적을 침해하고 나아가 공익을 침해할 고도의 개연성을 띤 행위라고 볼 수 있으므로 심판대상조항이 법정형의 종류 및 범위의 선택에 관한 입법재량의 한계를 벗어난 과중한 처벌이라고도 볼 수 없다. 또한 심판대상조항이 달성하려는 공공의 안녕질서 유지 및 회복이라는 공익과 심판대상조항으로 인하여 제한되는 청구인들의 집회의 자유 사이의 균형을 상실하였다고 보기 어려우므로, 심판대상조항은 과잉금지원칙을 위반하여 집회의 자유를 침해한다고 볼 수 없다(헌재 2016.9.29. 2015헌바309 등).

533
☐☐☐

재판에 영향을 미칠 염려가 있거나 미치게 하기 위한 집회 또는 시위를 금지하고 이를 위반한 자를 형사 처벌하는 구 집회 및 시위에 관한 법률상 조항은 과잉금지원칙을 위반하여 집회의 자유를 침해한다고 볼 수 없다.   O | X

이 사건 제2호 부분은 법관의 직무상 독립을 보호하여 사법작용의 공정성과 독립성을 확보하기 위한 것으로 입법목적의 정당성은 인정되나, 국가의 사법권한 역시 국민의 의사에 정당성의 기초를 두고 행사되어야 한다는 점과 재판에 대한 정당한 비판은 오히려 사법작용의 공정성 제고에 기여할 수도 있는 점을 고려하면 사법의 독립성을 확보하기 위한 적합한 수단이라 보기 어렵다. … 이 사건 제2호 부분으로 인하여 달성하고자 하는 공익 실현 효과는 가정적이고 추상적인 반면, 이 사건 제2호 부분으로 인하여 침해되는 집회의 자유에 대한 제한 정도는 중대하므로 법익균형성도 상실하였다. 따라서 이 사건 제2호 부분은 과잉금지원칙에 위배되어 집회의 자유를 침해한다(헌재 2016.9.29. 2014헌가3).

534
☐☐☐

지역농협 이사 선거의 경우 전화·컴퓨터통신을 이용한 지지·호소의 선거운동방법을 금지하고 이를 위반한 자에 대한 형사처벌을 규정한 구 농업협동조합법상 조항은 결사의 자유를 침해한다. O | X

전화·컴퓨터통신은 누구나 손쉽고 저렴하게 이용할 수 있는 매체인 점, 농업협동조합법에서 흑색선전 등을 처벌하는 조항을 두고 있는 점을 고려하면 입법목적 달성을 위하여 위 매체를 이용한 지지 호소까지 금지할 필요성은 인정되지 아니한다. 이 사건 법률조항들이 달성하려는 공익이 결사의 자유 및 표현의 자유 제한을 정당화할 정도로 크다고 보기는 어려우므로, 법익의 균형성도 인정되지 아니한다. 따라서 이 사건 법률조항들은 과잉금지원칙을 위반하여 결사의 자유, 표현의 자유를 침해하여 헌법에 위반된다(헌재 2016.11.24. 2015헌바62).

535
☐☐☐

새마을금고 임원선거와 관련하여 법률에서 정하고 있는 방법 이외의 방법으로 선거운동을 할 수 없도록 하고 이를 위반한 자에 대한 형사처벌을 규정한 새마을금고법상 조항은 결사의 자유를 침해한다. O | X

새마을금고 임원 선거의 과열과 혼탁을 방지함으로써 선거의 공정성을 담보하고자 하는 심판대상조항의 입법목적은 정당하고, 임원 선거와 관련하여 법정된 선거운동방법만을 허용하되 허용되지 아니하는 방법으로 선거운동을 하는 경우 형사처벌하는 것은 이러한 입법목적을 달성하기 위한 적절한 수단이다. … 심판대상조항은 침해의 최소성 요건을 갖추었다. 공공성을 가진 특수법인으로 유사금융기관으로서의 지위를 가지는 새마을금고이 임원 선거에서 공정선을 확보하는 것은 임원의 윤리성을 담보하고 궁극적으로는 새마을금고의 투명한 경영을 도모하고자 하는 것으로, 이러한 공익이 이로 인하여 제한되는 사익에 비해 훨씬 크다고 할 것이므로, 심판대상조항은 법익의 균형성도 갖추었다. 따라서 심판대상조항은 청구인의 결사의 자유 및 표현의 자유를 침해하지 아니한다(헌재 2018.2.22. 2016헌바364).

536
☐☐☐

변리사의 변리사회 가입의무를 규정한 변리사법상 조항은 결사의 자유를 침해한다. O | X

법 제11조 중 변리사 부분이 청구인의 결사의 자유와 직업수행의 자유를 제한한 것은 비례의 원칙에 위배되지 않으므로 청구인의 결사의 자유와 직업수행의 자유를 침해하지 않으며, 청구인의 평등권도 침해하지 않는다(헌재 2008.7.31. 2006헌마666).

537
☐☐☐

대한민국고엽제전우회와 대한민국월남전참전자회의 중복가입을 금지하는 참전유공자예우 및 단체설립에 관한 법률상 조항은 결사의 자유를 침해한다. O | X

심판대상조항의 입법목적은 양 법인의 중복가입에 따라 발생할 수 있는 두 단체 사이의 마찰, 중복지원으로 인한 예산낭비, 중복가입자의 이해상반행위를 방지하기 위한 것이다. 월남전참전자회의 회원 범위가 고엽제 관련자까지 확대될 경우 상대적으로 고엽제전우회의 조직 구성력이 약화되어 고엽제 관련자에 대한 특별한 보호가 약화될 우려가 있기 때문에, 심판대상조항이 기존에 운영 중인 고엽제전우회의 회원이 월남전 참전자회에 중복가입하는 것을 제한한 것은 불가피한 조치라 할 것이다. 또한 심판대상조항으로 인하여 고엽제 관련자가 월남전참전자회의 회원이 될 수 없는 것이 아니라 월남전 참전자 중 고엽제 관련자는 양 법인 중에서 회원으로 가입할 법인을 선택할 수 있고 언제라도 그 선택의 변경이 가능하므로 심판대상조항이 청구인의 결사의 자유를 전면적으로 제한하는 것은 아니다. 따라서 심판대상조항은 과잉금지원칙에 위배된다고 볼 수 없다(헌재 2016.4.28. 2014헌바442).

정답 534 ○ 535 X 536 X 537 X

538
☐☐☐

누구든지 국회의사당의 경계지점으로부터 100미터 이내의 장소에서 옥외집회 또는 시위를 할 경우 형사처벌한다고 규정한 집회 및 시위에 관한 법률 조항 중 '국회의사당'에 관한 부분은 집회의 자유를 침해한다. O | X

심판대상조항은 국회의사당 인근 일대를 광범위하게 집회금지장소로 설정함으로써, 국회의원에 대한 물리적인 압력이나 위해를 가할 가능성이 없는 장소 및 국회의사당 등 국회 시설에의 출입이나 안전에 지장이 없는 장소까지도 집회금지장소에 포함되게 한다. … 그럼에도 심판대상조항이 국회 부지 또는 담장을 기준으로 100미터 이내의 장소에서 옥외집회를 금지하는 것은 국회의 헌법적 기능에 대한 보호의 필요성을 고려하더라도 지나친 규제라고 할 것이다. … 심판대상조항은 입법목적을 달성하는 데 필요한 최소한도의 범위를 넘어, 규제가 불필요하거나 또는 예외적으로 허용하는 것이 가능한 집회까지도 이를 일률적·전면적으로 금지하고 있으므로 침해의 최소성 원칙에 위배된다. … 심판대상조항은 과잉금지원칙을 위반하여 집회의 자유를 침해한다 (헌재 2018.5.31. 2013헌바322 등).

539
☐☐☐

집회의 자유는 집회의 시간·장소·방법·목적 등을 스스로 결정하는 것을 내용으로 하며, 구체적으로 보호되는 주요행위는 집회의 준비·조직·지휘·참가 및 집회 장소와 시간의 선택 등이다. O | X

집회의 자유는 집회의 시간, 장소, 방법과 목적을 스스로 결정하는 것을 보장하는 것으로, 구체적으로 보호되는 주요 행위는 집회의 준비 및 조직, 지휘, 참가, 집회장소·시간의 선택이다(헌재 2018.6.28. 2015헌가28 등).

540
☐☐☐

대통령 관저의 경계 지점으로부터 100미터 이내의 장소에서는 옥외집회 또는 시위를 금지하고 위반 시 형사처벌한다고 규정한 구 집회 및 시위에 관한 법률은 대통령과 그 가족의 신변 안전 및 주거 평온을 확보하고, 대통령의 원활한 직무수행을 보장함으로써, 궁극적으로는 대통령의 헌법적 기능 보호를 목적으로 하므로 헌법에 위반되지 아니한다. O | X

심판대상조항은 대통령과 그 가족의 신변 안전 및 주거 평온을 확보하고, 대통령 등이 자유롭게 대통령 관저에 출입할 수 있도록 하며 경우에 따라서는 대통령의 원활한 직무수행을 보장함으로써, 궁극적으로는 대통령의 헌법적 기능 보호를 목적으로 한다. 심판대상조항은 대통령 관저 인근 일대를 광범위하게 집회금지장소로 설정함으로써, 집회가 금지될 필요가 없는 장소까지도 집회금지장소에 포함되게 한다. 대규모 집회 또는 시위로 확산될 우려가 없는 소규모 집회의 경우, 심판대상조항에 의하여 보호되는 법익에 대해 직접적인 위협이 될 가능성은 낮고, 이러한 집회가 대통령 등의 안전이나 대통령 관저 출입과 직접적 관련이 없는 장소에서 열릴 경우에는 위험성은 더욱 낮아진다. 또한, '집회 및 시위에 관한 법률' 및 '대통령 등의 경호에 관한 법률'은 폭력적이고 불법적인 집회에 대처할 수 있는 다양한 수단을 두고 있다. 이러한 점을 종합하면, 심판대상조항은 과잉금지원칙에 위배되어 집회의 자유를 침해한다(헌재 2022.12.22. 2018헌바48 등).

정답 538 ○   539 ○   540 X

541

☐☐☐

각급 법원 인근에서의 옥외집회 · 시위를 금지하고 있는 법률조항에는 위헌적인 부분과 합헌적인 부분이 공존하고 있는데, 입법자로 하여금 어떠한 경우 옥외집회 · 시위가 허용된다고 할 것인지를 정하도록 하는 것이 입법재량을 존중하는 것이다.　　　　　　　　　　　　　　　　　　　　　　O | X

심판대상조항이 가지는 위헌성은 법관의 독립이나 법원의 재판에 영향을 미칠 가능성이 없거나 낮은 경우에도 과도하게 옥외집회 · 시위를 금지하는 데 있다. 각급 법원 인근에서의 옥외집회 · 시위를 금지하고 있는 심판대상조항에는 위헌적 부분과 합헌적 부분이 공존하고 있다. 각급 법원 인근에서의 옥외집회 · 시위 중 어떤 형태를 예외적으로 허용함으로써 집회의 자유를 필요최소한의 범위에서 제한할 것인지는 입법자의 판단에 맡기는 것이 바람직하다. 입법자로 하여금 법관의 독립이나 법원의 재판에 영향을 미칠 우려가 없는 상황 등 제반 사정을 감안하여 어떤 경우 예외적으로 옥외집회 · 시위가 허용된다고 할 것인지 정하도록 하는 것이 심판대상조항의 위헌성을 제거하면서도 입법자의 입법재량을 존중하는 방법이다(헌재 2018.7.26. 2018헌바137).

542

☐☐☐

관할 경찰서장이 9회에 걸쳐 옥외집회신고서를 반려한 행위는 공권력의 행사로서 헌법소원의 대상이 되고, 법률의 근거 없이 청구인들의 집회의 자유를 침해한 것으로서 헌법상 법률유보원칙에 위반된다.　　　　　　　　　　　　　　　　　　　　　　O | X

피청구인의 이 사건 반려행위는 주무(主務) 행정기관에 의한 행위로서 청구인들의 집회의 자유를 침해하였다고 할 것이므로, 이는 기본권침해 가능성이 있는 공권력의 행사에 해당한다고 할 것이다. 이 사건 피청구인은 청구인 ○○합섬HK지회와 ○○생명인사지원실이 제출한 옥외집회신고서를 폭력사태 발생이 우려된다는 이유로 동시에 접수하였고, 이후 상호 충돌을 피한다는 이유로 두 개의 집회신고를 모두 반려하였는바, … 이 사건 반려행위는 법률의 근거 없이 청구인들의 집회의 자유를 침해한 것으로서 헌법상 법률유보원칙에 위반된다고 할 것이다(헌재 2008.5.29. 2007헌마712).

543

☐☐☐

누구든지 중앙선거관리위원회의 경계 지점으로부터 100미터 이내의 장소에서는 옥외집회 또는 시위를 하여서는 아니 된다.　　　　　　　　　　　　　　　　　　　　　　O | X

중앙선거관리위원회는 경계 지점으로부터 100미터 이내의 장소에서 옥외집회 또는 시위를 금지하는 대상기관이 아니다.

544

☐☐☐

집회 및 시위에 관한 법률이 옥외집회와 옥내집회를 구분하는 이유는, 옥외집회의 경우 외부세계, 즉 다른 기본권의 주체와 직접적으로 접촉할 가능성으로 인하여 옥내집회와 비교할 때 법익충돌의 위험성이 크다는 점에서 집회의 자유의 행사방법과 절차에 관하여 보다 자세하게 규율할 필요가 있기 때문이다.　　　　　　　　　　　　　　　　　　　　　　O | X

집시법이 옥외집회와 옥내집회를 구분하는 이유는, 옥외집회의 경우 외부세계, 즉 다른 기본권의 주체와 직접적으로 접촉할 가능성으로 인하여 옥내집회와 비교할 때 법익충돌의 위험성이 크다는 점에서 집회의 자유의 행사방법과 절차에 관하여 보다 자세하게 규율할 필요가 있기 때문이다. 이는 한편으로는 집회의 자유의 행사를 실질적으로 가능하게 하기 위한 것이고, 다른 한편으로는 집회의 자유와 충돌하는 제3자의 법익을 충분히 보호하기 위한 것이다(헌재 2003.10.30. 2000헌바67 등).

정답 541 ○　542 ○　543 X　544 ○

545
☐☐☐

헌법 제21조 제2항에서 규정한 집회의 허가제 금지는 헌법 자체에서 직접 집회의 자유에 대한 제한의 한계를 명시한 것이므로 기본권 제한에 관한 일반적 법률유보조항인 헌법 제37조 제2항에 앞서서, 우선적이고 제1차적인 위헌심사기준이 되어야 한다. O | X

헌법 제21조 제2항은, 집회에 대한 허가제는 집회에 대한 검열제와 마찬가지이므로 이를 절대적으로 금지하겠다는 헌법개정권력자인 국민들의 헌법가치적 합의이며 헌법적 결단이다. 또한 위 조항은 헌법 자체에서 직접 집회의 자유에 대한 제한의 한계를 명시한 것이므로 기본권 제한에 관한 일반적 법률유보조항인 헌법 제37조 제2항에 앞서서, 우선적이고 제1차적인 위헌심사기준이 되어야 한다(헌재 2009.9.24. 2008헌가25).

546
☐☐☐

집회의 금지와 해산은 집회의 자유를 보다 적게 제한하는 다른 수단, 즉 조건을 붙여 집회를 허용하는 가능성을 모두 소진한 후에 비로소 고려될 수 있는 최종적인 수단이다. O | X

집회의 자유를 제한하는 대표적인 공권력의 행위는 집시법에서 규정하는 집회의 금지, 해산과 조건부 허용이다. 집회의 자유에 대한 제한은 다른 중요한 법익의 보호를 위하여 반드시 필요한 경우에 한하여 정당화되는 것이며, 특히 집회의 금지와 해산은 원칙적으로 공공의 안녕질서에 대한 직접적인 위협이 명백하게 존재하는 경우에 한하여 허용될 수 있다. 집회의 금지와 해산은 집회의 자유를 보다 적게 제한하는 다른 수단, 즉 조건을 붙여 집회를 허용하는 가능성을 모두 소진한 후에 비로소 고려될 수 있는 최종적인 수단이다(헌재 2003.10.30. 2000헌바67 등).

547
☐☐☐

집회의 자유는 다수의 의견을 국정에 반영하는 창구로서 그 중요성을 더해가고 있다는 점에서 다수의 보호를 위한 중요한 기본권이다. O | X

집회의 자유는 집권세력에 대한 정치적 반대의사를 공동으로 표명하는 효과적인 수단으로서 현대사회에서 언론매체에 접근할 수 없는 소수집단에게 그들의 권익과 주장을 옹호하기 위한 적절한 수단을 제공한다는 점에서, 소수의견을 국정에 반영하는 창구로서 그 중요성을 더해 가고 있다. 이러한 의미에서 집회의 자유는 소수의 보호를 위한 중요한 기본권인 것이다(헌재 2003.10.30. 2000헌바67 등).

548
☐☐☐

국내 주재 외교기관 인근의 옥외집회 또는 시위를 원칙적으로 금지하고 예외적으로 허용하는 구 집회 및 시위에 관한 법률 조항은, 행정청이 주체가 되어 집회의 허용 여부를 사전에 결정하는 것이므로, 헌법 제21조 제2항에서 금지하는 사전허가제에 해당한다. O | X

심판대상조항은 입법자가 법률로써 직접 집회의 장소적 제한을 규정한 것으로, 행정청이 주체가 되어 집회의 허용 여부를 사전에 결정하는 것이 아니므로 헌법 제21조 제2항의 허가제 금지에 위배되지 않는다. … 심판대상조항은 과잉금지원칙에 위반하여 집회의 자유를 침해한다고 볼 수 없다(헌재 2023.7.20. 2020헌바131).

정답 545 ○ 546 ○ 547 X 548 X

549
☐☐☐

집회 또는 시위를 하기 위하여 인천애(愛)뜰 중 잔디마당과 그 경계 내 부지에 대한 사용허가 신청을 한 경우 인천광역시장이 이를 허가할 수 없도록 제한하는 '인천애(愛)뜰의 사용 및 관리에 관한 조례'는 잔디마당을 집회 장소로 선택할 자유를 완전히 제한하는바, 시민들의 집회의 자유를 침해한다. O | X

심판대상조항은 집회에 대한 허가제를 규정하였다고 보기 어려우므로, 헌법 제21조 제2항 위반 주장에 대해서는 나아가 살펴보지 않기로 한다. … 심판대상조항에 의하여 잔디마당을 집회 장소로 선택할 자유가 완전히 제한되는바, 공공에 위험을 야기하지 않고 시청사의 안전과 기능에도 위협이 되지 않는 집회나 시위까지도 예외 없이 금지되는 불이익이 발생한다. 그렇다면 심판대상조항은 과잉금지원칙에 위배되어 청구인들의 집회의 자유를 침해한다(헌재 2023.9.26. 2019헌마1417).

550
☐☐☐

국회의장 공관의 경계 지점으로부터 100미터 이내의 장소에서의 옥외집회 또는 시위를 일률적으로 금지하는 구 집회 및 시위에 관한 법률 조항은 입법목적 달성에 필요한 범위를 넘어 집회의 자유를 과도하게 제한하고 있으므로 집회의 자유를 침해한다. O | X

심판대상조항이 집회 금지 장소로 설정한 '국회의장 공관의 경계 지점으로부터 100미터 이내에 있는 장소'에는, 해당 장소에서 옥외집회·시위가 개최되더라도 국회의장에게 물리적 위해를 가하거나 국회의장 공관으로의 출입 내지 안전에 위협을 가할 우려가 없는 장소까지 포함되어 있다. 또한 대규모로 확산될 우려가 없는 소규모 옥외집회·시위의 경우, 심판대상조항에 의하여 보호되는 법익에 직접적인 위협을 가할 가능성은 상대적으로 낮다. … 그럼에도 심판대상조항은 국회의장 공관 인근 일대를 광범위하게 전면적인 집회 금지 장소로 설정함으로써 입법목적 달성에 필요한 범위를 넘어 집회의 자유를 과도하게 제한하고 있는바, 과잉금지원칙에 반하여 집회의 자유를 침해한다(헌재 2023.3.23. 2021헌가1).

551
☐☐☐

대통령 관저의 경계 지점으로부터 100미터 이내의 장소에서는 옥외집회 또는 시위를 금지한 구 집회 및 시위에 관한 법률 조항은, 대통령 관저 인근 일대를 광범위하게 집회금지장소로 설정함으로써 집회가 금지될 필요가 없는 장소까지도 집회금지장소에 포함되게 하므로 집회의 자유를 침해한다. O | X

심판대상조항은 대통령 관저 인근 일대를 광범위하게 집회금지장소로 설정함으로써, 집회가 금지될 필요가 없는 장소까지도 집회금지장소에 포함되게 한다. 대규모 집회 또는 시위로 확산될 우려가 없는 소규모 집회의 경우, 심판대상조항에 의하여 보호되는 법익에 대해 직접적인 위협이 될 가능성은 낮고, 이러한 집회가 대통령 등의 안전이나 대통령 관저 출입과 직접적 관련이 없는 장소에서 열릴 경우에는 위험성은 더욱 낮아진다. 또한, '집회 및 시위에 관한 법률' 및 '대통령 등의 경호에 관한 법률'은 폭력적이고 불법적인 집회에 대처할 수 있는 다양한 수단을 두고 있다. 이러한 점을 종합하면, 심판대상조항은 과잉금지원칙에 위배되어 집회의 자유를 침해한다(헌재 2022.12.22. 2018헌바48 등).

552
☐☐☐

집회 및 시위에 관한 법률에 의하면, 경찰관은 집회 또는 시위의 주최자에게 알리고 그 집회 또는 시위의 장소에 정복(正服)을 입고 출입할 수 있다. 다만, 옥내집회 장소에 출입하는 것은 직무 집행을 위하여 긴급한 경우에만 할 수 있다. O | X

> **집회 및 시위에 관한 법률 제19조 【경찰관의 출입】** ① 경찰관은 집회 또는 시위의 주최자에게 알리고 그 집회 또는 시위의 장소에 정복(正服)을 입고 출입할 수 있다. 다만, 옥내집회 장소에 출입하는 것은 직무 집행을 위하여 긴급한 경우에만 할 수 있다.

정답 549 ○ 550 ○ 551 ○ 552 ○

553
☐☐☐

집회 및 시위에 관한 법률에 의하면, 관할경찰관서장은 집회 또는 시위의 시간과 장소가 중복되는 2개 이상의 신고가 있는 경우 그 목적으로 보아 서로 상반되거나 방해가 된다고 인정되면 두신고서를 모두 반려한다.　　　　O | X

> **집회 및 시위에 관한 법률 제8조 【집회 및 시위의 금지 또는 제한 통고】** ② 관할경찰관서장은 집회 또는 시위의 시간과 장소가 중복되는 2개 이상의 신고가 있는 경우 그 목적으로 보아 서로 상반되거나 방해가 된다고 인정되면 각 옥외집회 또는 시위 간에 시간을 나누거나 장소를 분할하여 개최하도록 권유하는 등 각 옥외집회 또는 시위가 서로 방해되지 아니하고 평화적으로 개최·진행될 수 있도록 노력하여야 한다.

554
☐☐☐

감염병을 예방하기 위하여 집회를 제한하거나 금지하는 구 감염병의 예방 및 관리에 관한 법률 제49조 제1항 제2호의 규율 대상은 일정한 내용과 형식을 갖춘 '행사 자체'로서 '여러 사람의 집합'이므로, 동 조항에 의하여 집회의 내용 자체가 제한된다.　　　　O | X

심판대상조항이 규정한 방역을 목적으로 한 집회제한 등 조치는 사람들 사이의 접촉을 통한 감염병 전파를 차단하기 위한 것이다. 방역을 위해 집회를 제한하거나 금지하는 이유는 사람들 사이의 물리적·공간적 거리를 두기 위한 것일 뿐, 집회의 목적이나 동기는 방역의 관점에서 아무런 의미를 가질 수 없다. 감염병 예방조치의 일환으로 이루어지는 집회제한 등 조치의 기준이 되는 것은 집회의 목적이나 내용이 아니라 참가자들 사이의 물리적·공간적 거리의 확보 가능성이다. 결국 심판대상조항의 규율 대상은 일정한 내용과 형식을 갖춘 '행사 자체'가 아니라 '여러 사람의 집합'이고, 따라서 위 조항에 의하더라도 집회의 내용 자체를 제한한다고 보기는 어렵다. … 심판대상조항이 과잉금지원칙에 위배되어 집회의 자유를 침해한다고 볼 수 없다(헌재 2024.8.29. 2022헌바177 등).

555
☐☐☐

집회 또는 시위를 하기 위하여 인천애(愛)뜰 중 잔디마당과 그 경계 내 부지에 대한 사용허가 신청을 한 경우 인천광역시장이 이를 허가할 수 없도록 제한하는 인천애(愛)뜰의 사용 및 관리에 관한 조례 조항은 잔디마당에서 집회 또는 시위를 하려고 하는 경우 시장이 그 사용허가를 할 수 없도록 전면적·일률적으로 불허하고, '예외적 허용'의 가능성을 열어 두고 있지 않아, 헌법 제21조 제2항에서 금지하는 허가제를 규정하였다고 보기 어렵다.　　　　O | X

청구인들은 심판대상조항이 헌법 제21조 제2항이 규정하는 집회에 대한 허가제 금지 원칙에 위반된다고 주장한다. 그러나 심판대상조항은 잔디마당에서 집회 또는 시위를 하려고 하는 경우 시장이 그 사용허가를 할 수 없도록 전면적·일률적으로 불허하고, '허가제'의 핵심 요소라 할 수 있는 '예외적 허용'의 가능성을 열어 두고 있지 않다. 그렇다면 심판대상조항은 집회에 대한 허가제를 규정하였다고 보기 어려우므로, 헌법 제21조 제2항 위반 주장에 대해서는 나아가 살펴보지 않기로 한다. … 심판대상조항은 과잉금지원칙에 위배되어 청구인들의 집회의 자유를 침해한다(헌재 2023.9.26. 2019헌마1417).

정답 553 X　554 X　555 ○

556
☐☐☐

근로자의 날을 관공서의 공휴일에 포함시키지 않은 관공서의 공휴일에 관한 규정 제2조 본문은, 근로자의 날에 출근을 하게 되어 다른 근로자들과 의사교환을 하고 기념행사 및 집회에 참석하는 등 집단적 소통의 기회를 갖지 못하게 하므로, 공무원의 집회의 자유를 침해한다. O | X

근로자의 날을 공휴일로 규정하지 않은 심판대상조항에 따라 공무원인 청구인들은 근로자의 날에도 복무를 하여야 하고 근무시간에 집회를 하거나 기념행사를 자유롭게 할 수 없다. 그러나 심판대상조항은 공무원의 단결권이나 집회의 자유 등을 제한하기 위한 목적의 규정이 아니고, 공무원인 청구인들에게 근로자의 날 기념행사 및 집회 등에 참석하는 것을 직접적으로 방해하거나 금지하는 규정도 아니다. 따라서 심판대상조항이 근로자의 날을 공무원의 유급휴일로 보장하지 않았다고 하여 직접적으로 청구인들의 단결권 및 집회의 자유를 제한한다고 볼 수 없으므로, 심판대상조항은 청구인들의 단결권 및 집회의 자유를 침해하지 아니한다(헌재 2022.8.31. 2020헌마1025).

557
☐☐☐

누구든지 선거기간 중 선거에 영향을 미치게 하기 위하여 그 밖의 집회나 모임을 개최할 수 없도록 하는 공직선거법 제103조 제3항은, 선거기간에 예외적으로 집회를 허용하는 것이 불가능하므로, 과잉금지원칙에 반하지 않아 일반 유권자의 집회의 자유를 침해하지 않는다. O | X

심판대상조항은 정치적 의사표현이 활발하게 교환되어야 할 선거기간 중에, 오히려 특정 후보자나 정당이 특정한 정책에 대한 찬성이나 반대를 하고 있다는 언급미저도 찰 수 없는 범위 네에서민 집회니 모임의 빙법으로 정치적 의사를 표현하도록 하여, 평소보다 일반 유권자의 정치적 표현의 자유를 더 제한하고 있다. 선거의 공정이나 평온에 대한 구체적인 위험이 없어, 규제가 불필요하거나 또는 예외적으로 허용하는 것이 가능한 경우에도, 선거기간 중 선거에 영향을 미칠 염려가 있거나 미치게 하기 위한 일반 유권자의 집회나 모임을 전면적으로 금지하고 위반 시 처벌하는 것은 침해의 최소성에 반한다. 선거기간 중 선거와 관련된 집단적 의견표명 일체가 불가능하게 됨으로써 일반 유권자가 받게 되는 집회의 자유, 정치적 표현의 자유에 대한 제한 정도는 매우 중대하므로, 심판대상조항은 집회의 자유, 정치적 표현의 자유를 침해한다(헌재 2022.7.21. 2018헌바164).

558
☐☐☐

사법인은 그 조직과 의사형성에 있어서, 그리고 업무수행에 있어서 자기결정권을 가진다고 할 수 없으므로 결사의 자유의 주체가 된다고 볼 수 없다. O | X

법인 등 결사체도 그 조직과 의사형성에 있어서, 그리고 업무수행에 있어서 자기결정권을 가지고 있어 결사의 자유의 주체가 된다고 봄이 상당하므로, 축협중앙회는 그 회원조합들과 별도로 결사의 자유의 주체가 된다(헌재 2000.6.1. 99헌마553).

정답 556 X 557 X 558 X

559
☐☐☐

농업협동조합중앙회(이하 '농협중앙회'라 한다) 회장선거의 관리를 농협중앙회의 자율에 맡기지 않고 선거
관리위원회법에 따른 중앙선거관리위원회에 의무적으로 위탁하도록 한 농업협동조합법 조항은 농협중앙
회 및 회원조합의 결사의 자유를 침해한다고 볼 수 없다. O | X

의무위탁조항은 농협중앙회장선거의 과열과 혼탁을 방지함으로써 선거의 공정성을 담보하기 위하여 선거관리
의 위탁 여부를 농협중앙회의 자율에 맡기지 않고 선거의 공정한 관리를 관장하는 중앙선관위에 의무적으로
위탁하도록 한 조항이다. 농협중앙회의 회원조합이 수행하는 사업 내지 업무가 국민경제에서 상당한 비중을
차지하고, 국가나 국민 전체와 관련된 경제적 기능에 있어서 금융기관에 준하는 공공성을 가진다는 점, 중앙선
관위가 수탁하여 관리하는 사무는 주로 선거절차에 관한 사무에 해당하는 점 등을 고려하면 의무위탁조항은
과잉금지원칙에 위반되지 않으므로, 농협중앙회 및 회원조합의 결사의 자유를 침해한다고 볼 수 없다(헌재
2023.5.25. 2021헌바136).

560
☐☐☐

상호신용금고의 임원과 과점주주로 하여금 상호신용금고의 예금 등과 관련된 채무에 대하여 상호신용금
고와 연대하여 책임을 지도록 하고 있는 상호신용금고법 조항이 임원과 과점주주의 연대변제책임이란 조
건 하에서만 금고를 설립할 수 있도록 규정한다고 해서, 이를 사법상의 단체를 자유롭게 결성하고 운영하
는 자유를 제한하는 것으로 볼 수는 없다. O | X

위 상호신용금고법 제37조의3은 임원과 과점주주의 연대변제책임이란 조건 하에서만 금고를 설립할 수 있도록
규정함으로써 사법상의 단체를 자유롭게 결성하고 운영하는 자유를 제한하는 규정이다. … 이 사건 법률조항은
'부실경영의 책임이 없는 임원'과 '금고의 경영에 영향력을 행사하여 부실의 결과를 초래한 자 이외의 과점주주'
에 대해서도 연대채무를 부담하게 하는 범위 내에서 헌법에 위반된다(헌재 2002.8.29. 2000헌가5 등).

561
☐☐☐

조합장선거에서 후보자가 아닌 사람의 선거운동을 금지하는 공공단체등 위탁선거에 관한 법률 조항은, 조
합장선거의 과열과 혼탁을 방지함으로써 선거의 공정성을 담보하고자 하는 것으로서, 조합장선거의 후보
자 및 선거인인 조합원의 결사의 자유 등 기본권을 침해하지 아니한다. O | X

헌법재판소는 2017.6.29. 2016헌가1 결정에서, 심판대상조항과 실질적 내용이 동일한 구 공공단체등 위탁선
거에 관한 법률(이하 '위탁선거법'이라 한다) 조항들은 조합장선거의 과열과 혼탁을 방지함으로써 선거의 공정
성을 담보하고자 하는 것으로서 그 입법목적이 정당하고, 후보자가 아닌 사람의 선거운동을 전면 금지하고 이
를 위반하면 형사처벌하는 것은 입법목적을 달성하기 위한 적정한 수단이 되며, … 조합장선거의 후보자 및
선거인인 조합원의 결사의 자유 등 기본권을 침해하지 아니하므로 헌법에 위반되지 않는다고 판단하였다(헌재
2024.2.28. 2021헌가16).

정답 559 ○   560 X   561 ○

562
□□□

선거운동 기간 외에는 중소기업중앙회 회장선거에 관한 선거운동을 제한하는 중소기업협동조합법 조항은, 선거 후유증을 초래할 위험을 방지하기 위한 것으로, 선거운동 기간 동안의 선거운동만으로도 선거에 관한 정보획득, 교환 및 의사결정에 충분하다고 볼 수 있으므로 조합원의 결사의 자유를 침해하지 않는다. O | X

중소기업중앙회가 사적 결사체여서 결사의 자유, 단체 내부 구성의 자유의 보호대상이 된다고 하더라도, 공법인적 성격 역시 강하게 가지고 있다. 심판대상조항은 후보자 간의 지나친 경쟁과 과열로 선거의 공정성을 해할 위험이나 선거인들 상호 간의 반목 등 선거 후유증을 초래할 위험을 방지하기 위한 것으로, 선거인 수가 소규모이고 선거인들의 선거에 대한 관심이 매우 높은 점 등에 비추어 보면, 선거운동 기간 동안의 선거운동만으로도 선거에 관한 정보획득, 교환 및 의사결정에 충분하다고 볼 수 있으므로, 예비후보자 제도를 두지 않은 것이 특별히 불합리하다거나 부당하다고 판단하기 어렵다. … 그러므로 심판대상조항은 결사의 자유나 표현의 자유를 침해하지 않는다(헌재 2021.7.15. 2020헌가9).

563
□□□

결사의 자유에는 단체활동의 자유도 포함되는데, 단체활동의 자유는 단체 외부에 대한 활동뿐만 아니라 단체의 조직, 의사형성의 절차 등의 단체의 내부적 생활을 스스로 결정하고 형성할 권리인 '단체 내부 활동의 자유'를 포함한다. O | X

헌법 제21조가 규정하는 결사의 자유라 함은 다수의 자연인 또는 법인이 공동의 목적을 위하여 단체를 결성할 수 있는 자유를 의미하는 것으로, 이에는 적극적으로 단체결성의 자유, 단체존속의 자유, 결사에의 가입·잔류의 자유와 소극적으로 기존의 단체로부터 탈퇴할 자유와 결사에 가입하지 아니할 자유가 모두 포함된다. 특히 결사의 자유에 포함되는 단체활동의 자유는 단체 외부에 대한 활동뿐만 아니라 단체의 조직, 의사형성의 절차 등 단체의 내부적 생활을 스스로 결정하고 형성할 권리인 단체 내부 활동의 자유를 포함한다(헌재 2018.2.22. 2016헌바364).

564
□□□

단체 또는 단체의 구성원들이 유리한 경우에는 설립의 근거법률에 따른 특혜를 누리거나 요구하다가, 제한에 대해서는 사적조직임을 강조하면서 결사의 자유의 침해를 주장하는 경우에 과잉금지원칙 위배 여부를 판단할 때에는, 순수한 사적인 임의결사의 기본권이 제한되는 경우의 심사에 비해서는 완화된 기준을 적용할 수 있다. O | X

상공회의소는 상공업자들의 사적인 단체이기는 하되, 단체 결성·가입·탈퇴에 상당한 제한이 있는 조직이며, 다른 결사와는 달리 일정한 공적인 역무를 수행하면서, 지방자치단체의 행정지원과 자금지원 등의 혜택을 받고 있는 법인이다. 단체 또는 단체의 구성원들이 유리한 경우에는 설립의 근거법률에 따른 특혜를 누리거나 요구하다가, 제한에 대해서는 사적조직임을 강조하면서 결사의 자유의 침해를 주장하는 경우에 과잉금지원칙 위배 여부를 판단할 때에는, 순수한 사적인 임의결사의 기본권이 제한되는 경우의 심사에 비해서는 완화된 기준을 적용할 수 있다(헌재 2006.5.25. 2004헌가1).

565
☐☐☐

농협 조합장 선출행위는 결사 내 업무집행 및 의사결정기관의 구성에 관한 자율적인 활동이라 할 수 있으므로, 농협 조합장의 임기와 조합장선거의 시기에 관한 사항은 결사의 자유의 보호범위에 속한다.

O | X

결사의 자유에는 '단체활동의 자유'도 포함되는데, 단체활동의 자유는 단체 외부에 대한 활동뿐만 아니라 단체의 조직, 의사형성의 절차 등의 단체의 내부적 생활을 스스로 결정하고 형성할 권리인 '단체 내부 활동의 자유'를 포함한다. 농협의 조합장은 앞서 본 바와 같이 조합을 대표하며 업무를 집행하는 사람으로서, 총회와 이사회의 의장이 되며 이사회의 소집권자이다. 그러므로 조합장 선출행위는 결사 내 업무집행 및 의사결정기관의 구성에 관한 자율적인 활동이라 할 수 있으므로, 농협 조합장의 임기와 조합장선거의 시기에 관한 사항은 결사의 자유의 보호범위에 속한다(헌재 2012.12.27. 2011헌마562 등).

566
☐☐☐

대학의 자율성은 대학에게 부여된 헌법상 기본권이나, 교수나 교수회는 그 주체가 될 수 없으므로 교수나 교수회가 청구한 헌법재판소법 제68조 제1항의 헌법소원심판은 기본권 침해의 자기관련성이 인정되지 아니한다.

O | X

헌법재판소는 대학의 자율성은 헌법 제22조 제1항이 보장하고 있는 학문의 자유의 확실한 보장수단으로 꼭 필요한 것으로서 대학에게 부여된 헌법상의 기본권으로 보고 있다. 그러나 대학의 자치의 주체를 기본적으로 대학으로 본다고 하더라도 교수나 교수회의 주체성이 부정된다고 볼 수는 없고, 가령 학문의 자유를 침해하는 대학의 장에 대한 관계에서는 교수나 교수회가 주체가 될 수 있고, 또한 국가에 의한 침해에 있어서는 대학 자체 외에도 대학 전구성원이 자율성을 갖는 경우도 있을 것이므로 문제되는 경우에 따라서 대학, 교수, 교수회 모두가 단독, 혹은 중첩적으로 주체가 될 수 있다고 보아야 할 것이다(헌재 2006.4.27. 2005헌마1047 등).

567
☐☐☐

대학의 자율권의 보호영역에는 학사관리 등 전반적인 것으로 연구와 교육의 내용, 그 방법과 대상, 교과과정의 편성, 학생의 선발, 학생의 전형이 포함되며, 대학의 재산권 행사와 관련된 대학시설의 관리·운영도 포함된다.

O | X

대학의 자율권의 보호영역에는 대학시설의 관리·운영만이 아니라 학사관리 등 전반적인 것으로 연구와 교육의 내용, 그 방법과 대상, 교과과정의 편성, 학생의 선발, 학생의 전형도 포함된다(헌재 2015.12.23. 2014헌마1149).

568
☐☐☐

설립자가 사립학교나 학교법인을 자유롭게 운영할 자유, 즉 사학의 자유는 비록 헌법에 명문규정은 없으나 헌법 제10조에서 보장되는 행복추구권의 한 내용을 이루는 일반적인 행동의 자유권과 교육의 자주성·전문성·정치적 중립성 및 대학의 자율성을 규정하고 있는 헌법 제31조 제4항 등에 의하여 인정되는 기본권의 하나이다.

O | X

설립자가 사립학교나 학교법인을 자유롭게 운영할 자유, 즉 사학의 자유는 비록 헌법에 명문규정은 없으나 헌법 제10조에서 보장되는 행복추구권의 한 내용을 이루는 일반적인 행동의 자유권과 교육의 자주성·전문성·정치적 중립성 및 대학의 자율성을 규정하고 있는 헌법 제31조 제4항 등에 의하여 인정되는 기본권의 하나이다(헌재 2018.12.27. 2016헌바217).

정답 565 O　566 X　567 O　568 O

23. 경찰 2차

569
□□□

대학의 자율권은 헌법상의 기본권이므로 기본권제한의 일반적 법률유보의 원칙을 규정한 헌법 제37조 제2항에 따라 제한될 수 있고, 대학의 자율의 구체적인 내용은 법률이 정하는 바에 의하여 보장된다.

O | X

대학의 자율도 헌법상의 기본권이므로 기본권제한의 일반적 법률유보의 원칙을 규정한 헌법 제37조 제2항에 따라 제한될 수 있고, 대학의 자율의 구체적인 내용은 법률이 정하는 바에 의하여 보장되며, 또한 국가는 헌법 제31조 제6항에 따라 모든 학교제도의 조직, 계획, 운영, 감독에 관한 포괄적인 권한 즉, 학교제도에 관한 전반적인 형성권과 규율권을 부여받았다고 할 수 있고, 다만 그 규율의 정도는 그 시대의 사정과 각급 학교에 따라 다를 수밖에 없는 것이므로 교육의 본질을 침해하지 않는 한 궁극적으로는 입법권자의 형성의 자유에 속하는 것이라 할 수 있다(헌재 2006.4.27. 2005헌마1047).

23. 경찰 2차

570
□□□

학교정화구역 내에서의 극장시설 및 영업을 금지하고 있는 구 학교보건법 조항은 정화구역 내에서 극장업을 하고자 하는 자의 예술의 자유를 과도하게 침해하여 위헌이다.

O | X

학교 정화구역 내에서의 극장시설 및 영업을 금지하고 있는 이 사건 법률조항은 극장운영자의 표현의 자유 및 예술의 자유도 필요한 이상으로 과도하게 침해하고 있으며, 표현·예술의 자유의 보장과 공연장 및 영화상영관 등이 담당하는 문화국가형성의 기능의 중요성을 간과하고 있다. 따라서 이 사건 법률조항은 표현의 자유 및 예술의 자유를 침해하는 위헌적인 규정이다(헌재 2004.5.27. 2003헌가1).

23. 경찰 2차

571
□□□

구 영화진흥법이 제한상영가 상영등급분류의 구체적 기준을 영상물등급위원회의 규정에 위임하고 있는 것은 그 내용이 사회현상에 따라 급변하는 내용들이고, 특별히 전문성이 요구되는 기술적인 사항에 해당한다고 할 것이므로 포괄위임금지원칙에 위배되지 않는다.

O | X

영화진흥법 제21조 제7항 후문 중 '제3항 제5호' 부분의 위임 규정은 영화상영등급분류의 구체적 기준을 영상물등급위원회의 규정에 위임하고 있는데, 이 사건 위임 규정에서 위임하고 있는 사항은 제한상영가 등급분류의 기준에 대한 것으로 그 내용이 사회현상에 따라 급변하는 내용들도 아니고, 특별히 전문성이 요구되는 것도 아니며, 그렇다고 기술적인 사항도 아닐 뿐만 아니라, 더욱이 표현의 자유의 제한과 관련되어 있다는 점에서 경미한 사항이라고도 할 수 없는데도, 이 사건 위임 규정은 영상물등급위원회 규정에 위임하고 있는바, 이는 그 자체로서 포괄위임금지원칙을 위반하고 있다고 할 것이다. 나아가 이 사건 위임 규정은 등급분류의 기준에 관하여 아무런 언급 없이 영상물등급위원회가 그 규정으로 이를 정하도록 하고 있는바, 이것만으로는 무엇이 제한상영가 등급을 정하는 기준인지에 대해 전혀 알 수 없고, 다른 관련규정들을 살펴보더라도 위임되는 내용이 구체적으로 무엇인지 알 수 없으므로 이는 포괄위임금지원칙에 위반된다 할 것이다(헌재 2008.7.31. 2007헌가4).

정답 569 ○ 570 ○ 571 X

572
☐☐☐

헌법 제22조 제2항은 발명가의 권리를 법률로써 보호하도록 하고 있고, 이에 따라 특허법은 특허권자에게 업(業)으로서 그 특허발명을 실시할 권리를 독점적으로 부여하고 있다. 따라서 특허권자가 그 특허발명의 방법에 의하여 생산한 물건에 발명의 명칭과 내용을 표시하는 것은 특허 실시권에 내재된 요소이며, 그러한 표시를 제한하는 것은 곧 특허권에 대한 제한이라고 보아야 한다. O | X

특허권자가 특허발명의 방법에 의하여 생산한 물건에 발명의 명칭과 내용을 표시하는 것은 특허실시권에 내재된 요소라고 할 것이므로 발명의 명칭에 해당하는 '숙취해소'라는 표시를 제한하는 내용의 이 사건 규정은 청구인들의 특허권 또한 제한하는 것이 된다(헌재 2000.3.30. 99헌마143).

573
☐☐☐

국립대학도 대학의 자율권의 주체로서 헌법소원심판의 청구인능력이 인정된다. O | X

헌법 제31조 제4항이 규정하는 교육의 자주성 및 대학의 자율성은 헌법 제22조 제1항이 보장하는 학문의 자유의 확실한 보장을 위해 꼭 필요한 것으로서 대학에 부여된 헌법상 기본권인 대학의 자율권이므로, 국립대학인 청구인도 이러한 대학의 자율권의 주체로서 헌법소원심판의 청구인능력이 인정된다(헌재 2015.12.23. 2014헌마1149).

제4장 경제적 기본권

21. 법원직

001
□□□

헌법상 재산권에 관한 규정은 그 내용과 한계가 법률에 의해 구체적으로 형성되는 기본권 형성적 법률유보의 형태를 띠고 있고, 헌법이 보장하는 재산권의 내용과 한계는 국회에 의하여 제정되는 형식적 의미의 법률에 의하여 정해진다. O | X

헌법상의 재산권에 관한 규정은 다른 기본권 규정과는 달리 그 내용과 한계가 법률에 의해 구체적으로 형성되는 기본권 형성적 법률유보의 형태를 띠고 있다. 그리하여 헌법이 보장하는 재산권의 내용과 한계는 국회에서 제정되는 형식적 의미의 법률에 의하여 정해지므로, 재산권의 구체적 모습은 재산권의 내용과 한계를 정하는 법률에 의하여 형성된다(헌재 2005.7.21. 2004헌바57).

21. 법원직

002
□□□

영리획득의 단순한 기회 또는 기업활동의 사실적·법적 여건 또한 재산권보장의 대상이 된다. O | X

헌법상 보장된 재산권은 사적 유용성 및 그에 대한 원칙적인 처분권을 내포하는 재산가치 있는 구체적인 권리이므로, 구체적 권리가 아닌 영리획득의 단순한 기회나 기업활동의 사실적·법적 여건은 기업에게는 중요한 의미를 갖는다고 하더라도 재산권 보장의 대상이 아니다(헌재 2018.7.31. 2018헌마753).

20. 국가직

003
□□□

고엽제후유증 환자지원 등에 관한 법률에 의한 고엽제후유증환자 및 그 유족의 보상수급권은 법률에 의하여 비로소 인정되는 권리로서 재산권적 성질을 갖는 것이긴 하지만 그 발생에 필요한 요건이 법정되어 있는 이상 이러한 요건을 갖추기 전에는 헌법이 보장하는 재산권이라고 할 수 없다. O | X

고엽제법에 의한 고엽제후유증환자 및 그 유족의 보상수급권은 법률에 의하여 비로소 인정되는 권리로서 재산권적 성질을 갖는 것이긴 하지만 그 발생에 필요한 요건이 법정되어 있는 이상 이러한 요건을 갖추기 전에는 헌법이 보장하는 재산권이라고 할 수 없다. 결국 고엽제법 제8조 제1항 제2호는 고엽제후유증환자의 유족이 보상수급권을 취득하기 위한 요건을 규정한 것인데, 청구인들은 이러한 요건을 충족하지 못하였기 때문에 보상수급권이라고 하는 재산권을 현재로서는 취득하지 못하였다고 할 것이다. 그렇다면 고엽제법 제8조 제1항 제2호가 평등원칙을 위반하였는지 여부는 별론으로 하고 청구인들이 이미 취득한 재산권을 침해한다고는 할 수 없다(헌재 2001.6.28. 99헌마516).

004
☐☐☐

국민연금법상 연금수급권 내지 연금수급기대권이 재산권의 보호대상인 사회보장적 급여라고 한다면 사망일시금은 헌법상 재산권에 해당한다. O | X

국민연금법상 연금수급권 내지 연금수급기대권이 재산권의 보호대상인 사회보장적 급여라고 한다면 사망일시금은 사회보험의 원리에서 다소 벗어난 장제부조적·보상적 성격을 갖는 급여로 사망일시금은 헌법상 재산권에 해당하지 아니하므로, 이 사건 사망일시금 한도 조항이 청구인들의 재산권을 제한한다고 볼 수 없다(헌재 2019.2.28. 2017헌마432).

005
☐☐☐

토지의 협의취득 또는 수용 후 당해 공익사업이 다른 공익사업으로 변경되는 경우에 당해 토지의 원소유자 또는 그 포괄승계인의 환매권을 제한하고, 환매권 행사기간을 변환 고시일부터 기산하도록 한 구 공익사업을 위한 토지 등의 취득 및 보상에 관한 법률 조항은 이들의 재산권을 침해한다. O | X

이 사건 법률조항으로 인하여 제한되는 사익인 환매권은 이미 정당한 보상을 받은 소유자에게 수용된 토지가 목적 사업에 이용되지 않을 경우에 인정되는 것이고, 변환된 공익사업을 기준으로 다시 취득할 수 있어, 이 사건 법률조항으로 인하여 제한되는 사익이 이로써 달성할 수 있는 공익에 비하여 중하다고 할 수 없으므로, 이 사건 법률조항은 과잉금지원칙에 위배되어 청구인의 재산권을 침해한다고 할 수 없다(헌재 2012.11.29. 2011헌바49).

006
☐☐☐

주거로 사용하던 건물이 수용될 경우 그 효과로 거주지도 이전하여야 하는 것은 사실이나 이는 토지 및 건물 등의 수용에 따른 부수적 효과로서 간접적·사실적 제약에 해당하므로, 정비사업조합에 수용권한을 부여하여 주택재개발사업에 반대하는 청구인의 토지 등을 강제로 취득할 수 있도록 한 도시 및 주거환경정비법 조항이 청구인의 재산권을 침해하였는지 여부를 판단하는 이상 거주·이전의 자유 침해 여부는 별도로 판단하지 않는다. O | X

이 사건 수용조항은, 정비사업조합에 수용권한을 부여하여 주택재개발사업에 반대하는 청구인의 토지 등을 강제로 취득할 수 있도록 하고 있다. 따라서 이 사건 수용조항이 토지 등 소유자의 재산권을 침해하는지 여부가 문제된다. 청구인은 이 사건 수용조항으로 인하여 거주이전의 자유도 제한된다고 주장하고 있다. 주거로 사용하던 건물이 수용될 경우 그 효과로 거주지도 이전하여야 하는 것은 사실이나, 이는 토지 및 건물 등의 수용에 따른 부수적 효과로서 간접적, 사실적 제약에 해당하므로 거주이전의 자유 침해여부는 별도로 판단하지 않는다(헌재 2019.11.28. 2017헌바241).

007
☐☐☐

군인연금법상의 연금수급권, 공무원연금법상의 연금수급권, 국가유공자의 보상수급권, 국민연금법상 사망일시금은 헌법상의 재산권에 포함된다. O | X

사망일시금 제도는 유족연금 또는 반환일시금을 지급받지 못하는 가입자 등의 가족에게 사망으로 소요되는 비용의 일부를 지급함으로써 국민연금제도의 수혜범위를 확대하고자 하는 차원에서 도입되었는데, 국민연금제도가 사회보장에 관한 헌법규정인 제34조 제1항, 제2항, 제5항을 구체화한 제도로서, 국민연금법상 연금수급권 내지 연금수급기대권이 재산권의 보호대상인 사회보장적 급여라고 한다면 사망일시금은 사회보험의 원리에서 다소 벗어난 장제부조적·보상적 성격을 갖는 급여로 사망일시금은 헌법상 재산권에 해당하지 아니하므로, 이 사건 사망일시금 한도 조항이 청구인들의 재산권을 제한한다고 볼 수 없다(헌재 2019.2.28. 2017헌마432).

☑ 참고 헌법재판소는 종래의 결정에서 군인연금법상의 연금수급권(헌재 1994.6.30. 92헌가9), 공무원연금법상의 연금수급권(헌재 1995.7.21. 94헌바27), 국가유공자의 보상수급권(헌재 1995.7.21. 93헌가14)을 헌법상의 재산권에 포함시켰다(헌재 2000.6.29. 99헌마289).

정답 004 X 005 X 006 ○ 007 X

008
☐☐☐

공무원 퇴직연금수급권은 국가의 재정상황, 국민 전체의 소득 및 생활수준 기타 여러 가지 사회·경제적인 여건 등을 종합하여 합리적인 수준에서 결정할 수 있는 광범위한 입법형성의 재량이 인정되기 때문에 법적요건을 갖춘 후 발생하는 공무원 퇴직연금수급권은 경제적·재산적 가치가 있는 공법상의 권리로서 헌법 제23조 제1항이 보장하고 있는 재산권에 포함된다. O | X

공무원 퇴직연금수급권은 국가의 재정상황, 국민 전체의 소득 및 생활수준 기타 여러 가지 사회·경제적인 여건 등을 종합하여 합리적인 수준에서 결정할 수 있는 광범위한 입법형성의 재량이 인정되기 때문에 법정요건을 갖춘 후 발생하는 공무원 퇴직연금수급권만이 경제적·재산적 가치가 있는 공법상의 권리로서 헌법 제23조 제1항이 보장하고 있는 재산권에 포함되는 것이다(헌재 2012.8.23. 2010헌바425).

009
☐☐☐

별거나 가출 등으로 실질적인 혼인관계가 존재하지 아니하여 연금 형성에 기여가 없는 이혼배우자에 대해서 법률혼 기간을 기준으로 분할연금 수급권을 인정하는 것은 재산권을 침해하지 않는다. O | X

법률혼 관계를 유지하고 있었다고 하더라도 실질적인 혼인관계가 해소되어 노령연금 수급권의 형성에 아무런 기여가 없었다면 그 기간에 대하여는 노령연금의 분할을 청구할 전제를 갖추었다고 볼 수 없다. 그럼에도 불구하고 심판대상조항은 법률혼 관계에 있었지만 별거·가출 등으로 실질적인 혼인관계가 존재하지 않았던 기간을 일률적으로 혼인 기간에 포함시켜 분할연금을 산정하도록 하고 있는바, 이는 분할연금제도의 재산권적 성격을 몰각시키는 것으로서 그 입법형성권의 재량을 벗어났다고 보아야 한다. … 따라서 심판대상조항은 재산권을 침해한다(헌재 2016.12.29. 2015헌바182).

📖 개념정리 재산권에 해당하는 것과 해당하지 않는 것

재산권에 해당하는 것	재산권에 해당하지 않는 것
정당한 지목을 토지대장에 등록함으로써 토지소유자가 누리게 될 이익	의료급여법상 의료급여수급권
공무원연금법상 퇴직연금수급권	교원의 정년단축으로 기존 교원이 입는 경제적 불이익
우편법상 우편물의 지연배달에 따른 손해배상청구권	상공회의소의 의결권
의료보험수급권	공제회가 관리·운용하는 학교안전공제 및 사고예방 기금
유언의 자유	국민연금법상 사망일시금
개인택시면허	사회부조: 생계급여
국가에 대한 구상권	의료보험조합의 적립금
상속권	장기미집행 도시계획결정의 실효제도

010
☐☐☐

헌법 제13조 제2항은 "모든 국민은 소급입법에 의하여 … 재산권을 박탈당하지 아니한다."라고 규정하고 있는바, 여기서 소급입법은 진정소급효를 가지는 법률만 가리킨다. O | X

헌법 제13조 제2항에서 "모든 국민은 소급입법에 의하여 … 재산권을 박탈당하지 아니한다."라고 하여 소급입법에 의한 재산권의 박탈을 금지하고 있다. 과거의 사실관계 또는 법률관계를 규율하기 위한 소급입법의 태양에는 이미 과거에 완성된 사실·법률관계를 규율의 대상으로 하는 진정소급효의 입법과 이미 과거에 시작하였으나 아직 완성되지 아니하고 진행과정에 있는 사실·법률관계를 규율의 대상으로 하는 부진정소급효의 입법이 있다. 헌법 제13조 제2항이 금하고 있는 소급입법은 전자, 즉 진정소급효를 가지는 법률만을 의미하며, 이에 반하여 후자, 즉 부진정소급효의 입법은 원칙적으로 허용된다(헌재 2003.10.30. 2001헌마700).

정답 008 ○ 009 X 010 ○

011

□□□

가축전염병 예방법상 살처분 명령은 이미 형성된 재산권을 개별적·구체적으로 박탈한다는 점에서, 가축 소유자가 수인해야 하는 사회적 제약의 범위를 벗어나는 것으로 보아야 한다. O | X

살처분은 가축의 전염병이 전파가능성과 위해성이 매우 커서 타인의 생명, 신체나 재산에 중대한 침해를 가할 우려가 있는 경우 이를 막기 위해 취해지는 조치로서, 가축 소유자가 수인해야 하는 사회적 제약의 범위에 속한다(헌재 2014.4.24. 2013헌바110).

012

□□□

댐사용권을 취소·변경할 수 있도록 규정한 댐건설 및 주변지역지원 등에 관한 법률 조항은 이미 형성된 구체적인 재산권을 공익을 위하여 개별적이고 구체적으로 박탈·제한하는 것으로서 보상을 요하는 헌법 제23조 제3항의 수용·사용·제한을 규정한 것이라고 볼 수 없고, 적정한 수자원의 공급 및 수재방지 등 공익적 목적에서 건설되는 다목적댐에 관한 독점적 사용권인 댐사용권의 내용과 한계를 정하는 규정인 동시에 공익적 요청에 따른 재산권의 사회적 제약을 구체화하는 규정이라고 보아야 한다. O | X

댐사용권은 사적유용성 및 그에 대한 원칙적 처분권을 내포하는 재산가치 있는 구체적 권리라고 할 것인바, 헌법 제23조에 의한 재산권 보장의 대상이 된다. 댐사용권변경조항은 이미 형성된 구체적인 재산권을 공익을 위하여 개별적이고 구체적으로 박탈·제한하는 것으로서 보상을 요하는 헌법 제23조 제3항의 수용·사용·제한을 규정한 것이라고 볼 수 없고, 적정한 수자원의 공급 및 수재방지 등 공익적 목적에서 건설되는 다목적댐에 관한 독점적 사용권인 댐사용권의 내용과 한계를 정하는 규정인 동시에 공익적 요청에 따른 재산권의 사회적 제약을 구체화하는 규정이라고 보아야 한다(헌재 2022.10.27. 2019헌바44).

013

□□□

종전 규정에 의한 폐기물재생처리신고업자의 사업이 개정 규정에 의한 폐기물중간처리업에 해당하는 경우, 영업을 계속하기 위하여는 법 시행일부터 1년 이내에 개정 규정에 의한 폐기물중간처리업의 허가를 받도록 하고 있는 구 폐기물관리법 부칙 규정으로 인해 사실상 폐업이 불가피하게 된 기존의 폐기물재생처리신고업자는 재산권 침해를 이유로 헌법 제23조 제3항에 따른 보상을 받을 수 있다. O | X

이 사건의 경우 청구인들을 비롯한 구법상의 재생처리신고업자가 소유하는 구체적인 시설, 장비나 채권 등 권리가 국가에 의하여 침해되는 경우가 아니다. 그리고 청구인들의 영업활동은 원칙적으로 자신의 계획과 책임 하에 행위하면서 법제도에 의하여 반사적으로 부여되는 기회를 활용한 것에 지나지 않는다 할 것이므로, 청구인들이 주장하는 영업권은 위 헌법조항들이 말하는 재산권의 범위에 속하지 아니한다. 그러므로 이 사건 법률조항으로 인하여 청구인들의 재산권이 침해되었다거나, 소급입법에 의하여 재산권이 박탈되었다고 할 수 없다(헌재 2000.7.20. 99헌마452).

014

□□□

헌법의 재산권 보장은 사유재산의 사용과 그 처분을 포함하는 것인바, 유언자가 생전에 최종적으로 자신의 재산권에 대하여 처분할 수 있는 법적 가능성을 의미하는 유언의 자유가 생전증여에 의한 처분과 마찬가지로 헌법상 재산권의 보호를 받는 것은 아니다. O | X

우리 헌법의 재산권 보장은 사유재산의 처분과 그 상속을 포함하는 것인바, 유언자가 생전에 최종적으로 자신의 재산권에 대하여 처분할 수 있는 법적 가능성을 의미하는 유언의 자유는 생전증여에 의한 처분과 마찬가지로 헌법상 재산권의 보호를 받는다(헌재 2008.3.27. 2006헌바82).

정답 011 X 012 ○ 013 X 014 X

015
☐☐☐

회원제 골프장용 부동산의 재산세에 대하여 1천분의40의 중과세율을 규정한 구 지방세법 조항은 모든 회원제 골프장을 동일하게 취급하고 있는바, 이는 회원제 골프장 운영자 등의 재산권을 침해하는 것으로서 과잉금지원칙에 반하여 헌법에 위반된다. O | X

심판대상조항은 사치·낭비 풍조를 억제함으로써 바람직한 자원배분을 달성하고자 하는 유도적·형성적 정책 조세조항으로서 그 중과세율(1천분의 40)이 입법자의 재량의 범위를 벗어나 회원제 골프장의 운영을 사실상 봉쇄하는 등 소유권의 침해를 야기한다고 보기 어려울 뿐만 아니라, 회원제 골프장을 운영하는 자 또는 골프장 운영을 희망하는 자로서도 자신의 선택에 따라 중과세라는 규제로부터 벗어날 수 있는 길이 열려 있다고 할 것이므로, 과잉금지원칙에 반하여 회원제 골프장 운영자 등의 재산권을 침해한다고 볼 수 없다(헌재 2020. 3.26. 2016헌가17).

016
☐☐☐

전기통신 금융사기의 피해자가 피해구제 신청을 하는 경우, 피해자의 자금이 송금·이체된 계좌 및 해당 계좌로부터 자금의 이전에 이용된 계좌를 지급정지하는 전기통신금융사기 피해방지 및 피해금 환급에 관한 특별법 조항은 과잉금지원칙을 위반하여 청구인의 재산권을 침해한다. O | X

통신사기피해환급법은 급증하는 전기통신금융사기 범죄에 대응하여 피해자가 신속히 재산상 피해를 회복할 수 있도록 하기 위하여 채권소멸절차 및 피해금환급절차 등을 규정하고 있다. 그러나 사기범이 사기이용계좌에서 피해금을 면서 인출한나면 채권소멸절차 및 피해금환급절차에 의하더라도 피해자는 사실상 구제받기 어렵다. 지급정지조항은 피해금이 사기이용계좌에서 인출되는 것을 방지하여 피해자 구제의 실효성을 기하기 위한 것으로서 목적의 정당성이 인정된다. 피해자의 피해구제신청에 따라 신속히 사기이용계좌에 대하여 지급정지 조치를 하는 것은 이러한 입법목적 달성에 기여할 수 있으므로 수단의 적합성도 인정된다. 지급정지조항은 침해의 최소성을 갖추었다. 지급정지조항으로 인하여 달성하려는 공익과 제한되는 사익 사이에 법익의 균형성도 인정된다. 지급정지조항은 과잉금지원칙을 위반하여 청구인의 재산권을 침해하지 아니한다(헌재 2022.6. 30. 2019헌마579).

017
☐☐☐

유언자가 생전에 최종적으로 자신의 재산권에 대하여 처분할 수 있는 법적 가능성을 의미하는 유언의 자유는 생전증여에 의한 처분과 마찬가지로 헌법상 재산권의 보호를 받는다. O | X

우리 헌법의 재산권 보장은 사유재산의 처분과 그 상속을 포함하는 것인바, 유언자가 생전에 최종적으로 자신의 재산권에 대하여 처분할 수 있는 법적 가능성을 의미하는 유언의 자유는 생전증여에 의한 처분과 마찬가지로 헌법상 재산권의 보호를 받는다(헌재 1989.12.22. 88헌가13).

정답 015 X 016 X 017 ○

018

☐☐☐

제1차 투표에서 유효투표수의 100분의 10 이상 100분의 15 미만을 득표한 경우에는 기탁금 반액을 반환하고, 반환되지 않은 기탁금은 국립대학교발전기금에 귀속하도록 정한 국립대학 총장임용후보자 선정 규정은, 후보자의 진지성과 성실성을 담보하기 위한 최소한의 제한이므로 총장임용후보자선거의 후보자의 재산권을 침해하지 않는다. O | X

총장임용후보자선거 후보자의 진지성과 성실성을 확인하는 과정에서 득표한 유효투표수에 따라 기탁금의 반환 여부 및 반환 정도를 결정하고 반환되지 않은 기탁금을 대학의 발전기금에 귀속시키는 것이 부당하다고 할 수 없고, 후보자들로서도 입후보를 결심하는 과정에서 자신이 납부하게 될 기탁금이 학교 발전을 위해 쓰일 수 있으리라는 점을 충분히 예측할 수 있고, 이를 용인한 것으로 보인다. 나아가 현재 경북대학교의 기탁금액이 아주 큰 금액이라고 볼 수는 없다는 점까지 종합하면, 경북대학교가 후보자 난립 방지 및 후보자의 진지성 및 성실성 확보를 위하여 제1차 투표에서 유효투표수 100분의 10 이상 100분의 15 미만을 득표한 경우에는 기탁금 반액을, 유효투표수 100분의 10 미만을 득표한 경우에는 기탁금 전액을 반환하지 않고 발전기금에 귀속되도록 정한 자율적 판단이 청구인의 재산권을 과도하게 제한한다고 할 수 없다. 따라서 이 사건 기탁금귀속조항은 청구인의 재산권을 침해하지 아니한다(헌재 2022.5.26. 2020헌마1219).

019

☐☐☐

헌법 제23조 제1항의 재산권보장에 의하여 보호되는 재산권은 사적유용성 및 그에 대한 원칙적 처분권을 내포하는 재산가치 있는 구체적 권리이다. 그러므로 구체적인 권리가 아닌, 단순한 이익이나 재화의 획득에 관한 기회 등은 재산권보장의 대상이 아니다. O | X

헌법상 보장된 재산권은 사적 유용성 및 그에 대한 원칙적인 처분권을 내포하는 재산가치 있는 구체적인 권리이므로, 구체적 권리가 아닌 단순한 이익이나 영리획득의 단순한 기회 또는 기업활동의 사실적·법적 여건은 기업에게는 중요한 의미를 갖는다고 하더라도 재산권보장의 대상이 아니다(헌재 1996.8.29. 95헌바36).

020

☐☐☐

우리 헌법의 재산권 보장은 사유재산의 처분과 그 상속을 포함하는 것인바, 유언자가 생전에 최종적으로 자신의 재산권에 대하여 처분할 수 있는 법적 가능성을 의미하는 유언의 자유는 생전증여에 의한 처분과 마찬가지로 헌법상 재산권의 보호를 받는다. O | X

우리 헌법의 재산권 보장은 사유재산의 처분과 그 상속을 포함하는 것인바, 유언자가 생전에 최종적으로 자신의 재산권에 대하여 처분할 수 있는 법적 가능성을 의미하는 유언의 자유는 생전증여에 의한 처분과 마찬가지로 헌법상 재산권의 보호를 받는다(헌재 1989.12.22. 88헌가13).

021

☐☐☐

헌법재판소는 공법상의 권리가 재산권보장의 보호를 받기 위해서는 '개인의 노력과 금전적 기여를 통하여 취득되고 자신과 그의 가족의 생활비를 충당하기 위한 경제적 가치가 있는 권리'여야 한다고 판시하고, 공무원연금법 및 군인연금법상의 연금수급권이 헌법상 보장되는 재산권에 포함됨을 밝힌 바 있다. O | X

헌법재판소는 공법상의 권리가 재산권보장의 보호를 받기 위해서는 '개인의 노력과 금전적 기여를 통하여 취득되고 자신과 그의 가족의 생활비를 충당하기 위한 경제적 가치가 있는 권리'여야 한다고 판시하였다(헌재 1995.7.21. 94헌바27).

정답 018 ○ 019 ○ 020 ○ 021 ○

022
☐☐☐

국가는 납세자가 자신과 가족의 기본적인 생계유지를 위하여 꼭 필요로 하는 소득을 제외한 잉여소득 부분에 대해서만 납세의무를 부과할 수 있는 것은 아니므로, 소득에 대한 과세는 원칙적으로 최저생계비를 초과하는 소득에 대해서만 가능하다고 볼 수는 없다. ○ | X

국가는 납세자가 자신과 가족의 기본적인 생계유지를 위하여 꼭 필요로 하는 소득을 제외한 잉여소득 부분에 대해서만 납세의무를 부과할 수 있다. 따라서 소득에 대한 과세는 원칙적으로 최저생계비를 초과하는 소득에 대해서만 가능하다. 이는 국민에게 인간다운 생활을 할 최소한의 조건을 마련해 주어야 한다는 사회국가원리의 관점에서뿐만 아니라 담세능력은 최저생계를 위한 소득을 초과해야 비로소 발생한다는 담세능력에 의한 과세원칙의 관점에서도 요청되는 것이다(헌재 1999.11.25. 98헌마55).

023
☐☐☐

토지재산권에 대한 규제 조치는 헌법 제23조 제3항과 제37조 제2항에 의한 제한을 받는다. ○ | X

헌법 제23조 제3항의 재산권제한은 헌법 제37조 제2항의 일반적 기본권제한에 관한 특별조항에 해당하므로 토지재산권에 대한 규제 조치는 헌법 제23조 제3항만이 아니라 제37조 제2항에 규정된 기본권제한의 목적·기본권제한입법의 한계 등도 존중되어야 한다는 제한을 받는다.

024
☐☐☐

재산권 보장은 재산권을 보장한다는 의미와 법제도로서의 사유재산제도를 보장한다는 이중적 의미를 가지고 있다. ○ | X

재산권 보장은 개인이 현재 누리고 있는 재산권을 개인의 기본권으로 보장한다는 의미와 개인이 재산권을 향유할 수 있는 법제도로서의 사유재산제도를 보장한다는 이중적 의미를 가지고 있다(헌재 1993.7.29. 92헌바20).

025
☐☐☐

재산권의 본질적 내용의 침해란 그 침해로 인하여 사유재산권이 유명무실해지거나 형해화되어 재산권보장의 궁극적 목적을 달성할 수 없는 경우를 말한다. ○ | X

토지재산권의 본질적인 내용이라는 것은 토지재산권의 핵이 되는 실질적 요소 내지 근본요소를 뜻하며, 따라서 재산권의 본질적인 내용을 침해하는 경우라고 하는 것은 그 침해로 사유재산권이 유명무실해지고 사유재산제도가 형해화(形骸化)되어 헌법이 재산권을 보장하는 궁극적인 목적을 달성할 수 없게 되는 지경에 이르는 경우라고 할 것이다(헌재 1989.12.22. 88헌가13).

026
☐☐☐

헌법 제23조 제3항의 정당한 보상이란 원칙적으로 완전보상을 의미한다. ○ | X

헌법 제23조 제3항에서 규정한 '정당한 보상'이란 원칙적으로 피수용재산의 객관적인 재산가치를 완전하게 보상하여야 한다는 완전보상을 뜻하는 것이다. 그러나 공익사업의 시행으로 지가가 상승하여 발생하는 개발이익은 궁극적으로는 국민 모두에게 귀속되어야 할 성질의 것이며, 완전보상의 범위에 포함되는 피수용토지의 객관적 가치 내지 피수용자의 손실이라고는 볼 수 없다(헌재 1991.2.11. 90헌바17 등).

정답 022 X 023 ○ 024 ○ 025 ○ 026 ○

027

□□□

감염병예방법에 근거한 집합제한 조치로 인하여 일반음식점 영업이 제한되어 영업이익이 감소되었다고 하더라도, 일반음식점 운영자가 소유하는 영업시설·장비 등에 대한 구체적인 사용·수익 및 처분권한을 제한받는 것은 아니므로, 보상규정의 부재가 일반음식점 운영자의 재산권을 제한한다고 볼 수 없다.　　　　O | X

감염병예방법 제49조 제1항 제2호에 근거한 집합제한 조치로 인하여 청구인들의 일반음식점 영업이 제한되어 영업이익이 감소되었다 하더라도, 청구인들이 소유하는 영업 시설·장비 등에 대한 구체적인 사용·수익 및 처분권한을 제한받는 것은 아니므로, 보상규정의 부재가 청구인들의 재산권을 제한한다고 볼 수 없다(헌재 2023.6.29. 2020헌마1669).

028

□□□

직장가입자가 소득월액보험료를 일정 기간 이상 체납한 경우 그 체납한 보험료를 완납할 때까지 국민건강보험공단이 그 가입자 및 피부양자에 대하여 보험급여를 실시하지 아니할 수 있도록 한 것은 인간다운 생활을 할 권리나 재산권을 침해하지 아니한다.　　　　O | X

가입자들에 대한 안정적인 보험급여 제공을 보장하기 위해서는 보험료 체납에 따른 보험재정의 악화를 방지할 필요가 있다. 보험료 체납에 대하여 보험급여 제한과 같은 제재를 가하지 않는다면, 가입자가 충분한 자력이 있음에도 보험료를 고의로 납부하지 않은 채 보험급여만을 받고자 하는 도덕적 해이가 만연하여 건강보험제도 자체의 존립이 위태로워질 수 있다. … 심판대상조항은 청구인의 인간다운 생활을 할 권리나 재산권을 침해하지 아니한다(헌재 2020.4.23. 2017헌바244).

029

□□□

명의신탁재산 증여의제로 인한 증여세 납세의무자에게 신고의무 및 납부의무 위반에 대한 제재인 가산세까지 부과하도록 하면 납세의무자는 원래 부담하여야 할 세금 이외에 부가적인 금전적 부담을 지게 되므로 과잉금지원칙에 반하여 납세의무자의 재산권을 침해한다.　　　　O | X

심판대상조항은 원활한 조세행정을 위하여 명의신탁재산 증여의제로 인한 증여세 납세의무자에게 조세법상 부과된 신고의무·납부의무의 이행을 확보하고, 이를 성실하게 이행한 사람과 그렇지 않은 사람 사이에 조세부담의 공평을 기하며, 납부기한을 준수하지 아니하여 얻게 된 미납이자 상당액을 확보하기 위한 것이다. … 또한 명의신탁으로 '조세회피의 목적'이 인정되는 경우에 한하여 증여의제가 되므로 '조세회피의 목적'이 없는 명의신탁의 경우에는 증여세 및 가산세가 부과되지 않고, 정당한 사유가 있는 경우 가산세가 감면 또는 면제되는 점을 고려할 때, 심판대상조항은 과잉금지원칙에 반하여 납세의무자의 재산권을 침해하지 아니한다(헌재 2022.11.24. 2019헌바167 등).

030

□□□

댐건설관리법은 댐사용권을 물권으로 보며 댐건설관리법에 특별한 규정이 있는 경우를 제외하고는 '부동산에 관한 규정'을 준용하도록 하고 있으므로 댐사용권은 사적유용성 및 그에 대한 원칙적 처분권을 내포하는 재산가치 있는 구체적 권리로서 헌법상 재산권 보장의 대상이 된다.　　　　O | X

댐건설관리법은 댐사용권을 물권(物權)으로 보며, 댐건설관리법에 특별한 규정이 있는 경우를 제외하고는 부동산에 관한 규정을 준용하도록 한다(제29조). 댐사용권은 등록부에 공시하고 저당권의 대상이 되며(제32조), 댐사용권자는 설정된 댐사용권의 범위 내에서 저수 또는 유수의 배타적 사용권을 가지고 해당 댐의 저수를 사용하는 자로부터 사용료를 받을 수 있다(제35조). 이와 같이 댐사용권은 사적유용성 및 그에 대한 원칙적 처분권을 내포하는 재산가치 있는 구체적 권리라고 할 것인바, 헌법 제23조에 의한 재산권 보장의 대상이 된다(헌재 2022.10.27. 2019헌바44).

정답 027 ○　028 ○　029 X　030 ○

031
□□□

입법자는 재산권의 내용을 형성함에 있어 광범한 입법재량을 가지고 있으므로 헌법재판소가 재산권의 내용을 형성하는 사회적 제약이 비례원칙에 부합하는지 여부를 판단함에 있어서는 이미 형성된 기본권을 제한하는 입법의 경우에 비하여 보다 완화된 기준에 의하여 심사한다. O | X

입법자가 헌법 제23조 제1항 및 제2항에 의하여 재산권의 내용을 구체적으로 형성함에 있어서는, 헌법상의 재산권 보장의 원칙과 재산권의 제한을 요청하는 공익 등 재산권의 사회적 제약성을 비교 형량하여, 양 법익이 조화와 균형을 이루도록 하여야 하고, 입법자가 형성의 자유의 한계를 넘었는가 하는 것은 비례의 원칙에 의하여 판단하게 된다. 다만, 입법자는 재산권의 내용을 형성함에 있어 광범한 입법재량을 가지고 있으므로 재산권의 내용을 형성하는 사회적 제약이 비례원칙에 부합하는지 여부를 판단함에 있어서는, 이미 형성된 기본권을 제한하는 입법의 경우에 비하여 보다 완화된 기준에 의하여 심사한다(헌재 2011.10.25. 2009헌바234).

032
□□□

법률조항에 의한 재산권 제한이 헌법 제23조 제1항, 제2항에 근거한 재산권의 내용과 한계를 정한 것인지, 아니면 헌법 제23조 제3항에 근거한 재산권의 수용을 정한 것인지를 판단함에 있어서는 전체적인 재산권 제한의 효과를 종합적이고 유기적으로 파악하여 그 제한의 성격을 이해하여야 한다. O | X

심판대상조항에 의한 재산권 제한이 헌법 제23조 제1항, 제2항에 근거한 재산권의 내용과 한계를 정한 것인지, 아니면 헌법 제23조 제3항에 근거한 재산권의 수용을 성한 것인지를 판단함에 있어서는 그 대상이 된 재산권 하나하나에 대한 제한의 효과를 개별적으로 분석할 것이 아니라, 전체적인 재산권 제한의 효과를 종합적이고 유기적으로 파악하여 그 제한의 성격을 이해하여야 한다(헌재 2019.11.28. 2016헌마1115).

033
□□□

분묘기지권의 시효취득에 관한 관습법에 따라 토지소유자가 분묘의 수호·관리에 필요한 상당한 범위 내에서 분묘기지가 된 토지 부분에 대한 소유권의 행사를 제한받게 되었더라도, 이를 과잉금지원칙에 위배되어 토지소유자의 재산권을 침해한다고 볼 수 없다. O | X

비록 오늘날 전통적인 장묘문화에 일부 변화가 생겼다고 하더라도 우리 사회에는 분묘기지권의 기초가 된 매장문화가 여전히 자리 잡고 있고, 분묘를 모시는 자손들에게 분묘의 강제적 이장은 경제적 손실을 넘어 분묘를 매개로 형성된 정서적 애착관계 및 지역적 유대감의 상실로 이어질 수밖에 없으며, 이는 우리의 전통문화에도 배치되므로, 이 사건 관습법을 통해 분묘기지권을 보호해야 할 필요성은 여전히 존재한다. … 따라서 이 사건 관습법은 과잉금지원칙에 위배되어 토지소유자의 재산권을 침해한다고 볼 수 없다(헌재 2020.10.29. 2017헌바208).

034
□□□

헌법 제23조의 재산권은 민법상의 소유권으로 재산적 가치있는 사법상의 물권·채권 등의 권리를 의미하며, 국가로부터의 일방적인 급부가 아닌 자기 노력의 대가나 자본의 투자 등 특별한 희생을 통하여 얻은 공법상의 권리는 포함하지 않는다. O | X

헌법 제23조의 재산권은 민법상의 소유권뿐만 아니라, 재산적 가치있는 사법상의 물권, 채권 등 모든 권리를 포함하며, 또한, 국가로부터의 일방적인 급부가 아닌 자기 노력의 댓가나 자본의 투자 등 특별한 희생을 통하여 얻은 공법상의 권리도 포함한다(헌재 2009.9.24. 2007헌마1092).

정답 031 ○ 032 ○ 033 ○ 034 X

035

□□□

재산권에 대한 제한의 허용정도는 재산권 객체의 사회적 기능, 즉 재산권의 행사가 기본권의 주체와 사회 전반에 대하여 가지는 의미에 달려 있다.　　　　　　　　　　　　　　　　　　O | X

재산권에 대한 제한의 허용정도는 재산권행사의 대상이 되는 객체가 기본권의 주체인 국민 개개인에 대하여 가지는 의미와 다른 한편으로는 그것이 사회전반에 대하여 가지는 의미가 어떠한가에 달려 있다. 즉, 재산권 행사의 대상이 되는 객체가 지닌 사회적인 연관성과 사회적 기능이 크면 클수록 입법자에 의한 보다 광범위한 제한이 정당화된다(헌재 1998.12.24. 89헌마214 등).

036

□□□

헌법은 국민의 구체적 재산권의 자유로운 이용·수익·처분을 보장하면서도 다른 한편 공공필요에 의한 재산권의 수용을 헌법이 규정하는 요건이 갖춰진 경우에 예외적으로 인정하고 있다.　　　　O | X

우리 헌법은 국민의 구체적 재산권의 자유로운 이용·수익·처분을 보장하면서도 다른 한편 공공필요에 의한 재산권의 수용을 헌법이 규정하는 요건이 갖춰진 경우에 예외적으로 인정하고 있다(헌법 제23조 제3항). 이러한 공공필요를 이유로 사업시행자가 토지수용 등의 절차를 진행하는 경우 원소유자는 강제적으로 재산권을 박탈당하게 되므로 헌법 제23조 제3항에 의한 재산권 박탈은 불가피한 최소한에 그쳐야 한다(헌재 2020.11.26. 2019헌바131).

037

□□□

재산권보장은 개인이 현재 누리고 있는 재산권을 개인의 기본권으로 보장한다는 의미와 개인이 재산권을 향유할 수 있는 법제도로서의 사유재산제도를 보장한다는 이중적 의미를 가지고 있다.　　　O | X

재산권보장은 개인이 현재 누리고 있는 재산권을 개인의 기본권으로 보장한다는 의미와 개인이 재산권을 향유할 수 있는 법제도로서의 사유재산제도를 보장한다는 이중적 의미를 가지고 있다(헌재 1993.7.29. 92헌바20).

038

□□□

개성공단 전면 중단 조치에 의한 영업중단으로 인해 발생하는 영업상 손실이나 주식 등 권리의 가치하락으로 인한 손실은 헌법 제23조의 재산권 보장의 범위에 속한다.　　　　　　　　　　O | X

헌법상 보장된 재산권은 사적 유용성 및 그에 대한 원칙적인 처분권을 내포하는 재산가치 있는 구체적인 권리이므로, 구체적 권리가 아닌 영리획득의 단순한 기회나 기업활동의 사실적·법적 여건은 기업에게는 중요한 의미를 갖는다고 하더라도 재산권보장의 대상이 아니다. 이 사건 중단조치에 의한 영업중단으로 영업상 손실이나 주식 등 권리의 가치하락이 발생하였더라도 이는 영리획득의 기회나 기업활동의 여건 변화에 따른 재산적 손실일 뿐이므로, 헌법 제23조의 재산권 보장의 범위에 속한다고 보기 어렵다(헌재 2022.1.27. 2016헌마364).

정답 035 ○　036 ○　037 ○　038 X

039
☐☐☐

지방의회의원으로 선출되어 받게 되는 보수가 기존의 연금에 미치지 못하는 경우에도 연금 전액의 지급을 정지하도록 정한 구공무원연금법 조항은 과잉금지원칙에 위배되어 재산권을 침해한다.　　O | X

월정수당은 지방자치단체에 따라 편차가 크고 안정성이 낮음에도 불구하고 심판대상조항은 연금을 대체할 만한 적정한 소득이 있다고 할 수 없는 경우에도 일률적으로 연금전액의 지급을 정지하여 지급정지제도의 본질 및 취지와 어긋나는 결과를 초래한다. … 연금과 보수 중 일부를 감액하는 방식으로 선출직에 취임하여 보수를 받는 것이 생활보장에 더 유리하도록 하는 등 기본권을 덜 제한하면서 입법목적을 달성할 수 있는 다양한 방법이 있다. 따라서 심판대상조항은 과잉금지원칙에 위배되어 재산권을 침해한다(헌재 2022.1.27. 2019헌바161).

040
☐☐☐

경유를 연료로 사용하는 자동차의 소유자로부터 환경개선부담금을 부과·징수하도록 정한 환경개선비용부담법조항은 과잉금지원칙을 위반하여 경유차 소유자의 재산권을 침해한다고 볼 수 없다.　　O | X

경유차 운행으로 인한 대기오염의 악화는 사회적·경제적 피해비용 및 그에 상응하는 환경개선비용의 증가를 초래한다. 이에 이 사건 법률조항은 경유차 소유자에게 환경개선부담금을 부과하여 경유차 소유와 운행을 자제하도록 유도하고 있다. … 환경개선부담금은, 경유에 리터당 부과되는 교통·에너지·환경세와 달리 개별 경유차의 오염유발 수준을 고려하므로, 교통·에너지·환경세가 규율하지 못하는 별도의 정책적 목적도 수행한다고 볼 수 있다. 따라서 경유차 소유자가 교통·에너지·환경세 외 환경개선부담금을 추가 부담한다고 하더라도 그 부담이 지나치다고 보기 어렵다. 이와 같은 점을 고려할 때, 이 사건 법률조항이 과잉금지원칙을 위반하여 청구인의 재산권을 침해한다고 볼 수 없다(헌재 2022.6.30. 2019헌바440).

041
☐☐☐

환매권의 발생기간을 제한하고 있는 공익사업을 위한 토지 등의 취득 및 보상에 관한 법률 조항 중 '토지의 협의취득일 또는 수용의 개시일부터 10년 이내' 부분의 위헌성은 헌법상 재산권인 환매권의 발생기간을 제한한 것 자체에 있다.　　O | X

환매권은 헌법상 재산권의 존속보장과 밀접한 관련을 가지는 권리라 할 것인데, 이 사건 법률조항은 '취득일로부터 10년 이내'로 환매권의 발생기간을 제한함으로써, 원래 토지수용 등의 원인이 되었던 공공필요성이 소멸하더라도 그 토지취득일로부터 10년이 지나기만 하면 원소유자에게 환매권 자체가 발생하지 않도록 정하고 있다. … 결국 이 사건 법률조항은 헌법 제37조 제2항에 반하여 재산권을 침해한다. 이 사건 법률조항의 위헌성은 환매권의 발생기간을 제한한 것 자체에 있다기보다는 그 기간을 10년 이내로 제한한 것에 있다. 이 사건 법률조항의 위헌성을 제거하는 다양한 방안이 있을 수 있고 이는 입법재량 영역에 속한다(헌재 2020.11.26. 2019헌바131).

042
☐☐☐

주택임대차보호법상 임차인 보호 규정들이 임대인의 재산권을 침해하는지 여부를 심사함에 있어서는 비례의 원칙을 기준으로 심사하되, 보다 강화된 심사기준을 적용하여야 할 것이다.　　O | X

주택 임대차관계에서 임차인의 보호가 주거안정의 보장과 관련하여 중요한 공익적 목적이 되는 점을 고려할 때 주택 재산권에 대하여서도 토지 재산권만큼은 아니라도 상당한 정도의 사회적 구속성이 인정된다 할 것이다. … 따라서 입법자는 주택 소유자의 해당 주택에 대한 사용·수익권의 행사 방법과 임대차계약의 내용 및 그 한계를 형성하는 규율을 할 수 있다고 할 것이므로, 주택임대차법상 임차인 보호 규정들이 임대인의 계약의 자유와 재산권을 침해하는지 여부를 심사함에 있어서는 보다 완화된 심사기준을 적용하여야 할 것이다. … 따라서 계약갱신요구 조항, 차임증액한도 조항 및 손해배상 조항은 과잉금지원칙에 반하여 청구인들의 계약의 자유와 재산권을 침해한다고 볼 수 없다(헌재 2024.2.28. 2020헌마1343 등).

정답 039 ○　040 ○　041 X　042 X

043
☐☐☐

구 민간임대주택에 관한 특별법의 등록말소조항은 단기민간임대주택과 아파트 장기일반민간임대주택의 임대의무기간이 종료한 날 그 등록이 말소되도록 할 뿐이고, 종전임대사업자가 이미 받은 세제혜택 등을 박탈하는 내용이 없으므로 재산권이 제한된다고 볼 수 없다. O | X

임대사업자가 종전 규정에 의한 세제혜택 또는 집값 상승으로 인한 이익 취득이라는 기대를 가졌다 하더라도 이는 당시의 법제도에 대한 단순한 기대이익에 불과하다. 또한 등록말소조항은 단기민간임대주택과 아파트 장기일반민간임대주택의 임대의무기간이 종료한 날 그 등록이 말소되도록 할 뿐, 여기에 더하여 종전 임대사업자가 이미 받은 세제혜택 등을 박탈하는 내용을 담고 있지 아니하다. 따라서 등록말소조항으로 인해 청구인들의 재산권이 제한된다고 볼 수 없다. … 임대사업자의 직업의 자유가 제한된다(헌재 2024.2.28. 2020헌마1482).

044
☐☐☐

도로 등 영조물 주변 일정 범위에서 광업권자의 채굴행위를 제한하는 구광업법 조항은 헌법 제23조가 정하는 재산권에 대한 사회적 제약의 범위 내에서 광업권을 제한한 것으로 과잉금지원칙에 위배되지 않고 재산권의 본질적 내용도 침해하지 않는 것이어서 광업권자의 재산권을 침해하지 않는다. O | X

심판대상조항은 광업권이 정당한 토지사용권 등 공익과 충돌하는 것을 조정하는 정당한 입법목적이 있고, 도로와 일정 거리 내에서는 허가 또는 승낙 하에서만 채굴할 수 있도록 하는 것은 적절한 수단이 되며, 정당한 이유 없이 허가 또는 승낙을 거부할 수 없도록 하여 광업권이 합리적인 이유 없이 제한되는 일이 없도록 하므로 최소침해성의 원칙에도 부합하고, 실현하고자 하는 공익과 광업권의 침해 정도를 비교형량할 때 적정한 비례관계가 성립하므로 법익균형성도 충족된다. … 결국 심판대상조항은 헌법 제23조가 정하는 재산권에 대한 사회적 제약의 범위 내에서 광업권을 제한한 것으로 비례의 원칙에 위배되지 않고 재산권의 본질적 내용도 침해하지 않는 것이어서 청구인의 재산권을 침해하지 않는다(헌재 2014.2.27. 2010헌바483).

045
☐☐☐

거주자가 건물을 신축하고 그 신축한 건물의 취득일부터 5년 이내에 해당 건물을 양도하는 경우로서 환산가액을 그 취득가액으로 하는 경우 양도소득 결정세액에 더하여 가산세를 부과하도록 하는 구소득세법 조항은 재산권을 침해한다. O | X

심판대상조항은 건물을 신축하여 취득한 자가 환산가액 적용을 통하여 양도소득세의 부담을 회피하는 것을 방지하기 위한 것인바 그 입법목적은 정당하고, 해당 납세의무자에게 일정한 금액을 추가로 부과하는 것은 조세회피의 유인을 억제하는 데 기여할 수 있으므로 수단의 적합성도 인정된다. … 따라서 심판대상조항은 과잉금지원칙을 위반하여 재산권을 침해하지 아니한다(헌재 2024.2.28. 2020헌가15).

046
☐☐☐

공무원연금법에서 19세 미만인 자녀에 대하여 아무런 제한 없이 퇴직유족연금일시금을 선택할 수 있게 하고 또 그 금액도 다른 유족과 동일한 계산식에 따라 산출하게 한 것은 다른 유족의 재산권을 침해한다. O | X

심판대상조항은 10년 이상 재직한 공무원이 재직 중 사망한 경우 퇴직유족연금에 갈음하여 퇴직유족연금일시금을 지급받을 수 있는 선택권을 미성년 자녀인 유족에게 부여하는 내용의 규정이며, 퇴직유족연금일시금을 선택하는 자녀외의 다른 유족의 퇴직유족연금 수급권을 제한하는 내용의 규정이 아니다. … 따라서 심판대상조항에 따라 자녀인 유족이 퇴직연금일시금을 선택함으로써 결과적으로 다른 유족이 자녀의 퇴직연금 수급권을 이전받지 못하게 된다 하여도 이는 단순한 기대이익을 상실한 것에 불과하고, 이로써 재산권을 제한받는다고 할 수 없다. 따라서 심판대상조항에 대하여 청구인이 주장하는 재산권 침해가 있다고 보기 어렵다(헌재 2024.2.28. 2021헌바141).

정답 043 ○ 044 ○ 045 X 046 X

047
☐☐☐

개성공단 전면중단 조치가 고도의 정치적 결단을 요하는 문제이기는 하나, 조치 결과 개성공단 투자기업인에게 기본권 제한이 발생하였고, 국민의 기본권 제한과 직접 관련된 공권력의 행사는 고도의 정치적 고려가 필요한 행위라도 헌법과 법률에 따라 결정하고 집행하도록 견제하는 것이 헌법재판소 본연의 임무이므로, 그 한도에서 헌법소원심판의 대상이 될 수 있다. O | X

개성공단 전면중단 조치가 고도의 정치적 결단을 요하는 문제이기는 하나, 조치 결과 개성공단 투자기업인 청구인들에게 기본권 제한이 발생하였고, 국민의 기본권 제한과 직접 관련된 공권력의 행사는 고도의 정치적 고려가 필요한 행위라도 헌법과 법률에 따라 결정하고 집행하도록 견제하는 것이 헌법재판소 본연의 임무이므로, 그 한도에서 헌법소원심판의 대상이 될 수 있다(헌재 2022.1.27. 2016헌마364).

048
☐☐☐

개성공단 전면중단 조치는 국제평화를 위협하는 북한의 핵무기 개발을 경제적 제재조치를 통해 저지하려는 국제적 합의에 이바지하기 위한 조치로서, 통일부장관의 조정명령에 관한 남북교류협력에 관한 법률 제18조 제1항 제2호, 대통령의 국가의 계속성 보장 책무, 행정에 대한 지휘·감독권등을 규정한 헌법 제66조, 정부조직법 제11조 등이 근거가 될 수 있으므로, 헌법과 법률에 근거한 조치로 보아야 한다. O | X

개성공단 전면중단 조치는 국제평화를 위협하는 북한의 핵무기 개발을 경제적 제재조치를 통해 저지하려는 국제적 합의에 이바지하기 위한 조치로서, 통일부장관의 조정명령에 관한 '남북교류협력에 관한 법률' 제18조 제1항 제2호, 대통령의 국가의 계속성 보장 책무, 행정에 대한 지휘·감독권 등을 규정한 헌법 제66조, 정부조직법 제11조 등이 근거가 될 수 있으므로, 헌법과 법률에 근거한 조치로 보아야 한다(헌재 2022.1.27. 2016헌마364).

049
☐☐☐

국무회의의 심의, 이해관계자에 대한 의견청취절차 등을 거치지 아니한 이상 개성공단 전면중단 조치는 적법절차원칙을 위반하여 개성공단 투자기업인의 영업의 자유와 재산권을 침해한다. O | X

개성공단 전면중단 조치는 국가안보와 관련된 조치로서, 현지 체류 국민들의 신변안전을 위해 최대한 기밀로 유지하면서 신속하게 처리할 필요가 있었다. 위 조치과정에서 국가안보에 관한 필수 기관이 참여하는 국가안전보장회의 상임위원회의 협의를 거쳤고, '남북교류협력에 관한 법률'이 규정하는 조정명령이 국무회의를 사전 절차로 요구하지 않으며, 관련 기업인들과의 간담회가 개최되기도 하였으므로, 조치의 특성, 절차 이행으로 제고될 가치, 국가작용의 효율성 등의 형량에 따른 필수적 절차는 거친 것으로 보아야 한다. 따라서 국무회의의 심의, 이해관계자에 대한 의견청취절차 등을 거치지 않았더라도 개성공단 전면중단 조치가 적법절차원칙을 위반하여 개성공단 투자기업인 청구인들의 영업의 자유와 재산권을 침해한다고 볼 수 없다(헌재 2022.1.27. 2016헌마364).

050
☐☐☐

'개성공단의 정상화를 위한 합의서'에는 국내법과 동일한 법적 구속력을 인정하기 어렵고, 과거 사례 등에 비추어 개성공단의 중단 가능성은 충분히 예상할 수 있었으므로, 개성공단전면중단 조치는 신뢰보호원칙을 위반하여 개성공단 투자기업인의 영업의 자유와 재산권을 침해하지 아니한다. O | X

'개성공단의 정상화를 위한 합의서'에는 국내법과 동일한 법적 구속력을 인정하기 어렵고, 과거 사례 등에 비추어 개성공단의 중단 가능성은 충분히 예상할 수 있었으므로, 개성공단 전면중단 조치는 신뢰보호원칙을 위반하여 개성공단 투자기업인 청구인들의 영업의 자유와 재산권을 침해하지 아니한다(헌재 2022.1.27. 2016헌마364).

정답 047 ○ 048 ○ 049 X 050 ○

051

□□□

개성공단 전면중단 조치는 공익 목적을 위하여 개별적, 구체적으로 형성된 구체적인 재산권의 이용을 제한하는 공용 제한이 아니므로, 이에 대한 정당한 보상이 지급되지 않았다고 하더라도 그 조치가 헌법 제23조 제3항을 위반하여 개성공단 투자기업인의 재산권을 침해한 것으로 볼 수 없다. O | X

개성공단 전면중단 조치는 공익 목적을 위하여 개별적, 구체적으로 형성된 구체적인 재산권의 이용을 제한하는 공용 제한이 아니므로, 이에 대한 정당한 보상이 지급되지 않았다고 하더라도, 그 조치가 헌법 제23조 제3항을 위반하여 개성공단 투자기업인 청구인들의 재산권을 침해한 것으로 볼 수 없다(헌재 2022.1.27. 2016헌마364).

052

□□□

지역구 국회의원 예비후보자의 기탁금 반환 사유를 예비후보자의 사망, 당내경선 탈락으로 한정하고 있는 구 공직선거법 해당 조항은 재산권을 침해한다. O | X

예비후보자가 본선거에서 정당후보자로 등록하려 하였으나 자신의 의사와 관계없이 정당 공천관리위원회의 심사에서 탈락하여 본선거의 후보자로 등록하지 아니한 것은 후보자 등록을 하지 못할 정도에 이르는 객관적이고 예외적인 사유에 해당한다. 따라서 이러한 사정이 있는 예비후보자가 납부한 기탁금은 반환되어야 함에도 불구하고, 심판대상조항이 이에 관한 규정을 두지 아니한 것은 입법형성권의 범위를 벗어난 과도한 제한이라고 할 수 있다. … 그러므로 심판대상조항은 과잉금지원칙에 반하여 청구인의 재산권을 침해한다(헌재 2018.1.25. 2016헌마541).

053

□□□

비용보상청구권의 제척기간을 무죄판결이 확정된 날부터 6개월 이내로 규정한 구 군사법원법 해당 조항은 헌법에 위반된다. O | X

1. 심판대상조항의 제척기간을 보다 장기로 규정하더라도 국가재정의 합리적인 운영을 저해한다고 보기 어려운 점 등을 고려하면, 심판대상조항은 과잉금지원칙을 위반하여 비용보상청구권자의 재판청구권 및 재산권을 침해한다(헌재 2023.8.31. 2020헌바252).
2. 형사소송법은 2014.12.30. 비용보상청구권의 제척기간을 '무죄판결이 확정된 사실을 안 날부터 3년, 무죄판결이 확정된 때부터 5년 이내'로 개정하였다. 무죄를 선고받은 비용보상청구권자가 형사소송법이 적용되는지와 군사법원법이 적용되는지는 본질적인 차이가 없는데, 심판대상조항의 제척기간이 형사소송법보다 짧은 것에는 그 차별을 정당화할 합리적인 이유를 찾아보기 어렵다. 군사법원법이 규정하는 비용보상청구권은 군사재판의 특수성이 적용될 영역이 아니기 때문이다. 따라서 심판대상조항은 군사법원법과 형사소송법의 적용을 받는 비용보상청구권자를 자의적으로 다르게 취급하여 평등원칙에 위반된다(헌재 2023.8.31. 2020헌바252).

054

□□□

면세유류 관리기관인 수산업협동조합이 관리 부실로 인하여 면세유류 구입카드 또는 출고지시서를 잘못 교부·발급한 경우 해당 석유류에 대한 부가가치세 등 감면세액의 100분의 20에 해당하는 금액을 가산세로 징수하도록 규정한 구 조세특례제한법 조항은 면세유류 관리기관인 수산업협동조합의 재산권을 침해한다. O | X

어업용 면세유의 부정 유통을 근본적으로 차단하려면, 면세유류 관리기관인 수협의 관리 부실로 면세유류 구입카드등이 잘못 교부·발급된 경우 면세유가 실제로 부정 유통되었는지 여부와 관계없이 수협에 관리·감독 책임을 물을 필요가 있다. … 따라서 심판대상조항이 과잉금지원칙에 반하여 면세유류 관리기관인 수협의 재산권을 침해한다고 볼 수 없다(헌재 2021.7.15. 2018헌바338 등).

정답 051 ○ 052 ○ 053 ○ 054 X

055
☐☐☐

환경개선부담금은 경유에 리터당 부과되는 교통·에너지·환경세와 달리 개별 경유차의 오염유발 수준을 고려하므로, 경유를 연료로 사용하는 자동차의 소유자로부터 환경개선부담금을 부과·징수하도록 정한 환경개선비용 부담법 조항이 과잉금지원칙을 위반하여 경유차 소유자의 재산권을 침해한다.　O | X

경유차 운행으로 인한 대기오염의 악화는 사회적·경제적 피해비용 및 그에 상응하는 환경개선비용의 증가를 초래한다. 이에 이 사건 법률조항은 경유차 소유자에게 환경개선부담금을 부과하여 경유차 소유와 운행을 자제하도록 유도하고 있다. … 환경개선부담금은, 경유에 리터당 부과되는 교통·에너지·환경세와 달리 개별 경유차의 오염유발 수준을 고려하므로, 교통·에너지·환경세가 규율하지 못하는 별도의 정책적 목적도 수행한다고 볼 수 있다. 따라서 경유차 소유자가 교통·에너지·환경세 외 환경개선부담금을 추가 부담한다고 하더라도 그 부담이 지나치다고 보기 어렵다. 이와 같은 점을 고려할 때, 이 사건 법률조항이 과잉금지원칙을 위반하여 청구인의 재산권을 침해한다고 볼 수 없다(헌재 2022.6.30. 2019헌바440).

056
☐☐☐

텔레비전방송 수신료는 강제적으로 부과·징수되어 사인의 재산권을 침해한다는 점에서 법률의 근거를 요하기는 하나, 그 실질이 조세와는 구별된다고 할 것이므로 조세법률주의와 같은 정도의 엄격한 법률유보를 요하는 것은 아니고 헌법 제37조 제2항에 근거한 법률유보로서 족하다고 할 것이므로, 반드시 국회가 스스로 수신료금액에 관한 사항을 결정하도록 할 필요는 없다.　O | X

텔레비전방송수신료는 대다수 국민의 재산권 보장의 측면이나 한국방송공사에게 보장된 방송자유의 측면에서 국민의 기본권실현에 관련된 영역에 속하고, 수신료금액의 결정은 납부의무자의 범위 등과 함께 수신료에 관한 본질적인 중요한 사항이므로 국회가 스스로 행하여야 하는 사항에 속하는 것임에도 불구하고 한국방송공사법 제36조 제1항에서 국회의 결정이나 관여를 배제한 채 한국방송공사로 하여금 수신료금액을 결정해서 문화관광부장관의 승인을 얻도록 한 것은 법률유보원칙에 위반된다(헌재 1999.5.27. 98헌바70).

057
☐☐☐

사업주로 하여금 일정 비율 이상의 장애인을 고용하도록 하고, 이를 위반한 경우 장애인 고용부담금을 납부하도록 한 것은 사업주의 직업의 자유 및 재산권을 침해하지 아니한다.　O | X

이 사건 고용의무조항 및 고용부담금조항은 장애인이 그 능력에 맞는 직업생활을 통하여 인간다운 생활을 할 수 있도록 장애인의 고용을 촉진하기 위한 것으로 그 입법목적의 정당성이 인정되고, 사업주에게 일정한 비율의 장애인을 고용할 의무를 부과하고 이를 지키지 못한 사업주에게 부담금을 부과하는 것은 장애인고용을 촉진한다는 입법목적을 달성하기 위한 효과적인 방법이므로 방법의 적절성도 인정된다. … 그러므로 이 사건 고용의무조항 및 고용부담금조항은 청구인의 직업의 자유 및 재산권을 침해하지 아니한다(헌재 2012.3.29. 2010헌바432).

정답 055 X　056 X　057 ○

058

□□□

텔레비전방송 수신료는 한국방송공사의 텔레비전방송을 시청하는 대가이므로 특정 이익의 혜택이나 특정 시설의 사용 가능성에 대한 금전적 급부인 수익자부담금에 해당한다.   O | X

수신료는 공영방송사업이라는 특정한 공익사업의 소요경비를 충당하기 위한 것으로서 일반 재정수입을 목적으로 하는 조세와 다르다. 또, 텔레비전방송을 수신하기 위하여 수상기를 소지한 자에게만 부과되어 공영방송의 시청가능성이 있는 이해관계인에게만 부과된다는 점에서도 일반 국민 주민을 대상으로 하는 조세와 차이가 있다. 그리고 '공사의 텔레비전방송을 수신하는 자'가 아니라 '텔레비전방송을 수신하기 위하여 수상기를 소지한 자'가 부과대상이므로 실제 방송시청 여부와 관계없이 부과된다는 점, 그 금액이 공사의 텔레비전방송의 수신정도와 관계없이 정액으로 정해져 있는 점 등을 감안할 때 이를 공사의 서비스에 대한 대가나 수익자부담금으로 보기도 어렵다. 따라서 수신료는 공영방송사업이라는 특정한 공익사업의 경비조달에 충당하기 위하여 수상기를 소지한 특정집단에 대하여 부과되는 특별부담금에 해당한다고 할 것이다(헌재 1999.5.27. 98헌바70).

059

□□□

대통령이 2016.2.10.경 개성공단의 운영을 즉시 전면 중단하기로 결정하고, 개성공단에 체류 중인 국민들 전원을 대한민국 영토 내로 귀환하도록 한 개성공단 전면중단 조치에 의해 발생한 영업상 손실이나 주식 등 권리의 가치하락은 헌법 제23조의 재산권보장의 범위에 속한다.   O | X

헌법상 보장된 재산권은 사적 유용성 및 그에 대한 원칙적인 처분권을 내포하는 재산가치 있는 구체적인 권리이므로, 구체적 권리가 아닌 영리획득의 단순한 기회나 기업활동의 사실적·법적 여건은 기업에게는 중요한 의미를 갖는다고 하더라도 재산권보장의 대상이 아니다. 이 사건 중단조치에 의한 영업중단으로 영업상 손실이나 주식 등 권리의 가치하락이 발생하였더라도 이는 영리획득의 기회나 기업활동의 여건 변화에 따른 재산적 손실일 뿐이므로, 헌법 제23조의 재산권보장의 범위에 속한다고 보기 어렵다(헌재 2022.1.27. 2016헌마364).

060

□□□

통일부장관이 2010.5.24. 발표한 북한에 대한 신규투자 불허 및 진행 중인 사업의 투자확대 금지 등을 내용으로 하는 대북조치로 인해 개성공단에서 투자하던 사업자의 토지이용권을 사용·수익하지 못하게 되는 제한이 발생하였으므로, 이러한 대북조치는 헌법 제23조 제3항 소정의 공용 제한에 해당한다.   O | X

2010.5.24.자 대북조치가 개성공단에서의 신규투자와 투자확대를 불허함에 따라 청구인이 보유한 개성공단 내의 토지이용권을 사용·수익하지 못하게 되는 제한이 발생하기는 하였으나, 이는 개성공단이라는 특수한 지역에 위치한 사업용 재산이 받는 사회적 제약이 구체화된 것일 뿐이므로, 공익목적을 위해 이미 형성된 구체적 재산권을 개별적, 구체적으로 제한하는 헌법 제23조 제3항 소정의 공용 제한과는 구별된다. 그렇다면 2010.5.24.자 대북조치로 인한 토지이용권의 제한은 헌법 제23조 제1항, 제2항에 따라 재산권의 내용과 한계를 정한 것인 동시에 재산권의 사회적 제약을 구체화하는 것으로 볼 수 있다(헌재 2022.5.26. 2016헌마95).

정답 058 X 059 X 060 X

061

☐☐☐

댐의 저수 이용상황 등이 변경되는 경우 등 댐사용권을 그대로 유지하는 것이 곤란한 경우 댐사용권을 취소·변경할 수 있도록 규정한 구 댐건설 및 주변지역지원 등에 관한 법률 조항은 다목적댐에 관한 독립적 사용권인 댐사용권의 내용과 한계를 정하는 규정인 동시에 사회적 제약을 구체화한 규정이라 보아야 한다. ○ | X

댐사용권변경조항은 다목적댐 건설 이후의 주변 환경 변화에 따라 댐의 저수 이용상황이 변경되어 댐사용권을 그대로 유지하는 것이 곤란한 경우 저수의 용도별 배분 및 댐사용권자를 변경함으로써 댐사용권을 둘러싼 법률관계를 일반적이고 추상적으로 규율하고자 하는 규정이다. 즉 댐사용권변경조항은 이미 형성된 구체적인 재산권을 공익을 위하여 개별적이고 구체적으로 박탈·제한하는 것으로서 보상을 요하는 헌법 제23조 제3항의 수용·사용·제한을 규정한 것이라고 볼 수 없고, 적정한 수자원의 공급 및 수재방지 등 공익적 목적에서 건설되는 다목적댐에 관한 독점적 사용권인 댐사용권의 내용과 한계를 정하는 규정인 동시에 공익적 요청에 따른 재산권의 사회적 제약을 구체화하는 규정이라고 보아야 한다(헌재 2022.10.27. 2019헌바44).

062

☐☐☐

행정청이 아닌 사업주체가 새로이 설치한 공공시설이 그 시설을 관리할 관리청에 무상으로 귀속되도록 한 구 주택건설촉진법 조항은 재산권의 법률적 수용이라는 법적 외관을 가지고 있으므로 그것이 헌법 제23조 제3항에 따른 정당한 보상의 원칙에 위배되었는지 심사되어야 한다. ○ | X

심판대상조항은 재산권의 법률적 수용이라는 법적 외관을 가지고 있으나 그 실질은 공공시설의 설치와 그 비용부담자 등에 관하여 규율하고 있는 것이므로, 이를 심사하려면 그것이 헌법 제23조 제3항에 따른 정당한 보상의 원칙에 위배되었는지가 아니라 이러한 공공시설의 설치와 관련된 부담의 부과와 그 소유권의 국가귀속이 재산권에 대한 사회적 제약의 범위 내의 제한인지 여부가 검토되어야 한다. 즉, 심판대상조항은 사업주체가 주택건설사업의 시행으로 새로 설치한 공공시설과 그 부지의 소유권을 '개별적이고 구체적으로' 박탈하려는 데 그 본질이 있는 것이 아니라, 사업지구 안의 공공시설의 소유관계를 일반적이고 추상적으로 규율함으로써 사업주체의 지위를 장래를 향하여 획일적으로 확정하고자 하는 것이므로, 재산권의 내용과 한계를 정한 것으로 이해함이 타당하다(헌재 2015.2.26. 2014헌바177).

063

☐☐☐

국토의 계획 및 이용에 관한 법률상 문화재와 문화적으로 보존가치가 큰 건축물 등의 미관을 유지·관리하기 위해 필요한 지구를 지정하여 그 지정목적에 부합하지 않는 토지이용을 제한하는 조항들은, 입법자가 '토지재산권에 관한 권리와 의무를 일반·추상적으로 확정하는' 헌법 제23조 제1항 및 제2항의 재산권의 내용과 한계에 관한 규정이자 재산권의 사회적 제약을 구체화하는 규정이다. ○ | X

문화재와 문화적으로 보존가치가 큰 건축물 등의 미관을 유지·관리하기 위해 필요한 지구를 지정하여 그 지정목적에 부합하지 않는 토지이용을 규제하려는 이 사건 법률조항들은, 입법자가 '토지재산권에 관한 권리와 의무를 일반·추상적으로 확정하는' 재산권의 내용과 한계에 관한 규정이자 재산권의 사회적 제약을 구체화하는 규정이다. … 따라서 이 사건 법률조항들로 인하여 부과되는 재산권의 제한 정도는 사회적 제약 범위를 넘지 않고 공익과 사익 간에 적절한 균형이 이루어져 있으므로, 비례의 원칙에 반하지 아니한다(헌재 2012.7.26. 2009헌바328).

064
☐☐☐

수분양자가 아닌 개발사업자를 부과대상으로 하는 구 학교용지 확보 등에 관한 특례법상 학교용지부담금은 교육의 기회를 균등하게 보장하여야 한다는 공익과 개발사업자의 재산적 이익이라는 사익을 적절히 형량하고 있으므로, 개발사업자의 재산권을 침해하지 않는다. O | X

이 사건 법률조항에 의한 학교용지부담금은 학교용지 확보를 위한 새로운 재원의 마련이라는 정당한 입법목적을 달성하기 위한 적절한 수단으로서 교육의 기회를 균등하게 보장해야 한다는 공익과 개발사업자의 재산적 이익이라는 사익을 적절히 형량하고 있으므로 이 사건 법률조항은 개발사업자의 재산권을 과도하게 침해하지 아니한다(헌재 2008.9.25. 2007헌가1).

065
☐☐☐

주택건설사업에서 사업계획승인을 받은 민간사업주체가 주택건설대지면적의 95퍼센트 이상의 사용권원을 확보한 경우 그 민간사업자로 하여금 사용권원을 확보하지 못한 대지의 모든 소유자에게 시가(市價)로 매도청구를 할 수 있도록 한 주택법 조항은 재산권을 침해하지 않는다. O | X

심판대상조항은 국토계획법 제49조에 따른 지구단위계획의 결정이 필요한 주택건설사업에서 주택건설대지면적의 95퍼센트 이상의 사용권원을 확보한 민간사업주체에게 매도청구권을 부여하고 있다. 이는 지구단위계획에 따라 승인받은 주택건설사업을 가능하게 하여 주택의 건설·공급을 촉진함으로써 국민의 주거를 안정화하고 주거환경을 개선하기 위한 것으로서 입법목적의 정당성이 인정되고, 공공필요성의 요건도 갖추었다. … 심판대상조항은 과잉금지원칙에 위배되어 재산권을 침해한다고 할 수 없다(헌재 2023.8.31. 2019헌바221 등).

066
☐☐☐

선거범죄로 당선이 무효로 된 자에게 이미 반환받은 기탁금과 보전받은 선거비용을 반환하도록 한 구 공직선거법 조항은 당선무효인의 재산권을 침해하지 않는다. O | X

이 사건 법률조항은 선거범죄를 억제하고 공정한 선거문화를 확립하고자 하는 목적으로 선거범에 대한 제재를 규정한 것인바, 선거범죄를 범하여 형사처벌을 받은 자에게 가할 불이익에 관하여는 기본적으로 입법자가 결정할 것이고, 이 사건 법률조항이 선고형에 따라 제재대상을 정함으로써 사소하고 경미한 선거범과 구체적인 양형사유가 있는 선거범을 제외하고 있는 등의 사정을 종합해 볼 때, 과잉금지원칙을 위반한 재산권 침해라고 할 수 없다(헌재 2011.4.28. 2010헌바232).

067
☐☐☐

분묘기지권에 관한 관습법 중 "분묘기지권의 존속기간에 관하여 당사자 사이에 약정이 있는 등 특별한 사정이 없는 경우에는 권리자가 분묘의 수호와 봉사를 계속하는 한 그 분묘가 존속하고 있는 동안은 분묘기지권은 존속한다."는 부분은 토지소유자의 재산권을 침해하지 않는다. O | X

비록 오늘날 전통적인 장묘문화에 일부 변화가 생겼다고 하더라도 우리 사회에는 분묘기지권의 기초가 된 매장문화가 여전히 자리 잡고 있고, 분묘를 모시는 자손들에게 분묘의 강제적 이장은 경제적 손실을 넘어 분묘를 매개로 형성된 정서적 애착관계 및 지역적 유대감의 상실로 이어질 수밖에 없으며, 이는 우리의 전통문화에도 배치되므로, 이 사건 관습법을 통해 분묘기지권을 보호해야 할 필요성은 여전히 존재한다. … 따라서 이 사건 관습법은 과잉금지원칙에 위배되어 토지소유자의 재산권을 침해한다고 볼 수 없다(헌재 2020.10.29. 2017헌바208).

정답 064 ○ 065 ○ 066 ○ 067 ○

068
□□□

민법 조항에 따른 유류분제도는 피상속인의 증여나 유증에 의한 자유로운 재산처분을 제한하고, 피상속인으로부터 증여나 유증을 받았다는 이유로 유류분반환청구의 상대방이 되는 자의 재산권을 역시 제한한다.

O | X

심판대상조항에 따른 유류분제도는 그 구체적 내용에 비추어 볼 때, 피상속인의 증여나 유증에 의한 자유로운 재산처분을 제한하고, 피상속인으로부터 증여나 유증을 받았다는 이유로 유류분반환청구의 상대방이 되는 자의 재산권을 역시 제한한다. … 패륜적인 상속인의 유류분을 인정하는 것은 일반 국민의 법감정과 상식에 반한다고 할 것이므로, 민법 제1112조 제1호부터 제3호가 유류분상실사유를 별도로 규정하지 아니한 것은 불합리하고 기본권제한입법의 한계를 벗어나 헌법에 위반된다. 또한 상속재산형성에 대한 기여나 상속재산에 대한 기대 등이 거의 인정되지 않는 피상속인의 형제자매에게까지 유류분을 인정하는 민법 제1112조 제4호 역시 불합리하고 기본권제한입법의 한계를 벗어나 헌법에 위반된다(헌재 2024.4.25. 2020헌가4 등).

069
□□□

입법자가 헌법 제23조 제1항 및 제2항에 의하여 재산권의 내용을 구체적으로 형성하고 공익을 위하여 재산권을 제한하는 과정에서 이를 합헌적으로 규율하고자 하는 조정적 보상은 직접적인 금전적 보상에 의하여야 한다.

O | X

조정적 보상은 입법자가 헌법 제23조 제1항 및 제2항에 의하여 재산권의 내용을 구체적으로 형성하고 공공의 이익을 위하여 재산권을 제한하는 과정에서 이를 합헌적으로 규율하기 위하여 두어야 하는 규정으로서, 헌법 제23조 제3항의 정당한 보상 내지 완전한 보상에까지 이를 필요는 없고, 합헌적으로 조정하는 방법도 반드시 직접적인 금전적 보상의 방법에 한정되지 아니하며, 금전보상에 갈음하거나 기타 손실을 완화할 수 있는 제도를 보완하는 등 여러 가지 다른 방법을 사용할 수 있다. 즉, 입법자에게는 헌법적으로 가혹한 부담의 조정이란 '목적'을 달성하기 위하여 이를 완화·조정할 수 있는 '방법'의 선택에 있어서는 광범위한 형성의 자유가 부여된다(헌재 2020.4.23. 2018헌가17).

070
□□□

가축전염병 예방법상 가축의 살처분으로 인한 재산권 제약은 가축 소유자가 수인해야 하는 사회적 제약에 속하나, 권리자에게 수인의 한계를 넘어 가혹한 부담이 발생하는 예외적인 경우에는 이를 완화하는 보상규정을 두어야 한다.

O | X

가축의 살처분으로 인한 재산권의 제약은 가축의 소유자가 수인해야 하는 사회적 제약의 범위에 속하나, 권리자에게 수인의 한계를 넘어 가혹한 부담이 발생하는 예외적인 경우에는 이를 완화하는 보상규정을 두어야 하고, 그 방법에 관하여는 입법자에게 광범위한 형성의 자유가 부여된다. … 축산계열화사업자가 가축의 소유자라 하여 살처분 보상금을 오직 계약사육농가에만 지급하는 방식은 축산계열화사업자에 대한 재산권의 과도한 부담을 완화하기에 적절한 조정적 보상조치라고 할 수 없다. 따라서 심판대상조항은 조정적 보상조치에 관하여 인정되는 입법형성재량의 한계를 벗어나 가축의 소유인 축산계열화사업자의 재산권을 침해한다(헌재 2024.5.30. 2021헌가3).

071

□□□

가축전염병 예방법에 따른 가축의 살처분으로 인한 재산권의 제약은 가축의 소유자가 수인해야 하는 사회적 제약의 범위에 속하나, 권리자에게 수인의 한계를 넘어 가혹한 부담이 발생하는 예외적인 경우에는 이를 완화하는 보상규정을 두어야 하고, 그 방법에 관하여는 입법자에게 광범위한 형성의 자유가 부여된다.

O | X

가축의 살처분으로 인한 재산권의 제약은 가축의 소유자가 수인해야 하는 사회적 제약의 범위에 속하나, 권리자에게 수인의 한계를 넘어 가혹한 부담이 발생하는 예외적인 경우에는 이를 완화하는 보상규정을 두어야 하고, 그 방법에 관하여는 입법자에게 광범위한 형성의 자유가 부여된다. … 축산계열화사업자가 가축의 소유자라 하여 살처분 보상금을 오직 계약사육농가에만 지급하는 방식은 축산계열화사업자에 대한 재산권의 과도한 부담을 완화하기에 적절한 조정적 보상조치라고 할 수 없다. 따라서 심판대상조항은 조정적 보상조치에 관하여 인정되는 입법형성재량의 한계를 벗어나 가축의 소유자인 축산계열화사업자의 재산권을 침해한다(헌재 2024.5.30. 2021헌가3).

072

□□□

광업권자는 도로 등 일정한 장소에서는 관할 관청의 허가나 소유자 또는 이해관계인의 승낙이 없으면 광물을 채굴할 수 없도록 규정한 구광업법 조항은 이미 형성된 구체적인 재산권을 공익을 위하여 개별적·구체적으로 박탈하거나 제한하는 것으로서 보상을 요하는 헌법 제23조 제3항의 수용·사용 또는 제한을 규정한 것이다.

O | X

심판대상조항은 이미 형성된 구체적인 재산권을 공익을 위하여 개별적·구체적으로 박탈하거나 제한하는 것으로서 보상을 요하는 헌법 제23조 제3항의 수용·사용 또는 제한을 규정한 것이라고 할 수는 없고, 입법자가 광업권에 관한 권리와 의무를 일반·추상적으로 확정하는, 재산권의 내용과 한계를 정하는 규정인 동시에 공익적 요청에 따른 재산권의 사회적 제약을 구체화하는 규정이라고 보아야 한다(헌법 제23조 제1항 및 제2항)(헌재 2014.2.27. 2010헌바483).

073

□□□

의료급여기관이 의료법 제33조 제2항을 위반하였다는 사실을 수사기관의 수사결과로 확인한 경우 시장·군수·구청장으로 하여금 해당 의료급여기관이 청구한 의료급여비용의 지급을 보류할 수 있도록 규정한 의료급여법 조항 중 '의료법 제33조 제2항'에 관한 부분은 과잉금지원칙에 반하여 의료급여기관 개설자의 재산권을 침해한다.

O | X

지급보류처분은 잠정적 처분이고, 그 처분 이후 사무장병원에 해당하지 않는다는 사실이 밝혀져서 무죄판결의 확정 등 사정변경이 발생할 수 있으므로, 지급보류처분의 '처분요건'뿐만 아니라 위와 같은 사정변경이 발생할 경우 잠정적인 지급보류상태에서 벗어날 수 있는 '지급보류처분의 취소'에 관하여도 명시적인 규율이 필요하고, 그 '취소사유'는 '처분요건'과 균형이 맞도록 규정되어야 한다. 또한 사정변경사유가 발생할 경우 지급보류처분이 취소될 수 있도록 한다면, 이와 함께 지급보류기간동안 의료기관의 개설자가 수인해야 했던 재산권 제한상황에 대한 적절하고 상당한 보상으로서의 이자 내지 지연손해금의 비율에 대해서도 규율이 필요하다. 이러한 사항들은 심판대상조항으로 인한 기본권 제한이 입법목적 달성에 필요한 최소한도에 그치기 위해 필요한 조치들이지만, 현재 이에 대한 어떠한 입법적 규율도 없다. 따라서 심판대상조항은 과잉금지원칙에 반하여 의료급여기관 개설자의 재산권을 침해한다(헌재 2024.6.27. 2021헌가19).

074
☐☐☐

토지구획정리사업에 있어 학교교지를 환지처분의 공고가 있은 다음 날에 국가 등에 귀속되게 하되, 유상으로 귀속되도록 한 구토지구획정리사업법 제63조 중 '학교교지'에 관한 부분은 과잉금지원칙에 위배되어 사업시행자의 재산권을 침해한다고 할 수 없다.　　　　　　　　　　　　　　　　　O | X

토지구획정리사업의 시행으로 인하여 생긴 학교교지의 경우, 환지처분의 공고 다음 날에 그 소유권이 국가 또는 지방자치단체에 귀속하도록 한 것은 국가 등이 국민의 교육을 받을 권리를 보장하고자 적기에 적절한 학교교지를 확보하여 교육에 관한 국가의 의무 실현을 위하여 불가피하다. 국가 등은 사업시행자에게 학교교지 취득의 대가를 지급하는 점, 사업계획의 단계에서 학교교지의 위치 및 면적에 대하여 미리 계획되고 협의될 것이 요구된다는 점, 국가 등이 학교교지를 취득함으로써 종전 토지 소유자등이 입은 손실(감보)은 효용이 상승된 환지로 인하여 이미 보상이 되었다는 점 등을 고려하면, 귀속조항이 과잉금지원칙에 위배되어 사업시행자의 재산권을 침해한다고 할 수 없다(헌재 2021.4.29. 2019헌바444 등).

075
☐☐☐

건강보험수급권은 보험사고로 초래되는 재산상 부담을 전보하여 주는 경제적 유용성을 가지므로 헌법상 재산권의 보호범위에 속한다고 볼 수 있다.　　　　　　　　　　　　　　　　　O | X

건강보험수급권은 가입자가 납부한 보험료에 대한 반대급부의 성격을 가지며, 보험사고로 초래되는 재산상 부담을 전보하여 주는 경제적 유용성을 가지므로, 헌법상 재산권의 보호범위에 속한다고 볼 수 있다(헌재 2020.4.23. 2017헌바244).

076
☐☐☐

재산권의 제한에 대하여는 재산권 행사의 대상이 되는 객체가 지닌 사회적인 연관성과 사회적 기능이 크면 클수록 입법자에 의한 보다 광범위한 제한이 허용되며, 개별 재산권이 갖는 자유보장적 기능, 즉 국민 개개인의 자유실현의 물질적 바탕이 되는 정도가 강할수록 엄격한 심사가 이루어져야 한다.　　　　　　　　O | X

재산권의 제한에 대하여는 재산권 행사의 대상이 되는 객체가 지닌 사회적인 연관성과 사회적 기능이 크면 클수록 입법자에 의한 보다 광범위한 제한이 허용되며, 한편 개별 재산권이 갖는 자유보장적 기능, 즉 국민 개개인의 자유실현의 물질적 바탕이 되는 정도가 강할수록 엄격한 심사가 이루어져야 한다(헌재 2005.5.26. 2004헌가10).

077
☐☐☐

헌법 제23조 제3항에서는 공공필요에 따른 재산권의 수용을 허용하고 있지만, 그 수용의 주체는 국가 등의 공적 기관에 한정된다고 보아야 하므로 사인(私人)인 민간개발자는 공용수용의 주체가 될 수 없다.　　　　　　　　　　　　　　　　　　　　O | X

헌법 제23조 제3항은 정당한 보상을 전제로 하여 재산권의 수용 등에 관한 가능성을 규정하고 있지만, 재산권 수용의 주체를 한정하지 않고 있다. 이는 재산의 수용과 관련하여 그 수용의 주체가 국가 등에 한정되어야 하는지, 아니면 민간기업에게도 허용될 수 있는지 여부에 대하여 헌법이라는 규범적 층위에서는 구체적으로 결정된 내용이 없다는 점을 의미하는 것이다. 따라서 위 수용 등의 주체를 국가 등의 공적 기관에 한정하여 해석할 이유가 없다(헌재 2009.9.24. 2007헌바114).

정답 074 ○　075 ○　076 ○　077 X

078
☐☐☐

헌법 제23조 제3항에 따른 재산권의 수용·사용 또는 제한은 국가가 구체적인 공적 과제를 수행하기 위하여 이미 형성된 구체적인 재산적 권리를 전면적 또는 부분적으로 박탈하거나 제한하는 것을 의미한다.
O | X

헌법 제23조에 의하여 재산권을 제한하는 형태에는, 제1항 및 제2항에 근거하여 재산권의 내용과 한계를 정하는 것과, 제3항에 따른 수용·사용 또는 제한을 하는 것의 두 가지 형태가 있다. 전자는 '입법자가 장래에 있어서 추상적이고 일반적인 형식으로 재산권의 내용을 형성하고 확정하는 것'을 의미하고, 후자는 '국가가 구체적인 공적 과제를 수행하기 위하여 이미 형성된 구체적인 재산적 권리를 전면적 또는 부분적으로 박탈하거나 제한하는 것'을 의미한다(헌재 1999.4.29. 94헌바37).

079
☐☐☐

임차인이 계약갱신을 요구할 경우 임대인이 정당한 사유 없이 이를 거절하지 못하도록 한 주택임대차보호법 해당 조항은 재산권을 침해하지 않는다.
O | X

계약갱신요구 조항, 차임증액한도 조항, 손해배상 조항은 임차인 주거안정 보장을 위한 것으로 임차인의 주거 이동률을 낮추고 차임 상승을 제한해 임차인의 주거안정을 도모할 수 있으므로 입법목적의 정당성 및 수단의 적합성이 인정된다. … 임차인의 주거안정이라는 공익에 비해 임대인의 계약의 자유와 재산권 제한 정도가 크다고 볼 수 없어 법익 균형성도 인정된다. 따라서 이들 조항은 과잉금지원칙에 반하여 청구인들의 계약의 자유와 재산권을 침해한다고 볼 수 없다(헌재 2024.2.28. 2020헌마1343 등).

080
☐☐☐

임차인이 3기의 차임액에 해당하는 금액에 이르도록 차임을 연체한 경우 임대인의 권리금 회수기회 보호의무가 발생하지 않도록 규정한 상가건물 임대차보호법 해당 조항은 재산권을 침해하지 않는다. O | X

심판대상조항은 임차인이 임대차계약에 있어 임차인의 가장 기본적이고 주된 의무인 차임의 지급을 3기의 차임액에 해당하는 금액에 이르도록 이행하지 아니한 경우 임대인과 임차인 간의 신뢰관계가 깨졌다고 보아 당해 임차인을 권리금 회수기회 보호대상에서 제외함으로써 임대인과 임차인 양자 간의 이해관계를 조절하고 있는 것이라 할 수 있다. … 심판대상조항은 입법형성권의 한계를 일탈하여 재산권을 침해한다고 할 수 없다(헌재 2023.6.29. 2021헌바264).

081
☐☐☐

선거범죄로 당선이 무효로 된 사람에게 반환받은 기탁금과 보전받은 선거비용을 반환하도록 하는 구 공직선거법 해당 조항은 재산권을 침해한다.
O | X

이 사건 법률조항은 선거범죄를 억제하고 공정한 선거문화를 확립하고자 하는 목적으로 선거범에 대한 제재를 규정한 것인바, 선거범죄를 범하여 형사처벌을 받은 자에게 가할 불이익에 관하여는 기본적으로 입법자가 결정할 것이고, 이 사건 법률조항이 선고형에 따라 제재대상을 정함으로써 사소하고 경미한 선거범과 구체적인 양형사유가 있는 선거범을 제외하고 있는 등의 사정을 종합해 볼 때, 과잉금지원칙을 위반한 재산권침해라고 할 수 없다(헌재 2011.4.28. 2010헌바232).

정답 078 ○ 079 ○ 080 ○ 081 X

082
☐☐☐

헌법이 보장하고 있는 재산권은 '사적 유용성 및 그에 대한 원칙적 처분권을 내포하는 재산가치가 있는 구체적 권리'를 의미하며, 단순한 이익이나 재화의 획득에 관한 기회 등은 재산권보장의 대상이 되지 않는다.　　　　　　　　　　　　　　　　　　　　　　　　　　　O | X

헌법 제23조 제1항의 재산권보장에 의하여 보호되는 재산권은 사적유용성 및 그에 대한 원칙적 처분권을 내포하는 재산가치 있는 구체적 권리이다. 그러므로 구체적인 권리가 아닌, 단순한 이익이나 재화의 획득에 관한 기회 등은 재산권보장의 대상이 아니다(헌재 1996.8.29. 95헌바36).

083
☐☐☐

공무원연금법상의 연금수급권은 재산권의 성격과 사회보장수급권의 성격이 불가분적으로 혼재되어 있는데, 입법자로서는 연금수급권의 구체적 내용을 정함에 있어 어느 한 쪽의 요소에 보다 중점을 둘 수 있다.　　　　　　　　　　　　　　　　　　　　　　　　　　　O | X

공무원연금법상의 퇴직급여, 유족급여 등 각종 급여를 받을 권리, 즉 연금수급권은 일부 재산권으로서의 성격을 지니는 것으로 파악되고 있으나 이는 앞서 본 바와 같이 사회보장수급권의 성격과 불가분적으로 혼재되어 있으므로, 비록 연금수급권에 재산권의 성격이 일부 있다 하더라도 그것은 이미 사회보장법리의 강한 영향을 받지 않을 수 없다 할 것이고, 입법자로서는 연금수급권의 구체적 내용을 정함에 있어 이를 전체로서 파악하여 어느 한 쪽의 요소에 보다 중점을 둘 수 있다 할 것이다(헌재 2009.5.28. 2008헌바107).

084
☐☐☐

사업계획승인을 받은 민간사업주체가 주택건설 대지면적의 95퍼센트 이상의 사용권원을 확보한 경우 사용권원을 확보하지 못한 대지의 모든 소유자에게 매도청구를 할 수 있도록 하는 주택법 조항은 과잉금지원칙에 위배되지 않으므로 재산권을 침해하지 않는다.　　　　　　　　　　　　　　　O | X

심판대상조항은 국토계획법 제49조에 따른 지구단위계획의 결정이 필요한 주택건설사업에서 주택건설대지면적의 95퍼센트 이상의 사용권원을 확보한 민간사업주체에게 매도청구권을 부여하고 있다. 이는 지구단위계획에 따라 승인받은 주택건설사업을 가능하게 하여 주택의 건설·공급을 촉진함으로써 국민의 주거를 안정화하고 주거환경을 개선하기 위한 것으로서 입법목적의 정당성이 인정되고, 공공필요성의 요건도 갖추었다. … 심판대상조항은 과잉금지원칙에 위배되어 재산권을 침해한다고 할 수 없다(헌재 2023.8.31. 2019헌바221 등).

085
☐☐☐

헌법 제23조 제3항이 규정한 '정당한 보상'이란 원칙적으로 피수용 재산의 객관적인 재산가치를 완전하게 보상하는 것을 의미하는 바, 공시지가를 기준으로 토지수용으로 인한 손실보상액을 산정하되 개발이익을 배제하고 공시기준일부터 재결 시까지의 시점보정을 인근 토지의 가격변동률과 생산자물가상승률에 의하도록 한 것은 정당보상원칙에 위배되지 않는다.　　　　　　　　　　　　　　　　　　O | X

헌법 제23조 제3항이 규정하는 정당한 보상이란 원칙적으로 피수용 재산의 객관적인 재산 가치를 완전하게 보상하는 완전보상을 의미한다. … 이 사건 토지보상조항이 '부동산 가격공시 및 감정평가에 관한 법률'에 의한 공시지가를 기준으로 토지수용으로 인한 손실보상액을 산정하되, 개발이익을 배제하고 공시기준일부터 재결 시까지의 시점보정을 인근 토지의 가격변동률과 생산자물가상승률에 의하도록 한 것은 공시기준일의 표준지의 객관적 가치를 정당하게 반영하는 것이고 표준지의 선정과 시점보정의 방법이 적정하므로, 이 사건 토지보상조항은 헌법 제23조 제3항이 규정한 정당보상의 원칙에 위배되지 않는다(헌재 2013.12.26. 2011헌바162).

정답　082 ○　083 ○　084 ○　085 ○

086

□□□

의료보험조합의 적립금은 조합원 개인에게 보장되는 재산권의 내용에 포함된다. O | X

적립금에는 사법상의 재산권과 비교될 만한 최소한의 재산권적 특성이 결여되어 있다. 따라서 의료보험조합의 적립금은 헌법 제23조에 의하여 보장되는 재산권의 보호대상이라고 볼 수 없다. 그리고 의료보험수급권은 의료보험법상 재산권의 보장을 받는 공법상의 권리이다(헌재 2000.6.29. 99헌마289).

087

□□□

상속 개시 후 인지 또는 재판확정에 의하여 공동상속인이 된 자가 다른 공동상속인에 대해 그 상속분에 상당한 가액의 지급에 관한 상속분가액지급청구권을 행사하는 경우에도 상속회복청구권에 관한 10년의 제척기간을 적용하도록 한 민법 제999조 제2항의 '상속권의 침해행위가 있은 날부터 10년' 중 제1014조에 관한 부분은 제척기간을 통한 법적 안정성만을 지나치게 중시한 나머지 권리구제의 실효성을 외면한 것이므로 상속개시 후인지에 의하여 공동상속인이 된 청구인의 재산권을 침해한다. O | X

상속개시 후 인지 또는 재판의 확정에 의하여 공동상속인이 된 자의 상속분가액지급청구권의 경우에도 '상속권의 침해행위가 있은 날부터 10년'의 제척기간을 정하고 있는 것은, 제척기간을 통한 법적 안정성만을 지나치게 중시한 나머지 상속개시 후 공동상속인이 된 자에게 상속회복에 관한 형식적인 권리나 이론적인 가능성만을 허용하는 것일 뿐 권리구제의 실효성을 외면하는 것이므로, 심판대상조항은 입법형성의 한계를 일탈하여 청구인의 재산권 및 재판청구권을 침해한다(헌재 2024.6.27. 2021헌마1588).

088

□□□

의료급여비용의지급을 청구한 의료급여기관이 의료법 제33조 제2항을 위반하여 설립된 사무장병원이라는 사실을 수사기관의 수사결과로 확인한 경우 시장·군수·구청장으로 하여금 의료급여 비용의 지급을 보류할 수 있도록 한 의료급여법 제11조의5 제1항 중 '의료법 제33조 제2항'에 관한 부분은 과잉금지원칙에 반하여 의료급여기관 개설자의 재산권을 침해한다고 볼 수 없다. O | X

지급보류처분은 잠정적 처분이고, 그 처분 이후 사무장병원에 해당하지 않는다는 사실이 밝혀져서 무죄판결의 확정 등 사정변경이 발생할 수 있으므로, 지급보류처분의 '처분요건'뿐만 아니라 위와 같은 사정변경이 발생할 경우 잠정적인 지급보류상태에서 벗어날 수 있는 '지급보류처분의 취소'에 관하여도 명시적인 규율이 필요하고, 그 '취소사유'는 '처분요건'과 균형이 맞도록 규정되어야 한다. 또한 사정변경사유가 발생할 경우 지급보류처분이 취소될 수 있도록 한다면, 이와 함께 지급보류기간동안 의료기관의 개설자가 수인해야 했던 재산권 제한상황에 대한 적절하고 상당한 보상으로서의 이자 내지 지연손해금의 비율에 대해서도 규율이 필요하다. 이러한 사항들은 심판대상조항으로 인한 기본권 제한이 입법목적 달성에 필요한 최소한도에 그치기 위해 필요한 조치들이지만, 현재 이에 대한 어떠한 입법적 규율도 없다. 따라서 심판대상조항은 과잉금지원칙에 반하여 의료급여기관 개설자의 재산권을 침해한다(헌재 2024.6.27. 2021헌가19).

정답 086 X 087 ○ 088 X

089
□□□

살처분된 가축의 소유자가 축산계열화사업자인 경우에는 계약 사육농가의 수급권 보호를 위하여 보상금을 계약사육농가에 지급한다고 규정한 가축전염병 예방법 제48조 제1항 제3호 단서는 축산계열화사업자가 가축의 소유자라 하여 살처분보상금을 오직 계약사육농가에게만 지급하는 방식으로 축산계열화사업자에 대한 재산권의 과도한 부담을 완화하기에 적절한 보상조치라고 할 수 없으므로 입법형성재량의 한계를 벗어나 가축의 소유자인 축산계열화사업자의 재산권을 침해한다.　　　　　O | X

살처분 보상금의 분배는 대상 가축의 살처분으로 인하여 입은 경제적 가치의 손실에 비례하여야 함에도 심판대상조항에 따라 계약사육농가만이 가축의 살처분으로 인한 경제적 가치의 손실을 완전히 회복할 수 있도록 하는 것은, 열세에 놓인 계약사육농가가 갖는 교섭력의 불균형을 시정하기 위하여 필요한 정도를 넘어서는 개입이다. … 이러한 사정들을 종합하면, 축산계열화사업자가 가축의 소유자라 하여 살처분 보상금을 오직 계약사육농가에게만 지급하는 방식은 축산계열화사업자에 대한 재산권의 과도한 부담을 완화하기에 적절한 보상조치라고 할 수 없다. 따라서 심판대상조항은 입법형성재량의 한계를 벗어나 가축의 소유자인 축산계열화사업자의 재산권을 침해한다(헌재 2024.5.30. 2021헌가3).

090
□□□

퇴역연금 수급자가 지방의회의원에 취임한 경우, 퇴역연금 전부의 지급을 정지하도록 규정한 구 군인연금법 제27조 제1항 제2호중 '지방의회의원'에 관한 부분은 과잉금지원칙에 위배되어 지방의회의원에 취임한 퇴역연금수급자의 재산권을 침해한다.　　　　　O | X

헌법재판소는 2022.1.27. 2019헌바161 결정에서, 공무원연금법상 퇴직연금 수급자가 지방의회의원에 취임한 경우 연금 전부를 지급 정지하도록 한 구 공무원연금법상 지급정지 조항에 대해, 공무원연금제도는 공무원이 퇴직한 후 생계 및 부양에 어려움이 없도록 적절한 소득을 보장하는 데 주된 취지가 있는데, 지방의회의원이 생계유지 또는 생활보장을 위하여 받는 월정수당만으로는 연금을 대체할 만한 적정한 소득이 있다고 보기 어렵고, 보수 수준과 연계하여 연금의 일부만 감액하거나 적어도 연금과 보수의 합계액이 취임 전 퇴직연금보다 적지 않은 액수로 유지되도록 하여 생활보장에 불이익이 발생하지 않도록 할 수 있는 점을 고려할 때, 과잉금지원칙에 반하여 퇴직연금 수급자의 재산권을 침해한다고 보았다. 위 선례의 취지는 이 사건에도 그대로 타당하고, 심판대상조항은 과잉금지원칙에 반하여 지방의회의원에 취임한 퇴역연금수급자의 재산권을 침해한다(헌재 2024.4.25. 2022헌가33).

091
□□□

골프장 입장행위에 대하여 1명 1회 입장마다 1만 2천 원의 개별소비세를 골프장 경영자에게 부과하는 개별소비세법 해당 조항은 과잉금지원칙에 반하여 재산권을 침해한다고 볼 수 없다.　　　　　O | X

헌법재판소는 2012.2.23. 2011헌가8 결정에서 심판대상조항과 동일한 내용의 구 개별소비세법 조항에 대하여, 골프장 입장행위에 대한 개별소비세 부과는 담세력에 상응하는 조세부과를 통해 과세의 형평을 도모하기 위한 것으로서 세율이 자의적이라거나 골프장 이용객 수의 과도한 감소를 초래할 정도라고 보이지 아니하며, 사치성이 없다고 볼 수 있는 골프장 입장에 대하여는 개별소비세를 배제할 수 있는 길을 열어놓고 있는 점에 비추어 과잉금지원칙에 위반되어 재산권을 침해하지 않는다고 판단한 바 있다. … 심판대상조항은 과잉금지원칙에 반하여 재산권을 침해한다고 볼 수 없다(헌재 2024.8.29. 2021헌바34).

092
□□□

임대사업자가 종전 규정에 의한 세제혜택에 대한 기대를 가졌거나, 종전과 같은 유형의 임대사업자의 지위를 장래에도 유지할 것을 기대하였다 하더라도 이는 단순한 기대이익에 불과하므로, 장기일반민간임대주택 중 아파트를 임대하는 민간매입임대주택과 단기민간임대주택의 임대의무기간이 종료한 날 그 등록이 말소되도록 하는 민간임대주택에 관한 특별법 해당 조항으로 인해 재산권이 제한된다고 볼 수는 없다.　　　　O | X

임대사업자가 종전 규정에 의한 세제혜택 또는 집값 상승으로 인한 이익 취득이라는 기대를 가졌다 하더라도 이는 당시의 법 제도에 대한 단순한 기대이익에 불과하다. 또한 등록말소조항은 단기민간임대주택과 아파트 장기일반민간임대주택의 임대의무기간이 종료한 날 그 등록이 말소되도록 할 뿐, 여기에 더하여 종전 임대사업자가 이미 받은 세제혜택 등을 박탈하는 내용을 담고 있지 아니하다. 따라서 등록말소조항으로 인해 청구인들의 재산권이 제한된다고 볼 수 없다. … 등록말소조항은 신뢰보호원칙에 반하여 청구인들의 직업의 자유를 침해하지 아니한다(헌재 2024.2.28. 2020헌마1482).

093
□□□

의료급여기관이 의료법 제33조 제2항을 위반하였다는 사실을 수사기관의 수사 결과로 확인한 경우 시장·군수·구청장으로 하여금 해당 의료급여기관이 청구한 의료급여비용의 지급을 보류할 수 있도록 규정한 의료급여법 해당 조항 중 '의료법 제33조 제2항'에 관한 부분은 의료기관을 개설하여 의료급여기관으로 운영하는 의료기관 개설자의 재산권을 제한한다.　　　　O | X

의료급여기관이 의료급여 제공 후 심사평가원에 의료급여비용의 심사를 청구하였고, 이에 관하여 심사평가원의 심사결과 통보가 있었다면, 의료급여비용 지급청구권은 공단의 지급결정이 있기 전이라고 하더라도 경제적 가치가 있는 권리로서 헌법 제23조에 의하여 보장되는 재산권의 성격을 갖는다고 보아야 한다. 그런데 심판대상조항은 시장·군수·구청장으로 하여금 의료급여기관이 청구한 의료급여비용의 지급을 보류할 수 있도록 하여(앞서 본 바와 같이 관련 업무는 공단에 위탁된다. 이하 같다) 의료급여비용 지급청구권의 행사를 제한하고 있으므로, 결국 의료기관을 개설하여 의료급여기관으로 운영하는 의료기관 개설자의 재산권을 제한한다. … 심판대상조항은 과잉금지원칙에 반하여 의료급여기관 개설자의 재산권을 침해한다(헌재 2024.6.27. 2021헌가19).

094
□□□

대지사용권을 가지지 아니한 구분소유자가 있을 때 그 전유부분의 철거청구권자에게 구분소유권의 매도청구권을 부여한 집합건물의 소유 및 관리에 관한 법률 제7조는 구분소유자의 재산권을 침해한다.　　　　O | X

심판대상조항은 철거청구권자를 위하여 철거 대신 구분소유권 매도청구권을 부여함으로써, 전유부분을 철거하여야 하는 구분소유자의 불이익을 구제하고 건물 철거에 따른 사회·경제적 손실을 줄이기 위한 것이다. 매도청구권으로 인해 구분소유자의 법적 지위가 다소 불안하다고 하더라도, 이를 두고 대지를 무단 점유하는 구분소유자에게 수인할 수 없는 과도한 제한이라고 할 수는 없다. 또한, 구분소유자에게 대지권 매도청구권 또는 구분소유권 매수청구권을 우선적으로 부여하는 입법대안은 대지 권리자의 우선권을 후퇴시키는 것으로서, 심판대상조항과 동일한 입법목적을 달성할 수 있다고 평가하기 어렵다. 그렇다면, 심판대상조항은 구분소유자의 재산권을 침해한다고 볼 수 없다(헌재 2024.6.27. 2023헌가23).

20. 국회직 8급

095
☐☐☐

외국인 근로자의 사업장 변경을 원칙적으로 3회를 초과할 수 없도록 하는 규정은 외국인 근로자에게 일단 형성된 근로관계를 포기하는 것을 제한하기 때문에 직업선택의 자유에 대한 제한이 아니라 근로의 권리에 대한 제한으로 보아야 한다.   O | X

이 사건 법률조항은 외국인근로자의 사업장 최대변경가능 횟수를 설정하고 있는바, 이로 인하여 외국인근로자는 일단 형성된 근로관계를 포기(직장이탈)하는 데 있어 제한을 받게 되므로 이는 직업선택의 자유 중 직장선택의 자유를 제한하고 있다(헌재 2011.9.29. 2007헌마1083 등).

20. 국회직 8급

096
☐☐☐

의료인의 중복운영 허용 여부는 입법정책적인 문제이나 1인의 의료인에 대하여 운영할 수 있는 의료기관의 수를 제한하는 입법자의 판단은 그 목적에 비해 입법자에게 부여된 입법재량을 명백히 일탈하였다.   O | X

의료는 단순한 상거래의 대상이 아니라 사람의 생명과 건강을 다루는 특별한 것으로서, 국민보건에 미치는 영향이 크다. 그 외에 우리나라의 쉬약한 공공의료의 실태, 의료인이 여러 개의 의료기관을 운영할 때 의료계 및 국민건강보험 재정 등 국민보건 전반에 미치는 영향, 국가가 국민의 건강을 보호하고 적정한 의료급여를 보장해야 하는 사회국가적 의무 등을 종합하여 볼 때, 의료의 질을 관리하고 건전한 의료질서를 확립하기 위하여 1인의 의료인에 대하여 운영할 수 있는 의료기관의 수를 제한하고 있는 입법자의 판단이 입법재량을 명백히 일탈하였다고 보기는 어렵다. … 이 사건 법률조항은 과잉금지원칙에 반한다고 할 수 없다(헌재 2019.8.29. 2014헌바212 등).

20. 입시

097
☐☐☐

국가기술자격증을 다른 자로부터 빌려 건설업의 등록기준을 충족시킨 경우 그 건설업 등록을 필요적으로 말소하도록 한 법률규정은 건설업자의 직업의 자유를 침해하지 않는다.   O | X

건설업 등록제도는 일정한 기술능력을 갖춘 자에 한하여 건설업을 영위할 수 있도록 하는 제도인데, 이는 적정한 시공을 담보할 수 있는 최소한의 요건을 갖춘 건설업자로 하여금 건설공사를 하게 함으로써 부실공사를 방지하고 국민의 생명과 안전을 보호하기 위한 것이다. 그런데 법이 정하는 등록요건인 기술능력을 충족하지 못하게 된 자가 타인의 국가기술자격증을 빌려 건설업 등록을 유지하는 행위는 이러한 등록제도의 취지를 형해화하는 것이고, 그 결과 건설공사의 적정한 시공과 시설물의 안전에 위험을 야기하여 국민의 생명·재산에 돌이킬 수 없는 손해를 초래할 수 있기 때문에, 임의적 등록말소만으로 이러한 위험을 방지하기에 충분하다고 단정하기 어렵다. … 따라서 심판대상조항은 과잉금지원칙에 위배되어 직업의 자유를 침해하지 아니한다(헌재 2016.12.29. 2015헌바429).

098
□□□

금고 이상의 실형을 선고받고 그 집행이 종료된 날부터 3년이 경과되지 않은 경우 중개사무소 개설등록을 취소하도록 한 공인중개사법 조항은 직업선택의 자유를 침해한 것이다. O | X

심판대상조항은 공인중개사가 부동산 거래시장에서 수행하는 업무의 공정성 및 그에 대한 국민적 신뢰를 확보하기 위한 것으로서 입법목적의 정당성을 인정할 수 있고, 개업공인중개사가 금고 이상의 실형을 선고받는 경우 중개사무소 개설등록을 필요적으로 취소하여 중개업에 종사할 수 없도록 배제하는 것은 위와 같은 입법목적을 달성하는 데 적절한 수단이 된다. … 따라서 심판대상조항은 과잉금지원칙에 반하여 직업선택의 자유를 침해하지 아니한다(헌재 2019.2.28. 2016헌바467).

099
□□□

청원경찰이 금고 이상의 형의 선고유예를 받은 경우 당연퇴직하도록 규정한 청원경찰법은 직업의 자유를 침해한다. O | X

심판대상조항은 청원경찰이 저지른 범죄의 종류나 내용을 불문하고 금고 이상의 형의 선고유예를 받게 되면 당연히 퇴직되도록 규정함으로써 청원경찰에게 공무원보다 더 가혹한 제재를 가하고 있으므로, 침해의 최소성 원칙에 위배된다. 심판대상조항은 청원경찰이 저지른 범죄의 종류나 내용을 불문하고 범죄행위로 금고 이상의 형의 선고유예를 받게 되면 당연히 퇴직되도록 규정함으로써 그것이 달성하려는 공익의 비중에도 불구하고 청원경찰의 직업의 자유를 과도하게 제한하고 있어 법익의 균형성 원칙에도 위배된다. 따라서 심판대상조항은 과잉금지원칙에 반하여 직업의 자유를 침해한다(헌재 2018.1.25. 2017헌가26).

100
□□□

안경사 면허를 가진 자연인에게만 안경업소의 개설 등을 할 수 있도록 하고 위반 시 처벌하도록 규정한 구 의료기사 등에 관한 법률 조항은 자연인 안경사와 법인의 직업의 자유를 침해한다. O | X

국민의 눈 건강과 관련된 국민보건의 중요성, 안경사 업무의 전문성, 안경사로 하여금 자신의 책임하에 고객과의 신뢰를 쌓으면서 안경사 업무를 수행하게 할 필요성 등을 고려할 때, 안경업소 개설은 그 업무를 담당할 자연인 안경사로 한정할 것이 요청된다. 법인 안경업소가 허용되면 영리추구 극대화를 위해 무면허로 하여금 안경 조제 · 판매를 하게 하는 등의 문제가 발생할 가능성이 높아지고, 안경 조제 · 판매 서비스의 질이 하락할 우려가 있다. … 심판대상조항은 과잉금지원칙에 반하지 아니하여 자연인 안경사와 법인의 직업의 자유를 침해하지 아니한다(헌재 2021.6.24. 2017헌가31).

101
□□□

주류 판매업면허를 받은 자가 타인과 동업 경영을 하는 경우 관할 세무서장이 해당 주류 판매업자의 면허를 필요적으로 취소하도록 한 구 주세법 조항은 면허가 있는 자들끼리의 동업의 경우도 일률적으로 주류 판매업면허를 취소하도록 규정하고 있으므로 주류 판매면허업자의 직업의 자유를 침해한다. O | X

주류는 국민건강에 미치는 영향이 크고, 국가의 재정에도 직접 영향을 미치는 것이기 때문에 다른 상품과는 달리 특별히 법률을 제정하여 주류의 제조 및 판매에 걸쳐 폭넓게 국가의 규제를 받도록 하고 있다. 심판대상조항은 주류 유통질서의 핵심이라고 할 수 있는 주류 판매면허업자가 면허 허가 범위를 넘어 사업을 운영하는 것을 제한함으로써, 주류 판매업면허 제도의 실효성을 확보하고자 마련된 것이다. 국가의 관리 감독에서 벗어난 판매업자의 등장으로 유통 질서가 왜곡되는 것을 방지하고 규제의 효용성을 담보하기 위하여 필요하므로, 면허의 필요적 취소를 과도한 제한이라고 볼 수 없다. 따라서 이 조항은 주류 판매면허업자의 직업의 자유를 침해하지 않는다(헌재 2021.4.29. 2020헌바328).

정답 098 X 099 O 100 X 101 X

102
□□□

유사군복을 판매할 목적으로 소지하는 행위를 처벌하는 조항은 오인 가능성이 낮은 유사품이나 단순 밀리터리룩의복을 취급하는 행위를 제외하고 있다고 하더라도 국가안전보장과 질서를 유지하려는 공익에 비추어 볼 때 직업선택의 자유를 과도하게 제한한다.　　　　　　　　　　　　O | X

군인 아닌 자가 유사군복을 입고 군인임을 사칭하여 군인에 대한 국민의 신뢰를 실추시키는 행동을 하는 등 군에 대한 신뢰저하 문제로 이어져 향후 발생할 국가안전보장상의 부작용을 상정해볼 때, 단지 유사군복의 착용을 금지하는 것으로는 입법목적을 달성하기에 부족하고, 유사군복을 판매 목적으로 소지하는 것까지 금지하여 유사군복이 유통되지 않도록 하는 사전적 규제조치가 불가피하다. … 이를 판매 목적으로 소지하지 못하여 입는 개인의 직업의 자유나 일반적 행동의 자유의 제한 정도는, 국가안전을 보장하고자 하는 공익에 비하여 결코 중하다고 볼 수 없다. 따라서 심판대상조항은 과잉금지원칙을 위반하여 직업의 자유 내지 일반적 행동의 자유를 침해한다고 볼 수 없다(헌재 2019.4.11. 2018헌가14).

103
□□□

군인 아닌 자가 유사군복을 착용함으로써 군인에 대한 국민의 신뢰가 실추되는 것을 방지하기 위해 유사군복의 착용을 금지하는 것은 허용되지만, 유사군복을 판매목적으로 소지하는 것까지 금지하는 것은 과잉금지원칙에 위반된다.　　　　　　　　　　　　O | X

군인 아닌 자가 유사군복을 입고 군인임을 사칭하여 군인에 대한 국민의 신뢰를 실추시키는 행동을 하는 등 군에 대한 신뢰 저하 문제로 이어져 향후 발생할 국가안전보장상의 부작용을 상정해볼 때, 단지 유사군복의 착용을 금지하는 것으로는 입법목적을 달성하기에 부족하고, 유사군복을 판매 목적으로 소지하는 것까지 금지하여 유사군복이 유통되지 않도록 하는 사전적 규제조치가 불가피하다. … 이를 판매 목적으로 소지하지 못하여 입는 개인의 직업의 자유나 일반적 행동의 자유의 제한 정도는, 국가안전을 보장하고자 하는 공익에 비하여 결코 중하다고 볼 수 없다. 따라서 심판대상조항은 과잉금지원칙을 위반하여 직업의 자유 내지 일반적 행동의 자유를 침해한다고 볼 수 없다(헌재 2019.4.11. 2018헌가14).

104
□□□

변호인선임서 등을 공공기관에 제출할 때 소속 지방변호사회를 경유하도록 한 법률규정은 변호사의 직업수행의 자유를 침해하지 않는다.　　　　　　　　　　　　O | X

변호인선임서 등의 지방변호사회 경유제도는 사건브로커 등 수임관련 비리의 근절 및 사건수임 투명성을 위하여 도입된 것으로서 그 입법목적이 정당하고 그 수단도 적절하다. … 변호사법 제29조는 변호사의 직업수행의 자유를 침해하지 아니한다(헌재 2013.5.30. 2011헌마131).

105
□□□

택시운전자격을 취득한 사람이 강제추행 등 성범죄를 범하여 금고 이상의 형의 집행유예를 선고받은 경우 그 자격을 취소하도록 규정한 여객자동차 운수사업법 관련 조항은 과잉금지원칙에 위배되어 직업의 자유를 침해한다.　　　　　　　　　　　　O | X

택시를 이용하는 국민을 성범죄 등으로부터 보호하고, 여객운송서비스 이용에 대한 불안감을 해소하며, 도로교통에 관한 공공의 안전을 확보하려는 심판대상조항의 입법목적은 정당하고, 또한 해당 범죄를 범한 택시운송사업자의 운전자격의 필요적 취소라는 수단의 적합성도 인정된다. … 운전자격이 취소되더라도 집행유예기간이 경과하면 다시 운전자격을 취득할 수 있으므로 운수종사자가 받는 불이익은 제한적인 반면, 심판대상조항으로 달성되는 입법목적은 매우 중요하므로, 법익의 균형성 요건도 충족한다. 따라서 심판대상조항은 과잉금지원칙에 위배되지 않는다(헌재 2018.5.31. 2016헌바14).

정답　102 X　103 X　104 ○　105 X

106
☐☐☐

'거짓이나 그 밖의 부정한 수단으로 운전면허를 받은 행위'에 대한 불이익 처분으로 '부정 취득한 해당 운전면허와 함께 해당 운전자가 보유하고 있는 나머지 운전면허'도 필요적으로 취소하도록 규정한 도로교통법 조항은 일반적 행동의 자유 또는 직업의 자유를 침해하지 않는다.　　　　O | X

심판대상조항이 '부정 취득하지 않은 운전면허'까지 필요적으로 취소하도록 한 것은, 임의적 취소·정지 사유로 함으로써 구체적 사안의 개별성과 특수성을 고려하여 불법의 정도에 상응하는 제재수단을 선택하도록 하는 등 완화된 수단에 의해서도 입법목적을 같은 정도로 달성하기에 충분하므로, 피해의 최소성 원칙에 위배된다. 나아가, 위법이나 비난의 정도가 미약한 사안을 포함한 모든 경우에 부정 취득하지 않은 운전면허까지 필요적으로 취소하고 이로 인해 2년 동안 해당 운전면허 역시 받을 수 없게 하는 것은, 공익의 중대성을 감안하더라도 지나치게 기본권을 제한하는 것이므로, 법익의 균형성 원칙에도 위배된다. 따라서 심판대상조항 중 각 '거짓이나 그 밖의 부정한 수단으로 받은 운전면허를 제외한 운전면허'를 필요적으로 취소하도록 한 부분은, 과잉금지원칙에 반하여 일반적 행동의 자유 또는 직업의 자유를 침해한다(헌재 2020.6.25. 2019헌가9).

107
☐☐☐

교통사고로 사람을 사상한 후 필요한 조치 및 신고를 하지 아니하여 벌금 이상의 형을 선고받고 운전면허가 취소된 사람은 운전면허가 취소된 날부터 4년간 운전면허를 받을 수 없도록 한 도로교통법 조항은 운전자의 직업의 자유를 침해한다.　　　　O | X

국민의 생명·신체를 보호하고 도로교통에 관련된 공공의 안전을 확보함과 동시에 4년의 운전면허 결격기간이라는 엄격한 제재를 통하여 교통사고 발생 시 구호조치의무 및 신고의무를 이행하도록 하는 예방적 효과를 달성하고자 하는 데 그 입법목적을 가지고 있다. 이러한 입법목적은 정당하고, 그 수단의 적합성 또한 인정된다. … 심판대상조항은 직업의 자유 및 일반적 행동의 자유를 침해하지 않는다(헌재 2017.12.28. 2016헌바254).

108
☐☐☐

감차 사업구역 내에 있는 일반택시운송사업자에게 택시운송사업 양도를 금지하고 감차 계획에 따른 감차보상만 신청할 수 있도록 하는 조항은 일반택시운송사업자의 직업수행의 자유를 과도하게 제한한다고 볼 수 없다.　　　　O | X

택시운송사업에 사용되는 차량의 총량을 합리적으로 조정함으로써 수요공급의 균형을 이루어 택시운송업의 안정적 발전을 유지하고자 하는 것은 중대한 공익이라고 할 것이다. 심판대상조항으로 인하여 일반택시운송사업자가 원하는 시기에 자유롭게 택시운송사업을 양도하지 못함으로써 직업수행의 자유와 재산권을 제한받게 된다고 하더라도, 그로 인하여 입게 되는 불이익이 심판대상조항을 통하여 달성하고자 하는 공익보다 크다고 할 수 없으므로, 심판대상조항은 추구하는 공익과 제한되는 기본권 사이의 법익균형성 요건도 충족하고 있다. 심판대상조항은 과잉금지원칙을 위반하여 일반택시운송사업자의 직업수행의 자유와 재산권을 침해하지 아니한다(헌재 2019.9.26. 2017헌바467).

109
☐☐☐

현금영수증 의무발행업종 사업자에게 건당 10만원 이상 현금을 거래할 때 현금영수증을 의무 발급하도록 하고, 위반 시 현금영수증 미발급 거래대금의 100분의 50에 상당하는 과태료를 부과하도록 한 규정은 공익과 비교할 때 과태료 제재에 따른 불이익이 매우 커서 직업수행의 자유를 침해한다.　　　　O | X

투명하고 공정한 거래질서를 확립하고 현금거래가 많은 업종의 과세표준을 양성화하려는 공익은 현금영수증 의무발행업종 사업자가 입게 되는 불이익보다 훨씬 크므로 법익균형성도 충족한다. 따라서 심판대상조항은 직업수행의 자유를 침해하지 아니한다(헌재 2019.8.29. 2018헌바265 등).

정답　106 X　107 X　108 ○　109 X

110
☐☐☐

연락운송 운임수입의 배분에 관한 협의가 성립되지 아니한 때에는 당사자의 신청을 받아 국토교통부장관이 결정한다는 도시철도법 규정은 도시철도운영자들의 행정절차법에 따른 의견제출이 가능하고 국토부장관의 전문성과 객관성도 인정되므로 운임수입 배분에 관한 별도의 위원회를 구성하지 않는다 하더라도 직업수행의 자유를 침해하지 않는다. O | X

국토교통부장관은 도시철도운영자에 대한 감독 및 조정기능을 담당하는 주무관청으로서 전문성과 객관성을 갖추고 있고, 당사자들은 행정절차법에 따라 의견제출이 가능하며, 공청회를 통한 의견 수렴도 가능하므로, 심판대상조항이 별도의 위원회를 구성하여 그 판단을 받도록 규정하지 않았다는 사정만으로 기본권을 덜 제한하는 수단을 간과하였다고 보기 어렵다. … 심판대상조항으로 인해 제한되는 직업수행의 자유는 도시철도운영자 등이 연락운송 운임수입 배분을 자율적으로 정하지 못한다는 정도에 그치나, 이를 통해 달성되는 공익은 도시교통 이용자의 편의 증진에 이바지하는 것으로서 위와 같은 불이익에 비하여 더 중대하다. 따라서 심판대상조항은 과잉금지원칙을 위반하여 도시철도운영자 등의 직업수행의 자유를 침해하였다고 볼 수 없다(헌재 2019.6.28. 2017헌바135).

111
☐☐☐

감염병의 유행은 일률적이고 광범위한 기본권 제한을 허용하는 면죄부가 될 수 없고, 감염병의 확산으로 인하여 의료자원이 부족할 수도 있다는 막연한 우려를 이유로 확진환자 등의 국가시험응시를 일률적으로 금지하는 것은 직업선택의 자유를 과도하게 제한한 것이다. O | X

감염병의 유행은 일률적이고 광범위한 기본권 제한을 허용하는 면죄부가 될 수 없고, 감염병의 확산으로 인하여 의료자원이 부족할 수도 있다는 막연한 우려를 이유로 확진환자 등의 응시를 일률적으로 금지하는 것은 청구인들의 기본권을 과도하게 제한한 것이라고 볼 수밖에 없다. 확진환자가 시험장 이외에 의료기관이나 생활치료센터 등 입원치료를 받거나 격리 중인 곳에서 시험을 치를 수 있도록 한다면 감염병 확산 방지라는 목적을 동일하게 달성하면서도 확진환자의 시험 응시 기회를 보장할 수 있다. 따라서 이 사건 알림 중 코로나19 확진환자의 시험 응시를 금지한 부분은 청구인들의 직업선택의 자유를 침해한다(헌재 2023.2.23. 2020헌마1736).

112
☐☐☐

고위험자의 정의나 판단기준을 정하고 있지 않다고 하더라도 시험장 출입 시 또는 시험 중에 37.5도 이상의 발열이나 기침 또는 호흡곤란 등의 호흡기 증상이 있는 응시자 중 국가시험 주관부서의 판단에 따른 고위험자를 의료기관에 일률적으로 이송하도록 하는 것은 피해의 최소성을 충족한다. O | X

이 사건 고위험자 이송은 시험장 출입 시 또는 시험 중에 37.5도 이상의 발열이나 기침 또는 호흡곤란 등의 호흡기 증상이 있는 응시자 중 고위험자를 의료기관에 이송하도록 하면서도 고위험자의 정의나 판단기준을 정하고 있지 않다. 따라서 고위험자의 분류 및 이송이 반드시 감염병 확산 방지와 적정한 시험 운영 및 관리를 위하여 필요한 범위 내에서 최소한으로만 이루어질 것이 보장된다고 볼 수 없다. … 따라서 피청구인 측의 판단에 따라 '고위험자'를 일률적으로 의료기관에 이송하도록 한 이 사건 고위험자 이송은 피해의 최소성을 충족하지 못한다. … 따라서 이 사건 알림 중 고위험자를 의료기관에 이송하도록 한 부분은 청구인들의 직업선택의 자유를 침해한다(헌재 2023.2.23. 2020헌마1736).

113
□□□

코로나19 팬데믹 사태로 약사가 환자에게 의약품을 교부함에 있어 그 교부방식을 환자와 약사가 협의하여 결정할 수 있도록 한시적 예외를 인정하였다고 해도 의약품의 판매장소를 약국 내로 제한하는 것은 국민의 건강과 직접 관련된 보건의료 분야라는 점을 고려할 때, 과잉금지원칙을 위반하여 약국개설자의 직업수행의 자유를 침해한다고 볼 수 없다. O | X

최근 코로나19 팬데믹(pandemic) 사태로 인하여 보건복지부 고시로 의사·환자 간 비대면 진료·처방이 한시적으로 허용되고, 약사가 환자에게 의약품을 교부함에 있어 그 교부방식을 환자와 약사가 협의하여 결정할 수 있도록 한시적 예외가 인정되었지만, 의약품 판매는 국민의 건강과 직접 관련된 보건의료 분야라는 점을 고려할 때 선례조항이 의약품의 판매장소를 약국으로 제한하는 것은 여전히 불가피한 측면이 있다. … 따라서 선례조항은 과잉금지원칙을 위반하여 약국개설자의 직업수행의 자유를 침해한다고 볼 수 없다(헌재 2023.3. 23. 2021헌바400).

114
□□□

사회복무요원은 출·퇴근 근무를 원칙으로 하며 퇴근 이후에는 상대적으로 자유로운 생활관계를 형성하고 있는바, 사회복무요원이 '복무기관의 장의 허가 없이 다른 직무를 겸하는 행위'를 한 경우 경고처분하고, 경고처분 횟수가 더하여질 때마다 5일을 연장하여 복무하도록 하는 병역법 제33조 제2항은 사회복무요원인 청구인의 직업의 자유를 침해한다. O | X

사회복무요원이 복무기관의 장의 허가 없이 다른 직무를 겸하는 행위를 한 경우 경고처분하고 경고처분 횟수가 더하여질 때마다 5일을 연장하여 복무하도록 하는 병역법 제33조 제2항 본문 제4호 후단은 사회복무요원인 청구인의 직업의 자유 내지 일반적 행동자유권을 침해하지 않는다(헌재 2022.9.29. 2019헌마938).

115
□□□

시설경비업을 허가받은 경비업자로 하여금 '허가받은 경비업무 외의 업무에 경비원을 종사하게 하는 것'을 금지하고, 이를 위반한 경비업자에 대한 허가를 취소하도록 정하고 있는 경비업법 제7조 제5항 중 '시설경비업무'에 관한 부분, 같은 법 제19조 제1항 제2호 중 '시설경비업무'에 관한 부분은 과잉금지원칙에 위반하여 시설경비업을 수행하는 경비업자의 직업의 자유를 침해한다. O | X

심판대상조항은 시설경비업을 허가받은 경비업자로 하여금 허가받은 경비업무 외의 업무에 경비원을 종사하게 하는 것을 금지하고, 이를 위반한 경비업자에 대한 허가를 취소함으로써 시설경비업무에 종사하는 경비원으로 하여금 경비업무에 전념하게 하여 국민의 생명·신체 또는 재산에 대한 위험을 방지하고자 하는 것으로 입법목적의 정당성 및 수단의 적합성은 인정된다. 그러나 비경비업무의 수행이 경비업무의 전념성을 직접적으로 해하지 아니하는 경우가 있음에도 불구하고, 심판대상조항은 경비업무의 전념성이 훼손되는 정도를 고려하지 아니한 채 경비업자가 경비원으로 하여금 비경비업무에 종사하도록 하는 것을 일률적·전면적으로 금지하고, 경비업자가 허가받은 시설경비업무 외의 업무에 경비원을 종사하게 한 때에는 필요적으로 경비업의 허가를 취소하도록 규정하고 있는 점, 누구든지 경비원으로 하여금 경비업무의 범위를 벗어난 행위를 하게 하여서는 아니 된다며 이에 대한 제재를 규정하고 있는 경비업법 제15조의2 제2항, 제19조 제1항 제7호 등을 통해서도 경비업무의 전념성을 충분히 확보할 수 있는 점 등에 비추어 볼 때, 심판대상조항은 침해의 최소성에 위배되고, 경비업무의 전념성을 중대하게 훼손하지 않는 경우에도 경비원에게 비경비업무를 수행하도록 하면 허가받은 경비업 전체를 취소하도록 하여 경비업을 전부 영위할 수 없도록 하는 것은 법익의 균형성에도 반한다. 따라서 심판대상조항은 과잉금지원칙에 위반하여 시설경비업을 수행하는 경비업자의 직업의 자유를 침해한다(헌재 2023.3.23. 2020헌가19).

정답 113 ○ 114 X 115 ○

116
☐☐☐

시각장애인만이 안마사 자격인정을 받을 수 있도록 규정한 의료법 제82조 제1항 중 '장애인복지법에 따른 시각장애인 중' 부분, 시·도지사로부터 안마사 자격인정을 받지 아니한 자는 안마시술소 또는 안마원을 개설할 수 없도록 규정한 의료법 제82조 제3항 중 제33조 제2항 제1호를 준용하는 부분은 비시각장애인인 청구인의 직업선택의 자유를 침해한다고 볼 수 없다. O | X

시각장애인 안마사제도는 생활전반에 걸쳐 시각장애인에게 가해진 유·무형의 사회적 차별을 보상해 주고 실질적인 평등을 이룰 수 있는 수단이며, 이 사건 자격조항은 시각장애인의 생존권보장이라는 헌법적 요청에 따라 시각장애인과 비시각장애인을 둘러싼 여러 상황을 적절하게 형량한 것으로서, 위 법률조항으로 인해 얻게 되는 시각장애인의 생존권 등 공익과 그로 인해 잃게 되는 일반국민의 직업선택의 자유 등 사익을 비교해 보더라도, 공익과 사익 사이에 법익 불균형이 발생한다고 할 수 없으므로, 이 사건 자격조항이 비시각장애인을 시각장애인에 비하여 비례의 원칙에 반하여 차별하는 것이라고 할 수 없을 뿐 아니라, 비시각장애인의 직업선택의 자유를 과도하게 침해하여 헌법에 위반된다고 보기도 어렵다(헌재 2021.12.23. 2019헌마656).

117
☐☐☐

소송사건의 대리인인 변호사라 하더라도 소송계속 사실 소명자료를 제출하지 못하면 수형자와 변호사접견을 하지 못하도록 규정한 '형의 집행 및 수용자의 처우에 관한 법률 시행규칙' 제29조의2 제1항 제2호 중 '수형자 접견'에 관한 부분은 변호사의 직업수행의 자유를 침해하지 아니한다. O | X

변호사접견에 '소송계속 사실을 소명할 수 있는 자료'의 제출을 요구함으로써 재심청구 전에는 변호사접견이 허용되지 않도록 규정한 심판대상조항은 과잉금지원칙에 위배되어 변호사인 청구인의 직업수행의 자유를 침해한다(헌재 2021.10.28. 2018헌마60).

118
☐☐☐

변호사의 자격이 있는 자에게 더 이상 세무사 자격을 부여하지 않는 구 세무사법 제3조는 시행일 이후 변호사 자격을 취득한 자들의 직업선택의 자유를 침해하지 아니한다. O | X

변호사 자격 소지자에 대한 세무사 자격 자동부여와 관련된 특혜시비를 없애고 세무사시험에 응시하는 일반국민과의 형평을 도모함과 동시에 세무분야의 전문성을 제고함으로써 소비자에게 고품질의 세무서비스를 제공하고자 마련된 이 사건 법률조항의 입법목적은 정당하다. 또한 이 사건 법률조항이 변호사에 대한 세무사 자격 자동부여제도를 폐지한 것은 이러한 입법목적을 달성하기 위한 적합한 수단이다. 이상의 사정을 종합하여 보면, 세무사 자격시험에 합격한 사람에 대하여만 세무사 자격을 부여하는 이 사건 법률조항이 피해의 최소성 원칙에 반한다고 보기 어렵다. 이 사건 법률조항으로 인하여 변호사의 직무로서 세무대리를 하는 외에는 세무대리를 할 수 없게 되어 업무의 범위가 축소되는 불이익을 입었는바, 이러한 불이익이 이 사건 법률조항으로 달성하고자 하는 공익보다 크다고 볼 수 없으므로, 이 사건 법률조항은 법익의 균형성도 충족한다. 이 사건 법률조항이 과잉금지원칙에 반하여 청구인들의 직업선택의 자유를 침해한다고 볼 수 없다(헌재 2021.7.15. 2018헌마279).

119

노래연습장에서 주류를 판매·제공하는 행위를 금지하고 이를 위반한 경우 형사처벌하도록 하는 음악산업
진흥에 관한 법률 조항은 노래연습장 운영자의 직업수행의 자유를 침해하지 아니한다.　　　　O | X

심판대상 의무조항과 관련하여, 헌법재판소는 2006.11.30. 2004헌마431등 사건에서, 노래연습장에서 주류
의 판매·제공을 금지하는 조항에 대하여 노래연습장을 건전한 생활문화공간이 되도록 하기 위한 것으로 입법
목적이 정당하고, 주류 판매와 제공의 금지는 이를 달성하기 위한 적합한 수단이며, 청소년의 음주 가능성을
배제하고, 술로 인해 발생하는 사회경제적 손실을 최소화하는 효과 등에 비추어 침해 최소성 원칙에 어긋난다
고 볼 수 없고, 노래연습장 운영자가 주류를 판매하지 못하는 불이익이 공익에 비하여 현저히 크다고 보기 어렵
다는 이유로 직업의 자유를 침해하지 않는다고 판단하였고, 이러한 선례의 견해는 여전히 타당하고, 이를 변경
해야 할 사정변경이나 필요성이 인정되지 않는다(헌재 2020.12.23. 2019헌바82).

120

헌법은 직업의 자유를 보장하고 국민의 보건에 관한 국가의 의무를 인정하고 있으나, 시·도지사들이 한
약업사 시험을 시행하여야 할 헌법상 작위의무가 규정되어 있다고 볼 수 없다.　　　　　　　O | X

시·도지사는 무의약면이 존재하고, 해당 무의약면에 대하여 시장·군수·구청장이 한약업사의 수요·공급을
조절할 필요가 있다고 인정하여 한약업사의 영업허가를 예정하는 경우에 한하여 비로소 한약업사 시험을 시행
할 수 있을 뿐이므로, 시·도지사의 한약업사 시험 시행 여부는 약사법령의 규정뿐만 아니라 지역별 의료 실태
와 시장·군수·구청장의 재량에 따라 좌우된다. 그렇다면, 약사법 제45조 제3항, 같은 법 시행령 제25조를
들어 피청구인들의 작위의무가 법령에 구체적으로 규정되어 있다고 할 수 없다. 헌법과 약사법령을 종합하건
대, 피청구인들에게 헌법에서 유래하는 작위의무가 특별히 구체적으로 규정되어 있다고 볼 수 없다(헌재
2021.6.24. 2019헌마540).

121

직업선택의 자유는 자신이 원하는 직업 내지 직종을 자유롭게 선택하는 직업선택의 자유와 그가 선택한
직업을 자기가 결정한 방식으로 자유롭게 수행할 수 있는 직업수행의 자유를 포함한다.　　　　O | X

헌법 제15조에 의한 직업선택의 자유는 국민이 원하는 직업 내지 직종을 자유롭게 선택하는 직업선택의 자유
와 그가 선택한 직업을 자기가 결정한 방식으로 자유롭게 수행할 수 있는 직업수행의 자유를 포함하는 개념이
다(헌재 1997.4.24. 95헌마273).

122

직업선택의 자유는 헌법상 사법인에게도 인정되는 기본권이다.　　　　　　　　　　　　　　O | X

직업선택의 자유는 헌법상 사법인에게도 널리 인정되는 기본권이나 공법인은 기본권의 수범자이므로 직업선
택의 자유가 인정되지 아니한다.

정답 119 ○　120 ○　121 ○　122 ○

123
□□□

직업의 선택 혹은 수행의 자유는 각자의 생활의 기본적 수요를 충족시키는 방편이 되고, 또한 개성신장의 바탕이 된다는 점에서 주관적 공권의 성격이 두드러진 것이기는 하나, 다른 한편으로는 국민 개개인이 선택한 직업의 수행에 의하여 국가의 사회질서와 경제질서가 형성된다는 점에서 사회적 시장경제질서라고 하는 객관적 법질서의 구성요소이기도 하다. O | X

직업의 선택 혹은 수행의 자유는 각자의 생활의 기본적 수요를 충족시키는 방편이 되고, 또한 개성신장의 바탕이 된다는 점에서 주관적 공권의 성격이 두드러진 것이기는 하나 다른 한편 국가의 사회질서와 경제질서가 형성된다는 점에서 사회적 시장경제질서라고 하는 객관적 법질서의 구성요소이기도 하다(헌재 1997.4.24. 95헌마273).

124
□□□

직업결정의 자유나 전직의 자유는 직업종사(직업수행)의 자유에 비하여 공익을 위해 상대적으로 더 넓은 법률상의 규제가 가능하다. O | X

헌법 제15조의 직업선택의 자유에는 직업결정의 자유, 직업종사(직업수행)의 자유, 전직의 자유 등이 포함되지만, 직업결정의 자유나 전직의 자유에 비하여 직업종사(직업수행)의 자유에 대하여서는 상대적으로 더욱 넓은 법률상의 규제가 가능하다(헌재 1999.9.16. 96헌마39).

125
□□□

안경사 면허를 가진 자연인에게만 안경업소의 개설 등을 할 수 있도록 하고, 이를 위반 시 처벌하도록 규정한 구 의료기사 등에 관한 법률 조항은 법인을 설립하여 안경업소를 개설하고자 하는 자연인 안경사와 안경업소를 개설하고자 하는 법인의 직업의 자유를 침해한다. O | X

국민의 눈 건강과 관련된 국민보건의 중요성, 안경사 업무의 전문성, 안경사로 하여금 자신의 책임하에 고객과의 신뢰를 쌓으면서 안경사 업무를 수행하게 할 필요성 등을 고려할 때, 안경업소 개설은 그 업무를 담당할 자연인 안경사로 한정할 것이 요청된다. … 따라서 심판대상조항은 과잉금지원칙에 반하지 아니하여 자연인 안경사와 법인의 직업의 자유를 침해하지 아니한다(헌재 2021.6.24. 2017헌가31).

126
□□□

금고 이상의 실형을 선고받고 그 집행이 종료된 날부터 3년이 경과되지 않은 경우 중개사무소 개설등록을 취소하도록 하는 공인중개사법 조항은 동 조항으로 인해 개설등록이 취소된 공인중개사의 직업선택의 자유를 침해하지 않는다. O | X

심판대상조항은 공인중개사가 부동산 거래시장에서 수행하는 업무의 공정성 및 그에 대한 국민적 신뢰를 확보하기 위한 것으로서 입법목적의 정당성을 인정할 수 있고, 개업공인중개사가 금고 이상의 실형을 선고받는 경우 중개사무소 개설등록을 필요적으로 취소하여 중개업에 종사할 수 없도록 배제하는 것은 위와 같은 입법목적을 달성하는 데 적절한 수단이 된다. … 따라서 심판대상조항은 과잉금지원칙에 반하여 직업선택의 자유를 침해하지 아니한다(헌재 2019.2.28. 2016헌바467).

127
☐☐☐

'직업'이란 생활의 기본적 수요를 충족시키기 위해서 행하는 계속적인 소득활동을 의미하므로 학교운영위원이 무보수 봉사직이라는 점을 고려하면 운영위원으로서의 활동을 헌법상 직업의 개념에 포함시킬 수 없다.　　　　　　　　　　　　　　　　　　　　　　　　　　　　　　　　　　　　　　O | X

'직업'이란 생활의 기본적 수요를 충족시키기 위해서 행하는 계속적인 소득활동을 의미하는바, 학교운영위원이 무보수 봉사직이라는 점을 고려하면 운영위원으로서의 활동을 직업으로 보기 어려우므로 이 사건 법률조항이 직업선택의 자유와 관련되는 것은 아니라 할 것이다(헌재 2007.3.29. 2005헌마1144).

128
☐☐☐

직업의 자유를 제한함에 있어, 당사자의 능력이나 자격과 상관없는 객관적 사유에 의한 직업선택의 자유의 제한은 월등하게 중요한 공익을 위하여 명백하고 확실한 위험을 방지하기 위한 경우에만 정당화될 수 있다.　　　　　　　　　　　　　　　　　　　　　　　　　　　　　　　　　　　　　O | X

직업의 자유를 제한함에 있어, 당사자의 능력이나 자격과 상관없는 객관적 사유에 의한 직업선택의 자유의 제한은 월등하게 중요한 공익을 위하여 명백하고 확실한 위험을 방지하기 위한 경우에만 정당화될 수 있다(헌재 2010.10.28. 2008헌마612 등).

129
☐☐☐

직업의 자유에는 직업선택의 자유와 직업수행의 자유가 포함되지만, 자신이 원하는 직업 내지 직종에 종사하는 데 필요한 전문지식을 습득하기 위한 직업교육장을 임의로 선택할 수 있는 '직업교육장 선택의 자유'까지 포함된다고 볼 수 없다.　　　　　　　　　　　　　　　　　　　　　　　　　　　　　　　　　O | X

헌법 제15조에 의한 직업선택의 자유라 함은 자신이 원하는 직업 내지 직종을 자유롭게 선택하는 직업선택의 자유뿐만 아니라 그가 선택한 직업을 자기가 결정한 방식으로 자유롭게 수행할 수 있는 직업수행의 자유를 포함한다. 그리고 직업선택의 자유에는 자신이 원하는 직업 내지 직종에 종사하는데 필요한 전문지식을 습득하기 위한 직업교육장을 임의로 선택할 수 있는 '직업교육장 선택의 자유'도 포함된다(헌재 2009.2.26. 2007헌마1262).

130
☐☐☐

직업선택의 자유에서 보호되는 직업이란 생활의 기본적인 수요를 충족시키기 위해 행하는 계속적인 소득활동을 의미하므로, 의무복무로서의 현역병은 헌법 제15조가 선택의 자유로서 보장하는 직업이라고 할 수 없다.　　　　　　　　　　　　　　　　　　　　　　　　　　　　　　　　　　　　　　　O | X

이 사건 심판대상조항들이 현역병의 지원이나 현역병으로의 변경처분 신청 대상에서 이미 공익근무요원의 복무를 마친 사람을 제외하는 것이 직업선택의 자유나 일반적 행동의 자유를 침해한다는 주장이 제기될 수 있으나, 직업선택의 자유에서 보호되는 직업이란 생활의 기본적인 수요를 충족시키기 위해 행하는 계속적인 소득활동을 의미하므로, 의무복무로서의 현역병은 헌법 제15조가 선택의 자유로서 보장하는 직업이라고 할 수 없다(헌재 2010.12.28. 2008헌마527).

정답 127 ○　128 ○　129 X　130 ○

131
□□□

직업행사의 자유에 대한 제한에 있어서는 직업선택의 자유에 비하여 상대적으로 그 침해의 정도가 작다고 할 것이며, 이에 대하여는 공공복리 등 공익상의 이유로 비교적 넓은 법률상의 규제가 가능하지만, 그 경우에도 헌법 제37조 제2항에서 정한 한계인 과잉금지의 원칙은 지켜져야 한다. O | X

직업행사의 자유에 대한 제한에 있어서는 직업선택의 자유에 비하여 상대적으로 그 침해의 정도가 작다고 할 것이며, 이에 대하여는 공공복리 등 공익상의 이유로 비교적 넓은 법률상의 규제가 가능하지만, 그 경우에도 헌법 제37조 제2항에서 정한 한계인 '과잉금지의 원칙'은 지켜져야 한다(헌재 2008.2.28. 2006헌마1028).

132
□□□

당사자의 능력이나 자격과 상관없는 객관적 사유에 의한 직업선택의 자유 제한은 월등하게 중요한 공익을 위하여 명백하고 확실한 위험을 방지하기 위한 경우에만 정당화될 수 있다. O | X

직업의 자유 제한에 있어서는 '직업행사'의 자유 제한과 '직업선택'의 자유 제한의 경우로 나누어서 그 요건의 엄격성을 달리하여 심사하여야 하는바, 특히 당사자의 능력이나 자격과 상관 없는 객관적 사유에 의한 직업선택의 자유의 제한은 월등하게 중요한 공익을 위하여 명백하고 확실한 위험을 방지하기 위한 경우에만 정당화될 수 있다(헌재 2008.2.28. 2006헌마1028).

133
□□□

수형자인 의뢰인을 접견하는 변호사의 직업수행의 자유 제한에 대한 심사에 있어서는 변호사 자신의 직업 활동에 가해진 제한의 정도를 살펴보아야 할 뿐 아니라 접견의 상대방인 수형자의 재판청구권이 제한되는 효과도 함께 고려되어야 하므로, 그 심사의 강도는 일반적인 경우보다 엄격하게 해야 한다. O | X

소송사건의 대리인인 변호사가 수형자인 의뢰인을 접견하는 경우 변호사의 직업 활동은 변호사 개인의 이익을 넘어 수형자의 재판청구권 보장, 나아가 사법을 통한 권리구제라는 법치국가적 공익을 위한 것이기도 하다. 따라서 이러한 변호사의 직업수행의 자유 제한에 대한 심사에 있어서는 변호사 자신의 직업 활동에 가해진 제한의 정도를 살펴보아야 할 뿐 아니라 그로 인해 접견의 상대방인 수형자의 재판청구권이 제한되는 효과도 함께 고려되어야 하므로, 그 심사의 강도는 일반적인 경우보다 엄격하게 해야 할 것이다(헌재 2021.10.28. 2018헌마60).

134
□□□

교통사고로 사람을 사상한 후 필요한 조치를 하지 않은 경우 행정자치부령으로 정하는 기준에 따라 운전면허를 취소하거나 1년 이내의 범위에서 운전면허의 효력을 정지시킬 수 있다고 규정한 구 도로교통법 조항은 과잉금지원칙에 반하여 직업의 자유를 침해한다고 할 수 없다. O | X

이 사건 취소조항은 교통사고로 타인의 생명 또는 신체를 침해하고도 구호조치를 하지 아니한 사람이 계속하여 교통에 관여하는 것을 금지함으로써 궁극적으로 국민의 생명·신체를 보호하고 도로교통에 관련한 공공의 안전을 확보하고자 하는 입법목적을 가진다. 이러한 입법목적은 정당하고, 수단의 적합성 또한 인정된다. … 그렇다면 이 사건 취소조항이 과잉금지원칙에 반하여 일반적 행동의 자유 또는 직업의 자유를 침해한다고 할 수 없다(헌재 2019.8.29. 2018헌바4).

135

□□□ 택시운송사업 운전업무 종사자격을 취득한 자가 친족관계인 사람을 강제추행하여 금고 이상의 실형을 선고받은 경우 그 택시운전자격을 취소하도록 규정한 여객자동차 운수사업법조항은 과잉금지원칙에 위배되어 헌법상 직업선택의 자유를 침해한다고 할 수 없다. O | X

심판대상조항은 택시를 이용하는 국민을 성범죄 등으로부터 보호하고, 시민들의 택시이용에 대한 불안감을 해소하며, 도로교통에 관한 공공의 안전을 확보하고자 한 것으로, 그 입법목적이 정당하고, 택시운전자격자로 하여금 성폭력 범죄를 저지르지 않도록 경고하는 효과가 있고, 택시운전자격자의 자질을 어느 정도 담보할 수 있으므로, 위와 같은 입법목적을 달성하기 위한 적합한 수단이다. … 따라서 심판대상조항은 과잉금지원칙에 위배되지 아니한다(헌재 2020.5.27. 2018헌바264).

136

□□□ 거짓이나 그 밖의 부정한 수단으로 운전면허를 받은 경우 모든 범위의 운전면허를 필요적으로 취소하도록 한 도로교통법 조항은 과잉금지원칙에 반하여 직업의 자유를 침해한다. O | X

심판대상조항이 '부정 취득하지 않은 운전면허'까지 필요적으로 취소하도록 한 것은, 임의적 취소·정지 사유로 함으로써 구체적 사안의 개별성과 특수성을 고려하여 불법의 정도에 상응하는 제재수단을 선택하도록 하는 등 완화된 수단에 의해서도 입법목적을 같은 정도로 달성하기에 충분하므로, 피해의 최소성 원칙에 위배된다. … 따라서 심판대상조항 중 각 '거짓이나 그 밖의 부정한 수단으로 받은 운전면허를 제외한 운전면허'를 필요적으로 취소하도록 한 부분은, 과잉금지원칙에 반하여 일반적 행동의 자유 또는 직업의 자유를 침해한다(헌재 2020.6.25. 2019헌가9 등).

137

□□□ '약사 또는 한약사가 아닌 자연인'의 약국 개설을 금지하고 위반 시 형사처벌하는 약사법 조항은 과잉금지원칙에 반하여 직업의 자유를 침해한다고 할 수 없다. O | X

비약사의 약국 개설이 허용되면, 영리 위주의 의약품 판매로 인해 의약품 오남용 및 국민 건강상의 위험이 증대할 가능성이 높고, 대규모 자본이 약국시장에 유입되어 의약품 유통체계 및 판매질서를 위협할 우려가 있다. 또한 비약사의 약국 개설은, 개설등록 취소나 약사의 자격정지, 부당이득 보험급여 징수 등 행정제재만으로는 예방하기에 미흡하고, 그에 가담한 약사를 형사처벌 대상에서 제외할 특별한 사정이 있다고도 할 수 없다. 약국 개설은 전 국민의 건강과 보건, 나아가 생명과도 직결된다는 점에서, 달성되는 공익보다 제한되는 사익이 더 중하다고 볼 수 없다. 심판대상조항은 과잉금지원칙에 반하여 직업의 자유를 침해하지 않는다(헌재 2020.10.29. 2019헌바249).

138

□□□ 측량업의 등록을 한 측량업자가 등록기준에 미달하게 된 경우 측량업의 등록을 필요적으로 취소하도록 규정한 구 측량·수로조사 및 지적에 관한 법률 조항은 과잉금지원칙에 위배되어 직업의 자유를 침해한다. O | X

심판대상조항은 측량업무의 정확성과 신뢰성을 담보하여 토지 관련 법률관계의 법적 안정성과 국민의 권익을 보호하려는 것으로 그 입법목적의 정당성이 인정되고, 이를 위해 심판대상조항은 무자격자가 측량업에 종사하는 것을 방지하므로 수단의 적합성 역시 인정된다. … 따라서 심판대상조항은 과잉금지원칙에 위배되지 아니한다(헌재 2020.12.23. 2018헌바458).

정답 135 ○ 136 ○ 137 ○ 138 X

139
□□□

헌법 제15조의 직업의 자유 또는 헌법 제32조의 근로의 권리, 사회국가원리 등에 근거하여 실업방지 및 부당한 해고로부터 근로자를 보호하여야 할 국가의 의무를 도출할 수 있으므로, 국가에 대한 직접적인 직장존속보장청구권을 근로자에게 인정할 헌법상의 근거가 있다. 따라서 근로관계의 당연승계를 보장하는 입법을 반드시 하여야 할 헌법상의 의무를 인정할 수 있다. **O | X**

헌법 제15조의 직업의 자유 또는 헌법 제32조의 근로의 권리, 사회국가원리 등에 근거하여 실업방지 및 부당한 해고로부터 근로자를 보호하여야 할 국가의 의무를 도출할 수는 있을 것이나, 국가에 대한 직접적인 직장존속보장청구권을 근로자에게 인정할 헌법상의 근거는 없다. 이와 같이 우리 헌법상 국가에 대한 직접적인 직장존속보장청구권을 인정할 근거는 없으므로 근로관계의 당연승계를 보장하는 입법을 반드시 하여야 할 헌법상의 의무를 인정할 수 없다(헌재 2002.11.28. 2001헌바50).

140
□□□

아동학대관련범죄로 처벌받은 어린이집 원장 또는 보육교사의 자격을 행정청으로 하여금 취소할 수 있도록 규정한 영유아보육법상 조항은 직업선택의 자유를 침해하지 아니한다. **O | X**

심판대상조항으로 실현하고자 하는 공익은 영유아를 건강하고 안전하게 보육하는 것으로서, 이로 인하여 어린이집 원장 또는 보육교사 자격을 취득하였던 사람이 그 자격을 취소당한 결과 일정 기간 어린이집에 근무하지 못하는 제한을 받더라도, 그 제한의 정도가 위 공익에 비하여 더 중대하다고 할 수 없다. 따라서 심판대상조항은 과잉금지원칙에 반하여 직업선택의 자유를 침해하지 아니한다(헌재 2023.5.25. 2021헌바234).

141
□□□

거짓이나 그 밖의 부정한 수단으로 운전면허를 받은 경우 부정취득하지 않은 기존 보유 운전면허까지 필요적으로 취소하도록 규정한 도로교통법상 조항은 직업의 자유를 침해하지 아니한다. **O | X**

심판대상조항이 부정 취득한 운전면허를 필요적으로 취소하도록 한 것은 과잉금지원칙에 위반되지 아니하나, 부정 취득하지 않은 운전면허까지 필요적으로 취소하도록 한 것은 과잉금지원칙에 위반되어 직업의 자유를 침해한다(헌재 2020.6.25. 2019헌가9).

142
□□□

조종면허를 받은 사람이 동력수상레저기구를 이용하여 범죄행위를 하는 경우 조종면허를 필요적으로 취소하도록 규정한 구 수상레저안전법상 조항은 직업의 자유를 침해하지 아니한다. **O | X**

범죄행위의 유형, 경중이나 위법성의 정도, 동력수상레저기구의 당해 범죄행위에 대한 기여도 등 제반사정을 전혀 고려하지 않고 필요적으로 조종면허를 취소하도록 규정하였으므로 심판대상조항은 침해의 최소성 원칙에 위배되고, 심판대상조항에 따라 조종면허가 취소되면 면허가 취소된 날부터 1년 동안은 조종면허를 다시 받을 수 없게 되어 법익의 균형성 원칙에도 위배된다. 따라서 심판대상조항은 직업의 자유 및 일반적 행동의 자유를 침해한다(헌재 2015.7.30. 2014헌가13).

정답 139 X 140 ○ 141 X 142 X

143
☐☐☐

시설경비업을 허가받은 경비업자로 하여금 허가받은 경비업무 외의 업무에 경비원을 종사하게 하는 것을 금지하고 이를 위반한 경비업자에 대한 허가를 취소하도록 규정한 경비업법상 조항은 직업의 자유를 침해하지 아니한다. O | X

비경비업무의 수행이 경비업무의 전념성을 직접적으로 해하지 아니하는 경우가 있음에도 불구하고, 심판대상조항은 경비업무의 전념성이 훼손되는 정도를 고려하지 아니한 채 경비업자가 경비원으로 하여금 비경비업무에 종사하도록 하는 것을 일률적·전면적으로 금지하고, 경비업자가 허가받은 시설경비업무 외의 업무에 경비원을 종사하게 한 때에는 필요적으로 경비업의 허가를 취소하도록 규정하고 있는 점 등에 비추어 볼 때, 심판대상조항은 침해의 최소성에 위배되고, 경비업무의 전념성을 중대하게 훼손하지 않는 경우에도 경비원에게 비경비업무를 수행하도록 하면 허가받은 경비업 전체를 취소하도록 하여 경비업을 전부 영위할 수 없도록 하는 것은 법익의 균형성에도 반한다. 따라서 심판대상조항은 과잉금지원칙에 위반하여 시설경비업을 수행하는 경비업자의 직업의 자유를 침해한다(헌재 2023.3.23. 2020헌가19).

144
☐☐☐

대학생이 방학기간을 이용하여 또는 휴학 중에 학비 등을 벌기 위해 학원강사로서 일하는 행위는 직업의 자유의 보호영역에 속한다. O | X

'직업'은 '생활의 기본적 수요를 충족시키기 위한 계속적 소득활동'을 의미하며 그러한 내용의 활동인 한 그 종류나 성질을 묻지 아니한다. … 비록 학업 수행이 청구인과 같은 대학생의 본업이라 하더라도 방학기간을 이용하여 또는 휴학 중에 학비 등을 벌기 위해 학원강사로서 일하는 행위는 어느 정도 계속성을 띤 소득활동으로서 직업의 자유의 보호영역에 속한다(헌재 2003.9.25. 2002헌마519).

145
☐☐☐

일반적으로 직업선택의 자유에 대하여는 직업수행의 자유와는 달리 공익 목적을 위하여 상대적으로 폭넓은 입법적 규제가 가능한 것이다. O | X

일반적으로 직업수행의 자유에 대하여는 직업선택의 자유와는 달리 공익 목적을 위하여 상대적으로 폭넓은 입법적 규제가 가능하지만, 직업수행의 자유를 제한할 때에도 헌법 제37조 제2항에 의거한 비례의 원칙에 위배되어서는 안 된다(헌재 2015.7.30. 2014헌마364).

146
☐☐☐

변호사 등록을 신청하는 자에게 등록료 100만원을 납부하도록 정한 대한변호사협회의 변호사 등록등에 관한 규칙 조항은 변호사 등록을 하고자 하는 청구인의 직업의 자유를 침해한다. O | X

변호사 등록료는 일부 입회비로서의 성격을 가진다는 점과 변호사단체는 변호사 직무의 자유로운 수행을 보장하기 위하여 마련된 제도적 장치임을 고려했을 때, 변협이 그 재원의 일부인 등록료를 어느 정도로 정할지에 대해서는 충분한 자율성과 재량이 보장된다. … 우리나라의 현재 경제상황과 화폐가치, 변호사 개업 후 얻게 될 사회적 지위 및 수입수준, 법정단체에 가입이 강제되는 유사직역의 입회비 등을 고려했을 때 금 1,000,000원이라는 돈이 신규가입을 제한할 정도로 현저하게 과도한 금액이라고 할 수는 없다. 따라서 심판대상조항들은 과잉금지원칙에 위반하여 청구인의 직업의 자유를 침해하지 않는다(헌재 2019.11.28. 2017헌마759).

정답 143 X 144 O 145 X 146 X

147
☐☐☐

국민권익위원회 심사보호국 소속 5급 이하 7급 이상의 일반직공무원으로 하여금 퇴직일부터 3년간 취업심사대상기관에 취업할 수 없도록 한 공직자윤리법 및 동법 시행령 조항은 과잉금지원칙에 위배되어 직업선택의 자유를 침해하지 않는다. O I X

국민권익위원회 심사보호국은 부패관련 각종 신고를 직접 접수, 분류하고 처리하는 부서로서 업무의 공정성과 투명성을 확보하기 위하여서는 소속 공무원들의 재취업을 일정 기간 제한할 필요가 있다. … 따라서 심판대상조항은 과잉금지원칙에 위배되어 청구인의 직업선택의 자유를 침해하지 않는다(헌재 2024.3.28. 2020헌마1527).

148
☐☐☐

출석주의를 완화하여 최초의 전자등기신청 전에 한 차례 사용자등록을 하도록 한 부동산등기규칙 조항은 법무사인 청구인들의 직업선택의 자유를 침해하지 않는다. O I X

청구인들은 출석주의를 완화함으로써 무자격 등기 브로커에 의한 무차별적 등기가 가능하게 되어 전문자격자인 청구인들의 직업에 대한 신뢰가 훼손됨으로써 직업선택의 자유가 침해된다는 취지의 주장도 하나, 이 사건 규칙조항과 사용자등록 지침조항은 무자격 등기 브로커에 의한 등기신청을 허용하는 규정이 아니다. 무자격 브로커에 의한 등기신청의 대리 등 관련 업무의 취급은 법무사법 제3조 제1항에 의해 금지되고, 제74조에 의해 형사처벌 대상이 된다. 이 사건 규칙조항과 사용자등록 지침조항에 의한 사실상의 효과로서 무자격 등기 브로커에 의한 등기가 만연하게 된다거나 그로 인해 청구인들의 직업에 대한 신뢰가 훼손될 수 있다는 것은 막연한 가능성의 주장일 뿐이므로, 그로 인해 청구인들의 직업선택의 자유가 침해될 가능성까지 인정할 수는 없다. 따라서 이 사건 규칙조항과 사용자등록 지침조항이 청구인들의 직업선택의 자유를 침해할 가능성이 있다고 보기 어렵다(헌재 2021.12.23. 2018헌마49).

149
☐☐☐

세무사법 위반으로 벌금형을 받은 세무사의 등록을 필요적으로 취소하도록 한 세무사법 조항은 세무사인 청구인의 직업선택의 자유를 침해하지 않는다. O I X

심판대상조항은 세무사 직무의 공공성과 국민 신뢰의 확보 등을 유지하기 위한 것으로서, 세무사법 위반으로 벌금형을 받은 세무사에 한정하여 등록취소를 하고 있어 입법재량의 범위 내에 있을 뿐 아니라, 벌금형의 집행이 끝나거나 집행을 받지 아니하기로 확정된 후 3년이 지난 때에는 다시 세무사로 등록하여 활동할 수 있는 점 등을 고려하면, 심판대상조항은 세무사인 청구인의 직업선택의 자유를 침해하지 않는다(헌재 2021.10.28. 2020헌바221).

150
☐☐☐

근로기준법상 근로시간에 대한 주 52시간 상한제 조항은 연장근로 시간에 관한 사용자와 근로자 간의 계약 내용을 제한한다는 측면에서는 사용자와 근로자의 계약의 자유를 제한하고, 근로자를 고용하여 재화나 용역을 제공하는 사용자의 활동을 제한한다는 측면에서는 직업의 자유를 제한한다. O I X

주 52시간 상한제 조항은 연장근로시간에 관한 사용자와 근로자 간의 계약 내용을 제한한다는 측면에서는 사용자와 근로자의 계약의 자유를 제한하고, 근로자를 고용하여 재화나 용역을 제공하는 사용자의 활동을 제한한다는 측면에서는 직업의 자유를 제한한다. … 주 52시간 상한제 조항은 과잉금지원칙에 반하여 상시 5명 이상 근로자를 사용하는 사업주 청구인의 계약의 자유와 직업의 자유, 근로자인 청구인들의 계약의 자유를 침해하지 않는다(헌재 2024.2.28. 2019헌마500).

정답 147 ○ 148 ○ 149 ○ 150 ○

151
□□□

중개법인의 임원이 공인중개사법을 위반하여 300만 원 이상의 벌금형의 선고를 받고 3년이 지나지 아니한 자에 해당하는 경우 중개법인의 등록을 필요적으로 취소하도록 하는 것은 해당 중개법인의 직업의 자유를 침해한다. O | X

심판대상조항은 적법하게 중개 업무를 영위할 것으로 기대되는 자들로 하여금 부동산중개업을 운영하게 함으로써 부동산거래시장의 전문성 및 공정성과 이에 대한 국민적 신뢰를 확보하기 위한 것인바, 그와 같은 입법목적은 정당하고, 수단의 적합성도 인정된다. … 따라서 심판대상조항은 과잉금지원칙을 위반하여 중개법인의 직업의 자유를 침해하지 않는다(헌재 2024.2.28. 2022헌바109).

152
□□□

사업주로부터 위임을 받아 고용보험 및 산재보험에 관한 보험사무를 대행할 수 있는 기관의 자격을 일정한 기준을 충족하는 단체 또는 법인, 공인노무사, 세무사로 한정하고 있는 고용보험 및 산업재해 보상보험의 보험료징수 등에 관한 법률 조항은 개인 공인회계사의 직업의 자유를 침해한다고 볼 수 없다. O | X

심판대상조항이 규정하고 있는 단체, 법인이나 개인들은 사업주들의 접근이 비교적 용이하거나, 그 공신력과 신용도를 일정 수준 이상 담보할 수 있거나, 그 직무상 보험사무대행업무의 전문성이 있거나, 이미 상당수의 영세 사업장에서 사실상 보험사무대행업무를 수행하여 와서 보험사무대행기관으로 추가할 현실적 필요성이 있었다는 점에서 보험사무대행기관의 범위에 포함될 나름의 합리적인 이유를 갖고 있다고 볼 수 있다. 반면 개인 공인회계사의 경우는 그 직무와 보험사무대행업무 사이의 관련성이 높다고 보기 어렵고, 사업주들의 접근이 용이하다거나 보험사무대행기관으로 추가해야 할 현실적 필요성이 있다고 보기도 어렵다. … 따라서 심판대상조항은 과잉금지원칙에 위배되어 청구인들의 직업수행의 자유를 침해한다고 볼 수 없다(헌재 2024.2.28. 2020헌마139).

153
□□□

교육환경 보호에 관한 법률상의 상대보호구역에서 게임산업진흥에 관한 법률상의 '복합유통게임제공업' 시설을 갖추고 영업을 하는 것을 원칙적으로 금지하는 것은 교육환경보호구역 안의 토지나 건물의 임차인 내지 복합유통게임 제공업을 영위하고자 하는 자의 직업수행의 자유를 침해하지 아니한다. O | X

상대보호구역 설정조항과 이 사건 금지조항은, 학생들의 주요 활동공간인 학교주변의 일정 지역 중 최소한의 범위를 교육환경보호구역으로 설정하고, 그 구역 안에서는 학생의 보건·위생, 안전, 학습 등에 지장이 없도록 '청소년 보호법'상 청소년 유해업소인 '복합유통게임제공업'을 금지함으로써 학생들이 건강하고 쾌적한 환경에서 교육받을 수 있게 할 목적을 가진 것으로서, 상대보호구역 안에서는 지역위원회의 심의를 거쳐 학습과 교육환경에 나쁜 영향을 주지 아니한다고 인정하는 행위 및 시설은 허용될 수 있으므로, 이 조항으로 인하여 교육환경보호구역 안의 토지나 건물의 임차인 내지 '복합유통게임제공업'을 영위하고자 하는 사람이 받게 되는 직업수행의 자유 및 재산권의 제한은 과도한 것이라고 보기 어려우므로, 과잉금지원칙을 위반하여 직업수행의 자유 및 재산권을 침해하지 아니한다(헌재 2024.1.25. 2021헌바231).

정답 151 X 152 ○ 153 ○

154
□□□

시내버스운송사업자가 사업계획 가운데 운행대수 또는 운행횟수를 증감하려는 때에는 국토교통부장관 또는 시·도지사의 인가를 받거나 신고하도록 하고 이를 위반한 경우 처벌하는 여객자동차 운수사업법 조항은 시내버스운송사업자의 직업수행의 자유를 침해한다고 볼 수 없다. O | X

노선을 정하여 여객을 운송하는 시내버스운송사업에서 사업계획 가운데 운행대수 또는 운행횟수의 증감에 관한 사항은 시내버스의 운행거리, 배차간격, 배차시간 등에 영향을 미치는 것으로서, 원활한 운송체계를 확보하고 일반 공중의 교통편의성을 제공하기 위하여 관할관청이 파악해야 하는 필수적인 사항에 해당하고, 이에 이 사건 법률조항은 시내버스운송사업자가 운행대수 또는 운행횟수를 증감하려면 원칙적으로 관할관청으로부터 변경인가를 받도록 하면서도, 국토교통부령이 정하는 경미한 사항의 변경은 관할관청에 대한 신고만으로 사업계획을 변경할 수 있도록 정하고 있는바, 이 사건 법률조항은 직업수행의 자유를 침해하지 아니한다(헌재 2024.1.25. 2020헌마1144).

155
□□□

학원설립·운영자가 학원의 설립·운영 및 과외교습에 관한 법률을 위반하여 벌금형을 선고받은 경우 등록의 효력을 잃도록 정하고 있는 위 법률의 규정은 직업선택의 자유를 침해하지 않는다. O | X

사회통념상 벌금형이 중한 형벌이라거나, 벌금형을 선고받은 피고인의 불법 및 책임의 정도가 중하고 그에 대한 사회적 비난가능성이 높다고 보기 어려우므로 등록의 효력상실사유로서 벌금형 판결을 받은 학원법 위반범죄를 규정할 경우, 범죄의 유형, 내용 등으로 그 범위를 가급적 한정하여 규정해야 함에도 이 사건 효력상실조항은 학원법 위반으로 벌금형이 확정되기만 하면 일률적으로 등록을 상실하도록 규정하고 있어 지나친 제재라 하지 않을 수 없다. … 이 사건 효력상실조항은 입법목적의 정당성과 수단의 적합성은 인정되지만, 침해의 최소성과 법익의 균형성이 인정되지 않으므로 과잉금지의 원칙에 위배되어 학원설립·운영자인 청구인의 직업선택의 자유를 침해한다(헌재 2014.1.28. 2011헌바252).

156
□□□

직업선택의 자유에 직업 내지 직종에 종사하는 데 필요한 전문지식을 습득하기 위한 직업교육장을 임의로 선택할 수 있는 직업교육장 선택의 자유도 포함된다. O | X

헌법 제15조에 의한 직업선택의 자유라 함은 자신이 원하는 직업 내지 직종을 자유롭게 선택하는 직업선택의 자유뿐만 아니라 그가 선택한 직업을 자기가 결정한 방식으로 자유롭게 수행할 수 있는 직업수행의 자유를 포함한다. 그리고 직업선택의 자유에는 자신이 원하는 직업 내지 직종에 종사하는데 필요한 전문지식을 습득하기 위한 직업교육장을 임의로 선택할 수 있는 '직업교육장 선택의 자유'도 포함된다(헌재 2009.2.26. 2007헌마1262).

157
□□□

읍·면의 이장은 직업의 자유에서 말하는 직업에 해당한다고 볼 수 없다. O | X

청구인은 이 사건 규칙조항으로 인하여 직업의 자유가 침해된다고 주장한다. 그러나 이장이라는 지위는 위에서 살펴본 바와 같이 '생활의 기본적 수요를 충족시키기 위한 계속적인 소득활동'으로 정의되는 직업의 자유에서 말하는 직업에 해당한다고 할 수 없으므로, 이 부분 주장도 이유 없다(헌재 2009.10.29. 2009헌마127).

정답 154 ○ 155 X 156 ○ 157 ○

158
□□□

새마을금고법위반죄로 벌금형을 선고받을 경우 그 선고받은 벌금액수에 상관없이 해당 임원이 당연퇴임 되도록 규정한 새마을금고법의 규정은 직업선택의 자유를 침해하지 않는다. O | X

새마을금고는 금융업을 주된 사업으로 영위하므로 그 경영을 책임지는 임원으로서는 금융기관 임원에게 요구 되는 고도의 윤리성 내지 준법의식을 가질 필요가 있을 뿐만 아니라, 임원으로 선출되는 과정에서 나타나는 부정·타락행위를 방지하고 선거의 공정성을 확보해야 할 필요가 있는데, 이 사건 법률조항은 선거의 공정성 을 가장 쉽게 해치는 기부행위를 하여 벌금형 이상의 형을 선고받을 경우 선출된 새마을금고 임원직에서 자동 으로 퇴직시킴으로써 위와 같은 입법목적을 도모하고 있는바, 그 입법목적은 정당하고 수단은 적절하다. … 결 국, 이 사건 법률조항에 의한 직업선택의 자유 제한은 과잉금지원칙 위반 여부를 판단함에 있어 고려되어야 할 목적의 정당성, 수단의 적절성, 피해의 최소성 및 법익의 균형성 등 모든 요건을 충족하였다고 보이므로, 청구인들의 직업선택의 자유를 침해하였다고 할 수 없다(헌재 2010.10.28. 2008헌마612 등).

159
□□□

제1종 운전면허의 취득요건으로 양쪽 눈의 시력이 각각 0.5(교정시력 포함) 이상일 것을 요구하는 도로교 통법 시행령의 규정은 직업선택의 자유를 침해하지 아니한다. O | X

이 사건 조문이 낮은 시력으로 인한 교통상의 위험을 방지하여 국민의 생명, 신체 및 재산을 보호하고 안전하 고 원활한 도로교통을 확보함을 입법목적으로 하고 있고, 우리 도로교통법이 자동차의 운전에 운전면허의 취 득을 그 요건으로 하고 있어 운전면허의 취득단계에서 이를 규제하는 것이 위 입법목적의 달성에 효과적이고 적절하며, … 이 사건 조문이 추구하는 질서유지 및 공공복리의 증진이라는 공익은 이로써 제한되는 좁은 의 미의 직업선택의 자유라는 사익보다 훨씬 더 크다고 할 것이어서 기본권 제한의 입법한계인 비례의 원칙을 준 수하였으므로 이 사건 조문은 좁은 의미의 직업선택의 자유를 침해하지 아니한다(헌재 2003.6.26. 2002헌마 677).

160
□□□

중개법인의 임원이 공인중개사법을 위반하여 300만원 이상의 벌금형의 선고를 받고 3년이 지나지 아니한 자에 해당하는 경우 중개법인의 등록을 필요적으로 취소하도록 하는 것은 해당 중개법인의 직업의 자유 를 침해한다. O | X

심판대상조항은 적법하게 중개 업무를 영위할 것으로 기대되는 자들로 하여금 부동산중개업을 운영하게 함으 로써 부동산거래시장의 전문성 및 공정성과 이에 대한 국민적 신뢰를 확보하기 위한 것인바, 그와 같은 입법 목적은 정당하고, 수단의 적합성도 인정된다. … 따라서 심판대상조항은 과잉금지원칙을 위반하여 중개법인의 직업의 자유를 침해하지 않는다(헌재 2024.2.28. 2022헌바109).

161
□□□

직업의 자유에는 '해당 직업에 합당한 보수를 받을 권리'까지 포함되어 있어서 노동자는 동일하거나 동급, 동질의 유사 다른 직업군에서 수령하는 보수에 상응하는 보수를 요구할 수 있다. O | X

청구인들은 이 사건 입법부작위로 인하여 직업의 자유, 평등권, 재산권, 행복추구권이 침해되었다고 주장한다. 그런데 시행령이 제정되지 않아 법관, 검사와 같은 보수를 받지 못한다 하더라도, 직업의 자유에 '해당 직업에 합당한 보수를 받을 권리'까지 포함되어 있다고 보기 어려우므로 청구인들의 직업선택이나 직업수행의 자유가 침해되었다고 할 수 없다(헌재 2004.2.26. 2001헌마718).

정답 158 ○ 159 ○ 160 X 161 X

162
☐☐☐

허가된 어업의 어획효과를 높이기 위하여 다른 어업의 도움을 받아 조업활동을 하는 행위를 금지한 수산자원관리법 조항은 직업수행의 자유를 침해하지 않는다. O | X

심판대상조항은 어업허가를 부여할 때 고려한 어획능력을 훨씬 초과하여 매우 적극적인 형태의 어업이 이루어질 경우 발생할 수 있는 어업인들 사이의 분쟁을 예방하고, 어업인들 간의 균등한 자원 배분과 수산자원의 보호를 도모하기 위한 것으로, 수산자원관리법상의 수산자원 포획·채취 금지 기간 또는 금지 체장의 설정, 총허용어획량제도의 실시만으로는 수산자원의 남획을 방지하거나 감소된 수산자원의 회복을 위한 충분한 대책이 될 수 없고, 심판대상조항이 신설된 때로부터 30년이 지났음에도 여전히 지속적·반복적으로 위반행위를 한 사례들이 다수 적발되고 있는 점 등을 고려할 때 과잉금지원칙에 위배되어 직업수행의 자유를 침해하지 아니한다(헌재 2023.5.25. 2020헌바604).

163
☐☐☐

어떠한 직업분야에 관한 자격제도를 만들면서 그 자격요건을 어떻게 설정할 것인가에 관하여는 그 입법재량의 폭이 좁다 할 것이므로, 과잉금지원칙을 적용함에 있어서는 다른 방법으로 직업선택의 자유를 제한하는 경우에 비하여 보다 엄격한 심사가 필요하다. O | X

과잉금지의 원칙을 적용함에 있어서도, 어떠한 직업분야에 관한 자격제도를 만들면서 그 자격요건을 어떻게 설정할 것인가에 관하여는 국가에게 폭넓은 입법재량권이 부여되어 있는 것이므로 다른 방법으로 직업선택의 자유를 제한하는 경우에 비하여 보다 유연하고 탄력적인 심사가 필요하다 할 것이다(헌재 2003.9.25. 2002헌마519).

164
☐☐☐

직업의 개념표지 가운데 '계속성'과 관련하여서는 주관적으로 활동의 주체가 어느 정도 계속적으로 해당 소득활동을 영위할 의사가 있고, 객관적으로도 그러한 활동이 계속성을 띨 수 있으면 족한 것으로, 휴가기간 중에 하는 일, 수습직으로서의 활동 등도 포함된다. O | X

직업의 자유에 의한 보호의 대상이 되는 '직업'은 '생활의 기본적 수요를 충족시키기 위한 계속적 소득활동'을 의미하며 그러한 내용의 활동인 한 그 종류나 성질을 묻지 아니한다. 이러한 직업의 개념표지들은 개방적 성질을 지녀 엄격하게 해석할 필요는 없는바, '계속성'과 관련하여서는 주관적으로 활동의 주체가 어느 정도 계속적으로 해당 소득활동을 영위할 의사가 있고, 객관적으로도 그러한 활동이 계속성을 띨 수 있으면 족하다고 해석되므로 휴가기간 중에 하는 일, 수습직으로서의 활동 따위도 이에 포함된다고 볼 것이고, 또 '생활수단성'과 관련하여서는 단순한 여가활동이나 취미활동은 직업의 개념에 포함되지 않으나 겸업이나 부업은 삶의 수요를 충족하기에 적합하므로 직업에 해당한다고 말할 수 있다(헌재 2003.9.25. 2002헌마519).

165
☐☐☐

간행물 판매자에게 정가 판매 의무를 부과하고, 가격할인의 범위를 가격할인과 경제상의 이익을 합하여 정가의 15퍼센트 이하로 제한하는 출판문화산업 진흥법 조항은 이로 인하여 전체적인 소비자후생이 제한되는 정도가 크지 않으므로 직업의 자유를 침해하지 않는다. O | X

지식문화 상품인 간행물에 관한 소비자의 후생이 단순히 저렴한 가격에 상품을 구입함으로써 얻는 경제적 이득에만 한정되지는 않고 다양한 관점의 간행물을 선택할 권리 및 간행물을 선택함에 있어 필요한 지식 및 정보를 용이하게 제공받을 권리도 포괄하므로, 이 사건 심판대상조항으로 인하여 전체적인 소비자후생이 제한되는 정도는 크지 않다. 따라서 이 사건 심판대상조항은 과잉금지원칙에 위배되어 청구인의 직업의 자유를 침해한다고 할 수 없다(헌재 2023.7.20. 2020헌마104).

정답 162 ○ 163 X 164 ○ 165 ○

166

헌법 제15조에서 보장하는 '직업'이란 생활의 기본적 수요를 충족시키기 위하여 행하는 계속적인 소득활동을 의미하고, 성매매는 그것이 가지는 사회적 유해성과는 별개로 성판매자의 입장에서 생활의 기본적 수요를 충족하기 위한 소득활동에 해당함을 부인할 수 없다 할 것이므로, 성매매를 한 자를 형사처벌하도록 한 규정은 성판매자의 직업선택의 자유를 제한하고 있다. O | X

헌법 제15조에서 보장하는 '직업'이란 생활의 기본적 수요를 충족시키기 위하여 행하는 계속적인 소득활동을 의미하고, 성매매는 그것이 가지는 사회적 유해성과는 별개로 성판매자의 입장에서 생활의 기본적 수요를 충족하기 위한 소득활동에 해당함을 부인할 수 없다 할 것이므로, 심판대상조항은 성판매자의 직업선택의 자유도 제한하고 있다. … 심판대상조항은 개인의 성적 자기결정권, 사생활의 비밀과 자유, 직업선택의 자유를 침해하지 아니한다(헌재 2016.3.31. 2013헌가2).

167

직장선택의 자유는 원하는 직장을 제공하여 줄 것을 청구하거나 한 번 선택한 직장의 존속보호를 청구할 권리를 보장하지 않으나, 국가는 직장선택의 자유로부터 나오는 객관적 보호의무, 즉 사용자에 의한 해고로부터 근로자를 보호할 의무를 진다. O | X

직장선택의 자유는 개인이 그 선택한 직업분야에서 구체적인 취업의 기회를 가지거나, 이미 형성된 근로관계를 계속 유지하거나 포기하는 데에 있어 국가의 방해를 받지 않는 자유로운 선택·결정을 보호하는 것을 내용으로 한다. 그러나 이 기본권은 원하는 직장을 제공하여 줄 것을 청구하거나 한번 선택한 직장의 존속보호를 청구할 권리를 보장하지 않으며, 또한 사용자의 처분에 따른 직장 상실로부터 직접 보호하여 줄 것을 청구할 수도 없다. 다만 국가는 이 기본권에서 나오는 객관적 보호의무, 즉 사용자에 의한 해고로부터 근로자를 보호할 의무를 질 뿐이다(헌재 2002.11.28. 2001헌바50).

168

세무사 자격 보유 변호사로 하여금 세무사로서 세무사 업무를 할 수 없도록 규정한 세무사법 규정은 세무사 자격에 기한 직업선택의 자유를 지나치게 제한하는 것으로 세무사 자격 보유 변호사의 직업선택의 자유를 침해한다. O | X

심판대상조항이 세무사 자격 보유 변호사에 대하여 세무사로서의 세무대리를 일체 할 수 없도록 전면 금지하는 것은 세무사 자격 부여의 의미를 상실시키는 것일 뿐만 아니라, 세무사 자격에 기한 직업선택의 자유를 지나치게 제한하는 것이다. … 그렇다면, 심판대상조항은 과잉금지원칙을 위반하여 세무사 자격 보유 변호사의 직업선택의 자유를 침해하므로 헌법에 위반된다(헌재 2018.4.26. 2015헌가19).

169

안경업소 개설은 그 업무를 담당할 자연인인 안경사로 한정할 합리적인 이유가 없으므로, 안경사 면허를 가진 자연인에게만 안경업소의 개설 등을 할 수 있도록 한 구 의료기사 등에 관한 법률 조항은 법인을 구성하여 안경업소를 개설하려는 안경사들의 직업의 자유를 침해한다. O | X

국민의 눈 건강과 관련된 국민보건의 중요성, 안경사 업무의 전문성, 안경사로 하여금 자신의 책임하에 고객과의 신뢰를 쌓으면서 안경사 업무를 수행하게 할 필요성 등을 고려할 때, 안경업소 개설은 그 업무를 담당할 자연인 안경사로 한정할 것이 요청된다. 법인 안경업소가 허용되면 영리추구 극대화를 위해 무면허자로 하여금 안경 조제·판매를 하게 하는 등의 문제가 발생할 가능성이 높아지고, 안경 조제·판매 서비스의 질이 하락할 우려가 있다. … 따라서 심판대상조항은 과잉금지원칙에 반하지 아니하여 자연인 안경사와 법인의 직업의 자유를 침해하지 아니한다(헌재 2021.6.24. 2017헌가31).

정답 166 O 167 O 168 O 169 X

170
□□□

간행물 판매자에게 정가 판매 의무를 부과하고, 가격할인의 범위를 가격할인과 경제상의 이익을 합하여 정가의 15퍼센트 이하로 제한하는 도서정가제는 출판 유통질서의 확립 등을 위해 도입된 제도인 바, 판매자의 직업의 자유를 침해하지 않는다. O I X

종이출판물 시장에서 자본력, 협상력 등의 차이를 그대로 방임할 경우 지역서점과 중소형출판사 등이 현저히 위축되거나 도태될 개연성이 매우 높고 이는 우리 사회 전체의 문화적 다양성 축소로 이어지므로 가격할인 등을 제한하는 입법자의 판단은 합리적일 뿐만 아니라 필요하다고 인정된다. 반면 신간도서에 대하여만, 또는 대형서점에게만 가격할인 등에 관한 제한을 부과하는 것은 실효적인 대안이라고 보기 어렵다. … 따라서 이 사건 심판대상조항은 과잉금지원칙에 위배되어 청구인의 직업의 자유를 침해한다고 할 수 없다(헌재 2023.7.20. 2020헌마104).

171
□□□

변호사의 자격이 있는 자에게 더 이상 세무사 자격을 부여하지 않는 구 세무사법 조항은 같은 법 시행일 이후 변호사 자격을 취득한 변호사들의 직업선택의 자유를 침해한다고 볼 수 없다. O I X

이 사건 법률조항은 세무사 자격시험에 합격한 사람 이외에 변호사 자격 소지자에 대하여 세무사 자격을 인정하는 것과 관련된 특혜시비를 없애고 세무사시험에 응시하는 일반 국민과의 형평을 도모함과 동시에 세무분야의 전문성을 제고하여 소비자에게 고품질의 세무서비스를 제공하고자 마련된 조항이다. 이와 같은 입법목적은 정당하고, 변호사에 대한 세무사 자격 자동부여 제도의 폐지는 입법목적을 달성하기 위한 적합한 수단이다. 따라서 이 사건 법률조항은 과잉금지원칙에 반하여 청구인들의 직업선택의 자유를 침해한다고 볼 수 없다(헌재 2021.7.15. 2018헌마279 등).

172
□□□

금고 이상의 형의 집행유예선고를 받고 그 유예기간 중에 있는 자에 대하여 특수경비원이 될 수 없도록 규정한 구 경비업법 조항은 민간근로자인 특수경비원에게 공무원과 같은 수준의 준법의무 내지 성실의무를 요구하여 지나치게 공익만을 우선하는 것이므로 직업의 자유를 침해한다. O I X

심판대상조항은 특수경비원의 도덕성, 준법의식 등을 확보하고, 성실하고 공정한 직무수행을 위한 자질을 담보하여 국민의 신뢰를 제고하기 위한 것이므로, 입법목적의 정당성 및 수단의 적합성이 인정된다. … 따라서 심판대상조항은 과잉금지원칙에 반하여 특수경비원의 직업의 자유를 침해하지 않는다(헌재 2023.6.29. 2021헌마157).

173
□□□

성폭력범죄의 처벌 등에 관한 특례법의 성폭력범죄에 해당하는 형법상 강제추행죄를 범하여 금고 이상의 형의 집행유예를 선고받고 그 집행유예기간 중에 있는 사람에 대하여 택시운전자격을 필요적으로 취소하도록 하고 있는 여객자동차 운수사업법 조항은 직업의 자유를 침해하지 않는다. O I X

택시를 이용하는 국민을 성범죄 등으로부터 보호하고, 여객운송서비스 이용에 대한 불안감을 해소하며, 도로교통에 관한 공공의 안전을 확보하려는 심판대상조항의 입법목적은 정당하고, 또한 해당 범죄를 범한 택시운송사업자의 운전자격의 필요적 취소라는 수단의 적합성도 인정된다. … 따라서 심판대상조항은 과잉금지원칙에 위배되지 않는다(헌재 2018.5.31. 2016헌바14 등).

정답 170 ○ 171 ○ 172 X 173 ○

174
☐☐☐

아동학대관련범죄로 벌금형이 확정된 날부터 10년이 지나지 아니한 사람은 어린이집을 설치·운영하거나 어린이집에 근무할 수 없도록 한 영유아보육법 조항은 사전에 영유아를 아동학대의 위험으로부터 철저히 보호해야 할 필요성이 인정되므로 직업의 자유를 침해하지 않는다. O | X

이 사건 법률조항은 아동학대관련범죄전력만으로 그가 장래에 동일한 유형의 범죄를 다시 저지를 것을 당연시하고, 형의 집행이 종료된 때부터 10년이 경과하기 전에는 결코 재범의 위험성이 소멸하지 않는다고 보며, 각 행위의 죄질에 따른 상이한 제재의 필요성을 간과함으로써, 아동학대관련범죄전력자 중 재범의 위험성이 없는 자, 아동학대관련범죄전력이 있지만 10년의 기간 안에 재범의 위험성이 해소될 수 있는 자, 범행의 정도가 가볍고 재범의 위험성이 상대적으로 크지 않은 자에게까지 10년 동안 일률적인 취업제한을 부과하고 있는데, 이는 침해의 최소성 원칙과 법익의 균형성 원칙에 위배된다. 따라서 이 사건 법률조항은 청구인들의 직업선택의 자유를 침해한다(헌재 2018.6.28. 2017헌마130 등).

175
☐☐☐

가축사육의 제한이 필요하다고 인정되는 지역에 대해 해당 지방자치단체의 조례로 정하는 바에 따라 가축사육제한구역을 지정·고시할 수 있도록 규정하고 있는 가축분뇨의 관리 및 이용에 관한 법률 조항은 사실상 특정 지역에서 축산업 종사를 금지한 것으로, 직업수행의 자유를 형해화하여 직업의 자유를 침해한다. O | X

심판대상조항은 가축사육에 따라 배출되는 환경오염물질 등으로 인하여 지역주민의 생활환경이나 상수원의 수질이 오염되는 것을 방지하기 위한 것이다. 가축사육으로 인한 오염물질 배출을 전적으로 차단할 수 있는 기술적 조치가 현재 존재하고 있다고 단정하기는 어려우므로, 가축의 사육 자체를 제한할 필요성이 인정되고, 오염물질의 환경에 대한 영향력의 정도는 가축의 사육이 이루어지는 장소와 관련성이 크므로 장소적 특성을 기준으로 생활환경이나 자연환경에 대한 위해 가능성이 큰 경우에 가축사육의 제한을 허용하는 심판대상조항의 제한은 부득이하다. … 심판대상조항은 과잉금지원칙에 위배되지 아니한다(헌재 2023.12.21. 2020헌바374).

176
☐☐☐

식품이나 식품의 용기·포장에 '음주 전후' 또는 '숙취 해소'라는 표시를 금지하는 것은 과잉금지원칙을 위배하여 영업의 자유를 침해한다. O | X

위 규정은 음주로 인한 건강위해적 요소로부터 국민의 건강을 보호한다는 입법목적하에 음주전후, 숙취해소 등 음주를 조장하는 내용의 표시를 금지하고 있으나, '음주전후', '숙취해소'라는 표시는 이를 금지할 만큼 음주를 조장하는 내용이라 볼 수 없고, 식품에 숙취해소 작용이 있음에도 불구하고 이러한 표시를 금지하면 숙취해소용 식품에 관한 정확한 정보 및 제품의 제공을 차단함으로써 숙취해소의 기회를 국민으로부터 박탈하게 될 뿐만 아니라, 보다 나은 숙취해소용 식품을 개발하기 위한 연구와 시도를 차단하는 결과를 초래하므로, 위 규정은 숙취해소용 식품의 제조·판매에 관한 영업의 자유 및 광고표현의 자유를 과잉금지원칙에 위반하여 침해하는 것이다. 특히 청구인들은 '숙취해소용 천연차 및 그 제조방법'에 관하여 특허권을 획득하였음에도 불구하고 위 규정으로 인하여 특허권자인 청구인들조차 그 특허발명제품에 '숙취해소용 천연차'라는 표시를 하지 못하고 '천연차'라는 표시만 할 수밖에 없게 됨으로써 청구인들의 헌법상 보호받는 재산권인 특허권도 침해되었다(헌재 2000.3.30. 99헌마143).

177
□□□

당사자의 능력이나 자격과 상관없는 객관적 사유에 의한 직업선택의 자유에 대한 제한은 월등하게 중요한 공익을 위하여 명백하고 확실한 위험을 방지하기 위한 경우에만 정당화될 수 있기 때문에 엄격한 비례의 원칙이 그 심사척도가 된다. **O | X**

이미 선택한 직업을 어떠한 제약아래 수행하느냐의 관점이나 당사자의 능력이나 자격과도 상관없는 객관적 사유에 의한 이러한 제한은 직업의 자유에 대한 제한 중에서도 가장 심각한 제약이 아닐 수 없다. 따라서 이러한 제한은 월등하게 중요한 공익을 위하여 명백하고 확실한 위험을 방지하기 위한 경우에만 정당화될 수 있다고 보아야 한다. 헌법재판소가 이 사건을 심사함에 있어서는 헌법 제37조 제2항이 요구하는바 과잉금지의 원칙, 즉 엄격한 비례의 원칙이 그 심사척도가 된다는 것도 바로 이러한 이유 때문이다(헌재 2002.4.25. 2001헌마614).

178
□□□

공무담임권은 국가 등에게 능력주의를 존중하는 공정한 공직자 선발을 요구할 수 있는 권리라는 점에서 직업선택의 자유보다는 그 기본권의 효과가 현실적·구체적이므로, 공직을 직업으로 선택하는 경우에 있어서 직업선택의 자유는 공무담임권을 통해서 그 기본권보호를 받게 된다. **O | X**

공무담임권은 국가 등에게 능력주의를 존중하는 공정한 공직자선발을 요구할 수 있는 권리라는 점에서 직업선택의 자유보다는 그 기본권의 효과가 현실적·구체적이므로, 공직을 직업으로 선택하는 경우에 있어서 직업선택의 자유는 공무담임권을 통해서 그 기본권보호를 받게 된다고 할 수 있으므로 공무담임권를 심애하는지 여부를 심사하는 이상 이와 별도로 직업선택의 자유 침해 여부를 심사할 필요는 없다(헌재 2006.3.30. 2005헌마598).

179
□□□

고체 형태의 세안용 비누를 수입·판매하려는 자에게 화장품책임판매업 등록을 하고, 책임판매관리자를 의무적으로 두도록 요구하는 화장품법 조항은 직업선택의 자유를 침해한다. **O | X**

심판대상조항은 국민보건향상에 기여하고 국민들이 안심하고 화장품을 사용할 수 있도록 하기 위한 것이다. 고형세안비누는 화장품법상의 화장품에 해당하고, 피부에 매일 직접 작용하는 제품이므로, 식품의약품안전처에서 화장품으로 관리하는 것이 필요하다. … 화장품법 등에서 인체에 직접 적용되는 제품을 식품의약품안전처에서 규율하도록 하고, 동시에 고형세안비누 등을 화장품으로 관리하도록 하는 것이 과잉한 규제라고 보기도 어렵다. 이를 종합하면 심판대상조항은 청구인의 직업선택의 자유를 침해하지 않는다(헌재 2024.5.30. 2021헌마291).

180
□□□

직업의 자유에 의한 보호의 대상이 되는 '직업'은'생활의 기본적 수요를 충족시키기 위한 계속적 소득활동'을 의미하는바, 단순한 여가활동이나 취미활동, 겸업이나 부업은 직업에 해당한다고 볼 수 없다. O | X

직업의 자유에 의한 보호의 대상이 되는 직업은 '생활의 기본적 수요를 충족시키기 위한 계속적 소득활동'을 의미하며 그 종류나 성질은 묻지 아니한다. 이러한 직업의 개념표지들은 개방적 성질을 지녀 엄격하게 해석할 필요는 없다. '계속성'에 관해서는 휴가기간 중에 하는 일, 수습직으로서의 활동 등도 이에 포함되고, '생활수단성'에 관해서는 단순한 여가활동이나 취미활동은 직업의 개념에 포함되지 않으나 겸업이나 부업은 삶의 수요를 충족하기에 적합하므로 직업에 해당한다고 본다(헌재 2003.9.25. 2002헌마519).

181
□□□

자연인인 변호사의 영리행위 겸직을 원칙적으로 금지하고 지방변호사회의 허가를 받아 예외적으로 겸직할 수 있도록 한 변호사법 조항을 법무법인에 대하여 준용하지 않고 있는 것은 법무법인의 영업의 자유를 침해한다. O | X

심판대상조항은 허가를 받아 예외적으로 겸직할 수 있도록 한 변호사법 제38조 제2항을 자연인인 변호사의 영리행위 겸직을 원칙적으로 금지하고 지방변호사회의 법무법인에 대하여 준용하지 않고 있는데, 이것은 법무법인이 변호사 직무에 속하는 업무를 집중적으로 수행할 수 있도록 하는 한편, 법무법인이 변호사 직무와 구분되는 영리행위는 할 수 없도록 함으로써 법무법인이 단순한 영리추구 기업으로 변질되는 것을 방지하고, 또한 법무법인이 변호사 직무와 영리행위를 함께 수행할 때 발생할 수 있는 양자의 혼입(混入)을 방지하기 위한 것이다. 심판대상조항은 목적의 정당성 및 수단의 적합성이 인정된다. … 그렇다면 심판대상조항은 과잉금지원칙에 위반되어 법무법인의 영업의 자유를 침해하지 않는다(헌재 2020.7.16. 2018헌바195).

182
□□□

법무사 1인이 채용할 수 있는 사무원의 수를 5인을 초과하지 못한다고 규정한 법무사규칙 조항은 소속 지방법무사협회가 제반사정을 고려하여 5인을 초과하는 사무원 채용을 승인하는 등의 대안이 있음에도 이를 간과한 것으로 과잉금지의 원칙에 위배되어 법무사인 청구인의 직업의 자유를 침해한다. O | X

법무사 1인당 5인이라는 정원은 대법원이 법률에 의해 주어진 권한범위 내에서 법무사의 업무범위 및 그 특성 등을 종합적으로 고려하여 법무사가 적절하게 지도·감독할 수 있다고 판단되는 사무원의 수를 규칙으로 정한 것이라 볼 수 있다. 소속 지방법무사협회가 제반사정을 고려하여 5인을 초과하는 사무원 채용을 승인하는 등의 대안으로는 5인이라는 정원을 둔 목적을 동일하게 달성할 수 있다고 보기 어렵다. … 따라서 법무사규칙 제37조 제5항은 청구인의 직업수행의 자유를 침해하지 않는다(헌재 2023.2.23. 2019헌마1235).

183
□□□

게임 결과물의 환전은 게임이용자로부터 게임 결과물을 매수하여 다른 게임이용자에게 이윤을 붙여 되파는 것으로, 이러한 행위를 영업으로 하는 것은 생활의 기본적 수요를 충족시키는 계속적인 소득활동이 될 수 있으므로 게임 결과물의 환전업은 헌법 제15조가 보장하고 있는 직업에 해당한다. O | X

이 사건에서 문제되는 게임 결과물의 환전은 게임이용자로부터 게임 결과물을 매수하여 다른 게임이용자에게 이윤을 붙여 되파는 것으로, 이러한 행위를 영업으로 하는 것은 생활의 기본적 수요를 충족시키는 계속적인 소득활동이 될 수 있으므로, 게임 결과물의 환전업은 헌법 제15조가 보장하고 있는 직업에 해당한다(헌재 2010.2.25. 2009헌바38).

정답 180 X 181 X 182 X 183 ○

001
□□□
대학의 교원인 공무원에게 정당가입의 자유를 허용하면서도 초·중등학교의 교원에게는 이를 금지하는 것은, 양자 간 직무의 본질이나 내용 그리고 근무 태양이 다른 점을 고려한 합리적인 차별이다. O | X

이 사건 정당가입 금지조항은 국가공무원이 정당에 가입하는 것을 금지함으로써 공무원이 국민 전체에 대한 봉사자로서 그 임무를 충실히 수행할 수 있도록 정치적 중립성을 보장하고, 초·중등학교 교원이 당파적 이해관계의 영향을 받지 않도록 교육의 중립성을 확보하기 위한 것이므로, 목적의 정당성 및 수단의 적합성이 인정된다. … 따라서 이 사건 정당가입 금지조항은 과잉금지원칙에 위배되지 않는다(헌재 2020.4.23. 2018헌마551).

002
□□□
헌법상 군무원은 국민의 구성원으로서 정치적 표현의 자유를 보장받지만, 그 특수한 지위로 인하여 국가공무원으로서 헌법 제7조에 따라 그 정치적 중립성을 준수하여야 할 뿐만 아니라, 나아가 국군의 구성원으로서 헌법 제5조 제2항에 따라 그 정치적 중립성을 준수할 필요성이 더욱 강조되므로, 정치적 표현의 자유에 대해 일반 국민보다 엄격한 제한을 받을 수밖에 없다. O | X

헌법상 군무원은 국민의 구성원으로서 정치적 표현의 자유를 보장받지만, 군무원은 그 특수한 지위로 인하여 국가공무원으로서 헌법 제7조에 따라 그 정치적 중립성을 준수하여야 할 뿐만 아니라, 국군의 구성원으로서 헌법 제5조 제2항에 따라 그 정치적 중립성을 준수할 필요성이 더욱 강조되므로, 그 정치적 표현의 자유에 대해 일반 국민보다 엄격한 제한을 받을 수밖에 없다(헌재 2018.4.26. 2016헌마611). 따라서 군무원이 그 정치적 의견을 공표하는 행위 역시 이를 엄격히 제한할 필요가 있다(헌재 2018.7.26. 2016헌바139).

003
□□□
교육공무원인 대학교원을 교원의 노동조합 설립 및 운영 등에 관한 법률의 적용대상에서 배제한 것이 교육공무원인 대학교원의 단결권을 침해하는지 여부는 기본권 침해 여부의 심사에서 과잉금지원칙(비례원칙)이 적용된 경우이다. O | X

'교원의 노동조합 설립 및 운영 등에 관한 법률'의 적용대상을 초·중등교육법 제19조 제1항의 교원이라고 규정함으로써, 고등교육법에서 규율하는 대학 교원들의 단결권을 인정하지 않는 '교원의 노동조합 설립 및 운영 등에 관한 법률'은 교원의 단결권을 침해한다. 대학 교원을 교육공무원 아닌 대학 교원과 교육공무원인 대학 교원으로 나누어, 각각의 단결권에 대한 제한이 헌법에 위배되는지 여부에 관하여 살펴보기로 하되, <u>교육공무원 아닌 대학 교원에 대해서는 과잉금지원칙 위배 여부를 기준으로, 교육공무원인 대학 교원에 대해서는 입법형성의 범위를 일탈하였는지 여부를 기준으로 나누어 심사하기로 한다</u>(헌재 2018.8.30. 2015헌가38).
⊘ 참고 비례원칙이 적용된 것이 아니다.

정답 001 ○ 002 ○ 003 X

004

교육의원후보자가 되려는 사람은 5년 이상의 교육경력 또는 교육행정경력을 갖추도록 규정한 구 제주특별자치도 설치 및 국제자유도시 조성을 위한 특별법의 해당 조항은 이러한 경력을 갖추지 못한 청구인들의 공무담임권을 침해한다. O | X

심판대상조항은 전문성이 담보된 교육의원이 교육위원회의 구성원이 되도록 하여 헌법 제31조 제4항이 보장하고 있는 교육의 자주성·전문성·정치적 중립성을 보장하면서도 지방자치의 이념을 구현하기 위한 것으로서, 지방교육에 있어서 경력요건과 교육전문가의 참여 범위에 관한 입법재량의 범위를 일탈하여 그 합리성이 결여되어 있다거나 필요한 정도를 넘어 청구인들의 공무담임권을 침해하는 것이라 볼 수 없다(헌재 2020.9.24. 2018헌마444).

005

공무담임권의 보호영역에는 공직취임 기회의 자의적인 배제뿐 아니라, 공무원 신분의 부당한 박탈이나 권한(직무)의 부당한 정지도 포함된다. O | X

공무담임권의 보호영역에는 공직취임 기회의 자의적인 배제 뿐 아니라, 공무원 신분의 부당한 박탈이나 권한(직무)의 부당한 정지도 포함된다고 할 것이다(헌재 2005.5.26. 2002헌마699 등).

006

행정5급 일반임기제공무원에 관한 경력경쟁채용시험에서 '변호사 자격 등록'을 응시자격요건으로 하는 방위사업청장의 공고는 변호사 자격을 가졌으나 변호사 자격 등록을 하지 아니한 청구인들의 공무담임권을 침해한다. O | X

이 사건 공고는 대한변호사협회에 등록한 변호사로서 실제 변호사의 업무를 수행한 경력이 있는 사람을 우대하는 한편, 임용예정자에게 변호사등록 거부사유 등이 있는지를 대한변호사협회의 검증절차를 통하여 확인받도록 하는 데 목적이 있다. 이 사건 공고가 응시자격요건으로 변호사 자격 등록을 요구하는 것은 이러한 목적, 그리고 지원자가 채용예정직위에서 수행할 업무 등에 비추어 합리적이다. 인사권자인 피청구인은 경력경쟁채용시험을 실시하면서 응시자격요건을 구체적으로 어떻게 정할 것인지를 판단하고 결정하는 데 재량이 인정되는데, 이 사건 공고가 그 재량권을 현저히 일탈하였다고 볼 수 없다. 이 사건 공고는 청구인들의 공무담임권을 침해하지 않는다(헌재 2019.8.29. 2019헌마616).

007

고등교육법상 심판대상 조항이 성인에 대한 성폭력범죄 행위로 벌금 100만원 이상의 형을 선고받고 확정된 자에 한하여 고등교육법상의 교원으로 임용할 수 없도록 한 것은, 성폭력범죄를 범하는 대상과 형의 종류에 따라 성폭력범죄에 관한 교원으로서의 최소한의 자격기준을 설정하였다고 할 수 없으므로, 죄형법정주의 및 과잉금지원칙에 반하여 청구인의 공무담임권을 침해한다. O | X

심판대상조항이 성인에 대한 성폭력범죄 행위로 벌금 100만원 이상의 형을 선고받고 확정된 자에 한하여 고등교육법상의 교원으로 임용할 수 없도록 한 것은, 성폭력범죄를 범하는 대상과 형의 종류에 따라 성폭력범죄에 관한 교원으로서의 최소한의 자격기준을 설정하였다고 할 것이므로, 과잉금지원칙에 반하여 청구인의 공무담임권을 침해한다고 할 수 없다(헌재 2020.12.23. 2019헌마502).

008
□□□

특정의 국가정책에 대하여 다수의 국민들이 국민투표를 원하고 있다 하더라도 국민에게 그 국가정책에 관하여 국민투표에 회부할 것을 요구할 권리는 인정되지 않는다.　　　　　O | X

헌법 제72조는 국민투표에 부쳐질 중요정책인지 여부를 대통령이 재량에 의하여 결정하도록 명문으로 규정하고 있고 헌법재판소 역시 위 규정은 대통령에게 국민투표의 실시 여부, 시기, 구체적 부의사항, 설문내용 등을 결정할 수 있는 임의적인 국민투표발의권을 독점적으로 부여하였다고 하여 이를 확인하고 있다. 따라서 특정의 국가정책에 대하여 다수의 국민들이 국민투표를 원하고 있음에도 불구하고 대통령이 이러한 희망과는 달리 국민투표에 회부하지 아니한다고 하여도 이를 헌법에 위반된다고 할 수 없고 국민에게 특정의 국가정책에 관하여 국민투표에 회부할 것을 요구할 권리가 인정된다고 할 수도 없다(헌재 2005.11.24. 2005헌마579 등).

009
□□□

헌법은 대통령이 필요하다고 인정할 때에 외교·국방·통일 기타 국가안위에 관한 중요정책을 국민투표에 붙일 수 있도록 규정한다.　　　　　O | X

> **헌법 제72조** 대통령은 필요하다고 인정할 때에는 외교·국방·통일 기타 국가안위에 관한 중요정책을 국민투표에 붙일 수 있다.

010
□□□

국민투표의 효력에 관하여 이의가 있는 투표인은 중앙선거관리위원장을 피고로 하여 국민투표무효소송을 대법원에 제소할 수 있다.　　　　　O | X

> **국민투표법 제92조 【국민투표무효의 소송】** 국민투표의 효력에 관하여 이의가 있는 투표인은 투표인 10만인 이상의 찬성을 얻어 중앙선거관리위원회위원장을 피고로 하여 투표일로부터 20일 이내에 대법원에 제소할 수 있다.

011
□□□

헌법 제72조의 국민투표는 입법 수단적이라기보다는 정치대립상황에서 국민에 의한 중재적 성격을 가지고 있으므로 대통령은 자신의 신임을 국민투표에 붙일 수 있다.　　　　　O | X

선거는 '인물에 대한 결정' 즉, 대의제를 가능하게 하기 위한 전제조건으로서 국민의 대표자에 관한 결정이며, 이에 대하여 국민투표는 직접민주주의를 실현하기 위한 수단으로서 '사안에 대한 결정' 즉, 특정한 국가정책이나 법안을 그 대상으로 한다. 따라서 국민투표의 본질상 '대표자에 대한 신임'은 국민투표의 대상이 될 수 없으며, 우리 헌법에서 대표자의 선출과 그에 대한 신임은 단지 선거의 형태로써 이루어져야 한다. 대통령이 이미 지난 선거를 통하여 획득한 자신에 대한 신임을 국민투표의 형식으로 재확인하고자 하는 것은, 헌법 제72조의 국민투표제를 헌법이 허용하지 않는 방법으로 위헌적으로 사용하는 것이다(헌재 2004.5.14. 2004헌나1).

012

헌법 제130조는 헌법개정안이 국회에서 의결되면 국민투표를 통해 확정하도록 하고 있는데, 이는 필수적 국민투표 사항이다. O | X

> **헌법 제130조** ② 헌법개정안은 국회가 의결한 후 30일 이내에 국민투표에 붙여 국회의원선거권자 과반수의 투표와 투표자 과반수의 찬성을 얻어야 한다.

013

미성년자에 대하여 성범죄를 범하여 형을 선고받아 확정된 자와 성인에 대한 성폭력범죄를 범하여 벌금 100만 원 이상의 형을 선고받아 확정된 자는 초·중등교육법상의 교원에 임용될 수 없도록 한 부분은 그 제한의 범위가 지나치게 넓고 포괄적이어서 공무담임권을 침해한다. O | X

아동·청소년과 상시적으로 접촉하고 밀접한 생활관계를 형성하여 이를 바탕으로 교육과 상담이 이루어지고 인성발달의 기초를 형성하는 데 지대한 영향을 미치는 초·중등학교 교원의 업무적인 특수성과 중요성을 고려해 본다면, 최소한 초·중등학교 교육현장에서 성범죄를 범한 자를 배제할 필요성은 어느 공직에서보다 높다고 할 것이고, 아동·청소년 대상 성범죄의 재범률까지 고려해 보면 미성년자에 대하여 성범죄를 범한 자는 교육현장에서 원천적으로 차단할 필요성이 매우 크다.
성인에 대한 성폭력범죄의 경우 미성년자에 대하여 성범죄를 범한 것과 달리, 성폭력범죄 행위로 인하여 형을 선고받기만 하면 곧바로 교원임용이 제한되는 것이 아니고, 100만 원 이상의 벌금형이나 그 이상의 형을 선고받고 그 형이 확정된 사람에 한하여 임용을 제한하고 있는바, 법원이 범죄의 모든 정황을 고려한 다음 벌금 100만 원 이상의 형을 선고하여 그 판결이 확정되었다면, 이는 결코 가벼운 성폭력범죄 행위라고 볼 수 없다. 이처럼 이 사건 결격사유조항은 성범죄를 범하는 대상과 확정된 형의 정도에 따라 성범죄에 관한 교원으로서의 최소한의 자격기준을 설정하였다고 할 것이고, 같은 정도의 입법목적을 달성하면서도 기본권을 덜 제한하는 수단이 명백히 존재한다고 볼 수도 없으므로, 이 사건 결격사유조항은 과잉금지원칙에 반하여 청구인의 공무담임권을 침해하지 아니한다(헌재 2019.7.25. 2016헌마754).

014

국가공무원법 해당 조항 중 아동복지법 제17조 제2호 가운데 '아동에게 성적 수치심을 주는 성희롱 등의 성적 학대행위로 형을 선고받아 그 형이 확정된 사람은 일반직 공무원으로 임용될 수 없도록 한 부분은 아동·청소년 대상 성범죄의 재범률을 고려해 볼 때 공무담임권을 침해하지 않는다. O | X

심판대상조항은 아동과 관련이 없는 직무를 포함하여 모든 일반직공무원 및 부사관에 임용될 수 없도록 하므로, 제한의 범위가 지나치게 넓고 포괄적이다. 또한, 심판대상조항은 영구적으로 임용을 제한하고, 결격사유가 해소될 수 있는 어떠한 가능성도 인정하지 않는다. 아동에 대한 성희롱 등의 성적 학대행위로 형을 선고받은 경우라고 하여도 범죄의 종류, 죄질 등은 다양하므로, 개별 범죄의 비난가능성 및 재범 위험성 등을 고려하여 상당한 기간 동안 임용을 제한하는 덜 침해적인 방법으로도 입법목적을 충분히 달성할 수 있다. 따라서 심판대상조항은 과잉금지원칙에 위배되어 청구인의 공무담임권을 침해한다(헌재 2022.11.24. 2020헌마1181).

015
☐☐☐

비위공무원에 대한 징계를 통해 불이익을 줌으로써 공직기강을 바로 잡고 공무수행에 대한 국민의 신뢰를 유지하고자 하는 공익은 제한되는 사익 이상으로 중요하므로, 공무원이 감봉처분을 받은 경우 12월간 승진임용을 제한하는 국가공무원법 조항 중 '승진임용'에 관한 부분은 공무담임권을 침해하지 않는다.

O | X

징계처분에 따른 승진임용 제한기간을 정함에 있어서는 일반적으로 승진임용에 소요되는 기간을 고려하여 적어도 공무원 징계처분의 취지와 효력을 담보할 수 있는 기간이 설정될 필요가 있다. 감봉의 경우 12개월간 승진임용이 제한되는데 이는 종래 18개월이었던 것을 축소한 것이며, 강등·정직(18개월)이나 견책(6개월)과의 균형을 고려하면 과도하게 긴 기간이라고 보기는 어렵다. 비위공무원에 대한 징계를 통해 불이익을 줌으로써 공직기강을 바로 잡고 공무수행에 대한 국민의 신뢰를 유지하고자 하는 공익은 제한되는 사익 이상으로 중요하다. 이 사건 승진조항은 과잉금지원칙을 위반하여 청구인의 공무담임권을 침해하지 않는다(헌재 2022.3.31. 2020헌마211).

016
☐☐☐

피성년후견인인 국가공무원은 당연퇴직한다고 정한 구 국가공무원법 조항 중 '피성년후견인'에 관한 부분은 정신상의 장애로 직무를 감당할 수 없는 국가공무원을 부득이 공직에서 배제하는 불가피한 조치로서 공무담임권을 침해하지 않는다.

O | X

피성년후견인인 국가공무원은 당연퇴직한다고 정한 구 국가공무원법 제69소 제1호 중 제33조 제1호 가운데 '피성년후견인'에 관한 부분, 국가공무원법 제69조 제1호 중 제33조 제1호에 관한 부분은 공무담임권을 침해한다(헌재 2022.12.22. 2020헌가8).

017
☐☐☐

선출직 공무원의 공무담임권은 선거를 전제로 하는 대의제의 원리에 의하여 발생하는 것이므로 공직의 취임이나 상실에 관련된 어떠한 법률조항이 대의제의 본질에 반한다면 이는 공무담임권도 침해하는 것이라고 볼 수 있다.

O | X

선출직 공무원의 공무담임권은 선거를 전제로 하는 대의제의 원리에 의하여 발생하는 것이므로 공직의 취임이나 상실에 관련된 어떠한 법률조항이 대의제의 본질에 반한다면 이는 공무담임권도 침해하는 것이라고 볼 수 있다(헌재 2009.3.26. 2007헌마843).

018
☐☐☐

수뢰죄를 범하여 금고 이상의 형의 선고유예를 받은 국가공무원을 당연퇴직하도록 하는 국가공무원법 조항은 해당 공무원의 공무담임권을 침해하지 않는다.

O | X

심판대상조항은 공무원 직무수행에 대한 국민의 신뢰 및 직무의 정상적 운영의 확보, 공무원범죄의 예방, 공직사회의 질서 유지를 위한 것으로서 목적이 정당하고, 형법 제129조 제1항의 수뢰죄를 범하여 금고 이상 형의 선고유예를 받은 국가공무원을 공직에서 배제하는 것은 적절한 수단에 해당한다. … 따라서 심판대상조항은 과잉금지원칙에 반하여 청구인의 공무담임권을 침해하지 아니한다(헌재 2013.7.25. 2012헌바409).

정답 015 ○ 016 X 017 ○ 018 ○

019

□□□

군인사법상 부사관으로 최초로 임용되는 사람의 최고연령을 27세로 정한 부분은, 계급과 연령의 역전 현상이 현재도 존재하고 상위 계급인 장교의 경우 27세의 연령상한에 상당한 예외가 존재하는 점 등을 고려할 때 부사관 지원자의 공무담임권을 침해한다. ○ | X

국가의 안전보장과 국토방위의 의무를 수행하기 위하여 군인은 강인한 체력과 정신력을 바탕으로 한 전투력을 유지할 필요가 있고, 이를 위해 군 조직은 위계질서의 확립과 기강확보가 어느 조직보다 중요시된다. 이러한 군의 특수성을 고려할 때 부사관의 임용연령상한을 제한하는 심판대상조항은 그 입법목적이 정당하고, 부사관보다 상위 계급인 소위의 임용연령상한도 27세로 정해져 있는 점, 연령과 체력의 보편적 상관관계 등을 고려할 때 수단의 적합성도 인정된다. ⋯ 따라서 심판대상조항이 과잉금지의 원칙을 위반하여 청구인들의 공무담임권을 침해한다고 볼 수 없다(헌재 2014.9.25. 2011헌마414).

020

□□□

공직선거 및 교육감선거 입후보 시 선거일 전 90일까지 교원직을 그만두도록 하는 공직선거법 및 지방교육자치에 관한 법률 조항은 교원이 그 신분을 지니는 한 계속적으로 직무에 전념할 수 있도록 하기 위한 것으로 교원의 공무담임권을 침해하지 않는다. ○ | X

입후보자 사직조항은 교원이 그 신분을 지니는 한 계속적으로 직무에 전념할 수 있도록 하기 위해 선거에 입후보하고자 하는 경우 선거일 전 90일까지 그 직을 그만두도록 하는 것이므로, 입법목적의 정당성과 수단의 적합성이 인정된다. ⋯ 과잉금지원칙에 위배하여 공무담임권을 침해한다고 볼 수 없다(헌재 2019.11.28. 2018헌마222).

021

□□□

대통령은 필요하다고 인정할 때에는 외교·국방·통일 기타 국가안위에 관한 중요정책을 국민투표에 붙일 수 있다. ○ | X

헌법 제72조 대통령은 필요하다고 인정할 때에는 외교·국방·통일 기타 국가안위에 관한 중요정책을 국민투표에 붙일 수 있다.

022

□□□

대통령이 위헌적인 재신임 국민투표를 단지 제안만 하였을 뿐 국민투표를 시행하지는 않았다면, 대통령의 이러한 제안은 헌법 제72조에 위반되는 것이 아니다. ○ | X

대통령이 자신에 대한 재신임을 국민투표의 형태로 묻고자 하는 것은 헌법 제72조에 의하여 부여받은 국민투표부의권을 위헌적으로 행사하는 경우에 해당하는 것으로, 국민투표제도를 자신의 정치적 입지를 강화하기 위한 정치적 도구로 남용해서는 안 된다는 헌법적 의무를 위반한 것이다. 물론, 대통령이 위헌적인 재신임 국민투표를 단지 제안만 하였을 뿐 강행하지는 않았으나, 헌법상 허용되지 않는 재신임 국민투표를 국민들에게 제안한 것은 그 자체로서 헌법 제72조에 반하는 것으로 헌법을 실현하고 수호해야 할 대통령의 의무를 위반한 것이다(헌재 2004.5.14. 2004헌나1).

023
☐☐☐

재외선거인은 대의기관을 선출할 권리가 있는 국민으로서 대의기관의 의사결정에 대해 승인할 권리가 있으므로, 국민투표권자에는 재외선거인이 포함된다. O I X

헌법 제72조의 중요정책 국민투표와 헌법 제130조의 헌법개정안 국민투표는 대의기관인 국회와 대통령의 의사결정에 대한 국민의 승인절차에 해당한다. 대의기관의 선출주체가 곧 대의기관의 의사결정에 대한 승인주체가 되는 것은 당연한 논리적 귀결이므로, 국민투표권자의 범위는 대통령선거권자·국회의원선거권자와 일치되어야 한다. 공직선거법 제15조 제1항은 19세 이상의 국민에게 대통령 및 국회의원의 선거권을 인정하고 있는 바, 재외선거인에게도 대통령선거권과 국회의원선거권이 인정되고 있다. 따라서 재외선거인은 대의기관을 선출할 권리가 있는 국민으로서 대의기관의 의사결정에 대해 승인할 권리가 있고, 국민투표권자에는 재외선거인이 포함된다고 보아야 한다(헌재 2014.7.24. 2009헌마256).

024
☐☐☐

헌법 제72조의 국민투표권은 대통령이 어떠한 정책을 국민투표에 부의한 경우에 비로소 행사가 가능한 기본권이라 할 수 있다. O I X

헌법 제72조의 국민투표권은 대통령이 어떠한 정책을 국민투표에 부의한 경우에 비로소 행사가 가능한 기본권이다. 한미무역협정에 대한 대통령의 국민투표 부의가 행해지지 않은 이상 헌법 제72조의 국민투표권의 침해 가능성은 인정되지 않는다(헌재 2013.11.28. 2012헌마166).

025
☐☐☐

법무부장관이 2020.7. 공고한 '2021년도 검사 임용 지원 안내' 중 '임용 대상' 가운데 '1. 신규 임용'에서 변호사자격을 취득하고 2021년 사회복무요원 소집해제 예정인 사람을 제외한 부분은 '법학전문대학원 졸업연도에 실시된 변호사시험에 불합격하여 사회복무요원으로 병역의무를 이행하던 중 변호사자격을 취득하고 2021년 소집해제 예정인 사람'의 공무담임권을 과잉금지원칙에 반하여 침해한다. O I X

검사신규임용대상 등을 어떻게 정할 것인지에 관하여는 피청구인에게 재량이 부여되어 있는 점, 지원자가 법학전문대학원 졸업 직후 변호사자격을 취득하였는지 여부는 검사에게 요구되는 자질을 갖추었는지 평가하기 위한 공정하고 유효한 기준이 될 수 있는 점, 법무관 전역예정자는 병역기간 동안 법률사무에 종사하며 법적 능력을 양성할 기회가 있는 점 등을 종합하면, 임용연도에 변호사자격을 취득하여 검사로 즉시 임용될 수 있는 법학전문대학원 졸업예정자와 이에 준하여 볼 수 있는 법무관 전역예정자로 검사신규임용대상을 한정한 것은 공정한 경쟁을 통해 우수한 신규법조인을 검사로 선발하고자 하는 목적과 합리적 연관관계가 인정된다. 그에 비하여, 사회복무요원 소집해제예정 변호사는 법학전문대학원 졸업 직후 변호사자격을 취득하지 못하였고, 병역의무 이행기간 동안 법률사무에 종사한 것도 아니라는 점에서 동일하게 보기 어렵다. … 따라서 이 사건 공고는 사회복무요원 소집해제예정 변호사인 청구인의 공무담임권을 침해하지 않는다(헌재 2021.4.29. 2020헌마999).

026
□□□

금고 이상의 형의 선고유예를 받은 경우 공무원직에서 당연히 퇴직하는 것으로 규정한 국가공무원법 조항은 금고 이상의 선고유예의 판결을 받은 모든 범죄를 포괄하여 규정하고 있을 뿐 아니라, 심지어 오늘날 누구에게나 위험이 상존하는 교통사고 관련 범죄 등 과실범의 경우마저 당연퇴직의 사유에서 제외하지 않고 있으므로 최소침해성의 원칙에 반하여 헌법 제25조의 공무담임권을 침해한다. O | X

위 규정은 금고 이상의 선고유예의 판결을 받은 모든 범죄를 포괄하여 규정하고 있을 뿐 아니라, 심지어 오늘날 누구에게나 위험이 상존하는 교통사고 관련 범죄 등 과실범의 경우마저 당연퇴직의 사유에서 제외하지 않고 있으므로 최소침해성의 원칙에 반한다. … 따라서 이 사건 법률조항은 과잉금지원칙에 위배되어 공무담임권을 침해하는 조항이라고 할 것이다(헌재 2003.10.30. 2002헌마684 등).

027
□□□

관련 자격증 소지자에게 세무직 국가공무원 공개경쟁채용시험에서 일정한 가산점을 부여하는 구 공무원임용시험령 조항은 가산 대상 자격증을 소지하지 아니한 자의 공무담임권을 침해하지 아니한다. O | X

공무원 공개경쟁채용시험에서 자격증에 따른 가산점을 인정하는 목적은 공무원의 업무상 전문성을 강화하기 위함인바, 세무 영역에서 전문성을 갖춘 것으로 평가되는 자격증(변호사·공인회계사·세무사) 소지자들에게 세무직 국가공무원 공개경쟁채용시험에서 가산점을 부여하는 것은 그 목적의 정당성이 인정된다. 공인 자격증은 국가나 국가의 위탁을 받은 특수법인이 필기시험과 실기평가 등 소정의 검증절차를 거쳐 일정한 기준에 도달한 사람에게 부여하는 것이므로 자격증의 유무는 해당 분야에서 필요한 능력과 자질을 갖추고 있는지를 판단하는 객관적 기준이 될 수 있다. 변호사는 법률 전반에 관한 영역에서, 공인회계사와 세무사는 각종 세무 관련 영역에서 필요한 행위를 하거나 조력하는 전문가들이므로 그 자격증 소지자들의 선발은 세무행정의 전문성을 제고하는 데 기여하여 수단의 적합성이 인정된다. … 따라서 심판대상조항은 과잉금지원칙에 위반되어 청구인의 공무담임권을 침해하지 아니한다(헌재 2020.6.25. 2017헌마1178).

028
□□□

공무원이 징계처분을 받은 경우 대통령령등으로 정하는 기간 동안 승진임용 및 승급을 제한하는 국가공무원법 조항 중 공무원이 감봉처분을 받은 경우 12월간 승진임용을 제한하는 '승진임용'에 관한 부분 및 공무원임용령 제32조 제1항 제2호 나목은 공무담임권을 침해하지 않는다. O | X

징계처분에 따른 승진임용 제한기간을 정함에 있어서는 일반적으로 승진임용에 소요되는 기간을 고려하여 적어도 공무원 징계처분의 취지와 효력을 담보할 수 있는 기간이 설정될 필요가 있다. 감봉의 경우 12개월간 승진임용이 제한되는데 이는 종래 18개월이었던 것을 축소한 것이며, 강등·정직(18개월)이나 견책(6개월)과의 균형을 고려하면 과도하게 긴 기간이라고 보기는 어렵다. 비위공무원에 대한 징계를 통해 불이익을 줌으로써 공직기강을 바로 잡고 공무수행에 대한 국민의 신뢰를 유지하고자 하는 공익은 제한되는 사익 이상으로 중요하다. 이 사건 승진조항은 과잉금지원칙을 위반하여 청구인의 공무담임권을 침해하지 않는다(헌재 2022.3.31. 2020헌마211).

029

☐☐☐

공직선거 및 교육감선거 입후보 시 선거일 전 90일까지 교원직을 그만두도록 하는 공직선거법 및 지방교육자치에 관한 법률 조항은 교원의 공무담임권을 침해한다고 볼 수 없다.　　　O | X

입후보자 사직조항은 교원이 그 신분을 지니는 한 계속적으로 직무에 전념할 수 있도록 하기 위해 선거에 입후보하고자 하는 경우 선거일 전 90일까지 그 직을 그만두도록 하는 것이므로, 입법목적의 정당성과 수단의 적합성이 인정된다. … 교원의 직을 그만두어야 하는 사익 제한의 정도는 교원의 직무전념성 확보라는 공익에 비하여 현저히 크다고 볼 수 없으므로 법익의 균형성도 갖추었으므로 과잉금지원칙에 위배하여 공무담임권을 침해한다고 볼 수 없다(헌재 2019.11.28. 2018헌마222).

030

☐☐☐

국민투표는 국가의 중요정책이나 헌법개정안에 대해 주권자로서의 국민이 그 승인 여부를 결정하는 절차인데, 주권자인 국민의 지위에 아무런 영향을 미칠 수 없는 주민등록 여부만을 기준으로 하여, 주민등록을 할 수 없는 재외국민의 국민투표권 행사를 전면적으로 배제하고 있는 국민투표법 조항은 헌법 제37조 제2항의 과잉금지원칙에 위반되어 국민투표권을 침해한다.　　　O | X

국민투표는 선거와 달리 국민이 직접 국가의 정치에 참여하는 절차이므로, 국민투표권은 대한민국 국민의 자격이 있는 사람에게 반드시 인정되어야 하는 권리이다. 이처럼 국민의 본질적 지위에서 도출되는 국민투표권을 추상적 위험 내지 선거기술상의 사유로 배제하는 것은 헌법이 부여한 참정권을 사실상 박탈한 것과 다름없다. 따라서 국민투표법 조항은 재외선거인의 국민투표권을 침해한다(헌재 2014.7.24. 2009헌마256 등).

031

☐☐☐

선거일 현재 1년 이상의 징역 또는 금고의 형의 선고를 받고 그 집행이 종료되지 아니하거나 그 집행을 받지 아니하기로 확정되지 아니한 사람은 선거권이 없지만, 그 형의 집행유예를 선고받고 유예기간 중에 있는 사람은 선거권이 있다.　　　O | X

> **공직선거법 제18조 【선거권이 없는 자】** ① 선거일 현재 다음 각 호의 어느 하나에 해당하는 사람은 선거권이 없다.
> 2. 1년 이상의 징역 또는 금고의 형의 선고를 받고 그 집행이 종료되지 아니하거나 그 집행을 받지 아니하기로 확정되지 아니한 사람. 다만, 그 형의 집행유예를 선고받고 유예기간 중에 있는 사람은 제외한다.

032

☐☐☐

선거권도 법률이 정하는 바에 의하여 보장되는 것이므로 입법형성권을 갖고 있는 입법자가 구체적으로 어떠한 입법목적의 달성을 위하여 어떠한 방법을 선택할 것인가는 그것이 현저하게 불합리하고 불공정한 것이 아닌 한 입법자의 재량영역에 속한다.　　　O | X

우리 헌법 아래에서 선거권도 법률이 정하는 바에 의하여 보장되는 것이므로 입법형성권을 갖고 있는 입법자가 선거법을 제정하는 경우에 헌법에 명시된 선거제도의 원칙을 존중하는 가운데 구체적으로 어떠한 입법목적의 달성을 위하여 어떠한 방법을 선택할 것인가는 그것이 현저하게 불합리하고 불공정한 것이 아닌 한 입법자의 재량영역에 속한다고 할 것이다(헌재 2004.3.25. 2002헌마411).

정답 029 ○　030 ○　031 ○　032 ○

033
□□□

단지 주민등록이 되어 있는지 여부에 따라 선거인명부에 오를 자격을 결정하여 그에 따라 대통령선거에 대한 선거권행사 여부가 결정되도록 함으로써 엄연히 대한민국의 국민임에도 불구하고 주민등록법상 주민등록을 할 수 없는 재외국민의 대통령선거에 대한 선거권 행사를 전면적으로 부정하는 것은 재외국민의 선거권과 평등권을 침해하고 보통선거원칙에도 위반된다. O | X

단지 주민등록이 되어 있는지 여부에 따라 선거인명부에 오를 자격을 결정하여 그에 따라 선거권 행사 여부가 결정되도록 함으로써 엄연히 대한민국의 국민임에도 불구하고 주민등록법상 주민등록을 할 수 없는 재외국민의 선거권 행사를 전면적으로 부정하고 있는 법 제37조 제1항은 어떠한 정당한 목적도 찾기 어려우므로 헌법 제37조 제2항에 위반하여 재외국민의 선거권과 평등권을 침해하고 보통선거원칙에도 위반된다(헌재 2007.6.28. 2004헌마644 등).

034
□□□

'외국의 영주권을 취득한 재외국민'과 같이 주민등록을 하는 것이 법령의 규정상 아예 불가능한 자들은 지방자치단체의 주민으로서 오랜 기간 생활해 오면서 그 지방자치단체의 사무와 밀접한 이해관계를 형성하여 왔다고 하더라도, 주민등록만을 기준으로 하여 주민등록이 불가능한 재외국민인 주민의 지방선거 피선거권을 부인하는 것은 국내거주 재외국민의 공무담임권을 침해하지 않는다. O | X

'외국의 영주권을 취득한 재외국민'과 같이 주민등록을 하는 것이 법령의 규정상 아예 불가능한 자들이라도 지방자치단체의 주민으로서 오랜 기간 생활해 오면서 그 지방자치단체의 사무와 얼마든지 밀접한 이해관계를 형성할 수 있고, 주민등록이 아니더라도 그와 같은 거주 사실을 공적으로 확인할 수 있는 방법은 존재한다는 점, … 주민등록만을 기준으로 함으로써 주민등록이 불가능한 재외국민인 주민의 지방선거 피선거권을 부인하는 법 제16조 제3항은 헌법 제37조 제2항에 위반하여 국내거주 재외국민의 공무담임권을 침해한다(헌재 2007.6.28. 2004헌마644 등).

035
□□□

공무원이 특정의 장소에서 근무하는 것 또는 특정의 보직을 받아 근무하는 것을 포함하는 일종의 공무수행의 자유 역시 공무담임권의 보호영역에 포함된다. O | X

헌법 제25조의 공무담임권의 보호영역에는 일반적으로 공직취임의 기회보장, 신분박탈, 직무의 정지에 관련된 사항이 포함되지만, 특별한 사정도 없이 공무원이 특정의 장소에서 근무하는 것이나 특정의 보직을 받아 근무하는 것을 포함하는 일종의 '공무수행의 자유'까지 포함된다고 보기 어렵다(헌재 2014.1.28. 2011헌마239).

036
□□□

반인륜적인 범죄인 아동에 대한 성적 학대행위를 저지른 사람이 공무를 수행할 경우 공직 전반에 대한 국민의 신뢰를 유지하기 어려우므로, 아동에게 성적 수치심을 주는 성희롱 등의 성적 학대행위로 형을 선고받아 그 형이 확정된 사람은 일반직공무원으로 임용될 수 없도록 한 국가공무원법 해당 조항이 공무담임권을 침해한다고 보기 어렵다. O | X

심판대상조항은 아동과 관련이 없는 직무를 포함하여 모든 일반직공무원 및 부사관에 임용될 수 없도록 하므로, 제한의 범위가 지나치게 넓고 포괄적이다. 또한, 심판대상조항은 영구적으로 임용을 제한하고, 결격사유가 해소될 수 있는 어떠한 가능성도 인정하지 않는다. 아동에 대한 성희롱 등의 성적 학대행위로 형을 선고받은 경우라고 하여도 범죄의 종류, 죄질 등은 다양하므로, 개별 범죄의 비난가능성 및 재범 위험성 등을 고려하여 상당한 기간 동안 임용을 제한하는 덜 침해적인 방법으로도 입법목적을 충분히 달성할 수 있다. 따라서 심판대상조항은 과잉금지원칙에 위배되어 청구인의 공무담임권을 침해한다(헌재 2022.11.24. 2020헌마1181).

정답 033 O 034 X 035 X 036 X

037
☐☐☐

금고 이상의 형의 선고유예를 받은 경우 당연히 퇴직되도록 규정한 구 청원경찰법 해당 조항은 청원경찰이 저지른 범죄의 종류나 내용을 불문하고 당연히 퇴직되도록 규정함으로써 직업의 자유를 침해한다.

O | X

심판대상조항은 청원경찰이 저지른 범죄의 종류나 내용을 불문하고 금고 이상의 형의 선고유예를 받게 되면 당연히 퇴직되도록 규정함으로써 청원경찰에게 공무원보다 더 가혹한 제재를 가하고 있으므로, 침해의 최소성 원칙에 위배된다. 심판대상조항은 청원경찰이 저지른 범죄의 종류나 내용을 불문하고 범죄행위로 금고 이상의 형의 선고유예를 받게 되면 당연히 퇴직되도록 규정함으로써 그것이 달성하려는 공익의 비중에도 불구하고 청원경찰의 직업의 자유를 과도하게 제한하고 있어 법익의 균형성 원칙에도 위배된다. 따라서, 심판대상조항은 과잉금지원칙에 반하여 직업의 자유를 침해한다(헌재 2018.1.25. 2017헌가26).

038
☐☐☐

법원이 성년후견개시 심판을 선고함으로써 직무수행능력의 지속적 결여가 객관적으로 인정된 경우에까지 공무원의 신분을 계속 유지하는 방식으로 생활보장을 해야 한다고 보기는 어려우므로, 피성년후견인인 국가공무원은 당연히 퇴직한다고 정한 국가공무원법 해당 조항이 공무담임권을 침해한다고 보기 어렵다.

O | X

심판대상조항은 성년후견이 개시되지는 않았으나 동일한 정도의 정신적 장애가 발생한 국가공무원의 경우와 비교할 때 시익의 제한 정도기 괴도하고, 성년후견이 개시되어도 징신직 제약을 극복하여 후견이 종료될 수 있고, 이 경우 법원에서 성년후견 종료심판을 하고 있다는 사실에 비추어 보아도 사익의 제한 정도가 지나치게 가혹하다. 또한 심판대상조항처럼 국가공무원의 당연퇴직사유를 임용결격사유와 동일하게 규정하려면 국가공무원이 재직 중 쌓은 지위를 박탈할 정도의 충분한 공익이 인정되어야 하나, 이 조항이 달성하려는 공익은 이에 미치지 못한다. 따라서 심판대상조항은 과잉금지원칙에 반하여 공무담임권을 침해한다(헌재 2022.12.22. 2020헌가8).

039
☐☐☐

서울교통공사는 공익적인 업무를 수행하기 위한 지방공사이나, 서울특별시와 독립적인 공법인으로서 경영의 자율성이 보장되고, 서울교통공사의 직원의 신분도 지방공무원법이 아닌 지방공기업법과 정관에서 정한 바에 따르는 등, 서울교통공사의 직원이라는 직위가 헌법 제25조가 보장하는 공무담임권의 보호영역인 '공무'의 범위에는 해당하지 않는다.

O | X

서울교통공사는 공익적인 업무를 수행하기 위한 지방공사이나, 서울특별시와 독립적인 공법인으로서 경영의 자율성이 보장되고, 수행 사업도 국가나 지방자치단체의 독점적 성격을 갖는다고 보기 어려우며, 서울교통공사의 직원의 신분도 지방공무원법이 아닌 지방공기업법과 정관에서 정한 바에 따르는 등, 서울교통공사의 직원이라는 직위가 헌법 제25조가 보장하는 공무담임권의 보호영역인 '공무'의 범위에는 해당하지 않는다(헌재 2021.2.25. 2018헌마174).

정답 037 O 038 X 039 O

040

□□□

향토예비군 지휘관이 금고 이상의 형의 선고유예를 받은 경우에는 그 직에서 당연해임되도록 규정하고 있는 구 향토예비군설치법 시행규칙 조항은 범죄의 종류와 내용을 가리지 않고 모두 당연퇴직 사유로 정함으로써 공무담임권을 침해한다.

O | X

향토예비군 지휘관이 금고 이상의 형의 선고유예를 받은 경우에는 그 직에서 당연해임하도록 규정하고 있는 이 사건 법률조항은 금고 이상의 선고유예의 판결을 받은 모든 범죄를 포괄하여 규정하고 있을 뿐 아니라, 심지어 오늘날 누구에게나 위험이 상존하는 교통사고 관련 범죄 등 과실범의 경우마저 당연해임의 사유에서 제외하지 않고 있으므로 최소침해성의 원칙에 반한다. … 따라서 이 사건 법률조항은 과잉금지원칙에 위배하여 공무담임권을 침해하는 조항이라고 할 것이다(헌재 2005.12.22. 2004헌마947).

041

□□□

국가공무원법 제33조 제6호의4 나목 중 아동복지법 제17조 제2호 가운데 '아동에게 성적 수치심을 주는 성희롱 등의 성적 학대행위로 형을 선고받아 그 형이 확정된 사람은 일반직 공무원으로 임용될 수 없도록 한 것'에 관한 부분은 아동·청소년 대상 성범죄의 재범률을 고려해 볼 때 공무담임권을 침해하지 않는다.

O | X

심판대상조항은 아동과 관련이 없는 직무를 포함하여 모든 일반직공무원 및 부사관에 임용될 수 없도록 하므로, 제한의 범위가 지나치게 넓고 포괄적이다. 또한, 심판대상조항은 영구적으로 임용을 제한하고, 결격사유가 해소될 수 있는 어떠한 가능성도 인정하지 않는다. 아동에 대한 성희롱 등의 성적 학대행위로 형을 선고받은 경우라고 하여도 범죄의 종류, 죄질 등은 다양하므로, 개별 범죄의 비난가능성 및 재범 위험성 등을 고려하여 상당한 기간 동안 임용을 제한하는 덜 침해적인 방법으로도 입법목적을 충분히 달성할 수 있다. 따라서 심판대상조항은 과잉금지원칙에 위배되어 청구인의 공무담임권을 침해한다(헌재 2022.11.24. 2020헌마1181).

042

□□□

재외투표기간 개시일에 임박하여 또는 재외투표기간 중에 재외선거사무 중지결정이 있었고 그에 대한 재개결정이 없었던 예외적인 상황에서 재외투표기간 개시일 이후에 귀국한 재외선거인 및 국외부재자신고인이 국내에서 선거일에 투표할 수 있도록 하는 절차를 마련하지 않은 것이, 재외투표기간 개시일 이후에 귀국한 재외선거인등의 선거권을 침해하는 것은 아니다.

O | X

심판대상조항은 재외투표기간 개시일에 임박하여 또는 재외투표기간 중에 재외선거사무 중지결정이 있었고 그에 대한 재개결정이 없었던 예외적인 상황에서도 재외투표기간 개시일 전에 귀국한 경우에 한하여 귀국투표가 가능하도록 규정하고 있다. 이는 형식적으로 재외선거인등의 선거권 자체를 부정하는 것은 아니지만, 위에서 예시한 상황과 같이 재외선거인등의 재외투표가 불가능하거나 현저히 곤란하고, 재외선거인등이 재외투표기간 개시일 전에 귀국하는 것이 불가능하거나 현저히 곤란한 경우에는 사실상 재외선거인등의 선거권을 부정하는 것과 다름없는 결과를 초래할 수 있다. … 심판대상조항이 재외투표기간 개시일에 임박하여 또는 재외투표기간 중에 재외선거사무 중지결정이 있었고 그에 대한 재개결정이 없었던 예외적인 상황에서 재외투표기간 개시일 이후에 귀국한 재외선거인등이 국내에서 선거일에 투표할 수 있도록 하는 절차를 마련하지 아니한 것은 과잉금지원칙을 위반하여 청구인의 선거권을 침해한다(헌재 2022.1.27. 2020헌마895).

043
☐☐☐

사전투표관리관이 투표용지의 일련번호를 떼지 아니하고 선거인에게 교부하도록 정한 공직선거법 조항은 사전투표자들의 선거권을 침해하지 아니한다.　　　　　　　　　　　　　　　　O | X

공직선거법이 개정되어 사전투표제도를 도입하게 되면서 디지털 기기를 이용한 위조·복사 등의 위험성을 최소화하기 위하여 위조용지 식별이 보다 정확하고 용이한 바코드 방식 일련번호제도를 채택하게 되었다. … 바코드 방식의 일련번호는 육안으로 식별이 어려워 누군가가 바코드를 기억하는 방법으로 비밀투표 원칙에 위배되는 상황을 상정하기 어렵고, 공직선거법은 바코드에 선거인을 식별할 수 있는 개인정보가 들어가지 않도록 관리하므로, 바코드를 투표용지로부터 분리하지 않았다는 이유만으로 비밀투표원칙에 위배된다고 할 수 없다. 따라서 공직선거법 조항은 청구인들의 선거권을 침해하지 아니한다(헌재 2023.10.26. 2022헌마231 등).

044
☐☐☐

사전투표관리관이 투표용지에 자신의 도장을 찍는 경우 도장의 날인을 인쇄날인으로 갈음할 수 있도록 한 공직선거관리규칙 조항은 현저히 불합리하거나 불공정하여 사전투표자의 선거권을 침해한다고 볼 수 없다.　　　　　　　　　　　　　　　　O | X

사전투표의 경우 전국 어느 투표소에서든 투표가 가능하므로 각 사전투표소에서는 총 방문자 수나 대기시간을 예측하는 것이 현저히 곤란하다. 심판대상조항은 이러한 점을 고려하여 사전투표의 효율적 진행을 위해 마련되었다. … 심판대상조항으로 인하여 사전투표관리관이 자신의 도장을 직접 찍을 때에 비하여 위조된 투표지의 유입가능성이 있다고 보기 어렵다. 이를 종합해 보면, 심판대상조항이 현저히 불합리하거나 불공정하여 청구인들의 선거권을 침해한다고 볼 수 없다(헌재 2023.10.26. 2022헌마232 등).

045
☐☐☐

대의기관의 선출주체가 곧 대의기관의 의사결정에 대한 승인주체가 되는 것은 당연한 논리적 귀결이지만, 국민투표권자의 범위가 대통령선거권자·국회의원선거권자의 범위와 일치되어야 하는 것은 아니다.　　　　　　　　　　　　　　　　O | X

헌법 제72조의 중요정책 국민투표와 헌법 제130조의 헌법개정안 국민투표는 대의기관인 국회와 대통령의 의사결정에 대한 국민의 승인절차에 해당한다. 대의기관의 선출주체가 곧 대의기관의 의사결정에 대한 승인주체가 되는 것은 당연한 논리적 귀결이므로, 국민투표권자의 범위는 대통령선거권자·국회의원선거권자와 일치되어야 한다(헌재 2014.7.24. 2009헌마256 등).

046
☐☐☐

누구든지 선거기간 중 선거에 영향을 미치게 하기 위하여 '그 밖의 집회나 모임'을 개최할 수 없도록 하고, 이를 위반하는 자를 처벌하는 공직선거법 조항은 정치적 표현의 자유를 침해하지 않는다.　　　　O | X

심판대상조항은 정치적 의사표현이 활발하게 교환되어야 할 선거기간 중에, 오히려 특정 후보자나 정당이 특정한 정책에 대한 찬성이나 반대를 하고 있다는 언급마저도 할 수 없는 범위 내에서만 집회나 모임의 방법으로 정치적 의사를 표현하도록 하여, 평소보다 일반 유권자의 정치적 표현의 자유를 더 제한하고 있다. 선거의 공정이나 평온에 대한 구체적인 위험이 없어, 규제가 불필요하거나 또는 예외적으로 허용하는 것이 가능한 경우에도, 선거기간 중 선거에 영향을 미칠 염려가 있거나 미치게 하기 위한 일반 유권자의 집회나 모임을 전면적으로 금지하고 위반 시 처벌하는 것은 침해의 최소성에 반한다. … 심판대상조항은 집회의 자유, 정치적 표현의 자유를 침해한다(헌재 2022.7.21. 2018헌바164).

정답 043 O　044 O　045 X　046 X

047

□□□

당선되거나 되게 하거나 되지 못하게 할 목적으로 공연히 사실을 적시하여 후보자가 되고자 하는 자를 비방한 자를 처벌하는 공직선거법 조항은 죄형법정주의의 명확성원칙에 위배되지는 않으나, 과잉금지원칙에 위배되어 정치적 표현의 자유를 침해한다. O | X

비방금지 조항의 '비방'은 사회생활에서 존중되는 모든 것에 대하여 정당한 이유 없이 상대방을 깎아내리거나 헐뜯는 것을 의미하는바, 죄형법정주의의 명확성원칙에 위배되지 않는다. 비방행위가 허위사실에 해당할 경우에는 허위사실공표금지 조항으로 처벌하면 족하고, 허위가 아닌 사실에 대한 경우 후보자가 되고자 하는 자는 스스로 반박함으로써 유권자들이 그의 능력과 자질 등을 올바르게 판단할 수 있는 자료를 얻을 수 있게 하여야 한다. … 비방금지 조항은 과잉금지원칙에 위배되어 정치적 표현의 자유를 침해한다(헌재 2024.6.27. 2023헌바78).

048

□□□

1년 이상의 징역형을 선고받고 그 집행이 종료되지 아니한 사람의 선거권을 제한하는 공직선거법 조항은 과실범, 고의범 등 범죄의 종류를 불문하고 침해된 법익의 내용을 불문하며 형 집행 중에 이루어지는 재량적 행정처분인 가석방 여부를 고려하지 않으므로 선거권을 침해한다. O | X

심판대상조항이 과실범, 고의범 등 범죄의 종류를 불문하고, 침해된 법익의 내용을 불문하며, 형 집행 중에 이뤄지는 재량적 행정처분인 가석방 여부를 고려하지 않고 선거권을 제한한다고 하여 불필요한 제한을 부과한다고 할 수 없다. 1년 이상의 징역형을 선고받은 사람의 선거권을 제한함으로써 형사적·사회적 제재를 부과하고 준법의식을 강화한다는 공익이, 형 집행기간 동안 선거권을 행사하지 못하는 수형자 개인의 불이익보다 작다고 할 수 없다. 따라서 심판대상조항은 과잉금지원칙을 위반하여 청구인의 선거권을 침해하지 아니한다(헌재 2017.5.25. 2016헌마292 등).

049

□□□

공직선거법상 지방공사 상근직원에 대하여 일체의 선거운동을 금지하는 것은 선거운동의 자유를 중대하게 제한하는 정도에 비하여 선거의 공정성 및 형평성의 확보라는 공익에 기여하는 바가 크지 않으므로, 지방공사 상근직원의 선거운동의 자유를 침해한다. O | X

심판대상조항과 같이 지방공사 상근직원에 대하여 일체의 선거운동을 금지하는 것은, 선거운동의 자유를 중대하게 제한하는 정도에 비하여 선거의 공정성 및 형평성의 확보라는 공익에 기여하는 바가 크지 않으므로, 법익의 균형성을 충족하지 못하는 것이다. … 심판대상조항은 과잉금지원칙을 위반하여 지방공사 상근직원의 선거운동의 자유를 침해한다(헌재 2024.1.25. 2021헌가14).

050

□□□

기본적으로 사법인적인 성격을 지니는 농협중앙회의 중앙회장선거에서 회장을 선출하거나 선거운동을 하는 것은 헌법에 의하여 보호되는 선거권의 범위에 포함된다. O | X

청구인은 심판대상조항들이 중앙회장선거 후보자의 선거운동의 자유를 침해한다고 주장하나, 사법인적인 성격을 지니는 농협중앙회의 중앙회장선거에서 회장을 선출하거나 선거운동을 하는 것은 헌법에 의하여 보호되는 선거권의 범위에 포함되지 아니한다(헌재 2019.7.25. 2018헌바85).

정답 047 ○ 048 X 049 ○ 050 X

051
☐☐☐

공무담임권의 보호영역에는 공직취임의 기회의 자의적인 배제뿐 아니라, 공무원 신분의 부당한 박탈까지 포함되는 것이라고 할 것인데, 전자는 후자보다 당해 국민의 법적 지위에 미치는 영향이 더욱 크다.　O | X

공무담임권의 보호영역에는 공직취임의 기회의 자의적인 배제뿐 아니라, 공무원 신분의 부당한 박탈까지 포함되는 것이라고 할 것이다. 왜냐하면, 후자는 전자보다 당해 국민의 법적 지위에 미치는 영향이 더욱 크다고 할 것이므로, 이를 보호영역에서 배제한다면, 기본권 보호체계에 발생하는 공백을 막기 어려울 것이며, 공무담임권을 규정하고 있는 위 헌법 제25조의 문언으로 보아도 현재 공무를 담임하고 있는 자를 그 공무로부터 배제하는 경우에는 적용되지 않는다고 해석할 수 없기 때문이다(헌재 2003.10.30. 2002헌마684 등).

052
☐☐☐

공무담임권의 보호영역에는 일반적으로 공직취임의 기회보장, 신분박탈, 직무의 정지가 포함되는 것일 뿐, 특별한 사정도 없이 여기서 더 나아가 공무원이 특정의 장소에서 근무하는 것 또는 특정의 보직을 받아 근무하는 것을 포함하는 일종의 '공무수행의 자유'까지 그 보호영역에 포함된다고 보기는 어렵다.　O | X

헌법 제25조의 공무담임권의 보호영역에는 일반적으로 공직취임의 기회보장, 신분박탈, 직무의 정지에 관련된 사항이 포함되지만, 특별한 사정도 없이 공무원이 특정의 장소에서 근무하는 것이나 특정의 보직을 받아 근무하는 것을 포함하는 일종의 '공무수행의 자유'까지 포함된다고 보기 어렵다(헌재 2014.1.28. 2011헌마239).

053
☐☐☐

판사와 검사의 임용자격을 각각 변호사 자격이 있는 자로 제한하는 법원조직법 제42조 제2항과 검찰청법 제29조 제2호는 변호사시험과 별도로 판·검사 교육후보자로 선발하는 시험 및 국가가 실시하는 교육과정을 거쳐 판·검사로 임용되는 별개의 제도를 도입하지 않았다 하여 공무담임권을 침해하였다고 볼 수 없다.　O | X

2011.7.18. 법원조직법 개정으로 판사로 임용되기 위해서는 변호사자격을 요구하되, 판사임용자격에 10년 이상의 법조경력을 요구한 취지(법원조직법 제42조 제2항)는 법원이 국민으로부터 신뢰와 존경을 받을 수 있도록 사법제도의 개혁이 필요하다는 사회적 요청에 부응하여 사법부의 인사제도를 개선할 필요에 따라 판사의 임용자격을 강화하여 충분한 사회적 경험과 연륜을 갖춘 판사가 재판할 수 있도록 하기 위함이다. 검찰청법 제29조 제2호가 검사 임용 시 변호사자격을 요구하고 변호사자격 없는 자들을 위한 별도의 교육후보생 선발시험을 도입하지 않은 이유는 법률가로서의 기본소양 및 자질은 지속적인 교육과정 이수를 통하여 배양하여야 한다는 입법자의 정책적 판단에 의한 것이다. 그런데 별도의 선발시험을 거쳐 국가가 실시하는 교육과정을 거치면 판사 또는 검사로 즉시 임용하는 것은 위와 같은 새로운 법조인 양성제도의 취지에 부합한다고 보기 어렵다. 따라서 임용자격조항이 변호사시험과 별도로 판·검사 교육후보자로 선발하는 시험 및 국가가 실시하는 교육과정을 거쳐 판·검사로 임용되는 별개의 제도를 도입하지 않았다 하여 공무담임권을 침해하였다고 볼 수 없다(헌재 2020.10.29. 2017헌마1128).

정답　051 X　052 ○　053 ○

054

☐☐☐ 공무원이 금고 이상의 형의 집행유예 판결을 받은 경우 당연퇴직하도록 규정한 구지방공무원법 조항 중 해당 부분은 과잉금지원칙에 위배되어 공무담임권을 침해한다고 볼 수 없다. O | X

범죄행위로 인하여 형사처벌을 받은 공무원에게 그에 상응하는 신분상의 불이익을 과하는 것은 국민전체의 이익을 위해 적절한 수단이 될 수 있고 공무원에게 공무를 위임한 국민의 일반의사에도 부합하는 점, 법원이 범죄의 모든 정황을 고려하여 금고 이상의 형의 집행유예 판결을 하였다면 당해 공무원에 대한 사회적 비난가능성이 결코 적지 아니한 점, 공무원이 범죄행위로 인하여 형사처벌을 받은 경우에는 당해 공무원에 대한 국민의 신뢰가 손상되어 원활한 직무수행에 어려움이 생기고 이는 공직전체에 대한 신뢰를 실추시켜 공공의 이익을 해하는 결과를 초래하게 되는 점 등을 고려하면, 이 사건 법률조항이 과잉금지원칙에 위배되어 공무담임권을 침해한다고 볼 수 없다(헌재 2015.10.21. 2015헌바215).

055

☐☐☐ 지방자치단체의 장이 금고 이상의 형을 선고받고 그 형이 확정되지 아니한 경우 부단체장이 그 권한을 대행하도록 한 것은 해당 지방자치단체장의 공무담임권을 침해한다고 보기는 어렵다. O | X

이 사건 법률조항은 필요최소한의 범위를 넘어선 기본권제한에 해당할 뿐 아니라, 이 사건 법률조항으로 인하여 해당 자치단체장은 불확정한 기간 동안 직무를 정지당함은 물론 주민들에게 유죄가 확정된 범죄자라는 선입견까지 주게 되고, 더욱이 장차 무죄판결을 선고받게 되면 이미 침해된 공무담임권은 회복될 수도 없는 등의 심대한 불이익을 입게 되므로, 법익균형성 요건 또한 갖추지 못하였다. 따라서, 이 사건 법률조항은 자치단체장인 청구인의 공무담임권을 침해한다(헌재 2010.9.2. 2010헌마418).

056

☐☐☐ 공무담임권은 공무원의 재임 기간 동안 충실한 공직 수행을 담보하기 위하여 퇴직급여 및 공무상 재해보상의 보장을 그 보호영역으로 한다. O | X

헌법 제25조의 공무담임권이 공무원의 재임 기간 동안 충실한 공무 수행을 담보하기 위하여 공무원의 퇴직급여 및 공무상 재해보상을 보장할 것까지 그 보호영역으로 하고 있다고 보기 어렵고, 행복추구권은 행복을 추구하기 위하여 필요한 급부를 국가에 대하여 적극적으로 요구할 수 있음을 내용으로 하는 것이 아니므로, 심판대상조항으로 인한 공무담임권 및 행복추구권의 제한은 문제되지 않는다(헌재 2014.6.26. 2012헌마459).

057

☐☐☐ 기능직공무원이 일반직공무원으로 우선 임용될 기회를 주지 않는 것은 공무담임권의 침해 문제가 생길 여지가 있다. O | X

기능직공무원이 일반직공무원으로 우선 임용될 수 있는 기회의 보장은 공무담임권에서 당연히 파생되는 것으로 볼 수 없다. 특히 공개경쟁시험이나 일반적인 경력경쟁시험보다 유리한 조건으로 청구인들과 같은 조무직렬 기능직공무원들에게 일반직공무원으로 우선 임용될 기회를 주지 않는다고 하여도 청구인들은 기능직공무원으로서 그대로 신분을 유지하게 되므로, 심판대상조항이 청구인들의 공직신분의 유지나 업무수행과 같은 법적 지위에 직접 영향을 미치는 것도 아니다. 따라서 청구인들이 주장하는 일반직공무원으로 우선 임용될 권리 내지 기회보장은 공무담임권의 보호영역에 속하지 아니하고, 심판대상조항으로 인하여 청구인들의 공무담임권 침해 문제가 생길 여지가 없다(헌재 2013.11.28. 2011헌마565).

정답 054 ○ 055 X 056 X 057 X

058
□□□
과거 3년 이내의 모든 당원 경력을 법관 임용 결격사유로 정한 것은, 법관의 정치적 중립성을 준수하고 재판의 독립을 지킬 수 있도록 하려는 것이므로 법관이 되려는 자의 공무담임권을 침해하지 않는다.　　　　O | X

가사 과거에 당원 신분을 취득한 경력을 규제할 필요성이 있더라도, 적극적으로 정치적 활동을 하였던 경우에 한하여 법관 임용을 제한할 수 있고, 이에 법원조직법은 관련 규정을 별도로 두고 있다. 그럼에도 불구하고, 심판대상조항과 같이 과거 3년 이내의 모든 당원 경력을 법관 임용 결격사유로 정하는 것은, 입법목적 달성을 위해 합리적인 범위를 넘어 정치적 중립성과 재판 독립에 긴밀한 연관성이 없는 경우까지 과도하게 공직취임의 기회를 제한한다. 따라서 심판대상조항은 과잉금지원칙에 반하여 청구인의 공무담임권을 침해한다(헌재 2024.7.18. 2021헌마460).

059
□□□
승진시험의 응시제한이나 이를 통한 승진기회의 보장 문제는 공무담임권의 보호영역에 포함된다고 보기는 어렵다.　　　　O | X

공무담임권의 보호영역에는 공직취임 기회의 자의적인 배제뿐 아니라, 공무원 신분의 부당한 박탈이나 권한 (직무)의 부당한 정지도 포함된다. 다만, '승진시험의 응시제한'이나 이를 통한 승진기회의 보장 문제는 공직신분의 유지나 업무수행에는 영향을 주지 않는 단순한 내부 승진인사에 관한 문제에 불과하여 공무담임권의 보호영역에 포함된다고 보기는 어렵다고 할 것이다(헌재 2010.3.25. 2009헌마538).

060
□□□
일단 공무원으로 채용된 공무원을 퇴직시키는 것은 공무원이 장기간 쌓은 지위를 박탈해버리는 것이므로 당연퇴직사유를 임용결격사유와 동일하게 취급하는 것은 타당하지 않다.　　　　O | X

일단 공무원으로 채용된 공무원을 퇴직시키는 것은 공무원이 장기간 쌓은 지위를 박탈해버리는 것이므로 같은 입법목적을 위한 것이라고 하여도 당연퇴직 사유를 임용결격사유와 동일하게 취급하는 것은 타당하다고 할 수 없다. 따라서 이 사건 법률조항은 헌법 제25조의 공무담임권을 침해한 위헌 법률이다(헌재 2004.9.23. 2004헌가12).

061
□□□
'승진시험의 응시제한'이나 이를 통한 승진기회의 보장 문제는 공직신분의 유지나 업무수행에는 영향을 주지 않는 단순한 내부 승진인사에 관한 문제에 불과하다고 볼 수 없으므로 공무담임권의 보호영역에 포함된다.　　　　O | X

공무담임권의 보호영역에는 공직취임 기회의 자의적인 배제뿐 아니라, 공무원 신분의 부당한 박탈이나 권한 (직무)의 부당한 정지도 포함된다. 다만, '승진시험의 응시제한'이나 이를 통한 승진기회의 보장 문제는 공직신분의 유지나 업무수행에는 영향을 주지 않는 단순한 내부 승진인사에 관한 문제에 불과하여 공무담임권의 보호영역에 포함된다고 보기는 어렵다고 할 것이다(헌재 2010.3.25. 2009헌마538).

정답 058 X　059 ○　060 ○　061 X

062
☐☐☐

헌법 제72조는 국민투표에 부쳐질 중요정책인지 여부를 대통령이 재량에 의하여 결정하도록 명문으로 규정하고 있는바, 중요 정책에 관한 사항이라 하더라도 반드시 국민의 직접적인 의사를 확인하여 결정해야 한다고 보는 것은 전체적인 헌법체계와 조화를 이룰 수 없다.　　　　O | X

헌법 제72조는 "대통령은 필요하다고 인정할 때에는 외교·국방·통일 기타 국가안위에 관한 중요정책을 국민투표에 붙일 수 있다."고 규정하여 국민투표에 부쳐질 중요정책인지 여부를 대통령이 재량에 의하여 결정하도록 명문으로 규정하고 있다. 특히 우리 헌법은 국민에 의하여 직접 선출된 국민의 대표자가 국민을 대신하여 국가의사를 결정하는 대의민주주의를 기본으로 하고 있어, 중요 정책에 관한 사항이라 하더라도 반드시 국민의 직접적인 의사를 확인하여 결정해야 한다고 보는 것은 전체적인 헌법체계와 조화를 이룰 수 없다(헌재 2005.11.24. 2005헌마579 등).

063
☐☐☐

대통령은 헌법상 국민에게 자신에 대한 신임을 국민투표의 형식으로 물을 수 없을 뿐만 아니라, 특정 정책을 국민투표에 붙이면서 이에 자신의 신임을 결부시키는 대통령의 행위도 위헌적인 행위로서 헌법적으로 허용되지 않는다.　　　　O | X

대통령은 헌법상 국민에게 자신에 대한 신임을 국민투표의 형식으로 물을 수 없을 뿐만 아니라, 특정 정책을 국민투표에 붙이면서 이에 자신의 신임을 결부시키는 대통령의 행위도 위헌적인 행위로서 헌법적으로 허용되지 않는다. … 헌법은 대통령에게 국민투표를 통하여 직접적이든 간접적이든 자신의 신임여부를 확인할 수 있는 권한을 부여하지 않는다(헌재 2004.5.14. 2004헌나1).

064
☐☐☐

헌법 제117조 및 제118조를 통해 대의제 또는 대표제 지방자치를 보장하고 있는바, 지방자치법에서 규정한 주민투표권은 국민투표권과 같이 헌법이 보장하는 참정권이다.　　　　O | X

헌법 제117조 및 제118조가 보장하고 있는 본질적인 내용은 자치단체의 보장, 자치기능의 보장 및 자치사무의 보장으로 어디까지나 지방자치단체의 자치권으로 헌법은 지역 주민들이 자신들이 선출한 자치단체의 장과 지방의회를 통하여 자치사무를 처리할 수 있는 대의제 또는 대표제 지방자치를 보장하고 있을 뿐이지 주민투표에 대하여는 어떠한 규정도 두고 있지 않다. … 지방자치법 제13조의2에서 규정한 주민투표권은 그 성질상 선거권, 공무담임권, 국민투표권과 전혀 다른 것이어서 이를 법률이 보장하는 참정권이라고 할 수 있을지언정 헌법이 보장하는 참정권이라고 할 수는 없다(헌재 2001.6.28. 2000헌마735).

065
☐☐☐

국민투표법에 의하면, 국민투표의 효력에 관하여 이의가 있는 투표인은 투표인 10만인 이상의 찬성을 얻어 중앙선거관리위원회위원장을 피고로 하여 투표일로부터 20일 이내에 대법원에 제소할 수 있다.　O | X

> **국민투표법 제92조【국민투표무효의 소송】** 국민투표의 효력에 관하여 이의가 있는 투표인은 투표인 10만인 이상의 찬성을 얻어 중앙선거관리위원회위원장을 피고로 하여 투표일로부터 20일 이내에 대법원에 제소할 수 있다.

정답 062 ○　063 ○　064 X　065 ○

066
☐☐☐

군인사법 제10조 제2항 제6호의4 나목 중 아동복지법 제17조 제2호 가운데 '아동에게 성적 수치심을 주는 성희롱 등의 성적 학대행위로 형을 선고받아 그 형이 확정된 사람은 부사관으로 임용될 수 없도록 한 것'에 관한 부분은 공무담임권을 침해하지 않는다. O | X

아동과 관련이 없는 직무를 포함하여 모든 일반직공무원 및 부사관에 임용될 수 없도록 하므로, 제한의 범위가 지나치게 넓고 포괄적이다. 또한, 심판대상조항은 영구적으로 임용을 제한하고, 결격사유가 해소될 수 있는 어떠한 가능성도 인정하지 않는다. 아동에 대한 성희롱 등의 성적 학대행위로 형을 선고받은 경우라고 하여도 범죄의 종류, 죄질 등은 다양하므로, 개별 범죄의 비난가능성 및 재범 위험성 등을 고려하여 상당한 기간 동안 임용을 제한하는 덜 침해적인 방법으로도 입법목적을 충분히 달성할 수 있다. 따라서 심판대상조항은 과잉금지원칙에 위배되어 청구인의 공무담임권을 침해한다(헌재 2022.11.24. 2020헌마1181).

067
☐☐☐

과거 3년 이내의 당원 경력을 법관 임용 결격사유로 정한 법원조직법 제43조 제1항 제5호 중 '당원의 신분을 상실한 날부터 3년이 경과되지 아니한 사람'에 관한 부분은 과잉금지원칙에 반하여 공무담임권을 침해한다. O | X

심판대상조항과 같이 과거 3년 이내의 모든 당원 경력을 법관 임용 결격사유로 정하는 것은, 입법목적 달성을 위해 합리적인 범위를 넘어 정치적 중립성과 재판 독립에 긴밀한 연관성이 없는 경우까지 과도하게 공직취임의 기회를 제한한다. 따라서 심판대상조항은 과잉금지원칙에 반하여 청구인의 공무담임권을 침해한다(헌재 2024.7.18. 2021헌마460).

068
☐☐☐

교육부 및 그 소속기관에서 근무하는 교육연구사 선발에 수석교사가 응시할 수 없도록 응시 자격을 제한한 교육부장관의 '2017년도 교육전문직 선발 계획 공고'와 '2017년도 교육부 및 소속기관 근무 교육전문직 선발 계획'은 공무담임권을 침해하지 않는다. O | X

수석교사가 고유 업무인 연구·교수 업무에 전념하게 하기 위한 것으로 목적의 정당성이 인정되며, 수석교사를 교육연구사 선발에 응시하지 못하게 하는 것은 위 목적을 달성하기 위한 적합한 수단이다. 교육전문직원으로 전직하면 추후에 교감, 교장으로 임용되는 데 유리한 측면이 있으므로, 수석교사의 교육연구사 선발 응시를 허용하는 경우 수석교사제도의 도입취지가 몰각될 수 있다. 또한 수석교사가 임기 종료 후 재임용을 받지 않거나 수석교사직을 포기하면 교육연구사 선발에 응시할 수 있고, 수석교사직을 잃더라도 교사 지위는 유지된다는 점에 비추어 보면 침해의 최소성 및 법익의 균형성에도 반하지 않는다. 결국 이 사건 공고는 과잉금지원칙에 위배되어 공무담임권을 침해하지 않는다(헌재 2023.2.23. 2017헌마604).

069
☐☐☐

관련 자격증 소지자에게 관세직 국가공무원 공개경쟁채용시험에서 일정한 가산점을 부여하는 구 공무원임용시험령 제31조 제2항에 따른 별표 11 가운데 1. 행정직군 및 기술직군의 직급별 가산비율 중 6·7급의 변호사, 공인회계사, 관세사에 대한 가산비율 5% 부분 및 별표 12 가운데 관세직렬에 관한 부분은 공무담임권을 침해하지 아니한다. O | X

공무원 공개경쟁채용시험에서 자격증에 따른 가산점을 인정하는 목적은 공무원의 업무상 전문성을 강화하기 위함인바, 관세 업무에 전문성을 갖춘 것으로 평가되는 자격증(변호사·공인회계사·관세사) 소지자들에게 관세직렬 공개경쟁채용시험에서 가산점을 부여하는 것은 관세행정의 전문성을 제고하는 데 기여하는 것으로 목적의 정당성 및 수단의 적합성이 인정된다. … 이 사건 가산점근거조항은 과잉금지원칙에 위배하여 청구인의 공무담임권을 침해하지 아니한다(헌재 2023.2.23. 2019헌마401).

정답 066 X 067 O 068 O 069 O

제6장 청구권적 기본권

제1절 청원권

21. 소방간부

001
☐☐☐

국회에 청원을 하려는 자는 의원의 소개를 받거나 국회규칙으로 정하는 기간 동안 국회규칙으로 정하는 일정한 수 이상의 국민의 동의를 받아 청원서를 제출하여야 한다.　　　　O | X

> **국회법 제123조【청원서의 제출】** ① 국회에 청원을 하려는 자는 의원의 소개를 받거나 국회규칙으로 정하는 기간 동안 국회규칙으로 정하는 일정한 수 이상의 국민의 동의를 받아 청원서를 제출하여야 한다.

21. 소방간부

002
☐☐☐

교도소 수형자의 서신을 통한 청원을 아무런 제한 없이 허용한다면 수용자가 이를 악용하여 검열 없이 외부에 서신을 발송하는 탈법수단으로 이용할 수 있게 되므로 이에 대한 검열은 수용목적을 달성하기 위한 불가피한 것으로서 청원권의 본질적 내용을 침해하는 것은 아니다.　　　　O | X

헌법상 청원권이 보장된다 하더라도 청원권의 구체적 내용은 입법활동에 의하여 형성되며 입법형성에는 폭넓은 재량권이 있으므로 입법자는 수용 목적 달성을 저해하지 않는 범위 내에서 교도소 수용자에게 청원권을 보장하는 합리적인 수단을 선택할 수 있다고 할 것인바, 서신을 통한 수용자의 청원을 아무런 제한 없이 허용한다면 수용자가 이를 악용하여 검열 없이 외부에 서신을 발송하는 탈법수단으로 이용할 수 있게 되므로 이에 대한 검열은 수용 목적 달성을 위한 불가피한 것으로서 청원권의 본질적 내용을 침해한다고 할 수 없다(헌재 2001.11.29. 99헌마713).

23. 경찰간부

003
☐☐☐

국가유공자가 철도청장에게 자신을 기능직공무원으로 임용하여 줄 것을 청원하는 경우에 취업보호대상자의 기능직공무원채용의무비율 규정이 있는 때에는 그 국가유공자가 채용시험 없이 바로 자신을 임용해 줄 것을 요구할 수 있는 구체적인 신청권을 갖고 있는 것으로 볼 수 있다.　　　　O | X

헌법과 그 밖의 관련규정을 종합하여 볼 때, 이 사건 청구인이 취업보호대상자의 기능직공무원 채용의무비율 규정만을 근거로 피청구인 철도청장에 대해 채용시험 없이 바로 자신을 임용해 줄 것을 요구할 수 있는 구체적인 신청권을 갖고 있는 것으로 볼 수는 없다(헌재 2004.10.28. 2003헌마898).

정답 001 ○　002 ○　003 X

004

☐☐☐

정부에 제출 또는 회부된 정부의 정책에 관계되는 청원의 심사는 국무회의의 심의를 거쳐야 한다.

O | X

> 헌법 제89조 다음 사항은 국무회의의 심의를 거쳐야 한다.
> 15. 정부에 제출 또는 회부된 정부의 정책에 관계되는 청원의 심사

005

☐☐☐

국민이 여러 가지 이해관계 또는 국정에 관해서 자신의 의견이나 희망을 해당 기관에 직접 진술하여야 하며, 본인을 대리하거나 중개하는 제3자를 통해 진술하는 것은 청원권으로서 보호되지 않는다. O | X

우리 헌법은 문서로 청원을 하도록 한 것 이외에 그 형식을 제한하고 있지 않으며, 청원권의 행사방법이나 그 절차를 구체화하고 있는 청원법도 제3자를 통해 하는 방식의 청원을 금지하고 있지 않다. 따라서 국민이 여러 가지 이해관계 또는 국정에 관해서 자신의 의견이나 희망을 해당 기관에 직접 진술하는 외에 그 본인을 대리하거나 중개하는 제3자를 통해 진술하더라도 이는 청원권으로서 보호될 것이다(헌재 2005.11.24. 2003헌바108).

006

☐☐☐

청원법에 따르면 청원기관의 장은 청원이 허위의 사실로 타인으로 하여금 형사처분 또는 징계처분을 받게 하는 사항에 해당하는 경우에는 처리를 하지 아니한다. O | X

'처리를 하지 아니한다'가 아닌 '처리를 하지 아니할 수 있다'이므로 표현을 조심해야 한다.

> 청원법 제6조 【청원 처리의 예외】 청원기관의 장은 청원이 다음 각 호의 어느 하나에 해당하는 경우에는 처리를 하지 아니할 수 있다. 이 경우 사유를 청원인(제11조 제3항에 따른 공동청원의 경우에는 대표자를 말한다)에게 알려야 한다.
> 3. 허위의 사실로 타인으로 하여금 형사처분 또는 징계처분을 받게 하는 사항

007

☐☐☐

현행 헌법규정에 의하면 청원은 문서 또는 구두(口頭)로 할 수 있다. O | X

> 헌법 제26조 ① 모든 국민은 법률이 정하는 바에 의하여 국가기관에 문서로 청원할 권리를 가진다.

정답 004 ○ 005 X 006 X 007 X

008
□□□

국민은 지방자치단체와 그 소속 기관에 청원을 제출할 수 있다. O | X

> **청원법 제4조【청원기관】** 이 법에 따라 국민이 청원을 제출할 수 있는 기관(이하 "청원기관"이라 한다)은 다음 각 호와 같다.
> 2. 지방자치단체와 그 소속 기관

009
□□□

청원서의 일반인에 대한 공개를 위해 30일 이내에 100명 이상의 찬성을 받도록 하고, 청원서가 일반인에게 공개되면 그로부터 30일 이내에 10만 명 이상의 동의를 받도록 한 국회청원심사규칙 조항은 청원의 요건을 지나치게 까다롭게 설정하여 국민의 청원권을 침해한다. O | X

국민동의법령조항들이 청원서의 일반인에 대한 공개를 위해 30일 이내에 100명 이상의 찬성을 받도록 한 것은 일종의 사전동의제도로서, 중복게시물을 방지하고 비방, 욕설, 혐오표현, 명예훼손 등 부적절한 청원을 줄이며 국민의 목소리를 효율적으로 담아내고자 함에 그 취지가 있다. 다음으로, 청원서가 일반인에게 공개되면 그로부터 30일 이내에 10만 명 이상의 동의를 받도록 한 것은 국회의 한정된 심의 역량과 자원의 효율적 배분을 고려함과 동시에, 일정 수준 이상의 인원에 해당하는 국민 다수가 관심을 갖고 동의하는 의제가 논의 대상이 되도록 하기 위한 것이다. 국회에 대한 청원은 법률안 등과 같이 의안에 준하여 위원회 심사를 거쳐 처리되고, 다른 행정부 등 국가기관과 달리 국회는 합의제 기관이라는 점에서 청원 심사의 실효성을 확보할 필요성 또한 크다. 이와 같은 점에서 국민동의법령조항들이 설정하고 있는 청원찬성·동의를 구하는 기간 및 그 인원수는 불합리하다고 보기 어렵다. 따라서 국민동의법령조항들은 입법재량을 일탈하여 청원권을 침해하였다고 볼 수 없다(헌재 2023.3.23. 2018헌마460).

010
□□□

국민은 공무원의 위법·부당한 행위에 대한 시정이나 징계의 요구를 청원할 수 없다. O | X

국민은 공무원의 위법·부당한 행위에 대한 시정이나 징계의 요구를 청원할 수 있다.

> **청원법 제5조【청원사항】** 국민은 다음 각 호의 어느 하나에 해당하는 사항에 대하여 청원기관에 청원할 수 있다.
> 2. 공무원의 위법·부당한 행위에 대한 시정이나 징계의 요구

011
□□□

청원권의 행사는 자신이 직접 하든 아니면 제3자인 중개인이나 대리인을 통해서 하든 청원권으로서 보호된다. O | X

청원권의 행사는 자신이 직접 하든 아니면 제3자인 중개인이나 대리인을 통해서 하든 청원권으로서 보호된다. 우리 헌법은 문서로 청원을 하도록 한 것 이외에 그 형식을 제한하고 있지 않으며, 청원권의 행사방법이나 그 절차를 구체화하고 있는 청원법도 제3자를 통해 하는 방식의 청원을 금지하고 있지 않다. 따라서 국민이 여러 가지 이해관계 또는 국정에 관해서 자신의 의견이나 희망을 해당 기관에 직접 진술하는 외에 그 본인을 대리하거나 중개하는 제3자를 통해 진술하더라도 이는 청원권으로서 보호될 것이다(헌재 2005.11.24. 2003헌바108).

정답 008 ○ 009 X 010 X 011 ○

012
□□□

청원법상 청원기관의 장은 청원을 접수한 때에는 특별한 사유가 없으면 60일 이내에 처리결과를 청원인에게 알려야 한다.　　　　O | X

60일 이내가 아닌 90일 이내이다.

> **청원법 제21조 【청원의 처리 등】** ② 청원기관의 장은 청원을 접수한 때에는 특별한 사유가 없으면 90일 이내(제13조 제1항에 따른 공개청원의 공개 여부 결정기간 및 같은 조 제2항에 따른 국민의 의견을 듣는 기간을 제외한다)에 처리결과를 청원인(공동청원의 경우 대표자를 말한다)에게 알려야 한다. 이 경우 공개청원의 처리결과는 온라인청원시스템에 공개하여야 한다.

013
□□□

청원권의 보호범위에는 청원사항의 처리결과에 심판서나 재결서에 준하여 이유를 명시할 것까지를 요구하는 것은 포함되지 않는다.　　　　O | X

청원권의 보호범위에는 청원사항의 처리결과에 심판서나 재결서에 준하여 이유를 명시할 것까지를 요구하는 것은 포함되지 아니한다고 할 것이다. 왜냐하면 국민이면 누구든지 널리 제기할 수 있는 민중적 청원제도는 재판청구권 기타 준사법적 구제청구와는 완전히 성질을 달리하는 것이기 때문이다. 그러므로 청원소관서는 청원법이 정하는 절차와 범위 내에서 청원사항을 성실·공정·신속히 심사하고 청원인에게 그 청원을 어떻게 처리하였거나 처리하려 하는지를 알 수 있을 정도로 결과통지함으로써 충분하다고 할 것이다(헌재 1994.2.24. 93헌마213 등).

014
□□□

청원법상 국민은 공무원의 위법·부당한 행위에 대한 시정이나 징계의 요구에 대하여 청원기관에 청원할 수 있다.　　　　O | X

> **청원법 제5조 【청원사항】** 국민은 다음 각 호의 어느 하나에 해당하는 사항에 대하여 청원기관에 청원할 수 있다.
> 2. 공무원의 위법·부당한 행위에 대한 시정이나 징계의 요구

015
□□□

청원권은 공권력과의 관계에서 일어나는 여러 가지 이해관계, 의견, 희망 등에 관하여 적법한 청원을 한 모든 국민에게 그 주관관서인 국가기관이 청원을 수리할 뿐만 아니라 이를 심사하여 청원자에게 그 처리결과를 통지할 것을 요구할 수 있는 권리를 말한다.　　　　O | X

헌법은 제26조 제1항에서 "모든 국민은 법률이 정하는 바에 의하여 국가기관에 문서로 청원할 권리를 가진다."라고 하여 청원권을 보장하고 있는바 청원권은 공권력과의 관계에서 일어나는 여러 가지 이해관계, 의견, 희망 등에 관하여 적법한 청원을 한 모든 국민에게 국가기관이(그 주관관서가) 청원을 수리할 뿐만 아니라 이를 심사하여 청원자에게 그 처리결과를 통지할 것을 요구할 수 있는 권리를 말한다(헌재 2023.3.23. 2018헌마460 등).

016

□□□

정부에 제출된 정부의 정책에 관계되는 청원의 심사와는 달리, 정부에 회부된 정부의 정책에 관계되는 청원의 심사는 반드시 국무회의의 심의를 거쳐야 하는 것은 아니다. O | X

> 헌법 제89조 다음 사항은 국무회의의 심의를 거쳐야 한다.
> 15. 정부에 제출 또는 회부된 정부의 정책에 관계되는 청원의 심사

017

□□□

국회에 청원하는 방법을 정한 국회법 조항 중 '국회규칙으로 정하는 기간 동안 국회규칙으로 정하는 일정한 수 이상의 국민의 동의를 받아' 부분은 국회규칙으로 규정될 내용 및 범위의 기본사항을 구체적으로 규정하고 있지 않아 그 대강을 예측할 수 없으므로 포괄위임금지원칙에 위반되어 청원권을 침해한다. O | X

국민의 의견을 효과적으로 반영하여 청원제도의 목적을 높은 수준으로 달성하기 위해서는 국회가 국회의 한정된 자원과 심의역량 등을 고려하여 국민동의기간이나 인원 등 국민동의 요건을 탄력적으로 정할 필요가 있으므로, 그 구체적인 내용을 하위법령에 위임할 필요성이 인정된다. 아울러 국회규칙에서는 국회가 처리할 수 있는 범위 내에서 국민의 의견을 취합하여 국민 다수가 동의하는 의제가 효과적으로 국회의 논의 대상이 될 수 있도록 적정한 수준으로 구체적인 국민동의 요건과 절차가 설정될 것임을 예측할 수 있다. 따라서 국민동의조항은 포괄위임금지원칙에 위반되어 청원권을 침해하지 않는다(헌재 2023.3.23. 2018헌마460 등).

018

□□□

청원이 단순한 호소나 요청이 아닌 구체적인 권리행사로서의 성질을 갖더라도 그에 대한 국가기관의 거부행위가 당연히 헌법소원의 대상이 되는 공권력의 행사라고 할 수는 없다. O | X

청구인의 청원이 단순한 호소나 요청이 아닌 구체적인 권리행사로서의 성질을 갖는 경우라면 그에 대한 위 피청구인의 거부행위는 청구인의 법률관계나 법적 지위에 영향을 미치는 것으로서 당연히 헌법소원의 대상이 되는 공권력의 행사라고 할 수 있을 것이다(헌재 2004.10.28. 2003헌마898).

019

□□□

법률·명령·조례·규칙 등의 제정·개정 또는 폐지에 대하여 청원기관에 청원할 수 있다. O | X

> **청원법 제5조【청원사항】** 국민은 다음 각 호의 어느 하나에 해당하는 사항에 대하여 청원기관에 청원할 수 있다.
> 3. 법률·명령·조례·규칙 등의 제정·개정 또는 폐지

정답 016 X 017 X 018 X 019 ○

020

□□□

국민은 법령에 따라 행정권한을 위임 또는 위탁받은 개인에게 청원을 제출할 수 없다.　　　　O | X

> **청원법 제4조【청원기관】** 이 법에 따라 국민이 청원을 제출할 수 있는 기관(이하 "청원기관"이라 한다)은 다음 각 호와 같다.
> 3. 법령에 따라 행정권한을 가지고 있거나 행정권한을 위임 또는 위탁받은 법인·단체 또는 그 기관이나 개인

021

□□□

허위의 사실로 타인으로 하여금 형사처분 또는 징계처분을 받게 하는 사항이나 사인간의 권리관계 또는 개인의 사생활에 관한 사항은 청원을 수리하지 아니한다.　　　　O | X

허위의 사실로 타인으로 하여금 형사처분 또는 징계처분을 받게 하는 사항이나 사인간의 권리관계 또는 개인의 사생활에 관한 사항은 처리하지 아니할 수 있다.

> **청원법 제6조【청원 처리의 예외】** 청원기관의 장은 청원이 다음 각 호의 어느 하나에 해당하는 경우에는 처리를 하지 아니할 수 있다.
> 3. 허위의 사실로 타인으로 하여금 형사처분 또는 징계처분을 받게 하는 사항
> 5. 사인간의 권리관계 또는 개인의 사생활에 관한 사항

022

□□□

국회 전자청원시스템에 등록된 청원서가 등록일부터 30일 이내에 100명 이상의 찬성을 받아 일반인에게 공개되면, 공개된 날부터 30일 이내에 10만 명 이상의 동의를 받은 경우 국민동의청원으로 접수된 것으로 보는 국회법 및 국회청원심사규칙 조항은 의원소개조항에 더하여 추가적으로 요건과 절차를 규정하고 있는 것으로 입법형성의 한계를 위반한 것이다.　　　　O | X

국민동의법령조항들은 의원소개조항에 더하여 추가적으로 국민의 동의를 받는 방식으로 국회에 청원하는 방법을 허용하면서 그 구체적인 요건과 절차를 규정하고 있는 것으로, 청원권의 구체적인 입법형성에 해당한다. … 국회에 대한 청원은 법률안 등과 같이 의안에 준하여 위원회 심사를 거쳐 처리되고, 다른 행정부 등 국가기관과 달리 국회는 합의제 기관이라는 점에서 청원 심사의 실효성을 확보할 필요성 또한 크다. 이와 같은 점에서 국민동의법령조항들이 설정하고 있는 청원찬성·동의를 구하는 기간 및 그 인원수는 불합리하다고 보기 어렵다. 따라서 국민동의법령조항들은 입법재량을 일탈하여 청원권을 침해하였다고 볼 수 없다(헌재 2023.3.23. 2018헌마460 등).

정답 020 X 021 X 022 X

21. 국가직

023
☐☐☐

재판청구권에는 민사재판, 형사재판, 행정재판뿐만 아니라 헌법재판을 받을 권리도 포함되므로, 헌법상 보장되는 기본권인 '공정한 재판을 받을 권리'에는 '공정한 헌법재판을 받을 권리'도 포함된다.　　O | X

헌법 제27조는 국민의 재판청구권을 보장하고 있는데, 여기에는 공정한 재판을 받을 권리가 포함되어 있다. 그런데 재판청구권에는 민사재판, 형사재판, 행정재판뿐만 아니라 헌법재판을 받을 권리도 포함되므로, 헌법상 보장되는 기본권인 '공정한 재판을 받을 권리'에는 '공정한 헌법재판을 받을 권리'도 포함된다(헌재 2016.11.24. 2015헌마902).

20. 입시

024
☐☐☐

헌법과 법률이 정한 법관에 의하여 법률에 의한 재판을 받을 권리가 사건의 경중을 가리지 않고 모든 사건에 대하여 대법원을 구성하는 법관에 의한 균등한 재판을 받을 권리를 의미한다거나 또는 상고심재판을 받을 권리를 의미하는 것이라고 할 수는 없다.　　O | X

헌법이 대법원을 최고법원으로 규정하였다고 하여 대법원이 곧바로 모든 사건을 상고심으로서 관할하여야 한다는 결론이 당연히 도출되는 것은 아니며, '헌법과 법률이 정하는 법관에 의하여 법률에 의한 재판을 받을 권리'가 사건의 경중을 가리지 않고 모든 사건에 대하여 대법원을 구성하는 법관에 의한 균등한 재판을 받을 권리를 의미한다거나 또는 상고심재판을 받을 권리를 의미하는 것이라고 할 수는 없다(헌재 2007.7.26. 2006헌마551 등).

20. 입시

025
☐☐☐

심의위원회의 배상금 등 지급결정에 신청인이 동의한 때에는 국가와 신청인 사이에 민사소송법에 따른 재판상 화해가 성립된 것으로 보는 4·16 세월호참사 피해구제 및 지원 등을 위한 특별법 규정은 신청인의 재판청구권을 침해하지 않는다.　　O | X

세월호피해지원법 제16조는 지급절차를 신속히 종결함으로써 세월호 참사로 인한 피해를 신속하게 구제하기 위한 것이다. … 따라서 심의위원회의 배상금 등 지급결정에 동의한 때 재판상 화해가 성립한 것으로 간주하더라도 이것이 재판청구권 행사에 대한 지나친 제한이라고 보기 어렵다. 세월호피해지원법 제16조가 지급결정에 재판상 화해의 효력을 인정함으로써 확보되는 배상금 등 지급을 둘러싼 분쟁의 조속한 종결과 이를 통해 확보되는 피해구제의 신속성 등의 공익은 그로 인한 신청인의 불이익에 비하여 작다고 보기는 어려우므로, 법익의 균형성도 갖추고 있다. 따라서 세월호피해지원법 제16조는 청구인들의 재판청구권을 침해하지 않는다(헌재 2017.6.29. 2015헌마654).

정답　023 ○　024 ○　025 ○

026
□□□
형사소송법상 즉시항고 제기기간을 3일로 제한하고 있는 것은 과잉금지원칙을 위반한 것이 아니므로 재판청구권을 침해하지 않는다.　　　　　　　　　　　　　　　　　　　　　　　　　　　　　　　　　O | X

형사재판 중 결정절차에서는 그 결정 일자가 미리 당사자에게 고지되는 것이 아니기 때문에 결정에 대한 불복 여부를 결정하고 즉시항고 절차를 준비하는데 있어 상당한 기간을 부여할 필요가 있다. … 민사소송, 민사집행, 행정소송, 형사보상절차 등의 즉시항고기간 1주나, 외국의 입법례와 비교하더라도 3일이라는 제기기간은 지나치게 짧다. 즉시항고 자체가 형사소송법상 명문의 규정이 있는 경우에만 허용되므로 기간 연장으로 인한 폐해가 크다고 볼 수도 없는 점 등을 고려하면, 심판대상조항은 즉시항고 제도를 단지 형식적이고 이론적인 권리로서만 기능하게 함으로써 헌법상 재판청구권을 공허하게 하므로 입법재량의 한계를 일탈하여 재판청구권을 침해하는 규정이다(헌재 2018.12.27. 2015헌바77).

027
□□□
취소소송의 제소기간을 처분 등이 있음을 안 때로부터 90일 이내로 규정한 것은 지나치게 짧은 기간이라고 보기 어렵고 행정법 관계의 조속한 안정을 위해 필요한 방법이므로 재판청구권을 침해하지 않는다.　　　　　　　　　　　　　　　　　　　　　　　　　　　　　　　　　O | X

'처분 등이 있음을 안 날'을 기산점으로 정하여 취소소송의 제소기간에 제한을 둔 것은 법률관계의 조속한 확정을 위한 것으로 입법목적이 정당하다. 처분 등이 위법할 수 있다는 의심을 갖는데 있어 처분 등이 있음을 안 때로부터 90일의 기간은 지나치게 짧은 기간이라고 보기 어렵고, '처분 등이 있음'을 안 시점은 비교적 객관적이고 명확하게 특정할 수 있으므로 이를 제소기간의 기산점으로 둔 것은 행정법 관계의 조속한 안정을 위해 필요하고 효과적인 방법이다. … 따라서 '처분 등이 있음을 안 날'을 제소기간의 기산점으로 정한 심판대상조항은 재판청구권을 침해하지 아니한다(헌재 2018.6.28. 2017헌바66).

028
□□□
형사피해자에게 약식명령을 고지하지 않도록 규정한 것은 형사피해자의 재판절차진술권과 정식재판청구권을 침해하는 것으로서, 입법자가 입법재량을 일탈·남용하여 형사피해자의 재판을 받을 권리를 침해하는 것이다.　　　　　　　　　　　　　　　　　　　　　　　　　　　　　　　　　O | X

약식명령은 경미하고 간이한 사건을 대상으로 하기 때문에, 대부분 범죄사실에 다툼이 없는 경우가 많고, 형사피해자도 이미 범죄사실을 충분히 인지하고 있어, 범죄사실에 대한 별도의 확인 없이도 얼마든지 법원이나 수사기관에 의견을 제출할 수 있으며, 직접 범죄사실의 확인을 원하는 경우에는 소송기록의 열람·등사를 신청하는 것도 가능하므로, 형사피해자가 약식명령을 고지받지 못한다고 하여 형사재판절차에서의 참여기회가 완전히 봉쇄되어 있다고 볼 수 없다. 따라서 이 사건 고지조항은 형사피해자의 재판절차진술권을 침해하지 않는다(헌재 2019.9.26. 2018헌마1015).

029
☐☐☐

공정한 재판을 받을 권리 속에는 신속하고 공개된 법정의 법관의 면전에서 모든 증거자료가 조사·진술되고 이에 대하여 피고인이 공격·방어할 수 있는 기회가 보장되는 재판, 원칙적으로 당사자주의와 구두변론주의가 보장되어 당사자가 공소사실에 대한 답변과 입증 및 반증을 하는 등 공격, 방어권이 충분히 보장되는 재판을 받을 권리가 포함되어 있다. O | X

공정한 재판을 받을 권리 속에는 신속하고 공개된 법정의 법관의 면전에서 모든 증거자료가 조사·진술되고 이에 대하여 피고인이 공격·방어할 수 있는 기회가 보장되는 재판, 즉 원칙적으로 당사자주의와 구두변론주의가 보장되어 당사자가 공소사실에 대한 답변과 입증 및 반증하는 등 공격·방어권이 충분히 보장되는 재판을 받을 권리가 포함되어 있다(헌재 1996.12.26. 94헌바1).

030
☐☐☐

범죄인인도법 제3조가 법원의 범죄인인도심사를 서울고등법원의 전속관할로 하고 그 심사결정에 대한 불복절차를 인정하지 않은 것은 재판청구권을 침해한다. O | X

범죄인인도법 제3조가 법원의 범죄인인도심사를 서울고등법원의 전속관할로 하고 그 심사결정에 대한 불복절차를 인정하지 않은 것은 적법절차원칙에 위배하거나, 재판청구권 등을 침해한 것으로 볼 수 없다(헌재 2003.1.30. 2001헌바95).

031
☐☐☐

'피고인 스스로 치료감호를 청구할 수 있는 권리'뿐만 아니라 '법원으로부터 직권으로 치료감호를 선고받을 수 있는 권리'는 헌법상 재판청구권의 보호범위에 포함된다. O | X

'피고인 스스로 치료감호를 청구할 수 있는 권리'가 헌법상 재판청구권의 보호범위에 포함된다고 보기는 어렵고, 검사뿐만 아니라 피고인에게까지 치료감호 청구권을 주어야만 절차의 적법성이 담보되는 것도 아니므로, 이 사건 법률조항이 청구인의 재판청구권을 침해하거나 적법절차의 원칙에 반한다고 볼 수 없다(헌재 2010. 4.29. 2008헌마622).

032
☐☐☐

행정심판이 재판의 전심절차로서 기능할 뿐만 아니라 사실확정에 관한 한 사실상 최종심으로 기능하더라도 재판청구권을 침해하는 것은 아니다. O | X

행정심판이 재판의 전심절차로서 기능할 뿐만 아니라 사실확정에 관한 한 사실상 최종심으로 기능하면 재판청구권을 침해하는 것이다. 변호사법 제100조 제4항 내지 제6항은 행정심판에 불과한 법무부변호사징계위원회의 결정에 대하여 법원의 사실적 측면과 법률적 측면에 대한 심사를 배제하고 대법원으로 하여금 변호사징계사건의 최종심 및 법률심으로서 단지 법률적 측면의 심사만을 할 수 있도록 하고 재판의 전심절차로서만 기능해야 할 법무부변호사징계위원회를 사실확정에 관한 한 사실상 최종심으로 기능하게 하고 있으므로, 일체의 법률적 쟁송에 대한 재판기능을 대법원을 최고법원으로 하는 법원에 속하도록 규정하고 있는 헌법 제101조 제1항 및 재판의 전심절차로서 행정심판을 두도록 하는 헌법 제107조 제3항에 위반된다(헌재 2002.2.28. 2001헌가18).

정답 029 ○ 030 X 031 X 032 X

033
☐☐☐

국세기본법 해당 조항 중 주세법 규정에 따른 의제주류판매업면허의 취소처분에 대하여 필요적 행정심판 전치주의를 채택한 것이 재판청구권을 침해하는 것은 아니다. O | X

주세법에 따른 의제주류판매업면허취소처분에 대한 불복절차에 관하여는, 주류의 특성, 주류의 제조 및 유통 과정에 대한 지식과 주세법의 관련 내용과 주류의 제조·유통과정에서 부과되는 각종 조세에 관한 관련법령의 내용 등을 감안하여야 하는 전문성과 기술성이 요구되고, 대량·반복적으로 이루어지는 주류판매업면허 및 그 취소처분에 관한 행정의 통일성을 기하여야 하므로, 행정소송 전에 먼저 행정심판을 거치게 하는 것이 적절하다. 국세기본법은 행정심판청구에 관한 심의·결정을 하는 준사법기관인 조세심판원의 지위와 심판의 공정성을 확보하기 위한 내용들과 대심적 심리구조 등 심판청구인의 절차적 권리보장에 관한 내용을 규정하고 있으므로, 행정심판절차는 권리구제절차로서의 실효성을 가지고 있다. 나아가 행정심판 전치요건은 행정소송 제기 이전에 반드시 갖추어야 하는 것은 아니고 사실심 변론종결 시까지 갖추면 되므로, 전치요건을 구비하면서도 행정소송의 신속한 진행을 동시에 꾀할 수 있다. 따라서 심판대상조항이 재판청구권을 침해한다고 할 수 없다(헌재 2016.12.29. 2015헌바229).

034
☐☐☐

법관에 대한 대법원장의 징계처분 취소청구소송을 대법원에 의한 단심재판에 의하도록 규정하였더라도, 이는 법관이라는 지위 및 법관에 대한 징계절차의 특수성을 감안하여 재판의 신속을 도모하기 위한 것으로서 그 합리성을 인정할 수 있으므로 이로 인하여 해당 법관의 재판청구권이 침해된다고 볼 수 없다. O | X

구 법관징계법 제27조는 법관에 대한 대법원장의 징계처분 취소청구소송을 대법원에 의한 단심재판에 의하도록 규정하고 있는바, 이는 독립적으로 사법권을 행사하는 법관이라는 지위의 특수성과 법관에 대한 징계절차의 특수성을 감안하여 재판의 신속을 도모하기 위한 것으로 그 합리성을 인정할 수 있고, 대법원이 법관에 대한 징계처분 취소청구소송을 단심으로 재판하는 경우에는 사실확정도 대법원의 권한에 속하여 법관에 의한 사실확정의 기회가 박탈되었다고 볼 수 없으므로, 헌법 제27조 제1항의 재판청구권을 침해하지 아니한다(헌재 2012.2.23. 2009헌바34).

035
☐☐☐

압수물은 공소사실을 입증하고자 하는 검사의 이익을 위해 존재하는 것이므로, 수사기관이 현행범 체포과정에서 압수하였지만 피고인의 소유권 포기가 없는 압수물을 임의로 폐기한 행위가 피고인의 공정한 재판을 받을 권리를 침해한다고 볼 수 없다. O | X

압수물은 검사의 이익을 위해서뿐만 아니라 이에 대한 증거신청을 통하여 무죄를 입증하고자 하는 피고인의 이익을 위해서도 존재하므로 사건종결 시까지 이를 그대로 보존할 필요성이 있다. 따라서 사건종결 전 일반적 압수물의 폐기를 규정하고 있는 형사소송법 제130조 제2항은 엄격히 해석할 필요가 있으므로, 위 법률조항에서 말하는 '위험발생의 염려가 있는 압수물'이란 사람의 생명, 신체, 건강, 재산에 위해를 줄 수 있는 물건으로서 보관 자체가 대단히 위험하여 종국판결이 선고될 때까지 보관하기 매우 곤란한 압수물을 의미하는 것으로 보아야 하고, 이러한 사유에 해당하지 아니하는 압수물에 대하여는 설사 피압수자의 소유권포기가 있다 하더라도 폐기가 허용되지 아니한다고 해석하여야 한다. 피청구인은 이 사건 압수물을 보관하는 것 자체가 위험하다고 볼 수 없을 뿐만 아니라 이를 보관하는 데 아무런 불편이 없는 물건임이 명백함에도 압수물에 대하여 소유권포기가 있다는 이유로 이를 사건종결 전에 폐기하였는바, 위와 같은 피청구인의 행위는 적법절차의 원칙을 위반하고, 청구인의 공정한 재판을 받을 권리를 침해한 것이다(헌재 2012.12.27. 2011헌마351).

036

범죄인인도절차는 본질적으로 형사소송절차적 성격을 갖는 것이고 재판절차로서의 형사소송절차는 당연히 상급심에의 불복절차를 포함하는 것이므로, 범죄인인도심사를 서울고등법원의 전속관할로 하고 그 결정에 대하여 대법원에의 불복절차를 인정하지 않는 법률조항은 범죄인의 재판청구권을 침해한다.

O | X

법원에 의한 범죄인인도심사는 국가형벌권의 확정을 목적으로 하는 형사절차와 같은 전형적인 사법절차의 대상에 해당되는 것은 아니며, 법률(범죄인인도법)에 의하여 인정된 특별한 절차라 볼 것이다. 그렇다면 심급제도에 대한 입법재량의 범위와 범죄인인도심사의 법적 성격, 그리고 범죄인인도법에서의 심사절차에 관한 규정 등을 종합할 때, 이 사건 법률조항이 범죄인인도심사를 서울고등법원의 단심제로 하고 있다고 해서 적법절차원칙에서 요구되는 합리성과 정당성을 결여한 것이라 볼 수 없다. 이 사건 법률조항이 적어도 법관과 법률에 의한 한 번의 재판을 보장하고 있고, 그에 대한 상소를 불허한 것이 적법절차원칙이 요구하는 합리성과 정당성을 벗어난 것이 아닌 이상, 그러한 상소 불허 입법이 입법재량의 범위를 벗어난 것으로서 재판청구권을 과잉 제한하는 것이라고 보기는 어렵다(헌재 2003.1.30. 2001헌바95).

037

피고인에게 치료감호에 대한 재판절차에의 접근권을 부여하는 것이 피고인의 권리를 보다 효율적으로 보장하기 위하여 필요하다고 인정되므로 '피고인 스스로 치료감호를 청구할 수 있는 권리' 역시 재판청구권의 보호범위에 포함된다.

O | X

피고인 스스로 치료감호를 청구할 수 있는 권리나, 법원으로부터 직권으로 치료감호를 선고받을 수 있는 권리는 헌법상 재판청구권의 보호범위에 포함되지 않는다. 공익의 대표자로서 준사법기관적 성격을 가지고 있는 검사에게만 치료감호 청구권한을 부여한 것은, 본질적으로 자유박탈적이고 침익적 처분인 치료감호와 관련하여 재판의 적정성 및 합리성을 기하기 위한 것이므로 적법절차원칙에 반하지 않는다. 그렇다면 이 사건 법률조항들은 재판청구권을 침해하거나 적법절차원칙에 반한다고 보기 어렵다(헌재 2021.1.28. 2019헌가24).

038

모든 국민은 법률이 정한 법관에 의하여 공개재판을 받을 권리를 가진다.

O | X

'헌법과 법률이 정한'이며, 공개재판을 받을 수 있는 권리는 모든 국민이 아닌 형사피고인에게 유보된다.

> **헌법 제27조** ① 모든 국민은 헌법과 법률이 정한 법관에 의하여 법률에 의한 재판을 받을 권리를 가진다.
> ③ 모든 국민은 신속한 재판을 받을 권리를 가진다. 형사피고인은 상당한 이유가 없는 한 지체없이 공개재판을 받을 권리를 가진다.

039

군인 또는 군무원이 아닌 국민은 대한민국의 영역 안에서는 중대한 군사상 기밀·초병·초소·유독음식물공급·포로·군용물에 관한 죄중 법률이 정한 경우와 계엄, 긴급명령이 선포된 경우를 제외하고는 군사법원의 재판을 받지 아니한다. O | X

군사법원의 재판을 받지 않는 경우에 경비계엄과 긴급명령은 없고 비상계엄만 있다.

> **헌법 제27조** ② 군인 또는 군무원이 아닌 국민은 대한민국의 영역 안에서는 중대한 군사상 기밀·초병·초소·유독음식물공급·포로·군용물에 관한 죄중 법률이 정한 경우와 <u>비상계엄이</u> 선포된 경우를 제외하고는 군사법원의 재판을 받지 아니한다.

040

모든 국민은 신속한 재판을 받을 권리를 가진다. 형사피고인은 정당한 이유가 없는 한 지체없이 공정한 재판을 받을 권리를 가진다. O | X

공정한 재판은 헌법상 규정은 없으며, 형사피고인에게는 공개재판을 받을 권리가 유보된다.

> **헌법 제27조** ③ 모든 국민은 신속한 재판을 받을 권리를 가진다. 형사피고인은 상당한 이유가 없는 한 지체없이 공개재판을 받을 권리를 가진다.

041

형사피고인은 유죄의 판결이 확정될 때까지는 무죄로 추정된다. O | X

> **헌법 제27조** ④ 형사피고인은 유죄의 판결이 확정될 때까지는 무죄로 추정된다.

042

헌법재판소는 국민참여재판을 받을 권리도 헌법 제27조 제1항에서 규정한 재판을 받을 권리의 보호범위에 속한다고 보고 있다. O | X

우리 헌법상 헌법과 법률이 정한 법관에 의한 재판을 받을 권리는 직업법관에 의한 재판을 주된 내용으로 하는 것이므로 <u>국민참여재판을 받을 권리가 헌법 제27조 제1항에서 규정한 재판을 받을 권리의 보호범위에 속한다고 볼 수 없다</u>(헌재 2009.11.26. 2008헌바12).

정답 039 X **040** X **041** O **042** X

제2편

해커스공무원 신동욱 헌법 핵심 기출 OX

043
☐☐☐

헌법은 피고인의 반대신문권을 미국이나 일본과 같이 헌법상의 기본권으로까지 규정하지는 않았으나, 형사소송법은 제161조의2에서 피고인의 반대신문권을 포함한 교호신문권을 명문으로 규정하여 피고인에게 불리한 증거에 대하여 반대신문할 수 있는 권리를 원칙적으로 보장하고 있는바, 이는 헌법 제12조 제1항, 제27조 제1항, 제3항 및 제4항에 의한 공정한 재판을 받을 권리를 구현한 것이다.　　O | X

헌법은 피고인의 반대신문권을 미국이나 일본과 같이 헌법상의 기본권으로까지 규정하지는 않았으나, 형사소송법은 제161조의2에서 피고인의 반대신문권을 포함한 교호신문권을 명문으로 규정하여 피고인에게 불리한 증거에 대하여 반대신문할 수 있는 권리를 원칙적으로 보장하고 있는바, 이는 헌법 제12조 제1항, 제27조 제1항, 제3항 및 제4항에 의한 공정한 재판을 받을 권리를 구현한 것이다(헌재 1994.4.28. 93헌바26).

044
☐☐☐

국가보안법위반죄로 구속기소된 청구인의 변호인이 청구인의 변론준비를 위하여 피청구인인 검사에게 그가 보관중인 수사기록일체에 대한 열람·등사신청을 하였으나 피청구인은 국가기밀의 누설이나 증거인멸, 증인협박, 사생활침해의 우려 등 정당한 사유를 밝히지 아니한 채 이를 전부 거부한 것은 청구인의 신속·공정한 재판을 받을 권리와 변호인의 조력을 받을 권리를 침해하는 것으로 헌법에 위반된다 할 것이다.　　O | X

청구인의 변호인 김선수가 1994.3.21. 국가보안법위반죄로 구속기소된 청구인의 변론준비를 위하여 같은 달 22. 피청구인에게 한 서울지방검찰청 1994년 형제19005호 사건 수사기록 일체에 대한 열람·등사신청에 대하여 같은 달 26. 국가기밀의 누설이나 증거인멸, 증인협박, 사생활침해의 우려 등 정당한 사유를 밝히지 아니한 채 피청구인이 이를 거부한 것은 청구인의 신속하고 공정한 재판을 받을 권리와 변호인의 조력을 받을 권리를 침해한 것으로서 위헌이라 할 것이다(헌재 1997.11.27. 94헌마60).

045
☐☐☐

상고심에서 재판을 받을 권리를 헌법상 명문화한 규정이 없는 이상, 헌법 제27조에서 규정한 재판을 받을 권리에 모든 사건에 대해 상고심 재판을 받을 권리까지도 포함된다고 단정할 수 없고, 모든 사건에 대해 획일적으로 상고할 수 있게 할지 여부는 입법재량의 문제라고 할 것이므로 소액사건심판법 제3조가 소액사건에 대하여 상고의 이유를 제한하였다고 하여 그것만으로 재판청구권을 침해하였다고 볼 수 없다.　　O | X

모든 국민에게 상고심의 재판을 받을 권리를 보장하는 헌법상의 명문규정을 두지 아니하고 상고의 허용 여부를 법률이 정하는 바에 따르도록 한 우리의 법제하에서는 헌법 제27조에서 규정한 재판을 받을 권리에 상고법원의 구성법관에 의한, 상고심절차에 의한 재판을 받을 권리까지도 포함된다고 할 수는 없다. 따라서 특별한 사정이 없는 한, 모든 사건에 대하여 획일적으로 상고할 수 있게 하느냐 않느냐의 여부는 입법재량의 문제라고 할 것이므로 소액사건심판법 제3조가 소액사건에 대하여 상고의 이유를 제한하였다고 하여 그것만으로 재판청구권을 침해하였다고 볼 수 없다(대판 2004.8.20. 2003카기33).

046
□□□

소액사건은 소액사건심판법이 절차의 신속성과 경제성에 중점을 두어 규정한 심리절차의 특칙에 따라 소송당사자가 소송절차를 남용할 가능성이 다른 민사사건에 비하여 크다고 할 수 있는바, 소송기록에 의하여 청구가 이유 없음이 명백한 때 법원이 변론 없이 청구를 기각할 수 있도록 규정한 소액사건심판법 조항은 소액사건에서 남소를 방지하고 이러한 소송을 신속히 종결하고자 필요적 변론 원칙의 예외를 규정한 것이므로 재판청구권의 본질적 내용을 침해한다고 볼 수 없다.   O | X

소액사건은 소액사건심판법이 절차의 신속성과 경제성에 중점을 두어 규정한 심리절차의 특칙에 따라 구술에 의한 소의 제기가 가능하고 배우자 또는 직계혈족 등이 법원의 허가 없이도 소송대리인이 될 수 있으며, 시·군법원의 관할에 해당하여 법원에 대한 접근성이 강화되어 있는바, 이와 같이 소송절차에 편의적인 규정에 따라 소송절차를 남용할 가능성이 다른 민사사건에 비하여 크다고 할 수 있다. … 심판대상조항은 남소를 방지하고 이러한 소송을 신속히 종결하고자 필요적 변론 원칙의 예외를 규정한 것이다. 이러한 사정들을 고려하여 보면, 심판대상조항이 재판청구권의 본질적 내용을 침해한다고 볼 수 없다(헌재 2021.6.24. 2019헌바133).

047
□□□

이해관계인에 대한 매각기일 및 매각결정기일의 통지는 집행기록에 표시된 이해관계인의 주소에 발송하도록 한 민사집행법 제104조 제3항의 이해관계인 중 '민사집행법 제90조 제3호의 등기부에 기입된 부동산 위의 권리자'에 관한 부분은 재판청구권을 침해한다.   O | X

이해관계인에 대한 매각기일 및 매각결정기일의 통지는 집행기록에 표시된 이해관계인의 주소에 발송하도록 한 민사집행법 제104조 제3항의 이해관계인 중 '등기부에 기입된 부동산 위의 권리자'에 관한 부분은 법률유보원칙에 위반되지 아니한다. … 심판대상조항은 포괄위임금지원칙에 위반되지 아니한다. … 따라서 심판대상조항은 재판청구권을 침해하지 아니한다(헌재 2021.4.29. 2017헌바390).

048
□□□

'사형, 무기 또는 10년 이상의 징역이나 금고가 선고된 사건'에 한하여 중대한 사실오인 또는 양형부당을 이유로 한 상고를 허용한 형사소송법(1963.12.13. 법률 제1500호로 개정된 것) 제383조 제4호는 재판청구권을 침해하지 아니한다.   O | X

한정된 사법자원을 효율적으로 분배하고 상고심 재판의 법률심 기능을 제고할 필요성이 있고, 당사자는 제1심과 제2심에서 사실오인이나 양형부당을 다툴 충분한 기회를 부여받고 있으므로, 심판대상조항은 입법형성권의 범위 내에 있어 재판청구권을 침해하지 아니한다(헌재 2020.7.16. 2020헌바14).

049
□□□

사법보좌관의 지급명령에 대한 이의신청 기간을 2주 이내로 규정한 민사소송법 제470조 제1항 중 '사법보좌관의 지급명령'에 관한 부분은 재판청구권을 침해한다.   O | X

민사소송법에 따른 독촉절차에서의 지급명령은 대한민국에서 채무자에게 공시송달 외의 방법으로 송달할 수 있는 경우에 한하여 허용되고, 채무자에게 송달이 이루어진 경우에만 원칙적으로 그 효력이 인정된다. 즉, 채무자가 지급명령신청서를 확인할 수 있는 상태에 있음을 전제로 그때부터 이의신청 기간을 기산하는 것이다. 더욱이 민사소송법상 이의신청 방법에 관한 특별한 규정이 없으므로 서면뿐만 아니라 구두로도 이의가 가능하고, 불복의 이유나 방어방법을 구체적으로 밝힐 필요도 없다. 이의신청에는 인지를 붙이지 아니하고, 송달료도 납부할 필요가 없다. 이러한 사정들을 종합하면, 사법보좌관의 지급명령에 대한 2주의 이의신청 기간이 지나치게 짧아 입법재량의 한계를 일탈함으로써 재판청구권을 침해한다고 할 수 없다(헌재 2020.12.23. 2019헌바353).

정답 046 ○ 047 X 048 ○ 049 X

050
□□□

공정한 재판을 받을 권리는 헌법 제27조의 재판청구권에 의하여 함께 보장되고, 재판청구권에는 민사재판, 형사재판, 행정재판뿐만 아니라 헌법재판을 받을 권리도 포함되므로, 헌법상 보장되는 기본권인 '공정한 재판을 받을 권리'에는 '공정한 헌법재판을 받을 권리'도 포함된다. O | X

공정한 재판을 받을 권리는 헌법 제27조의 재판청구권에 의하여 함께 보장되고, 재판청구권에는 민사재판, 형사재판, 행정재판뿐만 아니라 헌법재판을 받을 권리도 포함되므로, 헌법상 보장되는 기본권인 '공정한 재판을 받을 권리'에는 '공정한 헌법재판을 받을 권리'도 포함된다(헌재 2014.4.24. 2012헌마2).

051
□□□

헌법이 대법원을 최고법원으로 규정하고 있다는 점과 함께 절차법이 정한 절차에 따라 실체법이 정한 내용대로 재판을 받을 권리를 보장하고자 하는 헌법 제27조의 취지에서 본다면, 재판청구권에는 대법원이 모든 사건을 상고심으로서 관할하여야 한다는 결론을 당연히 도출할 수 있다. O | X

헌법이 위와 같이 대법원을 최고법원으로 규정하였다고 하여 곧바로 대법원이 모든 사건을 상고심으로서 관할하여야 한다는 결론이 당연히 도출되는 것은 아니다. 헌법 제102조 제3항에 따라 법률로 정할 '대법원과 각급 법원의 조직'에는 그 관할에 관한 사항도 포함되며, 따라서 대법원이 어떤 사건을 제1심으로서 또는 상고심으로서 관할할 것인지는 법률로 정할 수 있는 것으로 보아야 하기 때문이다(헌재 1995.1.20. 90헌바1).

052
□□□

헌법 제27조 제1항이 보장하는 공정한 재판을 받을 권리에는 공격, 방어권이 충분히 보장되는 재판을 받을 권리가 포함되어 있지만, 외국에 나가 증거를 수집할 권리까지 포함되는 것은 아니다. O | X

헌법 제27조 제1항이 보장하는 공정한 재판을 받을 권리에는 당사자주의와 구두변론주의가 보장되어 당사자가 공소사실에 대한 답변과 입증 및 반증을 하는 등 공격, 방어권이 충분히 보장되는 재판을 받을 권리가 포함되어 있다. 청구인은 심판대상조항이 외국에 유리한 증거가 있는 피고인의 증거수집과 제출을 어렵게 하여 방어권을 제한함으로써 공정한 재판을 받을 권리를 침해한다는 취지로 주장한다. 그러나 심판대상조항은 법무부장관으로 하여금 피고인의 출국을 금지할 수 있도록 하는 것일 뿐 피고인의 공격·방어권 행사와 직접 관련이 있다고 할 수 없고, 공정한 재판을 받을 권리에 외국에 나가 증거를 수집할 권리가 포함된다고 보기도 어렵다(헌재 2015.9.24. 2012헌바302).

053
□□□

신속한 재판을 받을 권리의 실현을 위해서는 구체적인 입법형성이 필요하며, 다른 사법절차적 기본권에 비하여 폭넓은 입법재량이 허용되므로, 법률에 의한 구체적 형성없이는 신속한 재판을 위한 어떤 직접적이고 구체적인 청구권이 발생하지 아니한다. O | X

헌법 제27조 제3항 제1문은 "모든 국민은 신속한 재판을 받을 권리를 가진다."라고 규정하고 있다. 그러나 신속한 재판을 받을 권리의 실현을 위해서는 구체적인 입법형성이 필요하며, 다른 사법절차적 기본권에 비하여 폭넓은 입법재량이 허용된다. 특히 신속한 재판을 위해서 적정한 판결선고기일을 정하는 것은 법률상 쟁점의 난이도, 개별사건의 특수상황, 접수된 사건량 등 여러 가지 요소를 복합적으로 고려하여 결정되어야 할 사항인데, 이때 관할 법원에게는 광범위한 재량권이 부여된다. 따라서 법률에 의한 구체적 형성 없이는 신속한 재판을 위한 어떤 직접적이고 구체적인 청구권이 발생하지 아니한다(헌재 1999.9.16. 98헌마75).

정답 050 ○ 051 X 052 ○ 053 ○

054
□□□

상속개시 후 인지 또는 재판의 확정에 의하여 공동상속인이 된 자의 상속분가액지급청구권의 제척기간을 정하고 있는 민법 제999조 제2항의 '상속권의 침해행위가 있은 날부터 10년' 중 민법 제1014조에 관한 부분은 재판청구권을 침해하지 않는다. O | X

'침해행위가 있은 날'부터 10년 후에 인지 또는 재판의 확정이 이루어진 경우에도 추가된 공동상속인이 상속분가액지급청구권을 원천적으로 행사할 수 없도록 하는 것은, '가액반환의 방식'이라는 우회적·절충적 형태를 통해서라도 인지된 자의 상속권을 뒤늦게나마 보상해 주겠다는 상속분가액지급청구권의 입법취지에 반하며, 추가된 공동상속의 권리구제 실효성을 완전히 박탈하는 결과를 초래한다. … 심판대상조항은 입법형성의 한계를 일탈하여 청구인의 재산권과 재판청구권을 침해한다(헌재 2024.6.27. 2021헌마1588).

055
□□□

사법보좌관에 의한 소송비용액 확정결정절차를 규정한 법원조직법 조항은 소송비용액 확정절차의 경우에 이의절차 등 법관에 의한 판단을 거치도록 하고 있기 때문에 헌법 제27조 제1항에 위반되지 않는다. O | X

법원조직법 제54조 제3항 등에서는 사법보좌관의 처분에 대한 이의신청을 허용함으로써 동일 심급 내에서 법관으로부터 다시 재판받을 수 있는 권리를 보장하고 있는데, 이 사건 조항에 의한 소송비용액 확정결정절차의 경우에도 이러한 이의절차에 의하여 법관에 의한 판단을 거치도록 함으로써 법관에 의한 사실확정과 법률해석의 기회를 보장하고 있다. … 따라서 사법보좌관에게 소송비용액 확정결정절차를 처리하도록 한 이 사건 조항이 그 입법재량권을 현저히 불합리하게 또는 자의적으로 행사하였다고 단정할 수 없으므로 헌법 제27조 제1항에 위반된다고 할 수 없다(헌재 2009.2.26. 2007헌바8 등).

056
□□□

검사가 보관하고 있는 서류에 대하여 법원의 열람·등사 허용 결정이 있었음에도 검사가 청구인에 대한 형사사건과의 관련성을 부정하면서 해당 서류의 열람·등사를 허용하지 아니한 행위는 신속하고 공정한 재판을 받을 권리를 침해한다. O | X

형사소송법이 공소가 제기된 후의 피고인 또는 변호인의 수사서류 열람·등사권에 대하여 규정하면서 검사의 열람·등사 거부처분에 대하여 별도의 불복절차를 마련한 것은 신속하고 실효적인 권리구제를 통하여 피고인의 신속·공정한 재판을 받을 권리 및 변호인의 조력을 받을 권리를 보장하기 위함이다. 법원이 검사의 열람·등사 거부처분에 정당한 사유가 없다고 판단하고 그러한 거부처분이 피고인의 헌법상 기본권을 침해한다는 취지에서 수사서류의 열람·등사를 허용하도록 명한 이상, 법치국가와 권력분립의 원칙상 검사로서는 당연히 법원의 그러한 결정에 지체 없이 따라야 하며, 이는 별건으로 공소제기되어 확정된 관련 형사사건 기록에 관한 경우에도 마찬가지이다. 그렇다면 피청구인의 이 사건 거부행위는 청구인의 신속·공정한 재판을 받을 권리 및 변호인의 조력을 받을 권리를 침해한다(헌재 2022.6.30. 2019헌마356).

정답 054 X 055 ○ 056 ○

057
☐☐☐

간이기각제도는 형사소송절차의 신속성이라는 공익을 달성하는 데 필요하고 적절한 방법으로써 즉시항고에 의한 불복도 가능하므로, 소송의 지연을 목적으로 함이 명백한 기피신청의 경우 그 신청을 받은 법원 또는 법관이 결정으로 기각할 수 있도록 한 형사소송법 제20조 제1항은 공정한 재판을 받을 권리를 침해하지 아니한다. O | X

심판대상조항은 기피신청이 소송의 지연을 목적으로 함이 명백한 경우에는 그러한 신청을 받은 법원 또는 법관이 스스로 신속하게 신청을 기각할 수 있도록 하는 간이기각제도에 관하여 정하고 있는데, 이는 소송절차의 지연을 목적으로 한 기피신청의 남용을 방지하여 형사소송절차의 신속성의 실현이라는 공익을 달성하기 위한 것이다. … 간이기각제도는 형사소송절차의 신속성이라는 공익을 달성하는 데 필요하고 적절한 방법으로써 즉시항고에 의한 불복도 가능하므로, 심판대상조항은 공정한 재판을 받을 권리를 침해하지 아니한다(헌재 2021.2.25. 2019헌바551).

058
☐☐☐

재판이란 사실 확정과 법률의 해석적용을 본질로 함에 비추어 법관에 의한 사실 확정과 법률의 해석적용의 기회에 접근하기 어렵도록 제약이나 장벽을 쌓아서는 안 될 것이며, 만일 그러한 보장이 제대로 이루어지지 않는다면 재판을 받을 권리의 본질적 내용을 침해하는 것이다. O | X

재판이란 사실 확정과 법률의 해석적용을 본질로 함에 비추어 법관에 의한 사실 확정과 법률의 해석적용의 기회에 접근하기 어렵도록 제약이나 장벽을 쌓아서는 안 될 것이며, 만일 그러한 보장이 제대로 이루어지지 않는다면 재판을 받을 권리의 본질적 내용을 침해하는 것으로서 우리 헌법상 허용되지 아니한다(헌재 2014.2.27. 2013헌바178).

059
☐☐☐

입법자가 행정심판을 전심절차가 아니라 종심절차로 규정함으로써 정식재판의 기회를 배제하거나, 어떤 행정심판을 필요적 전심절차로 규정하면서도 그 절차에 사법절차가 준용되지 않는다면 이는 재판청구권을 보장하고 있는 헌법 제27조에 위반된다. O | X

입법자가 행정심판을 전심절차가 아니라 종심절차로 규정함으로써 정식재판의 기회를 배제하거나, 어떤 행정심판을 필요적 전심절차로 규정하면서도 그 절차에 사법절차가 준용되지 않는다면 이는 헌법 제107조 제3항, 나아가 재판청구권을 보장하고 있는 헌법 제27조에도 위반된다 할 것이다(헌재 2001.6.28. 2000헌바30).

060
☐☐☐

지방공무원이 면직처분에 대해 불복할 경우 행정소송 제기에 앞서 반드시 소청심사를 거치도록 한 지방공무원법조항은 시간적, 절차적으로 합리적인 범위를 벗어나 재판청구권을 제한한다고 볼 수 있으므로 지방공무원의 재판청구권을 침해한다. O | X

직권면직처분을 받은 지방공무원이 그에 대해 불복할 경우 행정소송의 제기에 앞서 반드시 소청심사를 거치도록 규정한 것은 행정기관 내부의 인사행정에 관한 전문성 반영, 행정기관의 자율적 통제, 신속성 추구라는 행정심판의 목적에 부합한다. … 이 사건 필요적 전치조항은 입법형성의 한계를 벗어나 재판청구권을 침해하거나 평등원칙에 위반된다고 볼 수 없다(헌재 2015.3.26. 2013헌바186).

정답 057 O 058 O 059 O 060 X

061
☐☐☐

상속재산분할에 관한 다툼이 발생한 경우 이를 가사소송 또는 민사소송 절차에 의하도록 할 것인지, 아니면 가사비송절차에 의하도록 할 것인지 등을 정하는 것은 원칙적으로 입법자가 소송법의 체계, 소송 대상물의 성격, 분쟁의 일회적 해결 가능성 등을 고려하여 형성할 정책적 문제이다. ○ | X

이 사건과 같이 상속재산분할에 관한 다툼이 발생한 경우 이를 가사소송 또는 민사소송 절차에 의하도록 할 것인지, 아니면 가사비송 절차에 의하도록 할 것인지 등을 정하는 것은 원칙적으로 입법자가 소송법의 체계, 소송 대상물의 성격, 분쟁의 일회적 해결 가능성 등을 고려하여 형성할 정책적 문제이다. … 따라서 가사비송 조항이 입법재량의 한계를 일탈하여 상속재산분할에 관한 사건을 제기하고자 하는 자의 공정한 재판을 받을 권리를 침해한다고 볼 수 없다(헌재 2017.4.27. 2015헌바24).

062
☐☐☐

형의 선고와 함께 소송비용 부담의 재판을 받은 피고인이 '빈곤'을 이유로 해서만 집행면제를 신청할 수 있도록 한 형사소송법 제487조 중 제186조 제1항 본문에 따른 소송비용에 관한 부분은 피고인의 재판청구권을 침해하지 아니한다. ○ | X

소송비용의 범위가 '형사소송비용 등에 관한 법률'에서 정한 증인·감정인·통역인 또는 번역인과 관련된 비용 등으로 제한되어 있고, 법원이 피고인에게 소송비용 부담을 명하는 재판을 할 때에 피고인의 방어권 남용 여부, 경제력 능력 등을 종합적으로 고려하여 소송비용 부담 여부 및 그 정도를 정하므로, 소송비용 부담의 재판이 확정된 이후에 빈곤 외에 다른 사유를 침작될 여지가 크지 않다. 따라서 집행면제 신청 조항은 피고인의 재판청구권을 침해하지 아니한다(헌재 2021.2.25. 2019헌바64).

063
☐☐☐

대법원이 법관에 대한 징계처분 취소청구소송을 단심으로 재판하는 경우에는 사실확정도 대법원의 권한에 속하여 법관에 의한 사실확정의 기회가 박탈되었다고 볼 수 없다. ○ | X

구 법관징계법 제27조는 법관에 대한 대법원장의 징계처분 취소청구소송을 대법원에 의한 단심재판에 의하도록 규정하고 있는바, 이는 독립적으로 사법권을 행사하는 법관이라는 지위의 특수성과 법관에 대한 징계절차의 특수성을 감안하여 재판의 신속을 도모하기 위한 것으로 그 합리성을 인정할 수 있고, 대법원이 법관에 대한 징계처분 취소청구소송을 단심으로 재판하는 경우에는 사실확정도 대법원의 권한에 속하여 법관에 의한 사실확정의 기회가 박탈되었다고 볼 수 없으므로, 헌법 제27조 제1항의 재판청구권을 침해하지 아니한다(헌재 2012.2.23. 2009헌바34).

064
☐☐☐

헌법과 법률이 정한 법관에 의한 재판을 받을 권리는 직업법관에 의한 재판을 주된 내용으로 하므로, '국민참여재판을 받을 권리'는 헌법 제27조 제1항에서 규정한 재판을 받을 권리의 보호범위에 속하지 않는다. ○ | X

우리 헌법상 헌법과 법률이 정한 법관에 의한 재판을 받을 권리는 직업법관에 의한 재판을 주된 내용으로 하는 것이므로 국민참여재판을 받을 권리가 헌법 제27조 제1항에서 규정한 재판을 받을 권리의 보호범위에 속한다고 볼 수 없다(헌재 2009.11.26. 2008헌바12).

정답 061 ○ 062 ○ 063 ○ 064 ○

065
□□□

사법보좌관에 의한 소송비용액 확정결정절차를 규정한 법원조직법 조항 중 '민사소송법(동법이 준용되는 경우를 포함한다)상의 소송비용액 확정결정절차에서의 법원의 사무' 부분은 법관에 의한 사실확정과 법률해석의 기회를 보장하고 있으므로 헌법 제27조 제1항에 위반된다고 할 수 없다. O | X

법원조직법 제54조 제3항 등에서는 사법보좌관의 처분에 대한 이의신청을 허용함으로써 동일 심급 내에서 법관으로부터 다시 재판받을 수 있는 권리를 보장하고 있는데, 이 사건 조항에 의한 소송비용액 확정결정절차의 경우에도 이러한 이의절차에 의하여 법관에 의한 판단을 거치도록 함으로써 법관에 의한 사실확정과 법률해석의 기회를 보장하고 있다. … 따라서 사법보좌관에게 소송비용액 확정결정절차를 처리하도록 한 이 사건 조항이 그 입법재량권을 현저히 불합리하게 또는 자의적으로 행사하였다고 단정할 수 없으므로 헌법 제27조 제1항에 위반된다고 할 수 없다(헌재 2009.2.26. 2007헌바8 등).

066
□□□

수형자와 소송대리인인 변호사의 접견을 일반 접견에 포함시켜 시간은 30분 이내로, 횟수는 월 4회로 제한한 구 형의 집행 및 수용자의 처우에 관한 법률 시행령 해당 조항들은 입법목적 달성에 필요한 범위를 넘어 수형자와 변호사 사이의 접견권을 지나치게 제한한다고 볼 수 없으므로 청구인의 재판청구권을 침해하지 않는다. O | X

수형자의 재판청구권을 실효적으로 보장하기 위해서는 소송대리인인 변호사와의 접견 시간 및 횟수를 적절하게 보장하는 것이 필수적이다. … 이와 같이 심판대상조항들은 법률전문가인 변호사와의 소송상담의 특수성을 고려하지 않고 소송대리인인 변호사와의 접견을 그 성격이 전혀 다른 일반 접견에 포함시켜 접견 시간 및 횟수를 제한함으로써 청구인의 재판청구권을 침해한다(헌재 2015.11.26. 2012헌마858).

067
□□□

특허무효심결에 대한 소(訴)는 심결의 등본을 송달받은 날로부터 30일 이내에 제기하도록 규정한 특허법 조항은 재판청구권을 침해하지 않는다. O | X

특허권의 효력 여부에 대한 분쟁은 신속히 확정할 필요가 있는 점, 특허무효심판에 대한 심결은 특허법이 열거하고 있는 무효사유에 대해 특허법이 정한 방법과 절차에 따라 청구인과 특허권자가 다툰 후 심결의 이유를 기재한 서면에 의하여 이루어지는 것이므로, 당사자가 그 심결에 대하여 불복할 것인지를 결정하고 이를 준비하는 데 그리 많은 시간이 필요하지 않은 점, 특허법은 심판장으로 하여금 30일의 제소기간에 부가기간을 정할 수 있도록 하고 있고, 제소기간 도과에 대하여 추후보완이 허용되기도 하는 점 등을 종합하여 보면, 이 사건 제소기간 조항이 정하고 있는 30일의 제소기간이 지나치게 짧아 특허무효심결에 대하여 소송으로 다투고자 하는 당사자의 재판청구권 행사를 불가능하게 하거나 현저히 곤란하게 한다고 할 수 없으므로, 재판청구권을 침해하지 아니한다(헌재 2018.8.30. 2017헌바258).

068
□□□

심급제도가 몇 개의 심급으로 형성되어야 하는가에 관하여 헌법이 전혀 규정하는 바가 없으므로, 이는 입법자의 광범위한 형성권에 맡겨져 있는 것이며, 모든 구제절차나 법적 분쟁에서 반드시 보장되는 것은 아니다. O | X

적어도 한번의 재판을 받을 권리, 적어도 하나의 심급을 요구할 권리인 것이며, 그 구체적인 형성은 입법자의 광범위한 입법재량에 맡겨져 있는 것이다. 즉 심급제도가 몇 개의 심급으로 형성되어야 하는가에 관하여 헌법이 전혀 규정하는 바가 없으므로, 이는 입법자의 광범위한 형성권에 맡겨져 있는 것이며, 모든 구제절차나 법적분쟁에서 반드시 보장되는 것은 아니다(헌재 2005.3.31. 2003헌바34).

정답 065 ○ 066 X 067 ○ 068 ○

069
☐☐☐

특수임무수행 등으로 인하여 입은 피해에 대해 특수임무수행자보상심의회의 보상금 등 지급결정에 대해 동의한 때에는 재판상 화해가 성립된다고 보는 특수임무수행자 보상에 관한 법률 조항은 재판청구권을 침해한다.　　　　　　　　　　　　　　　　　　　　　　　　　　　　　　O | X

개정 보상법상의 위원회는 국무총리 소속으로 관련분야의 전문가들로 구성되고, 임기가 보장되며, 국무총리의 위원에 대한 지휘·감독권 규정이 없는 등 제3자성 및 독립성이 보장되어 있는 점, 위원회가 보상금 지급심사를 함에 있어서 심의절차의 공정성·신중성이 충분히 갖추어져 있는 점, … 감안하여 볼 때, 이 사건 재판상 화해조항으로 인하여 청구인들의 동의 과정에 실체법상 무효 또는 취소사유가 있더라도 재심절차 이외에는 더 이상 재판을 청구할 수 있는 길이 막히게 된다고 하더라도, 위 재판상 화해조항이 합리적인 범위를 벗어나 청구인들의 재판청구권을 과도하게 제한하였다고 보기는 어렵다(헌재 2009.4.30. 2006헌마1322).

070
☐☐☐

상속개시 후 인지 또는 재판의 확정에 의하여 공동상속인이 된 자의 상속분가액지급청구권의 제척기간을 정하고 있는 민법 제999조 제2항의 '상속권의 침해행위가 있은 날부터 10년' 중 민법 제1014조에 관한 부분은 입법형성의 한계를 일탈하여 재판청구권을 침해한다.　　　　　　　　　　　　O | X

'침해행위가 있은 날'부터 10년 후에 인지 또는 재판의 확정이 이루어진 경우에도 추가된 공동상속인이 상속분가액지급청구권을 원천적으로 행사할 수 없도록 하는 것은, '가액반환의 방식'이라는 우회적·절충적 형태를 통해서라도 인지된 자의 상속권을 뒤늦게나마 보상해 주겠다는 상속분가액지급청구권의 입법취지에 반하여, 추가된 공동상속인의 권리구제 실효성을 완전히 박탈하는 결과를 초래한다. … 심판대상조항은 입법형성의 한계를 일탈하여 청구인의 재산권과 재판청구권을 침해한다(헌재 2024.6.27. 2021헌마1588).

071
☐☐☐

피고인이 정식재판을 청구한 사건에 대하여는 약식명령의 형보다 중한 종류의 형을 선고하지 못한다고 규정하고 있는 형사소송법조항은 공정한 재판을 받을 권리를 침해한다고 볼 수 없다.　　　　　　O | X

심판대상조항은 피고인의 정식재판청구에 대한 불이익변경금지원칙 적용에 따른 문제점을 해소하면서 피고인의 정식재판청구권 행사를 보장하기 위해 도입된 것이다. 또한 형사소송법 제457조의2 제2항은 피고인이 정식재판을 청구한 사건에 대하여 약식명령의 형과 동종의 중한 형을 선고하는 경우에는 판결서에 양형의 이유를 적도록 함으로써 법관으로 하여금 양형 판단 시 신중을 기하도록 하고 있다. 이는 피고인의 정식재판청구권 행사가 위축되는 것을 최소화하면서 동시에 피고인이 정식재판청구권 행사를 남용하는 것을 방지하여 사법의 효율성을 도모한 것으로, 심판대상조항이 약식명령에 대하여 피고인만이 정식재판을 청구한 사건에 불이익변경금지원칙을 적용하지 아니하였다는 이유만으로 재판청구권에 관한 합리적인 입법형성권의 범위를 일탈하여 공정한 재판을 받을 권리를 침해한다고 볼 수 없다(헌재 2024.5.30. 2021헌바6 등).

072

☐☐☐ 조세범 처벌절차법에 따른 통고처분을 행정쟁송의 대상에서 제외시킨 국세기본법 제55조 제1항 단서 제1호는 재판청구권을 침해한다고 할 수 없다. O | X

'조세범 처벌절차법'에 따른 통고처분은 형벌의 비범죄화 정신에 접근하는 제도로서 형벌적 제재의 불이익을 감면해주는 제도이다. 심판대상조항으로 인해 통고처분을 받은 당사자가 행정쟁송을 제기하는 등으로 적극적·능동적으로 다툴 수는 없지만, 통고받은 벌금상당액을 납부하지 않음으로써 고발, 나아가 형사재판절차로 이행되게 하여, 여기에서 재판절차에 따라 법관에 의한 판단을 받을 수 있으므로, 당사자에게는 정식재판의 절차도 보장되어 있다. '조세범 처벌절차법'에 따른 통고처분에 대하여 형사절차와 별도의 행정쟁송절차를 두는 것은 신속한 사건 처리를 저해할 수 있고, 절차의 중복과 비효율을 초래할 수 있다. 위와 같은 점을 종합하여 보면, '조세범 처벌절차법'에 따른 통고처분에 대하여 행정쟁송을 배제하고 있는 입법적 결단이 현저히 불합리하다고 보기 어렵다. 따라서 심판대상조항이 청구인의 재판청구권을 침해한다고 할 수 없다(헌재 2024.4.25. 2022헌마251).

073

☐☐☐ 시장·군수·구청장은 급여비용의 지급을 청구한 의료급여기관이 의료법 또는 약사법 해당 조항을 위반하였다는 사실을 수사기관의 수사결과로 확인한 경우에는 해당 의료급여기관이 청구한 급여비용의 지급을 보류할 수 있다고 규정하고 있는 의료급여법 해당 조항은 의료급여기관 개설자의 재판청구권을 침해한다. O | X

제청법원은 심판대상조항이 의료급여기관 개설자의 재판청구권 및 직업수행의 자유를 제한한다는 취지도 위헌제청의 이유로 기재하고 있다. 먼저 심판대상조항은 의료급여비용의 지급보류처분에 관한 실체법적 근거규정으로서 권리구제절차 내지 소송절차에 관한 규정이 아니므로, 이로 인하여 재판청구권이 침해될 여지는 없다. 그리고 직업수행의 자유 제한 주장은 심판대상조항이 재산권을 제한한다는 주장과 다르지 아니하므로, 이는 재산권 침해 여부 판단에서 함께 살펴보고 별도로 판단하지 아니한다. … 심판대상조항은 과잉금지원칙에 반하여 의료급여기관 개설자의 재산권을 침해한다(헌재 2024.6.27. 2021헌가19). 이 사건에서 무죄추정의 원칙 위배여부도 쟁점이었으나, 무죄추정의 원칙에 위반되는 것은 아니라고 했다.

074

☐☐☐ 기피신청에 대한 결정이 확정되기 전에 기피신청을 당한 법관으로 하여금 소송절차를 정지하지 않고 종국판결을 선고할 수 있도록 하는 민사소송법 제48조 단서 중 '종국판결을 선고하거나'에 관한 부분은 공정한 재판을 받을 권리를 침해하지 않는다. O | X

사법자원은 한정되어 있기에, 기피신청과 같은 재판절차를 형성할 때에는 사법자원이 합리적으로 분배되도록 하는 것을 중요하게 고려할 수밖에 없고, 사법자원의 분배에 있어서는 재판의 적정과 신속이라는 상반되는 요청을 조화시킬 필요가 있다. 심판대상조항은 뒤늦게 제기되는 기피신청에 대해서는 재판절차의 정지 효과를 제한함으로써 분쟁 미해결 상태 장기화 등을 방지하여 재판의 공정과 신속을 도모하기 위한 것이므로, 사법자원 분배에 관한 입법형성권의 범위 내에 있다. 심판대상조항에 의하여 기피신청의 효과가 일부 제한되더라도 본안사건의 종국판결에 대한 불복 내지는 법관의 회피·제척제도와 같이, 공정한 재판을 받을 권리를 실효적으로 보장받기 위해 필요한 다른 절차들이 마련되어 있다. 따라서 심판대상조항은 청구인의 공정한 재판을 받을 권리를 침해하지 않는다(헌재 2024.8.29. 2021헌바146).

075

□□□

전자문서 등재사실을 통지한 날부터 1주 이내에 확인하지 아니하는 때에는 통지한 날부터 1주가 지난날에 송달된 것으로 보는 민사소송 등에서의 전자문서 이용 등에 관한 법률 제11조 제4항 단서는 재판청구권을 침해한 것이라 할 수 없다.　　　　　　　　　　　　　　　　　　　　　　　　　　　　　　　O | X

심판대상조항은 소송지연을 방지함과 동시에 민사소송 등에서의 전자문서 이용을 활성화함으로써 소송당사자의 편의 증진 및 권리 실현에 이바지하고자 하는 것이다. 소송당사자가 전자소송 진행에 대한 동의를 하여야 전자적 송달제도가 사용되는 점, 현대사회에서는 컴퓨터와 휴대전화의 이용이 보편화되었다는 점, 전자송달 간주 조항을 두지 않을 경우 소송당사자의 의지에 따라 재판이 지연될 우려가 있다는 점, 민소전자문서법 등은 소송당사자가 전자적 송달을 받을 수 없는 경우에 대한 규정을 충분히 마련하고 있다는 점 등을 고려하면, 심판대상조항은 입법자의 형성적 재량을 일탈한 것이라고 보기 어려우므로 재판청구권을 침해하지 않는다(헌재 2024.7.18. 2022헌바4).

076

□□□

검사의 불기소처분에 대한 항고권자를 고소인·고발인으로 한정한 검찰청법 제10조 제1항 전문은 고소하지 않은 범죄피해자가 검찰항고를 하지 못하게 하므로 재판청구권을 제한한다.　　　　　　　　　　O | X

청구인은 심판대상조항으로 인하여 검찰항고를 하지 못하는 탓에 검찰항고를 거쳐야 할 수 있는 재정신청도 할 수 없으므로 청구인의 재판청구권이 침해된다고 주장한다. 그러나 청구인이 재정신청을 할 수 없는 것은 재정신청을 하려면 원칙적으로 검찰항고를 거치도록 규정한 형사소송법 제260조 제2항 때문이고, 검찰항고권자를 고소인·고발인으로 한정한 심판대상조항은 이 같은 기본권 제한과 간접적인 연관이 있는 것에 불과하다. 따라서 심판대상조항으로 인하여 청구인의 재판청구권이 제한된다고 보기 어렵다. … 심판대상조항은 고소하지 않은 범죄피해자의 평등권을 침해하지 않는다(헌재 2024.7.18. 2021헌마248).

077

□□□

피고인이 정식재판을 청구한 사건에 대하여는 약식명령의 형보다 중한 다른 종류의 형을 선고하지 못하도록 하는 형사소송법 제457조의2 제1항은 공정한 재판을 받을 권리를 침해하지 아니한다.　　　　O | X

심판대상조항은 피고인의 정식재판청구에 대한 불이익변경금지원칙 적용에 따른 문제점을 해소하면서 피고인의 정식재판청구권 행사를 보장하기 위해 도입된 것이다. 또한 형사소송법 제457조의2 제2항은 피고인이 정식재판을 청구한 사건에 대하여 약식명령의 형과 동종의 중한 형을 선고하는 경우에는 판결서에 양형의 이유를 적도록 함으로써 법관으로 하여금 양형 판단 시 신중을 기하도록 하고 있다. 이는 피고인의 정식재판청구권 행사가 위축되는 것을 최소화하면서 동시에 피고인이 정식재판청구권 행사를 남용하는 것을 방지하여 사법의 효율성을 도모한 것으로, 심판대상조항이 약식명령에 대하여 피고인만이 정식재판을 청구한 사건에 불이익변경금지원칙을 적용하지 아니하였다는 이유만으로 재판청구권에 관한 합리적인 입법형성권의 범위를 일탈하여 공정한 재판을 받을 권리를 침해한다고 볼 수 없다(헌재 2024.5.30. 2021헌바6 등).

078
□□□

의견제출 기한 내에 감경된 과태료를 자진납부한 경우 해당 질서위반행위에 대한 과태료 부과 및 징수절차는 종료한다고 규정하여 당사자가 질서위반행위에 대한 의견제출이나 이의제기를 할 수 없도록 하더라도 재판청구권을 침해한 것은 아니다.　　　　　　　　　　　　　　　　　　　　　　　　　　　　O | X

행정청이 과태료를 부과하기 전에 미리 당사자에게 사전통지를 하면서 의견제출 기한을 부여하고, 그 기한 내에 과태료를 자진납부한 당사자에게 과태료 감경의 혜택을 부여하는 주된 목적은 과태료를 신속하고 효율적으로 징수하려는 것인 점, 당사자는 의견제출 기간 내에 과태료를 자진납부하여 과태료의 감경을 받을 것인지, 아니면 과태료의 부과 여부나 그 액수를 다투어 법원을 통한 과태료 재판을 받을 것인지를 선택할 수 있는 점 등을 고려하면, 의견제출 기한 내에 감경된 과태료를 자진 납부하는 경우 해당 질서위반행위에 대한 과태료 부과 및 징수절차가 종료되도록 함으로써 당사자가 질서위반행위규제법에 따라 의견을 제출하거나 이의를 제기할 수 없도록 하였다고 하더라도, 이것이 입법형성의 한계를 일탈하여 재판청구권을 침해하였다거나 당사자의 의견제출 권리를 충분히 보장하지 않음으로써 적법절차원칙을 위반하였다고 보기 어렵다(헌재 2019.12.27. 2017헌바413).

079
□□□

형의 선고를 하는 때에 피고인에게 소송비용의 부담을 명할 수 있도록 하는 형사소송법 조항은 피고인의 재판청구권을 침해하지 않는다.　　　　　　　　　　　　　　　　　　　　　　　　　　　　　　　　O | X

심판대상조항은 형사재판절차에서 피고인의 방어권 남용을 방지하는 측면이 있고, 법원은 피고인의 방어권 행사의 적정성, 경제적 능력 등을 종합적으로 고려하여 피고인에 대한 소송비용 부담 여부 및 그 정도를 재량으로 정함으로써 사법제도의 적절한 운영을 도모할 수 있다. 소송비용의 범위도 '형사소송비용 등에 관한 법률'에서 정한 증인·감정인·통역인 또는 번역인과 관련된 비용 등으로 제한되어 있고 피고인은 소송비용 부담 재판에 대해 불복할 수 있으며 빈곤을 이유로 추후 집행 면제를 신청할 수도 있다. 따라서 심판대상조항은 피고인의 재판청구권을 침해하지 아니한다(헌재 2021.2.25. 2018헌바224).

080
□□□

형사보상의 청구에 대하여 한 보상의 결정에 대하여는 불복을 신청할 수 없도록 하여 형사보상의 결정을 단심재판으로 규정한 것은 보상제도의 성격상 재판청구권을 침해하지 않는다.　　　　　　　O | X

이 사건 불복금지조항은 형사보상의 청구에 대하여 한 보상의 결정에 대하여는 불복을 신청할 수 없도록 하여 형사보상의 결정을 단심재판으로 규정하고 있다. … 보상액의 산정에 기초되는 사실인정이나 보상액에 관한 판단에서 오류나 불합리성이 발견되는 경우에도 그 시정을 구하는 불복신청을 할 수 없도록 하는 것은 형사보상청구권 및 그 실현을 위한 기본권으로서의 재판청구권의 본질적 내용을 침해하는 것이라 할 것이고, … 이 사건 불복금지조항은 형사보상청구권 및 재판청구권을 침해한다고 할 것이다(헌재 2010.10.28. 2008헌마514 등).

081
☐☐☐

소 취하 간주의 경우에도 소송이 재판에 의하여 종료된 경우와 마찬가지로 변호사 보수를 소송비용에 산입하도록 한 규정은 당사자에게 과도한 재산적 부담을 가지게 한다는 점에서 재판을 받을 권리를 침해한다.

O | X

이 사건 변호사보수조항은 정당한 권리행사를 위하여 소송을 제기하거나 부당한 제소에 대하여 응소하려는 당사자를 위하여 실효적인 권리구제를 보장하고, 부당한 제소를 방지하여 사법제도의 적정하고 합리적인 운영을 도모하려는 데에 그 취지가 있으므로 그 입법목적이 정당하고, 이로써 정당한 권리실행을 위하여 소송을 제기하거나 응소한 사람의 경우 지출한 변호사비용을 상환 받을 수 있게 되는 반면 패소할 경우 비교적 고액인 변호사비용을 부담하게 될 수도 있다는 점 때문에 부당한 제소 및 방어를 자제하게 되어 입법목적의 달성에 실효적인 수단이 된다고 할 것이므로 수단의 적절성도 인정된다. … 따라서 이 사건 변호사보수조항은 재판청구권을 침해하지 아니한다(헌재 2017.7.27. 2015헌바1).

082
☐☐☐

국방부장관, 각군 참모총장 및 관할관이 군판사 및 심판관의 임명권과 재판관의 지정권을 갖고 심판관은 일반장교 중에서 임명할 수 있도록 규정한 구 군사법원법 조항은 군사법원의 헌법적 한계를 일탈하여 사법권의 독립과 재판의 독립을 침해하고 정당한 재판을 받을 권리를 침해한다.

O | X

국방부장관, 각 군참모총장 및 관할관이 군판사 및 심판관의 임명권과 재판관의 지정권을 가지며(군사법원법 제38조, 제39조, 제40조, 제41조), 심판관은 일반장교 중에서 임명할 수 있도록 규정하였다고 하여 바로 위 조항들 자체가 군사법원의 헌법적 한계를 일탈하여 사법권의 독립과 재판의 독립을 침해하고 죄형법정주의에 반하거나 인간의 존엄과 가치, 행복추구권, 평등권, 신체의 자유, 정당한 재판을 받을 권리 및 정신적 자유를 본질적으로 침해하는 것이라고 할 수 없다(헌재 1996.10.31. 93헌바25).

083
☐☐☐

헌법 제27조의 '재판을 받을 권리'는 적어도 한번의 재판을 받을 권리, 적어도 하나의 심급을 요구할 권리이고, 심급제도가 몇 개의 심급으로 형성되어야 하는가에 관하여는 헌법이 전혀 규정하고 있지 않으므로, 이는 입법자의 광범위한 형성권에 맡겨져 있는 것이다.

O | X

재판을 받을 권리라는 것은, '법적 분쟁시 독립된 법원에 의하여 사실관계와 법률관계에 관하여 한번 포괄적으로 심사를 받을 수 있도록 국민이 소송을 제기할 수 있는 권리'로서, 적어도 한번의 재판을 받을 권리, 적어도 하나의 심급을 요구할 권리인 것이며, 그 구체적인 형성은 입법자의 광범위한 입법재량에 맡겨져 있는 것이다. 즉 심급제도가 몇 개의 심급으로 형성되어야 하는가에 관하여 헌법이 전혀 규정하는 바가 없으므로, 이는 입법자의 광범위한 형성권에 맡겨져 있는 것이며, 모든 구제절차나 법적분쟁에서 반드시 보장되는 것은 아니다(헌재 2005.3.31. 2003헌바34).

084
☐☐☐

사법보좌관에게 민사소송법에 따른 독촉절차에서의 법원의 사무를 처리할 수 있도록 규정한 법원조직법 조항 중 '민사소송법에 따른 독촉절차에서의 법원의 사무'에 관한 부분은 입법재량권의 한계를 벗어난 자의적인 입법으로 헌법상 보장된 재판을 받을 권리의 본질적 내용을 침해한다.

O | X

사법보좌관의 처분에 대하여는 법원조직법에서 법관에게 이의신청을 할 수 있음을 명시하고 있고, 사법보좌관규칙에서 그 이의절차에 관하여 상세히 규정하고 있는바, 이를 통해 법관에 의한 사실확정과 법률의 해석·적용의 기회를 보장하고 있다. … 따라서 이 사건 법원조직법 조항이 입법재량권의 한계를 벗어난 자의적인 입법으로 법관에 의한 재판받을 권리를 침해한다고 할 수 없다(헌재 2020.12.23. 2019헌바353).

정답 081 X 082 X 083 ○ 084 X

085
☐☐☐

판결주문에 영향이 없는 당사자의 공격방어방법에 대한 판단이 누락된 경우와 달리 판결주문과 간접적으로만 연관되는 판단이유가 누락된 경우에는 재심의 소를 통해 기판력 등 확정된 판결의 효력을 배제하는 것이 재심제도의 취지에 부합한다. O | X

판결주문에 영향이 없는 당사자의 공격방어방법에 대한 판단이 누락된 경우나, 판결주문과 간접적으로만 연관되는 판단이유가 누락된 경우에 재심의 소를 통하여 확정된 판결의 효력을 배제하는 것을 허용해야 할 만큼 정의의 요청이 절박하다고 할 수 없다. 오히려 판결의 결론에 영향을 미칠 수 없는 불필요한 재심이 제기되어 재심제도의 취지에 어긋날 수 있다. … 이상을 종합하면, '판단이유의 누락'이 아니라 '판단누락'을 재심사유로 규정하였다 하여도 재판의 적정성을 현저히 희생하였다고 보기는 어렵다. 따라서 심판대상조항은 재판청구권을 침해하지 아니한다(헌재 2016.12.29. 2016헌바43).

086
☐☐☐

직계혈족, 배우자, 동거친족, 동거가족 또는 그 배우자간의 권리행사방해죄에 대해 법관으로 하여금 여러 사정을 전혀 고려할 수 없도록 하고 획일적으로 형면제 판결을 선고하도록 하는 형법 조항은 형사피해자가 법관에게 적절한 형벌권을 행사하여 줄 것을 청구할 수 없도록 하는 것으로서 입법재량을 일탈하여 현저히 불합리하거나 불공정하므로 형사피해자의 재판절차진술권을 침해한다. O | X

심판대상조항은 재산범죄의 가해자와 피해자 사이의 일정한 친족관계를 요건으로 하여 일률적으로 형을 면제하도록 규정하고 있는바, 적용대상 친족의 범위가 지나치게 넓고, 심판대상조항이 준용되는 재산범죄들 가운데 불법성이 경미하다고 보기 어려운 경우가 있다는 점에서 제도적 취지에 부합하지 않는 결과를 초래할 우려가 있고, 미성년자나 질병, 장애 등으로 가족과 친족 사회 내에서 취약한 지위에 있는 구성원에 대한 경제적 착취를 용인할 우려가 있다. 그럼에도 법관으로 하여금 이러한 사정을 전혀 고려할 수 없도록 하고 획일적으로 형면제 판결을 선고하도록 한 심판대상조항은 형사피해자가 법관에게 적절한 형벌권을 행사하여 줄 것을 청구할 수 없도록 하는 것으로서 입법재량을 일탈하여 현저히 불합리하거나 불공정하므로 형사피해자의 재판절차진술권을 침해한다(헌재 2024.6.27. 2020헌마468 등).

087
☐☐☐

헌법 제27조 제5항에 정한 형사피해자의 개념은 반드시 형사실체법상의 보호법익을 기준으로 한 피해자 개념에 한정하여 결정할 것이 아니라, 형사실체법상으로는 직접적인 보호법익의 향유주체로 해석되지 않는 자라 하더라도 문제된 범죄행위로 말미암아 법률상 불이익을 받게 되는 자의 뜻으로 이해하여야 한다. O | X

헌법 제27조 제5항에서 형사피해자의 재판절차진술권을 독립된 기본권으로 보장한 취지는 피해자 등에 의한 사인소추를 전면 배제하고 형사소추권을 검사에게 독점시키고 있는 현행 기소독점주의의 형사소송체계 아래에서 형사피해자로 하여금 당해 사건의 형사재판절차에 참여할 수 있는 청문의 기회를 부여함으로써 형사사법의 절차적 적정성을 확보하기 위한 것이므로, 위 헌법조항의 형사피해자의 개념은 반드시 형사실체법상의 보호법익을 기준으로 한 피해자개념에 한정하여 결정할 것이 아니라 형사실체법상으로는 직접적인 보호법익의 향유주체로 해석되지 않는 자라 하더라도 문제된 범죄행위로 말미암아 법률상 불이익을 받게 되는 자의 뜻으로 풀이하여야 할 것이다(헌재 1997.2.20. 96헌마76).

088
□□□

재정신청에 대한 결정을 할 때 구두변론 실시 여부를 법관의 재량에 맡기고 있는 형사소송법 조항은 재정신청절차를 신속하고 원활하게 진행함으로써 관계 당사자 사이의 법률관계를 확정하여 사회 안정을 도모한다는 공익보다 재정신청인이 받게 되는 불이익이 크다고 볼 수 있으므로 피해자의 재판절차진술권을 침해한다.　　　　O | X

재정신청절차의 효율적 진행과 법률관계의 신속한 확정으로 형사피해자와 피의자의 법적 안정성을 조화시킨다는 심판대상조항의 입법목적은 정당하고, 이를 위해 법관에게 재량을 부여한 입법수단도 적절하다. … 심판대상조항이 청구인의 재판절차진술권과 재판청구권을 침해한다고 볼 수 없다(헌재 2018.4.26. 2016헌마1043).

089
□□□

재판절차진술권에 관한 헌법 제27조 제5항이 정한 법률유보는 법률에 의한 기본권의 제한을 목적으로 하는 자유권적 기본권에 대한 법률유보의 경우와는 달리, 기본권으로서의 재판절차진술권을 보장하고 있는 헌법규범의 의미와 내용을 법률로써 구체화하기 위한 이른바 기본권형성적 법률유보에 해당한다. O | X

재판절차진술권에 관한 헌법 제27조 제5항이 정한 법률유보는 법률에 의한 기본권의 제한을 목적으로 하는 자유권적 기본권에 대한 법률유보의 경우와는 달리 기본권으로서의 재판절차진술권을 보장하고 있는 헌법규범의 의미와 내용을 법률로써 구체화하기 위한 이른바 기본권 형성적 법률유보에 해당한다(헌재 1993.3.11. 92헌마48).

090
□□□

공정거래위원회는 독점규제 및 공정거래에 관한 법률이 추구하는 법 목적에 비추어 행위의 위법성과 가벌성이 중대하고 피해의 정도가 현저하여 형벌을 적용하지 아니하면 법 목적의 실현이 불가능하다고 봄이 객관적으로 상당한 사안에 있어서 당연히 고발을 하여야 할 의무가 있고, 이러한 작위의무에 위반한 고발권의 불행사는 명백히 자의적인 것으로서 피해자의 재판절차진술권을 침해하는 것이다.　　　　O | X

공정거래위원회는 심사의 결과 인정되는 공정거래법위반행위에 대하여 일응 고발을 할 것인가의 여부를 결정할 재량권을 갖는다고 보아야 할 것이나, 공정거래법이 추구하는 법목적에 비추어 행위의 위법성과 가벌성이 중대하고 피해의 정도가 현저하여 형벌을 적용하지 아니하면 법목적의 실현이 불가능하다고 봄이 객관적으로 상당한 사안에 있어서는 공정거래위원회로서는 그에 대하여 당연히 고발을 하여야 할 의무가 있고 이러한 작위의무에 위반한 고발권의 불행사는 명백히 자의적인 것으로서 당해 위반행위로 인한 피해자의 평등권과 재판절차진술권을 침해하는 것이라고 보아야 한다(헌재 1995.7.21. 94헌마136).

21. 국회직 9급

091

☐☐☐

헌법상 국가배상청구권에 관한 규정은 국가배상청구권을 청구권적 기본권으로 보장하며, 그 요건에 해당하는 사유가 발생한 개별 국민에게는 금전청구권으로서의 재산권으로서도 보장된다. O | X

헌법상의 국가배상청구권에 관한 규정은 국가배상청구권을 청구권적 기본권으로 보장하며, 국가배상청구권은 그 요건에 해당하는 사유가 발생한 개별 국민에게는 금전청구권으로서의 재산권으로 보장된다(헌재 2015.4.30. 2013헌바395).

21. 국회직 9급

092

☐☐☐

국가배상청구권의 성립요건으로서 공무원의 고의 또는 과실을 규정한 국가배상법 조항은, 법률로 이미 형성된 국가배상청구권의 행사 및 존속을 '제한'하는 것이라기보다는 국가배상청구권의 내용을 '형성'하는 것이므로, 헌법상 국가배상제도의 정신에 부합하게 국가배상청구권을 형성하였는지의 관점에서 심사하여야 한다. O | X

헌법상 국가배상청구권은 청구권적 기본권이고, 앞에서 본 바와 같이 그 요건인 '불법행위'는 법률에서 구체적으로 형성할 수 있는 개념이라 할 것이다. 따라서 이 사건 법률조항이 국가배상청구권의 성립요건으로서 공무원의 고의 또는 과실을 규정한 것은 법률로 이미 형성된 국가배상청구권의 행사 및 존속을 제한한다고 보기보다는 국가배상청구권의 내용을 형성하는 것이라고 할 것이므로, 헌법상 국가배상제도의 정신에 부합하게 국가배상청구권을 형성하였는지의 관점에서 심사하여야 한다(헌재 2015.4.30. 2013헌바395).

23. 경찰 2차

093

☐☐☐

군인·군무원·경찰공무원 기타 법률이 정하는 자가 전투·훈련등 직무집행과 관련하여 받은 손해에 대하여는 법률이 정하는 보상 외에 국가 또는 공공단체에 공무원의 직무상 불법행위로 인한 정당한 배상을 청구할 수 있다. O | X

법률이 정하는 보상 외에 국가 또는 공공단체에 공무원의 직무상 불법행위로 인한 배상은 청구할 수 없다.

> **헌법 제29조** ② 군인·군무원·경찰공무원 기타 법률이 정하는 자가 전투·훈련등 직무집행과 관련하여 받은 손해에 대하여는 법률이 정하는 보상 외에 국가 또는 공공단체에 공무원의 직무상 불법행위로 인한 배상은 청구할 수 없다.

정답 091 ○ 092 ○ 093 X

094
☐☐☐
특수임무수행자 등이 보상금 등의 지급결정에 동의한 때에는 특수임무수행 또는 이와 관련한 교육훈련으로 입은 피해에 대하여 재판상 화해가 성립된 것으로 보는 특수임무수행자 보상에 관한 법률 제17조의2 가운데 특수임무수행 또는 이와 관련한 교육훈련으로 입은 피해 중 '정신적 손해'에 관한 부분이 과잉금지원칙을 위반하여 국가배상청구권을 침해한다고 보기 어렵다. O | X

특수임무수행자는 보상금등 산정과정에서 국가 행위의 불법성이나 구체적인 손해 항목 등을 주장·입증할 필요가 없고 특수임무수행자의 과실이 반영되지도 않으며, 국가배상청구에 상당한 시간과 비용이 소요되는 데 반해 보상금등 지급결정은 비교적 간이·신속한 점까지 고려하면, 특임자보상법령이 정한 보상금등을 지급받는 것이 국가배상을 받는 것에 비해 일률적으로 과소 보상된다고 할 수도 없다. 따라서 심판대상조항이 과잉금지원칙을 위반하여 국가배상청구권 또는 재판청구권을 침해한다고 보기 어렵다(헌재 2021.9.30. 2019헌가28).

095
☐☐☐
국가배상청구권의 성립 요건으로서 공무원의 고의 또는 과실을 규정함으로써 무과실책임을 인정하지 않은 국가배상법 조항이 입법자의 입법형성권의 자의적 행사로서 국가배상청구권을 침해한다고 볼 수 없다. O | X

국가배상책임의 본질에 관한 논의로부터 국가배상에 무과실책임이 포함되는지에 관한 결론이 필연적으로 도출되는 것은 아니고, 국가배상제도에 피해자 구제기능 및 손해분산기능이 있는 것 외에 제재기능 및 위법행위 억지기능도 있음이 일반적으로 인정되는 사정 등에 비추어 볼 때, 헌법상 국가배상책임은 공무원의 책임을 일정 부분 전제하는 것으로 해석할 수 있는 점, 헌법 제29조 제1항에 법률유보 문구를 추가한 것은 국가배상 관련 입법에 국가재정을 고려할 수 있게 한 것으로 해석할 수 있고, 공무원의 고의 또는 과실이 없는데도 국가배상을 인정하면 원활한 공무수행이 저해될 수 있음을 입법정책적으로 고려할 필요가 있는 점 등을 근거로, 심판대상조항이 국가배상청구권의 성립요건으로 공무원의 고의 또는 과실을 규정한 것을 두고 입법형성의 범위를 벗어나 헌법 제29조의 국가배상청구권을 침해하는 것으로 보기 어렵다(헌재 2015.4.30. 2013헌바395).

096
☐☐☐
국가배상법은 외국인이 피해자인 경우에는 해당 국가와 상호 보증이 있을 때에만 국가배상법을 적용한다고 규정하고 있다. O | X

> **국가배상법 제7조【외국인에 대한 책임】** 이 법은 외국인이 피해자인 경우에는 해당 국가와 상호 보증이 있을 때에만 적용한다.

097
☐☐☐
국가배상법에 따른 손해배상의 소송은 배상심의회에 배상신청을 하지 아니하면 제기할 수 없다. O | X

국가배상법에 따른 손해배상의 소송은 배상심의회에 배상신청을 하지 아니하고도 제기할 수 있다.

> **국가배상법 제9조【소송과 배상신청의 관계】** 이 법에 따른 손해배상의 소송은 배상심의회(이하 "심의회"라 한다)에 배상신청을 하지 아니하고도 제기할 수 있다.

정답 094 ○ 095 ○ 096 ○ 097 X

098
☐☐☐

5·18 민주화운동과 관련하여 사망하거나 행방불명된 자 및 상이를 입은 자 또는 그 유족이 적극적·소극적 손해의 배상에 상응하는 보상금 등 지급결정에 동의하였다는 사정만으로 재판상 화해의 성립을 간주하는 것은 국가배상청구권에 대한 과도한 제한이다.　　　　　　　　　　　　　　　　　O | X

5·18보상법 및 같은 법 시행령의 관련조항을 살펴보면 정신적 손해배상에 상응하는 항목은 존재하지 아니하고, 보상심의위원회가 보상금 등 항목을 산정함에 있어 정신적 손해를 고려할 수 있다는 내용도 발견되지 아니한다. 그럼에도 불구하고 심판대상조항은 정신적 손해에 대해 적절한 배상이 이루어지지 않은 상태에서, 5·18민주화운동과 관련하여 사망하거나 행방불명된 자 및 상이를 입은 자 또는 그 유족이 적극적·소극적 손해의 배상에 상응하는 보상금 등 지급결정에 동의하였다는 사정만으로 재판상 화해의 성립을 간주하고 있다. 이는 국가배상청구권에 대한 과도한 제한이고, 해당 손해에 대한 적절한 배상이 이루어졌음을 전제로 하여 국가배상청구권 행사를 제한하려 한 5·18보상법의 입법목적에도 부합하지 않는다. 따라서 이 조항이 5·18보상법상 보상금 등의 성격과 중첩되지 않는 정신적 손해에 대한 국가배상청구권의 행사까지 금지하는 것은 국가배상청구권을 침해한다(헌재 2021.5.27. 2019헌가17).

099
☐☐☐

법관의 재판에 법령의 규정을 따르지 않은 잘못이 있다면 이로써 바로 그 재판상 직무행위가 국가배상법에서 말하는 위법한 행위로 되어 국가의 손해배상책임이 발생하는 것이다.　　　　　　　　O | X

법관의 재판에 법령의 규정을 따르지 아니한 잘못이 있다 하더라도 이로써 바로 그 재판상 직무행위가 국가배상법 제2조 제1항에서 말하는 위법한 행위로 되어 국가의 손해배상책임이 발생하는 것은 아니고, 그 국가배상책임이 인정되려면 당해 법관이 위법 또는 부당한 목적을 가지고 재판을 하였다거나 법이 법관의 직무수행상 준수할 것을 요구하고 있는 기준을 현저하게 위반하는 등 법관이 그에게 부여된 권한의 취지에 명백히 어긋나게 이를 행사하였다고 인정할 만한 특별한 사정이 있어야 한다(대판 2003.7.11. 99다24218).

100
☐☐☐

행위의 근거가 된 법률조항에 대하여 위헌결정이 선고된 경우에는 위 법률조항에 따라 행위한 당해 공무원에게 고의 또는 과실이 있는 것이므로 국가배상책임이 성립한다.　　　　　　　　　　　　O | X

일반적으로 법률이 헌법에 위반된다는 사정은 헌법재판소의 위헌결정이 있기 전에는 객관적으로 명백한 것이라고 할 수 없어, 법률이 헌법에 위반되는지 여부를 심사할 권한이 없는 공무원으로서는 행위 당시의 법률에 따를 수밖에 없으므로, 행위의 근거가 된 법률조항에 대하여 위헌결정이 선고되더라도 위 법률조항에 따라 행위한 당해 공무원에게는 고의 또는 과실이 있다 할 수 없어 국가배상책임은 성립되지 아니한다(헌재 2014.4.24. 2011헌바56).

101
☐☐☐

국가배상청구권의 성립요건으로서 공무원의 고의 또는 과실을 규정한 것은 원활한 공무집행을 위한 입법정책적 고려에 따라 법률로 이미 형성된 국가배상청구권의 행사 및 존속을 제한한 것이다.　　　　O | X

심판대상조항이 국가배상청구권의 성립요건으로서 공무원의 고의 또는 과실을 규정한 것은 법률로 이미 형성된 국가배상청구권의 행사 및 존속을 제한한다고 보기 보다는 국가배상청구권의 내용을 형성하는 것이라고 할 것이므로, 헌법상 국가배상제도의 정신에 부합하게 국가배상청구권을 형성하였는지의 관점에서 심사하여야 한다. … 이 사건 법률조항이 국가배상청구권의 성립요건으로서 공무원의 고의 또는 과실을 규정한 것을 두고 입법형성의 범위를 벗어나 헌법 제29조에서 규정한 국가배상청구권을 침해한다고 보기는 어렵다(헌재 2020.3.26. 2016헌바55 등).

정답 098 ○　099 X　100 X　101 X

102

□□□

청구기간 내에 제기된 헌법소원심판청구 사건에서 헌법재판소 재판관이 청구기간을 오인하여 각하결정을 한 경우, 이에 대한 불복절차 내지 시정절차가 없는 때에는 국가배상책임을 인정할 수 있다.　O | X

재판에 대하여 불복절차 내지 시정절차 자체가 없는 경우에는 부당한 재판으로 인하여 불이익 내지 손해를 입은 사람은 국가배상 이외의 방법으로는 자신의 권리 내지 이익을 회복할 방법이 없으므로, 이와 같은 경우에는 위에서 본 배상책임의 요건이 충족되는 한 국가배상책임을 인정하지 않을 수 없다 할 것이다(대판 2003. 7.11. 99다24218).

103

□□□

법률이 헌법에 위반되는지 여부를 심사할 권한이 없는 공무원으로서는 행위 당시의 법률에 따를 수밖에 없으므로, 행위의 근거가 된 법률조항에 대하여 행위 후에 위헌결정이 선고되더라도 위 법률조항에 따라 행위한 당해 공무원에게는 고의 또는 과실이 있다 할 수 없어 국가배상책임은 성립되지 아니한다.　O | X

헌법재판소는, 일반적으로 법률이 헌법에 위반된다는 사정은 헌법재판소의 위헌결정이 있기 전에는 객관적으로 명백한 것이라고 할 수 없어 법률이 헌법에 위반되는지 여부를 심사할 권한이 없는 공무원으로서는 행위 당시의 법률에 따를 수밖에 없다 할 것이므로, 행위의 근거가 된 법률조항에 대하여 위헌결정이 선고된다 하더라도 위 법률조항에 따라 행위한 당해 공무원에게는 고의 또는 과실이 있다 할 수 없어 국가배상책임은 성립되지 아니하고, … 판단하어 았다(헌재 2014.4.24. 2011헌바56).

104

□□□

보상금 등의 지급결정에 동의한 때 '민주화운동과 관련하여 입은 피해'에 대해 재판상 화해의 성립을 간주하는 구 민주화운동 관련자 명예회복 및 보상 등에 관한 법률 조항은 적극적·소극적 손해에 관한 부분에 있어서는 민주화운동 관련자와 유족의 국가배상청구권을 침해하지 않는다.　O | X

민주화보상법상 보상금 등에는 적극적·소극적 손해에 대한 배상의 성격이 포함되어 있는바, 관련자와 유족이 위원회의 보상금 등 지급결정이 일응 적절한 배상에 해당된다고 판단하여 이에 동의하고 보상금 등을 수령한 경우 보상금 등의 성격과 중첩되는 적극적·소극적 손해에 대한 국가배상청구권의 추가적 행사를 제한하는 것은, 동일한 사실관계와 손해를 바탕으로 이미 적절한 배상을 받았음에도 불구하고 다시 동일한 내용의 손해배상청구를 금지하는 것이므로, 이를 지나치게 과도한 제한으로 볼 수 없다(헌재 2018.8.30. 2014헌바180 등).

⚖ 관련 판례

심판대상조항 중 정신적 손해에 관한 부분이 국가배상청구권을 침해하는지 여부를 본다. 앞서 본 바와 같이 민주화보상법상 보상금 등에는 정신적 손해에 대한 배상이 포함되어 있지 않은바, 이처럼 정신적 손해에 대해 적절한 배상이 이루어지지 않은 상태에서 적극적·소극적 손해에 상응하는 배상이 이루어졌다는 사정만으로 정신적 손해에 대한 국가배상청구마저 금지하는 것은, 해당 손해에 대한 적절한 배상이 이루어졌음을 전제로 하여 국가배상청구권 행사를 제한하려 한 민주화보상법의 입법목적에도 부합하지 않으며, 국가의 기본권 보호의무를 규정한 헌법 제10조 제2문의 취지에도 반하는 것으로서, 국가배상청구권에 대한 지나치게 과도한 제한에 해당한다. 따라서 심판대상조항 중 정신적 손해에 관한 부분은 민주화운동 관련자와 유족의 국가배상청구권을 침해한다.

105
☐☐☐

지구심의회에서 배상신청이 기각된 신청인은 결정정본이 송달된 날부터 2주일 이내에 그 심의회를 거쳐 본부심의회나 특별심의회에 재심을 신청할 수 있으나, 지구심의회에서 배상신청이 각하된 신청인은 재심을 신청할 수 없다. O | X

> **국가배상법 제15조의2【재심신청】** ① 지구심의회에서 배상신청이 기각(일부기각된 경우를 포함한다) 또는 각하된 신청인은 결정정본이 송달된 날부터 2주일 이내에 그 심의회를 거쳐 본부심의회나 특별심의회에 재심(再審)을 신청할 수 있다.

106
☐☐☐

공무원이 직무 수행 중 불법행위로 타인에게 손해를 입힌 경우에 국가나 지방자치단체가 국가배상책임을 부담하는 외에 공무원 개인도 고의 또는 중과실이 있는 경우에는 불법행위로 인한 손해배상책임을 지지만, 공무원에게 경과실이 있을 뿐인 경우에는 공무원 개인은 불법행위로 인한 손해배상책임을 부담하지 아니한다. O | X

공무원이 직무 수행 중 불법행위로 타인에게 손해를 입힌 경우에 국가나 지방자치단체가 국가배상책임을 부담하는 외에 공무원 개인도 고의 또는 중과실이 있는 경우에는 불법행위로 인한 손해배상책임을 지고, 공무원에게 경과실이 있을 뿐인 경우에는 공무원 개인은 불법행위로 인한 손해배상책임을 부담하지 아니하는데, 여기서 공무원의 중과실이란 공무원에게 통상 요구되는 정도의 상당한 주의를 하지 않더라도 약간의 주의를 한다면 손쉽게 위법·유해한 결과를 예견할 수 있는 경우임에도 만연히 이를 간과함과 같은 거의 고의에 가까운 현저한 주의를 결여한 상태를 의미한다(대판 2011.9.8. 2011다34521).

107
☐☐☐

국가배상법은 법치국가원리에 따라 국가의 공권력 행사는 적법해야 함을 전제로 모든 공무원의 직무행위상 불법행위로 발생한 손해에 대해 국가가 책임지도록 규정한 것이므로, 동법 제2조(배상책임)의 의미와 목적을 살펴볼 때 법관과 다른 공무원은 본질적으로 다른 집단이라고 볼 수는 없다. O | X

국가배상법은 법치국가원리에 따라 국가의 공권력 행사는 적법해야 함을 전제로 모든 공무원의 직무행위상 불법행위로 발생한 손해에 대해 국가가 책임지도록 규정한 것이다. 이에 대한 예외는 헌법 제29조 제2항에 따른 국가배상법 제2조 제1항 단서의 경우뿐이다. 이러한 심판대상조항의 의미와 목적을 살펴볼 때 법관과 다른 공무원은 본질적으로 다른 집단이라고 볼 수는 없다(헌재 2021.7.15. 2020헌바1).

108
☐☐☐

국가배상법 제2조 소정의 '공무원'이라 함은 국가공무원법이나 지방공무원법에 의하여 공무원으로서의 신분을 가진 자에 국한하지 않고, 널리 공무를 위탁받아 실질적으로 공무에 종사하고 있는 일체의 자를 가리키는 것이라고 봄이 상당하다. O | X

국가배상법 제2조 소정의 '공무원'이라 함은 국가공무원법이나 지방공무원법에 의하여 공무원으로서의 신분을 가진 자에 국한하지 않고, 널리 공무를 위탁받아 실질적으로 공무에 종사하고 있는 일체의 자를 가리키는 것으로서, 공무의 위탁이 일시적이고 한정적인 사항에 관한 활동을 위한 것이어도 달리 볼 것은 아니다(대판 2001.1.5. 98다39060).

정답 105 X 106 ○ 107 ○ 108 ○

109

□□□

대법원은 국회의원의 입법행위는 그 입법 내용이 헌법의 문언에 명백히 위반됨에도 불구하고 국회가 굳이 당해 입법을 한 것과 같은 특수한 경우가 아닌 한 국가배상법 제2조 제1항 소정의 위법행위에 해당된다고 볼 수 없다고 보았다. O | X

국회의원은 입법에 관하여 원칙적으로 국민 전체에 대한 관계에서 정치적 책임을 질 뿐 국민 개개인의 권리에 대응하여 법적 의무를 지는 것은 아니므로, 국회의원의 입법행위는 그 입법 내용이 헌법의 문언에 명백히 위반됨에도 불구하고 국회가 굳이 당해 입법을 한 것과 같은 특수한 경우가 아닌 한 국가배상법 제2조 제1항 소정의 위법행위에 해당된다고 볼 수 없다(대판 1997.6.13. 96다56115).

110

□□□

대법원은 국가 또는 지방자치단체라 할지라도 공권력의 행사가 아니고 단순한 사경제의 주체로 활동하였을 경우에는 그 손해배상책임에 국가배상법이 적용될 수 없고 민법상의 사용자책임 등이 인정된다고 보고 있다. O | X

국가 또는 지방자치단체라 할지라도 공권력의 행사가 아니고 단순한 사경제의 주체로 활동하였을 경우에는 그 손해배상책임에 국가배상법이 적용될 수 없고 민법상의 사용자책임 등이 인정되는 것이고 국가의 철도운행사업은 국가가 공권력의 행사로서 하는 것이 아니고 사경제적 작용이라 할 것이므로, 이로 인한 사고에 공무원이 관여하였다고 하더라도 국가배상법을 적용할 것이 아니고 일반 민법의 규정에 따라야 한다(대판 1997.7.22. 95다6991).

제4절 국가보상청구권

111

□□□

형사보상의 청구기간을 '무죄판결이 확정된 때로부터 1년'으로 규정한 것은 형사보상청구권의 행사를 어렵게 할 정도로 지나치게 짧다고 할 수 없으므로 합리적인 입법재량을 행사한 것으로 볼 수 있다. O | X

아무런 합리적인 이유 없이 그 청구기간을 1년이라는 단기간으로 제한한 것은 입법 목적 달성에 필요한 정도를 넘어선 것이라고 할 것이다. … 이 사건 법률조항은 입법재량의 한계를 일탈하여 청구인의 형사보상청구권을 침해한 것이다(헌재 2010.7.29. 2008헌가4).

📖 개념정리 피고인 보상청구권과 피의자 보상청구권

구분	'피고인' 보상청구권	'피의자' 보상청구권
연혁	건국헌법	9차 개정 때 신설
사유	무죄판결	법률이 정하는 불기소처분
청구기간	무죄재판이 확정된 사실을 안 날부터 3년, 무죄재판이 확정된 때부터 5년 이내	검사로부터 공소를 제기하지 아니하는 처분의 고지 또는 통지를 받은 날부터 3년 이내
청구기관	무죄재판을 한 법원	지방검찰청의 피의자보상심의회

112

□□□

외형상·형식상으로 무죄의 재판이 없는 경우에는 형사사법절차에 내재하는 불가피한 위험으로 인하여 국민의 신체의 자유에 관하여 피해가 발생하였더라도 형사보상청구권을 인정할 수는 없다.　O | X

헌법 제28조의 형사보상청구권이 국가의 형사사법작용에 의하여 신체의 자유가 침해된 국민에게 그 구제를 인정하여 국민의 기본권 보호를 강화하는 데 그 목적이 있는 점에 비추어 보면, 외형상·형식상으로 무죄재판이 없다고 하더라도 형사사법절차에 내재하는 불가피한 위험으로 인하여 국민의 신체의 자유에 관하여 피해가 발생하였다면 형사보상청구권을 인정하는 것이 타당하다. 심판대상조항은 소송법상 이유 등으로 무죄재판을 받을 수는 없으나 그러한 사유가 없었더라면 무죄재판을 받을 만한 현저한 사유가 있는 경우 그 절차에서 구금되었던 개인 역시 형사사법절차에 내재하는 불가피한 위험으로 인하여 신체의 자유에 피해를 입은 것은 마찬가지이므로 국가가 이를 마땅히 책임져야 한다는 고려에서 마련된 규정이다(헌재 2022.2.24. 2018헌마998).

113

□□□

형사보상청구는 무죄재판이 확정된 사실을 안 날부터 3년, 무죄재판이 확정된 때부터 5년 이내에 하여야 한다.　O | X

> **형사보상 및 명예회복에 관한 법률 제8조【보상청구의 기간】** 보상청구는 무죄재판이 확정된 사실을 안 날부터 3년, 무죄재판이 확정된 때부터 5년 이내에 하여야 한다.

114

□□□

형사보상 및 명예회복에 관한 법률에 따른 보상을 받을 자가 같은 원인에 대하여 다른 법률에 따라 손해배상을 받은 경우에 그 손해배상의 액수가 형사보상 및 명예회복에 관한 법률에 따라 받을 보상금의 액수와 같거나 그보다 많을 때에는 보상하지 아니한다.　O | X

> **형사보상 및 명예회복에 관한 법률 제6조【손해배상과의 관계】** ② 이 법에 따른 보상을 받을 자가 같은 원인에 대하여 다른 법률에 따라 손해배상을 받은 경우에 그 손해배상의 액수가 이 법에 따라 받을 보상금의 액수와 같거나 그보다 많을 때에는 보상하지 아니한다. 그 손해배상의 액수가 이 법에 따라 받을 보상금의 액수보다 적을 때에는 그 손해배상 금액을 빼고 보상금의 액수를 정하여야 한다.

115

□□□

사형 집행에 대한 보상을 할 때에는 집행 전 구금에 대한 보상금 외에 3천만 원 이내에서 모든 사정을 고려하여 법원이 타당하다고 인정하는 금액을 더하여 보상하며, 이 경우 본인의 사망으로 인하여 발생한 재산상의 손실액이 증명되었을 때에는 그 손실액도 보상한다.　O | X

> **형사보상 및 명예회복에 관한 법률 제5조【보상의 내용】** ③ 사형 집행에 대한 보상을 할 때에는 집행 전 구금에 대한 보상금 외에 3천만 원 이내에서 모든 사정을 고려하여 법원이 타당하다고 인정하는 금액을 더하여 보상한다. 이 경우 본인의 사망으로 인하여 발생한 재산상의 손실액이 증명되었을 때에는 그 손실액도 보상한다.

정답 112 X　113 ○　114 ○　115 ○

116
☐☐☐

형사보상 및 명예회복에 관한 법률은 법원의 형사보상결정에 대하여는 1주일 이내에 즉시항고를 할 수 있으나, 형사보상 청구기각 결정에 대하여는 즉시항고를 할 수 없다고 규정하고 있다. O | X

형사보상 청구기각 결정에 대하여 즉시항고를 할 수 있다.

> **형사보상 및 명예회복에 관한 법률 제20조【불복신청】** ① 제17조 제1항에 따른 보상결정에 대하여는 1주일 이내에 즉시항고(即時抗告)를 할 수 있다.
> ② 제17조 제2항에 따른 청구기각 결정에 대하여는 즉시항고를 할 수 있다.

117
☐☐☐

형사피의자 또는 형사피고인으로서 구금되었던 자가 법률이 정하는 불기소처분을 받거나 무죄판결을 받은 때에는 법률이 정하는 바에 의하여 국가에 정당한 보상을 청구할 수 있다. O | X

> **헌법 제28조** 형사피의자 또는 형사피고인으로서 구금되었던 자가 법률이 정하는 불기소처분을 받거나 무죄판결을 받은 때에는 법률이 정하는 바에 의하여 국가에 정당한 보상을 청구할 수 있다.

118
☐☐☐

형사보상청구는 무죄재판이 확정된 사실을 안 날부터 3년, 무죄재판이 확정된 때부터 5년 이내에 하여야 한다. O | X

> **형사보상 및 명예회복에 관한 법률 제8조【보상청구의 기간】** 보상청구는 무죄재판이 확정된 사실을 안 날부터 3년, 무죄재판이 확정된 때부터 5년 이내에 하여야 한다.

119
☐☐☐

무죄판결이 확정된 피고인에게 국선변호인 보수를 기준으로 소송비용의 보상을 청구할 수 있는 권리는 구금되었음을 전제로 하는 헌법 제28조의 형사보상청구권과는 달리 헌법적 차원의 권리라고 볼 수는 없고, 입법자가 입법의 목적, 국가의 경제적·사회적·정책적 사정들을 참작하여 제정하는 법률에 적용요건, 적용대상, 범위 등 구체적인 사항이 규정될 때 비로소 형성되는 법률상의 권리에 불과하다. O | X

이 사건 법률조항이 규정하고 있는 '소송비용'의 보상은 형사사법절차에 내재된 위험에 의해 발생되는 손해를 국가가 보상한다는 취지에서 비롯된 것이다. 그러나 구금되었음을 전제로 하는 헌법 제28조의 형사보상청구권과는 달리 소송비용의 보상을 청구할 수 있는 권리는 헌법적 차원의 권리라고 볼 수는 없고, 입법자가 입법의 목적, 국가의 경제적·사회적·정책적 사정들을 참작하여 제정하는 법률에 적용요건, 적용대상, 범위 등 구체적인 사항이 규정될 때 비로소 형성되는 법률상의 권리에 불과하다(헌재 2012.3.29. 2011헌바19).

120
☐☐☐

헌법재판소는 헌법 제28조는 형사보상청구권의 내용을 법률에 의해 구체화하도록 규정하고 있으므로 형사보상법에서 형사보상청구의 제척기간을 1년의 단기로 규정하거나, 형사보상의 청구에 대한 보상의 결정에 불복을 할 수 없도록 하여 단심재판으로 규정한 것은 형사보상청구권을 침해하는 것이 아니라고 보았다. O | X

형사피고인이 책임질 수 없는 사유에 의하여 제척기간을 도과할 가능성이 있는바, 이는 국가의 잘못된 형사사법작용에 의하여 신체의 자유라는 중대한 법익을 침해받은 국민의 기본권을 사법상의 권리보다도 가볍게 보호하는 것으로서 부당하다. … 이 사건 법률조항은 입법재량의 한계를 일탈하여 청구인의 형사보상청구권을 침해한 것이다(헌재 2010.7.29. 2008헌가4).
이 사건 불복금지조항은 형사보상청구권 및 재판청구권을 침해한다(헌재 2010.10.28. 2008헌마514 등).

121
☐☐☐

보상청구는 대리인을 통하여서도 할 수 있다. O | X

> 형사보상 및 명예회복에 관한 법률 제13조 【대리인에 의한 보상청구】 보상청구는 대리인을 통하여서도 할 수 있다.

122
☐☐☐

보상청구는 무죄재판을 한 법원의 상급법원에 대하여 하여야 한다. O | X

> 형사보상 및 명예회복에 관한 법률 제7조 【관할법원】 보상청구는 무죄재판을 한 법원에 대하여 하여야 한다.

123
☐☐☐

형사피고인의 형사보상청구권은 제헌헌법에서 처음으로 규정되었고, 현행헌법에서 이를 형사피의자까지 확대하였다. O | X

형사피고인의 형사보상청구권은 제헌헌법에서 처음으로 규정되었고, 현행헌법에서 이를 형사피의자까지 확대하였다.

124
☐☐☐

헌법상 형사보상청구권은 국가의 형사사법절차에 내재하는 불가피한 위험에 의하여 국민의 신체의 자유에 관하여 형사사법기관의 귀책사유로 인해 피해가 발생한 경우 국가에 대하여 정당한 보상을 청구할 수 있는 권리로서, 실질적으로 국민의 재판청구권과 밀접하게 관련된 중대한 기본권이다. O | X

헌법상 형사보상청구권은 국가의 형사사법절차에 내재하는 불가피한 위험에 의하여 국민의 신체의 자유에 관하여 피해가 발생한 경우 형사사법기관의 귀책사유를 따지지 않고 국가에 대하여 정당한 보상을 청구할 수 있는 권리로서, 실질적으로 국민의 신체의 자유와 밀접하게 관련된 중대한 기본권이다(헌재 2022.2.24. 2018 헌마998 등). 형사보상청구권은 무과실의 손실보상청구권이다.

125
☐☐☐

판결 주문에서 무죄가 선고된 경우뿐만 아니라 판결 이유에서 무죄로 판단된 경우에도 미결구금 가운데 무죄로 판단된 부분의 수사와 심리에 필요하였다고 인정된 부분에 관하여는 보상을 청구할 수 있다. O | X

형사보상법 조항은 입법 취지와 목적 및 내용 등에 비추어 재판에 의하여 무죄의 판단을 받은 자가 재판에 이르기까지 억울하게 미결구금을 당한 경우 보상을 청구할 수 있도록 하기 위한 것이므로, 판결 주문에서 무죄가 선고된 경우뿐만 아니라 판결 이유에서 무죄로 판단된 경우에도 미결구금 가운데 무죄로 판단된 부분의 수사와 심리에 필요하였다고 인정된 부분에 관하여는 보상을 청구할 수 있고, 다만 형사보상법 제4조 제3호를 유추적용하여 법원의 재량으로 보상청구의 전부 또는 일부를 기각할 수 있을 뿐이다(대결 2016.3.11. 2014 모2521).

126
☐☐☐

원판결의 근거가 된 가중처벌규정에 대하여 헌법재판소의 위헌결정이 있었음을 이유로 개시된 재심절차에서, 공소장의 교환적 변경을 통해 위헌결정된 가중처벌규정보다 법정형이 가벼운 처벌규정으로 적용법조가 변경되어 피고인이 무죄판결을 받지는 않았으나 원판결보다 가벼운 형으로 유죄판결이 확정됨에 따라 원판결에 따른 구금형 집행이 재심판결에서 선고된 형을 초과하게 된 경우, 재심판결에서 선고된 형을 초과하여 집행된 구금에 대하여 보상요건을 규정하지 아니한 형사보상 및 명예회복에 관한 법률 제26조 제1항은 평등권을 침해한다. O | X

원판결의 근거가 된 가중처벌규정에 대하여 헌법재판소의 위헌결정이 있었음을 이유로 개시된 재심절차에서, 공소장의 교환적변경을 통해 위헌결정된 가중처벌규정보다 법정형이 가벼운 처벌규정으로 적용법조가 변경되어 피고인이 무죄판결을 받지는 않았으나 원판결보다 가벼운 형으로 유죄판결이 확정됨에 따라 원판결에 따른 구금형 집행이 재심판결에서 선고된 형을 초과하게 된 이 사건과 같은 경우, 소송법상 이유로 무죄재판을 받을 수는 없으나 그러한 사유가 없었다면 무죄재판을 받았을 것임이 명백하고 원판결의 형 가운데 재심절차에서 선고된 형을 초과하는 부분의 전부 또는 일부에 대해서는 결과적으로 부당한 구금이 이루어진 것으로 볼 수 있다는 점에서 심판대상조항이 형사보상 대상으로 규정하고 있는 경우들과 본질적으로 다르다고 보기 어렵다. … 그럼에도 불구하고 심판대상조항이 이 사건에서 문제되는 경우를 형사보상 대상으로 규정하지 아니한 것은 현저히 자의적인 차별로서 평등원칙을 위반하여 청구인들의 평등권을 침해한다(헌재 2022.2.24. 2018 헌마998 등).

정답 124 X 125 ○ 126 ○

127
□□□

피고인이 대통령긴급조치 제9호 위반으로 제1, 2심에서 유죄판결을 선고받고 상고하여 상고심에서 구속집행이 정지된 한편 대통령긴급조치 제9호가 해제됨에 따라 면소판결을 받아 확정된 다음 사망한 경우 피고인의 처는 형사보상을 청구할 수 있다. O | X

피고인이 대통령긴급조치 제9호 위반으로 제1, 2심에서 유죄판결을 선고받고 상고하여 상고심에서 구속집행이 정지된 한편 대통령긴급조치 제9호가 해제됨에 따라 면소판결을 받아 확정된 다음 사망하였는데, 그 후 피고인의 처(妻) 甲이 형사보상을 청구한 사안에서, 甲은 대통령긴급조치 제9호 위반으로 피고인이 구금을 당한 데 대한 보상을 청구할 수 있다(대결 2013.4.18. 2011초기689).

제5절 범죄피해자구조청구권

128
□□□

구조대상 범죄피해를 받은 사람 또는 그 유족과 가해자 사이의 관계, 그 밖의 사정을 고려하여 구조금의 전부 또는 일부를 지급하는 것이 사회통념에 위배된다고 인정될 때에는 구조금의 전부 또는 일부를 지급하지 아니한다. O | X

구조금의 전부 또는 일부를 지급하는 것이 사회통념에 위배된다고 인정될 때에는 구조금의 전부 또는 일부를 지급하지 <u>아니할 수 있다</u>.

> **범죄피해자보호법 제19조 【구조금을 지급하지 아니할 수 있는 경우】** ⑥ 구조피해자 또는 그 유족과 가해자 사이의 관계, 그 밖의 사정을 고려하여 구조금의 전부 또는 일부를 지급하는 것이 사회통념에 위배된다고 인정될 때에는 구조금의 전부 또는 일부를 지급하지 아니할 수 있다.

129
□□□

국가의 주권이 미치지 못하고 국가의 경찰력 등을 행사할 수 없거나 행사하기 어려운 해외에서 발생한 범죄에 대하여 국가에 그 방지책임이 없다고 보기는 어렵다. O | X

<u>국가의 주권이 미치지 못하고 국가의 경찰력 등을 행사할 수 없거나 행사하기 어려운 해외에서 발생한 범죄에 대하여는 국가에 그 방지책임이 있다고 보기 어렵고</u>, 상호보증이 있는 외국에서 발생한 범죄피해에 대하여는 국민이 그 외국에서 피해구조를 받을 수 있으며, 국가의 재정에 기반을 두고 있는 구조금에 대한 청구권 행사 대상을 우선적으로 대한민국의 영역 안의 범죄피해에 한정하고, 향후 해외에서 발생한 범죄피해의 경우에도 구조를 하는 방향으로 운영하는 것은 입법형성의 재량의 범위 내라고 할 것이다. 따라서 <u>범죄피해자구조청구권의 대상이 되는 범죄피해에 해외에서 발생한 범죄피해의 경우를 포함하고 있지 아니한 것이 현저하게 불합리한 자의적인 차별이라고 볼 수 없어 평등원칙에 위배되지 아니한다</u>(헌재 2011.12.29. 2009헌마354).

130
□□□

구조대상 범죄피해를 받은 사람이나 유족이 해당 구조대상범죄피해를 원인으로 하여 국가배상법이나 그 밖의 법령에 따른 급여 등을 받을 수 있는 경우에는 대통령령으로 정하는 바에 따라 구조금을 지급하지 아니한다.　　　　　　　　　　　　　　　　　　　　　O | X

> **범죄피해자보호법 제20조 【다른 법령에 따른 급여 등과의 관계】** 구조피해자나 유족이 해당 구조대상 범죄피해를 원인으로 하여 국가배상법이나 그 밖의 법령에 따른 급여 등을 받을 수 있는 경우에는 대통령령으로 정하는 바에 따라 구조금을 지급하지 아니한다.

131
□□□

범죄피해 구조금의 지급신청은 해당 구조대상 범죄피해의 발생을 안 날부터 2년간 행사하지 아니하면 시효로 인하여 소멸된다.　　　　　　　　　　　　　　　　　　　　　O | X

지급신청 기한과 소멸시효를 구별해야 한다. 구조금지급신청은 범죄피해의 발생을 안 날부터 3년이 지나거나 해당 구조대상 범죄피해가 발생한 날부터 10년이 지나면 할 수 없다.

> **범죄피해자보호법 제25조 【구조금의 지급신청】** ① 구조금을 받으려는 사람은 법무부령으로 정하는 바에 따라 그 주소지, 거주지 또는 범죄 발생지를 관할하는 지구심의회에 신청하여야 한다.
> ② 제1항에 따른 신청은 해당 구조대상 범죄피해의 발생을 안 날부터 3년이 지나거나 해당 구조대상 범죄피해가 발생한 날부터 10년이 지나면 할 수 없다.
> **제31조 【소멸시효】** 구조금을 받을 권리는 그 구조결정이 해당 신청인에게 송달된 날부터 2년간 행사하지 아니하면 시효로 인하여 소멸된다.

132
□□□

구조피해자나 유족이 해당 구조대상 범죄피해를 원인으로 하여 국가배상법이나 그 밖의 법령에 따른 급여 등을 받을 수 있는 경우에는 대통령령으로 정하는 바에 따라 구조금을 지급하지 아니한다.　　O | X

> **범죄피해자 보호법 제20조 【다른 법령에 따른 급여 등과의 관계】** 구조피해자나 유족이 해당 구조대상 범죄피해를 원인으로 하여 국가배상법이나 그 밖의 법령에 따른 급여 등을 받을 수 있는 경우에는 대통령령으로 정하는 바에 따라 구조금을 지급하지 아니한다.

133
□□□

범죄피해구조금은 국가의 재정에 기반을 두고 있는 바, 구조금에 대한 청구권 행사대상을 우선적으로 대한민국의 영역 안의 범죄피해에 한정하고, 향후 해외에서 발생한 범죄피해의 경우에도 구조를 하는 방향으로 운영하는 것은 입법형성의 재량의 범위 내라고 할 것이다.　　　　　　　　　　O | X

국가의 주권이 미치지 못하고 국가의 경찰력 등을 행사할 수 없거나 행사하기 어려운 해외에서 발생한 범죄에 대하여는 국가에 그 방지책임이 있다고 보기 어렵고, 상호보증이 있는 외국에서 발생한 범죄피해에 대하여는 국민이 그 외국에서 피해구조를 받을 수 있으며, 국가의 재정에 기반을 두고 있는 구조금에 대한 청구권 행사대상을 우선적으로 대한민국의 영역 안의 범죄피해에 한정하고, 향후 해외에서 발생한 범죄피해의 경우에도 구조를 하는 방향으로 운영하는 것은 입법형성의 재량의 범위 내라고 할 것이다(헌재 2011.12.29. 2009헌마354).

정답 130 ○　131 X　132 ○　133 ○

134
☐☐☐

범죄피해자 보호법에 제척기간을 범죄피해가 발생한 날부터 5년으로 정하는 것은, 5년이라는 기간이 지나치게 단기이며 불합리하여 범죄피해자의 구조청구권 행사를 현저히 곤란하게 하거나 사실상 불합리하게 하는 것으로 볼 수 있다. O | X

5년이라는 기간이 지나치게 단기라든지 불합리하여 범죄피해자의 구조청구권 행사를 현저히 곤란하게 하거나 사실상 불가능하게 하는 것으로는 볼 수 없다. 비록 범죄피해자 보호법 제25조가 그 신청기간을 범죄피해발생일부터 10년으로 확장하였지만, 이 역시 입법재량의 범위 내라고 할 수 있을 뿐이고, 종래 그 기간을 5년으로 정한 것 자체가 불합리하다고 보기는 어렵다고 할 것이다(헌재 2011.12.29. 2009헌마354).

135
☐☐☐

범죄피해구조금의 지급신청은 해당 구조대상 범죄피해의 발생을 안 날부터 3년이 지나거나 해당 구조대상 범죄피해가 발생한 날부터 10년이 지나면 할 수 없다. O | X

> **범죄피해자 보호법 제25조【구조금의 지급신청】** ② 제1항에 따른 신청은 해당 구조대상 범죄피해의 발생을 안 날부터 3년이 지나거나 해당 구조대상 범죄피해가 발생한 날부터 10년이 지나면 할 수 없다.

136
☐☐☐

범죄피해자 보호법에 의하면, '범죄피해자'는 타인의 범죄행위로 피해를 당한 사람과 그 배우자(사실상의 혼인관계는 제외한다), 직계친족 및 형제자매를 말한다. O | X

> **범죄피해자 보호법 제3조【정의】** ① 이 법에서 사용하는 용어의 뜻은 다음과 같다.
> 1. "범죄피해자"란 타인의 범죄행위로 피해를 당한 사람과 그 배우자(사실상의 혼인관계를 포함한다), 직계친족 및 형제자매를 말한다.

137
☐☐☐

범죄피해자구조청구권의 대상이 되는 범죄피해의 범위에 해외에서 발생한 범죄피해의 경우를 포함하고 있지 아니한 구범죄피해자구조법 조항은 현저하게 불합리한 자의적인 차별이므로 평등원칙에 위배된다. O | X

국가의 주권이 미치지 못하고 국가의 경찰력 등을 행사할 수 없거나 행사하기 어려운 해외에서 발생한 범죄에 대하여는 국가에 그 방지책임이 있다고 보기 어렵고, 상호보증이 있는 외국에서 발생한 범죄피해에 대하여는 국민이 그 외국에서 피해구조를 받을 수 있으며, 국가의 재정에 기반을 두고 있는 구조금에 대한 청구권 행사 대상을 우선적으로 대한민국의 영역 안의 범죄피해에 한정하고, 향후 해외에서 발생한 범죄피해의 경우에도 구조를 하는 방향으로 운영하는 것은 입법형성의 재량의 범위 내라고 할 것이다. 따라서 범죄피해자구조청구권의 대상이 되는 범죄피해에 해외에서 발생한 범죄피해의 경우를 포함하고 있지 아니한 것이 현저하게 불합리한 자의적인 차별이라고 볼 수 없어 평등원칙에 위배되지 아니한다(헌재 2011.12.29. 2009헌마354).

정답 134 X 135 ○ 136 X 137 X

138

범죄피해자 보호법에 의하면, 유족구조금 등을 받을 유족의 순위는 제18조 규정에서 열거한 순서로 하며, 부모의 경우에는 친부모를 선순위로 하고 양부모를 후순위로 한다. O | X

> **범죄피해자 보호법 제18조【유족의 범위 및 순위】**① 유족구조금이나 제17조 제3항 단서에 따라 유족에게 지급하는 장해구조금 또는 중상해구조금(이하 "유족구조금등"이라 한다)을 지급받을 수 있는 유족은 다음 각 호의 어느 하나에 해당하는 사람으로 한다.
> 1. 배우자(사실상 혼인관계를 포함한다) 및 구조피해자의 사망 당시 구조피해자의 수입으로 생계를 유지하고 있는 구조피해자의 자녀
> 2. 구조피해자의 사망 당시 구조피해자의 수입으로 생계를 유지하고 있는 구조피해자의 부모, 손자·손녀, 조부모 및 형제자매
> 3. 제1호 및 제2호에 해당하지 아니하는 구조피해자의 자녀, 부모, 손자·손녀, 조부모 및 형제자매
> ③ 유족구조금 등을 받을 유족의 순위는 제1항 각 호에 열거한 순서로 하고, 같은 항 제2호 및 제3호에 열거한 사람 사이에서는 해당 각 호에 열거한 순서로 하며, 부모의 경우에는 양부모를 선순위로 하고 친부모를 후순위로 한다.

139

범죄피해가 발생한 날로부터 5년이 경과한 경우에는 구조금의 지급신청을 할 수 없다고 규정한 구 범죄피해자구조법 조항은 합리적인 이유가 있다고 할 것이어서 평등원칙에 위반되지 아니한다. O | X

위 법률조항은 제척기간을 범죄피해가 발생한 날부터 5년으로 정하고 있는바, 오늘날 현대사회에서 인터넷의 보급 등 교통·통신수단이 상대적으로 매우 발달하여 여러 정보에 대한 접근이 용이해진 점과 일반 국민의 권리의식이 신장된 점 등에 비추어 보면, 그 5년이라는 기간이 지나치게 단기라든지 불합리하여 범죄피해자의 구조청구권 행사를 현저히 곤란하게 하거나 사실상 불가능하게 하는 것으로는 볼 수 없다. 비록 범죄피해자 보호법 제25조가 그 신청기간을 범죄피해 발생일부터 10년으로 확장하였지만, 이 역시 입법재량의 범위 내라고 할 수 있을 뿐이고, 종래 그 기간을 5년으로 정한 것 자체가 불합리하다고 보기는 어렵다고 할 것이다(헌재 2011.12.29. 2009헌마354).

제7장 사회적 기본권

제1절 인간다운 생활권

001
☐☐☐

연금보험료를 낸 기간이 그 연금보험료를 낸 기간과 연금보험료를 내지 아니한 기간을 합산한 기간의 3분의 2보다 짧은 경우 유족연금 지급을 제한한 구 국민연금법 해당 조항 중 '유족연금'에 관한 부분은 인간다운 생활을 할 권리를 침해한다고 볼 수 없다.　　　　　　　　　　　　　　　　O | X

심판대상조항에서 연금보험료를 낸 기간이, 연금보험료를 낸 기간과 연금보험료를 내지 아니한 기간을 합산한 기간의 3분의 2보다 짧은 경우 유족연금의 지급을 제한한 것이 입법형성의 한계를 벗어나 청구인의 인간다운 생활을 할 권리 및 재산권을 침해한다고 볼 수 없다(헌재 2020.5.27. 2018헌바129).
☑ 참고 위 사건은 평등권 침해도 아니었다.

002
☐☐☐

노인장기요양보험법은 요양급여의 실시와 그에 따른 급여비용 지급에 관한 기본적이고도 핵심적인 사항을 이미 법률로 규정하고 있으므로, '시설 급여비용의 구체적인 산정방법 및 항목 등에 관하여 필요한 사항'을 보건복지부령에 위임하였다고 하여 그 자체로 법률유보원칙에 반한다고 볼 수는 없다.　　O | X

'시설 급여비용의 구체적인 산정방법 및 항목 등에 관하여 필요한 사항'을 반드시 법률에서 직접 정해야 한다고 보기는 어렵고, 이를 보건복지부령에 위임하였다고 하여 그 자체로 법률유보원칙에 반한다고 볼 수는 없다(헌재 2021.8.31. 2019헌바73).

003
☐☐☐

생계급여를 지급함에 있어 자활사업 참가조건의 부과를 유예할 수 있는 대상자를 정하면서 입법자가 '대학원에 재학 중인 사람'과 '부모에게 버림받아 부모를 알 수 없는 사람'을 포함시키지 않은 것은 인간다운 생활을 보장하기 위한 조치를 취함에 있어서 국가가 실현해야 할 객관적 내용의 최소한도의 보장에 이르지 못한 것이다.　　　　　　　　　　　　　　　　　　　　O | X

입법자가 이 사건 시행령 조항을 제정함에 있어 '대학원에 재학 중인 사람'과 '부모에게 버림받아 부모를 알 수 없는 사람'을 조건 부과 유예의 대상자에 포함시키지 않았다고 하더라도, 그러한 사정만으로 국가가 청구인의 인간다운 생활을 보장하기 위한 조치를 취함에 있어서 국가가 실현해야 할 객관적 내용의 최소한도의 보장에도 이르지 못하였다거나 헌법상 용인될 수 있는 재량의 범위를 명백히 일탈하였다고는 보기는 어렵다(헌재 2017.11.30. 2016헌마448).

정답 001 ○　002 ○　003 X

004

☐☐☐

사회보장수급권은 개인에게 직접 주어지는 헌법적 차원의 권리이며, 사회적 기본권의 하나이다. O | X

사회보장수급권은 헌법 제34조 제1항 및 제2항 등으로부터 개인에게 직접 주어지는 헌법적 차원의 권리라거나 사회적 기본권의 하나라고 볼 수는 없고, 다만 위와 같은 사회보장·사회복지 증진의무를 포섭하는 이념적 지표로서의 인간다운 생활을 할 권리를 실현하기 위하여 입법자가 입법재량권을 행사하여 제정하는 사회보장입법에 그 수급요건, 수급자의 범위, 수급액 등 구체적인 사항이 규정될 때 비로소 형성되는 법률적 차원의 권리에 불과하다 할 것이다(헌재 2003.7.24. 2002헌바51).

005

☐☐☐

인간다운 생활을 할 권리는 인간의 존엄에 상응하는 최소한의 물질적인 생활의 유지에 필요한 급부를 요구할 수 있는 권리를 의미하는데, 국가가 행하는 최저생활보장수준이 그 재량의 범위를 명백히 일탈하였는지 여부는 특정한 법률에 의한 생계급여만을 가지고 판단하여야 하는 것이지, 다른 법령에서의 각종 급여를 총괄한 수준으로 판단하여야 하는 것은 아니다. O | X

헌법 제34조 제1항이 보장하는 인간다운 생활을 할 권리는 사회권적 기본권의 일종으로서 인간의 존엄에 상응하는 최소한의 물질적인 생활의 유지에 필요한 급부를 요구할 수 있는 권리를 의미한다. 그리고 국가가 인간다운 생활을 보장하기 위한 생계급여의 수준을 구체적으로 결정함에 있어서는 국민 전체의 소득수준과 생활수준, 국가의 재정규모와 정책, 국민 각 계층의 상충하는 갖가지 이해관계 등 복잡하고 다양한 요소를 함께 고려하여야 하며, 국가가 행하는 최저생활보장수준이 그 재량의 범위를 명백히 일탈하였는지 여부, 즉 인간다운 생활을 보장하기 위한 객관적인 내용의 최소한을 보장하고 있는지 여부는 특정한 법률에 의한 생계급여만을 가지고 판단하여서는 안 되고, 다른 법령에 의거하여 국가가 최저생활보장을 위하여 지급하는 각종 급여나 각종 부담의 감면 등을 총괄한 수준으로 판단하여야 한다(헌재 2012.2.23. 2009헌바47).

006

☐☐☐

사적자치에 의해 규율되는 사인 사이의 법률관계에서 계약갱신을 요구할 수 있는 권리나 보증금을 우선하여 변제받을 수 있는 권리 등은 헌법 제34조의 인간다운 생활을 할 권리의 보호대상에 포함된다. O | X

헌법 제34조 제1항의 인간다운 생활을 할 권리는 인간의 존엄에 상응하는 최소한의 물질적인 생활의 유지에 필요한 급부를 요구할 수 있는 권리일 뿐, 사적자치에 의해 규율되는 사인 사이의 법률관계에서 계약갱신을 요구할 수 있는 권리나 보증금을 우선하여 변제받을 수 있는 권리 등은 헌법 제34조 제1항에 의한 보호대상이 아니므로, 이 사건 법률조항들이 청구인의 인간다운 생활을 할 권리를 침해한다고 볼 수 없다(헌재 2014. 3.27. 2013헌바198).

정답 004 X 005 X 006 X

007
□□□

국가에게 헌법 제34조에 의하여 장애인의 복지를 위하여 노력을 해야 할 의무가 있다는 것은 장애인도 인간다운 생활을 누릴 수 있는 정의로운 사회질서를 형성해야 할 국가의 일반적인 의무를 뜻하는 것이다.

O | X

장애인의 복지를 향상해야 할 국가의 의무가 다른 다양한 국가과제에 대하여 최우선적인 배려를 요청할 수 없을 뿐 아니라, 나아가 헌법의 규범으로부터는 '장애인을 위한 저상버스의 도입'과 같은 구체적인 국가의 행위의무를 도출할 수 없는 것이다. 국가에게 헌법 제34조에 의하여 장애인의 복지를 위하여 노력을 해야 할 의무가 있다는 것은, 장애인도 인간다운 생활을 누릴 수 있는 정의로운 사회질서를 형성해야 할 국가의 일반적인 의무를 뜻하는 것이지, 장애인을 위하여 저상버스를 도입해야 한다는 구체적 내용의 의무가 헌법으로부터 나오는 것은 아니다(헌재 2002.12.18. 2002헌마52).

008
□□□

구치소에 수용 중인 자의 경우 수용시설의 예산이 부족하여 적절한 의료적 처우를 받지 못하는 것이 현실이고 경제활동을 할 수 없어 의료비의 자비 부담이 어려움에도 불구하고, 국민기초생활 보장법에 따른 보장의 기본단위인 '개별가구'에서 제외하여 의료급여 수급 자격을 부여하지 않기로 한 입법자의 판단은 구치소에 수용 중인 자들의 인간다운 생활을 할 권리를 침해한다.

O | X

다른 법령에 의하여 이러한 생계유지의 보호를 받고 있는 교도소·구치소에 수용 중인 자에 대하여 '국민기초생활 보장법'의 보충급여의 원칙에 따라 중복적인 보장을 피하기 위하여 개별가구에서 제외키로 한 입법자의 판단이, 국가가 최저생활보장에 관한 입법을 전혀 하지 아니하였다든가 그 내용이 현저히 불합리하여 헌법상 용인될 수 있는 재량의 범위를 명백히 일탈한 경우에 해당한다고 볼 수 없으므로, 위 조항이 교도소·구치소에 수용 중인 자들의 인간다운 생활을 할 권리를 침해한다고 볼 수 없다(헌재 2023.8.31. 2021헌마34).

009
□□□

직장가입자가 소득월액보험료를 일정 기간 이상 체납한 경우 그 체납한 보험료를 완납할 때까지 국민건강보험공단이 그 가입자 및 피부양자에 대하여 보험급여를 실시하지 아니할 수 있도록 한 구 국민건강보험법 조항은 해당 직장가입자의 인간다운 생활을 할 권리를 침해한다.

O | X

가입자들에 대한 안정적인 보험급여 제공을 보장하기 위해서는 보험료 체납에 따른 보험재정의 악화를 방지할 필요가 있다. 보험료 체납에 대하여 보험급여 제한과 같은 제재를 가하지 않는다면, 가입자가 충분한 자력이 있음에도 보험료를 고의로 납부하지 않은 채 보험급여만을 받고자 하는 도덕적 해이가 만연하여 건강보험제도 자체의 존립이 위태로워질 수 있다. 가입자 간 보험료 부담의 형평성을 제고하고자 하는 소득월액보험료의 도입취지를 고려하면, 소득월액보험료를 체납한 가입자에 대하여 보수월액보험료를 납부하였다는 이유로 보험급여를 제한하지 아니할 경우, 형평에 부합하지 않는 결과가 초래될 수 있다. 따라서 소득월액보험료 체납자에 대한 보험급여를 제한하는 것은 그 취지를 충분히 납득할 수 있다. … 따라서 심판대상조항은 청구인의 인간다운 생활을 할 권리나 재산권을 침해하지 아니한다(헌재 2020.4.23. 2017헌바244).

010
□□□

퇴직연금 수급자가 유족연금을 함께 받게 된 경우 그 유족연금액의 2분의 1을 빼고 지급하도록 하는 구 공무원연금법 조항은 입법형성의 한계를 벗어나 인간다운 생활을 할 권리를 침해하였다고 볼 수 없다.

O | X

심판대상조항은 퇴직연금 수급자의 유족연금 수급권을 구체화함에 있어 급여의 적절성을 확보할 필요성, 한정된 공무원연금 재정의 안정적 운영, 우리 국민 전체의 소득 및 생활수준, 공무원 퇴직연금의 급여 수준, 유족연금의 특성, 사회보장의 기본원리 등을 종합적으로 고려하여 유족연금액의 2분의 1을 감액하여 지급하도록 한 것이므로, 입법형성의 한계를 벗어나 청구인의 인간다운 생활을 할 권리 및 재산권을 침해하였다고 볼 수 없다(헌재 2020.6.25. 2018헌마865).

011
□□□

유족연금수급권은 그 급여의 사유가 발생한 날로부터 5년간 이를 행사하지 아니하면 시효로 인하여 소멸하도록 규정한 구 군인연금법 조항은 유족연금수급권자의 인간다운 생활을 할 권리를 침해한다고 볼 수 없다.

O | X

심판대상조항은 권리의무관계를 조기에 확정하고 재정운용의 불안정성을 제거하여 연금재정을 합리적으로 운용하기 위한 것으로서 합리적인 이유가 있고, 그 내용이 현저히 불합리하여 헌법상 용인될 수 있는 재량의 범위를 명백히 벗어났다고 볼 수 없으므로, 유족연금수급권자의 인간다운 생활을 할 권리나 재산권을 침해하여 헌법에 위반된다고 볼 수 없다(헌재 2021.4.29. 2019헌바412).

012
□□□

'개별가구 또는 개인의 여건'에 관한 조건 부과 유예 대상자로 '대학원에 재학 중인 사람'과 '부모에게 버림받아 부모를 알 수 없는 사람'을 규정하고 있지 않은 국민기초생활 보장법 시행령 조항은 인간다운 생활을 할 권리를 침해하지 않는다.

O | X

입법자가 이 사건 시행령 조항을 제정함에 있어 '대학원에 재학 중인 사람'과 '부모에게 버림받아 부모를 알 수 없는 사람'을 조건 부과 유예의 대상자에 포함시키지 않았다고 하더라도, 그러한 사정만으로 국가가 청구인의 인간다운 생활을 보장하기 위한 조치를 취함에 있어서 국가가 실현해야 할 객관적 내용의 최소한도의 보장에도 이르지 못하였다거나 헌법상 용인될 수 있는 재량의 범위를 명백히 일탈하였다고는 보기는 어렵다. … 생계급여제도 이외에도 의료급여와 같은 각종 급여제도 등을 통하여서도 인간의 존엄에 상응하는 생활에 필요한 '최소한의 물질적인 생활'을 유지하는 데 도움을 받을 수 있는 점 등을 종합하여 보면, 이 사건 시행령 조항은 청구인의 인간다운 생활을 할 권리도 침해하지 않는다(헌재 2017.11.30. 2016헌마448).

013
□□□

보건복지부장관이 2002년도 최저생계비를 고시함에 있어 장애로 인한 추가지출비용을 반영한 별도의 최저생계비를 결정하지 않은 채 가구별 인원수만을 기준으로 최저생계비를 결정한 '2002년도 최저생계비고시'가 생활능력 없는 장애인가구 구성원의 인간다운 생활을 할 권리를 침해하였다고 할 수 없다.

O | X

보건복지부장관이 2002년도 최저생계비를 고시함에 있어 장애로 인한 추가지출비용을 반영한 별도의 최저생계비를 결정하지 않은 채 가구별 인원수만을 기준으로 최저생계비를 결정한 것은 생활능력 없는 장애인가구 구성원의 인간의 존엄과 가치 및 행복추구권, 인간다운 생활을 할 권리, 평등권을 침해하였다고 할 수 없다(헌재 2004.10.28. 2002헌마328).

정답 010 ○ 011 ○ 012 ○ 013 ○

014

국가가 행하는 최저생활보장수준이 국민의 인간다운 생활을 보장하기 위한 객관적인 내용의 최소한을 보장하고 있는지 여부는 특정한 법률에 의한 급부만을 가지고 판단하여서는 아니 되고, 국가가 최저생활보장을 위하여 지급하는 각종 급여나 각종 부담의 감면 등을 총괄한 수준으로 판단하여야 한다. O | X

국가가 행하는 최저생활보장수준이 그 재량의 범위를 명백히 일탈하였는지 여부, 즉 인간다운 생활을 보장하기 위한 객관적인 내용의 최소한을 보장하고 있는지 여부는 특정한 법률에 의한 생계급여만을 가지고 판단하여서는 안 되고, 다른 법령에 의거하여 국가가 최저생활보장을 위하여 지급하는 각종 급여나 각종 부담의 감면 등을 총괄한 수준으로 판단하여야 한다(헌재 2019.12.27. 2017헌마1299).

015

직장가입자가 소득월액보험료를 일정 기간 이상 체납한 경우 그 체납한 보험료를 완납할 때까지 국민건강보험공단이 그 가입자 및 피부양자에 대하여 보험급여를 실시하지 아니할 수 있도록 한 구 국민건강보험법 조항은 해당 직장가입자인 청구인의 인간다운 생활을 할 권리를 침해한 것이라고 볼 수 없다. O | X

빈곤 등 경제적 어려움으로 인하여 보험료를 체납하는 가입자에 대하여 보험급여를 제한하는 것은 경우에 따라 가혹한 처사가 될 수도 있다. 그러나 소득월액보험료는 근로소득을 제외한 보수외소득이 상당한 수준에 이르는 경우에만 부과된다는 점을 감안하면, 심판대상조항으로 인하여 저소득 체납자가 보험급여 제한의 불이익을 받을 가능성은 매우 낮다고 볼 수 있다. 심판대상조항은 청구인의 인간다운 생활을 할 권리나 재산권을 침해하지 아니한다(헌재 2020.4.23. 2017헌바244).

016

구치소·치료감호시설에 수용 중인 자에 대하여 국민기초생활 보장법에 의한 중복적인 보장을 피하기 위하여 기초생활보장제도의 보장단위인 개별가구에서 제외하기로 한 입법자의 판단은 헌법상 용인될 수 있는 재량의 범위를 일탈하여 구치소·치료감호시설에 수용 중인 자인 청구인의 인간다운 생활을 할 권리를 침해한다. O | X

생활이 어려운 국민에게 필요한 급여를 행하여 이들의 최저생활을 보장하기 위해 제정된 '국민기초생활 보장법'은 부양의무자에 의한 부양과 다른 법령에 의한 보호가 이 법에 의한 급여에 우선하여 행하여지도록 하는 보충급여의 원칙을 채택하고 있는바, '형의 집행 및 수용자의 처우에 관한 법률' 및 치료감호법에 의한 구치소·치료감호시설에 수용 중인 자는 당해 법률에 의하여 생계유지의 보호와 의료적 처우를 받고 있으므로 이러한 구치소·치료감호시설에 수용 중인 자에 대하여 '국민기초생활 보장법'에 의한 중복적인 보장을 피하기 위하여 개별가구에서 제외하기로 한 입법자의 판단이 헌법상 용인될 수 있는 재량의 범위를 일탈하여 인간다운 생활을 할 권리와 보건권을 침해한다고 볼 수 없다(헌재 2012.2.23. 2011헌마123).

017

공무원연금법상 연금수급권과 같은 사회보장수급권은 헌법 제34조의 규정으로부터 도출되는 사회적 기본권의 하나로서, 국가에 대하여 적극적으로 급부를 요구하는 것이므로 헌법규정만으로는 이를 실현할 수 없고, 법률에 의한 형성을 필요로 한다. O | X

공무원연금법상의 연금수급권과 같은 사회보장수급권은 헌법 제34조의 규정으로부터 도출되는 사회적 기본권의 하나이며, 따라서 국가에 대하여 적극적으로 급부를 요구하는 것이므로 헌법규정만으로는 이를 실현할 수 없고, 법률에 의한 형성을 필요로 한다(헌재 2012.8.23. 2010헌바425).

정답 014 ○ 015 ○ 016 X 017 ○

018
☐☐☐

보건복지부장관이 고시한 생활보호사업지침상의 생계보호급여의 수준이 일반 최저생계비에 미치지 못한다고 하더라도 그 사실만으로 국민의 인간다운 생활을 보장하기 위하여 국가가 실현해야 할 객관적 내용의 최소한도의 보장에 이르지 못하였다거나 헌법상 용인될 수 있는 재량의 범위를 명백히 일탈하였다고 볼 수 없다. O | X

1994년도를 기준으로 생활보호대상자에 대한 생계보호급여와 그 밖의 각종 급여 및 각종 부담감면의 액수를 고려할 때, 이 사건 생계보호기준이 청구인들의 인간다운 생활을 보장하기 위하여 국가가 실현해야 할 객관적 내용의 최소한도의 보장에도 이르지 못하였다거나 헌법상 용인될 수 있는 재량의 범위를 명백히 일탈하였다고는 보기 어렵고, 따라서 비록 위와 같은 생계보호의 수준이 일반 최저생계비에 못미친다고 하더라도 그 사실만으로 곧 그것이 헌법에 위반된다거나 청구인들의 행복추구권이나 인간다운 생활을 할 권리를 침해한 것이라고는 볼 수 없다(헌재 1997.5.29. 94헌마33).

019
☐☐☐

기초연금 수급권자의 범위에서 공무원연금법상 퇴직연금일시금을 받은 사람과 그 배우자를 제외하도록 한 규정은 제외대상에 해당하는 자의 인간다운 생활을 할 권리를 침해하지 아니한다. O | X

심판대상조항의 입법목적의 합리성, 다른 법령상의 사회보장체계, 공무원에 대한 후생복지제도 등을 종합적으로 고려할 때, 국가가 노인의 최저생활보장에 관한 입법을 함에 있어 그 내용이 현저히 불합리하여 헌법상 용인될 수 있는 재량의 범위를 일탈하였다고 보기 어려우므로, 심판대상조항이 공무원연금법에 따른 퇴직연금일시금을 받은 사람과 그 배우자의 인간다운 생활을 할 권리를 침해한다고 할 수 없다(헌재 2020.5.27. 2018헌바398).

020
☐☐☐

업무상 질병으로 인한 업무상 재해에 있어 업무와 재해 사이의 상당인과관계에 대한 입증책임을 이를 주장하는 근로자나 그 유족에게 부담시키는 산업재해보상보험법 규정이 근로자나 그 유족의 사회보장수급권을 침해한다고 볼 수 없다. O | X

입증책임분배에 있어 권리의 존재를 주장하는 당사자가 권리근거사실에 대하여 입증책임을 부담한다는 것은 일반적으로 받아들여지고 있고, 통상적으로 업무상 재해를 직접 경험한 당사자가 이를 입증하는 것이 용이하다는 점을 감안하면, 이러한 입증책임의 분배가 입법재량을 일탈한 것이라고는 보기 어렵다. … 근로자 측이 현실적으로 부담하는 입증책임이 근로자 측의 보호를 위한 산업재해보상보험제도 자체를 형해화시킬 정도로 과도하다고 보기도 어렵다. 따라서 심판대상조항이 다고 볼 수 없다(헌재 2015.6.25. 2014헌바269).

021
☐☐☐

인간다운 생활을 할 권리에 관한 헌법상 규정은 모든 국가기관을 기속하지만, 그 기속의 의미는 적극적·형성적 활동을 하는 입법부 또는 행정부의 경우와 헌법재판에 의한 사법적 통제기능을 하는 헌법재판소에 있어서 동일하지 아니하다. O | X

모든 국민은 인간다운 생활을 할 권리를 가지며 국가는 생활능력 없는 국민을 보호할 의무가 있다는 헌법의 규정은 모든 국가기관을 기속하지만, 그 기속의 의미는 적극적·형성적 활동을 하는 입법부 또는 행정부의 경우와 헌법재판에 의한 사법적 통제기능을 하는 헌법재판소에 있어서 동일하지 아니하다(헌재 1997.5.29. 94헌마33).

정답 018 ○ 019 ○ 020 ○ 021 ○

022
☐☐☐

인간다운 생활을 할 권리로부터 인간의 존엄에 상응하는 '최소한의 물질적인 생활'의 유지에 필요한 급부를 요구할 수 있는 구체적인 권리가 상황에 따라서는 직접 도출될 수 있다고 할 수는 있어도, 직접 그 이상의 급부를 내용으로 하는 구체적인 권리를 발생케 한다고 볼 수는 없다.　　　　O | X

인간다운 생활을 할 권리로부터 인간의 존엄에 상응하는 '최소한의 물질적인 생활'있는 구체적인 권리가 상황에 따라서는 직접 도출될 수 있다고 할 수는 있어도, 직접 그 이상의 급부를 내용으로 하는 구체적인 권리를 발생케 한다고 볼 수는 없다. 이러한 구체적 권리는 국가가 재정형편 등 여러 가지 상황들을 종합적으로 감안하여 법률을 통하여 구체화할 때에 비로소 인정되는 법률적 차원의 권리이다(헌재 2006.11.30. 2005헌바25).

023
☐☐☐

국가는 노인과 청소년의 복지향상을 위한 정책을 실시할 의무를 진다.　　　　O | X

> **헌법 제34조** ④ 국가는 노인과 청소년의 복지향상을 위한 정책을 실시할 의무를 진다.

024
☐☐☐

공영방송은 사회·문화·경제적 약자나 소외계층이 마땅히 누려야 할 문화에 대한 접근기회를 보장하여 인간다운 생활을 할 권리를 실현하는 기능을 수행하므로 우리 헌법상 그 존립가치와 책무가 크다.　　　　O | X

공영방송은 민주주의를 실현하기 위한 필수조건인 다양하고 민주적인 여론을 매개하고, 공적 정보를 제공함으로써 시민의 알 권리를 보장하며, 사회·문화·경제적 약자나 소외계층이 마땅히 누려야 할 문화에 대한 접근기회를 보장하여 인간다운 생활을 할 권리를 실현하는 기능을 수행하므로 우리 헌법상 그 존립가치와 책무가 크다(헌재 2024.5.30. 2023헌마820 등).

025
☐☐☐

재요양을 받는 경우에 재요양 당시의 임금을 기준으로 휴업급여를 산정하도록 한 구 산업재해보상보험법 조항은 진폐 근로자의 인간다운 생활을 할 권리를 침해하지 아니한다.　　　　O | X

진폐근로자라 하더라도 노동능력을 상실한 정도의 장해에 이르지 않는 한 재취업을 할 수 있고, 재취업한 사업장의 임금이 최초 진폐진단 시의 평균임금에 증감을 거쳐 산정된 금액보다 더 큰 경우도 얼마든지 상정할 수 있으므로, 재요양 당시의 임금을 기준으로 휴업급여를 산정하도록 한 것이 반드시 진폐근로자에게 불리하다고 단정할 수도 없다. … 이 사건 휴업급여조항은 그 내용이 현저히 불합리하여 헌법상 용인될 수 있는 재량의 범위를 명백히 일탈한 경우에 해당하지 아니하므로, 인간다운 생활을 할 권리를 침해하지 아니한다(헌재 2024.4.25. 2021헌바316).

정답 022 ○　023 ○　024 ○　025 ○

026
☐☐☐

공무원에게 재해보상을 위하여 실시되는 급여의 종류로 휴업급여 또는 상병보상연금 규정을 두고 있지 않은 공무원 재해보상법 제8조가 인간다운 생활을 할 권리를 침해할 정도에 이르렀다고 할 수는 없다. O | X

청구인의 인간다운 생활을 할 권리가 침해되었는지 여부는 그에게 지급되는 재해보상의 실질을 가진 급여를 모두 포함하여도 공무상 부상 또는 질병으로 인해 발생한 소득 공백이 보전되고 있지 않은지 여부를 살펴보아야 한다. 공무상 질병 또는 부상으로 인한 공무원의 병가 및 공무상 질병휴직 기간에는 봉급이 전액 지급되고, 그 휴직기간이 지나면 직무에 복귀할 수도 있으며, 직무 복귀가 불가능하여 퇴직할 경우 장해급여를 지급받을 수도 있다. … 이를 종합하면, 심판대상조항이 현저히 불합리하여 인간다운 생활을 할 권리를 침해할 정도에 이르렀다고 할 수는 없다(헌재 2024.2.28. 2020헌마1587).

027
☐☐☐

자동차사고 피해가족 중 유자녀에 대한 대출을 규정한 구 자동차손해배상 보장법 시행령 조항 중 '유자녀의 경우에는 생계유지 및 학업을 위한 자금의 대출' 부분은, 대출을 신청한 법정대리인이 상환의무를 부담하지 않으므로, 유자녀의 아동으로서의 인간다운 생활을 할 권리를 침해한다. O | X

심판대상조항이 유자녀에게 상환의무를 지우고 있는 것은 유자녀에게 대출금이 지급되며, 이는 유자녀의 생활 곤란을 위해 사용될 것임이 예정된 금전이기 때문이다. … 대출을 신청하는 자는 친권자 내지 후견인인 반면, 상환의무를 부담하는 자는 유자녀로서 이러한 이원화구조를 취함에 따라 법정대리인과 유자녀 간의 이해충돌이라는 부작용이 일부 발생할 가능성이 있지만, 이를 이유로 생활자금 대출 사업 전체를 폐지하면, 대출로라도 생활자금의 조달이 필요한 유자녀에게 불이익이 돌아가게 될 수 있다. … 심판대상조항이 청구인의 아동으로서의 인간다운 생활을 할 권리를 아동의 최선의 이익이라는 입법재량의 한계를 일탈하여 침해하였다고 보기 어렵다(헌재 2024.4.25. 2021헌마473).

028
☐☐☐

모든 국민은 인간다운 생활을 할 권리를 가지며 국가는 생활능력 없는 국민을 보호할 의무가 있다는 헌법의 규정은 모든 국가기관을 기속하지만, 그 기속의 의미는 적극적·형성적 활동을 하는 입법부 또는 행정부의 경우와 헌법재판에 의한 사법적 통제기능을 하는 헌법재판소에 있어서 동일하지 아니하다. O | X

모든 국민은 인간다운 생활을 할 권리를 가지며 국가는 생활능력 없는 국민을 보호할 의무가 있다는 헌법의 규정은 모든 국가기관을 기속하지만, 그 기속의 의미는 적극적·형성적 활동을 하는 입법부 또는 행정부의 경우와 헌법재판에 의한 사법적 통제기능을 하는 헌법재판소에 있어서 동일하지 아니하다(헌재 1997.5.29. 94헌마33).

029
☐☐☐

공무원연금법상의 퇴직급여, 유족급여 등 각종 급여를 받을 권리인 연금수급권은 일부 재산권으로서의 성격과 사회보장수급권의 성격이 불가분적으로 혼재되어 있으므로 입법자로서는 연금수급권의 구체적 내용을 정함에 있어 이를 전체로서 파악하여 어느 한쪽의 요소에 보다 중점을 두어서는 아니 된다. O | X

공무원연금법상의 퇴직급여, 유족급여 등 각종 급여를 받을 권리, 즉 연금수급권은 일부 재산권으로서의 성격을 지니는 것으로 파악되고 있으나 이는 앞서 본 바와 같이 사회보장수급권의 성격과 불가분적으로 혼재되어 있으므로, 비록 연금수급권에 재산권의 성격이 일부 있다 하더라도 그것은 이미 사회보장법리의 강한 영향을 받지 않을 수 없다 할 것이고, 입법자로서는 연금수급권의 구체적 내용을 정함에 있어 이를 전체로서 파악하여 어느 한 쪽의 요소에 보다 중점을 둘 수 있다 할 것이다(헌재 2009.5.28. 2008헌바107).

정답 026 ○ 027 X 028 ○ 029 X

030

☐☐☐

재혼을 유족연금수급권 상실사유로 규정한 구공무원연금법조항 중 '유족연금'에 관한 부분은 한정된 재원의 범위 내에서 부양의 필요성과 중요성 등을 고려하여 유족들을 보다 효과적으로 보호하기 위한 것이므로, 입법재량의 한계를 벗어나 재혼한 배우자의 인간다운 생활을 할 권리를 침해하였다고 볼 수 없다.

O | X

심판대상조항이 배우자의 재혼을 유족연금수급권 상실사유로 규정한 것은 배우자가 재혼을 통하여 새로운 부양관계를 형성함으로써 재혼 상대방 배우자를 통한 사적 부양이 가능해짐에 따라 더 이상 사망한 공무원의 유족으로서의 보호의 필요성이나 중요성을 인정하기 어렵다고 보았기 때문이다. 이는 한정된 재원의 범위 내에서 부양의 필요성과 중요성 등을 고려하여 유족들을 보다 효과적으로 보호하기 위한 것이므로, 입법재량의 한계를 벗어나 재혼한 배우자의 인간다운 생활을 할 권리와 재산권을 침해하였다고 볼 수 없다(헌재 2022.8.31. 2019헌가31).

031

☐☐☐

국가유공자 등록신청을 한 날이 속하는 달부터 보상을 받을 권리가 발생한다고 규정하고 있는 국가유공자 등 예우 및 지원에 관한 법률 조항은 지급대상자의 범위 파악과 보상수준의 결정에 있어서의 용이성, 국가의 재정적 상황 등 입법정책적 상황을 고려한 것이며, 보상금 이외에 생활조정수당 등을 지급함으로써 국가유공자에게 최소한의 물질적 수요를 충족시켜주고 있으므로 인간다운 생활을 할 권리를 침해하는 것은 아니다.

O | X

이 사건 조항이 국가유공자로 등록된 자에게 예우법 제6조에 의한 등록신청일이 속한 달 이후의 보상금만 지급하도록 규정하고 있는 것은 지급대상자의 범위 파악과 보상수준의 결정에 있어서의 용이성, 국가의 재정적 상황 등 입법정책적 상황을 고려한 것이며, 앞서 살펴본 바와 같이 예우법은 보상금 이외에 생활조정수당이나 (예우법 제14조) 간호수당(예우법 제15조) 등을 지급함으로써 국가유공자에게 인간다운 생활에 필요한 최소한의 물질적 수요를 충족시켜 주고 있다고 할 것이므로, 이 사건 조항이 입법재량의 범위를 넘어선 것으로 인간다운 생활을 할 권리를 침해하는 것은 아니다(헌재 2011.7.28. 2009헌마27).

032

☐☐☐

재요양을 받는 경우에 재요양 당시의 임금을 기준으로 휴업급여를 산정하도록 한 구 산업재해보상보험법 제56조 제1항과 재요양 당시 임금이 없으면 최저임금액을 기준으로 휴업급여를 지급하도록 한 산업재해보상보험법 제56조 제2항은 근로자의 인간다운 생활을 할 권리를 침해한다.

O | X

재요양은 최초 상병진단 시로부터 시간적·의학적으로 단절되어 있으므로 재요양 당시의 임금 수준은 최초 상병진단 시의 임금 수준과 어느 정도 차이가 날 수밖에 없고, 휴업급여는 요양 또는 재요양을 전제로 지급되는 급여이므로 요양의 필요성 인정 여부와 상관없이 최초 진폐 진단 시의 임금을 기준으로 휴업급여를 지급하는 것은 휴업급여의 본질에 부합하지 아니하며 다른 재해근로자와의 형평에도 어긋난다. … 이 사건 휴업급여조항은 진폐 근로자의 인간다운 생활을 할 권리를 침해하지 아니한다(헌재 2024.4.25. 2021헌바316).

정답 030 ○ 031 ○ 032 X

033 □□□ 공무원에게 재해보상을 위하여 실시되는 급여의 종류로 휴업급여 또는 상병보상연금 규정을 두고 있지 않은 공무원 재해보상법 제8조는 공무원의 인간다운 생활을 할 권리를 침해하지 않는다. O | X

공무상 질병 또는 부상으로 인한 공무원의 병가 및 공무상 질병휴직 기간에는 봉급이 전액 지급되고, 그 휴직 기간이 지나면 직무에 복귀할 수도 있으며, 직무 복귀가 불가능하여 퇴직할 경우 장해급여를 지급받을 수도 있다. 장해급여가 지급될 수 있는 요건을 충족하지 못하는 경우에도 요양급여와 함께 공무원연금법에 따른 퇴직일시금 또는 퇴직연금이 지급된다. … 이를 종합하면, 심판대상조항이 현저히 불합리하여 인간다운 생활을 할 권리를 침해할 정도에 이르렀다고 할 수는 없다(헌재 2024.2.28. 2020헌마1587).

제2절 교육을 받을 권리

034 □□□ 교육을 받을 권리란 모든 국민에게 저마다의 능력에 따른 교육이 가능하도록 그에 필요한 설비와 제도를 마련해야 할 국가의 과제와 아울러, 사회적·경제적 약자도 능력에 따른 실질적 평등교육을 받을 수 있도록 적극적인 정책을 실현해야 할 국가의 의무를 뜻한다. O | X

헌법 제31조 제1항은 "모든 국민은 능력에 따라 균등하게 교육을 받을 권리를 가진다."고 규정하여 국민의 교육을 받을 권리를 보장하고 있다. '교육을 받을 권리'란, 모든 국민에게 저마다의 능력에 따른 교육이 가능하도록 그에 필요한 설비와 제도를 마련해야 할 국가의 과제와 아울러 이를 넘어 사회적·경제적 약자도 능력에 따른 실질적 평등교육을 받을 수 있도록 적극적인 정책을 실현해야 할 국가의 의무를 뜻한다(헌재 2000.4.27. 98헌가16 등).

035 □□□ 헌법 제31조 제1항에서 보장되는 교육의 기회균등권은 모든 국민에게 균등한 교육을 받게 하고 특히 경제적 약자가 실질적인 평등교육을 받을 수 있도록 국가에게 적극적 정책을 실현할 것을 요구하므로, 헌법 제31조 제1항으로부터 국민이 직접 실질적 평등교육을 위한 교육비를 청구할 권리가 도출된다. O | X

교육을 받을 권리의 내용과 관련하여 헌법재판소는 자신의 교육환경을 최상 혹은 최적으로 만들기 위해 타인의 교육시설 참여 기회를 제한할 것을 청구할 수 있는 것은 교육을 받을 권리의 내용이 아니고 자신이 이수한 교육과정을 유사한 다른 교육과정을 이수한 것과 동등하게 평가해 줄 것을 요구할 수 있음을 뜻하는 것도 아니며, 실질적인 평등교육을 실현해야 할 국가의 적극적인 의무가 인정된다고 하여 이로부터 국민이 직접 실질적 평등교육을 위한 교육비를 청구할 권리가 도출된다고 볼 수 없고, 국가 및 지방자치단체가 사립유치원에 대하여 교사 인건비, 운영비 및 영양사 인건비를 예산으로 지원하여야 할 구체적인 작위의무가 헌법해석상 바로 도출된다고 볼 수 없다(헌재 2008.9.25. 2008헌마456).

036
□□□

학교의 급식활동은 의무교육에 있어서 필수불가결한 교육 과정이고 이에 소요되는 경비는 의무교육의 실질적인 균등보장을 위한 본질적이고 핵심적인 항목에 해당하므로, 급식에 관한 경비를 전면무상으로 하지 않고 그 일부를 학부모의 부담으로 정하고 있는 것은 의무교육의 무상원칙에 위배된다.　　　O | X

학교급식은 학생들에게 한 끼 식사를 제공하는 영양공급 차원을 넘어 교육적인 성격을 가지고 있지만, 이러한 교육적 측면은 기본적이고 필수적인 학교 교육 이외에 부가적으로 이루어지는 식생활 및 인성교육으로서의 보충적 성격을 가지므로 의무교육의 실질적인 균등보장을 위한 본질적이고 핵심적인 부분이라고까지는 할 수 없다. 이 사건 법률조항들은 비록 중학생의 학부모들에게 급식관련 비용의 일부를 부담하도록 하고 있지만, 학부모에게 급식에 필요한 경비의 일부를 부담시키는 경우에 있어서도 학교급식 실시의 기본적 인프라가 되는 부분은 배제하고 있으며, 국가나 지방자치단체의 지원으로 학부모의 급식비 부담을 경감하는 조항이 마련되어 있고, 특히 저소득층 학생들을 위한 지원방안이 마련되어 있다는 점 등을 고려해 보면, 이 사건 법률조항들이 입법형성권의 범위를 넘어 헌법상 의무교육의 무상원칙에 반하는 것으로 보기는 어렵다(헌재 2012.4.24. 2010헌바164).

037
□□□

헌법 제31조의 교육을 받을 권리는 국민이 국가에 대해 직접 특정한 교육제도나 학교시설을 요구할 수 있는 기본권이며, 자신의 교육환경을 최상 혹은 최적으로 만들기 위해 타인의 교육시설 참여 기회를 제한할 것을 청구할 수 있는 기본권이기도 하다.　　　O | X

교육의 기회균등이란 국민 누구나가 교육에 대한 접근 기회 즉, 취학의 기회가 균등하게 보장되어야 함을 뜻하므로, 교육을 받을 권리는 국가로 하여금 능력이 있는 국민이 여러 가지 사회적·경제적 이유로 교육을 받지 못하는 일이 없도록 국가의 재정능력이 허용하는 범위 내에서 모든 국민에게 취학의 기회가 골고루 주어지게끔 그에 필요한 교육시설 및 제도를 마련할 의무를 부과한다. 그러나 교육을 받을 권리는 국민이 국가에 대하여 직접 특정한 교육제도나 교육과정 또는 학교시설을 요구할 수 있는 것을 뜻하지는 않는다고 할 것이다(헌재 2008.9.25. 2008헌마456).

038
□□□

초·중등학교 교사인 청구인들이 교육과정에 따라 학생들을 가르치고 평가하여야 하는 법적인 부담이나 제약을 받는다고 하더라도 이는 헌법상 보장된 기본권에 대한 제한이라고 보기 어렵다.　　　O | X

법률이 교사의 학생교육권(수업권)을 인정하고 보장하는 것은 헌법상 당연히 허용된다 할 것이나, 초·중등학교에서의 학생교육은 교사 자신의 인격의 발현 또는 학문과 연구의 자유를 위한 것이라기보다는 교사의 직무에 기초하여 초·중등학교의 교육목표를 실현하기 위한 것이므로, 교사인 청구인들이 이 사건 교육과정에 따라 학생들을 가르치고 평가하여야 하는 법적인 부담이나 제한을 받는다고 하더라도 이는 헌법상 보장된 기본권에 대한 제한이라고 보기 어려워 기본권침해 가능성이 인정되지 아니한다(헌재 2021.5.27. 2018헌마1108).

039
☐☐☐

대학수학능력시험을 한국교육방송공사(EBS) 수능교재 및 강의와 연계하여 출제하기로 한 '2018학년도 대학수학능력시험 시행 기본계획'은 헌법 제31조 제1항의 능력에 따라 균등하게 교육을 받을 권리를 직접 제한한다고 보기는 어렵다. O | X

수능시험을 준비하면서 무엇을 어떻게 공부하여야 할지에 관하여 스스로 결정할 자유가 심판대상계획에 따라 제한된다. 이는 자신의 교육에 관하여 스스로 결정할 권리, 즉 교육을 통한 자유로운 인격발현권을 제한받는 것으로 볼 수 있다. 한편, 청구인들은 심판대상계획으로 인해 교육을 받을 권리가 침해된다고 주장하지만, 심판대상계획이 헌법 제31조 제1항의 능력에 따라 균등하게 교육을 받을 권리를 직접 제한한다고 보기는 어렵다(헌재 2018.2.22. 2017헌마691).

040
☐☐☐

자율형 사립고등학교를 후기학교로 정하여 신입생을 일반고와 동시에 선발하도록 하는 한편, 자율형 사립고등학교를 지원한 학생에게 평준화지역 후기학교에 중복지원할 수 없도록 한 것은 학교법인의 사학운영의 자유를 침해한다. O | X

과학고는 '과학분야의 인재 양성'이라는 설립 취지나 전문적인 교육과정의 측면에서 과학 분야에 재능이나 소질을 가진 학생을 후기학교보다 먼저 선발할 필요성을 인정할 수 있으나, 자사고의 경우 교육과정 등을 고려할 때 후기학교보다 먼저 특정한 재능이나 소질을 가진 학생을 선발할 필요성은 적다. 따라서 이 사건 동시선발 조항이 자사고를 후기학교로 규정함으로써 과학고와 달리 취급하고, 일반고와 같이 취급하는 데에는 합리적인 이유가 있으므로 청구인 학교법인의 평등권을 침해하지 아니한다(헌재 2019.4.11. 2018헌마221).

041
☐☐☐

사립대학 교육기관의 교원을 정관이 정하는 바에 따라 기간을 정하여 임면할 수 있도록 한 구 사립학교법 규정은 교원지위 법정주의에 위반되지 않는다. O | X

대학교원의 기간임용제를 규정한 구 사립학교법 제53조의2 제3항은 전문성·연구실적 등에 문제가 있는 교수의 연임을 배제하여 합리적인 교수인사를 할 수 있도록 하기 위한 것으로 그 입법목적이 정당하고, 대학교육기관의 교원에 대한 기간임용제와 정년보장제는 국가가 문화국가의 실현을 위한 학문진흥의 의무를 이행함에 있어서나 국민의 교육권의 실현·방법 면에서 각각 장단점이 있어서, 그 판단·선택은 헌법재판소에서 이를 가늠하기보다는 입법자의 입법정책에 맡겨 두는 것이 옳으므로, 위 조항은 헌법 제31조 제6항이 규정한 교원지위 법정주의에 위반되지 아니한다(헌재 1998.7.16. 96헌바33 등).

042
☐☐☐

교육을 받을 권리가 국가에 대하여 특정한 교육제도나 시설의 제공을 요구할 수 있는 권리를 뜻하는 것은 아니므로, 대학의 구성원이 아닌 사람이 대학도서관에서 도서를 대출할 수 없거나 열람실을 이용할 수 없더라도 교육을 받을 권리가 침해된다고 볼 수 없다. O | X

교육을 받을 권리가 국가에 대하여 특정한 교육제도나 시설의 제공을 요구할 수 있는 권리를 뜻하는 것은 아니므로, 청구인이 교육을 받을 권리가 침해된다고 볼 수 없다(헌재 2016.11.24. 2014헌마977).

정답 039 ○ 040 X 041 ○ 042 ○

043
□□□

학문의 자유와 대학의 자율성에 따라 대학이 학생의 선발 및 전형 등 대학입시제도를 자율적으로 마련할 수 있다 하더라도, 국민의 '균등하게 교육을 받을 권리'를 위해 대학의 자율적 학생 선발권은 일정부분 제약을 받을 수 있다.　　　　　　　　　　　　　　　　　　　　　　　　　　　　　　　O | X

헌법 제22조 제1항이 보장하고 있는 학문의 자유와 헌법 제31조 제4항에서 보장하고 있는 대학의 자율성에 따라 대학이 학생의 선발 및 전형 등 대학입시제도를 자율적으로 마련할 수 있다 하더라도, 이러한 대학의 자율적 학생 선발권을 내세워 국민의 '균등하게 교육을 받을 권리'를 침해할 수 없으며, 이를 위해 대학의 자율권은 일정부분 제약을 받을 수 있다(헌재 2017.12.28. 2016헌마649).

044
□□□

검정고시응시자격을 제한하는 것은 국민의 교육받을 권리 중 그 의사와 능력에 따라 균등하게 교육을 받을 것을 국가로부터 방해받지 않을 권리를 제한하는 것이므로 과소보호금지의 원칙에 따른 심사를 받아야 할 것이다.　　　　　　　　　　　　　　　　　　　　　　　　　　　　　　　　　　O | X

검정고시 응시자격을 제한하는 것은, 국민의 교육받을 권리 중 그 의사와 능력에 따라 균등하게 교육받을 것을 국가로부터 방해받지 않을 권리, 즉 자유권적 기본권을 제한하는 것이므로, 그 제한에 대하여는 헌법 제37조 제2항의 비례원칙에 의한 심사, 즉 과잉금지원칙에 따른 심사를 받아야 할 것이다(헌재 2012.5.31. 2010헌마139).

045
□□□

고시 공고일을 기준으로 고등학교에서 퇴학된 날로부터 6월이 지나지 아니한 자를 고등학교 졸업학력 검정고시를 받을 수 있는 자의 범위에서 제외하고 있는 '고등학교 졸업학력 검정고시 규칙'의 조항은 교육을 받을 권리를 침해한다.　　　　　　　　　　　　　　　　　　　　　　　　　　　　　O | X

고시 공고일을 기준으로 고등학교에서 퇴학된 날로부터 6월이 지나지 아니한 자를 고등학교 졸업학력 검정고시를 받을 수 있는 자의 범위에서 제외하고 있는 고등학교 졸업학력 검정고시 규칙 제10조 제1항은 교육을 받을 권리를 침해하지 않는다(헌재 2008.4.24. 2007헌마1456).

046
□□□

자율형 사립고등학교(이하 '자사고'라 한다)와 일반고등학교(이하 '일반고'라 한다)가 동시선발을 하게 되면 해당 자사고의 교육에 적합한 학생을 선발하는 데 지장이 있고 자사고의 사학운영의 자유를 침해하므로 자사고를 후기학교로 정하여 신입생을 일반고와 동시에 선발하도록 한 초·중등교육법 시행령 해당조항은 국가가 학교 제도를 형성할 수 있는 재량 권한의 범위를 일탈하였다.　　　　　　　　　　　　　O | X

국가가 일반고의 경쟁력을 강화시키는 정책을 시행함과 동시에 자사고를 후기학교로 정한 것은 국가의 공적인 학교 제도를 보장하여야 할 책무에 의거하여 학교 제도를 형성할 수 있는 광범위한 재량 권한의 범위 내에 있는 것이다(헌재 2019.4.11. 2018헌마221).

정답 043 ○　044 X　045 X　046 X

047
☐☐☐

'서울대학교 2023학년도 대학 신입학생 입학전형 시행계획' 중 저소득학생 특별전형의 모집인원을 모두 수능위주전형으로 선발하도록 정한 부분이 저소득학생 특별전형에 응시하고자 하는 수험생들의 기회를 불합리하게 박탈하는 것은 아니다. O | X

저소득학생 특별전형과 달리 농어촌학생 특별전형은 학생부종합전형으로 실시된다. 저소득학생 특별전형과 농어촌학생 특별전형은 그 목적, 지원자들 특성 등이 동일하지 아니하므로, 전형방법을 반드시 동일하게 정해야 한다고 볼 수 없다. 수능 성적으로 학생을 선발하는 전형방법이 사회통념적 가치기준에 적합한 합리적인 방법인 이상, 대입제도 공정성을 강화하기 위해 수능위주전형 비율을 높이면서 농어촌학생 특별전형과 달리 저소득학생 특별전형에서는 모집인원 전체를 수능위주전형으로 선발한다고 하더라도, 이것이 저소득학생의 응시기회를 불합리하게 박탈하는 것이라고 보기는 어렵다. 결국 이 사건 입시계획은 청구인의 균등하게 교육을 받을 권리를 침해하지 않는다(헌재 2022.9.29. 2021헌마929).

048
☐☐☐

헌법 제31조 제1항에서 보장되는 교육의 기회균등권은 '특히 경제적 약자가 실질적인 평등교육을 받을 수 있도록 국가가 적극적 정책을 실현해야 한다는 것'을 의미하므로 이로부터 국민이 직접 실질적 평등교육을 위한 교육비를 청구할 권리가 도출된다고 할 수 있다. O | X

헌법 제31조 제1항에서 보장되는 교육의 기회균등권은 '정신적·육체적 능력 이외의 성별·종교·경제력·사회적 신분 등에 의하여 교육을 받을 기회를 차별하지 않고, 즉 합리적 차별사유 없이 교육을 받을 권리를 제한하지 아니함과 동시에 국가가 모든 국민에게 균등한 교육을 받게 하고 특히 경제적 약자가 실질적인 평등교육을 받을 수 있도록 적극적 정책을 실현해야 한다는 것'을 의미하므로, 실질적인 평등교육을 실현해야 할 국가의 적극적인 의무가 인정되지만, 이러한 의무조항으로부터 국민이 직접 실질적 평등교육을 위한 교육비를 청구할 권리가 도출되는 것은 아니다(헌재 2003.11.27. 2003헌바39).

049
☐☐☐

한자를 국어과목에서 분리하여 초등학교 재량에 따라 선택적으로 가르치도록 하는 것은, 국어교과의 내용으로 한자를 배우고 일정 시간 이상 필수적으로 한자교육을 받음으로써 교육적 성장과 발전을 통해 자아를 실현하고자 하는 학생들의 자유로운 인격발현권을 제한하기는 하나 학부모의 자녀교육권을 제한하는 것은 아니다. O | X

이 사건 한자 관련 고시는 한자를 국어과목에서 분리하여 학교 재량에 따라 선택적으로 가르치도록 하고 있으므로, 국어교과의 내용으로 한자를 배우고 일정 시간 이상 필수적으로 한자교육을 받음으로써 교육적 성장과 발전을 통해 자아를 실현하고자 하는 학생들의 자유로운 인격발현권을 제한한다. 또한 학부모는 자녀의 개성과 능력을 고려하여 자녀의 학교교육에 관한 전반적인 계획을 세우고, 자신의 인생관·사회관·교육관에 따라 자녀를 교육시킬 권리가 있는바, 이 사건 한자 관련 고시는 자녀의 올바른 성장과 발전을 위하여 한자교육이 반드시 필요하고 국어과목 시간에 이루어져야 한다고 생각하는 학부모의 자녀교육권도 제한할 수 있다(헌재 2016.11.24. 2012헌마854).

050
☐☐☐

교원의 지위를 포함한 교육제도 등의 법정주의를 규정하고 있는 헌법 제31조 제6항은 교원의 기본권보장 내지 지위보장뿐만 아니라 교원의 기본권을 제한하는 근거가 될 수도 있다. O | X

이 헌법조항에 근거하여 교원의 지위를 정하는 법률을 제정함에 있어서는 교원의 기본권보장 내지 지위보장과 함께 국민의 교육을 받을 권리를 보다 효율적으로 보장하기 위한 규정도 반드시 함께 담겨 있어야 할 것이다. 그러므로 위 헌법조항을 근거로 하여 제정되는 법률에는 교원의 신분보장·경제적·사회적 지위보장 등 교원의 권리에 해당하는 사항뿐만 아니라 국민의 교육을 받을 권리를 저해할 우려있는 행위의 금지 등 교원의 의무에 관한 사항도 당연히 규정할 수 있는 것이므로 결과적으로 교원의 기본권을 제한하는 사항까지도 규정할 수 있게 되는 것이다(헌재 1991.7.22. 89헌가106).

051
☐☐☐

주택재개발사업의 경우 학교용지부담금 부과 대상에서 '기존거주자와 토지 및 건축물의 소유자에게 분양하는 경우'에 해당하는 개발사업분만 제외하고, 현금청산의 대상이 되어 제3자에게 일반분양됨으로써 기존에 비하여 가구 수가 증가하지 아니하는 개발사업분을 학교용지부담금 부과 대상에서 제외하지 아니한 것은 평등원칙에 위배되지 않는다. O | X

심판대상조항이 주택재개발사업의 경우 학교용지부담금 부과 대상에서 '기존 거주자와 토지 및 건축물의 소유자에게 분양하는 경우'에 해당하는 개발사업분만 제외하고, 현금청산의 대상이 되어 제3자에게 분양됨으로써 기존에 비하여 가구 수가 증가하지 아니하는 개발사업분을 제외하지 아니한 것은, 주택재개발사업의 시행자들 사이에 학교시설 확보의 필요성을 유발하는 정도와 무관한 불합리한 기준으로 학교용지부담금의 납부액을 달리 하는 차별을 초래하므로, 심판대상조항은 평등원칙에 위배된다(헌재 2014.4.24. 2013헌가28).

052
☐☐☐

헌법 제31조 제1항의 '교육을 받을 권리'는 국가로부터 교육에 필요한 시설의 제공을 요구할 수 있는 권리 및 각자의 능력에 따라 교육시설에 입학하여 배울 수 있는 권리를 의미한다. O | X

헌법 제31조 제1항은 '모든 국민은 능력에 따라 균등하게 교육을 받을 권리를 가진다.'라고 규정하여 국민의 교육을 받을 권리를 보장하고 있고, 그 '교육을 받을 권리'는 국가로부터 교육에 필요한 시설의 제공을 요구할 수 있는 권리 및 각자의 능력에 따라 교육시설에 입학하여 배울 수 있는 권리를 국민의 기본권으로서 보장하면서, 한편, 국민 누구나 능력에 따라 균등한 교육을 받을 수 있게끔 노력해야 할 의무와 과제를 국가에게 부과하고 있는 것이다(헌재 2011.6.30. 2010헌마503).

053
☐☐☐

부모는 자녀의 교육에 있어서 자녀의 정신적, 신체적 건강을 고려하여 교육의 목적과 그에 적합한 수단을 선택해야 할 것이고, 부모가 자녀의 건강에 반하는 방향으로 자녀교육권을 행사할 경우에는 헌법 제31조는 부모 외에도 국가에게 자녀의 교육에 대한 과제와 의무가 있다는 것을 규정하고 있으므로 국가는 부모의 자녀교육권을 제한할 수 있다. O | X

부모는 자녀의 교육에 있어서 자녀의 정신적, 신체적 건강을 고려하여 교육의 목적과 그에 적합한 수단을 선택해야 할 것이고, 부모가 자녀의 건강에 반하는 방향으로 자녀교육권을 행사할 경우에는 헌법 제31조는 부모 외에도 국가에게 자녀의 교육에 대한 과제와 의무가 있다는 것을 규정하고 있으므로 국가는 부모의 자녀교육권을 제한할 수 있다(헌재 2009.10.29. 2008헌마635).

정답 050 ○ 051 X 052 ○ 053 ○

054

□□□

학교급식의 실시에 필요한 시설·설비에 요하는 경비를 원칙적으로 학교의 설립·경영자가 부담하도록 한 학교급식법 조항은 사립학교 운영의 자유를 필요한 범위를 넘어서 지나치게 제한하고 있고 공익의 비중에 비추어 사립학교에게 과도한 부담을 지우는 것이라고 볼 수 있으므로 사립학교 운영의 자유를 침해한다. O | X

이 사건 법률조항이 적용될 당시는 학교급식후원회를 통하여 학교급식시설 설치·유지비의 일부를 조달받을 수도 있었으며, 학교(직영)급식과 위탁급식을 선택적으로 운영할 수 있었던 점 등에 비추어 보면, 사립학교의 경우에도 국·공립학교와 마찬가지로 학교급식 시설·경비의 원칙적 부담을 학교의 설립경영자로 하는 것은 합리적이라고 할 것이어서, 평등원칙에 위반되지 않는다. 나아가 사립학교 운영의 자유를 필요한 범위를 넘어서 지나치게 제한하고 있다거나, 공익의 비중에 비추어 사립학교에게 과도한 부담을 지우는 것이라고 보기 어려워, 사립학교 운영의 자유를 침해하지 아니한다(헌재 2010.7.29. 2009헌바40).

055

□□□

헌법 제31조 제4항에 의해 보장되는 교육의 자주성과 전문성은 '교육기관의 자유'와 '교육의 자유'를 보장함으로써 비로소 달성할 수 있는데, '교육기관의 자유'는 교육을 담당하는 교육기관의 교육운영에 관한 자주적인 결정권을 그 내용으로 하고, '교육의 자유'는 교육내용이나 교육방법 등에 관한 자주적인 결정권을 그 내용으로 한다. O | X

헌법 제31조 제4항에 의해 보장되는 교육의 자주성과 전문성은 '교육기관의 자유'와 '교육의 자유'를 보장함으로써 비로소 달성할 수 있는데, '교육기관의 자유'는 교육을 담당하는 교육기관의 교육운영에 관한 자주적인 결정권을 그 내용으로 하고, '교육의 자유'는 교육내용이나 교육방법 등에 관한 자주적인 결정권을 그 내용으로 한다(헌재 2013.5.30. 2011헌바227).

056

□□□

교육제도 법정주의는 교육의 영역에서 본질적이고 중요한 결정은 입법자에게 유보되어야 한다는 의회유보의 원칙을 규정한 것으로 학교제도에 관한 포괄적인 국가의 규율권한을 부여한 것으로 볼 수는 없다. O | X

헌법 제31조 제6항은 "학교교육 및 평생교육을 포함한 교육제도와 그 운영, 교육재정 및 교원의 지위에 관한 기본적인 사항은 법률로 정한다."라고 하여 교육제도 법정주의를 규정하고 있는바, 교육제도 법정주의는 소극적으로는 교육의 영역에서 본질적이고 중요한 결정은 입법자에게 유보되어야 한다는 의회유보의 원칙을 규정한 것이지만, 한편 적극적으로는 헌법이 국가에 학교제도를 통한 교육을 시행하도록 위임하고 있다는 점에서 학교제도에 관한 포괄적인 국가의 규율권한을 부여한 것이기도 하다(헌재 2012.11.29. 2011헌마827).

057

□□□

사립학교법상 교비회계의 세입·세출에 관한 사항을 대통령령으로 정하도록 한 규정은 포괄위임금지원칙에 위반되지 않는다. O | X

'교비회계의 세입'과 '교비회계의 세출' 항목은 기술적이고 세부적인 특성을 가지고 있어 그와 관련된 사항을 하위법령에서 정하도록 위임할 필요성이 인정되고, 이 사건 위임조항에서 위임하고 있는 '교비회계의 세입' 항목은 등록금이나 기부금, 학교시설 대여료나 이자수익 등과 같이 학생으로부터 징수하는 각종 금원과 학교시설이나 재산으로부터 발생하는 수익 등이 될 것이고, '교비회계의 세출' 항목은 학교의 운영이나 교육과 관련하여 지출하는 비용 등이 됨을 충분히 예측할 수 있다는 점에서, 이 사건 위임조항은 포괄위임금지원칙에 위반되지 아니한다(헌재 2023.8.31. 2021헌바180).

정답 054 X 055 ○ 056 X 057 ○

058
☐☐☐

대학수학능력시험의 문항 수 기준 70%를 한국교육방송공사 교재와 연계하여 출제하는 것이 대학수학능력시험을 준비하는 자들의 능력에 따라 균등하게 교육을 받을 권리를 직접 제한한다고 보기는 어렵다.　　　　　　　　O | X

청구인은 수능시험을 준비하는 사람들로서 심판대상계획에서 정한 출제 방향과 원칙에 영향을 받을 수밖에 없다. 따라서 수능시험을 준비하면서 무엇을 어떻게 공부하여야 할지에 관하여 스스로 결정할 자유가 심판대상계획에 따라 제한된다. 이는 자신의 교육에 관하여 스스로 결정할 권리, 즉 교육을 통한 자유로운 인격발현권을 제한받는 것으로 볼 수 있다. 청구인들은 심판대상계획으로 인해 교육을 받을 권리가 침해된다고 주장하지만, 심판대상계획이 헌법 제31조 제1항의 한편, 능력에 따라 균등하게 교육을 받을 권리를 직접 제한한다고 보기는 어렵다. … 심판대상계획이 과잉금지원칙에 위배하여 청구인의 자유로운 인격발현권을 침해한다고 볼 수 없다(헌재 2018.2.22. 2017헌마691).

059
☐☐☐

검정고시 응시자격을 제한하는 것은, 국민의 교육받을 권리 중 그 의사와 능력에 따라 균등하게 교육받을 것을 국가로부터 방해받지 않을 권리를 제한하는 것이다.　　　　　　　　O | X

검정고시 응시자격을 제한하는 것은, 국민의 교육받을 권리 중 그 의사와 능력에 따라 균등하게 교육받을 것을 국가로부터 방해받지 않을 권리, 즉 자유권적 기본권을 제한하는 것이므로, 그 제한에 대하여는 헌법 제37조 제2항의 비례원칙에 의한 심사, 즉 과잉금지원칙에 따른 심사를 받아야 할 것이다(헌재 2012.5.31. 2010헌마139 등).

060
☐☐☐

헌법 제31조 제1항과 제6항은 변호사시험을 준비하는 법학전문대학원 졸업생에 대해 법학전문대학원에서의 보수교육을 시행하도록 하는 내용의 구체적이고 명시적인 입법의무를 입법자에게 부여하고 있다고 볼 수 없다.　　　　　　　　O | X

헌법 제31조 제1항은 "모든 국민은 능력에 따라 균등하게 교육을 받을 권리를 가진다."라고 규정하고, 같은 조 제6항은 "학교교육 및 평생교육을 포함한 교육제도와 그 운영, 교육재정 및 교원의 지위에 관한 기본적인 사항은 법률로 정한다."라고 규정하고 있다. 그런데 위와 같은 헌법규정만으로는 변호사시험을 준비하는 법학전문대학원 졸업생에 대해 법학전문대학원에서의 보수교육을 시행하도록 하는 내용의 구체적이고 명시적인 입법의무를 입법자에게 부여하고 있다고 볼 수 없고, 그 밖에 다른 헌법조항을 살펴보아도 위와 같은 내용에 대한 명시적인 입법위임을 발견할 수 없다(헌재 2024.1.25. 2021헌마113 등).

정답 058 ○　059 ○　060 ○

061
□□□

서울대학교 총장의 '2022학년도 대학 신입학생 정시모집('나'군) 안내' 중 수능 성적에 최대 2점의 교과이수 가산점을 부여하고, 2020년 2월 이전 고등학교 졸업자에게 모집단위별 지원자의 가산점 분포를 고려하여 모집단위 내 수능점수 순위에 상응하는 가산점을 부여하도록 한 부분은 균등하게 교육받을 권리를 침해하는 것이라고 볼 수 없다. O | X

2015 개정 교육과정을 이수할 수 없는 2020년 2월 이전 고등학교 졸업자, 검정고시 출신자, 외국 소재 고등학교 졸업자 등의 경우에는 '모집단위별 지원자의 가산점 분포를 고려하여 모집단위 내 수능점수 순위에 상응하는 가산점'을 부여하며 … 이는 2015 개정 교육과정을 따를 수 없는 지원자의 유형별로 동등한 기회를 제공하는 취지로 이해된다. … 2015 개정 교육과정을 이수한 사람들이 대부분 가산점 2점을 받는다면 해당 모집단위에 지원한 다른 교육과정 지원자들도 대부분 가산점 2점을 받게 되는 구조이고, 서로 다른 지원자 집단 사이의 편차와 동일한 지원자 집단 내부의 편차를 동시에 고려하면서도 양 집단에게 부여하는 혜택의 크기를 비례적으로 유지할 수 있는 방법으로 이해된다. … 결국 이 사건 가산점 사항은 청구인을 불합리하게 차별하여 균등하게 교육받을 권리를 침해하는 것이라고 볼 수 없다(헌재 2022.3.31. 2021헌마1230).

062
□□□

청소년은 인격의 발전을 위하여 어느 정도 부모와 학교의 교사 등 타인에 의한 결정을 필요로 하는 아직 성숙하지 못한 인격체이므로 국가의 교육권한과 부모의 교육권의 범주 내에서도 자신의 교육에 관하여 스스로 결정할 권리를 가지지 못한다. O | X

헌법 제10조의 행복추구권은 일반적인 행동의 자유와 인격의 자유로운 발현권을 포함하는바, 학습자로서의 청소년은 교육을 받음에 있어서 자신의 인격, 특히 성향이나 능력을 자유롭게 발현할 수 있는 권리가 있다. 청소년은 인격의 발전을 위하여 어느 정도 부모와 학교의 교사 등 타인에 의한 결정을 필요로 하는 아직 성숙하지 못한 인격체이지만, 부모와 국가에 의한 교육의 단순한 대상이 아닌 독자적인 인격체이며, 그의 인격권은 성인과 마찬가지로 인간의 존엄성 및 행복추구권을 보장하는 헌법 제10조에 의하여 보호되어야 한다. 따라서 청소년은 국가의 교육권한과 부모의 교육권의 범주 내에서 자신의 교육에 관하여 스스로 결정할 권리, 즉 자유롭게 교육을 받을 권리를 가진다(헌재 2019.4.11. 2017헌바140 등).

063
□□□

헌법 제31조 제1항에 의해서 보장되는 교육을 받을 권리는 자신의 교육환경을 최상 혹은 최적으로 만들기 위해 타인의 교육시설참여 기회를 제한할 것을 청구할 수 있는 기본권까지 포함하므로, 기존의 재학생들에 대한 교육환경이 상대적으로 열악해 질 수 있음을 이유로 새로운 편입학 자체를 하지 말도록 요구하는 것은 교육을 받을 권리의 내용으로 포섭될 수 있다. O | X

교육을 받을 권리는 국민이 국가에 대해 직접 특정한 교육제도나 학교시설을 요구할 수 있음을 뜻하지는 않으며, … 나아가 헌법 제31조 제1항에 의해서 보장되는 교육을 받을 권리는 교육영역에서의 기회균등을 내용으로 하는 것이지, 자신의 교육환경을 최상 혹은 최적으로 만들기 위해 타인의 교육시설 참여 기회를 제한할 것을 청구할 수 있는 기본권은 아니므로, 기존의 재학생들에 대한 교육환경이 상대적으로 열악해질 수 있음을 이유로 새로운 편입학 자체를 하지 말도록 요구하는 것은 교육을 받을 권리의 내용으로는 포섭할 수 없다(헌재 2003.9.25. 2001헌마814 등).

064

□□□

헌법 제31조 제3항의 의무교육 무상의 원칙은 의무교육을 위탁받은 사립학교를 설치·운영하는 학교법인 등과의 관계에서 관련법령에 의하여 이미 학교법인이 부담하도록 규정되어 있는 경비까지 종국적으로 국가나 지방자치단체의 부담으로 한다는 취지로 볼 수 있다. O | X

의무교육 등에 소요되는 경비의 재원에 관한 지방교육자치에 관한 법률 제37조, 지방교육재정교부금법 제11조 제1항은 헌법이 규정한 의무교육 무상의 원칙에 따라 경제적 능력에 관계없이 교육기회를 균등하게 보장하기 위하여 의무교육대상자의 학부모 등이 교직원의 보수 등 의무교육에 관련된 경비를 부담하지 않도록 국가와 지방자치단체에 교육재정을 형성·운영할 책임을 부여하고, 그 재원 형성의 구체적인 내용을 규정하고 있는 데 그칠 뿐, 더 나아가 의무교육을 위탁받은 사립학교를 설치·운영하는 학교법인 등과의 관계에서 관련법령에 의하여 이미 학교법인이 부담하도록 규정되어 있는 경비까지 종국적으로 국가나 지방자치단체의 부담으로 한다는 취지까지 규정한 것으로 볼 수 없다(대판 2015.1.29. 2012두7387).

065

□□□

고등학교 졸업학력 검정고시 응시자격을 제한하는 것은, 국민의 교육받을 권리 중 그 의사와 능력에 따라 균등하게 교육받을 것을 국가로부터 방해받지 않을 권리, 즉 자유권적 기본권을 제한하는 것이므로, 그 제한에 대하여는 헌법 제37조 제2항의 비례원칙에 의한 심사를 받아야 한다. O | X

검정고시 응시자격을 제한하는 것은, 국민의 교육받을 권리 중 그 의사와 능력에 따라 균등하게 교육받을 것을 국가로부터 방해받지 않을 권리, 즉 자유권적 기본권을 제한하는 것이므로, 그 제한에 대하여는 헌법 제37조 제2항의 비례원칙에 의한 심사, 즉 과잉금지원칙에 따른 심사를 받아야 할 것이다(헌재 2012.5.31. 2010헌마139 등).

제3절 근로의 권리

066

□□□

매월 1회 이상 정기적으로 지급하는 상여금 등이나 복리후생비는 그 성질이나 실질적 기능 면에서 기본급과 본질적인 차이가 있다고 보기 어려우므로, 기본급과 마찬가지로 이를 최저임금에 산입하는 것은 그 합리성을 수긍할 수 있다. O | X

매월 1회 이상 정기적으로 지급하는 상여금 등이나 복리후생비는 그 성질이나 실질적 기능 면에서 기본급과 본질적인 차이가 있다고 보기 어려우므로, 기본급과 마찬가지로 이를 최저임금에 산입하는 것은 그 합리성을 수긍할 수 있다(헌재 2021.12.23. 2018헌마629).

067
□□□

최저임금의 적용을 위해 주(週) 단위로 정해진 근로자의 임금을 시간에 대한 임금으로 환산할 때, 해당 임금을 1주 동안의 소정근로시간 수와 법정 주휴시간 수를 합산한 시간 수로 나누도록 한 최저임금법 시행령 해당 조항은 사용자의 계약의 자유 및 직업의 자유를 침해한다. O | X

근로기준법이 근로자에게 유급주휴일을 보장하도록 하고 있다는 점을 고려할 때, 소정근로시간 수와 법정 주휴시간 수 모두에 대하여 시간급 최저임금액 이상을 지급하도록 하는 것이 그 자체로 사용자에게 지나치게 가혹하다고 보기는 어렵다. 따라서 이 사건 시행령 조항은 과잉금지원칙에 위배되어 사용자의 계약의 자유 및 직업의 자유를 침해한다고 볼 수 없다(헌재 2020.6.25. 2019헌마15).

068
□□□

고용허가를 받아 국내에 입국한 외국인근로자의 출국만기보험금을 출국 후 14일 이내에 지급하도록 한 외국인근로자의 고용등에 관한 법률의 해당 조항 중 '피보험자등이 출국한 때부터 14일 이내' 부분이 청구인들의 근로의 권리를 침해한다고 보기 어렵다. O | X

단순기능직 외국인근로자의 불법체류를 통한 국내 정주는 일반적으로 사회통합 비용을 증가시키고 국내 고용상황에 부정적 영향을 미칠 수 있다. 따라서 이 사건 출국만기보험금이 근로자의 퇴직 후 생계 보호를 위한 퇴직금의 성격을 가진다고 하더라도 불법체류가 초래하는 여러 가지 문제를 고려할 때 불법체류 방지를 위해 그 지급시기를 출국과 연계시키는 것은 불가피하므로 심판대상조항이 청구인들의 근로의 권리를 침해한다고 보기 어렵다(헌재 2016.3.31. 2014헌마367).

069
□□□

'가구 내 고용활동'에 대해서는 근로자퇴직급여 보장법을 적용하지 않도록 규정한 같은 법 제3조 단서 중 '가구 내 고용활동' 부분은 합리적 이유가 있는 차별로서 평등원칙에 위배되지 아니한다. O | X

가사사용인 이용 가정의 경우 일반적인 사업 또는 사업장과 달리 퇴직급여법이 요구하는 사항들을 준수할만한 여건과 능력을 갖추지 못한 경우가 대부분인 것이 현실이다. 이러한 현실을 무시하고 퇴직급여법을 가사사용인의 경우에도 전면 적용한다면 가사사용인 이용자가 감당하기 어려운 경제적·행정적 부담을 가중시키는 부작용을 초래할 우려가 있다. … 심판대상조항이 가사사용인을 일반 근로자와 달리 퇴직급여법의 적용범위에서 배제하고 있다 하더라도 합리적 이유가 있는 차별로서 평등원칙에 위배되지 아니한다(헌재 2022.10.27. 2019헌바454).

070
□□□

근로관계 종료 전 사용자로 하여금 근로자에게 해고예고를 하도록 하는 것은 개별 근로자의 근로조건이라 할 수 없으므로 해고예고에 관한 권리는 근로의 권리의 내용에 포함되지 않는다. O | X

근로기준법에 마련된 해고예고제도는 근로조건의 핵심적 부분인 해고와 관련된 사항일 뿐만 아니라, 근로자가 갑자기 직장을 잃어 생활이 곤란해지는 것을 막는 데 목적이 있으므로, 근로자의 인간 존엄성을 보장하기 위한 합리적 근로조건에 해당한다. 따라서 근로관계 종료 전 사용자로 하여금 근로자에게 해고예고를 하도록 하는 것은 개별 근로자의 인간 존엄성을 보장하기 위한 최소한의 근로조건 가운데 하나에 해당하므로, 해고예고에 관한 권리는 근로의 권리의 내용에 포함된다(헌재 2015.12.23. 2014헌바3).

071
☐☐☐

근로자 4명 이하 사용 사업장에 적용될 근로기준법 조항을 정하고 있는 근로기준법 시행령 조항이 정당한 이유 없는 해고를 금지하는 제23조 제1항과 노동위원회 구제절차에 관한 제28조 제1항을 근로자 4명 이하 사용 사업장에 적용되는 조항으로 나열하지 않은 것은, 근로자 4명 이하 사용 사업장에 종사하는 근로자의 근로의 권리를 침해한다. O | X

4인 이하 사업장에 부당해고제한조항이나 노동위원회 구제절차를 적용되는 근로기준법 조항으로 나열하지 않았다 하여 헌법상 용인될 수 있는 재량의 범위를 벗어난 것이라고 볼 수 없으므로, 심판대상조항은 청구인의 근로의 권리를 침해하지 아니한다(헌재 2019.4.11. 2017헌마820).

072
☐☐☐

동물의 사육 사업 근로자에 대하여 근로기준법 제4장에서 정한 근로시간 및 휴일 규정의 적용을 제외하도록 한 구 근로기준법 조항은 축산업에 종사하는 근로자의 근로의 권리를 침해하지 않는다. O | X

축산업은 가축의 양육 및 출하에 있어 기후 및 계절의 영향을 강하게 받으므로, 근로시간 및 근로내용에 있어 일관성을 담보하기 어렵고, 축산업에 종사하는 근로자의 경우에도 휴가에 관한 규정은 여전히 적용되며, 사용자와 근로자 사이의 근로시간 및 휴일에 관한 사적 합의는 심판대상조항에 의한 제한을 받지 않는다. 현재 우리나라 축산업의 상황을 고려할 때, 축산업 근로자들에게 근로기준법을 전면적으로 적용할 경우, 인건비 상승으로 인한 경제적 부작용이 초래될 위험이 있다. 위 점들을 종합하여 볼 때, 심판대상조항이 입법자가 입법재량의 한계를 일탈하여 인간의 존엄을 보장하기 위한 최소한의 근로조건을 마련하지 않은 것이라고 보기 어려우므로, 심판대상조항은 청구인의 근로의 권리를 침해하지 않는다(헌재 2021.8.31. 2018헌마563).

073
☐☐☐

4주간을 평균하여 1주간의 소정근로시간이 15시간 미만인 근로자, 즉 이른바 '초단시간근로자'를 퇴직급여제도의 적용대상에서 제외하고 있는 근로자퇴직급여 보장법 조항은 근로조건의 기준은 인간의 존엄성을 보장하도록 법률로 정하도록 한 헌법 제32조 제3항에 위배되는 것으로 볼 수 없다. O | X

심판대상조항이 퇴직급여제도의 설정에 있어 4주간을 평균한 1주간의 소정근로시간을 기준으로 15시간 미만인 근로자를 그 적용대상에서 배제하고 있는 것은 퇴직급여제도의 성격 및 기능에 비추어 사용자의 부담을 경감하기 위한 기준을 설정한 것으로, 이것이 헌법상 용인될 수 있는 입법재량의 범위를 현저히 일탈한 것이라고 볼 수 없으므로, 헌법 제32조 제3항에 위배되는 것으로 볼 수 없다(헌재 2021.11.25. 2015헌바334 등).

074
☐☐☐

고용 허가를 받아 국내에 입국한 외국인근로자의 출국만기보험금을 출국 후 14일 이내에 지급하도록 한 외국인근로자의 고용 등에 관한 법률 조항은 외국인근로자의 근로의 권리를 침해한다고 보기 어렵다. O | X

외국인근로자의 불법체류가 증가하여 이로 인한 사회문제가 심각해지자 이를 방지하기 위한 특단의 조치가 필요하게 되었고, 입법자는 심판대상조항을 신설하여 출국만기보험금의 지급시기를 출국과 연계시키게 되었다. 이러한 점을 종합하면 심판대상조항이 외국인근로자의 출국만기보험금의 지급시기를 출국 후 14일 이내로 정한 것이 청구인들의 근로의 권리를 침해한다고 볼 수 없다(헌재 2016.3.31. 2014헌마367).

정답 071 X 072 ○ 073 ○ 074 ○

075
□□□

일용근로자로서 3개월을 계속 근무하지 아니한 자를 해고예고제도의 적용제외사유로 규정하고 있는 근로기준법 조항은 일용근로자의 근로의 권리를 침해한다고 보기 어렵다. O | X

해고예고는 본질상 일정기간 이상을 계속하여 사용자에게 고용되어 근로제공을 하는 것을 전제로 하는데, 일용근로자는 계약한 1일 단위의 근로기간이 종료되면 해고의 절차를 거칠 것도 없이 근로관계가 종료되는 것이 원칙이므로, 그 성질상 해고예고의 예외를 인정한 것에 상당한 이유가 있다. … 따라서 심판대상조항이 청구인의 근로의 권리를 침해한다고 보기 어렵다(헌재 2017.5.25. 2016헌마640).

076
□□□

근로의 권리는 근로자를 개인의 차원에서 보호하기 위한 권리로서 개인인 근로자가 그 주체가 되는 것은 물론이고 노동조합도 그 주체가 될 수 있다. O | X

헌법 제32조 제1항은 "모든 국민은 근로의 권리를 가진다. 국가는 사회적·경제적 방법으로 근로자의 고용의 증진과 적정임금의 보장에 노력하여야 하며, 법률이 정하는 바에 의하여 최저임금제를 시행하여야 한다."라고 규정하고 있다. 이는 국가의 개입·간섭을 받지 않고 자유로이 근로를 할 자유와, 국가에 대하여 근로의 기회를 제공하는 정책을 수립해 줄 것을 요구할 수 있는 권리 등을 기본적인 내용으로 하고 있고, 이 때 근로의 권리는 근로자를 개인의 차원에서 보호하기 위한 권리로서 개인인 근로자가 근로의 권리의 주체가 되는 것이고, 노동조합은 그 주체가 될 수 없는 것으로 이해되고 있다(헌재 2009.2.26. 2007헌바27).

077
□□□

월급근로자로서 6개월이 되지 못한 자를 해고예고제도의 적용 예외 사유로 규정하고 있는 근로기준법 규정은 근무기간이 6개월 미만인 월급근로자의 근로의 권리를 침해한다. O | X

6개월 미만 근무한 월급근로자 또한 전직을 위한 시간적 여유를 갖거나 실직으로 인한 경제적 곤란으로부터 보호받아야 할 필요성이 있다. 그럼에도 불구하고 합리적 이유 없이 '월급근로자로서 6개월이 되지 못한자'를 해고예고제도의 적용대상에서 제외한 이 사건 법률조항은 근무기간이 6개월 미만인 월급근로자의 근로의 권리를 침해하고, 평등원칙에도 위배된다(헌재 2015.12.23. 2014헌바3).

078
□□□

지방의회의원이 지방공사 직원의 직을 겸할 수 없도록 규정하고 있는 지방자치법 제35조 제1항 제5호 중 '지방공사의 직원'에 관한 부분은 지방의회의원에 당선된 지방공사 직원의 근로의 권리를 제한한다고 볼 수 없다. O | X

근로의 권리란 인간이 자신의 의사와 능력에 따라 근로관계를 형성하고, 타인의 방해를 받음이 없이 근로관계를 계속 유지하며, 근로의 기회를 얻지 못한 경우에는 국가에 대하여 근로의 기회를 제공하여 줄 것을 요구할 수 있는 권리를 의미하는 바, 이 사건 법률조항에 의하여 이러한 근로의 권리가 제한된다고 볼 수는 없고, 행복추구권은 다른 기본권에 대한 보충적 기본권으로서의 성격을 지니므로, 직업선택의 자유라는 우선적으로 적용되는 기본권이 존재하여 그 침해여부를 판단한 이상, 행복추구권 침해 여부를 독자적으로 판단하지 않기로 한다. … 따라서 이 사건 법률조항은 헌법상 과잉금지원칙에 위배하여 청구인의 직업선택의 자유를 침해하지 아니한다(헌재 2012.4.24. 2010헌마605).

정답 075 ○ 076 X 077 ○ 078 ○

079

□□□

매월 1회 이상 정기적으로 지급하는 상여금 등 및 복리후생비의 일부를 최저임금에 산입하도록 규정한 최저임금법 제6조 제4항 제2호, 제3호 나목 및 최저임금법 부칙 제2조는 근로자의 근로의 권리를 침해한다고 볼 수 없다. O | X

이 사건 산입조항 및 부칙조항은 근로자들이 실제 지급받는 임금과 최저임금 사이의 괴리를 극복하고, 근로자 간 소득격차 해소에 기여하며, 최저임금 인상으로 인한 사용자의 부담을 완화하고자 한 것이다. 매월 1회 이상 정기적으로 지급하는 상여금 등이나 복리후생비는 그 성질이나 실질적 기능 면에서 기본급과 본질적인 차이가 있다고 보기 어려우므로, 이를 최저임금에 산입하는 것은 그 합리성을 수긍할 수 있다. … 따라서 이 사건 산입조항 및 부칙조항이 입법재량의 범위를 일탈하여 청구인 근로자들의 근로의 권리를 침해한다고 볼 수 없다(헌재 2021.12.23. 2018헌마629 등).

080

□□□

근로의 권리는 '일할 자리에 관한 권리'만이 아니라 '일할 환경에 관한 권리'도 함께 내포하고 있다. O | X

근로의 권리가 '일할 자리에 관한 권리'만이 아니라 '일할 환경에 관한 권리'도 함께 내포하고 있는바, 후자는 인간의 존엄성에 대한 침해를 방어하기 위한 자유권적 기본권의 성격도 갖고 있어 건강한 작업환경, 일에 대한 정당한 보수, 합리적인 근로조건의 보장 등을 요구할 수 있는 권리 등을 포함한다고 할 것이므로 외국인 근로자라고 하여 이 부분에까지 기본권 주체성을 부인할 수는 없다(헌재 2007.8.30. 2004헌마670).

081

□□□

축산업 근로자들에게 육체적·정신적 휴식을 보장하고 장시간 노동에 대한 경제적 보상을 해야 할 필요성이 요청됨에도 동물의 사육 사업 근로자에 대하여 근로시간 및 휴일 규정의 적용을 제외하도록 한 것은 근로의 권리를 침해한다. O | X

축산업은 가축의 양육 및 출하에 있어 기후 및 계절의 영향을 강하게 받으므로, 근로시간 및 근로내용에 있어 일관성을 담보하기 어렵고, 축산업에 종사하는 근로자의 경우에도 휴가에 관한 규정은 여전히 적용되며, 사용자와 근로자 사이의 근로시간 및 휴일에 관한 사적 합의는 심판대상조항에 의한 제한을 받지 않는다. 현재 우리나라 축산업의 상황을 고려할 때, 축산업 근로자들에게 근로기준법을 전면적으로 적용할 경우, 인건비 상승으로 인한 경제적 부작용이 초래될 위험이 있다. 위 점들을 종합하여 볼 때, 심판대상조항이 입법자가 입법재량의 한계를 일탈하여 인간의 존엄을 보장하기 위한 최소한의 근로조건을 마련하지 않은 것이라고 보기 어려우므로, 심판대상조항은 청구인의 근로의 권리를 침해하지 않는다(헌재 2021.8.31. 2018헌마563).

정답 079 ○ 080 ○ 081 X

082
☐☐☐

근로기준법 조항이 근로연도 중도퇴직자의 중도퇴직 전 근로에 대해 유급휴가를 보장하지 않음으로써 청구인의 근로의 권리를 침해하는지 여부는 이것이 현저히 불합리하여 헌법상 용인될 수 있는 재량의 범위를 명백히 일탈하고 있는지 여부에 달려있다고 할 수 있다. O | X

유급휴가권의 구체적 내용을 형성함에 있어 입법자는 국가적 노동 상황, 경영계(사용자)의 의견, 국민감정, 인정 대상자의 업무와 지위, 기타 여러 가지 사회적·경제적 여건 등을 함께 고려해야 할 것이므로 유급휴가를 어느 범위에서 인정하고, 어느 경우에 제한할 것인지 등에 대하여는 입법자 또는 입법에 의하여 다시 위임을 받은 행정부 등 해당기관의 재량에 맡겨져 있다고 할 것이다. 따라서 이 사건 법률조항이 근로연도 중도퇴직자의 중도퇴직 전 근로에 대해 유급휴가를 보장하지 않음으로써 청구인의 근로의 권리를 침해하는지 여부는 이것이 현저히 불합리하여 헌법상 용인될 수 있는 재량의 범위를 명백히 일탈하고 있는지 여부에 달려있다고 할 수 있다. … 근로연도 중도퇴직자의 중도퇴직 전 근로에 대해 1개월 개근 시 1일의 유급휴가를 부여하지 않더라도 이것이 청구인의 근로의 권리를 침해한다고 볼 수 없다(헌재 2015.5.28. 2013헌마619).

083
☐☐☐

노동조합 및 노동관계조정법 그리고 대법원 판례는 해고된 자는 설사 해고의 효력을 다투고 있다고 할지라도 근로자의 지위에 있지 않다고 해석하고 있다. O | X

근로자가 회사로부터 해고를 당하였다고 하더라도 상당한 기간 내에 노동위원회에 부당노동행위 구제신청을 하여 그 해고의 효력을 다투고 있었다면, 위 법규정의 취지에 비추어 노동조합원으로서의 지위를 상실하는 것이라고 볼 수 없다(대판 1992.3.31. 91다14413).

084
☐☐☐

'가구 내 고용활동'에 대해서는 근로자퇴직급여보장법을 적용하지 않도록 규정한 같은 법 제3조 단서 중 '가구 내 고용활동' 부분은 합리적 이유가 있는 차별로서 평등원칙에 위배되지 아니한다. O | X

가사사용인도 근로자에 해당하지만, 제공하는 근로가 가정이라는 사적 공간에서 이루어지는 특수성이 있다. 그런데 퇴직급여법은 사용자에게 여러 의무를 강제하고 국가가 사용자를 감독하고 위반 시 처벌하도록 규정하고 있다. 가구 내 고용활동에 대하여 다른 사업장과 동일하게 퇴직급여법을 적용할 경우 이용자 및 이용자 가족의 사생활을 침해할 우려가 있음은 물론 국가의 관리 감독이 제대로 이루어지기도 어렵다. … 이를 종합하면 심판대상조항이 가사사용인을 일반 근로자와 달리 퇴직급여법의 적용범위에서 배제하고 있다 하더라도 합리적 이유가 있는 차별로서 평등원칙에 위배되지 아니한다(헌재 2022.10.27. 2019헌바454).

085
☐☐☐

헌법상 근로의 권리에, 열악한 근로환경을 갖춘 사업장을 이탈하여 다른 사업장으로 이직함으로써 사적(私的)으로 근로환경을 개선하거나 해결하는 방법을 보장하는 것도 포함된다고 할 것이므로, 외국인근로자의 사업장 변경 횟수를 제한하는 외국인근로자의 고용 등에 관한 법률 제25조 제4항은 근로의 권리를 제한한다. O | X

청구인들은 본안 심판대상조항들이 근로의 권리를 침해한다고 주장하나, 근로의 권리를 구체화한 근로기준법이나 산업안전보건법 등 법령은 외국인근로자에게도 모두 적용되고, 사용자가 의무를 위반한 경우 외국인근로자가 그에 따른 법정 구제절차를 이용하는 데 아무런 제한이 없다. 나아가 헌법상 근로의 권리에, 열악한 근로환경을 갖춘 사업장을 이탈하여 다른 사업장으로 이직함으로써 사적(私的)으로 근로환경을 개선하거나 해결하는 방법을 보장하는 것까지 포함된다고 볼 수는 없다. 따라서 본안 심판대상조항들은 근로의 권리를 제한하지 않는다(헌재 2021.12.23. 2020헌마395). 직업선택의 자유 중 직장선택의 자유를 제한하지만, 직장선택의 자유를 침해하지 아니한다는 판례이다.

정답 082 ○ 083 X 084 ○ 085 X

086

☐☐☐

헌법에서는 사회적·경제적 방법으로 근로자의 고용의 증진과 적정임금의 보장에 노력하여야 할 국가의 의무를 규정하고 있다.　　　　　　　　　　　　　　　　　　　　　　　　　　　　　　　　　　　O | X

> **헌법 제32조** ① 모든 국민은 근로의 권리를 가진다. 국가는 사회적·경제적 방법으로 근로자의 고용의 증진과 적정임금의 보장에 노력하여야 하며, 법률이 정하는 바에 의하여 최저임금제를 시행하여야 한다.

087

☐☐☐

헌법에서는 여자, 장애인, 연소자의 근로는 특별한 보호를 받는다고 규정하고 있다.　　　　　O | X

헌법에는 여자, 연소자의 근로는 특별한 보호를 받는다고 규정하고 있으나, 장애인의 근로에 대한 특별한 보호 규정은 없다. 주의할 것은 '신체장애자에 대한 국가의 보호' 규정은 있다.

제4절　근로3권

088

☐☐☐

공무원에게 금지되는 집단행위란 공무 이외의 일을 위한 집단행위 중 공익에 반하는 행위를 말한다.
　　　O | X

국가공무원법이 위와 같이 '공무 외의 일을 위한 집단행위'라고 다소 포괄적이고 광범위하게 규정하고 있다 하더라도, 이는 공무가 아닌 어떤 일을 위하여 공무원들이 하는 모든 집단행위를 의미하는 것이 아니라, 언론·출판·집회·결사의 자유를 보장하고 있는 헌법 제21조 제1항, 공무원에게 요구되는 헌법상의 의무 및 이를 구체화한 국가공무원법의 취지, 국가공무원법상의 성실의무 및 직무전념의무 등을 종합적으로 고려하여 '공익에 반하는 목적을 위한 행위로서 직무전념의무를 해태하는 등의 영향을 가져오는 집단적 행위'라고 해석된다 (대판 2017.4.13. 2014두8469).

089

☐☐☐

교원의 노동조합 설립 및 운영 등에 관한 법률의 적용대상을 초·중등교육법 제19조 제1항의 교원이라고 규정함으로써 고등교육법에서 규율하는 대학 교원들의 단결권을 인정하지 않는 것은 그 입법목적의 정당성을 인정하기 어렵다.　　　　　　　　　　　　　　　　　　　　　　　　　　　　　　　O | X

심판대상조항의 입법목적이 재직 중인 초·중등교원에 대하여 교원노조를 인정해 줌으로써 교원노조의 자주성과 주체성을 확보한다는 측면에서는 그 정당성을 인정할 수 있을 것이나, 교원노조를 설립하거나 가입하여 활동할 수 있는 자격을 초·중등교원으로 한정함으로써 교육공무원이 아닌 대학 교원에 대해서는 근로기본권의 핵심인 단결권조차 전면적으로 부정한 측면에 대해서는 그 입법목적의 정당성을 인정하기 어렵고, 수단의 적합성 역시 인정할 수 없다(헌재 2018.8.30. 2015헌가38).

090

□□□

출입국관리법령에서 외국인고용제한규정을 두고 있으므로 취업자격 없는 외국인은 노동조합 및 노동관계조정법상의 근로자의 범위에 포함되지 아니한다. O | X

타인과의 사용종속관계하에서 근로를 제공하고 그 대가로 임금 등을 받아 생활하는 사람은 노동조합법상 근로자에 해당하고, 노동조합법의 근로자성이 인정되는 한, 그러한 근로자가 외국인인지 여부나 취업자격의 유무에 따라 노동조합법상 근로자의 범위에 포함되지 아니한다고 볼 수는 없다(대판 2015.6.25. 2007두4995).

091

□□□

근로자가 노동조합을 결성하지 아니할 자유나 노동조합에 가입을 강제당하지 아니할 자유, 그리고 가입한 노동조합을 탈퇴할 자유는 근로자에게 보장된 단결권의 내용에 포섭되는 권리이다. O | X

근로자가 노동조합을 결성하지 아니할 자유나 노동조합에 가입을 강제당하지 아니할 자유, 그리고 가입한 노동조합을 탈퇴할 자유는 근로자에게 보장된 단결권의 내용에 포섭되는 권리로서가 아니라 헌법 제10조의 행복추구권에서 파생되는 일반적 행동의 자유 또는 제21조 제1항의 결사의 자유에서 그 근거를 찾을 수 있다(헌재 2005.11.24. 2002헌바95).

092

□□□

공항·항만 등 국가중요시설의 경비업무를 담당하는 특수경비원에게 경비업무의 정상적인 운영을 저해하는 일체의 쟁의행위를 금지하는 경비업법 해당 조항에 의한 단체행동권의 제한은 근로3권에 관한 헌법 제33조 제2항과 제3항의 개별유보조항에 의한 제한이다. O | X

특수경비원에게 경비업무의 정상적인 운영을 저해하는 일체의 쟁의행위를 금지하는 경비업법 해당 조항에 의한 단체행동권의 제한은 근로3권에 관한 헌법 제33조 제2항과 제3항의 개별유보조항에 의한 제한이 아니다.

> **🦶 관련 판례**
> 헌법 제33조 제1항에서는 근로자의 단결권·단체교섭권 및 단체행동권을 보장하고 있는바, 현행 헌법에서 공무원 및 법률이 정하는 주요방위산업체에 종사하는 근로자와는 달리 특수경비원에 대해서는 단체행동권 등 근로3권의 제한에 관한 개별적 제한규정을 두고 있지 않다고 하더라도, 헌법 제37조 제2항의 일반유보조항에 따른 기본권제한의 원칙에 의하여 특수경비원의 근로3권 중 하나인 단체행동권을 제한할 수 있음은 의문의 여지가 없는 것이다. … 이 사건 법률조항에 의한 단체행동권의 제한은 헌법 제33조 제2항과 제3항의 개별유보조항에 의한 것이 아니라 헌법 제37조 제2항의 일반유보조항에 의한 것이다(헌재 2009.10.29. 2007헌마1359).

093
□□□

근로자의 단결권이 근로자 단결체로서 사용자와의 관계에서 특별한 보호를 받아야 할 경우에는 근로3권에 관한 헌법 제33조가 우선적으로 적용되지만, 그렇지 않은 통상의 결사 일반에 대한 문제일 경우에는 헌법 제21조 제2항이 적용되므로 노동조합에도 헌법 제21조 제2항의 결사에 대한 허가제금지원칙이 적용된다. O | X

노동3권 중 근로자의 단결권은 결사의 자유가 근로의 영역에서 구체화된 것으로서, 근로자의 단결권에 대해서는 헌법 제33조가 우선적으로 적용된다. 근로자의 단결권도 국민의 결사의 자유 속에 포함되나, 헌법이 노동3권과 같은 특별 규정을 두어 별도로 단결권을 보장하는 것은 근로자의 단결에 대해서는 일반 결사의 경우와 다르게 특별한 보장을 해준다는 뜻으로 해석된다. … 따라서 근로자의 단결권이 근로자 단결체로서 사용자와의 관계에서 특별한 보호를 받아야 할 경우에는 헌법 제33조가 우선적으로 적용되지만, 그렇지 않은 통상의 결사 일반에 대한 문제일 경우에는 헌법 제21조 제2항이 적용되므로 노동조합에도 헌법 제21조 제2항의 결사에 대한 허가제금지원칙이 적용된다(헌재 2012.3.29. 2011헌바53).

094
□□□

사인 간 기본권 충돌의 경우 입법자에 의한 규제와 개입은 개별 기본권 주체에 대한 기본권 제한의 방식으로 흔하게 나타나며, 근로계약이 사적 계약관계라는 이유로 국가가 개입할 수 없다고 볼 것은 아니다. O | X

사인간 기본권 충돌의 경우 입법자에 의한 규제와 개입은 개별 기본권 주체에 대한 기본권 제한의 방식으로 흔하게 나타나며, 노사관계의 경우도 마찬가지이다. 예컨대, 사용자와 근로자는 근로계약 체결단계에서부터 계약상 의무 위반에 이르기까지 근로기준법, 최저임금법 등 노동 관계법령에 의한 국가적 개입을 받고 있으며, 이러한 국가의 개입이 기본권을 침해하는지 여부가 문제될 수는 있으나, 사적 계약관계라는 이유로 국가가 개입할 수 없다고 볼 것은 아니다(헌재 2022.5.26. 2012헌바66).

095
□□□

노동조합을 설립할 때 행정관청에 설립신고서를 제출하게 하고 그 요건을 충족하지 못하는 경우 설립신고서를 반려하도록 하고 있는 노동조합 및 노동관계조정법 조항의 노동조합 설립신고서 반려제도가 헌법 제21조 제2항 후단에서 금지하는 결사에 대한 허가제라고 볼 수 없다. O | X

이 사건 법률조항은 노동조합 설립에 있어 노동조합법상의 요건 충족 여부를 사전에 심사하도록 하는 구조를 취하고 있으나, 이 경우 노동조합법상 요구되는 요건만 충족되면 그 설립이 자유롭다는 점에서 일반적인 금지를 특정한 경우에 해제하는 허가와는 개념적으로 구분되고, 더욱이 행정관청의 설립신고서 수리 여부에 대한 결정은 재량 사항이 아니라 의무 사항으로 그 요건 충족이 확인되면 설립신고서를 수리하고 그 신고증을 교부하여야 한다는 점에서 단체의 설립 여부 자체를 사전에 심사하여 특정한 경우에 한해서만 그 설립을 허용하는 '허가'와는 다르다. 따라서 이 사건 법률조항의 노동조합 설립신고서 반려제도가 헌법 제21조 제2항 후단에서 금지하는 결사에 대한 허가제라고 볼 수 없다(헌재 2012.3.29. 2011헌바53).

096
☐☐☐

법령 등에 의하여 국가 또는 지방자치단체가 그 권한으로 행하는 정책결정에 관한 사항, 임용권의 행사 등 그 기관의 관리·운영에 관한 사항으로서 근무조건과 직접 관련되지 아니하는 사항을 공무원노동조합의 단체교섭 대상에서 제외하고 있는 공무원의 노동조합 설립 및 운영 등에 관한 법률 조항이 명확성의 원칙에 위반되는 것은 아니다.　　　　　　　　　　　　　　　O | X

국가 또는 지방자치단체의 정책결정에 관한 사항이나 기관의 관리·운영에 관한 사항으로서 근무조건과 직접 관련되지 아니하는 사항을 공무원노동조합의 단체교섭대상에서 제외하고 있는 공무원의 노동조합 설립 및 운영 등에 관한 법률은 명확성원칙에 위반되지 않는다(헌재 2013.6.27. 2012헌바169).

097
☐☐☐

근로자들의 단체행동권은 집단적 실력행사로서 위력의 요소를 가지고 있으므로, 사용자의 재산권이나 직업의 자유, 경제활동의 자유를 현저히 침해하고, 거래질서나 국가 경제에 중대한 영향을 미치는 일정한 단체행동권의 행사에 대하여는 제한이 가능하다.　　　　　　　　　　　　　　　　　　O | X

근로자들의 단체행동권은 집단적 실력행사로서 위력의 요소를 가지고 있으므로, 사용자의 재산권이나 직업의 자유, 경제활동의 자유를 현저히 침해하고, 거래질서나 국가 경제에 중대한 영향을 미치는 일정한 단체행동권의 행사에 대하여는 제한이 가능하다. 헌법재판소는 심판대상조항에 대하여 이미 세 차례에 걸쳐 합헌결정(97헌바23. 2003헌바91. 2009헌바168)을 내리면서 '권리행사로서의 성격을 갖는 쟁의행위에 대한 형사처벌이 단체행동권의 보상 취지에 부합하지 않는다는 점'과, '단체행동권의 행사로서 노동법상의 요건을 갖추어 헌법적으로 정당화되는 행위를 구성요건에 해당하는 행위로 보고 다만 위법성이 조각되는 것으로 해석하는 것은 기본권의 보호영역을 하위 법률을 통해 축소하는 것임'을 밝힌 바 있다. 이후 대법원은 2007도482 전원합의체 판결에서 구성요건해당성 단계부터 심판대상조항의 적용범위를 축소함으로써 헌법재판소 선례가 지적한 단체행동권에 대한 과도한 제한이나 위축 문제를 해소하였다. 이에 따라 심판대상조항에 의하여 처벌되는 쟁의행위는 단체행동권의 목적에 부합한다고 보기 어렵거나 사용자의 재산권, 직업의 자유 등에 중대한 제한을 초래하는 행위로 한정되므로, 심판대상조항은 침해의 최소성 및 법익균형성 요건을 갖추었다. 따라서 심판대상조항은 단체행동권을 침해하지 않는다(헌재 2022.5.26. 2012헌바66).

098
☐☐☐

노동조합 및 노동관계조정법상 방위사업법에 의하여 지정된 주요 방위산업체에 종사하는 근로자 중 전력, 용수 및 주로 방산물자를 생산하는 업무에 종사하는 자는 단체교섭을 할 수 없다.　　　O | X

방위사업법에 의하여 지정된 주요방위산업체에 종사하는 근로자 중 전력, 용수 및 주로 방산물자를 생산하는 업무에 종사하는 자는 쟁의행위를 할 수 없다. 위와 같은 규정들을 위반하면 노동조합법에서 정한 형사처벌의 대상이 된다(헌재 2022.5.26. 2012헌바66). 주요 방위산업체에 종사하는 근로자는 쟁의행위를 할 수 없지만, 단체교섭권은 원칙적으로 보장된다.

> **헌법 제33조** ③ 법률이 정하는 주요방위산업체에 종사하는 근로자의 단체행동권은 법률이 정하는 바에 의하여 이를 제한하거나 인정하지 아니할 수 있다.
>
> **노동조합 및 노동관계조정법 제41조【쟁의행위의 제한과 금지】** ② 방위사업법에 의하여 지정된 주요방위산업체에 종사하는 근로자중 전력, 용수 및 주로 방산물자를 생산하는 업무에 종사하는 자는 쟁의행위를 할 수 없으며 주로 방산물자를 생산하는 업무에 종사하는 자의 범위는 대통령령으로 정한다.

099

☐☐☐

노동조합 및 노동관계조정법상 근로자란 타인과의 사용종속관계하에서 근로를 제공하고 그 대가로 임금 등을 받아 생활하는 사람을 의미하며, 특정한 사용자에게 고용되어 현실적으로 취업하고 있는 사람뿐만 아니라 일시적으로 실업 상태에 있는 사람이나 구직 중인 사람을 포함하여 노동3권을 보장할 필요성이 있는 사람도 여기에 포함되는 것으로 보아야 한다. O | X

노동조합법상 근로자란 타인과의 사용종속관계하에서 근로를 제공하고 그 대가로 임금 등을 받아 생활하는 사람을 의미하며, 특정한 사용자에게 고용되어 현실적으로 취업하고 있는 사람뿐만 아니라 일시적으로 실업 상태에 있는 사람이나 구직 중인 사람을 포함하여 노동3권을 보장할 필요성이 있는 사람도 여기에 포함되는 것으로 보아야 한다(대판 2004.2.27. 2001두8568).

100

☐☐☐

출입국관리법령에서 외국인고용제한규정을 두고 있는 것은 취업활동을 할 수 있는 체류자격(이하 '취업자격'이라고 한다) 없는 외국인의 고용이라는 사실적 행위 자체를 금지하고자 하는 것뿐이지, 나아가 취업자격 없는 외국인이 사실상 제공한 근로에 따른 권리나 이미 형성된 근로관계에서 근로자로서의 신분에 따른 노동관계법상의 제반 권리 등의 법률효과까지 금지하려는 것으로 보기는 어렵다. O | X

구 출입국관리법 제15조 제1항에서 외국인이 대한민국에서 체류하여 행할 수 있는 활동이나 대한민국에 체류할 수 있는 신분 또는 지위에 관한 체류자격과 그 체류기간에 관하여 규율하면서 아울러 같은 조 제2항에서 외국인 고용제한을 규정하고 있는바, 이는 취업자격 없는 외국인의 고용이라는 사실적 행위 자체를 금지하고자 하는 것뿐이지 나아가 취업자격 없는 외국인이 사실상 제공한 근로에 따른 권리나 이미 형성된 근로관계에 있어서의 근로자로서의 신분에 따른 노동 관계법상의 제반 권리 등의 법률효과까지 금지하려는 규정으로는 보기 어렵다(대판 1995.9.15. 94누1206).

101

☐☐☐

타인과의 사용종속관계하에서 근로를 제공하고 그 대가로 임금 등을 받아 생활하는 사람은 노동조합 및 노동관계조정법(이하 '노동조합법'이라고 한다)상 근로자에 해당하고, 노동조합법상의 근로자성이 인정되는 한, 그러한 근로자가 외국인인지 여부나 취업자격의 유무에 따라 노동조합법상 근로자의 범위에 포함되지 아니한다고 볼 수는 없다. O | X

따라서 타인과의 사용종속관계하에서 근로를 제공하고 그 대가로 임금 등을 받아 생활하는 사람은 노동조합법상 근로자에 해당하고, 노동조합법상의 근로자성이 인정되는 한, 그러한 근로자가 외국인인지 여부나 취업자격의 유무에 따라 노동조합법상 근로자의 범위에 포함되지 아니한다고 볼 수는 없다(대판 2015.6.25. 2007두4995).

102

☐☐☐

헌법 제33조 제2항이 공무원인 근로자는 '법률이 정하는 자'에 한하여 노동3권을 향유할 수 있다고 규정하고 있어, '법률이 정하는 자' 이외의 공무원은 노동3권의 주체가 되지 못하므로 노동3권이 인정됨을 전제로 하는 헌법 제37조 제2항의 과잉금지원칙은 적용될 수 없다. O | X

헌법 제33조 제2항이 직접 '법률이 정하는 자'만이 노동3권을 향유할 수 있다고 규정하고 있어서 '법률이 정하는 자' 이외의 공무원은 노동3권의 주체가 되지 못하므로, 노동3권이 인정됨을 전제로 하는 헌법 제37조 제2항의 과잉금지원칙은 적용이 없는 것으로 보아야 할 것이다(헌재 2008.12.26. 2005헌마971 등).

정답 099 ○ 100 ○ 101 ○ 102 ○

103

□□□

헌법 제33조 제3항에 의하면, 법률이 정하는 주요방위산업체에 종사하는 근로자의 단체교섭권이나 단체행동권은 법률이 정하는 바에 의하여 이를 제한하거나 인정하지 아니할 수 있다. **O | X**

근로자의 단체교섭권이나 단체행동권이 아니라 '단체행동권'만 제한하거나 인정하지 아니할 수 있다.

104

□□□

쟁의행위는 업무의 저해라는 속성상 그 자체 시민형법상의 여러 가지 범죄의 구성요건에 해당될 수 있음에도 불구하고 그것이 정당성을 가지는 경우에는 형사책임이 면제되며, 민사상 손해배상책임도 발생하지 않는다. **O | X**

단체행동권이라 함은 노동쟁의가 발생한 경우 쟁의행위를 할 수 있는 쟁의권을 의미하며, 이는 근로자가 그의 주장을 관철하기 위하여 업무의 정상적인 운영을 저해하는 행위를 할 수 있는 권리라고 할 수 있다. 따라서 쟁의행위는 업무의 저해라는 속성상 그 자체 시민형법상의 여러 가지 범죄의 구성요건에 해당될 수 있음에도 불구하고 그것이 정당성을 가지는 경우에는 형사책임이 면제되며, 민사상 손해배상 책임도 발생하지 않는다 (헌재 1998.7.16. 97헌바23).

105

□□□

업무의 공공성과 특수성을 이유로, 공항·항만 등 국가중요시설의 경비업무를 담당하는 특수경비원에게 경비업무의 정상적인 운영을 저해하는 일체의 쟁의행위를 금지하는 것은, 단체행동권을 전면 박탈하는 것으로 과잉금지원칙에 위배된다. **O | X**

이 사건 법률조항으로 인하여 특수경비원의 단체행동권이 제한되는 불이익을 받게 되는 것을 부정할 수는 없으나 국가나 사회의 중추를 이루는 중요시설 운영에 안정을 기함으로써 얻게 되는 국가안전보장, 질서유지, 공공복리 등의 공익이 매우 크다고 할 것이므로, 이 사건 법률조항에 의한 기본권제한은 법익의 균형성 원칙에 위배되지 아니한다. 따라서 이 사건 법률조항은 과잉금지원칙에 위배되지 아니하므로 헌법에 위반되지 아니한다(헌재 2009.10.29. 2007헌마1359).

106

□□□

교원노조를 설립하거나 가입하여 활동할 수 있는 자격을 초·중등교원으로 한정함으로써 '교육공무원이 아닌 대학 교원'에 대하여 근로기본권의 핵심인 단결권조차 전면적으로 부정한 교원의 노동조합 설립 및 운영 등에 관한 법률 조항에 대하여는 입법목적의 정당성과 수단의 적합성을 인정할 수 없다. **O | X**

교원노조를 설립하거나 가입하여 활동할 수 있는 자격을 초·중등교원으로 한정함으로써 교육공무원이 아닌 대학 교원에 대해서는 근로기본권의 핵심인 단결권조차 전면적으로 부정한 측면에 대해서는 그 입법목적의 정당성을 인정하기 어렵고, 수단의 적합성 역시 인정할 수 없다. … 최근 들어 대학 사회가 다층적으로 변화하면서 대학 교원의 사회·경제적 지위의 향상을 위한 요구가 높아지고 있는 상황에서 단결권을 행사하지 못한 채 개별적으로만 근로조건의 향상을 도모해야 하는 불이익은 중대한 것이므로, 심판대상조항은 과잉금지원칙에 위배된다(헌재 2018.8.30. 2015헌가38).

정답 103 X 104 O 105 X 106 O

107
☐☐☐

하나의 사업 또는 사업장에 복수 노동조합이 존재하는 경우 '교섭대표노동조합'을 정하여 교섭을 요구하도록 하는 노동조합법 조항과, 자율적으로 교섭창구를 단일화하지 못하거나 사용자가 단일화 절차를 거치지 아니하기로 동의하지 않은 경우 과반수 노동조합이 '교섭대표노동조합'이 되도록 하는 노동조합법 조항은 단체교섭권을 침해하지 아니한다.   O | X

교섭창구 단일화 제도는 근로조건의 결정권이 있는 사업 또는 사업장 단위에서 복수 노동조합과 사용자 사이의 교섭절차를 일원화하여 효율적이고 안정적인 교섭체계를 구축하고, 소속 노동조합이 어디든 관계없이 조합원들의 근로조건을 통일하기 위한 것이다. '노동조합 및 노동관계조정법'이 규정한 개별교섭 조항(제29조의2 제1항 단서), 교섭단위 분리 조항(제29조의3 제2항), 공정대표의무 조항(제29조의4) 등은 모두 교섭창구 단일화를 일률적으로 강제할 경우 발생하는 문제점을 보완하기 위한 것으로서, 노동조합의 단체교섭권 침해를 최소화하기 위한 제도라 볼 수 있다. 따라서 제1조항 및 제2항은 과잉금지원칙을 위반하여 청구인들의 단체교섭권을 침해하지 아니하며 단체교섭권의 본질적 내용을 침해하지도 아니한다(헌재 2024.6.27. 2020헌마237 등).

108
☐☐☐

하나의 사업 또는 사업장에 복수 노동조합이 존재하는 경우 '교섭대표노동조합'을 정하여 교섭을 요구하도록 하는 노동조합 및 노동관계조정법 제29조 제2항은 과잉금지원칙을 위반하여 단체교섭권을 침해한다.   O | X

교섭창구 단일화 제도는 근로조건의 결정권이 있는 사업 또는 사업장 단위에서 복수 노동조합과 사용자 사이의 교섭절차를 일원화하여 효율적이고 안정적인 교섭체계를 구축하고, 소속 노동조합이 어디든 관계없이 조합원들의 근로조건을 통일하기 위한 것이다. … 과잉금지원칙을 위반하여 청구인들의 단체교섭권을 침해하지 아니하며 단체교섭권의 본질적 내용을 침해하지도 아니한다(헌재 2024.6.27. 2020헌마237 등).

제5절 환경권

109
☐☐☐

환경침해는 사인에 의해서 빈번하게 유발되므로 입법자가 그 허용 범위에 관해 정할 필요가 있다는 점을 고려하면 일정한 경우 국가는 사인인 제3자에 의한 국민의 환경권 침해에 대해서도 적극적으로 기본권 보호조치를 취할 의무를 진다.   O | X

국가가 국민의 기본권을 적극적으로 보장하여야 할 의무가 인정된다는 점, 헌법 제35조 제1항이 국가와 국민에게 환경보전을 위하여 노력하여야 할 의무를 부여하고 있는 점, 환경침해는 사인에 의해서 빈번하게 유발되므로 입법자가 그 허용 범위에 관해 정할 필요가 있다는 점, 환경피해는 생명·신체의 보호와 같은 중요한 기본권적 법익 침해로 이어질 수 있다는 점 등을 고려할 때, 일정한 경우 국가는 사인인 제3자에 의한 국민의 환경권 침해에 대해서도 적극적으로 기본권 보호조치를 취할 의무를 진다(헌재 2019.12.27. 2018헌마730).

정답 107 ○ 108 X 109 ○

110
☐☐☐

'건강하고 쾌적한 환경에서 생활할 권리'를 보장하는 환경권의 보호대상이 되는 환경에는 자연환경뿐만 아니라 인공적 환경과 같은 생활환경도 포함되므로, 일상생활에서 소음을 제거·방지하여 정온한 환경에서 생활할 권리는 환경권의 한 내용을 구성한다. O | X

'건강하고 쾌적한 환경에서 생활할 권리'를 보장하는 환경권의 보호대상이 되는 환경에는 자연환경뿐만 아니라 인공적 환경과 같은 생활환경도 포함되므로(환경정책기본법 제3조), 일상생활에서 소음을 제거·방지하여 '정온한 환경에서 생활할 권리'는 환경권의 한 내용을 구성한다(헌재 2019.12.27. 2018헌마730).

111
☐☐☐

국가가 사인인 제3자에 의한 국민의 환경권 침해에 대해서 적극적으로 기본권 보호조치를 취할 의무를 지는 경우 헌법재판소가 이를 심사할 때에는 과잉금지원칙을 심사기준으로 삼아야 한다. O | X

일정한 경우 국가는 사인인 제3자에 의한 국민의 환경권 침해에 대해서도 적극적으로 기본권 보호조치를 취할 의무를 지나, 헌법재판소가 이를 심사할 때에는 국가가 국민의 기본권적 법익 보호를 위하여 적어도 적절하고 효율적인 최소한의 보호조치를 취했는가 하는 이른바 '과소보호금지원칙'의 위반 여부를 기준으로 삼아야 한다(헌재 2008.7.31. 2006헌마711).

112
☐☐☐

환경권을 행사함에 있어 국민은 국가로부터 건강하고 쾌적한 환경을 향유할 수 있는 자유를 침해당하지 않을 권리를 행사할 수 있고, 일정한 경우 국가에 대하여 건강하고 쾌적한 환경에서 생활할 수 있도록 요구할 수 있는 권리가 인정되기도 하는바, 환경권은 그 자체 종합적인 기본권으로서의 성격을 지닌다. O | X

환경권을 행사함에 있어 국민은 국가로부터 건강하고 쾌적한 환경을 향유할 수 있는 자유를 침해당하지 않을 권리를 행사할 수 있고, 일정한 경우 국가에 대하여 건강하고 쾌적한 환경에서 생활할 수 있도록 요구할 수 있는 권리가 인정되기도 하는바, 환경권은 그 자체 종합적 기본권으로서의 성격을 지닌다(헌재 2019.12.27. 2018헌마730).

113
☐☐☐

국가가 국민의 건강하고 쾌적한 환경에서 생활할 권리에 대한 보호의무를 다하지 않았는지 여부를 헌법재판소가 심사할 때에는 국가가 이를 보호하기 위하여 적어도 적절하고 효율적인 최소한의 보호조치를 취하였는가 하는 이른바 '과소보호금지원칙'의 위반 여부를 기준으로 삼아야 한다. O | X

국가가 국민의 건강하고 쾌적한 환경에서 생활할 권리에 대한 보호의무를 다하지 않았는지 여부를 헌법재판소가 심사할 때에는 국가가 이를 보호하기 위하여 적어도 적절하고 효율적인 최소한의 보호조치를 취하였는가 하는 이른바 '과소보호금지원칙'의 위반 여부를 기준으로 삼아야 한다(헌재 2019.12.27. 2018헌마730).

114

□□□

헌법 제35조 제1항은 "모든 사람은 건강하고 쾌적한 환경에서 생활할 권리를 침해받지 아니하며, 국가는 환경보전을 위하여 노력하여야 한다."라고 규정하고 있다. O | X

밑줄친 모든 국민은 건강하고 쾌적한 환경에서 생활할 권리를 가지며, 국가와 국민은 환경보전을 위하여 노력하여야 한다.

> **헌법 제35조** ① 모든 국민은 건강하고 쾌적한 환경에서 생활할 권리를 가지며, 국가와 국민은 환경보전을 위하여 노력하여야 한다.

115

□□□

환경권을 행사함에 있어 국민은 국가로부터 건강하고 쾌적한 환경을 향유할 수 있는 자유를 침해당하지 않을 권리를 행사할 수 있고, 일정한 경우 국가에 대하여 건강하고 쾌적한 환경에서 생활할 수 있도록 요구할 수 있는 권리가 인정되기도 하는바, 환경권은 그 자체 종합적 기본권으로서의 성격을 지닌다. O | X

환경권을 행사함에 있어 국민은 국가로부터 건강하고 쾌적한 환경을 향유할 수 있는 자유를 침해당하지 않을 권리를 행사할 수 있고, 일정한 경우 국가에 대하여 건강하고 쾌적한 환경에서 생활할 수 있도록 요구할 수 있는 권리가 인정되기도 하는바, 환경권은 그 자체 종합적 기본권으로서의 성격을 지닌다(헌재 2019.12.27. 2018헌마730).

116

□□□

일상생활에서 소음을 제거·방지하여 '정온한 환경에서 생활할 권리'는 환경권의 한 내용을 구성한다. O | X

환경권은 건강하고 쾌적한 생활을 유지하는 조건으로서 양호한 환경을 향유할 권리이고, 생명·신체의 자유를 보호하는 토대를 이루며, 궁극적으로 '삶의 질' 확보를 목표로 하는 권리이다. '건강하고 쾌적한 환경에서 생활할 권리'를 보장하는 환경권의 보호대상이 되는 환경에는 자연 환경뿐만 아니라 인공적 환경과 같은 생활환경도 포함되므로, 일상생활에서 소음을 제거·방지하여 정온한 환경에서 생활할 권리는 환경권의 한 내용을 구성한다(헌재 2017.12.28. 2016헌마45).

117

□□□

환경권은 생명·신체의 자유를 보호하는 토대를 이루며, 궁극적으로 '삶의 질' 확보를 목표로 하는 권리이다. O | X

헌법은 "모든 국민은 건강하고 쾌적한 환경에서 생활할 권리를 가지며, 국가와 국민은 환경보전을 위하여 노력하여야 한다."고 규정하여(제35조 제1항) 국민의 환경권을 보장함과 동시에 국가에게 국민이 건강하고 쾌적하게 생활할 수 있는 양호한 환경을 유지하기 위하여 노력하여야 할 의무를 부여하고 있다. 이러한 환경권은 생명·신체의 자유를 보호하는 토대를 이루며, 궁극적으로 '삶의 질' 확보를 목표로 하는 권리이다(헌재 2019.12.27. 2018헌마730).

정답 114 X 115 ○ 116 ○ 117 ○

118
☐☐☐

환경권을 행사함에 있어 국민은 국가로부터 건강하고 쾌적한 환경을 향유할 수 있는 자유를 침해당하지 않을 권리를 행사할 수 있고, 일정한 경우 국가에 대하여 건강하고 쾌적한 환경에서 생활할 수 있도록 요구할 수 있는 권리가 인정되기도 하는 바, 환경권은 그 자체 종합적 기본권으로서의 성격을 지닌다. O | X

환경권을 행사함에 있어 국민은 국가로부터 건강하고 쾌적한 환경을 향유할 수 있는 자유를 침해당하지 않을 권리를 행사할 수 있고, 일정한 경우 국가에 대하여 건강하고 쾌적한 환경에서 생활할 수 있도록 요구할 수 있는 권리가 인정되기도 하는바, 환경권은 그 자체 종합적 기본권으로서의 성격을 지닌다(헌재 2019.12.27. 2018헌마730).

119
☐☐☐

환경침해는 사인에 의해서 빈번하게 유발되므로 입법자가 그 허용 범위에 관해 정할 필요가 있는 점, 환경피해는 생명·신체의 보호와 같은 중요한 기본권적 법익 침해로 이어질 수 있는 점 등을 고려할 때, 일정한 경우 국가는 사인인 제3자에 의한 국민의 환경권 침해에 대해서도 적극적으로 기본권 보호조치를 취할 의무를 부담한다. O | X

국가가 국민의 기본권을 적극적으로 보장하여야 할 의무가 인정된다는 점, 헌법 제35조 제1항이 국가와 국민에게 환경보전을 위하여 노력하여야 할 의무를 부여하고 있는 점, 환경침해는 사인에 의해서 빈번하게 유발되므로 입법자가 그 허용 범위에 관해 정할 필요가 있다는 점, 환경피해는 생명·신체의 보호와 같은 중요한 기본권적 법익 침해로 이어질 수 있다는 점 등을 고려할 때, 일정한 경우 국가는 사인인 제3자에 의한 국민의 환경권 침해에 대해서도 적극적으로 기본권 보호조치를 취할 의무를 진다(헌재 2019.12.27. 2018헌마730).

120
☐☐☐

국가가 국민의 건강하고 쾌적한 환경에서 생활할 권리에 관한 보호의무를 다하지 않았는지를 헌법재판소가 심사할 때에는 국가가 이를 보호하기 위하여 적절하고 효율적인 최대한의 보호조치를 취하였는가 여부를 기준으로 삼아야 한다. O | X

최대한이 아닌 최소한의 보호조치이다. 국가가 국민의 건강하고 쾌적한 환경에서 생활할 권리에 대한 보호의무를 다하지 않았는지 여부를 헌법재판소가 심사할 때에는 국가가 이를 보호하기 위하여 적어도 적절하고 효율적인 최소한의 보호조치를 취하였는가 하는 이른바 '과소보호금지원칙'의 위반 여부를 기준으로 삼아야 한다(헌재 2019.12.27. 2018헌마730).

121
☐☐☐

'건강하고 쾌적한 환경에서 생활할 권리'를 보장하는 헌법 제35조 제1항의 환경권 보호대상이 되는 환경에는 자연환경뿐만 아니라 인공적 환경과 같은 생활환경도 포함된다. O | X

'건강하고 쾌적한 환경에서 생활할 권리'를 보장하는 환경권의 보호대상이 되는 환경에는 자연환경뿐만 아니라 인공적 환경과 같은 생활환경도 포함되므로(환경정책기본법 제3조), 일상생활에서 소음을 제거·방지하여 '정온한 환경에서 생활할 권리'는 환경권의 한 내용을 구성한다(헌재 2019.12.27. 2018헌마730).

122
□□□

헌법 제35조 제1항은 환경정책에 관한 국가적 규제와 조정을 뒷받침하는 헌법적 근거이므로, 여기에서 대기오염으로 인한 국민건강 및 환경에 대한 위해를 방지하여야 할 국가의 구체적 작위의무가 도출된다.

O | X

헌법 명문상 피청구인이 ○○주식회사 등에게 청구인들 소유 자동차들에 대한 자동차 교체명령을 해야 한다는 구체적인 작위의무가 규정되어 있지 않다. 헌법 제35조 제1항은 환경정책에 관한 국가적 규제와 조정을 뒷받침하는 헌법적 근거로서 대기오염으로 인한 국민건강 및 환경에 대한 위해를 방지하여야 할 국가의 추상적인 의무는 도출될 수 있으나, 이로부터 청구인들이 주장하는 바와 같이 피청구인이 위 주식회사 등에게 자동차교체명령을 하여야 할 구체적이고 특정한 작위의무가 도출된다고는 볼 수 없다. … 따라서 청구인들이 주장하는 바와 같은 공권력 주체의 작위의무가 법령에 구체적으로 규정되어 있다고 볼 수 없다. 결국 피청구인에게 청구인들이 주장하는 바와 같은 내용의 헌법상 작위의무가 있다고 볼 수 없다(헌재 2018.3.29. 2016헌마795).

123
□□□

학교시설에서의 유해중금속 등 유해물질의 예방 및 관리 기준을 규정한 학교보건법 시행규칙 해당 조항에 마사토 운동장에 대한 규정을 두지 아니한 것은 과잉금지원칙에 위반하여 마사토 운동장이 설치된 고등학교에 재학 중이던 학생인 청구인의 환경권을 침해하지 아니한다.

O | X

심판대상조항이 마사토 운동장에 대한 유해중금속 등의 예방 및 관리 기준을 규정하지 아니한 것이 청구인의 환경권을 침해하는 것인지 문제된다. 청구인의 평등권, 보건권 침해 주장은 마사토 운동장에 대한 유해중금속 등 관리 기준의 부재를 다투는 것으로서 그 취지가 환경권 침해 주장과 실질적으로 다르지 않으므로, 환경권 침해 여부에 관하여 판단하는 이상 평등권, 보건권 침해 여부에 관하여는 더 나아가 살피지 않기로 한다. … 국가가 국민의 건강하고 쾌적한 환경에서 생활할 권리에 관한 보호의무를 다하지 않았는지를 헌법재판소가 심사할 때에는 국가가 이를 보호하기 위하여 적어도 적절하고 효율적인 최소한의 보호조치를 취하였는가 하는 이른바 '과소보호금지원칙'의 위반 여부를 기준으로 삼아야 한다. … 심판대상조항에 마사토 운동장에 대한 기준이 도입되지 않았다는 사정만으로 국민의 환경권을 보호하기 위한 국가의 의무가 과소하게 이행되었다고 평가할 수는 없다. 따라서 심판대상조항은 청구인의 환경권을 침해하지 아니한다(헌재 2024.4.25. 2020헌마107).

124
□□□

헌법 제35조 제1항은 국민의 환경권을 보장함과 아울러 국가와 국민에게 환경보전을 위하여 노력할 의무를 부과하고 있으나, 이는 국가뿐만 아니라 국민도 오염방지와 오염된 환경의 개선에 관한 책임까지 부담함을 의미하는 것은 아니다.

O | X

헌법 제35조 제1항은 국민의 환경권의 보장, 국가와 국민의 환경보전의무를 규정하고 있다. 이는 국가뿐만 아니라 국민도 오염방지와 오염된 환경의 개선에 관한 책임을 부담함을 의미한다(헌재 2012.8.23. 2010헌바167).

125
□□□

헌법 제35조 제1항은 환경정책에 관한 국가적 규제와 조정을 뒷받침하는 헌법적 근거가 되고, 따라서 이 규정으로부터 대기오염으로 인한 국민건강 및 환경에 대한 위해를 방지하여야 할 국가의 추상적인 의무가 도출될 수 있다.

O | X

헌법 제35조 제1항은 환경정책에 관한 국가적 규제와 조정을 뒷받침하는 헌법적 근거로서 대기오염으로 인한 국민건강 및 환경에 대한 위해를 방지하여야 할 국가의 추상적인 의무는 도출될 수 있으나, 이로부터 청구인들이 주장하는 바와 같이 피청구인이 위 주식회사 등에게 자동차교체명령을 하여야 할 구체적이고 특정한 작위의무가 도출된다고는 볼 수 없다(헌재 2018.3.29. 2016헌마795).

정답 122 X 123 X 124 X 125 ○

126
☐☐☐

독서실과 같이 정온을 요하는 사업장의 실내소음 규제기준을 만들어야 할 입법의무가 헌법의 해석상 곧바로 도출된다고 보기는 어렵다. O | X

정온을 요하는 사업장의 실내소음 규제기준을 마련할 것인지 여부나 소음을 제거·방지할 수 있는 다양한 수단과 방법 중 어떠한 방법을 채택하고 결합할 것인지 여부는 당시의 기술 수준이나 경제적·사회적·지역적 여건 등을 종합적으로 고려하지 않을 수 없으므로, 독서실과 같이 정온을 요하는 사업장의 실내소음 규제기준을 만들어야 할 입법의무가 헌법의 해석상 곧바로 도출된다고 보기도 어렵다(헌재 2017.12.28. 2016헌마45).

127
☐☐☐

비사업용자동차의 타인광고를 제한하는 것은, 자동차 이용 광고물의 난립을 방지하여 도시미관과 도로 안전 등을 확보함으로써, 국민이 안전하고 쾌적한 환경에서 생활할 수 있도록 하기 위한 것이다. O | X

심판대상조항이 비사업용자동차의 타인광고를 제한하는 것은, 자동차 이용 광고물의 난립을 방지하여 도시미관과 도로안전 등을 확보함으로써 국민이 안전하고 쾌적한 환경에서 생활할 수 있도록 하기 위한 것이다(헌재 2022.1.27. 2019헌마327).

128
☐☐☐

학교시설에서의 유해중금속 등 유해물질의 예방 및 관리 기준을 규정한 학교보건법 시행규칙 조항에 마사토 운동장에 대한 규정을 두지 아니한 것이 당시 마사토 운동장이 설치된 고등학교에 재학 중이던 학생의 환경권을 침해하지 아니한다. O | X

학교보건법 시행규칙과 관련 고시의 내용을 전체적으로 보면 필요한 경우 학교의 장이 마사토 운동장에 대한 유해중금속 등의 점검을 실시하는 것이 가능하고, 또한 토양환경보전법령에 따른 학교용지의 토양 관리체제, 교육부 산하 법정기관이 발간한 운동장 마감재 조성 지침 상의 권고, 학교장이나 교육감에게 학교 운동장의 유해물질 관리를 의무화하고 있는 각 지방자치단체의 조례 등을 통해 마사토 운동장에 대한 유해중금속 등 유해물질의 관리가 이루어지고 있다. … 심판대상조항에 마사토 운동장에 대한 기준이 도입되지 않았다는 사정만으로 국민의 환경권을 보호하기 위한 국가의 의무가 과소하게 이행되었다고 평가할 수는 없다. 따라서 심판대상조항은 청구인의 환경권을 침해하지 아니한다(헌재 2024.4.25. 2020헌마107).

129
☐☐☐

구 동물보호법상 동물장묘업 등록에 관하여 장사 등에 관한 법률 제17조 외에 다른 지역적 제한사유를 규정하지 않은 것은 환경권을 보호해야 하는 입법자의 의무를 과소하게 이행한 것이다. O | X

동물보호법, '장사 등에 관한 법률', '동물장묘업의 시설설치 및 검사기준' 등 관계규정에서 동물장묘시설의 설치제한 지역을 상세하게 규정하고, 매연, 소음, 분진, 악취 등 오염원 배출을 규제하기 위한 상세한 시설 및 검사기준을 두고 있는 등의 사정을 고려할 때, 심판대상조항에서 동물장묘업 등록에 관하여 '장사 등에 관한 법률' 제17조 외에 다른 지역적 제한사유를 규정하지 않았다는 사정만으로 청구인들의 환경권을 보호하기 위한 입법자의 의무를 과소하게 이행하였다고 평가할 수는 없다. 따라서 심판대상조항은 청구인들의 환경권을 침해하지 않는다(헌재 2020.3.26. 2017헌마1281).

정답 126 ○　127 ○　128 ○　129 X

130
☐☐☐
교도소 수용자들의 자살을 방지하기 위하여 독거실 내 화장실 창문에 안전철망을 설치한 행위는 수형자의 환경권을 침해하지 않는다. O | X

이 사건 설치행위는 수용자의 자살을 방지하여 생명권을 보호하고 교정시설 내의 안전과 질서를 보호하기 위한 것이다. … 교정시설 내 자살사고는 수용자 본인이 생명을 잃는 중대한 결과를 초래할 뿐만 아니라 다른 수용자들에게도 직접적으로 부정적인 영향을 미치고 나아가 교정시설이나 교정정책 전반에 대한 불신을 야기할 수 있다는 점에서 이를 방지할 필요성이 매우 크고, 그에 비해 청구인에게 가해지는 불이익은 채광·통풍이 다소 제한되는 정도에 불과하다. 따라서 이 사건 설치행위는 청구인의 환경권 등 기본권을 침해하지 아니한다 (헌재 2014.6.26. 2011헌마150).

131
☐☐☐
일정한 경우 국가는 사인에 의한 국민의 환경권 침해에 대해서도 적극적으로 기본권 보호조치를 취할 의무를 부담한다. O | X

국가가 국민의 기본권을 적극적으로 보장하여야 할 의무가 인정된다는 점, 헌법 제35조 제1항이 국가와 국민에게 환경보전을 위하여 노력하여야 할 의무를 부여하고 있는 점, 환경침해는 사인에 의해서 빈번하게 유발되므로 입법자가 그 허용 범위에 관해 정할 필요가 있다는 점, 환경피해는 생명·신체의 보호와 같은 중요한 기본권적 법익 침해로 이어질 수 있다는 점 등을 고려할 때, 일정한 경우 국가는 사인인 제3자에 의한 국민의 환경권 침해에 대해서도 적극적으로 기본권 보호조치를 취할 의무를 진다(헌재 2019.12.27. 2018헌마730).

132
☐☐☐
환경영향평가지역 안의 주민들이 가지고 있는 환경상의 이익은 국민 개개인에 대하여 개별적으로 보호되는 직접적·구체적인 이익이라 보아야 한다. O | X

환경영향평가에 관한 자연공원법령 및 환경영향평가법령의 규정들의 취지는 … 환경영향평가대상지역 안의 주민들이 개발 전과 비교하여 수인한도를 넘는 환경침해를 받지 아니하고 쾌적한 환경에서 생활할 수 있는 개별적 이익까지도 이를 보호하려는 데에 있다 할 것이므로, 위 주민들이 당해 변경승인 및 허가처분과 관련하여 갖고 있는 위와 같은 환경상의 이익은 단순히 환경공익 보호의 결과로 국민일반이 공통적으로 가지게 되는 추상적·평균적·일반적인 이익에 그치지 아니하고 주민 개개인에 대하여 개별적으로 보호되는 직접적·구체적인 이익이라고 보아야 한다(대판 1998.4.24. 97누3286).

133
☐☐☐
어떠한 경우에 '과소보호금지원칙'에 미달하게 되는지에 대해서는 일반적·일률적으로 확정할 수 없고 국가마다 처한 환경이 다르므로 헌법재판소는 '과소보호금지원칙'의 위반 여부를 판단함에 있어서 국제기준을 고려하지 않는다. O | X

국가가 국민의 건강하고 쾌적한 환경에서 생활할 권리에 관한 보호의무를 다하지 않았는지를 헌법재판소가 심사할 때에는 '과소보호금지원칙'의 위반 여부를 기준으로 삼아, 개별 사례에서 기본권침해가 예상되어 보호가 필요한 '위험상황'에 대응하는 '보호조치'의 내용이, 문제 되는 위험상황의 성격에 상응하는 보호조치로서 필요한 최소한의 성격을 갖고 있는지에 따라 판단하는데, 위험상황의 성격 등은 '과학적 사실'과 '국제기준'에 근거하여 객관적으로 검토되어야 한다(헌재 2024.8.29. 2020헌마389 등).

정답 130 ○   131 ○   132 ○   133 X

134
☐☐☐

기후위기 대응을 위한 탄소중립·녹색성장 기본법 제8조 제1항이 2031년부터 2049년까지의 국가 온실가스 배출량 감축목표에 관하여 어떤 형태의 정량적 기준을 제시하지 않은 것은 미래 예측의 어려움 때문에 불가피한 사정이 인정되므로 '과소보호금지원칙'에 위배되지 않는다. O | X

탄소중립기본법 제8조 제1항에서 2031년부터 2049년까지의 감축목표에 관하여 어떤 형태의 정량적 기준도 제시하지 않은 것은, 2050년 탄소중립의 목표 시점에 이르기까지 점진적이고 지속적인 감축을 실효적으로 담보할 수 없으므로, 미래에 과중한 부담을 이전하는 방식으로 온실가스 감축목표를 규율한 것이다. 따라서 탄소중립기본법 제8조 제1항은 2031년부터 2049년까지의 감축목표에 대한 규율에 관하여 기후위기라는 위험상황에 상응하는 보호조치로서 필요한 최소한의 성격을 갖추지 못하였으므로 과소보호금지원칙을 위반하였다(헌재 2024.8.29. 2020헌마389).

135
☐☐☐

환경권을 행사함에 있어서 국민은 국가로부터 건강하고 쾌적한 환경을 향유할 수 있는 자유를 침해당하지 않을 권리를 행사할 수 있고, 일정한 경우 국가에 대하여 건강하고 쾌적한 환경에서 생활할 수 있도록 요구할 수 있는 권리가 인정되기도 하는바, 환경권은 그자체가 종합적 기본권으로서의 성격을 지닌다. O | X

환경권을 행사함에 있어서 국민은 국가로부터 건강하고 쾌적한 환경을 향유할 수 있는 자유를 침해당하지 않을 권리를 행사할 수 있고, 일정한 경우 국가에 대하여 건강하고 쾌적한 환경에서 생활할 수 있도록 요구할 수 있는 권리가 인정되기도 하는바, 환경권은 그 자체 종합적 기본권으로서의 성격을 지닌다(헌재 2024.8.29. 2020헌마389 등).

136
☐☐☐

국가와 국민이 '환경보전'을 위하여 노력할 의무에는 기후변화로 인하여 생활의 기반이 되는 제반 환경이 훼손되고 생명·신체의 안전 등을 위협할 수 있는 위험에 대하여, 기후변화의 원인을 줄여 이를 완화하거나 그 결과에 적응하는 조치를 하는 국가의 기후위기에 대한 대응의 의무도 포함된다. O | X

국가와 국민이 '환경보전'을 위하여 노력할 의무에는, 자연환경과 생활환경을 오염 및 훼손으로부터 보호하고, 오염되거나 훼손된 환경을 개선함과 동시에 쾌적한 환경 상태를 유지·조성하기 위한 행위 등을 할 의무가 포함된다. 기후변화로 인하여 생활의 기반이 되는 제반 환경이 훼손되고 생명·신체의 안전 등을 위협할 수 있는 위험에 대하여, 기후변화의 원인을 줄여 이를 완화하거나 그 결과에 적응하는 조치를 하는 국가의 기후위기에 대한 대응의 의무도 여기에 포함된다(헌재 2024.8.29. 2020헌마389 등).

137
☐☐☐

LPG를 연료로 사용할 수 있는 자동차 또는 그 사용자의 범위를 제한하고 있는 액화석유가스의 안전관리 및 사업법 시행규칙 제40조는 LPG를 운송연료로 사용할 수 있는 자동차 또는 그 사용자의 범위를 제한하는 규정일 뿐이므로 청구인들의 환경권을 제한한다고 볼 수 없다. O | X

이 사건 시행규칙조항은 LPG를 운송연료로 사용할 수 있는 자동차 또는 그 사용자의 범위를 제한하는 규정일 뿐이므로, 위 청구인들의 환경권을 제한한다고 볼 수 없다. 따라서 위 청구인들의 이 부분 주장에 관하여서도 별도로 판단하지 아니한다. … 시행규칙조항은 LPG승용자동차를 소유하고 있거나 LPG승용자동차를 운행하려는 청구인들의 일반적 행동자유권 및 재산권을 침해하지 않는다(헌재 2017.12.28. 2015헌마997).

정답 134 X 135 ○ 136 ○ 137 ○

138

□□□

기후위기 대응을 위한 탄소중립·녹색성장 기본법 제7조는 정부의 '2050년 탄소중립'을 목표로 하고 있는 바, 정부가 '국가온실가스 배출량을 2030년까지 2018년의 국가 온실가스 배출량대비 35퍼센트 이상의 범위에서 대통령령으로 정하는 비율만큼 감축하는 것을 중장기 국가 온실가스 감축 목표'로 하도록 규정한 동법 제8조 제1항에서 2031년부터 2049년까지의 감축목표에 대하여 어떤 형태의 정량적기준도 제시하지 않았더라도 국민인 청구인의 환경권을 침해한다고 할 수 없다.   O | X

탄소중립기본법 제8조 제1항과 같은 법 시행령 제3조 제1항이 설정한 2030년까지의 중장기 감축목표로서 국가 온실가스 배출량을 2018년 대비 40%만큼 감축한다는 감축비율의 수치만으로는, 전 지구적 온실가스 감축 노력의 관점에서 우리나라가 기여해야 할 몫에 현저히 미치지 못한다거나, 기후변화의 영향과 온실가스 배출 제한의 측면에서 미래에 과중한 부담을 이전하는 것이라고 단정하기 어렵다. … 그러나 탄소중립기본법 제8조 제1항에서 2031년부터 2049년까지의 감축목표에 관하여 어떤 형태의 정량적 기준도 제시하지 않은 것은, 2050년 탄소중립의 목표 시점에 이르기까지 점진적이고 지속적인 감축을 실효적으로 담보할 수 없으므로, 미래에 과중한 부담을 이전하는 방식으로 온실가스 감축목표를 규율한 것이다. … 결국 탄소중립기본법 제8조 제1항은 과소보호금지원칙 및 법률유보원칙에 반하여 기본권 보호의무를 위반하였으므로 청구인들의 환경권을 침해한다(헌재 2024.8.29. 2020헌마389 등).

139

□□□

국가가 국민의 건강하고 쾌적한 환경에서 생활할 권리에 관한 보호의무를 다하지 않았는지를 헌법재판소가 심사할 때에는 이른바 '과소보호금지원칙'의 위반 여부를 기준으로 삼아야하는바, 개별 사례에서 과소보호금지원칙 위반 여부는 기본권침해가 예상되어 보호가 필요한 '위험상황'에 대응하는 '보호조치'의 내용이, 문제 되는 위험상황의 성격에 상응하는 보호조치로서 필요한 최소한의 성격을 갖고 있는지에 따라 판단한다.   O | X

국가가 국민의 건강하고 쾌적한 환경에서 생활할 권리에 관한 보호의무를 다하지 않았는지를 헌법재판소가 심사할 때에는 '과소보호금지원칙'의 위반 여부를 기준으로 삼아, 개별 사례에서 기본권침해가 예상되어 보호가 필요한 '위험상황'에 대응하는 '보호조치'의 내용이, 문제 되는 위험상황의 성격에 상응하는 보호조치로서 필요한 최소한의 성격을 갖고 있는지에 따라 판단하는데, 위험상황의 성격 등은 '과학적 사실'과 '국제기준'에 근거하여 객관적으로 검토되어야 한다(헌재 2024.8.29. 2020헌마389 등).

140

□□□

기후위기 대응을 위한 탄소중립·녹색성장 기본법 시행령 제3조 제1항은 같은 법 제8조 제1항의 위임을 받아 2030년 중장기 감축목표의 구체적인 비율의 수치를 정한 것으로서, 과소보호금지원칙에 반하여 기본권 보호의무를 위반하였으므로 청구인들의 환경권을 침해하였다.   O | X

탄소중립기본법 시행령 제3조 제1항은 같은 법 제8조 제1항의 위임을 받아 2030년 중장기 감축목표의 구체적인 비율의 수치를 정한 것일 뿐이므로, 과소보호금지원칙에 반하여 기본권 보호의무를 위반하였다고 볼 수 없어 청구인들의 환경권 등 기본권을 침해하지 않는다(헌재 2024.8.29. 2020헌마389 등).

⊘ **참고** '탄소중립기본법 제8조 제1항'은 과소보호금지원칙 및 법률유보원칙에 반하여 기본권 보호의무를 위반하여 환경권을 침해한다.

정답 138 X 139 O 140 X

제8장

국민의 기본적 의무

001
☐☐☐

가산점제도는 제대군인과 제대군인이 아닌 사람을 차별하고, 현역복무나 상근예비역 소집근무를 할 수 있는 신체건장한 남자와 질병이나 심신장애로 병역을 감당할 수 없는 남자인 병역면제자를 차별하며, 보충역으로 편입되어 군복무를 마친 자를 차별하는 제도이므로, 그 입법목적의 정당성이 인정되지 않는다.

O | X

가산점제도의 주된 목적은 군복무 중에는 취업할 기회와 취업을 준비하는 기회를 상실하게 되므로 이러한 불이익을 보전해 줌으로써 제대군인이 군복무를 마친 후 빠른 기간내에 일반사회로 복귀할 수 있도록 해 주는 데에 있다. 인생의 황금기에 해당하는 20대 초·중반의 소중한 시간을 사회와 격리된 채 통제된 환경에서 자기개발의 여지없이 군복무 수행에 바침으로써 국가·사회에 기여하였고, 그 결과 공무원채용시험 응시 등 취업준비에 있어 제대군인이 아닌 사람에 비하여 상대적으로 불리한 처지에 놓이게 된 제대군인의 사회복귀를 지원한다는 것은 입법정책적으로 얼마든지 가능하고 또 매우 필요하다고 할 수 있으므로 이 입법목적은 정당하다(헌재 1999.12.23. 98헌마363).

◎ 참고 헌법재판소는 제대군인가산점제도에 대해서 입법목적은 정당하나, 성색수단으로서 직합성과 합리성을 상실한 것이고, 차별취급의 비례성을 상실하여 평등권을 침해하였다고 보았다.

002
☐☐☐

가산점제도는 공직수행능력과는 아무런 합리적 관련성을 인정할 수 없는 성별 등을 기준으로 여성과 장애인 등의 사회진출기회를 박탈하는 것이므로 정책수단으로서의 적합성과 합리성을 상실한 것이다.

O | X

제대군인에 대하여 여러 가지 사회정책적 지원을 강구하는 것이 필요하다 할지라도, 그것이 사회공동체의 다른 집단에게 동등하게 보장되어야 할 균등한 기회 자체를 박탈하는 것이어서는 아니되는데, 가산점제도는 공직수행능력과는 아무런 합리적 관련성을 인정할 수 없는 성별 등을 기준으로 여성과 장애인 등의 사회진출기회를 박탈하는 것이므로 정책수단으로서의 적합성과 합리성을 상실한 것이라 하지 아니할 수 없다(헌재 1999. 12.23. 98헌마363).

003
☐☐☐

가산점제도는 제대군인에게 채용시험 응시횟수에 무관하게, 가산점제도의 혜택을 받아 채용시험에 합격한 적이 있었는지에 관계없이 제대군인은 계속 가산점혜택을 부여하여, 한 사람의 제대군인을 위하여 몇 사람의 비제대군인의 기회가 박탈당할 수 있는 불합리한 결과를 초래한다.

O | X

가산점제도는 제대군인에 대한 이러한 혜택을 몇 번이고 아무런 제한없이 부여하고 있다. 채용시험 응시횟수에 무관하게, 가산점제도의 혜택을 받아 채용시험에 합격한 적이 있었는지에 관계없이 제대군인은 계속 가산점혜택을 받을 수 있다. 이는 한 사람의 제대군인을 위하여 몇 사람의 비제대군인의 기회가 박탈당할 수 있음을 의미하는 것이다(헌재 1999.12.23. 98헌마363).

정답 001 X 002 ○ 003 ○

004
☐☐☐

가산점제도는 승진, 봉급 등 공직내부에서의 차별이 아니라 공직에의 진입 자체를 어렵게 함으로써 공직선택의 기회를 원천적으로 박탈하는 것이기 때문에 공무담임권에 대한 더욱 중대한 제약으로서 작용하고 있다. O | X

가산점제도는 승진, 봉급 등 공직내부에서의 차별이 아니라 공직에의 진입 자체를 어렵게 함으로써 공직선택의 기회를 원천적으로 박탈하는 것이기 때문에 공무담임권에 대한 더욱 중대한 제약으로서 작용하고 있다(헌재 1999.12.23. 98헌마363).

005
☐☐☐

여성공무원 채용목표제는 종래부터 차별을 받아 왔고 그 결과 현재 불리한 처지에 있는 여성을 유리한 처지에 있는 남성과 동등한 처지에까지 끌어 올리는 것을 목적으로 하는 제도이지만, 그 효과가 매우 제한적이어서, 이를 이유로 제대군인 가산점제도의 위헌성이 제거된다고 볼 수는 없다. O | X

(여성공무원)채용목표제는 종래부터 차별을 받아 왔고 그 결과 현재 불리한 처지에 있는 여성을 유리한 처지에 있는 남성과 동등한 처지에까지 끌어 올리는 것을 목적으로 하는 제도이다. 이에 반하여 가산점제도는 공직사회에서의 남녀비율에 관계없이 무제한적으로 적용되는 것으로서, 우월한 처지에 있는 남성의 기득권을 직·간접적으로 유지·고착하는 결과를 낳을 수 있는 제도이다. … 이상과 같은 점을 고려해 볼 때 (여성공무원)채용목표제의 존재를 이유로 가산점제도의 위헌성이 제거되거나 감쇄된다고는 할 수 없다(헌재 1999.12.23. 98헌마363).

006
☐☐☐

헌법 규정상 모든 국민은 법률이 정하는 바에 의하여 납세의 의무를 진다. O | X

> **헌법 제38조** 모든 국민은 법률이 정하는 바에 의하여 납세의 의무를 진다.

007
☐☐☐

세금의 사용에 대해 이의를 제기하거나 잘못된 사용의 중지를 요구하는 내용의 기본권은 인정되지 않는다. O | X

헌법상 조세의 효율성과 타당한 사용에 대한 감시는 국회의 주요책무이자 권한으로 규정되어 있어(헌법 제54조, 제61조) 재정지출의 효율성 또는 타당성과 관련된 문제에 대한 국민의 관여는 선거를 통한 간접적이고 보충적인 것에 한정된다. 따라서 헌법상 납세의 의무가 부과되어 있다는 이유만으로 국민에게 자신이 납부한 세금을 국가가 효율적으로 적재적소에 사용하고 있는가를 감시하고, 이에 대하여 이의를 제기하거나, 잘못 사용되고 있는 세금에 대하여 그 사용을 중지할 것을 요구할 수 있는 헌법상 권리가 인정된다고 볼 수 없다(헌재 2006.6.29. 2005헌마165 등).

정답 004 ○ 005 ○ 006 ○ 007 ○

008
☐☐☐

헌법 규정상 모든 국민은 그 보호하는 자녀에게 고등교육과 법률이 정하는 교육을 받게 할 의무를 진다.

O | X

> **헌법 제31조** ② 모든 국민은 그 보호하는 자녀에게 적어도 초등교육과 법률이 정하는 교육을 받게 할 의무를 진다.

009
☐☐☐

학교운영지원비를 학교회계 세입항목에 포함시키도록 하는 구초·중등교육법 제30조의2 제2항 제2호 중 중학교 학생으로부터 징수하는 것에 관한 부분은 의무교육의 무상원칙에 위배되어 헌법에 위반된다.

O | X

학교운영지원비는 그 운영상 교원연구비와 같은 교사의 인건비 일부와 학교회계직원의 인건비 일부 등 의무교육과정의 인적기반을 유지하기 위한 비용을 충당하는데 사용되고 있다는 점, 학교회계의 세입상 현재 의무교육기관에서는 국고지원을 받고 있는 입학금, 수업료와 함께 같은 항에 속하여 분류되고 있음에도 불구하고 학교운영지원비에 대해서만 학생과 학부모의 부담으로 남아있다는 점, 학교운영지원비는 기본적으로 학부모의 자율적 협찬금의 외양을 갖고 있음에도 그 조성이나 징수의 자율성이 완전히 보장되지 않아 기본적이고 필수적인 학교 교육에 필요한 비용에 가깝게 운영되고 있다는 점 등을 고려해보면 이 사건 세입조항은 헌법 제31조 제3항에 규정되어 있는 의무교육의 무상원칙에 위배되어 헌법에 위반된다(헌재 2012.8.23. 2010헌바220).

010
☐☐☐

향토예비군설치법에 따라 예비군훈련소집에 응하여 훈련을 받는 것은 국민이 마땅히 하여야 할 의무를 다하는 것일 뿐 국가나 공익목적을 위하여 특별한 희생을 하는 것이라고 할 수 없다.

O | X

헌법 제39조 제1항은 "모든 국민은 법률이 정하는 바에 의하여 국방의 의무를 진다."고 규정하고 있는바, 이러한 국방의 의무는 외부 적대세력의 직·간접적인 침략행위로부터 국가의 독립을 유지하고 영토를 보전하기 위한 의무로서, 헌법에서 이러한 국방의 의무를 국민에게 부과하고 있는 이상 향토예비군설치법에 따라 예비군훈련소집에 응하여 훈련을 받는 것은 국민이 마땅히 하여야 할 의무를 다하는 것일 뿐, 국가나 공익목적을 위하여 특별한 희생을 하는 것이라고 할 수 없다(헌재 2003.6.26. 2002헌마484).

011
☐☐☐

납세의무자인 국민은 자신이 납부한 세금을 국가가 효율적으로 사용하는지 여부를 감시하고 이에 대하여 이의를 제기하거나 잘못 사용되는 세금에 대하여 그 사용을 중지할 것을 요구할 수 있는 헌법상의 권리를 가진다.

O | X

헌법상 조세의 효율성과 타당한 사용에 대한 감시는 국회의 주요책무이자 권한으로 규정되어 있어(헌법 제54조, 제61조) 재정지출의 효율성 또는 타당성과 관련된 문제에 대한 국민의 관여는 선거를 통한 간접적이고 보충적인 것에 한정된다. 따라서 헌법상 납세의 의무가 부과되어 있다는 이유만으로 국민에게 자신이 납부한 세금을 국가가 효율적으로 적재적소에 사용하고 있는가를 감시하고, 이에 대하여 이의를 제기하거나, 잘못 사용되고 있는 세금에 대하여 그 사용을 중지할 것을 요구할 수 있는 헌법상 권리가 인정된다고 볼 수 없다(헌재 2006.6.29. 2005헌마165 등).

정답 008 X 009 ○ 010 ○ 011 X

해커스공무원 학원 · 인강
gosi.Hackers.com

제3편

통치구조론

제1절 대의제

21. 5급 공채

001
☐☐☐

국민과 국회의원은 자유위임관계에 있는 것이 아니라 명령적 위임관계에 있다. O | X

대의제도에 있어서 국민과 국회의원은 명령적 위임관계에 있는 것이 아니라 자유위임관계에 있기 때문에 일단 선출된 후에는 국회의원은 국민의 의사와 관계없이 독자적인 양식과 판단에 따라 정책결정에 임할 수 있다(헌재 2018.3.20. 2018헌마229).

21. 5급 공채

002
☐☐☐

국민의 국회의원 선거권은 국회의원을 보통·평등·직접·비밀선거에 의하여 국민의 대표자로 선출하는 권리에 그치는 것이기 때문에 유권자가 설정한 국회의석분포에 국회의원들을 기속시키는 것은 대의제도의 본질에 반하는 것이다. O | X

대의제 민주주의하에서 국민의 국회의원 선거권이란 국회의원을 보통·평등·직접·비밀선거에 의하여 국민의 대표자로 선출하는 권리에 그치며, 국민과 국회의원은 명령적 위임관계에 있는 것이 아니라 자유위임관계에 있으므로, 유권자가 설정한 국회의석분포에 국회의원들을 기속시키고자 하는 내용의 '국회구성권'이라는 기본권은 오늘날 이해되고 있는 대의제도의 본질에 반하는 것이어서 헌법상 인정될 여지가 없고, 청구인들 주장과 같은 대통령에 의한 여야 의석분포의 인위적 조작행위로 국민주권주의라든지 복수정당제도가 훼손될 수 있는지의 여부는 별론으로 하고 그로 인하여 바로 헌법상 보장된 청구인들의 구체적 기본권이 침해당하는 것은 아니다(헌재 1998.10.29. 96헌마186).

21. 5급 공채

003
☐☐☐

대의제를 보완하는 직접민주주의 요소로서 우리 헌법은 국민투표만을 규정하였을 뿐 우리 헌정사상 국민발안제나 국민소환제를 채택한 적은 없다. O | X

우리 헌정사상 국민소환제를 채택한 적은 없으나, 제2차 ~ 제6차 개정헌법은 헌법개정안에 대해 국민발안제를 채택한 적이 있다.

> 제2차 개정헌법(1954년) ~ 제4차 개정헌법(1960년) 제98조 ① 헌법개정의 제안은 대통령, 민의원 또는 참의원의 재적의원 3분지 1 이상 또는 민의원의원선거권자 50만인 이상의 찬성으로써 한다.
> 제5차 개정헌법(1962년) ~ 제6차 개정헌법(1969년) 제119조 ① 헌법개정의 제안은 국회의 재적의원 3분의 1 이상 또는 국회의원선거권자 50만인 이상의 찬성으로써 한다.

정답 001 X 002 ○ 003 X

25. 경정승진

004

☐☐☐

우리헌법에서 권력분립원칙은 권력의 분할뿐만 아니라 권력간의 상호작용과 통제의 원리로 형성되어 있으므로 '국가기관 상호 간의 통제 및 협력과 공조'는 권력분립원칙에 대한 예외가 되는 것이 아니라 헌법상 권력분립원칙을 구성하는 하나의 요소가 된다. O | X

우리 헌법에서 권력분립원칙은 권력의 분할뿐만 아니라 권력간의 상호작용과 통제의 원리로 형성되어 국가기관 상호간의 통제 및 협력과 공조는 권력분립원칙에 대한 예외가 아니라 헌법상 권력분립원칙을 구성하는 하나의 요소가 된 것이다(헌재 2021.1.28. 2020헌마264 등).

25. 경정승진

005

☐☐☐

권력분립의 원리는 인적인 측면에서도 입법과 행정의 분리를 요청하고, 만일 행정공무원이 지방입법기관에서라도 입법에 참여한다면 권력분립의 원칙에 배치되므로 공무원의 경우는 지방의회의원의 입후보제한이나 겸직금지가 필요하다. O | X

권력분립의 원리는 인적 측면에서도 입법과 행정의 분리를 요청하고, 만일 행정공무원이 지방입법기관에서라도 입법에 참여하면 권력분립의 원칙에 배치되게 되는 것으로, 공무원의 경우는 지방의회의원의 입후보제한이나 겸직금지가 필요하다(헌재 1991.3.11. 90헌마28).

25. 경정승진

006

☐☐☐

정치적·행정적 수요에 발맞추어 위임입법을 허용하되 그와 함께 권력분립의 원리를 구현하기 위하여나 법치주의의 원리를 수호하기 위하여 위임입법에 대한 통제도 필요하다. O | X

위임입법의 양적 증대와 질적 고도화라고 하는 정치수요의 현대적 변용에 대한 제도적 대응이 불가피하다고 하더라도, 권력분립이라는 헌법상의 기본원리와의 조정 또한 불가피하다. 따라서 위와 같은 정치적·행정적 수요에 발맞추어 위임입법을 허용하되 그와 함께 권력분립의 원리를 구현하기 위하여나 법치주의의 원리를 수호하기 위하여 위임입법에 대한 통제도 필요하다(헌재 1998.5.28. 96헌가1).

25. 경정승진

007

☐☐☐

권력분립원칙에서는 국가권력 간의 엄격한 절연이 요구되므로 헌법상의 국가기관 상호 간에 기능을 분담하는 것은 권력분립의 원칙에 반하는 것으로 보는 것이 타당한바, 대통령이 국무총리·대법원장·헌법재판소장을 임명할 때 국회의 동의를 얻도록 하고, 헌법재판소와 중앙선거관리위원회의 구성에 대통령·국회·대법원장이 공동으로 관여하도록 하는 것은 권력분립의 원칙에 반하는 것으로 보아야 한다. O | X

헌법상 권력분립의 원칙이란 국가권력의 기계적 분립과 엄격한 절연을 의미하는 것이 아니라, 권력 상호간의 견제와 균형을 통한 국가권력의 통제를 의미하는 것이다. 따라서 특정한 국가기관을 구성함에 있어 입법부, 행정부, 사법부가 그 권한을 나누어 가지거나 기능적인 분담을 하는 것은 권력분립의 원칙에 반하는 것이 아니라 권력분립의 원칙을 실현하는 것으로 볼 수 있다. 이러한 원리에 따라 우리 헌법은 대통령이 국무총리, 대법원장, 헌법재판소장을 임명할 때에 국회의 동의를 얻도록 하고 있고, 헌법재판소와 중앙선거관리위원회의 구성에 대통령, 국회 및 대법원장이 공동으로 관여하도록 하고 있는 것이다(헌재 2008.1.10. 2007헌마1468).

정답 004 ○ 005 ○ 006 ○ 007 X

해커스공무원 신동욱 헌법 핵심 기출 OX

제3편

20. 국가직

008
□□□

대통령제는 대통령의 임기를 보장하기 때문에 행정부의 안정성을 유지할 수 있는 장점이 있지만, 대통령과 국회가 충돌할 때 이를 조정할 수 있는 제도적 장치의 구비가 상대적으로 미흡하다. O | X

대통령제를 취하는 경우 대통령의 임기가 고정되어 임기 동안 행정부가 안정된다. 이는 국가정책의 계속성과 강력한 정책집행의 원동력이 된다. 다만, 대통령이 방대한 권력을 가지면서 임기 중 의회에 대하여 책임을 지지 않으므로 의회와 정부의 공화와 협력이 잘 이루어지지 않을 경우 이를 조정하기 어려워 오히려 정국의 불안정을 초래할 수 있다.

📖 **개념정리** 정부형태 간 비교

구분	대통령제	의원내각제
대통령	직선	간선
집행부 구조	일원적	이원적(형식적)
민주적 정당성	이원적(대통령 · 의회)	일원적(의회)
집행부와 의회의 관계	독립적	의존적
탄핵제도(법적책임추궁)	O	O
국회의 내각불신임(정치적책임추궁)	X	O
의회해산제	X	O
각료와 의원겸임	X	O

20. 국가직

009
□□□

대통령제에서는 국민이 대통령과 의회의 의원을 각각 선출하므로, 국가권력에게 민주적 정당성을 부여하는 방식이 이원화되어 있다. O | X

대통령제에서는 국민이 대통령과 의회의 의원을 각각 따로 선출하여 행정부와 입법부를 각각 구성하므로 국가권력에게 민주적정당성을 부여하는 방식이 이원화되어 있다. 대통령제에서 국가권력에 대한 민주적 정당성 부여체계는 '국민 → 대통령'과 '국민 → 의회'라는 서로 분리된 구조를 가지고 있다. 따라서 대통령제에서는 대통령과 의회가 구성과 활동에서 각각 민주적 정당성을 가진 국민대표기관으로서 상호독립되어 있다.

20. 국가직

010
□□□

의원내각제에서 일반적으로 국민의 대표기관인 의회는 행정부불신임권으로 행정부를 견제하고 행정부는 의회해산권으로 이에 대응한다. O | X

의회에 대한 내각의 정치적 책임(불신임)은 의원내각제의 본질적인 요소이다. 내각이 지는 정치적 책임은 연대책임을 원칙으로 하고, 의회의 불신임이 있을 때 내각은 총사퇴하여야 한다. 내각의 의회해산권은 행정부와 입법부간의 분쟁해결수단의 기능을 하며, 정부의 안정성을 의회로부터 보호해주는 역할을 담당하기도 한다.

정답 008 ○ 009 ○ 010 ○

011
□□□

우리 헌정사에서 1960년 6월 개정헌법은 의원내각제를 채택한 헌법으로서, 국가의 원수이며 의례상 국가를 대표하는 대통령이 민의원해산권을 행사하도록 규정하였다.　　　　　　　　　　　　O | X

제2공화국 헌법은 권력구조에 있어서 고전적 의원내각제원리에 입각하면서 국회는 양원제를 채택하고 있다. 의결기관인 국무원을 두었고 국무총리가 국무원의 의장이었으며, 국무원(정부)은 민의원 해산권을 가지고 있었다.

제4절　정당제도(복수정당제)

012
□□□

정당등록취소조항에 의하여 등록취소된 정당의 명칭과 같은 명칭을 등록취소된 날부터 최초로 실시하는 임기만료에 의한 국회의원선거의 선거일까지 정당의 명칭으로 사용할 수 없도록 한 정당법 조항은 정당활동과 무관하여 정당설립의 자유를 침해하지 않는다.　　　　　　　　O | X

정당등록취소조항은 입법목적의 정당성과 수단의 적합성이 인정될 수 있지만 침해의 최소성과 법익의 균형성이 인정되지 않으므로 과잉금지원칙에 위배되어 청구인들의 정당설립의 자유를 침해한다. 정당명칭사용금지조항은 정당등록취소조항에 의하여 등록이 취소된 정당의 명칭을 등록취소된 날부터 최초로 실시하는 임기만료에 의한 국회의원선거의 선거일까지 정당의 명칭으로 사용할 수 없게 하는 조항인바, 이는 앞서 본 정당등록취소조항을 전제로 하고 있으므로 같은 이유에서 정당설립의 자유를 침해한다고 할 것이다(헌재 2014.1.28. 2012헌마431 등).

013
□□□

정당의 자유는 국민이 개인적으로 갖는 기본권일 뿐만 아니라, 단체로서의 정당이 갖는 기본권이기도 하다.　　　　　　　　　　　　　　　　　　　　　　　　　　O | X

헌법 제8조 제1항은 정당설립의 자유, 정당조직의 자유, 정당활동의 자유 등을 포괄하는 정당의 자유를 보장하고 있다. 이러한 정당의 자유는 국민이 개인적으로 갖는 기본권일 뿐만 아니라, 단체로서의 정당이 가지는 기본권이기도 하다(헌재 2004.12.16. 2004헌마456).

014
□□□

헌법에서 정당조항이 처음 채택된 것은 1960년 제2공화국 헌법(제3차 개헌)이며, 제5공화국 헌법(제8차 개헌)에서 정당에 대한 국고보조금 조항을 신설하였다.　　　　　　　　　　　　O | X

1960년 제3차 개정헌법에서 정당조항을 처음 도입하였으며, 제8차 개정헌법에서 최초로 정당에 대한 국고보조금 조항을 도입하였다.

정답 011 X　012 X　013 ○　014 ○

015

☐☐☐ 당론과 다른 견해를 가진 소속 국회의원을 당해 교섭단체대표의원의 요청에 따라 다른 상임위원회로의 전임(사·보임)하는 국회의장의 조치는 특별한 사정이 없는 한 헌법상 용인될 수 있는 '정당내부의 사실상 강제'의 범위 내에 해당한다. O | X

당론과 다른 견해를 가진 소속 국회의원을 당해 교섭단체의 필요에 따라 다른 상임위원회로의 전임(사·보임) 하는 조치는 특별한 사정이 없는 한 헌법상 용인될 수 있는 '정당내부의 사실상 강제'의 범위 내에 해당한다고 할 것이다(헌재 2003.10.30. 2002헌라1).

016

☐☐☐ 정당의 법적 성격은 일반적으로 사적·정치적 결사 내지는 법인격 없는 사단으로 파악되고, 정당의 법률 관계에는 정당법의 관계 조문 이외에 일반 사법(私法) 규정이 적용된다. O | X

정당의 법적 성격은 일반적으로 사적·정치적 결사 내지는 법인격 없는 사단으로 파악되고 있고, 이러한 정당의 법률관계에 대하여는 정당법의 관계 조문 이외에 일반 사법 규정이 적용되며, 정당이 탈당신청서를 처리할지 여부를 결정하는 행위는 자발적 조직 내부의 의사결정에 지나지 아니한다(헌재 2020.1.21. 2020헌마60).

017

☐☐☐ 헌법 제8조 제4항의 '민주적 기본질서'는 현행 헌법이 채택한 민주주의의 구체적 모습과 동일하게 보아야 한다. O | X

민주 사회에서 정당의 자유가 지니는 중대한 함의나 정당해산심판제도의 남용가능성 등을 감안한다면, 헌법 제8조 제4항의 민주적 기본질서는 최대한 엄격하고 협소한 의미로 이해해야 한다. 따라서 민주적 기본질서를 현행 헌법이 채택한 민주주의의 구체적 모습과 동일하게 보아서는 안 된다(헌재 2014.12.19. 2013헌다1).

018

☐☐☐ 정당의 명칭은 그 정당의 정책과 정치적 신념을 나타내는 대표적인 표지에 해당하므로, 정당설립의 자유는 자신들이 원하는 명칭을 사용하여 정당을 설립하거나 정당활동을 할 자유도 포함한다. O | X

정당의 명칭은 그 정당의 정책과 정치적 신념을 나타내는 대표적인 표지에 해당하므로, 정당설립의 자유는 자신들이 원하는 명칭을 사용하여 정당을 설립하거나 정당활동을 할 자유도 포함한다고 할 것이다(헌재 2014.1.28. 2012헌마431).

019

☐☐☐ 정당의 중앙당과 지구당과의 복합적 구조에 비추어 정당의 지구당은 단순히 중앙당의 하부조직이 아니라 어느 정도의 독자성을 가진 단체로서 법인격 없는 사단에 해당한다. O | X

중앙당과 지구당과의 복합적 구조에 비추어 정당의 지구당은 단순한 중앙당의 하부조직이 아니라 어느 정도의 독자성을 가진 단체로서 역시 법인격 없는 사단에 해당한다고 보아야 할 것이다(헌재 1993.7.29. 92헌마262).

정답 015 ○ 016 ○ 017 X 018 ○ 019 ○

020
☐☐☐
정당의 목적이나 활동이 민주적 기본질서에 위배될 때에는 법원은 헌법재판소에 그 해산을 제소할 수 있고, 정당은 헌법재판소의 심판에 의하여 해산된다. O | X

법원이 아닌 정부가 정당의 해산을 제소할 수 있다.

> **헌법 제8조** ④ 정당의 목적이나 활동이 민주적 기본질서에 위배될 때에는 정부는 헌법재판소에 그 해산을 제소할 수 있고, 정당은 헌법재판소의 심판에 의하여 해산된다.

021
☐☐☐
대한민국 국민이 아닌 자는 정당의 당원이 될 수 없으며, 누구든지 2이상의 정당의 당원이 되지 못한다. O | X

> **정당법 제22조【발기인 및 당원의 자격】**① 16세 이상의 국민은 공무원 그 밖에 그 신분을 이유로 정당가입이나 정치활동을 금지하는 다른 법령의 규정에 불구하고 누구든지 정당의 발기인 및 당원이 될 수 있다.
> ② 대한민국 국민이 아닌 자는 당원이 될 수 없다.
> **제42조【강제입당 등의 금지】**② 누구든지 2 이상의 정당의 당원이 되지 못한다.

022
☐☐☐
1980년 제8차 헌법개정에서 국가는 법률이 정하는 바에 의하여 정당의 운영에 필요한 자금을 보조할 수 있다고 규정하였다. O | X

> **제8차 개정헌법 제7조** ③ 정당은 법률이 정하는 바에 의하여 국가의 보호를 받으며, 국가는 법률이 정하는 바에 의하여 정당의 운영에 필요한 자금을 보조할 수 있다.

023
☐☐☐
정당의 법적 지위는 적어도 그 소유재산의 귀속관계에 있어서는 법인격 없는 사단(社團)으로 보아야 하고, 중앙당과 지구당과의 복합적 구조에 비추어 정당의 지구당은 단순한 중앙당의 하부조직이 아니라 어느 정도의 독자성을 가진 단체로서 역시 법인격 없는 사단에 해당한다. O | X

또한 정당의 법적 지위는 적어도 그 소유재산의 귀속관계에 있어서는 법인격 없는 사단(社團)으로 보아야 하고, 중앙당과 지구당과의 복합적 구조에 비추어 정당의 지구당은 단순한 중앙당의 하부조직이 아니라 어느 정도의 독자성을 가진 단체로서 역시 법인격 없는 사단에 해당한다고 보아야 할 것이다(헌재 1993.7.29. 92헌마262).

정답 020 X 021 ○ 022 ○ 023 ○

024

□□□

위헌정당해산심판사유 중에서 민주적 기본질서의 '위배'란, 민주적 기본질서에 대한 단순한 위반이나 저촉을 의미하는 것이 아니라, 민주사회의 불가결한 요소인 정당의 존립을 제약해야 할 만큼 그 정당의 목적이나 활동이 우리 사회의 민주적 기본질서에 대하여 실질적인 해악을 끼칠 수 있는 구체적 위험성을 초래하는 경우를 가리킨다. O | X

헌법 제8조 제4항은 정당해산심판의 사유를 '정당의 목적이나 활동이 민주적 기본질서에 위배될 때'로 규정하고 있는데, 여기서 말하는 민주적 기본질서의 '위배'란, 민주적 기본질서에 대한 단순한 위반이나 저촉을 의미하는 것이 아니라, 민주사회의 불가결한 요소인 정당의 존립을 제약해야 할 만큼 그 정당의 목적이나 활동이 우리 사회의 민주적 기본질서에 대하여 실질적인 해악을 끼칠 수 있는 구체적 위험성을 초래하는 경우를 가리킨다(헌재 2014.12.19. 2013헌다1).

025

□□□

위헌정당해산제도의 실효성을 확보하기 위하여 헌법재판소의 위헌정당 해산결정에 따라 해산된 정당 소속 비례대표 지방의회의원은 해산결정 시 의원의 지위를 상실한다. O | X

헌법재판소의 위헌정당 해산결정에 따라 해산된 정당 소속 비례대표 지방의회의원 甲이 공직선거법 제192조 제4항에 따라 지방의회의원직을 상실하는지가 문제 된 사안에서, 공직선거법 제192조 제4항은 소속 정당이 헌법재판소의 정당해산결정에 따라 해산된 경우 비례대표 지방의회의원의 퇴직을 규정하는 조항이라고 할 수 없어 甲이 비례대표 지방의회의원의 지위를 상실하지 않았다고 본 원심판단은 정당하다(대판 2021.4.29. 2016두39825).

026

□□□

"누구든지 2 이상의 정당의 당원이 되지 못한다."라고 규정하고 있는 정당법 조항은 정당의 정체성을 보존하고 정당 간의 위법·부당한 간섭을 방지함으로써 정당정치를 보호·육성하기 위한 것으로서, 정당 당원의 정당 가입·활동의 자유를 침해한다고 할 수 없다. O | X

심판대상조항은 정당의 정체성을 보존하고 정당 간의 위법·부당한 간섭을 방지함으로써 정당정치를 보호·육성하기 위한 것으로 볼 수 있다. 이러한 입법목적은 국민의 정치적 의사형성에 중대한 영향을 미치는 정당의 헌법적 기능을 보호하기 위한 것으로 정당하고, 복수 당적 보유를 금지하는 것은 입법목적 달성을 위한 적합한 수단에 해당한다. … 따라서 심판대상조항이 정당의 당원인 청구인들의 정당 가입·활동의 자유를 침해한다고 할 수 없다(헌재 2022.3.31. 2020헌마1729).

027

□□□

헌법재판소의 정당해산결정에는 재판관 6인 이상의 찬성이 있어야 한다. O | X

헌법 제113조 ① 헌법재판소에서 법률의 위헌결정, 탄핵의 결정, 정당해산의 결정 또는 헌법소원에 관한 인용결정을 할 때에는 재판관 6인 이상의 찬성이 있어야 한다.

정답 024 O 025 X 026 O 027 O

028
☐☐☐

헌법재판소가 정당해산심판의 청구를 받은 때에는 직권 또는 청구인의 신청에 의하여 종국결정의 선고 시까지 피청구인의 활동을 정지하는 결정을 할 수 있다.　O | X

> **헌법재판소법 제57조【가처분】** 헌법재판소는 정당해산심판의 청구를 받은 때에는 직권 또는 청구인의 신청에 의하여 종국결정의 선고 시까지 피청구인의 활동을 정지하는 결정을 할 수 있다.

029
☐☐☐

정당이 헌법재판소의 결정으로 해산된 때에는 해산된 정당의 강령과 동일하거나 유사한 것으로 정당을 창당하지 못한다.　O | X

> **정당법 제40조【대체정당의 금지】** 정당이 헌법재판소의 결정으로 해산된 때에는 해산된 정당의 강령(또는 기본정책)과 동일하거나 유사한 것으로 정당을 창당하지 못한다.

030
☐☐☐

정당해산심판으로 정당이 강제 해산되는 경우 해당 정당 소속 국회의원은 의원직을 상실한다.　O | X

헌법재판소의 해산결정으로 정당이 해산되는 경우에 그 정당 소속 국회의원이 의원직을 상실하는지에 대하여 명문의 규정은 없으나, 정당해산심판제도의 본질은 민주적 기본질서에 위배되는 정당을 정치적 의사형성과정에서 배제함으로써 국민을 보호하는 데에 있는데 해산정당 소속 국회의원의 의원직을 상실시키지 않는 경우 정당해산결정의 실효성을 확보할 수 없게 되므로, 이러한 정당해산제도의 취지 등에 비추어 볼 때 헌법재판소의 정당해산결정이 있는 경우 그 정당 소속 국회의원의 의원직은 당선 방식을 불문하고 모두 상실되어야 한다 (헌재 2014.12.19. 2013헌다1).

📖 개념정리 등록취소와 강제해산

구분	등록취소	헌법재판소에 의한 강제해산
기존정당의 명칭 사용	가능	불가능
유사정당 설립	가능	대체정당 설립 불가
잔여재산	1차는 당헌에 따라 나머지 국고 귀속	국고 귀속
소속 의원	무소속으로 자격 유지	자격상실(다수설)

제3편

해커스공무원 신동욱 헌법 핵심 기출 OX

031
☐☐☐

헌법재판소의 해산결정에 의하여 해산된 정당의 잔여재산은 해당 정당의 구성원에게 공정하게 분배한다.

O | X

해당 정당의 구성원에게 공정하게 분배하는 것이 아니라 국고에 귀속한다.

> **정당법 제48조【해산된 경우 등의 잔여재산 처분】** ② 제1항의 규정에 의하여 처분되지 아니한 정당의 잔여재산 및 헌법재판소의 해산결정에 의하여 해산된 정당의 잔여재산은 국고에 귀속한다.

032
☐☐☐

정당의 해산을 명하는 헌법재판소의 결정은 중앙선거관리위원회가 정당법에 따라 집행한다.

O | X

> **헌법재판소법 제60조【결정의 집행】** 정당의 해산을 명하는 헌법재판소의 결정은 중앙선거관리위원회가 정당법에 따라 집행한다.

033
☐☐☐

등록이 취소된 정당과 자진해산한 정당의 잔여재산은 당헌이 정하는 바에 따라 처분한다.

O | X

> **정당법 제48조【해산된 경우 등의 잔여재산 처분】** ① 정당이 제44조(등록의 취소) 제1항의 규정에 의하여 등록이 취소되거나 제45조(자진해산)의 규정에 의하여 자진해산한 때에는 그 잔여재산은 당헌이 정하는 바에 따라 처분한다.

034
☐☐☐

정당법상 시·도당은 당해 관할구역 안에 주소를 두고 있는 1천인 이상의 당원을 가져야 한다고 규정하고 있는데, 이는 정당의 자유를 침해하지 아니한다.

O | X

법정당원수 조항은 국민의 정치적 의사형성에의 참여를 실현하기 위한 지속적이고 공고한 조직의 최소한을 갖추도록 하는 것이다. 우리나라에 현존하는 정당의 수, 각 시·도의 인구 및 유권자수, 인구수 또는 선거인수 대비 당원의 비율, 당원의 자격 등을 종합하여 보면, 각 시·도당에 1천인 이상의 당원을 요구하는 법정당원수 조항이 신생정당의 창당을 현저히 어렵게 하여 과도한 부담을 지운 것으로 보기는 어렵다. 따라서 법정당원수 조항이 과잉금지원칙을 위반하여 정당의 자유를 침해한다고 볼 수 없다(헌재 2023.9.26. 2021헌가23 등).

035

☐☐☐

헌법 제8조 제1항은 정당설립의 자유, 정당조직의 자유, 정당활동의 자유 등을 포괄하는 정당의 자유를 보장하는 규정이므로, 국민이 개인적으로 가지는 기본권이 아니라 정당이 단체로서 가지는 기본권이다.
O | X

헌법 제8조 제1항은 정당설립의 자유, 정당조직의 자유, 정당활동의 자유 등을 포괄하는 정당의 자유를 보장하고 있다. 이러한 정당의 자유는 국민이 개인적으로 갖는 기본권일 뿐만 아니라, 단체로서의 정당이 가지는 기본권이기도 하다(헌재 2004.12.16. 2004헌마456).

036

☐☐☐

정당의 목적이나 활동이 민주적 기본질서에 위배될 때에는 정부는 국무회의의 심의를 거쳐 헌법재판소에 그 해산을 제소할 수 있고 당해 정당의 해산은 헌법재판소 재판관 6인 이상의 찬성으로 결정된다.
O | X

헌법재판소법 제55조【정당해산심판의 청구】 정당의 목적이나 활동이 민주적 기본질서에 위배될 때에는 정부는 국무회의의 심의를 거쳐 헌법재판소에 정당해산심판을 청구할 수 있다.

헌법 제113조 ① 헌법재판소에서 법률의 위헌결정, 탄핵의 결정, 정당해산의 결정 또는 헌법소원에 관한 인용결정을 할 때에는 재판관 6인 이상의 찬성이 있어야 한다.

037

☐☐☐

정당해산심판에 있어서는 피청구인의 활동을 정지하는 가처분이 인정되지 않는다.
O | X

헌법재판소법 제57조【가처분】 헌법재판소는 정당해산심판의 청구를 받은 때에는 직권 또는 청구인의 신청에 의하여 종국결정의 선고 시까지 피청구인의 활동을 정지하는 결정을 할 수 있다.

038

☐☐☐

정당의 해산을 명하는 헌법재판소의 결정은 정부가 정당법에 따라 집행한다.
O | X

헌법재판소법 제60조【결정의 집행】 정당의 해산을 명하는 헌법재판소의 결정은 중앙선거관리위원회가 정당법에 따라 집행한다.

정답 035 X 036 ○ 037 X 038 X

039
□□□

정당해산결정에 대해서는 재심을 허용하지 아니함으로써 얻을 수 있는 법적 안정성의 이익이 재심을 허용함으로써 얻을 수 있는 구체적 타당성의 이익보다 더 중하므로 재심에 의한 불복방법이 허용될 수 없다.

O | X

정당해산심판은 일반적 기속력과 대세적·법규적 효력을 가지는 법령에 대한 헌법재판소의 결정과 달리 원칙적으로 해당 정당에게만 그 효력이 미친다. 또 정당해산결정은 해당 정당의 해산에 그치지 않고 대체정당이나 유사정당의 설립까지 금지하는 효력을 가지므로, 오류가 드러난 결정을 바로잡지 못한다면 현 시점의 민주주의가 훼손되는 것에 그치지 않고 장래 세대의 정치적 의사결정에까지 부당한 제약을 초래할 수 있다. 따라서 정당해산심판절차에서는 재심을 허용하지 아니함으로써 얻을 수 있는 법적 안정성의 이익보다 재심을 허용함으로써 얻을 수 있는 구체적 타당성의 이익이 더 크므로 재심을 허용하여야 한다(헌재 2016.5.26. 2015헌아20).

040
□□□

헌법재판소의 정당해산결정이 있는 경우 그 정당 소속 국회의원의 의원직은 당선 방식을 불문하고 모두 상실된다.

O | X

헌법재판소의 해산결정으로 정당이 해산되는 경우에 그 정당 소속 국회의원이 의원직을 상실하는지에 대하여 명문의 규정은 없으나, 정당해산심판제도의 본질은 민주적 기본질서에 위배되는 정당을 정치적 의사형성과정에서 배제함으로써 국민을 보호하는 데에 있는데 해산정당 소속 국회의원의 의원직을 상실시키지 않는 경우 정당해산결정의 실효성을 확보할 수 없게 되므로, 이러한 정당해산제도의 취지 등에 비추어 볼 때 헌법재판소의 정당해산결정이 있는 경우 그 정당 소속 국회의원의 의원직은 당선 방식을 불문하고 모두 상실되어야 한다(헌재 2014.12.19. 2013헌다1).

041
□□□

18세 미만의 국민은 정당의 발기인 및 당원이 될 수 없다.

O | X

정당법 제22조【발기인 및 당원의 자격】① 16세 이상의 국민은 공무원 그 밖에 그 신분을 이유로 정당가입이나 정치활동을 금지하는 다른 법령의 규정에 불구하고 누구든지 정당의 발기인 및 당원이 될 수 있다. 다만, 다음 각 호의 어느 하나에 해당하는 자는 그러하지 아니하다.

042
□□□

복수당적 보유를 금지하는 정당법 조항은 과잉금지원칙에 위배되어 정당 가입 및 활동의 자유를 침해한다.

O | X

심판대상조항은 정당의 정체성을 보존하고 정당 간의 위법·부당한 간섭을 방지함으로써 정당정치를 보호·육성하기 위한 것으로 볼 수 있다. 이러한 입법목적은 국민의 정치적 의사형성에 중대한 영향을 미치는 정당의 헌법적 기능을 보호하기 위한 것으로 정당하고, 복수 당적 보유를 금지하는 것은 입법목적 달성을 위한 적합한 수단에 해당한다. … 따라서 심판대상조항이 정당의 당원인 청구인들의 정당 가입·활동의 자유를 침해한다고 할 수 없다(헌재 2022.3.31. 2020헌마1729).

정답 039 X 040 O 041 X 042 X

043
☐☐☐

등록이 취소되거나 자진해산한 정당의 잔여재산 및 헌법재판소의 해산결정에 의하여 해산된 정당의 잔여
재산은 국고에 귀속한다. O | X

> **정당법 제48조【해산된 경우 등의 잔여재산 처분】** ① 정당이 제44조 제1항의 규정에 의하여 등록이 취소되거나
> 제45조의 규정에 의하여 자진해산한 때에는 그 잔여재산은 당헌이 정하는 바에 따라 처분한다.
> ② 제1항의 규정에 의하여 처분되지 아니한 정당의 잔여재산 및 헌법재판소의 해산결정에 의하여 해산된
> 정당의 잔여재산은 국고에 귀속한다.

044
☐☐☐

등록신청을 받은 관할 선거관리위원회는 형식적 요건을 구비하는 한 이를 거부하지 못한다. 다만, 형식적
요건을 구비하지 못한 때에는 상당한 기간을 정하여 그 보완을 명하고, 2회 이상 보완을 명하여도 응하지
아니할 때에는 그 신청을 각하할 수 있다. O | X

> **정당법 제15조【등록신청의 심사】** 등록신청을 받은 관할 선거관리위원회는 형식적 요건을 구비하는 한 이를
> 거부하지 못한다. 다만, 형식적 요건을 구비하지 못한 때에는 상당한 기간을 정하여 그 보완을 명하고, 2회
> 이상 보완을 명하여도 응하지 아니할 때에는 그 신청을 각하할 수 있다.

045
☐☐☐

정당의 시·도당은 1천인 이상의 당원을 가져야 한다고 규정한 정당법 조항은 과잉금지원칙에 위배되어
정당 조직 및 활동의 자유를 침해한다. O | X

이 사건 법률조항이 비록 정당으로 등록되기에 필요한 요건으로서 5개 이상의 시·도당 및 각 시·도당마다
1,000명 이상의 당원을 갖출 것을 요구하고 있기 때문에 국민의 정당설립의 자유에 어느 정도 제한을 가하는
점이 있는 것은 사실이나, 이러한 제한은 '상당한 기간 또는 계속해서', '상당한 지역에서' 국민의 정치적 의사
형성 과정에 참여해야 한다는 헌법상 정당의 개념표지를 구현하기 위한 합리적인 제한이라고 할 것이므로, 그
러한 제한은 헌법적으로 정당화된다고 할 것이다(헌재 2006.3.30. 2004헌마246).

046
☐☐☐

정당의 창당준비위원회는 중앙당의 경우 200명 이상의, 시·도당의 경우에는 100명 이상의 발기인으로 구
성한다. O | X

> **정당법 제6조【발기인】** 창당준비위원회는 중앙당의 경우에는 200명 이상의, 시·도당의 경우에는 100명 이상의
> 발기인으로 구성한다.

047
☐☐☐

정당은 그 대의기관의 결의로써 해산할 수 있으며, 정당이 해산한 때에는 그 대표자는 지체 없이 그 뜻을 관할 선거관리위원회에 신고하여야 한다.　　O | X

> **정당법 제45조【자진해산】** ① 정당은 그 대의기관의 결의로써 해산할 수 있다.
> ② 제1항의 규정에 의하여 정당이 해산한 때에는 그 대표자는 지체 없이 그 뜻을 관할 선거관리위원회에 신고하여야 한다.

048
☐☐☐

정당이 그 소속 국회의원을 제명하기 위해서는 당헌이 정하는 절차를 거치는 외에 그 소속 국회의원 전원의 2분의 1 이상의 찬성이 있어야 한다.　　O | X

> **정당법 제33조【정당소속 국회의원의 제명】** 정당이 그 소속 국회의원을 제명하기 위해서는 당헌이 정하는 절차를 거치는 외에 그 소속 국회의원 전원의 2분의 1 이상의 찬성이 있어야 한다.

049
☐☐☐

누구든지 국내·외의 법인 또는 단체와 관련된 자금으로 정치자금을 기부할 수 없다는 정치자금법조항은 과잉금지원칙을 위반하여 정치활동의 자유 내지 정치적 의사표현의 자유를 침해한다.　　O | X

이 사건 기부금지 조항에 의한 개인이나 단체의 정치적 표현의 자유 제한은 내용중립적인 방법 제한으로서 수인 불가능할 정도로 큰 것이 아닌 반면, 금권정치와 정경유착의 차단, 단체와의 관계에서 개인의 정치적 기본권 보호 등 이 사건 기부금지 조항에 의하여 달성되는 공익은 대의민주제를 채택하고 있는 민주국가에서 매우 크고 중요하다는 점에서 법익균형성원칙도 충족된다. 따라서 이 사건 기부금지 조항이 과잉금지원칙에 위반하여 정치활동의 자유 등을 침해하는 것이라 볼 수 없다(헌재 2010.12.28. 2008헌바89).

050
☐☐☐

헌법재판소는 종국심리에 관여한 재판관 과반수의 찬성으로 정당해산의 결정을 할 수 있다.　　O | X

정당해산의 결정은 재판관 6명 이상의 찬성이 있어야 한다.

051
☐☐☐

정당이 그 소속 국회의원을 제명하기 위해서는 당헌이 정하는 절차를 거치는 외에 그 소속 국회의원 전원의 3분의 1 이상의 찬성이 있어야 한다.　　O | X

> **정당법 제33조【정당소속 국회의원의 제명】** 정당이 그 소속 국회의원을 제명하기 위해서는 당헌이 정하는 절차를 거치는 외에 그 소속 국회의원 전원의 2분의 1 이상의 찬성이 있어야 한다.

정답 047 ○　048 ○　049 X　050 X　051 X

052

□□□

임기만료에 의한 국회의원선거에 참여하여 의석을 얻지 못하고 유효투표총수의 100분의 2 이상을 득표하지 못한 정당에 대해 그 등록을 취소하도록 한 정당법상의 정당등록취소조항은 정당 설립의 자유를 침해한다. O | X

정당등록취소조항은 어느 정당이 대통령선거나 지방자치선거에서 아무리 좋은 성과를 올리더라도 국회의원선거에서 일정 수준의 지지를 얻는 데 실패하면 등록이 취소될 수밖에 없어 불합리하고, 신생·군소정당으로 하여금 국회의원선거에의 참여 자체를 포기하게 할 우려도 있어 법익의 균형성 요건도 갖추지 못하였다. 따라서 정당등록취소조항은 과잉금지원칙에 위반되어 청구인들의 정당설립의 자유를 침해한다(헌재 2014.1.28. 2012헌마431 등).

053

□□□

정당은 국민의 이익을 위하여 책임 있는 정치적 주장이나 정책을 추진하고 공직선거의 후보자를 추천 또는 지지함으로써 국민의 정치적 의사형성에 참여함을 목적으로 하는 헌법상 기관이므로, 공권력행사의 주체가 된다. O | X

정당은 국민의 이익을 위하여 책임 있는 정치적 주장이나 정책을 추진하고 공직선거의 후보자를 추천 또는 지지함으로써 국민의 정치적 의사형성에 참여함을 목적으로 하는 국민의 자발적 조직으로(정당법 제2조), 그 법적 성격은 일반적으로 사적·정치적 결사 내지는 법인격 없는 사단으로 파악되고 있고, 이러한 정당의 법률관계에 대하여는 정당법의 관계 조문 이외에 일반 사법 규정이 적용되므로, 정당은 공권력 행사의 주체가 될 수 없다(헌재 2007.10.30. 2007헌마1128).

054

□□□

정당은 수도에 소재하는 중앙당과 특별시·광역시·도에 각각 소재하는 시·도당으로 구성하는데, 정당은 5 이상의 시·도당을 가져야 하고, 시·도당은 500명 이상의 당원을 가져야 한다. O | X

> **정당법 제3조【구성】** 정당은 수도에 소재하는 중앙당과 특별시·광역시·도에 각각 소재하는 시·도당(이하 "시·도당"이라 한다)으로 구성한다.
>
> **제17조【법정시·도당수】** 정당은 5 이상의 시·도당을 가져야 한다.
>
> **제18조【시·도당의 법정당원수】** ① 시·도당은 1천인 이상의 당원을 가져야 한다.

055

□□□

정당이 그 소속 국회의원을 제명하기 위해서는 당헌이 정하는 절차를 거치는 외에 그 소속 국회의원 전원의 2분의1 이상의 찬성이 있어야 한다. O | X

> **정당법 제33조【정당소속 국회의원의 제명】** 정당이 그 소속 국회의원을 제명하기 위해서는 당헌이 정하는 절차를 거치는 외에 그 소속 국회의원 전원의 2분의 1 이상의 찬성이 있어야 한다.

056
□□□

헌법재판소의 해산결정에 의하여 해산된 정당의 잔여재산은 당헌이 정하는 바에 따라 처분하고, 처분되지 아니한 정당의 잔여재산은 국고에 귀속한다.   O | X

> **정당법 제48조 【해산된 경우 등의 잔여재산 처분】** ① 정당이 제44조(등록의 취소)제1항의 규정에 의하여 등록이 취소되거나 제45조(자진해산)의 규정에 의하여 자진해산한 때에는 그 잔여재산은 당헌이 정하는 바에 따라 처분한다.
> ② 제1항의 규정에 의하여 처분되지 아니한 정당의 잔여재산 및 헌법재판소의 해산결정에 의하여 해산된 정당의 잔여재산은 국고에 귀속한다.

057
□□□

정당은 등록이 취소된 이후에는 헌법소원의 청구인능력이 없다.   O | X

청구인(사회당)은 등록이 취소된 이후에도, 취소 전 사회당의 명칭을 사용하면서 대외적인 정치활동을 계속하고 있고, 대내외 조직 구성과 선거에 참여할 것을 전제로 하는 당헌과 대내적 최고의사결정기구로서 당대회와, 대표단 및 중앙위원회, 지역조직으로 시·도위원회를 두는 등 계속적인 조직을 구비하고 있는 사실 등에 비추어 보면, 청구인은 등록이 취소된 이후에도 '등록정당'에 준하는 '권리능력 없는 사단'으로서의 실질을 유지하고 있다고 볼 수 있으므로 이 사건 헌법소원의 청구인능력을 인정할 수 있다(헌재 2006.3.30. 2004헌마246).

058
□□□

오늘날 민주주의에서 정당이 차지하는 핵심적 역할에 비추어 볼 때, 민주적 기본질서에 대한 단순한 위반이나 저촉만으로도 위헌정당해산의 필요성이 인정될 수 있다.   O | X

헌법 제8조 제4항은 정당해산심판의 사유를 '정당의 목적이나 활동이 민주적 기본질서에 위배될 때'로 규정하고 있는데, 여기서 말하는 민주적 기본질서의 '위배'란, 민주적 기본질서에 대한 단순한 위반이나 저촉을 의미하는 것이 아니라, 민주사회의 불가결한 요소인 정당의 존립을 제약해야 할 만큼 그 정당의 목적이나 활동이 우리사회의 민주적 기본질서에 대하여 실질적인 해악을 끼칠 수 있는 구체적 위험성을 초래하는 경우를 가리킨다(헌재 2014.12.19. 2013헌다1).

059
□□□

경찰청장이 퇴직일부터 2년 이내에 정당의 발기인 또는 당원이 될 수 없도록 한 구 경찰법 제11조 제4항은 경찰청장의 정당설립 및 가입의 자유를 침해하는 조항이다.   O | X

경찰청장이 퇴임후 공직선거에 입후보하는 경우 당적취득금지의 형태로써 정당의 추천을 배제하고자 하는 이 사건 법률조항이 어느 정도로 입법목적인 '경찰청장 직무의 정치적 중립성'을 확보할 수 있을지 그 실효성이 의문시된다. 따라서 이 사건 법률조항은 정당의 자유를 제한함에 있어서 갖추어야 할 적합성의 엄격한 요건을 충족시키지 못한 것으로 판단되므로 이 사건 법률조항은 정당설립 및 가입의 자유를 침해하는 조항이다(헌재 1999.12.23. 99헌마135).

정답 056 X   057 X   058 X   059 ○

060

□□□

정당을 창당하고자 하는 창당준비위원회가 정당법상의 요건을 갖추어 등록을 신청하면 중앙선거관리위원회는 정당법상 외의 요건으로 이를 거부할 수 없고 반드시 수리하여야 한다. ○ | X

정당법 제15조도 "등록신청을 받은 관할 선거관리위원회는 형식적 요건을 구비하는 한 이를 거부하지 못한다."라고 규정하여, 정당이 정당법에서 정한 형식적 요건을 구비한 경우 중앙선거관리위원회는 이를 반드시 수리하도록 하고, 정당법에 명시된 요건이 아닌 다른 사유로 정당등록신청을 거부하는 등으로 정당설립의 자유를 제한할 수 없도록 하고 있다. 따라서 정당을 창당하고자 하는 창당준비위원회가 정당법상의 요건을 갖추어 등록을 신청하면, 중앙선거관리위원회는 정당법상 외의 요건으로 이를 거부할 수 없고 반드시 수리하여야 한다(헌재 2023.9.26. 2021헌가23 등).

061

□□□

정치활동을 하는 사람이 금품을 받았을 때에 그것이 비록 정치활동을 위하여 제공된 것이 아니더라도, 정치자금법 제45조 제1항의 위반죄로 처벌할 수 있다. ○ | X

정치자금법에서 수수를 금지하는 정치자금은 정치활동을 위하여 정치활동을 하는 자에게 제공되는 금전 등 일체를 의미한다. 금품이 '정치자금'에 해당하는지 여부는 그 금품이 '정치활동'을 위하여 제공되었는지 여부에 달려 있다. 따라서 정치활동을 하는 사람이 금품을 받았다고 해도 그것이 정치활동을 위하여 제공된 것이 아니라면 같은 법 제45조 제1항 위반죄로 처벌할 수 없다(대판 2018.5.11. 2018도3577).

062

□□□

국민의 자유로운 정당설립 및 가입을 제한하는 법률은 그 목적이 헌법상 허용된 것이어야 할 뿐만 아니라 중대한 것이어야 하고, 그를 넘어서 제한을 정당화하는 공익이나 대처해야 할 위험이 어느 정도 명백하게 현실적으로 존재해야만 비로소 헌법에 위반되지 아니한다. ○ | X

정당이 국민의 정치적 의사형성에서 차지하는 중요성과 정당에 대한 각별한 보호를 규정한 헌법적 결정에 비추어, 국민의 자유로운 정당설립 및 가입을 제한하는 법률은 그 목적이 헌법상 허용된 것이어야 할 뿐 아니라 중대한 것이어야 하고, 그를 넘어서 제한을 정당화하는 공익이나 대처해야 할 위험이 어느 정도 명백하게 현실적으로 존재해야만 비로소 헌법에 위반되지 아니한다(헌재 1999.12.23. 99헌마135).

063

□□□

정당설립의 자유는 비록 헌법 제8조 제1항 전단에 규정되어 있지만, 국민 개인과 정당의 기본권이라고 할 수 있으며, 당연히 이를 근거로 하여 헌법재판소법 제68조 제1항에 따른 헌법소원심판을 청구할 수 있다고 보아야 할 것이다. ○ | X

정당설립의 자유는 비록 헌법 제8조 제1항 전단에 규정되어 있지만 국민 개인과 정당의 '기본권'이라 할 수 있고, 당연히 이를 근거로 하여 헌법소원심판을 청구할 수 있다. 정당법상 정당등록요건을 다투는 정당(청구인)이 청구한 사건에서도 헌법 제21조 제1항 결사의 자유의 특별규정으로서, 헌법 제8조 제1항 전단의 '정당설립의 자유'가 침해 여부가 문제되는 기본권이라고 할 것이다(헌재 2006.3.30. 2004헌마246).

정답 060 ○   061 X   062 ○   063 ○

064
☐☐☐

합당하는 정당들은 대의기관의 결의나 합동회의의 결의로써 합당할 수 있으며, 신설정당이 합당 전 정당들의 권리·의무를 승계하지 않기로 정하였다면, 이는 정당내부의 자율적 규율 사항에 해당하므로 그 결의는 효력이 있다. O | X

정당법 제4조의2 제1항, 제2항에 의하면, 정당이 새로운 당명으로 합당(신설합당)하거나 다른 정당에 합당(흡수합당)될 때에는 합당을 하는 정당들의 대의기관이나 그 수임기관의 합동회의의 결의로써 합당할 수 있고, 정당의 합당은 소정의 절차에 따라 중앙선거관리위원회에 등록 또는 신고함으로써 성립하는 것으로 규정되어 있는 한편, 같은 조 제5항에 의하면, 합당으로 신설 또는 존속하는 정당은 합당 전 정당의 권리의무를 승계하는 것으로 규정되어 있는바, 위 정당법 조항에 의한 합당의 경우에 합당으로 인한 권리의무의 승계조항은 강행규정으로서 합당 전 정당들의 해당 기관의 결의나 합동회의의 결의로써 달리 정하였더라도 그 결의는 효력이 없다(대판 2002.2.8. 2001다68969).

065
☐☐☐

정당의 법적 성격은 일반적으로 사적·정치적 결사 내지는 법인격 없는 사단으로 파악되고 있지만, 국민의 정치적 의사형성에 중간 매개체적 역할을 수행하고 있으므로 공권력 행사의 주체가 될 수 있다. O | X

정당은 국민의 이익을 위하여 책임 있는 정치적 주장이나 정책을 추진하고 공직선거의 후보자를 추천 또는 지지함으로써 국민의 정치적 의사형성에 참여함을 목적으로 하는 국민의 자발적 조직으로, 그 법적 성격은 일반적으로 사적·정치적 결사 내지는 법인격 없는 사단으로 파악되고 있고, 이러한 정당의 법률관계에 대하여는 정당법의 관계 조문 이외에 일반 사법 규정이 적용되므로, 정당은 공권력 행사의 주체가 될 수 없다(헌재 2007.10.30. 2007헌마1128).

066
☐☐☐

정당해산심판의 사유 중 민주적 기본질서에 위배된다는 것은 민주사회의 불가결한 요소인 정당의 존립을 제약해야 할 만큼 그 정당의 목적이나 활동이 우리 사회의 민주적 기본질서에 대하여 실질적인 해악을 끼칠 수 있는 구체적 위험성을 초래하는 경우를 의미한다. O | X

헌법 제8조 제4항은 정당해산심판의 사유를 '정당의 목적이나 활동이 민주적 기본질서에 위배될 때'로 규정하고 있는데, 여기서 말하는 민주적 기본질서의 '위배'란, 민주적 기본질서에 대한 단순한 위반이나 저촉을 의미하는 것이 아니라, 민주사회의 불가결한 요소인 정당의 존립을 제약해야 할 만큼 그 정당의 목적이나 활동이 우리 사회의 민주적 기본질서에 대하여 실질적인 해악을 끼칠 수 있는 구체적 위험성을 초래하는 경우를 가리킨다(헌재 2014.12.19. 2013헌다1).

067
☐☐☐

헌법재판소의 해산결정에 의해 해산된 정당의 잔여재산은 국고에 귀속되나, 정당이 자진해산한 경우 잔여재산은 당헌이 정하는 바에 따라 처분하고, 처분되지 않은 재산은 국고에 귀속된다. O | X

정당법 제48조【해산된 경우 등의 잔여재산 처분】① 정당이 제44조 제1항의 규정에 의하여 등록이 취소되거나 제45조의 규정에 의하여 자진해산한 때에는 그 잔여재산은 당헌이 정하는 바에 따라 처분한다.
② 제1항의 규정에 의하여 처분되지 아니한 정당의 잔여재산 및 헌법재판소의 해산결정에 의하여 해산된 정당의 잔여재산은 국고에 귀속한다.

정답 064 X 065 X 066 O 067 O

068
□□□

헌법재판소의 위헌정당 해산결정으로 해산된 정당 소속의 국회의원의 의원직은 당선방식을 불문하고 모두 상실되어야 하나, 위헌정당 소속 비례대표지방의회의원은 의원직을 유지한다. O | X

헌법재판소의 정당해산결정이 있는 경우 그 정당 소속 국회의원의 의원직은 당선방식을 불문하고 모두 상실되어야 한다(헌재 2014.12.19. 2013헌다1). 공직선거법 제192조 제4항은 소속 정당이 헌법재판소의 정당해산결정에 따라 해산된 경우 비례대표 지방의회의원의 퇴직을 규정하는 조항이라고 할 수 없어 甲이 비례대표 지방의회의원의 지위를 상실하지 않았다(대판 2021.4.29. 2016두39825).

069
□□□

정당해산심판제도가 정당을 보호하기 위한 취지에서 도입된 것이고 다른 한편으로는 정당의 강제적 해산 가능성을 헌법상 인정하는 것이므로, 그 자체가 민주주의에 대한 제약이자 위협이 될 수는 없다. O | X

정당해산심판제도가 비록 정당을 보호하기 위한 취지에서 도입된 것이라 하더라도 다른 한편 이는 정당의 강제적 해산가능성을 헌법상 인정하는 것이므로, 그 자체가 민주주의에 대한 제약이자 위협이 될 수 있음을 또한 깊이 주의해야 한다. 정당해산심판제도는 운영 여하에 따라 그 자체가 민주주의에 대한 해악이 될 수 있으므로 일종의 극약처방인 셈이다. 따라서 정치적 비판자들을 탄압하기 위한 용도로 남용되는 일이 생기지 않도록 정당해산심판제도는 매우 엄격하고 제한적으로 운용되어야 한다(헌재 2014.12.19. 2013헌다1).

070
□□□

정당해산제도의 취지 등에 비추어 볼 때 헌법재판소의 정당해산결정이 있는 경우 그 정당 소속 국회의원의 의원직은 당선 방식을 불문하고 모두 상실되어야 한다. O | X

헌법재판소의 해산결정으로 정당이 해산되는 경우에 그 정당 소속 국회의원이 의원직을 상실하는지에 대하여 명문의 규정은 없으나, 정당해산심판제도의 본질은 민주적 기본질서에 위배되는 정당을 정치적 의사형성과정에서 배제함으로써 국민을 보호하는 데에 있는데 해산정당 소속 국회의원의 의원직을 상실시키지 않는 경우 정당해산결정의 실효성을 확보할 수 없게 되므로, 이러한 정당해산제도의 취지 등에 비추어 볼 때 헌법재판소의 정당해산결정이 있는 경우 그 정당 소속 국회의원의 의원직은 당선 방식을 불문하고 모두 상실되어야 한다(헌재 2014.12.19. 2013헌다1).

071
□□□

정당은 단순히 행정부의 통상적인 처분에 의해서는 해산될 수 없고, 오직 헌법재판소가 그 정당의 위헌성을 확인하고 해산의 필요성을 인정한 경우에만 정당정치의 영역에서 배제된다. O | X

모든 정당의 존립과 활동은 최대한 보장되며, 설령 어떤 정당이 민주적 기본질서를 부정하고 이를 적극적으로 공격하는 것으로 보인다 하더라도 국민의 정치적 의사형성에 참여하는 정당으로서 존재하는 한 우리 헌법에 의해 최대한 두텁게 보호되므로, 단순히 행정부의 통상적인 처분에 의해서는 해산될 수 없고, 오직 헌법재판소가 그 정당의 위헌성을 확인하고 해산의 필요성을 인정한 경우에만 정당정치의 영역에서 배제된다는 것이다(헌재 2014.12.19. 2013헌다1).

072
☐☐☐

정당해산심판제도는 정당 존립의 특권, 특히 그 중에서도 정부의 비판자로서 야당의 존립과 활동을 특별히 보장하고자 하는 헌법제정자의 규범적 의지의 산물로 이해되어야 한다. O | X

정당해산심판제도는 정당 존립의 특권, 특히 그 중에서도 정부의 비판자로서 야당의 존립과 활동을 특별히 보장하고자 하는 헌법제정자의 규범적 의지의 산물로 이해되어야 한다. 그러나 한편 이 제도로 인해서, 정당 활동의 자유가 인정된다 하더라도 민주적 기본질서를 침해해서는 안 된다는 헌법적 한계 역시 설정된다 할 것이다(헌재 2014.12.19. 2013헌다1).

제5절 선거제도

073
☐☐☐

국회는 국회의원지역구를 선거일 전 180일까지 확정하여야 한다. O | X

1년까지 확정하여야 한다.

> **공직선거법 제24조의2 【국회의원지역구 확정】** ① 국회는 국회의원지역구를 선거일 전 1년까지 확정하여야 한다.

074
☐☐☐

헌법은 국회의원 수의 하한을 200명으로 명시하고 있다. O | X

> **헌법 제41조** ② 국회의원의 수는 법률로 정하되, 200인 이상으로 한다.

075
☐☐☐

국회의 의원정수는 지역구국회의원과 비례대표국회의원을 향하여 총 300명이고, 지역구국회의원 253명과 비례대표국회의원 47명으로 구성되어 있으며, 하나의 국회의원지역선거구에서 선출할 국회의원의 정수는 1인이다. O | X

> **공직선거법 제21조 【국회의 의원정수】** ① 국회의 의원정수는 지역구국회의원 254명과 비례대표국회의원 46명을 합하여 300명으로 한다.
> ② 하나의 국회의원지역선거구(이하 "국회의원지역구"라 한다)에서 선출할 국회의원의 정수는 1인으로 한다.

정답 072 ○ 073 X 074 ○ 075 X

076
□□□

비례대표국회의원의석 가운데 연동배분의석수는 [(국회의원정수 × 해당 정당의 비례대표국회의원선거 득표비율) − 해당 정당의 지역구 국회의원 당선인수] ÷ 2의 계산식에 따른 값을 소수점 첫째자리에서 반올림하여 산정한다.　　　　O | X

> **공직선거법 제189조【비례대표국회의원의석의 배분과 당선인의 결정 · 공고 · 통지】** ② 비례대표국회의원의석은 다음 각 호에 따라 각 의석할당정당에 배분한다.
> 1. 각 의석할당정당에 배분할 의석수(이하 이 조에서 "연동배분의석수"라 한다)는 다음 계산식에 따른 값을 소수점 첫째자리에서 반올림하여 산정한다. 이 경우 연동배분의석수가 1보다 작은 경우 연동배분의석수는 0으로 한다.
>
> > 연동배분의석수
> > = [(국회의원정수 − 의석할당정당이 추천하지 않은 지역구 국회의원당선인수) × 해당 정당의 비례대표국회의원선거 득표비율 − 해당 정당의 지역구국회의원당선인수] ÷ 2

077
□□□

지역구국회의원선거 예비후보자의 기탁금 반환 사유로 예비후보자가 당의 공천심사에서 탈락하고 후보자 등록을 하지 않았을 경우를 규정하지 않은 것은 헌법에 위배된다.　　　　O | X

예비후보자가 본선거에서 정당후보자로 등록하려 하였으나 자신의 의사와 관계없이 정당 공천관리위원회의 심사에서 탈락하여 본선거의 후보자로 등록하지 아니한 것은 후보자 등록을 하지 못할 정도에 이르는 객관적이고 예외적인 사유에 해당한다. 따라서 이러한 사정이 있는 예비후보자가 납부한 기탁금은 반환되어야 함에도 불구하고, 심판대상조항이 이에 관한 규정을 두지 아니한 것은 입법형성권의 범위를 벗어난 과도한 제한이라고 할 수 있다. … 그러므로 심판대상조항은 과잉금지원칙에 반하여 청구인의 재산권을 침해한다(헌재 2018.1.25. 2016헌마541).

078
□□□

인터넷언론사에 대하여 선거일 전 90일부터 선거일까지 후보자 명의의 칼럼이나 저술을 게재하는 보도를 제한하는 구 인터넷선거보도 심의기준 등에 관한 규정 제8조 제2항 본문과 인터넷선거보도 심의기준 등에 관한 규정 제8조 제2항은 인터넷언론사 홈페이지에 청구인 명의의 칼럼을 게재한 자의 표현의 자유를 침해한다.　　　　O | X

이 사건 시기제한조항은 선거일 전 90일부터 선거일까지 후보자 명의의 칼럼 등을 게재하는 인터넷 선거보도가 불공정하다고 볼 수 있는지에 대해 구체적으로 판단하지 않고 이를 불공정한 선거보도로 간주하여 선거의 공정성을 해치지 않는 보도까지 광범위하게 제한한다. … 이 사건 시기제한조항은 과잉금지원칙에 반하여 청구인의 표현의 자유를 침해한다(헌재 2019.11.28. 2016헌마90).

079

□□□

선거활동에 관하여 대통령의 정치활동의 자유와 선거중립의무가 충돌하는 경우에는 후자가 강조되고 우선되어야 한다. O | X

오늘날의 대의민주주의하에서 선거는 국민이 통치기관을 결정·구성하는 방법이고 선출된 대표자에게 민주적 정당성을 부여함으로써 국민주권주의 원리를 실현하는 핵심적인 역할을 하고 있으므로 선거에서의 공정성 요청은 매우 중요하고 필연적인바, 공명선거의 책무는 우선적으로 국정의 책임자인 대통령에게 있다. 또한 선거에 관한 사무는 행정부와는 독립된 헌법기관인 선거관리위원회가 주관하게 되어 있지만(헌법 제114조 제1항), 선거를 구체적으로 실행하는 데 있어서 행정부 공무원의 지원과 협조 없이는 현실적으로 불가능하므로 행정부 수반인 대통령의 선거중립이 매우 긴요하다. 나아가 공무원들이 직업공무원제에 의하여 신분을 보장받고 있다 하여도, 최종적인 인사권과 지휘감독권을 갖고 있는 대통령의 정치적 성향을 의식하지 않을 수 없으므로 대통령의 선거개입은 선거의 공정을 해할 우려가 무척 높다. 결국 선거활동에 관하여 대통령의 정치활동의 자유와 선거중립의무가 충돌하는 경우에는 후자가 강조되고 우선되어야 한다(헌재 2008.1.17. 2007헌마700).

080

□□□

선거일 현재 금고 이상의 형의 선고를 받고 그 형이 실효되지 아니한 자는 피선거권이 없다. O | X

> 공직선거법 제19조【피선거권이 없는 자】선거일 현재 다음 각 호의 어느 하나에 해당하는 자는 피선거권이 없다.
> 2. 금고 이상의 형의 선고를 받고 그 형이 실효되지 아니한 자

081

□□□

선거범으로서 100만원 이상의 벌금형의 선고를 받고 그 형이 확정된 후 5년을 경과하지 아니한 자 또는 형의 집행유예의 선고를 받고 그 형이 확정된 후 10년을 경과하지 아니한 자에게 선거권을 부여하지 않는 공직선거법 조항은 선거권을 침해하지 않는다. O | X

선거권제한조항은 선거의 공정성을 확보하기 위한 것으로서, 선거권 제한의 대상과 요건, 기간이 제한적인 점, 선거의 공정성을 해친 바 있는 선거범으로부터 부정선거의 소지를 차단하여 공정한 선거가 이루어지도록 하기 위하여는 선거권을 제한하는 것이 효과적인 방법인 점, 법원이 선거범에 대한 형량을 결정함에 있어서 양형의 조건뿐만 아니라 선거권의 제한 여부에 대하여도 합리적 평가를 하게 되는 점, 선거권의 제한기간이 공직선거마다 벌금형의 경우는 1회 정도, 징역형의 집행유예의 경우에는 2-3회 정도 제한하는 것에 불과한 점 등을 종합하면, 선거권제한조항은 청구인들의 선거권을 침해한다고 볼 수 없다(헌재 2018.1.25. 2015헌마821 등).

082

□□□

대통령으로 선거될 수 있는 자는 국회의원의 피선거권이 있고 선거일 현재 45세에 달하여야 한다. O | X

대통령으로 선거될 수 있는 자는 선거일 현재 45세가 아니라 '40세'에 달하여야 한다.

정답 079 ○ 080 ○ 081 ○ 082 X

083
□□□

대통령후보자가 1인일 때에는 그 득표수가 선거권자 총수의 3분의 1 이상이 아니면 대통령으로 당선될 수 없다.　　　　　　　　　　　　　　　　　　　　　　　　　　　　　　　　　　　　　O | X

> **헌법 제67조** ③ 대통령후보자가 1인일 때에는 그 득표수가 선거권자 총수의 3분의 1 이상이 아니면 대통령으로 당선될 수 없다.

084
□□□

정당이 비례대표 의석배분에 참여하기 위해서는 지역구 국회의원선거에서 3 이상의 의석을 차지하거나 비례대표 국회의원선거에서 100분의 5 이상을 득표하여야 한다.　　　　　　　　　　　　O | X

임기만료에 따른 비례대표국회의원선거에서 전국 유효투표총수의 100분의 3 이상을 득표한 정당이거나 임기만료에 따른 지역구국회의원선거에서 5 이상의 의석을 차지한 정당에 대하여 비례대표국회의원의석을 배분한다.

> **공직선거법 제189조【비례대표국회의원의석의 배분과 당선인의 결정·공고·통지】** ① 중앙선거관리위원회는 다음 각 호의 어느 하나에 해당하는 정당(이하 이 조에서 "의석할당정당"이라 한다)에 대하여 비례대표국회의원의석을 배분한다.
> 1. 임기만료에 따른 비례대표국회의원선거에서 전국 유효투표총수의 100분의 3 이상을 득표한 정당
> 2. 임기만료에 따른 지역구국회의원선거에서 5 이상의 의석을 차지한 정당

085
□□□

지역구 국회의원에 궐원이 생긴 경우에도 보궐선거일로부터 임기만료일까지의 기간이 1년 미만인 경우에는 보궐선거를 실시하지 않을 수 있다.　　　　　　　　　　　　　　　　　　　　　　O | X

> **공직선거법 제201조【보궐선거등에 관한 특례】** ① 보궐선거 등(대통령선거·비례대표국회의원선거 및 비례대표지방의회의원선거를 제외한다. 이하 이 항에서 같다)은 그 선거일부터 임기만료일까지의 기간이 1년 미만이거나, 지방의회의 의원정수의 4분의 1 이상이 궐원(임기만료일까지의 기간이 1년 이상인 때에 재선거·연기된 선거 또는 재투표사유로 인한 경우를 제외한다)되지 아니한 경우에는 실시하지 아니할 수 있다. 이 경우 지방의회의 의원정수의 4분의 1 이상이 궐원되어 보궐선거 등을 실시하는 때에는 그 궐원된 의원 전원에 대하여 실시하여야 한다.

086
□□□

국회의원의 임기가 개시된 후에 실시하는 보궐선거에 의한 의원의 임기는 당선이 결정된 때부터 개시되며 전임자의 잔임기간으로 한다.　　　　　　　　　　　　　　　　　　　　　　　　O | X

> **공직선거법 제14조【임기개시】** ② 국회의원과 지방의회의원(이하 이 항에서 "의원"이라 한다)의 임기는 총선거에 의한 전임의원의 임기만료일의 다음 날부터 개시된다. 다만, 의원의 임기가 개시된 후에 실시하는 선거와 지방의회의원의 증원선거에 의한 의원의 임기는 당선이 결정된 때부터 개시되며 전임자 또는 같은 종류의 의원의 잔임기간으로 한다.

정답 083 ○　084 X　085 ○　086 ○

087
☐☐☐

대통령, 국회의원, 지방자치단체의 장 및 지방의회의원 선거에 있어서 당선의 효력에 이의가 있는 선거인은 대법원에 소를 제기할 수 있다.　　　　　　　　　　　　　　　　　　　　　　　　　O | X

대통령선거, 국회의원선거, 비례대표 시·도의원선거, 시·도지사선거에 있어서는 대법원에 소를 제기할 수 있고, 지역구 시·도의원선거, 자치구·시·군의원선거, 자치구·시·군의 장 선거에 있어서는 그 선거구를 관할하는 고등법원에 소를 제기할 수 있다.

088
☐☐☐

대통령선거에서 당선의 효력에 이의가 있는 경우, 후보자를 추천한 정당 또는 후보자는 당선인결정일부터 30일 이내에 그 사유에 따라 당선인을 피고로 하거나 그 당선인을 결정한 중앙선거관리위원회위원장 또는 국회의장을 피고로 하여 대법원에 소를 제기할 수 있다.　　　　　　　　　　　　O | X

> **공직선거법 제223조【당선소송】** ① 대통령선거 및 국회의원선거에 있어서 당선의 효력에 이의가 있는 정당(후보자를 추천한 정당에 한한다) 또는 후보자는 당선인결정일부터 30일 이내에 제52조 제1항·제3항 또는 제192조 제1항부터 제3항까지의 사유에 해당함을 이유로 하는 때에는 당선인을, 제187조(대통령당선인의 결정·공고·통지) 제1항·제2항, 제188조(지역구국회의원당선인의 결정·공고·통지) 제1항 내지 제4항, 제189조(비례대표국회의원 의석의 배분과 당선인의 결정·공고·통지) 또는 제194조(당선인의 재결정과 비례대표국회의원 의석 및 비례대표지방의회의원 의석의 재배분) 제4항의 규정에 의한 결정의 위법을 이유로 하는 때에는 대통령선거에 있어서는 그 당선인을 결정한 중앙선거관리위원회 위원장 또는 국회의장을, 국회의원선거에 있어서는 당해 선거구선거관리위원회 위원장을 각각 피고로 하여 대법원에 소를 제기할 수 있다.

089
☐☐☐

국회의원선거에서 선거구구역표의 일부에 위헌적 요소가 있는 경우에는 선거구구역표 전체를 위헌이라고 할 수 있다.　　　　　　　　　　　　　　　　　　　　　　　　　　　　　　　　　O | X

선거구구역표는 각 선거구가 서로 유기적으로 관련을 가짐으로써 한 부분에서의 변동은 다른 부분에서도 연쇄적으로 영향을 미치는 성질을 가진다. 이러한 의미에서 선거구구역표는 전체가 불가분의 일체를 이루는 것으로서 어느 한 부분에 위헌적인 요소가 있다면, 선거구구역표 전체가 위헌의 하자를 갖는 것이라고 보아야 한다 (헌재 2014.10.30. 2012헌마192 등).

090
☐☐☐

국회의원선거에 있어서 선거의 효력에 관하여 이의가 있는 선거인·정당(후보자를 추천한 정당에 한한다) 또는 후보자는 선거일로부터 45일 이내에 헌법재판소에 소를 제기할 수 있다.　　　　　O | X

30일 이내에 당해 선거구선거관리위원회위원장을 피고로 하여 대법원에 소를 제기할 수 있다.

> **공직선거법 제222조【선거소송】** ① 대통령선거 및 국회의원선거에 있어서 선거의 효력에 관하여 이의가 있는 선거인·정당(후보자를 추천한 정당에 한한다) 또는 후보자는 선거일부터 30일 이내에 당해 선거구선거관리위원회위원장을 피고로 하여 대법원에 소를 제기할 수 있다.

정답 087 X　088 ○　089 ○　090 X

091
☐☐☐

헌법은 법률이 정하는 바에 따라 모든 국민이 선거권을 가지도록 하고 있는데, 이는 보통선거의 원칙을 의미한다. O | X

보통선거의 원칙은 일정한 연령에 달한 모든 국민에게 선거권을 인정하여야 한다는 것을 의미한다. 헌법 제24조의 내용이 이에 속한다.

> **헌법 제24조** 모든 국민은 법률이 정하는 바에 의하여 선거권을 가진다.

092
☐☐☐

선거제도가 민주주의원리 나아가 국민주권의 원리에 부합하기 위해서 국민의 의사를 제대로 반영하고 국민의 자유로운 선택을 보장하여야 한다. O | X

선거는 주권자인 국민이 그 주권을 행사하는 통로이므로 선거제도는 첫째, 국민의 의사를 제대로 반영하고, 둘째, 국민의 자유로운 선택을 보장하여야 하고, 셋째, 정당의 공직선거 후보자의 결정과정이 민주적이어야 하며, 그렇지 않으면 민주주의원리 나아가 국민주권의 원리에 부합한다고 볼 수 없다(헌재 2001.7.19. 2000헌마91 등).

093
☐☐☐

선거제도는 선거구 당 선출되는 의원정수에 따라 소선거구제, 중선거구제, 대선거구제로 나눌 수 있고, 대표의 결정방식에 따라 다수대표제, 소수대표제 및 비례대표제 등으로 구분된다. O | X

선거구 당 선출되는 의원정수에 따라 소선거구제, 중선거구제, 대선거구제로 나눌 수 있고, 대표의 결정방식에 따라 다수대표제, 소수대표제 및 비례대표제 등으로 나눌 수 있다.

094
☐☐☐

우리나라 국회의원선거는 소선거구제, 절대다수대표제 및 비례대표제를 함께 채택하고 있다. O | X

절대다수대표제가 아닌 상대다수대표제이다. 우리나라의 국회의원선거는 소선거구제와 상대적으로 가장 많은 유효투표를 득표한 사람을 선출하는 상대다수대표제, 비례대표제를 함께 채택하고 있다.

095
☐☐☐

우리나라는 선거의 공정성과 선거운동의 기회균등을 보장하기 위해 선거공영제를 채택하여 선거에 관한 경비를 법률이 정하는 경우를 제외하고는 정당 또는 후보자에게 부담시킬 수 없다. O | X

선거공영제는 선거에 관한 경비를 국가가 부담함으로써 선거운동에 있어서 기회균등을 보장하는 제도로 헌법 제116조에 규정되어 있다.

> **헌법 제116조** ① 선거운동은 각급 선거관리위원회의 관리하에 법률이 정하는 범위 안에서 하되, 균등한 기회가 보장되어야 한다.
> ② 선거에 관한 경비는 법률이 정하는 경우를 제외하고는 정당 또는 후보자에게 부담시킬 수 없다.

정답 091 ○ 092 ○ 093 ○ 094 X 095 ○

096

대통령 후보자가 1인일 때에는 그 득표수가 선거권자 총수의 과반수가 아니면 대통령으로 당선될 수 없다.
O | X

과반수가 아닌 3분의 1 이상이다.

> **헌법 제67조** ③ 대통령후보자가 1인일 때에는 그 득표수가 선거권자 총수의 3분의 1 이상이 아니면 대통령으로 당선될 수 없다.

097

대통령선거 예비후보자등록을 신청하는 사람에게 대통령선거 기탁금의 100분의 20에 해당하는 금액인 6,000만 원을 기탁금으로 납부하도록 한 공직선거법 조항 중 해당부분은 경제력이나 조직력이 약한 사람의 예비후보자등록을 억제하거나 예비후보자로 나서는 것 자체를 원천적으로 차단하게 되어 대통령선거 예비후보자의 공무담임권을 침해한다.
O | X

심판대상조항에서 정한 기탁금의 액수가 입법형성권의 범위와 한계를 넘어 지나치게 과다하거나 불합리한 금액이라고 볼 수 없고, 기탁금제도보다 명백히 덜 침해적인 다른 방법이 존재한다고 할 수도 없으므로, 심판대상조항은 침해의 최소성 원칙에 반하지 않는다. 심판대상조항은 과잉금지원칙을 위반하여 공무담임권을 침해하지 않는다(헌재 2015.7.30. 2012헌마402). 선지의 내용은 반대의견의 내용이다.

098

헌법은 대통령의 임기가 만료되는 때에는 임기만료 70일 내지 40일 전에 후임자를 선거하고, 대통령이 궐위된 때 또는 대통령 당선자가 사망하거나 판결 기타의 사유로 그 자격을 상실한 때에는 60일 이내에 후임자를 선거한다고 규정한다.
O | X

> **헌법 제68조** ① 대통령의 임기가 만료되는 때에는 임기만료 70일 내지 40일 전에 후임자를 선거한다.
> ② 대통령이 궐위된 때 또는 대통령 당선자가 사망하거나 판결 기타의 사유로 그 자격을 상실한 때에는 60일 이내에 후임자를 선거한다.

099

전임자의 임기가 만료된 후에 실시하는 선거와 궐위로 인한 선거에 의한 대통령의 임기는 선거일의 다음 날 0시부터 개시된다.
O | X

당선이 결정된 때부터 개시된다.

> **공직선거법 제14조 【임기개시】** ① 대통령의 임기는 전임대통령의 임기만료일의 다음날 0시부터 개시된다. 다만, 전임자의 임기가 만료된 후에 실시하는 선거와 궐위로 인한 선거에 의한 대통령의 임기는 당선이 결정된 때부터 개시된다.

정답 096 X 097 X 098 ○ 099 X

100
□□□

선거운동의 자유는 선거의 공정성이라는 또 다른 가치를 위하여 무제한 허용될 수는 없는 것이고, 선거운동이 허용되거나 금지되는 사람의 인적 범위는 입법자가 재량의 범위 내에서 직무의 성질과 내용 등 제반 사정을 종합적으로 검토하여 정할 사항이므로 제한입법의 위헌여부에 대하여는 다소 완화된 심사기준이 적용되어야 한다. O | X

선거운동의 자유도 무제한일 수는 없는 것이고, 선거의 공정성이라는 또 다른 가치를 위하여 어느 정도 선거운동의 주체, 기간, 방법 등에 대한 규제가 행하여지지 않을 수 없다. 다만 선거운동은 국민주권 행사의 일환일 뿐 아니라 정치적 표현의 자유의 한 형태로서 민주사회를 구성하고 움직이게 하는 요소이므로 그 제한입법의 위헌여부에 대하여는 엄격한 심사기준이 적용되어야 할 것이다(헌재 2018.2.22. 2015헌바124).

101
□□□

선거운동의 자유는 널리 선거과정에서 자유로이 의사를 표현할 자유의 일환이므로 표현의 자유의 한 태양이기도 한데, 이러한 정치적 표현의 자유는 선거과정에서의 선거운동을 통하여 국민이 정치적 의견을 자유로이 발표, 교환함으로써 비로소 그 기능을 다하게 된다 할 것이므로 선거운동의 자유는 헌법이 정한 언론·출판·집회·결사의 자유 및 보장규정에 의한 보호를 받는다. O | X

선거운동의 자유는 널리 선거과정에서 자유로이 의사를 표현할 자유의 일환이므로 표현의 자유의 한 태양이기도 한데, 이러한 정치적 표현의 자유는 선거과정에서의 선거운동을 통하여 국민이 정치적 의견을 자유로이 발표, 교환함으로써 비로소 그 기능을 다하게 된다 할 것이므로 선거운동의 자유는 헌법이 정한 언론·출판·집회·결사의 자유의 보장규정에 의한 보호를 받는다(헌재 2004.4.29. 2002헌마467).

102
□□□

신체의 장애로 인하여 자신이 기표할 수 없는 선거인에 대해 투표보조인이 가족이 아닌 경우 반드시 투표보조인 2인을 동반하여서만 투표를 보조하게 할 수 있도록 정한 공직선거법 조항은 비밀선거의 원칙에 대한 예외를 정하고 있지만, 형사처벌을 통해 투표보조인이 선거인의 투표의 비밀을 침해하는 것을 방지하여 투표의 비밀이 유지되도록 하고 있으므로 선거권을 침해하지 않는다. O | X

심판대상조항은 신체의 장애로 인하여 자신이 기표할 수 없는 선거인의 선거권을 실질적으로 보장하고, 투표보조인이 장애인의 선거권 행사에 부당한 영향력을 미치는 것을 방지하여 선거의 공정성을 확보하기 위한 것이므로, 입법목적의 정당성이 인정된다. 또한 심판대상조항이 투표보조인이 가족이 아닌 경우 반드시 2인을 동반하도록 한 것은 위와 같은 목적을 달성하기 위한 적절한 수단이므로, 수단의 적합성도 인정된다. 중앙선거관리위원회는 실무상 선거인이 투표보조인 2인을 동반하지 않은 경우 투표사무원 중에 추가로 투표보조인으로 선정하여 투표를 보조할 수 있도록 함으로써 선거권 행사를 지원하고 있으며, 공직선거법은 처벌규정을 통해 투표보조인이 비밀유지의무를 준수하도록 강제하고 있다. 따라서 심판대상조항은 침해의 최소성원칙에 반하지 않는다. 심판대상조항이 달성하고자 하는 공익은 중증장애인의 실질적인 선거권 보장과 선거의 공정성 확보로서 매우 중요한 반면, 심판대상조항으로 인해 청구인이 받는 불이익은 투표보조인이 가족이 아닌 경우 2인을 동반해야 하므로, 투표보조인이 1인인 경우에 비하여 투표의 비밀이 더 유지되기 어렵고, 투표보조인을 추가로 섭외해야 한다는 불편에 불과하므로, 심판대상조항은 법익의 균형성원칙에 반하지 않는다. 그러므로 심판대상조항은 비밀선거의 원칙에 대한 예외를 두고 있지만 필요하고 불가피한 예외적인 경우에 한하고 있으므로, 과잉금지원칙에 반하여 청구인의 선거권을 침해하지 않는다(헌재 2020.5.27. 2017헌마867).

103
□□□

선거운동기간 전에 개별적으로 대면하여 말로 하는 선거운동을 형사처벌하도록 한 구 공직선거법 조항은 정치적 표현의 자유를 침해한다. O | X

선거운동을 어느 정도 규제하는 것에 불가피한 측면이 있더라도, 그 제한의 정도는 정치·사회적 발전단계와 국민의식의 성숙도 등을 종합하여 합리적으로 결정해야 한다. 오늘날, 일부 미흡한 측면이 있더라도 공정한 선거제도가 확립되고 국민의 정치의식이 높아지고 있으며, 입법자도 선거운동의 자유를 최대한 보장할 필요가 있다는 반성적 고려 하에 2020.12.29. 공직선거법 개정을 통해 선거과열 등 부작용을 초래할 위험성이 적은 선거운동 방법에 대한 선거운동기간 규제를 완화한 상황이다. 그럼에도 심판대상조항은 입법목적을 달성하는 데 지장이 없는 선거운동방법, 즉 돈이 들지 않는 방법으로서 '후보자 간 경제력 차이에 따른 불균형 문제'나 '사회·경제적 손실을 초래할 위험성'이 낮은, 개별적으로 대면하여 말로 지지를 호소하는 선거운동까지 금지하고 처벌함으로써, 과잉금지원칙에 반하여 선거운동 등 정치적 표현의 자유를 과도하게 제한하고 있다. 결국 이 사건 선거운동기간조항 중 선거운동기간 전에 개별적으로 대면하여 말로 하는 선거운동에 관한 부분, 이 사건 처벌조항 중 '그 밖의 방법'에 관한 부분 가운데 개별적으로 대면하여 말로 하는 선거운동을 한 자에 관한 부분은 과잉금지원칙에 반하여 선거운동 등 정치적 표현의 자유를 침해한다(헌재 2022.2.24. 2018헌바146).

104
□□□

지역구국회의원선거에 있어서 당해 국회의원지역구에서 유효투표의 다수를 얻은 자를 당선인으로 결정하는 소선거구 다수대표제를 규정한 공직선거법 조항은 다른 선거제도를 배제하는 것으로서 평등권과 선거권을 침해한다. O | X

소선거구 다수대표제는 다수의 사표가 발생할 수 있다는 문제점이 제기됨에도 불구하고 정치의 책임성과 안정성을 강화하고 인물 검증을 통해 당선자를 선출하는 등 장점을 가지며, 선거의 대표성이나 평등선거의 원칙 측면에서도 다른 선거제도와 비교하여 반드시 열등하다고 단정할 수 없다. 또한 비례대표선거제도를 통하여 소선거구 다수대표제를 채택함에 따라 발생하는 정당의 득표비율과 의석비율간의 차이를 보완하고 있다. 그리고 유권자들의 후보들에 대한 각기 다른 지지는 자연스러운 것이고, 선거제도상 모든 후보자들을 당선시키는 것은 불가능하므로 사표의 발생은 불가피한 측면이 있다. 이러한 점들을 고려하면, 선거권자들에게 성별, 재산 등에 의한 제한 없이 모두 투표참여의 기회를 부여하고(보통선거), 선거권자 1인의 투표를 1표로 계산하며(평등선거), 선거결과가 선거권자에 의해 직접 결정되고(직접선거), 투표의 비밀이 보장되며(비밀선거), 자유로운 투표를 보장함으로써(자유선거) 헌법상의 선거원칙은 모두 구현되는 것이므로, 이에 더하여 국회의원선거에서 사표를 줄이기 위해 소선거구 다수대표제를 배제하고 다른 선거제도를 채택할 것까지 요구할 수는 없다. 따라서 심판대상조항이 청구인의 평등권과 선거권을 침해한다고 할 수 없다.

105
□□□

지방자치단체장 선거에서 각급선거방송토론위원회가 필수적으로 개최하는 대담·토론회에 대한 참석 기회는 모든 후보자에게 공평하게 주어져야 하므로 그 초청 자격을 제한하고 있는 공직선거법 조항은 후보자들의 선거운동의 기회균등원칙과 관련한 평등권을 침해한다. O | X

토론회조항은 지방자치단체장선거에서 각급선거방송토론위원회가 초청대상 후보자 대담·토론회를 개최할 때의 그 초청자격을 제한하고 있는데, 이러한 제한을 두지 않는다면 대담·토론회는 후보자들의 정견발표회 수준에 그치게 되고 실질적인 정책의 비교나 심층적인 정책의 토론이 이루어진다거나 후보자들 간의 자질과 정치적인 능력의 비교가 불가능해질 수 있으므로, 대담·토론회의 장점을 극대화하여 실질적인 정책 비교 및 후보의 자질 검증의 기회를 마련할 필요가 있다. 이 사건 토론회조항은 전체 국민을 대상으로 한 선거를 통하여 이미 국민의 일정한 지지가 검증되었다고 볼 수 있는 정당의 추천을 받은 사람, 지난 선거에서 일정 수 이상의 득표를 함으로써 해당 지역의 선거구 내 주민들의 일정한 지지가 검증되었다고 볼 수 있는 사람, 위와 같은 요건을 갖추지는 못하였지만 여론조사를 통하여 해당 지역 유권자들의 관심과 지지가 어느 정도 확보되고, 그러한 사실이 확인될 수 있는 사람을 대상으로 하고 있는바, 그 요건이 자의적이라고 볼 수 없다. 이 사건 토론회조항은 선거운동의 기회균등원칙과 관련한 평등권을 침해하지 않는다(헌재 2019.9.26. 2018헌마128).

정답 103 ○ 104 X 105 X

106

□□□

대통령 및 국회의원의 선거권 연령은 헌법에 18세 이상으로 명문화되어 있다.　　　O | X

헌법이 아닌 공직선거법에 명문화되어 있다.

> **공직선거법 제15조【선거권】** ① 18세 이상의 국민은 대통령 및 국회의원의 선거권이 있다. 다만, 지역구국회의
> 원의 선거권은 18세 이상의 국민으로서 제37조 제1항에 따른 선거인명부작성기준일 현재 다음 각 호의 어느
> 하나에 해당하는 사람에 한하여 인정된다.

107

□□□

대통령선거에 있어서 최고득표자가 2인 이상인 때에는 국회의 재적의원 과반수가 출석한 공개회의에서
다수표를 얻은 자를 당선자로 한다.　　　O | X

> **헌법 제67조** ② 제1항의 선거에 있어서 최고득표자가 2인 이상인 때에는 국회의 재적의원 과반수가 출석한
> 공개회의에서 다수표를 얻은 자를 당선자로 한다.

108

□□□

출입국관리법 제10조에 따른 영주의 체류자격 취득일 후 3년이 경과한 외국인으로서 같은 법 제34조에 따
라 해당 지방자치단체의 외국인등록대장에 올라 있는 사람은 그 구역에서 선거하는 지방자치단체의 의회
의원 및 장의 선거권이 있다.　　　O | X

> **공직선거법 제15조【선거권】** ② 18세 이상으로서 제37조 제1항에 따른 선거인명부작성기준일 현재 다음
> 각 호의 어느 하나에 해당하는 사람은 그 구역에서 선거하는 지방자치단체의 의회의원 및 장의 선거권이
> 있다.
> 3. 출입국관리법 제10조에 따른 영주의 체류자격 취득일 후 3년이 경과한 외국인으로서 같은 법 제34조에
> 따라 해당 지방자치단체의 외국인등록대장에 올라 있는 사람

109

□□□

임기만료에 의한 국회의원선거의 선거일은 그 임기만료일전 60일 이후 첫번째 수요일이다.　　　O | X

국회의원선거는 그 임기만료일전 50일 이후 첫번째 수요일이다.

> **공직선거법 제34조【선거일】** ① 임기만료에 의한 선거의 선거일은 다음 각호와 같다.
> 1. 대통령선거는 그 임기만료일전 70일 이후 첫번째 수요일
> 2. 국회의원선거는 그 임기만료일전 50일 이후 첫번째 수요일
> 3. 지방의회의원 및 지방자치단체의 장의 선거는 그 임기만료일전 30일 이후 첫번째 수요일

정답 106 X　107 ○　108 ○　109 X

110
☐☐☐

지역구국회의원선거 예비후보자가 정당의 공천심사에서 탈락한 후 후보자등록을 하지 않은 경우를 기탁금 반환 사유로 규정하지 않은 공직선거법 조항은 과잉금지원칙에 반하여 예비후보자의 재산권을 침해한다.   O | X

지역구국회의원선거와 지방자치단체의 장선거는 헌법상 선거제도 규정 방식이나 선거대상의 지위와 성격, 기관의 직무 및 기능, 선거구 수 등에 있어 차이가 있을 뿐, 예비후보자의 무분별한 난립을 막고 책임성을 강화하며 그 성실성을 담보하고자 하는 기탁금제도의 취지 측면에서는 동일하므로, 헌법재판소의 2016헌마541 결정에서의 판단은 이 사건에서도 타당하고, 그 견해를 변경할 사정이 있다고 보기 어려우므로, 지방자치단체의 장선거에 있어 정당의 공천심사에서 탈락한 후 후보자등록을 하지 않은 경우를 기탁금 반환 사유로 규정하지 않은 심판대상조항은 과잉금지원칙에 반하여 헌법에 위반된다(헌재 2020.9.24. 2018헌가15).

111
☐☐☐

예비후보자 선거비용을 후보자가 부담한다고 하더라도 그것이 지나치게 다액이라서 선거공영제의 취지에 반하는 정도에 이른다고 할 수는 없고, 예비후보자의 선거비용을 보전해 줄 경우 선거가 조기에 과열되어 악용될 소지가 있으므로 지역구국회의원선거에서 예비후보자의 선거비용을 보전대상에서 제외하고 있는 공직선거법 조항은 청구인들의 선거운동의 자유를 침해하지 않는다.   O | X

선거비용 보전 제한조항이 달성하려는 공익은 선거가 조기에 과열되거나 불필요한 선거운동이 남용되어 선거과정이 혼탁해지는 것을 방지하고 선거공영제를 운영함에 있어 국가 예산을 효율적으로 집행하려는 것이다. 예비후보자 선거비용을 보전해줄 경우 선거가 조기에 과열되어 정치신인이 자신을 홍보할 수 있게 해준다는 예비후보자 제도의 취지를 넘어서 선거운동을 하는 수단으로 악용될 수 있다. 그러한 경우 예비후보자 시기에서부터 탈법적인 선거운동이 발생하거나 예비후보자 선거비용이 증가함에 따라 선거비용 제한을 면탈하려는 시도들이 발생할 가능성이 커지는 등 이를 단속하기 위한 행정력의 낭비도 증가할 수 있다. 반면 선거비용 보전 제한조항으로 인하여 후보자가 받는 불이익은 예비후보자 선거비용을 보전받을 수 없어 선거운동에 있어 일부 경제적 부담을 지게 된다는 것이다. 그러나 예비후보자도 후원회를 통해 후원금을 기부받아 선거비용을 지출할 수 있으므로, 그 노력 여하에 따라 상당한 수준의 경제적 부담이 경감될 수 있다. 이처럼 후보자가 선거비용 보전 제한조항으로 인하여 받게 되는 불이익이 보호하려고 하는 공익보다 더 크다고 할 수 없으므로, 선거비용 보전 제한조항은 법익균형성원칙에도 반하지 않는다.선거비용 보전 제한조항은 후보자에게 선거공영제에 반하는 과도한 부담을 지우는 것이라고 할 수 없으므로, 청구인들의 선거운동의 자유를 침해하지 않는다(헌재 2018.7.26. 2016헌마524).

112
☐☐☐

부재자투표시간을 오전 10시부터 오후 4시까지로 정하고 있는 공직선거법 제155조 제2항 본문 중 '오전 10시에 열고' 부분은 투표관리의 효율성을 도모하고 행정부담을 줄이며, 부재자투표의 인계·발송절차의 지연위험 등을 경감하기 위한 것이므로 청구인의 선거권이나 평등권을 침해하지 않는다.   O | X

이 사건 투표시간조항이 투표개시시간을 일과시간 이내인 오전 10시부터로 정한 것은 투표시간을 줄인 만큼 투표관리의 효율성을 도모하고 행정부담을 줄이는 데 있고, 그 밖에 부재자투표의 인계·발송절차의 지연위험 등과는 관련이 없다. 이에 반해 일과시간에 학업이나 직장업무를 하여야 하는 부재자투표자는 이 사건 투표시간조항 중 투표개시시간 부분으로 인하여 일과시간 이전에 투표소에 가서 투표할 수 없게 되어 사실상 선거권을 행사할 수 없게 되는 중대한 제한을 받는다. 따라서 이 사건 투표시간조항 중 투표개시시간 부분은 수단의 적정성, 법익균형성을 갖추지 못하므로 과잉금지원칙에 위배하여 청구인의 선거권과 평등권을 침해하는 것이다(헌재 2012.2.23. 2010헌마601).

정답 110 ○ 111 ○ 112 X

113
☐☐☐

신체의 장애로 인하여 자신이 기표할 수 없는 선거인에 대해 투표보조인이 가족이 아닌 경우 반드시 2인을 동반하여서만 투표를 보조하게 할 수 있도록 정하고 있는 공직선거법 조항은 선거의 공정성을 확보하는 데 치우친 나머지 비밀선거의 중요성을 간과하고 있으므로 과잉금지원칙에 반하여 청구인의 선거권을 침해한다.   O | X

심판대상조항으로 인해 청구인이 받는 불이익은 투표보조인이 가족이 아닌 경우 2인을 동반해야 하므로, 투표보조인이 1인인 경우에 비하여 투표의 비밀이 더 유지되기 어렵고, 투표보조인을 추가로 섭외해야 한다는 불편이다. 그런데 앞에서 살펴본 것처럼 중앙선거관리위원회는 실무상 선거인이 가족이 아닌 투표보조인 2인을 동반하지 않은 경우 투표참관인의 입회 아래 투표사무원 중 1인 또는 2인을 투표보조인으로 선정하여 투표보조인 2인이 투표를 보조할 수 있도록 함으로써 선거인이 투표보조인을 섭외해야 하는 불편을 해소하고 있고, 이러한 투표보조인 2인은 중증장애인의 선거권 행사를 실질적으로 보장하고 선거의 공정성을 확보하기 위한 최소한의 인원이라는 점에서 그 불이익이 크다고 보기 어렵다. 나아가 공직선거법은 형사처벌을 통해 투표보조인이 선거인의 투표의 비밀을 침해하는 것을 방지하여 투표의 비밀이 유지되도록 하고 있다. 따라서 심판대상조항으로 달성하고자 하는 공익이 청구인이 받는 불이익보다 더 크다고 할 수 있으므로, 심판대상조항은 법익의 균형성원칙에 반하지 않는다. 그러므로 심판대상조항은 비밀선거의 원칙에 대한 예외를 두고 있지만 필요하고 불가피한 예외적인 경우에 한하고 있으므로, 과잉금지원칙에 반하여 청구인의 선거권을 침해하지 않는다(헌재 2020.5.27. 2017헌마867).

114
☐☐☐

헌법 제41조 제1항 및 제67조 제1항은 국회의원 및 대통령 선거에 관한 헌법상 일반원칙으로 보통·평등·직접·비밀·자유선거원칙을 직접 규정하고 있다.   O | X

자유선거원칙은 직접 규정하고 있지 않다.

> **헌법 제41조** ① 국회는 국민의 보통·평등·직접·비밀선거에 의하여 선출된 국회의원으로 구성한다.
> **제67조** ① 대통령은 국민의 보통·평등·직접·비밀선거에 의하여 선출한다.

115
☐☐☐

국내에 주민등록이 되어 있는 국민에 대해서만 선거권을 인정하고 국내에 주민등록이 되어 있지 아니한 재외국민에 대해서 선거권을 인정하고 있지 않은 구 공직선거및부정방지법 제37조 제1항은 부진정입법부작위에 해당한다.   O | X

공직선거및선거부정방지법 제37조 제1항은 국민 중 국내에 주민등록이 되어 있는 국민에 대하여 선거권을 인정하고 있을 뿐 국내에 주민등록이 되어 있지 아니한 재외국민에 대하여서는 선거권을 인정할 수 없음을 분명히 하고 있으므로 이른바 부진정입법부작위에 해당한다(헌재 1999.1.28. 97헌마253).

116

☐☐☐ 집행유예자와 수형자에 대하여 선거권을 제한하는 것은 과잉금지원칙에 위배하여 선거권을 침해한다고 할 수 없다. O I X

심판대상조항의 입법목적에 비추어 보더라도, 구체적인 범죄의 종류나 내용 및 불법성의 정도 등과 관계없이 일률적으로 선거권을 제한하여야 할 필요성이 있다고 보기는 어렵다. 범죄자가 저지른 범죄의 경중을 전혀 고려하지 않고 수형자와 집행유예자 모두의 선거권을 제한하는 것은 침해의 최소성원칙에 어긋난다. 특히 집행유예자는 집행유예 선고가 실효되거나 취소되지 않는 한 교정시설에 구금되지 않고 일반인과 동일한 사회생활을 하고 있으므로, 그들의 선거권을 제한해야 할 필요성이 크지 않다. 따라서 심판대상조항은 청구인들의 선거권을 침해하고, 보통선거원칙에 위반하여 집행유예자와 수형자를 차별취급하는 것이므로 평등원칙에도 어긋난다(헌재 2014.1.28. 2012헌마409 등).

117

☐☐☐ 선거인명부에 오를 자격이 있는 국내거주자에 대해서만 부재자신고를 허용함으로써 재외국민과 단기해외체류자 등 국외거주자 전부의 국정선거권을 부인하고 있는 구 공직선거법 조항은 정당한 입법목적을 갖추지 못한 것으로 헌법 제37조 제2항에 위반하여 국외거주자의 선거권과 평등권을 침해하고 보통선거원칙에도 위반된다. O I X

선거인명부에 오를 자격이 있는 국내 거주자에 대해서만 부재자신고를 허용함으로써 재외국민과 단기해외체류자 등 국외거주자 전부의 국정선거권을 부인하는 것은 정당한 입법목적을 갖추지 못한 것으로 헌법 제37조 제2항에 위반하여 국외 거주자의 선거권과 평등권을 침해하고 보통선거원칙에도 위반된다(헌재 2007.6.28. 2004헌마644 등).

118

☐☐☐ 공개장소에서의 연설·대담장소 또는 대담·토론회장에서 연설·대담·토론용으로 사용하는 경우를 제외하고는 선거운동을 위하여 확성장치를 사용할 수 없도록 한 공직선거법 조항은 과잉금지원칙에 반하여 정치적 표현의 자유를 침해한다. O I X

확성장치사용 금지조항은 선거운동 과정에서 확성장치 사용으로 인한 소음을 규제하여 국민의 건강하고 쾌적한 환경에서 생활할 권리를 보장하고자 한 것으로, 목적의 정당성 및 수단의 적합성이 인정된다. … 확성장치사용 금지조항이 달성하고자 하는 공익이 그로써 제한되는 정치적 표현의 자유보다 작다고 할 수 없으므로, 위 조항은 법익의 균형성에도 어긋나지 않는다. 따라서 확성장치사용 금지조항은 과잉금지원칙에 반하여 정치적 표현의 자유를 침해하지 않는다(헌재 2022.7.21. 2017헌바100 등).

119

☐☐☐ 평등선거의 원칙은 평등의 원칙이 선거제도에 적용된 것으로서 투표의 수적 평등을 그 내용으로 할 뿐만 아니라, 일정한 집단의 의사가 정치과정에서 반영될 수 없도록 차별적으로 선거구를 획정하는 이른바 '게리맨더링'에 대한 부정을 의미하기도 한다. O I X

평등선거의 원칙은 평등의 원칙이 선거제도에 적용된 것으로서 투표의 수적 평등, 즉 1인 1표의 원칙(one person, one vote)과 투표의 성과가치의 평등, 즉 1표의 투표가치가 대표자선정이라는 선거의 결과에 대하여 기여한 정도에 있어서도 평등하여야 한다는 원칙(one vote, one value)을 그 내용으로 할 뿐만 아니라, 일정한 집단의 의사가 정치과정에서 반영될 수 없도록 차별적으로 선거구를 획정하는 이른바 '게리맨더링'에 대한 부정을 의미하기도 한다(헌재 2001.10.25. 2000헌마92 등).

정답 116 X 117 O 118 X 119 O

120
☐☐☐

보통선거라 함은 개인의 납세액이나 소유하는 재산을 선거권의 요건으로 하는 제한선거에 대응하는 것으로, 이러한 요건뿐만 아니라 그밖에 사회적 신분·인종·성별·종교·교육 등을 요건으로 하지 않고 일정한 연령에 달한 모든 국민에게 선거권을 인정하는 제도를 말한다. O | X

보통선거라 함은 개인의 납세액이나 소유하는 재산을 선거권의 요건으로 하는 제한선거에 대응하는 것으로 이러한 요건뿐만 아니라 그밖에 사회적 신분·인종·성별·종교·교육 등을 요건으로 하지 않고 일정한 연령에 달한 모든 국민에게 선거권을 인정하는 제도를 말한다(헌재 1997.6.26. 96헌마89).

121
☐☐☐

정당이 비례대표국회의원선거에 후보자를 추천하는 때에는 그 후보자 중 100분의 50 이상을 여성으로 추천하되, 그 후보자명부의 순위의 매 홀수에는 여성을 추천하여야 한다. O | X

> **공직선거법 제47조【정당의 후보자추천】** ③ 정당이 비례대표국회의원선거 및 비례대표지방의회의원선거에 후보자를 추천하는 때에는 그 후보자 중 100분의 50 이상을 여성으로 추천하되, 그 후보자명부의 순위의 매 홀수에는 여성을 추천하여야 한다.

122
☐☐☐

자치구·시·군의원 선거구를 획정할 때, 인구편차 상하 60 %(인구비례 4 : 1)의 기준을 헌법상 허용되는 인구편차 기준으로 삼는 것이 가장 적절하다. O | X

자치구·시·군의원 선거는 중선거구제로서 선거구 간 인구편차의 조정이 상대적으로 용이한 점 등을 고려하면, 현시점에서 인구편차의 허용한계를 보다 엄격하게 설정할 필요가 있다. 그렇다면 현재의 시점에서 자치구·시·군의원 선거구 획정과 관련하여 헌법이 허용하는 인구편차의 기준을 인구편차 상하 50%(인구비례 3 : 1)로 변경하는 것이 타당하다(헌재 2018.6.28. 2014헌마166).

123
☐☐☐

누구든지 선거기간 중 선거에 영향을 미치게 하기 위한 그 밖의 집회나 모임의 개최를 금지한 공직선거법 조항은 과잉금지원칙에 반하여 집회의 자유, 정치적 표현의 자유를 침해한다. O | X

집회개최 금지조항은 입법목적 달성을 위하여 필요한 범위를 넘어 선거기간 중 선거에 영향을 미치게 하기 위한 유권자의 집회나 모임을 일률적으로 금지·처벌하고 있으므로 침해의 최소성에 반한다. 또한 집회개최 금지조항으로 인하여 일반 유권자가 받는 집회의 자유, 정치적 표현의 자유에 대한 제약이 달성되는 공익보다 중대하므로 법익의 균형성에도 위배된다. 따라서 집회개최 금지조항은 과잉금지원칙에 반하여 집회의 자유, 정치적 표현의 자유를 침해한다(헌재 2022.7.21. 2018헌바357 등).

124

□□□

헌법재판소는 1인 1표제하의 비례대표의석 배분방식은 민주주의원리, 직접선거의 원리, 평등선거원리에 위배되지 않는다고 보았다. O | X

국민의 자유로운 선택권을 보장할 것 등을 요구하는 민주주의원리에 부합하지 않는다.
선거권자들의 투표행위로써 비례대표의원의 선출을 직접·결정적으로 좌우할 수 없으므로 직접선거의 원칙에 위배된다. 합리적 이유없이 무소속 후보자에게 투표하는 유권자를 차별하는 것이라 할 것이므로 평등선거의 원칙에 위배된다(헌재 2001.7.19. 2000헌마91 등).

125

□□□

대통령선거에서 대통령후보자가 1인일 때에는 그 득표수가 선거권자 총수의 2분의 1 이상이 아니면 대통령으로 당선될 수 없다. O | X

> **헌법 제67조** ③ 대통령후보자가 1인일 때에는 그 득표수가 선거권자 총수의 3분의 1 이상이 아니면 대통령으로 당선될 수 없다.

126

□□□

헌법 규정상 대통령 선거에 있어서 최고득표자가 2인 이상인 때에는 국회의 재적의원과반수가 출석한 비공개회의에서 다수표를 얻은 자를 당선자로 한다. O | X

> **헌법 제67조** ② 제1항의 선거에 있어서 최고득표자가 2인 이상인 때에는 국회의 재적의원 과반수가 출석한 공개회의에서 다수표를 얻은 자를 당선자로 한다.

127

□□□

예비후보자의 선거비용을 보전하지 않도록 규정한 공직선거법 해당 조항은 선거운동의 자유를 침해한다. O | X

선거비용의 상당 부분을 공적으로 부담하고 있거나 선거비용액의 상한을 제한하여 전체적으로 후보자의 부담을 경감시켜주고 있는 점을 고려한다면 예비후보자 선거비용을 후보자가 부담한다고 하더라도 그것이 지나치게 다액이라서 선거공영제의 취지에 반하는 정도에 이른다고 할 수는 없다. 그러므로 선거비용 보전 제한조항은 침해의 최소성 원칙에 반하지 않는다. … 그러므로 선거비용 보전 제한조항은 청구인들의 선거운동의 자유를 침해하지 않는다(헌재 2018.7.26. 2016헌마524 등).

정답 124 X 125 X 126 X 127 X

128
□□□

국회의 의원정수는 지역구국회의원 254명과 비례대표국회의원 46명을 합하여 300명으로 한다.　O | X

> **공직선거법 제21조 【국회의 의원정수】** ① 국회의 의원정수는 지역구국회의원 254명과 비례대표국회의원 46명을 합하여 300명으로 한다.

129
□□□

국회의원 선거기간을 14일로 정한 것은 선거운동의 자유를 형해화 할 정도로 과도하게 제한하는 것으로 볼 수 없어 헌법에 위반되지 아니한다.　O | X

선거운동의 기간을 제한하는 것 자체가 청구인의 정치적 기본권을 과도하게 제한하는 것이 아니라고 할 때, 선거운동의 기간을 어느 정도로 할 것인지 여부는 입법정책에 맡겨져 있다고 볼 수 있고, 그 구체적인 기간이 선거운동의 자유를 형해화할 정도로 과도하게 제한하는 것으로 볼 수 없다면 이 역시 위헌이라고 볼 수 없다. … 그렇다면 이 사건 심판대상인 공직선거법 제33조 제1항 제2호에서 정하는 선거운동 기간은 제한의 입법목적, 제한의 내용, 우리나라에서의 선거의 태양, 현실적 필요성 등을 고려할 때 필요하고도 합리적인 제한이며, 선거운동의 자유를 형해화할 정도로 과도하게 제한하는 것으로 볼 수 없다 할 것이므로 헌법에 위반되지 않는다(헌재 2005.2.3. 2004헌마216).

130
□□□

국회의원 선거구 획정과 관련하여 헌법이 허용하는 인구편차의 기준을 인구편차 상하 33⅓%, 인구비례 2:1을 넘어 인구편차를 완화하는 것은 지나친 투표가치의 불평등을 야기한다고 볼 수 없다.　O | X

인구편차 상하 33⅓%를 넘어 인구편차를 완화하는 것은 지나친 투표가치의 불평등을 야기하는 것으로, 이는 대의민주주의의 관점에서 바람직하지 아니하고, 국회를 구성함에 있어 국회의원의 지역대표성이 고려되어야 한다고 할지라도 이것이 국민주권주의의 출발점인 투표가치의 평등보다 우선시 될 수는 없다. 현재의 시점에서 헌법이 허용하는 인구편차의 기준을 인구편차 상하 33⅓%를 넘어서지 않는 것으로 봄이 타당하다. 따라서 심판대상 선거구구역표 중 인구편차 상하 33⅓%의 기준을 넘어서는 선거구에 관한 부분은 위 선거구가 속한 지역에 주민등록을 마친 청구인들의 선거권 및 평등권을 침해한다(헌재 2014.10.30. 2012헌마190).

131
□□□

경찰청장이 퇴직일부터 2년 이내에 정당의 발기인 또는 당원이 될 수 없도록 한 구 경찰법 제11조 제4항은 경찰청장의 정당설립 및 가입의 자유를 침해하는 조항이다.　O | X

경찰청장이 퇴임후 공직선거에 입후보하는 경우 당적취득금지의 형태로써 정당의 추천을 배제하고자 하는 이 사건 법률조항이 어느 정도로 입법목적인 '경찰청장 직무의 정치적 중립성'을 확보할 수 있을지 그 실효성이 의문시된다. 따라서 이 사건 법률조항은 정당의 자유를 제한함에 있어서 갖추어야 할 적합성의 엄격한 요건을 충족시키지 못한 것으로 판단되므로 이 사건 법률조항은 정당설립 및 가입의 자유를 침해하는 조항이다(헌재 1999.12.23. 99헌마135).

정답 128 O　129 O　130 X　131 O

132
☐☐☐
비례대표제를 채택하는 한 직접선거의 원칙은 의원의 선출뿐만이 아니라 정당의 비례적인 의석확보도 선거권자의 투표에 의하여 직접 결정될 것을 요구한다. O | X

역사적으로 직접선거의 원칙은 중간선거인의 부정을 의미하였고, 다수대표제하에서는 이러한 의미만으로도 충분하다고 할 수 있다. 그러나 비례대표제하에서 선거결과의 결정에는 정당의 의석배분이 필수적인 요소를 이룬다. 그러므로 비례대표제를 채택하는 한 직접선거의 원칙은 의원의 선출뿐만 아니라 정당의 비례적인 의석확보도 선거권자의 투표에 의하여 직접 결정될 것을 요구하는 것이다(헌재 2001.7.19. 2000헌마91 등).

133
☐☐☐
선거권자의 국적이나 선거인의 의사능력 등 선거권 및 선거제도의 본질상 요청되는 사유에 의한 내재적 제약을 제외하고 보통선거의 원칙에 위배되는 선거권제한입법을 하기 위해서는 기본권제한입법에 관한 헌법 제37조 제2항의 규정에 따라야 한다. O | X

선거권자의 국적이나 선거인의 의사능력 등 선거권 및 선거제도의 본질상 요청되는 사유에 의한 내재적 제한을 제외하고 보통선거의 원칙에 위배되는 선거권 제한 입법을 하기 위해서는 기본권 제한 입법에 관한 헌법 제37조 제2항의 규정에 따라야 한다(헌재 1999.1.28. 97헌마253 등).

134
☐☐☐
선거구 획정에 있어서 인구비례의 원칙에 의한 투표가치의 평등은 헌법적 요청으로서 다른 요소에 비해 기본적이고 일차적인 기준이어야 하므로, 자치구·시·군의원 선거구 획정에 있어서 행정구역 내지 지역대표성 등 2차적 요소를 고려해서는 아니 된다. O | X

선거구 획정에 있어서 인구비례의 원칙에 의한 투표가치의 평등은 헌법적 요청으로서 다른 요소에 비하여 기본적이고 일차적인 기준이므로, 입법자로서는 인구편차의 허용한계를 최대한 엄격하게 설정함으로써 투표가치의 평등을 관철하기 위한 최대한의 노력을 기울여야 한다. … 자치구·시·군의원 선거구 획정에 있어서는 행정구역 내지 지역대표성 등 2차적 요소도 인구비례의 원칙에 못지않게 함께 고려해야 할 필요성이 크다(헌재 2018.6.28. 2014헌마166).

제6절 공무원제도

135
☐☐☐
공직선거법은 선거에서 공무원의 중립의무를 구체화하고 있는데, 여기서의 공무원이란 원칙적으로 좁은 의미의 직업공무원을 포함한다. O | X

공직선거법 제9조의 '공무원'이란, 위 헌법적 요청을 실현하기 위하여 선거에서의 중립의무가 부과되어야 하는 모든 공무원 즉, 구체적으로 '자유선거원칙'과 '선거에서의 정당의 기회균등'을 위협할 수 있는 모든 공무원을 의미한다. 그런데 사실상 모든 공무원이 그 직무의 행사를 통하여 선거에 부당한 영향력을 행사할 수 있는 지위에 있으므로, 여기서의 공무원이란 원칙적으로 국가와 지방자치단체의 모든 공무원 즉, 좁은 의미의 직업공무원은 물론이고, 적극적인 정치활동을 통하여 국가에 봉사하는 정치적 공무원을 포함한다(헌재 2004.5.14. 2004헌나1).

정답 132 O   133 O   134 X   135 O

136
□□□

국가공무원법상 '노동운동'의 개념은 근로자의 근로조건의 향상을 위한 단결권·단체교섭권·단체행동권 등 근로3권을 기초로 하여 이에 직접 관련된 행위를 의미하는 것으로 좁게 해석하여야 한다. O | X

위 법률조항이 규정하고 있는 '노동운동'의 개념은 그 근거가 되는 헌법 제33조 제2항의 취지에 비추어 근로자의 근로조건의 향상을 위한 단결권·단체교섭권·단체행동권 등 이른바 노동3권을 기초로 하여 이에 직접 관련된 행위를 의미하는 것으로 좁게 해석하는 것이 상당하다(헌재 1992.4.28. 90헌바27).

137
□□□

공무원에 대하여 직무수행 중 정치적 주장을 표시·상징하는 복장 등 착용행위를 금지한 국가공무원 복무규정은 공무원의 정치적 표현의 자유를 필요 이상으로 제한하여 헌법에 위반된다. O | X

공무원이 직무수행 중 정치적 주장을 표시·상징하는 복장 등을 착용하는 행위는 그 주장의 당부를 떠나 국민으로 하여금 공무집행의 공정성과 정치적 중립성을 의심하게 할 수 있으므로 공무원이 직무수행 중인 경우에는 그 활동과 행위에 더 큰 제약이 가능하다고 하여야 할 것인바, 위 규정들은 오로지 공무원의 직무수행 중의 행위만을 금지하고 있으므로 침해의 최소성원칙에 위배되지 아니한다. 따라서 위 규정들은 과잉금지원칙에 반하여 공무원의 정치적 표현의 자유를 침해한다고 할 수 없다(헌재 2012.5.31. 2009헌마705 등).

138
□□□

입법자는 공무원의 정년을 행정조직, 직제의 변경 또는 예산의 감소 등 제반사정을 고려하여 합리적인 범위 내에서 조정할 수 있다. O | X

임용당시의 공무원법상의 정년까지 근무할 수 있다는 기대와 신뢰는 절대적인 권리로서 보호되어야만 하는 것은 아니고 행정조직, 직제의 변경 또는 예산의 감소 등 강한 공익상의 정당한 근거에 의하여 좌우될 수 있는 상대적이고 가변적인 것이라 할 것이므로 입법자에게는 제반사정을 고려하여 합리적인 범위 내에서 정년을 조정할 입법형성권이 인정된다(헌재 2000.12.14. 99헌마112 등).

139
□□□

공무원의 기부금모집을 금지하고 있는 국가공무원법 조항은 선거의 공정성을 확보하기 위한 것이라 하더라도 직급이나 직무의 성격에 대한 검토 혹은 기부금 상한액을 낮추는 방법 등에 대한 고려 없이 일률적으로 모든 공무원의 기부금 모집을 전면적으로 금지함으로써 과도한 제한을 초래하므로 공무원의 정치적 의사표현의 자유를 침해하는 것이다. O | X

특히, 정치운동 중 특정 정당 또는 특정인을 지지 또는 반대하기 위하여 기부금을 모집 또는 모집하게 하거나, 공공자금을 이용 또는 이용하게 하는 행위는 정치활동에 대한 지지·지원인 동시에 정책적 영향력 행사의 의도 또는 가능성을 내포하고 있는 행위로서, 이러한 행위는 공무원의 정치적 중립성에 정면으로 반하는 행위이다. 따라서 이 사건 기부금모집 금지조항은 위와 같은 입법목적의 달성에 적합한 수단임이 인정된다. 이 사건 기부금모집 금지조항이 과잉금지원칙을 위배하여 정치적 의사표현의 자유를 제한한다고 볼 수 없다(헌재 2012.7.26. 2009헌바298).

140
☐☐☐

서울교통공사의 상근직원은 서울교통공사의 경영에 관여하거나 실질적인 영향력을 미칠 수 있는 권한이 있다고 인정하기 어려우므로, 당원이 아닌 자에게도 투표권을 부여하여 실시하는 당내경선에서 서울교통공사의 상근직원이 경선운동을 할 수 없도록 일률적으로 금지·처벌하는 것은 정치적 표현의 자유를 과도하게 제한하는 것이다. O | X

심판대상조항이 서울교통공사 상근임원의 경선운동을 금지하는 데 더하여 상근직원에게까지 경선운동을 금지하는 것은 당내경선의 형평성과 공정성을 확보한다는 입법목적에 비추어 보았을 때 과도한 제한이라고 볼 수 있다. 이처럼 심판대상조항이 정치적 표현의 자유를 중대하게 제한하는 반면, 당내경선의 형평성과 공정성의 확보라는 공익에 기여하는 바가 크다고 보기 어렵다. 따라서 심판대상조항은 법익의 균형성을 충족하지 못하였다. 심판대상조항은 과잉금지원칙을 위반하여 정치적 표현의 자유를 침해한다(헌재 2021.9.6. 2021헌가24).

141
☐☐☐

사실상 노무에 종사하는 공무원 중 대통령령 등이 정하는 자에 한하여 근로3권을 인정하는 국가공무원법 조항은, 근로3권이 보장되는 공무원의 범위를 사실상 노무에 종사하는 공무원으로 한정하고 있으나, 이는 헌법 제33조 제2항에 근거한 것으로, 전체국민의 공공복리와 사실상 노무에 종사하는 공무원의 직무의 내용, 노동조건 등을 고려해 보았을 때 입법자에게 허용된 입법재량권의 범위를 벗어난 것이라 할 수 없다. O | X

헌법 제33조 제2항이 직접 '법률이 정하는 자'만이 노동3권을 향유할 수 있다고 규정하고 있어서 '법률이 정하는 자' 이외의 공무원은 노동3권의 주체가 되지 못하므로, '법률이 정하는 자' 이외의 공무원에 대해서도 노동3권이 인정됨을 전제로 하여 헌법 제37조 제2항의 과잉금지원칙을 적용할 수는 없는 것이다. 한편, 법 제66조 제1항은 근로3권이 보장되는 공무원의 범위를 사실상 노무에 종사하는 공무원에 한정하고 있으나, 이는 헌법 제33조 제2항에 근거한 것이고, 전체국민의 공공복리와 사실상 노무에 종사하는 공무원의 직무의 내용, 노동조건 등을 고려해 보았을 때 입법자에게 허용된 입법재량권의 범위를 벗어난 것이라 할 수 없다(헌재 2007.8.30. 2003헌바51).

142
☐☐☐

공무원의 정당가입이 허용된다면, 공무원의 정치적 행위가 직무 내의 것인지 직무 외의 것인지 구분하기 어려운 경우가 많고, 설사 공무원이 근무시간 외에 혹은 직무와 관련 없이 정당과 관련된 정치적 표현행위를 한다 하더라도 공무원의 정치적 중립성에 대한 국민의 기대와 신뢰는 유지되기 어렵다. O | X

공무원의 정당가입이 허용된다면, 공무원의 정치적 행위가 직무 내의 것인지 직무 외의 것인지 구분하기 어려운 경우가 많고, 설사 공무원이 근무시간 외에 혹은 직무와 관련 없이 정당과 관련한 정치적 표현행위를 한다 하더라도 공무원의 정치적 중립성에 대한 국민의 기대와 신뢰는 유지되기 어렵다(헌재 2020.4.23. 2018헌마551).

143
☐☐☐

공무원은 국민전체에 대한 봉사자이며, 직업공무원제도를 통해 정치적 중립성과 신분보장을 확보하고 있다. O | X

헌법 제7조 ① 공무원은 국민전체에 대한 봉사자이며, 국민에 대하여 책임을 진다.
② 공무원의 신분과 정치적 중립성은 법률이 정하는 바에 의하여 보장된다.

정답 140 ○ 141 ○ 142 ○ 143 ○

144

□□□

직제가 폐지되어 해당 공무원을 직권면직할 때는 합리적인 근거를 요한다.   O | X

직업공무원제도하에서 입법자는 직제폐지로 생기는 유휴인력을 직권면직하여 행정의 효율성 이념을 달성하고자 할 경우에도 직업공무원제도에 따른 공무원의 권익이 손상되지 않도록 조화로운 입법을 하여야 하는데, 직제가 폐지되면 해당 공무원은 그 신분을 잃게 되므로 직제폐지를 이유로 공무원을 직권면직할 때는 합리적인 근거를 요하며, 직권면직이 시행되는 과정에서 합리성과 공정성이 담보될 수 있는 절차적 장치가 요구된다(헌재 2004.11.25. 2002헌바8).

145

□□□

직업공무원제도는 헌법이 보장하는 제도적 보장 중의 하나로서 입법자는 직업공무원제도에 관하여 '최소한 보장'의 원칙의 한계 안에서 입법형성의 자유를 가진다.   O | X

직업공무원제도는 헌법이 보장하는 제도적 보장중의 하나임이 분명하므로 입법자는 직업공무원제도에 관하여 '최소한 보장'의 원칙의 한계 안에서 폭넓은 입법형성의 자유를 가진다(헌재 1997.4.24. 95헌바48).

146

□□□

공무원이 집단, 연명으로 또는 단체의 명의를 사용하여 국가의 정책을 반대하거나 국가 정책의 수립·집행을 방해하는 정치적 주장을 표시·상징하는 복장을 직무수행 중 착용하지 못하게 하는 것은 정치적 표현의 자유의 침해이다.   O | X

정치적 표현의 자유를 침해하지 않는다.

> **🏃 관련 판례**
> 위 규정들은 공무원의 근무기강을 확립하고 공무원의 정치적 중립성을 확보하려는 입법목적을 가진 것으로서, 공무원이 직무 수행 중 정치적 주장을 표시·상징하는 복장 등을 착용하는 행위는 그 주장의 당부를 떠나 국민으로 하여금 공무집행의 공정성과 정치적 중립성을 의심하게 할 수 있으므로 공무원이 직무수행 중인 경우에는 그 활동과 행위에 더 큰 제약이 가능하다고 하여야 할 것인바, 위 규정들은 오로지 공무원의 직무수행 중의 행위만을 금지하고 있으므로 침해의 최소성원칙에 위배되지 아니한다. 따라서 위 규정들은 과잉금지원칙에 반하여 공무원의 정치적 표현의 자유를 침해한다고 할 수 없다(헌재 2012.5.31. 2009헌마705).

147
☐☐☐

직업공무원의 정치적 중립성을 확보하기 위해 국·공립학교의 초·중등교원의 정당가입은 금지된다.

O | X

국·공립학교의 초·중등교원은 공무원이므로 정당가입이 금지된다.

> **정당법 제22조【발기인 및 당원의 자격】**① 16세 이상의 국민은 공무원 그 밖에 그 신분을 이유로 정당가입이나 정치활동을 금지하는 다른 법령의 규정에 불구하고 누구든지 정당의 발기인 및 당원이 될 수 있다. 다만, 다음 각 호의 어느 하나에 해당하는 자는 그러하지 아니하다.
> 1. 국가공무원법 제2조(공무원의 구분) 또는 지방공무원법 제2조(공무원의 구분)에 규정된 공무원. 다만, 대통령, 국무총리, 국무위원, 국회의원, 지방의회의원, 선거에 의하여 취임하는 지방자치단체의 장, 국회부의장의 수석비서관·비서관·비서·행정보조요원, 국회 상임위원회·예산결산특별위원회·윤리특별위원회 위원장의 행정보조요원, 국회의원의 보좌관·비서관·비서, 국회 교섭단체대표의원의 행정비서관, 국회 교섭단체의 정책연구위원·행정보조요원과 고등교육법 제14조(교직원의 구분)제1항·제2항에 따른 교원은 제외한다.
> 2. 고등교육법 제14조 제1항·제2항에 따른 교원을 제외한 사립학교의 교원

148
☐☐☐

공무원은 헌법 제7조에 따른 정치적 중립이 요구되므로, 공무원이 선거운동의 기획에 참여하거나 그 기획의 실시에 관여하는 행위는 공무원의 지위를 이용하는지 여부와 관계없이 금지된다.

O | X

선거의 공정성을 확보하기 위하여 선거에 대한 부당한 영향력의 행사 기타 선거결과에 영향을 미치는 행위를 금지하여 선거에서의 공무원의 중립의무를 실현하고자 한다면, 공무원이 '그 지위를 이용하여' 하는 선거운동의 기획행위를 막는 것으로도 충분하다. 이러한 점에서 이 사건 법률조항은 수단의 적정성과 피해의 최소성 원칙에 반한다. … 이 사건 법률조항은 공무원의 정치적 표현의 자유를 침해하나, 다만 위와 같은 위헌성은 공무원이 '그 지위를 이용하여' 하는 선거운동의 기획행위 외에 사적인 지위에서 하는 선거운동의 기획행위까지 포괄적으로 금지하는 것에서 비롯된 것이므로, 이 사건 법률조항은 공무원의 지위를 이용하지 아니한 행위에까지 적용하는 한 헌법에 위반된다(헌재 2008.5.29. 2006헌마1096).

149
☐☐☐

국가공무원법상 당연퇴직 제도는 공무원의 직무수행에 대한 국민의 신뢰, 공무원직에 대한 신용 등을 유지하고, 그 직무의 정상적인 운영을 확보하는 데 기여한다.

O | X

국가공무원법은 당연퇴직제도를 마련하여 재직 중 공직에 대한 국민의 신뢰를 손상시키고 원활한 공무수행에 어려움을 초래하여 공공의 이익을 해할 우려가 있는 사유가 있는 사람은 공직으로부터 배제될 수 있도록 규정하고 있다. 이는 공무원의 직무수행에 대한 국민의 신뢰, 공무원직에 대한 신용 등을 유지하고, 그 직무의 정상적인 운영을 확보하는 데 기여한다(헌재 2022.12.22. 2020헌가8).

150
□□□

우리나라는 직업공무원제도를 채택하고 있는데, 여기서 말하는 공무원은 국가 또는 공공단체와 근로관계를 맺고 이른바 공법상 특별권력관계 내지 특별행정법관계 아래 공무를 담당하는 것을 직업으로 하는 협의의 공무원을 말하며 임시적 공무원도 포함된다.　　O | X

우리나라는 직업공무원제도를 채택하고 있는데, 이는 공무원이 집권세력의 논공행상의 제물이 되는 엽관제도(獵官制度)를 지양하고 정권교체에 따른 국가작용의 중단과 혼란을 예방하고 일관성있는 공무수행의 독자성을 유지하기 위하여 헌법과 법률에 의하여 공무원의 신분이 보장되는 공직구조에 관한 제도이다. 여기서 말하는 공무원은 국가 또는 공공단체와 근로관계를 맺고 이른바 공법상 특별권력관계 내지 특별행정법관계 아래 공무를 담당하는 것을 직업으로 하는 협의의 공무원을 말하며 정치적 공무원이라든가 임시적 공무원은 포함되지 않는 것이다(헌재 1989.12.18. 89헌마32 등).

제7절　지방자치제도

151
□□□

지방자치법상 일반지방자치단체는 시·도와 시·군·자치구이며, 특별시·광역시·특별자치시·특별자치도는 특별지방자치단체이다.　　O | X

> **지방자치법 제2조【지방자치단체의 종류】**① 지방자치단체는 다음의 두 가지 종류로 구분한다.
> 1. 특별시, 광역시, 특별자치시, 도, 특별자치도
> 2. 시, 군, 구
> ③ 제1항의 지방자치단체 외에 특정한 목적을 수행하기 위하여 필요하면 따로 특별지방자치단체를 설치할 수 있다. 이 경우 특별지방자치단체의 설치 등에 관하여는 제12장에서 정하는 바에 따른다.

152
□□□

지방자치단체는 주민의 복리에 관한 사무를 처리하고 재산을 관리하며, 법령의 범위 안에서 자치에 관한 규정을 제정할 수 있다.　　O | X

> **헌법 제117조**① 지방자치단체는 주민의 복리에 관한 사무를 처리하고 재산을 관리하며, 법령의 범위 안에서 자치에 관한 규정을 제정할 수 있다.

정답 150 X　151 X　152 ○

153
□□□

지방선거사무는 전국적 통일성을 필요로 하므로 지방자치단체의 자치사무가 아니다. O | X

지방의회의원과 지방자치단체장을 선출하는 지방선거는 지방자치단체의 기관을 구성하고 그 기관의 각종 행위에 정당성을 부여하는 행위라 할 것이므로 지방선거사무는 지방자치단체의 존립을 위한 자치사무에 해당하고, 따라서 법률을 통하여 예외적으로 다른 행정주체에게 위임되지 않는 한, 원칙적으로 지방자치단체가 처리하고 그에 따른 비용도 지방자치단체가 부담하여야 한다(헌재 2008.6.26. 2005헌라7).

154
□□□

헌법 제117조와 제118조에 의하여 제도적으로 보장되는 지방자치는 지방자치의 본질적 내용인 핵심영역이 어떠한 경우라도 입법 기타 중앙정부의 침해로부터 보호되어야 한다는 것을 의미한다. O | X

헌법 제117조와 제118조에 의하여 제도적으로 보장되는 지방자치는 국민주권의 기본원리에서 출발하여 주권의 지역적 주체로서의 주민에 의한 자기통치의 실현으로 요약할 수 있고, 이러한 지방자치의 본질적 내용인 핵심영역은 어떠한 경우라도 입법 기타 중앙정부의 침해로부터 보호되어야 한다는 것을 의미한다(헌재 2014. 6.26. 2013헌바122).

155
□□□

헌법 제117조 제1항은 "지방자치단체는 주민의 복리에 관한 사무를 처리하고 재산을 관리하며, 법령의 범위안에서 자치에 관한 규정을 제정할 수 있다."고 규정하고 있는데, 여기서의 '법령'에는 법규명령으로서 기능하는 행정규칙이 포함된다. O | X

헌법 제117조 제1항에서 규정하고 있는 '법령'에 법률 이외에 헌법 제75조 및 제95조 등에 의거한 '대통령령', '총리령' 및 '부령'과 같은 법규명령이 포함되는 것은 물론이지만, 헌법재판소의 "법령의 직접적인 위임에 따라 수임행정기관이 그 법령을 시행하는데 필요한 구체적 사항을 정한 것이면, 그 제정형식은 비록 법규명령이 아닌 고시, 훈령, 예규 등과 같은 행정규칙이더라도, 그것이 상위법령의 위임한계를 벗어나지 아니하는 한, 상위법령과 결합하여 대외적인 구속력을 갖는 법규명령으로서 기능하게 된다고 보아야 한다."고 판시한 바에 따라, 헌법 제117조 제1항에서 규정하는 '법령'에는 법규명령으로서 기능하는 행정규칙이 포함된다(헌재 2002. 10.31. 2001헌라1).

156
□□□

지방자치단체 주민으로서의 자치권 또는 주민권은 헌법에 의하여 직접 보장된 개인의 주관적 공권이 아니어서, 그 침해만을 이유로 하여 국가사무인 고속철도 역의 명칭 결정의 취소를 구하는 헌법소원심판을 청구할 수 없다. O | X

지방자치단체 주민으로서의 자치권 또는 주민권은 '헌법에 의하여 직접 보장된 개인의 주관적 공권'이 아니어서, 그 침해만을 이유로 하여 국가사무인 고속철도의 역의 명칭 결정의 취소를 구하는 헌법소원심판을 청구할 수 없다(헌재 2006.3.30. 2003헌마837).

정답 153 X 154 ○ 155 ○ 156 ○

157
□□□

법령에서 조례로 정하도록 위임한 사항은 그 법령의 하위법령에서 그 위임의 내용과 범위를 제한하거나 직접 규정할 수 없다.　　　　　　　　　　　　　　　　　　　　　　　　　　　　O | X

> **지방자치법 제28조【조례】** ② 법령에서 조례로 정하도록 위임한 사항은 그 법령의 하위 법령에서 그 위임의 내용과 범위를 제한하거나 직접 규정할 수 없다.

158
□□□

지방자치단체가 고유사무인 자치사무에 관하여 자치조례를 제정하는 경우에도 주민의 권리제한 또는 의무부과에 관한 사항에 해당하는 조례를 제정할 경우에는 법률의 위임이 있어야 하고 그러한 위임 없이 제정된 조례는 효력이 없다.　　　　　　　　　　　　　　　　　　　　　　　　　　　O | X

지방자치단체는 그 고유사무인 자치사무와 개별법령에 의하여 지방자치단체에 위임된 단체위임사무에 관하여 자치조례를 제정할 수 있지만 그 경우라도 주민의 권리제한 또는 의무부과에 관한 사항이나 벌칙은 법률의 위임이 있어야 하며, 기관위임사무에 관하여 제정되는 이른바 위임조례는 개별법령에서 일정한 사항을 조례로 정하도록 위임하고 있는 경우에 한하여 제정할 수 있으므로, 주민의 권리제한 또는 의무부과에 관한 사항이나 벌칙에 해당하는 조례를 제정할 경우에는 그 조례의 성질을 묻지 아니하고 법률의 위임이 있어야 하고 그러한 위임 없이 제정된 조례는 효력이 없다(대판 2007.12.13. 2006추52).

159
□□□

지방의회 사무직원의 임용권을 지방자치단체의 장에게 부여하도록 규정한 것은 지방의회와 지방자치단체의 장 사이의 상호견제와 균형의 원리에 비추어 헌법상 권력분립원칙에 위반된다.　　　　　　O | X

지방자치단체의 장에게 지방의회 사무직원의 임용권을 부여하고 있는 심판대상조항은 지방자치법 제101조, 제105조 등에서 규정하고 있는 지방자치단체의 장의 일반적 권한의 구체화로서 우리 지방자치의 현황과 실상에 근거하여 지방의회 사무직원의 인력수급 및 운영 방법을 최대한 효율적으로 규율하고 있다고 할 것이다. 심판대상조항에 따른 지방의회 의장의 추천권이 적극적이고 실질적으로 발휘된다면 지방의회 사무직원의 임용권이 지방자치단체의 장에게 있다고 하더라도 그것이 곧바로 지방의회와 집행기관 사이의 상호견제와 균형의 원리를 침해할 우려로 확대된다거나 또는 지방자치제도의 본질적 내용을 침해한다고 볼 수는 없다(헌재 2014.1.28. 2012헌바216).

160
□□□

지방자치단체의 자치권이 미치는 관할구역의 범위에는 육지는 물론 바다도 포함되므로, 공유수면에 대해서도 지방자치단체의 자치권한이 존재한다고 보아야 한다.　　　　　　　　　　　　　　　　　O | X

지방자치법 제4조 제1항에 규정된 지방자치단체의 구역은 주민·자치권과 함께 자치단체의 구성요소이고, 자치권이 미치는 관할구역의 범위에는 육지는 물론 바다도 포함되므로, 공유수면에 대해서도 지방자치단체의 자치권한이 미친다(헌재 2015.7.30. 2010헌라2).

정답 157 ○ 158 ○ 159 X 160 ○

161
☐☐☐

기초지방자치단체의 자치사무에 대한 광역지방자치단체의 감사과정에서 사전에 감사대상으로 특정되지 않은 사항에 관하여 위법사실이 발견된 경우, 당초 특정된 감사대상과 관련성이 있어 함께 감사를 진행해도 기초지방자치단체가 절차적인 불이익을 받을 우려가 없고, 해당 감사대상을 적발하기 위한 목적으로 감사가 진행된 것으로 볼 수 없는 사항에 대하여는 감사대상의 확장 내지 추가가 허용된다.　O | X

지방자치단체의 자치사무에 대한 무분별한 감사권의 행사는 헌법상 보장된 지방자치권을 침해할 가능성이 크므로, 원칙적으로 감사 과정에서 사전에 감사대상으로 특정되지 아니한 사항에 관하여 위법사실이 발견되었다고 하더라도 감사대상을 확장하거나 추가하는 것은 허용되지 않는다. 다만, 자치사무의 합법성 통제라는 감사의 목적이나 감사의 효율성 측면을 고려할 때, 당초 특정된 감사대상과 관련성이 인정되는 것으로서 당해 절차에서 함께 감사를 진행하더라도 감사대상 지방자치단체가 절차적인 불이익을 받을 우려가 없고, 해당 감사대상을 적발하기 위한 목적으로 감사가 진행된 것으로 볼 수 없는 사항에 대하여는 감사대상의 확장 내지 추가가 허용된다(헌재 2023.3.23. 2020헌라5).

162
☐☐☐

기초지방자치단체의 자치사무에 대한 행정안전부 감사는 합법성 감사로 제한되어야 하고, 포괄적·사전적 일반감사나 법령위반사항을 적발하기 위한 감사는 허용되지 않는다.　O | X

지방자치제 실시를 유보하던 개정전 헌법 부칙 제10조를 삭제한 현행헌법 및 이에 따라 자치사무에 관한 감사규정은 존치하되 '위법성 감사'라는 단서를 추가하여 자치사무에 대한 감사를 축소한 구 지방자치법 제158조 신설경위, 자치사무에 관한 한 중앙행정기관과 지방자치단체의 관계가 상하의 감독관계에서 상호보완적 지도·지원의 관계로 변화된 지방자치법의 취지, 중앙행정기관의 감독권 발동은 지방자치단체의 구체적 법위반을 전제로 하여 작동되도록 제한되어 있는 점, 그리고 국가감독권 행사로서 지방자치단체의 자치사무에 대한 감사원의 사전적·포괄적 합목적성 감사가 인정되므로 국가의 중복감사의 필요성이 없는 점 등을 종합하여 보면, 중앙행정기관의 지방자치단체의 자치사무에 대한 구 지방자치법 제158조 단서 규정의 감사권은 사전적·일반적인 포괄감사권이 아니라 그 대상과 범위가 한정적인 제한된 감사권이라 해석함이 마땅하다(헌재 2009. 5.28. 2006헌라6).

163
☐☐☐

기초지방자치단체의 자치사무에 대한 감사원의 감사는 합법성 감사에 한정되지 않고, 합목적성 감사가 가능하여 사전적·포괄적 감사가 인정된다.　O | X

감사원법은 지방자치단체의 위임사무나 자치사무의 구별 없이 합법성 감사뿐만 아니라 합목적성 감사도 허용하고 있는 것으로 보이므로, 감사원의 지방자치단체에 대한 이 사건 감사는 법률상 권한 없이 이루어진 것은 아니다(헌재 2008.5.29. 2005헌라3).

164
□□□

국가기본도에 표시된 해상경계선은 그 자체로 불문법상 해상경계선으로 인정되는 것은 아니나, 관할 행정청이 국가기본도에 표시된 해상경계선을 기준으로 하여 과거부터 현재에 이르기까지 반복적으로 처분을 내리고, 지방자치단체가 허가, 면허 및 단속 등의 업무를 지속적으로 수행하여 왔다면 국가기본도상의 해상경계선은 여전히 지방자치단체 관할 경계에 관하여 불문법으로서 그 기준이 될 수 있다. O | X

공유수면에 대한 지방자치단체의 관할구역 경계획정은 명시적인 법령상의 규정이 존재한다면 그에 따르고, 명시적인 법령상의 규정이 존재하지 않는다면 불문법상 해상경계에 따라야 한다. 불문법상 해상경계마저 존재하지 않는다면, 주민·구역·자치권을 구성요소로 하는 지방자치단체의 본질에 비추어 지방자치단체의 관할구역에 경계가 없는 부분이 있다는 것은 상정할 수 없으므로, 권한쟁의심판권을 가지고 있는 헌법재판소가 형평의 원칙에 따라 합리적이고 공평하게 해상경계선을 획정하여야 한다. 국가기본도에 표시된 해상경계선은 그 자체로 불문법상 해상경계선으로 인정되는 것은 아니나, 관할 행정청이 국가기본도에 표시된 해상경계선을 기준으로 하여 과거부터 현재에 이르기까지 반복적으로 처분을 내리고, 지방자치단체가 허가, 면허 및 단속 등의 업무를 지속적으로 수행하여 왔다면 국가기본도상의 해상경계선은 여전히 지방자치단체 관할 경계에 관하여 불문법으로서 그 기준이 될 수 있다(헌재 2021.2.25. 2015헌라7).

165
□□□

헌법이 감사원을 독립된 외부감사기관으로 정하고 있는 취지, 중앙정부와 지방자치단체는 서로 행정기능과 행정책임을 분담하면서 중앙행정의 효율성과 지방행정의 자주성을 조화시켜 국민과 주민의 복리증진이라는 공동목표를 추구하는 협력관계에 있다는 점을 고려하면 지방자치단체의 자치사무에 대한 합목적성 감사의 근거가 되는 감사원법 조항은 지방자치권의 본질적 내용을 침해하였다고는 볼 수 없다. O | X

헌법이 감사원을 독립된 외부감사기관으로 정하고 있는 취지, 중앙정부와 지방자치단체는 서로 행정기능과 행정책임을 분담하면서 중앙행정의 효율성과 지방행정의 자주성을 조화시켜 국민과 주민의 복리증진이라는 공동목표를 추구하는 협력관계에 있다는 점을 고려하면 지방자치단체의 자치사무에 대한 합목적성 감사의 근거가 되는 이 사건 관련규정은 그 목적의 정당성과 합리성을 인정할 수 있다. 또한 감사원법에서 지방자치단체의 자치권을 존중할 수 있는 장치를 마련해두고 있는 점, 국가재정지원에 상당부분 의존하고 있는 우리 지방재정의 현실, 독립성이나 전문성이 보장되지 않은 지방자치단체 자체감사의 한계 등으로 인한 외부감사의 필요성까지 감안하면, 이 사건 관련규정이 지방자치단체의 고유한 권한을 유명무실하게 할 정도로 지나친 제한을 함으로써 지방자치권의 본질적 내용을 침해하였다고는 볼 수 없다(헌재 2008.5.29. 2005헌라3).

166
□□□

연간 감사계획에 포함되지 아니하고 사전조사가 수행되지 아니한 감사의 경우 지방자치법에 따른 감사의 절차와 방법 등에 관한 관련 법령에서 감사대상이나 내용을 통보할 것을 요구하는 명시적인 규정이 없어, 광역지방자치단체가 기초지방자치단체의 자치사무에 대한 감사에 착수하기 위해서는 감사대상을 특정하여야 하나, 특정된 감사대상을 사전에 통보할 것까지 요구된다고 볼 수는 없다. O | X

연간 감사계획에 포함되지 아니하고 사전조사가 수행되지 아니한 감사의 경우 지방자치법에 따른 감사의 절차와 방법 등에 관한 사항을 규정하는 '지방자치단체에 대한 행정감사규정' 등 관련 법령에서 감사대상이나 내용을 통보할 것을 요구하는 명시적인 규정이 없다. 광역지방자치단체가 자치사무에 대한 감사에 착수하기 위해서는 감사대상을 특정하여야 하나, 특정된 감사대상을 사전에 통보할 것까지 요구된다고 볼 수는 없다(헌재 2023.3.23. 2020헌라5).

167
☐☐☐

조례는 지방자치단체가 그 자치입법권에 근거하여 자주적으로 지방의회의 의결을 거쳐 제정한 법규이기 때문에 조례 자체로 인하여 직접 그리고 현재 자기의 기본권을 침해받은 자는 그 권리구제의 수단으로서 조례에 대한 헌법소원을 제기할 수 있다. O | X

조례는 지방자치단체가 그 자치입법권에 근거하여 자주적으로 지방의회의 의결을 거쳐 제정한 법규이기 때문에 조례 자체로 인하여 기본권을 침해받은 자는 그 권리구제의 수단으로서 조례에 대한 헌법소원을 제기할 수 있다고 할 것이다(헌재 1994.12.29. 92헌마216).

168
☐☐☐

조례의 제정권자인 지방의회는 선거를 통해서 그 지역적인 민주적 정당성을 지니고 있는 주민의 대표기관이라 하더라도 조례에 대한 법률의 위임은 법규명령에 대한 법률의 위임과 다르기 때문에 반드시 구체적으로 범위를 정하여 할 필요가 있다. O | X

조례의 제정권자인 지방의회는 선거를 통해서 그 지역적인 민주적 정당성을 지니고 있는 주민의 대표기관이고, 헌법이 지방자치단체에 대해 포괄적인 자치권을 보장하고 있는 취지로 볼 때 조례제정권에 대한 지나친 제약은 바람직하지 않으므로 조례에 대한 법률의 위임은 법규명령에 대한 법률의 위임과 같이 <u>반드시 구체적으로 범위를 정하여 할 필요가 없으며 포괄적인 것으로 족하다고 할 것이다</u>(헌재 1995.4.20. 92헌마264 등).

169
☐☐☐

조례 제정은 지방자치단체의 고유사무인 자치사무와 국가사무로서 지방자치단체의 장에게 위임된 기관위임사무에 관해서 허용되며, 개별 법령에 의하여 지방자치단체에 위임된 단체위임사무에 관해서는 조례를 제정할 수 없다. O | X

지방자치단체는 주민의 복리에 관한 사무를 처리하고 재산을 관리하며, 법령의 범위 안에서 자치에 관한 규정을 제정할 수 있다(헌법 제117조 제1항). 지방자치법 제22조, 제9조에 따르면, 지방자치단체가 조례를 제정할 수 있는 사항은 지방자치단체의 고유사무인 자치사무와 개별 법령에 따라 지방자치단체에 위임된 단체위임사무에 한정된다(대판 2017.12.5. 2016추5162).

170
☐☐☐

조례의 제정권자인 지방의회는 지역적인 민주적 정당성을 지니고 있으며, 헌법이 지방자치단체에 대해 포괄적인 자치권을 보장하고 있는 취지에 비추어, 조례에 대한 법률의 위임은 반드시 구체적으로 범위를 정하여 할 필요가 없으며 포괄적인 것으로 족하다. O | X

그런데 조례의 제정권자인 지방의회는 선거를 통해서 그 지역적인 민주적 정당성을 지니고 있는 주민의 대표기관이고, 헌법이 지방자치단체에 대해 포괄적인 자치권을 보장하고 있는 취지로 볼 때 조례제정권에 대한 지나친 제약은 바람직하지 않으므로 조례에 대한 법률의 위임은 법규명령에 대한 법률의 위임과 같이 반드시 구체적으로 범위를 정하여 할 필요가 없으며 포괄적인 것으로 족하다고 할 것이다(헌재 1995.4.20. 92헌마264).

정답 167 ○ 168 X 169 X 170 ○

171
☐☐☐

주민투표권이나 조례제정·개폐청구권은 법률에 의하여 보장되는 권리에 해당하고, 헌법상 보장되는 기본권이라거나 헌법 제37조 제1항의 '헌법에 열거되지 아니한 권리'로 보기 어렵다. O | X

헌법 제10조의 행복추구권은 국민이 행복을 추구하기 위하여 국가의 적극적인 행동을 요청하는 헌법적인 근거가 아니라, 국민이 행복을 추구하기 위한 활동에 대한 국가권력의 간섭을 배제하는 내용의 포괄적인 의미의 자유권으로서의 성격을 가진다(헌재 2012.8.23. 2011헌바169 등 참조). 그런데 주민투표권이나 조례제정·개폐청구권은 법률에 의하여 보장되는 권리에 해당하고, 헌법상 보장되는 기본권이라거나 헌법 제37조 제1항의 '헌법에 열거되지 아니한 권리'로 보기 어려우므로(헌재 2007.6.28. 2004헌마643 참조), 19세 미만인 사람들에 대하여 법률에 의하여 보장되는 권리에 불과한 주민투표권이나 조례제정·개폐청구권을 인정하지 않는다고 하여 포괄적인 의미의 자유권으로서의 행복추구권이 제한된다고 볼 수 없다(헌재 2014.4.24. 2012헌마287).

172
☐☐☐

법령에서 조례로 정하도록 위임한 사항은 그 법령의 하위 법령에서 그 위임의 내용과 범위를 제한하거나 직접 규정할 수 없다. O | X

> **지방자치법 제28조 【조례】** ① 지방자치단체는 법령의 범위에서 그 사무에 관하여 조례를 제정할 수 있다. 다만, 주민의 권리 제한 또는 의무 부과에 관한 사항이나 벌칙을 정할 때에는 법률의 위임이 있어야 한다.
> ② 법령에서 조례로 정하도록 위임한 사항은 그 법령의 하위 법령에서 그 위임의 내용과 범위를 제한하거나 직접 규정할 수 없다.

173
☐☐☐

주민투표권은 헌법 제117조, 제118조에서 보장하고 있는 지방자치제도에 근거한 것이며 헌법 제37조 제1항의 헌법에 열거되지 아니한 권리 중 하나이다. O | X

우리 헌법은 간접적인 참정권으로 선거권(헌법 제24조), 공무담임권(헌법 제25조)을, 직접적인 참정권으로 국민투표권(헌법 제72조, 제130조)을 규정하고 있을 뿐 주민투표권을 기본권으로 규정한 바가 없고 제117조, 제118조에서 제도적으로 보장하고 있는 지방자치단체의 자치의 내용도 자치단체의 설치와 존속 그리고 그 자치기능 및 자치사무로서 지방자치단체의 자치권의 본질적 사항에 관한 것이므로 주민투표권을 헌법상 보장되는 기본권이라고 하거나 헌법 제37조 제1항의 '헌법에 열거되지 아니한 권리'의 하나로 보기 어렵다(헌재 2005.12.22. 2004헌마530).

174
☐☐☐

헌법이 규정하는 지방자치단체의 자치권에는 그 소속 공무원에 대한 인사와 처우를 스스로 결정하는 권한이 포함되지만, 이에 관한 예산을 스스로 편성하여 집행하는 권한은 포함되지 않는다. O | X

헌법 제117조 제1항은 "지방자치단체는 주민의 복리에 관한 사무를 처리하고 재산을 관리하며, 법령의 범위 안에서 자치에 관한 규정을 제정할 수 있다."고 규정하여 지방자치제도의 보장과 지방자치단체의 자치권을 규정하고 있다. 헌법이 규정하는 이러한 자치권 가운데에는 자치에 관한 규정을 스스로 제정할 수 있는 자치입법권은 물론이고 그밖에 그 소속 공무원에 대한 인사와 처우를 스스로 결정하고 이에 관련된 예산을 스스로 편성하여 집행하는 권한이 성질상 당연히 포함된다(헌재 2002.10.31. 2002헌라2).

175
☐☐☐

헌법은 자치입법권의 허용 근거만을 마련해 두고 있을 뿐, 조례에의 위임입법은 어떤 범위 내에서 어떤 기준에 의하여 위임할 수 있는지에 관하여 명시적 규정을 두고 있지 않다. O | X

헌법은 자치입법권의 허용근거만을 마련해 두고 있을 뿐 조례에의 위임입법은 어떤 범위 내에서 어떤 기준에 의하여 위임할 수 있는지에 관하여 명시적 규정을 두고 있지 않다(헌재 2004.9.23. 2002헌바76).

176
☐☐☐

주민투표권 및 주민소환권은 헌법상 보장되는 기본권으로 인정된다. O | X

우리 헌법은 법률에 정하는 바에 따른 '선거권'(헌법 제24조)과 '공무담임권'(헌법 제25조) 및 국가안위에 관한 중요정책과 헌법개정에 대한 '국민투표권'(헌법 제72조, 제130조)만을 헌법상의 참정권으로 보장하고 있으므로, 지방자치법에서 규정한 주민투표권이나 주민소환청구권은 그 성질상 위에서 본 선거권, 공무담임권, 국민투표권과는 다른 것이어서 이를 법률이 보장하는 참정권이라고 할 수 있을지언정 헌법이 보장하는 참정권이라 할 수는 없다(헌재 2011.12.29. 2010헌바368).

177
☐☐☐

국가가 영토고권을 가지는 것과 마찬가지로 지방자치단체에게 자신의 관할구역 내에 속하는 영토·영해·영공을 자유로이 관리하고 관할구역 내의 사람과 물건을 독점적·배타적으로 지배할 수 있는 권리가 부여되어 있다고 할 수는 없다. O | X

헌법 제117조, 제118조가 제도적으로 보장하고 있는 지방자치의 본질적 내용은 '자치단체의 보장, 자치기능의 보장 및 자치사무의 보장'이라고 할 것이나, 지방자치제도의 보장은 지방자치단체에 의한 자치행정을 일반적으로 보장한다는 것뿐이고 특정자치단체의 존속을 보장한다는 것은 아니므로, 마치 국가가 영토고권을 가지는 것과 마찬가지로, 지방자치단체에게 자신의 관할구역 내에 속하는 영토, 영해, 영공을 자유로이 관리하고 관할구역 내의 사람과 물건을 독점적, 배타적으로 지배할 수 있는 권리가 부여되어 있다고 할 수는 없다(헌재 2006.3.30. 2003헌라2).

178
☐☐☐

조례는 고유사무와 단체위임사무에 대하여만 제정할 수 있으며, 기관위임사무와 같은 국가적 사무에 대하여는 조례를 제정할 수 없다. O | X

지방자치법 제22조, 제9조에 의하면, 지방자치단체가 조례를 제정할 수 있는 사항은 지방자치단체의 고유사무인 자치사무와 개별 법령에 의하여 지방자치단체에 위임된 단체위임사무에 한하고, 국가사무가 지방자치단체의 장에게 위임되거나 상위 지방자치단체의 사무가 하위 지방자치단체의 장에게 위임된 기관위임사무에 관한 사항은 원칙적으로 조례의 제정범위에 속하지 않는다(대판 2017.1.25. 2016추5018).

정답 175 ○ 176 X 177 ○ 178 ○

179
□□□

지방자치법이 지방자치단체의 장의 재량으로 투표실시 여부를 결정할 수 있도록 규정하고 있음에도 일정한 기간 내에 반드시 투표를 실시하도록 규정한 조례안은 지방자치단체의 장의 고유권한을 침해한다. O | X

지방자치법 제13조의2 제1항에 의하면, 주민투표의 대상이 되는 사항이라 하더라도 주민투표의 시행 여부는 지방자치단체의 장의 임의적 재량에 맡겨져 있음이 분명하므로, 지방자치단체의 장의 재량으로서 투표실시 여부를 결정할 수 있도록 한 법규정에 반하여 지방의회가 조례로 정한 특정한 사항에 관하여는 일정한 기간 내에 반드시 투표를 실시하도록 규정한 조례안은 지방자치단체의 장의 고유권한을 침해하는 규정이다(대판 2002.4.26. 2002추23).

180
□□□

주민은 지방세·사용료·수수료·부담금을 부과·징수 또는 감면하는 사항에 대하여 조례의 제정을 청구할 수 없다. O | X

> 주민조례발안에 관한 법률 제4조【주민조례청구 제외 대상】다음 각 호의 사항은 주민조례청구 대상에서 제외한다.
> 1. 법령을 위반하는 사항
> 2. 지방세·사용료·수수료·부담금을 부과·징수 또는 감면하는 사항
> 3. 행정기구를 설치하거나 변경하는 사항
> 4. 공공시설의 설치를 반대하는 사항

181
□□□

헌법 제117조 및 제118조의 '지방자치'에 관한 규정으로부터 지방자치단체와 지역주민들의 자치권이 제도적으로 보장된다. O | X

우리 헌법 제117조와 제118조를 통하여 '지방자치단체의 자치권'을 제도적으로 보장하고 있는바, 제도적 보장으로서 주민의 자치권은 원칙적으로 개별 주민들에게 인정된 권리라고 볼 수 없고, 청구인들의 주장을 주민들의 지역에 관한 의사결정에 참여에 관한 권리침해로 이해하더라도 이러한 권리를 헌법이 보장하는 기본권이라고 할 수 없다(헌재 2006.2.23. 2005헌마403).

182
□□□

지방자치단체의 자치사무에 대한 무분별한 감사권의 행사는 헌법상 보장된 지방자치권을 침해할 가능성이 크므로, 원칙적으로 감사 과정에서 사전에 감사대상으로 특정되지 아니한 사항에 관하여 위법사실이 발견되었다고 하더라도 감사대상을 확장하거나 추가하는 것은 허용되지 않는다. O | X

지방자치단체의 자치사무에 대한 무분별한 감사권의 행사는 헌법상 보장된 지방자치권을 침해할 가능성이 크므로, 원칙적으로 감사 과정에서 사전에 감사대상으로 특정되지 아니한 사항에 관하여 위법사실이 발견되었다고 하더라도 감사대상을 확장하거나 추가하는 것은 허용되지 않는다. 다만, 자치사무의 합법성 통제라는 감사의 목적이나 감사의 효율성 측면을 고려할 때, 당초 특정된 감사대상과 관련성이 인정되는 것으로서 당해 절차에서 함께 감사를 진행하더라도 감사대상 지방자치단체가 절차적인 불이익을 받을 우려가 없고, 해당 감사대상을 적발하기 위한 목적으로 감사가 진행된 것으로 볼 수 없는 사항에 대하여는 감사대상의 확장 내지 추가가 허용된다(헌재 2023.3.23. 2020헌라5).

정답 179 O 180 O 181 X 182 O

183
☐☐☐

헌법상 지방자치단체의 지방자치권 역시 국가 통치조직의 분배와 작용에 관한 것으로서 국가권력의 일부분을 담당하는 권한인 이상, 지방자치단체의 조직과 자치기능 및 자치사무의 자율성에 관한 기본적이고 본질적인 사항은 법률에서 직접 규정하여야 한다. O | X

헌법상 지방자치단체의 지방자치권 역시 국가 통치조직의 분배와 작용에 관한 것으로서 국가권력의 일부분을 담당하는 권한인 이상 지방자치단체의 조직과 자치기능 및 자치사무의 자율성에 관한 기본적이고 본질적 사항은 법률에서 직접 규정하여야 한다(헌재 2024.3.28. 2021헌바57).

184
☐☐☐

헌법상 제도적으로 보장된 자치권에 자치사무의 수행에 있어 다른 행정주체로부터 합목적성에 관하여 명령·지시를 받지 않는 권한까지 포함된다고 볼 수는 없다. O | X

헌법은 제117조와 제118조에서 '지방자치단체의 자치'를 제도적으로 보장하고 있는바, 그 보장의 본질적 내용은 자치단체의 보장, 자치기능의 보장 및 자치사무의 보장이다. 이와 같이 헌법상 제도적으로 보장된 자치권 가운데에는 소속 공무원에 대한 인사와 처우를 스스로 결정하고 자치사무의 수행에 있어 다른 행정주체(특히 국가)로부터 합목적성에 관하여 명령·지시를 받지 않는 권한도 포함된다고 볼 수 있다(헌재 2008.5.29. 2005헌라3).

185
☐☐☐

헌법은 "지방자치단체의 장의 선임방법에 관한 사항은 법률로 정한다."고 규정하고 있으나, 지방자치단체의 대표인 단체장이 주민의 자발적 지지에 기초를 둔 선거를 통해 선출되어야 한다는 것은 지방자치제도의 본질에서 당연히 도출되는 원리이다. O | X

지방자치단체의 장에 대해서는 헌법 제118조 제2항에서 "… 지방자치단체의 장의 '선임방법' … 에 관한 사항은 법률로 정한다."라고만 규정하여 지방의회의원의 '선거'와는 문언상 구별하고 있으므로, 지방자치단체의 장 선거권이 헌법상 보장되는 기본권인지 여부가 문제된다. … 헌법에서 지방자치제를 제도적으로 보장하고 있고, 지방자치는 지방자치단체가 독자적인 자치기구를 설치해서 그 자치단체의 고유사무를 국가기관의 간섭 없이 스스로의 책임 아래 처리하는 것을 의미한다는 점에서 지방자치단체의 대표인 단체장은 지방의회의원과 마찬가지로 주민의 자발적 지지에 기초를 둔 선거를 통해 선출되어야 한다는 것은 지방자치제도의 본질에서 당연히 도출되는 원리이다(헌재 2016.10.27. 2014헌마797).

186
☐☐☐

헌법은 지방자치단체의 조례제정권을 보장하고 있고 지방자치법은 개별 법률의 위임이 있는 경우에는 조례로써도 주민의 권리를 제한하거나 주민에게 의무를 부과하는 것이 가능함을 밝히고 있으므로, 조례도 법률의 위임이 있으면 입법사항을 정할 수 있다. O | X

우리 헌법 제117조 제1항은 지방자치단체의 조례제정권을 보장하고 있고, 나아가 지방자치법은 개별 법률의 위임이 있는 경우에는 조례로써도 주민의 권리를 제한하거나 주민에게 의무를 부과하는 것이 가능함을 밝히고 있다. 따라서 조례도 법률의 위임이 있으면 입법사항을 정할 수 있다(헌재 2023.12.21. 2020헌바374).

정답 183 ○ 184 X 185 ○ 186 ○

187
☐☐☐

지방자치제도의 보장은 지방자치단체에 의한 자치행정을 일반적으로 보장한다는 것뿐이고, 마치 국가가 영토고권을 가지는 것과 마찬가지로 지방자치단체에게 자신의 관할구역 내에 속하는 영토·영해·영공을 자유로이 관리하고 관할구역 내의 사람과 물건을 독점적·배타적으로 지배할 수 있는 권리가 부여되어 있다고 할 수는 없다.　　　　　　　　　　　　　　　　　　　　　　　　　O | X

헌법 제117조, 제118조가 제도적으로 보장하고 있는 지방자치의 본질적 내용은 '자치단체의 보장, 자치기능의 보장 및 자치사무의 보장'이라고 할 것이나, 지방자치제도의 보장은 지방자치단체에 의한 자치행정을 일반적으로 보장한다는 것뿐이고 특정자치단체의 존속을 보장한다는 것은 아니므로, 마치 국가가 영토고권을 가지는 것과 마찬가지로, 지방자치단체에게 자신의 관할구역 내에 속하는 영토, 영해, 영공을 자유로이 관리하고 관할구역 내의 사람과 물건을 독점적, 배타적으로 지배할 수 있는 권리가 부여되어 있다고 할 수는 없다(헌재 2006.3.30. 2003헌라2).

188
☐☐☐

개정된 구 지방자치법의 취지와 공유수면과 매립지의 성질상 차이 등을 종합하여 볼 때, 신생 매립지는 구 지방자치법 제4조 제3항에 따라 같은 조 제1항이 처음부터 배제되어 종전의 관할구역과의 연관성이 단절되고, 행정자치부장관의 결정이 확정됨으로써 비로소 관할 지방자치단체가 정해지며, 그 전까지 해당 매립지는 어느 지방자치단체에도 속하지 않는다.　　　　　　　　　　　　　　　　　O | X

개정 지방자치법의 취지와 공유수면과 매립지의 성질상 차이 등을 종합하여 볼 때, 신생 매립지는 개정 지방자치법 제4조 제3항에 따라 같은 조 제1항이 처음부터 배제되어 종전의 관할구역과의 연관성이 단절되고, 행정안전부장관의 결정이 확정됨으로써 비로소 관할 지방자치단체가 정해지며, 그 전까지 해당 매립지는 어느 지방자치단체에도 속하지 않는다 할 것이다. 그렇다면 이 사건 매립지의 매립 전 공유수면에 대한 관할권을 가졌을 뿐인 청구인들이, 그 후 새로이 형성된 이 사건 매립지에 대해서까지 어떠한 권한을 보유하고 있다고 볼 수 없으므로, 이 사건에서 청구인들의 자치권한이 침해되거나 침해될 현저한 위험이 있다고 보기는 어렵다(헌재 2020.7.16. 2015헌라3).

189
☐☐☐

집회 또는 시위를 하기 위하여 인천애(愛)뜰 중 잔디마당과 그 경계 내 부지에 대한 사용허가 신청을 한 경우 인천광역시장이 이를 허가할 수 없도록 제한하는 인천애뜰의 사용 및 관리에 관한 조례는 지방자치법에 근거하여 인천광역시가 인천애뜰의 사용 및 관리에 필요한 사항을 규율하기 위하여 제정되었으므로 법률유보원칙에 위배되지 않는다.　　　　　　　　　　　　　　　　　　　O | X

조례에 대한 법률의 위임은 법규명령에 대한 법률의 위임과 같이 반드시 구체적으로 범위를 정할 필요가 없으며, 포괄적으로도 할 수 있다. 이 사건 조례는 지방자치법 제13조 제2항 제1호 자목 및 제5호 나목 등에 근거하여 인천광역시가 소유한 공유재산이자 공공시설인 인천애뜰의 사용 및 관리에 필요한 사항을 규율하기 위하여 제정되었고, 심판대상조항은 잔디마당과 그 경계 내부지의 사용 기준을 정하고 있다. 그렇다면 심판대상조항은 법률의 위임 내지는 법률에 근거하여 규정된 것이라고 할 수 있으므로 법률유보원칙에 위배되지 않는다. … 그렇다면 심판대상조항은 과잉금지원칙에 위배되어 청구인들의 집회의 자유를 침해한다(헌재 2023.9.26. 2019헌마1417).

190
☐☐☐

조례의 제정권자인 지방의회는 선거를 통해서 그 지역적인 민주적 정당성을 지니고 있는 주민의 대표기관이고, 헌법이 지방자치단체에 대해 포괄적인 자치권을 보장하고 있다고 하더라도, 자치조례에 대한 법률의 위임 역시 법규명령에 대한 법률의 위임과 같이 반드시 구체적으로 범위를 정하여 하여야 하며 포괄적인 위임은 허용되지 아니한다. **O | X**

조례의 제정권자인 지방의회는 선거를 통해서 그 지역적인 민주적 정당성을 지니고 있는 주민의 대표기관이고 헌법이 지방자치단체에 포괄적인 자치권을 보장하고 있는 취지로 볼 때, 조례에 대한 법률의 위임은 법규명령에 대한 법률의 위임과 같이 반드시 구체적으로 범위를 정하여 할 필요가 없으며 포괄적인 것으로 족하다(헌재 1995.4.20. 92헌마264 등).

191
☐☐☐

광역지방자치단체가 기초지방자치단체의 자치사무에 대한 감사에 착수하기 위해서는 자치사무에 관하여 특정한 법령위반행위가 확인되었거나 위법행위가 있었으리라는 합리적 의심이 가능한 경우이어야 하고 그 감사대상을 특정하여야 한다. **O | X**

광역지방자치단체가 기초지방자치단체의 자치사무에 대한 감사에 착수하기 위해서는 자치사무에 관하여 특정한 법령위반행위가 확인되었거나 위법행위가 있었으리라는 합리적 의심이 가능한 경우이어야 하고 그 감사대상을 특정하여야 하며, 위법사항을 특정하지 않고 개시하는 감사 또는 법령위반사항을 적발하기 위한 감사는 허용될 수 없다(헌재 2023.3.23. 2020헌라5).

192
☐☐☐

광역지방자치단체가 기초지방자치단체의 자치사무에 대한 감사에 착수하기 위해서는 법령에 따른 사전조사와 관계없이 감사대상 지방자치단체에게 특정된 감사대상을 사전에 통보할 것까지 요구된다. **O | X**

연간 감사계획에 포함되지 아니하고 사전조사가 수행되지 아니한 감사의 경우 지방자치법에 따른 감사의 절차와 방법 등에 관한 사항을 규정하는 '지방자치단체에 대한 행정감사규정' 등 관련 법령에서 감사대상이나 내용을 통보할 것을 요구하는 명시적인 규정이 없다. 광역지방자치단체가 자치사무에 대한 감사에 착수하기 위해서는 감사대상을 특정하여야 하나, 특정된 감사대상을 사전에 통보할 것까지 요구된다고 볼 수는 없다(헌재 2023.3.23. 2020헌라5).

193
☐☐☐

지방자치단체의 자치사무에 관한 한 기초지방자치단체는 광역지방자치단체와 대등하고 상이한 권리주체에 해당하고, 광역지방자치단체의 기초지방자치단체에 대한 감사는 상이한 법인격 주체 사이의 감독권의 행사로서 외부적 효과를 가지는 통제에 해당한다고 보아야 한다. **O | X**

지방자치단체의 자치사무에 관한 한 기초지방자치단체는 광역지방자치단체와 대등하고 상이한 권리주체에 해당하고, 광역지방자치단체의 기초지방자치단체에 대한 감사는 상이한 법인격 주체 사이의 감독권의 행사로서 외부적 효과를 가지는 통제에 해당한다고 보아야 한다. 따라서 중앙행정기관에 의한 통제나 상급지방자치단체에 의한 통제는 그 내용에 있어서 차이가 있다고 할 수 없는데, 구 지방자치법 제171조도 시·도지사의 지방자치단체의 자치사무에 대한 감사권을 법령위반사항으로 제한하여 상급지방자치단체에 의한 자치사무 감사 또한 중앙행정기관의 감독권과 마찬가지로 그 대상과 범위가 한정적인 감사임을 명시하고 있다(헌재 2023.3.23. 2020헌라5).

정답 190 X 191 O 192 X 193 O

194
☐☐☐

당초 특정된 감사대상과 관련성이 인정되는 것으로서 당해 절차에서 함께 감사를 진행하더라도 감사대상 지방자치단체가 절차적인 불이익을 받을 우려가 없고, 해당 감사대상을 적발하기 위한 목적으로 감사가 진행된 것으로 볼 수 없는 사항에 대하여는 감사대상의 확장 내지 추가가 허용된다.　　　　O | X

지방자치단체의 자치사무에 대한 무분별한 감사권의 행사는 헌법상 보장된 지방자치권을 침해할 가능성이 크므로, 원칙적으로 감사 과정에서 사전에 감사대상으로 특정되지 아니한 사항에 관하여 위법사실이 발견되었다고 하더라도 감사대상을 확장하거나 추가하는 것은 허용되지 않는다. 다만, 자치사무의 합법성 통제라는 감사의 목적이나 감사의 효율성 측면을 고려할 때, 당초 특정된 감사대상과 관련성이 인정되는 것으로서 당해 절차에서 함께 감사를 진행하더라도 감사대상 지방자치단체가 절차적인 불이익을 받을 우려가 없고, 해당 감사대상을 적발하기 위한 목적으로 감사가 진행된 것으로 볼 수 없는 사항에 대하여는 감사대상의 확장 내지 추가가 허용된다(헌재 2023.3.23. 2020헌라5).

195
☐☐☐

주민자치제를 본질로 하는 민주적 지방자치제도가 안정적으로 뿌리내린 현 시점에서 지방자치단체의 장 선거권을 지방의회의원 선거권, 나아가 국회의원 선거권 및 대통령 선거권과 구별하여 하나는 법률상의 권리로, 나머지는 헌법상의 권리로 이원화하는 것은 허용될 수 없다.　　　　O | X

지방자치단체의 대표인 단체장은 지방의회의원과 마찬가지로 주민의 자발적 지지에 기초를 둔 선거를 통해 선출되어야 한다.　　주민자치제를 본질로 하는 민주적 시방사지제도가 안정적으로 뿌리내린 현 시점에서 지방자치단체의 장 선거권을 지방의회의원 선거권, 나아가 국회의원 선거권 및 대통령 선거권과 구별하여 하나는 법률상의 권리로, 나머지는 헌법상의 권리로 이원화하는 것은 허용될 수 없다. 그러므로 지방자치단체의 장 선거권 역시 다른 선거권과 마찬가지로 헌법 제24조에 의해 보호되는 기본권으로 인정하여야 한다(헌재 2016.10.27. 2014헌마797).

제8절　교육제도

196
☐☐☐

학교법인 운영의 투명성, 효율성은 사립학교 및 그에 의해 수행되는 교육의 공공성과 직결되므로, 이를 제고하기 위하여 사적 자치를 넘어서는 새로운 제도를 형성하거나 학교법인의 자율적인 조직구성권 및 학교운영권에 공법적 규제를 가하는 것까지도 교육이나 사학의 자유의 본질적 내용을 침해하지 않는 한 궁극적으로는 입법자의 형성의 자유에 속하는 것으로 허용된다 할 것이다.　　　　O | X

위 법률조항은 임시이사 체제에서 정식이사 체제로 환원되는 시점, 즉 학교법인 정상화 단계에서의 이사선임권을 제한하는 규정으로서 사립학교 운영의 자유를 제한하고 있다. 사립학교 운영의 자유가 헌법 제10조, 제31조 제1항, 제4항에서 도출되는 기본권이기는 하나, 사립학교도 공교육의 일익을 담당한다는 점에서 국·공립학교와 본질적인 차이가 있을 수 없기 때문에 공적인 학교 제도를 보장하여야 할 책무를 진 국가가 일정한 범위 안에서 사립학교의 운영을 감독·통제할 권한과 책임을 지는 것 또한 당연하다고 할 것이고, 그 규율의 정도는 그 시대의 사정과 각급학교의 형편에 따라 다를 수밖에 없는 것이므로, 교육의 본질을 침해하지 않는 한 궁극적으로는 입법자의 형성의 자유에 속하는 것이라고 할 수 있다(헌재 2013.11.28. 2007헌마1189).

197
□□□

헌법재판소는 비록 헌법에 명문의 규정은 없지만 학교법인을 설립하고 이를 통하여 사립학교를 설립·경영하는 것을 내용으로 하는 사학의 자유가 헌법 제10조, 제31조 제1항, 제4항에서 도출되는 기본권임을 확인한 바 있다. O | X

헌법재판소는 비록 헌법에 명문의 규정은 없지만 학교법인을 설립하고 이를 통하여 사립학교를 설립·경영하는 것을 내용으로 하는 사학의 자유가 헌법 제10조, 제31조 제1항, 제4항에서 도출되는 기본권임을 확인한 바 있다(헌재 2019.7.25. 2017헌마1038).

198
□□□

우리나라는 사립학교도 공교육체계에 편입시켜 국가 등의 지도·감독을 받도록 함과 동시에 그 기능에 충실하도록 많은 재정적 지원과 각종 혜택을 부여하고 있는바, 목적의 달성이 불가능하여 그 존재 의의를 상실한 학교법인은 적법한 절차를 거쳐 해산시키는 것이 필요하므로 구 사립학교법상의 해산명령조항은 과잉금지원칙에 반하지 않는다. O | X

이 사건 해산명령조항은 학교법인으로 하여금 사립학교의 설치·경영이라는 목적 달성에 충실하도록 하며, 비정상적으로 운영되는 사립학교의 존립 가능성을 사전에 차단함으로써, 전체 교육의 수준을 일정 수준 이상으로 유지하기 위한 것이다. 학교법인이 목적의 달성이 불가능하다면 그 자체로 해당 학교법인은 이미 존재의의를 상실한 것이다. 특히 우리나라는 사립학교도 공교육체계에 편입시켜 국가 등의 지도·감독을 받도록 함과 동시에 그 기능에 충실하도록 많은 재정적 지원과 각종 혜택을 부여하고 있다. 따라서 목적의 달성이 불가능하여 그 존재 의의를 상실한 학교법인은 적법한 절차를 거쳐 해산시키는 것이 필요하고, 이를 그대로 존치시키는 것은 사회 전체적으로 볼 때 바람직하지 않다. 학교법인에 대한 해산명령은 학교법인에게 설립목적을 제대로 유지·계승할 수 있는 기회를 주었음에도 제대로 시정되지 아니하였을 때 내려지는 최후의 제재수단으로서 그 전에 청문절차도 거쳐야 한다. 이 사건 해산명령조항에 따라 학교법인이 해산됨으로써 달성할 수 있는 공익이, 학교법인 해산으로 인하여 발생하게 될 불이익보다 작다고 할 수도 없다. 따라서 이 사건 해산명령조항은 과잉금지원칙에 반하지 않는다(헌재 2018.12.27. 2016헌바217).

199
□□□

대학의 자율성에 대한 침해 여부를 심사함에 있어서는 대학의 자치보장을 위하여 엄격한 심사를 하여야 하므로, 입법자가 입법형성의 한계를 넘는 자의적인 입법을 하였는지 여부만을 판단하여서는 아니 된다. O | X

대학의 자율도 헌법상의 기본권이므로 기본권제한의 일반적 법률유보의 원칙을 규정한 헌법 제37조 제2항에 따라 제한될 수 있고, 대학의 자율의 구체적인 내용은 법률이 정하는 바에 의하여 보장되며, 또한 국가는 헌법 제31조 제6항에 따라 모든 학교제도의 조직, 계획, 운영, 감독에 관한 포괄적인 권한 즉, 학교제도에 관한 전반적인 형성권과 규율권을 부여받았다고 할 수 있고, 다만 그 규율의 정도는 그 시대의 사정과 각급 학교에 따라 다를 수 밖에 없는 것이므로 교육의 본질을 침해하지 않는 한 궁극적으로는 입법권자의 형성의 자유에 속하는 것이라 할 수 있다. 따라서 교육공무원법(2005.5.31. 법률 제7537호로 개정된 것) 제24조 제4항 본문 및 제1호, 제6항, 제7항 중 위원회의 구성·운영 등에 관하여 필요한 사항은 대통령령으로 정하되 부분, 제24조의2 제4항, 제24조의3 제1항이 대학의 자유를 제한하고 있다고 하더라도 그 위헌 여부는 입법자가 기본권을 제한함에 있어 헌법 제37조 제2항에 의한 합리적인 입법한계를 벗어나 자의적으로 그 본질적 내용을 침해하였는지 여부에 따라 판단되어야 할 것이다(헌재 2006.4.27. 2005헌마1047).

23. 법원직

200
☐☐☐

부모가 자녀의 이름을 지어주는 것은 자녀의 양육과 가족생활을 위하여 필수적인 것이고, 가족생활의 핵심적 요소라 할 수 있으므로, '부모가 자녀의 이름을 지을 자유'는 혼인과 가족생활을 보장하는 헌법 제36조 제1항과 행복추구권을 보장하는 헌법 제10조에 의하여 보호받는다. O | X

부모가 자녀의 이름을 지어주는 것은 자녀의 양육과 가족생활을 위하여 필수적인 것이고, 가족생활의 핵심적 요소라 할 수 있으므로, '부모가 자녀의 이름을 지을 자유'는 혼인과 가족생활을 보장하는 헌법 제36조 제1항과 행복추구권을 보장하는 헌법 제10조에 의하여 보호받는다(헌재 2016.7.28. 2015헌마964).

23. 경찰 2차

201
☐☐☐

사실혼 배우자는 혼인신고를 함으로써 상속권을 가질 수 있고, 증여나 유증을 받는 방법으로 상속에 준하는 효과를 얻을 수 있으며, 근로기준법, 국민연금법 등에 근거한 급여를 받을 권리 등이 인정된다는 측면에서 볼 때, 사실혼 배우자에게 상속권을 인정하지 않는 민법 조항이 사실혼 배우자인 청구인의 상속권을 침해하는 것은 아니다. O | X

이 사건 법률조항이 사실혼 배우자에게 상속권을 인정하지 아니하는 것은 상속인에 해당하는지 여부를 객관적인 기준에 의하여 파악할 수 있도록 함으로써 상속을 둘러싼 분쟁을 방지하고, 상속으로 인한 법률관계를 조속히 확정시키며, 거래의 안전을 도모하기 위한 것이다. 사실혼 배우자는 혼인신고를 함으로써 상속권을 가질 수 있고, 증여나 유증을 받는 방법으로 상속에 준하는 효과를 얻을 수 있으며, 근로기준법, 국민연금법 등에 근거한 급여를 받을 권리 등이 인정된다. 따라서 이 사건 법률조항이 사실혼 배우자의 상속권을 침해한다고 할 수 없다(헌재 2014.8.28. 2013헌바119).

24. 해경간부, 23. 경찰 2차

202
☐☐☐

부모가 자녀의 이름을 지어주는 것은 자녀의 양육과 가족생활을 위하여 필수적인 것이고, 가족생활의 핵심적 요소라 할 수 있으므로, '부모가 자녀의 이름을 지을 자유'는 혼인과 가족생활을 보장하는 헌법 제36조 제1항과 행복추구권을 보장하는 헌법 제10조에 의하여 보호받는다. O | X

부모가 자녀의 이름을 지어주는 것은 자녀의 양육과 가족생활을 위하여 필수적인 것이고, 가족생활의 핵심적 요소라 할 수 있으므로, '부모가 자녀의 이름을 지을 자유'는 혼인과 가족생활을 보장하는 헌법 제36조 제1항과 행복추구권을 보장하는 헌법 제10조에 의하여 보호받는다(헌재 2016.7.28. 2015헌마964).

25. 경정승진, 23. 법원직

203
☐☐☐

이름은 인간의 모든 사회적 생활관계 형성의 기초가 된다는 점에서 중요한 사회질서에 속한다. 이름의 특정은 사회 전체의 법적 안정성의 기초이므로 이를 위해 국가는 개인이 사용하는 이름에 대해 일정한 규율을 가할 수 있다. O | X

이름은 인간의 모든 사회적 생활관계 형성의 기초가 된다는 점에서 중요한 사회질서에 속한다. 이름의 특정은 사회 전체의 법적 안정성의 기초이므로 이를 위해 국가는 개인이 사용하는 이름에 대해 일정한 규율을 가할 수 있다(헌재 2005.12.22. 2003헌가5 등).

정답 200 ○ 201 ○ 202 ○ 203 ○

204

☐☐☐

헌법은 국가사회의 최고규범이므로 가족제도가 비록 역사적·사회적 산물이라는 특성을 지니고 있다 하더라도 헌법의 우위로부터 벗어날 수 없으며, 가족법이 헌법이념의 실현에 장애를 초래하고, 헌법규범과 현실과의 괴리를 고착시키는데 일조하고 있다면 그러한 가족법은 수정되어야 한다. O | X

헌법은 국가사회의 최고규범이므로 가족제도가 비록 역사적·사회적 산물이라는 특성을 지니고 있다 하더라도 헌법의 우위로부터 벗어날 수 없으며, 가족법이 헌법이념의 실현에 장애를 초래하고, 헌법규범과 현실과의 괴리를 고착시키는데 일조하고 있다면 그러한 가족법은 수정되어야 한다(헌재 2005.2.3. 2001헌가9).

205

☐☐☐

헌법재판소는 8촌 이내의 혈족 사이에서는 혼인할 수 없도록 하는 민법 제809조 제1항이 혼인의 자유를 침해한다고 보았다. O | X

이 사건 금혼조항은 근친혼으로 인하여 가까운 혈족 사이의 상호관계 및 역할, 지위와 관련하여 발생할 수 있는 혼란을 방지하고 가족제도의 기능을 유지하기 위한 것으로서 정당한 입법목적 달성을 위한 적합한 수단에 해당한다. 이 사건 금혼조항은, 촌수를 불문하고 부계혈족 간의 혼인을 금지한 구 민법상 동성동본금혼 조항에 대한 헌법재판소의 헌법불합치 결정의 취지를 존중하는 한편, 우리 사회에서 통용되는 친족의 범위 및 양성평등에 기초한 가족관계 형성에 관한 인식과 합의에 기초하여 혼인이 금지되는 근친의 범위를 한정한 것이므로 그 합리성이 인정되며, 입법목적 달성에 불필요하거나 과도한 제한을 가하는 것이라고는 볼 수 없으므로 침해의 최소성에 반한다고 할 수 없다. 나아가 이 사건 금혼조항으로 인하여 법률상의 배우자 선택이 제한되는 범위는 친족관계 내에서도 8촌 이내의 혈족으로, 넓다고 보기 어렵다. 그에 비하여 8촌 이내 혈족 사이의 혼인을 금지함으로써 가족질서를 보호하고 유지한다는 공익은 매우 중요하므로 이 사건 금혼조항은 법익균형성에 위반되지 아니한다. 그렇다면 이 사건 금혼조항은 과잉금지원칙에 위배하여 혼인의 자유를 침해하지 않는다(헌재 2022.10.27. 2018헌바115).

206

☐☐☐

8촌 이내 혈족 사이의 혼인금지조항을 위반한 혼인을 전부 무효로 하는 민법 조항은 과잉금지원칙을 위배하여 혼인의 자유를 침해한다. O | X

이 사건 무효조항의 입법목적은 가령 직계혈족 및 형제자매 사이의 혼인과 같이 근친혼이 가족제도의 기능을 심각하게 훼손하는 경우에 한정하여 무효로 하고 그 밖의 근친혼에 대하여는 혼인이 소급하여 무효가 되지 않고 혼인의 취소를 통해 장래를 향하여 해소할 수 있도록 규정함으로써 기왕에 형성된 당사자나 자녀의 법적 지위를 보장하더라도 충분히 달성할 수 있다. … 이 사건 무효조항은 이 사건 금혼조항을 위반한 경우를 전부 무효로 하고 있으므로 침해최소성과 법익균형성에 반한다. 따라서 이 사건 무효조항은 과잉금지원칙에 위배하여 혼인의 자유를 침해한다(헌재 2022.10.27. 2018헌바115).

정답 204 O 205 X 206 O

207
☐☐☐

입양신고 시 신고사건 본인이 시·읍·면에 출석하지 아니하는 경우에는 신고사건 본인의 신분증명서를 제시하도록 한 가족관계등록법 규정은 입양당사자의 가족생활의 자유를 침해한다고 보기 어렵다. O | X

이 사건 법률조항은 입양의 당사자가 출석하지 않아도 입양신고를 하여 가족관계를 형성할 수 있는 자유를 보장하면서도, 출석하지 아니한 당사자의 신분증명서를 제시하도록 하여 입양당사자의 신고의사의 진실성을 담보하기 위한 조항이다. … 신분증명서를 부정사용하여 입양신고가 이루어질 경우 형법에 따라 형사처벌되고, 그렇게 이루어진 허위입양은 언제든지 입양무효확인의 소를 통하여 구제받을 수 있다. 비록 출석하지 아니한 당사자의 신분증명서를 요구하는 것이 허위의 입양을 방지하기 위한 완벽한 조치는 아니라고 하더라도 이 사건 법률조항이 원하지 않는 가족관계의 형성을 방지하기에 전적으로 부적합하거나 매우 부족한 수단이라고 볼 수는 없다. 따라서 이 사건 법률조항이 입양당사자의 가족생활의 자유를 침해한다고 보기 어렵다(헌재 2022.11.24. 2019헌바108).

208
☐☐☐

헌법 제36조 제1항은 혼인과 가족에 관련되는 공법 및 사법의 모든 영역에 영향을 미치는 헌법원리 내지 원칙규범으로서의 성격도 가진다. O | X

헌법 제36조 제1항은 혼인과 가족생활을 스스로 결정하고 형성할 수 있는 자유를 기본권으로서 보장하는 것이며, 나아가 이는 혼인과 가족에 관련되는 공법 및 사법의 모든 영역에 영향을 미치는 헌법원리 내지 원칙규범으로서의 성격도 가진다(헌재 2012.5.31. 2010헌바87).

209
☐☐☐

헌법 제36조 제1항의 헌법원리로부터 도출되는 차별금지의 명령은 헌법 제11조 제1항에서 보장되는 평등원칙을 혼인과 가족생활영역에서 더욱 더 구체화함으로써 혼인과 가족을 부당한 차별로부터 특별히 더 보호하려는 목적을 가진다. O | X

이러한 헌법원리로부터 도출되는 차별금지명령은 헌법 제11조 제1항에서 보장되는 평등원칙을 혼인과 가족생활영역에서 더욱 더 구체화함으로써 혼인과 가족을 부당한 차별로부터 특별히 더 보호하려는 목적을 가진다. 이 때 특정한 법률조항이 혼인한 자를 불리하게 하는 차별취급은 중대한 합리적 근거가 존재하여 헌법상 정당화되는 경우에만 헌법 제36조 제1항에 위배되지 아니한다(헌재 2002.8.29. 2001헌바82).

210
☐☐☐

헌법 제36조 제1항은 혼인제도와 가족제도에 관한 헌법원리를 규정한 것으로서 혼인제도와 가족제도는 인간의 존엄성 존중과 민주주의의 원리에 따라 규정되어야 함을 천명한 것이다. O | X

헌법 제36조 제1항은 혼인제도와 가족제도에 관한 헌법원리를 규정한 것으로서 혼인제도와 가족제도는 인간의 존엄성 존중과 민주주의의 원리에 따라 규정되어야 함을 천명한 것이다. 이 규정은 가족생활이 '양성의 평등'을 기초로 성립, 유지될 것을 명문화한 것으로 이해되므로 입법자가 가족제도를 형성함에 있어서는 이를 반드시 고려할 것을 요구하고 있다(헌재 2000.8.31. 97헌가12).

211

헌법 제36조 제1항은 적극적으로는 적절한 조치를 통해서 혼인과 가족을 지원하고 제3자에 의한 침해 앞에서 혼인과 가족을 보호해야 할 국가의 과제를 포함하며, 소극적으로는 불이익을 야기하는 제한조치를 통해서 혼인과 가족을 차별하는 것을 금지해야 할 국가의 의무를 포함한다. O | X

헌법 제36조 제1항은 … 적극적으로는 적절한 조치를 통해서 혼인과 가족을 지원하고 제3자에 의한 침해 앞에서 혼인과 가족을 보호해야 할 국가의 과제를 포함하며, 소극적으로는 불이익을 야기하는 제한조치를 통해서 혼인과 가족을 차별하는 것을 금지해야 할 국가의 의무를 포함한다(헌재 2012.5.31. 2010헌바87).

212

헌법 제36조 제1항에서 규정하는 '혼인'이란 양성이 평등하고 존엄한 개인으로서 자유로운 의사의 합치에 의하여 생활공동체를 이루는 것을 말하므로, 사실혼도 헌법 제36조 제1항의 보호범위에 포함된다. O | X

헌법 제36조 제1항에서 규정하는 '혼인'이란 양성이 평등하고 존엄한 개인으로서 자유로운 의사의 합치에 의하여 생활공동체를 이루는 것으로서 법적으로 승인받은 것을 말하므로, 법적으로 승인되지 아니한 사실혼은 헌법 제36조 제1항의 보호범위에 포함된다고 보기 어렵다(헌재 2014.8.28. 2013헌바119).

213

8촌 이내의 혈족 사이에서는 혼인할 수 없도록 하는 민법 제809조 제1항은 입법목적의 달성에 필요한 범위를 넘는 과도한 제한으로서 침해의 최소성을 충족하지 못하므로 혼인의 자유를 침해한다. O | X

이 사건 금혼조항은 근친혼으로 인하여 가까운 혈족 사이의 상호관계 및 역할, 지위와 관련하여 발생할 수 있는 혼란을 방지하고 가족제도의 기능을 유지하기 위한 것으로서 정당한 입법목적 달성을 위한 적합한 수단에 해당한다. 이 사건 금혼조항은, 촌수를 불문하고 부계혈족 간의 혼인을 금지한 구 민법상 동성동본금혼 조항에 대한 헌법재판소의 헌법불합치 결정의 취지를 존중하는 한편, 우리 사회에서 통용되는 친족의 범위 및 양성평등에 기초한 가족관계 형성에 관한 인식과 합의에 기초하여 혼인이 금지되는 근친의 범위를 한정한 것이므로 그 합리성이 인정되며, 입법목적 달성에 불필요하거나 과도한 제한을 가하는 것이라고는 볼 수 없으므로 침해의 최소성에 반한다고 할 수 없다(헌재 2022.10.27. 2018헌바115).

✅ 참고 헌법재판소는 이 사건 금혼조항을 위반하여 혼인한 경우 혼인을 무효로 하는 무효조항이 입법목적 달성에 필요한 범위를 넘는 과도한 제한으로서 침해의 최소성을 충족하지 못한다고 보아서 헌법불합치 판결을 내렸다. 금혼조항과 무효조항의 결론이 다르다는 것을 주의해야 한다.

214

육아휴직신청권은 비록 헌법에 명문으로 규정되어 있지는 아니하지만, 이는 모든 인간이 누리는 불가침의 인권으로서 혼인과 가족생활을 보장하는 헌법 제36조 제1항, 행복추구권을 보장하는 헌법 제10조 및 '국민의 자유와 권리는 헌법에 열거되지 아니한 이유로 경시되지 아니한다.'고 규정한 헌법 제37조 제1항에서 나오는 중요한 기본권이다. O | X

육아휴직신청권은 헌법 제36조 제1항 등으로부터 개인에게 직접 주어지는 헌법적 차원의 권리라고 볼 수는 없고, 입법자가 입법의 목적, 수혜자의 상황, 국가예산, 전체적인 사회보장수준, 국민정서 등 여러 요소를 고려하여 제정하는 입법에 적용요건, 적용대상, 기간 등 구체적인 사항이 규정될 때 비로소 형성되는 법률상의 권리에 불과하다 할 것이다(헌재 2008.10.30. 2005헌마1156).

정답 211 ○ 212 X 213 X 214 X

215
☐☐☐

대한민국 국민으로 태어난 아동은 태어난 즉시 '출생등록될 권리'를 가지며, 이러한 권리는 '법 앞에 국민으로 인정받을 권리'로서 법률로써 제한할 수 있을 뿐이다.　　　　　　　　　　　　　　　　O | X

대한민국 국민으로 태어난 아동은 태어난 즉시 '출생등록될 권리'를 가진다. 이러한 권리는 '법 앞에 인간으로 인정받을 권리'로서 모든 기본권 보장의 전제가 되는 기본권이므로 법률로써도 이를 제한하거나 침해할 수 없다(대판 2020.6.8. 2020스575).

> 🔎 **관련 판례** 태어난 즉시 '출생등록될 권리'가 기본권인지 여부(적극)
>
> 태어난 즉시 '출생등록될 권리'는 '출생 후 아동이 보호를 받을 수 있을 최대한 빠른 시점'에 아동의 출생과 관련된 기본적인 정보를 국가가 관리할 수 있도록 등록할 권리로서, 아동이 사람으로서 인격을 자유로이 발현하고, 부모와 가족 등의 보호하에 건강한 성장과 발달을 할 수 있도록 최소한의 보호장치를 마련하도록 요구할 수 있는 권리이다. 이는 헌법에 명시되지 아니한 독자적 기본권으로서, 자유로운 인격실현을 보장하는 자유권적 성격과 아동의 건강한 성장과 발달을 보장하는 사회적 기본권의 성격을 함께 지닌다(헌재 2023.3. 23. 2021헌마975).

216
☐☐☐

헌법 제36조 제1항은 혼인과 가족에 관련되는 공법의 영역에 영향을 미치는 헌법원리 내지 원칙규범으로서의 성격을 가지는 것으로 사법의 영역에는 적용되기 어렵다.　　　　　　　　　　　　　　　　O | X

헌법 제36조 제1항은 "혼인과 가족생활은 개인의 존엄과 양성의 평등을 기초로 성립되고 유지되어야 하며, 국가는 이를 보장한다."라고 규정하고 있는데, 헌법 제36조 제1항은 혼인과 가족생활을 스스로 결정하고 형성할 수 있는 자유를 기본권으로서 보장하고, 혼인과 가족에 대한 제도를 보장한다. 그리고 헌법 제36조 제1항은 혼인과 가족에 관련되는 공법 및 사법의 모든 영역에 영향을 미치는 헌법원리 내지 원칙규범으로서의 성격도 가지는데, 이는 적극적으로는 적절한 조치를 통해서 혼인과 가족을 지원하고 제삼자에 의한 침해 앞에서 혼인과 가족을 보호해야 할 국가의 과제를 포함하며, 소극적으로는 불이익을 야기하는 제한조치를 통해서 혼인과 가족을 차별하는 것을 금지해야 할 국가의 의무를 포함한다(헌재 2002.8.29. 2001헌바82).

217
☐☐☐

국립묘지 안장 대상자의 배우자 가운데 안장 대상자가 사망한 후에 다른 사람과 혼인한 배우자를 합장 대상에서 제외하는 것은 국립묘지에 안장 대상자와 합장될 수 있는 권리를 소멸시킴으로써 재혼을 제한하는 결과를 초래하여 헌법 제36조 제1항에 위배된다.　　　　　　　　　　　　　　　　O | X

청구인은, 심판대상조항이 안장 대상자의 배우자가 재혼한 경우에는 종전 혼인에서 발생한, 국립묘지에 안장 대상자와 합장될 수 있는 권리를 소멸시킴으로써 재혼을 제한하는 결과를 초래하여 헌법 제36조 제1항을 위반한다고 주장한다. 그러나 심판대상조항이 안장 대상자의 배우자가 재혼하는 것을 법적으로 금지하고 있지 않은 이상, 재혼으로 인해 국립묘지에 합장되지 못한다 하더라도 혼인과 가족생활 보장에 관한 헌법 제36조 제1항이 문제되는 것은 아니므로, 이에 대해서는 판단하지 않는다. … 심판대상조항은 평등원칙에 위배되지 않는다(헌재 2022.11.24. 2020헌바463).

정답 215 X　216 X　217 X

218
□□□

태어난 즉시 '출생등록될 권리'는 출생 후 아동이 보호를 받을 수 있을 최대한 빠른 시점에 아동의 출생과 관련된 기본적인 정보를 국가가 관리할 수 있도록 등록할 권리로 헌법상에 명시되지 않은 독자적인 기본권이다.　　　　　　　　　　　　　　　　　　　　　　　　　　　　　　　　　O | X

태어난 즉시 '출생등록될 권리'는 '출생 후 곧바로' 등록될 권리를 뜻하는 것이 아니라 '출생 후 아동이 보호를 받을 수 있을 최대한 빠른 시점'에 아동의 출생과 관련된 기본적인 정보를 국가가 관리할 수 있도록 등록할 권리로서, 아동이 사람으로서 인격을 자유로이 발현하고, 부모와 가족 등의 보호하에 건강한 성장과 발달을 할 수 있도록 최소한의 보호장치를 마련하도록 요구할 수 있는 권리이다. 이는 헌법 제10조의 인간의 존엄과 가치 및 행복추구권으로부터 도출되는 일반적 인격권을 실현하기 위한 기본적인 전제로서 헌법 제10조뿐만 아니라, 헌법 제34조 제1항의 인간다운 생활을 할 권리, 헌법 제36조 제1항의 가족생활의 보장, 헌법 제34조 제4항의 국가의 청소년 복지향상을 위한 정책실시의무 등에도 근거가 있다. 이와 같은 태어난 즉시 '출생등록될 권리'는 앞서 언급한 기본권 등의 어느 하나에 완전히 포섭되지 않으며, 이들을 이념적 기초로 하는 헌법에 명시되지 아니한 독자적 기본권으로서, 자유로운 인격실현을 보장하는 자유권적 성격과 아동의 건강한 성장과 발달을 보장하는 사회적 기본권의 성격을 함께 지닌다(헌재 2023.3.23. 2021헌마975).

219
□□□

8촌 이내의 혈족 사이에서는 혼인할 수 없도록 하는 민법상 '금혼조항'은 혼인의 자유를 침해하지 않으나, 금혼조항을 위반한 혼인을 무효로 하는 민법상 '무효조항'은 혼인의 자유를 침해한다.　　　　　O | X

8촌 이내의 혈족 사이의 법률상의 혼인을 금지한 것은 근친혼의 발생을 억제하는 데 기여하므로 입법목적 달성에 적합한 수단에 해당한다. … 금혼조항은 과잉금지원칙에 위배하여 혼인의 자유를 침해하지 않는다. … 무효조항은 이 사건 금혼조항을 위반한 경우를 전부 무효로 하고 있으므로 침해최소성과 법익균형성에 반한다. 따라서 이 사건 무효조항은 과잉금지원칙에 위배하여 혼인의 자유를 침해한다(헌재 2022.10.27. 2018헌바115).

220
□□□

태어난 즉시 '출생등록될 권리'는 헌법에 명시되지 아니한 독자적 기본권으로서, 자유로운 인격실현을 보장하는 자유권적 성격과 아동의 건강한 성장과 발달을 보장하는 사회적 기본권의 성격을 함께 지닌다.　　　　　　　O | X

태어난 즉시 '출생등록될 권리'는 '출생 후 아동이 보호를 받을 수 있을 최대한 빠른 시점'에 아동의 출생과 관련된 기본적인 정보를 국가가 관리할 수 있도록 등록할 권리로서, 아동이 사람으로서 인격을 자유로이 발현하고, 부모와 가족 등의 보호하에 건강한 성장과 발달을 할 수 있도록 최소한의 보호장치를 마련하도록 요구할 수 있는 권리이다. 이는 헌법에 명시되지 아니한 독자적 기본권으로서, 자유로운 인격실현을 보장하는 자유권적 성격과 아동의 건강한 성장과 발달을 보장하는 사회적 기본권의 성격을 함께 지닌다(헌재 2023.3.23. 2021헌마975).

221
☐☐☐

'혼인 중 여자와 남편 아닌 남자 사이에서 출생한 자녀에 대한 생부의 출생신고'를 허용하도록 규정하지 아니한 가족관계의 등록 등에 관한 법률 조항은 혼인 외 출생자의 태어난 즉시 '출생등록될 권리'를 침해한다. O | X

혼인 중인 여자와 남편이 아닌 남자 사이에서 출생한 자녀의 경우, 혼인 중인 여자와 그 남편이 출생신고의 의무자에 해당하나, 해당 자녀의 모가 남편과의 관계에서 발생하는 여러 사정을 고려하여 출생신고를 하지 아니하는 경우가 발생하고 있고, 그 남편이 해당 자녀의 출생의 경위를 알고도 출생신고를 하는 것은 사실상 기대하기 어렵다. … 이처럼 현행 출생신고제도는 혼인 중 여자와 남편 아닌 남자 사이에서 출생한 자녀인 청구인들과 같은 경우 출생신고가 실효적으로 이루어질 수 있도록 보장하지 못하고 있다. … 따라서 심판대상조항들은 입법형성권의 한계를 넘어서서 실효적으로 출생등록될 권리를 보장하고 있다고 볼 수 없으므로, 혼인 중 여자와 남편 아닌 남자 사이에서 출생한 자녀에 해당하는 혼인 외 출생자인 청구인들의 태어난 즉시 '출생등록될 권리'를 침해한다(헌재 2023.3.23. 2021헌마975).

222
☐☐☐

헌법 제36조 제1항은 혼인과 가족생활에서 양성의 평등대우를 명하고 있으므로 남녀의 성을 근거로 하여 차별하는 것은 원칙적으로 금지되고, 성질상 오로지 남성 또는 여성에게만 특유하게 나타나는 문제의 해결을 위하여 필요한 예외적 경우에만 성차별적 규율이 정당화된다. O | X

헌법 제36조 제1항은 혼인과 가족생활에서 양성의 평등대우를 명하고 있으므로 남녀의 성을 근거로 하여 차별하는 것은 원칙적으로 금지되고, 성질상 오로지 남성 또는 여성에게만 특유하게 나타나는 문제의 해결을 위하여 필요한 예외적 경우에만 성차별적 규율이 정당화된다(헌재 2005.2.3. 2001헌가9 등).

223
☐☐☐

1990년 개정 민법의 시행일인 1991.1.1.부터 그 이전에 성립된 계모자 사이의 법정혈족관계를 소멸시키도록 한 민법 부칙 조항은 헌법 제36조 제1항에 위반된다. O | X

계모자 사이의 법정혈족관계를 폐지한 것은, 계모자관계는 당사자의 의사를 고려하지 않고 법률로써 모자관계를 의제하여 계자가 불이익을 받는 경우가 많았고 이는 가부장적 제도의 산물로서 양성평등의 원칙에 반한다는 등의 근거에 의하여 사회적 공익을 유지하기 위한 결단에 따른 것으로 입법목적의 정당성 및 수단의 적합성이 인정된다. … 이 사건 법률조항은 계자의 친부와 계모의 혼인의사를 일률적으로 계자에 대한 입양 또는 그 대리의 의사로 간주하기는 어려우므로, 계자의 친부와 계모의 혼인에 따라 가족생활을 자유롭게 형성할 권리를 침해하지 아니하고, 또한 개인의 존엄과 양성평등에 반하는 전래의 가족제도를 개선하기 위한 입법이므로 가족제도를 보장하는 헌법 제36조 제1항에 위반된다고 볼 수도 없다(헌재 2011.2.24. 2009헌바89 등).

정답 221 O 222 O 223 X

224
☐☐☐

헌법 제36조 제1항은 혼인과 가족에 관련되는 공법 및 사법의 모든 영역에 영향을 미치는 헌법원리 내지 원칙규범으로서의 성격을 가지는데, 이는 적극적으로는 적절한 조치를 통해서 혼인과 가족을 지원하고 제 3자에 의한 침해 앞에서 혼인과 가족을 보호해야 할 국가의 과제를 포함하며, 소극적으로는 불이익을 야기하는 제한조치를 통해서 혼인과 가족을 차별하는 것을 금지해야 할 국가의 의무를 포함한다. O | X

헌법 제36조 제1항은 "혼인과 가족생활은 개인의 존엄과 양성의 평등을 기초로 성립되고 유지되어야 하며, 국가는 이를 보장한다."라고 규정하고 있는데, 헌법 제36조 제1항은 혼인과 가족생활을 스스로 결정하고 형성할 수 있는 자유를 기본권으로서 보장하고, 혼인과 가족에 대한 제도를 보장한다. 그리고 헌법 제36조 제1항은 혼인과 가족에 관련되는 공법 및 사법의 모든 영역에 영향을 미치는 헌법원리 내지 원칙규범으로서의 성격도 가지는데, 이는 적극적으로는 적절한 조치를 통해서 혼인과 가족을 지원하고 제삼자에 의한 침해 앞에서 혼인과 가족을 보호해야 할 국가의 과제를 포함하며, 소극적으로는 불이익을 야기하는 제한조치를 통해서 혼인과 가족을 차별하는 것을 금지해야 할 국가의 의무를 포함한다(헌재 2002.8.29. 2001헌바82).

225
☐☐☐

소득세법 제61조 제1항이 자산소득합산과세의 대상이 되는 혼인한 부부를 혼인하지 않은 부부나 독신자에 비하여 차별취급하는 것은 헌법상 정당화되지 아니하기 때문에 헌법 제36조 제1항에 위반된다. O | X

부부간의 인위적인 자산 명의의 분산과 같은 가장행위 등은 상속세및증여세법상 증여의제규정 등을 통해서 방지할 수 있고, 부부의 공동생활에서 얻어지는 절약가능성을 담세력과 결부시켜 조세의 차이를 두는 것은 타당하지 않으며, 자산소득이 있는 모든 납세의무자 중에서 혼인한 부부가 혼인하였다는 이유만으로 혼인하지 않은 자산소득자보다 더 많은 조세부담을 하여 소득을 재분배하도록 강요받는 것은 부당하며, 부부 자산소득 합산과세를 통해서 혼인한 부부에게 가하는 조세부담의 증가라는 불이익이 자산소득합산과세를 통하여 달성하는 사회적 공익보다 크다고 할 것이므로, 소득세법 제61조 제1항이 자산소득합산과세의 대상이 되는 혼인한 부부를 혼인하지 않은 부부나 독신자에 비하여 차별취급하는 것은 헌법상 정당화되지 아니하기 때문에 헌법 제36조 제1항에 위반된다(헌재 2002.8.29. 2001헌바82).

226
☐☐☐

육아휴직신청권은 헌법 제36조 제1항 등으로부터 개인에게 직접 주어지는 헌법적 차원의 권리라고 볼 수는 없고, 입법자가 입법의 목적, 수혜자의 상황, 국가예산, 전체적인 사회보장수준, 국민정서 등 여러 요소를 고려하여 제정하는 입법에 적용요건, 적용대상, 기간 등 구체적인 사항이 규정될 때 비로소 형성되는 법률상의 권리이다. O | X

육아휴직신청권은 헌법 제36조 제1항 등으로부터 개인에게 직접 주어지는 헌법적 차원의 권리라고 볼 수는 없고, 입법자가 입법의 목적, 수혜자의 상황, 국가예산, 전체적인 사회보장수준, 국민정서 등 여러 요소를 고려하여 제정하는 입법에 적용요건, 적용대상, 기간 등 구체적인 사항이 규정될 때 비로소 형성되는 법률상의 권리이다(헌재 2008.10.30. 2005헌마1156).

227
☐☐☐

중혼을 혼인취소의 사유로 정하면서 후혼의 취소가 가혹한 결과를 발생시키는 경우에도 취소청구권의 제척기간 또는 소멸사유를 규정하지 않은 것은 후혼배우자의 혼인과 가족생활에 관한 기본권을 침해한다.

O | X

중혼은 일부일처제에 반하는 상태로, 언제든지 중혼을 취소할 수 있게 하는 것은 헌법 제36조 제1항의 규정에 의하여 국가에 부과된, 개인의 존엄과 양성의 평등을 기초로 한 혼인과 가족생활의 유지·보장의무 이행에 부합한다. 그렇다면 중혼 취소청구권의 소멸사유나 제척기간을 두지 않음으로 인해 후혼배우자가 처하게 되는 불안정한 신분상 지위가 문제되는 이 사건에서 헌법 제36조 제1항 위반 여부는 직접적으로 문제된다고 보기 어렵다. … 따라서 중혼 취소청구권의 소멸에 관하여 아무런 규정을 두지 않았다 하더라도, 이 사건 법률조항이 현저히 입법재량의 범위를 일탈하여 후혼배우자의 인격권 및 행복추구권을 침해하지 아니한다(헌재 2014.7.24. 2011헌바275).

228
☐☐☐

혼인 중인 여자와 남편 아닌 남자 사이에서 출생한 자녀에 대한 생부의 출생신고를 허용하도록 규정하지 않은 가족관계의 등록 등에 관한 법률 해당 조항은 혼인 외 출생자들의 태어난 즉시 '출생등록될 권리'를 침해한다.

O | X

심판대상조항들은 입법형성권의 한계를 넘어서서 실효적으로 출생등록될 권리를 보장하고 있다고 볼 수 없으므로, 혼인 중 여자와 남편 아닌 남자 사이에서 출생한 자녀에 해당하는 혼인 외 출생자인 청구인들의 태어난 즉시 '출생등록될 권리'를 침해한다(헌재 2023.3.23. 2021헌마975).

229
☐☐☐

혼인 중인 여자와 남편 아닌 남자 사이에서 출생한 자녀에 대한 생부의 출생신고를 허용하도록 규정하지 않은 가족관계의 등록 등에 관한 법률 해당 조항은 합리적 이유 없이 혼인 외 출생자의 신고의무를 모에게만 부과하고, 생부에게는 출생신고를 하도록 규정하지 않아 평등원칙에 반한다.

O | X

심판대상조항들이 혼인 중인 여자와 남편 아닌 남자 사이에서 출생한 자녀의 경우에 혼인 외 출생자의 신고의무를 모에게만 부과하고, 남편 아닌 남자인 생부에게 자신의 혼인 외 자녀에 대해서 출생신고를 할 수 있도록 규정하지 아니한 것은 모는 출산으로 인하여 그 출생자와 혈연관계가 형성되는 반면에, 생부는 그 출생자와의 혈연관계에 대한 확인이 필요할 수도 있고, 그 출생자의 출생사실을 모를 수도 있다는 점에 있으며, 이에 따라 가족관계등록법은 모를 중심으로 출생신고를 규정하고, 모가 혼인 중일 경우에 그 출생자는 모의 남편의 자녀로 추정하도록 한 민법의 체계에 따르도록 규정하고 있는 점에 비추어 합리적인 이유가 있다. 그렇다면, 심판대상조항들은 생부인 청구인들의 평등권을 침해하지 않는다(헌재 2023.3.23. 2021헌마975).

정답 227 X 228 ○ 229 X

230
☐☐☐

혼인의사의 합의가 없음을 원인으로 혼인무효판결을 받았으나 혼인무효사유가 한쪽 당사자나 제3자의 범죄행위로 인한 경우에 해당하지 않는 사람에 대해서는 가족관계등록부 재작성 신청권이 인정되지 않고, 정정된 가족관계등록부가 보존되도록 한 '가족관계등록부의 재작성에 관한 사무처리지침' 조항 중 '혼인무효'에 관한 부분은 혼인과 가족생활을 스스로 결정하고 형성할 수 있는 자유를 제한한다. O | X

청구인은 심판대상조항이 사생활의 비밀과 자유, 혼인과 가족생활에 관한 기본권, 행복추구권, 평등권도 침해한다고 주장한다. 그러나 심판대상조항은 신분등록제도에 관한 규정일 뿐, 혼인과 가족생활을 스스로 결정하고 형성할 수 있는 자유를 제한하고 있다고 볼 수 없고, 사생활의 비밀과 자유는 개인정보자기결정권의 근거 조항이며, 행복추구권이나 평등권 침해 주장은 심판대상조항이 등록부 재작성 신청권자를 한정한 것이 과도하여 개인정보자기결정권을 침해한다는 주장과 다르지 않으므로, 이에 관하여도 별도로 판단하지 않는다. … 심판대상조항은 과잉금지원칙을 위반하여 청구인의 개인정보자기결정권을 침해하지 않는다(헌재 2024.1.25. 2020헌마65).

231
☐☐☐

'혼인 중 여자와 남편 아닌 남자 사이에서 출생한 자녀에 대한 생부의 출생신고'를 허용하도록 규정하지 아니한 가족관계의 등록 등에 관한 법률 조항은 혼인 외 출생자에 대한 생부의 양육권을 직접 제한한다. O | X

생부인 청구인들은 침해되는 기본권으로 양육권 및 가족생활의 자유도 주장하고 있다. 심판대상조항들은 출생신고에 관한 조항으로서 생부인 청구인들이 혼인 외 출생자인 청구인들을 양육하는 것을 직접 제한하지 아니한다(헌재 2023.3.23. 2021헌마975).

232
☐☐☐

헌법 제36조 제1항에 규정된 혼인과 가족생활의 보장은 소극적으로는 국가권력의 부당한 침해에 대한 개인의 주관적 방어권으로서 국가권력이 혼인과 가정이란 사적인 영역을 침해하는 것을 금지하면서, 적극적으로는 혼인과 가정을 제3자 등으로부터 보호해야 할 뿐만 아니라 개인의 존엄과 양성의 평등을 바탕으로 성립되고 유지되는 혼인·가족제도를 실현해야 할 국가의 과제를 부과하고 있음을 의미한다. O | X

헌법 제36조 제1항은 "혼인과 가족생활은 개인의 존엄과 양성의 평등을 기초로 성립되고 유지되어야 하며, 국가는 이를 보장한다."고 하여 혼인 및 그에 기초하여 성립된 부모와 자녀의 생활공동체인 가족생활이 국가의 특별한 보호를 받는다는 것을 규정하고 있다. 이 헌법규정은 소극적으로는 국가권력의 부당한 침해에 대한 개인의 주관적 방어권으로서 국가권력이 혼인과 가정이란 사적인 영역을 침해하는 것을 금지하면서, 적극적으로는 혼인과 가정을 제3자 등으로부터 보호해야 할 뿐만 아니라 개인의 존엄과 양성의 평등을 바탕으로 성립되고 유지되는 혼인·가족제도를 실현해야 할 국가의 과제를 부과하고 있다(헌재 2000.4.27. 98헌가16 등).

233
☐☐☐

헌법 제34조 및 제36조가 가족생활을 보호하고 청소년의 복지향상을 위해 노력할 과제를 국가에 부여하고 있으므로, 이러한 헌법조항의 해석만으로도 양육비 대지급제 등 양육비의 이행을 실효적으로 담보하기 위한 구체적 제도에 대한 입법의무가 도출된다. ○ | X

헌법 제34조 및 제36조가 가족생활을 보호하고 청소년의 복지향상을 위해 노력할 과제를 국가에게 부여하고 있다고 할지라도, 이러한 헌법조항의 해석만으로는 청구인들이 주장하는 바와 같이 양육비 대지급제 등 양육비의 이행을 실효적으로 담보하기 위한 구체적 제도에 대한 입법의무가 곧바로 도출된다고 보기는 어렵다. … 이 사건 심판청구는 헌법소원의 대상이 될 수 없는 진정입법부작위를 심판대상으로 한 것으로서 부적법하다 (헌재 2021.12.23. 2019헌마168).

234
☐☐☐

태어난 즉시 '출생등록될 권리'는 '출생 후 아동이 보호를 받을 수 있을 최대한 빠른 시점'에 아동의 출생과 관련된 기본적인 정보를 국가가 관리할 수 있도록 등록할 권리로서, 자유로운 인격실현을 보장하는 자유권적 성격과 아동의 건강한 성장과 발달을 보장하는 사회적 기본권의 성격을 함께 지닌 헌법에 명시되지 아니한 독자적 기본권이다. ○ | X

태어난 즉시 '출생등록될 권리'는 '출생 후 아동이 보호를 받을 수 있을 최대한 빠른 시점'에 아동의 출생과 관련된 기본적인 정보를 국가가 관리할 수 있도록 등록할 권리로서, 아동이 사람으로서 인격을 자유로이 발현하고, 부모와 가족 등이 보호하에 건강한 성장과 발달을 할 수 있도록 최소한의 보호장치를 마련하도록 요구할 수 있는 권리이다. 이는 헌법에 명시되지 아니한 독자적 기본권으로서, 자유로운 인격실현을 보장하는 자유권적 성격과 아동의 건강한 성장과 발달을 보장하는 사회적 기본권의 성격을 함께 지닌다(헌재 2023.3.23. 2021헌마975).

235
☐☐☐

국립묘지 안장 대상자의 사망 당시의 배우자가 재혼한 경우에 국립묘지에 안장된 안장 대상자와 합장할 수 없도록 하는 것은 안장 대상자가 사망한 뒤 그 배우자의 재혼을 제한하는 결과를 초래하여 혼인과 가족생활 보장에 관한 헌법 제36조 제1항에 위반된다. ○ | X

청구인은, 심판대상조항이 안장 대상자의 배우자가 재혼한 경우에는 종전 혼인에서 발생한, 국립묘지에 안장 대상자와 합장될 수 있는 권리를 소멸시킴으로써 재혼을 제한하는 결과를 초래하여 헌법 제36조 제1항을 위반한다고 주장한다. 그러나 심판대상조항이 안장 대상자의 배우자가 재혼하는 것을 법적으로 금지하고 있지 않은 이상, 재혼으로 인해 국립묘지에 합장되지 못한다 하더라도 혼인과 가족생활 보장에 관한 헌법 제36조 제1항이 문제되는 것은 아니므로, 이에 대해서는 판단하지 않는다(헌재 2022.11.24. 2020헌바463).

236
☐☐☐

8촌 이내의 혈족 사이에서는 혼인할 수 없도록 하는 민법 제809조 제1항은 근친혼으로 인하여 발생할 수 있는 혼란을 방지하고 가족제도의 기능을 유지하기 위한 것으로서 혼인의 자유를 침해하지 않는다. ○ | X

이 사건 금혼조항은 위와 같이 근친혼으로 인하여 가까운 혈족 사이의 상호 관계 및 역할, 지위와 관련하여 발생할 수 있는 혼란을 방지하고 가족제도의 기능을 유지하기 위한 것이므로 그 입법목적이 정당하다. 또한 8촌 이내의 혈족 사이의 법률상의 혼인을 금지한 것은 근친혼의 발생을 억제하는 데 기여하므로 입법목적 달성에 적합한 수단에 해당한다. … 그렇다면 이 사건 금혼조항은 과잉금지원칙에 위배하여 혼인의 자유를 침해하지 않는다(헌재 2022.10.27. 2018헌바115).

정답 233 X 234 ○ 235 X 236 ○

237

□□□

헌법 제36조 제1항은 양육비 채권의 집행권원을 얻었음에도 양육비 채무자가 이를 이행하지 아니하는 경우 그 이행을 용이하게 확보하도록 하는 내용의 구체적이고 명시적인 입법의무를 부여하였다고 볼 수 없다.

O | X

우선 헌법 제36조 제1항은 혼인과 가족을 보호해야 한다는 국가의 일반적 과제를 규정하였을 뿐, 청구인들의 주장과 같이 양육비 채권의 집행권원을 얻었음에도 양육비 채무자가 이를 이행하지 아니하는 경우 그 이행을 용이하게 확보하도록 하는 내용의 구체적이고 명시적인 입법의무를 부여하였다고 볼 수 없다. … 이 사건 심판청구는 헌법소원의 대상이 될 수 없는 진정입법부작위를 심판대상으로 한 것으로서 부적법하다(헌재 2021.12.23. 2019헌마168).

238

□□□

혼인과 가족생활을 스스로 결정하고 형성할 수 있는 자유는 입양당사자가 자신의 의사에 따라 입양을 하거나 입양될 자유뿐만 아니라, 입양의 의사가 없을 때에는 강제로 입양을 하거나 입양되는 것을 방지하여 원하지 않는 가족관계를 형성하지 아니할 자유도 포함한다.

O | X

헌법 제36조 제1항에서 보호하고 있는 혼인과 가족생활을 스스로 결정하고 형성할 수 있는 자유는 입양과 관련하여서는 입양당사자가 자신의 의사에 따라 입양 여부를 결정할 수 있는 자유로 나타난다. 이는 입양당사자가 적극적으로 자신의 의사에 따라 입양을 하거나 입양될 자유뿐만 아니라, 입양의 의사가 없을 때에는 강제로 입양을 하거나 입양되는 것을 방지하여 원하지 않는 가족관계를 형성하지 아니할 자유도 모두 포함한다(헌재 2022.11.24. 2019헌바108).

239

□□□

1세대 3주택 이상에 해당하는 주택에 대하여 양도소득세 중과세를 규정하고 있는 구소득세법 조항이 혼인이나 가족생활을 근거로 부부 등 가족이 있는 자를 혼인하지 아니한 자 등에 비하여 차별 취급하는 것이라면 비례의 원칙에 의한 심사에 의하여 정당화되지 않는 한 헌법 제36조 제1항에 위반된다.

O | X

이러한 헌법원리로부터 도출되는 차별금지의 명령은 헌법 제11조 제1항의 평등원칙과 결합하여 혼인과 가족을 부당한 차별로부터 보호하고자 하는 목적을 지니고 있고, 따라서 특정한 조세 법률조항이 혼인이나 가족생활을 근거로 부부 등 가족이 있는 자를 혼인하지 아니한 자 등에 비하여 차별 취급하는 것이라면 비례의 원칙에 의한 심사에 의하여 정당화되지 않는 한 헌법 제36조 제1항에 위반된다 할 것이다, … 결국 이 사건 법률조항은 과잉금지원칙에 반하여 헌법 제36조 제1항이 정하고 있는 혼인에 따른 차별금지원칙에 위배되고, 혼인의 자유를 침해한다(헌재 2011.11.24. 2009헌바146).

240
☐☐☐

입법자는 계속적·포괄적 생활공동체, 당사자의 의사와 관계없는 친족 등 신분관계의 형성과 확장가능성, 구성원 상호간의 이타적 유대관계의 성격이나 상호신뢰·협력의 중요성, 시대와 사회의 변화에 따른 공동체의 다양성 증진 및 인식·기능의 변화 등을 두루 고려하여, 사회의 기초단위이자 구성원을 보호하고 부양하는 자율적 공동체로서의 가족의 순기능이 더욱 고양될 수 있도록 혼인과 가정을 보호해야 한다. O | X

입법자는 혼인 및 가족관계가 가지는 고유한 특성, 예컨대 계속적·포괄적 생활공동체, 당사자의 의사와 관계 없는 친족 등 신분관계의 형성과 확장가능성, 구성원 상호간의 이타(利他)적 유대관계의 성격이나 상호 신뢰·협력의 중요성, 시대와 사회의 변화에 따른 공동체의 다양성 증진 및 인식·기능의 변화 등을 두루 고려하여, 사회의 기초단위이자 구성원을 보호하고 부양하는 자율적 공동체로서의 가족의 순기능이 더욱 고양될 수 있도록 혼인과 가정을 보호하고, 개인의 존엄과 양성의 평등에 기초한 혼인·가족제도를 실현해야 한다(헌재 2022.10.27. 2018헌바115).

241
☐☐☐

혼인한 남성 등록의무자는 본인의 직계존·비속의 재산을 등록하도록 하면서, 개정 전 공직자윤리법 조항에 따라 이미 재산등록을 한 혼인한 여성 등록의무자에게만 배우자의 직계존·비속의 재산을 등록하도록 예외를 규정한 공직자윤리법 부칙조항은 성별에 의한 차별금지 및 혼인과 가족생활에서의 양성의 평등을 천명하고 있는 헌법에 정면으로 위배되는 것으로 그 목적의 정당성을 발견할 수 없다. O | X

이 사건 부칙조항은 개정 전 공직자윤리법 조항이 혼인관계에서 남성과 여성에 대한 차별적 인식에 기인한 것이라는 반성적 고려에 따라 개정 공직자윤리법 조항이 시행되었음에도 불구하고, 일부 혼인한 여성 등록의무자에게 이미 개정 전 공직자윤리법 조항에 따라 재산등록을 하였다는 이유만으로 남녀차별적인 인식에 기인하였던 종전의 규정을 따를 것을 요구하고 있다. … 이는 성별에 의한 차별금지 및 혼인과 가족생활에서의 양성의 평등을 천명하고 있는 헌법에 정면으로 위배되는 것으로 그 목적의 정당성을 인정할 수 없다. 따라서 이 사건 부칙조항은 평등원칙에 위배된다(헌재 2021.9.30. 2019헌가3).

242
☐☐☐

입양신고 시 신고사건 본인이 시·읍·면에 출석하지 아니하는 경우에는 신고사건 본인의 신분증명서를 제시하도록 한 가족관계의 등록 등에 관한 법률 해당 조항 전문 중 '신고 사건 본인의 주민등록증·운전면허증·여권, 그 밖에 대법원규칙으로 정하는 신분증명서를 제시하거나' 부분은 입양신고서의 기재사항은 일방 당사자의 신분증명서를 가지고 있다면 손쉽게 가족관계증명서를 발급받아 알 수 있어 진정한 입양의 합의가 존재한다는 점을 담보할 수 없으므로 입양당사자의 가족생활의 자유를 침해한다. O | X

이 사건 법률조항은 입양의 당사자가 출석하지 않아도 입양신고를 하여 가족관계를 형성할 수 있는 자유를 보장하면서도, 출석하지 아니한 당사자의 신분증명서를 제시하도록 하여 입양당사자의 신고의사의 진실성을 담보하기 위한 조항이다. … 신분증명서를 부정사용하여 입양신고가 이루어질 경우 형법에 따라 형사처벌되고, 그렇게 이루어진 허위입양은 언제든지 입양무효확인의 소를 통하여 구제받을 수 있다. 비록 출석하지 아니한 당사자의 신분증명서를 요구하는 것이 허위의 입양을 방지하기 위한 완벽한 조치는 아니라고 하더라도 이 사건 법률조항이 원하지 않는 가족관계의 형성을 방지하기에 전적으로 부적합하거나 매우 부족한 수단이라고 볼 수는 없다. 따라서 이 사건 법률조항이 입양당사자의 가족생활의 자유를 침해한다고 보기 어렵다(헌재 2022.11.24. 2019헌바108).

정답 240 ○ 241 ○ 242 X

243
□□□

8촌 이내의 혈족 사이에서는 혼인할 수 없도록 하는 민법 조항(금혼조항) 및 이를 위반한 혼인을 무효로 하는 민법 조항(무효조항)은 혼인의 자유를 침해하지 않는다. O | X

1. 이 사건 금혼조항은 과잉금지원칙에 위배하여 혼인의 자유를 침해하지 않는다(헌재 2022.10.27. 2018헌바115).
2. 이 사건 무효조항은 과잉금지원칙에 위배하여 혼인의 자유를 침해한다(헌재 2022.10.27. 2018헌바115).

244
□□□

출생신고 시 자녀의 이름에 사용할 수 있는 한자의 범위를 '통상 사용되는 한자'로 제한하는 가족관계의 등록 등에 관한 법률 조항 및 가족관계의 등록 등에 관한 규칙 조항은 '부모가 자녀의 이름을 지을 자유'를 침해한다. O | X

심판대상조항은 자녀의 이름에 사용할 수 있는 한자를 정함에 있어 총 8,142자를 '인명용 한자'로 지정하고 있는데 이는 결코 적지 아니하고, '인명용 한자'의 범위를 일정한 절차를 거쳐 계속 확대함으로써 이름에 한자를 사용함에 있어 불편함이 없도록 하는 보완장치를 강구하고 있다. 또한 '인명용 한자'가 아닌 한자를 사용하였다고 하더라도, 출생신고나 출생자 이름 자체가 불수리되는 것은 아니고, 가족관계등록부에 해당 이름이 한글로만 기재되어 종국적으로 해당 한자가 함께 기재되지 않는 제한을 받을 뿐이며, 가족관계등록부나 그와 연계된 공적 장부 이외에 사적 생활의 영역에서 해당 한자 이름을 사용하는 것을 금지하는 것도 아니다. 따라서 심판대상조항은 자녀의 이름을 지을 자유를 침해하지 않는다(헌재 2016.7.28. 2015헌마964).

245
□□□

입양신고 시 신고사건 본인이 출석하지 아니하는 경우에는 신고사건 본인의 신분증명서를 제시하도록 한 가족관계의 등록 등에 관한 법률 조항은 입양당사자의 가족생활의 자유를 침해한다. O | X

이 사건 법률조항은 입양의 당사자가 출석하지 않아도 입양신고를 하여 가족관계를 형성할 수 있는 자유를 보장하면서도, 출석하지 아니한 당사자의 신분증명서를 제시하도록 하여 입양당사자의 신고의사의 진실성을 담보하기 위한 조항이다. … 신분증명서를 부정사용하여 입양신고가 이루어질 경우 형법에 따라 형사처벌되고, 그렇게 이루어진 허위입양은 언제든지 입양무효확인의 소를 통하여 구제받을 수 있다. 비록 출석하지 아니한 당사자의 신분증명서를 요구하는 것이 허위의 입양을 방지하기 위한 완벽한 조치는 아니라고 하더라도 이 사건 법률조항이 원하지 않는 가족관계의 형성을 방지하기에 전적으로 부적합하거나 매우 부족한 수단이라고 볼 수는 없다. 따라서 이 사건 법률조항이 입양당사자의 가족생활의 자유를 침해한다고 보기 어렵다(헌재 2022.11.24. 2019헌바108).

246
□□□

'부모의 자녀에 대한 교육권'은 헌법에 명문으로 규정되어 있지는 않지만, 혼인과 가족생활을 보장하는 헌법 제36조 제1항, 행복추구권을 보장하는 헌법 제10조 및 "국민의 자유와 권리는 헌법에 열거되지 아니한 이유로 경시되지 아니한다."고 규정한 헌법 제37조 제1항에서 도출되는 기본권이다. O | X

'부모의 자녀에 대한 교육권'은 비록 헌법에 명문으로 규정되어 있지는 아니하지만, 이는 모든 인간이 국적과 관계없이 누리는 양도할 수 없는 불가침의 인권으로서 혼인과 가족생활을 보장하는 헌법 제36조 제1항, 행복추구권을 보장하는 헌법 제10조 및 "국민의 자유와 권리는 헌법에 열거되지 아니한 이유로 경시되지 아니한다."고 규정하는 헌법 제37조 제1항에서 나오는 중요한 기본권이다(헌재 2000.4.27. 98헌가16 등).

정답 243 X 244 X 245 X 246 O

247
☐☐☐

국립묘지 안장 대상자의 사망 당시의 배우자가 재혼한 경우에는 국립묘지에 안장된 안장 대상자와 합장할 수 없도록 규정한 국립묘지의 설치 및 운영에 관한 법률 조항은 재혼을 제한하는 결과를 초래하여 혼인의 자유를 침해한다.　　　　　　　　　　　　　　　　　　　　　　　　　　　　　O | X

청구인은, 심판대상조항이 안장 대상자의 배우자가 재혼한 경우에는 종전 혼인에서 발생한, 국립묘지에 안장 대상자와 합장될 수 있는 권리를 소멸시킴으로써 재혼을 제한하는 결과를 초래하여 헌법 제36조 제1항을 위반한다고 주장한다. 그러나 심판대상조항이 안장 대상자의 배우자가 재혼하는 것을 법적으로 금지하고 있지 않는 이상, 재혼으로 인해 국립묘지에 합장되지 못한다 하더라도 혼인과 가족생활 보장에 관한 헌법 제36조 제1항이 문제되는 것은 아니므로, 이에 대해서는 판단하지 않는다. 따라서 심판대상조항은 평등원칙에 위배되지 않는다(헌재 2022.11.24. 2020헌바463).

248
☐☐☐

남성 단기복무장교를 육아휴직 허용 대상에서 제외하고 있는 구 군인사법 조항 중 육아휴직 부분은 국가가 사회적 기본권으로서의 양육권 보장을 위해 이행하여야 할 최소한의 의무를 이행하지 않은 것으로 헌법상 용인될 수 있는 재량의 범위를 명백히 일탈한 것이다.　　　　　　　　　　　　　　　O | X

이 사건 법률조항은 입법자가 육아휴직신청권이 가지는 근로자로서의 권리성, 육아휴직의 허용 대상을 확대할 경우 예산과 인력이 추가로 소요되는 점, 다른 의무복무군인과의 형평성 등을 고려하여 육아휴직의 허용 대상을 정한 것이므로, 국가가 헌법상 용인될 수 있는 재량의 범위를 명백히 일탈함으로써 사회적 기본권으로서의 양육권을 최소한 보장하여야 할 의무를 불이행한 것으로 볼 수 없다(헌재 2008.10.30. 2005헌마1156).

249
☐☐☐

헌법 제36조 제1항은 혼인과 가족을 보호해야 한다는 국가의 일반적 과제를 규정하고 있는바, 양육비 채권의 집행권원을 얻었음에도 양육비 채무자가 이를 이행하지 아니하는 경우 그 이행을 용이하게 확보하도록 하는 내용의 구체적이고 명시적인 입법의무를 부여하였다고 볼 수 있다.　　　　　　　O | X

우선 헌법 제36조 제1항은 혼인과 가족을 보호해야 한다는 국가의 일반적 과제를 규정하였을 뿐, 청구인들의 주장과 같이 양육비 채권의 집행권원을 얻었음에도 양육비 채무자가 이를 이행하지 아니하는 경우 그 이행을 용이하게 확보하도록 하는 내용의 구체적이고 명시적인 입법의무를 부여하였다고 볼 수 없다. … 양육비 대지급제 등 양육비 이행의 실효성을 더 높이는 내용의 법률을 제정할 헌법의 명시적인 입법위임이 존재한다고 볼 수 없고, 헌법해석상 기존의 양육비 이행을 확보하기 위하여 마련된 여러 입법 이외에 양육비 대지급제 등과 같은 구체적·개별적 사항에 대한 입법의무가 새롭게 발생된다고도 볼 수 없으므로, 이 사건 심판청구는 헌법소원의 대상이 될 수 없는 진정입법부작위를 심판대상으로 한 것으로서 부적법하다(헌재 2021.12.23. 2019헌마168).

정답 247 X　248 X　249 X

001
☐☐☐

폐지대상인 세무대학설치법 자체가 이미 처분법률에 해당하는 것이므로, 이를 폐지하는 법률도 당연히 그에 상응하여 처분법률의 형식을 띨 수밖에 없다. O | X

이 사건 폐지법은 세무대학설치의 법적 근거로 제정된 기존의 세무대학설치법을 폐지함으로써 세무대학을 폐교하는 법적 효과를 발생하는 것이므로, 동법은 세무대학과 그 폐지만을 규율목적으로 삼는 처분법률의 형식을 띤다. 그러나 이와 같은 처분법률의 형식은 폐지대상인 세무대학설치법 자체가 이미 처분법률에 해당하는 것이므로, 이를 폐지하는 법률도 당연히 그에 상응하여 처분법률의 형식을 띨 수밖에 없는 필연적 현상이다. 한편 어떤 법률이 개별사건법률 또는 처분법률의 성격을 띠고 있다고 해서 그것만으로 헌법에 위반되는 것은 아니다. 따라서 아래에서 보는 바와 같이 정부의 조직 및 기능 조정을 위해 세무대학을 폐지해야 할 합리적 이유가 있는 것이므로 이 사건 폐지법은 그 처분법률의 성격에도 불구하고 헌법적으로 정당하다 할 것이다(헌재 2001.2.22. 99헌마613).

002
☐☐☐

국민의 권리와 의무의 형성에 관한 사항을 비롯하여 국가의 통치조직과 작용에 관한 기본적이고 본질적인 사항은 반드시 국회가 정하여야 한다. O | X

우리 헌법은 권력분립주의에 입각하여 국민의 권리와 의무에 관한 중요한 사항은 주권자인 국민에 의하여 선출된 대표자들로 구성되는 국회에 의하여 법률의 형식으로 결정하도록 하고 있다. 이러한 의회주의 내지 법치주의의 기본원리는 입법부가 그 입법의 권한을 행정부 내지 사법부에 위임하는 것을 금지함을 내포하고 있다(헌재 2011.9.29. 2010헌가93).

003
☐☐☐

국민의 헌법상 기본권 및 기본의무와 관련한 중요한 사항이나 본질적인 내용에 대한 정책형성기능은 원칙적으로 주권자인 국민에 의하여 선출된 대표자들로 구성되는 입법부가 담당하여 법률의 형식으로써 이를 수행하여야 하고, 입법화된 정책을 집행하거나 적용함을 임무로 하는 행정부나 사법부에 그 기능이 넘겨져서는 안된다. O | X

국민주권주의, 권력분립주의 및 법치주의를 기본원리로 채택하고 있는 우리 헌법상 국민의 헌법상 기본권 및 기본의무와 관련된 중요한 사항 내지 본질적인 내용에 대한 정책형성기능은 원칙적으로 주권자인 국민에 의하여 선출된 대표자들로 구성되는 입법부가 담당하여 법률의 형식으로써 이를 수행하여야 하고, 이와 같이 입법화된 정책을 집행하거나 적용함을 임무로 하는 행정부나 사법부에 그 기능을 넘겨서는 아니된다(헌재 1999.1.28. 97헌가8).

정답 001 ○ 002 ○ 003 ○

제3장 국회

제1절 국회의 구성과 조직

20. 5급 공채

001

국회의장과 부의장은 국회의 동의를 받아 그 직을 사임할 수 있다. O | X

> **국회법 제19조【의장·부의장의 사임】** 의장과 부의장은 국회의 동의를 받아 그 직을 사임할 수 있다.

📖 **개념정리 국회의장과 부의장**

구분	의장	부의장
수	1인	2인
선출	재적과반수, 무기명투표	재적과반수, 무기명투표
임기	2년	2년
당적보유	×	○
상임위원겸직	×	○
국무위원겸직	×	×
사임	국회동의를 얻어 사임	국회동의를 얻어 사임

20. 5급 공채

002

국회의장과 부의장은 특별히 법률로 정한 경우를 제외하고는 국회의원 외의 직을 겸할 수 없다. O | X

> **국회법 제20조【의장·부의장의 겸직 제한】** ① 의장과 부의장은 특별히 법률로 정한 경우를 제외하고는 의원 외의 직을 겸할 수 없다.

정답 001 ○ 002 ○

003
☐☐☐
임시의장은 무기명투표로 선거하고 재적의원 과반수의 출석과 출석의원 다수득표자를 당선자로 한다.
O | X

> **국회법 제17조 【임시의장 선거】** 임시의장은 무기명투표로 선거하고 재적의원 과반수의 출석과 출석의원 다수득
> 표자를 당선자로 한다.

004
☐☐☐
국회의원 총선거 후 처음 선출된 의장과 부의장의 임기는 의원의 임기 개시 후 2년이 되는 날까지로 하며, 보궐선거로 당선된 의장 또는 부의장의 임기는 선출된 날로부터 2년으로 한다.
O | X

보궐선거로 당선된 의장 또는 부의장의 임기는 선출된 날로부터 2년이 아니라 전임자 임기의 남은 기간으로 한다.

005
☐☐☐
의장은 국회를 대표하고 의사를 정리하며, 질서를 유지하고 사무를 감독한다. 의장은 위원회에 출석하여 발언할 수 있고, 표결에 참가할 수 있다.
O | X

의장은 위원회에 출석하여 발언할 수 있으나, 표결에 참가할 수 없다.

006
☐☐☐
의장이 심신상실 등 부득이한 사유로 의사표시를 할 수 없게 되어 직무대리자를 지정할 수 없는 때에는 나이가 많은 부의장의 순으로 의장의 직무를 대행한다.
O | X

의장이 심신상실 등 부득이한 사유로 의사표시를 할 수 없게 되어 직무대리자를 지정할 수 없는 때에는 나이가 많은 부의장의 순이 아니라 <u>소속 의원수가 많은 교섭단체 소속 부의장 순으로</u> 의장의 직무를 대행한다.

007
☐☐☐
임시회의 회기는 30일을 초과하지 못한다. 다만 임시회의 의결이 있는 경우에는 연장할 수 있으며, 국회의장은 집회기일 5일 전에 이를 공고하여야 한다.
O | X

임시회의 의결이 있는 경우 회기를 연장할 수 있는 것이 아니라 임시회의 임기가 30일을 초과하는 경우에는 30일로 하고, 국회의장은 임시회의 집회 요구가 있을 때에는 집회기일 3일 전에 공고한다.

정답 003 ○ 004 X 005 X 006 X 007 X

008

어느 교섭단체에도 속하지 않으면서 서로 다른 정당에 속한 국회의원들은 하나의 교섭단체를 구성할 수 있다.　　　　　　　　　　　　　　　　　　　　　　　　　　　　　　　　　　　　　O | X

국회법 제33조【교섭단체】① 국회에 20명 이상의 소속 의원을 가진 정당은 하나의 교섭단체가 된다. 다만, 다른 교섭단체에 속하지 아니하는 20명 이상의 의원으로 따로 교섭단체를 구성할 수 있다.

📖 개념정리 교섭단체와 정당

구분	교섭단체	정당
대표	교섭단체 대표의원	정당대표
구성원	국회의원	정당원
법적 성격	국회법상 기관(국가기관)	법인격 없는 사단(사적 결사)
헌법소원청구능력(기본권주체)	×	○
권한쟁의능력	○	×
양자의 관계	의원 20인이 안되는 두 개 이상의 정당은 하나의 교섭단체를 구성할 수 있다. 한 교섭단체의원이 동일정당소속일 필요는 없다.	하나의 정당은 두 개의 교섭단체를 구성할 수 없다.

009

어느 교섭단체에도 속하지 않는 의원의 상임위원 선임은 의장이 한다.　　　　　　　　　　　O | X

국회법 제48조【위원의 선임 및 개선】② 어느 교섭단체에도 속하지 아니하는 의원의 상임위원 선임은 의장이 한다.

010

국회의원 총선거 후 첫 임시회는 국회의원의 임기 개시 후 7일에 집회하며, 처음 선출된 국회의장의 임기가 폐회 중에 만료되는 경우에는 늦어도 임기만료일 5일 전까지 집회하지만, 그 날이 공휴일인 때에는 그 다음 날에 집회한다.　　　　　　　　　　　　　　　　　　　　　　　　　　　　　　　　O | X

국회법 제5조【임시회】③ 국회의원 총선거 후 첫 임시회는 의원의 임기 개시 후 7일에 집회하며, 처음 선출된 의장의 임기가 폐회 중에 만료되는 경우에는 늦어도 임기만료일 5일 전까지 집회한다. 다만, 그 날이 공휴일인 때에는 그 다음 날에 집회한다.

제3편

해커스공무원 신동욱 헌법 핵심 기출 OX

011
☐☐☐

국회는 의결로 기간을 정하여 휴회할 수 있지만, 대통령의 요구가 있을 때에는 재적의원 4분의 1 이상의 동의를 얻어 국회의 회의를 재개한다.　　　　　　　O | X

대통령의 요구와 재적의원 4분의 1 이상의 요구가 동시에 필요한 것이 아니다.

> **국회법 제8조【휴회】** ① 국회는 의결로 기간을 정하여 휴회할 수 있다.
> ② 국회는 휴회 중이라도 대통령의 요구가 있을 때, 의장이 긴급한 필요가 있다고 인정할 때 또는 재적의원 4분의 1 이상의 요구가 있을 때에는 국회의 회의(이하 "본회의"라 한다)를 재개한다.

012
☐☐☐

20세인 국민은 국회의원의 피선거권이 없다.　　　　　　　O | X

> **공직선거법 제16조【피선거권】** ② 18세 이상의 국민은 국회의원의 피선거권이 있다.

제2절　국회의 운영과 의사절차

013
☐☐☐

대통령이 임시회 집회를 요구하는 경우에 기간을 명시할 필요는 없다.　　　　　　　O | X

> **헌법 제47조** ③ 대통령이 임시회의 집회를 요구할 때에는 기간과 집회요구의 이유를 명시하여야 한다.

014
☐☐☐

천재지변이 발생한 경우 국회의장은 집회기일 1일 전이라도 임시회를 공고할 수 있다.　　　　　　　O | X

> **국회법 제5조【임시회】** ② 의장은 제1항에도 불구하고 다음 각 호의 어느 하나에 해당하는 경우에는 집회기일 1일 전에 공고할 수 있다.
> 1. 내우외환, 천재지변 또는 중대한 재정·경제상의 위기가 발생한 경우

정답 011 X　012 X　013 X　014 ○

015
☐☐☐

국회의원이 계속 특정 상임위원회에서 활동하기를 원하고 있다면 그 위원회와 관련하여 위법하거나 부당한 행위를 한 사실이 인정되는 경우가 아닌 한 본인의 의사에 반하여 강제로 위원회에서 사임시킬 수는 없다. O | X

국회의원의 국민대표성을 중시하는 입장에서도 특정 정당에 소속된 국회의원이 정당기속 내지는 교섭단체의 결정(소위 '당론')에 위반하는 정치활동을 한 이유로 제재를 받는 경우, 국회의원 신분을 상실하게 할 수는 없으나 '정당내부의 사실상의 강제' 또는 소속 '정당으로부터의 제명'은 가능하다고 보고 있다. 그렇다면, 당론과 다른 견해를 가진 소속 국회의원을 당해 교섭단체의 필요에 따라 다른 상임위원회로 전임(사·보임)하는 조치는 특별한 사정이 없는 한 헌법상 용인될 수 있는 '정당내부의 사실상 강제'의 범위 내에 해당한다고 할 것이다(헌재 2003.10.30. 2002헌라1).

✅ 참고 해당 지문은 위 헌법재판소 판례에서 반대의견으로 제시된 견해이다.

016
☐☐☐

국회 재적의원 과반수의 요청이 있으면 국회의장이 의무적으로 직권상정하여야 하는 제도를 국회법에 두지 않은 것은, 국회의장의 직권상정제도를 규정하면서 반드시 함께 규율하였어야 할 성질의 부진정입법부작위에 해당한다. O | X

국회법 제85조 제1항에 국회 재적의원 과반수가 의안에 대하여 심사기간 지정을 요청하는 경우 국회의장이 그 의안에 대하여 의무적으로 심사기간을 시성하도록 규성하지 아니한 입법부작위는 입법자가 재적의원 과반수의 요구에 의해 위원회의 심사를 배제할 수 있는 비상입법절차와 관련하여 아무런 입법을 하지 않음으로써 입법의 공백이 발생한 '진정입법부작위'에 해당한다(헌재 2016.5.26. 2015헌라1).

017
☐☐☐

국민의 권리 제한 또는 의무 부과와 직접 관련되는 법률은 특별한 사유가 없는 한 그 법률을 공포한 후 적어도 30일이 경과한 날부터 시행되도록 하여야 한다. O | X

> **법령 등 공포에 관한 법률 제13조의2【법령의 시행유예기간】** 국민의 권리 제한 또는 의무 부과와 직접 관련되는 법률, 대통령령, 총리령 및 부령은 긴급히 시행하여야 할 특별한 사유가 있는 경우를 제외하고는 공포일부터 적어도 30일이 경과한 날부터 시행되도록 하여야 한다.

018
☐☐☐

국회에서 한 번 부결된 법률안은 같은 입법기에 다시 발의 또는 제출하지 못한다. O | X

같은 입법기 중이 아니라 같은 회기 중 다시 발의하거나 제출할 수 없다.

019

□□□

일사부재의의 원칙은 의회에서 일단 부결된 의안은 동일회기 중에 다시 발의하거나 심의하지 못한다는 원칙을 말하는데, 현행 헌법은 일사부재의의 원칙을 명시적으로 규정하고 있다.　　　　O | X

현행 헌법은 일사부재의의 원칙을 명시적으로 규정하고 있지 아니하고, 국회법에 규정되어 있다.

> **국회법 제92조【일사부재의】** 부결된 안건은 같은 회기 중에 다시 발의하거나 제출할 수 없다.

020

□□□

국회법은 소수파에 의한 의사방해를 배제하기 위하여 부결된 안건은 같은 회기 중에 다시 발의 또는 제출하지 못한다고 하는 일사부재의(一事不再議)의 원칙을 명문화하고 있다.　　　　O | X

> **국회법 제92조【일사부재의】** 부결된 안건은 같은 회기 중에 다시 발의하거나 제출할 수 없다.

021

□□□

국회는 개별사건법률을 제정할 수 없다.　　　　O | X

우리 헌법은 처분적 법률로서 개인대상법률 또는 개별사건법률의 정의를 따로 두고 있지 않음은 물론, 이러한 처분적 법률의 제정을 금하는 명문의 규정도 두고 있지 않은바, 특정규범이 개인대상 또는 개별사건법률에 해당한다고 하여 그것만으로 바로 헌법에 위반되는 것은 아니라고 할 것이다(헌재 2005.6.30. 2003헌마84).

022

□□□

국회의원의 자격심사 청구, 예산안에 대한 수정동의는 각각 의원 50명 이상의 찬성이 있어야 한다.　　　　O | X

국회의원의 자격심사 청구는 의원 30명 이상의 찬성이 있어야 한다.

023

□□□

국회의 경호업무는 의장의 지휘를 받아 수행하되, 경위는 회의장 건물 안에서, 경찰공무원은 회의장 건물 밖에서 경호한다.　　　　O | X

> **국회법 제144조【경위와 경찰관】** ③ 경호업무는 의장의 지휘를 받아 수행하되, 경위는 회의장 건물 안에서, 경찰공무원은 회의장 건물 밖에서 경호한다.

정답 019 X　020 ○　021 X　022 X　023 ○

024

□□□

국회에 제출된 법률안은 회기 중에 의결되지 못한 이유로 폐기되지 아니하나, 국회의원의 임기가 만료된 때에는 그러하지 아니하다. O | X

> **헌법 제51조** 국회에 제출된 법률안 기타의 의안은 회기 중에 의결되지 못한 이유로 폐기되지 아니한다. 다만, 국회의원의 임기가 만료된 때에는 그러하지 아니하다.

025

□□□

국회에서 의결된 법률안이 정부에 이송되어 15일 이내에 대통령이 법률안에 대하여 국회에 재의 요구를 하면 국회는 재의에 붙이고, 국회가 재적의원 과반수의 출석과 출석의원 3분의 2 이상의 찬성으로 전과 같은 의결을 하면 그 법률안은 법률로서 확정된다. O | X

> **헌법 제53조** ① 국회에서 의결된 법률안은 정부에 이송되어 15일 이내에 대통령이 공포한다.
> ② 법률안에 이의가 있을 때에는 대통령은 제1항의 기간 내에 이의서를 붙여 국회로 환부하고, 그 재의를 요구할 수 있다. 국회의 폐회중에도 또한 같다.
> ④ 재의의 요구가 있을 때에는 국회는 재의에 붙이고, 재적의원 과반수의 출석과 출석의원 3분의 2 이상의 찬성으로 전과 같은 의결을 하면 그 법률안은 법률로서 확정된다.

026

□□□

국회에서 의결된 법률안이 정부로 이송되어 15일 이내에 대통령이 공포나 재의의 요구를 하지 않으면 그 법률안은 법률로서 확정된다. O | X

> **헌법 제53조** ① 국회에서 의결된 법률안은 정부에 이송되어 15일 이내에 대통령이 공포한다.
> ⑤ 대통령이 제1항의 기간 내에 공포나 재의의 요구를 하지 아니한 때에도 그 법률안은 법률로서 확정된다.

027

□□□

본회의는 오후 2시(토요일은 오전 10시)에 개의하지만, 의장은 각 상임위원회 위원장과 협의하여 그 개의시를 변경할 수 있다. O | X

국회의장은 각 상임위원회 위원장이 아니라 각 교섭단체 대표의원과 협의하여 본회의의 개의시를 변경할 수 있다.

> **국회법 제72조 【개의】** 본회의는 오후 2시(토요일은 오전 10시)에 개의한다. 다만, 의장은 각 교섭단체 대표의원과 협의하여 그 개의시(開議時)를 변경할 수 있다.

정답 024 ○ 025 ○ 026 ○ 027 X

028
☐☐☐

국회는 휴회 중이라도 대통령의 요구가 있을 때, 의장이 긴급한 필요가 있다고 인정할 때 또는 재적의원 4분의 1 이상의 요구가 있는 때에는 국회의 회의를 재개한다. O | X

> **국회법 제8조【휴회】** ② 국회는 휴회 중이라도 대통령의 요구가 있을 때, 의장이 긴급한 필요가 있다고 인정할 때 또는 재적의원 4분의 1 이상의 요구가 있을 때에는 국회의 회의(이하 "본회의"라 한다)를 재개한다.

029
☐☐☐

정부가 본회의 또는 위원회에서 의제가 된 정부제출의 의안을 수정 또는 철회할 때에는 본회의 또는 위원회의 동의를 얻어야 한다. O | X

> **국회법 제90조【의안·동의의 철회】** ③ 정부가 본회의 또는 위원회에서 의제가 된 정부제출 의안을 수정하거나 철회할 때에는 본회의 또는 위원회의 동의를 받아야 한다.

030
☐☐☐

정부는 부득이한 경우를 제외하고는 매년 1월 31일까지 해당 연도에 제출할 법률안에 관한 계획을 국회에 통지하여야 한다. O | X

> **국회법 제5조의3【법률안 제출계획의 통지】** ① 정부는 부득이한 경우를 제외하고는 매년 1월 31일까지 해당 연도에 제출할 법률안에 관한 계획을 국회에 통지하여야 한다.

031
☐☐☐

위원회는 일부개정법률안의 경우 의안이 그 위원회에 회부된 날부터 20일이 경과되지 아니한 때는 이를 상정할 수 없다. O | X

위원회는 일부개정법률안의 경우 의안이 그 위원회에 회부된 날부터 15일이 경과되지 아니한 때는 이를 상정할 수 없다.

032
☐☐☐

제정법률안과 전부개정법률안에 대해서 위원회 의결로 축조심사를 생략할 수 있으나, 공청회 또는 청문회는 생략할 수 없다. O | X

제정법률안과 전부개정법률안에 대해서 위원회 의결로 축조심사를 생략할 수 없으나, 공청회 또는 청문회는 생략할 수 있다.

정답 028 ○ 029 ○ 030 ○ 031 X 032 X

033

☐☐☐

의원은 무제한토론을 실시하는 안건에 대하여 재적의원 3분의 1 이상의 서명으로 무제한토론의 종결동의(終結動議)를 의장에게 제출할 수 있다. O | X

> **국회법 제106조의2【무제한 토론의 실시 등】** ⑤ 의원은 무제한토론을 실시하는 안건에 대하여 재적의원 3분의 1 이상의 서명으로 무제한토론의 종결동의(終結動議)를 의장에게 제출할 수 있다.

034

☐☐☐

의원이 다른 의원의 자격에 대하여 이의가 있을 때에는 30명 이상의 연서로 의장에게 자격심사를 청구할 수 있으며, 의원이 체포 또는 구금된 의원의 석방 요구를 발의할 때에는 재적의원 4분의 1 이상의 연서(連書)로 그 이유를 첨부한 요구서를 의장에게 제출하여야 한다. O | X

> **국회법 제138조【자격심사의 청구】** 의원이 다른 의원의 자격에 대하여 이의가 있을 때에는 30명 이상의 연서로 의장에게 자격심사를 청구할 수 있다.
>
> **제28조【석방 요구의 절차】** 의원이 체포 또는 구금된 의원의 석방 요구를 발의할 때에는 재적의원 4분의 1 이상의 연서(連書)로 그 이유를 첨부한 요구서를 의장에게 제출하여야 한다.

035

☐☐☐

발언한 의원은 회의록이 배부된 날의 다음 날 오후 5시까지 회의록에 적힌 자구의 정정을 의장에게 요구할 수 있으나, 발언의 취지를 변경할 수 없다. O | X

> **국회법 제117조【자구의 정정과 이의의 결정】** ① 발언한 의원은 회의록이 배부된 날의 다음 날 오후 5시까지 회의록에 적힌 자구의 정정을 의장에게 요구할 수 있다. 다만, 발언의 취지를 변경할 수 없다.

036

☐☐☐

의장이 산회를 선포한 당일에는 다시 개의할 수 없으나, 내우외환, 천재지변 또는 중대한 재정·경제상의 위기, 국가의 안위에 관계되는 중대한 교전 상태나 전시·사변 또는 이에 준하는 국가비상사태의 경우에는 의장이 교섭단체 대표의원과 합의 없이도 회의를 다시 개의할 수 있다. O | X

의장이 교섭단체 대표의원과 합의한 경우 산회를 선포한 당일에 회의를 다시 개의할 수 있다.

037

☐☐☐

의장이 토론에 참가할 때에는 의장석에서 물러나야 하며, 그 안건에 대한 표결이 끝날 때까지 의장석으로 돌아갈 수 없다. O | X

> **국회법 제107조【의장의 토론 참가】** 의장이 토론에 참가할 때에는 의장석에서 물러나야 하며, 그 안건에 대한 표결이 끝날 때까지 의장석으로 돌아갈 수 없다.

정답 033 ○ 034 ○ 035 ○ 036 X 037 ○

038
□□□

신속처리안건에 대한 지정동의가 소관 위원회 위원장에게 제출된 경우 안건의 소관 위원회 위원장은 지체 없이 신속처리안건 지정동의를 기명투표로 표결한다.　　　　　　　　　　　　　　O | X

무기명투표로 표결한다.

> **국회법 제85조의2【안건의 신속 처리】** ① … 이 경우 의장 또는 안건의 소관 위원회 위원장은 지체 없이 신속처리안건 지정동의를 무기명투표로 표결하되, 재적의원 5분의 3 이상 또는 안건의 소관 위원회 재적위원 5분의 3 이상의 찬성으로 의결한다.

039
□□□

법제사법위원회의 신속처리대상안건에 대한 체계·자구 심사 기한은 90일이다.　　　　　　　　O | X

> **국회법 제85조의2【안건의 신속 처리】** ③ 위원회는 신속처리대상안건에 대한 심사를 그 지정일부터 180일 이내에 마쳐야 한다. 다만, 법제사법위원회는 신속처리대상안건에 대한 체계·자구 심사를 그 지정일, 제4항에 따라 회부된 것으로 보는 날 또는 제86조 제1항에 따라 회부된 날부터 90일 이내에 마쳐야 한다.

040
□□□

소관 위원회는 원칙적으로 신속처리대상안건에 대한 심사를 그 지정일부터 90일 이내에 마쳐야 한다.　　　　　　　　　　　　　　　　　　　　　　　　　　　　　O | X

> **국회법 제85조의2【안건의 신속 처리】** ③ 위원회는 신속처리대상안건에 대한 심사를 그 지정일부터 180일 이내에 마쳐야 한다. (이하 생략)

041
□□□

법제사법위원회가 신속처리대상안건에 대하여 그 지정일부터 60일 이내에 심사를 마치지 아니하였을 때에는 그 기간이 끝난 다음 날에 법제사법위원회에서 심사를 마치고 바로 본회의에 부의된 것으로 본다.　　　　　　　　　　　　　　　　　　　　　　　　　　　　　　　　O | X

> **국회법 제85조의2【안건의 신속 처리】** ⑤ 법제사법위원회가 신속처리대상안건(체계·자구 심사를 위하여 법제사법위원회에 회부되었거나 제4항 본문에 따라 회부된 것으로 보는 신속처리대상안건을 포함한다)에 대하여 제3항 단서에 따른 기간(90일) 내에 심사를 마치지 아니하였을 때에는 그 기간이 끝난 다음 날에 법제사법위원회에서 심사를 마치고 바로 본회의에 부의된 것으로 본다.

정답 038 X 039 ○ 040 X 041 X

042

□□□

신속처리대상안건을 심사하는 안건조정위원회는 그 안건이 관련 규정에 따라 법제사법위원회에 회부되거나 바로 본회의에 부의된 것으로 보는 경우에는 안건조정위원회의 활동기한이 남았더라도 그 활동을 종료한다. O | X

> **국회법 제85조의2【안건의 신속 처리】** ② 의장은 제1항 후단에 따라 신속처리안건 지정동의가 가결되었을 때에는 그 안건을 제3항의 기간 내에 심사를 마쳐야 하는 안건으로 지정하여야 한다. 이 경우 위원회가 전단에 따라 지정된 안건(이하 "신속처리대상안건"이라 한다)에 대한 대안을 입안한 경우 그 대안을 신속처리대상안건으로 본다.
>
> **제57조의2【안건조정위원회】** ⑨ 제85조의2(안건의 신속 처리) 제2항에 따른 신속처리대상안건을 심사하는 조정위원회는 그 안건이 같은 조 제4항 또는 제5항에 따라 법제사법위원회에 회부되거나 바로 본회의에 부의된 것으로 보는 경우에는 제2항에 따른 활동기한이 남았더라도 그 활동을 종료한다.

043

□□□

위원회는 이견을 조정할 필요가 있는 안건(예산안, 기금운용계획안, 임대형 민자사업 한도액안, 체계·자구 심사를 위하여 법제사법위원회에 회부된 법률안, 안건조정위원회를 거친 안건은 제외한다)을 심사하기 위하여 안건조정위원회를 구성할 수 있다. O | X

> **국회법 제57조의2【안건조정위원회】** ① 위원회는 이견을 조정할 필요가 있는 안건(예산안, 기금운용계획안, 임대형 민자사업 한도액안 및 체계·자구 심사를 위하여 법제사법위원회에 회부된 법률안은 제외한다. 이하 이 조에서 같다)을 심사하기 위하여 재적위원 3분의 1 이상의 요구로 안건조정위원회(이하 이 조에서 "조정위원회"라 한다)를 구성하고 해당 안건을 제58조 제1항에 따른 대체토론(大體討論)이 끝난 후 조정위원회에 회부한다. 다만, 조정위원회를 거친 안건에 대해서는 그 심사를 위한 조정위원회를 구성할 수 없다.

044

□□□

예산안은 법제사법위원회의 체계·자구 심사를 거치지 않는다. O | X

법률안은 상임위원회의 심사를 마친 때에는 법제사법위원회에 회부하여 체계와 자구에 대한 심사를 거쳐야 하나, 예산안은 소관상임위원회의 예비심사와 예산결산특별위원회의 종합심사를 거친다.

045

□□□

예산결산특별위원회와 윤리특별위원회는 활동기한을 정해서 그 기한의 종료 시까지만 존속한다. O | X

윤리특별위원회는 활동기간을 정해서 그 기한의 종료 시까지만 존속하는 비상설 특별위원회이나, 예산결산특별위원회는 상설특별위원회에 해당한다.

정답 042 ○ 043 ○ 044 ○ 045 X

046
□□□

정무위원회는 대통령비서실과 국무총리비서실의 소관사항을 관장한다.　　O | X

대통령비서실의 소관사항은 국회운영위원회가 관장한다(국회법 제37조 제1항 제1호).

047
□□□

국회의 위임 의결이 없더라도 국회의장은 국회에서 의결된 법률안의 조문이나 자구·숫자, 법률안의 체계나 형식 등의 정비가 필요한 경우 의결된 내용이나 취지를 변경하지 않는 범위 안에서 이를 정리할 수 있다고 봄이 상당하고, 이렇듯 국회의장이 국회의 위임 없이 법률안을 정리하더라도 그러한 정리가 국회에서 의결된 법률안의 실질적 내용에 변경을 초래하는 것이 아닌 한 헌법이나 국회법상의 입법절차에 위반된다고 볼 수 없다.　　O | X

국회의 위임 의결이 없더라도 국회의장은 국회에서 의결된 법률안의 조문이나 자구·숫자, 법률안의 체계나 형식 등의 정비가 필요한 경우 의결된 내용이나 취지를 변경하지 않는 범위 안에서 이를 정리할 수 있다고 봄이 상당하고, 이렇듯 국회의장이 국회의 위임 없이 법률안을 정리하더라도 그러한 정리가 국회에서 의결된 법률안의 실질적 내용에 변경을 초래하는 것이 아닌 한 헌법이나 국회법상의 입법절차에 위반된다고 볼 수 없다(헌재 2009.6.25. 2007헌마451).

048
□□□

일반정족수는 다수결의 원리를 실현하는 국회의 의결방식으로서 헌법상의 원칙에 해당한다.　　O | X

일반정족수는 다수결원리를 실현하는 국회의 의결방식 중 하나에 불과하고, 그 자체가 헌법상의 원칙이나 원리라고 볼 수는 없다. 나아가 국회가 자신의 의사절차에 관한 제도를 스스로 입안하면서 가중다수결과 일반다수결 중 어느 것을 선택할 것인지는 국회의 자율영역에 속한다고 보아야 한다(헌재 2016.5.26. 2015헌라1).

049
□□□

일사부재의원칙을 경직되게 적용하는 경우에는 국정운영이 왜곡되고 다수에 의해 악용되어 다수의 횡포를 합리화하는 수단으로 전락할 수도 있으므로, 일사부재의원칙은 신중한 적용이 요청된다.　　O | X

일사부재의원칙은 국회의 의사의 단일화, 회의의 능률적인 운영 및 소수파에 의한 의사방해 방지 등을 위하여 중요한 의의를 가진다. 그런데 일사부재의원칙을 경직되게 적용하는 경우에는 국정운영이 왜곡되고 다수에 의해 악용되어 다수의 횡포를 합리화하는 수단으로 전락할 수도 있으므로, 일사부재의원칙은 신중한 적용이 요청된다고 할 것이다(헌재 2009.10.29. 2009헌라8).

정답 046 X　047 O　048 X　049 O

050
□□□
국회법상 안건조정위원회의 활동기한 90일은 국회 소수세력의 안건처리 지연을 통한 의사 저지 수단을 제도적으로 보장한 것으로서 90일을 초과할 수 없고, 그 축소도 안건조정위원회를 구성할 때 안건조정위원회의 위원장과 간사가 합의한 경우에만 가능하므로, 안건조정위원회의 활동기한이 만료되기 전 안건조정위원회가 안건에 대한 조정 심사를 마쳐서 조정안을 의결하여 안건조정위원회 위원장이 그 조정안의 가결을 선포한 것은 국회법 위반이다. O | X

안건조정위원회가 반드시 그 활동기한의 만료일까지 활동해야만 한다고 해석하면, 활동기한 이내에 안건 조정이 성공적으로 이루어져 조정안이 의결된 경우에도 그 기한이 만료할 때까지는 위원회에 보고할 수 없다는 의미가 될 수 있다는 문제가 생긴다. 안건조정제도는 국회 내 다수 세력의 일방적인 입법 시도를 저지하는 기능이 있지만, 이러한 기능은 안건조정위원회를 구성할 때 제1교섭단체 소속 위원과 그 밖의 위원이 동수가 되도록 하고, 그 의결 정족수를 재적 조정위원 3분의 2 이상으로 정함으로써 보장된 것으로 보아야 할 것이다. 다른 한편, 안건조정제도를 단지 위원회의 심사를 지연시키기 위한 도구로만 이용하지 않도록 할 필요도 있다. 이러한 점들을 고려하면, 국회법상 안건조정위원회의 활동기한은 그 활동할 수 있는 기간의 상한을 의미한다고 보는 것이 타당하다. 즉, <u>안건조정위원회의 활동기한이 만료되기 전이라고 하더라도 안건조정위원회가 안건에 대한 조정 심사를 마치면 조정안을 의결할 수 있다</u>(헌재 2020.5.27. 2019헌라5).

051
□□□
국회의 정기회는 법률이 정하는 바에 의하여 매년 1회 집회되며, 임시회는 대통령 또는 국회재적의원 4분의 1 이상의 요구에 의하여 집회된다. O | X

> **헌법 제47조** ① 국회의 정기회는 법률이 정하는 바에 의하여 매년 1회 집회되며, 국회의 임시회는 대통령 또는 국회재적의원 4분의 1 이상의 요구에 의하여 집회된다.

052
□□□
국회의 회의는 공개하나, 출석의원 과반수의 찬성이 있거나 의장이 국가의 안전보장을 위하여 필요하다고 인정할 때에는 공개하지 아니할 수 있다. O | X

> **헌법 제50조** ① 국회의 회의는 공개한다. 다만, 출석의원 과반수의 찬성이 있거나 의장이 국가의 안전보장을 위하여 필요하다고 인정할 때에는 공개하지 아니할 수 있다.

053
□□□
국회에 제출된 법률안 기타의 의안은 회기 중에 의결되지 못한 이유로 폐기되지 아니하며, 국회의원의 임기가 만료된 때에도 또한 같다. O | X

> **헌법 제51조** 국회에 제출된 법률안 기타의 의안은 회기 중에 의결되지 못한 이유로 폐기되지 아니한다. 다만, 국회의원의 임기가 만료된 때에는 그러하지 아니하다.

정답 050 X 051 O 052 O 053 X

054

☐☐☐

헌법상 다수결원칙은 다수에 의한 의사결정 이전에 합리적인 토론과 상호 설득의 과정에서 의사의 내용 이 변동되거나 조정될 수 있음을 전제로 한다. O | X

헌법상 다수결원칙은 다수에 의한 의사결정 이전에 합리적인 토론과 상호 설득의 과정에서 의사의 내용이 변 동되거나 조정될 수 있음을 전제로 하며, 이를 위해 의원들에게 실질적이고 자유로운 토론의 기회가 부여되어 있을 것을 요구한다(헌재 2023.3.23. 2022헌라2).

055

☐☐☐

국회는 헌법 또는 법률에 특별한 규정이 없는 한 재적의원 과반수의 출석과 출석의원 과반수의 찬성으로 의결하며, 가부동수인 때에는 부결된 것으로 본다. O | X

> **헌법 제49조** 국회는 헌법 또는 법률에 특별한 규정이 없는 한 재적의원 과반수의 출석과 출석의원 과반수의 찬성으로 의결한다. 가부동수인 때에는 부결된 것으로 본다.

056

☐☐☐

다수결의 원리를 실현하는 국회의 의결방식은 헌법이나 법률에 특별한 규정이 없는 한 재적의원 과반수 의 출석과 출석의원 과반수의 찬성을 요하는 일반정족수를 기본으로 하며, 이는 헌법상 절대적 원칙으로 볼 수 있다. O | X

다수결의 원리를 실현하는 국회의 의결방식은 헌법이나 법률에 특별한 규정이 없는 한 재적의원 과반수의 출 석과 출석의원 과반수의 찬성을 요하는 일반정족수를 기본으로 한다. 일반정족수는 국회의 의결이 유효하기 위한 최소한의 출석의원 또는 찬성의원의 수를 의미하므로, 의결대상 사안의 중요성과 의미에 따라 헌법이나 법률에 의결의 요건을 달리 규정할 수 있다. 즉 일반정족수는 다수결의 원리를 실현하는 국회의 의결방식 중 하나로서 국회의 의사결정시 합의에 도달하기 위한 최소한의 기준일 뿐 이를 헌법상 절대적 원칙이라고 보기 는 어렵다(헌재 2016.5.26. 2015헌라1).

057

☐☐☐

국회의 임시회는 대통령 또는 국회 재적의원 3분의 1 이상의 요구에 의하여 집회되는데, 이때에는 기간과 집회요구의 이유를 명시하여야 한다. O | X

> **헌법 제47조** ① 국회의 정기회는 법률이 정하는 바에 의하여 매년 1회 집회되며, 국회의 임시회는 대통령 또는 국회재적의원 4분의 1 이상의 요구에 의하여 집회된다.
> ③ 대통령이 임시회의 집회를 요구할 때에는 기간과 집회요구의 이유를 명시하여야 한다.

정답 054 ○ 055 ○ 056 X 057 X

058
☐☐☐

헌법은 국회의 회의를 공개한다는 원칙을 규정하면서, '출석의원 과반수의 찬성이 있거나 의장이 국가의 안전보장을 위하여 필요하다고 인정할 때'에는 이를 공개하지 아니할 수 있다는 예외를 두고 있다. O | X

> **헌법 제50조** ① 국회의 회의는 공개한다. 다만, 출석의원 과반수의 찬성이 있거나 의장이 국가의 안전보장을 위하여 필요하다고 인정할 때에는 공개하지 아니할 수 있다.

059
☐☐☐

헌법은 "부결된 안건은 같은 회기 중에 다시 발의 또는 제출하지 못한다."라고 규정하여, 소수파에 의한 의사방해를 배제하고 회의의 원활한 운영을 도모하고 있다. O | X

국회법 제92조는 "부결된 안건은 같은 회기 중에 다시 발의 또는 제출하지 못한다."고 규정하여 일사부재의원칙을 선언하고 있다. 만일 같은 회기 중에 동일 안건을 몇 번이고 회의에 부의하게 된다면 특정 사안에 대한 국회의 의사가 확정되지 못한 채 표류하게 되므로, 일사부재의원칙은 국회의 의사의 단일화, 회의의 능률적인 운영 및 소수파에 의한 의사방해 방지 등을 위하여 중요한 의의를 가진다(헌재 2009.10.29. 2009헌라8 등).

060
☐☐☐

국회의원은 그 직무 외에 영리를 목적으로 하는 업무에 종사할 수 없지만, 국회의원 본인 소유의 토지·건물 등의 재산을 활용한 임대업 등 영리업무를 하는 경우로서 국회의원 직무수행에 지장이 없는 경우에는 그러하지 아니하다. O | X

> **국회법 제29조의2【영리업무 종사 금지】** ① 의원은 그 직무 외에 영리를 목적으로 하는 업무에 종사할 수 없다. 다만, 의원 본인소유의 토지·건물 등의 재산을 활용한 임대업 등 영리업무를 하는 경우로서 의원의 직무수행에 지장이 없는 경우에는 그러하지 아니하다.

061
☐☐☐

보임(補任)되거나 개선(改選)된 상임위원의 임기는 전임자 임기의 남은 기간으로 한다. O | X

> **국회법 제40조【상임위원의 임기】** ② 보임(補任)되거나 개선(改選)된 상임위원의 임기는 전임자 임기의 남은 기간으로 한다.

062
☐☐☐

위원회에서의 질의는 일문일답의 방식으로 하지만, 위원장의 허가가 있는 경우 일괄질의의 방식으로 한다. O | X

'위원회의 의결'이 있는 경우 일괄질의 방식으로 할 수 있다.

> **국회법 제60조【위원의 발언】** ② 위원회에서의 질의는 일문일답(一問一答)의 방식으로 한다. 다만, 위원회의 의결이 있는 경우 일괄질의의 방식으로 할 수 있다.

정답 058 ○ 059 X 060 ○ 061 ○ 062 X

063
☐☐☐
본회의는 공개하지만, 국회의장의 제의 또는 국회의원 10명 이상의 연서에 의한 동의로 본회의 의결이 있거나 국회의장이 각 교섭단체 대표의원과 협의하여 국가의 안전보장을 위하여 필요하다고 인정할 때에는 공개하지 아니할 수 있다.　　　O | X

> **국회법 제75조【회의의 공개】** ① 본회의는 공개한다. 다만, 의장의 제의 또는 의원 10명 이상의 연서에 의한 동의(動議)로 본회의의결이 있거나 의장이 각 교섭단체 대표의원과 협의하여 국가의 안전보장을 위하여 필요하다고 인정할 때에는 공개하지 아니할 수 있다.

제3절　국회의 권한

064
☐☐☐
예산은 국가기관만을 구속할 뿐 일반국민을 구속하지 않는다.　　　O | X

예산도 일종의 법규범이고 법률과 마찬가지로 국회의 의결을 거쳐 제정되지만 예산은 법률과 달리 국가기관만을 구속할 뿐 일반국민을 구속하지 않는다(헌재 2006.4.25. 2006헌마409).

📖 **개념정리 예산과 법률**

구분	예산	법률
형식	예산(비법률)	법률
제출권자	정부	정부·국회
국회의 심의절차	폐지·삭감은 가능하나, 정부의 동의 없이 증액·항목신설 불가	수정자유
관보게재형식	공고	공포
효력상의 차이	의결로써 효력 발생	공포로써 효력 발생
거부권 행사	불인정 (국회는 예산심의를 전면 거부할 수 없으며, 대통령은 국회에서 통과된 예산안에 대해서 거부권을 행사할 수 없음)	인정
시간적 효력	1회계연도 내	개폐될 때까지 유효
기속력의 대상	국가기관만	국가기관·국민 모두 기속

정답 063 ○　064 ○

065
□□□
과세요건을 법률로 규정하였다고 하더라도 그 규정내용이 지나치게 추상적이고 불명확하면 과세관청의 자의적인 해석과 집행을 초래할 염려가 있으므로 그 규정내용이 명확하고 일의적이어야 한다. O | X

조세법률주의는 조세는 국민의 재산권을 침해하는 것이 되므로, 납세의무를 성립시키는 납세의무자, 과세물건, 과세표준, 과세기간, 세율 등의 과세요건과 조세의 부과 징수절차는 모두 국민의 대표기관인 국회가 제정한 법률로써 이를 규정하여야 한다는 과세요건법정주의와 아울러 과세요건을 법률로 규정하였다고 하더라도 <u>그 규정내용이 지나치게 추상적이고 불명확하면 과세관청의 자의적인 해석과 집행을 초래할 염려가 있으므로 그 규정내용이 명확하고 일의적이어야 한다</u>는 과세요건명확주의를 그 핵심적 내용으로 하고 있다. 결국 과세요건법정주의와 과세요건명확주의를 핵심내용으로 하는 조세법률주의의 이념은 과세요건을 법률로 명확하게 규정함으로써 국민의 재산권을 보장함과 동시에 국민의 경제생활에 법적 안정성과 예측가능성을 보장함에 있다(헌재 2006.6.29. 2005헌바76).

066
□□□
조세가 소득 재분배, 자원의 적정배분, 경기조정 등 기능을 가지고 있으며 국민의 조세부담을 정하는 과정에서 국정전반에 걸친 종합적 정책판단을 하여야 하지만, 조세법규라고 하여 위헌여부 판단을 위한 비례심사의 강도가 다소 완화될 필요는 없다. O | X

조세 관련 법률의 목적이나 내용은 기본권 보장의 헌법이념과 이를 뒷받침하는 과잉금지원칙 등 헌법상 제반 원칙에 합치되어야 하므로, 헌법 제38조에 의한 국민의 납세의무에도 불구하고 과잉금지원칙 등에 어긋나 국민의 재산권을 침해하는 것은 헌법상 허용되지 아니한다. 다만, 오늘날 조세는 국가의 재정수요를 충족시킨다고 하는 본래의 기능 외에도 <u>소득의 재분배, 자원의 적정배분, 경기의 조정 등 여러 가지 기능을 가지고 있어 국민의 조세부담을 정함에 있어서 재정·경제·사회정책 등 국정전반에 걸친 종합적인 정책판단을 필요로 하므로 그 비례심사의 강도는 다소 완화될 필요가 있다</u>(헌재 2015.3.26. 2012헌바381 등).

067
□□□
어떤 공과금이 조세인지 아니면 부담금인지는 단순히 법률에서 그것을 무엇으로 성격 규정하고 있느냐를 기준으로 할 것이 아니라, 그 실질적인 내용을 결정적인 기준으로 삼아야 한다. O | X

부담금관리기본법은 제3조에서 "부담금은 별표에 규정된 법률의 규정에 의하지 아니하고는 이를 설치할 수 없다."라고 규정하고, 별표 제44호에서 '먹는물관리법 제28조의 규정에 의한 수질개선부담금'을 동법에서 말하는 부담금 중 하나로서 열거하고 있다. 그러나 <u>어떤 공과금이 조세인지 아니면 부담금인지는 단순히 법률에서 그것을 무엇으로 성격 규정하고 있느냐를 기준으로 할 것이 아니라, 그 실질적인 내용을 결정적인 기준으로 삼아야 한다</u>(헌재 2004.7.15. 2002헌바42).

068
□□□
특정인이나 특정계층에 대하여 정당한 이유없이 조세감면의 우대조치를 하는 것은 특정한 납세자군이 조세의 부담을 다른 납세자군의 부담으로 떠맡기는 것에 다름아니므로 조세감면의 근거 역시 법률로 정하여야만 하는 것이 국민주권주의나 법치주의의 원리에 부응하는 것이다. O | X

조세의 감면에 관한 규정은 조세의 부과·징수의 요건이나 절차와 직접 관련되는 것은 아니지만, 조세란 공공경비를 국민에게 강제적으로 배분하는 것으로서 납세의무자 상호간에는 조세의 전가관계가 있으므로 <u>특정인이나 특정계층에 대하여 정당한 이유없이 조세감면의 우대조치를 하는 것은 특정한 납세자군이 조세의 부담을 다른 납세자군의 부담으로 떠맡기는 것에 다름아니므로 조세감면의 근거 역시 법률로 정하여야만 하는 것이 국민주권주의나 법치주의의 원리에 부응하는 것이다</u>(헌재 1996.6.26. 93헌바2).

정답 065 ○ 066 X 067 ○ 068 ○

069

☐☐☐

예산총계주의는 국가재정의 모든 수지를 예산에 반영함으로써 그 전체를 분명하게 하고 국회와 국민에 의한 재정상의 감독을 용이하게 하려는 것이다. O | X

예산회계법 제18조 제2항 본문은 "세입세출은 모두 예산에 계상하여야 한다."라고 규정하여 예산총계주의원칙을 선언하고 있다. 이는 국가재정의 모든 수지를 예산에 반영함으로써 그 전체를 분명하게 함과 동시에 국회와 국민에 의한 재정상의 감독을 용이하게 하자는 데 그 의의가 있다(헌재 2004.7.15. 2002헌바42).

070

☐☐☐

한 회계연도를 넘어 계속하여 지출할 필요가 있을 때에는 정부는 연한을 정하여 계속비로서 국회의 의결을 얻어야 한다. O | X

> **헌법 제55조** ① 한 회계연도를 넘어 계속하여 지출할 필요가 있을 때에는 <u>정부는 연한을 정하여 계속비로서 국회의 의결을 얻어야 한다.</u>

071

☐☐☐

국회는 예산안을 제출할 수 없다. O | X

국회는 예산안을 제출할 수 없으며, 정부만 예산편성·제출권을 가진다.

072

☐☐☐

예산은 법률의 형식을 취하지 않고 있기 때문에 법규범이 아니라 행정부 내부의 훈령이다. O | X

예산훈령설은 예산을 군주주의시대에 국가원수의 행위로 이해하는 것으로 오늘날 이를 주장하는 학자는 없다. … 우리 헌법은 일본·스위스 등과 같이 예산을 특수한 존재형식으로 규율하고 있다. 즉 헌법 제40조의 국회 입법권과는 별도로 제54조에 국회의 예산심의권을 규정하고 있다.

073

☐☐☐

예비비의 지출은 차기국회의 승인을 얻어야 한다. O | X

> **헌법 제55조** ② 예비비는 총액으로 국회의 의결을 얻어야 한다. <u>예비비의 지출은 차기국회의 승인을 얻어야 한다.</u>
> **국가재정법 제51조 【예비비의 관리와 사용】** ① 예비비는 기획재정부장관이 관리한다.

074
☐☐☐

예산은 관보로써 공고하도록 되어있을 뿐, 공포가 그 효력발생요건은 아니다.　　　　　　　O | X

예산안은 단지 관보로써 공고하도록 되어 있으므로 공고가 효력발생요건이 아니다. 그러나 법률안은 공포가 효력발생요건이다.

075
☐☐☐

대통령직 인수에 관한 법률 제5조 제2항에 따라 대통령당선인이 국무총리 후보자에 대한 인사청문의 실시를 요청하는 경우에 국회의장은 각 교섭단체 대표의원과 협의하여 그 인사청문을 실시하기 위한 인사청문특별위원회를 둔다.　　　　　　　O | X

> 국회법 제46조의3 【인사청문특별위원회】 ① 국회는 다음 각 호의 임명동의안 또는 의장이 각 교섭단체 대표의원과 협의하여 제출한 선출안 등을 심사하기 위하여 인사청문특별위원회를 둔다. 다만, 대통령직 인수에 관한 법률 제5조 제2항에 따라 대통령당선인이 국무총리 후보자에 대한 인사청문의 실시를 요청하는 경우에 의장은 각 교섭단체 대표의원과 협의하여 그 인사청문을 실시하기 위한 인사청문특별위원회를 둔다.

> 📖 개념정리 인사청문특별위원회와 소관 상임위원회
>
> | 인사청문기관 | 인사청문대상 |
> |---|---|
> | 인사청문
특별위원회 | • 임명에 국회의 동의를 요하는 기관: 국무총리, 대법원장, 대법관, 헌법재판소장, 감사원장
• 국회에서 선출하는 기관: 헌법재판소 재판관 3인, 중앙선거관리위원회 위원 3인
• 대통령당선인이 국무총리후보자를 지명하여 인사청문실시를 요청한 경우 |
> | 소관 상임위원회 | • 대통령이 임명 : 헌법재판소 재판관 3인, 중앙선거관리위원회 위원 3인, 국무위원, 방송통신위원회 위원장, 국가정보원장, 공정거래위원회 위원장, 금융위원회 위원장, 국가인권위원회 위원장, 고위공직자범죄수사처장, 국세청장, 검찰총장, 경찰청장, 합동참모의장, 한국은행 총재, 특별감찰관 또는 한국방송공사 사장의 후보자
• 대법원장이 지명: 헌법재판소 재판관 3인, 중앙선거관리위원회 위원 3인 |

076
☐☐☐

본회의는 의결로 국무총리, 국무위원 또는 정부위원의 출석을 요구할 수 있으며, 이 경우 그 발의는 의원 10명 이상이 이유를 구체적으로 밝힌 서면으로 하여야 한다.　　　　　　　O | X

> 국회법 제121조 【국무위원 등의 출석 요구】 ① 본회의는 의결로 국무총리, 국무위원 또는 정부위원의 출석을 요구할 수 있다. 이 경우 그 발의는 의원 20명 이상이 이유를 구체적으로 밝힌 서면으로 하여야 한다.

제3편

해커스공무원 신동욱 헌법 핵심 기출 OX

정답 074 ○　075 ○　076 X

077

☐☐☐

국회에서 탄핵소추가 발의된 자는 그때부터 헌법재판소의 탄핵심판이 있을 때까지 권한행사가 정지된다.

O | X

국회에서 탄핵소추가 발의된 때가 아니라 '탄핵소추가 의결되어 소추의결서 등본이 소추된 사람에게 송달되었을 때'부터 권한행사가 정지된다.

> **헌법 제65조** ③ 탄핵소추의 의결을 받은 자는 탄핵심판이 있을 때까지 그 권한행사가 정지된다.
> **국회법 제134조【소추의결서의 송달과 효과】** ② 소추의결서가 송달되었을 때에는 소추된 사람의 권한 행사는 정지되며, 임명권자는 소추된 사람의 사직원을 접수하거나 소추된 사람을 해임할 수 없다.

078

☐☐☐

탄핵심판에서는 국회 법제사법위원회의 위원장이 소추위원이 된다.

O | X

> **헌법재판소법 제49조【소추위원】** ① 탄핵심판에서는 국회 법제사법위원회의 위원장이 소추위원이 된다.

079

☐☐☐

탄핵소추의 사유가 존재하는 경우에는 국회는 탄핵소추를 발의하고 의결하여야 한다.

O | X

국회에게 대통령의 헌법 등 위배행위가 있을 경우에 탄핵소추의결을 하여야 할 헌법상의 작위의무가 있다거나 청구인에게 탄핵소추의결을 청구할 헌법상 기본권이 있다고 할 수 없다. 왜냐하면 헌법은 "대통령 …이 그 직무집행에 있어서 헌법이나 법률을 위배한 때에는 국회는 탄핵의 소추를 의결할 수 있다."(제65조 제1항)라고 규정함으로써 명문규정상 국회의 탄핵소추의결이 국회의 재량행위임을 밝히고 있고, … 때문이다(헌재 1996. 2.29. 93헌마186).

080

☐☐☐

국정감사권과 국정조사권은 국회의원의 권한일뿐 국회의 권한이라 할 수 없으므로 국회의원은 법원을 상대로 국정감사권 또는 국정조사권 자체에 관한 침해를 이유로 권한쟁의심판을 청구할 수 있다. O | X

청구인은 헌법 제61조에 의해 부여받은 권한의 침해도 주장하고 있으나, 헌법 제61조는 제1항에서 "국회는 국정을 감사하거나 특정한 국정사안에 대하여 조사할 수 있으며, 이에 필요한 서류의 제출 또는 증인의 출석과 증언이나 의견의 진술을 요구할 수 있다."고 규정하고, 제2항에서 "국정감사 및 조사에 관한 절차 기타 필요한 사항은 법률로 정한다."고 규정하고 있는바, '국정감사권'과 '국정조사권'은 국회의 권한이고, 국회의원의 권한이라 할 수 없으므로 국회의원인 청구인으로서는 국정감사권 또는 국정조사권 자체에 관한 침해를 들어 권한쟁의심판을 청구할 수 없다(헌재 2010.7.29. 2010헌라1).

📖 개념정리 국정감사와 국정조사

구분	국정감사	국정조사
사안	국정전반	특정사안
시기	정기적, 매년 정기회 집회일 이전 (본회의 의결로 정기회 기간 중 감사 실시 가능)	재적의원 4분의 1의 요구가 있을 때
기간	30일 이내	의결로 정함
주체	소관 상임위원회	특별위원회, 상임위원회
공개	공개(의결로 비공개 가능)	공개(의결로 비공개 가능)

081

☐☐☐

국정조사는 소관 상임위원회별로 시행하나, 국정감사는 특별위원회를 구성하여 시행할 수 있다. O | X

국정감사는 소관 상임위원회별로 시행하나, 국정조사는 특별위원회를 구성하여 시행할 수 있다.

082

☐☐☐

국회는 매년 정기회 집회일 이전에 국정감사 시작일부터 30일 이내의 기간을 정하여 국정감사를 실시하나, 본회의 의결로 정기회 기간 중에 국정감사를 실시할 수 있다. O | X

> **국정감사 및 조사에 관한 법률 제2조 【국정감사】** ① 국회는 국정전반에 관하여 소관 상임위원회별로 매년 정기회 집회일 이전에 국정감사(이하 "감사"라 한다) 시작일부터 30일 이내의 기간을 정하여 감사를 실시한다. 다만, 본회의 의결로 정기회 기간 중에 감사를 실시할 수 있다.

083

□□□

국회는 본회의의 의결로써 조사위원회의 활동기간을 연장할 수 있으나 이를 단축할 수는 없다. O | X

국회는 본회의의 의결로 조사위원회의 활동기간을 연장할 수 있고, 이를 단축할 수도 있다.

> **국정감사 및 조사에 관한 법률 제9조【조사위원회의 활동기간】** ① 조사위원회의 활동기간 연장은 본회의 의결로 할 수 있다.
> ② 본회의는 조사위원회의 중간보고를 받고 조사를 장기간 계속할 필요가 없다고 인정되는 경우에는 의결로 조사위원회의 활동기간을 단축할 수 있다.

084

□□□

국정조사를 할 특별위원회를 교섭단체 의원 수의 비율에 따라 구성하여야 하나, 조사에 참여하기를 거부하는 교섭단체의 의원은 제외할 수 있다. O | X

> **국정감사 및 조사에 관한 법률 제4조【조사위원회】** ① 제3조 제3항의 특별위원회는 교섭단체 의원 수의 비율에 따라 구성하여야 한다. 다만, 조사에 참여하기를 거부하는 교섭단체의 의원은 제외할 수 있다.

085

□□□

국정감사 및 조사에 관한 법률에 따르면 본회의는 조사위원회의 중간보고를 받고 조사를 장기간 계속할 필요가 없다고 인정되는 경우에는 의결 없이 조사위원회의 활동기간을 단축할 수 있다. O | X

본회의는 조사위원회의 중간보고를 받고 조사를 장기간 계속할 필요가 없다고 인정되는 경우 조사위원회의 활동기간을 단축하기 위해서는 본회의의 의결이 필요하다.

086

□□□

국정조사는 국회 재적의원 4분의 1 이상의 요구가 있는 때에 특별위원회 또는 상임위원회가 국정의 특정 사안에 대해 행한다. O | X

> **국정감사 및 조사에 관한 법률 제3조【국정조사】** ① 국회는 재적의원 4분의 1 이상의 요구가 있는 때에는 특별위원회 또는 상임위원회로 하여금 국정의 특정사안에 관하여 국정조사(이하 "조사"라 한다)를 하게 한다.

정답 083 X 084 O 085 X 086 O

087
☐☐☐

국정감사 및 조사에 관한 법률에 따르면 국정감사의 대상기관 중 지방자치단체는 본회의가 특히 필요하다고 의결하지 않은 이상 특별시·광역시·도이다. O | X

> **국정감사 및 조사에 관한 법률 제7조【감사의 대상】** 감사의 대상기관은 다음 각 호와 같다.
> 1. 정부조직법, 그 밖의 법률에 따라 설치된 국가기관
> 2. 지방자치단체 중 특별시·광역시·도. 다만, 그 감사범위는 국가위임사무와 국가가 보조금 등 예산을 지원하는 사업으로 한다.
> 3. 공공기관의 운영에 관한 법률 제4조에 따른 공공기관, 한국은행, 농업협동조합중앙회, 수산업협동조합중앙회
> 4. 제1호부터 제3호까지 외의 지방행정기관, 지방자치단체, 감사원법에 따른 감사원의 감사대상기관. 이 경우 본회의가 특히 필요하다고 의결한 경우로 한정한다.

088
☐☐☐

국정감사 또는 국정조사는 계속 중인 재판에 관여할 목적으로 행사되어서는 아니된다. O | X

> **국정감사 및 조사에 관한 법률 제8조【감사 또는 조사의 한계】** 감사 또는 조사는 개인의 사생활을 침해하거나 계속 중인 재판 또는 수사 중인 사건의 소추(訴追)에 관여할 목적으로 행사되어서는 아니 된다.

089
☐☐☐

의사공개의 원칙은 방청 및 보도의 자유와 회의록의 공표를 그 내용으로 하지만 출석의원 3분의 1 이상의 찬성이 있거나 의장이 국가의 안전보장을 위하여 필요하다고 인정할 때에는 공개하지 아니한다. O | X

의사공개의 원칙은 방청 및 보도의 자유와 회의록의 공표를 그 내용으로 하는데, 다만, 의사공개의 원칙은 절대적인 것이 아니므로, 출석의원 과반수의 찬성이 있거나 의장이 국가의 안전보장을 위하여 필요하다고 인정할 때에는 공개하지 아니할 수 있다(헌재 2000.6.29. 98헌마443 등).

> **헌법 제50조** ① 국회의 회의는 공개한다. 다만, 출석의원 과반수의 찬성이 있거나 의장이 국가의 안전보장을 위하여 필요하다고 인정할 때에는 공개하지 아니할 수 있다.

090
☐☐☐

대법원장·헌법재판소장·국무총리·국무위원·감사원장 및 대법관 후보자에 대한 인사청문 요청이 있는 경우 실시하는 인사청문회는 국회 인사청문특별위원회에서 실시한다. O | X

국무위원은 인사청문특별위원회가 아닌 상임위원회에서 인사청문을 실시한다.

091
□□□

대통령당선인은 대통령 임기 시작 전에 국무총리 후보자를 지명할 수 있으며, 이 경우 국회의장에게 인사청문의 실시를 요청하여야 한다.　　　　　　　　　　　　　　　　　　　　　　　　　　　O | X

> **대통령직 인수에 관한 법률 제5조【국무총리 후보자의 지명 등】**① 대통령당선인은 대통령 임기 시작 전에 국회의 인사청문 절차를 거치게 하기 위하여 국무총리 및 국무위원 후보자를 지명할 수 있다. 이 경우 국무위원 후보자에 대하여는 국무총리 후보자의 추천이 있어야 한다.
> ② 대통령당선인은 제1항에 따라 국무총리 및 국무위원 후보자를 지명한 경우에는 국회의장에게 국회법 제65조의2 및 인사청문회법에 따른 인사청문의 실시를 요청하여야 한다.

092
□□□

국무총리, 감사원장, 대법원장, 헌법재판소장은 국회의 동의를 얻어 대통령이 임명하는데, 인사청문회에서 부동의로 보고를 하면 임명동의안은 부결된다.　　　　　　　　　　　　　　　　　　　O | X

인사청문특별위원회 위원장은 위원회에서 심사 또는 인사청문을 마친 임명동의안등에 대한 위원회의 심사경과 또는 인사청문경과를 본회의에 보고한다(인사청문회법 제11조). 국회는 심사경과 보고서를 검토하고 임명동의안을 표결에 부쳐 국회 본회의에서 재적의원의 과반수 출석과 출석의원의 과반수 찬성이 있을 시 통과된다. 인사청문회에서 부동의로 심사하여 보고하면 임명동의안이 부결되는 것이 아니라 국회 본회의에서 표결을 통해 가결 또는 부결이 결정된다.

093
□□□

대통령이 임명하는 헌법재판소 재판관, 중앙선거관리위원회 위원, 국무위원, 방송통신위원회 위원장, 국가정보원장 등 공직후보자에 대한 인사청문 요청으로 인사청문회가 실시되는 경우, 대통령은 국회 인사청문회의 결정에 구속된다.　　　　　　　　　　　　　　　　　　　　　　　　　　O | X

대통령이 국회인사청문회의 결정이나 국회의 해임건의를 수용할 것인지의 문제는 대의기관인 국회의 결정을 정치적으로 존중할 것인지의 문제이지 법적인 문제가 아니다. 따라서 대통령의 이러한 행위는 헌법이 규정하는 권력분립구조 내에서의 대통령의 정당한 권한행사에 해당하거나 또는 헌법규범에 부합하는 것으로서 헌법이나 법률에 위반되지 아니한다(헌재 2004.5.14. 2004헌나1).

094
□□□

국회가 선출하여 임명된 헌법재판소 재판관 중 공석이 발생한 경우, 국회는 공정한 헌법재판을 받을 권리의 보장을 위하여 공석인 재판관의 후임자를 선출하여야 할 구체적 작위의무를 부담한다.　　　　　O | X

헌법 제27조가 보장하는 재판청구권에는 공정한 헌법재판을 받을 권리도 포함되고, 헌법 제111조 제2항은 헌법재판소가 9인의 재판관으로 구성된다고 명시하여 다양한 가치관과 헌법관을 가진 9인의 재판관으로 구성된 합의체가 헌법재판을 담당하도록 하고 있으며, 같은 조 제3항은 재판관 중 3인은 국회에서 선출하는 자를 임명한다고 규정하고 있다. 그렇다면 헌법 제27조, 제111조 제2항 및 제3항의 해석상, 피청구인이 선출하여 임명된 재판관 중 공석이 발생한 경우, 국회는 공정한 헌법재판을 받을 권리의 보장을 위하여 공석인 재판관의 후임자를 선출하여야 할 구체적 작위의무를 부담한다고 할 것이다(헌재 2014.4.24. 2012헌마2).

정답 091 ○　092 X　093 X　094 ○

095
□□□

국회의원의 국민대표성을 중시하는 입장에서도 특정 정당에 소속된 국회의원이 정당기속 내지는 교섭단체의 결정(소위 '당론')에 위반하는 정치활동을 한 이유로 제재를 받는 경우, 국회의원 신분을 상실하게 할 수는 없으나 '정당내부의 사실상의 강제' 또는 소속 '정당으로부터의 제명'은 가능하다고 보고 있다.   O | X

자유위임은 의회 내에서의 정치의사형성에 정당의 협력을 배척하는 것이 아니며, 의원이 정당과 교섭단체의 지시에 기속되는 것을 배제하는 근거가 되는 것도 아니다. 또한 국회의원의 국민대표성을 중시하는 입장에서도 특정 정당에 소속된 국회의원이 정당기속 내지는 교섭단체의 결정(소위 '당론')에 위반하는 정치활동을 한 이유로 제재를 받는 경우, 국회의원 신분을 상실하게 할 수는 없으나 '정당내부의 사실상의 강제' 또는 소속 '정당으로부터의 제명'은 가능하다고 보고 있다(헌재 2003.10.30. 2002헌라1).

096
□□□

팩스로 제출이 시도되었던 법률안의 접수가 완료되지 않아 동일한 법률안을 제출하기 전에 철회 절차가 필요 없다고 보는 것은 발의된 법률안을 철회하는 요건을 정한 국회법 제90조에 반하지 않는다.   O | X

의안의 발의와 접수의 세부적인 절차는 국회의 의사자율권의 영역에 있으므로, 발의된 법률안이 철회의 대상이 될 수 있는 시점에 대해서도 국회가 의사자율의 영역에서 규칙 또는 자율적인 법해석으로 정할 수 있다. 따라서 팩스로 제출이 시도되었던 법률안의 접수가 완료되지 않아 동일한 법률안을 제출하기 전에 철회 절차가 필요 없다고 보는 것은 국회법 제90조에 반하지 않는나(헌재 2020.5.27. 2019헌라3).

097
□□□

국회의장은 국회의원의 체포동의를 요청받은 후 처음 개의하는 본회의에 이를 보고하고, 본회의에 보고된 때부터 24시간 이후 72시간 이내에 표결하여야 하나, 체포동의안이 72시간 이내에 표결되지 아니하는 경우에는 그 체포동의안은 부결된 것으로 본다.   O | X

체포동의안이 72시간 이내에 표결되지 아니하는 경우에는 그 이후에 최초로 개의하는 본회의에 상정하여 표결한다.

> **국회법 제26조【체포동의요청의 절차】** ② 의장은 제1항에 따른 체포동의를 요청받은 후 처음 개의하는 본회의에 이를 보고하고, 본회의에 보고된 때부터 24시간 이후 72시간 이내에 표결한다. 다만, 체포동의안이 72시간 이내에 표결되지 아니하는 경우에는 그 이후에 최초로 개의하는 본회의에 상정하여 표결한다.

098
□□□

헌법상 정부는 회계연도마다 예산안을 편성하여 회계연도개시 90일 전까지 국회에 제출하고, 국회는 회계연도 개시 30일 전까지 이를 의결하여야 한다.   O | X

> **헌법 제54조** ② 정부는 회계연도마다 예산안을 편성하여 회계연도 개시 90일 전까지 국회에 제출하고, 국회는 회계연도 개시 30일 전까지 이를 의결하여야 한다.

정답   095 ○   096 ○   097 X   098 ○

099 □□□

정부는 예산안을 국회에 제출한 후 부득이한 사유로 인하여 그 내용의 일부를 수정하고자 하는 때에는 국무회의의 심의를 거쳐 대통령의 승인을 얻은 수정예산안을 국회에 제출할 수 있다. O | X

국가재정법 제35조【국회제출 중인 예산안의 수정】 정부는 예산안을 국회에 제출한 후 부득이한 사유로 인하여 그 내용의 일부를 수정하고자 하는 때에는 국무회의의 심의를 거쳐 대통령의 승인을 얻은 수정예산안을 국회에 제출할 수 있다.

100 □□□

국회가 의결한 예산 또는 국회의 예산안 의결은 헌법재판소법 제68조 제1항 소정의 공권력의 행사에 해당하므로 헌법소원의 대상이 된다. O | X

예산은 일종의 법규범이고 법률과 마찬가지로 국회의 의결을 거쳐 제정되지만 법률과 달리 국가기관만을 구속할 뿐 일반국민을 구속하지 않는다. 국회가 의결한 예산 또는 국회의 예산안 의결은 헌법재판소법 제68조 제1항 소정의 '공권력의 행사'에 해당하지 않고 따라서 헌법소원의 대상이 되지 아니한다(헌재 2006.4.25. 2006헌마409).

101 □□□

국회의장은 예산안과 결산을 소관 상임위원회에 회부할 때에는 심사기간을 정할 수 있으며, 상임위원회가 이유 없이 그 기간 내에 심사를 마치지 아니한 때에는 이를 바로 예산결산특별위원회에 회부할 수 있다. O | X

국회법 제84조【예산안·결산의 회부 및 심사】 ⑥ 의장은 예산안과 결산을 소관 상임위원회에 회부할 때에는 심사기간을 정할 수 있으며, 상임위원회가 이유 없이 그 기간 내에 심사를 마치지 아니한 때에는 이를 바로 예산결산특별위원회에 회부할 수 있다.

102 □□□

대통령의 공직후보자 임명에 있어서 헌법에 따라 국회의 동의가 필요하거나 헌법에 따라 국회가 선출하는 공직후보자인 경우에는 국회의 소관 상임위원회에서 인사청문회를 실시한다. O | X

국회의 동의가 필요하거나 헌법에 따라 국회가 선출하는 공직후보자인 경우에는 '인사청문특별위원회'에서 인사청문회를 실시한다.

국회법 제46조의3【인사청문특별위원회】 ① 국회는 다음 각 호의 임명동의안 또는 의장이 각 교섭단체 대표의원과 협의하여 제출한 선출안 등을 심사하기 위하여 인사청문특별위원회를 둔다. 다만, 대통령직 인수에 관한 법률 제5조 제2항에 따라 대통령당선인이 국무총리 후보자에 대한 인사청문의 실시를 요청하는 경우에 의장은 각 교섭단체 대표의원과 협의하여 그 인사청문을 실시하기 위한 인사청문특별위원회를 둔다.
1. 헌법에 따라 그 임명에 국회의 동의가 필요한 대법원장·헌법재판소장·국무총리·감사원장 및 대법관에 대한 임명동의안
2. 헌법에 따라 국회에서 선출하는 헌법재판소 재판관 및 중앙선거관리위원회 위원에 대한 선출안

정답 099 ○ 100 X 101 ○ 102 X

103
□□□

국회는 국정전반에 관하여 소관 상임위원회별로 매년 정기회 집회일 이전에 국정감사 시작일부터 30일 이내의 기간을 정하여 감사를 실시하며, 다만 본회의 의결로 정기회 기간 중에 감사를 실시할 수 있다.

O | X

> **국정감사 및 조사에 관한 법률 제2조【국정감사】** ① 국회는 국정전반에 관하여 소관 상임위원회별로 매년 정기회 집회일 이전에 국정감사(이하 "감사"라 한다) 시작일부터 30일 이내의 기간을 정하여 감사를 실시한다. 다만, 본회의 의결로 정기회 기간 중에 감사를 실시할 수 있다.

104
□□□

국정감사 또는 국정조사는 개인의 사생활을 침해하거나 계속 중인 재판 또는 수사 중인 사건의 소추에 관여할 목적으로 행사되어서는 아니 된다.

O | X

> **국정감사 및 조사에 관한 법률 제8조【감사 또는 조사의 한계】** 감사 또는 조사는 개인의 사생활을 침해하거나 계속 중인 재판 또는 수사 중인 사건의 소추(訴追)에 관여할 목적으로 행사되어서는 아니 된다.

105
□□□

국회는 헌법상 국무총리와 국무위원의 해임을 의결할 수 있지만, 대통령에게 국회해산권을 부여하고 있지 않는 현행 헌법상의 권력분립질서에 비추어 볼 때 이를 법적 구속력 있는 권한으로 해석하기 어렵다.

O | X

> 국회는 국무총리나 국무위원의 해임을 건의할 수 있으나(헌법 제63조), 국회의 해임건의는 대통령을 기속하는 해임결의권이 아니라, 아무런 법적 구속력이 없는 단순한 해임건의에 불과하다. 우리 헌법 내에서 '해임건의권'의 의미는, 임기 중 아무런 정치적 책임을 물을 수 없는 대통령 대신에 그를 보좌하는 국무총리·국무위원에 대하여 정치적 책임을 추궁함으로써 대통령을 간접적이나마 견제하고자 하는 것에 지나지 않는다. 헌법 제63조의 해임건의권을 법적 구속력 있는 해임결의권으로 해석하는 것은 법문과 부합할 수 없을 뿐만 아니라, 대통령에게 국회해산권을 부여하고 있지 않는 현행 헌법상의 권력분립질서와도 조화될 수 없다(헌재 2004.5.14. 2004헌나1).

106
□□□

재적의원 4분의 1 이상의 국회의원이 연서한 서면으로 국정조사를 요구하는 때에는 국회의장은 본회의 보고를 생략하고 지체 없이 조사위원회를 구성하여 국정의 특정 사안에 관하여 조사하게 할 수 있다.

O | X

> **국정감사 및 조사에 관한 법률 제3조【국정조사】** ① 국회는 재적의원 4분의 1 이상의 요구가 있는 때에는 특별위원회 또는 상임위원회로 하여금 국정의 특정사안에 관하여 국정조사(이하 "조사"라 한다)를 하게 한다. ③ 의장은 조사요구서가 제출되면 지체 없이 본회의에 보고하고 각 교섭단체 대표의원과 협의하여 조사를 할 특별위원회를 구성하거나 해당 상임위원회(이하 "조사위원회"라 한다)에 회부하여 조사를 할 위원회를 확정한다. 이 경우 국회가 폐회 또는 휴회 중일 때에는 조사요구서에 따라 국회의 집회 또는 재개의 요구가 있는 것으로 본다.

정답 103 ○ 104 ○ 105 X 106 X

107
☐☐☐

대통령이 긴급명령을 한 때에는 지체 없이 국회에 보고하여 그 승인을 얻어야 하며, 국회의 승인을 얻지 못한 때에는 그 긴급명령에 의하여 개정 또는 폐지되었던 법률은 소급하여 효력을 회복한다. O | X

> **헌법 제76조** ③ 대통령은 제1항과 제2항의 처분 또는 명령을 한 때에는 지체 없이 국회에 보고하여 그 승인을 얻어야 한다.
> ④ 제3항의 승인을 얻지 못한 때에는 그 처분 또는 명령은 그때부터 효력을 상실한다. 이 경우 그 명령에 의하여 개정 또는 폐지되었던 법률은 그 명령이 승인을 얻지 못한 때부터 당연히 효력을 회복한다.

108
☐☐☐

의안에 대한 수정동의를 규정하고 있는 국회법 제95조 제5항 본문의 문언, 입법취지, 입법경과를 종합적으로 고려하면, 위원회의 심사를 거쳐 본회의에 부의된 법률안의 취지 및 내용과 직접 관련이 있는지 여부는 '원안에서 개정하고자 하는 조문에 관한 추가, 삭제 또는 변경으로서, 원안에 대한 위원회의 심사절차에서 수정안의 내용까지 심사할 수 있었는지 여부'를 기준으로 판단하는 것이 타당하다. O | X

국회법 제95조 제5항의 입법취지는 원안에 대한 위원회의 심사절차에서 심사가 이루어질 여지가 없는 경우에는 수정동의 제출을 제한함으로써 위원회 중심주의를 공고히 하는 것이다. 국회법 제95조 제5항 본문의 문언, 입법취지, 입법경과를 종합적으로 고려하면, 위원회의 심사를 거쳐 본회의에 부의된 법률안의 취지 및 내용과 직접 관련이 있는지 여부는 '원안에서 개정하고자 하는 조문에 관한 추가, 삭제 또는 변경으로서, 원안에 대한 위원회의 심사절차에서 수정안의 내용까지 심사할 수 있었는지 여부'를 기준으로 판단하는 것이 타당하다(헌재 2020.5.27. 2019헌라6 등).

109
☐☐☐

'회기결정의 건'에 대하여 무제한토론이 실시되면, 무제한토론이 '회기결정의 건'의 처리 자체를 봉쇄하는 결과가 초래되며, 이는 당초 특정 안건에 대한 처리 자체를 불가능하게 하는 것이 아니라 처리를 지연시키는 수단으로 도입된 무제한토론의 취지에 반할 뿐만 아니라, 국회법 제7조에도 정면으로 위반된다. O | X

'회기결정의 건'에 대하여 무제한토론이 실시되는 경우, 무제한토론으로 인하여 '회기결정의 건'이 폐기되는 결과가 발생한다. 이는 무제한토론이 '회기결정의 건'의 처리 자체를 봉쇄하는 것이어서, 당초 특정 안건에 대한 처리 자체를 불가능하게 하는 것이 아니라 최대 다음 회기까지 처리를 지연시키는 수단으로 도입된 무제한토론제도의 취지에 반할 뿐만 아니라, 국회가 집회 후 즉시 의결로 회기를 정하도록 규정한 국회법 제7조에도 정면으로 위배된다(헌재 2020.5.27. 2019헌라6 등).

110
☐☐☐

위원회 위원의 의사에 반하는 개선(改選)을 허용한다면, 직접 국회의원이 자유위임원칙에 따라 정당이나 교섭단체의 의사와 달리 표결하거나 독자적으로 의안을 발의하거나 발언하는 것을 금지하게 된다. O | X

위원의 의사에 반하는 개선을 허용하게 되면, 위원은 소속 교섭단체의 의사에 반하는 위원회 활동을 할 수 없게 되어 위원이 정당에 기속되는 결과를 초래하게 된다는 우려도 존재한다. 그러나 위원의 의사에 반하는 개선을 허용하더라도, 직접 국회의원이 자유위임원칙에 따라 정당이나 교섭단체의 의사와 달리 표결하거나 독자적으로 의안을 발의하거나 발언하는 것까지 금지하게 되는 것은 아니다(헌재 2020.5.27. 2019헌라1).

정답 107 X 108 ○ 109 ○ 110 X

111 □□□ 국회의장이 국회의 의사를 원활히 운영하기 위하여 상임위원회의 구성원인 위원의 선임 및 개선에 있어 교섭단체대표의원과 협의하고 그의 '요청'에 응하는 것은 국회운영에 있어 본질적인 요소라고 아니할 수 없다. O | X

오늘날 교섭단체가 정당국가에서 의원의 정당기속을 강화하는 하나의 수단으로 기능할 뿐만 아니라 정당소속 의원들의 원내 행동통일을 기함으로써 정당의 정책을 의안심의에서 최대한으로 반영하기 위한 기능도 갖는다는 점에 비추어 볼 때, 국회의장이 국회의 의사(議事)를 원활히 운영하기 위하여 상임위원회의 구성원인 위원의 선임 및 개선에 있어 교섭단체대표의원과 협의하고 그의 "요청"에 응하는 것은 국회운영에 있어 본질적인 요소라고 아니할 수 없다(헌재 2003.10.30. 2002헌라1).

112 □□□ 국회는 재적의원 4분의 1 이상의 요구가 있는 때에는 특별위원회 또는 상임위원회로 하여금 국정의 특정 사안에 관하여 국정조사를 하게 한다. O | X

국정감사 및 조사에 관한 법률 제3조【국정조사】 ① 국회는 재적의원 4분의 1 이상의 요구가 있는 때에는 특별위원회 또는 상임위원회로 하여금 국정의 특정사안에 관하여 국정조사(이하 "조사"라 한다)를 하게 한다.

113 □□□ 지방자치단체에 대한 국정감사는 특별시·광역시·도의 국가위임사무에 한정된다. O | X

국가가 보조금 등 예산을 지원하는 사업도 감사대상이다.

국정감사 및 조사에 관한 법률 제7조【감사의 대상】 감사의 대상기관은 다음 각 호와 같다.
2. 지방자치단체 중 특별시·광역시·도. 다만, 그 감사범위는 국가위임사무와 국가가 보조금 등 예산을 지원하는 사업으로 한다.
4. 제1호부터 제3호까지 외의 지방행정기관, 지방자치단체, 감사원법에 따른 감사원의 감사대상기관. 이 경우 본회의가 특히 필요하다고 의결한 경우로 한정한다.

114 □□□ 국회는 국정전반에 관하여 소관 상임위원회별로 매년 정기회 집회일 이전에 국정감사 시작일부터 30일 이내의 기간을 정하여 감사를 실시하지만, 본회의 의결로 정기회 기간 중에 감사를 실시할 수 있다. O | X

국정감사 및 조사에 관한 법률 제2조【국정감사】 ① 국회는 국정전반에 관하여 소관 상임위원회별로 매년 정기회 집회일 이전에 국정감사(이하 "감사"라 한다) 시작일부터 30일 이내의 기간을 정하여 감사를 실시한다. 다만, 본회의 의결로 정기회 기간 중에 감사를 실시할 수 있다.

정답 111 O 112 O 113 X 114 O

115

국회는 감사 또는 조사 결과 위법하거나 부당한 사항이 있을 때에는 그 정도에 따라 정부 또는 해당 기관에 변상, 징계조치, 제도개선, 예산조정 등 시정을 요구하고, 정부 또는 해당 기관에서 처리함이 타당하다고 인정되는 사항은 정부 또는 해당 기관에 이송한다. O | X

> **국정감사 및 조사에 관한 법률 제16조【감사 또는 조사 결과에 대한 처리】** ② 국회는 감사 또는 조사 결과 위법하거나 부당한 사항이 있을 때에는 그 정도에 따라 정부 또는 해당 기관에 변상, 징계조치, 제도개선, 예산조정 등 시정을 요구하고, 정부 또는 해당기관에서 처리함이 타당하다고 인정되는 사항은 정부 또는 해당 기관에 이송한다.

제4절 국회의원의 권한과 의무

116

국회의원의 임기가 개시된 후에 실시하는 선거에 의한 국회의원의 임기는 당선이 결정된 때의 다음 날부터 개시되며 전임자의 잔임기간으로 한다. O | X

국회의원의 임기가 개시된 후에 실시하는 선거에 의한 국회의원의 임기는 '당선이 결정된 때의 다음 날부터' 개시되는 것이 아니라 '당선이 결정된 때부터' 개시된다.

> **공직선거법 제14조【임기개시】** ② 국회의원과 지방의회의원(이하 이 항에서 "의원"이라 한다)의 임기는 총선거에 의한 전임의원의 임기만료일의 다음 날부터 개시된다. 다만, 의원의 임기가 개시된 후에 실시하는 선거와 지방의회의원의 증원선거에 의한 의원의 임기는 당선이 결정된 때부터 개시되며 전임자 또는 같은 종류의 의원의 잔임기간으로 한다.

117

국회의원은 국회에서 직무상 행한 발언과 표결에 관하여 국회 내에서 책임을 지지 아니한다. O | X

국회의원은 국회에서 직무상 행한 발언과 표결에 관하여 '국회 내에서'가 아니라 '국회 외에서' 책임을 지지 아니한다.

> **헌법 제45조** 국회의원은 국회에서 직무상 행한 발언과 표결에 관하여 국회 외에서 책임을 지지 아니한다.

118

국회의원은 현행범인인 경우라도 국회의 동의가 있어야만 회기 중 체포 또는 구금된다.　O | X

현행범인인 경우 불체포특권을 누리지 못하므로 국회의 동의 없이 회기 중 체포 또는 구금된다.

119

상임위원회는 위원회 또는 상설소위원회를 정기적으로 개회하여 그 소관 중앙행정기관이 제출한 대통령 령·총리령 및 부령의 법률 위반 여부 등을 검토하여야 한다.　O | X

> 국회법 제98조의2【대통령령 등의 제출 등】③ 상임위원회는 위원회 또는 상설소위원회를 정기적으로 개회하여 그 소관 중앙행정기관이 제출한 대통령령·총리령 및 부령(이하 이 조에서 "대통령령 등"이라 한다)의 법률 위반 여부 등을 검토하여야 한다.

120

의원은 직무수행에 지장이 없는 경우라고 하더라도 예외 없이 영리업무에 종사할 수 없다.　O | X

의원 본인소유의 토지·건물 등의 재산을 활용한 임대업 등 영리업무를 하는 경우로서 의원의 직무수행에 지장이 없는 경우에는 종사할 수 있다.

> 국회법 제29조의2【영리업무 종사 금지】① 의원은 그 직무 외에 영리를 목적으로 하는 업무에 종사할 수 없다. 다만, 의원 본인 소유의 토지·건물 등의 재산을 활용한 임대업 등 영리업무를 하는 경우로서 의원 직무수행에 지장이 없는 경우에는 그러하지 아니하다.

121

국회의원의 청렴의무, 지위남용금지의무, 품위유지의무, 겸직금지의무는 헌법에 규정되어 있다.　O | X

청렴의무, 지위남용금지의무, 겸직금지의무는 헌법에 규정되어 있으나, 품위유지의무는 국회법에 규정되어 있다.

122
□□□

국회의원이 국회 내에서 행하는 질의권·토론권 및 표결권 등은 입법권 등 공권력을 행사하는 국가기관인 국회의 구성원의 지위에 있는 국회의원 개인에게 헌법이 보장하는 권리, 즉 기본권으로 인정된 것이라고 할 수 있다. O | X

국회의원이 국회 내에서 행사하는 질의권·토론권 및 표결권 등은 입법권 등 공권력을 행사하는 국가기관인 국회의 구성원의 지위에 있는 국회의원에게 부여된 권한으로서 국회의원 개인에게 헌법이 보장하는 권리 즉 기본권으로 인정된 것이라고 할 수는 없다(헌재 1995.2.23. 90헌마125).

123
□□□

국회의원이 회기 전에 체포 또는 구금된 때에는 현행범인이 아닌 한 국회의 요구가 있으면 회기 중 석방된다. O | X

헌법 제44조 ② 국회의원이 회기 전에 체포 또는 구금된 때에는 현행범인이 아닌 한 국회의 요구가 있으면 회기 중 석방된다.

124
□□□

국회의원은 국회에서 직무상 행한 발언과 표결에 관하여 국회 외에서 책임을 지지 아니한다. O | X

헌법 제45조 국회의원은 국회에서 직무상 행한 발언과 표결에 관하여 국회 외에서 책임을 지지 아니한다.

125
□□□

헌법은 국회의원에게 청렴의 의무가 있음을 명시적으로 규정하고 있다. O | X

헌법 제46조 ① 국회의원은 청렴의 의무가 있다.

126
□□□

국회는 의안 심의에 관한 국회운영의 원리로 '위원회 중심주의'를 채택하고 있으므로, 소관 위원회는 국회법 제58조에 따라 법률안에 대한 심사권을 가진다. O | X

국회는 의안 심의에 관한 국회운영의 원리로 '위원회 중심주의'를 채택하고 있으므로, 소관 위원회는 국회법 제58조에 따라 법률안에 대한 심사권을 가진다. 다만, 국회법은 소관 위원회의 심사를 거친 법률안이 국가 전체의 법률체계에 통일·조화될 수 있도록 하기 위해, 소관 위원회의 심사를 마친 법률안에 대해서 원칙적으로 법사위의 체계·자구 심사를 거치도록 하는 이중의 입법 심의 절차를 마련하고 있다(헌재 2023.10.26. 2023헌라3).

정답 122 X 123 ○ 124 ○ 125 ○ 126 ○

127
☐☐☐

헌법 제49조에 의하면, 국회는 헌법 또는 법률에 특별한 규정이 없는 한 재적의원 과반수의 출석과 출석의원 과반수의 찬성으로 의결하며, 가부동수인 때에는 가결된 것으로 본다. O | X

> **헌법 제49조** 국회는 헌법 또는 법률에 특별한 규정이 없는 한 재적의원 과반수의 출석과 출석의원 과반수의 찬성으로 의결한다. 가부동수인 때에는 부결된 것으로 본다.

128
☐☐☐

의원을 체포하거나 구금하기 위하여 국회의 동의를 받으려고 할 때에는 관할법원의 판사는 영장을 발부하기 전에 체포동의 요구서를 정부에 제출하여야 하며, 정부는 이를 수리(受理)한 후 지체 없이 그 사본을 첨부하여 국회에 체포동의를 요청하여야 한다. O | X

> **국회법 제26조【체포동의요청의 절차】①** 의원을 체포하거나 구금하기 위하여 국회의 동의를 받으려고 할 때에는 관할법원의 판사는 영장을 발부하기 전에 체포동의 요구서를 정부에 제출하여야 하며, 정부는 이를 수리(受理)한 후 지체 없이 그 사본을 첨부하여 국회에 체포동의를 요청하여야 한다.

129
☐☐☐

국회의원이 국회 법제사법위원회에서 발언할 내용이 담긴 보도자료를 국회 법제사법위원회개의 당일 국회 의원회관에서 기자들에게 사전에 배포한 행위는 국회의원 면책특권의 대상이 되는 직무부수행위에 해당한다고 볼 수 있다. O | X

국회의원인 피고인이, (구)국가안전기획부 내 정보수집팀이 대기업 고위관계자와 중앙일간지 사주 간의 사적 대화를 불법 녹음한 자료를 입수한 후 그 대화 내용과, 전직 검찰간부인 피해자가 위 대기업으로부터 이른바 떡값 명목의 금품을 수수하였다는 내용이 게재된 보도자료를 작성하여 국회 법제사법위원회 개의 당일 국회 의원회관에서 기자들에게 배포한 사안에서, 피고인이 국회 법제사법위원회에서 발언할 내용이 담긴 위 보도자료를 사전에 배포한 행위는 국회의원 면책특권의 대상이 되는 직무부수행위에 해당한다(대판 2011.5.13. 2009도14442).

제1절 대통령의 헌법상 지위

20. 국가직

001
□□□

대통령은 국민의 한사람으로서 제한적으로나마 기본권의 주체가 될 수 있는바, 대통령은 소속 정당을 위하여 정당활동을 할 수 있는 사인으로서의 지위와 국민 모두에 대한 봉사자로서 공익실현의 의무가 있는 헌법기관으로서의 지위를 동시에 갖는데 최소한 전자의 지위와 관련하여는 기본권 주체성을 갖는다고 할 수 있다. O | X

대통령도 국민의 한사람으로서 제한적으로나마 기본권의 주체가 될 수 있는바, 대통령은 소속 정당을 위하여 정당활동을 할 수 있는 사인으로서의 지위와 국민 모두에 대한 봉사자로서 공익실현의 의무가 있는 헌법기관으로서의 지위를 동시에 갖는데 최소한 전자의 지위와 관련하여는 기본권 주체성을 갖는다고 할 수 있다(헌재 2008.1.17. 2007헌마700).

25. 5급

002
□□□

'헌법을 준수하고 수호해야 할 의무'가 이미 법치국가원리에서 파생되는 지극히 당연한 것임에도, 헌법은 국가의 원수이자 행정부의 수반이라는 대통령의 막중한 지위를 감안하여 헌법에서 이를 다시 한번 강조하고 있다. O | X

'헌법을 준수하고 수호해야 할 의무'가 법치국가원리에서 파생되는 지극히 당연한 것임에도, 헌법은 국가의 원수이자 행정부의 수반이라는 대통령의 막중한 지위를 감안하여 제66조 제2항 및 제69조에서 이를 다시 강조하고 있다. 이러한 헌법정신에 의한다면, 대통령은 국민 모두에 대한 '법치와 준법의 상징적 존재'인 것이다. 이에 따라 대통령은 헌법을 수호하고 실현하기 위한 모든 노력을 기울여야 할 뿐만 아니라, 법을 준수하여 현행법에 반하는 행위를 해서는 안 되며, 나아가 입법자의 객관적 의사를 실현하기 위한 모든 행위를 해야 한다(헌재 2017.3.10. 2016헌나1).

25. 5급

003
□□□

대통령의 '성실한 직책수행의무'는 헌법적 의무에 해당하며 '헌법을 수호해야 할 의무'와 마찬가지로 규범적으로 그 이행이 관철될 수 있는 성격의 의무라 할 수 있으므로, 사법적 판단의 대상이 될 수 있다. O | X

헌법 제69조는 대통령의 취임선서의무를 규정하면서, 대통령으로서 '직책을 성실히 수행할 의무'를 언급하고 있다. 비록 대통령의 '성실한 직책수행의무'는 헌법적 의무에 해당하나, '헌법을 수호해야 할 의무'와는 달리, 규범적으로 그 이행이 관철될 수 있는 성격의 의무가 아니므로, 원칙적으로 사법적 판단의 대상이 될 수 없다고 할 것이다(헌재 2004.5.14. 2004헌나1).

정답 001 ○ 002 ○ 003 X

004
☐☐☐

선거활동에 관하여 대통령의 정치활동의 자유와 선거중립의무가 충돌하는 경우에는 선거중립의무가 강조 되고 우선되어야 한다. O | X

공무원들이 직업공무원제에 의하여 신분을 보장받고 있다 하여도, 최종적인 인사권과 지휘감독권을 갖고 있는 대통령의 정치적 성향을 의식하지 않을 수 없으므로 대통령의 선거개입은 선거의 공정을 해할 우려가 무척 높다. 결국 선거활동에 관하여 대통령의 정치활동의 자유와 선거중립의무가 충돌하는 경우에는 후자가 강조되고 우선되어야 한다(헌재 2008.1.17. 2007헌마700).

005
☐☐☐

대통령은 국무총리·국무위원·행정각부의 장 기타 법률이 정하는 공사의 직을 겸할 수 없다. O | X

> **헌법 제83조** 대통령은 국무총리·국무위원·행정각부의 장 기타 법률이 정하는 공사의 직을 겸할 수 없다.

제2절 대통령의 선거

006
☐☐☐

대통령 선거에 있어서 최고득표자가 2인 이상인 때에는 국회의 공개회의에서 재적의원 과반수의 출석과 출석의원 과반수의 찬성을 얻은 자를 당선자로 한다. O | X

재적의원 과반수의 출석과 출석의원 과반수의 찬성이 아니라 다수표를 얻은 자를 당선인으로 한다.

007
☐☐☐

선거일 현재 5년 이상 국내에 거주하고 있는 40세 이상의 국민은 대통령의 피선거권이 있다. 이 경우 공무로 외국에 파견된 기간과 국내에 주소를 두고 일정기간 외국에 체류한 기간은 국내거주기간으로 본다. O | X

> **공직선거법 제16조【피선거권】** ① 선거일 현재 5년 이상 국내에 거주하고 있는 40세 이상의 국민은 대통령의 피선거권이 있다. 이 경우 공무로 외국에 파견된 기간과 국내에 주소를 두고 일정기간 외국에 체류한 기간은 국내거주기간으로 본다.

정답 004 ○ 005 ○ 006 X 007 ○

008
□□□

대통령선거에서 최고득표자가 2인 이상인 때에는 결선투표를 통해 과반수득표자를 당선자로 한다.

O | X

국회의 재적의원 과반수가 출석한 공개회의에서 다수표를 얻은 자를 당선자로 한다.

> **헌법 제67조** ② 제1항의 선거에 있어서 최고득표자가 2인 이상인 때에는 국회의 재적의원 과반수가 출석한 공개회의에서 다수표를 얻은 자를 당선자로 한다.

009
□□□

대통령후보자가 1인일 때에는 그 득표수가 선거권자 총수의 3분의 1 이상이 아니면 대통령으로 당선될 수 없다.

O | X

> **헌법 제67조** ③ 대통령후보자가 1인일 때에는 그 득표수가 선거권자 총수의 3분의 1 이상이 아니면 대통령으로 당선될 수 없다.

010
□□□

대통령이 궐위된 때 또는 대통령 당선자가 사망하거나 판결 기타의 사유로 그 자격을 상실한 때에는 90일 이내에 후임자를 선거한다.

O | X

60일 이내에 후임자를 선거한다.

> **헌법 제68조** ② 대통령이 궐위된 때 또는 대통령 당선자가 사망하거나 판결 기타의 사유로 그 자격을 상실한 때에는 60일 이내에 후임자를 선거한다.

011
□□□

대통령선거 예비후보자등록을 신청하는 사람에게 대통령선거 기탁금의 100분의 20에 해당하는 금액인 6,000만 원을 기탁금으로 납부하도록 한 공직선거법 조항 중 해당부분은 경제력이나 조직력이 약한 사람의 예비후보자등록을 억제하거나 예비후보자로 나서는 것 자체를 원천적으로 차단하게 되어 대통령선거 예비후보자의 공무담임권을 침해한다.

O | X

심판대상조항에서 정한 기탁금의 액수가 입법형성권의 범위와 한계를 넘어 지나치게 과다하거나 불합리한 금액이라고 볼 수 없고, 기탁금제도보다 명백히 덜 침해적인 다른 방법이 존재한다고 할 수도 없으므로, 심판대상조항은 침해의 최소성 원칙에 반하지 않는다. 심판대상조항은 과잉금지원칙을 위반하여 공무담임권을 침해하지 않는다(헌재 2015.7.30. 2012헌마402).

정답 008 X 009 ○ 010 X 011 X

012
□□□

전임자의 임기가 만료된 후에 실시하는 선거와 궐위로 인한 선거에 의한 대통령의 임기는 선거일의 다음 날 0시부터 개시된다. O | X

당선이 결정된 때부터 개시된다.

> **공직선거법 제14조【임기개시】** ① 대통령의 임기는 전임대통령의 임기만료일의 다음날 0시부터 개시된다. 다만, 전임자의 임기가 만료된 후에 실시하는 선거와 궐위로 인한 선거에 의한 대통령의 임기는 당선이 결정된 때부터 개시된다.

013
□□□

대통령 선거에 있어서 최고득표자가 2인 이상인 때에는 국회의 재적의원 3분의 1 이상이 출석한 공개회의 에서 다수표를 얻은 자를 당선자로 한다. O | X

> **헌법 제67조** ② 제1항의 선거에 있어서 최고득표자가 2인 이상인 때에는 국회의 재적의원 과반수가 출석한 공개회의에서 다수표를 얻은 자를 당선자로 한다.

014
□□□

대통령후보자가 1인일 때에는 그 득표수가 선거권자 총수의 과반수 이상이 아니면 대통령으로 당선될 수 없다. O | X

> **헌법 제67조** ③ 대통령후보자가 1인일 때에는 그 득표수가 선거권자 총수의 3분의 1 이상이 아니면 대통령으로 당선될 수 없다.

제3절 대통령의 신분과 직무

015
□□□

대통령의 임기는 전임대통령의 임기만료일의 다음날 0시부터 개시된다. 다만, 전임자의 임기가 만료된 후에 실시하는 선거와 궐위로 인한 선거에 의한 대통령의 임기는 당선이 결정된 때부터 개시된다. O | X

> **공직선거법 제14조【임기개시】** ① 대통령의 임기는 전임대통령의 임기만료일의 다음날 0시부터 개시된다. 다만, 전임자의 임기가 만료된 후에 실시하는 선거와 궐위로 인한 선거에 의한 대통령의 임기는 당선이 결정된 때부터 개시된다.

정답 012 X 013 X 014 X 015 ○

016
☐☐☐

대통령의 임기 만료시에는 임기 만료 80일 전에 후임자를 선거한다.　　　　　　　　　O | X

> **헌법 제68조** ① 대통령의 임기가 만료되는 때에는 임기만료 <u>70일 내지 40일 전에</u> 후임자를 선거한다.

017
☐☐☐

대통령은 내란 또는 외환의 죄를 범한 경우를 제외하고는 재직 중 형사상 소추와 민사상 책임을 지지 않는다.　　　　　　　　　O | X

대통령의 불소추특권은 재직 중 형사상 소추가 유예되는데 그치고 민사상 책임은 진다.

018
☐☐☐

헌법은 대통령 권한대행의 요건 중 '대통령이 사고로 인하여 직무를 수행할 수 없을 때'의 판단 주체가 누구인지에 관하여 규정하고 있지 않다.　　　　　　　　　O | X

대통령이 궐위된 때에는 궐위 여부를 객관적으로 판단할 수 있으나, 사고인 경우에는 권한대행이 요구되는 사고에 해당되는가의 여부를 누가 어떻게 결정할 건인가가 문제된다. 대통령이 정신장애나 의식불명 등으로 권한대행의 필요 여부 및 기간을 결정할 수 없을 때가 특히 문제가 되는데, 어떤 방법과 절차를 거쳐 누가 결정할 것인가에 관한 헌법에 규정되어 있지 않다.

019
☐☐☐

대통령은 조국의 평화적 통일을 위한 성실한 의무를 지며, 이에 대해 취임에 즈음하여 선서한다.　　　　　　　　　O | X

> **헌법 제66조** ③ 대통령은 조국의 평화적 통일을 위한 성실한 의무를 진다.
> **제69조** 대통령은 취임에 즈음하여 다음의 선서를 한다.
> "나는 헌법을 준수하고 국가를 보위하며 조국의 평화적 통일과 국민의 자유와 복리의 증진 및 민족문화의 창달에 노력하여 대통령으로서의 직책을 성실히 수행할 것을 국민 앞에 엄숙히 선서합니다."

20. 5급 공채

020
☐☐☐

대통령이 긴급명령을 발하기 위해서는 국무회의의 심의를 거쳐야 한다.   O | X

> 헌법 제89조 다음 사항은 국무회의의 심의를 거쳐야 한다.
>   5. 대통령의 긴급명령·긴급재정경제처분 및 명령 또는 계엄과 그 해제

📖 **개념정리 긴급명령과 계엄**

구분	긴급명령	계엄
법적 근거	헌법	헌법 및 법률
발동상황	국가의 안위에 관계되는 중대한 교전상태	전시·사변 또는 이에 준하는 국가비상사태
수단	경찰력	병력
국회집회 가능성	불가능한 경우	집회 여부와 무관
내용	긴급입법	일시적 군사통치
통제방법	국회에 보고하여 승인	국회에 통고
제한대상	한정조항 없음	비상계엄 선포된 때에 영장제도, 언론·출판·집회·결사의 자유, 정부나 법원의 권한

20. 5급 공채

021
☐☐☐

대통령의 긴급재정경제명령은 국가긴급권의 일종으로서 고도의 정치적 결단에 의하여 발동되는 행위이고 그 결단을 존중하여야 할 필요성이 있는 행위라는 의미에서 통치행위에 속한다.   O | X

대통령의 긴급재정경제명령은 국가긴급권의 일종으로서 고도의 정치적 결단에 의하여 발동되는 행위이고 그 결단을 존중하여야 할 필요성이 있는 행위라는 의미에서 이른바 통치행위에 속한다고 할 수 있으나, 통치행위를 포함하여 모든 국가작용은 국민의 기본권적 가치를 실현하기 위한 수단이라는 한계를 반드시 지켜야 하는 것이고, 헌법재판소는 헌법의 수호와 국민의 기본권 보장을 사명으로 하는 국가기관이므로 비록 고도의 정치적 결단에 의하여 행해지는 국가작용이라고 할지라도 그것이 국민의 기본권 침해와 직접 관련되는 경우에는 당연히 헌법재판소의 심판대상이 된다(헌재 1996.2.29. 93헌마186).

📖 **개념정리 긴급명령과 긴급재정경제명령**

구분	긴급명령	긴급재정경제명령
상황적 요건	중대한 교전상태	내우·외환·천재·지변 또는 재정·경제상 위기
목적적 요건	국가보위	국가안전보장, 공공안녕질서
시기	휴회·폐회·개회	폐회 중에만
국회집회 여부	집회가 불가능한 경우	집회를 기다릴 여유가 없는 때
제한할 수 있는 기본권	모든 기본권	경제적 기본권

022
☐☐☐

국회가 재적의원 과반수의 찬성으로 계엄의 해제를 요구한 때에는 대통령은 이를 해제하여야 한다.　　　　　　　　　　　　　　　　　　　　　　　　　O | X

> **헌법 제77조** ⑤ 국회가 재적의원 과반수의 찬성으로 계엄의 해제를 요구한 때에는 대통령은 이를 해제하여야 한다.

023
☐☐☐

계엄이 해제된 후에는 계엄하에서 행해진 위반행위의 가벌성이 소멸된다고 보아야 하므로, 계엄기간 중의 계엄포고위반행위에 대해서는 행위당시의 법령에 따라 처벌할 수 없다.　　　　　　　O | X

비상계엄이 해제되었다 하여도 동 계엄실시 중의 계엄포고 위반행위에 대한 가벌성을 소멸시킬 아무런 이유가 없는 것이므로 계엄해제에 따른 다른 특별한 조치가 없는 한 행위 당시의 형벌법령에 비추어 그 위반행위를 처벌하여야 할 것이다(대판 1981.3.24. 81도304).

024
☐☐☐

계엄을 선포할 때에는 국무회의의 심의를 거쳐야 하나, 계엄을 해제할 때에는 국무회의의 심의를 거치지 않아도 된다.　　　　　　　　　　　　　　　　　　　　　　　　　　　　　　O | X

계엄을 선포할 때뿐만 아니라 계엄을 해제할 때에도 국무회의의 심의를 거쳐야 한다.

> **계엄법 제2조 【계엄의 종류와 선포 등】** ⑤ 대통령이 계엄을 선포하거나 변경하고자 할 때에는 국무회의의 심의를 거쳐야 한다.
> **제11조 【계엄의 해제】** ② 대통령이 제1항에 따라 계엄을 해제하려는 경우에는 국무회의의 심의를 거쳐야 한다.

025
☐☐☐

비상계엄이 선포된 때에는 법률이 정하는 바에 의하여 영장제도, 언론·출판·집회·결사의 자유, 정부나 법원의 권한에 관하여 특별한 조치를 할 수 있다.　　　　　　　　　　　　　　　　　　O | X

> **헌법 제77조** ③ 비상계엄이 선포된 때에는 법률이 정하는 바에 의하여 영장제도, 언론·출판·집회·결사의 자유, 정부나 법원의 권한에 관하여 특별한 조치를 할 수 있다.

정답 022 ○　023 X　024 X　025 ○

026
☐☐☐

계엄사령관은 계엄의 시행에 관하여 국방부장관의 지휘·감독을 받는다. 다만, 전국을 계엄지역으로 하는 경우와 대통령이 직접 지휘·감독을 할 필요가 있는 경우에는 대통령의 지휘·감독을 받는다. **O | X**

> **계엄법 제6조【계엄사령관에 대한 지휘·감독】** ① 계엄사령관은 계엄의 시행에 관하여 국방부장관의 지휘·감독을 받는다. 다만, 전국을 계엄지역으로 하는 경우와 대통령이 직접 지휘·감독을 할 필요가 있는 경우에는 대통령의 지휘·감독을 받는다.

027
☐☐☐

대통령은 계엄을 선포한 경우 계엄지역의 행정사무와 사법사무를 관장하며, 계엄사령관을 직접 지휘·감독한다. **O | X**

계엄사령관은 계엄의 시행에 관하여 국방부장관의 지휘·감독을 받는다.

> **계엄법 제7조【계엄사령관의 관장사항】** ① 비상계엄의 선포와 동시에 계엄사령관은 계엄지역의 모든 행정사무와 사법사무를 관장한다.
> **제6조【계엄사령관에 대한 지휘·감독】** ① 계엄사령관은 계엄의 시행에 관하여 국방부장관의 지휘·감독을 받는다.

028
☐☐☐

대통령이 헌법상 허용되지 않는 재신임 국민투표를 국민들에게 제안한 것은 그 자체로서 헌법 제72조에 반하는 것으로 헌법을 실현하고 수호해야 할 대통령의 의무를 위반한 것이다. **O | X**

대통령이 위헌적인 재신임 국민투표를 단지 제안만 하였을 뿐 강행하지는 않았으나, 헌법상 허용되지 않는 재신임 국민투표를 국민들에게 제안한 것은 그 자체로서 헌법 제72조에 반하는 것으로 헌법을 실현하고 수호해야 할 대통령의 의무를 위반한 것이다(헌재 2004.5.14. 2004헌나1).

029
☐☐☐

대통령은 헌법재판관, 대법관, 감사위원을 국회의 동의를 얻어 각각 임명한다. **O | X**

모든 헌법재판관이 아니라 헌법재판관 중 헌법재판소장만 국회의 동의를 얻어 임명하고, 감사위원은 국회의 동의없이 감사원장의 제청으로 임명한다.

030
☐☐☐

대통령은 조약을 체결·비준하고, 외교사절을 신임·접수 또는 파견하며, 선전포고와 강화를 한다. **O | X**

> **헌법 제73조** 대통령은 조약을 체결·비준하고, 외교사절을 신임·접수 또는 파견하며, 선전포고와 강화를 한다.

정답 026 ○ 027 X 028 ○ 029 X 030 ○

031

헌법은 국군의 조직과 편성을 대통령령으로 정하도록 규정하고 있다.　　　　　　　　　O | X

헌법은 국군의 조직과 편성을 명령으로 하지 못하고 반드시 법률로 정하도록 하고 있는데, 이는 국군의 조직과 편성은 국가의 재정에 중대한 영향을 주며 또 국민의 권리의무에도 중대한 관계가 있기 때문이다.

032

국군통수권은 군령(軍令)과 군정(軍政)에 관한 권한을 포괄하고, 여기서 군령이란 국방목적을 위하여 군을 현실적으로 지휘·명령하고 통솔하는 용병작용(用兵作用)을, 군정이란 군을 조직·유지·관리하는 양병작용(養兵作用)을 말한다.　　　　　　　　　O | X

우리 헌법 제74조 제1항은 "대통령은 헌법과 법률이 정하는 바에 의하여 국군을 통수한다."라고 규정함으로써, 대통령이 국군의 최고사령관이자 최고의 지휘·명령권자임을 밝히고 있다. 국군통수권은 군령(軍令)과 군정(軍政)에 관한 권한을 포괄하고, 여기서 군령이란 국방목적을 위하여 군을 현실적으로 지휘·명령하고 통솔하는 용병작용(用兵作用)을, 군정이란 군을 조직·유지·관리하는 양병작용(養兵作用)을 말한다(헌재 2016. 2.25. 2013헌바111).

033

대통령은 국무총리와 중앙행정기관의 장의 명령이나 처분이 위법 또는 부당하다고 인정하면 국무회의의 심의를 거쳐 이를 중지 또는 취소하여야 한다.　　　　　　　　　O | X

국무회의의 심의를 거쳐야 하는 것은 아니며, 임의적 중지 또는 취소다.

> **정부조직법 제11조【대통령의 행정감독권】** ② 대통령은 국무총리와 중앙행정기관의 장의 명령이나 처분이 위법 또는 부당하다고 인정하면 이를 중지 또는 취소할 수 있다.

034

집행명령은 근거법령인 상위법령이 폐지되면 특별한 규정이 없는 이상 실효된다 할 것이나, 상위법령이 개정됨에 그친 경우에는 개정법령과 성질상 모순, 저촉되지 아니하고 개정된 상위법령의 시행에 필요한 사항을 규정하고 있는 이상 그 집행명령은 상위법령의 개정에도 불구하고 당연히 실효되지 아니하고 개정법령의 시행을 위한 집행명령이 제정, 발효될 때까지는 여전히 그 효력을 유지하는 것이라고 할 것이다.　　　　　　　　　O | X

집행명령은 근거법령인 상위법령이 폐지되면 특별한 규정이 없는 이상 실효되는 것이나, 상위법령이 개정됨에 그친 경우에는 개정법령과 성질상 모순, 저촉되지 아니하고 개정된 상위법령의 시행에 필요한 사항을 규정하고 있는 이상 그 집행명령은 상위법령의 개정에도 불구하고 당연히 실효되지 아니하고 개정법령의 시행을 위한 집행명령이 제정, 발효될 때까지는 여전히 그 효력을 유지한다(대판 1989.9.12. 88누6962).

정답 031 X　032 ○　033 X　034 ○

035
☐☐☐

납세의무의 중요한 사항 내지 본질적인 내용에 관련된 것이라 하더라도 그중 경제현실의 변화나 전문적 기술의 발달 등에 즉응하여야 하는 세부적인 사항에 관하여는 국회 제정의 형식적 법률보다 더 탄력성이 있는 행정입법에 이를 위임할 필요가 있으나 법률로 규정하여야 할 사항을 대통령령 등 하위법규에 위임하는 경우에 일반적이고 포괄적인 위임을 허용한다면 이는 사실상 입법권을 백지 위임하는 것이나 다름없어 의회입법의 원칙이나 법치주의를 부인하는 것이 되고 아무런 제한 없이 행하여지는 행정권의 자의로 말미암아 기본권이 침해될 위험이 있다. O | X

납세의무의 중요한 사항 내지 본질적인 내용에 관련된 것이라 하더라도 그 중 경제현실의 변화나 전문적 기술의 발달 등에 즉응하여야 하는 세부적인 사항에 관하여는 국회 제정의 형식적 법률보다 더 탄력성이 있는 행정입법에 이를 위임할 필요가 있으나 법률로 규정하여야 할 사항을 대통령령 등 하위법규에 위임하는 경우에 일반적이고 포괄적인 위임을 허용한다면 이는 사실상 입법권을 백지 위임하는 것이나 다름없어 의회입법의 원칙이나 법치주의를 부인하는 것이 되고 아무런 제한 없이 행하여지는 행정권의 자의로 말미암아 기본권이 침해될 위험이 있으므로, 헌법 제75조는 "대통령은 법률에서 구체적으로 범위를 정하여 위임받은 사항에 관하여 대통령령을 발할 수 있다."라고 규정하여 조세행정분야뿐만 아니라 국정 전반에 걸쳐 이러한 필요성이 있음을 확인하고 위와 같은 위임입법의 근거를 헌법상 명시하는 한편 '구체적으로 범위를 정하여' 위임하도록 하여 위임에 있어서 일정한 한계가 있음을 명시하고 있다(헌재 1995.11.30. 91헌바1 등).

036
☐☐☐

대통령령은 법률에서 구체적으로 범위를 정하여 위임받은 사항에 관하여 제정될 수 있는데, 이는 법률에 이미 대통령령으로 규정될 내용 및 범위의 기본사항이 구체적으로 규정되어 있어서 누구라도 대통령령에 규정될 내용의 상세한 사항을 예측할 수 있어야 함을 의미한다. O | X

헌법 제75조에서 "법률에서 구체적으로 범위를 정하여 위임받은 사항에 관하여"라고 함은 법률 그 자체에 이미 대통령령으로 규정될 내용 및 범위의 기본적 사항이 구체적으로 규정되어 있어서 누구라도 당해 법률 그 자체에서 대통령령에 규정될 내용의 대강을 예측할 수 있어야 함을 의미하고, 그렇게 하지 아니한 경우에는 위임입법의 한계를 일탈한 것이라고 아니할 수 없다(헌재 1995.9.28. 93헌바50).

037
☐☐☐

위임입법에서 사용하고 있는 추상적 용어가 하위 법령에 규정될 내용의 범위를 구체적으로 정해주기 위한 역할을 하는지, 아니면 그와는 별도로 독자적인 규율 내용을 정하기 위한 것인지 여부에 따라 별도로 명확성원칙 위반의 문제가 나타날 수도 있고, 그렇지 않을 수도 있게 된다. O | X

법률에서 사용된 추상적 용어가 하위법령에 규정될 내용과는 별도로 독자적인 규율 내용을 정하기 위한 것이라면 별도로 명확성 원칙이 문제될 수 있으나, 그 추상적 용어가 하위법령에 규정될 내용의 범위를 구체적으로 정해주기 위한 역할을 하는 경우라면 명확성의 문제는 결국 포괄위임입법금지원칙 위반의 문제로 포섭될 것이다(헌재 2015.7.30. 2013헌바204).

038

헌법 제75조는 일반적이고 포괄적인 위임입법이 허용되지 않음을 명백히 밝히고 있으나, 위임조항 자체에서 위임의 구체적 범위를 명확히 규정하고 있지 않더라도 당해 법률의 전반적 체계와 관련규정에 비추어 위임조항의 내재적인 위임의 범위나 한계를 객관적으로 분명히 확정할 수 있다면 이를 일반적이고 포괄적인 백지위임에 해당하는 것으로 볼 수 없다. O | X

헌법 제75조는 일반적이고 포괄적인 위임입법이 허용되지 않음을 명백히 밝히고 있으나, 위임조항 자체에서 위임의 구체적 범위를 명확히 규정하고 있지 않더라도 당해 법률의 전반적 체계와 관련규정에 비추어 위임조항의 내재적인 위임의 범위나 한계를 객관적으로 분명히 확정할 수 있다면 이를 일반적이고 포괄적인 백지위임에 해당하는 것으로 볼 수 없다(헌재 1996.10.31. 93헌바14).

039

기본권을 제한하는 내용의 입법을 위임할 때에는 법규명령에 위임하는 것이 원칙이고, 고시와 같은 형식으로 입법위임을 할 때에는 법령이 전문적·기술적 사항이나 경미한 사항으로서 업무의 성질상 위임이 불가피한 사항에 한정된다. O | X

행정규칙은 법규명령과 같은 엄격한 제정 및 개정절차를 필요로 하지 아니하므로, 기본권을 제한하는 내용의 입법을 위임할 때에는 법규명령에 위임하는 것이 원칙이고, 고시와 같은 형식으로 입법위임을 할 때에는 법령이 전문적·기술적 사항이나 경미한 사항으로서 업무의 성질상 위임이 불가피한 사항에 한정된다(헌재 2014. 7.24. 2013헌바183 등).

040

입주자들이 국가나 사업주체의 관여없이 자치활동의 일환으로 구성한 입주자대표회의는 사법상의 단체로서, 그 구성에 필요한 사항을 대통령령에 위임하도록 한 것은 법률유보원칙에 위반되지 않는다. O | X

입주자대표회의는 공법상의 단체가 아닌 사법상의 단체로서, 이러한 특정 단체의 구성원이 될 수 있는 자격을 제한하는 것이 국가적 차원에서 형식적 법률로 규율되어야 할 본질적 사항이라고 보기 어렵다. 또한, 입주자대표회의 구성에 있어서 본질적인 부분은 입주자들이 국가나 사업주체의 관여 없이 자치활동의 일환으로 입주자대표회의를 구성할 수 있다는 것인데, 주택법 제43조 제3항은 입주자가 입주자대표회의를 구성할 수 있다고 규정하고 있어 이미 본질적인 부분이 입법되어 있으므로 입주자대표회의의 구성원인 동별 대표자가 될 수 있는 자격이 반드시 법률로 규율하여야 하는 사항이라고 볼 수 없다. 따라서 심판대상조항은 법률유보원칙을 위반하지 아니한다(헌재 2016.7.28. 2014헌바158 등).

041

현행 사면법은 헌법재판소의 탄핵결정을 받은 공무원에 대한 대통령의 사면권을 규정하고 있다. O | X

탄핵결정을 받은 자에 대하여 대통령이 사면할 수 있는지 여부에 대하여 명문의 금지규정(미국 헌법)은 없지만, 제도의 취지상 사면은 불가능하다고 본다.

042
□□□

대통령은 전시·사변 또는 이에 준하는 국가비상사태에 있어서 병력으로써 군사상의 필요에 응하거나 공공의 안녕질서를 유지할 필요가 있고 국회의 집회가 불가능한 때에 한하여 계엄을 선포할 수 있다.　　　　O | X

국회의 집회불가능은 계엄선포의 요건이 아니다.

043
□□□

계엄을 선포한 때에는 대통령은 지체 없이 국회에 보고하여 승인을 얻어야 하며, 국회의 승인을 얻지 못한 때에는 계엄은 그때부터 효력을 상실한다.　　　　O | X

국회에 보고하여 승인을 얻는 것이 아니라 통고하여야 한다.

044
□□□

대통령은 계엄을 선포한 때에는 지체 없이 국회에 통고하여야 하며, 국회가 재적의원 과반수의 출석과 출석의원 3분의 2 이상의 찬성으로 계엄의 해제를 요구한 때에는 대통령은 이를 해제하여야 한다. O | X

국회가 '재적의원 과반수'의 찬성으로 계엄의 해제를 요구한 때에는 대통령은 이를 해제하여야 한다.

> **헌법 제77조** ④ 계엄을 선포한 때에는 대통령은 지체 없이 국회에 통고하여야 한다.
> ⑤ 국회가 재적의원 과반수의 찬성으로 계엄의 해제를 요구한 때에는 대통령은 이를 해제하여야 한다.

045
□□□

대통령은 국회의 동의를 얻어 감사원장을 임명하고, 감사원장의 제청으로 국회의 동의를 거치지 아니하고 감사위원을 임명한다.　　　　O | X

> **헌법 제98조** ② 원장은 국회의 동의를 얻어 대통령이 임명하고, 그 임기는 4년으로 하며, 1차에 한하여 중임할 수 있다.
> ③ 감사위원은 원장의 제청으로 대통령이 임명하고, 그 임기는 4년으로 하며, 1차에 한하여 중임할 수 있다.

046
□□□

대통령의 국법상 행위는 문서로써 하며, 이 문서에는 국무총리와 관계 국무위원이 부서한다.　　　　O | X

> **헌법 제82조** 대통령의 국법상 행위는 문서로써 하며, 이 문서에는 국무총리와 관계 국무위원이 부서한다. 군사에 관한 것도 또한 같다.

정답 042 X　043 X　044 X　045 ○　046 ○

047
☐☐☐

대통령은 국가의 안위에 관계되는 중대한 교전상태에 있어서 국가를 보위하기 위하여 긴급한 조치가 필요하고 국회의 집회가 불가능한 때에 한하여 법률의 효력을 가지는 명령을 발할 수 있다.　O | X

> 헌법 제76조 ② 대통령은 국가의 안위에 관계되는 중대한 교전상태에 있어서 국가를 보위하기 위하여 긴급한 조치가 필요하고 국회의 집회가 불가능한 때에 한하여 법률의 효력을 가지는 명령을 발할 수 있다.

048
☐☐☐

대통령은 전시·사변 또는 이에 준하는 국가비상사태에 있어서 병력으로써 군사상의 필요에 응하거나 공공의 안녕질서를 유지할 필요가 있을 때에는 법률이 정하는 바에 의하여 계엄을 선포할 수 있다.　O | X

> 헌법 제77조 ① 대통령은 전시·사변 또는 이에 준하는 국가비상사태에 있어서 병력으로써 군사상의 필요에 응하거나 공공의 안녕질서를 유지할 필요가 있을 때에는 법률이 정하는 바에 의하여 계엄을 선포할 수 있다.

049
☐☐☐

계엄법상 대통령은 전시·사변 또는 이에 준하는 국가비상사태 시 사회질서가 교란되어 일반 행정기관만으로는 치안을 확보할 수 없는 경우에 공공의 안녕질서를 유지하기 위하여 비상계엄을 선포한다.　O | X

'경비계엄'에 대한 지문이다.

> 계엄법 제2조 【계엄의 종류와 선포 등】 ② 비상계엄은 대통령이 전시·사변 또는 이에 준하는 국가비상사태 시 적과 교전(交戰) 상태에 있거나 사회질서가 극도로 교란(攪亂)되어 행정 및 사법(司法) 기능의 수행이 현저히 곤란한 경우에 군사상 필요에 따르거나 공공의 안녕질서를 유지하기 위하여 선포한다.
> ③ 경비계엄은 대통령이 전시·사변 또는 이에 준하는 국가비상사태 시 사회질서가 교란되어 일반 행정기관만으로는 치안을 확보할 수 없는 경우에 공공의 안녕질서를 유지하기 위하여 선포한다.

050
☐☐☐

대통령은 내우·외환·천재·지변 또는 중대한 재정·경제상의 위기에 있어서 국가의 안전보장 또는 공공의 안녕질서를 유지하기 위하여 긴급한 조치가 필요하고 국회의 집회를 기다릴 여유가 없을 때에 한하여 최소한으로 필요한 재정·경제상의 처분을 하거나 이에 관하여 법률의 효력을 가지는 명령을 발할 수 있다.　O | X

> 헌법 제76조 ① 대통령은 내우·외환·천재·지변 또는 중대한 재정·경제상의 위기에 있어서 국가의 안전보장 또는 공공의 안녕질서를 유지하기 위하여 긴급한 조치가 필요하고 국회의 집회를 기다릴 여유가 없을 때에 한하여 최소한으로 필요한 재정·경제상의 처분을 하거나 이에 관하여 법률의 효력을 가지는 명령을 발할 수 있다.

정답 047 ○　048 ○　049 X　050 ○

051

국회에서 의결된 법률안은 정부에 이송되어 20일 이내에 대통령이 공포한다.　　O | X

> **헌법 제53조** ① 국회에서 의결된 법률안은 정부에 이송되어 15일 이내에 대통령이 공포한다.

052

법률안에 이의가 있을 때에는 대통령은 헌법 제53조 제1항의 기간 내에 이의서를 붙여 국회로 환부하고, 그 재의를 요구할 수 있다.　　O | X

> **헌법 제53조** ② 법률안에 이의가 있을 때에는 대통령은 제1항의 기간 내에 이의서를 붙여 국회로 환부하고, 그 재의를 요구할 수 있다. 국회의 폐회 중에도 또한 같다.

053

재의의 요구가 있을 때에는 국회는 재의에 붙이고, 재적의원 과반수의 출석과 출석의원 3분의 2 이상의 찬성으로 전과 같은 의결을 하면 그 법률안은 법률로서 확정된다.　　O | X

> **헌법 제53조** ④ 재의의 요구가 있을 때에는 국회는 재의에 붙이고, 재적의원 과반수의 출석과 출석의원 3분의 2 이상의 찬성으로 전과 같은 의결을 하면 그 법률안은 법률로서 확정된다.

054

법률은 특별한 규정이 없는 한 공포한 날로부터 20일을 경과함으로써 효력을 발생한다.　　O | X

> **헌법 제53조** ⑦ 법률은 특별한 규정이 없는 한 공포한 날로부터 20일을 경과함으로써 효력을 발생한다.

055

헌법은 대통령의 사면권을 규정하고 있는바, 선고된 형의 전부를 사면할 것인지 또는 일부만을 사면할 것인지를 결정하는 것은 사면권자의 전권사항에 속하는 것이고, 징역형의 집행유예에 대한 사면이 병과된 벌금형에도 미치는 것으로 볼 것인지 여부는 사면의 내용에 대한 해석문제에 불과하다.　　O | X

선고된 형의 전부를 사면할 것인지 또는 일부만을 사면할 것인지를 결정하는 것은 사면권자의 전권사항에 속하는 것이고, 징역형의 집행유예에 대한 사면이 병과된 벌금형에도 미치는 것으로 볼 것인지 여부는 사면의 내용에 대한 해석문제에 불과하다 할 것이다. … 결론적으로 사면의 은사적 성격 및 특별사면의 입법취지 등을 종합하면 병과된 형의 일부만을 사면하는 것은 헌법에 위반된다고 볼 수 없다(헌재 2000.6.1. 97헌바74).

056

☐☐☐

대통령으로서 국회 본회의의 시정연설에서 자신에 대한 신임국민투표를 실시하고자 한다고 밝힌 것은 공고와 같이 법적인 효력이 있는 행위에 해당하므로 헌법소원의 대상이 되는 '공권력의 행사'라고 할 수 있다. O I X

피청구인이 대통령으로서 국회 본회의의 시정연설에서 자신에 대한 신임국민투표를 실시하고자 한다고 밝혔다 하더라도, 그것이 공고와 같이 법적인 효력이 있는 행위가 아니라 단순한 정치적 제안의 피력에 불과하다고 인정되는 이상 이를 두고 헌법소원의 대상이 되는 '공권력의 행사'라고 할 수는 없으므로, 이에 대한 취소 또는 위헌확인을 구하는 청구인들의 심판청구는 모두 부적법하다(헌재 2003.11.27. 2003헌마694 등).

057

☐☐☐

대통령은 법률이 정하는 바에 의하여 사면·감형 또는 복권을 명할 수 있다. O I X

> **헌법 제79조** ① 대통령은 법률이 정하는 바에 의하여 사면·감형 또는 복권을 명할 수 있다.

058

☐☐☐

대통령은 헌법과 법률이 정하는 바에 의하여 공무원의 임면권을 가지나, 검찰총장·합동참모의장·각군참모총장·국립대학교총장·대사 기타 법률이 정한 공무원과 국영기업체관리자의 임명은 국무회의의 필수적 심의를 거쳐야 한다. O I X

> **헌법 제78조** 대통령은 헌법과 법률이 정하는 바에 의하여 공무원을 임면한다.
>
> **제89조** 다음 사항은 국무회의의 심의를 거쳐야 한다.
> 　16. 검찰총장·합동참모의장·각군참모총장·국립대학교총장·대사 기타 법률이 정한 공무원과 국영기업체관리자의 임명

059

☐☐☐

대통령은 국회에 출석하여 발언할 수는 있지만 서한으로는 의견을 표시할 수 없다. O I X

> **헌법 제81조** 대통령은 국회에 출석하여 발언하거나 서한으로 의견을 표시할 수 있다.

정답 056 X 057 ○ 058 ○ 059 X

060
☐☐☐
헌법 제75조에서 근거한 포괄위임금지원칙은 법률에 이미 대통령령 등 하위법규에 규정될 내용 및 범위의 기본사항이 구체적으로 규정되어 있어서 누구라도 당해 법률로부터 하위법규에 규정될 내용의 대강을 예측할 수 있어야 함을 의미하는데, 위임입법이 대법원규칙인 경우에도 수권법률에서 이 원칙을 준수하여야 하는 것은 마찬가지이다. O | X

대법원은 헌법 제108조에 근거하여 입법권의 위임을 받아 규칙을 제정할 수 있다 할 것이고, 헌법 제75조에 근거한 포괄위임금지원칙은 법률에 이미 하위법규에 규정될 내용 및 범위의 기본사항이 구체적으로 규정되어 있어서 누구라도 당해 법률로부터 하위법규에 규정될 내용의 대강을 예측할 수 있어야 함을 의미하므로, 위임입법이 대법원규칙인 경우에도 수권법률에서 이 원칙을 준수하여야 함은 마찬가지이다(대판 2016.6.30. 2013헌바27).

061
☐☐☐
다른 법령에 근거한 '특정한 기술'에 대한 행정처분으로서의 성격을 갖는데 불과한 '지정 또는 고시·공고'를 범죄구성요건의 일부로 차용하고 있는 법률조항은 이미 존재하는 다른 법령을 전제하고 그 법령에 기한 지정 또는 고시·공고를 구성요건으로 '차용'하고 있는 데 불과한 것이고, 하위법령에 구성요건의 형성을 '위임'하고 있는 위임입법이 아니다. O | X

지정 또는 고시·공고는 이 사건 법률조항이 아니라 다른 법령에 의하여 수권된 것으로서 별도의 근거법률을 가지고 있고, 그 지정 또는 고시·공고는 어떤 '특정한 기술'에 대한 행정처분으로서의 성격을 갖는 데 불과하여 일반·추상적 규범을 정립한 것이라고 볼 수 없다. 이 사건 법률조항은 이미 존재하는 다른 법령을 전제하고 그 법령에 기한 지정 또는 고시·공고를 구성요건으로 '차용'하고 있는 데 불과한 것이고, 하위법령에 구성요건의 형성을 '위임'하고 있는 위임입법이 아니다(헌재 2013.7.25. 2011헌바39).

062
☐☐☐
법률의 위임조항에서 위임의 구체적 범위를 명확히 규정하고 있지 않으면, 당해 법률의 전반적 체계와 관련규정에 비추어 위임조항의 내재적인 위임의 범위나 한계를 객관적으로 분명히 확정할 수 있다 하더라도, 이는 포괄적인 백지위임에 해당한다. O | X

헌법 제75조는 일반적이고 포괄적인 위임입법이 허용되지 않음을 명백히 밝히고 있으나, 위임조항 자체에서 위임의 구체적 범위를 명확히 규정하고 있지 않더라도 당해 법률의 전반적 체계와 관련규정에 비추어 위임조항의 내재적인 위임의 범위나 한계를 객관적으로 분명히 확정할 수 있다면 이를 일반적이고 포괄적인 백지위임에 해당하는 것으로 볼 수 없다(헌재 1996.10.31. 93헌바14).

063
☐☐☐
법률이 행정부가 아니거나 행정부에 속하지 않는 공법적 기관의 정관에 특정 사항을 정할 수 있다고 위임하는 경우에는 권력분립의 원칙을 훼손할 여지가 없으므로 헌법 제75조, 제95조가 정하는 포괄위임입법의 금지는 원칙적으로 적용되지 않는다. O | X

법률이 행정부가 아니거나 행정부에 속하지 않는 공법적 기관의 정관에 특정 사항을 정할 수 있다고 위임하는 경우에는 그러한 권력분립의 원칙을 훼손할 여지가 없다. 이는 자치입법에 해당되는 영역이므로 자치적으로 정하는 것이 바람직하다. 따라서 법률이 정관에 자치법적 사항을 위임한 경우에는 헌법 제75조, 제95조가 정하는 포괄적인 위임입법의 금지는 원칙적으로 적용되지 않는다고 봄이 상당하다(헌재 2006.3.30. 2005헌바31).

정답 060 O 061 O 062 X 063 O

064
□□□

법률에서 위임받은 사항을 전혀 규정하지 아니하고 그대로 재위임하는 것은 허용되지 않으며 위임받은 사항에 관하여 대강을 정하고 그 중의 특정사항을 범위를 정하여 하위 법령에 다시 위임하는 경우에만 재위임이 허용된다. O | X

법률에서 위임받은 사항을 전혀 규정하지 않고 모두 재위임하는 것은 "위임받은 권한을 그대로 다시 위임할 수 없다."는 복위임금지의 법리에 반할 뿐 아니라 수권법의 내용변경을 초래하는 것이 되고, 대통령령 이외의 법규명령의 제정·개정절차가 대통령령에 비하여 보다 용이한 점을 고려할 때 하위의 법규명령에 대한 재위임의 경우에도 대통령령에의 위임에 가해지는 헌법상의 제한이 마땅히 적용되어야 할 것이다. 따라서 법률에서 위임받은 사항을 전혀 규정하지 아니하고 그대로 하위의 법규명령에 재위임하는 것은 허용되지 않으며 위임받은 사항에 관하여 대강(大綱)을 정하고 그 중의 특정사항을 범위를 정하여 하위의 법규명령에 다시 위임하는 경우에만 재위임이 허용된다(헌재 2002.10.31. 2001헌라1).

065
□□□

헌법 제95조는 부령에의 위임근거를 마련하면서 헌법 제75조와 같이 '구체적으로 범위를 정하여'라는 문구를 사용하고 있지는 않지만, 법률의 위임에 의한 대통령령에 가해지는 헌법상의 제한은 당연히 법률의 위임에 의한 부령의 경우에도 적용된다. O | X

헌법 제75조는 위임입법의 근거를 마련하는 한편 대통령령으로 입법할 수 있는 사항을 법률에서 구체적으로 범위를 정하여 위임받은 사항으로 한정함으로써 위임입법의 범위와 한계를 제시하고 있다. 그리고 헌법 제95조는 부령에의 위임근거를 마련하면서 '구체적으로 범위를 정하여'라는 문구를 사용하고 있지는 않지만, 법률의 위임에 의한 대통령령에 가해지는 헌법상의 제한은 당연히 법률의 위임에 의한 부령의 경우에도 적용된다(헌재 2013.2.28. 2012헌가3).

066
□□□

국군포로의 송환 및 대우 등에 관한 법률은 등록포로 등을 대통령령에 따라 예우할 수 있도록 규정하고 있을 뿐 예우의 내용이나 방식 등에 관하여 아무런 규정을 두고 있지 아니하여 대통령령의 제정 없이 상위법령의 규정만으로는 집행 가능하다고 볼 수 없으므로, 대통령은 등록포로 등의 예우에 관한 대통령령을 제정 또는 개정할 의무가 있다. O | X

국군포로법은 다른 여러 조항에서 등록포로나 억류지출신 포로가족 등에 대한 금전적 지원, 의료지원, 취업지원 등 각종 지원에 관한 사항을 구체적으로 정하고 있지만, 등록포로 등의 예우에 관해서는 제15조의5에서 대통령령에 따라 예우할 수 있도록 규정하고 있을 뿐, 예우의 내용이나 방식 등에 관하여 아무런 규정을 두고 있지 아니하다. … 대통령령의 제정 없이 상위법령의 규정만으로 국군포로법 제15조의5에 관한 사항이 집행 가능하다고 볼 수 없다. 따라서 피청구인에게는 국군포로법 제15조의5 제2항에 따라 등록포로 등의 예우에 관한 대통령령을 제정 또는 개정할 의무가 있다. … 이 사건 행정입법부작위는 등록포로 등의 가족인 청구인의 명예권을 침해하는 것으로서 헌법에 위반된다(헌재 2018.5.31. 2016헌마626).

067
☐☐☐

헌법이 인정하고 있는 위임입법의 형식은 예시적인 것으로 보아야 할 것이고, 법률이 일정한 사항을 행정규칙에 위임하더라도 그 행정규칙은 위임된 사항만을 규율할 수 있으므로, 국회입법의 원칙과 상치되지 않는다. O | X

헌법 제40조와 헌법 제75조, 제95조의 의미를 살펴보면, 국회입법에 의한 수권이 입법기관이 아닌 행정기관에게 법률 등으로 구체적인 범위를 정하여 위임한 사항에 관하여는 당해 행정기관에게 법정립의 권한을 갖게되고, 입법자가 규율의 형식도 선택할 수도 있다 할 것이므로, 헌법이 인정하고 있는 위임입법의 형식은 예시적인 것으로 보아야 할 것이고, 그것은 법률이 행정규칙에 위임하더라도 그 행정규칙은 위임된 사항만을 규율할 수 있으므로, 국회입법의 원칙과 상치되지도 않는다(헌재 2004.10.28. 99헌바91).

068
☐☐☐

위임입법의 한계의 법리는 헌법의 근본원리인 권력분립주의와 의회주의 내지 법치주의에 바탕을 두는 것이기 때문에 행정부에서 제정된 대통령령에서 규정한 내용이 정당한 것인지 여부와 위임의 적법성은 직접적인 관계가 있다. O | X

위임입법의 한계의 법리는 헌법의 근본원리인 권력분립주의와 의회주의 내지 법치주의에 바탕을 두는 것이기 때문에 행정부에서 제정된 대통령령에서 규정한 내용이 정당한지 여부와는 직접적으로 관계가 없다고 하여야 할 것이다. 즉 대통령령에서 규정한 내용이 헌법에 위반될 경우 그 대통령령의 규정이 위헌일 것은 물론이지만, 반대로 하위법규인 대통령령의 내용이 합헌적이라고 하여 수권법률의 합헌성까지를 의미하는 것은 아니다(헌재 1995.11.30. 94헌바14).

069
☐☐☐

법령 등 공포에 관한 법률에 따르면 대통령령, 총리령 및 부령은 특별한 규정이 없으면 공포한 날부터 30일이 경과함으로써 효력을 발생한다. O | X

공포한 날부터 20일이 경과함으로써 효력을 발생한다.

> **법령 등 공포에 관한 법률 제13조 【시행일】** 대통령령, 총리령 및 부령은 특별한 규정이 없으면 공포한 날부터 20일이 경과함으로써 효력을 발생한다.
>
> **제13조의2 【법령의 시행유예기간】** 국민의 권리 제한 또는 의무 부과와 직접 관련되는 법률, 대통령령, 총리령 및 부령은 긴급히 시행하여야 할 특별한 사유가 있는 경우를 제외하고는 공포일부터 적어도 30일이 경과한 날부터 시행되도록 하여야 한다.

070

☐☐☐

위임입법의 내용에 관한 헌법적 한계는 그 수범자가 누구냐에 따라 입법권자에 대한 한계와 수권법률에 의해 법규명령을 제정하는 수임자에 대한 한계로 구별할 수 있으며, 법률의 우위원칙에 따른 위임입법의 내용적 한계는 후자에 속한다. O I X

위임입법의 내용에 관한 헌법적 한계는 그 수범자가 누구냐에 따라 입법권자에 대한 한계와 수권법률에 의해 법규명령을 제정하는 수임자에 대한 한계로 구별할 수 있는바, 국회가 법률에 의하여 입법권을 위임하는 경우에도 헌법에 위반하여서는 아니 된다는 것이 전자의 문제이고, 법률의 우위원칙에 따른 위임입법의 내용적 한계는 후자에 속한다. 후자의 문제로서 위임명령의 내용은 수권법률이 수권한 규율대상과 목적의 범위 안에서 정해져야 하는데 이를 위배한 위임명령은 위법이라고 평가되며, 여기에서 모법의 수권조건에 의한 위임명령의 한계가 도출된다(헌재 1997.4.24. 95헌마273).

071

☐☐☐

대통령의 일반사면은 대통령령으로 하되, 국무회의의 심의를 거쳐 국회의 동의를 받아야 한다. O I X

> **헌법 제79조** ② 일반사면을 명하려면 국회의 동의를 얻어야 한다.
> **제89조** 다음 사항은 국무회의의 심의를 거쳐야 한다.
>   9. 사면·감형과 복권
> **사면법 제8조【일반사면 등의 실시】** 일반사면, 죄 또는 형의 종류를 정하여 하는 감형 및 일반에 대한 복권은 대통령령으로 한다. 이 경우 일반사면은 죄의 종류를 정하여 한다.

072

☐☐☐

대통령은 국민투표를 통하여 직접적이든 간접적이든 자신의 신임여부를 확인할 수 있는 헌법상 권한을 가진다. O I X

대통령은 헌법상 국민에게 자신에 대한 신임을 국민투표의 형식으로 물을 수 없을 뿐만 아니라, 특정 정책을 국민투표에 붙이면서 이에 자신의 신임을 결부시키는 대통령의 행위도 위헌적인 행위로서 헌법적으로 허용되지 않는다. … 헌법은 대통령에게 국민투표를 통하여 직접적이든 간접적이든 자신의 신임여부를 확인할 수 있는 권한을 부여하지 않는다(헌재 2004.5.14. 2004헌나1).

073

☐☐☐

대통령은 국무회의의 의장이 되고, 국무회의는 대통령·국무총리를 포함한 15인 이상 30인 이하의 국무위원으로 구성한다. O I X

> **헌법 제88조** ② 국무회의는 대통령·국무총리와 15인 이상 30인 이하의 국무위원으로 구성한다.
>   ③ 대통령은 국무회의의 의장이 되고, 국무총리는 부의장이 된다.

정답 070 ○ 071 ○ 072 X 073 X

제5장 정부

---

21. 5급 공채

001
☐☐☐

국무총리가 탄핵결정을 받은 때에는 공직으로부터 파면함에 그치지만, 이에 의하여 민사상이나 형사상의 책임이 면제되지는 아니한다. O | X

> **헌법 제65조** ④ 탄핵결정은 공직으로부터 파면함에 그친다. 그러나, 이에 의하여 민사상이나 형사상의 책임이 면제되지는 아니한다.

---

20. 지방직

002
☐☐☐

국무총리는 국무회의의 부의장으로서 국무위원이다. O | X

국무총리는 국무회의의 부의장으로서 국무회의의 구성원이나 국무위원은 아니다.

---

20. 지방직

003
☐☐☐

헌법재판소는 국무총리는 대통령의 첫째 가는 보좌기관으로서 행정에 관하여 독자적인 권한을 가지고 대통령의 명을 받아 행정각부를 통할하는 기관으로서의 지위를 가진다고 보았다. O | X

국무총리는 단지 대통령의 첫째 가는 보좌기관으로서 행정에 관하여 독자적인 권한을 가지지 못하고 대통령의 명을 받아 행정각부를 통할하는 기관으로서의 지위만을 가지며, 행정권 행사에 대한 최후의 결정권자는 대통령이라고 해석하는 것이 타당하다고 할 것이다. 이와 같은 헌법상의 대통령과 국무총리의 지위에 비추어 보면 국무총리의 통할을 받는 행정각부에 모든 행정기관이 포함된다고 볼 수 없다 할 것이다(헌재 1994.4.28. 89헌마221).

---

25. 5급

004
☐☐☐

국회의원이 국무총리직을 겸할 때에는 국회 상임위원회 위원을 사임하여야 한다. O | X

> **국회법 제39조 【상임위원회의 위원】** ④ 국무총리 또는 국무위원의 직을 겸한 의원은 상임위원을 사임할 수 있다.

정답 001 O 002 X 003 X 004 X

005
☐☐☐

국무총리는 대통령의 명을 받아 각 중앙행정기관의 장을 지휘·감독하며, 중앙행정기관의 장의 명령이나 처분이 위법 또는 부당하다고 인정될 경우에는 대통령의 승인 없이 이를 중지 또는 취소할 수 있다.

O | X

> **정부조직법 제18조【국무총리의 행정감독권】** ① 국무총리는 대통령의 명을 받아 각 중앙행정기관의 장을 지휘·감독한다.
> ② 국무총리는 중앙행정기관의 장의 명령이나 처분이 위법 또는 부당하다고 인정될 경우에는 대통령의 승인을 받아 이를 중지 또는 취소할 수 있다.

006
☐☐☐

국무총리의 해임건의안이 발의되었을 때에는 국회의장은 그 해임건의안이 발의된 후 처음 개의하는 본회의에 그 사실을 보고하고, 본회의에 보고된 때부터 12시간 이후 48시간 이내에 기명투표로 표결한다.

O | X

> **국회법 제112조【표결방법】** ⑦ 국무총리 또는 국무위원의 해임건의안이 발의되었을 때에는 의장은 그 해임건의안이 발의된 후 처음 개의하는 본회의에 그 사실을 보고하고, 본회의에 보고된 때부터 24시간 이후 72시간 이내에 무기명투표로 표결한다. 이 기간 내에 표결하지 아니한 해임건의안은 폐기된 것으로 본다.

007
☐☐☐

국무총리의 소재지는 헌법적으로 중요한 기본적 사항이라 보기 어렵고 나아가 이러한 규범이 존재한다는 국민적 의식이 형성되었는지 조차 명확하지 않으므로 이러한 관습헌법의 존재를 인정할 수 없다.

O | X

국무총리의 권한과 위상은 기본적으로 지리적인 소재지와는 직접적으로 관련이 있다고 할 수 없고, 비록 이 사건 법률에 의하여 결과적으로 국무총리의 권한이 일부 강화될 가능성이 있다고 하더라도 이를 대통령제 정부형태를 다른 형태의 제도로 변경하는 것으로 볼 수는 없다. 청구인들은 국무총리제도가 채택된 이래 줄곧 대통령과 국무총리가 서울이라는 하나의 도시에 소재하고 있었다는 사실을 들어 이에 대한 관습헌법이 존재한다고 주장한다. 그러나 국무총리의 소재지는 헌법적으로 중요한 기본적 사항이라 보기 어렵고 나아가 이러한 규범이 존재한다는 국민적 의식이 형성되었는지 조차 명확하지 않으므로 이러한 관습헌법의 존재를 인정할 수 없다(헌재 2005.11.24. 2005헌마579 등).

정답 005 X   006 X   007 O

21. 5급 공채

008
☐☐☐

군인은 현역을 면한 후가 아니면 국무위원으로 임명될 수 없다. O | X

> 헌법 제87조 ④ 군인은 현역을 면한 후가 아니면 국무위원으로 임명될 수 없다.

21. 5급 공채

009
☐☐☐

국무위원은 정무직으로 하며 의장에게 의안을 제출할 수 있으나, 국무회의의 소집을 요구할 수는 없다. O | X

국무회의의 소집을 요구할 수 있다.

> 정부조직법 제12조 【국무회의】 ③ 국무위원은 정무직으로 하며 의장에게 의안을 제출하고 국무회의의 소집을 요구할 수 있다.

📖 개념정리 국무위원과 행정각부의 장

국무위원	행정각부의 장
국무위원은 반드시 행정각부의 장 X	행정각부의 장은 모두 국무위원
대통령 보좌, 국무회의구성원으로서 심의	대통령의 지휘·감독을 받아 집행하는 기관
대통령과 법적으로 대등	대통령의 하급행정기관
사무에 한계 없음	사무에 한계 있음
국무회의 소집요구권, 대통령의 권한대행, 부서	부령 발포권, 소속직원 지휘·감독권, 행정각부의 소관사무 집행결정권
국회출석 답변의무, 탄핵소추에 의한 책임, 해임건의에 의한 책임, 부서에 따르는 책임	탄핵소추에 의한 책임

21. 5급 공채

010
☐☐☐

의장과 부의장이 모두 사고로 직무를 수행할 수 없는 경우에는 기획재정부장관이 겸임하는 부총리, 교육부장관이 겸임하는 부총리 및 정부조직법 제26조 제1항에 규정된 순서에 따라 국무위원이 그 직무를 대행한다. O | X

> 정부조직법 제12조 【국무회의】 ② 의장이 사고로 직무를 수행할 수 없는 경우에는 부의장인 국무총리가 그 직무를 대행하고, 의장과 부의장이 모두 사고로 직무를 수행할 수 없는 경우에는 기획재정부장관이 겸임하는 부총리, 교육부장관이 겸임하는 부총리 및 제26조 제1항에 규정된 순서에 따라 국무위원이 그 직무를 대행한다.

정답 008 ○ 009 X 010 ○

011
□□□

국정처리상황의 평가·분석은 국무회의의 심의를 거쳐야 한다. O | X

> **헌법 제89조** 다음 사항은 국무회의의 심의를 거쳐야 한다.
> 12. 국정처리상황의 평가·분석

012
□□□

헌법은 대통령 자문기관으로 국가안전보장회의, 민주평화통일자문회의, 국민경제자문회의, 국가과학기술자문회의를 규정하고 있다. O | X

국가과학기술자문회의는 헌법에 규정된 자문회의가 아니라, 헌법에 따른 법률(국가과학기술자문회의법)에 규정되어 있다.

📖 **개념정리 대통령의 자문기구 비교**

구분	성격		의장	연혁	관련법률
국가안전보장회의	헌법기관	필수기관	대통령	제3공헌법	국가안전보장회의법
민주평화통일자문회의	헌법기관	임의기관	대통령	제5공헌법	민주평화통일자문회의법
국민경제자문회의	헌법기관	임의기관	대통령	현행헌법 신설	국민경제자문회의법
국가원로자문회의	헌법기관	임의기관	직전 대통령	제5공헌법	국가원로자문회의법 폐지
국가과학기술자문회의	법률기관	임의기관	대통령	제5공헌법	국가과학기술자문회의법

013
□□□

국무회의는 구성원 과반수의 출석으로 개의하고 출석 구성원 과반수의 찬성으로 의결한다. O | X

출석구성원 과반수가 아닌 3분의 2 이상의 찬성이다.

> **국무회의 규정 제6조【의사정족수 및 의결정족수 등】** ① 국무회의는 구성원 과반수의 출석으로 개의(開議)하고, 출석구성원 3분의 2 이상의 찬성으로 의결한다.

014
□□□

헌법은 대통령령안과 총리령안은 국무회의 심의사항으로 명시하고 있으나 부령안은 그러하지 아니하다. O | X

총리령안도 국무회의 심의사항이 아니다.

> **헌법 제89조** 다음 사항은 국무회의의 심의를 거쳐야 한다.
> 3. 헌법개정안·국민투표안·조약안·법률안 및 대통령령안

정답 011 ○ 012 X 013 X 014 X

015

☐☐☐

헌법 제89조의 국무회의 심의사항에는 '정부 안의 권한의 위임 또는 배정에 관한 기본계획', '국정처리상황의 평가·분석'이 포함된다. O | X

> **헌법 제89조** 다음 사항은 국무회의의 심의를 거쳐야 한다.
> 11. 정부 안의 권한의 위임 또는 배정에 관한 기본계획
> 12. 국정처리상황의 평가·분석

016

☐☐☐

대통령이 국회에 파병동의안을 제출하기 전에 대통령을 보좌하기 위하여 파병 정책을 심의, 의결한 국무회의의 의결은 국가기관의 내부적 의사결정행위가 아닌 법적 구속력을 가진 행위이며, 그 자체로 국민에 대하여 직접적인 법률효과를 발생시킨다. O | X

대통령이 국회에 파병동의안을 제출하기 전에 대통령을 보좌하기 위하여 파병 정책을 심의, 의결한 국무회의의 의결은 국가기관의 내부적 의사결정행위에 불과하여 그 자체로 국민에 대하여 직접적인 법률효과를 발생시키는 행위가 아니므로 헌법재판소법 제68조 제1항에서 말하는 공권력의 행사에 해당하지 아니한다(헌재 2003.12.18. 2003헌마225).

제3절 행정각부

017

☐☐☐

헌법 제95조는 부령에의 위임근거를 마련하면서 헌법 제75조와 같이 '구체적으로 범위를 정하여'라는 문구를 사용하고 있지 않으므로, 법률의 위임에 의한 대통령령에 가해지는 헌법상의 제한은 법률의 위임에 의한 부령의 경우에는 적용되지 않는다. O | X

헌법 제75조는 위임입법의 근거를 마련하는 한편 대통령령으로 입법할 수 있는 사항을 법률에서 구체적으로 범위를 정하여 위임받은 사항으로 한정함으로써 위임입법의 범위와 한계를 제시하고 있다. 그리고 헌법 제95조는 부령에의 위임근거를 마련하면서 '구체적으로 범위를 정하여'라는 문구를 사용하고 있지는 않지만, 법률의 위임에 의한 대통령령에 가해지는 헌법상의 제한은 당연히 법률의 위임에 의한 부령의 경우에도 적용된다(헌재 2013.2.28. 2012헌가3).

정답 015 ○ 016 X 017 X

018
☐☐☐

행정각부의 장인 국무위원에 대한 국회의 해임건의는 국회재적의원 3분의 1 이상의 발의에 의하여 국회재적의원 과반수의 찬성이 있어야 한다. ○ | X

> **헌법 제63조** ① 국회는 국무총리 또는 국무위원의 해임을 대통령에게 건의할 수 있다.
> ② 제1항의 해임건의는 국회재적의원 3분의 1 이상의 발의에 의하여 국회재적의원 과반수의 찬성이 있어야 한다.

019
☐☐☐

행정각부의 장은 소관사무에 관하여 법률의 위임이나 직권으로 부령을 발할 수 있으나, 대통령령의 위임으로는 부령을 발할 수 없다. ○ | X

대통령령의 위임으로도 부령을 발할 수 있다.

> **헌법 제95조** 국무총리 또는 행정각부의 장은 소관사무에 관하여 법률이나 대통령령의 위임 또는 직권으로 총리령 또는 부령을 발할 수 있다.

020
☐☐☐

정부조직법상 국가의 행정사무로서 다른 중앙행정기관의 소관에 속하지 아니하는 사무는 행정안전부장관이 이를 처리한다. ○ | X

> **정부조직법 제34조【행정안전부】** ② 국가의 행정사무로서 다른 중앙행정기관의 소관에 속하지 아니하는 사무는 행정안전부장관이 이를 처리한다.

021
☐☐☐

행정각부는 중앙행정기관의 하나이지만, 모든 중앙행정기관이 행정각부에 속하는 것은 아니다. ○ | X

헌법 제4장 제2절 제3관(행정각부)의 '행정각부'의 의의(意義)에 관하여 학설상으로는 정부의 구성단위로서 대통령 또는 국무총리의 통할하에 법률이 정하는 소관사무를 담당하는 중앙행정기관이라든가, 또는 대통령을 수반으로 하는 집행부의 구성단위로서 국무회의의 심의를 거쳐 대통령이 결정한 정책과 그 밖의 집행부의 권한에 속하는 사항을 집행하는 중앙행정기관이라는 등으로 일반적으로 설명되고 있다. … 성질상 정부의 구성단위인 중앙행정기관이라 할지라도, 법률상 그 기관의 장(長)이 국무위원이 아니라든가 또는 국무위원이라 하더라도 그 소관사무에 관하여 부령을 발할 권한이 없는 경우에는, 그 기관은 우리 헌법이 규정하는 실정법적(實定法的) 의미의 행정각부로는 볼 수 없다는 헌법상의 간접적인 개념제한이 있음을 알 수 있다. 따라서 정부의 구성단위로서 그 권한에 속하는 사항을 집행하는 모든 중앙행정기관이 곧 헌법 제86조 제2항 소정의 행정각부는 아니라 할 것이다(헌재 1994.4.28. 89헌마221).

정답 018 ○ 019 X 020 ○ 021 ○

022
□□□

헌법 제66조 제4항은 "행정권은 대통령을 수반으로 하는 정부에 속한다."라고 규정하고 있고, 헌법 제86조 제2항은 대통령의 명을 받은 국무총리가 행정각부를 통할하도록 규정하고 있는 바, 대통령과 행정부, 국무총리에 관한 헌법 규정의 해석상 국무총리의 통할을 받는 '행정각부'에는 모든 행정기관이 포함된다.   O | X

헌법 제66조 제4항은 "행정권은 대통령을 수반으로 하는 정부에 속한다."고 규정하고 있는데, 여기서의 '정부'란 입법부와 사법부에 대응하는 넓은 개념으로서의 집행부를 일컫는다 할 것이다. 그리고 헌법 제86조 제2항은 대통령의 명을 받은 국무총리가 행정각부를 통할하도록 규정하고 있는데, 대통령과 행정부, 국무총리에 관한 헌법 규정의 해석상 국무총리의 통할을 받는 '행정각부'에 모든 행정기관이 포함된다고 볼 수 없다(헌재 2021.1.28. 2020헌마264 등).

023
□□□

헌법 제75조 및 제95조에 비추어 볼 때, 입법자가 법률에서 구체적으로 범위를 정한다고 하더라도 대통령령이 아닌 부령에 입법사항을 위임할 수는 없다.   O | X

헌법 제75조는 대통령에 대한 입법권한의 위임에 관한 규정이지만, 국무총리나 행정각부의 장으로 하여금 법률의 위임에 따라 총리령 또는 부령을 발할 수 있도록 하고 있는 헌법 제95조의 취지에 비추어 볼 때, 입법자는 법률에서 구체적으로 범위를 정하기만 한다면 대통령령뿐만 아니라 부령에 입법사항을 위임할 수도 있다(헌새 1998.2.27. 97헌마64).

제4절 감사원

024
□□□

국가의 세입·세출의 결산, 국가 및 법률이 정한 단체의 회계검사와 행정기관 및 공무원의 직무에 관한 감찰을 하기 위하여 국무총리 소속하에 감사원을 둔다.   O | X

감사원은 '국무총리 소속하'가 아니라 '대통령 소속하'에 둔다.

025
□□□

감사원은 세입·세출의 결산을 매년 검사하여 대통령과 차년도 국회에 그 결과를 보고하여야 한다.   O | X

헌법 제99조 감사원은 세입·세출의 결산을 매년 검사하여 대통령과 차년도국회에 그 결과를 보고하여야 한다.

정답 022 X 023 X 024 X 025 ○

026
☐☐☐

감사원은 감사 결과 법령상·제도상 또는 행정상 모순이 있거나 그 밖에 개선할 사항이 있다고 인정할 때에는 국무총리, 소속 장관, 감독기관의 장 또는 해당 기관의 장에게 법령 등의 제정·개정 또는 폐지를 위한 조치나 제도상 또는 행정상의 개선을 요구할 수 있다.   O | X

> **감사원법 제34조【개선 등의 요구】**① 감사원은 감사 결과 법령상·제도상 또는 행정상 모순이 있거나 그 밖에 개선할 사항이 있다고 인정할 때에는 국무총리, 소속 장관, 감독기관의 장 또는 해당 기관의 장에게 법령 등의 제정·개정 또는 폐지를 위한 조치나 제도상 또는 행정상의 개선을 요구할 수 있다.

027
☐☐☐

감사원은 원장을 포함한 5인 이상 11인 이하의 감사위원으로 구성되며, 원장은 국회의 동의 없이 대통령이 임명하고, 1차에 한하여 중임할 수 있다.   O | X

감사원장은 국회의 동의를 얻어 대통령이 임명한다.

028
☐☐☐

감사원은 국가공무원법과 그 밖의 법령에 규정된 징계 사유에 해당하거나 정당한 사유 없이 감사원법에 따른 감사를 거부하거나 자료의 제출을 게을리한 공무원에 대하여 그 소속 장관 또는 임용권자에게 징계를 요구할 수 있다.   O | X

> **감사원법 제32조【징계 요구 등】**① 감사원은 국가공무원법과 그 밖의 법령에 규정된 징계 사유에 해당하거나 정당한 사유 없이 이 법에 따른 감사를 거부하거나 자료의 제출을 게을리한 공무원에 대하여 그 소속 장관 또는 임용권자에게 징계를 요구할 수 있다.

029
☐☐☐

감사원의 감찰사항 중에는 정부조직법 및 그 밖의 법률에 따라 설치된 행정기관의 사무와 그에 소속한 공무원의 직무가 포함되며, 여기서 말하는 공무원에는 국회·법원 및 헌법재판소에 소속한 공무원은 제외된다.   O | X

> **감사원법 제24조【감찰 사항】**① 감사원은 다음 각 호의 사항을 감찰한다.
> 1. 정부조직법 및 그 밖의 법률에 따라 설치된 행정기관의 사무와 그에 소속한 공무원의 직무
> 2. 지방자치단체의 사무와 그에 소속한 지방공무원의 직무
> 3. 제22조 제1항 제3호 및 제23조 제7호에 규정된 자의 사무와 그에 소속한 임원 및 감사원의 검사대상이 되는 회계사무와 직접 또는 간접으로 관련이 있는 직원의 직무
> 4. 법령에 따라 국가 또는 지방자치단체가 위탁하거나 대행하게 한 사무와 그 밖의 법령에 따라 공무원의 신분을 가지거나 공무원에 준하는 자의 직무
> ③ 제1항의 공무원에는 국회·법원 및 헌법재판소에 소속한 공무원은 제외한다.

정답 026 ○ 027 X 028 ○ 029 ○

030
☐☐☐

헌법에 의하면 감사원은 법률에 저촉되지 아니하는 범위 안에서 회계검사·직무감찰에 관한 규칙을 제정할 수 있으며, 법령의 범위 안에서 감사에 관한 절차, 감사원의 내부규율과 사무처리에 관한 규칙을 제정할 수 있다. O | X

감사원규칙제정권은 헌법이 아닌 감사원법에 규정되어 있다.

> **감사원법 제52조【감사원규칙】** 감사원은 감사에 관한 절차, 감사원의 내부 규율과 감사사무 처리에 관한 규칙을 제정할 수 있다.

031
☐☐☐

감사원은 필요하다고 인정하거나 국무총리의 요구가 있는 경우에는 민법 또는 상법 외의 다른 법률에 따라 설립되고 그 임원의 전부 또는 일부나 대표자가 국가 또는 지방자치단체에 의하여 임명되거나 임명 승인되는 단체 등의 회계를 검사할 수 있다. O | X

> **감사원법 제23조【선택적 검사사항】** 감사원은 필요하다고 인정하거나 국무총리의 요구가 있는 경우에는 다음 각 호의 사항을 검사할 수 있다.
> 7. 민법 또는 상법 외의 다른 법률에 따라 설립되고 그 임원이 전부 또는 일부나 대표자가 국가 또는 지방자치단체에 의하여 임명되거나 임명 승인되는 단체 등의 회계

032
☐☐☐

감사원은 감사 결과 위법 또는 부당하다고 인정되는 사실이 있을 때에는 소속 장관, 감독기관의 장 또는 해당 기관의 장에게 시정·주의 등을 요구할 수 있다. O | X

> **감사원법 제33조【시정 등의 요구】** ① 감사원은 감사 결과 위법 또는 부당하다고 인정되는 사실이 있을 때에는 소속 장관, 감독기관의 장 또는 해당 기관의 장에게 시정·주의 등을 요구할 수 있다.

033
☐☐☐

감사위원이 탄핵소추의 의결을 받았거나 형사재판에 계속되었을 때에는 그 탄핵의 결정 또는 재판이 확정될 때까지 그 권한 행사가 정지된다. O | X

> **감사원법 제15조【감사위원의 제척】** ② 감사위원이 탄핵소추의 의결을 받았거나 형사재판에 계속(係屬)되었을 때에는 그 탄핵의 결정 또는 재판이 확정될 때까지 그 권한 행사가 정지된다.

정답 030 X 031 ○ 032 ○ 033 ○

034
□□□

감사원법은 지방자치단체의 위임사무에 관해서는 합법성뿐만 아니라 합목적성 감사까지도 허용하나, 자치사무에 관하여는 합법성 감사만 허용하는 것으로 보아야 한다. O | X

감사원법은 지방자치단체의 위임사무나 자치사무의 구별 없이 합법성 감사뿐만 아니라 합목적성 감사도 허용하고 있는 것으로 보이므로, 감사원의 지방자치단체에 대한 이 사건 감사는 법률상 권한 없이 이루어진 것은 아니다. … 이 사건 관련규정이 지방자치단체의 고유한 권한을 유명무실하게 할 정도로 지나친 제한을 함으로써 지방자치권의 본질적 내용을 침해하였다고는 볼 수 없다(헌재 2008.5.29. 2005헌라3).

035
□□□

감사원은 감사원장을 포함한 7명의 감사위원으로 구성하며, 감사원장은 국회의 동의를 얻어 대통령이 임명한다. O | X

감사원법 제3조 【구성】 감사원은 감사원장(이하 "원장"이라 한다)을 포함한 7명의 감사위원으로 구성한다.
제4조 【원장】 ① 원장은 국회의 동의를 받아 대통령이 임명한다.

정답 034 X 035 ○

제6장 선거관리위원회

21. 5급 공채

001
☐☐☐

중앙선거관리위원회 위원의 임기는 6년으로 하며, 법률이 정하는 바에 의하여 연임할 수 있다.   O | X

중앙선거관리위원회 위원의 경우 임기만 규정하고 있고, 연임·중임에 관하여 아무런 규정을 두고 있지 않다.

21. 5급 공채

002
☐☐☐

중앙선거관리위원회는 대통령이 임명하는 3인, 국회에서 선출하는 3인과 대법원장이 지명하는 3인의 위원으로 구성한다. 위원장은 위원 중에서 호선한다.   O | X

> **헌법 제114조** ② 중앙선거관리위원회는 대통령이 임명하는 3인, 국회에서 선출하는 3인과 대법원장이 지명하는 3인의 위원으로 구성한다. 위원장은 위원 중에서 호선한다.

21. 5급 공채

003
☐☐☐

중앙선거관리위원회 위원은 정당에 가입하거나 정치에 관여할 수 없다.   O | X

> **헌법 제114조** ④ 위원은 정당에 가입하거나 정치에 관여할 수 없다.

20. 입시

004
☐☐☐

중앙선거관리위원회 위원은 탄핵 또는 금고 이상의 형의 선고에 의하지 아니하고는 파면되지 아니한다.   O | X

> **헌법 제114조** ⑤ 위원은 탄핵 또는 금고 이상의 형의 선고에 의하지 아니하고는 파면되지 아니한다.

정답 001 X 002 ○ 003 ○ 004 ○

005

중앙선거관리위원회 위원의 임기는 4년이다. O | X

중앙선거관리위원회 위원의 임기는 6년이다.

> **헌법 제114조** ③ 위원의 임기는 6년으로 한다.

006

선거에 관한 경비는 법률이 정하는 경우를 제외하고는 정당 또는 후보자에게 부담시킬 수 없다. O | X

> **헌법 제116조** ② 선거에 관한 경비는 법률이 정하는 경우를 제외하고는 정당 또는 후보자에게 부담시킬 수 없다.

007

중앙선거관리위원회는 법령의 범위 안에서 선거관리·국민투표관리 또는 정당사무에 관한 규칙을 제정할 수 있으며, 법률에 저촉되지 아니하는 범위 안에서 내부규율에 관한 규칙을 제정할 수 있다. O | X

> **헌법 제114조** ⑥ 중앙선거관리위원회는 법령의 범위 안에서 선거관리·국민투표관리 또는 정당사무에 관한 규칙을 제정할 수 있으며, 법률에 저촉되지 아니하는 범위 안에서 내부규율에 관한 규칙을 제정할 수 있다.

008

대통령선거 및 국회의원선거에 있어서 선거의 효력에 관하여 이의가 있는 선거인·후보자를 추천한 정당 또는 후보자가 대법원에 소를 제기할 때의 피고는 당해 선거구선거관리위원회위원장이다. O | X

> **공직선거법 제222조 【선거소송】** ① 대통령선거 및 국회의원선거에 있어서 선거의 효력에 관하여 이의가 있는 선거인·정당(후보자를 추천한 정당에 한한다) 또는 후보자는 선거일부터 30일 이내에 당해 선거구선거관리위원회위원장을 피고로 하여 대법원에 소를 제기할 수 있다.

009

헌법은 탄핵소추의 대상자로서 대통령·국무총리·국무위원·행정각부의 장·헌법재판소 재판관·법관·중앙선거관리위원회 위원장·감사원장·감사위원·기타 법률이 정한 공무원으로 규정하고 있고, 선거관리위원회법에서 중앙선거관리위원회 및 각급선거관리위원회 위원을 탄핵소추의 대상으로 포함하고 있다. O | X

중앙선거관리위원회 위원은 헌법에 탄핵소추의 대상자로 규정되어 있고, 선거관리위원회법에는 각급선거관리위원회 위원을 탄핵소추의 대상자로 규정하고 있다.

정답 005 X 006 ○ 007 ○ 008 ○ 009 X

010
□□□

각급선거관리위원회의 회의는 당해 위원장이 소집한다. 다만, 위원 3분의 1 이상의 요구가 있을 때에는 위원장은 회의를 소집하여야 하며 위원장이 회의소집을 거부할 때에는 회의소집을 요구한 3분의 1 이상의 위원이 직접 회의를 소집할 수 있다. O | X

> **선거관리위원회법 제11조【회의소집】** ① 각급선거관리위원회의 회의는 당해 위원장이 소집한다. 다만, 위원 3분의 1 이상의 요구가 있을 때에는 위원장은 회의를 소집하여야 하며 위원장이 회의소집을 거부할 때에는 회의소집을 요구한 3분의 1 이상의 위원이 직접 회의를 소집할 수 있다.

011
□□□

국회에서 선출하는 중앙선거관리위원회 위원에 대한 선출안의 심사는 국회 인사청문특별위원회에서, 대통령이 임명하는 중앙선거관리위원회 위원 후보자에 대한 인사청문은 소관 상임위원회에서 한다. O | X

> **국회법 제46조의3【인사청문특별위원회】** ① 국회는 다음 각 호의 임명동의안 또는 의장이 각 교섭단체 대표의원과 협의하여 제출한 선출안 등을 심사하기 위하여 인사청문특별위원회를 둔다.
> 2. 헌법에 따라 국회에서 선출하는 헌법재판소 재판관 및 중앙선거관리위원회 위원에 대한 선출안
>
> **제65조의2【인사청문회】** ② 상임위원회는 다른 법률에 따라 다음 각 호의 어느 하나에 해당하는 공직후보자에 대한 인사청문 요청이 있는 경우 인사청문을 실시하기 위하여 각각 인사청문회를 연다.
> 1. 대통령이 임명하는 헌법재판소 재판관, 중앙선거관리위원회 위원, 국무위원, 방송통신위원회 위원장, 국가정보원장, 공정거래위원회 위원장, 금융위원회 위원장, 국가인권위원회 위원장, 고위공직자범죄수사처장, 국세청장, 검찰총장, 경찰청장, 합동참모의장, 한국은행 총재, 특별감찰관 또는 한국방송공사 사장의 후보자

012
□□□

중앙선거관리위원회는 주민투표·주민소환관계법률의 제정·개정 등이 필요하다고 인정하는 경우에는 국회에 그 의견을 구두 또는 서면으로 제출할 수 있다. O | X

구두로는 제출할 수 없다.

> **선거관리위원회법 제17조【법령에 관한 의견표시등】** ② 중앙선거관리위원회는 다음 각 호의 어느 하나에 해당하는 법률의 제정·개정 등이 필요하다고 인정하는 경우에는 국회에 그 의견을 서면으로 제출할 수 있다.
> 1. 선거·국민투표·정당관계법률
> 2. 주민투표·주민소환관계법률. 이 경우 선거관리위원회의 관리 범위에 한정한다.

정답 010 ○ 011 ○ 012 X

제7장 법원

24. 지방직, 21. 5급 공채

001
□□□

명령·규칙 또는 처분이 헌법이나 법률에 위반되는 여부가 재판의 전제가 된 경우에는 대법원은 이를 최종적으로 심사할 권한을 가진다.　O | X

> 헌법 제107조 ② 명령·규칙 또는 처분이 헌법이나 법률에 위반되는 여부가 재판의 전제가 된 경우에는 대법원은 이를 최종적으로 심사할 권한을 가진다.

21. 국가직

002
□□□

재판의 심리와 판결은 공개한다. 다만, 국가의 안전보장 또는 안녕질서를 방해하거나 선량한 풍속을 해할 염려가 있을 때에는 법원의 결정으로 심리와 판결을 공개하지 아니할 수 있다.　O | X

심리는 법원의 결정으로 공개하지 아니할 수 있으나, 판결은 공개하여야 한다.

> 헌법 제109조 재판의 심리와 판결은 공개한다. 다만, 심리는 국가의 안전보장 또는 안녕질서를 방해하거나 선량한 풍속을 해할 염려가 있을 때에는 법원의 결정으로 공개하지 아니할 수 있다.

21. 소방간부

003
□□□

법원조직법상 법관으로서 퇴직 후 2년 6개월이 된 사람은 대통령비서실의 직위에 임용될 자격이 없다.　O | X

2년이 지나지 아니한 사람은 대통령비서실의 직위에 임용될 수 없다.

> 법원조직법 제50조의2 【법관의 파견 금지 등】 ② 법관으로서 퇴직 후 2년이 지나지 아니한 사람은 대통령비서실의 직위에 임용될 수 없다.

21. 5급 공채

004
□□□

형사재판에 있어서 사법권독립은 심판기관인 법원과 소추기관인 검찰청의 분리를 요구함과 동시에 법관이 실제 재판에 있어서 소송당사자인 검사와 피고인으로부터 부당한 간섭을 받지 않은 채 독립하여야 할 것을 요구한다.　O | X

헌법 제101조, 제103조, 제106조는 사법권독립을 보장하고 있는바, 형사재판에 있어서 사법권독립은 심판기관인 법원과 소추기관인 검찰청의 분리를 요구함과 동시에 법관이 실제 재판에 있어서 소송당사자인 검사와 피고인으로부터 부당한 간섭을 받지 않은 채 독립하여야 할 것을 요구한다(헌재 1995.11.30. 92헌마44).

정답　001 ○　002 X　003 X　004 ○

005

□□□

대법원장은 다른 국가기관으로부터 법관의 파견근무 요청을 받은 경우에 업무의 성질상 법관을 파견하는 것이 타당하다고 인정되면 해당 법관이 파견근무에 동의하지 않는 경우에도 이를 허가할 수 있다.

O | X

해당 법관이 파견근무에 동의하는 경우에 이를 허가할 수 있다.

> **법원조직법 제50조 【파견근무】** 대법원장은 다른 국가기관으로부터 법관의 파견근무 요청을 받은 경우에 업무의 성질상 법관을 파견하는 것이 타당하다고 인정되고 해당 법관이 파견근무에 동의하는 경우에는 그 기간을 정하여 이를 허가할 수 있다.

006

□□□

헌법은 사법권의 독립을 보장하기 위하여 대법원장의 중임 제한, 대법관의 수, 대법관의 정년 및 법관의 임기를 직접 규정하고 있다.

O | X

대법관의 수, 대법관의 정년은 헌법이 아니라 '법원조직법'에서 규정하고 있다.

007

□□□

대법원은 법률에서 저촉되지 아니하는 범위 안에서 소송에 관한 절차, 법원의 내부규율과 사무처리에 관한 규칙을 제정할 수 있다.

O | X

> **헌법 제108조** 대법원은 법률에 저촉되지 아니하는 범위 안에서 소송에 관한 절차, 법원의 내부규율과 사무처리에 관한 규칙을 제정할 수 있다.

008

□□□

법관이 중대한 신체상 또는 정신상의 장해로 직무를 수행할 수 없을 때에는, 대법관인 경우에는 대법원장의 제청으로 대통령이 퇴직을 명할 수 있고, 판사인 경우에는 인사위원회의 심의를 거쳐 대법원장이 퇴직을 명할 수 있다.

O | X

> **법원조직법 제47조 【심신상의 장해로 인한 퇴직】** 법관이 중대한 신체상 또는 정신상의 장해로 직무를 수행할 수 없을 때에는, 대법관인 경우에는 대법원장의 제청으로 대통령이 퇴직을 명할 수 있고, 판사인 경우에는 인사위원회의 심의를 거쳐 대법원장이 퇴직을 명할 수 있다.

정답 005 X 006 X 007 ○ 008 ○

009
☐☐☐

대법원은 대법원장 1명과 대법관 14명으로 구성한다.　　　　　　　　　　　　　　　　O | X

> **법원조직법 제4조【대법관】** ② 대법관의 수는 대법원장을 포함하여 14명으로 한다.

010
☐☐☐

군사법원의 상고심은 대법원에서 관할한다.　　　　　　　　　　　　　　　　　　　　O | X

> **헌법 제110조** ② 군사법원의 상고심은 대법원에서 관할한다.

011
☐☐☐

대법관 3명 이상으로 구성된 부(部)에서는 그 의견이 일치하더라도 명령 또는 규칙이 헌법 또는 법률에 위반된다고 인정하는 사건을 심리하여 재판할 수 없다.　　　　　　　　　　　　　O | X

> **법원조직법 제7조【심판권의 행사】** ① 대법원의 심판권은 대법관 전원의 3분의 2 이상의 합의체에서 행사하며, 대법원장이 재판장이 된다. 다만, 대법관 3명 이상으로 구성된 부(部)에서 먼저 사건을 심리(審理)하여 의견이 일치한 경우에 한정하여 다음 각 호의 경우를 제외하고 그 부에서 재판할 수 있다.
> 1. 명령 또는 규칙이 헌법에 위반된다고 인정하는 경우
> 2. 명령 또는 규칙이 법률에 위반된다고 인정하는 경우

012
☐☐☐

법원의 예산은 법원행정처가 아닌 정부가 편성하여 국회에 제출한다.　　　　　　　　　O | X

법원과 같은 독립기관의 예산도 정부가 편성하여 국회에 제출한다.

013
☐☐☐

대법관 과반수 이상으로 구성한 대법관 전원합의체의 결정은 3분의 2 이상의 찬성으로 결정한다.
　　　　　　　　　　　　　　　　　　　　　　　　　　　　　　　　　　　　　O | X

합의체는 대법관 전원의 3분의 2 이상으로 구성되며, 헌법 및 법률에 다른 규정이 없으면 과반수로 결정한다.

014

□□□

대법원장은 필요하다고 인정하는 경우에 특정한 부로 하여금 행정·조세·노동·군사·특허 등의 사건을 전담하여 심판하게 할 수 있다. O | X

> **법원조직법 제7조【심판권의 행사】** ② 대법원장은 필요하다고 인정하는 경우에 특정한 부로 하여금 행정·조세·노동·군사·특허 등의 사건을 전담하여 심판하게 할 수 있다.

015

□□□

임기가 끝난 판사는 인사위원회의 심의를 거치고 대법관회의의 동의를 받아 대법원장의 연임발령으로 연임한다. O | X

> **법원조직법 제45조의2【판사의 연임】** ① 임기가 끝난 판사는 인사위원회의 심의를 거치고 대법관회의의 동의를 받아 대법원장의 연임발령으로 연임한다.

016

□□□

헌법 제110조 제1항에 따라 특별법원으로서 군사법원을 둘 수 있지만, 법률로 군사법원을 설치함에 있어서 군사재판의 특수성을 고려하여 그 조직·권한 및 재판관의 자격을 일반법원과 달리 정하는 것은 헌법상 허용되지 않는다. O | X

헌법 제110조 제1항에서 "특별법원으로서 군사법원을 둘 수 있다."는 의미는 군사법원을 일반법원과 조직 권한 및 재판관의 자격을 달리하여 특별법원으로 설치할 수 있다는 뜻으로 해석되므로 법률로 군사법원을 설치함에 있어서 군사재판의 특수성을 고려하여 그 조직·권한 및 재판관의 자격을 일반법원과 달리 정하는 것은 헌법상 허용되고 있다(헌재 1996.10.31. 93헌바25).

017

□□□

비상계엄이 선포된 때에는 법률이 정하는 바에 의하여 법원의 권한에 관하여 특별한 조치를 할 수 있으며, 비상계엄하의 군사재판은 군인·군무원의 범죄에 한하여 단심으로 할 수 있다. O | X

비상계엄하의 군사재판은 군인·군무원의 범죄뿐만 아니라 일반국민의 경우라도 군사에 관한 간첩죄의 경우와 초병·초소·유독음식물공급·포로에 관한 죄중 법률이 정한 경우에 한하여 단심으로 할 수 있다.

018

□□□

근무성적이 현저히 불량하여 판사로서 정상적인 직무를 수행할 수 없는 경우 연임발령을 하지 않도록 규정한 법원조직법 조항은 사법의 독립을 침해하지 않는다. O | X

이 사건 연임결격조항은 근무성적이 현저히 불량하여 판사로서 정상적인 직무를 수행할 수 없는 판사를 연임 대상에서 제외하도록 하고 있는바, 이는 직무를 제대로 수행하지 못하는 판사를 그 직에서 배제하여 사법부 조직의 효율성을 유지하기 위한 것으로 그 정당성이 인정된다. … 결국 이 사건 연임결격조항의 취지, 연임사유로 고려되는 근무성적평정의 대상기간, 평정사항의 제한, 연임심사 과정에서의 절차적 보장 등을 종합적으로 고려하면, 이 사건 연임결격조항이 근무성적이 현저히 불량하여 판사로서의 정상적인 직무를 수행할 수 없는 판사를 연임할 수 없도록 규정하였다는 점만으로 사법의 독립을 침해한다고 볼 수 없다(헌재 2016.9.29. 2015헌바331).

019

□□□

종전에 대법원에서 판시한 헌법·법률·명령 또는 규칙의 해석 적용에 관한 의견을 변경할 필요가 있음을 인정하는 경우, 대법관 3인 이상으로 구성된 부에서 먼저 사건을 심리하여 의견이 일치한 때에는 그 부에서 재판할 수 있다. O | X

종전에 대법원에서 판시한 헌법·법률·명령 또는 규칙의 해석 적용에 관한 의견을 변경할 필요가 있음을 인정하는 경우, 부에서 재판할 수 없고 대법관 전원의 3분의 2 이상의 합의체에서 재판하여야 한다.

020

□□□

사법의 민주적 정당성과 신뢰를 높이기 위해 국민참여재판 제도를 도입한 취지와 국민참여재판을 받을 권리를 명시하고 있는 국민의 형사재판 참여에 관한 법률의 내용에 비추어 볼 때, 국민참여재판을 받을 권리는 헌법상 기본권으로서 보호된다. O | X

헌법과 법률이 정한 법관에 의한 재판을 받을 권리는 직업법관에 의한 재판을 주된 내용으로 하는 것이므로, 국민참여재판을 받을 권리가 헌법 제27조 제1항에서 규정한 재판을 받을 권리의 보호범위에 속한다고 볼 수 없다(헌재 2015.7.30. 2014헌바447).

021

□□□

법관의 인사에 관한 중요 사항을 심의하기 위하여 대법원에 법관인사위원회를 두며, 법관인사위원회의 위원장은 위원 중에서 대법원장이 임명하거나 위촉한다. O | X

> **법원조직법 제25조의2【법관인사위원회】** ① 법관의 인사에 관한 중요 사항을 심의하기 위하여 대법원에 법관인사위원회(이하 "인사위원회"라 한다)를 둔다.
> ④ 위원은 다음 각 호에 해당하는 사람을 대법원장이 임명하거나 위촉한다.
> ⑤ 위원장은 위원 중에서 대법원장이 임명하거나 위촉한다.

정답 018 ○ 019 X 020 X 021 ○

022

☐☐☐

대법원에 두는 양형위원회는 위원장 1명을 포함한 14명의 위원으로 구성하되, 위원장이 아닌 위원 중 1명은 상임위원으로 한다. ○ | X

14명이 아닌 13명이다.

> **법원조직법 제81조의3【위원회의 구성】** ① 위원회는 위원장 1명을 포함한 13명의 위원으로 구성하되, 위원장이 아닌 위원 중 1명은 상임위원으로 한다.

023

☐☐☐

대법원장과 대법관이 아닌 법관의 임기는 10년으로 하며, 법률이 정하는 바에 의하여 연임할 수 있다. ○ | X

> **헌법 제105조** ③ 대법원장과 대법관이 아닌 법관의 임기는 10년으로 하며, 법률이 정하는 바에 의하여 연임할 수 있다.

024

☐☐☐

대법관회의는 대법관 전원의 과반수 출석과 출석인원 3분의 2 이상의 찬성으로 의결하며, 의장은 의결에서 표결권을 가지고, 가부동수일 때에는 결정권을 가진다. ○ | X

대법관 전원의 3분의 2 이상의 출석과 출석인원 과반수의 찬성으로 의결한다.

> **법원조직법 제16조【대법관회의의 구성과 의결방법】** ② 대법관회의는 대법관 전원의 3분의 2 이상의 출석과 출석인원 과반수의 찬성으로 의결한다.
> ③ 의장은 의결에서 표결권을 가지며, 가부동수(可否同數)일 때에는 결정권을 가진다.

025

☐☐☐

대법원에 대법원장을 포함한 14명의 대법관을 두며, 법률이 정하는 바에 의하여 대법관이 아닌 법관을 둘 수 있다. ○ | X

> **헌법 제102조** ② 대법원에 대법관을 둔다. 다만, 법률이 정하는 바에 의하여 대법관이 아닌 법관을 둘 수 있다.
> **법원조직법 제4조【대법관】** ② 대법관의 수는 대법원장을 포함하여 14명으로 한다.

026

☐☐☐

재판의 심리와 판결은 국가의 안전보장 또는 안녕질서를 방해하거나 선량한 풍속을 해할 염려가 있을 때에는 법원의 결정으로 공개하지 아니할 수 있다.　　　　　　　　　　O | X

심리는 일정한 경우에 공개하지 아니할 수 있으나 판결은 공개한다.

> 헌법 제109조 재판의 심리와 판결은 공개한다. 다만, 심리는 국가의 안전보장 또는 안녕질서를 방해하거나
> 선량한 풍속을 해할 염려가 있을 때에는 법원의 결정으로 공개하지 아니할 수 있다.

027

☐☐☐

법원이 양형기준을 벗어난 판결을 하는 경우에는 판결서에 양형의 이유를 적어야 하며, 약식절차 또는 즉결심판절차에 따라 심판하는 경우에도 그러하다.　　　　　　　　　　O | X

약식절차 또는 즉결심판절차에 따라 심판하는 경우에는 양형의 이유를 적지 않아도 된다.

> 법원조직법 제81조의7【양형기준의 효력 등】② 법원이 양형기준을 벗어난 판결을 하는 경우에는 판결서에
> 양형의 이유를 적어야 한다. 다만, 약식절차 또는 즉결심판절차에 따라 심판하는 경우에는 그러하지 아니하다.

028

☐☐☐

헌법과 법률이 정하는 법관에 의하여 법률에 의한 재판을 받을 권리는 모든 사건에 대하여 대법원을 구성하는 법관에 의한 균등한 재판을 받을 권리 또는 상고심 재판을 받을 권리를 의미하는 것이다.　O | X

헌법이 대법원을 최고법원으로 규정하고 있다고 하여 대법원이 곧바로 모든 사건을 상고심으로서 관할하여야 한다는 결론이 당연히 도출되는 것은 아니며, 헌법 제27조 제1항이 보장하는 재판청구권으로서 '헌법과 법률이 정하는 법관에 의하여 법률에 의한 재판을 받을 권리'가 사건의 경중을 가리지 아니하고 모든 사건에 대하여 대법원을 구성하는 법관에 의한 균등한 재판을 받을 권리를 의미한다거나 또는 상고심재판을 받을 권리를 의미하는 것이라고 할 수는 없다(헌재 2005.9.29. 2005헌마567).

029

☐☐☐

과거 3년 이내의 당원 경력을 법관임용 결격사유로 정한 법원조직법 해당 조항 중 '당원의 신분을 상실한 날부터 3년이 경과되지 아니한 사람'에 관한 부분과 같이 과거 3년 이내의 모든 당원 경력을 법관 임용 결격사유로 정하는 것은 과잉금지원칙에 반하여 공무담임권을 침해한다.　　　　　　O | X

가사 과거에 당원 신분을 취득한 경력을 규제할 필요성이 있더라도, 적극적으로 정치적 활동을 하였던 경우에 한하여 법관 임용을 제한할 수 있고, 이에 법원조직법은 관련 규정을 별도로 두고 있다. 그럼에도 불구하고, 심판대상조항과 같이 과거 3년 이내의 모든 당원 경력을 법관 임용 결격사유로 정하는 것은, 입법목적 달성을 위해 합리적인 범위를 넘어 정치적 중립성과 재판독립에 긴밀한 연관성이 없는 경우까지 과도하게 공직취임의 기회를 제한한다. 따라서 심판대상조항은 과잉금지원칙에 반하여 청구인의 공무담임권을 침해한다(헌재 2024.7.18. 2021헌마460).

정답 026 X　027 X　028 X　029 ○

030
☐☐☐

대법원은 명령 또는 규칙이 헌법이나 법률에 위반된다고 인정하는 경우, 대법관 전원의 3분의 2 이상의 합의체에서 재판하여야 한다. ○ | X

> **법원조직법 제7조【심판권의 행사】** ① 대법원의 심판권은 대법관 전원의 3분의 2 이상의 합의체에서 행사하며, 대법원장이 재판장이 된다. 다만, 대법관 3명 이상으로 구성된 부(部)에서 먼저 사건을 심리(審理)하여 의견이 일치한 경우에 한정하여 다음 각 호의 경우를 제외하고 그 부에서 재판할 수 있다.
> 1. 명령 또는 규칙이 헌법에 위반된다고 인정하는 경우
> 2. 명령 또는 규칙이 법률에 위반된다고 인정하는 경우
> 3. 종전에 대법원에서 판시(判示)한 헌법·법률·명령 또는 규칙의 해석 적용에 관한 의견을 변경할 필요가 있다고 인정하는 경우
> 4. 부에서 재판하는 것이 적당하지 아니하다고 인정하는 경우

031
☐☐☐

행정소송에 대한 대법원판결에 의하여 명령·규칙이 헌법 또는 법률에 위반된다는 것이 확정된 경우에는 대법원은 지체없이 그 사유를 행정안전부장관에게 통보하여야 한다. ○ | X

> **행정소송법 제6조【명령·규칙의 위헌판결등 공고】** ① 행정소송에 대한 대법원판결에 의하여 명령·규칙이 헌법 또는 법률에 위반된다는 것이 확정된 경우에는 대법원은 지체없이 그 사유를 행정안전부장관에게 통보하여야 한다.

032
☐☐☐

사법권의 독립은 재판상의 독립, 즉 법관이 재판을 함에 있어서 오직 헌법과 법률에 의하여 그 양심에 따라 할 뿐, 어떠한 외부적인 압력이나 간섭도 받지 않는다는 것으로, 재판의 독립을 위해 법관의 신분보장도 차질 없이 이루어져야 함을 의미하지 않는다. ○ | X

사법권의 독립은 권력분립을 그 중추적 내용의 하나로 하는 자유민주주의 체제의 특징적 지표이고 법치주의의 요소를 이룬다. 사법권의 독립은 재판상의 독립, 즉 법관이 재판을 함에 있어서 오직 헌법과 법률에 의하여 그 양심에 따라 할 뿐, 어떠한 외부적인 압력이나 간섭도 받지 않는다는 것뿐만 아니라, 재판의 독립을 위해 법관의 신분보장도 차질 없이 이루어져야 함을 의미한다(헌재 2016.9.29. 2015헌바331).

033
☐☐☐

대법원장의 임기는 6년으로 하며, 중임할 수 없다. ○ | X

> **헌법 제105조** ① 대법원장의 임기는 6년으로 하며, 중임할 수 없다.

제3편

해커스공무원 신동욱 헌법 핵심 기출 OX

034
☐☐☐

법관이 법관징계위원회의 징계처분에 대하여 불복하려는 경우에는 징계등 처분이 있음을 안 날부터 14일 이내에 전심 절차를 거치지 아니하고 대법원에 징계등 처분의 취소를 청구하여야 한다.　　O | X

> **법관징계법 제27조【불복절차】** ① 피청구인이 징계등 처분에 대하여 불복하려는 경우에는 징계등 처분이 있음을 안 날부터 14일 이내에 전심(前審) 절차를 거치지 아니하고 대법원에 징계등 처분의 취소를 청구하여야 한다.

035
☐☐☐

법관은 탄핵 또는 금고 이상의 형의 선고, 징계처분에 의하지 아니하고는 파면되지 아니한다.　　O | X

> **헌법 제106조** ① 법관은 탄핵 또는 금고 이상의 형의 선고에 의하지 아니하고는 파면되지 아니하며, 징계처분에 의하지 아니하고는 정직·감봉 기타 불리한 처분을 받지 아니한다.

036
☐☐☐

대법원장이 궐위되거나 부득이한 사유로 직무를 수행할 수 없을 때에는 선임대법관이 그 권한을 대행한다.　　O | X

> **법원조직법 제13조【대법원장】** ③ 대법원장이 궐위되거나 부득이한 사유로 직무를 수행할 수 없을 때에는 선임대법관이 그 권한을 대행한다.

037
☐☐☐

대법관회의는 대법관 전원의 3분의 2 이상의 출석과 출석인원 과반수의 찬성으로 의결하고, 의장은 의결에서 표결권을 가지며 가부동수일 때에는 결정권을 가진다.　　O | X

> **법원조직법 제16조【대법관회의의 구성과 의결방법】** ② 대법관회의는 대법관 전원의 3분의 2 이상의 출석과 출석인원 과반수의 찬성으로 의결한다.
> ③ 의장은 의결에서 표결권을 가지며, 가부동수(可否同數)일 때에는 결정권을 가진다.

정답 034 ○　035 X　036 ○　037 ○

038
☐☐☐

법관이 중대한 신체상 또는 정신상의 장해로 직무를 수행할 수 없을 때에는, 대법관인 경우에는 대법원장의 제청으로 대통령이 퇴직을 명할 수 있고, 판사인 경우에는 인사위원회의 심의를 거쳐 대법원장이 퇴직을 명할 수 있다. O | X

> **법원조직법 제47조【심신상의 장해로 인한 퇴직】** 법관이 중대한 신체상 또는 정신상의 장해로 직무를 수행할 수 없을 때에는, 대법관인 경우에는 대법원장의 제청으로 대통령이 퇴직을 명할 수 있고, 판사인 경우에는 인사위원회의 심의를 거쳐 대법원장이 퇴직을 명할 수 있다.

039
☐☐☐

사법권의 독립은 법관이 재판을 함에 있어서 어떠한 외부적인 압력이나 간섭도 받지 않는다는 것뿐만 아니라 재판의 독립을 위해 법관의 신분보장도 차질 없이 이루어져야 함을 의미한다. O | X

사법권의 독립은 권력분립을 그 중추적 내용의 하나로 하는 자유민주주의 체제의 특징적 지표이고 법치주의의 요소를 이룬다. 사법권의 독립은 재판상의 독립, 즉 법관이 재판을 함에 있어서 오직 헌법과 법률에 의하여 그 양심에 따라 할 뿐, 어떠한 외부적인 압력이나 간섭도 받지 않는다는 것뿐만 아니라, 재판의 독립을 위해 법관의 신분보장도 차질 없이 이루어져야 함을 의미한다(헌재 2016.9.29. 2015헌바331).

040
☐☐☐

헌법이 사법의 독립을 보장하는 것은 그것이 법치주의와 민주주의의 실현을 위한 전제가 되기 때문이지, 그 자체가 궁극적인 목적이 되는 것은 아니다. O | X

헌법은 법관의 독립을 보장하기 위하여 법관의 신분보장에 관한 사항을 규정하고 있는바, 사법의 독립을 실질적으로 보장하는 것은 헌법 제27조에 의하여 보장되고 있는 국민의 재판청구권이 올바로 행사될 수 있도록 하기 위한 측면에서도 그 의의가 있다. 그런데 헌법이 사법의 독립을 보장하는 것은 그것이 법치주의와 민주주의의 실현을 위한 전제가 되기 때문이지, 그 자체가 궁극적인 목적이 되는 것은 아니다(헌재 2016.9.29. 2015헌바331).

041
☐☐☐

직무를 제대로 수행하지 못하는 판사를 그 직에서 배제하여 사법부 조직의 효율성을 유지하고자 하는 연임결격조항은 사법의 독립을 침해한다. O | X

이 사건 연임결격조항은 근무성적이 현저히 불량하여 판사로서 정상적인 직무를 수행할 수 없는 판사를 연임대상에서 제외하도록 하고 있는바, 이는 직무를 제대로 수행하지 못하는 판사를 그 직에서 배제하여 사법부 조직의 효율성을 유지하기 위한 것으로 그 정당성이 인정된다. … 이 사건 연임결격조항이 근무성적이 현저히 불량하여 판사로서의 정상적인 직무를 수행할 수 없는 판사를 연임할 수 없도록 규정하였다는 점만으로 사법의 독립을 침해한다고 볼 수 없다(헌재 2016.9.29. 2015헌바331).

정답 038 ○ 039 ○ 040 ○ 041 X

042
☐☐☐

법원의 재판도 비판 그 자체로부터 자유로울 수는 없으며 법관에게는 군중의 여론에 귀를 기울이면서도 헌법과 법률, 그리고 법관으로서의 양심에만 기초하여 공정한 재판을 할 수 있도록 전문성 및 독립성을 갖추어야 할 책무가 있다.　　　　　　　　　　　　　　　　　　　　　　　　　　O | X

다원주의 사회에서는 다양한 가치관과 이해관계의 존재로 인하여 의견의 대립이 불가피한바, 자유로운 의견 표명은 상호 검증 및 의사소통을 가능하게 함으로써 사회발전과 통합의 토대가 된다. 그러므로 법원의 재판도 비판 그 자체로부터 자유로울 수는 없으며, 법관에게는 군중의 여론에 귀를 기울이면서도 헌법과 법률, 그리고 법관으로서의 양심에만 기초하여 공정한 재판을 할 수 있도록 전문성 및 독립성을 갖추어야 할 책무가 있다 (헌재 2016.9.29. 2014헌가3).

043
☐☐☐

정부는 사법의 독립성과 자율성을 위해 법원의 헌법상 예산편성권을 최대한 존중하여야 한다.　　O | X

> **헌법 제54조** ② 정부는 회계연도마다 예산안을 편성하여 회계연도 개시 90일 전까지 국회에 제출하고, 국회는 회계연도 개시 30일 전까지 이를 의결하여야 한다.
> **법원조직법 제82조【법원의 경비】** ② 법원의 예산을 편성할 때에는 사법부의 독립성과 자율성을 존중하여야 한다.

044
☐☐☐

법관에 의한 재판을 받을 권리를 보장한다고 함은 법관이 사실을 확정하고 법률을 해석·적용하는 재판을 받을 권리를 보장한다는 뜻이고, 만일 그러한 보장이 제대로 이루어지지 아니한다면 헌법상 보장된 재판을 받을 권리의 본질적 내용을 침해하는 것이다.　　　　　　　　　　　　　　　　　　　O | X

재판이라 함은 구체적 사건에 관하여 사실의 확정과 그에 대한 법률의 해석적용을 그 본질적인 내용으로 하는 일련의 과정이다. 따라서 법관에 의한 재판을 받을 권리를 보장한다고 함은 결국 법관이 사실을 확정하고 법률을 해석·적용하는 재판을 받을 권리를 보장한다는 뜻이고, 그와 같은 법관에 의한 사실확정과 법률의 해석적용의 기회에 접근하기 어렵도록 제약이나 장벽을 쌓아서는 아니 된다고 할 것이며, 만일 그러한 보장이 제대로 이루어지지 아니한다면 헌법상 보장된 재판을 받을 권리의 본질적 내용을 침해하는 것으로서 우리 헌법상 허용되지 아니한다(헌재 1995.9.28. 92헌가11 등).

045
☐☐☐

재판의 심리와 판결은 공개하는 것이 원칙이나, 국가의 안전보장 또는 안녕질서를 방해하거나 선량한 풍속을 해할 염려가 있을 때에는 법원의 결정으로 공개하지 아니할 수 있다.　　　　　　　　O | X

> **헌법 제109조** 재판의 심리와 판결은 공개한다. 다만, 심리는 국가의 안전보장 또는 안녕질서를 방해하거나 선량한 풍속을 해할 염려가 있을 때에는 법원의 결정으로 공개하지 아니할 수 있다.

정답　042 ○　043 X　044 ○　045 X

046
□□□

헌법은 "대법원은 법률에 저촉되지 아니하는 범위 안에서 소송에 관한 절차, 법원의 내부규율과 사무처리에 관한 규칙을 제정할 수 있다."라고 규정하고 있는바, 이는 위 조항에서 열거하고 있는 사항에 대해서는 대법원이 법률에 저촉되지 않는 한 규칙으로 정할 수 있다는 의미이며, 이 경우에도 법률에 의한 명시적인 수권은 필요하다.　　　　　O | X

대법원은 법률에 저촉되지 아니하는 범위 안에서 소송에 관한 절차, 법원의 내부규율과 사무처리에 관한 규칙을 제정할 수 있으므로(헌법 제108조), 대법원규칙은 법률에 저촉되지 않는 한 법률에 의한 명시적인 수권이 없어도 소송절차에 관한 행위나 권리를 제한하는 규정을 둘 수 있다(헌재 1995.12.28. 91헌마114).

047
□□□

양형위원회의 양형기준은 법적 구속력을 갖지 않음에도 불구하고 법원이 양형기준을 벗어난 판결을 하는 경우에는 판결서에 양형의 이유를 적어야 하는데, 약식절차 또는 즉결심판절차에 따라 심판하는 경우에도 마찬가지이다.　　　　　O | X

법원조직법 제81조의7【양형기준의 효력 등】① 법관은 형의 종류를 선택하고 형량을 정할 때 양형기준을 존중하여야 한다. 다만, 양형기준은 법적 구속력을 갖지 아니한다.
② 법원이 양형기준을 벗어난 판결을 하는 경우에는 판결서에 양형의 이유를 적어야 한다. 다만, 약식절차 또는 즉결심판절차에 따라 심판하는 경우에는 그러하지 아니하다.

048
□□□

헌법이 대법원을 최고법원으로 규정하고 있기 때문에 '헌법과 법률이 정하는 법관에 의하여 법률에 의한 재판을 받을 권리'는 모든 사건에 대하여 상고심재판을 받을 권리를 의미한다고 할 수 있다.　　O | X

헌법이 대법원을 최고법원으로 규정하였다고 하여 대법원이 곧바로 모든 사건을 상고심으로서 관할하여야 한다는 결론이 당연히 도출되는 것은 아니며, 헌법과 법률이 정한 법관에 의하여 법률에 의한 재판을 받을 권리가 사건의 경중을 가리지 아니하고 모든 사건에 대하여 대법원을 구성하는 법관에 의한 균등한 재판을 받을 권리를 의미한다거나 또는 상고심재판을 받을 권리를 의미하는 것이라고 할 수는 없다(헌재 2002.6.27. 2002헌마18).

제4편

헌법재판론

21. 법원직

001

☐☐☐

헌법재판소 재판관의 임기는 6년으로 하고, 연임할 수 없다.   O | X

헌법재판소 재판관은 법률이 정하는 바에 의하여 연임할 수 있다.

📖 개념정리 대법관과 헌법재판소 재판관

구분	대법관	헌법재판소 재판관
자격	45세 이상, 20년 이상 법조경력	40세 이상, 15년 이상 법조경력
임기	6년	6년
임명방식	대법원장 제청으로 대통령이 임명	3인은 국회선출, 3인은 대법원장 지명, 3인은 대통령, 모두 대통령이 임명
연임여부	연임가능	연임가능
재판관 수	대법원장을 포함하여 14인(법원조직법)	9인(헌법)
국회동의요부	O	X
정년	70세	70세
인사청문기관	인사청문특별위원회	• 국회선출 3인: 인사청문특별위원회 • 대통령임명·대법원장지명 각 3인: 소관 상임위원회
탄핵대상 해당 여부	O	O

20. 입시

002

☐☐☐

헌법재판소 재판관은 직무에 흠결이 있으면 징계에 의해 파면될 수 있다.   O | X

헌법재판소 재판관은 <u>탄핵 또는 금고 이상의 형의 선고에 의하지 아니하고는</u> 파면되지 아니하므로, 직무에 흠결이 있더라도 징계에 의해 파면될 수 없다.

21. 법원직

003

☐☐☐

헌법재판소 재판관은 정당에 가입하거나 정치에 관여할 수 없다.   O | X

헌법 제112조 ② 헌법재판소 재판관은 정당에 가입하거나 정치에 관여할 수 없다.

정답 001 X   002 X   003 O

004

☐☐☐

헌법재판소 재판관 중 국회에서 선출되는 3인은 정당에 가입을 할 수 있다. O | X

헌법재판관의 임명절차와 상관없이 모든 헌법재판관은 정당에 가입할 수 없다.

005

☐☐☐

헌법재판소장은 지정재판부를 두어 위헌법률심판의 사전심사를 담당하게 할 수 있다. O | X

헌법재판소장은 헌법재판소에 재판관 3명으로 구성되는 지정재판부를 두어 헌법소원심판의 사전심사를 담당하게 할 수 있는 것이고, 위헌법률심판은 사전심사의 대상이 아니다.

006

☐☐☐

재판관에게 공정한 심판을 기대하기 어려운 사정이 있는 경우 당사자는 기피신청을 할 수 있으나, 변론기일에 출석하여 본안에 관한 진술을 한 때에는 그러하지 아니하다. O | X

> **헌법재판소법 제24조【제척·기피 및 회피】** ③ 재판관에게 공정한 심판을 기대하기 어려운 사정이 있는 경우 당사자는 기피(忌避)신청을 할 수 있다. 다만, 변론기일(辯論期日)에 출석하여 본안(本案)에 관한 진술을 한 때에는 그러하지 아니하다.

007

☐☐☐

변호사가 선임되어 있는 경우에는 당사자 본인이 스스로의 주장과 자료를 헌법재판소에 제출하여 재판청구권을 행사하는 것은 허용되지 아니한다. O | X

헌법재판 중 헌법소원의 경우에는 당사자가 변호사를 대리인으로 선임할 자력이 없는 때 또는 공익상 필요한 때에는 국가의 비용으로 변호사를 대리인으로 선임하여 주는 광범위한 국선대리인제도가 마련되어 있다는 점(법 제70조), 변호사가 선임되어 있는 경우에도 당사자 본인이 스스로의 주장과 자료를 헌법재판소에 제출하여 재판청구권을 행사하는 것은 전혀 봉쇄되어 있지 않다는 점, 변호사는 본질적으로 당사자 본인의 재판청구권행사를 도와주는 것이지 이를 막거나 제한하는 것이 아니라는 점 등을 고려하면 더욱 그렇다. 그렇다면 변호사 강제주의를 규정한 법 제25조 제3항은 공공복리를 위하여 필요한 합리적인 규정이므로 헌법에 위반되지 아니한다. 헌법재판소는 이미 위 규정이 위헌이 아니라는 것을 선언한 바 있다(헌재 2004.4.29. 2003헌마783).

008

☐☐☐

헌법재판소는 청구인의 신청에 의하여 종국결정의 선고 시까지 심판 대상이 된 피청구인의 처분의 효력을 정지하는 결정을 할 수 있다. O | X

> **헌법재판소법 제65조【가처분】** 헌법재판소가 권한쟁의심판의 청구를 받았을 때에는 직권 또는 청구인의 신청에 의하여 종국결정의 선고 시까지 심판 대상이 된 피청구인의 처분의 효력을 정지하는 결정을 할 수 있다.

정답 004 X 005 X 006 ○ 007 X 008 ○

009
□□□

지정재판부는 다른 법률에 따른 구제절차가 있는 경우 그 절차를 모두 거치지 아니하거나 또는 법원의 재판에 대하여 헌법소원의 심판이 청구된 경우, 지정재판부 재판관 전원의 일치된 의견에 의한 결정으로 헌법소원의 심판청구를 각하한다.　　　　　　　　　　　　　　　　　　　　　　　　　　　　　O | X

> **헌법재판소법 제72조【사전심사】** ③ 지정재판부는 다음 각 호의 어느 하나에 해당되는 경우에는 지정재판부 재판관 전원의 일치된 의견에 의한 결정으로 헌법소원의 심판청구를 각하한다.
> 1. 다른 법률에 따른 구제절차가 있는 경우 그 절차를 모두 거치지 아니하거나 또는 법원의 재판에 대하여 헌법소원의 심판이 청구된 경우

010
□□□

헌법재판소 재판관 후보자가 헌법재판소장 후보자를 겸하는 경우에는 인사청문특별위원회의 인사청문회를 연다.　　　　　　　　　　　　　　　　　　　　　　　　　　　　　　　　　　　　　　O | X

> **국회법 제65조의2【인사청문회】** ⑤ 헌법재판소 재판관 후보자가 헌법재판소장 후보자를 겸하는 경우에는 제2항 제1호에도 불구하고 제1항에 따른 인사청문특별위원회의 인사청문회를 연다. 이 경우 제2항에 따른 소관 상임위원회의 인사청문회를 겸하는 것으로 본다.

011
□□□

종전에 헌법재판소가 판시한 헌법 · 법률의 해석 적용에 관한 의견을 변경하려면 6인 이상의 재판관이 찬성하여야 한다.　　　　　　　　　　　　　　　　　　　　　　　　　　　　　　　　　　　　　O | X

> **헌법재판소법 제23조【심판정족수】** ② 재판부는 종국심리(終局審理)에 관여한 재판관 과반수의 찬성으로 사건에 관한 결정을 한다. 다만, 다음 각 호의 어느 하나에 해당하는 경우에는 재판관 6명 이상의 찬성이 있어야 한다.
> 1. 법률의 위헌결정, 탄핵의 결정, 정당해산의 결정 또는 헌법소원에 관한 인용결정(認容決定)을 하는 경우
> 2. 종전에 헌법재판소가 판시한 헌법 또는 법률의 해석 적용에 관한 의견을 변경하는 경우

012
□□□

헌법재판소장은 헌법재판소에 재판관 3명으로 구성되는 지정재판부를 두어 위헌법률심판과 헌법소원심판의 사전심사를 담당하게 할 수 있다.　　　　　　　　　　　　　　　　　　　　　　　　　　　　O | X

위헌법률심판은 지정재판부의 사전심사 대상이 아니다. 지정재판부는 헌법소원심판의 사전심사를 담당한다.

정답 009 ○　010 ○　011 ○　012 X

013

위헌법률심판의 경우에는 위헌결정에만, 헌법소원심판의 경우에도 인용결정에만, 권한쟁의심판의 경우에도 인용결정에만 기속력이 인정된다. O | X

권한쟁의심판에서는 인용결정뿐만 아니라 기각결정에도 기속력이 있다.

> **헌법재판소법 제67조【결정의 효력】** ① 헌법재판소의 **권한쟁의심판의 결정**은 모든 국가기관과 지방자치단체를 기속한다.

014

헌법재판소장은 헌법재판소의 조직, 인사, 운영, 심판절차와 그 밖에 헌법재판소의 업무와 관련된 법률의 제정 또는 개정이 필요하다고 인정하는 경우에는 국회에 서면으로 그 의견을 제출할 수 있다. O | X

> **헌법재판소법 제10조의2【입법 의견의 제출】** 헌법재판소장은 헌법재판소의 조직, 인사, 운영, 심판절차와 그 밖에 헌법재판소의 업무와 관련된 법률의 제정 또는 개정이 필요하다고 인정하는 경우에는 국회에 서면으로 그 의견을 제출할 수 있다.

015

헌법재판소는 법률에 저촉되지 아니하는 범위 안에서 심판에 관한 절차, 내부규율과 사무처리에 관한 규칙을 제정할 수 있는 헌법상의 권한을 부여받고 있다. O | X

> **헌법 제113조** ② 헌법재판소는 법률에 저촉되지 아니하는 범위 안에서 심판에 관한 절차, 내부규율과 사무처리에 관한 규칙을 제정할 수 있다.

016

헌법재판소 재판관은 국회의 인사청문을 거쳐 임명·선출 또는 지명하여야 하고, 이 경우 대통령은 재판관(국회에서 선출하거나 대법원장이 지명하는 사람은 제외한다)을 임명하기 전에, 대법원장은 재판관을 지명하기 전에 인사청문을 요청한다. O | X

> **헌법재판소법 제6조【재판관의 임명】** ② 재판관은 국회의 인사청문을 거쳐 임명·선출 또는 지명하여야 한다. 이 경우 대통령은 재판관(국회에서 선출하거나 대법원장이 지명하는 사람은 제외한다)을 임명하기 전에, 대법원장은 재판관을 지명하기 전에 인사청문을 요청한다.

017
☐☐☐

현행 헌법재판제도는 전원재판부의 재판관 결원을 보충할 수 있는 제도를 두고 있지 아니하여, 재판관의 결원은 곧 합헌 또는 기각의견이 확정되는 것과 같은 결과를 야기하게 되므로, 당사자가 1명의 재판관만 기피가 가능하도록 규정하고 있는 것은 청구인의 신청에 의하여 그 자체로 기피신청 당사자에게 불리한 재판결과를 초래하는 것을 최소화하기 위한 부득이한 조치이다.   O I X

현행 헌법재판제도는 전원재판부의 재판관 결원을 보충할 수 있는 제도를 두고 있지 아니하여, 재판관의 결원은 곧 합헌 또는 기각의견이 확정되는 것과 같은 결과를 야기하게 되므로, 당사자가 1명의 재판관만 기피가 가능하도록 규정하고 있는 것은 청구인의 신청에 의하여 그 자체로 기피신청 당사자에게 불리한 재판결과를 초래하는 것을 최소화하기 위한 부득이한 조치이다. … 따라서 심판대상조항은 과잉금지원칙을 위반하여 청구인의 공정한 헌법재판을 받을 권리를 침해하지 아니한다(헌재 2016.11.24. 2015헌마902).

018
☐☐☐

위헌법률의 심판과 헌법소원에 관한 심판은 구두변론에 의하고, 탄핵의 심판, 정당해산의 심판 및 권한쟁의의 심판은 서면심리에 의한다.   O I X

> **헌법재판소법 제30조【심리의 방식】** ① 탄핵의 심판, 정당해산의 심판 및 권한쟁의의 심판은 구두변론에 의한다.
> ② 위헌법률의 심판과 헌법소원에 관한 심판은 서면심리에 의한다. 다만, 재판부는 필요하다고 인정하는 경우에는 변론을 열어 당사자, 이해관계인, 그 밖의 참고인의 진술을 들을 수 있다.

019
☐☐☐

국회가 선출하여 임명된 헌법재판소 재판관 중 공석이 발생한 때에, 국회는 공석이 된 헌법재판소 재판관의 후임자를 상당한 기간 내에 선출할 헌법상 작위의무를 부담한다.   O I X

헌법 제27조가 보장하는 재판청구권에는 공정한 헌법재판을 받을 권리도 포함되고, 헌법 제111조 제2항은 헌법재판소가 9인의 재판관으로 구성된다고 명시하여 다양한 가치관과 헌법관을 가진 9인의 재판관으로 구성된 합의체가 헌법재판을 담당하도록 하고 있으며, 같은 조 제3항은 재판관 중 3인은 국회에서 선출하는 자를 임명한다고 규정하고 있다. 그렇다면 헌법 제27조, 제111조 제2항 및 제3항의 해석상, 피청구인이 선출하여 임명된 재판관 중 공석이 발생한 경우, 국회는 공정한 헌법재판을 받을 권리의 보장을 위하여 공석인 재판관의 후임자를 선출하여야 할 구체적 작위의무를 부담한다고 할 것이다(헌재 2014.4.24. 2012헌마2).

020
☐☐☐

헌법은 헌법재판소 재판관의 임기를 6년으로 정하되, 법률이 정하는 바에 의하여 연임할 수 있도록 하고 있다.   O I X

> **헌법 제112조** ① 헌법재판소 재판관의 임기는 6년으로 하며, 법률이 정하는 바에 의하여 연임할 수 있다.

정답 017 ○   018 X   019 ○   020 ○

021

☐☐☐

당사자는 헌법재판소 재판관에 대해 기피신청을 할 수 있으나, 변론기일에 출석하여 본안에 관한 진술을 한 때에는 기피신청을 할 수 없다.　　　　　　　　　　　　　　　　　　　　　　　　　　　O | X

> **헌법재판소법 제24조【제척·기피 및 회피】** ③ 재판관에게 공정한 심판을 기대하기 어려운 사정이 있는 경우 당사자는 기피(忌避)신청을 할 수 있다. 다만, 변론기일(辯論期日)에 출석하여 본안(本案)에 관한 진술을 한 때에는 그러하지 아니하다.

022

☐☐☐

헌법재판소장이 필요하다고 인정하는 경우 심판의 변론은 심판정 외의 장소에서 할 수 있지만, 종국결정의 선고는 심판정 외의 장소에서 할 수 없다.　　　　　　　　　　　　　　　　　　　　　　O | X

> **헌법재판소법 제33조【심판의 장소】** 심판의 변론과 종국결정의 선고는 심판정에서 한다. 다만, 헌법재판소장이 필요하다고 인정하는 경우에는 심판정 외의 장소에서 변론 또는 종국결정의 선고를 할 수 있다.

023

☐☐☐

권한쟁의심판 및 헌법소원심판은 헌법재판소법에 특별한 규정이 있는 경우를 제외하고는 헌법재판의 성질에 반하지 아니하는 한도에서 민사소송에 관한 법령과 행정소송법을 함께 준용하되, 행정소송법이 민사소송에 관한 법령에 저촉될 때에는 민사소송에 관한 법령은 준용하지 아니한다.　　　　　　　　　　O | X

> **헌법재판소법 제40조【준용규정】** ① 헌법재판소의 심판절차에 관하여는 이 법에 특별한 규정이 있는 경우를 제외하고는 헌법재판의 성질에 반하지 아니하는 한도에서 민사소송에 관한 법령을 준용한다. 이 경우 탄핵심판의 경우에는 형사소송에 관한 법령을 준용하고, 권한쟁의심판 및 헌법소원심판의 경우에는 행정소송법을 함께 준용한다.
> ② 제1항 후단의 경우에 형사소송에 관한 법령 또는 행정소송법이 민사소송에 관한 법령에 저촉될 때에는 민사소송에 관한 법령은 준용하지 아니한다.

024

☐☐☐

가처분은 본안사건의 심판이 헌법재판소에 계속 중일 때 신청할 수 있음이 원칙이지만, 본안소송을 전제로 우선 가처분신청을 한 후에 본안사건의 심판을 청구할 수도 있다.　　　　　　　　　　　　　O | X

가처분은 본안사건의 심판이 헌법재판소에 계속 중일 때 신청할 수 있음이 원칙이지만, 우선 가처분신청을 한 후에 본안사건의 심판을 청구할 수도 있다. 만약 본안사건의 심판이 계속 중일 때에만 가처분을 신청할 수 있다고 한다면 가처분제도의 실효성을 감소시킬 우려가 있기 때문이다.

정답 021 ○　022 X　023 ○　024 ○

025

☐☐☐

권한쟁의심판 계속 중 헌법재판소는 청구인의 신청이 없더라도 직권으로 종국결정의 선고 시까지 심판대상이 된 피청구인의 처분의 효력을 정지하는 결정을 할 수 있다. O | X

> **헌법재판소법 제65조【가처분】** 헌법재판소가 권한쟁의심판의 청구를 받았을 때에는 직권 또는 청구인의 신청에 의하여 종국결정의 선고 시까지 심판 대상이 된 피청구인의 처분의 효력을 정지하는 결정을 할 수 있다.

026

☐☐☐

헌법재판소법은 정당해산심판과 권한쟁의심판에 관해서만 가처분에 관한 규정을 두고 있을 뿐, 다른 헌법재판절차에서도 가처분이 허용되는지에 관하여는 명문의 규정을 두고 있지 않다. O | X

헌법재판소법은 정당해산심판과 권한쟁의심판에 관해서만 가처분에 관한 규정을 두고 있다.

> **헌법재판소법 제57조【가처분】** 헌법재판소는 정당해산심판의 청구를 받은 때에는 직권 또는 청구인의 신청에 의하여 종국결정의 선고 시까지 피청구인의 활동을 정지하는 결정을 할 수 있다.
>
> **제65조【가처분】** 헌법재판소가 권한쟁의심판의 청구를 받았을 때에는 직권 또는 청구인의 신청에 의하여 종국결정의 선고 시까지 심판 대상이 된 피청구인의 처분의 효력을 정지하는 결정을 할 수 있다.

정답 025 ○ 026 ○

제2장 위헌법률심판

20. 국회직 9급

001

보통군사법원은 위헌법률심판을 제청할 수 없다. O | X

☐☐☐

군사법원도 포함한다.

> **헌법재판소법 제41조 【위헌 여부 심판의 제청】** ① 법률이 헌법에 위반되는지 여부가 재판의 전제가 된 경우에는 당해 사건을 담당하는 법원(군사법원을 포함한다. 이하 같다)은 직권 또는 당사자의 신청에 의한 결정으로 헌법재판소에 위헌 여부 심판을 제청한다.

21. 법원직

002

위헌 여부 심판의 제청에 관한 결정에 대하여는 항고할 수 없다. O | X

☐☐☐

> **헌법재판소법 제41조 【위헌 여부 심판의 제청】** ④ 위헌 여부 심판의 제청에 관한 결정에 대하여는 항고할 수 없다.

20. 국회직 8급

003

당내경선에서 공직선거법상 허용되는 경선운동 방법을 위반하여 확성장치인 마이크를 사용해 경선운동을 하였다는 범죄사실로 유죄판결을 받은 당해 사건에 공직선거법상 확성장치사용 조항들에 대한 심판청구는 재판의 전제성이 인정된다. O | X

☐☐☐

확성장치사용 조항들은, 청구인이 당내경선에서 공직선거법상 허용되는 경선운동방법을 위반하여 확성장치인 마이크를 사용해 경선운동을 하였다는 범죄사실로 유죄판결을 받은 당해 사건에 적용되지 아니하였고, 확성장치사용 조항들의 위헌 여부에 따라 당해 사건을 담당한 법원이 다른 내용의 재판을 하게 된다고 볼 수도 없다. 따라서 확성장치사용 조항들의 위헌 여부는 당해 사건 재판의 전제가 되지 아니한다(헌재 2019.4.11. 2016헌바458 등).

정답 001 X 002 O 003 X

004
☐☐☐

조합이 주택재개발사업을 시행하기 위하여 필요한 경우 토지·물건 또는 그 밖의 권리를 취득하거나 사용할 수 있도록 한 구 도시정비법 조항은 수용재결처분의 근거조항으로 그 위헌 여부에 따라 재판의 결론이나 내용과 효력에 관한 법률적 의미가 달라질 가능성이 있으므로 재판의 전제성이 인정된다. O | X

구 도시정비법 제38조 본문 '사업시행자' 부분 중 제8조 제1항에 따라 조합이 주택재개발사업을 시행하는 경우에 관한 부분과 토지보상법 제4조 제8호 중 [별표] 제36호 가운데 도시정비법 제38조에 따라 조합이 주택재개발사업을 시행하는 경우에 관한 부분(이하 총칭하여 '이 사건 수용조항'이라 한다)은 이 사건 토지수용재결처분의 근거조항으로 수용재결처분의 무효확인 내지 취소를 구하는 당해 사건 재판에 적용되고 그 위헌 여부에 따라 재판의 결론이나 내용과 효력에 관한 법률적 의미가 달라질 가능성이 있다. 또한, 당해사건은 2018년 6월 15일에 확정되었으나, 이 경우에도 당해사건에 적용되는 법률이 위헌으로 결정되면 재심청구가 가능하다(헌법재판소법 제75조 제7항). 따라서 위 조항들은 재판의 전제성이 인정되고, 그 밖의 적법요건도 모두 갖추었으며 달리 부적법하다고 볼 사정이 없다(헌재 2019.11.28. 2017헌바241).

005
☐☐☐

유류분반환청구와 기여분결정 심판청구는 별개의 절차로 진행되고 기여분이 결정되어 있다고 하더라도 유류분산정에 있어서 기여분이 공제될 수 없으므로, 기여분결정 심판청구와 관련된 민법 제1008조의2 제4항에 대한 심판청구는 재판의 전제성이 인정되지 아니한다. O | X

유류분반환청구와 기여분결정 심판청구는 별개의 절차로 진행되고 기여분이 결정되어 있다고 하더라도 유류분산정에 있어서 기여분이 공제될 수 없으므로, 기여분결정 심판청구와 관련된 심판대상조항은 당해사건인 유류분반환청구사건의 적법여부의 판단 및 유류분액 산정 등 본안판단에는 적용되지 않는다. … 그러므로 이 사건 심판청구는 당해사건에서 재판의 전제성이 인정되지 않는다(헌재 2018.2.22. 2016헌바86).

006
☐☐☐

확인신청 기간제한조항은 직접생산 확인을 취소하는 처분을 받은 중소기업자에 대하여 일정기간 그 중소기업자가 생산하는 모든 제품에 대하여 직접생산 여부의 확인을 신청하지 못하도록 법률상 제한을 가하는 규정일 뿐이므로 해당 조항에 대한 부분은 재판의 전제성이 인정되지 아니한다. O | X

확인신청 기간제한조항은 직접생산 확인을 취소하는 처분의 근거법률이 아니라 직접생산 확인을 취소하는 처분을 받은 중소기업자에 대하여 직접생산 확인이 취소된 날부터 6개월간 그 중소기업자가 생산하는 모든 제품에 대하여 직접생산 여부의 확인을 신청하지 못하도록 법률상 제한을 가하는 규정이다. 따라서 위 조항은 직접생산 확인 취소 처분을 다투는 당해 사건에 적용되지 아니하고, 그 위헌 여부에 따라 당해 사건의 재판의 주문이나 내용·효력에 관한 법률적 의미가 달라지는 경우에도 해당하지 아니하므로, 심판청구 중 확인신청 기간제한조항에 대한 부분은 재판의 전제성 요건이 인정되지 아니한다(헌재 2018.11.29. 2016헌바353).

007
☐☐☐

헌법재판소가 법률에 대하여 헌법불합치결정을 하는 때에는 입법개선촉구의 결정을 함께 하기도 한다. O | X

헌법불합치결정은 위헌적 상태를 조속한 시일 내에 제거해야 할 입법자의 입법개선의무를 수반하게 되며, 따라서 입법자에 대한 입법촉구결정을 포함하게 된다.

정답 004 ○ 005 ○ 006 ○ 007 ○

008
☐☐☐
자술서에 대한 증거능력 인정여부는 원칙적으로 형사소송법에 따라 결정되고, 심판대상조항은 증거채부 또는 증거능력에 관한 규정이 아니므로 보호신청을 한 북한이탈주민에 대해 그 밖의 필요한 조치를 취할 수 있게 한 해당 조항에 대한 심판청구는 재판의 전제성이 인정되지 아니한다. O | X

심판대상조항(북한이탈주민의 보호 및 정착지원에 관한 법률 제7조 제3항)은 북한을 이탈하여 보호를 신청한 자를 임시로 보호하고 그 밖의 필요한 조치를 할 수 있다는 내용으로 당해사건의 재판에 적용되는 법률이 아니다. 청구인은 심판대상조항이 위헌으로 결정된다면, 국가보안법위반(간첩) 등에 대한 형사재판에서 유죄의 증거로 채택된 구 중앙합동신문센터에서 작성한 진술서의 증거능력이 부정되어 다른 내용의 재판을 할 수 있다는 취지로 주장한다. 그런데 위 자술서의 임의성이 문제된다면 그에 대한 증거능력 인정 여부는 원칙적으로 형사소송법 제309조 이하의 해석·적용에 따라 결정되는 점, 심판대상조항은 증거채부 또는 증거능력에 관한 규정이 아닌 점, 청구인은 구 중앙합동신문센터에서의 자백을 법정에서 번복하지 않고 오히려 임시보호조치기간 이후 1심 및 2심에서 법정자백하며 자수감경을 요구한 점 등을 종합적으로 고려할 때, 심판대상조항의 위헌 여부에 따라 당해사건을 담당한 법원이 다른 내용의 재판을 하게 된다고 보기 어렵다. 따라서 심판대상조항은 재판의 전제성이 인정되지 아니한다(헌재 2018.4.26. 2014헌바449).

009
☐☐☐
범죄 후 형벌 법규가 개정되어 행위가 범죄를 구성하지 아니하거나 형이 구법보다 경하게 된 때에는 구법상 법률규정은 위헌법률심판의 대상이 되지 아니한다. O | X

형법 제1조 제2항은 "범죄 후 법률의 변경에 의하여 그 행위가 범죄를 구성하지 아니하거나 형이 구법보다 경한 때에는 신법에 의한다."라고 규정하고 있고, 이는 '전체적으로 보아 신법이 구법보다 피고인에게 유리하게 변경된 것이라면 신법을 적용하여야 한다.'라는 취지라고 봄이 타당하다. … 이와 같이 당해 사건에 개정된 신법이 적용되는 이상, 당해 사건에 적용되지 않는 심판대상조항은 재판의 전제성을 상실하였다고 할 것이다(헌재 2015.6.25. 2014헌가17).

010
☐☐☐
형벌에 관한 법률이 위헌으로 결정된 경우 그 법률에 근거한 유죄의 확정판결에 대하여는 재심을 청구할 수 있다. O | X

> **헌법재판소법 제47조【위헌결정의 효력】** ④ 제3항의 경우에 위헌으로 결정된 법률 또는 법률의 조항에 근거한 유죄의 확정판결에 대하여는 재심을 청구할 수 있다.

011
☐☐☐
형벌에 관한 법률 또는 법률의 조항에 대한 위헌결정과 관련하여 해당 법률 또는 법률의 조항에 대하여 종전에 합헌으로 결정한 사건이 있는 경우에는 그 결정이 있는 날의 다음 날로 소급하여 효력을 상실한다. O | X

> **헌법재판소법 제47조【위헌결정의 효력】** ③ 제2항에도 불구하고 형벌에 관한 법률 또는 법률의 조항은 소급하여 그 효력을 상실한다. 다만, 해당 법률 또는 법률의 조항에 대하여 종전에 합헌으로 결정한 사건이 있는 경우에는 그 결정이 있는 날의 다음 날로 소급하여 효력을 상실한다.

정답 008 ○ 009 ○ 010 ○ 011 ○

012

□□□

헌법재판소 결정문의 결정이유에 대하여 재판관 5인만이 찬성한 경우에는 위헌결정이유의 기속력을 인정할 여지가 없다. O | X

헌법재판소 결정의 효력이 심판대상에 관한 결정인 결정주문에 미친다는 것은 의문의 여지가 없지만, 결정이유에도 기속력이 미치는가에 관하여는 견해가 나뉘어 있고, 헌법재판소도 이에 관하여 아직 명시적으로 견해를 밝힌 바가 없다. 다만, 헌법재판소 결정문의 결정이유에 대하여 재판관 5인만이 찬성한 경우에는 위헌결정이유의 기속력을 인정할 여지가 없게 된다.

> ### 🏃 관련 판례
> 이 사건의 경우 위헌결정 이유 중 비맹제외기준이 과잉금지원칙에 위반한다는 점에 대하여 기속력을 인정할 수 있으려면, 결정주문을 뒷받침하는 결정이유에 대하여 적어도 위헌결정의 정족수인 재판관 6인 이상의 찬성이 있어야 할 것이고, 이에 미달할 경우에는 결정이유에 대하여 기속력을 인정할 여지가 없다고 할 것인바, 앞서 본 바와 같이 2003헌마715등 사건의 경우 재판관 7인의 의견으로 주문에서 비맹제외기준이 헌법에 위반된다는 결정을 선고하였으나, 그 이유를 보면 비맹제외기준이 법률유보원칙에 위반한다는 의견과 과잉금지원칙에 위반한다는 의견으로 나뉘면서 비맹제외기준이 과잉금지원칙에 위반한다는 점과 관련하여서는 재판관 5인만이 찬성하였을 뿐이므로 위 과잉금지원칙 위반의 점에 대하여 기속력이 인정될 여지가 없다고 할 것이다(헌재 2008.10.30. 2006헌마1098 등).

013

□□□

헌법재판소는 제청된 법률 또는 법률 조항의 위헌 여부만을 결정하지만, 법률 조항의 위헌결정으로 인하여 해당 법률 전부를 시행할 수 없다고 인정될 때에는 그 전부에 대하여 위헌결정을 할 수 있다. O | X

헌법재판소법 제45조【위헌결정】 헌법재판소는 제청된 법률 또는 법률 조항의 위헌 여부만을 결정한다. 다만, 법률 조항의 위헌결정으로 인하여 해당 법률 전부를 시행할 수 없다고 인정될 때에는 그 전부에 대하여 위헌결정을 할 수 있다.

014

□□□

위헌으로 결정된 형벌에 관한 법률 또는 법률의 조항은 소급하여 그 효력을 상실하지만, 해당 법률 또는 법률의 조항에 대하여 종전에 합헌으로 결정한 사건이 있는 경우에는 그 결정이 있는 날로 소급하여 효력을 상실한다. O | X

헌법재판소법 제47조【위헌결정의 효력】 ③ 제2항에도 불구하고 형벌에 관한 법률 또는 법률의 조항은 소급하여 그 효력을 상실한다. 다만, 해당 법률 또는 법률의 조항에 대하여 종전에 합헌으로 결정한 사건이 있는 경우에는 그 결정이 있는 날의 다음 날로 소급하여 효력을 상실한다.

정답 012 ○ 013 ○ 014 X

015
□□□

헌법재판소법 제68조 제1항에 따른 헌법소원을 인용함에 있어 헌법재판소는 공권력의 행사 또는 불행사가 위헌인 법률 또는 법률의 조항에 기인한 것이라고 인정될 때에는 인용결정에서 해당 법률 또는 법률의 조항이 위헌임을 선고할 수 있다. O | X

> **헌법재판소법 제75조【인용결정】** ② 제68조 제1항에 따른 헌법소원을 인용할 때에는 인용결정서의 주문에 침해된 기본권과 침해의 원인이 된 공권력의 행사 또는 불행사를 특정하여야 한다.
> ⑤ 제2항의 경우에 헌법재판소는 공권력의 행사 또는 불행사가 위헌인 법률 또는 법률의 조항에 기인한 것이라고 인정될 때에는 인용결정에서 해당 법률 또는 법률의 조항이 위헌임을 선고할 수 있다.

016
□□□

헌법재판소의 심판비용은 국가부담으로 한다. 다만, 당사자의 신청에 의한 증거조사의 비용은 헌법재판소규칙으로 정하는 바에 따라 그 신청인에게 부담시킬 수 있다. O | X

> **헌법재판소법 제37조【심판비용 등】** ① 헌법재판소의 심판비용은 국가부담으로 한다. 다만, 당사자의 신청에 의한 증거조사의 비용은 헌법재판소규칙으로 정하는 바에 따라 그 신청인에게 부담시킬 수 있다.

017
□□□

위헌법률심판에 있어서 위헌 여부 심판의 제청에 관한 결정에 대하여는 항고할 수 없다. O | X

> **헌법재판소법 제41조【위헌 여부 심판의 제청】** ④ 위헌 여부 심판의 제청에 관한 결정에 대하여는 항고할 수 없다.

018
□□□

법원이 법률의 위헌 여부심판을 헌법재판소에 제청한 때에는 당해 소송사건의 재판은 헌법재판소의 위헌 여부의 결정이 있을 때까지 정지되며, 다만 법원이 긴급하다고 인정하는 경우에는 종국재판 외의 소송절차를 진행할 수 있다. O | X

> **헌법재판소법 제42조【재판의 정지 등】** ① 법원이 법률의 위헌 여부 심판을 헌법재판소에 제청한 때에는 당해 소송사건의 재판은 헌법재판소의 위헌 여부의 결정이 있을 때까지 정지된다. 다만, 법원이 긴급하다고 인정하는 경우에는 종국재판 외의 소송절차를 진행할 수 있다.

019
□□□

위헌결정된 법률에 의하여 이미 유죄의 확정판결을 받은 자는 원칙적으로 법원에 재심을 청구할 수 없다.

O | X

> **헌법재판소법 제47조【위헌결정의 효력】** ④ 위헌으로 결정된 법률 또는 법률의 조항에 근거한 유죄의 확정판결에 대하여는 재심을 청구할 수 있다.

020
□□□

형벌에 관한 법률 또는 법률의 조항이 위헌으로 결정된 경우에는 소급하여 그 효력을 상실하는 것이 원칙이지만, 해당 법률 또는 법률의 조항에 대하여 종전에 합헌으로 결정한 사건이 있는 경우에는 그 결정이 있는 날의 다음 날로 소급하여 효력을 상실한다.

O | X

> **헌법재판소법 제47조【위헌결정의 효력】** ③ 형벌에 관한 법률 또는 법률의 조항은 소급하여 그 효력을 상실한다. 다만, 해당 법률 또는 법률의 조항에 대하여 종전에 합헌으로 결정한 사건이 있는 경우에는 그 결정이 있는 날의 다음 날로 소급하여 효력을 상실한다.

021
□□□

법원이 법률의 위헌 여부 심판을 헌법재판소에 제청한 때에는 당해 소송사건의 재판은 헌법재판소의 위헌 여부의 결정이 있을 때까지 정지되지만, 법원이 긴급하다고 인정하는 경우에는 종국재판 외의 소송절차를 진행할 수 있다.

O | X

> **헌법재판소법 제42조【재판의 정지 등】** ① 법원이 법률의 위헌 여부 심판을 헌법재판소에 제청한 때에는 당해 소송사건의 재판은 헌법재판소의 위헌 여부의 결정이 있을 때까지 정지된다. 다만, 법원이 긴급하다고 인정하는 경우에는 종국재판 외의 소송절차를 진행할 수 있다.

022
□□□

헌법재판소는 제청된 법률 또는 법률 조항의 위헌 여부만을 결정하지만, 법률 조항의 위헌결정으로 인하여 해당 법률 전부를 시행할 수 없다고 인정될 때에는 그 전부에 대하여 위헌결정을 할 수 있다.

O | X

> **헌법재판소법 제45조【위헌결정】** 헌법재판소는 제청된 법률 또는 법률 조항의 위헌 여부만을 결정한다. 다만, 법률 조항의 위헌결정으로 인하여 해당 법률 전부를 시행할 수 없다고 인정될 때에는 그 전부에 대하여 위헌결정을 할 수 있다.

정답 019 X 020 ○ 021 ○ 022 ○

제3장 탄핵심판

21. 5급 공채

001

☐☐☐

탄핵심판은 고위공직자에 의한 헌법침해로부터 헌법을 보호하기 위한 헌법재판제도로서, 제5차 개정헌법에서 최초 도입된 이래로 존속되어 온 제도이다. O | X

탄핵발의권자와 탄핵심판기관, 탄핵의 대상인 공무원의 범위는 조금씩 달라졌지만, 1948년의 제헌헌법 이래 9차례의 헌법개정을 거치는 동안 탄핵제도는 계속 유지되었다.

21. 소방간부

002

☐☐☐

탄핵심판은 고위공직자가 권한을 남용하여 헌법이나 법률을 위반하는 경우 그 권한을 박탈함으로써 헌법질서를 지키는 헌법재판이다. O | X

탄핵심판은 고위공직자가 권한을 남용하여 헌법이나 법률을 위반하는 경우 그 권한을 박탈함으로써 헌법질서를 지키는 헌법재판이고, 탄핵결정은 대상자를 공직으로부터 파면함에 그치고 형사상 책임을 면제하지 아니한다(헌법 제65조 제4항)는 점에서 탄핵심판절차는 형사절차나 일반 징계절차와는 성격을 달리 한다(헌재 2017.3.10. 2016헌나1).

21. 5급 공채

003

☐☐☐

탄핵의 대상이 되는 공직자는 대통령, 국무총리, 국무위원, 행정각부의 장, 헌법재판소 재판관, 법관, 중앙선거관리위원회 위원, 감사원장, 감사위원 기타 법률이 정한 공무원이다. O | X

> **헌법 제65조** ① 대통령·국무총리·국무위원·행정각부의 장·헌법재판소 재판관·법관·중앙선거관리위원회 위원·감사원장·감사위원 기타 법률이 정한 공무원이 그 직무집행에 있어서 헌법이나 법률을 위배한 때에는 국회는 탄핵의 소추를 의결할 수 있다.

21. 5급 공채

004

☐☐☐

탄핵심판이 있을 때까지 탄핵소추의 의결을 받은 자의 권한행사가 정지되는지 여부에 대하여 헌법상 명문으로 규정하고 있지 않다. O | X

헌법 제65조 제3항에서 규정하고 있다.

> **헌법 제65조** ③ 탄핵소추의 의결을 받은 자는 탄핵심판이 있을 때까지 그 권한행사가 정지된다.

정답 001 X 002 ○ 003 ○ 004 X

005
□□□

대통령에 대한 탄핵소추는 국회재적의원 3분의 1 이상의 발의와 국회재적의원 과반수의 찬성에 의한 의결로 이루어지고, 탄핵의 결정에는 헌법재판소 재판관 6인 이상의 찬성이 있어야 한다.　O | X

대통령에 대한 탄핵소추는 국회재적의원 과반수의 발의와 국회재적의원 3분의 2 이상의 찬성이 있어야 한다.

> **헌법 제65조** ② 제1항의 탄핵소추는 국회재적의원 3분의 1 이상의 발의가 있어야 하며, 그 의결은 국회재적의원 과반수의 찬성이 있어야 한다. 다만, 대통령에 대한 탄핵소추는 국회재적의원 과반수의 발의와 국회재적의원 3분의 2 이상의 찬성이 있어야 한다.

006
□□□

헌법은 물론 형사법이 아닌 법률의 규정이 형사법과 같은 구체성과 명확성을 가지지 않은 경우가 많으므로 탄핵소추사유를 형사소송법상 공소사실과 같이 특정하도록 요구할 수는 없다.　O | X

헌법 제65조 제1항이 정하고 있는 탄핵소추사유는 '공무원이 그 직무집행에 있어서 헌법이나 법률을 위배한' 사실이고, 여기에서 법률은 형사법에 한정되지 아니한다. 그런데 헌법은 물론 형사법이 아닌 법률의 규정이 형사법과 같은 구체성과 명확성을 가지지 않은 경우가 많으므로 탄핵소추사유를 형사소송법상 공소사실과 같이 특정하도록 요구할 수는 없다.

007
□□□

소추의결서에는 탄핵소추사유의 대상 사실을 다른 사실과 명백하게 구분할 수 있을 정도의 구체적 사정이 기재되면 족한 것이지, 피청구인이 방어권을 행사할 수 있을 정도로 사실관계가 구체적으로 기재될 필요는 없다.　O | X

소추의결서에는 피청구인이 방어권을 행사할 수 있고 헌법재판소가 심판대상을 확정할 수 있을 정도로 사실관계를 구체적으로 기재하면 된다고 보아야 한다. 공무원 징계의 경우 징계사유의 특정은 그 대상이 되는 비위사실을 다른 사실과 구별될 정도로 기재하면 충분하므로, 탄핵소추사유도 그 대상 사실을 다른 사실과 명백하게 구분할 수 있을 정도의 구체적 사정이 기재되면 충분하다(헌재 2017.3.10. 2016헌나1).

008
□□□

탄핵결정에 의하여 파면된 사람은 결정 선고가 있은 날부터 5년이 지나지 아니하면 공무원이 될 수 없다.　O | X

> **헌법재판소법 제54조【결정의 효력】** ② 탄핵결정에 의하여 파면된 사람은 결정 선고가 있은 날부터 5년이 지나지 아니하면 공무원이 될 수 없다.

정답 005 X　006 O　007 X　008 O

009
☐☐☐

탄핵사유가 되는 직무집행에서 직무는 법제상 소관 직무에 속하는 고유 업무 및 통념상 이와 관련된 업무를 말한다. 따라서 직무상의 행위란 법령·조례 또는 행정관행·관례에 의하여 그 지위의 성질상 필요로 하거나 수반되는 모든 행위나 활동을 의미한다. O | X

헌법 제65조에 규정된 탄핵사유를 구체적으로 살펴보면, '직무집행에 있어서'의 '직무'란, 법제상 소관 직무에 속하는 고유 업무 및 통념상 이와 관련된 업무를 말한다. 따라서 직무상의 행위란, 법령·조례 또는 행정관행·관례에 의하여 그 지위의 성질상 필요로 하거나 수반되는 모든 행위나 활동을 의미한다(헌재 2004.5.14. 2004헌나1).

010
☐☐☐

피청구인에 대한 탄핵심판 청구와 동일한 사유로 형사소송이 진행되고 있는 경우에는 재판부는 심판절차를 정지할 수 있다. O | X

> **헌법재판소법 제51조【심판절차의 정지】** 피청구인에 대한 탄핵심판 청구와 동일한 사유로 형사소송이 진행되고 있는 경우에는 재판부는 심판절차를 정지할 수 있다.

011
☐☐☐

피청구인이 결정 선고 전에 해당 공직에서 파면되었을 때에는 헌법재판소는 심판청구를 각하하여야 한다. O | X

각하가 아니라 '기각'하여야 한다.

> **헌법재판소법 제53조【결정의 내용】** ② 피청구인이 결정 선고 전에 해당 공직에서 파면되었을 때에는 헌법재판소는 심판청구를 기각하여야 한다.

012
☐☐☐

검찰총장과 경찰청장은 헌법에 탄핵대상자로 명시되어 있다. O | X

검찰총장과 경찰청장은 헌법이 아니라 개별법률에 탄핵대상자로 명시되어 있다.

013
☐☐☐

탄핵결정은 공직으로부터 파면함에 그치며 형사상의 책임이 면제되지는 않는다. O | X

> **헌법 제65조** ④ 탄핵결정은 공직으로부터 파면함에 그친다. 그러나, 이에 의하여 민사상이나 형사상의 책임이 면제되지는 아니한다.

정답 009 ○ 010 ○ 011 X 012 X 013 ○

014

□□□

탄핵심판의 경우 국정의 혼란을 방지하기 위하여 소수의견을 표시할 수 없다.　　O | X

심판에 관여한 재판관은 결정서에 의견을 표시하여야 한다.

> **헌법재판소법 제36조【종국결정】** ③ 심판에 관여한 재판관은 결정서에 의견을 표시하여야 한다.

015

□□□

헌법 제65조 제1항은 탄핵사유를 '헌법이나 법률을 위배한 때'로 규정하고 있는데, '헌법'에는 명문의 헌법 규정만이 포함되고, 헌법재판소의 결정에 의하여 형성되어 확립된 불문헌법은 포함되지 않는다.　O | X

헌법은 탄핵사유를 '헌법이나 법률에 위배한 때'로 규정하고 있는데, '헌법'에는 명문의 헌법규정뿐만 아니라 헌법재판소의 결정에 의하여 형성되어 확립된 불문헌법도 포함된다(헌재 2004.5.14. 2004헌나1).

016

□□□

탄핵심판에서는 국회 법제사법위원회 위원장이 소추위원이 되고, 소추위원은 헌법재판소에 소추의결서 정본을 제출하여 탄핵심판을 청구하며, 심판의 변론에서 피청구인을 신문할 수 있다.　　O | X

> **헌법재판소법 제49조【소추위원】** ① 탄핵심판에서는 국회 법제사법위원회의 위원장이 소추위원이 된다.
> ② 소추위원은 헌법재판소에 소추의결서의 정본을 제출하여 탄핵심판을 청구하며, 심판의 변론에서 피청구인을 신문할 수 있다.

017

□□□

헌법 제65조 제1항은 '직무집행에 있어서'라고 하여, 탄핵사유의 요건을 '직무' 집행으로 한정하고 있으므로, 대통령의 직위를 보유하고 있는 상태에서 범한 법위반행위만 소추사유가 될 수 있다.　　O | X

헌법 제65조 제1항은 '대통령 …이 그 직무집행에 있어서'라고 하여, 탄핵사유의 요건을 '직무' 집행으로 한정하고 있으므로, 위 규정의 해석상 대통령의 직위를 보유하고 있는 상태에서 범한 법위반행위만이 소추사유가 될 수 있다(헌재 2004.5.14. 2004헌나1).

018

□□□

탄핵심판에서는 국회의 소추의결서의 정본으로 청구서를 갈음한다.　　O | X

> **헌법재판소법 제26조【심판청구의 방식】** ① 헌법재판소에의 심판청구는 심판절차별로 정하여진 청구서를 헌법재판소에 제출함으로써 한다. 다만, 위헌법률심판에서는 법원의 제청서, 탄핵심판에서는 국회의 소추의결서의 정본으로 청구서를 갈음한다.

정답 014 X　015 X　016 ○　017 ○　018 ○

019
□□□

헌법재판소는 심판절차를 효율적이고 집중적으로 진행하기 위하여 당사자의 주장과 증거를 정리할 필요가 있을 때 심판준비절차를 실시할 수 있다. O | X

> **헌법재판소 심판 규칙 제11조【심판준비절차의 실시】** ① 헌법재판소는 심판절차를 효율적이고 집중적으로 진행하기 위하여 당사자의 주장과 증거를 정리할 필요가 있을 때에는 심판준비절차를 실시할 수 있다.

020
□□□

탄핵심판 도중 피청구인이 임기만료로 퇴직한 경우, 헌법과 헌법재판소법에 명시적인 규정은 없지만 헌법질서의 수호·유지와 고위공직자에 대한 권력통제를 위한 헌법적 해명의 필요성이 인정되므로 심판의 이익을 인정할 수 있다. O | X

피청구인이 임기만료 퇴직으로 법관직을 상실함에 따라 본안심리를 마친다 해도 파면결정이 불가능해졌으므로, 공직 박탈의 관점에서 심판의 이익을 인정할 수 없다. 임기만료라는 일상적 수단으로 민주적 정당성이 상실되었으므로, 민주적 정당성의 박탈의 관점에서도, 탄핵이라는 비상적인 수단의 역할 관점에서도 심판의 이익을 인정할 수 없다. 결국 이 사건 심판청구는 탄핵심판의 이익이 인정되지 아니하여 부적법하므로 각하해야 한다(헌재 2021.10.28. 2021헌나1).

021
□□□

탄핵결정의 선고에 의하여 그 공직에서 파면된 공직자의 직무상 법률위반행위가 법률상 범죄를 구성하는 경우, 형사상의 책임을 부과하는 것은 이중처벌에 해당되지 아니한다. O | X

탄핵결정에 의하여 민사상이나 형사상의 책임이 면제되는 것은 아니다. 따라서 탄핵결정의 선고에 의하여 그 공직에서 파면된 공직자의 직무상 법률위반행위가 법률상 범죄를 구성하는 경우, 형사상의 책임을 부과하는 것이 가능하며 이중처벌에 해당되지 아니한다.

> **헌법 제65조** ④ 탄핵결정은 공직으로부터 파면함에 그친다. 그러나, 이에 의하여 민사상이나 형사상의 책임이 면제되지는 아니한다.

제4편

해커스공무원 신동욱 헌법 핵심 기출 OX

제4장 정당해산심판

001

헌법재판소법에 특별한 규정이 없는 경우에는 준용조항에 따라 정당해산심판의 성질에 반하지 아니하는 한도에서 행정소송에 관한 법령이 준용된다. ○ | X

헌법재판소의 심판절차에 관하여는 이 법에 특별한 규정이 있는 경우를 제외하고는 헌법재판의 성질에 반하지 아니하는 한도에서 '민사소송'에 관한 법령을 준용한다. 이 경우 탄핵심판의 경우에는 형사소송에 관한 법령을 준용하고, 권한쟁의심판 및 헌법소원심판의 경우에는 행정소송법을 함께 준용한다. 이 경우에 형사소송에 관한 법령 또는 행정소송법이 민사소송에 관한 법령에 저촉될 때에는 민사소송에 관한 법령은 준용하지 아니한다(헌법재판소법 제40조).

002

정당의 해산을 명하는 헌법재판소의 결정은 중앙선거관리위원회가 정당법에 따라 집행한다. ○ | X

> **헌법재판소법 제60조【결정의 집행】** 정당의 해산을 명하는 헌법재판소의 결정은 중앙선거관리위원회가「정당법」에 따라 집행한다.

003

정당의 목적이나 활동이 민주적 기본질서에 위배될 때에는 정부는 국무회의의 심의를 거쳐 헌법재판소에 정당해산심판을 청구할 수 있다. ○ | X

> **헌법재판소법 제55조【정당해산심판의 청구】** 정당의 목적이나 활동이 민주적 기본질서에 위배될 때에는 정부는 국무회의의 심의를 거쳐 헌법재판소에 정당해산심판을 청구할 수 있다.

004

정당해산심판에 있어서는 피청구인의 활동을 정지하는 가처분이 인정되지 않는다. ○ | X

정당해산심판에 있어서 피청구인의 활동을 정지하는 가처분이 인정된다.

> **헌법재판소법 제57조【가처분】** 헌법재판소는 정당해산심판의 청구를 받은 때에는 직권 또는 청구인의 신청에 의하여 종국결정의 선고 시까지 피청구인의 활동을 정지하는 결정을 할 수 있다.

정답 001 X 002 ○ 003 ○ 004 X

005
☐☐☐

헌법재판소의 해산결정으로 정당이 해산되는 경우에 그 정당 소속 국회의원이 의원직을 상실하는지에 대하여 명문의 규정은 없으나 헌법재판소의 정당해산결정이 있는 경우 그 정당 소속 국회의원의 의원직은 당선 방식을 불문하고 모두 상실된다. O | X

헌법재판소의 해산결정으로 정당이 해산되는 경우에 그 정당 소속 국회의원이 의원직을 상실하는지에 대하여 명문의 규정은 없으나, 정당해산심판제도의 본질은 민주적 기본질서에 위배되는 정당을 정치적 의사형성과정에서 배제함으로써 국민을 보호하는 데에 있는데 해산정당 소속 국회의원의 의원직을 상실시키지 않는 경우 정당해산결정의 실효성을 확보할 수 없게 되므로, 이러한 정당해산제도의 취지 등에 비추어 볼 때 헌법재판소의 정당해산결정이 있는 경우 그 정당 소속 국회의원의 의원직은 당선 방식을 불문하고 모두 상실되어야 한다 (헌재 2014.12.19. 2013헌다1).

006
☐☐☐

정당의 목적이나 활동이 민주적 기본질서에 위배되는 것이 헌법이 정한 정당해산의 요건이므로, 정당해산 결정 시 비례의 원칙 충족여부에 대하여 반드시 판단할 필요는 없다. O | X

강제적 정당해산은 헌법상 핵심적인 정치적 기본권인 정당활동의 자유에 대한 근본적 제한이므로, 헌법재판소는 이에 관한 결정을 할 때 헌법 제37조 제2항이 규정하고 있는 비례원칙을 준수해야만 한다. 따라서 헌법 제8조 제4항의 명문규정상 요건이 구비된 경우에도 해당 정당의 위헌적 문제성을 해결할 수 있는 다른 대안적 수단이 없고, 정당해산결정을 통하여 얻을 수 있는 사회적 이익이 정당해산결정으로 인해 초래되는 정당활동 자유 제한으로 인한 불이익과 민주주의 사회에 대한 중대한 제약이라는 사회적 불이익을 초과할 수 있을 정도로 큰 경우에 한하여 정당해산결정이 헌법적으로 정당화될 수 있다(헌재 2014.12.19. 2013헌다1).

20. 5급 공채

001
☐☐☐

권한쟁의심판 청구는 그 사유가 있음을 안 날로부터 60일 이내에, 그 사유가 있은 날로부터 180일 이내에 하여야 한다. O | X

> 헌법재판소법 제63조 【청구기간】 ① 권한쟁의의 심판은 그 사유가 있음을 안 날부터 60일 이내에, 그 사유가 있은 날부터 180일 이내에 청구하여야 한다.
> ② 제1항의 기간은 불변기간으로 한다.

20. 5급 공채

002
☐☐☐

권한쟁의심판은 재판관 7인 이상의 출석으로 심리하며 종국심리에 관여한 재판관 과반수의 찬성으로 결정한다. O | X

권한쟁의심판은 재판관 7명 이상의 출석으로 심리하며 헌법 내지 헌법재판소법에 특별한 규정이 없으므로 종국심리에 관여한 재판관 과반수의 찬성으로 사건에 관한 결정을 한다.

21. 국가직

003
☐☐☐

정당은 국민의 자발적 조직으로, 그 법적 성격은 일반적으로 사적·정치적 결사 내지는 법인격 없는 사단으로서 공권력의 행사 주체로서 국가기관의 지위를 갖는다고 볼 수 없으므로, 정당이 국회 내에서 교섭단체를 구성하고 있다고 하더라도 권한쟁의심판의 당사자능력이 인정되지 않는다. O | X

정당은 국민의 자발적 조직으로, 그 법적 성격은 일반적으로 사적·정치적 결사 내지는 법인격 없는 사단으로 파악된다. 비록 헌법이 특별히 정당설립의 자유와 복수정당제를 보장하고, 정당의 해산을 엄격한 요건하에서 인정하는 등 정당을 특별히 보호하고 있으나, 이는 정당이 공권력의 행사 주체로서 국가기관의 지위를 갖는다는 의미가 아니고 사인에 의해서 자유로이 설립될 수 있다는 것을 의미한다. 따라서 정당은 특별한 사정이 없는 한 권한쟁의심판절차의 당사자가 될 수는 없다(헌재 2020.5.27. 2019헌라6 등).

20. 입시

004
☐☐☐

권한쟁의심판의 적법요건으로서의 피청구인의 '처분'에는 개별적 행위뿐만 아니라 규범을 제정하는 행위가 포함되며, 입법영역에서는 법률의 제정행위 및 법률 자체를, 행정영역에서는 법규명령 및 모든 개별적인 행정적 행위를 포함한다. O | X

적법요건으로서의 '처분'에는 개별적 행위뿐만 아니라 규범을 제정하는 행위도 포함되며, 입법영역에서는 법률의 제정행위 및 법률 자체를, 행정영역에서는 법규명령 및 모든 개별적인 행정적 행위를 포함한다(헌재 2006.8.31. 2004헌라2).

정답 001 ○ 002 ○ 003 ○ 004 ○

005
☐☐☐

피청구인의 부작위에 의하여 청구인의 권한이 침해당하였다고 주장하는 권한쟁의심판은 피청구인에게 헌법상 또는 법률상 유래하는 작위의무가 있음에도 불구하고 피청구인이 그러한 의무를 다하지 아니한 경우에 허용된다. O | X

피청구인의 부작위에 의하여 청구인의 권한이 침해당하였다고 주장하는 권한쟁의심판은 피청구인에게 헌법상 또는 법률상 유래하는 작위의무가 있음에도 불구하고 피청구인이 그러한 의무를 다하지 아니한 경우에 허용된다(헌재 1998.7.14. 98헌라3).

006
☐☐☐

청구인이 법률안 심의·표결권의 주체인 국가기관으로서의 국회의원 자격으로 권한쟁의심판을 청구하였다가 심판절차 계속 중 사망한 경우, 권한쟁의심판청구는 청구인의 사망과 동시에 당연히 그 심판절차가 종료된다. O | X

청구인이 법률안 심의·표결권의 주체인 국가기관으로서의 국회의원 자격으로 권한쟁의심판을 청구하였다가 심판절차 계속 중 사망한 경우, 국회의원의 법률안 심의·표결권은 성질상 일신전속적인 것으로 당사자가 사망한 경우 승계되거나 상속될 수 없어 그에 관련된 권한쟁의심판절차 또한 수계될 수 없으므로, 권한쟁의심판청구는 청구인의 사망과 동시에 당연히 그 심판절차가 종료된다(헌재 2010.11.25. 2009헌라12).

007
☐☐☐

법률안 수리행위에 대한 권한쟁의심판청구가 법률안에 대한 위원회 회부나 안건 상정, 본회의 부의 등과는 별도로 오로지 전자정보시스템으로 제출된 법률안을 접수하는 수리행위만을 대상으로 하고 있지만 사법개혁특별위원회 및 정치개혁특별위원회 위원인 청구인들의 법률안 심의·표결권이 침해될 가능성이나 위험성이 있으므로 권한쟁의심판청구는 적법하다. O | X

이 사건 법률안 수리행위에 대한 권한쟁의심판청구가 법률안에 대한 위원회 회부나 안건 상정, 본회의 부의 등과는 별도로 오로지 전자정보시스템으로 제출된 법률안을 접수하는 수리행위만을 대상으로 하는 한, 그러한 법률안 수리행위만으로는 사개특위 및 정개특위 위원 청구인들의 법률안 심의·표결권이 침해될 가능성이나 위험성이 없다. 이 부분 심판 청구는 모두 부적법하다(헌재 2020.5.27. 2019헌라3 등).

008
☐☐☐

국회가 제정한 국가경찰과 자치경찰의 조직 및 운영에 관한 법률에 의하여 설립된 국가경찰위원회는 국가기관 상호간의 권한쟁의심판의 당사자능력이 있다. O | X

국회가 제정한 경찰법에 의하여 비로소 설립된 청구인(국가경찰위원회)은 국회의 경찰법 개정행위에 의하여 존폐 및 권한범위 등이 좌우되므로, 헌법 제111조 제1항 제4호 소정의 헌법에 의하여 설치된 국가기관에 해당한다고 할 수 없다. 권한쟁의심판의 당사자능력은 헌법에 의하여 설치된 국가기관에 한정하여 인정하는 것이 타당하므로, 법률에 의하여 설치된 청구인에게는 권한쟁의심판의 당사자능력이 인정되지 아니한다(헌재 2022.12.22. 2022헌라5).

009

□□□

장래처분에 대한 권한쟁의심판은 원칙적으로 허용되지 아니하나, 그 장래처분이 확실하게 예정되어 있고 그로 인해 청구인의 권한을 사전에 보호해 주어야 할 필요성이 큰 경우에만 예외적으로 허용된다.

O | X

피청구인의 장래처분에 의해서 청구인의 권한침해가 예상되는 경우에 청구인은 원칙적으로 이러한 장래처분이 행사되기를 기다린 이후에 이에 대한 권한쟁의심판청구를 통해서 침해된 권한의 구제를 받을 수 있으므로, 피청구인의 장래처분을 대상으로 하는 심판청구는 원칙적으로 허용되지 아니한다. 그러나 피청구인의 장래처분이 확실하게 예정되어 있고, 피청구인의 장래처분에 의해서 청구인의 권한이 침해될 위험성이 있어서 청구인의 권한을 사전에 보호해 주어야 할 필요성이 매우 큰 예외적인 경우에는 피청구인의 장래처분에 대해서도 헌법재판소법 제61조 제2항에 의거하여 권한쟁의심판을 청구할 수 있다(헌재 2004.9.23. 2000헌라2).

010

□□□

문화재청 및 문화재청장은 정부조직법에 의하여 행정각부 장의 하나인 문화체육관광부 장관 소속으로 설치된 기관 및 기관장으로서 권한쟁의심판의 당사자능력이 인정된다.

O | X

문화재청 및 문화재청장은 정부조직법 제36조 제3항, 제4항에 의하여 행정각부 장의 하나인 문화체육관광부 장관 소속으로 설치된 기관 및 기관장으로서, 오로지 법률에 그 설치 근거를 두고 있으며 그 결과 국회의 입법행위에 의하여 그 존폐 및 권한범위가 결정된다. 따라서 이 사건 피청구인인 문화재청장은 '헌법에 의하여 설치되고 헌법과 법률에 의하여 독자적인 권한을 부여받은 국가기관'이라고 할 수 없다. 결국, 법률에 의하여 설치된 피청구인에게는 권한쟁의심판의 당사자능력이 인정되지 아니한다(헌재 2023.12.21. 2023헌라1).

011

□□□

권한쟁의심판의 당사자능력은 헌법에 의하여 설치된 국가기관에 한정하여 인정하는 것이 타당하므로, 국가경찰위원회에게는 권한쟁의심판의 당사자능력이 인정되지 아니한다.

O | X

국회가 제정한 경찰법에 의하여 비로소 설립된 청구인은 국회의 경찰법 개정행위에 의하여 존폐 및 권한범위 등이 좌우되므로, 헌법 제111조 제1항 제4호 소정의 헌법에 의하여 설치된 국가기관에 해당한다고 할 수 없다. … 따라서 권한쟁의심판의 당사자능력은 헌법에 의하여 설치된 국가기관에 한정하여 인정하는 것이 타당하므로, 법률에 의하여 설치된 청구인 국가경찰위원회에게는 권한쟁의심판의 당사자능력이 인정되지 아니한다(헌재 2022.12.22. 2022헌라5).

012

□□□

안건조정위원회 위원장은 국회법상 소위원회의 위원장으로서 헌법 제111조 제1항 제4호 및 헌법재판소법 제62조 제1항 제1호의 '국가기관'에 해당한다고 볼 수 없으므로 권한쟁의심판의 당사자가 될 수 없다.

O | X

국회법 제57조의2에 근거한 안건조정위원회 위원장은 국회법상 소위원회의 위원장으로서 헌법 제111조 제1항 제4호 및 헌법재판소법 제62조 제1항 제1호의 '국가기관'에 해당한다고 볼 수 없으므로, 청구인들의 피청구인 조정위원장의 가결선포행위에 대한 청구는 권한쟁의심판의 당사자가 될 수 없는 피청구인을 대상으로 하는 청구로서 부적법하다(헌재 2020.5.27. 2019헌라5).

정답 009 ○ 010 X 011 ○ 012 ○

013
☐☐☐

권한쟁의심판 청구인이 법률안 심의·표결권의 주체인 국가기관으로서의 국회의원 자격으로 권한쟁의심판을 청구하였다가 심판절차 계속 중 사망한 경우, 그에 관련된 권한쟁의심판절차는 수계된다. O | X

청구인이 법률안 심의·표결권의 주체인 국가기관으로서의 국회의원 자격으로 권한쟁의심판을 청구하였다가 심판절차 계속 중 사망한 경우, 국회의원의 법률안 심의·표결권은 성질상 일신전속적인 것으로 당사자가 사망한 경우 승계되거나 상속될 수 없어 그에 관련된 권한쟁의심판절차 또한 수계될 수 없으므로, 권한쟁의심판 청구는 청구인의 사망과 동시에 당연히 그 심판절차가 종료된다(헌재 2010.11.25. 2009헌라12).

014
☐☐☐

권한쟁의 심판청구는 피청구인의 처분 또는 부작위가 헌법 또는 법률에 의하여 부여받은 청구인의 권한을 침해하였거나 침해할 현저한 위험이 있는 때에 한하여 이를 할 수 있는데, 여기서 처분이란 법적 중요성을 지닌 것에 한하는 것으로, 청구인의 법적 지위에 구체적으로 영향을 미칠 가능성이 있는 행위여야 한다. O | X

헌법재판소법 제61조 제2항에 의하면, 권한쟁의 심판청구는 피청구인의 처분 또는 부작위가 헌법 또는 법률에 의하여 부여받은 청구인의 권한을 침해하였거나 침해할 현저한 위험이 있는 때에 한하여 이를 할 수 있다. 여기서 '처분'이란 법적 중요성을 지닌 것에 한하는 것으로, 청구인의 법적 지위에 구체적으로 영향을 미칠 가능성이 있는 행위여야 한다(헌재 2008.6.26. 2005헌라7).

015
☐☐☐

권한쟁의심판은 그 사유가 있음을 안 날부터 60일 이내에, 그 사유가 있은 날부터 180일 이내에 청구하여야 하나, 장래처분이 확실하게 예정되어 있고, 장래처분에 의한 권한침해 위험성이 있음을 이유로 예외적으로 허용되는 경우에는 청구기간의 제한이 적용되지 않는다. O | X

피청구인의 장래처분이 확실하게 예정되어 있고, 피청구인의 장래처분에 의해서 청구인의 권한이 침해될 위험성이 있어서 청구인의 권한을 사전에 보호해 주어야 할 필요성이 매우 큰 예외적인 경우에는 피청구인의 장래처분에 대해서도 헌법재판소법 제61조 제2항에 의거하여 권한쟁의심판을 청구할 수 있다. … 피청구인의 장래처분에 의한 권한침해 위험성이 발생하는 경우에는 장래처분이 내려지지 않은 상태이므로 청구기간의 제한이 없다고 보아야 한다(헌재 2004.9.23. 2000헌라2).

016
☐☐☐

지방자치단체는 기관위임사무의 집행에 관한 권한의 존부 및 범위에 관한 권한분쟁을 이유로 기관위임사무를 집행하는 국가기관 또는 다른 지방자치단체의 장을 상대로 권한쟁의심판청구를 할 수 없다. O | X

지방자치단체는 기관위임사무의 집행에 관한 권한의 존부 및 범위에 관한 권한분쟁을 이유로 기관위임사무를 집행하는 국가기관 또는 다른 지방자치단체의 장을 상대로 권한쟁의심판청구를 할 수 없다고 할 것이다. 결국 국가사무로서의 성격을 가지고 있는 기관위임사무의 집행권한의 존부 및 범위에 관하여 지방자치단체가 청구한 권한쟁의심판청구는 지방자치단체의 권한에 속하지 아니하는 사무에 관한 심판청구로서 그 청구가 부적법하다고 할 것이다(헌재 2004.9.23. 2000헌라2).

017
☐☐☐

국가기관의 부분 기관이 자신의 이름으로 소속기관의 권한을 주장할 수 있는 '제3자 소송담당'을 명시적으로 허용하는 법률의 규정이 없는 현행법 체계하에서는 국회의 구성원인 국회의원이 국회의 조약에 대한 체결·비준 동의권의 침해를 주장하는 권한쟁의심판을 청구할 수 없다. O | X

국회의 의사가 다수결에 의하여 결정되었음에도 다수결의 결과에 반대하는 소수의 국회의원에게 권한쟁의심판을 청구할 수 있게 하는 것은 다수결의 원리와 의회주의의 본질에 어긋날 뿐만 아니라, 국가기관이 기관 내부에서 민주적인 방법으로 토론과 대화에 의하여 기관의 의사를 결정하려는 노력 대신 모든 문제를 사법적 수단에 의해 해결하려는 방향으로 남용될 우려도 있으므로, 국가기관의 부분 기관이 자신의 이름으로 소속기관의 권한을 주장할 수 있는 '제3자 소송담당'을 명시적으로 허용하는 법률의 규정이 없는 현행법 체계하에서는 국회의 구성원인 국회의원이 국회의 조약에 대한 체결·비준 동의권의 침해를 주장하는 권한쟁의심판을 청구할 수 없다(헌재 2007.7.26. 2005헌라8).

018
☐☐☐

국회 교섭단체 대표의원은 헌법 제111조 제1항 제4호 및 헌법재판소법 제62조 제1항 제1호의 '국가기관'에 해당한다고 볼 수 없으므로, 권한쟁의심판의 당사자능력이 인정되지 아니한다. O | X

헌법은 국회의원들이 교섭단체 대표의원을 정하여 이를 통해 일정한 권한을 행사할 것을 예정하고 있지 않으며, 교섭단체 대표의원이 가지는 국회법상 권한이 국회의원으로서의 권한과 구분되는 독자적인 권한에 해당하는 것도 아니다. 따라서 교섭단체 대표의원은 헌법 제111조 제1항 제4호 및 헌법재판소법 제62조 제1항 제1호의 '국가기관'에 해당한다고 볼 수 없으므로, 권한쟁의심판의 당사자능력이 인정되지 아니한다(헌재 2023.9.26. 2020헌라2).

019
☐☐☐

지방자치단체의 의결기관과 지방자치단체의 집행기관 사이의 내부적 분쟁과 관련된 심판청구는 헌법재판소가 관장하는 권한쟁의심판에 속하지 아니하여 부적법하다. O | X

지방자치단체의 의결기관인 지방의회와 지방자치단체의 집행기관인 지방자치단체장 간의 내부적 분쟁은 헌법재판소법에 의하여 헌법재판소가 관장하는 지방자치단체 상호간의 권한쟁의심판의 범위에 속하지 아니하고, 달리 헌법재판소법 제62조 제1항 제1호의 국가기관 상호간의 권한쟁의심판이나 같은 법 제62조 제1항 2호의 국가기관과 지방자치단체 상호간의 권한쟁의심판에 해당한다고 볼 수도 없다(헌재 2018.7.26. 2018헌라1).

020
☐☐☐

지방자치법은 헌법의 위임을 받아 지방자치단체의 종류를 규정하고 있으므로, 지방자치단체 상호간의 권한쟁의심판을 규정하는 헌법재판소법 제62조 제1항 제3호는 예시적인 규정으로 해석된다. O | X

지방자치법은 헌법의 위임을 받아 지방자치단체의 종류를 규정하고 있으므로, 지방자치단체 상호간의 권한쟁의심판을 규정하는 헌법재판소법 제62조 제1항 제3호를 예시적으로 해석할 필요성 및 법적 근거가 없다. 따라서 시·도의 교육·학예에 관한 집행기관인 교육감과 해당 지방자치단체 사이의 내부적 분쟁과 관련된 심판청구는 헌법재판소가 관장하는 권한쟁의심판에 속하지 아니한다(헌재 2016.6.30. 2014헌라1).

정답 017 ○ 018 ○ 019 ○ 020 X

021

□□□

국가기관의 '헌법상 권한'은 국회의 입법행위를 비롯한 다양한 국가기관의 행위로 침해될 수 있으나, 국가 기관의 '법률상 권한'은 다른 국가기관의 행위로 침해될 수 있음은 별론으로 하고 국회의 입법행위로는 침 해될 수 없다. O | X

국가기관의 '헌법상 권한'은 국회의 입법행위를 비롯한 다양한 국가기관의 행위로 침해될 수 있다. 그러나 국가 기관의 '법률상 권한'은, 다른 국가기관의 행위로 침해될 수 있음은 별론으로 하고, 국회의 입법행위로는 침해될 수 없다. 국가기관의 '법률상 권한'은 국회의 입법행위에 의해 비로소 형성·부여된 권한일 뿐, 역으로 국회의 입법행위를 구속하는 기준이 될 수 없기 때문이다. 따라서 문제 된 침해의 원인이 '국회의 입법행위'인 경우에 는 '법률상 권한'을 침해의 대상으로 삼는 심판청구는 권한침해가능성을 인정할 수 없다(헌재 2023.3.23. 2022헌라4).

022

□□□

정당은 권한쟁의심판의 당사자가 될 수 없지만, 교섭단체는 국회의 부분기관으로서 독자적인 권한을 가지 므로 권한쟁의심판의 당사자능력이 인정된다. O | X

정당은 특별한 사정이 없는 한 권한쟁의심판절차의 당사자가 될 수는 없다(헌재 2020.5.27. 2019헌사 1121). 헌법은 권한쟁의심판청구의 당사자로 국회의원들의 모임인 교섭단체에 대해서 규정하고 있지 않다. 국회는 교섭단체와 같이 국회의 내부 조직을 자율적으로 구성하고 그에 일정한 권한을 부여할 수 있으나, 교 섭단체가 갖는 권한은 원활한 국회 의사진행을 위하여 국회법에서 인정하고 있는 권한일 뿐이다. 이러한 점을 종합하면, 교섭단체는 그 권한침해를 이유로 권한쟁의심판을 청구할 수 없다(헌재 2020.5.27. 2019헌사 1121).

023

□□□

일반적으로 정부조직법상 합의제 행정기관을 포함한 정부의 부분기관 사이의 권한에 관한 다툼은 정부조 직법상의 상하 위계질서 등을 통하여 해결될 수 있으므로 권한쟁의심판이 허용될 수 없다. O | X

정부조직법상 합의제 행정기관을 포함한 정부의 부분기관 사이의 권한에 관한 다툼은 정부조직법상의 상하 위 계질서나 국무회의, 대통령에 의한 조정 등을 통하여 자체적으로 해결될 가능성이 있고 청구인의 경우도 정부 내의 상하관계에 의한 권한질서에 의하여 권한쟁의를 해결하는 것이 불가능하지 않다. 따라서 권한쟁의심판의 당사자능력은 헌법에 의하여 설치된 국가기관에 한정하여 인정하는 것이 타당하므로, 법률에 의하여 설치된 청구인에게는 권한쟁의심판의 당사자능력이 인정되지 아니한다(헌재 2022.12.22. 2022헌라5).

024

□□□

지방의회 의원과 지방의회 의장 간의 권한쟁의심판은 헌법재판소가 관장하는 지방자치단체 상호간의 권 한쟁의심판의 범위에 속한다고 볼 수 없다. O | X

지방자치단체의 의결기관인 지방의회를 구성하는 지방의회 의원과 그 지방의회의 대표자인 지방의회 의장 간 의 권한쟁의심판은 헌법 및 헌법재판소법에 의하여 헌법재판소가 관장하는 지방자치단체 상호 간의 권한쟁의 심판의 범위에 속한다고 볼 수 없으므로 부적법하다(헌재 2010.4.29. 2009헌라11).

025

☐☐☐

지방자치단체의 장은 원칙적으로 권한쟁의심판의 당사자가 될 수 없지만, 지방자치단체의 장이 국가위임 사무에 대해 국가기관의 지위에서 처분을 행한 경우에는 권한쟁의심판의 당사자가 될 수 있다. O | X

권한쟁의 심판청구는 헌법과 법률에 의하여 권한을 부여받은 자가 그 권한의 침해를 다투는 헌법소송으로서 이러한 권한쟁의심판을 청구할 수 있는 자에 대하여는 헌법 제111조 제1항 제4호와 헌법재판소법 제62조 제 1항 제3호가 정하고 있는바, 이에 의하면 지방자치단체의 장은 원칙적으로 권한쟁의 심판청구의 당사자가 될 수 없다. 다만 지방자치단체의 장이 국가위임 사무에 대해 국가기관의 지위에서 처분을 행한 경우에는 권한쟁의 심판청구의 당사자가 될 수 있다(헌재 2006.8.31. 2003헌라1).

026

☐☐☐

국가경찰위원회는 업무의 헌법적 중요성, 기관의 독립성 등에 비추어 권한쟁의심판의 당사자인 국가기관 에 해당한다. O | X

국회가 제정한 경찰법에 의하여 비로소 설립된 청구인은 국회의 경찰법 개정행위에 의하여 존폐 및 권한범위 등이 좌우되므로, 헌법 제111조 제1항 제4호 소정의 헌법에 의하여 설치된 국가기관에 해당한다고 할 수 없 다. … 따라서 권한쟁의심판의 당사자능력은 헌법에 의하여 설치된 국가기관에 한정하여 인정하는 것이 타당 하므로, 법률에 의하여 설치된 청구인 국가경찰위원회에게는 권한쟁의심판의 당사자능력이 인정되지 아니한다 (헌재 2022.12.22. 2022헌라5).

제6장 헌법소원심판

21. 법원직

001
☐☐☐

헌법소원심판을 청구하려는 자가 자력이 없는 경우라 하더라도 그 심판청구가 명백히 부적법하거나 이유 없는 경우에는 국선대리인을 선정하지 아니할 수 있다. O | X

> **헌법재판소법 제70조【국선대리인】** ③ 헌법재판소는 제1항의 신청이 있는 경우 또는 제2항의 경우에는 헌법재 판소규칙으로 정하는 바에 따라 변호사 중에서 국선대리인을 선정한다. 다만, 그 심판청구가 명백히 부적법하 거나 이유 없는 경우 또는 권리의 남용이라고 인정되는 경우에는 국선대리인을 선정하지 아니할 수 있다.

21. 국가직

002
☐☐☐

공권력의 불행사로 인한 기본권침해는 그 불행사가 계속되는 한 기본권침해의 부작위가 계속된다고 할 것이므로 공권력의 불행사에 대한 헌법소원은 그 불행사가 계속되는 한 기간의 제약없이 적법하게 청구 할 수 있다. O | X

헌법재판소법 제69조에서는 헌법소원 전반에 관한 청구기간을 규정하고 있기 때문에 공권력의 불행사에 대한 헌법소원도 청구기간의 제한이 있는 것이 아닌가 하는 의문이 있으나 공권력의 행사는 그 행사가 있는 때 기 본권 침해행위는 종료하고 그 위법상태가 계속될 수 있음에 비하여 공권력의 불행사는 그 불행사가 계속되는 한 기본권침해의 부작위가 계속된다 할 것이므로, 공권력의 불행사에 대한 헌법소원심판은 그 불행사가 계속 되는 한 기간의 제약이 없이 적법하게 청구할 수 있다 할 것이다(헌재 1994.12.29. 89헌마2).

21. 국가직

003
☐☐☐

공권력의 작용의 직접적인 상대방이 아닌 제3자는 공권력의 작용이 그 제3자의 기본권을 직접적이고 법 적으로 침해하는 경우라 하더라도 그 제3자에게 자기관련성이 인정되지 않는다. O | X

공권력 작용의 직접적인 상대방이 아닌 제3자라고 하더라도 공권력 작용이 그 제3자의 기본권을 직접적이고 법적으로 침해하고 있는 경우에는 예외적으로 그 제3자에게 자기관련성이 있다고 할 것인바, 이러한 기본권침 해의 자기관련성 판단은 입법의 목적, 실질적인 규율대상, 법 규정에서의 제한이나 금지가 제3자에게 미친 효 과나 진지성의 정도 및 규범의 직접적인 수규자에 의한 헌법소원제기의 기대가능성 등을 종합적으로 고려하여 판단하여야 할 것이다(헌재 2011.10.25. 2010헌마661).

정답 001 ○ 002 ○ 003 X

제4편

해커스공무원 신동욱 헌법 핵심 기출 OX

004
☐☐☐

헌법재판소법 제68조 제1항 단서에서 말하는 다른 권리구제절차에는 사후적·보충적 구제수단인 손해배상청구나 손실보상청구도 포함된다. O | X

헌법재판소법 제68조 제1항 단서에 의하면 헌법소원은 다른 권리구제절차를 거친 뒤 비로소 제기할 수 있는 것이기는 하지만, 여기서 말하는 권리구제절차는 공권력의 행사 또는 불행사를 직접대상으로 하여 그 효력을 다툴 수 있는 권리구제절차를 의미하는 것이지, 사후적·보충적 구제수단인 손해배상청구나 손실보상청구를 의미하는 것이 아님은 헌법소원제도를 규정한 헌법의 정신에 비추어 명백하다(헌재 1989.4.17. 88헌마3).

005
☐☐☐

청구인은 공권력 작용과 현재 관련이 있어야 하며, 장래 어느 때인가 관련될 수 있을 것이라는 것만으로는 헌법소원을 제기하기에 족하지 않으므로, 기본권침해가 장래에 발생하고 그 침해가 틀림없을 것으로 현재 확실히 예측되더라도 침해의 현재성을 인정할 수는 없다. O | X

원칙적으로 헌법소원심판의 청구인은 공권력의 작용과 현재 관련이 있어야 하며, 장래 어느 때인가 관련될 수 있을 것이라는 것만으로는 헌법소원을 제기하기에 족하지 않다. 다만, 기본권의 침해가 장래에 발생하더라도 그 침해가 틀림없을 것으로 현재 확실히 예측된다면, 기본권구제의 실효성을 위하여 침해의 현재성을 인정할 수 있다(헌재 2017.1.24. 2017헌마27).

006
☐☐☐

헌법 해석상 국회가 선출하여 임명된 헌법재판소의 재판관 중 공석이 발생한 경우에 국회가 공정한 헌법재판을 받을 권리의 보장을 위하여 공석인 재판관의 후임자를 선출하여야 할 구체적 작위의무를 부담한다고 볼 수는 없다. O | X

헌법 제27조가 보장하는 재판청구권에는 공정한 헌법재판을 받을 권리도 포함되고, 헌법 제111조 제2항은 헌법재판소가 9인의 재판관으로 구성된다고 명시하여 다양한 가치관과 헌법관을 가진 9인의 재판관으로 구성된 합의체가 헌법재판을 담당하도록 하고 있으며, 같은 조 제3항은 재판관 중 3인은 국회에서 선출하는 자를 임명한다고 규정하고 있다. 그렇다면 헌법 제27조, 제111조 제2항 및 제3항의 해석상, 피청구인이 선출하여 임명된 재판관 중 공석이 발생한 경우, 국회는 공정한 헌법재판을 받을 권리의 보장을 위하여 공석인 재판관의 후임자를 선출하여야 할 구체적 작위의무를 부담한다고 할 것이다(헌재 2014.4.24. 2012헌마2).

007
☐☐☐

헌법재판소법 제68조 제2항에 따른 헌법소원심판은 위헌 여부 심판의 제청신청을 기각하는 결정을 통지받은 날부터 30일 이내에 청구하여야 한다. O | X

> **헌법재판소법 제69조 【청구기간】** ② 제68조 제2항에 따른 헌법소원심판은 위헌 여부 심판의 제청신청을 기각하는 결정을 통지받은 날부터 30일 이내에 청구하여야 한다.

정답 004 X 005 X 006 X 007 O

008
□□□

피청구인인 경찰서장이 국민건강보험공단에 범죄혐의자들의 요양급여내역의 제공을 요청한 행위는 공권력의 행사에 해당한다. O | X

이 사건 사실조회행위의 근거조항인 이 사건 사실조회조항은 수사기관에 공사단체 등에 대한 사실조회의 권한을 부여하고 있을 뿐이고, 국민건강보험공단은 서울용산경찰서장의 사실조회에 응하거나 협조하여야 할 의무를 부담하지 않는다. 따라서 이 사건 사실조회행위만으로는 청구들의 법적 지위에 어떠한 영향을 미친다고 보기 어렵고, 국민건강보험공단의 자발적인 협조가 있어야만 비로소 청구인들의 개인정보자기결정권이 제한된다. 그러므로 이 사건 사실조회행위는 공권력 행사성이 인정되지 않는다(헌재 2018.8.30. 2014헌마368).

009
□□□

법원의 재판에 대하여는 원칙적으로 헌법소원심판을 청구할 수 없으며, 여기서 법원의 재판이라 함은 사건을 종국적으로 해결하기 위한 종국판결 외에 본안전 소송판결 및 중간판결이 모두 포함된다. O | X

'법원의 재판'은 헌법재판소가 위헌으로 결정한 법령을 적용함으로써 국민의 기본권을 침해한 재판에 해당하지 않는 한 헌법소원심판의 대상이 될 수 없다. 여기서 '법원의 재판'이란 사건을 종국적으로 해결하기 위한 종국판결 외에 본안전 소송판결 및 중간판결이 모두 포함되고, 기타 소송절차의 파생적·부수적인 사항에 대한 공권적 판단도 포함된다(헌재 2018.8.30. 2016헌마344 등).

> **헌법재판소법 제68조【청구 사유】** ① 공권력의 행사 또는 불행사(不行使)로 인하여 헌법상 보장된 기본권을 침해받은 자는 법원의 재판을 제외하고는 헌법재판소에 헌법소원심판을 청구할 수 있다. 다만, 다른 법률에 구제절차가 있는 경우에는 그 절차를 모두 거친 후에 청구할 수 있다.

010
□□□

법원의 재판에는 재판절차에 관한 법원의 판단이 포함되나, 재판의 지연은 법원의 재판절차에 관한 것으로 볼 수 없으므로 헌법소원의 대상이 된다. O | X

원칙적으로 법원의 재판을 대상으로 하는 헌법소원심판청구는 허용되지 아니하고(헌법재판소법 제68조 제1항), 위 규정의 '법원의 재판'에는 재판 자체뿐만 아니라 재판절차에 관한 법원의 판단도 포함되는 것으로 보아야 한다. 따라서 위 재심청구기각 결정은 법원의 재판 자체에 해당하고 위 재청구한 재심사건에서의 재판지연은 법원의 재판절차에 관한 것이므로 모두 헌법소원의 대상이 될 수 없다(헌재 2009.7.14. 2009헌마332).

011
□□□

헌법재판소에 의하여 이미 위헌선언된 법령을 적용하여 국민의 기본권을 침해한 법원의 재판에 대하여는 예외적으로 헌법소원심판을 청구할 수 있다. O | X

원칙적으로 법원의 재판을 대상으로 하는 헌법소원심판청구는 허용되지 아니하고, 다만 헌법재판소가 위헌으로 결정한 법령을 적용함으로써 국민의 기본권을 침해한 재판에 대하여만 헌법재판소법 제68조 제1항에 의한 헌법소원심판을 청구할 수 있다(헌재 2016.11.29. 2016헌마971).

정답 008 X 009 O 010 X 011 O

012

□□□

원행정처분을 심판의 대상으로 삼았던 법원의 재판이 예외적으로 헌법소원심판의 대상이 되어 그 재판 자체까지 취소되는 경우에는 원행정처분에 대한 헌법소원이 허용된다. O | X

원행정처분에 대한 헌법소원심판청구를 받아들여 이를 취소하는 것은, 원행정처분을 심판의 대상으로 삼았던 법원의 재판이 예외적으로 헌법소원심판의 대상이 되어 그 재판 자체까지 취소되는 경우에 한하여, 국민의 기본권을 신속하고 효율적으로 구제하기 위하여 가능한 것이고, 이와는 달리 법원의 재판이 취소되지 아니하는 경우에는 확정판결의 기판력으로 인하여 원행정처분은 헌법소원심판의 대상이 되지 아니한다고 할 것이다(헌재 1998.5.28. 91헌마98 등).

013

□□□

사이버대학은 사립학교법 및 고등교육법을 근거로 설립된 교육시설에 불과하여 헌법소원심판을 제기할 청구인능력이 없다. O | X

사이버대학은 사립학교법 및 고등교육법을 근거로 설립된 교육시설에 불과하여 헌법소원심판을 제기할 청구인능력이 없다(헌재 2016.10.27. 2014헌마1037).

014

□□□

대한민국 외교부장관과 일본국 외무부대신이 공동발표한 일본군 위안부 피해자 문제 관련 합의는 헌법소원심판 청구의 대상이 아니다. O | X

이 사건 합의는 양국 외교장관의 공동발표와 정상의 추인을 거친 공식적인 약속이지만, 서면으로 이루어지지 않았고, 통상적으로 조약에 부여되는 명칭이나 주로 쓰이는 조문 형식을 사용하지 않았으며, 헌법이 규정한 조약체결 절차를 거치지 않았다. 또한 합의 내용상 합의의 효력에 관한 양 당사자의 의사가 표시되어 있지 않을 뿐만 아니라, 구체적인 법적 권리·의무를 창설하는 내용을 포함하고 있지도 않다. 이 사건 합의를 통해 일본군 '위안부' 피해자들의 권리가 처분되었다거나 대한민국 정부의 외교적 보호권한이 소멸하였다고 볼 수 없는 이상 이 사건 합의가 일본군 '위안부' 피해자들의 법적 지위에 영향을 미친다고 볼 수 없으므로 위 피해자들의 배상청구권 등 기본권을 침해할 가능성이 있다고 보기 어렵고, 따라서 이 사건 합의를 대상으로 한 헌법소원심판청구는 허용되지 않는다(헌재 2019.12.27. 2016헌마253).

015

□□□

중앙선거관리위원회가 홈페이지 사이트에 제19대 국회의원 선거 투표일을 공고한 것은 선출직 공직자의 지위 발생이라는 청구인들의 권리·의무에 영향을 미치거나 청구인의 법적 지위의 변동과 관련된 것이어서 헌법재판소법 제68조 제1항 소정의 공권력행사에 해당한다. O | X

국회의원선거일은 이 사건 선거일조항에 의하여 이미 정해진 것이므로, 중앙선관위의 홈페이지 사이트에서 '투표일 2016.4.13.(수)'로 공고한 것은 이 사건 선거일조항이 정한 선거일을 구체적으로 계산하여 그 날짜를 확인한 것에 불과하다. 따라서 이 사건 공고가 새로이 위 청구인들의 권리·의무에 영향을 미치거나 청구인들의 법적 지위에 변동을 가하는 것이라고 볼 수 없으므로, 이 사건 공고는 헌법재판소법 제68조 제1항 소정의 공권력의 행사에 해당하지 아니한다(헌재 2016.4.28. 2015헌마1177 등).

정답 012 O 013 O 014 O 015 X

016
☐☐☐

진정사건의 내사종결처리는 구속력이 없는 진정사건에 대한 수사기관의 내부적 사건처리방식에 지나지 아니하는 것이고 진정인의 권리행사에 아무런 영향을 미치는 것이 아니므로 헌법소원심판의 대상이 될 수 없다. O | X

진정에 기하여 이루어진 내사사건의 종결처리는 진정사건에 대한 구속력이 없는 수사기관의 내부적 사건처리 방식에 지나지 아니하므로 진정인의 고소 또는 고발의 권리행사에 아무런 영향을 미치는 것이 아니어서 헌법 소원심판의 대상이 되는 공권력의 행사라고 할 수 없다(헌재 1990.12.26. 89헌마277).

017
☐☐☐

검사조사실에서 수용자가 조사를 받은 동안 계구를 사용하는 행위는 공권력의 행사에 해당하지 않는다. O | X

피청구인의 이 사건 계구사용행위는, 계구사용이 도주 또는 증거인멸의 우려가 있거나 검사조사실 내의 안전과 질서를 유지하기 위하여 꼭 필요한 목적을 위하여만 허용될 수 있다는 점에서 볼 때 그러한 목적달성을 위하여 불가피한 조치라고는 도저히 볼 수 없고, 이로 말미암아 과잉금지원칙에 어긋나게 청구인의 신체의 자유를 과도하게 침해하고, 무죄추정의 원칙 및 방어권행사 보장정신의 근본취지에 어긋나는 위헌적인 공권력행사라고 보지 않을 수 없다(헌재 2005.5.26. 2001헌마728).

✅ 참고 구속된 피의자가 검사조사실에서 수갑 및 포승을 사용한 상태로 피의자신문을 받도록 한 행위는 권력적 사실행위로서 헌법소원이 대상이 되는 공권력행사에 해당한다.

018
☐☐☐

검찰수사관이 피의자신문에 참여한 변호인에게 참여신청서의 작성을 요구한 행위는 공권력의 행사에 해당한다. O | X

청구인은 이 사건 참여신청서요구행위에 따라 수사관이 출력해 준 신청서에 인적사항을 기재하여 제출하였는데, 이는 청구인이 피의자의 변호인임을 밝혀 피의자신문에 참여할 수 있도록 하기 위한 검찰 내부 절차를 수행하는 과정에서 이루어진 비권력적 사실행위에 불과하므로, 헌법소원의 대상이 되는 공권력의 행사에 해당하지 않는다(헌재 2017.11.30. 2016헌마503).

019
☐☐☐

경찰관이 기자들의 취재 요청에 응하여 구속된 피의자가 경찰서 조사실에서 양손에 수갑을 찬 채 조사받는 모습을 촬영할 수 있도록 허용한 행위는 공권력의 행사에 해당한다. O | X

수사기관이 촬영에 협조하지 않는 이상 기자들이 수사관서 내에서 피의자의 조사장면을 촬영하는 것은 불가능하고, 수사기관이 피의자 개인보다 훨씬 더 우월적 지위에 있어 취재 및 촬영과정에서 사실상 피의자의 의사가 반영되기 어렵다. 피청구인이 청구인의 의사에 관계없이 언론사의 취재 요청에 응하여 청구인의 모습을 촬영할 수 있도록 허용한 이상, 이미 청구인으로서는 수갑을 차고 얼굴을 드러낸 상태에서 조사받는 모습을 언론사에 공개당하는 불이익을 입게 된 것이다. 결국 심판대상 행위들은 권력적 사실행위로서 헌법소원심판청구의 대상이 되는 공권력의 행사에 해당한다(헌재 2014.3.27. 2012헌마652).

020

□□□

경찰서장이 옥외집회신고서를 반려한 행위는 공권력의 행사에 해당하지 않는다.　　　　　O | X

피청구인 서울남대문경찰서장은 옥외집회의 관리 책임을 맡고 있는 행정기관으로서 이미 접수된 청구인들의 옥외집회신고서에 대하여 법률상 근거 없이 이를 반려하였는바, 청구인들의 입장에서는 이 반려행위를 옥외집회신고에 대한 접수거부 또는 집회의 금지통고로 보지 않을 수 없었고, 그 결과 형사적 처벌이나 집회의 해산을 받지 않기 위하여 집회의 개최를 포기할 수밖에 없었다고 할 것이므로 피청구인의 이 사건 반려행위는 주무(主務) 행정기관에 의한 행위로서 기본권침해 가능성이 있는 공권력의 행사에 해당한다(헌재 2008.5.29. 2007헌마712).

021

□□□

헌법소원심판에서 대리인의 선임 없이 청구된 경우에 지정재판부는 재판관 전원의 일치된 의견에 의한 결정으로 심판청구를 각하할 수 있으며, 헌법소원심판의 청구 후 30일이 지날 때까지 각하결정이 없는 때에는 청구된 헌법소원은 재판부의 심판에 회부되지 않은 것으로 본다.　　　　　O | X

헌법소원심판의 청구 후 30일이 지날 때까지 각하결정이 없는 때에는 심판에 회부하는 결정이 있는 것으로 본다.

> **헌법재판소법 제72조【사전심사】** ④ 지정재판부는 전원의 일치된 의견으로 제3항의 각하결정을 하지 아니하는 경우에는 결정으로 헌법소원을 재판부의 심판에 회부하여야 한다. 헌법소원심판의 청구 후 30일이 지날 때까지 각하결정이 없는 때에는 심판에 회부하는 결정(이하 "심판회부결정"이라 한다)이 있는 것으로 본다.

022

□□□

대통령이 국회에 파병동의안을 제출하기 전에 대통령을 보좌하기 위하여 파병정책을 심의, 의결한 국무회의의 의결은 국가기관의 내부적 의사결정행위에 해당하지만, 국민에 대하여 직접적인 법률효과를 발생할 수 있는 행위이므로 헌법소원의 대상이 되는 공권력의 행사에 해당한다.　　　　　O | X

대통령이 국회에 파병동의안을 제출하기 전에 대통령을 보좌하기 위하여 파병 정책을 심의, 의결한 국무회의의 의결은 국가기관의 내부적 의사결정행위에 불과하여 그 자체로 국민에 대하여 직접적인 법률효과를 발생시키는 행위가 아니므로 헌법재판소법 제68조 제1항에서 말하는 공권력의 행사에 해당하지 아니한다(헌재 2003.12.18. 2003헌마225).

023

□□□

한정위헌결정의 기속력을 부인하여 청구인들의 재심청구를 기각한 법원의 재판은 '법률에 대한 위헌결정의 기속력에 반하는 재판'으로 이에 대한 헌법소원이 허용될 뿐 아니라 헌법상 보장된 재판청구권을 침해하였으므로 헌법재판소법 제75조 제3항에 따라 취소되어야 한다.　　　　　O | X

한정위헌결정은 형벌 조항의 일부가 헌법에 위반되어 무효라는 내용의 일부위헌결정으로, 법원과 그 밖의 국가기관 및 지방자치단체에 대하여 기속력이 있다. 이 사건 한정위헌결정의 기속력을 부인하여 청구인들의 재심청구를 기각한 법원의 재판은 '법률에 대한 위헌결정의 기속력에 반하는 재판'으로 이에 대한 헌법소원은 허용되고 청구인들의 헌법상 보장된 재판청구권을 침해하였으므로 법 제75조 제3항에 따라 취소되어야 한다(헌재 2022.6.30. 2014헌마760 등).

정답 020 X　021 X　022 X　023 O

024
□□□

법률에 대한 헌법재판소의 한정위헌결정 이전에 그 법률을 적용하여 확정된 유죄판결은 '헌법재판소가 위헌으로 결정한 법령을 적용하여 국민의 기본권을 침해한 재판'에는 해당하지 않지만, '위헌결정의 기속력에 반하는 재판'이므로 그 판결을 대상으로 한 헌법소원 심판청구는 적법하다.　　　O | X

이 사건 한정위헌결정 이전에 확정된 이 사건 유죄판결들은 법률에 대한 <u>위헌결정의 기속력에 반하는 재판</u>이라고 볼 수 없고, 따라서 헌법소원심판의 대상이 되는 예외적인 재판에 해당하지 아니하므로 이에 대한 심판청구는 부적법하다(헌재 2022.6.30. 2014헌마760 등).

025
□□□

헌법소원심판청구인이 심판대상 법률조항의 특정한 해석이나 적용 부분의 위헌성을 주장하는 한정위헌청구는 원칙적으로 적법하지만, 한정위헌청구의 형식을 취하고 있으면서도 실제로는 개별적 · 구체적 사건에서의 법률조항의 단순한 포섭 · 적용에 관한 문제를 다투거나 의미 있는 헌법문제를 주장하지 않으면서 법원의 법률해석이나 재판결과를 다투는 심판청구는 부적법하다.　　　O | X

구체적 규범통제절차에서 제청법원이나 헌법소원 청구인이 심판대상 법률조항의 특정한 해석이나 적용 부분의 위헌성을 주장하는 한정위헌청구 역시 원칙적으로 적법한 것으로 보아야 할 것이다. 다만, 재판소원을 금지하고 있는 헌법재판소법 제68조 제1항의 취지에 비추어, 한정위헌청구의 형식을 취하고 있으면서도 실제로는 당해사건 재판의 기초가 되는 사실관계의 인정이나 평가 또는 개별적 · 구체적 사건에서의 법률조항의 단순한 포섭 적용에 관한 문제를 다투거나, 의미 있는 헌법문제를 주장하지 않으면서 법원의 법률해석이나 재판결과를 다투는 경우 등은 모두 현행의 규범통제제도에 어긋나는 것으로서 허용될 수 없다(헌재 2019.6.3. 2019헌마514).

026
□□□

채증활동규칙은 집회 · 시위 현장에서 불법행위의 증거자료를 확보하기 위해 행정조직의 내부에서 상급행정기관이 하급행정기관에 대하여 발령한 내부기준으로 행정규칙이지만 직접 집회참가자들의 기본권을 제한하므로 이에 대한 헌법소원심판청구는 기본권 침해의 직접성 요건을 충족하였다.　　　O | X

채증규칙(경찰청 예규)은 법률로부터 구체적인 위임을 받아 제정한 것이 아니며, 집회 · 시위 현장에서 불법행위의 증거자료를 확보하기 위해 행정조직의 내부에서 상급행정기관이 하급행정기관에 대하여 발령한 내부기준으로 행정규칙이다. 청구인들을 포함한 이 사건 집회 참가자는 이 사건 채증규칙에 의해 직접 기본권을 제한받는 것이 아니라, 경찰의 이 사건 촬영행위에 의해 비로소 기본권을 제한받게 된다. 따라서 청구인들의 이 사건 채증규칙에 대한 심판청구는 헌법재판소법 제68조 제1항이 정한 기본권 침해의 직접성 요건을 충족하지 못하였으므로 부적법하다(헌재 2018.8.30. 2014헌마843).

해커스공무원 신동욱 헌법 핵심 기출 OX

제4편

027
□□□

위헌법률심판을 구하는 헌법소원에 대한 헌법재판소의 결정에 대하여는 재심을 허용하지 아니함으로써 얻을 수 있는 법적 안정성의 이익이 재심을 허용함으로써 얻을 수 있는 구체적 타당성의 이익보다 훨씬 높을 것으로 예상할 수 있으므로 헌법재판소의 이러한 결정에는 재심에 의한 불복방법이 그 성질상 허용될 수 없다. O | X

헌법재판소법 제68조 제2항에 의한 헌법소원 심판청구사건에서 선고된 헌법재판소의 결정에 대하여 재심에 의한 불복방법이 허용된다면, 종전에 헌법재판소의 위헌결정으로 효력이 상실된 법률 또는 법률조항이 재심절차에 의하여 그 결정이 취소되고 새로이 합헌결정이 선고되어 그 효력이 되살아날 수 있다거나 종래의 합헌결정이 후일 재심절차에 의하여 취소되고 새로이 위헌결정이 선고될 수 있다 할 것이다. … 위헌법률심판을 구하는 헌법소원에 대한 헌법재판소의 결정에 대하여는 재심을 허용하지 아니함으로써 얻을 수 있는 법적 안정성의 이익이 재심을 허용함으로써 얻을 수 있는 구체적 타당성의 이익보다 훨씬 높을 것으로 쉽사리 예상할 수 있으므로, 헌법재판소의 이러한 결정에는 재심에 의한 불복방법이 그 성질상 허용될 수 없다고 보는 것이 상당하다고 할 것이다(헌재 2016.5.26. 2015헌아20).

028
□□□

대법원규칙은 헌법재판소법 제68조 제2항에 따른 헌법소원심판의 대상이 된다. O | X

헌법재판소법 제68조 제2항의 규정에 의한 헌법소원심판청구는 법률이 헌법에 위반되는 여부가 재판의 전제가 된 때에 소송사건의 당사자가 같은 법 제41조 제1항에 의한 위헌여부 심판의 제청신청을 하였음에도 불구하고 법원이 이를 배척한 경우 법원의 제청에 갈음하여 당사자가 직접 헌법재판소에 헌법소원의 형태로 그 법률의 위헌여부의 심판을 구하는 것이므로 그 심판의 대상은 재판의 전제가 되는 법률이지 대통령령이나 규칙은 그 대상이 될 수 없다(헌재 2003.6.26. 2001헌바54).
※ 대법원규칙은 헌법재판소법 제68조 제2항에 따른 헌법소원심판의 대상이 될 수 없다.

029
□□□

위헌법률심판 및 헌법재판소법 제68조 제2항에 따른 헌법소원심판에서 내린 결정은 재심의 대상이 된다. O | X

헌법재판소는 헌법재판소법 제68조 제2항에 의한 헌법소원에 관한 헌법재판소의 결정에 대한 재심절차의 허용 여부에 관하여, 헌법재판소의 인용결정은 위헌법률심판의 경우와 마찬가지로 이른바 일반적 기속력과 대세적·법규적 효력을 가지는 것이고, 이러한 효력은 일반법원의 확정판결이 그 기속력이나 확정력에 있어서 원칙적으로 소송당사자에게만 한정하여 그 효력이 미치는 것과 크게 다르므로, 헌법재판소법 제68조 제2항에 의한 헌법소원사건에 관한 헌법재판소의 결정에 대하여는 원칙적으로 재심을 허용하지 아니함으로써 얻을 수 있는 법적 안정성의 이익이 재심을 허용함으로써 얻을 수 있는 구체적 타당성의 이익보다 높기 때문에, 사안의 성질상 재심을 허용할 수 없다고 판시한 바 있다(헌재 1995.1.20. 93헌아1).

정답 027 O 028 X 029 X

030
☐☐☐

권리보호이익은 소송제도에 필연적으로 내재하는 요청으로 헌법소원제도의 목적상 필수적인 요건이라고 할 것이어서, 헌법소원심판청구의 적법요건 중의 하나로 권리보호이익을 요구하는 것이 청구인의 재판을 받을 권리를 침해한다고 볼 수는 없다. **O | X**

권리보호이익은 소송제도에 필연적으로 내재하는 요청으로 헌법소원제도의 목적상 필수적인 요건이라고 할 것이어서 이로 인하여 본안판단을 받지 못한다고 하여도 재판을 받을 권리의 본질적인 부분에 대한 침해가 있다고 보기 어렵다. … 헌법재판소는 비록 권리보호이익이 없을 때에도 반복위험이나 헌법적 해명이 필요한 경우에는 본안판단을 할 수 있는 예외를 인정하고 있다. 따라서 헌법소원심판청구의 적법요건 중의 하나로 권리보호이익을 요구하는 것이 청구인의 재판을 받을 권리를 침해한다고 볼 수는 없다(헌재 2001.9.27. 2001헌마152).

031
☐☐☐

기본권침해의 직접성이란 집행행위에 의하지 아니하고 법률 그 자체에 의하여 자유의 제한, 의무의 부과, 권리 또는 법적 지위의 박탈이 생긴 경우를 말하므로, 법규범이 정하고 있는 법률효과가 구체적으로 발생함에 있어 사인의 행위를 요건으로 하고 있다면 직접성이 인정되지 아니한다. **O | X**

법규범이 구체적인 집행행위를 기다리지 아니하고 직접 기본권을 침해한다고 할 때의 집행행위란 공권력행사로서의 집행행위를 의미하는 것이므로 법규범이 정하고 있는 법률효과가 구체적으로 발생함에 있어 법무사의 해고행위와 같이 **공권력**이 아닌 사인의 행위를 요건으로 히고 있다고 할지라도 법규범의 직접성을 부인할 수 없는 것이다(헌재 1996.4.25. 95헌마331).

032
☐☐☐

헌법재판소법 제68조 제1항의 헌법소원심판은 청구인의 구체적인 기본권 침해와 무관하게 법률 등 공권력이 헌법에 합치하는지 여부를 추상적으로 심판하고 통제하는 절차이다. **O | X**

헌법소원제도는 공권력작용으로 인하여 헌법상의 권리를 침해받은 자가 그 권리를 구제받기 위하여 심판을 구하는 이른바 주관적 권리구제절차라는 점을 본질적 요소로 하고 있는 것으로서, 청구인의 구체적인 기본권침해와 무관하게 법률 등 공권력이 헌법에 합치하는지 여부를 추상적으로 심판하고 통제하는 절차가 아니다(헌재 2018.3.20. 2018헌마212).

033
☐☐☐

검사가 발부한 형집행장에 의하여 검거된 벌금미납자의 신병에 관한 업무와 관련하여 경찰공무원은 공법상의 권한을 행사하는 공권력행사의 주체일 뿐이지, 기본권의 주체가 된다고 할 수 없으므로 헌법소원심판을 제기할 청구인 적격은 인정되지 않는다. **O | X**

일반적으로 청구인과 같은 경찰공무원은 기본권의 주체가 아니라 국민 모두에 대한 봉사자로서 공공의 안전 및 질서유지라는 공익을 실현할 의무가 인정되는 기본권의 수범자라 할 것인바, 검사가 발부한 형집행장에 의하여 검거된 벌금미납자의 신병에 관한 업무는 국가 조직영역 내에서 수행되는 공적 과제 내지 직무영역에 대한 것으로 이와 관련해서 청구인은 국가기관의 일부 또는 그 구성원으로서 공법상의 권한을 행사하는 공권력행사의 주체일 뿐, 기본권의 주체라 할 수 없으므로 이 사건에서 청구인에게 헌법소원을 제기할 청구인적격을 인정할 수 없다(헌재 2009.3.24. 2009헌마118).

정답 030 ○ 031 X 032 X 033 ○

034
□□□

지방자치단체장이 주민소환에 관한 법률의 관련 조항으로 인해 공직의 상실이라는 개인적인 불이익과 연관된 공무담임권이 침해되었다는 이유로 헌법소원심판을 제기한 경우, 지방자치단체장은 기본권의 주체가 될 수 있다.　　　　　　O | X

공직자가 국가기관의 지위에서 순수한 직무상의 권한행사와 관련하여 기본권 침해를 주장하는 경우에는 기본권의 주체성을 인정하기 어렵다 할 것이나, 그 외의 사적인 영역에 있어서는 기본권의 주체가 될 수 있는 것이다. 청구인은 선출직 공무원인 하남시장으로서 이 사건 법률 조항으로 인하여 공무담임권 등이 침해된다고 주장하여, 순수하게 직무상의 권한행사와 관련된 것이라기보다는 공직의 상실이라는 개인적인 불이익과 연관된 공무담임권을 다투고 있으므로, 이 사건에서 청구인에게는 기본권의 주체성이 인정된다 할 것이다(헌재 2009.3.26. 2007헌마843).

035
□□□

헌법소원심판의 대상이 되는 공권력의 행사 또는 불행사는 헌법소원의 본질상 대한민국 국가기관의 공권력 작용을 의미하고 외국이나 국제기관의 공권력 작용은 이에 포함되지 아니한다.　　　　　　O | X

헌법소원심판의 대상이 되는 공권력의 행사 또는 불행사는 헌법소원의 본질상 대한민국 국가기관의 공권력 작용을 의미하고 외국이나 국제기관의 공권력 작용은 이에 포함되지 아니한다 할 것이다(헌재 1997.9.25. 96헌마159).

036
□□□

법률 또는 법률조항 자체를 대상으로 한 헌법소원에서 당해법률에 근거한 구체적인 집행행위를 통하여 비로소 기본권 침해의 법률효과가 발생하는 경우 직접성의 요건이 인정된다.　　　　　　O | X

법률 또는 법률조항 자체가 헌법소원의 대상이 될 수 있으려면 그 법률 또는 법률조항에 의하여 구체적인 집행행위를 기다리지 아니하고 직접·현재·자기의 기본권을 침해받아야 한다. 여기서 말하는 기본권침해의 직접성이란 집행행위에 의하지 아니하고 법률 그 자체에 의하여 자유의 제한, 의무의 부과, 권리 또는 법적 지위의 박탈이 생긴 경우를 말하므로, 당해 법률에 근거한 구체적인 집행행위를 통하여 비로소 기본권침해의 법률효과가 발생하는 경우에는 직접성이 없다(헌재 2018.7.26. 2016헌마1029).

037
□□□

동일한 피의사실에 대하여 2회 고소하고 그에 대한 검사의 각 불기소처분에 대하여 항고, 재항고를 하여, 한 사건에 대하여는 대검찰청의 재항고기각이 있었고 다른 한 사건을 대검찰청에 계류중인 상태에서 대검찰청에 계류중인 사건에 대한 헌법소원심판청구가 있은 경우, 헌법재판 계류중에 대검찰청의 재항고기각결정이 있으면 동 심판청구는 전치요건흠결의 하자가 치료되어 적법하다.　　　　　　O | X

전심절차를 완전히 밟지 아니한 채 이 사건 헌법소원심판청구를 한 것은 제소 당시로 보면 전치요건불비의 위법이 있다고 할 것이지만 이 사건 계속 중에 대검찰청에서 재항고기각결정을 받았다면 위와 같은 전치요건흠결의 하자는 치유되었다고 볼 것이며, 따라서 이 사건 소원심판청구는 이 점에 있어서는 적법하다 할 것이다(헌재 1991.4.1. 90헌마194).

정답　034 ○　035 ○　036 X　037 ○

038
☐☐☐

헌법소원에 있어서는 원칙적으로 공권력의 행사 또는 불행사의 직접적인 상대방이 자기관련성이 인정될 뿐만 아니라, 공권력의 작용에 단지 간접적이거나 사실적 또는 경제적인 이해관계가 있을 뿐인 제3자의 경우에도 자기관련성이 인정된다. O | X

헌법재판소법 제68조 제1항에 따르면 헌법소원심판은 공권력의 행사 또는 불행사로 인하여 헌법상 보장된 기본권을 침해받은 자가 청구하여야 한다. 여기에서 기본권을 침해받은 자라 함은 공권력의 행사 또는 불행사로 인하여 자기의 기본권을 현재 그리고 직접적으로 침해받은 자를 의미하며 단순히 간접적, 사실적 또는 경제적인 이해관계가 있을 뿐인 제3자는 이에 해당하지 않는다(헌재 2016.11.1. 2016헌마857).

039
☐☐☐

헌법재판소법 제41조 제1항에 따른 법률의 위헌 여부 심판의 제청신청이 기각된 때에는 그 신청을 한 당사자는 헌법재판소에 헌법소원심판을 청구할 수 있다. 이 경우 그 당사자는 당해 사건의 소송절차에서 동일한 사유를 이유로 다시 위헌 여부 심판의 제청을 신청할 수 없다. O | X

> **헌법재판소법 제68조【청구 사유】** ② 제41조 제1항에 따른 법률의 위헌 여부 심판의 제청신청이 기각된 때에는 그 신청을 한 당사자는 헌법재판소에 헌법소원심판을 청구할 수 있다. 이 경우 그 당사자는 당해 사건의 소송절차에서 동일한 사유를 이유로 다시 위헌 여부 심판의 제청을 신청할 수 없다.

040
☐☐☐

법률이 헌법소원의 대상이 되려면 현재 시행 중인 유효한 법률이어야 함이 원칙이나, 공포된 법률의 경우 효력발생 전이라도 그 시행이 확실시되어 청구인이 불이익을 입게 될 수 있음을 충분히 예측할 수 있는 경우에는 헌법소원을 청구할 수 있다. O | X

기본권침해가 장래 발생하더라도 그 침해가 틀림없을 것으로 현재 확실히 예측된다면, 기본권구제의 실효성을 위하여 침해의 현재성을 인정할 수 있고, 또한 법률이 헌법소원의 대상이 되려면, 현재 시행 중인 유효한 법률이어야 함이 원칙이나 법률이 일반적 효력을 발생하기 전이라도 이미 공포되어 있고, 그로 인하여 사실상의 위험성이 이미 발생한 경우에는 예외적으로 침해의 현재성을 인정하여 이에 대하여 곧 헌법소원을 제기할 수 있다(헌재 2003.9.25. 2001헌마93 등).

041
☐☐☐

어린이통학버스에 보호자의 동승을 강제하도록 규정하면서 그 적용에 유예기간을 두고 있는 도로교통법 조항의 경우, 헌법재판소는 '유예기간 경과일'이 아니라 기본권 제한이 발생한 시기인 '법령의 시행일'을 헌법소원심판의 청구기간 기산점으로 본다. O | X

유예기간을 경과하기 전까지 청구인들은 이 사건 보호자동승조항에 의한 보호자동승의무를 부담하지 않는다. 이 사건 보호자동승조항이 구체적이고 현실적으로 청구인들에게 적용된 것은 유예기간을 경과한 때부터라 할 것이므로, 이때부터 청구기간을 기산함이 상당하다. 종래 이와 견해를 달리하여, 법령의 시행일 이후 일정한 유예기간을 둔 경우 이에 대한 헌법소원심판 청구기간의 기산점을 법령의 시행일이라고 판시한 우리 재판소 결정들은, 이 결정의 취지와 저촉되는 범위 안에서 변경한다(헌재 2020.4.23. 2017헌마479).

정답 038 X 039 ○ 040 ○ 041 X

042

□□□

법원이 헌법재판소가 위헌으로 결정한 법령을 적용함으로써 국민의 기본권을 침해한 경우, 헌법재판소는 예외적으로 법원의 재판도 헌법소원의 대상이 된다고 본다.　　O | X

원칙적으로 법원의 재판을 대상으로 하는 헌법소원심판청구는 허용되지 아니하고, 다만 헌법재판소가 위헌으로 결정한 법령을 적용함으로써 국민의 기본권을 침해한 재판에 대하여만 헌법재판소법 제68조 제1항에 의한 헌법소원심판을 청구할 수 있다(헌재 2016.11.29. 2016헌마971).

043

□□□

헌법재판소가 국선대리인선임신청에 대하여 국선대리인을 선정하지 않는다는 결정을 한 경우, 신청인이 선임신청을 한 날부터 그 통지를 받은 날까지의 기간은 헌법소원의 청구기간에 산입되지 않는다.　　O | X

> 헌법재판소법 제70조 【국선대리인】 ④ 헌법재판소가 국선대리인을 선정하지 아니한다는 결정을 한 때에는 지체 없이 그 사실을 신청인에게 통지하여야 한다. 이 경우 신청인이 선임신청을 한 날부터 그 통지를 받은 날까지의 기간은 제69조의 청구기간에 산입하지 아니한다.

044

□□□

외국인근로자의 사업장 변경 횟수를 3회로 제한한 외국인근로자의 고용 등에 관한 법률 조항에 대한 심판청구에 있어서 외국인근로자가 아직 3회 이상 사업장 변경을 시도하지 않은 경우, 위 횟수제한조항으로 인한 기본권 침해가 현재 확실히 예측된다고 볼 수 없다.　　O | X

청구인들은 3회 이상 사업장 변경을 시도하지 않았으므로, 이 사건 횟수제한조항으로 인한 기본권 침해가 현재 확실히 예측된다고 볼 수 없다. 따라서 이 사건 횟수제한조항에 대한 심판청구는 부적법하다(헌재 2021.12.23. 2020헌마395).

045

□□□

재소자가 교도소장에게 외부인으로부터 연예인 사진을 받을 수 있는지를 문의하자 교도소장이 불허될 수 있다는 취지로 고지한 행위는 관련 법령과 행정규칙을 해석·적용한 결과를 재소자에게 알려준 것으로서 헌법소원의 대상이 된다.　　O | X

이 사건 고지행위는, 청구인이 외부인으로부터 연예인 사진을 교부받을 수 있는지를 문의한 것에 대하여 피청구인의 담당직원이 형집행법 관련 법령과 행정규칙을 해석·적용한 결과를 청구인에게 알려준 것에 불과할 뿐, 이를 넘어 청구인에게 어떠한 새로운 법적 권리의무를 부과하거나 일정한 작위 또는 부작위를 구체적으로 지시하는 내용이라고 볼 수 없으므로, 헌법소원의 대상이 되는 '공권력의 행사'로 볼 수 없다(헌재 2016.10.27. 2014헌마626).

정답 042 O　043 O　044 O　045 X

046
☐☐☐

금융위원회위원장이 시중 은행을 상대로 투기지역·투기과열지구 내 초고가 아파트에 대한 주택구입용 주택담보대출을 금지한 조치는 규제적·구속적 성격을 갖는 행정지도로서 헌법소원의 대상이 되는 공권력 행사에 해당된다.　　　　　　　　　　　　　　　　　　　　　　　　　　　　　　　　　　　O | X

이 사건 조치는 일정한 경우 모든 은행에 대하여 주택담보대출을 금지하는 것을 내용으로 하므로 개인의 재산권 행사 및 은행과 사이의 계약의 자유에 대한 규제적 성격이 강하다. 또한 이 사건 조치가 부동산 가격 폭등을 억제하여야 할 정책적 필요성이 절실한 상황에서 추진된 것인 점, 이 사건 조치와 같은 내용으로 곧 관련 고시가 개정될 것이 예정되어 있었던 점, 이 사건 조치의 준수 여부를 확인하기 위한 현장점검반 운영이 예정되어 있었고 실제로도 현장점검이 이루어진 점에 비추어 보면 상대방인 은행입장에서 이 사건 조치에 따르지 않을 것을 기대하기는 어려웠던 것으로 보이므로, 이 사건 조치는 그 상대방에 대하여 사실상의 강제력을 미친 것으로 인정된다. 따라서 이 사건 조치는 규제적·구속적 성격을 갖는 행정지도로서 헌법소원의 대상이 되는 공권력의 행사에 해당된다(헌재 2023.3.23. 2019헌마1399).

047
☐☐☐

육군훈련소장이 훈련병으로 하여금 육군훈련소 내 종교행사에 참석하도록 강제한 행위에 대하여 이미 퇴소한 훈련병이 헌법소원심판을 청구한 경우, 주관적 권리구제에는 도움이 되지 않는다 하더라도 그러한 침해행위가 앞으로도 반복될 위험이 있거나 당해 분쟁의 해결이 헌법질서의 수호·유지를 위하여 긴요한 사항이어서 헌법적으로 그 해명이 중대한 의미를 지니고 있어 심판청구의 이익을 인정할 수 있다.　　O | X

청구인들은 이미 육군훈련소에서 기초군사훈련을 마치고 퇴소하여 더 이상 기본권을 제한받고 있지 아니하므로 이 사건 심판청구가 인용된다고 하더라도 청구인들의 주관적인 권리구제에는 도움이 되지 아니한다. 그러나 헌법소원이 주관적 권리구제에는 별 도움이 되지 않는다 하더라도 그러한 침해행위가 앞으로도 반복될 위험이 있거나 당해 분쟁의 해결이 헌법질서의 수호·유지를 위하여 긴요한 사항이어서 헌법적으로 그 해명이 중대한 의미를 지니고 있는 경우에는 심판청구의 이익을 인정할 수 있다. … 이 사안과 같이 종교행사 참석 권고를 넘어 실질적으로 참석을 강제하는 행위가 앞으로도 반복될 가능성은 얼마든지 있다. 또한 소극적 자유를 포함한 종교의 자유 보호와 정교분리원칙의 중요성을 고려할 때 이 사건 종교행사 참석조치가 헌법적으로 정당한지 여부는 헌법질서의 수호·유지를 위하여 헌법적 해명이 긴요한 사항에 해당하므로 이 사건 심판청구는 심판의 이익이 있다고 할 것이다(헌재 2022.11.24. 2019헌마941).

MEMO

MEMO

해커스공무원

신동욱
헌법 핵심 기출 OX

개정 4판 1쇄 발행 2025년 5월 16일

지은이	신동욱 편저
펴낸곳	해커스패스
펴낸이	해커스공무원 출판팀

주소	서울특별시 강남구 강남대로 428 해커스공무원
고객센터	1588-4055
교재 관련 문의	gosi@hackerspass.com
	해커스공무원 사이트(gosi.Hackers.com) 교재 Q&A 게시판
	카카오톡 플러스 친구 [해커스공무원 노량진캠퍼스]
학원 강의 및 동영상강의	gosi.Hackers.com

ISBN	979-11-7404-145-6 (13360)
Serial Number	04-01-01

공무원 교육 1위,
해커스공무원 gosi.Hackers.com

 해커스공무원

· **해커스공무원 학원 및 인강**(교재 내 인강 할인쿠폰 수록)
· **해커스 스타강사의 공무원 헌법 무료 특강**
· 정확한 성적 분석으로 약점 극복이 가능한 **합격예측 온라인 모의고사**(교재 내 응시권 및 해설강의 수강권 수록)
· 다회독에 최적화된 **회독용 답안지**